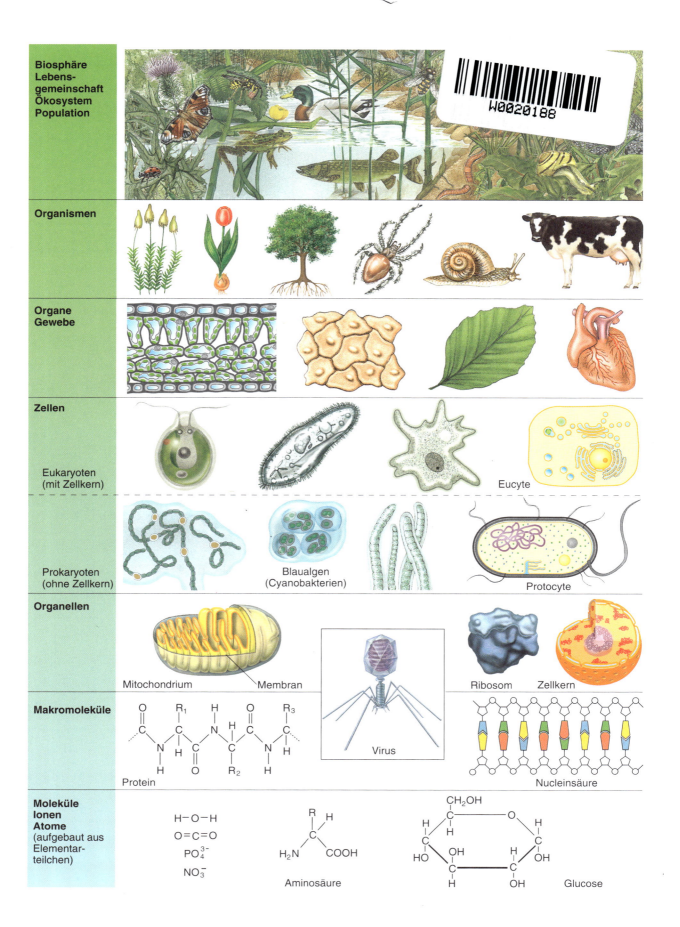

Vorwort zur 21. Auflage

Vor genau 50 Jahren, im August 1948, erschien die erste Auflage dieses Lehrbuchs, geschaffen von Hermann Linder. Er blieb fast zwei Jahrzehnte, bis 1967, Hauptautor und Herausgeber, und sein Name wurde zum Markenzeichen. Die völlig neu bearbeitete und erheblich veränderte 21. Auflage – der „Linder 21" – wird seine Nutzer ins 21. Jahrhundert begleiten.

Die für ein Schulbuch beachtliche Lebensdauer zeigt, dass der „Linder" mit jeder neuen Auflage den drängenden pädagogischen Anforderungen gerecht wurde, ohne dabei modischen Trends zu folgen. Bei der Neugestaltung dieser Auflage wurde das Ziel verfolgt, den Lehrstoff so darzustellen, dass sowohl innerfachliche als auch fachübergreifende Bezüge deutlich werden. Dabei wurden alle für das Abitur relevanten Inhalte voll berücksichtigt, es wurde jedoch stets nur das Wesentliche aufgenommen. Die ausgewählten Themen wurden gemäß dem neuesten Stand der Wissenschaft behandelt und zugleich schülergemäß dargestellt. Das neue Layout und die klare inhaltliche Gliederung dienen der Übersichtlichkeit und erleichtern das Lernen. Alle Grafiken und Tabellen wurden mit dem Ziel neu gestaltet, das Erfassen komplexer Zusammenhänge zu unterstützen. Auch zu Beginn des neuen Jahrhunderts soll das Lehrbuch die Aufgabe erfüllen, die „Biologie als Wissenschaft von Systemen der lebenden Natur" und als angewandte Disziplin deutlich zu machen, Zusammenhänge in der belebten Natur aufzuzeigen und die Bedeutung der Biowissenschaften für den Einzelnen und die Gesellschaft vor Augen zu führen. Da die derzeit bildungsrelevanten Teilgebiete in verständlicher und wissenschaftlich einwandfreier Form dargestellt sind, kann das Lehrbuch auch als Nachschlagewerk dienen.

Dem Verlag danken wir herzlich für den hohen Aufwand und der Redaktion für die große Mühe bei der Neubearbeitung. Mit der Publikation dieser Auflage im 50. Jahr der Existenz des „Linder" soll außerdem dankbar erinnert werden an den Schöpfer des Werkes, Prof. Dr. Hermann Linder (1889–1980), und an seinen Nachfolger als Herausgeber, Prof. Dr. Hans Knodel (1911–1998).

Mai 1998   Horst Bayrhuber   Ulrich Kull

Besonderheiten der 21. Auflage

▶ Grüne Dreiecke: Als grafisches Element kennzeichnen grüne Dreiecke Absätze mit Leistungskursinhalten. Sie heben sich somit von den Basistexten für den Grundkurs deutlich ab. ◀

Grüne Rahmen: Erstmalig werden fächerübergreifende Themen aufgenommen. Sie sind durch grüne Rahmenelemente hervorgehoben und greifen anwendungsbezogene und gesellschaftsrelevante Aspekte auf.

s. Neurobiologie 2: Kapitel- und auch Abbildungsverweise auf andere Großkapitel werden durch fett und kursiv gesetzte Schrift hervorgehoben, um die Suche nach Quervernetzungen optisch zu erleichtern.

Abiotischer Faktor: Überbegriffe bzw. wichtige Lehrplaninhalte sind fett gedruckt und werden an der entsprechenden Stelle das erste Mal ausführlich behandelt.

Paramecium caudatum: Die lateinischen Namen der Lebewesen, lateinische bzw. griechische Fachausdrücke, Originalzitate sowie wichtige Fachbegriffe, die vorher schon genannt und erläutert wurden, sind kursiv gesetzt.

GREGOR MENDEL: Alle Namen der Persönlichkeiten, die im „Linder" behandelt werden, sind in Versalien gesetzt.

Sprachliche Erklärung bzw. Herkunft wissenschaftlicher Begriffe: Informationen zur Herkunft wissenschaftlicher Begriffe finden sich auf den Seiten 470 und 471.

Sach- und Namenverzeichnis: Es erleichtert das Suchen nach Inhalten enorm und findet sich auf den Seiten 472–480.

Bildquellenverzeichnis

Titelbild: Leitbündel vom Hahnenfuß (*Ranunculus*), Rasterelektronenmikroskopische Aufnahme; Foto: LICHTBILD-ARCHIV Dr. Keil; 14.1 oben: Deutsches Museum München; 14.1 unten rechts: Boerhaave-Museum, Leiden, Holland; 14.1 unten links: Carl Zeiss Jena GmbH/Optisches Museum Jena; 14.2 links: NAS/J. Prince/OKAPIA; 14.2 rechts: Carl Zeiss Jena GmbH; 15.1: Carl Zeiss Jena GmbH; 15.2: Carl Zeiss Oberkochen GmbH, Dr. Möllring; 16.1: Dr. J. Wygasch, Paderborn; 16.2: Prof. Dr. J. Bereiter-Hahn, Biozentrum, Abteilung Kinematische Zellforschung, J. W. Goethe-Universität, Frankfurt/M.; 17.1: F. Karly, München; 17.3: Prof. Dr. H. Lehmann, Institut f. Tierökologie und Zellbiologie, Tierärztliche Hochschule Hannover; 18.2: aus: Zellbiologie – Ein Lehrbuch von Hans Kleinig & Peter Sitte, Gustav Fischer Verlag, Stuttgart, 1992; 18.3: eye of science; 19.2: Prof. Dr. H. Oberleithner, Physiologisches Institut der Universität Würzburg; 21.1: Prof. Dr. H. Lehmann, Institut f. Tierökologie und Zellbiologie, Tierärztliche Hochschule Hannover; 22.1 a, b; 23.2, 24.2: aus: Zellbiologie – Ein Lehrbuch von Hans Kleinig & Peter Sitte, Gustav Fischer Verlag, Stuttgart, 1992; 26.1: Prof. Dr. K. Weber, Max-Planck-Institut für biophysikalische Chemie, Abteilung Biochemie und Zellbiologie, Göttingen; 26.2: aus: Biologie und Physiologie der Zelle von Berkaloff u. a., Vieweg Verlag, Wiesbaden; 27.1 a: M. Kage/OKAPIA; 27.1 b: Strasburger-Lehrbuch der Botanik, P. Sitte, H. Ziegler, F. Ehrendorfer, A. Bresinsky, 33. Auflage, Gustav-Fischer-Verlag; 34.1: Volk und Wissen-Verlag, Berlin; 37.1: Ca. Biological/Phototake/OKAPIA; 44.1: Prof. Dr. W. Weber, Reutlingen; 47.2: eye of science; 48.1: Institut für wissenschaftliche Fotografie M. Kage, Lauterstein; 53.1: Johannes Lieder; 54.2: H. Pfletschinger/Tierbildarchiv Angermayer; 55.2: Johannes Lieder; 56.1: Naroska/Silvestris; 56.2: Dr. M. Woike, Haan; 57.1, 57.2: Prof. Dr. U. Kull, Stuttgart; 59.1a-j: Dr. F. M. Thomas, Albrecht-von-Haller-Institut für Pflanzenwissenschaften, Göttingen; 63.1 (1): Prof. Dr. U. Kull, Stuttgart; 63.1 (2): Trapp/BAVARIA; 63.1 (3,4): D. Harms/WILDLIFE; 63.2 (1): Prof. Dr. U. Kull, Stuttgart; 63.2 (2): B. Frey/WILDLIFE; 63.2 (3): K. Bogon/WILDLIFE; 63.2 (4): D. Harms/WILDLIFE; 63.3 (1): Prof. Dr. U. Kull, Stuttgart; 63.3 (2): Dr. M. Woike, Haan; 63.3 (3): Kohlhaupt/Mauritius; 63.3 (4): Prof. Dr. W. Weber, Reutlingen; 63.4 (1): Prof. Dr. U. Kull, Stuttgart; 63.4 (2): M. Gunther/BIOS/OKAPIA; 63.4 (3): Weigl/Greiner + Meyer, Braunschweig; 63.4 (4): A. Bärtschi/WILDLIFE; 68.1 a: Lederer/BAVARIA; 68.1 b: M. Mögle/XENIEL-Dia, Neuhausen; 68.2: H. Heitmann/Silvestris; 69.1: Dr. M. Woike, Haan; 69.2: H. Reinhard/Okapia, Frankfurt/M.; 69.3: R. Fieselman/BAVARIA; 69.4: A. N. T./Silvestris; 69.5: W. Wolfgang/Silvestris; 69.6: Johannes Lieder; 71.1: N. Ottawa/eye of science; 72.2 b: Prof. Dr. D. L. Godbold, Institut für Forstbotanik, Universität Göttingen; 73.1: R. Gubler/ Nature + Science; 73.2 (1): E. Harstrick/BAVARIA; 73.2 (2): S. Frithjof/Silvestris; 73.3 (1): XENIEL-Dia, Neuhausen; 73.3 (2): TCL/BAVARIA; 91.1, 96.1, 96.2: Prof. Dr. U. Kull, Stuttgart; 100.1: Lacz/MAURITIUS, Mittenwald; 101.1 a: Dr. J. Nittinger/XENIEL-Dia, Neuhausen; 101.1 b: Michler/XENIEL-Dia, Neuhausen; 105.1 b: Landesbildstelle Westfalen; 105.2: nach einer Vorlage von Dr. R. Friedrich, Universität Stuttgart; 107.1 a, b: Dr. G. Hartmann, Niedersächsische Forstliche Versuchsanstalt, Göttingen; 108.1: Ozone Processing Team (NASA's Goddard Space Flight Center); 117.3: J. B. Metzler (Dr. Haupt/Flintjer), Stuttgart; 128.1: Dr. Haupt & Dr. Flintjer/Schroedel Archiv; 132.1: U. Bächle, Remshalden; 140.1: Institut für Pflanzenphysiologie, Göttingen; 140.2: A. Jung/Nature + Science; 141.1: Prof. G. Wanner/Florian Karly, München; 148.2: Prof. Dr. U. Kull, Stuttgart; 156.1: A. Jung/Nature + Science; 158.1 a: W. Kloos/HOECHST Marion Roussel, Frankfurt/M.; 158.1 b: Prof. Dr. U. Kull, Stuttgart; 160.2: eye of science; 166.2: LICHTBILD-ARCHIV Dr. Keil, Neckargemünd; 166.3: Phototake/Mauritius; 170.1: A. N. T./Silvestris; 175.1: Johannes Lieder; 175.2: Die Zelle – Atlas der Ultrastruktur, Joachim Ude & Michael Koch; 175.3, 177.1: Prof. Dr. U. Bäßler, Stuttgart; 183.1: Johannes Lieder; 183.2: aus: Gehirn und Nervensystem, Reihe Verständliche Forschung, Spektrum der Wissenschaft, Heidelberg 1988; 191.1: Johannes Lieder; 191.3: Prof. Dr. K. Kirschfeld, Max-Planck-Institut für Biologische Kybernetik, Tübingen; 192.1: Johannes Lieder; 195.2: aus: Einführung in die Feinstruktur von Zellen und Geweben von Porter & Bonneville, Springer-Verlag, Heidelberg, New York; 198.2: R. Wellinghorst; 199.2 rechts: Plöttner/XENIEL-Dia; 199.2 links: Dr. Sauer/Silvestris; 206.3, 210.2: Johannes Lieder; 220.1: Dr. L. Reinbacher, Kempten; 222.2: M. Meyer & B. Opitz, Max-Planck-Institut für neuropsychologische Forschung, Leipzig; 223.1: Johannes Lieder; 224.1 b: Prof. Dr. H. Bayrhuber, IPN Kiel; 224.1 e: aus: Einführung in die Feinstruktur von Zellen und Geweben von Porter & Bonneville, Springer-Verlag, Heidelberg, New York; 232.1: R. Schmidt/Tierbildarchiv Angermayer; 237.1: M. Wendler/Silvestris; 239.1: Silvestris; 242.1: R. Maier/OKAPIA; 242.2: Reinhard/ZEFA; 244.1a-d: aus: W. Köhler: Intelligenzprüfungen an Menschenaffen, Springer Verlag, Heidelberg; 248.1: FWU, Grünwald; 252.1 a: Dr. A. Paul, Göttingen; 252.1 b: P. Schuchardt, Göttingen; 253.1: K. Wothe/Silvestris; 253.2: H. Blume/Mauritius; 254.1: TPC/IFA-Bilderteam; 256.2: Prof. Dr. U. Bäßler, Stuttgart; 258.1: aus: Bau und Funktion des menschlichen Körpers von Schütz &Rothschuh, Urban & Schwarzenberg; 263.1: Johannes Lieder; 267.2 a: Dr. J. Nittinger/XENIEL-Dia, Neuhausen; 269.1 a: Johannes Lieder; 269.1 c: eye of science; 269.1 d: D. M. Phillips/NAS/OKAPIA ; 271.1: Johannes Lieder; 271.2: aus: Scanning Electron Microscopy in Biology von Kessel & Shih, Springer-Verlag, Heidelberg, New York; 275.1 oben und mitte (6): H. Pfletschinger/Tierbildarchiv Angermayer; 275.1 mitte oben: Dr. F. Sauer/OKAPIA; 275.1 mitte unten: A. Hartl/OKAPIA; 275.1 unten links: G. J. Bernard/OSF/OKAPIA; 275.1 unten rechts: Klaus Jäkel/OKAPIA; 281.2: aus: Zwillinge von Reinhold Lotze, Ferdinand Rau Verlag, Öhringen, 1938; 288: Deutsches Museum München; 295.1: Volk und Wissen-Verlag, Berlin; 297.1: AKG, Berlin; 298.1: Dr. J. Brenner, Universität Stuttgart; 301.1: Dr. H. D. Frey, Tübingen; 301.2 a,b: A. Jung/Nature + Science ; 306.2a-d: A. Jung/Nature + Science ; 306.3 links: A. und H.-F. Michler; rechts: H. Reinhard/OKAPIA; 306.4 links: NAS/T. Mc. Hugh; rechts: T. Vezo/OKAPIA; 309.1 links: Phototake/Mauritius; 309.1 mitte: L. Lessin/P. Arnold, Inc.; rechts: L. Dwight/P. Arnold. Inc/OKAPIA; 309.2 links: Merlet; rechts: Lederer/Bavaria, Gauting; 310.1 (Hintergrund): Delpho/WILDLIFE; 310.1: LOCHOW-PETKUS GmbH, Bergen; 311.1: Prof. Dr. J. Murken, Abteilung Medizinische Genetik der Kinderpoliklinik, LMU München; 316.1: Prof. Dr. J. Kunze, Charité: Universitätsklinikum, Medizinische Fakultät der Humboldt-Universität, Campus Virchow-Klinikum, Berlin; 321.2: Prof. Dr. U. Kull, Stuttgart; 322.3: Biology Media/Science Source/OKAPIA; 324.2: FOCUS; 325.1 e: Leybold-Heraeus GmbH, Köln; 329.2: Dr. T. Frischmuth Universität Stuttgart; 334.2 a: Prof. O. L. Miller, Univ. Virginia (aus „Science" 169); 334.2 b: aus: Zellbiologie – Ein Lehrbuch von Hans Kleinig & Peter Sitte, Gustav Fischer Verlag, Stuttgart, 1992; 338.1: eye of Science; 339.1: Prof. Dr. U. Kull, Stuttgart; 345.1: Institut für wissenschaftliche Fotografie, M. Kage, Lauterstein; 348.1: Prof. Dr. Schnell, Institut für Pflanzenzüchtung, Hohenheim; 348.2 b: Dr. Ulrich Commandeur, Universität Stuttgart; 348.2 a,c,d: Prof. Dr. F. Hoffmann, Universität Irvine, USA; 351.1: BAYER AG; 356.1: aus: Zellbiologie – Ein Lehrbuch von Hans Kleinig & Peter Sitte, Gustav Fischer Verlag, Stuttgart, 1992; 357.1: BAYER AG; 359.1: Prof. Bauchinger/Florian Karly, München; 359.2: Dr. S. Schuffenhauer, Abteilung Medizinische Genetik der Kinderpoliklinik, LMU München; 376.1, 376.2: eye of science; 382.1, 382.2, 382.3 a,b: Deutsches Museum München; 382.3 c: AKG, Berlin; 388.2 links: Nuridsany & Perennou/OKAPIA; 388.2 rechts: aus: Evolution – Die Entwicklung von den ersten Lebensspuren bis zum Menschen, Reihe Verständliche Forschung, Spektrum der Wissenschaft, Heidelberg, 1988; 389.1 links: Lichtbild-Archiv Dr. Keil, Neckargemünd; 389.1 mitte: R. Ehrmann, Staatliches Museum für Naturkunde, Abteilung Entomologie, Karlsruhe; 389.1 rechts: W. Rohdich/Silvestris; 389.2 (1): L. Lenz/Silvestris; 389.2 (2): V. Brockhaus/Silvestris; 389.3: W. Häberle (nach Objekten des Staatl. Museums für Naturkunde, Ludwigsburg) 390.1 rechts und mitte: Prof. Dr. H. F. Paulus, Institut für Zoologie, Abteilung Evolutionsbiologie der Universität Wien; 390.1 links: Thonig/Mauritius; 391.1 a: K. Wothe/Silvestris; 391.1b-c: Prof. Dr. L. T. Wasserthal, Institut für Zoologie, Universität Erlangen; 392.1: Photri/Mauritius; 392.2: Staatliches Museum für Naturkunde, Stuttgart; 402.1, 402.2: A. N. T./Silvestris; 404.1 oben: Prof. Dr. U. Kull, Stuttgart; 404.1 unten: Johannes Lieder; 405.1: Steiner/Schroedel Archiv; 411.1: Dr. G. Storch, Forschungsinstitut Senckenberg; 412.2: aus: Die Entstehung des Lebendigen von H. Rahmann, Gustav Fischer Verlag, Stuttgart, 1972; 416.3, 417.1: Prof. Dr. U. Kull, Stuttgart; 419.1: Schaarschmidt, Paläobotanik; 420.2: E. Spaeth/Silvestris; 420.2: M. Weinzierl/Silvestris; 420.3: Prof. Dr. U. Kull, Stuttgart; 421.1 b: Francois Gohier/OKAPIA; 421.2: K. Lucas/PLANET EARTH PICTURES; 421.3: Staatliches Museum für Naturkunde, Georg Kube, Stuttgart; 424.2: Senckenberg Naturmuseum, Frankfurt; 427.1: D. Lanzenby/ PLANET EARTH PICTURES; 430.1: Prof. Dr. U. Kull, Stuttgart; 433.1 a: P. Parks/OSF/OKAPIA; 433.1 b: W. Gerber, Institut für Geologie und Paläontologie, Universität Tübingen; 434.1 links: R. Williams/PLANET EARTH PICTURES; 434.1 rechts: NAS/T. McHugh/OKAPIA; 434.2 links: R. Williams/ PLANET EARTH PICTURES; 434.2 rechts: Sohns/Silvestris; 438.2 Prof. Dr. G. Bräuer, Universität Hamburg, Institut für Humanbiologie; 440.1: John Reader, London; 442.1–442.6, 442.8, 442.9: Prof. Dr. G. Bräuer, Universität Hamburg, Institut für Humanbiologie; 442.7: Staatliches Museum für Naturkunde, Stuttgart; 445.1 a: AKG, Berlin; 445.1 b: T. Stephan/Ulmer Museum; 445.1 c: AKG, Berlin

INHALTSVERZEICHNIS

Einleitung: Kennzeichen der Lebewesen 11

Cytologie 14

1   Die Zelle als Grundeinheit der Lebewesen . . 14
- 1.1   Die Entdeckung der Zellen 14
- 1.2   Das Lichtmikroskop 15
- 1.3   Das Elektronenmikroskop 17

2   Der Feinbau der Zelle 20
- 2.1   Die Zelltypen Protocyte und Eucyte 20
- 2.2   Membranen 22
- 2.3   Die Organellen der Eucyte 23
  - 2.3.1   Organellen mit zwei Membranen 23
  - 2.3.2   Organellen mit einfacher Membran 25
  - 2.3.3   Organellen ohne Membran 26
- 2.4   Aufgaben des Cytoskeletts 27
- 2.5   Verknüpfung von Zellen 28
- 2.6   Einige Methoden der Zellforschung 30

3   Stofftransport 31
- 3.1   Diffusion und Osmose 31
- 3.2   Besondere Formen des passiven Transportes durch Membranen 32
- 3.3   Aktiver Transport 33
- 3.4   Endozytose und Exozytose 33

4   Vermehrung der Zellen durch Teilung; Mitose 34

5   Differenzierung von Zellen 36
- 5.1   Übergänge vom Einzeller zum Vielzeller 36
- 5.2   Arbeitsteilung der Zellen beim Schwamm und beim Süßwasserpolyp . . 37
- 5.3   Gewebe- und Organbildung 37
- 5.4   Der Organismus als System 39

Ökologie 40

1   Beziehungen der Organismen zur Umwelt . . 42
- 1.1   Wirksame Faktoren 42
- 1.2   Pflanze und Licht 43
  - 1.2.1   Stoffproduktion und Fotosynthese 43
  - 1.2.2   Das Blatt als Organ der Fotosynthese 47
  - 1.2.3   Die Abhängigkeit der Fotosynthese von Umweltfaktoren . . . 48

  - 1.2.4   Besondere Fotosynthese-Formen als Standortanpassungen 50
- 1.3   Pflanze und Wasser 50
  - 1.3.1   Wasserhaushalt der Zelle 50
  - 1.3.2   Wasserabgabe der Pflanze 51
  - 1.3.3   Die Wurzel als Organ der Wasseraufnahme 51
  - 1.3.4   Leitgewebe und Wassertransport in der Pflanze 53
  - 1.3.5   Pflanze und Wasserverfügbarkeit 55
- 1.4   Pflanze und Temperatur 57
- 1.5   Pflanze und Boden 58
- 1.6   Entwicklung der Pflanze und Umweltfaktoren 60
- 1.7   Zusammenwirken der abiotischen Umweltfaktoren 62
- 1.8   Tiere und Temperatur 65
- 1.9   Einfluss biotischer Faktoren 66
  - 1.9.1   Wettbewerb zwischen Pflanzen . . 66
  - 1.9.2   Wettbewerb zwischen Tieren bei der Nahrungssuche 67
  - 1.9.3   Pflanzliche Parasiten und Saprophyten 67
  - 1.9.4   Tierische Parasiten 68
  - 1.9.5   Symbiose 71
  - 1.9.6   Insekten fressende Pflanzen 73

2   Population und Lebensraum 74
- 2.1   Die ökologische Nische 74
- 2.2   Ursachen der Einnischung 76
  - 2.2.1   Populationswachstum 76
  - 2.2.2   Anpassung und Einnischung 79
  - 2.2.3   Fortpflanzungsstrategien: r- und K-Strategie 79
- 2.3   Regulation der Populationsdichte 80
  - 2.3.1   Dichteabhängige und dichteunabhängige Faktoren 80
  - 2.3.2   Populationsdynamik: Räuber-Beute-Systeme 80

3   Ökosysteme 83
- 3.1   Einteilung und Aufbau von Ökosystemen 83
- 3.2   Nahrungsbeziehungen in Ökosystemen 85
- 3.3   Energiefluss im Ökosystem 86
- 3.4   Stoffkreisläufe 87
- 3.5   Zeitliche Veränderungen von Ökosystemen 88
  - 3.5.1   Aspektfolge 88
  - 3.5.2   Sukzession und Klimax 88
- 3.6   Produktivität und Stabilität von Ökosystemen 90

3.7	Beispiele für Ökosysteme	91
	3.7.1 Ökosysteme mitteleuropäischer Laubwälder	91
	3.7.2 Ökosysteme im See	93
	3.7.3 Ökosysteme im Meer	94

4 Nutzung und Belastung der Natur durch den Menschen 96

4.1	Entwicklung der Nutzung in der Menschheitsgeschichte	96
4.2	Heutige Nutzung der Umwelt und deren Folgen	96
	4.2.1 Pflanzenproduktion; Schädlingsbekämpfung	97
	4.2.2 Nutzung und Belastung der Umwelt als Lebensraum des Menschen	99
	4.2.3 Einführung fremder Pflanzen- und Tierarten	100
	4.2.4 Flussregulierung und Bachbegradigung	101
	4.2.5 Flächenverbrauch	101
	4.2.6 Nutzung und Belastung des Wassers	102
	4.2.7 Belastung der Luft	104
	4.2.8 Kohlenstoffdioxidkonzentration, Treibhausgase und Klimaänderungen	109
	4.2.9 Belastung durch Müll; Abfallwirtschaft	109
	4.2.10 Belastung durch Lärm	111
	4.2.11 Belastung durch Strahlung	111
4.3	Umweltschutz	112
	4.3.1 Aufgaben und Bedeutung	112
	4.3.2 Naturschutz und Landschaftspflege	112
	4.3.3 Ökologische Situation und künftige Entwicklung	114

Stoffwechsel und Energiehaushalt . 116

1 Enzyme und Zellstoffwechsel 116

1.1	Struktur der Proteine (Enzyme)	116
	1.1.1 Aminosäuren, Peptidbindung . . .	116
	1.1.2 Proteine	118
1.2	Wirkungsweise der Enzyme	121
	1.2.1 Eigenschaften der Enzyme	121
	1.2.2 Enzyme als Katalysatoren	121
	1.2.3 Wirkungsspezifität und Substratspezifität	122
	1.2.4 Hemmung und Regulation der Enzyme	124

1.3	Bau- und Inhaltsstoffe der Zellen	125
	1.3.1 Wasser	126
	1.3.2 Übersicht über die Stoffgruppen .	126
	1.3.3 Lipide	128
	1.3.4 Kohlenhydrate	128
	1.3.5 Nucleinsäuren	130
	1.3.6 Porphyrine	130
	1.3.7 Untersuchungsverfahren der Biochemie	130
1.4	Energiehaushalt (von Zelle und Organismus)	132
	1.4.1 Energieumsatz	132
	1.4.2 Chemisches Gleichgewicht	133
	1.4.3 ATP als Energieüberträger	134
	1.4.4 Grundumsatz	135
	1.4.5 ATP-Bildung	136
1.5	Stoffwechselketten und Fließgleichgewicht	136
1.6	Signalketten	137

2 Energie- und Stoffgewinn autotropher Lebewesen 140

2.1	Fotosynthese	140
	2.1.1 Blattfarbstoffe und Lichtabsorption	140
	2.1.2 Die Primärvorgänge der Fotosynthese	142
	2.1.3 Die Sekundärvorgänge der Fotosynthese	145
	2.1.4 Fotosyntheseprodukte	146
2.2	Chemosynthese	146

3 Stoffabbau und Energiegewinn in der Zelle 148

3.1	Stoffabbau und Energiegewinn durch Atmung	148
3.2	Ablauf des Stoffabbaus	150
	3.2.1 Glykolyse	150
	3.2.2 Citronensäurezyklus oder Tricarbonsäurezyklus (TCC)	150
	3.2.3 Endoxidation	151
	3.2.4 Energiebilanz	152
	3.2.5 Fettabbau	153
3.3	Gärungen	153
3.4	Stoffumwandlung und Stoffspeicherung	154
	3.4.1 Umsetzungen im intermediären Stoffwechsel	154
	3.4.2 Bildung und Abbau von Aminosäuren	154
	3.4.3 Stickstoff-Fixierung	156
	3.4.4 Speicherstoffe und ihre Nutzung in der menschlichen Ernährung . .	156
	3.4.5 Produkte des Sekundärstoffwechsels	157

4 Stoffwechsel vielzelliger Tiere 159
4.1 Verdauung und Resorption 159
    4.1.1 Verdauung und Resorption im
        Tierreich 159
    4.1.2 Verdauung und Resorption
        beim Menschen 159
4.2 Blut und Blutkreislauf 162
    4.2.1 Kreislaufsysteme 162
    4.2.2 Blutkreislauf der Wirbeltiere 163
    4.2.3 Blutkreislauf beim Menschen 164
    4.2.4 Lymphe 165
    4.2.5 Blut 165
4.3 Atmung 167
    4.3.1 Gasaustausch 167
    4.3.2 Kiemenatmung der Fische 169
    4.3.3 Lungenatmung der Wirbeltiere .. 170
    4.3.4 Regelung der äußeren Atmung
        beim Menschen 171
4.4 Ausscheidung 171
    4.4.1 Ausscheidungsorgane 172
    4.4.2 Bau und Funktion der Niere
        beim Menschen 172

Neurobiologie 174

1 Bau und Funktion von Nervenzellen 174
1.1 Bau einer typischen Nervenzelle 174
1.2 Ionen als Ladungsträger 176
1.3 Ionen-Transport durch die Zell-
    membran 176
1.4 Membranpotential – Ruhepotential 176
    1.4.1 Messung des Membranpotentials 176
    1.4.2 Ursachen des Membranpotentials 177
    1.4.3 Ionenkanäle 178
1.5 Erregungsleitung im Axon ohne
    Markscheide 179
    1.5.1 Aktionspotential 179
    1.5.2 Ursachen des Aktionspotentials .. 179
    1.5.3 Weiterleitung des Aktions-
        potentials 180
1.6 Erregungsleitung im Axon mit
    Markscheide 182
1.7 Vorgänge an den Synapsen;
    Funktion der Dendriten 183
1.8 Neuromodulatoren, Neurosekretion 187

**2 Grundsätzliches zur Aufnahme und
Verarbeitung von Sinnesreizen** 188

3 Lichtsinn 190
3.1 Einige Typen von Lichtsinnesorganen . . 190
3.2 Facettenauge 191

3.3 Das menschliche Auge als Beispiel
    eines Linsenauges 192
    3.3.1 Übersicht über den Bau 192
    3.3.2 Die Bilderzeugung 192
    3.3.3 Bau der Netzhaut 194
3.4 Vorgänge in den Sehzellen der
    Wirbeltiere 194
3.5 Nervenzellen der Netzhaut 196
3.6 Farbensehen 197
3.7 Zeitliches Auflösungsvermögen 198
3.8 Adaptation 198
3.9 Prinzip der gegenseitigen Hemmung ... 199
3.10 Auswertung der optischen Informatio-
    nen im Gehirn von Säugetieren 201
3.11 Räumliches Sehen 203

4 Weitere Sinne 204
4.1 Tastsinn 204
4.2 Schmerzsinn 204
4.3 Raumlagesinn 204
4.4 Drehsinn 205
4.5 Gehörsinn 206
4.6 Chemische Sinne 207
    4.6.1 Geschmackssinn 207
    4.6.2 Geruchssinn 208
4.7 Erfahrbare Umwelt 208

5 Nervensystem 209
5.1 Nervensysteme von Tiergruppen 209
5.2 Nervensystem des Menschen 210
    5.2.1 Rückenmark 210
    5.2.2 Gehirn 211
    5.2.3 Steuerung vegetativer Funktionen 214
    5.2.4 Emotion und Motivation 216
    5.2.5 Lernen und Gedächtnis 217
    5.2.6 Aufmerksamkeit, Bewusstsein,
        Wachheit und Schlaf 218
    5.2.7 Sprache 220

6 Entstehung von Bewegungen 223
6.1 Muskulatur 223
    6.1.1 Bau der Muskeln 223
    6.1.2 Funktion der quer gestreiften
        Muskelfasern 223
    6.1.3 Molekulare Grundlagen der
        Muskelkontraktion 225
    6.1.4 Energetische Prozesse bei der
        Muskelkontraktion 226
    6.1.5 Training 226
6.2 Regelung der Muskellänge 227
6.3 Steuerung von aktiven Bewegungen 228

Verhalten 230

1 Was ist Verhaltensforschung? 230

2 Neuronale Basis einfacher Verhaltensweisen 233
2.1 Reflexe 233
2.2 Steuerung rhythmischer Bewegungen .. 234

3 Instinktverhalten 236
3.1 Was ist eine Instinkthandlung? 236
3.2 Appetenzverhalten 236
3.3 Schlüsselreiz 237
3.4 Verhaltensprogramme 239
3.5 Tendenz, Handlungsbereitschaft,
Motivation 239

4 Lernvorgänge 241
4.1 Überblick 241
4.2 Assoziatives Lernen 241
4.3 Lernen durch Einsicht 243

5 Sozialverhalten 245
5.1 Verständigung bei Tieren
(Kommunikation) 245
5.1.1 Möglichkeiten der Verständigung 245
5.1.2 Kommunikation bei Honigbienen 245
5.1.3 Sprachähnliche Kommunikation
bei Tieren 247
5.2 Territoriales Verhalten
(Revierverhalten) 248
5.3 Traditionsbildung 249
5.4 Altruistisches Verhalten – Soziobiologie . 249
5.5 Rangordnung 250
5.6 Aggression 251
5.7 Biologische Wurzeln menschlichen
Verhaltens 252

Hormone 256

**1 Allgemeine Eigenschaften von Hormonen
und Hormondrüsen des Menschen** 256
1.1 Die Schilddrüse 257
1.2 Die Nebennieren 259
1.3 Die Bauchspeicheldrüse 259
1.4 Die Hypophyse 261
1.5 Die Keimdrüsen 262
1.5.1 Männliche Geschlechtshormone . 262
1.5.2 Weibliche Geschlechtshormone .. 262

**2 Molekulare Grundlagen der Hormon-
wirkung bei Tier und Mensch** 264

3 Pflanzenhormone 265

Entwicklungsbiologie 266

1 Fortpflanzung 266
1.1 Ungeschlechtliche Fortpflanzung 266
1.2 Geschlechtliche Fortpflanzung 268
1.2.1 Geschlechtliche Fortpflanzung
bei Mensch und Tieren 268
1.2.2 Geschlechtliche Fortpflanzung
bei Samenpflanzen 270

2 Keimesentwicklung von Tieren und Mensch 272
2.1 Ablauf der Keimesentwicklung 272
2.1.1 Keimesentwicklung der
Amphibien 272
2.1.2 Keimesentwicklung der Reptilien
und der Vögel 276
2.1.3 Keimesentwicklung des
Menschen 276
2.2 Experimentelle Untersuchung von
Entwicklungsvorgängen 280
2.2.1 Experimente mit Amphibien
(Determination und
Differenzierung) 280
2.2.2 Experimente mit dem Süßwasserpolypen (Gestaltbildung) 284
2.2.3 Experimente mit Mäusen
(Bedeutung von Stammzellen) ... 285

Genetik 286

1 Variabilität von Merkmalen 286

2 MENDELsche Gesetze 288
2.1 Monohybrider Erbgang 288
2.1.1 Dominant-rezessiver Erbgang ... 288
2.1.2 Erklärungsversuch MENDELs 289
2.1.3 Rückkreuzung,
1. und 2. MENDELsches Gesetz ... 289
2.1.4 Unvollständige Dominanz 290
2.2 Dihybrider Erbgang 290
2.3 Die Bedeutung MENDELs 291
2.4 Populationsgenetik 292

3 Vererbung und Chromosomen 293
3.1 Meiose und Keimbahn 293
3.2 Kopplung von Genen 296
3.2.1 Kopplungsgruppen und
Crossover 296
3.2.2 Genkartierung 297
3.2.3 Versuchsobjekte in der Genetik .. 300
3.3 Geschlechtschromosomen 301
3.3.1 Geschlechtsbestimmung 301

3.3.2	Störungen der Geschlechts-entwicklung beim Menschen	303
3.3.3	Geschlechtschromosomen-gebundene Vererbung	303

3.4 Mutationen 305
    3.4.1 Gen-Mutationen 306
    3.4.2 Chromosomen-Mutationen 307
    3.4.3 Genom-Mutationen 308
3.5 Aspekte der Humangenetik 310
    3.5.1 Methoden der humangenetischen Forschung 310
    3.5.2 Monogene und polygene Merkmale 312
    3.5.3 Erbkrankheiten 315
    3.5.4 Die genetische Zukunft des Menschen 317

4 Molekulare Grundlagen der Vererbung 319
4.1 Nucleinsäuren 319
    4.1.1 Transformation bei Pneumokokken 319
    4.1.2 Bakterien und Viren als Untersuchungsobjekte 319
    4.1.3 Desoxyribonucleinsäure (DNA) als Träger der genetischen Information 323
    4.1.4 Vorkommen und Struktur der Nucleinsäuren 323
    4.1.5 DNA als Speicher der genetischen Information 326
    4.1.6 Replikation der DNA 326
    4.1.7 Reparatur und Spaltung der DNA 327
    4.1.8 Polymerase-Ketten-Reaktion 328
    4.1.9 Sequenzanalyse der DNA 329
4.2 Realisierung der genetischen Information 329
    4.2.1 Der Weg vom Gen zum Merkmal 329
    4.2.2 Transkription und Genetischer Code 330
    4.2.3 Translation 332
    4.2.4 Merkmale und Genbegriff 335
    4.2.5 Molekularer Bau von Genen bei Eukaryoten; Spleißen 337
    4.2.6 Molekulare Grundlagen der Genmutation 338
4.3 Regulation der Genaktivität 339
    4.3.1 Genetische Totipotenz und unterschiedliche Genaktivität ... 339
    4.3.2 Regulation der Gentätigkeit bei Bakterien 340
    4.3.3 Aufbau des Genoms und Regulation bei Eukaryoten 342
    4.3.4 Regulation der Zellvermehrung, Tumorbildung 344

5 Anwendung der Genetik 346
5.1 Pflanzenzüchtung 346
5.2 Tierzüchtung 349
5.3 Gentechnik 351
    5.3.1 Methoden der Gentechnik 351
    5.3.2 Anwendung der Gentechnik bei Mikroorganismen und Zell-kulturen 353
    5.3.3 Transgene Pflanzen 355
    5.3.4 Transgene Tiere 356
    5.3.5 Anwendung der Gentechnik beim Menschen 357
5.4 Genkartierung beim Menschen 358
    5.4.1 Verfahren der direkten Genkartierung 358
    5.4.2 Verfahren der indirekten Genkartierung 358
    5.4.3 Beispiel einer Genkartierung: Mucoviscidose-Gen 360
    5.4.4 Genomprojekt 361
5.5 Schluss 362

Immunbiologie 364

1 Überblick über die unspezifische und spezifische Immunabwehr 364

2 Die spezifische Immunreaktion 366
2.1 Antikörper und Lymphozyten 366
    2.1.1 Antikörper 366
    2.1.2 Lymphozyten 367
2.2 Vorgänge bei der spezifischen Immunreaktion 369
2.3 Infektionen 373
2.4 Schutzimpfung 373
2.5 Störungen des Immunsystems 375
    2.5.1 Überreaktionen gegen äußere Antigene 375
    2.5.2 Autoimmun-Erkrankungen 376
    2.5.3 Immunkomplex-Überreaktion ... 376
    2.5.4 Immunschwäche 376
2.6 Organverpflanzung; Abstoßung von Fremdgewebe 377
2.7 Blutgruppen und Rhesusfaktor 378

3 Anwendung der Immunreaktion 380
3.1 Serumreaktion 380
3.2 Identifizierung von Proteinen durch Immundiffusion 380
3.3 Monoklonale Antikörper 381

Evolution 382

1 Geschichte der Evolutionstheorie 382
- 1.1 Die Entwicklung bis zu DARWIN 382
- 1.2 Die Entwicklung von DARWIN bis heute 384

2 Evolutionstheorie 386
- 2.1 Artbegriff, Evolutionsfaktoren 386
  - 2.1.1 Mutationen als Grundlage der Evolution 386
  - 2.1.2 Selektion 387
  - 2.1.3 Gendrift (Zufallswirkung) 393
  - 2.1.4 Genetische Rekombination 393
- 2.2 Artbildung und Isolation 394
  - 2.2.1 Allopatrische Artbildung 394
  - 2.2.2 Sympatrische Artbildung 396
  - 2.2.3 Isolationsmechanismen 396
- 2.3 Rahmenbedingungen und Grenzen des Evolutionsvorgangs 397
- 2.4 Transspezifische Evolution 398
- 2.5 Soziobiologie 400

3 Stammesgeschichte 402
- 3.1 Methoden der Stammesgeschichtsforschung; Homologieforschung 402
  - 3.1.1 Homologien im Bau der Lebewesen 402
  - 3.1.2 Homologien in der Entwicklung (Ontogenese) 405
  - 3.1.3 Biochemische und molekulare Homologien 406
  - 3.1.4 Gemeinsame Parasiten 408
  - 3.1.5 Verbreitung der Lebewesen als Beleg für die Evolution 408
  - 3.1.6 Fossilien und Altersbestimmung . 410
- 3.2 Chemische Evolution und Entstehung des Lebens 411
- 3.3 Evolution der Zelle 415
- 3.4 Geschichte des Lebens auf der Erde 416
  - 3.4.1 Leben im Präkambrium 416
  - 3.4.2 Die Pflanzen- und Tierwelt im Phanerozoikum 417
- 3.5 Stammbäume der Lebewesen 422
  - 3.5.1 Aufstellung von Stammbäumen . 422
  - 3.5.2 Molekularbiologische Stammbäume 425
  - 3.5.3 Stammesgeschichte der Organismen 427
- 3.6 Folgerungen aus der Stammbaumforschung 430
  - 3.6.1 Übergangsformen 430
  - 3.6.2 Adaptive Radiation 430
  - 3.6.3 Massenaussterben (Extinktion) .. 432

- 3.6.4 Geschwindigkeit der Evolution .. 432
- 3.6.5 Höherentwicklung (Anagenese) . 432

4 Evolution des Menschen 434
- 4.1 Stellung des Menschen im natürlichen System der Organismen 434
- 4.2 Sonderstellung des Menschen 435
- 4.3 Verlauf der Evolution des Menschen 439
  - 4.3.1 Vorformen des Menschen 439
  - 4.3.2 Menschwerdung (Hominisation) . 439
  - 4.3.3 Vormenschen 440
  - 4.3.4 Altmenschen 441
  - 4.3.5 Heutiger Mensch (*Homo sapiens*) . 444
  - 4.3.6 Die heutigen Menschengruppen . 445
- 4.4 Kulturelle Evolution 446
  - 4.4.1 Sozialverhalten 446
  - 4.4.2 Kulturentwicklung in der Vorgeschichte 447
  - 4.4.3 Prinzipien der kulturellen Evolution 448

Grundeigenschaften von Lebewesen 449

Erkenntniswege der Biologie 450

1 Reproduzierbare Aussagen 450

2 Hypothesen und Theorien 451

3 Naturwissenschaftliches Weltbild 453
- 3.1 Anwendung der Wissenschaftstheorie: Evolutionstheorie und Kreationismus .. 455

4 Biologie und Ethik 457

Baupläne der Lebewesen 458

Sprachliche Erklärung wissenschaftlicher Begriffe 470

Sach- und Namenverzeichnis 472

Einleitung: Kennzeichen der Lebewesen

Die Natur umfasst zwei große Bereiche, das Reich des Unbelebten und das Reich des Lebendigen. Mit dem Unbelebten, das sind die Stoffe und die Wechselwirkungen zwischen den Stoffen, beschäftigen sich Physik und Chemie. Die Biologie dagegen ist die Wissenschaft von den Lebewesen und den Lebenserscheinungen. Aber was ist lebendig? Es gibt keine einzelne Eigenschaft, die Lebendes vom Unbelebten unterscheidet. Wachsen können z. B. auch Kristalle, und Bewegung findet man bei fließendem Wasser. Was lebt, hat eine ganze Gruppe von Eigenschaften, die gemeinsam vorhanden sein müssen. Nur in ihrer Gesamtheit kennzeichnen sie ein Lebewesen. Um dies zu zeigen, wählen wir als Beispiel den Einzeller *Euglena*, das „Augentierchen". Es gibt zahlreiche verschiedene Einzeller; sie zeigen, dass eine einzelne Zelle Träger aller Lebensvorgänge sein kann. Diese Erkenntnis ist von großer Bedeutung für das Verständnis der Lebenserscheinungen: Die kleinste selbstständige Lebenseinheit ist die *Zelle*.

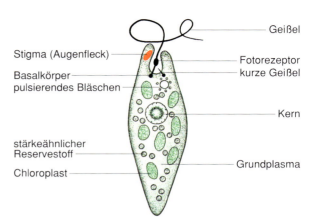

Abb. 11.1: *Euglena* (Augentierchen); ca. 60 μm groß. Dargestellt sind einige größere, im Lichtmikroskop erkennbare Zellbestandteile.

Aufbau. *Euglena* kommt in Tümpeln vor, die reichlich organische Stoffe enthalten. Im Lichtmikroskop erkennt man, dass ihr Körper aus farblosem, durchsichtigem Plasma besteht. In das Grundplasma eingebettet ist ein meist kugeliges Gebilde, der *Zellkern* (Abb. 11.1). Der grüne Farbstoff der Zelle ist in linsenförmigen Gebilden, den *Chloroplasten*, enthalten. Die einzelnen Teile der Zelle haben wie die Organe mehrzelliger Lebewesen bestimmte Aufgaben. Man nennt sie daher *Zellorganellen*. Am Vorderende weist *Euglena* eine körperlange Geißel auf. Durch den Geißelschlag bewegt sie sich mit dem Vorderende voran und dreht sich hierbei um ihre Längsachse. Die Geißel hat ihren Ursprung innerhalb der Zelle in einer basalen Verdickung *(Basalkörper)*. Eine weitere Verdickung der langen Geißel liegt im ampullenförmigen Hohlraum, in dem sich noch eine zweite, sehr kleine Geißel befindet (Abb. 11.1).

Nahrung, Energiebedarf, Wachstum. Im Licht sind die grünen Zellen nicht auf organische Nahrungsstoffe angewiesen. Unter Ausnutzung des Lichts vermögen sie im Wasser gelöstes Kohlenstoffdioxid in ihren Chloroplasten zu organischen Verbindungen umzusetzen *(Fotosynthese)*. Im Dunkeln nehmen *Euglenen* gelöste organische Stoffe sowie Bakterien und andere kleine feste Teilchen aus der Umgebung als Nahrung auf. Die organischen Stoffe, die *Euglena* als Nahrung aufnimmt, sind anders zusammengesetzt als ihre eigenen Körperstoffe. Sie können deshalb nicht unmittelbar als Plasmabestandteile verwendet werden, sondern müssen zunächst durch den Verdauungsvorgang in kleinere, lösliche Verbindungen zerlegt und dann noch weiter umgebaut werden. Ernährt sich *Euglena* durch Fotosynthese, so werden die von der Zelle benötigten Bestandteile direkt hergestellt. *Euglena* kann sich im Licht wie eine grüne Pflanze ernähren. Sie kann aber auch wie ein Tier organische Stoffe aufnehmen und lebt bei dauerndem Lichtausschluss unter Verlust des Chlorophylls weiter, wenn sie hinreichend organische Stoffe als Nahrung vorfindet. *Euglena* ist ein Organismus, der Eigenschaften von Pflanze und Tier aufweist. Der Aufbau körpereigener Substanz durch Ernährung und Stoffwechsel vermehrt die Masse der *Euglena*-Zelle, d. h., sie wächst. Für ihre Lebenstätigkeit benötigt *Euglena* Energie. Diese erhält sie dadurch, dass sie einen Teil der verdauten Nahrung bzw. der Fotosyntheseprodukte unter Aufnahme von Sauerstoff stufenweise oxidiert. Man bezeichnet solche Vorgänge als *Zellatmung*.

Ausscheidung. Beim Abbau von Nahrungsstoffen entstehen Substanzen, die für *Euglena* nicht weiter verwertbar oder – wie Ammoniak – giftig sind; sie werden ausgeschieden. Ein Teil der gelösten Abbaustoffe tritt durch die Zelloberfläche hindurch nach außen. Ein anderer Teil wird aus dem Körper durch ein pulsierendes Bläschen *(pulsierende Vakuole)* entfernt, das sich regelmäßig mit Flüssigkeit füllt, die nach außen abgegeben wird.

Stoffwechsel. Fotosynthese, Aufnahme und Verdauung von Nahrung, Aufbau von körpereigenen aus fremden Stoffen, Abbau von Substanzen und Ausscheidung führen dazu, dass ständig ein Strom von

12 Einleitung: Kennzeichen der Lebewesen

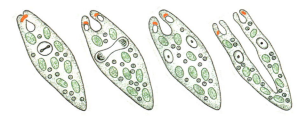

Abb. 12.1: Teilung einer *Euglena*. Die Geißel ist abgebaut und die Zelle mit einer Schleimhülle umgeben.

Stoffen durch den Körper fließt. Trotz dieses Stoffwechsels bleiben Gestalt, Struktur und chemische Zusammensetzung der *Euglena*-Zelle weitgehend gleich, d. h., es wird ein Zustand aufrechterhalten, der auf dauerndem Stoffzufluss und -abfluss beruht: Man nennt ihn *Fließgleichgewicht*. Fließgleichgewichte treten nur in Systemen auf, die Zu- und Abfluss haben, man spricht daher von *offenen Systemen*. Alle Lebewesen weisen einen Stoffwechsel auf. Bei vielzelligen Organismen hat der Organismus als Ganzes und jede einzelne seiner Zellen einen Stoffwechsel.

Vermehrung. Keine *Euglena* kann über eine arttypische Größe hinauswachsen; ist diese erreicht, teilt sich die *Euglena*-Zelle (Abb. 12.1). Die Geißel wird abgebaut, anschließend teilt sich der Kern in zwei gleich große Tochterkerne. Dann schnürt sich die Zelle längs durch, sodass zwei neue, selbständige *Euglena*-Zellen entstehen. Sie bilden wieder Geißeln aus und wachsen heran. Bei dieser Vermehrung geht der Mutterorganismus restlos in den beiden Tochter-Euglenen auf. Wenn sie nicht durch äußere Einflüsse umkommt, stirbt *Euglena* nicht, sondern lebt in den Tochterorganismen weiter.

Manche Euglenen vermehren sich gelegentlich auch auf andere Weise. Zwei *Euglena*-Zellen und ihre Kerne verschmelzen miteinander. Anschließend teilt sich diese Zelle und ihr Kern mehrmals, sodass mindestens vier Nachkommen entstehen. Diese „*geschlechtliche*" *Fortpflanzung* erfordert das Vorkommen von wenigstens zwei *Euglena*-Individuen der gleichen Art im Lebensraum. Tatsächlich treten Lebewesen selten einzeln, sondern meist zu mehreren oder in großer Zahl auf. Alle Individuen einer Art in einem bestimmten Lebensraum bilden zusammen eine *Population*. Wechselbeziehungen zwischen Individuen einer Population sind ein weiteres Kennzeichen des Lebendigen.

Reizbarkeit. Berührt man mit der Spitze eines Glasstäbchens das Vorderende einer umherschwimmenden *Euglena*, so verändert sie sehr rasch ihre Bewegungsrichtung durch eine Änderung des Geißelschlags. Auf diese Weise wird ein Hindernis umgangen. Bei gleichmäßiger, einseitiger Lichteinstrahlung von nicht zu hoher Intensität schwimmen Euglenen auf die Lichtquelle zu und halten sich im hellsten Bereich auf. Die Aufnahme von Berührungsreizen erfolgt bei *Euglena* an der ganzen Oberfläche; ein Lichtreiz wird hingegen nur an einer Stelle, der lichtempfindlichen Geißelverdickung, im Ampullenhohlraum aufgenommen. Dieses Gebilde ist der *Fotorezeptor*. Außerdem ist noch der rot gefärbte, so genannte *Augenfleck (Stigma)* beteiligt. Bei seitlichem Lichteinfall beschattet der Augenfleck den Fotorezeptor (Abb. 13.1). Die *Euglena* dreht sich dann so lange, bis die Beschattung aufhört und das Licht von vorn kommt. Sie reagiert also auf die Richtung des auffallenden Lichts. *Euglena* vermag demnach Änderungen ihrer Umwelt wahrzunehmen, soweit diese als Reize auf sie einwirken. Sie kann auch zwischen verschiedenartigen Reizen unterscheiden und sie an anderer als der gereizten Stelle beantworten. *Euglena* ist „reizbar", wobei man unter *Reizbarkeit* die Fähigkeit versteht, auf Einwirkungen aus der Umwelt (oder Veränderungen im Organismus) zu reagieren. Reizaufnahme und Reizbeantwortung sind Fähigkeiten jeder Zelle.

Selbstregulation. *Euglena* sucht aktiv günstige Lichtverhältnisse auf. Vereinfacht dargestellt geschieht dies auf folgende Weise: Der Fotorezeptor nimmt unter Mitwirkung des Stigmas die ungefähre Richtung und die Intensität des Lichtes auf (Abb. 13.1). Die durch den Reiz ausgelöste Erregung wird auf unbekannte Weise zum Basalkörper der Geißel geleitet. Dieser steuert die Geißelbewegung, die ihrerseits die Schwimmrichtung der *Euglena* und damit den Einfallswinkel des Lichts verändert. *Euglena* hat also die Fähigkeit, sich in einem günstigen Helligkeitsbereich zu halten. Diese Eigenschaft haben die Einzelelemente nicht für sich allein, sie entsteht erst aus dem Zusammenwirken von Fotorezeptor, Basalkörper und Geißelschlag. *Euglena* antwortet auf störende Einflüsse (z. B. veränderter Lichteinfall) so, dass die Störung sich nicht auswirkt oder gering bleibt: *Euglena* besitzt die Fähigkeit zur Regulation. *Euglena* zeigt alle Grunderscheinungen des Lebens, wie man sie auch bei komplizierter gebauten Organismen findet. Diese sind: *Stoffwechsel, Wachstum, Vermehrung, Reizbarkeit, Regulationsfähigkeit, Angepasstheit, Beziehungen zu anderen Organismen, Stoff-* und *Energieaustausch mit der Umgebung* und oft auch *Bewegung*.

Systemeigenschaften. Da der geordnete Ablauf aller dieser Vorgänge an intakte Zellen gebunden ist, darf man die Zelle als die kleinste selbständige und dauernd funktionsfähige Lebenseinheit ansehen. Zellen

Einleitung: Kennzeichen der Lebewesen

können als offene und selbst regulierende Systeme beschrieben werden. Ein System mit den bei *Euglena* geschilderten Eigenschaften wird als „lebend" bezeichnet. Charakteristisch für ein *System* ist ein Zusammenwirken von Teilen, die miteinander in Beziehung stehen, wie dies für die Reaktion von *Euglena* auf eine Veränderung der Lichtverhältnisse dargestellt wurde. Ein System zeigt oft Eigenschaften, die an den einzelnen isolierten Teilen nicht zu beobachten sind. Systemeigenschaften entstehen erst durch die Wechselwirkungen zwischen den Teilen. Die einzelnen Teile, aus denen sich *Euglena* zusammensetzt (Moleküle, Organellen), sind nicht lebend. Wenn sie jedoch in einem „System", d. h., in bestimmter Weise geordnet, zusammenwirken, entstehen durch ihre Wechselwirkungen neue Eigenschaften, die wir als Kennzeichen des Lebendigen kennen. Lebenserscheinungen sind demnach eine *Systemeigenschaft*.

Die Regulation von Vorgängen oder Zuständen in einem Lebewesen gleicht oft der Arbeitsweise eines technischen Regelkreises. So kann man z. B. die Lichtorientierung von *Euglena* (s. Abb. 13.1) als *Regelkreis* beschreiben und mit den Begriffen der Regeltechnik erläutern (Abb. 13.2): Die Lage der Zelle in Bezug auf den Lichteinfall (konstant zu haltende Größe = *Regelgröße*) wird durch den Fotorezeptor *(Fühler)* gemessen. Dieser meldet die augenblickliche Lage, den *Istwert*, an den Basalkörper der Geißel, den *Regler*. Dort wird der Istwert der Lage mit der von der Zelle eigentlich einzunehmenden Lage, dem *Sollwert*, verglichen. Weichen Istwert und Sollwert voneinander ab, so beeinflusst der Regler die Geißel, das *Stellglied*. Daraufhin ändert sich deren Bewegung so, dass der Istwert dem Sollwert angeglichen wird. Ein solches System, das eine Größe selbsttätig konstant hält, hier die Lage der Zelle relativ zum Licht, nennt man Regelkreis. Die durch die Geißelbewegung veränderte Lage der Zelle hat eine veränderte Einfallsrichtung des Lichtes zur Folge. Diese wirkt über den Fotorezeptor so auf den Basalkörper zurück, dass die Abweichung vom Sollwert korrigiert wird. Deshalb spricht man auch von *Rückkoppelung*. Dabei handelt es sich um eine negative Rückkoppelung, weil jede Abweichung der Regelgröße vom Sollwert automatisch solche Vorgänge auslöst, die der Abweichung entgegenwirken (bei positiver Rückkoppelung wird die eingetretene Veränderung verstärkt). Regelung ist Selbststeuerung eines Systems durch negative Rückkoppelung. Unbekannt ist bisher, wie in der *Euglena*-Zelle der Sollwert in den Erbanlagen festgehalten wird. Für die Regelkreisbetrachtung selbst spielt dies jedoch keine Rolle. Das Beispiel der Selbstregulation bei *Euglena* zeigt, dass Lebewesen in ihrer natürlichen Umwelt in der Regel weitgehend zweckmäßig reagieren. Woher rührt nun die Zweckmäßigkeit in Bau und Verhalten der Lebewesen? Eine einleuchtende naturwissenschaftliche Erklärung dafür liefert die Annahme, dass Organismen im Laufe von vielen Millionen Jahren an ihre jeweilige Umwelt angepasst worden sind: Man nennt diesen Vorgang *Evolution*.

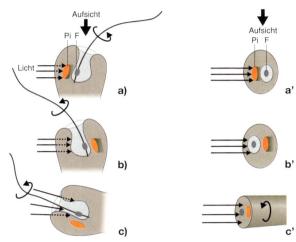

Abb. 13.1: Lichtorientierung von *Euglena* in Seitenansicht **(a-c)**, Aufsicht (a'-b') und Schrägbild (c'). *Euglena* dreht sich bei der Fortbewegung um ihre Längsachse. Bei seitlichem Lichteinfall (a und b bzw. a' und b') wird der Fotorezeptor **F** bei jeder Umdrehung einmal durch den roten Pigmentfleck **(Pi)** kurz beschattet. Dies löst eine Drehung der *Euglena*-Zelle aus, bis das Licht von vorn in Richtung der Längsachse einfällt. Damit hört die periodische Beschattung des Fotorezeptors auf; *Euglena* hat sich in Richtung des einfallenden Lichtes orientiert. Die kurze Geißel ist nicht gezeichnet.

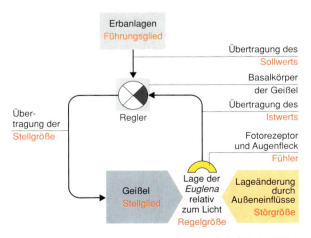

Abb. 13.2: Regelkreis: Einhaltung der günstigen Helligkeit durch Einstellung der Bewegungsrichtung der *Euglena*-Zelle zum Licht. Der dunkle Sektor im Reglersymbol deutet an, dass eine hier eingehende Information eine Gegenreaktion hervorruft (negative Wirkung). Gehen Informationen in einen hellen Sektor ein (hier: Information über den Sollwert), haben sie eine gleichsinnige (positive) Wirkung. Der Fühler misst die Richtung des einfallenden Lichts.

CYTOLOGIE

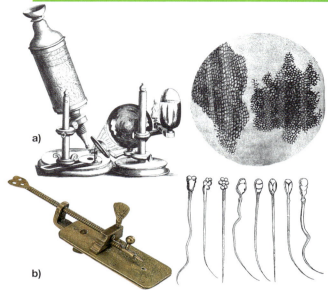

Abb. 14.1: Die Vergrößerungsgeräte von HOOKE (a) und LEEUWENHOEK (b) mit ihren Zeichnungen von beobachteten Zellen

Abb. 14.2: Mikroskop um 1840

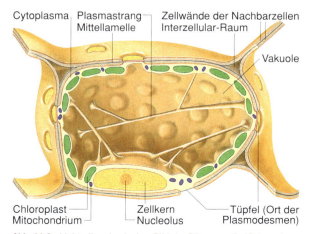

Abb. 14.3: Lichtmikroskopisches Bild der Pflanzenzelle (Schema)

1 Die Zelle als Grundeinheit der Lebewesen

1.1 Die Entdeckung der Zellen

Jahrhundertelang war der Mensch bei der Untersuchung des inneren Baus der Lebewesen nur auf seine Sinne, vor allem das Auge, und auf Messer und Pinzette als Hilfsmittel angewiesen. Die Grundlage für eine genauere Betrachtung legten um 1600 die Holländer HANS und ZACHARIAS JANSSEN mit der Entwicklung der ersten Mikroskope. Im Jahre 1665 stellte ROBERT HOOKE mit einem einfachen Mikroskop zunächst an Flaschenkorkscheiben fest, dass sich pflanzliche Körper aus winzig kleinen Räumen aufbauen, die in ihrer Anordnung an die Kammern von Bienenwaben erinnern (Abb. 14.1 a). Er beschrieb sie als „cells". Davon leitet sich unser heutiger Begriff *Zelle* ab. Um 1680 erkannte ANTON VAN LEEUWENHOEK mit einem einlinsigen Vergrößerungsgerät bei über 250facher Vergrößerung winzige Tiere, Spermazellen, Rote Blutkörperchen und im Zahnbelag sogar Bakterien (s. Abb. 14.1 b).

1838 wies MATTHIAS SCHLEIDEN für Pflanzen, 1839 THEODOR SCHWANN für Tiere nach, dass sie aus Zellen bestehen und nicht die zuerst gesehene Hülle der Zellen, sondern der Zellkörper (Protoplast) Träger des Lebens ist. SCHLEIDENs und SCHWANNs besondere Leistung bestand darin, dass sie die Zelle trotz der Mannigfaltigkeit in Größe und Gestalt als den gemeinsamen Baustein aller Tiere und Pflanzen erkannten. Damit war die Zellenlehre als grundlegende Theorie der Biologie begründet. Die Erkenntnisse von SCHLEIDEN und SCHWANN wurden durch Untersuchungen von RUDOLF VIRCHOW zur Zellteilung erweitert. Er formulierte 1855 die bis heute gültige Aussage „omnis cellula e cellula": Jede Zelle stammt von einer Zelle ab. Bedeutsam war auch die Bestätigung all dieser Erkenntnisse für winzig kleine Lebewesen (wie z. B. Wimpertierchen) durch OTTO BÜTSCHLI im Jahre 1876: Sie (Einzeller) bestehen aus einer einzigen Zelle, die sich durch Teilung vermehrt.

Die Zellenlehre **(Cytologie)** besagt:
– Alle Lebewesen, so verschieden sie auch sein mögen, sind aus Zellen und ihren Produkten aufgebaut.
– Alle Zellen stimmen in den Grundzügen ihres Baues überein.
– Die Leistungen der Lebewesen beruhen auf den Leistungen ihrer Zellen und ihrem gegenseitigen Zusammenwirken.
– Zellen entstehen nur aus vorhandenen Zellen.

1.2 Das Lichtmikroskop

Leistungsvermögen. Die Leistungsfähigkeit des menschlichen Auges wird begrenzt durch Eigenschaften der Linse und die Anzahl der Lichtsinneszellen der Netzhaut. Daher können wir mit bloßem Auge und bei normaler Leseentfernung zwei Punkte nur dann voneinander unterscheiden (auflösen), wenn ihr Abstand mehr als 0,1 mm (= 100 µm) beträgt. Diesen Wert bezeichnen wir als das **Auflösungsvermögen** des Auges. Ohne Hilfsmittel können wir daher die meisten Zellen (Durchschnittsgröße 1–100 µm) nur als Punkte erkennen, nicht aber die Struktur der Zelle auflösen. Das optische Auflösungsvermögen von Lichtmikroskopen liegt bei 0,2–0,5 µm (s. Abb. 19.1). Das ist der kleinste Abstand (d_{min}) zweier Punkte eines Objektes, die durch das Objektiv noch getrennt abgebildet werden können. Die vom Objektiv eben noch aufgelösten Punkte müssen dann durch das Okular so vergrößert werden, dass sie für das Auge als getrennte Punkte erkennbar sind. Den entsprechenden Vergrößerungsfaktor von Objektiv und Okular bezeichnet man als *förderliche Vergrößerung*. Damit unser Auge das maximale optische Auflösungsvermögen des Mikroskops voll ausnutzen kann, sollte das Mikroskop etwa 1200–1500fach vergrößern. Dies ist allerdings nur dann sinnvoll, wenn das Objektiv ein hohes Auflösungsvermögen hat, denn mangelnde Objektivauflösung kann vom Okular nicht ausgeglichen werden. Bei gleichem Auflösungsvermögen des Objektivs werden durch stärkere Okularvergrößerungen keine weiteren Details des Objektes mehr sichtbar, das Bild wird nur gröber und verschwommener. Man spricht dann von *leerer Vergrößerung* (s. Abb. 15.2a).
Die Entwicklung der physikalischen Grundlagen optischer Abbildungen durch ERNST ABBÉ (1872) ermöglichte erst die Verbesserung der Mikroskope bis zur Grenze ihrer theoretischen Leistungsfähigkeit (d_{min} = 0,2 µm). Diese hängt außer von der Qualität des Objektivs vor allem von der verwendeten Wellenlänge des Lichtes ab: Je stärker und exakter die Brechungseigenschaften des Objektivs sind und je kleiner die Wellenlänge des Lichtes ist, desto besser ist das Auflösungsvermögen des Mikroskops.

Beobachtet man im Mikroskop Objekte, deren Teile das Licht unterschiedlich absorbieren, dann erscheinen manche Teile heller oder dunkler als andere. So wurden mit dem Lichtmikroskop in den Zellen Kern und Chloroplasten entdeckt.

Viele Zellbestandteile unterscheiden sich jedoch nicht in ihrer Lichtabsorption, ergeben also im lichtmikroskopischen Bild keinen Kontrast. Sie haben aber oft unterschiedliche Lichtbrechungseigenschaften. Beim *Phasenkontrast-* und beim *Interferenzkontrast*-Verfahren

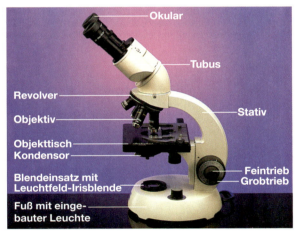

Abb. 15.1: Modernes Lichtmikroskop für Kurszwecke. Vergrößerung bis 1000fach. Gesamtvergrößerung = Objektivvergrößerung x Okularvergrößerung

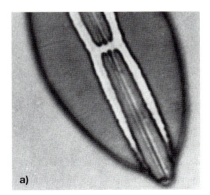
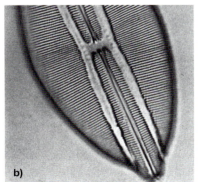
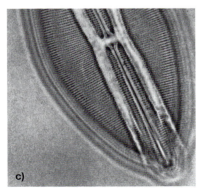

Abb. 15.2: Kieselalge *Navicula*. Trotz gleicher Vergrößerung (700fach) zeigen a, b und c unterschiedlich viele Einzelheiten. **a)** einfaches Objektiv mit geringem Auflösungsvermögen, starke Okularvergrößerung (hier „leere" Vergrößerung, s. Text); **b)** normales Kursmikroskop; **c)** Mikroskop mit hohem Auflösungsvermögen des Objektivs

16 Cytologie

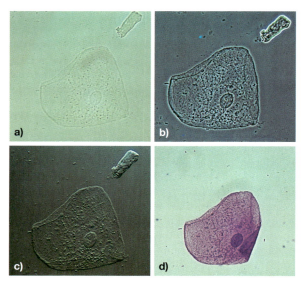

Abb. 16.1: Zellen aus der Mundschleimhaut des Menschen (lichtmikroskopische Aufnahmen, 900fache Vergößerung). **a)** normales Hellfeld; **b)** Phasenkontrast; **c)** Interferenzkontrast; **d)** fixierte und angefärbte Zelle

wird die unterschiedliche Lichtbrechung durch einzelne Objektteile in Helligkeitsstufen umgewandelt. Mit diesen beiden Verfahren werden selbst kontrastarme, durchsichtige Strukturen in der Zelle sichtbar (s. Abb. 16.1).

Herstellung lichtmikroskopischer Präparate. Um den Aufbau biologischer Objekte unter dem Lichtmikroskop studieren zu können, müssen diese normalerweise vorbehandelt werden, man stellt von ihnen *Präparate* her. *Frischpräparate* werden durch Zerzupfen oder Quetschen des Materials erhalten. Von Pflanzen können Frischpräparate mit der Rasierklinge hergestellt werden (Handschnitte). Sehr dünne Schnitte von nur 10 µm erhält man mit einem *Mikrotom*. Das Objekt wird gegen ein starkes, fein geschliffenes Messer geführt und danach automatisch um die gewünschte Schnittdicke angehoben. So lässt sich eine Serie von Schnitten herstellen. Mikrotomschnitte zarter Objekte gelingen jedoch nur, wenn die Objekte vor dem Schneiden verfestigt werden, entweder durch Einbetten in Paraffin oder andere Medien (z. B. Kunststoffe) oder durch Tiefgefrieren.

Will man *Dauerpräparate* herstellen, werden die Objekte vor dem Einbetten fixiert. Das *Fixiermittel* (Alkohol, Formaldehydlösung u. a.) sorgt dafür, dass benachbarte Proteinmoleküle miteinander vernetzt und in ihrer Lage festgehalten werden: Die Gewebe und Zellen verändern sich nicht mehr, sie sind fixiert. Vor oder nach dem Schneiden werden die Objekte normalerweise mit Farbstoffen behandelt, welche die verschiedenen Zellstrukturen unterschiedlich anfärben, sodass sie im Mikroskop deutlicher hervortreten (s. Abb. 16.1d). Durch die Anwendung verschiedener Farbstoffe, die jeweils nur mit bestimmten Inhaltsstoffen reagieren, lassen sich zahlreiche verschiedene organische Verbindungen in Zellen nachweisen und lokalisieren (Verfahren der *Histochemie*).

▶ **Konfokale Mikroskopie.** Bei diesem Verfahren wird ein scharf gebündelter Licht- oder Laserstrahl von oben (Auflicht) punktförmig auf das Objekt gerichtet. Man kann dabei verschiedene Ebenen innerhalb des Schnittes anpeilen, erfasst aber immer nur eine Schichtdicke von 0,5 µm, also nur den vom Objektiv noch scharf abgebildeten Bereich (Tiefenschärfe). Der Vorteil dieses Verfahrens liegt darin begründet, dass in darüber oder darunter liegenden Schichten kaum störendes Streulicht entsteht, und so nur der scharf gesehene Bereich erfasst wird. Dadurch erhöhen sich der Kontrast und das Auflösungsvermögen. Da jeweils nur ein kleiner Fleck des Objektes abgebildet wird, muss es Punkt für Punkt abgetastet („gescannt") und mit einem Rechner zeilenweise zu einem Rasterbild zusammengesetzt werden. Strahlt man nach und nach verschiedene Ebenen des Objektes an, wird ein dreidimensionales Bild erstellt, das mit dem Computer beliebig gedreht werden kann: Es entstehen von allen Seiten betrachtbare räumliche Darstellungen des Objektes (s. Abb. 16.2 und **Abb. 298.1**). Aus dem gespeicherten Datensatz können außerdem „optische" Schnitte durch beliebige Ebenen des Objektes hergestellt werden. Das Verfahren der Konfokalen Mikroskopie führte aufgrund dieser Möglichkeiten seit Beginn der 80er Jahre zu einer neuen Blüte lichtmikroskopischer Forschung in Biologie und Medizin.

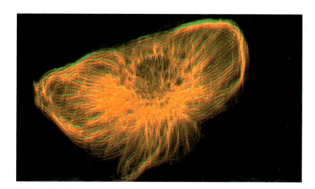

Abb. 16.2: Mit dem konfokalen Mikroskop aufgenommene Mikrotubuli-Färbung (s. auch Abb. 26.1) einer durch zuvorige Präparation gut ausgebreiteten Zelle (eine Verstärkung des dreidimensionalen Effekts erzielt man, wenn man eine Rotgrün-Brille aufsetzt, s. auch 298.1a). ◀

1.3 Das Elektronenmikroskop

Wie unter 1.2 erwähnt, besitzen die besten Lichtmikroskope eine Auflösung von maximal 0,2 µm (= 200 nm). Nun sind Feinstrukturen der Zelle viel kleiner. Um sie sichtbar zu machen, verwendet man Elektronenstrahlen anstelle von Lichtstrahlen. Mit Elektronenstrahlen arbeitet das 1934 von RUSKA erfundene *Elektronenmikroskop* (EM, Abb. 17.1). Die Wellenlänge der Elektronenstrahlen ist umso kürzer, je höher die Geschwindigkeit der Elektronen ist. Mit hoch beschleunigten Elektronen kann heute ein Auflösungsvermögen von 0,0001 µm (= 0,1 nm) erreicht werden. Die maximale Auflösung des Elektronenmikroskops ist also um den Faktor 2000 größer als beim Lichtmikroskop (s. Abb. 17.3 und 19.1).

Der Strahlengang im Elektronenmikroskop ist demjenigen im Lichtmikroskop ähnlich. Da Elektronenstrahlen von Glaslinsen nicht durchgelassen werden, benutzt man stattdessen elektromagnetische Felder, die von Magnetspulen (elektromagnetische „Linsen") erzeugt werden. Ihre Anordnung entspricht der Anordnung der Linsen im Lichtmikroskop (Abb. 17.2).

Da das menschliche Auge Elektronenstrahlen nicht wahrnimmt, lässt man sie auf einen Leuchtschirm oder eine fotografische Platte fallen. Durch das Objekt dringende Elektronen lassen den Bildschirm an den getroffenen Stellen aufleuchten. Dunkle Stellen entsprechen den Teilen des Objektes, die nur wenig Elektronen durchlassen (**T**ransmissions-**E**lektronen**m**ikroskopie, TEM). Elektronenmikroskope liefern daher nur Schwarzweißbilder.

Biologische Objekte bedürfen besonderer Präparations- und Kontrastierungsmethoden. Deshalb dauerte es fast 15 Jahre von der Entdeckung des Elektronenmikroskops bis zu seiner Verwendung in der Biologie.

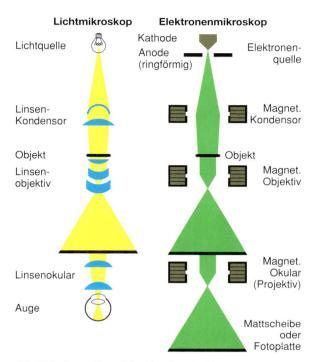

Abb. 17.2: Hauptteile und Strahlengänge im Licht- und Elektronenmikroskop (der Strahlengang des Lichtmikroskops ist der Vergleichbarkeit wegen umgedreht). Man sieht den prinzipiell ähnlichen Aufbau beider Mikroskope.

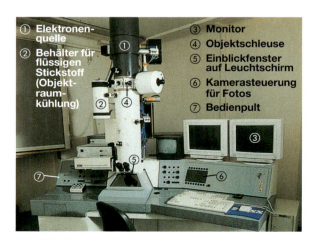

Abb. 17.1: Elektronenmikroskop

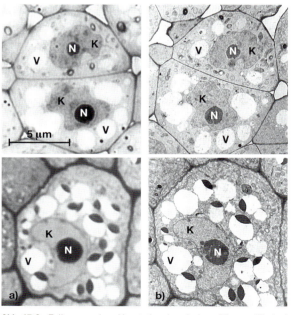

Abb. 17.3: Zellen aus dem Vegetationskegel einer Pflanze *(Elodea)* im Lichtmikroskop **(a)** und im Elektronenmikroskop **(b)**, oben 1600- und unten 2900fach vergrößert; **V** Vakuole, **N** Nucleolus, **K** Zellkern

18 Cytologie

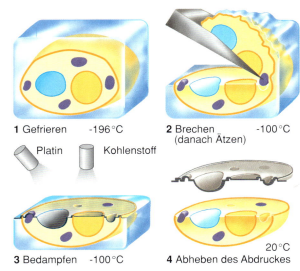

Abb. 18.1: Gefrierätztechnik (Bruch wie in Abb. 18.2)

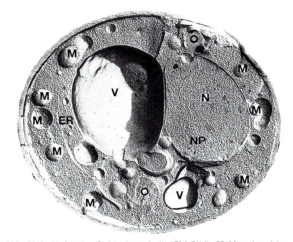

Abb. 18.2: Hefezelle. Gefrierätztechnik (EM-Bild): **M** Mitochondrien, **V** Vakuole, **N** Kern, **NP** Kernpore, **ER** Endoplasmatisches Retikulum, **O** Oleosom

Abb. 18.3: Schmetterlingsschuppe. REM-Bild, 1500- bzw. 20 000fach

Herstellung elektronenmikroskopischer Präparate.
Im Inneren des Elektronenmikroskops herrscht ein Hochvakuum, da Luftmoleküle die Elektronen abbremsen würden. Im Hochvakuum würde das Wasser der Objekte sofort verdampfen; ihre Zerstörung wäre die Folge. Daher kann man nur entwässerte, nicht lebende Objekte untersuchen. Diese werden vorher durch Einlegen in Glutaraldehyd oder andere Fixiermittel *fixiert*. Dabei werden die Strukturen durch Vernetzung von Proteinen oder Lipiden stabilisiert.

Im Elektronenmikroskop erscheinen biologische Strukturen aufgrund geringer Dichteunterschiede sehr kontrastarm. Daher behandelt man sie mit Schwermetallverbindungen (z. B. Osmiumtetroxid oder Permanganat). Dabei binden Metallatome (Os, Mn) an verschiedene Inhaltsstoffe der Zelle, z. B. Proteine, und machen diese dadurch weniger durchlässig für Elektronen *(Kontrasterhöhung)*.

Die elektronenmikroskopische Untersuchung erfordert außerordentlich dünne Präparate. Zu ihrer Herstellung dient das *Ultramikrotom* mit einem Glas- oder Diamantmesser; damit sind Schnittdicken von nur 50 nm (0,05 µm) möglich *(Ultradünnschnitte)*. Eine Zelle von der Dicke eines Blattes Papier (100 µm) kann auf diese Weise in 2000 Scheiben geschnitten werden. Voraussetzung dafür ist die Einbettung des biologischen Objektes in Kunstharz.

Sehr plastische elektronenmikroskopische Bilder biologischer Objekte lassen sich mit der *Gefrierätztechnik* herstellen (Abb. 18.1). Um die Strukturen der Zelle so weit wie möglich zu erhalten, wird die Zelle bei –196 °C schockgefroren und danach mit einem Messer im Vakuum aufgebrochen. Dabei entstehen Bruchkanten vor allem an Grenzflächen von Zellbestandteilen. Nach dem Abdampfen der oberen Eisschicht („Ätzen") erhält man eine reliefartige Oberfläche. Durch Schrägbedampfung mit Platin und Kohlenstoff wird ein ablösbarer Abdruck hergestellt, der im EM betrachtet wird. Da erhabene Stellen eine stärkere Beschichtung erhalten, erscheinen sie wegen der geringeren Elektronendurchlässigkeit dunkler und werfen im elektronenmikroskopischen Bild „Schatten" (s. Abb. 18.1 und 18.2). Man betrachtet bei diesem Verfahren also nicht das biologische Objekt selbst, sondern einen Negativabdruck des Oberflächenreliefs.

Mit dem **Rasterelektronenmikroskop (REM)** können auch ganze, nicht durchstrahlbare Objekte betrachtet werden. Dabei wird das Präparat mit einem sehr eng gebündelten Primär-Elektronenstrahl abgetastet. An jedem getroffenen Punkt sendet das Objekt Sekundärelektronen aus, und zwar unterschiedlich viele je nach bestrahlter Struktur. Ein Detektor setzt die Sekundärelektronenströme Punkt für Punkt und Zeile für Zeile

Die Zelle als Grundeinheit der Lebewesen

in entsprechende Helligkeitswerte um (Rasterbild). Man erhält ein Bild großer Tiefenschärfe und kann daher die Strukturen dreidimensional erkennen. (Abb. 18.3).

▶ **Rastersondenmikroskopie.** Vergleichbar dem Abtasten des Rillenprofils einer Schallplatte durch die Nadel eines Plattenspielers folgt bei der Rastersondenmikroskopie eine feine Sondenspitze dem Oberflächenprofil eines Objektes. Ein Computer zeichnet deren Bewegungen rastermäßig (Punkt für Punkt und Zeile für Zeile) auf: Es entsteht ein dreidimensionales Bild der Oberflächenstruktur des untersuchten Objektes.

Beim *Rastertunnelmikroskop* wird die Sonde stets so nahe an der Oberfläche des Untersuchungsobjektes entlanggeführt, dass der Elektronenfluss zwischen Sondenspitze und Objekt („Tunneleffekt") einen bestimmten Wert erreicht. Die Bewegungen der Elektrodenspitze geben dann den Höhenverlauf der abgetasteten Oberfläche wieder. Sehr weiche und nicht leitende biologische Objekte lassen sich mit diesem Verfahren aber nicht darstellen, weil keine Tunnelströme fließen und die Sondenspitze die Objektoberfläche wegen der notwendigen Auflagekraft verformt.

Eine Weiterentwicklung des Rastertunnelmikroskopes, das *Rasterkraftmikroskop,* registriert nicht den Elektronenfluss, sondern die Abstoßungskraft zwischen einzelnen Atomen des Präparats und der Sondenspitze. Eine andere Betriebsart zeichnet entsprechend der Anziehungskräfte zwischen Sonde und Präparat das Oberflächenprofil des Objektes auf. Da für beide Verfahren keine leitende Oberfläche und nur eine minimale Auflagekraft der Sonde notwendig ist, können mit diesem Verfahren viele lebende biologische Objekte und sogar an ihren Oberflächen ablaufende Stofftransporte bis in den molekularen Bereich abgebildet werden (s. Abb. 19.1 u. 19.2). ◀

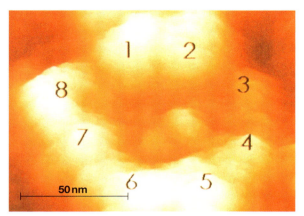

Abb. 19.2: Durch Kernpore durchtretendes Protein (1–8: die Kernpore aufbauende Proteine). Rasterkraftmikroskopische Aufnahme

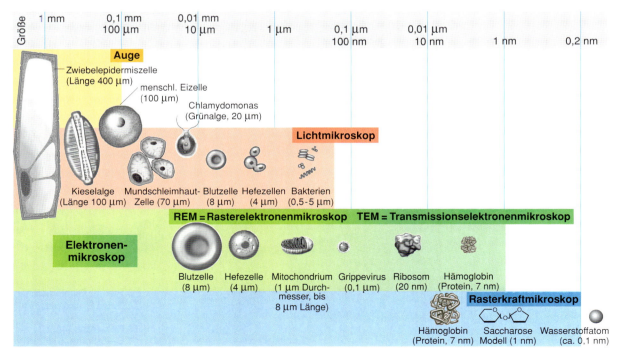

Abb. 19.1: Auflösungsvermögen des menschlichen Auges und verschiedener Mikroskope

20 Cytologie

2 Der Feinbau der Zelle

2.1 Die Zelltypen Protocyte und Eucyte

Die Zelle ist der Grundbaustein aller Lebewesen. Elektronenmikroskopische Untersuchungen zeigen aber, dass es zwei Grundtypen von Zellen gibt. Am einfachsten sind sie daran zu unterscheiden, ob sie einen Zellkern haben oder nicht. Eubakterien (zu ihnen zählen auch die Cyanobakterien = Blaualgen) und die bakterienähnlichen Archaebakterien *(Archaea)* besitzen keinen Zellkern. Sie werden daher als **Prokaryoten** bezeichnet und ihr Zelltyp als *Protocyte.* Alle anderen Organismen (Einzeller, mehrzellige Pflanzen und Tiere) haben einen von einer Hülle umschlossenen Zellkern *(Karyon),* sie sind **Eukaryoten;** ihr Zelltyp heißt *Eucyte.* Gemeinsam ist beiden Zelltypen, dass sie nach außen durch eine *Zellmembran* begrenzt sind und ein *Plasma* sowie eine prinzipiell gleich gebaute Erbsubstanz, die *Desoxyribonucleinsäure (= DNA, s. Genetik 4.1.4),* und *Ribosom*en als Zellorganellen besitzen. Strukturen wie Zellkern und Ribosomen, die ganz bestimmte Funktionen haben, bezeichnet man als *Zellorganellen.*

Prokaryoten sind einzellig, manche leben aber in Kolonien oder Zellverbänden zusammen. Die *Protocyte* der Bakterien ist meist nur 0,5–5 µm lang; somit ist die Form der Bakterien im Lichtmikroskop gerade noch zu erkennen (s. Abb. 20.1). Jede Prokaryotenzelle (Abb. 20.2) enthält ein ringförmiges, stark geknäueltes DNA-Molekül von etwa 1 mm Länge (200–2000 fache Länge der Zelle). Als Organellen finden sich häufig ins Zellinnere ragende Einfaltungen *(Mesosomen)* der Membran. Die meisten Prokaryoten besitzen außerhalb der Zellmembran eine mehrschichtige Zellwand, die v. a. Stützfunktion hat. Nach außen ragen oft geißelartige Fortsätze *(Flagellen),* die der Fortbewegung dienen, sowie etwas kleinere Strukturen *(Pili,* Sing. *Pilus)* zur Anheftung an Substrate oder andere Zellen. Fast alle anderen Zellorganellen pflanzlicher und tierischer Zellen sind nicht vorhanden.

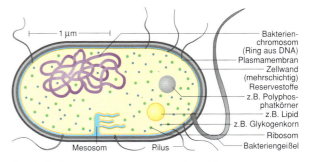

Abb. 20.2: Schema der Protocyte (Bakterienzelle)

Die *Eucyte,* der Zelltyp der **Eukaryoten,** hat in der Regel eine Größe zwischen 5 und 50 µm; sie hat damit etwa das 1000 fache des Volumens der Protocyte (s. Abb. 20.1). Große Pflanzen und Tiere haben nicht größere, sondern mehr Zellen als kleine Lebewesen. Im Zellkörper der Eucyte kann man mit dem Lichtmikroskop den Zellkern und das kontrastarme *Cytoplasma* unterscheiden. Als Cytoplasma bezeichnet man den Zellinhalt mit Organellen, jedoch ohne den Zellkern. Durch Anfärben oder bei Anwendung des Phasenkontrastverfahrens sind ferner *Mitochondrien,* in Pflanzenzellen außerdem die *Chloroplasten,* leicht zu erkennen, weil sie grüne Blattfarbstoffe (Chlorophylle) enthalten. Pflanzenzellen haben im Gegensatz zu tierischen Zellen oft große flüssigkeitserfüllte Zellsafträume *(Vakuolen)* und eine der Membran aufgelagerte *Zellwand.* Weitere Organellen sind nur im Elektronenmikroskop zu erkennen (s. Abb. 21.1 bis 21.3). Die Zellen sind umschlossen von einer Membran; bei Pflanzen wird diese *Plasmalemma* genannt. Auch die meisten Zellorganellen sind von Membranen umgeben und bilden daher eigene, vom Cytoplasma abgetrennte Reaktionsräume *(Kompartimente).* Alle Organellen befinden sich in einem wenig lichtbrechenden, meist zähflüssigen *Grundplasma.* Es enthält in wässrigem Milieu viele Proteine, ferner Ionen, Kohlenhydrate (Zucker) und Nucleinsäuren. Durch die große Zahl von Zellorganellen, insbesondere die Elemente des Cytoskeletts, ist das Zellinnere reich an Strukturen (s. Abb. 21.3).

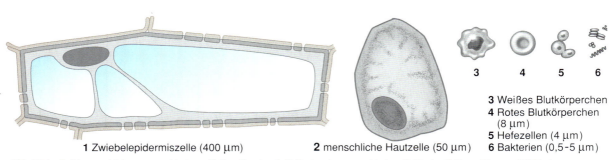

Abb. 20.1: Größenvergleich von verschiedenen Zellen. Eucyten **1–5**; Protocyten: verschiedene Bakterien **6**; Vergrößerung 1000fach

Der Feinbau der Zelle 21

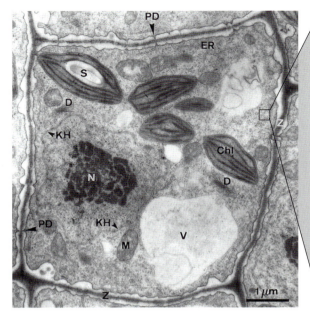

Abb. 21.1: Elektronenmikroskopisches Bild einer Pflanzenzelle. 7500fach. (Lebermoos *Riella helicophylla*), **Chl** Chloroplast, **S** Stärkekorn, **ER** Endoplasmatisches Retikulum, **PD** Plasmodesma, **D** Dictyosom, **N** Nucleolus, **Z** Zellwand, **KH** Kernhülle, **M** Mitochondrium, **V** Vakuole

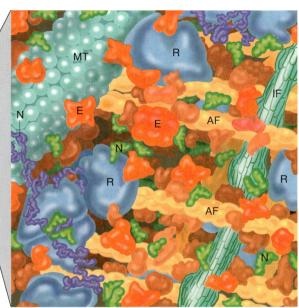

Abb. 21.3: Schematischer Ausschnitt aus dem Cytoplasma. Das Cytoplasma ist von strukturgebenden fädigen und röhrigen Strukturen durchzogen, die das Cytoskelett bilden: **MT** Mikrotubuli, **IF** Intermediärfilamente, **AF** Actinfilamente. Außerdem sind dargestellt: **E** Enzyme, **N** Nucleinsäuren, **R** Ribosomen. 1 000 000fach vergrößert

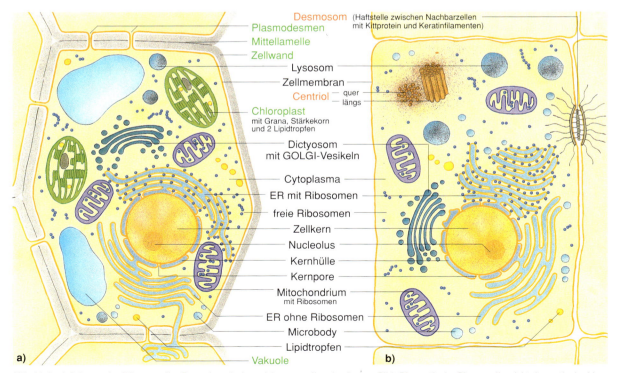

Abb. 21.2: a) Schema der Pflanzenzelle (Eucyte) nach dem elektronenmikroskopischen Bild. Plasmatische Phase gelb, nichtplasmatische blau; **b)** Schema der Tierzelle (Eucyte). Zellwand, Chloroplasten und große Vakuolen fehlen. Desmosomen sind Verknüpfungsstellen benachbarter Zellmembranen.

2.2 Membranen

Bau der Membran. Schon zu Beginn des 20. Jahrhunderts wurde beobachtet, dass bei gleicher Molekülgröße fettlösliche *(lipophile)* Stoffe leichter in die Zelle eindringen als wasserlösliche *(hydrophile)*. Daraus schloss man, dass die Membran aus fettartigen Substanzen (Lipiden) besteht. Spätere Untersuchungen bestätigten dies. Membranlipide sind allerdings *polar* gebaut, sie haben neben einem größeren lipophilen Teil ein hydrophiles Molekülende **(s. Stoffwechsel 1.3.3, Abb. 128.1).**

Lipide, die man aus der Membran Roter Blutkörperchen herauslöst, bilden auf einer Wasseroberfläche eine einmolekulare Schicht, die annähernd doppelt so groß ist wie die Oberfläche der Blutkörperchen. Das lässt den Schluss zu, dass die Membran der Zelle zwei Lagen von Lipiden *(Lipiddoppelschicht)* enthält. Unter Wasser aber bilden Membranlipide zwangsläufig eine Doppelschicht (s. Abb. 22.1 c). Dabei gelangen die lipophilen Molekülteile nach innen, sie wenden sich einander zu. Die hydrophilen Enden ordnen sich außen an, sie stehen in Kontakt mit dem umgebenden Wasser. Die gleiche Verteilung findet im (wässrigen) Grundplasma der Zelle statt. Das elektronenmikroskopische Bild der mit Metallatomen kontrastierten (s. 1.3) Membran bestätigt diese Anordnung der Lipide: Es zeigt zwei dunkle Streifen außen und einen hellen innen (s. Abb. 22.1 b). Die nach außen gerichteten hydrophilen Molekülteile werden durch Anlagerung von Metallatomen elektronendichter und erscheinen im EM-Bild dunkler, die lipophilen Molekülbereiche sind ungeladen und gehen keine Bindungen mit Metallatomen ein. Sie sind daher elektronendurchlässiger und bilden den helleren Bereich.

In der Regel sind Zellmembranen etwas dicker (7–10 nm) als reine Lipiddoppelschichten (5 nm). Membranen bestehen nämlich zu 30–70 % aus Proteinen. Die größeren *Membranproteine* durchziehen quer die ganze Lipiddoppelschicht, die kleineren liegen nur in einer der beiden Lipidschichten; die Membranproteine ragen in unterschiedlichem Maß aus der Lipiddoppelschicht heraus. Gefrierbruchpräparate von Membranen zeigen im EM-Aufsichtsbild die Verteilung der Proteine in der Membran (Abb. 22.1 a). Weitere Proteine sind der Membran lose aufgelagert. An der äußeren Zelloberfläche können die Membranproteine und -lipide Kohlenhydratketten tragen.

Die Membran ist jedoch kein starres „Häutchen"; vielmehr verschieben sich die Lipidmoleküle aufgrund der Wärmebewegung der Teilchen fortlaufend gegeneinander und die Proteine bewegen sich in der zähflüssigen Lipidschicht wie „Eisberge im Wasser".

Membranen von Zellorganellen haben den gleichen Grundaufbau wie die Zellmembran. Man spricht daher auch allgemein von der *Biomembran*. Die Abb. 22.2 zeigt die heutige Vorstellung vom Bau der Biomembran im Schema.

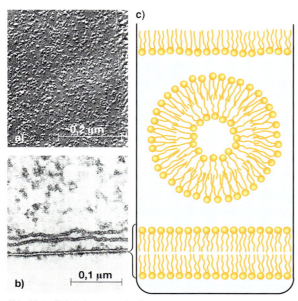

Abb. 22.1: EM-Aufnahmen der Zellmembran einer pflanzlichen Zelle: **a)** Gefrierbruch. Aufsicht (die erkennbaren Partikel sind Membranproteine); **b)** EM-Dünnschnittbild; **c)** Anordnungen von Membranlipiden auf und in Wasser (Schema)

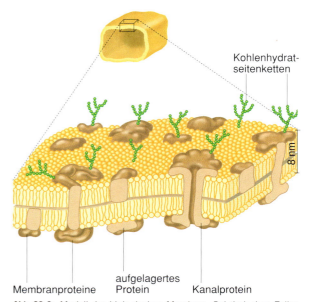

Abb. 22.2: Modell der biologischen Membran. Bei tierischen Zellen ragen Ketten von Zuckermolekülen nach außen. Die Zucker (grün) sind mit einzelnen Proteinmolekülen (braun) bzw. Lipidmolekülen (gelb) verbunden.

Der Feinbau der Zelle

Funktionen von Biomembranen. Innerhalb der Zelle grenzen Membranen verschiedene Reaktionsräume voneinander ab. Man kann zwei grundlegende Reaktionsräume unterscheiden: Die proteinreichen und damit wasserärmeren nennt man *„plasmatische"*, die proteinärmeren (wasserreichen) *„nichtplasmatische"* Reaktionsräume (s. Abb. 21.2, ein nichtplasmatischer Raum gehört trotz seiner Bezeichnung zum Cytoplasma). So stellt z. B. das Innere von Vakuolen einen nichtplasmatischen, das sie umgebende Plasma den plasmatischen Raum dar. An jede Membran im Inneren der Zelle grenzt auf der einen Seite ein plasmatischer, auf der anderen ein nichtplasmatischer Reaktionsraum an. Membranen bilden nie freie Enden; eine Abtrennung von Membranen kann nur in Form von geschlossenen Vesikeln (Bläschen) stattfinden. So entsteht im Vesikel ein neuer Reaktionsraum. Bei der Verschmelzung oder Abtrennung von Membranen können nur gleichartige Reaktionsräume miteinander verschmelzen oder voneinander getrennt werden. Daher bleiben plasmatischer und nichtplasmatischer Raum stets getrennt. Neue Membranbausteine können in eine vorhandene Membran eingelagert werden; so wird die Membran vergrößert und die Abtrennung von Vesikeln möglich. Die ständig in der Zelle ablaufende Neubildung, Verschmelzung und Formänderung von Membranen bezeichnet man als *Membranfluss*.

Alle Membranen sind zwar prinzipiell ähnlich aufgebaut, haben aber bei den verschiedenen Organellen unterschiedliche spezifische Leistungen. Grund dafür ist vor allem der unterschiedliche Anteil der verschiedenen eingelagerten Proteine.

Membranen bestimmen den *Stoffaustausch* zwischen der Zelle und ihrer Außenwelt und zwischen Organellen und Cytoplasma, indem sie Schranken für den Durchtritt von Stoffen bilden. Sehr kleine Moleküle (z. B. Wassermoleküle) können Membranen immer passieren, größere molekulare Verbindungen (z. B. Zucker) und Ionen jedoch nicht. Da diese aber in die verschiedenen Reaktionsräume gelangen müssen, erfolgen besondere Transportvorgänge durch die Membran. Dafür sind spezifische Membranproteine verantwortlich, die nur ganz bestimmte Moleküle oder Ionen passieren lassen.

Besondere Membranproteine bewirken die *Weiterleitung von Signalen* ins Innere der Zelle bzw. eines Organells. Diese *Rezeptorproteine* spielen für die Informationsaufnahme durch die Zelle eine wichtige Rolle.

Die aus der Zellmembran herausragenden Kohlenhydratketten und die Membranproteine sind *Kontakt-* und *Erkennungszonen* zwischen Zellen. An ihnen erkennt beispielsweise die Spermazelle eine Eizelle der gleichen Art; sie dienen auch dem Informationsaustausch im Immunsystem.

- Abgrenzung von Zellen und Zellräumen (Organellen)
- Regelung des Stoffaustausches zwischen Zellen und ihrer Umgebung, desgleichen zwischen Organellen und dem Grundplasma *(Cytologie 2.3. und 3)*
- Einbau von Enzymen und anderen Proteinen in die Membran zum geordneten Ablauf von Reaktionsketten *(Stoffwechsel 2.1 und 3.2)*
- Aufbau elektrischer Potentiale *(Neurobiologie 1.3)*
- Erkennen von Nachbarzellen und fremden Stoffen *(Immunbiologie 2.2)*
- Informationsaufnahme in die Zelle, Auslösung von Signalketten *(Stoffwechsel 1.6, Hormone 3)*

Abb. 23.1: Funktionen von Membranen

2.3 Die Organellen der Eucyte

Die meisten Organellen sind von Membranen umgrenzte Reaktionsräume, in denen jeweils bestimmte Stoffwechselvorgänge ablaufen. Die schon im Lichtmikroskop sichtbaren „großen" Zellorganellen sind der *Zellkern* und die *Mitochondrien* sowie bei den Pflanzen die *Plastiden*. Sie sind von zwei Membranen umgeben und entstehen immer durch Teilung aus ihresgleichen. Von nur einer Membran umgeben sind die „kleinen" Organellen: das *Endoplasmatische Retikulum (ER)*, die *Dictyosomen, Lysosomen, Vakuolen* und *Microbodies*. Diese werden erst bei elektronenmikroskopischer Auflösung sichtbar. Die einfachsten Organellen besitzen keine Membran. Dazu gehören die *Ribosomen* und die Bestandteile des *Cytoskeletts*.

2.3.1 Organellen mit zwei Membranen

Zellkern *(Nucleus, Karyon).* Der Zellkern ist oft das größte Organell einer Zelle. Er ist von zwei Membranen umgeben. Diese bilden die Kernhülle; sie wird vom Endoplasmatischen Retikulum aus gebildet. Die Kernhülle besitzt Poren, durch die das Kerninnere mit dem Cytoplasma in Verbindung steht. Diese Kernporen sind so groß, dass Makromoleküle hindurchtreten können (s. Abb. 19.2 und 23.2).

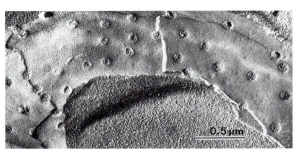

Abb. 23.2: Kernhülle (aus Wurzelzelle der Küchenzwiebel; Gefrierätzpräparat, EM-Bild). Erkennbar sind die äußere und innere Kernhülle sowie zahlreiche Kernporen.

24 Cytologie

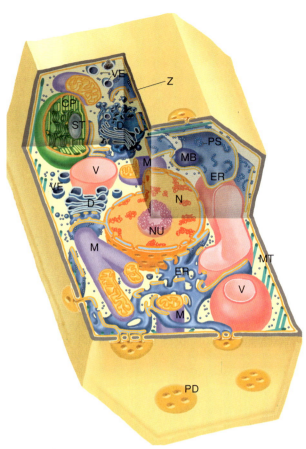

Abb. 24.1: Schema einer aufgeschnittenen Pflanzenzelle (nach EM-Aufnahmen). **D** Dictyosom, **VE** Vesikel, **N** Nucleus = Kern, **NU** Nucleolus = Kernkörperchen, **ER** Endoplasmatisches Retikulum, **CP** Chloroplast, **M** Mitochondrium, **V** Vakuole, **PS** Polysomen (Ribosomen), **MB** Microbody, **MT** Mikrotubuli, **ST** Stärkekorn, **PD** Plasmodesmen, **Z** Zellwand

Im Inneren des Kerns wird durch geeignetes Anfärben ein Netz dünner Fäden, das *Chromatin,* sichtbar. Dieses liegt in Form von *Chromosomen* vor, die während der Kernteilung verdichtet und somit im Lichtmikroskop sichtbar sind. Zwischen den Teilungen sind sie teilweise entschraubt (Abb. 34.1 und **Genetik Abb. 324.1**), das Chromatin ist dadurch diffus im Kern verteilt. Es besteht vor allem aus *Desoxyribonucleinsäure* (DNA) und daran gebundenen Proteinen (*s. Genetik 4.1*). Die DNA enthält die Erbinformation, die alle Vorgänge des Stoffwechsels, des Wachstums und der Entwicklung steuert. Bei der Zellteilung und der Vermehrung von Organismen wird diese Information weitergegeben.
Die auffälligsten Strukturen im Zellkern sind die *Kernkörperchen (Nucleoli,* Sing. *Nucleolus),* körnige Bereiche, die vorwiegend aus Ribonucleinsäuren bestehen. Ein Zellkern besitzt normalerweise zwei Nucleoli.

Außerdem enthält der Kern Cytoskelett-Strukturen, die als *Kernskelett* bezeichnet werden. Dieses steht mit dem Chromatin in Verbindung: Die Chromosomen sind gewissermaßen im Kernskelett aufgehängt. Es hat zudem Aufgaben bei der Neubildung der Kernhülle nach der Zellteilung.

Mitochondrien sind in Gestalt und Größe unterschiedlich (meist stäbchenförmig oder gekrümmt) und bis 10 µm lang (s. Abb. 24.1 und 24.2 sowie **Stoffwechsel, Abb. 152.1**). Ihre innere Membran ist faltenförmig, schlauchförmig oder unregelmäßig in den plasmatischen Innenraum eingestülpt und kann sich auch nach innen abschnüren. Ein Mitochondrium besitzt zwei Reaktionsräume, einen nichtplasmatischen zwischen der äußeren und der inneren Membran und einen plasmatischen, den Innenraum des Organells (Mitochondrien-Matrix). Durch die Einstülpungen der inneren Membran ist diese stark vergrößert, sodass an ihr viele Reaktionen gleichzeitig ablaufen können (Näheres zur Funktion der beiden Reaktionsräume, *s. Stoffwechsel 3.2.*).
Mitochondrien sind wesentlich am Stoffabbau und an der Energiegewinnung der Zelle beteiligt. Man kann sie daher auch als „Kraftwerke" der Zelle betrachten. Die Zahl der Mitochondrien je Zelle hängt oft von der Intensität des Zellstoffwechsels und dessen Energiebedarf ab; beispielsweise enthält eine Leberzelle weit über 1000 Mitochondrien.

Plastiden. Diese kommen nur in Zellen von Pflanzen vor. Die durch Chlorophyll grün gefärbten *Chloroplasten* (s. Abb. 24.1) dienen vor allem der Fotosynthese, sie produzieren Zucker und Stärke. Die roten oder gelben *Chromoplasten* färben Blüten, Früchte und bunte Blätter. In den nicht gefärbten Pflanzenteilen (Knollen, Wurzelstöcke) wird in farblosen *Leukoplasten* die Reservestärke gespeichert. Die Hülle von Mitochondrien und Plastiden besitzt keine Poren. Die Struktur und die Funktion der Chloroplasten werden im Kapitel **Stoffwechsel 2.1** genauer besprochen.

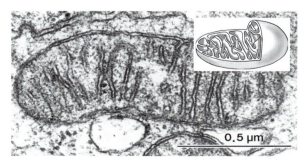

Abb. 24.2: Mitochondrium. EM-Bild und Schema

2.3.2 Organellen mit einfacher Membran

Endoplasmatisches Retikulum (ER). Dieses Organell ist ein netzförmiges System (lat. *Reticulum* = Netzchen) membranumhüllter Kanälchen und Säckchen, welches das Cytoplasma durchzieht (s. Abb. 24.1 und 25.1). In der Membran des ER werden polare Lipide gebildet. Diese werden wie auch Proteine in die ER-Membran eingebaut. In Form abgeschnürter Bläschen (Vesikel) werden Membranteile des ER zu ihren Bestimmungsorten (z. B. den Dictyosomen oder Lysosomen, s. u.) transportiert und dort eingefügt. Das ER ist der Bildungsort der Membranen der meisten Zellorganellen sowie der Zellmembran. Durch den Einbau von Membranbausteinen und die Abgabe von membranumhüllten Vesikeln ändert sich die Form des ER ständig (*Membranfluss*, s. 2.2). Das ER ist außerdem ein wichtiges Transportsystem für Proteine und andere Stoffe innerhalb der Zelle.

Dictyosomen sind Stapel flacher membranumgrenzter nichtplasmatischer Reaktionsräume, die mit bestimmten Stoffen beladene Vesikel abschnüren (*GOLGI-Vesikel*) und diese Materialverluste aus Vesikeln ergänzen, die vom ER angeliefert werden (s. Abb. 24.1 und 25.1). Die Gesamtheit aller Dictyosomen einer Zelle wird (nach dem Entdecker GOLGI, 1844–1926) als *GOLGI-Apparat* bezeichnet. Bei Bedarf werden Stoffe, vor allem Proteine, in GOLGI-Vesikeln zu anderen Organellen oder zur Ausschüttung aus der Zelle zur Zellmembran transportiert. In pflanzlichen Dictyosomen werden auch Bausteine der Zellwand hergestellt. Dictyosomen erfüllen also vielfältige Aufgaben der Umwandlung von Stoffen sowie deren Sortierung, Verpackung und Transport.

▶ Werden Stoffe durch GOLGI-Vesikel zur Zelloberfläche transportiert, reagiert die Vesikelmembran mit der Zellmembran so, dass der Inhalt des Bläschens nach außen abgegeben werden kann. Die Vesikelmembran kann in der Zellmembran aufgehen; auf diesem Weg vergrößert sich bei wachsenden Zellen die Zellmembran. Bei nicht mehr wachsenden Zellen (z. B. Drüsenzellen), die fortlaufend Proteine abgeben, würde auf diesem Weg die Zellmembran zu groß. Die Vesikel sind in diesem Fall von einem Proteinnetz umgeben (und heißen daher „*coated vesicles*", s. Abb. 25.1). Nach ihrer Entleerung lösen sie sich wieder von der Zellmembran und wandern zurück zum GOLGI-Apparat (*Membran-Recycling*). ◀

Lysosomen sind kleine Organellen (0,1–1 µm). Sie enthalten zahlreiche Enzyme, mit deren Hilfe Makromoleküle (z. B. Proteine) abgebaut werden; in manchen Zel-

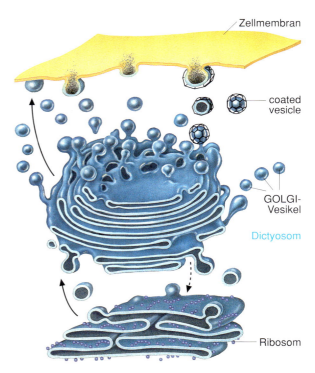

Abb. 25.1: Dictyosom mit anschließendem Membransystem des Endoplasmatischen Retikulums und mit GOLGI-Vesikeln, die zum Teil zur Zellmembran wandern. GOLGI-Vesikel können von einem Proteinnetz umgeben sein („coated vesicles").

len können sie auch große Partikel, ganze (z. B. gealterte) Organellen und sogar Mikroorganismen aufnehmen und verarbeiten. Sie sind die Verdauungsorganellen der Zellen. Stirbt eine Zelle, so löst sich die Lysosomenmembran auf, und die frei werdenden Enzyme verdauen die Zellstrukturen. Man nennt diesen Vorgang *Autolyse* (Selbstauflösung der Zelle). Lysosomen werden ähnlich wie die GOLGI-Vesikel vom GOLGI-Apparat gebildet (s. Abb. 33.1).

Microbodies (Durchmesser ca. 1 µm) sind membranumgebene Organellen (s. Abb. 24.1), in denen ganz bestimmte Stoffwechselreaktionen ablaufen. Dabei kann das wegen seiner Reaktionsfähigkeit für die Zelle giftige Wasserstoffperoxid (H_2O_2) entstehen. Die Microbodies enthalten ein Enzym (Katalase), das Wasserstoffperoxid rasch abbaut und damit für die Zelle unschädlich macht.

Vakuolen sind wasserreiche, nichtplasmatische Reaktionsräume. In pflanzlichen Zellen werden sie sehr groß (s. Abb. 24.1); es fließen oft mehrere zu einer einzigen großen Vakuole zusammen. Diese füllt dann den

26 Cytologie

größten Teil der Zelle aus (s. Abb. 14.3). Den Inhalt pflanzlicher Vakuolen bezeichnet man als Zellsaft; er besteht aus einer wässrigen Lösung von Ionen und organischen Verbindungen (z. B. Zucker, Säuren, Farbstoffe, wenig Protein). Vakuolen können als Speicher für Nährstoffe und Zellabfall, aber auch für Abwehrstoffe gegen Fressfeinde dienen. Die Wassermenge des Zellsaftes wirkt sich entscheidend auf die Stabilität vieler pflanzlicher Gewebe aus (s. Verwelken/Turgor: 3.1 und *Ökologie 1.3.1*). Die Membran, welche die Vakuole begrenzt, heißt bei Pflanzen *Tonoplast*.

2.3.3 Organellen ohne Membran

Diese Organellen bilden keine vom Cytoplasma getrennten Kompartimente; sie entstehen durch Zusammenlagerung *(self-assembly)* ihrer Molekülbausteine.

Ribosomen sind 15–30 nm groß. Sie sind stets aus zwei verschieden großen Untereinheiten aufgebaut (s. Abb. 26.2 Pfeile im EM-Bild und Schema). Diese bestehen aus einer festgelegten Anzahl von Protein- und Ribonucleinsäuremolekülen. An den Ribosomen findet die Bildung neuer Proteine statt (näheres *s. Genetik 4.2.3.* und *Abb. 332.1*). Im Cytoplasma liegen die tätigen Ribosomen in Gruppen oder perlschnurartig aufgereiht beieinander. Man bezeichnet sie dann als *Polysomen*. Ribosomen können auch an die plasmatische Seite des ER angelagert sein; dieses wird dann *„raues"* ER genannt im Unterschied zum ribosomenfreien *„glatten"* ER (s. Abb. 21.2, 24.1 und 25.1).

Cytoskelett. Das Cytoskelett ist ein räumliches Netzwerk fädiger und röhrenförmiger Proteinstrukturen im Cytoplasma (s. Abb. 26.1). Man unterscheidet:

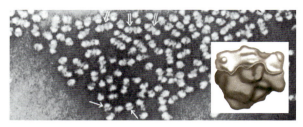

Abb. 26.2: Ribosomen. EM-Bild und Schema

Mikrotubuli. Dies sind röhrenförmige Gebilde mit einem Durchmesser von etwa 25 nm (Abb. 21.3). Aufgebaut sind sie aus Molekülen des Proteins Tubulin. Mikrotubuli sind auch Bauelemente der Centriolen und Kernspindeln sowie der Geißeln und Wimpern (*Cilien*; s. 2.4, Abb. 27.1).

Mikrofilamente = Actinfilamente (s. Abb. 21.3 und 26.1). Sie bestehen vorwiegend aus dem Protein Actin und haben einen Durchmesser von 6–7 nm.

Intermediäre Filamente. Diese haben einen Durchmesser von 10 nm, der also zwischen dem von Mikrofilamenten und dem von Mikrotubuli liegt, daher der Name. Sie können je nach Zelltypus aus verschiedenen Proteinen bestehen. Zu den Proteinen der intermediären Filamente gehört das *Keratin*. Es wird in Zellen der Haut stark vermehrt und bildet dann nach deren Absterben die Hornsubstanz (z. B. Haare, Hornhaut).

Mikrofilamente und Mikrotubuli können in der Zelle ziemlich rasch aus ihren Bausteinen neu gebildet und auch wieder zu diesen abgebaut werden. Hingegen sind die intermediären Filamente langlebig.

Centriolen. Bau und Aufgaben s. 2.4.

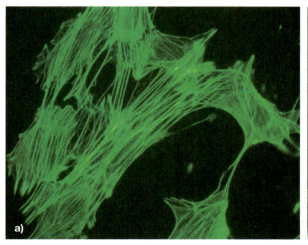
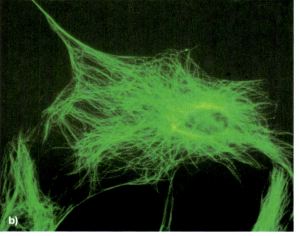

Abb. 26.1: Teil des Cytoskeletts (Nierenzellen). Es besteht aus Mikrofilamenten, intermediären Filamenten und Mikrotubuli. **a)** zeigt die Actinfilamente; **b)** die Mikrotubuli. Die jeweils anderen Bestandteile des Cytoskeletts sind nicht zu erkennen.

2.4 Aufgaben des Cytoskeletts

Während man die Strukturen des Cytoskeletts aufgrund der Forschungen der letzten Jahrzehnte recht gut kennt, sind seine Funktionen erst zum Teil geklärt. Neben der Festlegung der Zellgestalt (bei Zellen von Tieren) ist es für Bewegungsvorgänge, für den Transport von Organellen und Vesikeln sowie für Vorgänge bei der Signalübertragung in der Zelle verantwortlich.

Formgebung. Die Gestalt tierischer Zellen, denen die formgebende Zellwand der Pflanzen fehlt, wird wesentlich durch das Cytoskelett bestimmt. Im Randbereich der Zelle, direkt unter der Zellmembran, bilden Actinfilamente, in wachsenden Zellen oft auch Mikrotubuli, ein dichtes Netz (s. Abb. 26.1). Das Netzwerk ist in der Zellmembran verankert; so entsteht bei tierischen Zellen die Form und eine gewisse mechanische Festigkeit. Intermediärfilamente sind besonders zahlreich in Zellen, die Druck- oder Zugbelastungen ausgesetzt sind. In den Zellen der äußeren Schichten menschlichen Oberhautgewebes liegen beispielsweise aus Keratin aufgebaute Intermediärfilamente. Sie durchziehen das ganze Plasma von Membran zu Membran. Über besondere Proteine in den Membranen benachbarter Zellen sind diese Cytoskelettstrukturen der Oberhautzellen miteinander verbunden und verleihen dem Oberhautgewebe Elastizität und Zugfestigkeit.

Plasmabewegung. In fast allen Zellformen sind Plasmabewegungen zu beobachten. Viele Pflanzenzellen zeigen Plasmaströmung: Das Cytoplasma bewegt sich ständig. Die dafür notwendigen Plasmabewegungen kommen dadurch zustande, dass bewegliche Filamente von so genannten *Motorproteinen* an verankerten Actinfilamenten entlanggleiten und die Bewegung des Plasmas erzeugen. Motorproteine sind auch an anderen Bewegungen in der Zelle beteiligt, indem sie an Actinfilamente, Mikrotubuli oder Organellen binden und sich mit Hilfe von Energie, die sie aus der Spaltung von ATP gewinnen, an ihnen entlangbewegen.
Manche Einzeller, z. B. die Amöben, kriechen durch Ausbildung von Scheinfüßchen (Pseudopodien) umher. Solche *amöboide Bewegung* können auch Zellen im vielzelligen Organismus aufweisen, z. B. Weiße Blutkörperchen. Amöben und Weiße Blutkörperchen nehmen durch Umfließen auch feste Teilchen auf (Phagozytose, 3.4). Auch an diesen Plasmabewegungen sind die Elemente des Cytoskeletts, vor allem Mikrofilamente, beteiligt.

Muskelbewegung. In den Muskelzellen, die bei vielzelligen Tieren der Bewegung einzelner Körperteile und der Ortsbewegung dienen, erzeugen aneinander vorbeigleitende Myosin- und Actinfilamente die Kontraktion (s. *Neurobiologie 6*). Myosin gehört zu den Motorproteinen. Die Muskelbewegung wird also nach dem gleichen Prinzip wie die Plasmabewegung erzeugt.

Bewegung der Wimpern und Geißeln. Etliche Einzeller (z. B. Pantoffeltierchen, s. Abb. 27.1 a) besitzen Wimpern *(Cilien)* als Bewegungsorganellen. Bei vielzelligen Tieren und beim Menschen findet man Wimpern an Epithelzellen (s. 5.3) von Atmungs-, Verdauungs-, Ausscheidungs- und Fortpflanzungsorganen. Man bezeichnet solche bewimperten Zellschichten als *Flimmerepithelien*. Beim Menschen transportieren sie in den Bronchien Sekrettröpfchen und kleine Partikel, im Eileiter die Eizelle. Der Schlag der Wimpern kann also dem Stofftransport sowie der Fortbewegung dienen.

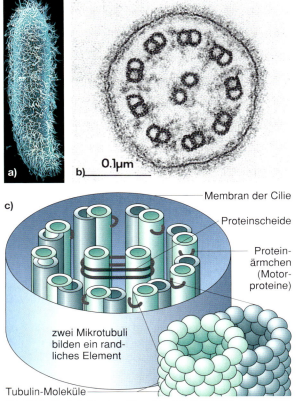

Abb. 27.1: Pantoffeltierchen *(Paramaecium caudatum)*. **a)** REM-Aufnahme; die Fortbewegung erfolgt durch koordiniertes Schlagen der Wimpern (Cilien); **b)** Cilienquerschnitt, EM-Bild und **c)** Schema des Aufbaus einer Cilie: sie enthält neun Doppel-Mikrotubuli im Randbereich und zwei zentrale Mikrotubuli, die von einer schraubig gebauten Proteinscheide umgeben sind. Proteinärmchen (Motorproteine) bewirken die Bewegung der Doppel-Mikrotubuli gegeneinander und damit der Cilie.

28 Cytologie

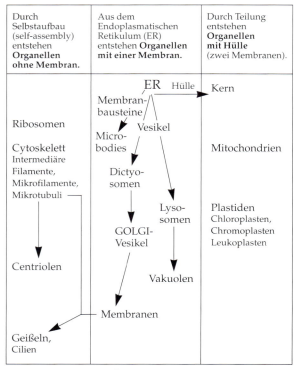

Abb. 28.1: Schematische Übersicht über die Organellen

Auffallenderweise sind alle Cilien von Eukaryotenzellen gleich aufgebaut. Sie enthalten Mikrotubuli als wichtigste Bauelemente: Neun randliche Gruppen von je zwei zusammengelagerten Mikrotubuli umgeben zwei zentrale, aber voneinander getrennte Mikrotubuli (9 + 2 Prinzip; s. Abb. 27.1 b, c). Sie werden durch elastische Proteinbrücken in ihrer räumlichen Lage gehalten. Ärmchenförmige Proteine (Motorproteine) lassen benachbarte Doppel-Mikrotubuli aneinander entlanggleiten und verursachen dadurch eine Krümmung der Doppelröhren: Die Wimper wird bewegt. Wimpern treten stets in größerer Zahl auf. Für eine gerichtete Bewegung müssen sie daher koordiniert schlagen (s. Abb. 27.1 a).

Viele Einzeller (z. B. *Euglena*, *s. Einleitung*) besitzen *Geißeln* als Bewegungsorganellen. Sie sind wesentlich länger als Wimpern, zeigen aber den gleichen Bau und arbeiten ähnlich wie Wimpern. Auch die Spermazellen der Tiere und vieler Pflanzen (Grünalgen) bewegen sich mit Hilfe von Geißeln *(s. Entwicklungsbiologie 1.2).*

Einen ganz anderen Bewegungsmechanismus haben die Flagellen („Geißeln") der Bakterien. Die Basis der Flagellen ist in der Zellmembran verankert. Diese radartig gestaltete Basis dreht sich wie im Kugellager und bewegt so das starre Flagellum.

Centriolen sind Organellen ohne Membran in tierischen und manchen pflanzlichen Zellen (z. B. in vielen Algen; bei Bedecktsamern fehlen sie, dort übernehmen andere Strukturen diese Aufgabe).

Centriolen bestehen in der Regel aus zwei kurzen Röhren, die ähnlich wie Geißeln aus Mikrotubuli aufgebaut sind. Wenn Centriolen vorhanden sind, geht von diesen die Bildung der Kernspindel bei der Zellteilung aus. Mikrotubuli der Kernspindel sind an der Ordnung der Chromosomen und ihrem Transport beteiligt (s. 4). Centriolen bilden auch die Geißelbasis (Basalkörper), die wiederum den Aufbau der Geißeln organisiert.

Bewegung von Organellen und Vesikeln. Mikroskopische Beobachtungen an lebenden Wirbeltier- oder Pflanzenzellen zeigen regelmäßige Bewegungen von Mitochondrien und kleineren membranumhüllten Organellen; in grünen Pflanzenzellen sind häufig Chloroplasten-Bewegungen zu erkennen. An diesen Transportvorgängen sind ebenfalls Motorproteine beteiligt. Deren Fracht kann auch aus Vesikeln bestehen, wie z. B. in Nervenzellen, in denen der Produktionsort von erregungsübertragenden Stoffen *(s. Neurobiologie 1.7)* weit von dem Verwendungsort entfernt liegen kann.

2.5 Verknüpfung von Zellen

Mechanische Verknüpfung von Zellen. Pflanzenzellen besitzen in der Regel eine *Zellwand*, deren Hauptbestandteil die Cellulose ist. Es handelt sich um ein Makromolekül aus Tausenden von Glucosemolekülen, also ein *Polysaccharid (s. Stoffwechsel 1.3.4).* Cellulose wird von einem Enzym im Plasmalemma nach außen abgegeben. Bündel von Cellulosemolekülen lagern sich zu stabilen *Mikrofibrillen* zusammen. In nicht mehr wachsenden Zellen können diese in Lagen mit unterschiedlicher Ausrichtung – wie Schichten einer Sperrholzplatte – übereinander angeordnet sein. Die langen und zugfesten Mikrofibrillen sind in ein Geflecht aus weiteren Polysacchariden und Proteinen eingebettet. Durch die Zellwand erhält die einzelne Pflanzenzelle eine festgelegte Form. Der Zusammenhalt der Zellen in der Pflanze erfolgt durch die *Mittellamelle,* eine Wandschicht mit reichlich Pectinstoffen. Sie wird bei der Zellteilung als Erstes von den beiden sich trennenden Zellen ausgebildet.

Für die Verknüpfung von tierischen Zellmembranen sorgen lang gezogene reißverschlussartig ineinander greifende Proteinstränge. Sie bewirken, dass Epithelzellen (z. B. des Darms) eine geschlossene Schicht bilden, sodass keine Stoffe zwischen den Zellen hindurch

Der Feinbau der Zelle

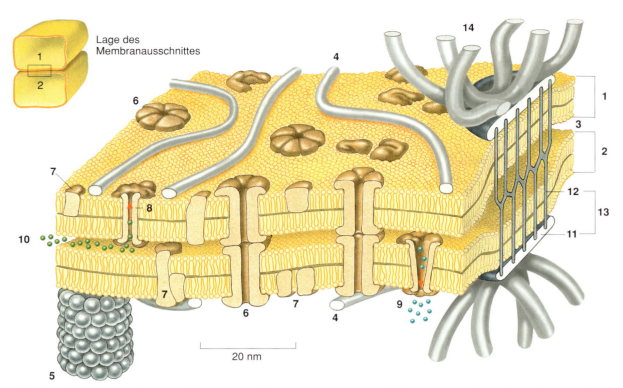

Abb. 29.1: Schema einer Verbindung von tierischen Zellen. Zwischen den Zellmembranen bleibt ein Spalt frei. Verbunden sind die benachbarten Zellen durch zahlreiche, 2 nm weite Poren, die von einer Gruppe von Proteinen gebildet werden (6). Den Ionentransport zwischen Zelle und Zwischenzellraum ermöglichen andere Proteine, die Kanäle ausbilden können (8). Transportproteine ermöglichen den aktiven Transport von Ionen und kleinen Molekülen (9). Verknüpfungen von Zellmembranen benachbarter Zellen bilden die Desmosomen (13). **1** Membran Zelle 1; **2** Membran Zelle 2; **3** Zwischenspalt; **4** Actinfilamente; **5** Mikrotubulus; **6** Poren für Stoffaustausch von Zelle zu Zelle; **7** Membranproteine; **8** Ionenkanal für passiven Transport; **9** Transportprotein (Carrier) für aktiven Transport; **10** hydratisierte K^+- und Na^+-Ionen; **11** Anheftungsfleck; **12** Transmembranproteine; **13** Desmosom; **14** Intermediärfilamente

in Körperhöhlen eindringen oder den umgekehrten Weg nehmen. An bestimmten Stellen liegen besondere Proteinbrücken (*Desmosomen*, s. Abb. 29.1), die die Membranen benachbarter Zellen wie Nieten zusammenhalten. Auf der Zellinnenseite dienen Desmosomen außerdem als Anheftungspunkte für Intermediärfilamente. Dadurch sind die Cytoskelette von Nachbarzellen miteinander verknüpft und verleihen dem Gewebe eine hohe Zugfestigkeit. Sie sind deshalb überaus zahlreich in Geweben, die besonderer mechanischer Belastung ausgesetzt sind, z. B. in Epithelgeweben.

Manche Zellen von Tieren geben nach außen Proteine ab, die ein Netzwerk bilden und als *Kollagen* dem Zusammenhalt von Zellen und Geweben dienen. So entsteht z. B. das Bindegewebe, das Organe von Tier und Mensch einhüllt und verbindet.

Direkte Verbindungen zwischen Zellen. Dem Stoffaustausch von Zelle zu Zelle dienen bei Pflanzen die *Plasmodesmen* (s. Abb. 24.1). Diese sind Poren in der Zellwand, die von Cytoplasma durchzogen sind und oft auch Kanäle des Endoplasmatischen Retikulums enthalten. Die Plasmodesmen sind also direkte Verbindungen zwischen dem Cytoplasma zweier pflanzlicher Zellen und erlauben vielen Molekülen und Ionen den Durchtritt von einer Zelle zur anderen.

Auch Zellen von Tier und Mensch tauschen Stoffe über Poren der Zellmembran aus (s. Abb. 29.1). Diese entstehen durch Aneinanderlagerung von bestimmten Proteinen benachbarter Zellen. Bei praktisch allen Tierarten ermöglichen sie je nach Porengröße anorganischen Ionen oder hydrophilen Molekülen den direkten Übergang vom Cytoplasma der einen Zelle zu dem der anderen. Dieser erfolgt entlang eines Konzentrationsgefälles zwischen benachbarten Zellen eines Gewebetyps. Da die Porenweite immer sehr gering ist, werden nur Ionen und kleine Moleküle wie Zucker und Aminosäuren transportiert, nicht aber Makromoleküle wie Proteine, Nucleinsäuren und Polysaccharide. Die Porenweite ist regulierbar; auch sind die Poren nicht dauernd geöffnet.

30 Cytologie

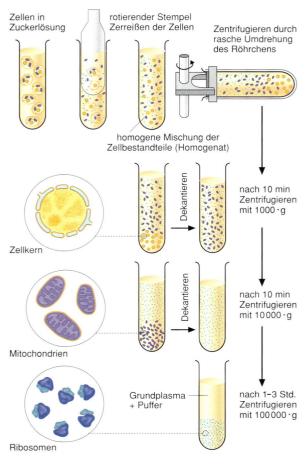

Abb. 30.1: Schema zur Trennung der Zellbestandteile durch Zentrifugieren. Beträgt die Beschleunigung der Zentrifuge das 1000fache der Erdbeschleunigung, setzen sich die Zellkerne ab, beträgt sie das 100 000fache, setzen sich die Ribosomen ab.

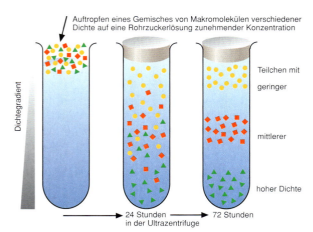

Abb. 30.2: Trennung von Teilchen durch Gleichgewichts-Dichtegradienten-Zentrifugation. Die Teilchen wandern während des Zentrifugierens zu der Stelle im Dichtegradienten, die ihrer Eigendichte entspricht; es bilden sich Banden gleicher Moleküle.

2.6 Einige Methoden der Zellforschung

Isolierung von Zellorganellen. Um die Funktion von Zellorganellen erforschen zu können, muss man die Zellbestandteile voneinander trennen. Dazu werden die Zellen eines Gewebestückes in einer Art Mixer *(Homogenisator)* oder durch Ultraschall vorsichtig aufgebrochen. Man erhält einen homogenen Brei des freigesetzten Zellinhalts. Nun trennt man die Zellbestandteile durch Zentrifugieren. Bei schneller Umdrehung des Zentrifugenröhrchens kann die Zentrifugalkraft ein Vieltausendfaches, in der *Ultrazentrifuge* ein Vielhunderttausendfaches der Erdbeschleunigung erreichen. Große und spezifisch schwere Teilchen setzen sich schon bei niedriger, kleine und leichte Teilchen erst bei hoher Drehzahl ab. In mehreren Zentrifugenläufen, die bei zunehmend höherer Drehzahl und zum Teil längerer Laufzeit durchgeführt werden *(fraktionierte Zentrifugation,* s. Abb. 30.1), lassen sich nacheinander z. B. Zellkerne, Mitochondrien, Membranstücke und Ribosomen isolieren. Es werden aber nur Organellen voneinander getrennt, die sich in ihrer Dichte oder Größe deutlich unterscheiden.

Zur Verbesserung der Trennwirkung (z. B. zur Gewinnung einer reinen Ribosomen-Fraktion) führt man in der Ultrazentrifuge eine *Dichtegradienten-Zentrifugation* durch. Man schichtet dazu in Zentrifugenröhrchen z. B. Rohrzuckerlösungen abnehmender Konzentrationen aufeinander: Die Dichte nimmt von der Oberfläche zum Boden hin kontinuierlich zu (es bildet sich ein *Dichtegradient*). Zentrifugiert man nun ein Gemisch von Zellbestandteilen, wandern die Teilchen in die Zone, die ihrer eigenen Dichte entspricht. Bei geeigneter Zentrifugiergeschwindigkeit werden innerhalb von wenigen Stunden die Bestandteile wesentlich besser getrennt als ohne Dichtegradienten (s. Abb. 30.2).

Zellkulturen. Im Organismus sind die Leistungen einzelner Zellen nur schwer zu beobachten. Für manche Experimente braucht man einheitliche Zellen gleichen Alters. Man gewinnt solche Zellen aus *Zellkulturen:* Dem Organismus werden die zu kultivierenden Zellen steril entnommen und in ein geeignetes Nährmedium gebracht. Darin vermehren sich die meisten Zellen von Tieren über 50–100 Teilungen, gehen dann jedoch zugrunde. Einige Zelltypen (z. B. Tumorzellen) teilen sich aber unbegrenzt; sie sind als Dauerkulturen reiner Zelllinien für pharmazeutische und medizinische Untersuchungen von besonderer Bedeutung **(s. auch Stoffwechsel 3.4.5 sowie Abb. 158.1).**

Viele Erkenntnisse über Wachstumsbedingungen von Zellen und die Zellteilung wurden an Zellen aus solchen Kulturen gewonnen (s. *Genetik 4.3.4* Tumorbildung).

3 Stofftransport

Die Zelle nimmt fortwährend Stoffe aus der Umgebung auf, setzt sie um und gibt Reaktionsprodukte wieder an die Umgebung ab. Welche Mechanismen sorgen dafür, dass Stoffe die Zellmembran passieren?

3.1 Diffusion und Osmose

Diffusion. Unterschichtet man in einem Standzylinder Wasser vorsichtig mit einer gesättigten Lösung von Kupfersulfat oder Zucker, so sind die beiden Flüssigkeiten zunächst deutlich voneinander getrennt. Allmählich (über mehrere Wochen) tritt eine Vermischung ein, weil Ionen bzw. Zuckermoleküle in das Wasser und umgekehrt Wassermoleküle in die Lösung eindringen, bis überall in der Flüssigkeit die gleiche Konzentration herrscht. Die Ursache hierfür liegt in der fortwährenden thermischen Bewegung („Wärmebewegung") der Teilchen. Nach und nach verteilen sie sich gleichmäßig in dem für sie zugänglichen Raum.

Die durch die Eigenbewegung herbeigeführte gleichmäßige Verteilung der Teilchen im Raum bezeichnet man als *Diffusion*. Sie tritt überall da ein, wo zwischen mischbaren Stoffen ein Unterschied in der Konzentration, ein *Konzentrationsgefälle*, besteht, und sie hört erst auf, wenn dieser Unterschied ausgeglichen ist (s. Abb. 31.1 a). Je höher der Konzentrationsunterschied zwischen den Flüssigkeiten ist, desto schneller läuft der Diffusionsvorgang ab. Verwendet man in unserem Versuch einen doppelt so hohen Zylinder, so dauert die Durchmischung nicht doppelt so lange, sondern viel länger, da die Konzentration mit zunehmender Entfernung vom Ausgangsort der Teilchen immer mehr abnimmt. Außerdem zeigen Beobachtungen, dass Moleküle mit geringerer Molekülmasse die gleiche Strecke schneller zurücklegen als schwere. Eine Temperaturerhöhung beschleunigt den Vorgang aufgrund der dann größeren Eigenbewegung der Teilchen. Die *Diffusionsgeschwindigkeit* ist also abhängig von der Art des diffundierenden Stoffes, vom Konzentrationsgefälle und der Temperatur. Daher ist der Transport kleiner Teilchen durch Diffusion innerhalb der winzigen Zelle in kurzer Zeit möglich. Über größere Strecken (z. B. in alle Zellen eines vielzelligen Organismus) sind andere Transportmechanismen notwendig *(s. Ökologie 1.3 und Stoffwechsel 4.2)*.

Osmose. In Organismen stellen Membranen Barrieren für den freien Ein- und Austritt von Molekülen und Ionen dar. Sie sind aber für verschiedene Teilchen unterschiedlich gut durchlässig. Wassermoleküle können z. B. leicht durch die beweglichen Membranbausteine (vor allem durch hydrophile Proteinporen) diffundieren, nicht aber die im Wasser gelösten Teilchen. Man nennt solche Membranen, die Wasser, nicht aber darin gelöste Stoffe durchlassen, halbdurchlässig oder *semipermeabel*. Die Zellmembran ist (näherungsweise) eine semipermeable Membran.

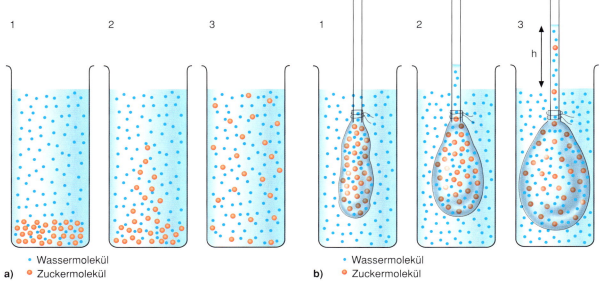

Abb. 31.1: a) Schema der Diffusion mit Phasen der Durchmischung von Lösungsmittel (Wasser) und gelöstem Stoff (Zucker) bis zur völligen Durchmischung; **b)** Schema der Osmose. Durch eine semipermeable Membran können Wassermoleküle hindurchtreten, Zuckermoleküle jedoch nicht. Wassermoleküle dringen ein und erhöhen den Druck im Inneren. In b 3 entspricht der Druck der Wassersäule dem osmotischen Druck.

32 Cytologie

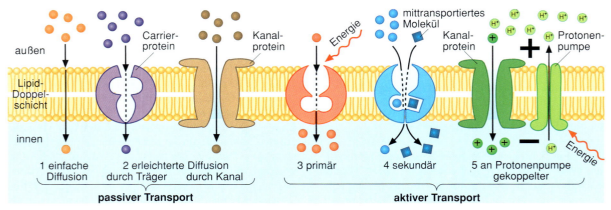

Abb. 32.1: Schematische Darstellung der Transportmechanismen durch die Membran

Diffusion durch eine semipermeable Membran heißt *Osmose*. Sie ist zu beobachten, wenn eine wässrige Lösung hoher Konzentration (z. B. eine Zuckerlösung) durch eine Membran von Wasser getrennt ist und die Membran für Wassermoleküle leicht, für die Zuckermoleküle dagegen nicht durchlässig ist. Füllt man eine Zuckerlösung beispielsweise in eine allseitig geschlossene, als semipermeable Wand wirkende Schweinsblase und hängt diese in Wasser, so entsteht in der Blase durch das Eindringen von Wasser ein zunehmender Überdruck. Da im gleichen Volumen von reinem Wasser mehr Wassermoleküle enthalten sind als in Zuckerlösung, diffundieren in der gleichen Zeit mehr Wassermoleküle in die Zuckerlösung hinein als von dieser nach außen. Es kommt zu einer Volumenzunahme der Zuckerlösung. In einem Steigrohr ist diese als Ansteigen der Wassersäule messbar. Der Prozess kommt erst zum Stillstand, wenn der ansteigende Druck der Wassersäule genauso viele Wassermoleküle hinauspresst, wie durch Diffusion hineingelangen, sodass gleich viel Wasser ein- wie ausströmt (s. Abb. 31.1 b). Man bezeichnet den dann als hydrostatischen Druck gemessenen Überdruck als *osmotischen Druck* einer Lösung; er steigt mit der Konzentration der gelösten Stoffe.

Wenn im Inneren einer Zelle die Konzentration der gelösten Stoffe höher ist als in ihrer Umgebung und die Membran semipermeabel ist, dringt Wasser durch Osmose ins Zellinnere. Bei Pflanzen führt die Aufnahme von Wasser durch Osmose zu einer Volumenzunahme der Vakuole und dadurch zu einer Erhöhung des Druckes des Zellinneren auf die Zellwand. Diesen Druck bezeichnet man als *Turgor* **(s. Ökologie 1.3.1)**. Er strafft die Zellen und bewirkt die Festigkeit vor allem krautiger Pflanzen. Das Welken von nicht verholzten Pflanzenteilen bei Wasserverlust kommt durch Abnahme des Turgors zustande.

3.2 Besondere Formen des passiven Transportes durch Membranen

Unter Mitwirkung spezifischer Membranproteine können auch Ionen und manche kleine und hydrophile organische Moleküle entsprechend dem Konzentrationsgefälle durch die Zellmembran diffundieren. Diese Transportform ohne Energieaufwand und in Richtung niedrigerer Konzentration bezeichnet man als *erleichterte Diffusion*. Sie kann durch Trägerproteine oder Proteinkanäle erfolgen. Trägerproteine *(Carrier)* nehmen das zu transportierende Molekül auf und geben es auf der anderen Membranseite wieder ab (s. Abb. 29.1 und 32.1: 2). Jeder Carrier vermittelt dabei den Durchtritt nur eines bestimmten Molekültyps oder nahe verwandter Moleküle. Die Abgabe von Glucose aus den Epithelzellen der Darmwand in den Zwischenzellraum und die Blutbahn erfolgt über diesen Transportweg. Spezifische Proteinkanäle, die den Durchtritt jeweils nur ganz bestimmter Ionen zulassen, nennt man *Ionenkanäle*. Sie öffnen sich nur auf ein spezifisches Signal hin. Das Signal kann je nach Kanaltyp eine Spannungsänderung (Potentialänderung) an der Zellmembran, ein bestimmtes Signalmolekül oder ein mechanischer Einfluss (z. B. Druck) sein. Ionenkanäle kommen in allen Zellen vor. Man kann über 100 Arten unterscheiden; eine einzelne Nervenzelle kann zehn oder mehr verschiedene Ionenkanäle besitzen.

Verschiedene Ionenkanäle ermöglichen den Durchtritt jeweils einer Ionenart in Richtung eines Konzentrationsgefälles (s. Abb. 32.1: 2). Man spricht dann – wie bei *einfacher* und *erleichterter Diffusion durch Träger* – von *passivem Transport,* da keinerlei Energiezufuhr benötigt wird. Dieser Typ der Ionenkanäle spielt eine wichtige Rolle bei elektrischen Vorgängen an Nerven- und Sinneszellen **(s. Neurobiologie 1.4.3)**.

3.3 Aktiver Transport

Der Transport vieler Moleküle und Ionen ist nur unter Aufwand von Energie möglich. Man spricht dann von einem *aktiven Transport*. Dieser findet an bestimmten Membranproteinen statt. Jedes transportierende Membranprotein befördert nur ganz bestimmte Moleküle oder Ionen.

Aktiver Transport unter Energieaufwand kann auch gegen ein Konzentrationsgefälle oder Ladungsgefälle erfolgen, sodass z. B. eine starke (weit über 1000fache) Anreicherung bestimmter Ionen in der Zelle möglich ist, obwohl sie in der Umgebung nur in geringer Konzentration vorliegen. In fast allen tierischen Zellen befördert ein besonderes Transportprotein *(Carrier)* unter Energieaufwand gleichzeitig Na^+-Ionen nach außen und K^+-Ionen nach innen. Man bezeichnet es als *Natrium-Kalium-Pumpe* (s. *Neurobiologie 1.3*). Da für diesen Transport ein direkter Energieaufwand notwendig ist, spricht man von *primär aktivem Transport* (s. Abb. 32.1: 3).

In manchen Fällen pumpen *Carrier* Ionen durch aktiven Transport gegen ein Konzentrationsgefälle aus der Zelle heraus. Die transportierten Ionen wandern dann mit dem Konzentrationsgefälle wieder zurück, wobei auch andere Teilchen (z. B. Zucker) mittransportiert werden. Diese können dadurch auch gegen ein Konzentrationsgefälle in die Zelle gelangen. Dieser Vorgang heißt *sekundär aktiver Transport* (Abb. 32.1: 4).

Auch manche *Ionenkanäle* ermöglichen den Transport anorganischer Ionen durch die Membran gegen ein Konzentrationsgefälle. Als Energiequelle für diesen „Bergauftransport" dient häufig das Membranpotential, das durch Protonenpumpen unter Energieaufwand aufgebaut wird. Gegen ihr Konzentrationsgefälle können dann Ionen (z. B. K^+) durch spezifische Kanäle ins Zellinnere treten (s. Abb. 32.1: 5). Die meisten Zellen enthalten aufgrund dieses (an eine Protonenpumpe gekoppelten) Transportes um ein Vielfaches höhere Konzentrationen an Ionen als das Außenmedium.

Ionenkanäle transportieren viel rascher als Carrier: In einer Sekunde können über 10 000 Ionen einen Kanal passieren; das ist ein Vielfaches der Transportrate des schnellsten bekannten Carriers.

3.4 Endozytose und Exozytose

Endozytose. Flüssige und feste Stoffe (z. B. Nahrungspartikel), welche die Zellmembran erreichen, können von ihr bläschenförmig umschlossen werden. Das Bläschen (Vesikel) trennt sich von der Membran und

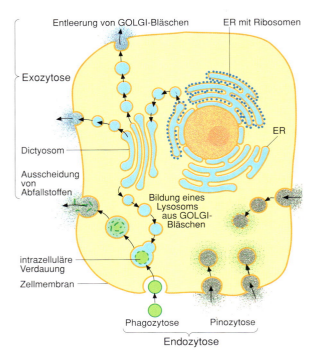

Abb. 33.1: Endozytose und Exozytose

wandert – geführt durch die fädigen Strukturen des Cytoskeletts – ins Zellinnere. Die Aufnahme flüssiger Stoffe in Vesikel bezeichnet man als *Pinozytose*, diejenige fester Stoffe als *Phagozytose* (s. Abb. 33.1). Bei der Phagozytose verschmilzt das Bläschen im Zellinneren häufig mit einem Lysosom, das Verdauungsenzyme enthält. Aus dem Phagozytosebläschen ist dann eine Verdauungsvakuole geworden.

Exozytose. Die Dictyosomen schnüren GOLGI-Vesikel ab *(s. 2.3.2)*, die zur Zelloberfläche wandern. Der Inhalt wird dort nach außen abgegeben. Vesikel können ihren Inhalt auch von einer Seite der Zelle zur anderen transportieren und dort wieder nach außen entleeren. Auf diese Weise wird der Bläscheninhalt einfach durch die Zelle hindurchgeschleust (z. B. Fetttröpfchen durch Zellen der Darmschleimhaut). Diese Transportvorgänge erfolgen in *„coated vesicles"*; sie lösen sich nach Entleerung von der Membran und werden für einen erneuten Transport wieder verwendet (Membranrecycling, s. S. 25).

Bei der Endo- und Exozytose werden Lösungen oder größere Partikel in die Zelle gebracht oder hinaustransportiert. Die eingeschlossenen Stoffe passieren dabei die Vesikelmembran nicht: Sie bleiben auch innerhalb der Zelle im nichtplasmatischen Raum. Ein Übergang in den plasmatischen Raum erfordert stets einen Transport durch eine Membran (s. 3.1 bis 3.3).

34 Cytologie

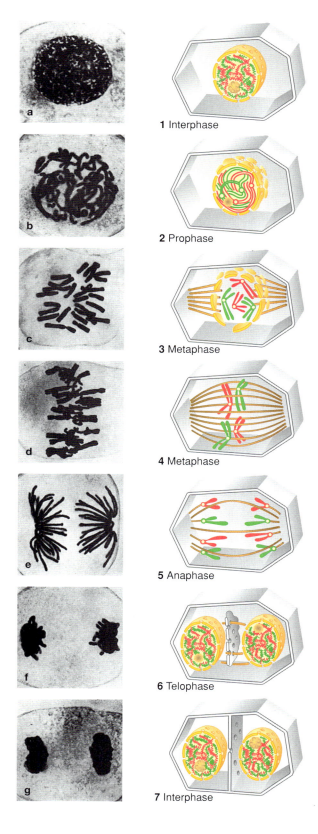

4 Vermehrung der Zellen durch Teilung; Mitose

Im vielzelligen Organismus werden neue Zellen gebildet, indem sich eine Zelle in zwei Tochterzellen teilt, die dann zur Größe der Ausgangszelle heranwachsen. Auf diese Weise vermehren sich Einzeller. Auch die Vielzeller wachsen aufgrund von Zellteilungen, die häufig von einer einzigen Zelle ihren Ausgang nehmen (z. B. befruchtete Eizelle oder Spore; s. *Entwicklungsbiologie 1*). Die Zellteilung ist daher ein Grundvorgang der Entwicklung von Lebewesen. Bei allen Eukaryoten läuft die Zellteilung auf gleiche Weise ab. Der Teilung des Cytoplasmas geht die Teilung des Zellkerns voraus. Die *Kernteilung* heißt **Mitose** (s. Abb. 34.1). Sie kann in vier Phasen eingeteilt werden:

Prophase. Zu Beginn der Kernteilung kontrahieren sich die Chromosomen und werden dadurch sichtbar. Jedes Chromosom besteht vor der Teilung aus zwei identischen Strängen, den *Chromatiden*, die sich voneinander trennen und nur durch das *Centromer* zusammengehalten werden. Zwischen den Polen der Zelle bildet sich eine *Kernteilungsspindel* aus, die aus Mikrotubuli besteht. In tierischen Zellen wird der Aufbau der Kernteilungsspindel von zwei Centriolen (s. 2.4) organisiert. Kernhülle und Kernkörperchen lösen sich auf.

Metaphase. Die Chromosomen werden weiter schraubig verkürzt und so verdickt *(Spiralisation)*. Dann ordnen sie sich in einer Ebene zwischen den beiden Polen der Zelle (Äquatorialebene) an und bilden die *Äquatorialplatte*. In diesem Stadium können die verschiedenen Chromosomen nach Form und Größe unterschieden werden; die Längsspaltung in Chromatiden wird sichtbar. Nun heften sich Spindelfasern von beiden Seiten an die Haftstellen des Centromers.

Abb. 34.1: Mikroaufnahmen von der Mitose in den Zellen der Wurzelspitze der Königslilie (links, a–g) und Schema (rechts, 1–7) **a und 1:** Zelle vor der Teilung, Kern mit Chromatingerüst und Nucleolus; **b und 2:** Chromosomen ziehen sich stark zusammen und werden dadurch sichtbar. Jedes Chromosom besteht aus zwei Chromatiden, die am Centromer verbunden sind; **c und 3:** Kernhülle und Nucleolus verschwinden; der Spindelapparat entsteht; **d und 4:** Chromosomen ordnen sich in der Äquatorialebene an, die Centromeren teilen sich und Spindelfasern setzen an den Centromeren an; **e und 5:** Nun wandert jeweils die eine Chromatide zum einen Spindelpol und die Schwesterchromatide zum anderen Spindelpol; **f und 6:** Beginnende Bildung der neuen Zellwand; in den Tochterzellen bildet sich je ein neuer Kern mit Kernhülle und Nucleolus, die Spindel wird aufgelöst; **g und 7:** Die aus einer Chromatide bestehenden Chromosomen der Tochterkerne formen wieder ein Chromatingerüst, indem sie sich zu langen, dünnen Fäden auflockern.

Anaphase. Die beiden Schwesterchromatiden eines Chromosoms trennen sich nun auch im Bereich des Centromers und werden durch Verkürzung der an sie gebundenen Spindelfasern zu den entgegengesetzten Polen der Zelle bewegt. Dadurch erhält jeder Pol einen vollständigen Satz an Chromatiden. Anschließend werden die Spindelfasern abgebaut.

Telophase. Die Chromatiden der Tochterkerne entschrauben sich und bilden wieder dünne, lange Fäden, die im Lichtmikroskop nicht mehr erkennbar sind. Jede Tochterzelle hat nach der Zellteilung dieselbe Zahl von Chromosomen wie die Ausgangszelle. Die Chromosomen bestehen zu diesem Zeitpunkt aus einer Chromatide. *Nucleolus* und Kernhülle werden wieder ausgebildet: Aus dem alten Kern sind zwei neue entstanden. Eine Kernteilung dauert zumeist zwischen einer halben Stunde und zwei Stunden. Die Mitose sichert die gleichmäßige Aufteilung der Chromatiden auf die beiden Tochterkerne. Dadurch wird die vollständige Weitergabe der in den Chromatiden vorhandenen Erbanlagen gewährleistet. Der Kernteilung folgt die *Zellteilung*. Der Zellkörper schnürt sich im Äquator durch oder bildet dort zwei neue Membranen aus; so entstehen zwei Zellen, die zur Größe der Mutterzelle heranwachsen. Bei der Durchtrennung werden auch die Mitochondrien (und, soweit vorhanden, die Chloroplasten) auf die beiden Tochterzellen verteilt. Sie vermehren sich unabhängig von der Mitose.

Interphase. Mit der Entschraubung der Chromosomen nimmt die Stoffwechselaktivität der Tochterzellen zu. Sie wachsen zunächst durch Vermehrung von Zellorganellen und Grundplasma. Die Chromosomen bestehen zu dieser Zeit (G1-Phase; von *gap* = Lücke, Pause) aus einer Chromatide. Sofern eine erneute Zellteilung erfolgt, beginnt nach einiger Zeit die Neubildung von DNA und Proteinen des Chromatins. Dadurch entstehen in der Synthese-Phase (= S-Phase) wieder Chromosomen aus zwei Chromatiden. Danach vergehen einige Stunden (G2-Phase), bevor die Zelle wieder in eine Mitose eintritt. Man nennt den Zeitraum zwischen zwei Kernteilungen *Interphase*. Die Vorgänge vom Abschluss der Mitose, bei der die Tochterzellen gebildet werden, bis zum Abschluss der folgenden Mitose bezeichnet man als *Zellzyklus* (s. Abb. 35.1).

Die *Chromosomen* sind winzige Gebilde, die in der Meta- und Anaphase nur eine Länge von wenigen Mikrometern aufweisen. Sie enthalten aber in jeder Chromatide ein DNA-Molekül, das mehrere Zentimeter lang ist. Dies ist nur möglich, weil die DNA vielfach verschraubt vorliegt (*s. Genetik Abb. 324.1*).

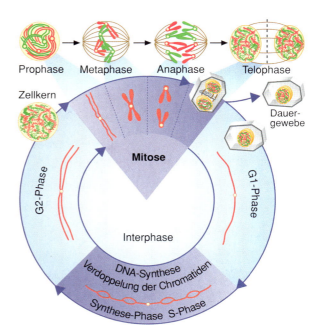

Abb. 35.1: Zellzyklus und zeitliche Verteilung der Phasen. Nach der Mitose folgt zunächst die G1-Phase, ohne Synthese von DNA und Verdopplung von Chromatiden. Dann folgt die Synthesephase (S-Phase), in der die DNA (Träger der Erbanlagen) und dadurch zwei einander gleiche Chromatiden aufgebaut werden. Es folgt eine 2. Phase äußerer Ruhe (G2-Phase). Bei der nun folgenden Mitose werden die Chromatiden sichtbar. Eine Chromatide gelangt in die eine Tochterzelle, die andere in die andere Tochterzelle. Differenziert sich die Zelle und wird zur Dauerzelle, so teilt sie sich nicht mehr.

Die Anzahl der Chromosomen ist in teilungsfähigen Zellen bei jeder Pflanzen- und Tierart konstant; ihre Anzahl ist für jede Art charakteristisch und kann selbst bei nah verwandten Arten verschieden sein. Körperzellen der Tiere, des Menschen und die meisten Zellen der Blütenpflanzen besitzen einen doppelten Chromosomensatz, d.h., von den Chromosomen sind in der Regel zwei in Form und Größe gleich (*homologe Chromosomen*). Man nennt solche Zellen *diploid*. Die Keimzellen (*s. Entwicklungsbiologie 1.2*) hingegen sind *haploid*, besitzen also nur den einfachen Chromosomensatz. Über die Keimzellen gelangen die Chromosomen und damit die Erbinformation von einer Generation zur nächsten (*s. Genetik 3.1*).

Die Zellteilung der kernlosen Protocyte, also der Zelle von Eubakterien, Blaualgen und Archaebakterien, verläuft sehr viel einfacher. Ihr ringförmiges, aus einem einzigen DNA-Molekül bestehendes Chromosom haftet an der Zellmembran. Nach der Verdopplung des Chromosoms stülpt sich die Zellmembran zwischen die beiden Chromosomen vom Rand her ringförmig ein und schnürt den Zellkörper durch. Auf diese Weise erhält jede Tochterzelle eines der beiden identischen Tochterchromosomen.

36 Cytologie

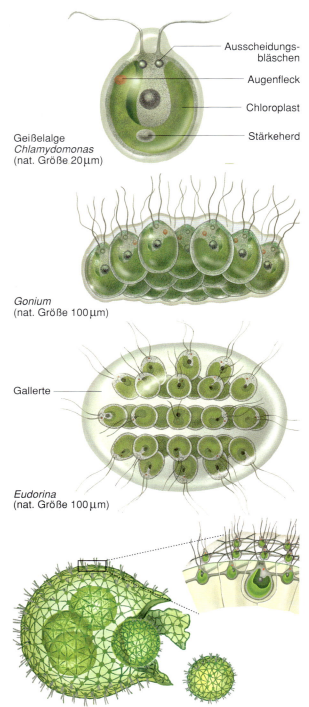

Geißelalge *Chlamydomonas* (nat. Größe 20 μm)
— Ausscheidungsbläschen
— Augenfleck
— Chloroplast
— Stärkeherd

Gonium (nat. Größe 100 μm)

Gallerte

Eudorina (nat. Größe 100 μm)

Volvox mit Tochterkolonien (nat. Größe bis 0,8 mm) Tochterkolonien werden durch Aufplatzen der Mutterkolonien frei

Abb. 36.1: Einzeller – Zellkolonie – Vielzeller, Beispiele aus der Gruppe der Grünalgen. Bei *Volvox* zeigt der vergrößerte Ausschnitt die Plasmabrücken zwischen den einzelnen Zellen. Die größere Zelle ist vermehrungsfähig.

5 Differenzierung von Zellen

5.1 Übergänge vom Einzeller zum Vielzeller

Bei den einzelligen Organismen wie z. B. dem „Augentierchen" (s. Einleitung) oder der im Teichwasser vorkommenden Grünalge **Chlamydomonas** (s. Abb. 36.1) erfüllt die Zelle alle Funktionen. Erste Anfänge einer Arbeitsteilung zwischen Zellen *(Zelldifferenzierung)* begegnen uns bei den Einzellerkolonien der Grünalgen. Der mit *Chlamydomonas* nah verwandte Geißelträger **Gonium** bildet plattenförmige Kolonien aus meist 16 gleichartigen Zellen, die durch eine Gallerthülle verbunden sind. Bei der Vermehrung entsteht in jeder Zelle durch vier Teilungsschritte eine kleine Kolonie von Zellen. Durch Zerfall werden die jungen Kolonien frei. Trennt man die Einzelzellen voneinander, so erweisen sie sich als selbständig.

Die Form **Eudorina** bildet kugelförmige Kolonien aus 32 Zellen. Die Kolonie bewegt sich immer in eine Richtung, man kann also vorne und hinten unterscheiden. Die Zellen am Vorderende sind etwas kleiner und haben einen größeren Augenfleck. Alle Zellen können durch Teilung neue Kolonien liefern.

Noch weiter fortgeschritten ist die Arbeitsteilung bei der Kugelalge **Volvox.** Sie besteht aus vielen (bis zu 20 000) Einzelzellen, die eine Gallerthohlkugel bilden und ihre zwei Geißeln nach außen kehren. Die Fortbewegung besorgt der koordinierte Geißelschlag aller Zellen. Das Zusammenspiel bei der Bewegung wird dadurch möglich, dass benachbarte Zellen durch Plasmabrücken verbunden sind. Sie erlauben neben der Erregungsleitung auch einen Stoffaustausch zwischen den Zellen. Die vorne gelagerten Zellen sind lichtempfindlicher als Zellen in der Nähe des hinteren Poles. Zur ungeschlechtlichen Fortpflanzung *(s. Entwicklungsbiologie 1.1)* sind nur noch wenige Zellen am Hinterende der Kolonie befähigt. Sie sind größer als die übrigen und werden bei ihrer Teilung ins Innere der Kugel gedrängt. Dort wachsen sie zu neuen Kolonien heran und werden durch Aufplatzen der Mutterkolonie frei; die Mutterkolonie selbst geht zugrunde.

Nach ihrer Leistung kann man zwischen den vielen, den Körper aufbauenden und die Ernährung, Bewegung und Orientierung besorgenden Zellen und den wenigen, zur geschlechtlichen und ungeschlechtlichen Fortpflanzung befähigten Zellen unterscheiden. Nur diese liefern durch Teilung neue Kolonien. Die übrigen Zellen dagegen haben nur noch beschränkte Lebensdauer und sterben auch ohne äußere Ursachen den *Altersod*. Die enge Verbindung und die Arbeitsteilung zwischen den Zellen kennzeichnet *Volvox als Zwischenglied zwischen pflanzlichen Ein- und Vielzellern.*

5.2 Arbeitsteilung der Zellen beim Schwamm und beim Süßwasserpolyp

Bei tierischen Einzellern (z. B. Pantoffeltierchen) erfüllt eine einzige Zelle alle Aufgaben eines Lebewesens. Die Körperwandung der vielzelligen wasserbewohnenden **Schwämme** wird aus zwei Zellschichten gebildet. Die innere Zellschicht besteht aus begeißelten Zellen, die Nahrung ins Zellinnere strudeln, die äußere Zellschicht aus plattenförmigen Deckzellen und amöboid beweglichen Fresszellen, die Nahrungsstoffe transportieren und sowohl Keimzellen als auch Zellen für die ungeschlechtliche Fortpflanzung ausbilden. Schwämme besitzen keine Nerven-, Sinnes- und Muskelzellen. Der **Süßwasserpolyp** (s. Abb. 37.1) weist gegenüber dem Schwamm eine weitergehende Differenzierung der Zellen auf sowie eine größere Anzahl unterschiedlicher Zellformen. Bei ihm ist die Körperwand aus drei Schichten aufgebaut: In der inneren Schicht, dem *Entoderm,* lassen sich *Drüsenzellen* und *Fresszellen* unterscheiden. Die Drüsenzellen scheiden Verdauungssäfte in den Körperhohlraum aus, durch welche die Nahrung weitgehend verdaut wird. Die Fresszellen nehmen die vorverdaute Nahrung durch Phagozytose auf und verdauen sie zu Ende. Die äußere Schicht, das *Ektoderm,* enthält *Hautmuskelzellen* zur Bewegung und Gestaltveränderung des Körpers, außerdem verwickelt gebaute, Gift enthaltende *Nesselzellen* zum Beutefang sowie *Sinneszellen* zur Reizaufnahme. Von besonderen Zellen werden männliche und weibliche *Keimzellen* gebildet. Außerdem kann sich an bestimmten Stellen des Körpers durch Teilung von Ento- und Ektodermzellen eine *Knospe* bilden, aus der sich ein Tochtertier entwickelt. In der mittleren Schicht, der gallertigen *Stützschicht,* liegen *Nervenzellen,* die ein den ganzen Körper durchziehendes Nervennetz bilden *(s. Abb. 209.1).*

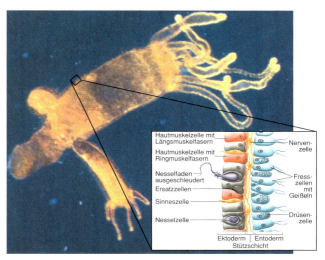

Abb. 37.1: Süßwasserpolyp. Der Ausschnitt zeigt einen schematischen Längsschnitt durch die Körperwand.

5.3 Gewebe- und Organbildung

Beim Süßwasserpolypen sind es einzelne Zellen, die eine bestimmte Funktion übernehmen. Bei den höher entwickelten Tieren und Pflanzen spezialisieren sich viele gleichartige Zellen auf eine bestimmte Leistung. Derartige, aus Zellen gleicher Gestalt und Leistung bestehende Zellverbände bezeichnet man als **Gewebe.** Je nachdem, welche Funktion sie im Organismus haben, zeigen sie Unterschiede in der Gestalt und Struktur ihrer Zellen. Offensichtlich ist deren Bau der spezifischen Leistung angepasst. Wir sprechen deshalb von einer funktionsspezifischen *Differenzierung der Zellen.* Bei der Spezialisierung entstehen meistens keine neuartigen Strukturen, doch werden diejenigen Strukturen vermehrt ausgebildet, mit denen die Zelle ihre besondere Aufgabe bewältigt. So ist z. B. die zusammenziehbare Muskelzelle lang gestreckt, besitzt besonders viele Actin- und Myosinfilamente und hat viele Mitochondrien zur Bereitstellung von Energie. Die Drüsenzelle besitzt vermehrt Dictyosomen zur Speicherung von Sekreten. Die Grundfunktionen des Lebens im vielzelligen Organismus werden so auf verschiedene Zelltypen verteilt (Beispiele differenzierter Zellen bei Tieren und Pflanzen s. Abb. 38.1 und 38.2). Gewebe aus solchen differenzierten Zellen heißen **Dauergewebe.**

Doch bleiben im Organismus stets auch einzelne wenig differenzierte Zellen oder ganze Gewebe aus solchen teilungsfähigen Zellen erhalten. Höhere Pflanzen besitzen lebenslang undifferenzierte **Bildungsgewebe** aus teilungsfähigen Zellen (z. B. an Spross- und Wurzelspitze) und wachsen daher auch lebenslang weiter. Auch differenzierte Zellen von tausend Jahre alten Bäumen sind nie älter als 30–40 Jahre (seit ihrer Entstehung durch Zellteilung).

Bei den höheren Tieren sind schon im Embryonalstadium die noch nicht differenzierten Zellen – die so genannten **Stammzellen** – weitgehend in ihrer künftigen Entwicklung festgelegt *(Entwicklungsbiologie 2.2).* Die Zellen sind *determiniert* und das Wachstum der meisten Tiere ist begrenzt. Von diesen Stammzellen geht das Körperwachstum und der Ersatz für gealterte, funktionsuntüchtige Gewebeteile aus. Im Gegensatz zu den Zellen des Dauergewebes können sie sich vielfach teilen; einige der Tochterzellen sind dann neue Stammzellen, die anderen differenzieren sich (s. Zellzyklus, Abb. 35.1). Dabei kann eine Stammzelle

Cytologie

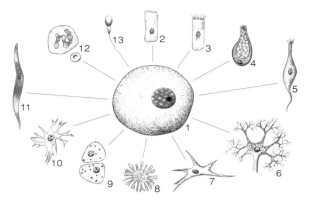

Abb. 38.1: Beispiele für die Differenzierung tierischer Zellen. **1** Eizelle; **2** Epithelzelle; **3** Wimpernepithelzelle; **4** Drüsenzelle; **5** Sinneszelle; **6** Nervenzelle; **7** Bindegewebszelle; **8** Farbstoffzelle; **9** Knorpelzelle; **10** Knochenzelle; **11** glatte Muskelzelle; **12** Blutzelle; **13** Spermium (Samenzelle). Gewebezellen haben Größen von etwa $1/_{10}$ der Eizelle.

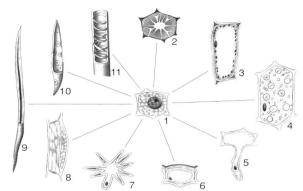

Abb. 38.2: Beispiele für die Differenzierung pflanzlicher Zellen. **1** undifferenzierte Zelle; **2** Steinzelle; **3** Assimilationszelle (ca. 200 µm groß); **4** Speicherzelle; **5** Wurzelhaarzelle; **6** Epidermiszelle (ca. 50 µm groß); **7** Sternhaar; **8** Siebröhrenzelle mit Geleitzelle; **9** Bastfaser (ca. 5 cm lang), **10** Tracheide (10 mm lang); **11** Trachee (2, 9, 10 und 11 sind tote Zellen)

in der Regel nur einen Typ einer differenzierten Zelle bilden. So kann aus einer Stammzelle des Riechepithels der Nase nur eine Riechzelle, aus einer Stammzelle der oberen Hautschicht (Epidermis, s. Abb. 39.1) nur eine allmählich verhornende Epidermiszelle werden.

Man unterscheidet bei höheren Tieren *labile Gewebe,* bei denen Bildung und Abbau von Zellen rasch erfolgen (Deckgewebe, Schleimhaut, Knochenmark – das Knochenmark eines Erwachsenen bildet in jeder Minute ca. 70 Millionen neue Zellen!), *stabile Gewebe* mit langsamem Zellumsatz (Muskelgewebe, Leber) und *permanente Gewebe,* bei denen absterbende Zellen nicht mehr ersetzt werden (Nervengewebe). Durch Muskeltraining kann die Zahl der Muskelzellen vermehrt werden; die Nervenzellen werden jedoch zumeist nicht mehr nachgebildet und sind so alt wie der Organismus. Die übrigen Zellen sind meist viel jünger als der Organismus.

Die Dauergewebe zeichnen sich durch gesteigerte Leistungsfähigkeit aus, sind aber einseitig in ihren Funktionen, sodass mehrere, verschieden differenzierte Gewebe zur Arbeit zusammentreten. Dadurch entstehen **Organe**, die als deutlich abgegrenzte Teile des Pflanzen- und Tierkörpers eine ganz bestimmte Aufgabe zu erfüllen haben. Solche Organe sind z. B. die Blüten, Blätter und Wurzeln der Pflanzen oder die Sinnesorgane, Atmungsorgane und Muskeln der Tiere. Ein Organ besteht also aus verschiedenen Geweben.

Gewebetypen. Bei den höheren Pflanzen findet man neben dem aus wenig differenzierten Zellen bestehenden *Grund- und Speichergewebe* (s. Abb. 38.2: 1, 4 sowie *Abb. 53.1*) stark differenzierte *Leitgewebe* mit Siebröhren und Wasserleitgefäßen (s. Abb. 38.2: 8, 10, 11), das *Festigungsgewebe* mit wandverdickten, oft lang gestreckten, häufig toten Zellen (s. Abb. 38.2: 2, 9 sowie *53.1* und *55.1*) und das *Abschlussgewebe* (Epidermis, s. Abb. 38.2: 6, 7 und *47.1*).

Im Tierkörper unterscheidet man die folgenden Gewebegruppen: Deck- (Epithel-), Binde- (s. 2.5), Muskel- und Nervengewebe *(s. Neurobiologie 5 und 6).* Hinzu kommen die freien Zellen in den Körperflüssigkeiten (z. B. im Blut, *s. Stoffwechsel 4.2.5*) und die Fortpflanzungszellen *(s. Entwicklungsbiologie 1).* Hier sollen Deckgewebe näher betrachtet werden.

Das **Deckgewebe** bildet die abschließende und schützende Hülle des Körpers (s. Abb. 39.1). Bei wirbellosen Tieren besteht das Deckgewebe aus einer einzigen Lage von Zellen, die nach außen häufig ein festes Häutchen, die *Cuticula,* abscheiden. Durch Einlagerung von Kalk in die Cuticula entsteht die Kalkschale der Muscheln und Schnecken, durch Abscheidung des widerstandsfähigen Chitins der Panzer der Insekten und Krebse. Die Deckgewebe der Wirbeltiere sind mehrschichtig. Bei den Landwirbeltieren verhornen die Zellen der äußeren Schichten (Schuppenbildung, Hornpanzer der Kriechtiere). Besonders geformte Hornbildungen sind Nägel, Krallen und Hufe. Das Deckgewebe ist auch an der Bildung von Federn, Haaren und Hörnern beteiligt.

Auch Körperhohlräume (Darm, Lunge) sind mit meist einschichtigem Deckgewebe, der Schleimhaut, ausgekleidet. Eine Sonderform der Deckgewebszellen sind die Drüsenzellen, von denen oft eine große Zahl zu einem Drüsengewebe vereinigt ist: Sie bilden Schleim, Speichel, Milch, Galle, Schweiß, Gifte. Viele Drüsen sind mit Bindegewebe, Blutgefäßen und Nerven zu Drüsenorganen zusammengeschlossen (Bauchspeicheldrüse, Leber, Niere, Brustdrüse).

5.4 Der Organismus als System

Der aus einer Zelle oder vielen Zellen bestehende Organismus ist ein System mit all den typischen Eigenschaften, die am Beispiel von *Euglena* betrachtet und als Kennzeichen des Lebendigen herausgestellt wurden *(s. Einleitung)*. Ein lebendes System ist zwar nach außen begrenzt (z. B. durch die Plasmamembran bei vielen Einzellern oder die Haut bei vielzelligen Lebewesen), es ist aber auf ständige Energiezufuhr sowie Nachlieferung von Stoffen von außen angewiesen; und es gibt Energie (z. B. in Form von Wärme) und Stoffe (z. B. in Form unverwertbarer oder giftiger Substanzen) nach außen ab. Ein lebendes System ist also ein *offenes System*, weil es Energie und Materie sowohl aufnimmt als auch abgibt, es steht mit seiner Umgebung in einem *Fließgleichgewicht (s. Stoffwechsel 1.5)*. Trotz ständiger Stoff- und Energiezufuhr und -abgabe strebt ein Organismus einen konstanten (stationären) Gleichgewichtszustand *(Homöostase)* an, der zur Erhaltung seiner Strukturen und Funktionen erforderlich ist.

Die Gleichgewichtslage wird aufrechterhalten durch die Fähigkeit des Lebewesens, die inneren Bedingungen an wechselnde Zustands- und Außenbedingungen anzugleichen *(Selbstregulation)*. Diese Regulation gleicht oft der Arbeitsweise eines technischen Regelkreises. Die Wirkungsweise eines Regelkreises in einem lebenden System wurde am Beispiel der Lichtorientierung von *Euglena* in der Einleitung dargestellt (s. Abb. 13.1 und 13.2). Auch viele Reaktionsketten des Zellstoffwechsels laufen in Regelkreisen ab. Die Konzentration der in der Zelle gelösten Calcium-Ionen *(s. Stoffwechsel 1.6)* hat im Ruhezustand einen weitgehend konstanten Wert (Sollwert im Regelkreis). Bei Störung oder Aktivierung von außen kann er auf das 10fache oder mehr ansteigen (Istwert). Infolge Gegenregulation (negative Rückkoppelung, *s. Einleitung*) durch Transportvorgänge an der Zellmembran oder des ER (Stellglied) wird er wieder auf den Normalwert (Sollwert) gebracht *(s. Stoffwechsel 1.6)*.

Jede Zelle hat zahlreiche Regelkreise; diese bestehen aber nicht unabhängig voneinander, sondern viele Stoffe und alle Organellen sind in der Zelle an vielen Regelkreisen beteiligt: Die Regelkreise sind *vermascht*. So kommt die Systemeigenschaft *Homöostase* zustande.

Im vielzelligen Organismus bilden darüber hinaus viele Vorgänge Regelkreise auf der Ebene der Gewebe oder Organe (z. B. Regelung der Muskellänge, *s. Neurobiologie 6.2*, oder der Pupillenweite des Auges) oder des gesamten Organismus (z. B. Regelung der Körpertemperatur). Lebewesen stehen aber auch mit anderen Organismen und der unbelebten Umwelt im Gleichgewicht *(s. Ökologie 1 und Abb. 41.1)*, das bis zu einer

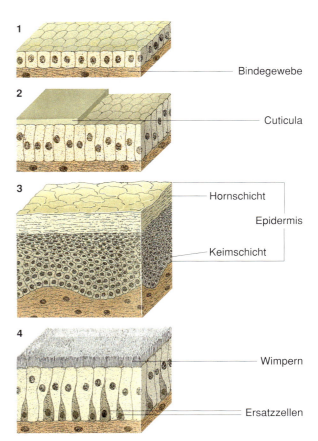

Abb. 39.1: Deckgewebe als Beispiel für verschiedenartige Ausprägungen eines Gewebes. **1** Pflasterepithel (in vielen Drüsen); **2** Zylinderepithel (Auskleidung des Magen-Darm-Traktes); **3** vielschichtiges Epithel der menschlichen Haut; **4** Flimmerepithel (Auskleidung der Luftröhre)

gewissen Grenze durch Regulationsvorgänge aufrechterhalten werden kann. Extreme äußere Einflüsse, z. B. lange andauernde, sehr hohe Umweltbelastungen, zeigen aber, dass nicht jedes lebende System seinen Zustand gegenüber jeglichem Maß an Störungen stabil halten kann; die Folge sind irreversible Schäden *(s. Abb. 84.1)*.

Wir haben oben gesehen, dass es Regelsysteme auf sehr verschiedenen Ebenen gibt. Auf jeder Organisationsstufe treten neue *Systemeigenschaften* auf *(s. Einleitung)*, die mehr sind als die Summe der Eigenschaften der darunter liegenden Stufe. Die Eigenschaften der Zelle sind anders als die Eigenschaften der Organellen. Vereinigen sich Zellen zu Organen, so treten wieder neue Systemeigenschaften auf. Entsprechendes gilt beim Übergang vom Organismus zur Population und von der Population zur Biozönose (Lebensgemeinschaft der Organismen in einem Lebensraum).

ÖKOLOGIE

Schauen wir uns in der Umwelt außerhalb menschlicher Siedlungen – in der so genannten „Natur" – um, so finden wir z. B. Äcker, Wiesen, Wälder verschiedener Art (Laub- und Nadelwälder), Felsen, Hecken, Bäche und Flüsse, Teiche, vielleicht einen See und an der Meeresküste Sandstrand und Watten. Alle diese Gebilde sind Lebensräume von Pflanzen und Tieren. In jedem Lebensraum findet man unterschiedliche Pflanzenarten, die bestimmte Ansprüche an ihre Umgebung stellen: Am Waldboden leben Arten, die mit wenig Licht auskommen, an einem trockenen Hang solche, die viel Licht benötigen. Von den jeweiligen Pflanzenarten ernähren sich Pflanzen fressende Tiere, und so unterscheidet sich auch die Tierwelt der Lebensräume. In einer Wiesenfläche leben z. B. Hasen, die Wiesenpflanzen fressen und dort auch Schutz vor Feinden (z. B. Fuchs, Habicht) finden. In einem Wald leben Rehe, die im Dickicht Schutz finden. Die Anzahl der Hasen bzw. der Rehe im jeweils vorgegebenen Lebensraum hängt von der verfügbaren Nahrungsmenge, aber z. B. auch von den Klimaverhältnissen ab: In strengen Wintern sterben mehr Jungtiere als in milden.

Mit Beziehungen der Lebewesen zu ihrer Umwelt, wie sie hier an Beispielen dargestellt wurden, beschäftigt sich die Ökologie (von gr. *oikos* = Haus, Haushalt). Sie erforscht die allgemeinen Gesetzmäßigkeiten dieser Beziehungen und ist daher die „Lehre vom Haushalt der Natur".

Der Begriff Ökologie

Die Ökologie war lange Zeit ein Teilgebiet der Biologie, das beschreibend vorging. In der zweiten Hälfte des 20. Jahrhunderts hat sich die Betrachtungsweise allmählich gewandelt; es entstand eine Disziplin, die quantitative Beziehungen ermittelt, nach Ursachen sucht und komplexe Vorgänge mit Hilfe von Rechnern erforscht und in Modellen nachbildet. Die Beziehungen der Lebewesen zu ihrer Umwelt sind heute weltweit durch den Menschen beeinflusst. Daher sind auch Ergebnisse der Humanwissenschaften und anderer nicht biologischer Disziplinen zum Verständnis des „Naturhaushaltes" wichtig. In diesem Buch wird die Ökologie als Teilgebiet der Biologie dargestellt. Auf Grenzen der biologischen Betrachtungsweise und Bezüge zu anderen Fachgebieten wird vor allem in Kapitel 4 (Nutzung und Belastung der Natur) hingewiesen. Umgangssprachlich wird der Begriff Ökologie manchmal auch im Sinne von Umweltschutz bzw. umweltschonendem Vorgehen verwendet.

Die Ökologie arbeitet auf drei Untersuchungsebenen:
1. Die einzelnen Lebewesen sind von ihrer Umgebung abhängig. Einflüsse der unbelebten Umwelt auf den Organismus bezeichnet man als **abiotische Faktoren** (z. B. Licht, Temperatur, Boden). Einflüsse, die von anderen Lebewesen ausgehen, nennt man **biotische Faktoren** (z. B. Wirkungen von Feinden oder Parasiten, Wettbewerb mit anderen Arten um Nahrung oder Lebensraum). Solche Abhängigkeiten der einzelnen Organismen sind das Thema der **Autökologie** (s. 1).
2. Durch Feinde oder Parasiten wird die Zahl der Individuen einer Art vermindert, durch reichlich Nahrung steigt sie an. Gelegentlich kommt es zur Massenvermehrung einer Art; diese wird dadurch zum Schädling. Alle Individuen einer Art in einem Lebensraum nennt man deren Population (im jeweiligen Lebensraum). Ihre Abhängigkeit von Umweltfaktoren untersucht die **Populationsökologie** (s. 2).
3. In einem Lebensraum stehen alle Organismen in Wechselbeziehungen, die ihr Zusammenleben ermöglichen. Zu diesen gehören Nahrungs- und Energierelationen. Weiterhin gehört dazu, dass Pflanzen für Tiere Wohnplätze und Verstecke, Baumaterial für Nester usw. liefern, dass Insekten Pflanzen bestäuben und so deren Fortpflanzung, aber auch für ihre eigenen Nachkommen die Nahrungsquellen sichern. Die Erforschung aller dieser Beziehungen ist Aufgabe der **Synökologie** (s. 3).

Der Lebensraum heißt in der Ökologie der **Biotop;** darin bilden die Pflanzen, Tiere und Mikroorganismen eine Lebensgemeinschaft, die **Biozönose.** Die Einheit von Lebensraum und Lebensgemeinschaft, die sich aus der Summe aller Beziehungen ergibt, bezeichnet man als **Ökosystem.** In Mitteleuropa hat der Mensch alle Ökosysteme verändert und sogar ganz neue Biotope geschaffen (z. B. Äcker, Parks, Stauseen, aber auch Straßenböschungen, Parkplätze usw.). Die Folgen einer zu starken Einflussnahme durch den Menschen sind Belastungen und Zerstörungen der Natur (s. 4).

Die wichtigste Einheit, von der ökologische Betrachtungen ausgehen, ist das Ökosystem (s. Abb. 41.1). Sein Aufbau wird hier am Beispiel eines Teiches dargestellt. Im Teich leben vielerlei Organismenarten. Im Wasser schwebende Algen bilden das Phytoplankton; einzellige Tiere, Rädertierchen und Kleinkrebse gehören zum Zooplankton. Auf dem Teichboden wurzeln Wasserpflanzen, finden sich Insektenlarven, Wasserschnecken, Würmer und Muscheln sowie Pilze und Massen von Bakterien. Die grünen Wasserpflanzen treiben Fotosynthese, d. h., sie bauen aus anorganischen Stoffen (Kohlenstoffdioxid, Wasser und Mineralsalze) hochmolekulare organische Stoffe auf. Von diesen Stoffen ernähren sich die Tiere: die Pflanzenfresser unmittelbar und die Tiere, die Beutetiere fressen, mittelbar. Die grünen Pflanzen sind die **Produzenten** der Biomasse, welche die Tiere verbrauchen. Die Tiere sind die **Konsumenten.** Die Ausscheidungen der Tiere, ihre Leichen und die abgestorbenen Pflanzenteile werden von Bakterien und Pilzen zu einfachen, anorganischen Stoffen abgebaut (Kohlenstoffdioxid, Wasser und Mineralsalze). Man bezeichnet Bakterien und Pilze daher als **Destruenten.** Die durch deren Tätigkeit entstandenen anorganischen Stoffe stehen für das Wachstum der Pflanzen wieder zur Verfügung. Zwischen den grünen Pflanzen, den Tieren und den Mikroorganismen findet also ein Kreislauf der Stoffe statt. Abbauprozesse in den Tieren und Mikroorganismen sowie Aufbauprozesse in den grünen Pflanzen halten sich die Waage. Die Menge der umgesetzten Stoffe wird durch die von den Produzenten (Algen und höhere Pflanzen) erzeugte organische Substanz bestimmt. Ihre Produktion ist abhängig von der CO_2-Konzentration, der eingestrahlten Lichtmenge, der Temperatur und von der Konzentration der Mineralsalze. Je höher diese Werte, desto stärker vermehren sich die Produzenten und damit die Masse der produzierten organischen Substanz. Umso mehr steigt auch die Anzahl der Konsumenten und Destruenten.

Der Teich ist ein offenes System. Das einfallende Sonnenlicht liefert Energie für die Fotosynthese der Wasserpflanzen. Zuflüsse schwemmen z. B. aus angrenzenden Wiesen Mineralsalze und verwesende Pflanzenteile ein. Stechmücken und Frösche leben als Larven im Teich, danach aber auf dem umgebenden Land. Vögel und Insekten aus der Umgebung des Teiches beziehen ihre Nahrung aus diesem. Doch bleiben in ihm Zahl und Art der Individuen innerhalb gewisser Grenzen konstant. Eine kurzzeitig verstärkte Nährstoffzufuhr von außen fördert zwar das Wachstum der Algen und der Wasserpflanzen am Teichgrund, aber folglich vermehren sich auch die Tiere im Teich, denen die Pflanzen als Nahrung dienen. Die Menge der Pflanzen nimmt daraufhin wieder ab und anschließend auch die Anzahl der Tiere. Der Teich hat also die Fähigkeit zur Selbstregulation, d. h., Anzahl und Art seiner Organismen bleiben weitgehend gleich („biologisches Gleichgewicht"). Die Lebensgemeinschaft des Teiches ist gegenüber äußeren Einflüssen in gewissen Grenzen stabil.

Werden dem Teich allerdings über längere Zeit reichlich Nährstoffe zugeführt (z. B. Dünger, der über einen Bach in den Teich gelangt), so verändert sich seine Lebensgemeinschaft: Wenige Pflanzen- und Tierarten nehmen stark zu, andere verschwinden völlig. Das Ökosystem hat sich damit bleibend verändert: Es ist ein nährstoffreicher Teich entstanden, der artenärmer ist als der ursprüngliche nährstoffarme Teich. An seinem Boden wird infolge des Abbaus von reichlich organischer Substanz der Sauerstoff verbraucht und als Folge davon vermehren sich anaerobe (ohne Sauerstoff lebende) Bakterien, die z. B. Schwefelwasserstoff bilden, sodass es zu Faulschlammbildung kommt.

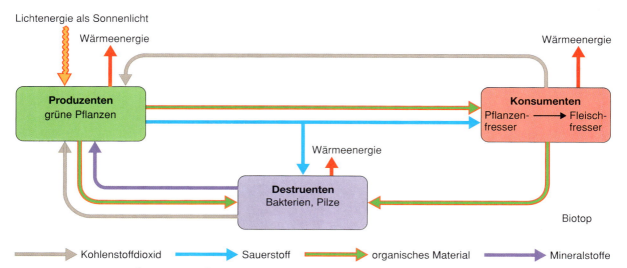

Abb. 41.1: Gliederung eines Ökosystems. Im Ökosystem (Biozönose und Biotop) erfolgt ein Kreislauf von Stoffen und ein Umsatz von Energie. Diese gelangt über die grünen Pflanzen, die das Sonnenlicht nutzen, in das Ökosystem. Sie ist in den organischen Stoffen enthalten und steht den Organismen zur Verfügung, die diese Stoffe als Nahrung nutzen.

1 Beziehungen der Organismen zur Umwelt

1.1 Wirksame Faktoren

Eine Pflanze kann sich nicht aussuchen, wohin ihre Samen gelangen. Sie wächst aber nur dort, wo die Umwelt ihr Gedeihen ermöglicht. Besonders wichtige **abiotische Umweltfaktoren** für Pflanzen sind Licht und verfügbare Wassermenge, daneben die Temperaturverhältnisse und die Menge der Mineralstoffe des Bodens. Da die Pflanzen ortsfest sind, werden die abiotischen Umweltfaktoren hier auch als Standortfaktoren bezeichnet.

Bei Tieren spielt das Licht eine geringere Rolle, hingegen sind Feuchtigkeits- und Temperaturverhältnisse, für Wassertiere auch Salzgehalt und Sauerstoffverfügbarkeit, wichtige abiotische Faktoren. Die Bedeutung biotischer Faktoren ist bei Tieren groß: Pflanzenfresser benötigen Nahrungspflanzen, für Räuber müssen Beutetiere erreichbar sein. Parasiten sind als biotische Faktoren für Pflanzen wie für Tiere gleichermaßen wichtig.

Bezüglich aller **abiotischen Faktoren** gibt es einzelne Arten, die unter extremen Bedingungen leben. Die meisten der „Extremisten" sind bakterienartige Mikroorganismen aus der Gruppe der *Archaea* („Archaebakterien").

Ökologische Potenz. Für jeden Umweltfaktor gibt es einen Bereich, innerhalb dessen eine Art gedeihen und sich fortpflanzen kann. Die Fähigkeit, innerhalb eines bestimmten Bereiches zu gedeihen, nennt man die ökologische Potenz (Gedeihfähigkeit) der Art gegenüber dem jeweiligen Umweltfaktor. Als Beispiel gibt Abb. 42.1 die Temperaturabhängigkeit der Aktivität einer Eidechsenart wieder. Der Bereich, in dem eine Art zwar überlebt, aber sich nicht mehr fortpflanzt (sodass sie nicht auf Dauer unter solchen Bedingungen existieren kann) ist das **Pessimum** (s. Abb. 42.1).

Die ökologische Potenz einer Art kann eng oder weit sein. Arten, die bezüglich mehrerer Umweltfaktoren eine weite ökologische Potenz haben, können an vielen Orten und in verschiedenen Ökosystemen vorkommen; Arten mit enger Potenz sind an ganz spezifische Lebensräume angepasst. Weite ökologische Potenz bezüglich Temperatur (und Nahrung) haben z. B. Ratte und Bär; enge Potenz bezüglich der Temperatur hat z. B. die Bachforelle, die nur im kühlen Wasser der Bergbäche lebt. Eine enge ökologische Potenz bezüglich der Nahrung zeigt der Koala, der nur von Blättern weniger Eukalyptus-Arten lebt. Das Vorkommen einer Art wird vor allem durch den Faktor bestimmt, der am weitesten vom Optimum entfernt ist (Wirkungsgesetz der Umweltfaktoren oder Pessimumgesetz).

Häufig werden die Verhältnisse dadurch komplizierter, dass die einzelnen Faktoren nicht unabhängig voneinander sind. So ist die Fähigkeit zur Wasserspeicherung im Boden abhängig von dessen Beschaffenheit (z. B. Körnigkeit, chemische Zusammensetzung). Der Wassergehalt des Bodens beeinflusst wiederum den Wärmehaushalt: Nasser Boden erwärmt sich langsamer als trockener, speichert aber mehr Wärme und leitet sie auch besser weiter. Insekten hängen in ihrer Entwicklung und Aktivität stark von der Temperatur und der Luftfeuchtigkeit ab. Diese doppelte Abhängigkeit ist für den Kiefernspinner (Schmetterling) in Abb. 43.1 wiedergegeben.

In der Natur leben die meisten Arten nicht im Optimum bezüglich der für sie wichtigen Umweltfaktoren. Daher können bereits geringe Veränderungen eines Faktors, verursacht z. B. durch den Menschen, eine Art verdrängen.

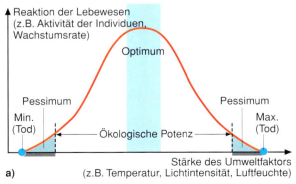 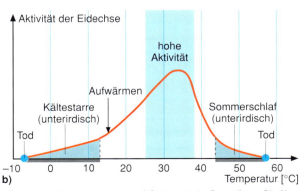

Abb. 42.1: Reaktion der Lebewesen auf einen Umweltfaktor: ökologische Potenz und Pessimumbereich. **a)** Schematische Darstellung. Die ökologische Potenz ist gekennzeichnet durch denjenigen Bereich eines Umweltfaktors, in dem die Art sich fortpflanzen kann. Optimum: diejenige Größe eines Umweltfaktors, in dem die Art am besten gedeiht. Pessimum: Extrembereich, in dem die Art noch überlebt, sich aber nicht fortpflanzt. Minimum und Maximum: Grenzpunkte (unterhalb bzw. oberhalb kann die Art nicht leben); **b)** Temperaturabhängigkeit einer Eidechsenart

Beziehungen der Organismen zur Umwelt

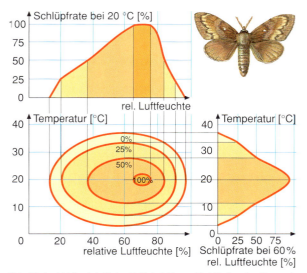

Abb. 43.1: Abhängigkeit der Ei-Entwicklung (Schlüpfen der Raupen) des Kiefernspinners von den Faktoren Temperatur und Luftfeuchtigkeit. Oben bzw. rechts ist die Abhängigkeit von einem Faktor dargestellt, wobei der andere konstant gehalten wird. Trägt man beide Faktoren gegeneinander auf, so werden die Schlüpfraten wie Höhenlinien auf einer Karte wiedergegeben.

1.2 Pflanze und Licht

Pflanzen sind die Produzenten im Ökosystem: Sie produzieren durch die Fotosynthese mit Hilfe von Lichtenergie organische Substanz (Biomasse). Diese ist die Existenzgrundlage der meisten Ökosysteme, da auf diesem Weg fortlaufend organische Stoffe – und somit die darin enthaltene Energie – in die Systeme gelangen. Der Vorgang der Fotosynthese ist deshalb auch für den Menschen direkt (Produktion pflanzlicher Nahrung) und indirekt von großer Bedeutung (Abb. 43.2). Der Kohlenstoff der Biomasse stammt aus dem Kohlenstoffdioxid der Luft. Zur Fotosynthese gehört daher notwendigerweise die CO_2-Assimilation. Licht steuert außerdem Entwicklungsvorgänge in Pflanzen (s. 1.6).

1.2.1 Stoffproduktion und Fotosynthese

Neue Biomasse wird nur durch die Produzenten gebildet; man bezeichnet dies als Primärproduktion. Die Stoffproduktion durch Fotosynthese ist die *Bruttoprimärproduktion* (Abb. 43.3). Von der auf die Pflanzen

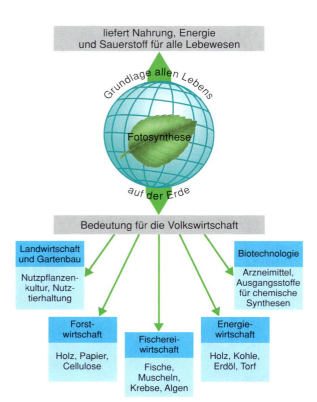

Abb. 43.2: Die Fotosynthese ist die Lebensgrundlage der Organismen. Dem Menschen liefert sie nicht nur Sauerstoff, Nahrungsmittel und Energie, sondern auch Ausgangsstoffe für Arzneimittel, Genussmittel und viele Produkte der Technik.

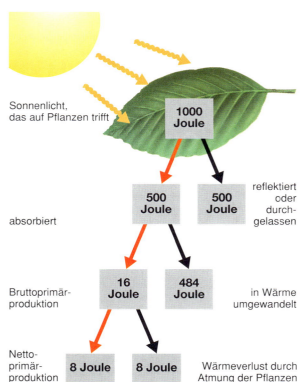

Abb. 43.3: Nutzungsgrad des auf grüne Pflanzen auftreffenden Sonnenlichts. Nur 50 % davon werden von den Pflanzen absorbiert, von diesen 3 % zur Fotosynthese verwendet und schließlich liegen 0,8 % in der Nettoprimärproduktion vor.

auftreffenden Sonnenenergie werden hierzu etwa 1–3 % verwendet. Ein Teil der pflanzlichen Produktion wird von der Pflanze selbst veratmet, sie benötigt die dabei verfügbar werdende Energie für ihre Lebensvorgänge. Das Verbleibende dient dem Zuwachs der Pflanze oder der Speicherung. Dieser Teil der insgesamt erzeugten pflanzlichen Biomasse ist die *Nettoprimärproduktion*. Sie ist die Nahrungsquelle der primären Konsumenten. Die gesamte jährliche Nettoprimärproduktion der Erde beträgt ca. $1{,}54 \cdot 10^{11}$ Tonnen Trockenmasse an pflanzlicher Biomasse. Die Nettoproduktion ist besonders hoch bei rasch wachsenden einjährigen Arten.

Ein Hektar Laubwald mit 275 Tonnen Biomasse erzeugt jährlich etwa 24 Tonnen neue organische Substanz. Von dieser Bruttoproduktion des Pflanzenbestandes wird die Hälfte von den Pflanzen selbst wieder durch Atmung abgebaut. Die Nettoproduktion dieses Waldes beträgt also 12 Tonnen jährlich, nämlich 4 Tonnen Laub, 5 Tonnen Holz, 1 Tonne Gräser, Kräuter und Moose und 2 Tonnen Wurzeln (alle Angaben in Trockenmasse). Die 12 Tonnen Biomasse haben einen Energiegehalt von 230 Millionen kJ, das entspricht 0,5 bis 0,8 % des jährlichen Lichteinfalls auf einen Hektar Fläche (Abb. 43.3).

▶ **Entdeckung der Fotosynthese.** Die Fotosynthese wurde bei Versuchen entdeckt, bei denen Beziehungen zwischen Lebewesen eine wichtige Rolle spielen. Der Engländer JOSEPH PRIESTLEY hatte beobachtet, dass gewöhnliche Luft in einem abgeschlossenen Behälter durch eine brennende Kerze oder eine lebende Maus verändert wurde. Die Kerze erlosch nach einer Weile und die Maus starb. Nun brachte er eine brennende Kerze in den Behälter der toten Maus und stellte fest, dass die Flamme sofort ausging. Die Maus und die Flamme zerstörten oder verbrauchten offenbar den gleichen Bestandteil der Luft. Da aber auf der ganzen Erde alle Lebewesen fortwährend atmen, müsste eines Tages der Teil der Luft, der Leben und Feuer erhält, verbraucht sein – zumindest müsste er unablässig abnehmen. Dieses Problem bereitete PRIESTLEY einiges Kopfzerbrechen – bis er eine neue, interessante Entdeckung machte: „*. . . am 17. August 1771 brachte ich einen Minzezweig in eine Luftmenge, in der eine Wachskerze erloschen war, und fand, dass am 27. desselben Monats eine neue Kerze gut darin brannte.*" Daraus folgerte PRIESTLEY, dass die Pflanze die „verbrauchte Luft" wieder in „gute Luft" verwandelt hatte. Bald darauf erkannte der französische Chemiker LAVOISIER, dass der entscheidende Anteil der „verbrauchten Luft" das Kohlenstoffdioxid ist und derjenige der „guten Luft" der Sauerstoff. Im Jahr 1804 beobachtete der Schweizer LE SAUSSURE, dass die Pflanze durch CO_2-Aufnahme an Masse zunimmt. ◀

Vorgang der Fotosynthese. Bei der Fotosynthese baut die Pflanze mit Hilfe der Lichtenergie aus Kohlenstoffdioxid und Wasser Kohlenhydrate, z. B. Stärke auf und scheidet dabei Sauerstoff aus. Folgende Versuche bestätigen dies: Man verdunkelt ein Blatt teilweise mit einer Schablone aus Aluminiumfolie und belichtet dann dieses Blatt einige Stunden lang (s. Abb. 44.1). Danach entfernt man das Blatt von der Pflanze und löst die Blattfarbstoffe heraus (z. B. mit Aceton). Setzt man nun eine Iod-Iodkaliumlösung hinzu, so färbt sich die gebildete Stärke blau. Eine Blaufärbung erfolgt nur an den vorher belichteten Stellen.

Belichtet man Stängel der Wasserpest in einem mit Wasser gefüllten Versuchsgefäß, so treten an den Schnittstellen Gasblasen aus (s. Abb. 45.1). Diese sammeln sich in einem geschlossenen Gefäß an. Mit einem glimmenden Span lässt sich darin Sauerstoff nachweisen. Während der Sauerstoffentwicklung entsteht in den Blättern Stärke. Da diese aus Glucose-(Traubenzucker-)Einheiten aufgebaut ist, gibt man in vereinfachten Reaktionsgleichungen als Fotosyntheseprodukt Glucose an. Da aus Kohlenstoffdioxid und Wasser bei Energiezufuhr durch Belichtung Zucker und Sauerstoff entstehen, lässt sich der Vorgang der Fotosynthese durch folgende Gleichung beschreiben:

$$6\ CO_2 + 6\ H_2O \xrightarrow{\text{Licht}} C_6H_{12}O_6 + 6\ O_2;\quad \Delta G = +2875\ \text{kJ}$$

ΔG gibt den Energiebetrag an, der zum Aufbau von einem Mol Traubenzucker aus CO_2 und H_2O erforderlich ist *(s. Stoffwechsel 2.1)*.

Nun sind sowohl CO_2 als auch H_2O niedermolekulare energiearme Verbindungen, während Zucker eine hochmolekulare Verbindung größeren Energieinhalts ist: Zucker verbrennt mit Sauerstoff zu Kohlenstoffdioxid und Wasser unter Freisetzung von Wärme. Von

Abb. 44.1: Stärkenachweis in einem teilweise abgedunkelten Laubblatt. Fotosynthese erfolgt nur in den belichteten Bereichen; nur dort kommt es zur Stärkebildung. Stärkenachweis mit Iod-Iodkalium-Lösung nach Extraktion der Blattfarbstoffe

Beziehungen der Organismen zur Umwelt

Leitungswasser

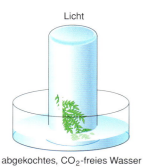
abgekochtes, CO₂-freies Wasser

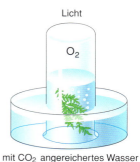
mit CO₂ angereichertes Wasser

mit CO₂ angereichertes Wasser

Abb. 45.1: Nachweis der Abhängigkeit der Fotosynthese von Licht und Kohlenstoffdioxid (Versuchspflanze: Wasserpest)

dieser Überlegung ausgehend, stellte der Heilbronner Arzt ROBERT MAYER als Erster (1842) die These auf, dass bei der Fotosynthese Lichtenergie in chemische Energie umgewandelt und in der von der Pflanze erzeugten organischen Substanz gespeichert wird: *„Die Pflanzenwelt bildet ein Reservoir, in welchem die flüchtigen Sonnenstrahlen fixiert und zur Nutznießung geschickt niedergelegt werden."* Die Fotosynthese verläuft in ihren Grundzügen bei allen Pflanzen gleich.

Wenn bei der Fotosynthese Lichtenergie in chemische Energie umgewandelt wird, muss der Vorgang von der Lichtstärke abhängig sein. Bei konstanter Temperatur nimmt die Fotosyntheseleistung mit wachsender Lichtintensität zu, überschreitet aber auch bei hohen Intensitäten einen bestimmten Höchstwert nicht (Abb. 45.2). Man nennt diesen höchsten erreichbaren Wert der Fotosynthese den *Lichtsättigungspunkt*. Wenn man zusätzlich die Wirkung der Temperatur auf die Fotosynthese prüft, zeigt sich, dass der Einfluss je nach Lichtstärke verschieden ist (Abb. 45.3). Im Schwachlicht hat die Temperatur nur geringen Einfluss, bei starkem Licht steigt die Syntheserate dagegen mit der Temperatur an.

Nun steigt bei den lichtunabhängigen chemischen Reaktionen die Reaktionsgeschwindigkeit bei einer Temperaturerhöhung von 10 °C etwa auf das Doppelte an (*RGT-Regel*). Reaktionen, bei denen das Licht unmittelbar chemische Vorgänge auslöst (*fotochemische Reaktionen*, z. B. Belichtung eines Films), sind dagegen nahezu temperaturunabhängig. Dadurch lassen sich beide Arten von Prozessen voneinander unterscheiden. Daher zog BLACKMAN 1905 den Schluss, dass die Fotosynthese aus zwei Reaktionsfolgen besteht: einer lichtabhängigen, jedoch temperaturunabhängigen Reaktion (*Lichtreaktion*) und einer weiteren, lichtunabhängigen, jedoch temperaturabhängigen Reaktion (*Dunkelreaktion*). Aus der Annahme einer Licht- und einer Dunkelreaktion lassen sich die Kurven der Abbildungen 45.2 und 45.3 erklären. Die in der Lichtreaktion gebildeten

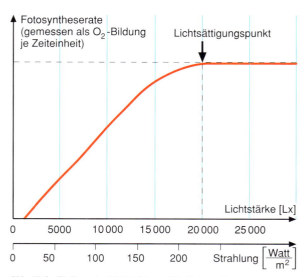

Abb. 45.2: Einfluss der Lichtstärke auf die Fotosyntheserate

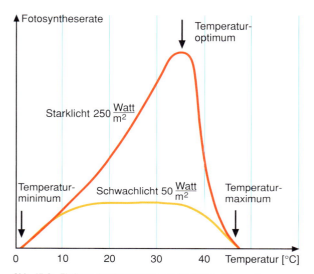

Abb. 45.3: Einfluss der Temperatur auf die Fotosyntheserate bei niedriger und hoher Lichtstärke

Ökologie

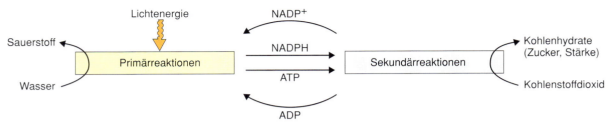

Abb. 46.1: Primär- und Sekundärreaktionen der Fotosynthese

Stoffe sind für die Dunkelreaktion notwendig. Bei niedriger Lichtintensität wird in der Lichtreaktion nur eine geringe Stoffmenge gebildet. Diese wird schon bei niedriger Temperatur in der Dunkelreaktion vollständig umgesetzt. Bei Temperaturerhöhung stehen keine zusätzlichen Stoffe für die Dunkelreaktion zur Verfügung; die Fotosyntheserate bleibt daher bei Temperaturzunahme fast gleich. Bei hohen Lichtintensitäten läuft die Lichtreaktion dagegen in voller Stärke ab, sodass genügend Ausgangsstoffe für die nachfolgende Dunkelreaktion zur Verfügung stehen.

Weitere Untersuchungen ergaben, dass eine ganze Kette von Reaktionen durch das Licht ausgelöst wird. Anschließend erfolgt mit den Produkten der Lichtreaktion ein weiterer Stoffumsatz, bei dem Kohlenhydrate aus CO_2 aufgebaut werden. Daher unterscheidet man heute Primär- und Sekundärreaktionen.

In den **Primärreaktionen** nehmen Chlorophyllmoleküle Lichtenergie auf und werden dadurch energiereicher *(s. Stoffwechsel 2.1.2)*. Die so „angeregten" Chlorophyllmoleküle können Elektronen über mehrere Überträgerstoffe an die Substanz $NADP^+$ abgeben. Diese wird durch Aufnahme von zwei Elektronen reduziert und bindet dann ein H^+ zu NADPH. Die Chlorophyllmoleküle holen sich für die abgegebenen Elektronen über eine Reaktionskette wieder Elektronen zurück. Dabei werden letztlich dem Wasser Elektronen entzogen und die Wassermoleküle unter Freisetzung von Sauerstoff gespalten *(Fotolyse des Wassers,* Abb. 46.2). Die in den angeregten Chlorophyllmolekülen enthaltene Energie dient außerdem zur Bildung von ATP *(Fotophosphorylierung, s. Stoffwechsel 2.1.2).*

In den **Sekundärreaktionen** wird das aufgenommene Kohlenstoffdioxid nach Bindung an ein Trägermolekül mit Hilfe von Wasserstoff des NADPH reduziert, wozu außerdem noch Energie aus dem ATP erforderlich ist. Durch diesen Vorgang wird Traubenzucker ($C_6H_{12}O_6$) und daraus Stärke aufgebaut (Abb. 46.1). Stärke ist nicht wasserlöslich und daher im Gegensatz zu Zucker nicht osmotisch wirksam.

Der Verbrauch an Kohlenstoffdioxid durch die assimilierenden Pflanzen ist gewaltig. Schätzungsweise werden jährlich 600 Milliarden Tonnen Kohlenstoffdioxid und 250 Milliarden Tonnen Wasser durch die Fotosynthese mit einem Energieaufwand von 10^{18} kJ in 400 Milliarden Tonnen Kohlenhydrate umgewandelt; dabei entstehen 450 Milliarden Tonnen Sauerstoff. 1 m² Blattfläche (die Blattfläche einer mittelgroßen Sonnenblume) erzeugt stündlich etwa 0,5 g Stärke. Der Kohlenstoffdioxidvorrat der Luft wäre in wenigen Jahrzehnten erschöpft, wenn er nicht ständig durch Atmung und Gärung ersetzt würde *(s. Stoffwechsel 3).*

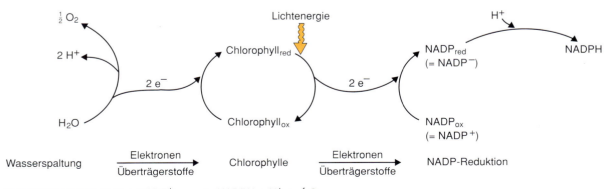

Abb. 46.2: Das Prinzip der Primärreaktionen der Fotosynthese

1.2.2 Das Blatt als Organ der Fotosynthese

In allen chlorophyllhaltigen Geweben kann Fotosynthese ablaufen. Bei den meisten höheren Pflanzen übernehmen aber besonders ausgebildete Organe mit großer Oberfläche, die Laubblätter, den Hauptanteil an der Fotosynthese.

Ein Querschnitt durch ein Blatt (Abb. 47.1) zeigt, dass die oberste Schicht, die *Epidermis*, in der Regel nur aus einer einzigen Lage lebender, meist chlorophyllfreier Zellen besteht, die lückenlos zusammenschließen. Ihre Außenwände sind meist verdickt und von der *Cuticula*, einer wasserundurchlässigen Schutzschicht, überzogen. Darunter folgen eine oder mehrere Lagen lang gestreckter Zellen, die senkrecht zur Oberfläche stehen: das *Palisadengewebe*. Dieses enthält reichlich Chlorophyll. Das Palisadengewebe ist der Hauptort der Fotosynthese. Das darunter liegende *Schwammgewebe* besitzt große lufterfüllte Hohlräume und dient der Durchlüftung des Blattes. Den unteren Abschluss des Blattes bildet eine Schicht Epidermiszellen, die von zahlreichen schlitzförmigen Poren, den *Spaltöffnungen*, durchbrochen ist (Abb. 47.2). Sie stehen mit dem Hohlraumsystem im Blattinneren (*Interzellularsystem*) in Verbindung und vermitteln den Gasaustausch. Das Blatt ist von dem reich verzweigten Netz der Blattadern (*Leitbündel*) durchzogen, die auch seine Fläche versteifen. Die Anordnung der Blätter an der Sprossachse erfolgt so, dass sich jedes Blatt in möglichst optimaler Position zum Licht befindet.

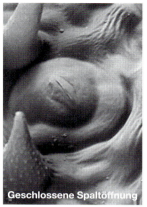 

Abb. 47.2: Spaltöffnungen der Blattunterseite der Melisse. Rasterelektronenmikroskopische Aufnahme (Vergrößerung 2000fach)

▶ **Änderung der Spaltöffnungsweite.** Die Spaltöffnungen verbinden das Interzellularsystem mit der Außenluft. Sie bestehen aus zwei Schließzellen samt Spalt. Diese enthalten im Gegensatz zu den anderen Epidermiszellen Chloroplasten. Die Wände der Schließzellen sind ungleichmäßig verdickt (Abb. 48.1), die Außen- und Innenwände sind dick, die Wände zu den Nachbarzellen dagegen dünn. Bei Belichtung wird in den Schließzellen durch Fotosynthese viel ATP gebildet. Mit dessen Energie werden K^+-Ionen durch aktiven Transport entgegen dem Konzentrationsgefälle aus den Nachbarzellen in die Schließzellen gepumpt. Die zunehmende Konzentration dieser Ionen lässt den osmotischen Wert der Schließzellen ansteigen. Daher strömt aus den Zellwänden und den Nachbarzellen Wasser nach, der Innendruck der Schließzellen steigt und ihre dünnen Wände wölben sich: Der Spalt zwischen den Schließzellen öffnet sich.

Nach Eintritt der Dunkelheit hört die Fotosynthese auf. Es wird viel weniger ATP gebildet und die K^+-Ionen wandern entsprechend dem Konzentrationsgefälle wieder in die Nachbarzellen. Infolgedessen sinkt der osmotische Wert der Schließzellen, Wasser wird an die anderen Zellen abgegeben und die zuvor prall gefüllten Schließzellen erschlaffen: der Spalt schließt sich. Bei großer Trockenheit erschlaffen die Schließzellen infolge Wasserverlustes, sodass der Spalt sich schließt, was die Wasserabgabe der Pflanze herabsetzt. Der Öffnungszustand wird außerdem durch die CO_2-Konzentration in den Interzellularen reguliert. Niedrige CO_2-Konzentration führt zur Öffnung, hohe zum Schließen der Spaltöffnung. Wird tagsüber durch Fotosynthese das CO_2 verbraucht, so bleiben die Spalten (bei guter Wasserversorgung) offen. Hört bei Eintritt der Dunkelheit die Fotosynthese auf, so steigt die CO_2-Konzentration und der Spalt schließt sich.

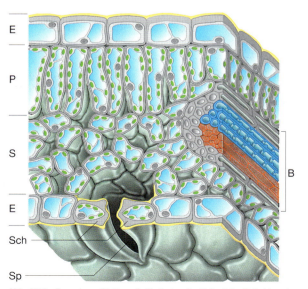

Abb. 47.1: Bau eines Blattes. **B** Blattader (Leitbündel); **E** Epidermis mit Cuticula; **P** Palisadengewebe; **S** Schwammgewebe; **Sch** Schließzellen; **Sp** Spalt der Spaltöffnung. Die zusammenhängenden Hohlräume im Blattinnern (Interzellularen) dienen dem Gasaustausch.

48 Ökologie

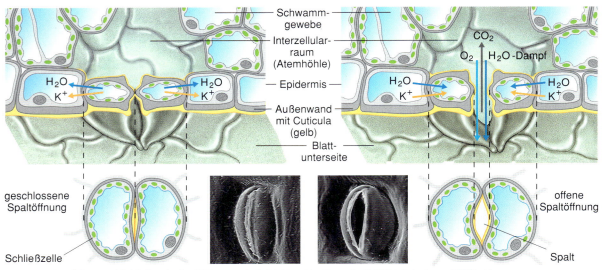

Abb. 48.1: Das Öffnen und Schließen der Spaltöffnungen in Aufsicht und im Querschnitt (REM-Aufnahmen 2000fach)

▶ **Zusammenhang von Bau und Funktion des Blattes.** Die flächenhafte Ausbreitung begünstigt die Lichtabsorption. Bei geringer Dicke der Blätter liegen die Spaltöffnungen nahe am assimilierenden Gewebe. Außerdem bewirken die lockere Anordnung der assimilierenden Zellen und das weit verzweigte Hohlraumsystem im Blattinneren, dass ein beträchtlicher Teil der Zellwände direkt mit Luft in Berührung kommt, wodurch ein Gasaustausch gefördert wird.
Während der Fotosynthese findet im Blattinnern ein ununterbrochener Transport von Stoffen statt. Die Wasserleitungsbahnen in den Blattadern liefern Wasser an und geben es an alle Zellwände ab, aus denen es ins Zellinnere gelangt. Aus den Zellwänden geht das Wasser durch Verdunstung auch als Wasserdampf in das Hohlraumsystem über und tritt – ebenso wie der bei der Fotosynthese gebildete Sauerstoff – durch die Spaltöffnungen aus. Gleichzeitig diffundiert durch die Spaltöffnungen Kohlenstoffdioxid in das Interzellularsystem des Blattes ein und gelangt ebenfalls in die Zellen. Hauptsächlich bei Nacht wird Stärke wieder in Zucker verwandelt, der über die Siebelemente der Leitbündel in andere Teile der Pflanze transportiert wird.
Durch die außerordentlich große Anzahl von Spaltöffnungen auf der Unterseite eines Laubblattes ist eine ausreichende Zufuhr von Kohlenstoffdioxid gesichert. Auf die Fläche von 1 mm² kommen durchschnittlich 50–500 Spaltöffnungen.
Bei den blutfarbenen Laubblättern (Blutbuche, Bluthasel, *s. Abb. 306.3*) wird das Chlorophyll von den im Zellsaft gelösten Anthocyanfarbstoffen überdeckt. Die Färbung des Herbstlaubes entsteht durch Abbau des Chlorophylls, sodass die in den Blattzellen ebenfalls vorhandenen gelben bis rötlichen Farbstoffe (Carotinoide) sichtbar werden. Manche Arten bilden im Herbst noch zusätzlich Anthocyan. Die Abbauprodukte des Chlorophylls sind braun. ◀

1.2.3 Die Abhängigkeit der Fotosynthese von Umweltfaktoren

Einfluss des Lichtes. Die Ansprüche an das Licht sind nicht bei allen Pflanzen gleich. Die *Sonnenpflanzen* zeichnen sich durch einen hohen Lichtbedarf aus und sterben bei Beschattung allmählich ab. *Schattenpflanzen* dagegen gedeihen im Streulicht am besten, längerzeitige volle Bestrahlung ist für sie tödlich.
Bei Sonnenpflanzen finden wir häufig kleinere, aber dicke, derbe Blätter mit mehrschichtigem Palisadengewebe. Oft haben sie noch Überzüge von Wachs oder toten Haaren, durch welche die Strahlung stärker reflektiert wird und damit die Verdunstung abgeschwächt wird. Schattenpflanzen besitzen meist dünne und zarte Blätter, die sich flach ausbreiten, sodass sie möglichst viel von dem spärlichen Licht auffangen. Beide Blattformen können an ein und derselben Pflanze vorkommen (so z. B. bei der Buche, Abb. 49.1 a und b).
Die Sonnenpflanzen erreichen die höchste Fotosyntheserate nur bei vollem Lichtgenuss. Die erzielten Werte übertreffen dabei weit die der Schattenpflanzen. Die Schattenpflanzen weisen dagegen auch unter recht dürftigen Lichtverhältnissen noch eine Nettoproduktion auf (Abb. 49.2).
Bei einer bestimmten Lichtintensität verbraucht eine Pflanze durch Fotosynthese genauso viel Kohlenstoffdioxid, wie sie bei der Atmung bildet. Der Verlust

organischer Stoffe infolge der Atmung wird durch die Fotosynthese kompensiert. Die Lichtintensität, bei der diese Bedingung erfüllt ist, heißt *Lichtkompensationspunkt* der Fotosynthese. Sie ist bei Sonnenpflanzen höher als bei Schattenpflanzen. Letztere gelangen also bei einer niedrigeren Lichtintensität in den Bereich der Nettoprimärproduktion.

Einfluss der Temperatur. Wie schon dargestellt (s. Abb. 45.3) sind die meisten Reaktionen der Fotosynthese temperaturabhängig. Die Fotosynthesevorgänge setzen bei einer Mindesttemperatur ein (bei frostharten Pflanzen etwa bei −1 °C), nehmen mit steigender Temperatur an Geschwindigkeit zu und nach Erreichen eines Optimums wieder ab. Die Fotosynthese hört schließlich bei einer maximalen Temperatur ganz auf. Die Minimum-, Optimum- und Maximum-Temperatur der Fotosynthese ist artverschieden. Bei der Kultur einer Nutzpflanze in Gewächshäusern kann ihr *Temperatur-Optimum* eingestellt werden (s. auch Abb. 42.1).

▶ **Einfluss des Kohlenstoffdioxids.** Die Fotosyntheseleistung wird bei hinreichender Lichtintensität durch eine Erhöhung des CO_2-Gehaltes der Luft verbessert (Abb. 49.3). Düngung mit Stallmist und Kompost reichert die bodennahe Luftschicht mit CO_2 an, weil die organischen Stoffe dieser Dünger durch Mikroorganismen (Destruenten) zersetzt werden.

Einfluss des Wassers. Bei Trockenheit schließen sich die Spaltöffnungen; dadurch sinkt die Aufnahme von CO_2 und damit die Fotosyntheseleistung. Künstliche Bewässerung in Trockenzeiten erhöht die Luftfeuchtigkeit in Kulturen, dadurch die Spaltöffnungsweite und somit auch die Stoffproduktion. ◀

In der Natur sind die erwähnten Faktoren stets gemeinsam wirksam. Die Stoffproduktion einer Pflanze hängt deshalb immer von demjenigen Faktor ab, der im Minimum vorhanden ist (s. 1.4).

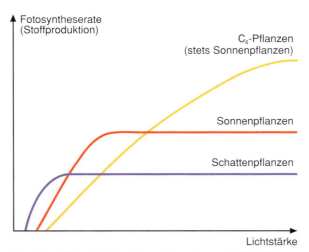

Abb. 49.2: Abhängigkeit der Fotosyntheserate von der Lichtstärke bei verschiedenen Pflanzengruppen

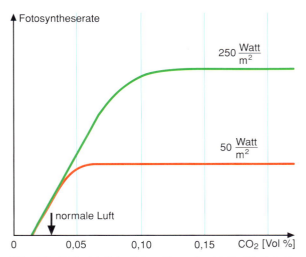

Abb. 49.3: Abhängigkeit der Fotosyntheserate von der CO_2-Konzentration bei zwei verschiedenen Lichtstärken. Zunächst steigt die Fotosyntheserate mit zunehmendem CO_2-Angebot, dann jedoch begrenzt die Lichtstärke die Fotosyntheseleistung.

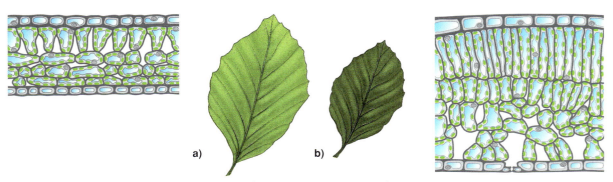

Abb. 49.1: a) Schattenblatt; **b)** Sonnenblatt der Buche. Die Schattenblätter sind dünner, größer und zarter gebaut.

1.2.4 Besondere Fotosynthese-Formen als Standortanpassungen

Verschiedene Pflanzenarten sind hinsichtlich der Fotosynthese an besondere Standorte angepasst. So erfolgt z. B. bei Mais und Zuckerrohr die CO_2-Bindung viel effektiver (etwa zehnfach) als bei der Mehrzahl der Pflanzen. Allerdings ist dazu auch ein erheblich höherer Energieaufwand erforderlich. Diese Arten gedeihen nur als Sonnenpflanzen. Sie unterscheiden sich in den chemischen Vorgängen der Fotosynthese von anderen Pflanzen: Zunächst produzieren sie Äpfelsäure (eine Verbindung mit vier C-Atomen im Molekül), dann erst entstehen Kohlenhydrate; man nennt sie deshalb *C_4-Pflanzen.* Bei hoher Lichtintensität und guter Wasserversorgung erzielen sie eine hohe Stoffproduktion und wachsen dann rasch. Bei schlechter Wasserversorgung verringern sie die Spaltöffnungsweite und können dann (bei hoher Lichtintensität) infolge ihrer wirksameren CO_2-Bindung bei geringem Wasserverlust noch eine Nettoproduktionsleistung erbringen.

Manche Pflanzen wie Mauerpfeffer- und Hauswurzarten sowie Kakteen haben eine andere Anpassung an trockene und sonnige Standorte entwickelt. Sie binden *während der Nacht* CO_2 und bilden dabei ebenfalls Äpfelsäure. Dazu muss die Energie durch Abbau von tagsüber gebildeter Stärke geliefert werden. Am Tag wird dann die Äpfelsäure wieder gespalten und das dabei entstehende CO_2 nun durch Fotosynthese zu Zucker und Stärke umgesetzt. So können die Spaltöffnungen am Tag lange Zeit geschlossen bleiben, was die Wasserabgabe der Pflanze herabsetzt. Die Äpfelsäure dient als Speicher für das CO_2. Da sie nachts Stärke zum Energiegewinn und zur Äpfelsäurebildung abbauen, haben diese Pflanzen selbst bei hoher Lichtintensität nur eine geringe Stoffproduktion, wachsen langsam, kommen aber mit sehr geringen Wassermengen aus.

1.3 Pflanze und Wasser

Die Stoffproduktion der Pflanzen hängt bei zureichender Lichtintensität von der CO_2-Aufnahme ab, die durch die Spaltöffnungen reguliert wird. Durch die geöffneten Spalten wird aber gleichzeitig Wasserdampf abgegeben (s. 1.2.2). Daher stehen Stoffproduktion und Wasserhaushalt der Pflanze in enger Beziehung. Landpflanzen nehmen das Wasser (und die darin gelösten Ionen) durch die Wurzel auf, transportieren es in den Leitbündeln zu den Blättern und geben es in Form von Wasserdampf wieder ab (Transpiration). Aus den Leitbündeln gelangt das Wasser über die Zellwände auch in die Zellen. Die Pflanzenzellen besitzen große *Vakuolen,* die von einer wässerigen Lösung, dem Zellsaft, erfüllt sind.

1.3.1 Wasserhaushalt der Zelle

Zum Verständnis der Vorgänge bei der Wasseraufnahme durch die Zelle dient folgender Versuch: Man legt ein Stückchen der Epidermis einer Küchenzwiebel oder einen Algenfaden in eine konzentrierte Salz- oder Zuckerlösung. Nach kurzer Zeit löst sich das Protoplasma von der Zellwand ab: Es tritt **Plasmolyse** ein. Bringt man nun dasselbe Präparat in Leitungswasser, so legt sich das Protoplasma wieder an die Zellwand an. Das Volumen der Vakuole ist demnach abhängig von der Konzentration des Außenmediums (s. Abb. 50.1). Der Plasmolyse liegt also ein *osmotischer Vorgang* zugrunde *(s. Cytologie 3.1).* Wasser tritt aus der Vakuole in die konzentriertere Außenlösung über. Dadurch schrumpft die Vakuole und die Konzentration des Zellsaftes nimmt zu. Der Wasseraustritt hört auf, wenn die Zellsaft-Konzentration in der Vakuole genauso groß ist wie die Konzentration der Außenlösung (isoosmotische Lösungen). Ist die Außenlösung gegenüber dem Zellsaft von geringerer Konzentration, dringt Wasser in die Vakuole ein. Bei der Osmose handelt es sich um eine Diffusion durch eine halbdurch-

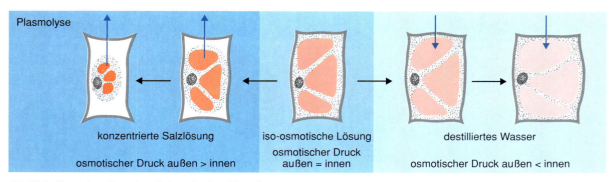

Abb. 50.1: Plasmolyse-Versuche mit einer einzelnen Blattzelle

lässige Membran. Da sich beim Schrumpfen der Vakuole das Protoplasma von der Zellwand abhebt, muss die halbdurchlässige Membran das Plasmalemma sein. Dagegen ist die Zellwand sowohl für Wasser als auch für darin gelöste Stoffe durchlässig, wie man mit Farbstoffen leicht zeigen kann. Durch Plasmolyse lässt sich die Konzentration des Zellsaftes der Vakuole bestimmen. Man legt die zu untersuchenden Zellen in Lösungen verschiedener Konzentrationen. Der Zellsaft derjenigen Zellen, bei denen gerade keine Plasmolyse mehr eintritt, hat dann die Konzentration der betreffenden Außenlösung.

▶ Normalerweise ist die Konzentration der Außenlösung, die sich in den Kapillarräumen der Zellwand befindet, viel geringer als die des Zellsaftes. Daher ist die Vakuole prall gefüllt und der Zellsaft übt einen beträchtlichen Druck aus, sodass das Cytoplasma gegen die Zellwand gepresst wird (Turgordruck). Diese wird dadurch elastisch gedehnt, bis der Gegendruck der gedehnten Wand (Wanddruck) ebenso groß ist wie der Turgordruck. Dann verhindert der Wanddruck eine weitere Volumenzunahme der Vakuole und damit einen Einstrom von Wasser. Da die Konzentration der Außenlösung sehr gering ist, hängt der Turgordruck bei guter Wasserversorgung der Zelle nur von der Konzentration des Zellsaftes ab. Dieser kann als **osmotischer Druck** *(s. Cytologie 3.1)* gemessen werden. Wenn der Turgordruck (oder Wanddruck) ebenso groß ist wie der osmotische Druck des Zellsaftes, vermag die Zelle kein Wasser mehr aufzunehmen. Man sagt, ihre Saugspannung sei null. Ist dieser Zustand nicht erreicht, so wird aus den Hohlräumen der Zellwand Wasser aufgenommen: In der Zelle besteht eine **Saugspannung.** Die Saugspannung hängt direkt von der Konzentration des Zellsaftes, also von dessen osmotischem Druck O ab. Der Saugspannung S entgegen wirkt der jeweils vorhandene Wanddruck W. Es gilt:

Saugspannung =	osmotischer Druck	−	Turgordruck
der Zelle	des Zellsaftes		(Wanddruck)
S =	O	−	W

Durch den Turgordruck werden krautige Pflanzen versteift; Mangel an Wasser lässt sie welken. Ist die Stabilität der Zellwände nicht groß genug und die Saugspannung der Zellen hoch, können Gewebe bei Wasseraufnahme zerreißen. So platzen Süßkirschen bei Regen, weil Wasser in die zuckerreichen Vakuolen der Zellen eindringt. Der umgekehrte Vorgang lässt sich beim Salat beobachten. Er fällt einige Zeit nach dem Anrichten zusammen, weil die Soße konzentrierter ist als der Zellsaft der Salatblätter; sie entzieht den Zellen Wasser. ◀

1.3.2 Wasserabgabe der Pflanze

Die als **Transpiration** bezeichnete Wasserdampfabgabe erfolgt hauptsächlich durch die Spaltöffnungen (eine geringe Menge wird auch unkontrolliert über die Epidermiszellen abgegeben). Sie ist umso beträchtlicher, je trockener die umgebende Luft und je größer die Blattfläche ist, welche mit der Luft in Berührung kommt. Die für die Fotosynthese notwendige Ausbildung einer großen Gesamtfläche gefährdet daher die Pflanze durch beträchtliche Wasserverluste, wenn nicht ständig aus dem Boden Wasser nachgesogen wird. So entsteht ein Wasserstrom, der die Pflanze durchfließt und zugleich dem Ionentransport dient. Denn mit dem Transpirationsstrom gelangen auch die aus dem Boden aufgenommenen Ionen zu den Blättern, wo sie durch die Verdunstung des Wassers angereichert werden (s. Abb. 52.1 und Abb. 53.1). Zugleich wirkt die Verdunstung abkühlend und verhindert so eine Überhitzung der Pflanze bei starker Sonneneinstrahlung.

▶ Eine mannshohe Sonnenblume gibt täglich über 1 l Wasser ab. Eine größere, frei stehende Birke verdunstet an einem heißen Sommertag 300–400 l. Jeder Hektar Buchenhochwald entzieht dem Boden durchschnittlich an jedem Tag 20 000 l Wasser. Dies entspricht im Jahr der Verdunstung eines Niederschlags von 460 mm Höhe, was den Einfluss des Waldes auf das Klima verständlich macht. Die Bedeutung des Wassers für den Pflanzenertrag zeigen folgende Zahlen: Zur Bildung von 1 g Trockenmasse benötigen Weizen und Kartoffeln etwa 600 g Wasser, Hülsenfrüchte 750 g, Mais 200–300 g und Kakteen unter 150 g Wasser (s. 1.2.4). Die Kenntnis dieser Werte ist bedeutsam, um für Trockengebiete die richtigen Nutzpflanzen zu wählen. ◀

Bei Wassermangel kann die Pflanze die Wasserabgabe durch Verschluss der Spaltöffnungen vorübergehend stark einschränken; sie „hungert" dann aber, weil sie kein CO_2 aufnehmen kann. Hält der Wassermangel längere Zeit an, dann welkt die Pflanze schließlich doch. Da die Leitbündel von den Wurzeln durch den Stängel oder Stamm bis hin zu den Zweigen und Blättern ununterbrochene Stränge ausbilden, ist ein Wasser- und Stofftransport in alle Pflanzenteile gewährleistet.

1.3.3 Die Wurzel als Organ der Wasseraufnahme

Die Wurzel nimmt Wasser und Ionen aus dem Boden auf, verankert die Pflanze im Boden und speichert auch Assimilate. So sammeln viele Pflanzen im ersten Wachstumsjahr Nährstoffe für die Bildung von Sprossen, im zweiten Jahr für die Bildung von Blüten und Früchten (Zucker- und Futter-Rübe, Möhre).

52 Ökologie

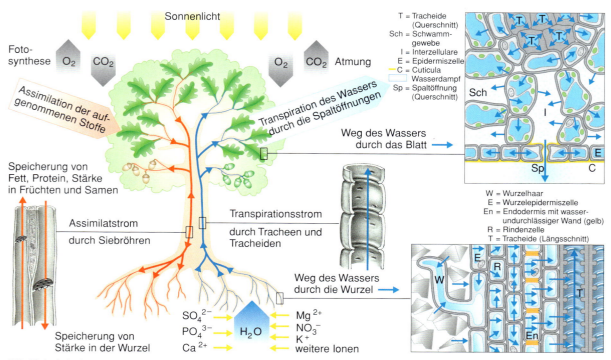

Abb. 52.1: Aufnahme von Wasser und Ionen durch die Wurzel und ihr Transport in der Pflanze

Bau der Wurzel. Das Wurzelsystem ist je nach Pflanzenart und Bodenbeschaffenheit verschieden ausgebildet. Viele Pflanzen haben eine Pfahlwurzel (Kiefer), andere treiben mehrere gleich starke Wurzeln nach unten (Buche). Bei wieder anderen bilden sich kräftige Seitenwurzeln flach im Boden (Fichte). Durch vielfache Verzweigung entsteht ein Wurzelsystem von oft erstaunlicher Gesamtlänge. An einer einzigen frei stehenden Getreidepflanze beträgt die Gesamtlänge des Wurzelsystems, mit dem sie einen Bodenraum von 4 bis 5 m^3 im Umkreis von 1,5 m durchzieht, etwa 80 km.

Die Wurzeln wachsen nur an der Spitze (Abb. 53.1). Hierbei wird der zarte Vegetationskegel durch eine Wurzelhaube geschützt, die wie ein Fingerhut auf der Wurzelspitze sitzt und aus verschleimenden Zellen besteht, welche das Vorwärtsdringen der Wurzelspitze im Boden erleichtern. Dicht hinter der Wurzelspitze wächst ein Teil der Epidermiszellen zu schlauchförmigen, wenige Millimeter langen, dünnwandigen *Wurzelhaaren* aus. Diese zwängen sich in die Lücken des Bodens ein und verkleben dabei mit den Bodenteilchen. Da sie sehr zahlreich sind (beim Mais bis zu 400 Haare auf 1 mm^2), vergrößern sie die aufnehmende Oberfläche beträchtlich. Die Haare werden nur einige Tage alt; doch entstehen hinter der wachsenden Wurzelspitze ständig neue, welche dann mit frischen Bodenteilchen in Berührung kommen. Auf diese Weise „durchpflügt" die Pflanze den Boden. Hinter der Zone der Wurzelhaare sterben die Epidermiszellen ab. Die Rindenzellen verkorken darunter und werden undurchlässig, sodass die Aufnahme des Wassers und der Ionen auf eine kurze Zone hinter der Wurzelspitze begrenzt ist.

Wasseraufnahme durch die Wurzel. Das Wasser tritt zunächst in die winzigen Hohlräume der Zellwände der Wurzelhaare ein. In diesen Zellwand-Hohlräumen wird das Wasser durch die Wurzelrinde bis zu deren innerster Schicht geleitet. Wasser kann auch osmotisch in die Zellen aufgenommen und von Zelle zu Zelle weitergegeben werden, weil die Konzentration der gelösten Stoffe in der Vakuole der Wurzelhaar- und Wurzelrindenzellen höher ist als im umgebenden Boden und in der Wurzelrinde nach innen hin zunimmt. Die innerste Zellschicht der Wurzelrinde heißt *Endodermis*. Ihre seitlichen Zellwände sind durch Einlagerung korkähnlicher Stoffe wasserundurchlässig. Hier kann daher das Wasser nicht mehr in den Wänden weiterwandern, sondern muss jetzt in die Endodermiszellen aufgenommen werden. Sie geben es dann an die Wasser leitenden Zellen weiter. Über die Endodermiszellen regelt die Pflanze die Aufnahme des Wassers, in dem auch viele Ionen enthalten sind (s. 1.5).

1.3.4 Leitgewebe und Wassertransport in der Pflanze

Die Diffusionsrate nimmt mit zunehmender Entfernung rasch ab *(s. Cytologie 3.1).* Daher ist der Transport von Wasser und darin gelösten Ionen und organischen Stoffen von Zelle zu Zelle nur bei kleinen Pflanzen (vielen Algen, Pilzen) oder innerhalb von Geweben höherer Pflanzen (Wurzelrinde, Blattgewebe) ausreichend. In den Geweben sind die Zellen durch Plasmodesmen verbunden *(s. Cytologie 2.5),* die den Transport erleichtern. Für den Ferntransport sind bei Farnen und Blütenpflanzen besondere Leitgewebe ausgebildet. Zur Wasserleitung dienen tote, hintereinander gereihte oder zu Röhren verschmolzene Zellen, die man als **Tracheiden** bzw. **Gefäße (Tracheen)** bezeichnet. Zum Transport organischer Stoffe sind Zellstränge ausgebildet, die aus lebenden Zellen bestehen und **Siebröhren** genannt werden. Die Tracheiden sind lang gestreckte Zellen, die leitend miteinander verbunden sind. Die Tracheen sind weite Röhren; sie werden von Zellen gebildet, deren Querwände zum Teil oder ganz aufgelöst sind. Die Röhren erreichen oft beträchtliche Längen; bei Eichen sind sie 10 cm bis 1 m lang. Die Wände der Tracheen und Tracheiden sind verholzt und durch Wandverdickungen versteift. Die Versteifung schützt vor dem Zusammengedrückt-Werden, da durch Transpiration ein Unterdruck (= Transpirationssog) in den Wasserleitgefäßen entsteht; auch können diese als tote Zellen keinen Turgordruck aufbauen. Die Weite der Tracheen schwankt zwischen 0,006 mm (Linde) und 0,25 mm (Eiche). Die Querwände der Siebröhren sind siebartig durchbrochen **(Siebplatten);** durch die Löcher verlaufen Plasmastränge von Zelle zu Zelle. Siebröhren dienen zur Leitung der Fotosyntheseprodukte (Assimilate; vor allem Rohrzucker) und anderen kleinen organischen Molekülen.

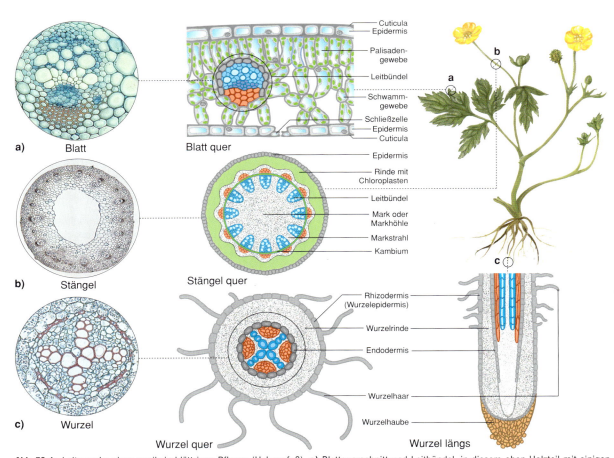

Abb. 53.1: Leitgewebe einer zweikeimblättrigen Pflanze (Hahnenfuß). **a)** Blattquerschnitt und Leitbündel, in diesem oben Holzteil mit einigen weiten Tracheen, unten Siebteil mit Siebröhren: Der Siebteil ist von einer Scheide dickwandiger Festigungszellen umgeben; **b)** Stängel mit kreisförmig angeordneten Leitbündeln; **c)** Wurzellängs- und -querschnitt. Zentralzylinder (außerhalb: Stärke enthaltende Rindenzellen), dunkel: Endodermis. Im Zentralzylinder strahlig angeordnete Gefäße des Holzteils der Leitbündel, zwischen diesen die kleinen Zellen des Siebteils

Ökologie

Leitbündel. Die Leitgewebe sind bei den Blütenpflanzen zu bündelartigen Strängen, den Leitbündeln, vereinigt. Ein Leitbündel besteht aus dem Wasser leitenden *Holzteil (Xylem)* und dem die Assimilate leitenden Bastteil *(Phloem)* mit den Siebröhren. Beide enthalten in der Regel auch noch dünnwandige, lebende Zellen. Der Siebteil liegt im Stängel stets außen, in den Blättern unten. Häufig sind die Leitbündel noch von Festigungsgewebe aus dickwandigen, stark verholzten Zellen *(Sklerenchymfasern)* umgeben. Lange Sklerenchymfasern in den Stängeln von Flachs, Ramie (Nesselart), Hanf und Jute eignen sich ebenso wie die Fasern in den Blättern der Sisalagave zur Herstellung von Textilgeweben. Die Leitbündel sind im Stängel bei Nadelhölzern und Zweikeimblättrigen im Kreis angeordnet, bei den Einkeimblättrigen hingegen über den ganzen Stängelquerschnitt verteilt. Zwischen den Leitbündeln liegen die Markstrahlen. Sie bestehen aus Grundgewebe mit dünnwandigen Zellen und besorgen den Stoffaustausch zwischen Mark und Rinde.

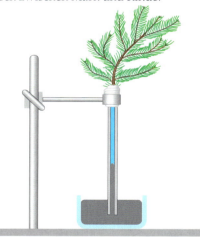

Abb. 54.1: Saugwirkung eines Zweigs infolge Transpiration. Sogar Quecksilber strömt infolge des Unterdrucks nach.

Abb. 54.2: Guttation: Ausscheidung von Wassertropfen am Blattrand des Frauenmantels

Ursachen des Wassertransports. In Bäumen wird das Wasser entgegen dem Zug der Schwerkraft bis zu einer Höhe von 100 m und mehr emporgehoben (Mammutbäume, Eukalyptusbäume). Es ist in erster Linie die *Sogwirkung der transpirierenden* (Wasser verdunstenden) *Blätter,* welche die *durch Kohäsionskräfte zusammengehaltenen Wasserfäden* in den toten Leitungsbahnen *hochzieht,* ohne dass die Pflanze dafür Energie aufzuwenden braucht (Abb. 54.1).

Die Interzellularräume der Blätter verlieren infolge der Transpiration durch die Spaltöffnungen hindurch fortlaufend Wasserdampf. Aus den Zellwänden verdunstet daher Wasser ins Interzellularsystem. Die Zellwände im Blatt sind aber alle miteinander verbunden und treten im Bereich der Leitbündel mit den Wasserleitungsbahnen in Verbindung. Durch die Sogwirkung der Verdunstung entsteht deshalb ein Wasserstrom in den Kapillaren der Zellwände vom Leitbündel zum Interzellularsystem. In den Tracheiden und Gefäßen bildet sich dadurch ein Unterdruck, der sich bis in die Wurzel fortsetzt.

Die Geschwindigkeit des in den Holzteilen aufsteigenden Wasserstroms schwankt zwischen 1 m (bei der Buche) und 43 m (bei der Eiche) in der Stunde. Langsamer (beim Zuckerrohr mit einer Geschwindigkeit von 42–96 cm/h; oft noch langsamer) bewegt sich der in den Siebröhren wandernde Strom der gelösten Assimilate (vorwiegend Saccharose).

Bei krautigen Pflanzen kann ein Wassertransport auch durch den Wurzeldruck zustande kommen. Für diesen sind aktive Transportvorgänge in der Wurzel verantwortlich: Die Endodermiszellen transportieren Ionen in den Zentralzylinder, sodass Wasser osmotisch nachströmt. Der Wurzeldruck ist leicht zu beobachten: Schneidet man eine Pflanze, die reichlich Wasser zur Verfügung hat, dicht über dem Boden ab, dann sieht man aus dem Stumpf Saft austreten. Bekannt ist diese Erscheinung von Reben und Birken, wo sie als Bluten bezeichnet wird. Der ausgepresste Saft ist kein reines Wasser, sondern enthält Ionen und im Frühling auch reichlich Zucker. Eine angezapfte Birke liefert im Frühjahr täglich bis fünf Liter Blutungssaft mit 1,5 % Zuckergehalt, der amerikanische Zuckerahorn jährlich insgesamt 50–150 Liter Saft mit etwa 3 kg Zucker.

Bei manchen Pflanzen (Erdbeere, Frauenmantel, Getreidekeimlinge) werden gelegentlich aus Wasserspalten der Blätter Wassertropfen ausgepresst, welche dann wie Tautropfen an den Blattspitzen hängen (Abb. 54.2). Dies geschieht jedoch nur, wenn bei wasserdampfgesättigter Luft die Transpiration aufhört und wenn der Pflanze genügend Wasser zur Verfügung steht. Diese Abgabe flüssigen Wassers wird durch den Wurzeldruck verursacht, man nennt diesen Vorgang *Guttation.*

Beziehungen der Organismen zur Umwelt 55

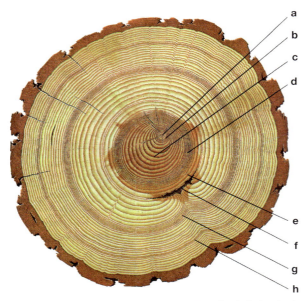

Abb. 55.1: Stammquerschnitt einer Kiefer. Das Kernholz ist durch Einlagerung von Gerbstoffen dunkler gefärbt. Die Breite der Jahresringe gibt Hinweise auf die Wuchsbedingungen. Die Kiefer wurde 1985 gefällt; der erste Jahresring (**a**) bildete sich 1923. Gleichmäßige Jahresringe (**b**) belegen ungestörtes Wachstum. 1933 wird der Baum seitlich abgedrückt (**c**), einseitig starker Zuwachs stellt ihn wieder senkrecht. Die Nährstoffversorgung ist zunächst nicht gut (**d**), bessert sich aber wieder (**e**). 1949 verletzt ein Bodenfeuer den Baum, die Wunde wird überwallt (**f**). 1961 hat die Kiefer eine mehrjährige Trockenzeit überstanden (**g**). 1976 ist der geringe Zuwachs durch Insektenbefall verursacht worden (**h**).

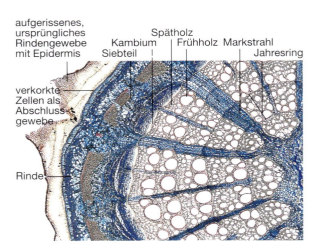

Abb. 55.2: Querschnitt durch einen vierjährigen Stamm des Pfeifenstrauchs. Früh(jahrs)holz hat weite, Spätholz engere Gefäße. Das Dickenwachstum sprengt die Rinde.

▶ **Dickenwachstum.** Die mächtigen Stämme der Holzpflanzen entstehen durch Dickenwachstum. Nur die fortlaufende Verdickung ermöglicht es einem Baum sich immer wieder zu verzweigen und eine zunehmend größere Krone zu bilden, die der Stamm trägt. Das Dickenwachstum geht bei den Nadelhölzern und den zweikeimblättrigen Pflanzen von einer Schicht teilungsfähigen Gewebes aus, die in den Leitbündeln zwischen Holzteil und Siebteil liegt. Dieses *Kambium* breitet sich zu Beginn des Dickenwachstums von den Leitbündeln auf die Markstrahlen aus und bildet dadurch schließlich einen geschlossenen Zylinder teilungsfähigen Gewebes. Dieses erzeugt nun während der jährlichen Wachstumszeit sowohl nach innen als auch nach außen neue Zellen. Innerhalb des Kambiums liegt das *Holz*, außerhalb davon *Bast*. Durch das Dickenwachstum wird nach 1–4 Jahren die Oberhaut (Epidermis) gesprengt. Vorher ist darunter ein neuer Abschluss aus verkorkenden Zellen entstanden. Aus den äußeren Zellschichten der Rinde wird dann als Schutz die Borke (Kork) gebildet. Die älteren Teile der Rinde können dem Dickenwachstum des Holzkörpers meist nicht folgen (Ausnahme z. B. Buche); die Borke wird gesprengt, bekommt tiefe Längsrisse und fällt schließlich in Form von Schuppen oder Streifen ab. Da das Dickenwachstum jährlich zur Bildung neuen Holzes führt, entstehen Jahresringe, die das Alter des Baumes erkennen lassen. An ihrer Dicke und ihrem Bau kann man die klimatischen Bedingungen des jeweiligen Jahres und gegebenenfalls Schädigungen des Baumes ablesen (Abb. 55.1). ◀

1.3.5 Pflanze und Wasserverfügbarkeit

Die Anpassung der Pflanze an die Wasserverhältnisse ihres Standorts ist besonders auffällig und prägt sich im Aussehen der Einzelpflanze wie in der Zusammensetzung des Pflanzenbewuchses am Standort aus. Die Arten weisen eine unterschiedliche ökologische Potenz bezüglich des Faktors Wasserverfügbarkeit auf.

Pflanzen trocken-warmer Standorte müssen vorübergehende starke Wasserverluste ohne bleibende Schäden ertragen können. Man bezeichnet sie als **dürreresistent.** Unter ihnen gibt es Arten, die sich gegen den Wasserverlust kaum schützen; sie gehen in eine Trockenstarre über (Flechten, Moose, manche Algen, wenige Arten von Blütenpflanzen in Wüsten und an Felsen). Die meisten höheren Pflanzen regulieren ihren Wasserhaushalt über die Transpiration; bei zu starkem Wasserverlust gehen sie zugrunde.

Die untergetaucht lebenden **Wasserpflanzen (Hydrophyten)** nehmen Wasser samt den darin gelösten Ionen mit der ganzen Oberfläche auf. Wurzeln dienen daher nur noch zum Festhalten oder sind ganz rückgebildet. Oft ist die Pflanzenoberfläche durch feine Zerteilung der Blattflächen (Tausendblatt, Unterwasserblätter von Wasserhahnenfuß) oder durch Ausbildung langer, bandförmiger, meist sehr zarter Blätter (Seegras, *Vallisneria*) vergrößert (s. Abb. 56.1). Auch das Kohlenstoffdioxid, das den Unterwasserpflanzen über die Hydrogencarbonat-Ionen (HCO_3^-) zur Verfügung steht, wird mit der gesamten Oberfläche aufgenommen; Spaltöffnungen fehlen in der Regel.

Die **Pflanzen feuchter Standorte (Hygrophyten),** die Bewohner der schattigen Laubwälder, der Sümpfe, Ufer und der tropischen Regenwälder leiden selten unter Wassermangel, eher wegen hoher Luftfeuchtigkeit an zu geringer Transpiration. Zur ausreichenden Versorgung mit Ionen muss also die Verdunstung erhöht werden. Diese Pflanzen haben meist dünne, große Blätter mit zarter Epidermis. Die Spaltöffnungen sind oft über die Oberfläche des Blattes emporgehoben (Abb. 57.3a). Die großen Blätter können das Licht gut ausnutzen (Abb. 56.2). Da häufig feuchter und schattiger Standort zusammenfallen, ist dies wichtig. Feuchtpflanzen welken bei Wassermangel rasch.

Dagegen vermögen **Pflanzen trockener Standorte (Xerophyten)** zeitweise oder dauernd starke Trockenheit des Bodens und der Luft auszuhalten. Das Wurzelwerk ist bei den meisten Trockenpflanzen sehr stark entwickelt. Es reicht oft in große Tiefen oder verbreitet sich in weitem Umkreis unter der Bodenoberfläche, sodass es rasch viel Wasser vom seltenen Regen aufnimmt. Die Wasserverdunstung durch die Epidermis wird durch Verkleinerung der Blätter herabgesetzt. Die Assimilationsintensität ist infolge der starken Sonnenbestrahlung ohnehin hoch.

Hartlaubblätter mit verdickter Oberhaut und viel Festigungsgewebe gegen Erschlaffen bei Wasserverlust trifft man häufig bei Pflanzen aus dem Mittelmeergebiet (Ölbaum, Myrte). Die Zahl der Spaltöffnungen je mm^2 Fläche ist bei den Trockenpflanzen in der Regel nicht geringer, sondern eher größer als bei Feuchtigkeit liebenden Pflanzen. Auch können sie weit geöffnet werden, sodass bei ausreichender Wasserversorgung der Gasaustausch und damit die gesamte Lebenstätigkeit der Trockenpflanzen sehr rege ist. Dagegen sind die Spaltöffnungen häufig eingesenkt (Abb. 57.3b) oder in Vertiefungen untergebracht und werden oft noch durch Falten und Einrollen der Blätter vor dem austrocknenden Wind besonders geschützt. Auch ein dichter Haarfilz auf den Blättern ist ein guter Verdunstungsschutz (z. B. Königskerze).

Die **Sukkulenten** der Halbwüsten- und Wüstengebiete nehmen in der kurzen Regenzeit reichlich Wasser auf, speichern es im Innern und geben es während der Trockenzeit nur sehr sparsam wieder ab. Für alle kennzeichnend ist die weitgehende Verkleinerung der verdunstenden Oberfläche. Wo die Blätter die Wasserspeicherung übernehmen, sind sie ungewöhnlich dick und fleischig (*Blattsukkulenten*, Abb. 57.1). Bei den *Stammsukkulenten* (Abb. 57.2) fehlen oft die Blätter. Der dicke Stamm ist sowohl Wasserspeicher als auch Organ der Fotosynthese. Blattsukkulenten sind der einheimische Mauerpfeffer und die Hauswurz sowie die Aloe- und Agavenarten. Die bekanntesten Stammsukkulenten sind die Kakteen Amerikas und die in der Gestalt oft ganz ähnlichen Wolfsmilchgewächse (Euphorbien) Afrikas. Unter gleichen Umweltbedingungen kommt es bei Pflanzen ganz verschiedener Familien zu gleichartiger Gestaltausbildung (*Konvergenz;* s. 2.1).

Abb. 56.1: Blattform von Wasserpflanzen am Beispiel des wurzellosen Tausendblatts

Abb. 56.2: Alpendost als Beispiel einer typischen Feuchtluftpflanze (Hygrophyt)

Beziehungen der Organismen zur Umwelt

Abb. 57.1: Blattsukkulenten. Vorne links Fetthenne *Sedum* (Afrika, Europa, Amerika), daneben *Fenestraria* (Südafrika), *Lithops* (Lebende Steine, Südafrika), und ganz rechts *Haworthia* (Afrika). Dahinter links zwei Arten von *Aeonium* (mit Hochrosetten, vorwiegend Kanarische Inseln), Mitte: *Crassula* (Afrika), rechts *Agave* (Amerika)

Abb. 57.2: Stammsukkulenten. Von links: Wolfsmilch (*Euphorbia*, Kanarische Inseln), Stapelie (Südafrika), *Pachypodium* (Madagaskar, mit Blättern), *Alluaudia* (Madagaskar, mit kleinen Blättchen), Kaktus (*Cereus*, Amerika). Sind Blüten zu sehen, wird deutlich, dass die Pflanzen zu ganz verschiedenen Familien gehören.

An **wechselfeuchten Standorten** finden wir neben Trockenpflanzen eine Gruppe von Pflanzen, die man **Tropophyten** nennt. Zu ihnen gehören zahlreiche holzige und krautige Steppen- und Wüstenpflanzen, die in der Regenzeit ihre Assimilationsorgane entwickeln. Während der Trockenzeit werfen Holzpflanzen die Blätter ab, bei krautigen Pflanzen vergehen oft alle oberirdischen Teile (s. Abb. 58.1). Sie überdauern die Dürre als *Knollen, Zwiebeln* oder *Wurzelstöcke (Erdpflanzen)* oder mit Knospen, die unmittelbar an der Erdoberfläche liegen *(Oberflächenpflanzen)*. Ähnlich verhalten sich viele unserer einheimischen Pflanzen; sie nehmen im Winter so gut wie kein Wasser auf. Als Schutz gegen Transpiration sind sie entweder wie die Trockenpflanzen mit Hartlaubblättern ausgerüstet (Nadelhölzer, Efeu) oder sie werfen die Blätter ab.

Lang anhaltender Frost und dadurch verhinderte Wasseraufnahme kann zu Trockenschäden führen. Diese *Frosttrocknis* verursacht die meisten Frostschäden bei den Pflanzen Mitteleuropas.

1.4 Pflanze und Temperatur

Die Pflanzenarten sind jeweils an die Temperaturverhältnisse ihres Standortes angepasst. Am Südhang eines Berges sind wärmebedürftige Pflanzen zu Hause, da er durch direkte Sonnenbestrahlung eine weit größere Strahlungsmenge als der Nordhang erhält.

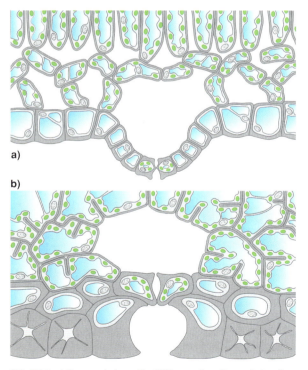

Abb. 57.3: a) Emporgehobene Spaltöffnung eines Hygrophyten (tropische Schattenpflanze *Ruellia*); **b)** Eingesenkte Spaltöffnung eines Xerophyten (Kiefer): Das Assimilationsgewebe der Kiefer besitzt ins Zellinnere ragende Versteifungsleisten. Sie verleihen Formbeständigkeit auch bei mangelndem Turgordruck.

58 Ökologie

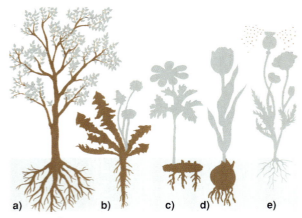

Abb. 58.1: Überwinterung von Pflanzen entsprechend ihrer Lebensform. Die überwinternden Teile sind braun wiedergegeben (Größenmaßstab unterschiedlich). **a)** Bäume und Sträucher; **b)** Oberflächenpflanzen; **c)** und **d)** Erdpflanzen; **e)** Einjährige

Die sich in der Nacht abkühlende Bodenluft fließt bei geneigtem Gelände talwärts und bildet in Senken und Tälern Kaltluftseen. Diese schädigen den Anbau vieler Kulturpflanzen (Wein, Obstbäume). In kaltluftgefährdeten Gebieten müssen daher besondere Frostschutzmaßnahmen ergriffen werden (Heizung, Ventilation, künstliche Beregnung).

Besonders stark wirken sich die winterlichen Tiefstwerte (bei Pflanzen in Trockengebieten auch die sommerlichen Höchstwerte) aus. Roggen hält eine Temperatur von –25 °C aus, Mais nur 0 °C, Bohne, Tomate und Gurke gehen schon bei +2 °C bis +5 °C zugrunde.

▶ **Frostresistenz** wird von den ausdauernden Pflanzen in Gebieten mit Winterfrost als Schutz vor dem Erfrieren ausgebildet. Eisbildung in den Zellen würde ihre hoch geordneten Strukturen (Membran, Organellen) zerstören. Als Schutz dienen Verringerung des Wassergehalts der Gewebe, Erhöhung der Konzentration des Zellsafts (wodurch dessen Gefrierpunkt herabgesetzt wird) sowie eine besondere Frosthärtung, die mit Veränderungen in der Zusammensetzung von Membranen verknüpft ist. Wird Eis gebildet, so erfolgt dies im Hohlraumsystem der Gewebe und kann keine Zellen zerstören.

Für manche Arten ist eine winterliche Schneedecke wichtig. Unter dem Schnee weisen die Temperaturen wesentlich geringere Schwankungen auf und sinken nicht so stark ab. Im Hochgebirge gibt es zahlreiche *Zwergsträucher*, die nicht über die mittlere Schneehöhe emporwachsen (z. B. Alpenrose). Damit unterliegen sie nicht der Frosttrocknis. Sie bilden die Zwergstrauchheiden. ◀

1.5 Pflanze und Boden

Unter Boden versteht man die oberste Schicht der Erde. Er besteht hauptsächlich aus mineralischen Bestandteilen, die durch Verwitterung aus dem darunter liegenden Gestein entstehen. Außerdem enthält er mehr oder weniger Humus und ist durchsetzt mit Mikroorganismen und kleinen Bodentieren. Der bei der Zersetzung toter Pflanzen und Tiere entstehende Humus besteht vorwiegend aus großen Molekülen, deren Oberflächen Ladungen tragen. Diese Moleküle können also Ionen aus dem umgebenden Wasser anlagern (adsorbieren). Auch an die Oberfläche der winzigen Kristalle der Tonmineralien können Ionen gebunden werden. Durch diese Vorgänge werden lösliche Salze (z. B. Düngemittel) festgehalten. Die Pflanze kann die angelagerten Ionen dadurch freisetzen, dass sie andere Ionen an den Boden abgibt *(Ionenaustausch)*. Zur Aufnahme von Kationen werden H^+-Ionen, zur Aufnahme von Anionen HCO_3^--Ionen von der Pflanze abgegeben (s. Ionenaufnahme).

Das Gedeihen der Pflanzen ist mit den physikalischen und chemischen Eigenschaften des Bodens aufs engste verbunden. Als wichtigste seien genannt: Wassergehalt, Wasserdurchlässigkeit und Durchlüftung; Ionengehalt und pH-Wert; Erwärmbarkeit.

Wasserführung. Von großer Bedeutung ist die Wasserführung des Bodens. Lockerer Sandboden trocknet z. B. leicht aus und erwärmt sich daher rascher. Manche Pflanzenarten gedeihen auf solchen Böden besonders gut, andere gar nicht. Schwerer, stark wasserbindender Tonboden erwärmt sich wegen der hohen spezifischen Wärme des Wassers dagegen langsam; er wird daher von Wärme liebenden Pflanzen gemieden. Noch mehr gilt dies für den Moorboden.

Ionengehalt und pH-Wert. Beim Verbrennen einer abgewogenen Menge getrockneter Pflanzen entstehen Asche und Kohlenstoffdioxid. Aus der gebildeten CO_2-Menge kann man errechnen, wie hoch der Kohlenstoffgehalt des Ausgangsmaterials war: Er macht etwa 40–50 % der Trockenmasse aus. Das Gewicht der Asche beträgt in der Regel unter 10 % der Trockenmasse. Die Asche besteht aus anorganischen Verbindungen. Um festzustellen, welche der in der Asche nachweisbaren chemischen Elemente für die Pflanze unentbehrlich sind, zieht man Pflanzen anstatt in Erde in Nährlösungen an (s. Abb. 59.1).

Zahlreiche Versuche haben gezeigt, dass zum Gedeihen der Pflanze die zehn Elemente C, H, O, N, S, P, K, Ca, Mg, Fe notwendig sind. Wenn nur ein einziges dieser für die Ernährung grundlegenden **Makronährelemente** fehlt, kommt es zu einer Mangelerschei-

Beziehungen der Organismen zur Umwelt 59

Abb. 59.1: Kulturversuche mit Mais in Hydrokulturen, bei denen jeweils ein bestimmter Nährstoff fehlt. **Kaliummangel:** Blätter werden schlaff und welken; **Eisenmangel:** verursacht Streifenchlorose auf dem gesamten Blatt (gelbliche Blätter), da Eisen zur Chlorophyll-Bildung erforderlich ist; **Kontrolle:** volle Nährlösung; **Calciummangel:** Pflanzen bleiben klein, Blätter werden bräunlich, Blattränder wellen sich und reißen ein; **Magnesiummangel:** Blätter chlorotisch, da Magnesium zur Chlorophyll-Bildung erforderlich ist.

nung, selbst wenn alle übrigen reichlich vorhanden sind. Zusätzlich werden geringe Mengen **Mikronährelemente** (*Spurenelemente*) benötigt. Wichtige Mikronährelemente (in Form von Ionen) sind: Mn, Zn, Co, Cu, Mo, Na, B, Cl und Si. Einige davon sind Bestandteile von Enzymen.

Makro- und Mikronährelemente außer Kohlenstoff nehmen Pflanzen mit den Wurzeln auf, und zwar in folgender Form:
– H und O als Wasser,
– N als Nitrat- oder Ammonium-Ion oder als Harnstoff (Düngung),
– S und P als Sulfat- und Phosphat-Ionen,
– K, Mg, Ca, Fe und die meisten Mikronährelemente als Kationen,
– Cl als Chlorid-Anion.

Das Gedeihen der Pflanze richtet sich nach dem Nährstoff, der ihr am wenigsten zur Verfügung steht. Dieses von LIEBIG entdeckte *Gesetz des Minimums* ist ein Spezialfall des ökologischen Pessimumgesetzes (s. 1.1). Es ist für die Düngung wichtig.

Unter natürlichen Verhältnissen bleiben die abgestorbenen Pflanzen an Ort und Stelle und werden dort zersetzt, sodass die Ionen wieder in den Boden zurückkehren. Den Kulturböden dagegen entzieht die Ernte alljährlich beträchtliche Mengen anorganischer Ionen, die durch die Aufbereitung ungelöster Bodenbestandteile nicht so rasch wieder ersetzt werden. Infolgedessen verarmt der Boden allmählich an Ionen, er wird „erschöpft". Um ihn ertragsfähig zu halten, muss man die fehlenden Stoffe künstlich zuführen. Dies geschieht durch **Düngung** mit Mineraldünger und durch organische Dünger wie Kompost oder Stallmist. Die Zusammensetzung des Mineraldüngers wählt man nach dem unterschiedlichen Nährstoffbedürfnis der verschiedenen Kulturpflanzen (s. Tab. 59.2) und den Bodenbedingungen.

In Europa war der entscheidende Minimumfaktor bis zum 19. Jahrhundert das Phosphat. Durch bergmännischen Phosphatabbau und durch Phosphatrückstände bei der Stahlherstellung stand dann P-Dünger zur Verfügung. Dadurch geriet der im Boden enthaltene Stickstoff ins Minimum, bis man durch Erfindung der Ammoniak-Synthese reichlich N-Dünger herstellen konnte. Heute gibt es vielerorts eine zu hohe N-Zufuhr

Pflanze	N	P_4O_{10}	K_2O	CaO
Weizen	70	30	50	12
Gerste	50	25	55	15
Zuckerrüben	150	60	180	120
Kartoffeln	90	40	160	50
Heu	90	40	120	80

Tab. 59.2: Nährstoffentnahme in kg je ha. Die Menge der als Ionen aufgenommenen Elemente ist hier, wie bei Düngerangaben üblich, auf Oxide berechnet.

infolge der Luftverschmutzung mit Stickoxiden. Daher nehmen Pflanzen, die hohe Stickstoffgehalte des Bodens bevorzugen, an vielen Standorten zu und verdrängen andere (z. B. Brennnessel, Gänsefußarten, Stinkender Storchschnabel). Früher waren sie fast nur an Ödstellen und Wegrändern zu finden.

Mit Jauche überdüngte Wiesen kann man am reichlich vorkommenden Bärenklau erkennen. *Salzpflanzen* (z. B. Queller, Salzmiere) ertragen bis zu 17 % Kochsalz im Boden und halten deshalb am Meer und in der Salzsteppe aus, wo andere nicht mehr gedeihen. Auch Mangroven *(s. Abb. 148.2)* sind Salzpflanzen. Besonders unterscheiden sich die Pflanzengesellschaften auf Böden mit verschiedenem Kalkgehalt. Auf kalkreichen Böden gedeihen Huflattich, Leberblümchen, Seidelbast, Silberdistel oder in den Alpen die Behaarte Alpenrose. Auf kalkarmen Böden (Sandstein, Grundgebirge) sind die Heidelbeere, das Heidekraut, der Rote Fingerhut, der Besenginster und in den Alpen die Rostblättrige Alpenrose kennzeichnend. Jedoch ist für die meisten Arten weniger der Kalkgehalt als vielmehr der Säurezustand der Bodens ausschlaggebend. Kalkarme Böden pflegen sauer, kalkreiche Böden neutral oder schwach alkalisch zu reagieren. Die *Kalk liebenden Pflanzen* verlangen neutrale oder alkalische Böden, während die *Kalk meidenden Pflanzen* nur bei einem gewissen Säuregrad des Bodens gedeihen können, obwohl auch sie das Calcium unbedingt zum Leben brauchen. Vom pH-Wert des Bodens abhängig ist auch die Fähigkeit der Pflanzen zur Aufnahme von Schwermetallionen (z. B. von Fe^{3+}). In alkalischen Böden ist sie erschwert, umgekehrt kann es in sauren Böden bei Vorliegen großer Ionenmengen zu einer zu starken Aufnahme kommen.

▶ **Ionenaufnahme durch die Wurzel.** Die Ionen sind im Boden in der Regel in geringerer Konzentration vorhanden als in den Wurzelhaarzellen. Offenbar werden sie durch aktive, Energie verbrauchende Transportvorgänge entgegen dem Konzentrationsgefälle aufgenommen. Damit diese stattfinden können, müssen die Ionen zunächst an die Zellwände der Wurzelhaare gebunden werden. Dies geschieht durch Ionenaustauschvorgänge (s. 1.5, S. 58). Aktive Transportvorgänge sind substratspezifisch, d. h., gewisse Stoffe werden bevorzugt transportiert, andere überhaupt nicht. Dies macht die unterschiedliche Zusammensetzung der Aschensubstanz verschiedenartiger Pflanzen verständlich, auch wenn sie in demselben Boden wurzeln. Es erklärt auch die Anreicherung gewisser Stoffe in der Pflanze, und zwar auch dort, wo sie in der Umgebung nur in sehr geringer Menge vorkommen (z. B. Iod in Meeresalgen, Lithium in Tabakpflanzen). Ein völliger Ausschluss einer Ionenart ist aber nicht möglich. ◀

▶ **1.6 Entwicklung der Pflanze und Umweltfaktoren**

Der Einfluss von Licht auf die Entwicklung von Pflanzen ist gut zu erkennen, wenn man Kartoffeln im Dunkeln und am Licht austreiben lässt. Im dunklen Keller entstehen bleiche, lange Triebe und die Blättchen bleiben sehr klein. Man spricht von Etiolement oder Vergeilung. Am Licht entstehen hingegen normal gestaltete Pflanzen (Abb. 61.1). Die Gestaltbildung der Pflanze unter Lichteinfluss nennt man Fotomorphogenese.

Im Dunkel des Bodens oder unter Schutt werden die gespeicherten Nahrungsstoffe fast nur zur Streckung des Sprosses verwendet. Die Ausbildung der Blätter und der Chloroplasten unterbleibt; sie wären ja aus Lichtmangel ohnehin funktionslos. So verwenden die Pflanzen Baustoffe und Energie zunächst dazu, ans Licht zu kommen, weil sie im Dunkeln verhungern müssten.

Die genauere Untersuchung ergab, dass hellrotes Licht (von 660 nm Wellenlänge) die Streckung der Sprossachse hemmt, aber die Ausbildung der Blätter fördert. Das Etiolement kann durch kurzzeitige Hellrot-Bestrahlung verhindert werden. Dunkelrotes Licht (von 730 nm Wellenlänge) hat den gegenteiligen Effekt; es löst Etiolement aus. Wechselt man die Wellenlänge, so erkennt man, dass stets das jeweils zuletzt eingestrahlte Licht wirksam ist.

Am Tageslicht ist hellrotes Licht stärker beteiligt als dunkelrotes. Daher kann die Fotomorphogenese ablaufen (z. B. die Entwicklung von Blättern mit funktionsfähigen Chloroplasten).

Der sowohl hell- als auch dunkelrotes Licht absorbierende Farbstoff heißt *Phytochrom*; er besteht aus einer Farbstoff- und einer Proteinkomponente. Der Farbstoffanteil des Moleküls ist bei allen Pflanzen gleich. Das inaktive Phytochrom ($P_{hellrot}$) absorbiert Licht vor allem im Bereich von 660 nm (hellrot). Es wird durch Lichtabsorption aktiviert und geht dadurch in eine Form über, die im Dunkelrot (730 nm) Licht absorbiert ($P_{dunkelrot}$). Durch dunkelrotes Licht wird die aktive

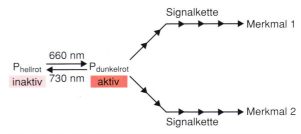

Abb. 60.1: Vereinfachtes Schema von Phytochrom-Wirkungen. P Phytochrom-Molekül. P_{aktiv} bewirkt über Signalketten die Gestaltausbildung der Pflanze am Licht.

Form wieder in die inaktive umgewandelt. Je nach der Wellenlänge des eingestrahlten Lichtes zwischen 660 und 730 nm kann man die Anteile von aktivem Phytochrom am Gesamt-Phytochrom verändern.
Aktives Phytochrom löst über mehrere Signalketten (s. *Stoffwechsel 1.6*) in der Zelle verschiedene Stoffwechselvorgänge aus, die ihrerseits Grundlage der sichtbaren Gestaltänderungen sind (Abb. 60.1). $P_{dunkelrot}$ veranlasst die Synthese bestimmter Enzyme und verhindert die Bildung anderer. Aktives Phytochrom hat also fördernde und hemmende Wirkungen.

Fotoperiodismus. Bei vielen Arten hängt die Blütenbildung davon ab, welcher Tageslänge die Pflanzen während einer bestimmten lichtempfindlichen Entwicklungsphase ausgesetzt sind. Man nennt diese Abhängigkeit Fotoperiodismus (s. Abb. 61.2).
Langtagpflanzen sind solche Pflanzen, die nur dann blühen, wenn sie in der lichtempfindlichen Phase täglich einer längeren Lichteinwirkung ausgesetzt sind, als ihrer „kritischen Tageslänge" entspricht. Langtagpflanzen stammen meist aus nördlichen Ländern, sie blühen bei uns in der Zeit der langen Tage im Sommer, wie z. B. die Getreidearten, Salat und Spinat, die nur im Frühjahr oder Herbst reichlich Blattmasse bilden; im Sommer dagegen „schießt" der Spross.
Kurztagpflanzen kommen mit einem täglichen Lichtgenuss von sieben Stunden zum Blühen, doch muss die Tagesdauer unter ihrer „kritischen Tageslänge" liegen. Zu diesen gehören einige Reissorten, Hirse, Baumwolle sowie Herbstblüher wie Chrysanthemen und einige Tabaksorten, die Winterblüher Weihnachtskaktus und Weihnachtsstern.
Die kritische Tageslänge ist artspezifisch und gibt die Zahl der täglichen Hellstunden an, oberhalb der die Langtagpflanzen und unterhalb der die Kurztagpflanzen zum Blühen kommen.
Tagneutrale Pflanzen (Mais, Tomate, Sonnenblume, Gänseblümchen) lassen sich durch die Tageslänge in ihrer Entwicklung nicht beeinflussen.
Die Abhängigkeit der Blütenbildung von der Tageslänge setzt voraus, dass die Pflanze die Tageslänge feststellen kann. Dazu muss sie die Lichtdauer mit einer „inneren Uhr" vergleichen. Ein erblich festgelegtes Programm einer „inneren Uhr" existiert in allen Eukaryoten, von den Einzellern bis zum Menschen. Dieses weist einen Rhythmus von etwa einer Tageslänge auf *(circadianer Rhythmus)*. Durch den äußeren Tag-Nacht-Rhythmus von 24 Stunden wird es auf diesen einreguliert, so wie eine Funkuhr durch das Funksignal immer wieder genau nachgestellt wird. Wenn die Pflanze die Dauer des täglichen Lichteinfalls mit dieser inneren Uhr vergleichen kann, ist der Messvorgang gewährleistet.

An der *Messung der täglichen Belichtungsdauer* ist das Phytochromsystem beteiligt. Bei tief stehender Sonne wird das langwellige dunkelrote Licht von der Lufthülle der Erde weniger stark absorbiert als das hellrote. Deshalb wird das Phytochrom am Abend inaktiviert und einige Zeit nach Sonnenaufgang wieder aktiviert, was der Pflanze die Länge der Nacht und des Tages vermittelt. Weil die Pflanzen in der Lage sind die Änderungen der Tageslänge während des Jahres zu registrieren, können sie ihre Entwicklung so steuern,

Abb. 61.1: Einfluss des Lichtes auf das Wachstum der Kartoffelpflanze. **a)** Pflanze im Licht: normales Wachstum; **b)** Pflanze im Dunkeln: etiolierte Pflanze mit starkem Längenwachstum

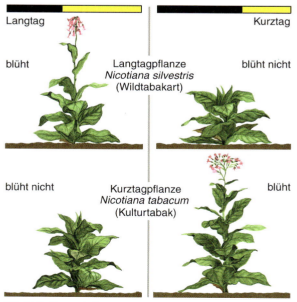

Abb. 61.2: Fotoperiodismus. Langtag- und Kurztagpflanze und ihre Reaktion auf Langtag bzw. Kurztag

62 Ökologie

dass die einzelnen Lebensabschnitte (Knospenruhe, Bildung von Blüten oder Speicherorganen) in die dafür richtige Jahreszeit fallen.

Insbesondere kann der Übergang in die Winterruhe nur durch Tageslängenmessung sicher erreicht werden, nicht etwa aufgrund abnehmender Temperaturen, da es im Herbst oft lange warm bleibt.

Der Fotoperiodismus wird im Gartenbau genutzt. Kopfsalat, Spinat und Rettiche bringen, im Kurztag von Frühjahr und Herbst gezogen, mehr Blatt- und Wurzelmasse als im Langtag des Sommers. Das Blühen von Spinat und Salat kann durch stundenweises Verdunkeln an langen Tagen unterdrückt werden, wogegen Chrysanthemen dadurch früher zum Blühen kommen.

Vernalisation. Viele Pflanzen wie z. B. unsere Wintergetreidearten, die im Jahr nach der Aussaat Blüten ansetzen, tun dies nur, wenn auf die Samen oder Keimpflanzen eine Zeit lang die Winterkälte eingewirkt hat. Hält man Wintergetreide nach der Aussaat dauernd warm, so bestockt es sich kräftig, bildet aber keine Ähren aus. Wenn man jedoch das angequollene Saatgut oder junge Pflanzen einige Wochen lang bei Temperaturen von +3 °C und bei einem bestimmten Feuchtigkeitsgehalt hält, kommt es auch bei Frühjahrsaussaat noch im gleichen Jahr zum Blühen. Dieses Verfahren wird als *Vernalisation* bezeichnet. Es ist wichtig für Länder mit ungünstigem Winterklima (Russland), in denen die jungen Getreidepflanzen durch Kälte und Frosttrocknis gefährdet sind.

1.7 Zusammenwirken der abiotischen Umweltfaktoren

Die abiotischen Umweltfaktoren gemeinsam haben einen entscheidenden Einfluss auf das Vorkommen von Pflanzenarten. Manche Arten zeigen bezüglich einzelner Faktoren enge ökologische Potenz. Man kann sie dann als **Zeigerpflanzen** (Tab. 64.2) nutzen und nach ihrem Auftreten die Standorteigenschaften (Licht, Temperatur-, Wasser-, Ionenverhältnisse) beurteilen. Arten mit ähnlichen Ansprüchen treten häufig gemeinsam auf; sie bilden Pflanzengesellschaften.

Die Pflanzendecke der Erde lässt die Anpassungen an die Klimaverhältnisse in großem Maßstab erkennen. Den hauptsächlichen Klimaten entsprechen die wichtigsten Vegetationszonen der Erde (s. Abb. 63.1–63.4, Tab. 62.1 und *3.1*).

Faktor	nordeuropäischer Nadelwald (borealer Nadelwald)	mitteleuropäischer Laubwald	mediterraner Hartlaubwald	tropischer Regenwald
Temperatur	kühle Sommer, aber mittlere Temperatur des wärmsten Monats über 10 °C, kalte, lange Winter mit dauerndem Frost	warme Sommer Winter nicht streng, aber mit regelmäßigen Frösten	heiße Sommer kühle Winter, nur gelegentlich kurzzeitige Fröste	ganzjährig nie unter 18 °C, tageszeitliche Temperaturschwankungen größer als jahreszeitliche
Feuchtigkeit	Sommer feucht Winter trocken (da Wasser gefroren im Boden)	Sommer feucht Winter mit Trockenzeiten	Sommer trocken (Dürrezeit) Winter feucht	ganzjährig sehr feucht
Vegetationszeit	4–6 Monate, unterbrochen durch Winterkälte	mehr als 6 Monate, unterbrochen durch Winterkälte	unterbrochen durch Sommerdürre	ganzjährig
Klima	kalt-gemäßigt	gemäßigt	warm-gemäßigt (Etesien-Klima)	warm und feucht (tropisch)
Anpassung ans Klima	immergrüne Nadelblätter mit hoher Frosthärte: mit Beginn der Vegetationszeit sofortige Stoffproduktion	winterlicher Laubfall, Blätter müssen zu Beginn der Vegetationszeit neu gebildet werden	immergrüne Hartlaubblätter mit hoher Dürreresistenz (durch Festigungsgewebe harte Blätter)	immergrünes Laub, dauernde Stoffproduktion, reich an Epiphyten
Primärproduktion kg/m² · Jahr	0,8	1,3	1,1	2,0

Tab. 62.1: Waldtypen in Anpassung an das Klima

Beziehungen der Organismen zur Umwelt 63

Abb. 63.1: Borealer Nadelwald in Nordeuropa (Fichten, Kiefern, vereinzelt Birken). Im Unterwuchs Zwergsträucher aus der Familie der Heidekrautgewächse (Heidelbeere, Heidekraut, Bärentraube); sie haben auf den nährstoffarmen Böden Wettbewerbsvorteile infolge ihrer intensiven Mykorrhiza.

Abb. 63.2: Mitteleuropäischer Laubwald (als Beispiel: Eichen-Hainbuchen-Buchen-Wald). Krautschicht aus Schattenpflanzen (Sauerklee) und Frühblühern (Waldschlüsselblume, Buschwindröschen)

Abb. 63.3: Mediterraner Hartlaubwald (Korkeichenwald in Spanien). Laub der Korkeichen graugrün, die Stämme erscheinen meist rotbraun, wo Kork frisch abgeschält wurde; im Unterwuchs z. B. Cistrosen, Mäusedorn, Stechwinde

Abb. 63.4: Tropischer Regenwald. Sehr artenreich, viele Lianen und Epiphyten (Bromelien, Orchideen); Stockwerkaufbau mit mehreren Baumschichten, wie sie von einer Lichtung aus zu erkennen sind; viele Bäume mit Brettwurzeln

64 Ökologie

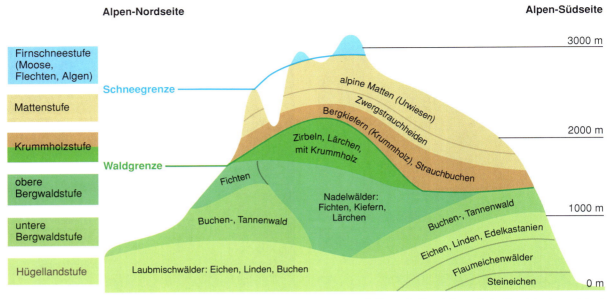

Abb. 64.1: Höhenstufen der Pflanzenwelt in den Alpen. Von unten nach oben nimmt die Dauer der Vegetationszeit ab; diese ist gekennzeichnet durch ein Tagesmittel der Temperatur von mehr als 5 °C. Bei kurzer Vegetationszeit können Bäume nicht gedeihen, weil die Stoffproduktion nicht mehr ausreicht, um die Lebensvorgänge während des ganzen Jahres und weiteres Wachstum des Baumes zu sichern.

Höhenzonen der Vegetation

Aufgrund der Veränderungen der Standortbedingungen weist die Pflanzendecke in höheren Mittel- und in Hochgebirgen eine ausgeprägte Höhenzonierung auf. Die Höhenstufen, die für die Alpen in Abb. 64.1 wiedergegeben sind, zeigen zugleich Nutzungs- und Besiedlungsmöglichkeiten an und geben Hinweise auf mögliche Gefährdungen. Sie sind deshalb auch in der geografisch orientierten Ökologie (Geoökologie) von Bedeutung.

In den Alpen findet man infolge unterschiedlicher Klimaverhältnisse Unterschiede in der Höhenzonierung der Nord- und der Südseite (Abb. 64.1). Im Inneren des Gebirges gibt es Täler mit relativ geringen Niederschlägen. Die auffälligste ökologische Grenze ist die Waldgrenze, die den Bergwald (montane Stufe) von der Krummholz- und Zwergstrauchstufe (subalpine Stufe) trennt. Durch die menschliche Almwirtschaft wurde die Waldgrenze in den Alpen tiefer gelegt und die zuvor schmale Krummholzstufe als Übergangszone breiter, sodass man zwischen Wald- und Baumgrenze unterscheidet. Die Baumgrenze, bis zu der einzelne, meist krüppelhafte Bäume vorkommen, zeigt die ursprüngliche Waldgrenze an. Diese Waldgrenze wird auch durch Klimaveränderungen stark beeinflusst und ist in den Alpen in den letzten 7000 Jahren um mehr als 200 m auf und ab gewandert.

Bedeutung	Arten (Beispiele)
Lichtzeiger	Klette, Hundsrose Wacholder
Tiefschattenzeiger	Sauerklee
Trockenheitszeiger	Zypressenwolfsmilch Wundklee Kleiner Wiesenknopf
Feuchtigkeitszeiger	Sumpfdotterblume Sumpfehrenpreis Wasserminze
Stickstoffzeiger	Brennnessel Bärenklau Weiße Taubnessel
Stickstoffmangelzeiger	Preiselbeere Arnika Zittergras
Kalkzeiger	Küchenschelle Leberblümchen Silberdistel
Kalkmangel- und zugleich Säurezeiger	Heidekraut Besenginster Heidelbeere
Salzzeiger	Queller Strandaster Strandnelke

Tab. 64.2: Zeigerpflanzen

1.8 Tiere und Temperatur

So wie Pflanzen nur an ihnen zusagenden Standorten gedeihen, leben auch Tiere nur an Orten, die ihre von Art zu Art wechselnden Ansprüche an abiotische und biotische Faktoren wie Klima, Nahrung, Schutz, Brutmöglichkeiten u. a. erfüllen.

Viele Tierarten können nur innerhalb bestimmter **Temperatur**bereiche ihre Lebenstätigkeit voll entfalten (s. 1.1, Abb. 42.1). Säuger und Vögel sind durch ihre Fähigkeit zur Temperaturregulation weniger temperaturabhängig. Diese gleichwarmen *(homoiothermen)* Tiere benötigen zur Aufrechterhaltung ihrer Körpertemperatur jedoch eine größere Nahrungsmenge als wechselwarme *(poikilotherme)*; deshalb begrenzt die verfügbare Nahrung das Vorkommen solcher Tierarten.

Für die Wärmeabgabe ist die Oberfläche der Tiere maßgebend, während der Stoffwechsel und damit die Wärmeproduktion vom Volumen der Tiere abhängen. Bei Größenzunahme steigt das Volumen in der dritten Potenz, die Oberfläche aber nur im Quadrat an. Darum geben größere Tiere mit ihrer im Verhältnis zum Volumen kleineren Oberfläche relativ weniger Wärme ab; sie sind dadurch in kälterem Klima begünstigt. Innerhalb eines Verwandtschaftskreises findet man deshalb bei Säugern und Vögeln in kälteren Gebieten oft größere Arten (oder Rassen einer Art) als in wärmeren (BERGMANNsche Regel). So kommen die größeren Pinguinarten (Kaiserpinguin, über 1 m) in der Antarktis vor, die kleinste Art (Galapagos-Pinguin, rd. 50 cm) in der Nähe des Äquators (s. Abb. 65.1). Die Größe von Fuchs, Reh oder Wildschwein nimmt von Skandinavien über Mitteleuropa bis zu den Mittelmeerländern deutlich ab. Die Regel gilt nur innerhalb eines Verwandtschaftskreises; große Tiere sind infolge des Nahrungsangebots in den Tropen nicht selten.

Abstehende Körperteile (s. Abb. 65.2), die leicht auskühlen (lange Ohren, Schwänze), sind bei Arten kalter Gebiete meist kleiner ausgebildet als bei verwandten Arten wärmerer Zonen (ALLENsche Regel).

Eine weitere Regel bezieht sich auf die Färbung. In warmen und sonnigen Gebieten werden mehr Farbstoffe in die Haut bzw. das Fell eingelagert als in kühlen und trockenen. Daher findet man in tropischen Gegenden intensiver gefärbte Arten (GLOGERsche Regel). Dies gilt auch für die Menschengruppen: In warmen Gebieten sind sie dunkelhäutig und so vor UV-Schäden geschützt. In Gebieten mit geringer Sonneneinstrahlung ist bei Dunkelhäutigen die lichtabhängige Bildung von Vitamin D zu gering; daher haben sich in Mittel- und Nordeuropa Menschen mit geringer Farbstoffbildung der Haut durchgesetzt. Sie sind UV-empfindlich und bekommen leicht Sonnenbrand. Dagegen benötigen Dunkelhäutige bei uns Vitamin D.

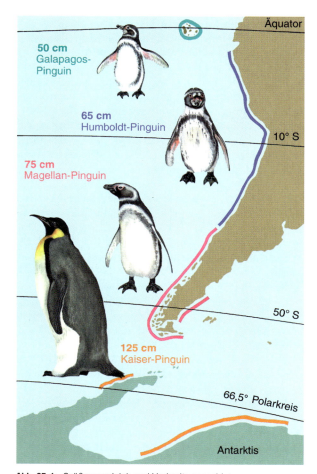

Abb. 65.1: Größenvergleich und Verbreitungsgebiete von vier Pinguinarten

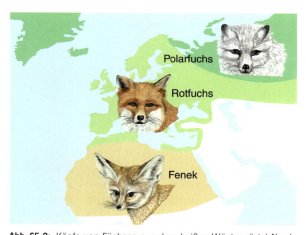

Abb. 65.2: Köpfe von Füchsen aus dem heißen Wüstengürtel Nordafrikas *(Fenek)*, der gemäßigten Zone (Rotfuchs) und der arktischen Zone (Polarfuchs, im Sommer braun, im Winter weiß). Die Größe der Ohren nimmt mit zunehmender mittlerer Temperatur des Lebensraums zu.

66 Ökologie

Wärmehaushalt der Wechselwarmen. Außer bei den Vögeln und Säugern ändert sich die Körpertemperatur der Tiere mit der Außentemperatur. Deshalb bezeichnet man solche Tiere als *wechselwarm (poikilotherm)*. Wechselwarme können nur bei günstiger Außentemperatur ihre volle Lebenstätigkeit entfalten; bei Abkühlung werden sie träge oder fallen in Kältestarre (s. Abb. 42.1). Die Temperaturverhältnisse der Tropen sind für sie besonders günstig. Deshalb findet man sie dort in viel größerer Artenzahl (Insekten, Reptilien) und mit größerem Wuchs (Riesenkäfer, Krokodile, Riesenschlangen). In unseren Breiten ist das aktive Leben der Wechselwarmen eingeschränkt und großen tages- und jahreszeitlichen Schwankungen unterworfen.

Wärmehaushalt der Gleichwarmen. Bei wechselwarmen Tieren wird ein großer Teil der beim Stoffwechsel entstehenden Wärme sofort nach außen abgeführt. Bei den *gleichwarmen (homoiothermen)* Säugern und Vögeln dagegen vermindern Fettschichten in der Unterhaut sowie das im Haar- oder Federkleid steckende wärmedämmende Luftpolster die Wärmeabgabe nach außen. Deshalb liegt die Körpertemperatur wesentlich über der Umgebungstemperatur. Nervöse Regulationsvorgänge halten die Körpertemperatur konstant. „Gleichwarme" oder „eigenwarme" Tiere (etwa 1% der gesamten Tierarten) können daher unabhängig von der Außentemperatur zu allen Zeiten ihre volle Aktivität entfalten und als „Warmblütler" auch die kalten Lebensräume der Erde bewohnen. Allerdings wird diese biologische Überlegenheit der Gleichwarmen dadurch eingeschränkt, dass sie schon zur Erhaltung der Körperwärme der ständigen Zufuhr von Nahrung bedürfen. Sie erhöhen in kalter Umgebung den Grundumsatz, wobei die Leber einen besonderen Anteil an der Wärmeerzeugung hat.

▶ **Winterschlaf und Winterruhe.** Unter den Säugern gibt es einige Tierarten, die zeitweise die Konstanz der Körpertemperatur aufgeben: die Winterschläfer. Es handelt sich dabei zumeist um Nagetiere (Murmeltier, Hamster, Haselmaus, Siebenschläfer). Sie mästen sich im Sommer und beziehen mit Einbruch des Winters ein frostsicheres Versteck, wo sie in Winterschlaf verfallen. In diesem Zustand ist der gesamte Stoffwechsel stark herabgesetzt. Die Körpertemperatur fällt bis nahe an 0 °C; bei Fledermäusen kann sie sogar bis auf etwa –4 °C sinken. Der Blutzuckergehalt vermindert sich; Atmung, Herztätigkeit und Blutumlauf werden stark verlangsamt. Droht jedoch bei hohen Kältegraden eine zu starke Abkühlung des Körpers, dann erwacht das Tier und erzeugt unter verstärkter Atem- und Herztätigkeit Eigenwärme. In den Kaltzonen feh-

len die Winterschläfer, sie würden durch die niedrigen Umwelttemperaturen zu häufig geweckt. Während des Winterschlafs wird der Stoffwechsel lediglich durch Oxidation von Fett aufrechterhalten. Beim Erwachen steigt die Körpertemperatur in kurzer Zeit auf das Normale. Lange Kälteperioden und alle Störungen, die zum Erwachen führen, zehren stark am Energievorrat und haben daher häufig den Tod des Tieres zur Folge. ◀

1.9 Einfluss biotischer Faktoren

1.9.1 Wettbewerb zwischen Pflanzen

Pflanzen, die ähnliche Ansprüche an Boden und Lokalklima stellen, kommen zusammen vor; sie sind miteinander vergesellschaftet. In einer derartigen Pflanzengesellschaft herrscht ein ständiger Wettbewerb. An einen bestimmten Standort können Samen vieler Pflanzenarten gelangen. Wenn sie auskeimen, konkurrieren bereits die Keimlinge um Licht, Wasser und Nährsalze. Solche, die rascher wachsen, nutzen das Licht voll aus und beschatten andere, die dadurch gehemmt werden oder gar zugrunde gehen.

Die Konkurrenzfähigkeit einer Art ist durch Erbanlagen und die Umweltverhältnisse bedingt. Erblich festgelegt sind Vermehrungsfähigkeit, Ausbreitungsfähigkeit und Behauptungsfähigkeit; Umweltfaktoren sind Licht, Wärme, Wasserversorgung, Bodenreaktion.

Die **Vermehrungsfähigkeit** hängt von der Anzahl der Samen ab; diese Zahl ist weit größer als die Abgänge durch Absterben artgleicher Individuen. Es gibt Arten, bei denen die Samenzahl einer Pflanze eine Million übersteigen kann (z. B. Weißer Gänsefuß).

Die **Ausbreitungsfähigkeit** einer Art bemisst sich danach, wie weit sich die Samen ausbreiten können. Je leichter die Samen verfrachtet werden und je zahlreicher sie sind, desto größer ist die Wahrscheinlichkeit, dass einige einen geeigneten Wuchsort finden; bevorzugt sind dabei diejenigen, die vom Wind verbreitet werden (z. B. Löwenzahn) oder im Gefieder oder Fell haften bleiben (z. B. Klette).

Die **Behauptungsfähigkeit** der Arten äußert sich darin, wie lange sie ihren Siedlungsraum besetzen können. Einjährige Arten vermögen dies nur für eine einzige Vegetationsperiode; viele von ihnen keimen im Frühling und sterben im Herbst ab. Bestenfalls geben sie den Platz an ihre Nachkommen weiter. Ausdauernde Arten dagegen überwintern und halten ihren Siedlungsraum durch Jahrzehnte, Holzgewächse durch Jahrhunderte besetzt (s. 2.2.3).

Auch der Zufall kann für das Vorkommen einer Art eine Rolle spielen. Werden durch einen Sturm zahlreiche Samen einer Art an eine bestimmte geeignete Stelle verfrachtet, so siedelt sich die Art dort an – an vielen anderen geeigneten Orten fehlt sie. Weitere biotische Faktoren für die Pflanzen sind auch Tiere, die von ihnen leben, die sie bestäuben oder die ihre Früchte und Samen verbreiten.

Ähnliche Überlegungen wie für Pflanzen gelten für festsitzende Tiere (an der Felsküste, im Riff), deren frei lebende Larven als Planktonorganismen verbreitet werden.

1.9.2 Wettbewerb zwischen Tieren bei der Nahrungssuche

Viele Pflanzenfresser können weit mehr verschiedene Pflanzenarten verzehren, als sie tatsächlich nutzen. Ein großes Raubtier kann großen oder kleinen Beutetieren nachstellen, nutzt aber meist nur die größeren. Es erfolgt also eine Nahrungsauswahl.

Die Nahrung liefert Energie und Baustoffe für das Tier, das aber Zeit und Energie für die Beschaffung der Nahrung aufwenden muss. Ein Tier wird dann am besten gedeihen, wenn der größte Nutzen mit dem geringsten Aufwand an Zeit und Energie (die das Tier durch seinen Stoffwechsel erbringt) erzielt wird.

Bienen müssen auf einem Flug oft über 100 Blüten besuchen, um ihren Kropf mit Nektar zu füllen. Meist brechen sie den Futterflug aber vorher ab, und zwar umso früher, je größer die Abstände zwischen den einzelnen Blüten sind. Dies lässt sich aus Überlegungen zur Energiebilanz verstehen. Das Gewicht des gesammelten Nektars erhöht den Energieaufwand beim Fliegen. Bei langen Flugzeiten infolge großer Blütenabstände ist es also sinnvoll den Kropf nur teilweise zu füllen. Wenn man Energiegewinn und -aufwand experimentell bestimmt, kann man berechnen, wie viele Blüten die Biene bei unterschiedlichen Abständen besuchen sollte. Die beobachteten und die berechneten Werte stimmen gut überein (Abb. 67.1). Der Zeitaufwand spielt hingegen für die Bienen keine große Rolle. Solche Tierarten, die viele Nahrungsquellen nutzen, benötigen wenig Zeit für die Nahrungssuche, sind aber auch auf wenig ergiebige Nahrungsquellen angewiesen. Diesen *Generalisten* stehen die *Spezialisten* gegenüber, die gezielt ergiebige Nahrung suchen. Sie haben daher hohe „Kosten" an Zeit und Energie. Zur Erklärung der Ernährungsweise ist neben der Suchzeit auch die Handhabungszeit wichtig; darunter versteht man die Zeit, die erforderlich ist, um die Beute zu verfolgen, zu überwältigen und zu fressen.

Ist die Handhabungszeit im Vergleich zur Suchzeit kurz, dann sind Generalisten im Vorteil. So haben Insekten fressende Vögel, die Blätter und Zweige absuchen, ein breites Nahrungsspektrum. Ihre Suche ist

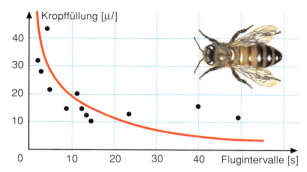

Abb. 67.1: Nektareintrag bei der Honigbiene. Abhängigkeit der Kropffüllung mit Nektar von den Flugzeiten zwischen den einzelnen Blüten (Flugintervalle): Die Punkte geben die Messwerte an. Die Kurve gibt die berechneten Werte für die höchste Effizienz (höchster Energiegewinn bezogen auf den Energieaufwand) wieder. Man erkennt eine gute Übereinstimmung.

zeitaufwendig, die Handhabung (das Fressen) erfolgt rasch. Der Löwe hingegen hat eine lange Handhabungszeit; er gewinnt seine Nahrung als Spezialist. Weil er weitgehend in Sichtweite der Beute lebt, ist die Suchzeit gering. Hingegen braucht er zur Verfolgung relativ lang und muss daher viel Energie aufwenden. Daher jagt er nur Beute, die einen hohen Nettogewinn verspricht: Sie muss eine gewisse Mindestgröße haben, und bevorzugt werden junge, kranke und alte Beutetiere.

Nimmt in einem Lebensraum unter sonst gleichen Bedingungen die Menge der Beute ab, so wird die Suchzeit länger. Dies führt zur Verbreiterung des Nahrungsspektrums oder zum Übergang auf Bevorzugung anderer Beute („Präferenzwechsel").

1.9.3 Pflanzliche Parasiten und Saprophyten

Die grüne Pflanze ist infolge ihrer Fähigkeit zur Fotosynthese in ihrer Ernährung von anderen Lebewesen unabhängig, sie ist *autotroph*.

Es gibt aber nicht wenige Pflanzen, die kein Chlorophyll besitzen und nicht zur Fotosynthese fähig sind. Diese müssen sich wie die Tiere von organischen Stoffen ernähren; sie sind *heterotroph*. Nutzen sie Ausscheidungen lebender oder Überreste abgestorbener Pflanzen und Tiere, so handelt es sich um Saprophyten. Befallen sie lebende Organismen, so sind sie Parasiten.

Saprophyten. Zu diesen gehört die Masse der Bakterien und der Pilze. Sie decken ihren Nährstoffbedarf ganz oder teilweise durch den Abbau toter organischer Substanzen. So entstehen über einfachere Verbindungen schließlich anorganische Stoffe. Daraus ergibt sich ihre außerordentliche Bedeutung als Destruenten im Ökosystem.

68 Ökologie

Abb. 68.1: a) Mistel; **b)** Schema: Senker der Mistel im Holzkörper der Wirtspflanze

Abb. 68.2: Fruchtschimmel *(Monilia)* auf einem Apfel. Das Mycel bildet ringförmige Sporenlager, Befall über eine kleine Verletzung

Parasiten (Schmarotzer). Sie entziehen den befallenen Pflanzen oder Tieren Nährstoffe und schädigen so ihren „Wirt", töten ihn aber meist nicht. Man kann verschiedene Stufen der parasitischen Lebensweise feststellen, je nachdem, ob die Schmarotzer teilweise oder ausschließlich auf Kosten anderer Organismen leben.
Die grünen **Halbschmarotzer** wie Augentrost *(Euphrasia)*, Wachtelweizen *(Melampyrum)*, Läusekraut *(Pedicularis*, Abb. 69.2) und Klapperttopf *(Rhinanthus*, Abb. 69.1) haben zwar noch wohl entwickelte grüne Blätter, ihr Wurzelsystem ist jedoch verkümmert. Sie heften sich mit kleinen knopfähnlichen *Saugwarzen (Haustorien)* an die Wurzeln anderer Pflanzen an. Durch diese Verbindung dringen dann Leitungsbahnen des Parasiten in die Leitungsbahnen des Wirtes hinein und zapfen ihm Wasser und Ionen ab. Ähnlich die Mistel (s. Abb. 68.1); sie wächst auf den Ästen und Zweigen von Pappeln, Obstbäumen und Nadelhölzern, wo sie ihre zu Senkern umgewandelten Wurzeln in die Wasserbahnen des Wirtes treibt.
Die nichtgrünen **Vollschmarotzer** leben ausschließlich von fremder organischer Substanz. Viele Parasiten haben sich ganz einseitig an bestimmte Wirte angepasst, ohne die sie nicht leben können. Sie sind meist blattlos und können auch an lichtschwachen Standorten wachsen. Viele leben im Erdboden oder gar im Innern ihres Wirtes und nur ihre Fortpflanzungsorgane erscheinen zur Ausbreitung der Samen oder Sporen an der Oberfläche. Zu den Vollschmarotzern gehören ein Teil der Pilze und der Bakterien sowie einige Blütenpflanzen. Die Seiden *(Cuscuta*, Abb. 69.5) umwinden mit ihren blassen, fadenartigen Stängeln die Sprosse der Wirtspflanzen. Saugwarzen wachsen bis in die Leitbündel hinein und entziehen diesen organische Stoffe. Die Sommerwurz *(Orobanche*, Abb. 69.3) schmarotzt auf vielen Arten von Wiesenpflanzen und schickt nur ihre chlorophyllfreien gelben oder braunen Blütentriebe über die Erdoberfläche. Die in den Tropen wachsenden *Rafflesia*-Arten bilden außerhalb ihres Wirtes nur noch Blüten aus (Abb. 69.4).

Zahlreiche Pilze befallen lebende Pflanzen. Ihr Mycel wuchert auf der Oberfläche oder im Innern des Wirts. Die Hyphen dringen in die lebenden Zellen ein und entziehen diesen die nötigen Stoffe. Zu ihnen gehören gefürchtete Schädlinge unserer Kulturpflanzen. Das Getreide wird von *Rostpilzen, Brand-* und *Mutterkornpilzen* befallen (s. Abb. 69.6), die in Mitteleuropa alljährlich ein Zehntel der Ernte vernichten. In den Blättern und Früchten unserer Obstbäume leben die Erreger der *Schorfkrankheit* und des *Fruchtschimmels* (s. Abb. 68.2). Einige Pilzarten verursachen Krankheiten *(Mykosen)* bei Tier und Mensch. Insbesondere die Haut (z. B. Fußpilz) und Schleimhäute werden von Pilzen befallen.

1.9.4 Tierische Parasiten

Schmarotzer sind im Tierreich weit verbreitet. Sie stammen alle von frei lebenden Vorfahren ab und haben sich in Bau und Lebensweise allmählich zu Parasiten verändert.
Dies hat in manchen Fällen zu einer so weitgehenden Umgestaltung des Körpers geführt, dass die verwandtschaftliche Zugehörigkeit kaum mehr festzustellen ist. Die meisten Schmarotzer haben sich auf einzelne Organe ganz bestimmter Tierarten spezialisiert, außerhalb derer sie nicht leben können. Die Schwierigkeit, das geeignete Opfer zu erreichen, hat dazu geführt, dass die Schmarotzer zur Erhaltung der Art eine ungeheure Anzahl von Eiern erzeugen; das ist aber nur bei einem Überfluss an hochwertiger Nahrung möglich.

Beziehungen der Organismen zur Umwelt 69

Abb. 69.1: Großer Klappertopf *(Rhinanthus alectorolophus)*. Halbschmarotzer auf den Wurzeln von Wiesengräsern

Abb. 69.2: Läusekraut *(Pedicularis sylvatica)*. Halbschmarotzer

Abb. 69.3: Sommerwurz *(Orobanche minor)*. Vollschmarotzer ohne Chlorophyll, Vorkommen auf trockenen Wiesen

Abb. 69.4: Blüte des Vollschmarotzers *Rafflesia arnoldii* (aus Südostasien). Größte bekannte Blüten (über 1 m); schmarotzt in den Wurzeln von Lianen

Abb. 69.5: Europäische Seide *(Cuscuta europaea)* auf Brennnessel. Vollschmarotzer ohne Wurzeln, am Stängel Blattschüppchen und Blütenknäuel

Abb. 69.6: Mutterkorn auf Roggen. Das Hyphengeflecht des giftigen Pilzes entwickelt sich im Fruchtknoten und ersetzt diesen.

Die Schmarotzer schädigen ihren „Wirt" durch Nahrungsentzug, Beeinträchtigung der Organfunktion und durch giftige Ausscheidungen. Bei gut angepassten Parasiten hält sich die Schädigung im Allgemeinen in Grenzen, denn ein Parasit kann nur einem lebenstüchtigen Wirt genügend Nahrung entziehen. Nur ein schlecht angepasster Parasit schädigt den Wirt zu stark oder führt gar dessen Tod herbei. Viele an bestimmte Wirte schlecht angepasste Parasiten sind an einen anderen Wirt besser angepasst, den sie weniger schädigen. Trichinen führen bei Nagetieren selbst bei starkem Befall nicht zum Tod. Für den Menschen sind sie lebensgefährlich.

Die meisten Schmarotzer leben ständig mit ihrem Wirt zusammen, entweder auf dessen Außenseite (Außenschmarotzer) oder in seinem Innern (Innenschmarotzer).

Bekannte *Außenschmarotzer* sind z. B. *Tierläuse,* die sich mit Klammerbeinen an den Haaren oder Federn ihres Wirts festhalten und ihm mit ihrem Saugrüssel Blut entziehen. Zecken sind zeitweilige Schmarotzer, die Blut saugen und beim Menschen dabei gefährliche Krankheiten übertragen können (Gehirnhautentzündung, Borreliose). *Innenschmarotzer* kommen in allen Teilen des Körpers vor, besonders häufig im Darm und im Blut. In der Blutflüssigkeit des Menschen können die als Erreger der Schlafkrankheit bekannten *Trypanosomen* (Abb. 70.2), die Larven eines winzigen *Fadenwurms* und ein *Saugwurm* vorkommen. Sie ernähren sich von Blutplasma, haben alle stromlinienförmige Körpergestalt und bewegen sich schlängelnd fort (Abb. 70.1).

Der Darmkanal wird vorwiegend von schmarotzenden Einzellern und Würmern bewohnt. Eine Amöbe *(Entamoeba histolytica)* zerstört die Zellen der Darmschleimhaut und ruft beim Menschen die tropische Amöbenruhr hervor. *Spul-* und *Bandwürmer* leben vom Darminhalt. Die Bandwürmer sind mit Saugnäpfen oder einem Kranz von Haken am Vorderende des Körpers versehen, mit denen sie sich festhalten. In den *Geweben* des Körpers entwickeln sich die *Muskeltrichinen* und die *Jugendformen* (Finnen) von *Bandwürmern.*

Ökologie

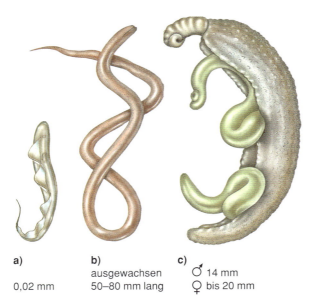

a) 0,02 mm
b) ausgewachsen 50–80 mm lang
c) ♂ 14 mm ♀ bis 20 mm

Abb. 70.1: Blutschmarotzer des Menschen. **a)** Geißeltierchen *Trypanosoma gambiense*, der Erreger der Schlafkrankheit; **b)** Larve von *Wuchereria*; Die erwachsenen Fadenwürmer leben in Lymphgefäßen und Lymphknoten und erzeugen die Filariakrankheit. Dabei kann es zu starken Schwellungen im Bereich der Beine infolge Rückstaus von Lymphe kommen; **c)** Saugwurm *Schistosoma*, der Erreger der Bilharzia-Krankheit, einer häufigen Tropenkrankheit (Nieren-, Blasen-, Leber- und Darmstörungen): Das fadenförmige Weibchen liegt in der Bauchfalte des Männchens („Pärchenwurm").

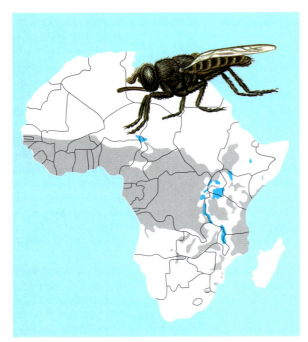

Abb. 70.2: Verbreitung der Tsetse-Fliege in Afrika. Sie überträgt Trypanosomen, die beim Menschen Schlafkrankheit und bei Rindern die Nagana-Seuche hervorrufen.

Nervensystem und Sinnesorgane sind bei den Innenschmarotzern im Gegensatz zu den Außenschmarotzern stark zurückgebildet und wenig leistungsfähig. Da sie in fertig verdauter Nahrung leben, ist auch der Darm der Innenschmarotzer sehr einfach gebaut oder wie bei den Bandwürmern ganz verschwunden. Diese nehmen die Nahrung mit der Körperoberfläche auf, welche wegen der flachen Form der zahlreichen Glieder besonders groß ist. Die Darmschmarotzer gewinnen mangels Luftsauerstoff Energie durch Gärung; vor Verdauungsenzymen sind sie geschützt. Die Larven vieler Innenschmarotzer parasitieren in Zwischenwirten (Wirtswechsel; Abb. 71.1).

Die **Malaria** wird durch das einzellige Sporentierchen *Plasmodium* erzeugt und durch die Fiebermücke *Anopheles* auf den Menschen übertragen. Beim Blutsaugen gelangen die spindelförmigen Erreger mit dem Speichel der Mücke in den Körper, wo sie sich zunächst in Leberzellen vermehren. Schließlich gelangen sie in die Blutbahn, dringen in Rote Blutkörperchen ein und vermehren sich darin durch Teilung. Dann sprengen die Nachkömmlinge aller von einer Ansteckung stammenden Parasiten nahezu gleichzeitig ihre Blutkörperchen, schwärmen ins Blut aus und dringen einzeln in neue Blutkörperchen ein. Stoffwechselendprodukte der Erreger bewirken einen Fieberanfall. Dieser Vorgang wiederholt sich je nach Art des Erregers alle zwei oder drei Tage, wobei jedes Mal Fieber auftritt (Abb. 71.3). Nach einiger Zeit entstehen zusätzlich Geschlechtsformen, die sich im Blut des Menschen nicht weiterentwickeln können, sondern bei einem erneuten Stich in den Darm einer Fiebermücke kommen müssen. Von dort gelangen die Erreger nach einer komplizierten Entwicklung in die Speicheldrüsen und beim Stechen erneut ins Blut des Menschen.

Der **Fuchsbandwurm** ist ein 3–5 mm langer Bandwurm, der im Darm von Fuchs, Hund und Katze lebt (Abb. 71.1). Mit dem Kot werden die Eier ausgeschieden. Feldmäuse und andere kleine Nager nehmen die Eier mit ihrer Nahrung auf. In diesen Tieren, den Zwischenwirten, entwickeln sich Larven (Finnen). Werden befallene Tiere von einem der Raubtiere gefressen, so werden die Larven in dessen Darm frei und wachsen zum geschlechtsreifen Bandwurm heran. Der Mensch ist ein so genannter Fehlwirt: In seiner Leber (selten in Lunge oder Gehirn) entwickeln sich ebenfalls Finnen, die aber nicht auf den Endwirt übertragen werden. Die blasenförmigen Finnen wachsen in der Leber tumorartig heran, wobei im Innern Tochterblasen entstehen. Eine operative Behandlung ist schwierig; Medikamente sprechen nur in der Frühphase der Finnenentwicklung an. Daher sollte man auf regelmäßige Entwurmung der Haustiere Hund und Katze achten.

Beziehungen der Organismen zur Umwelt 71

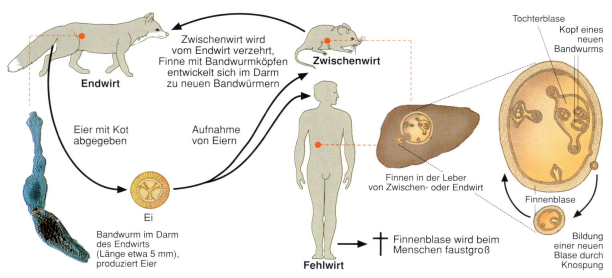

Abb. 71.1: Entwicklungsgang des Fuchsbandwurms *(Echinococcus)*. Endwirte: Fuchs, Hund, Katze; Zwischenwirte: Schwein, Rind, Schaf, Nagetiere; Fehlwirt: Mensch

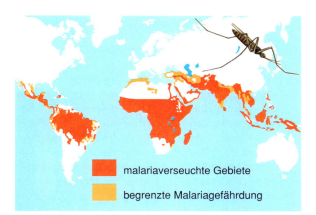

Abb. 71.2: Verbreitung der Malaria. Oben die übertragende Fiebermücke *Anopheles*

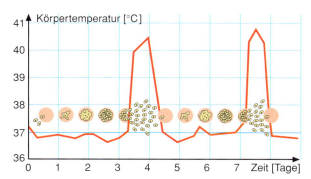

Abb. 71.3: Entwicklungsgang des Malariaerregers im Blut des Menschen, mit Fieberkurve (Vier-Tages-Malaria = Quartana). Die regelmäßigen Fieberanfälle beginnen nach einer Inkubationszeit von 23–42 Tagen.

1.9.5 Symbiose

Symbiose nennt man das Zusammenleben verschiedener Arten, wobei in der Regel jeder Partner von diesem Zusammenleben Vorteile hat. Doch gibt es zahlreiche Übergänge von einer ausgeglichenen Symbiose bis zur überwiegenden oder völlig einseitigen Ausnutzung des einen Partners. Letzteres führt zum reinen Schmarotzertum. Wir können bei der Symbiose alle Stufen der Vergesellschaftung vom lockeren Zusammenschluss bis zur Entstehung ganzheitlicher Lebensformen beobachten.

Das bekannteste Beispiel einer Pflanzensymbiose sind die **Flechten** (s. Abb. 72.1). Durch die innige Vereinigung von kugel- oder fadenförmigen Algen mit dem Fadengeflecht von Pilzen entstehen einheitliche, neuartige Lebensformen. Der Pilz bildet das Gerüst der Flechte, in das die Algen eingelagert sind. Die Algen erzeugen organische Stoffe, auf die der Pilz angewiesen ist. Der Pilz dagegen liefert den Algen sein Atmungskohlenstoffdioxid und Wasser. Ionen können durch abgeschiedene Flechtensäuren aus dem Untergrund gelöst werden. Flechten siedeln sich auch dort an, wo Pilze und Algen für sich allein nicht gedeihen könnten, wie z. B. in der arktischen Tundra, in Wüsten oder auf nackten Geröll- und Gesteinsfluren.

Eine weitere Form der Symbiose ist die **Mykorrhiza** (s. Abb. 72.2). Bei vielen Waldbäumen (Buche, Eiche, Birke, Lärche, Kiefer u. a.) sind die Wurzelenden der obersten humusreichen, aber nährsalzarmen Boden-

Ökologie

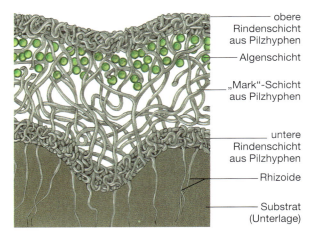

Abb. 72.1: Querschnitt durch den Körper (Thallus) einer Flechte. Die grünen Algenzellen liegen zwischen den Pilzhyphen.

Abb. 72.2: *Mykorrhiza* (Pilzwurzel) der Kiefer. **a)** Schema; **b)** Foto der von Pilzfäden umsponnenen, verdickten und knollenartig verzweigten Seitenwurzeln

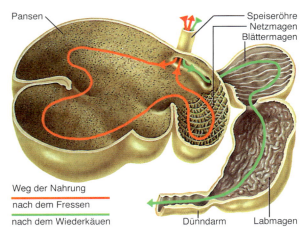

Abb. 72.3: Bau des Wiederkäuermagens

schichten mit einem Filz von Pilzfäden umgeben, die auch in die Wurzeln eindringen. Dafür fehlen an diesen Stellen die Wurzelhaare. Ihre Aufgabe übernehmen die Pilze. Sie versorgen die Bäume mit Wasser und Ionen. Andererseits beziehen die Pilze von den Wurzeln Kohlenhydrate. Orchideen und Heidekrautgewächse haben eine noch innigere Mykorrhiza; hier lebt der Pilz großenteils im Inneren der Wurzel und entsendet lange Zellfäden in die Umgebung. Durch starke Stickstoffdüngung wird die Mykorrhiza oft geschädigt, so z. B. durch die Stickstoffoxide aus Emissionen.

Zu besonderen Anpassungen haben die symbiontischen Beziehungen zwischen *Blüten und ihren Bestäubern* geführt. Viele Blüten locken ihre Bestäuber durch Duft, Farbe und Form an und bieten ihnen Nektar und Pollen als Nahrung. Die Pollensäcke oder Nektardrüsen sind vielfach von außen gar nicht sichtbar. Häufig bilden die Blüten dann zur Anlockung der Insekten so genannte „Saftmale" aus. So findet man bei dem an Mauern wachsenden Zymbelkraut (Abb. 73.1) und vielen anderen Arten auf dem großen unteren Blütenblatt gelbliche Flecken, die Pollensäcke imitieren.

Die Wiederkäuer nutzen Pflanzennahrung optimal aus. Ihr Magen dient sowohl der Celluloseverdauung als auch dem Aufbau von Protein aus einfachen Stickstoffverbindungen. Dies ist nur möglich infolge einer Symbiose mit Bakterien und Einzellern im **Wiederkäuermagen.** Zu den Wiederkäuern gehören wichtige Nutztiere (Rind, Schaf, Ziege). Ihr Magen besteht aus vier Abschnitten: *Pansen, Netzmagen, Blättermagen, Labmagen* (s. Abb. 72.3). Im Pansen und im Netzmagen wird das mit Speichel getränkte Futter gespeichert. Bakterien verschiedener Arten zerlegen die Cellulose zunächst in Glucose, diese weiter in relativ energiereiche Substanzen, vor allem Essigsäure, Buttersäure und Propionsäure. Diese stellen die wichtigste Energiequelle der Wiederkäuer dar. Außerdem entstehen Kohlenstoffdioxid, Wasserstoff und *Methan*, die durch den Mund an die umgebende Luft abgegeben werden. Mit dem Methan geht ein Teil der freien Energie der Glucose ungenutzt verloren. Eine Kuh, an die täglich 5 kg Heu verfüttert werden, produziert 191 Liter Methan pro Tag. In dieser Menge stecken mehr als 10 % der im Futter enthaltenen Energie.

Bestimmte *Wimpertierchen* und *Bakterien*, die in Massen im Pansen leben und sich rasch vermehren, sind zur *Proteinsynthese* aus einfachen Stickstoffverbindungen wie Ammoniumsalzen und Harnstoff befähigt. Der von den Wimpertierchen und Bakterien zur Proteinsynthese verwendete Harnstoff stammt aus dem Blut des Tieres. Dieser wird also nicht wie bei anderen Tier-

Beziehungen der Organismen zur Umwelt

Abb. 73.1: Zymbelkraut *(Cymbalaria muralis)* mit „Saftmalen"

Abb. 73.2: Sonnentau *(Drosera rotundifolia)*, einheimische Hochmoorpflanze

Abb. 73.3: Venusfliegenfalle *(Dionaea)* aus Nordamerika

arten in vollem Umfang durch die Niere ausgeschieden, sondern auf diesem Umweg in ökonomischer Weise erneut in die Körpersubstanz eingebaut. Die Wimpertierchen stellen besonders hochwertige Proteine her; sie fressen auch einen Teil der Bakterien.

Die gegorene Nahrung wird aus dem Netzmagen in kleinen Portionen in den Mund zurückgetrieben und nochmals gekaut und eingespeichelt. Sie gelangt dann über eine aus zwei Hautfalten bestehende Schlundrinne in den Blättermagen, zum Teil aber wieder in den Netzmagen zurück. Im Blättermagen wird der Nahrung Wasser entzogen. Eine Kuh produziert pro Tag 100–190 Liter Speichel. Bei dieser Menge kann es sich um die Hälfte des ganzen Körperwassers handeln. Der leicht alkalische Speichel schafft für die Mikroorganismen ideale Lebensbedingungen.

Zuletzt wird der Speisebrei in den Labmagen gedrückt, wo Bakterien und Wimpertierchen abgetötet und verdaut werden. Das von ihnen erzeugte Protein wird auf diese Weise genutzt. Erst in diesem Magenabschnitt beginnt die Verdauung mit Hilfe eigener Enzyme des Wiederkäuers, die schließlich im Dünndarm fortgesetzt wird. Wiederkäuer können von eiweißarmem, minderwertigem Futter leben, wenn Harnstoff beigemengt ist, und sogar Papierabfälle verdauen.

Bei anderen Pflanzenfressern erfolgt der Celluloseabbau durch Mikroorganismen vor allem in dem oft riesigen oder paarig ausgebildeten *Blinddarm*. In diesem laufen Gärungsvorgänge ab wie im Pansen. Das Futter wird jedoch in geringerem Maße ausgenutzt als bei Wiederkäuern, weil es weniger stark mechanisch zerkleinert wird (vgl. Pferdekot und Rinderkot).

1.9.6 Insekten fressende Pflanzen

Einen Übergang zu heterotropher Lebensweise bilden die Tiere fangenden Blütenpflanzen, welche in über 500 Arten über die ganze Erde verbreitet sind. Sie vermögen durch Enzyme Gewebe ihrer Opfer, zumeist Insekten, aufzulösen. Die dabei entstehenden Abbauprodukte sowie Ionen werden aufgenommen und zum Aufbau des Körpers verwendet. Alle Insekten fressenden Pflanzen besitzen Chlorophyll und Wurzeln und ernähren sich vorwiegend autotroph. Da sie aber zumeist an Standorten leben, an denen die Aufnahme von Ionen erschwert ist oder Mangel daran besteht, ist dieser zusätzliche Erwerb von Stickstoffverbindungen und Ionen für ein gutes Gedeihen erforderlich.

▶ Bei dem in Mooren vorkommenden Sonnentau *(Drosera)* trägt die Oberseite der Blätter zahlreiche Drüsenhaare, deren rote Köpfchen einen klebrigen Schleim ausscheiden (s. Abb. 73.2). Sie locken damit Insekten an, die festkleben und bei ihren vergeblichen Befreiungsversuchen immer neue Drüsenköpfchen berühren. Diese Berührung löst eine Bewegung der Drüsenstiele aus, welche ihre Köpfchen über das gefangene Insekt beugen. Dann sondern die Drüsenköpfchen reichlich enzymhaltige Flüssigkeit ab, die in wenigen Tagen das Insekt auflöst, sodass nur noch die Chitinteile übrig bleiben. Gelöste Aminosäuren und Ionen werden dann von dem Köpfchen aufgenommen.

Die Venusfliegenfalle *(Dionaea)* Nordamerikas fängt Insekten durch rasches Zusammenklappen ihrer Blattflächen (s. Abb. 73.3). Der als Fangapparat eingerichtete Teil des Blattes ist am Rande mit langen Zähnen besetzt und trägt auf jeder Blattfläche drei Borsten, bei deren Berührung die Blatthälften fast augenblicklich zusammenklappen. Dies ist die rascheste Bewegung bei Pflanzen. Dann wird von kleinen Drüsen auf der Blattfläche eine Verdauungsflüssigkeit abgesondert. Um die Bewegung auszulösen, müssen mindestens zwei der Fühlborsten berührt worden sein. Wird nur eine Borste gereizt, so erfolgt keine Reaktion. Es ist also eine gewisse Reizintensität (Reizschwelle) erforderlich. Ist die Beute verdaut, so öffnet sich das Blatt langsam wieder. ◀

2 Population und Lebensraum

2.1 Die ökologische Nische

Tiere nutzen in ihrem Lebensraum nicht alle, oft nur wenige der vorhandenen Möglichkeiten für ihre Ernährung (s. 1.9.2). Dasselbe gilt für die Anlage der Brutplätze, für Verstecke usw. Auf demselben Raum können Ringel- und Hohltauben nisten, Erstere im Geäst, Letztere in einer Spechthöhle. Die Ringeltaube frisst vorwiegend in der Nähe ihres Nestes Früchte, Raupen, Würmer und Schnecken, die Hohltaube dagegen sucht in weitem Umkreis nach Früchten verschiedener Art. Infolge der unterschiedlichen Nutzung der Umwelt konkurrieren die Arten eines Lebensraumes nicht oder nur teilweise miteinander. Man bezeichnet die Gesamtheit aller biotischen und abiotischen Umweltfaktoren, die für die Existenz einer bestimmten Art wichtig sind, als *ökologische Nische* der Art. Der Begriff „ökologische Nische" kennzeichnet also nicht den Lebensraum der Art, sondern charakterisiert deren Umweltansprüche und die Form der Umweltnutzung.

Die Ansprüche einer Art an die abiotischen Umweltfaktoren lassen sich durch die jeweilige ökologische Potenz (für jeden Faktor) eindeutig charakterisieren. Die biotischen Umweltfaktoren, welche die ökologische Potenz der Art festlegen, sind hingegen nicht so einfach zu bestimmen. Daher ist es oft nicht möglich die ökologische Nische einer Art genau zu erfassen, sodass man sich häufig auf die Angabe einiger Umweltbeziehungen beschränkt, z. B. auf die Nahrungsnische (Abb. 74.1). Würden zwei Arten eines Gebietes dieselbe ökologische Nische besetzen, so müsste zwischen ihnen totale Konkurrenz herrschen. Die unter den gegebenen Umweltbedingungen jeweils lebenstüchtigere Art würde die andere schließlich völlig verdrängen. Daher gilt die Regel, dass in einem bestimmten Lebensraum nie zwei Arten mit völlig gleichen Ansprüchen, d. h. gleichen ökologischen Nischen, vorkommen *(Konkurrenzausschlussprinzip)*. Dies wurde experimentell zuerst durch den russischen Ökologen GAUSE an Pantoffeltierchen-Arten (Abb. 75.1) geprüft. Arten, die in geografisch getrennten Gebieten leben, können hingegen sehr ähnliche ökologische Nischen ausbilden und

Abb. 74.1: Nahrungsnischen einiger Vögel der Teiche. Die beiden Rohrsängerarten und ebenso Tafel- und Reiherente zeigen die unterschiedliche Einnischung von Arten einer Gattung. Rauchschwalbe und Flussseeschwalbe haben bei ähnlicher Lebensweise sehr ähnliche Gestalt (Konvergenz); ihre Nahrungsnischen sind jedoch deutlich verschieden. **1** Drosselrohrsänger sucht Insekten auf der Wasseroberfläche; **2** Teichrohrsänger sucht Nahrung im Schilf und in der Luft; **3** Graureiher sucht Tiere im Flachwasser; **4** Bachstelze sucht Insekten im Bereich Land-Wasser; **5** Schwimmente gründelt im Flachwasser nach Pflanzennahrung; **6** Tafelente taucht im tiefen Wasser nach Pflanzennahrung; **7** Reiherente taucht im tiefen Wasser nach Bodentieren; **8** Haubentaucher taucht nach Kleinfischen; **9** Flussseeschwalbe fängt kleine Fische durch Stoßtauchen; **10** Rauchschwalbe jagt im Luftraum über dem Wasser nach Insekten

Population und Lebensraum

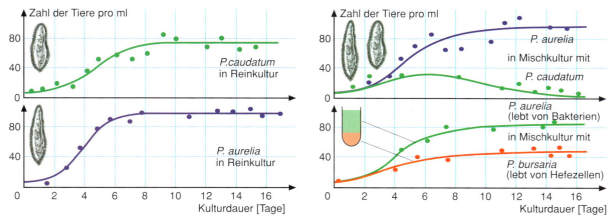

Abb. 75.1: Pantoffeltierchen-Arten in getrennter und gemeinsamer Kultur. Bei Reinkultur gibt der waagerechte Kurvenverlauf die Größe der Population an, von der ab eine weitere Zunahme infolge innerartlicher Konkurrenz um Nahrung und Sauerstoff nicht mehr möglich ist. Wenn sich die Arten *Paramecium aurelia* und *P. caudatum* gemeinsam in einer Kultur befinden, wird *P. caudatum* im Laufe der Zeit völlig durch *P. aurelia* verdrängt und stirbt aus. In der Natur besitzen die beiden Arten unterschiedliche ökologische Nischen, die sich nur teilweise überlappen. Hält man *P. aurelia* und *P. bursaria* in einer gemeinsamen Kultur, existieren sie lange Zeit nebeneinander, da sie unterschiedliche Nahrung bevorzugen.

aus diesem Grund viele Ähnlichkeiten in Gestalt und Lebensweise aufweisen, obwohl sie nicht miteinander verwandt sind. Man nennt diese Erscheinung **Konvergenz** (Abb. 75.2). Die Kolibris von Südamerika, die Nektarvögel von Afrika und die Honigfresser von Australien sind gestaltlich sehr ähnliche, Nektar saugende Vögel; sie sind aber nicht miteinander verwandt. Vergleichbares gilt für Kakteen in amerikanischen, Wolfsmilchgewächse in afrikanischen und Schwalbenwurzgewächse in afrikanischen und asiatischen Trockengebieten. Sie haben als *Sukkulenten* einen ähnlichen Wuchs (s. 1.3.5).

Die verschiedenen Gruppen (Ordnungen) der Säugetiere haben unterschiedliche Nahrungsnischen inne. Daran ist ihr Verdauungsapparat angepasst, wobei z. T. besondere Verdauungsvorgänge entwickelt wurden (s. 1.9.5). Anpassungen hat insbesondere das Gebiss erfahren. Die Gebisstypen der Säuger lassen die Nahrungsnischen gut erkennen (Abb. 76.1).

Die Ausbildung unterschiedlicher ökologischer Nischen bezeichnet man als Einnischung. Sie führt dazu, dass mehrere Arten im gleichen Lebensraum nebeneinander existieren können (Koexistenz). Die Einnischung führt zu unterschiedlicher Nutzung des gleichen Lebensraums:

1. Verlegung der Hauptaktivität auf verschiedene Tageszeiten: z. B. Greifvögel – Eulen;
2. Nahrungserwerb: a) Aufnahme von Nahrung unterschiedlicher Größe (häufig bei verwandten Raubtierarten). Die unterschiedliche Größe der Raubtiere bedingt unterschiedlich große Beutetiere: Fuchs (z. B. Mäuse) – Wolf (z. B. Antilopen); Sperber (z. B. Spatzen) – Habicht (z.B. Haushühner).

b) Nahrungssuche an unterschiedlichen Orten: z. B. Kohlmeise sucht ihre Nahrung am Boden und im Inneren der Baumkronen, Blaumeise im Bereich der Astspitzen;

c) Spezialisierung von Parasiten auf bestimmte Körperteile des Wirts: z. B. Kopflaus – Kleiderlaus – Schamlaus (Filzlaus) beim Menschen;

3. Unterschiedliche Temperaturoptima: z. B. die Strudelwürmer *Planaria alpina* im Bachoberlauf und *Planaria gonocephala* im Mittel- und Unterlauf des Baches;

4. Wahl verschiedener Zeiten für Fortpflanzung und Brutpflege: z. B. laichen Erdkröte, Grasfrosch und Wasserfrosch im Abstand einiger Wochen, sodass die Kaulquappen nicht um Nahrung konkurrieren.

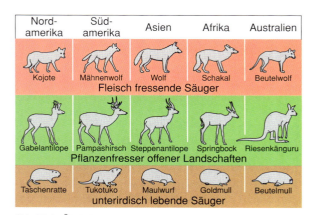

Abb. 75.2: Ähnliche Umweltbedingungen haben in verschiedenen Erdteilen ähnliche Lebensformen mit einander entsprechenden (äquivalenten) ökologischen Nischen hervorgebracht.

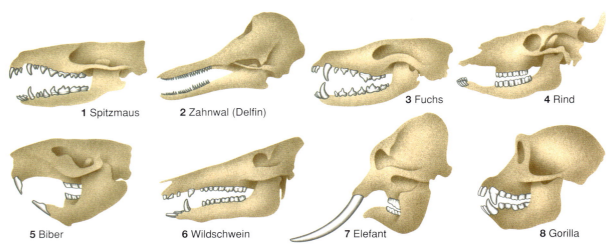

Abb. 76.1: Die Gebisstypen der Säuger lassen deren unterschiedliche Nahrungsnischen erkennen. **1** Insektenfressergebiss: Zähne spitzkegelig oder mit spitzen Höckern; **2** Fanggebiss: zahlreiche nach hinten gerichtete Zähne zum Festhalten und Zerreißen der Beute; **3** Fleischfressergebiss: scharfe Schneidezähne, dolchförmige Eckzähne, Backenzähne mit scharf schneidenden Kanten; **4** Pflanzenfressergebiss: Eckzähne oft fehlend, Backenzähne breitkronig mit Schmelzfalten durchsetzt, die eine raue Kaufläche bewirken (Mahlzähne); **5** Nagetiergebiss: zwei wurzellose Schneidezähne, die ständig wachsen (Nagezähne); Eckzähne fehlen, Backenzähne bilden geschlossene Kaufläche, die beim Bewegen des Unterkiefers von vorn nach hinten wie eine Raspel wirkt; **6** und **8** Allesfressergebisse (stehen zwischen Fleischfresser- und Pflanzenfressergebiss); **7** umgewandeltes Pflanzenfressergebiss: obere Schneidezähne als Stoßzähne, in jeder Kieferhälfte ein einziger Backenzahn

2.2 Ursachen der Einnischung

2.2.1 Populationswachstum

Will man Bakterien in einem Kulturmedium vermehren, so bringt man in die steril gemachte Flüssigkeit eine geringe Menge davon ein. Unter günstigen Bedingungen teilt sich jedes von ihnen innerhalb von 20–40 Minuten. Dieser Vorgang setzt sich fort. In jeder Generation verdoppelt sich also die Anzahl der Individuen, vorausgesetzt, keines von ihnen geht zugrunde **(exponentielles Wachstum):**

Generation	0	1	2	3
Anzahl Bakterien (N)	$1 = 2^0$	$2 = 2^1$	$4 = 2^2$	$8 = 2^3$

Generation	4	5	6	n
Anzahl Bakterien (N)	$16 = 2^4$	$32 = 2^5$	$64 = 2^6$	2^n

Auch wenn laufend ein Teil der Bakterien stirbt, verläuft das Wachstum exponentiell, wenngleich der Zuwachs dann etwas geringer ist.

Die *Zuwachsrate* ergibt sich aus der Differenz von Geburtenrate und Sterberate. In unserem Beispiel ist die Geburtenrate gleich 1, weil pro 1000 Bakterien in jeder Generation 1000 weitere entstehen 1000/1000 = 1. Angenommen, es sterben pro 1000 Bakterien nach der Teilung jeweils 100, so liegt eine Sterberate von 100/1000 = 0,1 vor. Unter dieser Bedingung beträgt die Zuwachsrate 0,9. Der tatsächliche Zuwachs (dN) an Individuen pro Verdopplungszeit (t = 20 min) ergibt sich also aus dem Produkt der Anzahl vorhandener Bakterien (N) und der Zuwachsrate (r):

$$\frac{dN}{dt} = r \cdot N$$

(Zuwachs je Zeit = Zuwachsrate · Zahl vorhandener Individuen).

In der nächsten Generation sind also N + N · r = N(1+r), in der zweiten Generation sind N(1+r) + N(1+r) · r = N(1+r)² und in der n-ten Generation N(1+r)ⁿ Individuen vorhanden. Die Gleichung beschreibt das Gesetz des exponentiellen Wachstums, das der englische Wirtschaftswissenschaftler MALTHUS 1798 entdeckt hat *(s. Evolution 1.2).* Den explosionsartigen Zuwachs bei exponentiellem Wachstum kann man sich anhand des folgenden fiktiven Beispiels klarmachen: Ein Bakterium hätte bei einer konstanten Verdopplungszeit von 20 min nach 44 h (= 132. Generation) 2^{132} (= $5 \cdot 10^{39}$) Nachkommen. 10^{12} Bakterien wiegen ungefähr 1 g. Demnach brächten jene Bakterien etwa die Masse der ganzen Erde (= $5{,}973 \cdot 10^{27}$ g) auf die Waage.

Das Wachstum einer realen Bakterienpopulation (s. Abb. 77.1) wird allerdings nur am Anfang durch eine exponentielle Kurve beschrieben. Im weiteren Verlauf des Populationswachstums nimmt die Wachstumsrate dauernd ab und erreicht schließlich den Wert Null. Nun besteht ein Gleichgewichtszustand, bei dem

Population und Lebensraum

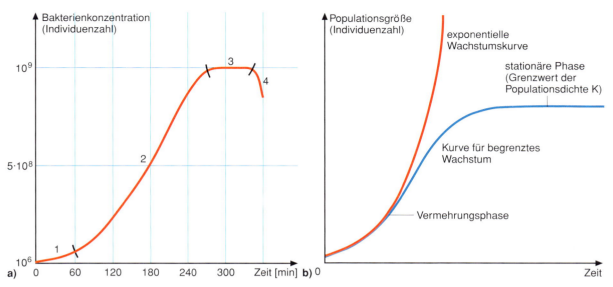

Abb. 77.1: a) Wachstum einer Population eines Bakteriums. **1** Anlaufphase; wenige Zellen teilen sich, viele bereiten sich auf die erste Teilung vor, z. B. durch Aufnahme von Nährstoffen. **2** Vermehrungsphase; die Population wächst exponentiell. **3** Stationäre Phase; die Zahlen der neu entstehenden und der absterbenden Bakterien halten sich die Waage. **4** Absterbephase; es sterben mehr Bakterien ab, als neu gebildet werden; **b)** Berechnete Kurven des Populationswachstums

die Sterberate so groß ist wie die Geburtenrate. Ursachen dafür sind die Verknappung der Nahrung und die Anhäufung giftiger Stoffwechselprodukte der Bakterien in der Kulturflüssigkeit. Der Wert der Populationsgröße in diesem Gleichgewichtszustand heißt die *Kapazität K* des Lebensraumes. Er hängt von der Umwelt ab: Gießt man die Bakteriensuspension in ein größeres Gefäß und fügt neue Nährlösung hinzu, so wächst die Population weiter, bis sich ein neuer Gleichgewichtszustand mit einem höheren Wert K einstellt.

▶ Der Zuwachs hängt also davon ab, wie weit sich die Anzahl der Individuen (N) dem Wert K angenähert hat. Dem trägt die folgende erweiterte Wachstumsgleichung Rechnung:

$$\frac{dN}{dt} = r \cdot N \left(\frac{K-N}{K}\right) \quad \text{oder} \quad \frac{dN}{dt} = \underbrace{rN}_{\substack{\text{exponentielle}\\\text{Zunahme}}} - \underbrace{\frac{rN^2}{K}}_{\substack{\text{nicht}\\\text{verwirklichte}\\\text{Zunahme}}}$$

Liegt N nahe 0, so gilt $\frac{K-N}{K} = \frac{K-0}{K} = 1$, es folgt exponentielles Wachstum. Nimmt aber N den Wert von K an, so gilt $\frac{K-N}{K} = \frac{0}{K} = 0$, es liegt ein Gleichgewichtszustand vor, in dem kein Zuwachs erfolgt. In der Natur kann N auch über den Wert von K ansteigen. In diesem Fall erhält der Faktor $\frac{K-N}{K}$ ein negatives Vorzeichen: Die Population „wächst" negativ, d. h.,

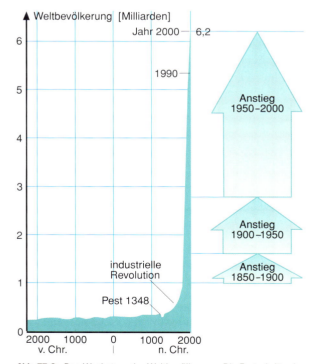

Abb. 77.2: Das Wachstum der Weltbevölkerung. Die Fortschritte der Wissenschaft nützen der Landwirtschaft, der Pflanzen- und Tierzüchtung, der Nahrungsmittelerzeugung sowie der Technik zur Verbesserung der Lebensverhältnisse. Zur Schätzung der Bevölkerungszahl früherer Zeiten zieht man die Siedlungsdichte von Primitivkulturen heran sowie archäologische Funde über Zahl und Ausdehnung von Siedlungen in einer bestimmten Epoche.

die Anzahl der Individuen nimmt laufend ab. Dies ist z. B. dann der Fall, wenn Schmetterlingsraupen (z. B. Nonne, Kiefernspinner) in so großen Massen auftreten, dass sie die Nahrungspflanzen kahl gefressen haben und sterben, bevor die meisten von ihnen zur Verpuppung gelangt sind. Die wenigen, die sich zum Schmetterling entwickeln können, erzeugen die viel kleinere Folgepopulation.

Diese Überlegungen gelten für das Wachstum isolierter Populationen. In der Natur kann die Wechselwirkung von Arten (z. B. durch Konkurrenz) dazu führen, dass ein Gleichgewichtszustand nicht erreicht wird (s. 2.3.1). Selbst bei genauer Untersuchung einzelner Populationen findet man Fälle, für die auch die erweiterte Wachstumsgleichung nicht gültig ist.

Wenn man z. B. in einem Fischteich durch starke Zusatzfütterung die Fischpopulation rasch erhöht, beobachtet man regelmäßige oder unregelmäßige Schwankungen der Population. Näherungsweise richtige Populationsgrößen kann man berechnen, wenn man die Größe der Generationen einzeln nacheinander ermittelt. Wenn N_n die Populationsgröße der n-ten Generation ist, gilt:

$$N_{n+1} = N_n - \frac{r}{K} \cdot N_n^2$$

Mit Hilfe eines Rechners kann man für beliebig viele Generationen und gegebene Werte von r, K und der Anfangsgröße der Population N_0 die Populationsgrößen ermitteln. Dabei ergibt sich: Bei hohen Wachstumsraten r strebt die Population nicht mehr dem Wert K zu, sondern zeigt regelmäßige Schwankungen („Schwingungen") um diesen Wert. Wird r noch größer, so werden die Schwankungen unregelmäßig (chaotisch) und schließlich erreichen sie so große Am-

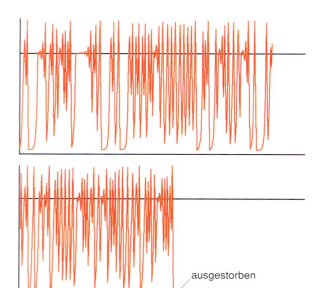

Abb. 78.1: Rechnermodelle der Populationsentwicklung bei Wachstumsrate r = 2,95 (oben) und r = 3,1 (unten). Hohe r-Werte führen zu chaotischen Schwankungen der Populationsdichte, die bei r > 3 schließlich dazu führen, dass die Population ausstirbt (unten).

plituden, dass die Population irgendwann zusammenbricht, d. h. im gegebenen Biotop ausstirbt (Abb. 78.1). Wann dies eintritt, hängt z. B. von der Anfangsgröße N_0 der Population ab.

Bei Arten mit hohen Wachstumsraten (z. B. Wasserflöhe) findet man also stark schwankende Populationsgrößen und lokales Aussterben. Damit es nicht zum Aussterben der ganzen Art kommt, werden Dauerformen (Dauereier bzw. Samen, die sich jahrelang nicht entwickeln) gebildet.

Chaotische Vorgänge

Durch kleine Veränderungen der Wachstumsrate r wird das Wachstum einer Population drastisch verändert und ein regelmäßig schwingendes System geht in ein System mit chaotischem Verhalten über. Bei chaotischen Systemen ist eine Voraussage des Verhaltens in der Regel nur sehr eingeschränkt möglich, obwohl sie angebbaren Gesetzen unterliegen. Solche Fälle gibt es auch in der Physik: Eine Flipper-Maschine unterliegt nur physikalischen Gesetzen. Dennoch ist es nicht möglich die Bahn der Kugel für längere Zeit vorherzuberechnen, weil schon geringe Veränderungen der Anfangsbedingungen zu ganz anderen Abläufen führen. Dasselbe gilt für das Wetter:

Alle für seine Entwicklung gültigen Gesetze sind bekannt, aber die Vorhersage bleibt trotz Einsatz von Wettersatelliten mit großen Unsicherheiten behaftet. Aus der Tatsache, dass man ein allgemein gültiges Gesetz (oder mehrere) für das Verhalten eines Systems angeben kann, folgt also nicht, dass dieses Verhalten genau vorhersagbar und berechenbar wäre. Das Durchlaufen kurzer chaotischer Phasen ist oft charakteristisch für den Übergang zu einem anderen, stabilen Zustand, der neue Eigenschaften hervorruft. Ein System „am Rande des Chaos" wird also eher solche neuen Zustände erreichen als ein sehr stabiles System. Derartige Überlegungen spielen heute in Neurobiologie und Evolutionsforschung eine Rolle.

Population und Lebensraum

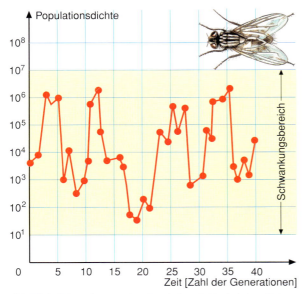

Abb. 79.1: Schwankungen der Populationsdichte bei der Stubenfliege (in einem begrenzten Lebensraum). Ob diese Veränderungen Schwingungen der Populationsgröße sind oder ob ein chaotisches Verhalten vorliegt, lässt sich nicht entscheiden.

Die **Population des Menschen** auf der Erde zeigt einen exponentiellen Verlauf (Abb. 77.2). Erst in den letzten Jahren ist eine geringe Verlangsamung der Zunahme zu erkennen. Über die Kapazität K lassen sich keine sicheren Angaben machen; es ist zu befürchten, dass die Zahl der Menschen diesen Wert bereits überschritten hat. Aufgrund der Zuwachsrate von 1993 wird aber erst bei mindestens zehn Milliarden Menschen die stationäre Phase erreicht werden.

Eine deutliche Abnahme der Geburtenrate in den Entwicklungsländern wird erst um 2020 angenommen (s. 4.3.3). Um alle Menschen zu Beginn des neuen Jahrtausends zureichend zu ernähren, müsste sehr viel mehr Kunstdünger produziert werden als derzeit möglich.

Abb. 79.2: Ausbreitung der Pest in Europa 1347–1350

Die zivilisatorische Entwicklung (z. B. medizinische Fortschritte) verhindert beim Menschen zunächst größere Schwankungen der Populationsdichte. Jedoch könnte eine plötzliche Virusepidemie, gegen die es kein Heilmittel gibt, einen regionalen Populationszusammenbruch hervorrufen. In vergangenen Jahrhunderten gab es mehrfach partielle Populationszusammenbrüche infolge rascher Seuchenausbreitung. So starben während der Pest von 1347–1351 schätzungsweise 25 % der europäischen Bevölkerung (s. auch Abb. 79.2).

2.2.2 Anpassung und Einnischung

Das Populationswachstum wird dadurch begrenzt, dass die Nachkommenzahl der Individuen weit geringer ist als theoretisch möglich: Viele sterben schon im Jugendstadium; andere kommen nicht zur Fortpflanzung. Es ist aber nicht zufällig, welche Individuen viele und welche wenige oder keine fortpflanzungsfähigen Nachkommen haben. Wie man am Vorliegen verschiedener Sorten unserer Kulturpflanzen oder verschiedener Rassen von Hauskatze, Pferd usw. erkennt, können Individuen kleine erbliche Unterschiede aufweisen. Solche haben Einfluss auf die Nachkommenzahl. Mäuse mit einer der Umgebung ähnlichen Fellfarbe werden von Feinden weniger leicht entdeckt als solche mit auffälliger Farbe und haben daher im Mittel mehr (fortpflanzungsfähige) Nachkommen. Pflanzen mit auffälligem Blütenmuster werden von Bestäubern besser gefunden als weniger auffällige und bilden daher häufig mehr Samen. Kleine Merkmalsunterschiede führen so zu unterschiedlicher Nachkommenzahl; Träger bestimmter Merkmale werden allmählich in der Population einen immer größeren Anteil stellen. Diese Auswahl von Merkmalen nennt man *Selektion*. Da sich die Merkmale selbst im Verlauf langer Zeiträume immer wieder geringfügig verändern, führt dies zum Vorgang der *Evolution*. Evolution findet also aufgrund ökologischer Beziehungen in Populationen statt und führt zur Bevorzugung der jeweils am besten angepassten Individuen und derjenigen, die der Konkurrenz zu anderen Arten am besten ausweichen. So kommt es zur Einnischung. Belegt wird Einnischung auch durch die Konvergenz: Unter ähnlichen Lebensbedingungen bilden nicht verwandte Organismen ähnliche Nischen und somit ähnliche Gestalten aus (Beispiele s. 2.1 und 1.3.5).

2.2.3 Fortpflanzungsstrategien: r- und K-Strategie

Die Selektion spielt sich in Populationen ab, deshalb gibt es auch Anpassungen, die nicht am Individuum zu erkennen sind, sondern nur an der ganzen Popula-

80 Ökologie

tion. Eine Art, die in einem nur kurzzeitig bestehenden Biotop lebt (z. B. Kahlschlag, Sandbank in einem Fluss), wird besonders erfolgreich sein, wenn sie sich rasch vermehrt und viele Nachkommen hat, von denen wenigstens einige wiederum einen gleichen Lebensraum an anderer Stelle finden und besiedeln können. Erforderlich ist also eine hohe Vermehrungsrate. Diese ist in der Wachstumsgleichung einer Population als r-Wert enthalten (s. 2.2.1); die Selektion wirkt als r-Selektion.

In sehr beständigen Lebensräumen (Urwald, Korallenriff, Höhle) findet man hingegen Arten mit Populationen, deren Größe über lange Zeit ziemlich konstant bleibt, wobei die Zahl der Individuen nahe dem Wert liegt, der durch die *Kapazität* des Lebensraums (= K-Wert der Wachstumsgleichung) gegeben ist. Hier ist zur Erhaltung der Art nicht eine rasche und starke Vermehrung, sondern die Konkurrenzfähigkeit entscheidend. Die Selektion wirkt als K-Selektion.

Die Arten zeigen entweder vorherrschend *r-Strategie* („Ausbreitungstypen") oder bevorzugt *K-Strategie* („Platzhaltertypen"); wichtig ist dabei das Verhältnis gegenüber der Strategie bei den anderen Arten des gleichen Lebensraums (d.h., r- und K-Strategie sind immer nur relativ zu den anderen Arten festzulegen). Bei Pflanzen sind Arten mit vorherrschender r-Strategie meist klein, oft einjährig und bilden sehr viele und leicht zu verbreitende Samen (viele Acker- und Gartenunkräuter). Pflanzen mit vorherrschender K-Strategie sind oft sehr langlebig (Waldbäume). Tiere mit bevorzugter K-Strategie haben in der Regel wenige Nachkommen, betreiben aber eine intensive Brutpflege und leben ebenfalls relativ lang.

▶ Eine besonders interessante Anpassung gibt es bei Pilzmücken, deren Larvenformen (Maden) sich von bestimmten Pilzfruchtkörpern ernähren. Sie zeigen einen Wechsel von zweigeschlechtlicher und parthenogenetischer Fortpflanzung *(s. Entwicklungsbiologie 1.2.1)*. Bei der zweigeschlechtlichen Fortpflanzung entstehen flugfähige Pilzmücken, die ihre Eier auf einen geeigneten Pilz ablegen. Die parthenogenetisch sich vermehrenden Weibchen pflanzen sich hingegen bereits im Larvenstadium fort. Die Larven legen aber keine Eier, sondern ihre Nachkommen entwickeln sich unmittelbar im Körper und fressen das Muttertier von innen her auf. Eine Mücke (Imago) entsteht nicht. Die Generationsfolge ist dadurch stark verkürzt; es werden rasch viele Nachkommen in dem kurzlebigen Lebensraum „Pilz" gebildet (r-Strategie). Wenn der Pilz aufgezehrt ist, muss aber wieder eine Generation flugfähiger Tiere entstehen, die einen neuen geeigneten Lebensraum aufsuchen können. ◀

2.3 Regulation der Populationsdichte

2.3.1 Dichteabhängige und dichteunabhängige Faktoren

Die Populationsdichte einer Art in einem Lebensraum steigt häufig bis zur Kapazität K an. Dichtebegrenzend können unterschiedliche Faktoren wirken. Bei einer Bakterienkultur (s. Abb. 77.1) ist es die Verfügbarkeit von Nährstoffen. Ebenso ist für Raubtiere die Nahrungsmenge entscheidend: Ihre Populationsdichte hängt von der Zahl der Beutetiere ab. Aber auch das Angebot geeigneter Brutplätze kann dichtebegrenzend wirken. Das trifft z. B. für die in Höhlen brütenden Meisen im Wald zu. Ihre Anzahl lässt sich durch Anbringen von Nistkästen erheblich erhöhen. Da sie als Insektenfresser eine große Rolle bei der Vertilgung von Schadinsekten spielen, haben derartige Maßnahmen wirtschaftliche Bedeutung.

Bei Mäusepopulationen erfolgt eine Regulation durch Räuber (s. 2.3.2). Sind aber keine Räuber vorhanden, so steigt die Population auch nicht beliebig an. Ohne dass ein Gleichgewicht erreicht würde, verändert sich das Verhalten (Aggression, Kannibalismus), weil dichtes Zusammenleben Stress auslöst *(s. Verhalten 5.2)* und so den Hormonhaushalt beeinflusst. Dadurch sinkt die Fruchtbarkeit und es sterben sogar Embryonen ab.

In allen beschriebenen Fällen wird die Populationsgröße durch Faktoren reguliert, die sich mit der Individuendichte ändern (dichteabhängige Faktoren: Nahrungsverfügbarkeit, Räuber, Parasiten, Abb. 81.1). Auch treffen die Individuen häufiger aufeinander; die innerartliche Konkurrenz nimmt zu. Alle dichteabhängigen Faktoren wirken sich über die Anzahl der Nachkommen und die Anzahl der Zugrundegehenden sowie über Zu- und Abwanderung aus. Die jeweilige Größe einer Population wird durch das Zusammenwirken aller dichteabhängigen Umweltfaktoren bestimmt. Die Populationsgröße unterliegt auch Einflüssen, die von der Dichte unabhängig sind (z. B. winterliche Kälte und andere Klimafaktoren, Bodenverhältnisse).

2.3.2 Populationsdynamik: Räuber-Beute-Systeme

Ernährt sich eine Tierart (Räuber) vorwiegend von einer *einzigen* anderen Art (Beute) desselben Lebensraumes und wandern weder Tiere zu noch ab, dann steigt die Anzahl der Räuber, wenn die Anzahl der Beutetiere zunimmt. Je mehr Nahrung, desto mehr Nachkommen können die Räuber aufziehen. Die Anzahl der Beutetiere wirkt sich also positiv auf die Anzahl der Räuber aus. Je länger die Generationsdauer der Räuber ist, desto später tritt diese Wirkung ein. Die Zunah-

Population und Lebensraum 81

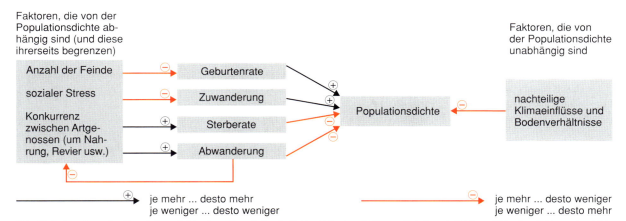

Abb. 81.1: Regelung der Populationsdichte einer Tierart durch dichteabhängige Faktoren (links) und dichteunabhängige Faktoren (rechts). Negative Rückkoppelung ist durch rote Pfeile wiedergegeben (beispielsweise verstärkt eine Erhöhung der Populationsdichte die innerartliche Konkurrenz, diese verringert ihrerseits die Populationsdichte wieder).

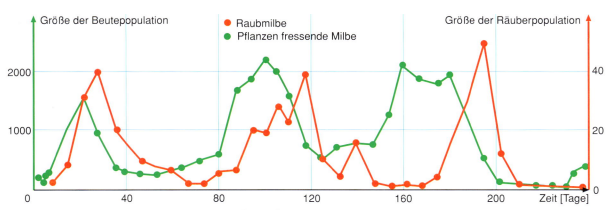

Abb. 81.2: Populationsschwankungen als Ausdruck von Räuber-Beute-Beziehungen zwischen einer Pflanzen fressenden Milbe und einer Raubmilbe. Die Kurven stimmen mit den Berechnungen von LOTKA und VOLTERRA (1. und 2. Gesetz von LOTKA und VOLTERRA) überein.

me der Räuber setzt also einige Zeit nach der Zunahme der Beutetiere ein. Da aber mehr Räuber auch mehr Beutetiere fressen, mindert die Anzahl der Räuber die Anzahl der Beutetiere (negative Rückwirkung). Hierbei beobachtet man eine gewisse Verzögerung (Totzeit) in der Änderung der Individuenzahl. Die Wechselwirkung der Populationsdichten von Beutetier und Räuber kann als Regelkreis beschrieben werden.

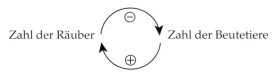

Regelsysteme mit langen Verzögerungen (Totzeiten) können ins Schwingen geraten. Dies zeigt sich in dem Räuber-Beute-System der Abb. 81.2 in wiederkehrenden Schwankungen der Populationsdichte.

Auch in der Natur beobachtet man phasenverschobene Schwingungen der Populationsdichten von Räuber und Beute. Die gegenseitige Abhängigkeit von Tierarten kann so gesetzmäßig sein, daß sie rechnerisch zu erfassen ist. Die Berechnungen der Mathematiker LOTKA und VOLTERRA (LOTKA-VOLTERRA-Gesetze) wurden nicht nur im Experiment, sondern auch in der Natur bei den Populationsschwankungen von Marienkäfern, welche Zitrusschildläuse jagen, sowie von Schlupfwespen und Käferlarven bestätigt.

Wird die Anzahl der Individuen einer Population von Blattläusen (Beute) und einer Population von Marienkäferlarven (Räuber) durch chemische Bekämpfung prozentual gleich reduziert, so erholt sich meist die Beutepopulation rascher als die der Räuber, da die Zahl der Räuber zunächst noch weiter abnimmt. Dies ist eine Folge der phasenverschobenen

Schwingungen der Populationsdichten von Räuber und Beute (so genanntes 3. Gesetz von LOTKA und VOLTERRA).

Allein aus dem Auftreten derartiger Schwingungen darf man jedoch nicht auf einen bestimmenden Einfluss des Räubers auf die Beutepopulation schließen. Dies ergab z. B. die Analyse des Räuber-Beute-Systems Nordluchs – Schneeschuhhase in Kanada; denn dort, wo der Nordluchs ausgerottet ist, beobachtete man weiterhin Schwankungen der Hasenpopulation. Sie wird dichteabhängig durch Stress reguliert, wie für Mäuse in 2.3.1 geschildert. Dadurch entstehen **Populationswellen.** Die Luchspopulation ist ihrerseits von der Zahl der Beutetiere abhängig.

▶ Besonders auffällig sind Populationswellen bei Lemmingen, Hasen, Wühlmäusen, Schnee- und Rebhühnern. Die Senkung der Populationsdichte erfolgt durch Stress-Regulation oder Auswanderung von Populationen. Die *Berglemminge* Skandinaviens vermehren sich nach trockenen Wintern im zeitigen Frühjahr statt erst im Hochsommer. Die starke Zunahme der Population verändert das Verhalten der Tiere. Die sonst einzeln lebenden Lemminge scharen sich zu großen Gruppen und wandern aus.

Wanderheuschrecken leben normalerweise vereinzelt. Unter günstigen Bedingungen können sie sich jedoch so stark vermehren, dass der Nahrungsraum schließlich übervölkert ist. Der enge Kontakt der Tiere untereinander ändert den Hormonhaushalt; es entstehen Tiere, die in Gestalt, Körperfarbe und Verhalten abweichen. Ihre Nachkommen (Schwarmformen) gehen gruppenweise auf Wanderschaft. Durch Zusammenschluss vieler Wandergruppen entstehen Riesenschwärme mit Millionen Tieren. Bei ihren Wanderungen über Tausende von Kilometern hinweg verursachen sie verheerende Fraßschäden an der Vegetation. Man bekämpft daher schon das erste Auftreten kleiner Wandergruppen. ◀

Ernährt sich eine Tierart vorwiegend von mehreren Arten von Beutetieren oder Nahrungspflanzen, dann schwankt die Populationsdichte beim Ausfall der bevorzugten Nahrung nur geringfügig, da ja auf andere Nahrung ausgewichen werden kann. Im Allgemeinen bestehen in der Natur sogar recht vielfältige Abhängigkeitsbeziehungen, und die Vermehrung einer Art wird von vielen anderen Arten begrenzt. Dadurch verschwinden die Schwankungen der Individuenzahl häufig weitgehend. Die gegenseitige Abhängigkeit der Arten voneinander führt zu einem stabilen Zustand, der als *biologisches Gleichgewicht* bezeichnet wird (s. 3.6).

▶ Werden mehrere Arten von einem Räuber gleichermaßen als Nahrung genutzt, so hängt es von den Populationsgrößen der verschiedenen Beutearten ab, welche bevorzugt gefressen wird. Wenn zwischen Beutearten eine partielle Konkurrenz (z. B. um Pflanzennahrung) besteht, wird diese durch den Räuber herabgesetzt. Dies hat zur Folge, dass insgesamt mehr verschiedene Beutearten nebeneinander leben können (s. Abb. 82.1), als ohne Gegenwart des Räubers möglich wäre. ◀

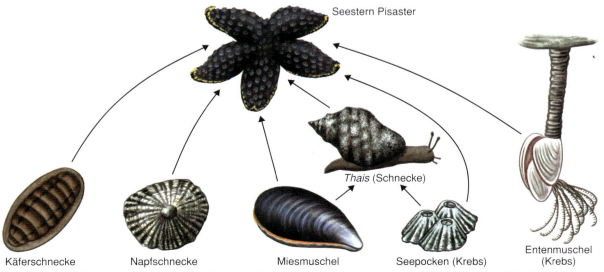

Abb. 82.1: Das Vorhandensein des räuberischen Seesterns *Pisaster* ermöglicht die Koexistenz verschiedener Arten von Weichtieren und Krebsen der Gezeitenzone, da die Konkurrenz zwischen ihnen vermindert wird.

3 Ökosysteme

3.1 Einteilung und Aufbau von Ökosystemen

Die zahlreichen verschiedenen Ökosysteme der Erde lassen sich alle den drei großen Lebensbereichen der Biosphäre – Meer – Süßwasser – Festland – zuordnen; dementsprechend unterscheidet man marine, limnische und terrestrische Ökosysteme. Zu den marinen oder **Meeresökosystemen** gehören jene der Küsten (z. B. Felsküste, Watten, Mangrove im tropischen Wattenmeer), des Flachmeerbereiches, der Riffe, der offenen See und der lichtlosen Tiefsee (s. 3.7.3). Übergänge zu den Landökosystemen bilden z. B. Lagunen, Übergänge zu Süßwassersystemen die Brackwassergebiete. Zu den limnischen oder **Süßwasserökosystemen** zählen solche der stehenden Gewässer (Tümpel, Teiche, Seen) und der Fließgewässer (Quellen, Bäche, Flüsse). Übergänge zu Landökosystemen liegen in Flach- und Hochmooren vor. Die natürlichen, also nicht von Menschen geschaffenen terrestrischen oder **Landökosysteme** werden in die großen Vegetationszonen der Erde eingeordnet (tropische Regenwälder, Savannen, Wüsten und Halbwüsten, Hartlaubeinheiten, immergrüne subtropische Wälder, sommergrüne Laubwälder, boreale Nadelwälder, Steppen, Tundren). In allen diesen Einheiten gibt es in Gebirgen Höhenzonierungen der Ökosysteme (s. Abb. 64.1). Ferner existieren Ökosysteme, die vor allem durch Bodenverhältnisse und lokales Klima bestimmt sind, wie z. B. Sandstrände, Dünen, Felsen, Auen- und Bruchwälder.

In Mitteleuropa hat der Mensch in nahezu alle Ökosysteme eingegriffen, sie verändert und viele neue geschaffen (Tab. 83.1). Bis heute nur unzureichend bekannt sind Ökosysteme, die allein von Mikroorganismen gebildet werden. Sie kommen z. B. in Porenräumen und Klüften von Gesteinen und in Erdöllagerstätten vor. Ökosysteme können sehr unterschiedliche Größen aufweisen; da ihre Grenzen häufig nicht scharf sind, besteht oft auch eine gewisse Willkürlichkeit bei der Abgrenzung.

Selbstregulation. Eine Eigenschaft natürlicher Ökosysteme ist die Fähigkeit zur Selbstregulation. Dadurch kann ein Ökosystem kurzzeitige Belastungen gut abfangen. Ist aber eine bestimmte Belastungsschwelle überschritten, so kann sich der Lebensraum relativ rasch verändern, sodass das Ökosystem in einen anderen Zustand übergeht, in dem wiederum Selbstregulation erfolgt und der daher stabil ist. So erhöht sich in einem Teich bei dauernder Zufuhr von Abwässern die Nährsalzkonzentration infolge der beim Abbau der organischen Stoffe freigesetzten Ionen: Das Wachstum der Algen und Pflanzen wird gefördert und der anfangs *nährstoffarme* (oligotrophe) Teich geht in einen *nährstoffreichen* (eutrophen) Zustand über (Eutrophierung). Dieser unterscheidet sich in seinen Organismenarten und Individuenzahlen vom vorherigen Zustand. Unterbindet man die weitere Abwasserzufuhr völlig, so geht der Teich auch bei Abnahme der Nährstoffe nicht sofort wieder in einen nährstoffarmen Zustand über. Vielmehr nimmt diese Rückkehr mehrere Jahre in Anspruch (Abb. 84.1).

Typus des Ökosystems	Ausmaß der Einflussnahme durch den Menschen	Ausmaß der Selbstregulation	Beispiele
natürliche Ökosysteme	von Menschen nur durch Luftverschmutzung und Tritt beeinflusst	Selbstregulation, systemeigene Nachhaltigkeit*	Hochgebirgsökosysteme
naturnahe Ökosysteme	Beeinflussung gering	fähig zur Selbstregulation	Moore, Zwergstrauchheiden im Gebirge
halbnatürliche Ökosysteme	durch nur geringe und zeitweilige Nutzung entstanden	fähig zur Selbstregulation	Heiden, Magerrasen, Streuwiesen, naturnahe Wälder
Agrar- und Forstökosysteme	bewusst geschaffen	Selbstregulation nicht erwünscht, in Forstökosystemen Nachhaltigkeit durch Eingreifen des Menschen	Äcker, Gärten, Weinberge, Fettwiesen, gepflanzte Forsten
urbane Ökosysteme	weitgehend künstlich	Fremdregulation, keinerlei systemeigene Nachhaltigkeit	Dörfer, Städte, Verkehrswege, Gewerbeflächen

* Nachhaltigkeit ist ein Begriff aus der Forstwirtschaft, der jetzt auch in der Ökologie verwendet wird. Er bezeichnet bleibende Rentabilität bzw. langzeitige Optimierung der Leistung.

Tab. 83.1: Gliederung von Ökosystemen Mitteleuropas entsprechend der Einflussnahme durch den Menschen

Ökologie

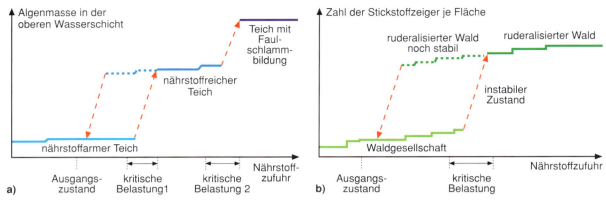

Abb. 84.1: Homöostase und Veränderung von Ökosystemen. **a)** Beispiel eines Teiches, der durch Nährstoffzufuhr belastet wird; **b)** Beispiel eines Waldes, der durch Stickstoffeintrag (aus Luftschadstoffen) belastet wird. Es entsteht ein ruderalisierter Wald mit Brennnessel usw. (s. Text).

Bei sehr hoher Zufuhr organischer Stoffe in den Teich vermehren sich die davon lebenden Bakterien und Pilze so stark, dass durch ihre Atmung das Wasser sauerstoffarm wird. Daraufhin beginnen sich anaerobe Bakterien am Teichboden zu entwickeln und produzieren Schwefelwasserstoff, der bodennahe Organismen abtötet. Dadurch steigt die Menge toten organischen Materials weiter und die Sauerstoffproduktion nimmt noch mehr ab. Je weiter sich die Bakterien schon ausgebreitet haben, umso rascher erfasst der Vorgang noch weitere Bereiche: Der Teich kippt um; es entsteht wiederum ein neues Ökosystem („Faulschlamm-Teich").

In unseren Wäldern erfolgt durch übermäßigen Stickstoffeintrag infolge der Luftverschmutzung ein starkes Wachstum von Stickstoffzeigern (Brennnessel, Stinkender Storchschnabel, Springkraut), die allmählich andere Waldbodenpflanzen verdrängt haben. Verschiedene Waldökosysteme veränderten sich zu ruderalisierten Waldtypen (Abb. 84.1). Auch hier ließe ein Beenden der Stickstoffzufuhr erst nach vielen Jahren die ursprünglichen Systeme wieder entstehen (s. 4.2.7).

Produzenten (Erzeuger) sind in fast allen Ökosystemen (s. auch Einleitung) grüne Pflanzen. Außerdem gehören dazu fotosynthetisch tätige Bakterien (vor allem Cyanobakterien) sowie Prokaryoten, die mit Hilfe von Energie, die sie aus chemischen Reaktionen gewinnen, organische Substanz aufbauen können **(Chemosynthetiker, vgl. Stoffwechsel 2.2).** Von der organischen Substanz, welche die Produzenten erzeugen, leben alle anderen Organismen (s. 3.2). Diese Biomasse der Produzenten (Primärproduktion) misst man als Lebend- bzw. Trockenmasse in Kilogramm. Noch wichtiger ist der Energieinhalt der Biomasse, der den anderen Lebewesen zur Verfügung steht (s. 3.3). Es entsprechen 1 g pflanzlicher Trockenmasse 16,5–21 kJ, 1 g tierischer Trockenmasse 20,5–25 kJ. Ökosysteme ohne Produzenten sind unvollständige Ökosysteme;

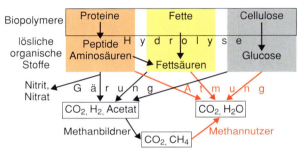

Abb. 84.2: Biologischer Stoffabbau durch Destruenten

sie sind auf die Biomasseproduktion anderer Ökosysteme und den Import angewiesen (z. B. Höhlenökosysteme, Import z. B. mit dem zufließenden Wasser).

Konsumenten (Verbraucher) ernähren sich von lebenden Organismen und bauen deren Körpersubstanz ab. Zu den Konsumenten gehören die meisten Tiere und der Mensch. Die Pflanzenfresser bezeichnet man als *primäre Konsumenten*, die kleineren Fleischfresser als *sekundäre Konsumenten*. Großraubtiere, die kleinere Raubtiere (sekundäre Konsumenten) fressen, sind *tertiäre Konsumenten*. In einem vollständigen Ökosystem können nur so viele Konsumenten existieren, wie dies die Produktion der Produzenten ermöglicht.

Destruenten (Zersetzer) bauen die organische Substanz toter Lebewesen sowie Fraßabfall und Kot der Konsumenten zu einfacheren Stoffen und schließlich zu Wasser, CO_2 und Mineralstoffen ab (Abb. 84.2). Diese anorganischen Stoffe werden wieder zu Bestandteilen der abiotischen Umwelt. Man unterscheidet Abfallfresser (Saprophage) und Mineralisierer. *Abfallfresser* führen nur einen teilweisen Abbau durch; hierher zählen viele Würmer und andere Kleintiere des Bodens. *Mineralisierer* sind Bakterien und Pilze. Destruenten schließen die Stoffkreisläufe (s. 3.4).

Ökosysteme

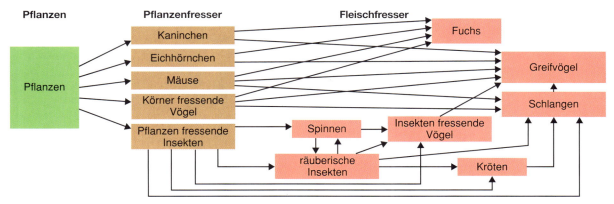

Abb. 85.1: Beispiele von Nahrungsketten in einem Waldrandgebüsch. Mehrere Ketten führen zum gleichen Räuber (Fuchs, Greifvogel, Schlange). Die Querverbindungen zwischen den Nahrungsketten lassen ein Nahrungsnetz entstehen.

3.2 Nahrungsbeziehungen in Ökosystemen

Von der als Nettoprimärproduktion (s. 1.2.1) verbleibenden Biomasse ernähren sich die primären Konsumenten oder die Destruenten. Indirekt ist sie auch die Nahrungsquelle für Konsumenten höherer Ordnung. Die durch Produktion und Konsum von Biomasse miteinander verknüpften Organismen bilden eine Nahrungskette (Tab. 85.2).

Eine Nahrungskette mit fünf Gliedern bilden z. B.: Apfelbaum – Blattlaus – Marienkäfer (Larve) – Mönchsgrasmücke – Elster (Nesträuber).

Von vielen Parasiten abgesehen ernährt sich eine Art in der Regel nicht nur von einer einzigen anderen, sondern von mehreren oder gar vielen Arten, wie man z. B. durch Untersuchung des Mageninhalts oder des Kotes der Tiere ermitteln kann. Dadurch entsteht ein komplexes Netzwerk von Nahrungsketten, ein Nahrungsnetz (Abb. 85.1). In einfachen Fällen ließen sich die Nahrungswege im Netz mit Hilfe radioaktiver Markierung erkennen. Dabei bediente man sich des ^{32}P, der, von Pflanzen aufgenommen, in jedem folgenden Glied der Kette nachweisbar ist. Dadurch können sogar die Mengen der jeweils aufgenommenen Nahrung abgeschätzt werden. So werden wichtige und weniger wichtige Nahrungsbeziehungen erkennbar.

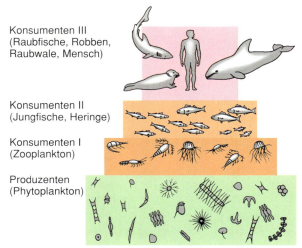

Abb. 85.3: Nahrungspyramide im Meer. Ein Buckelwal frisst je Tag etwa 5000 Heringe. Ein Hering ernährt sich pro Tag teilweise direkt, teilweise über kleinere Fische von etwa 6000 Ruderfußkrebschen. Ein Ruderfußkrebschen verzehrt insgesamt 130 000 Kieselalgen. Ein Buckelwal lebt also je Tag von 400 Milliarden Kieselalgen (den Produzenten).

In der Nahrungskette nimmt das Gewicht des Fressenden nur um etwa $1/10$ der aufgenommenen Nahrungsmenge zu. Mit 10 000 kg Planktonalgen können etwa 1000 kg Planktontiere heranwachsen, und diese liefern den Zuwachs von 100 kg Kleinfischen. Die Kleinfische dienen der Robbe als Nahrung und erhöhen ihre Körpermasse um 10 kg (Abb. 85.3). Der Biomasse-Verlust von einer Nahrungsebene zur nächsten beträgt deshalb rund 90 %. Für diesen Verlust gibt es drei Gründe: 1. Ein großer Teil der Nahrung wird nicht zum Körperaufbau, sondern als Energiequelle verwendet (also veratmet); 2. ein anderer Teil der Nahrung wird als unverdaulich (nicht verwertbar) wieder ausgeschieden,

Nahrungskette	Beispiel	Ernährungsebene
Pflanze ↓ Pflanzenfresser ↓ Fleischfresser	Luzerne ↓ Rind ↓ Mensch	Produzent ↓ Konsument 1. Ordnung ↓ Konsument 2. Ordnung

Tab. 85.2: Verschiedene Ebenen für die Betrachtung von Nahrungsbeziehungen

86 Ökologie

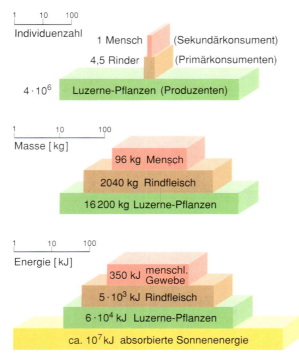

Abb. 86.1: Drei Typen ökologischer Pyramiden in schematischer Darstellung für die Nahrungskette Luzerne-Rind-Mensch. Der Maßstab ist logarithmisch. Oben: Zahlenpyramide; mitte: Pyramide der Biomasse; unten: Energiepyramide

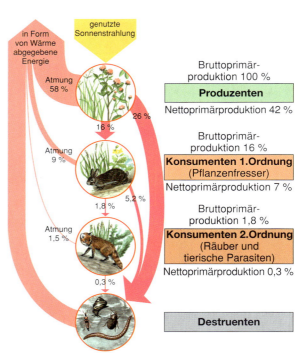

Abb. 86.2: Energiefluss durch eine Biozönose. Von der auf die Pflanze auftreffenden Sonnenenergie wird nur etwa $1/100$ durch die Fotosynthese genützt (Bruttoprimärproduktion). Die durch die Nahrung weitergereichte Energie nimmt von jeder Stufe zur nächsten auf rund $1/10$ ab. Zahlenangaben in Prozent der Bruttoprimärproduktion

Abb. 86.3: Vorgänge bei der Nutzung der Nahrung

und schließlich wird 3. nicht die ganze verfügbare Biomasse einer Stufe von Angehörigen der nächsten Stufe gefressen (Abb. 86.3). Die Nahrungsbeziehungen lassen sich in der Form ökologischer Pyramiden veranschaulichen (Abb. 86.1).

3.3 Energiefluss im Ökosystem

Die im Körper aus der Nahrung aufgebaute organische Substanz enthält weniger Energie als in der Nahrung enthalten war, da nicht alle Nahrungsbestandteile gleichermaßen genutzt werden (Abb. 86.3) und bei jeder Energieumformung unvermeidbar ein gewisser Anteil in nicht nutzbare Wärmeenergie umgewandelt wird. Die Wärme wird an die Umgebung abgegeben. Bei der Weitergabe der Energie in der Nahrungskette nimmt die Energiemenge von einer Stufe zur nächsten auf etwa $1/10$ ab (Abb. 86.2). Bei der Bildung der Biomasse durch Pflanzen wird sogar nur ca. $1/100$ der Strahlungsenergie der Sonne ausgenützt. Eine lange Nahrungskette ist somit mit großen Energieverlusten verbunden (siehe die Energiepyramide in Abb. 86.1). Im Gegensatz zu diesem gerichteten Energie*fluss* werden im Ökosystem die Stoffe in ständigem Kreislauf gehalten (s. 3.4).

Wegen der Abnahme der nutzbaren Energie von einem Glied der Nahrungskette zum nächsten nutzt der Mensch die Primärproduktion bei pflanzlicher Ernährung am günstigsten aus: Nutztiere verbrauchen den größten Teil der aufgewendeten Biomasse selbst. Fleischnahrung ist also energetisch betrachtet aufwendig. Der ärmere Teil der Weltbevölkerung lebt vorwiegend von pflanzlicher Nahrung. Zur Produktion einer Ernährungseinheit Fleisch wird das Vielfache an pflanzlicher Produktion benötigt. Eine ausreichende Fleischversorgung der ganzen Welt erforderte also eine Vervielfachung der landwirtschaftlichen Nutzfläche oder eine entsprechende Ertragssteigerung des Ackerbaus. Beides ist nicht möglich. Bei ausschließlich pflanzlicher Ernährung besteht allerdings die Gefahr, dass der Mensch zu wenig Eiweiß erhält. Diese „Proteinlücke" ist ein Welternährungsproblem. Dazu kommt, dass in vielen pflanzlichen Proteinen bestimmte Aminosäuren, die der menschliche Körper nicht selbst aufbauen kann, nicht in ausreichender Menge enthalten sind (z. B. Lysin, Tryptophan).

3.4 Stoffkreisläufe

Während die Energie von den Organismen im Nahrungsnetz fortlaufend in die nicht mehr nutzbare Form der Wärme übergeführt wird und nur dauernde Energiezufuhr in Form der Sonnenstrahlung das System aufrechterhält, sind die Stoffe in einem fortgesetzten Kreislauf. Die Elemente durchlaufen die Nahrungsnetze in Form von vielerlei Verbindungen und gelangen nach Mineralisierung wieder in den abiotischen Bereich. Von dort werden sie erneut durch pflanzliche Organismen aufgenommen.

Betrachten wir als Beispiel den Kreislauf des Kohlenstoffs (Abb. 87.1). Die Pflanzen nutzen zur Produktion organischer Verbindungen als C-Quelle das Kohlenstoffdioxid der Luft. Die gebildeten organischen Stoffe treten in die Nahrungskette ein. Durch die Atmung der Organismen wird CO_2 direkt wieder der Atmosphäre zugeführt. Ein anderer Teil des Kohlenstoffs erreicht in Form der organischen Verbindungen über die Konsumentenkette schließlich die Destruenten und wird hier durch deren Gärung oder Atmung wieder zu CO_2 umgesetzt. Bei der Bildung von Torf, Kohle, Erdöl und Erdgas wird Kohlenstoff in Form organischer Verbindungen aus dem Kreislauf ausgeschieden und abgelagert. Die in früheren Erdepochen gebildeten Brennstoffe werden heute in großen Mengen der Erdkruste entnommen und dienen der Energieerzeugung. Das dabei entstehende CO_2 gelangt in die Atmosphäre. Es wird von den Pflanzen wieder in organischen Verbindungen fixiert. Allerdings beobachtet man seit Jahrzehnten eine ständige Zunahme des CO_2-Gehaltes der Atmosphäre. Dies wird auf die Dauer eine Er-

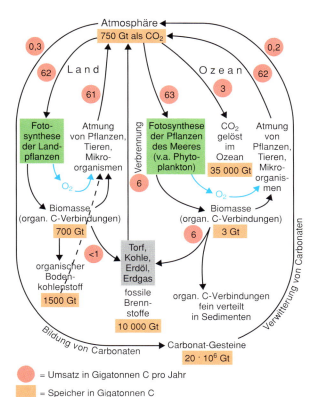

Abb. 87.1: Kohlenstoffkreislauf (schwarze Pfeile) sowie Freisetzung und Bindung von Sauerstoff (blaue Pfeile). Beide sind über Fotosynthese und Atmung miteinander verknüpft. Die Zahlenwerte geben den Umsatz in Gigatonnen (= 10^9 t) C pro Jahr an.

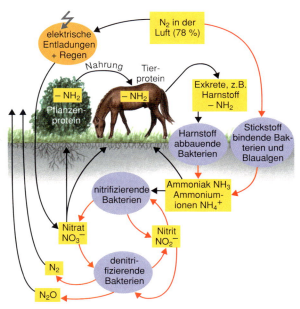

Abb. 87.2: Stickstoffkreislauf. Gelb: Stickstoffverbindungen; farbige Pfeile: bakterielle Prozesse

88 Ökologie

höhung der Durchschnittstemperatur der Atmosphäre und damit Klimaänderungen zur Folge haben *(s. 4.2.8)*. Die Kreisläufe von Kohlenstoff, Sauerstoff und Stickstoff (Abb. 87.2) enthalten gasförmige Stoffe, die sich in der Atmosphäre befinden und auch in den Ozeanen gelöst sind. Diese Vorräte wirken als Puffer, die lokale Störungen großräumig ausgleichen. Beispielsweise wird in den großen Städten dauernd mehr Sauerstoff verbraucht, als von den dort lebenden grünen Pflanzen erzeugt wird, sodass eine ständige Zufuhr von außerhalb stattfindet.

Die Kreisläufe von Phosphor und Metallen (z. B. Mg, Ca, Fe) enthalten keine gasförmigen Verbindungen; daher ist die Atmosphäre an ihnen nicht beteiligt. Solche **Ablagerungskreisläufe** verlaufen ohne Eingreifen des Menschen viel langsamer. Das aus Mineralien durch Verwitterung freigesetzte Phosphat wird an Land von Lebewesen aufgenommen und z. B. in die Erbsubstanz DNA *(Abb. 130.1)* oder in ATP *(Abb. 134.1)* eingebaut. Über die Nahrungskette und die Destruenten gelangt es wieder in den Boden, ein kleiner Kreislauf ist geschlossen. Ein Teil davon erreicht aber laufend die Fließgewässer, wo es auch in einen weiteren Kreislauf über Wasserlebewesen eingehen kann, bevor es in einen großen Binnensee oder ins Meer gelangt. Mit den Fischen, die den Menschen oder auch den Seevögeln (z. B. Kormorane, Pelikane) zur Nahrung dienen, erfolgt die Rückführung relativ großer Phosphatmengen aufs Land. So werden die aus Exkrementen von Vögeln entstandenen Guano-Lagerstätten abgebaut, der Guano wird als phosphat- und nitrathaltiger Dünger verwendet. Ein Teil des Phosphats der Weltmeere wird allerdings in Sedimenten abgelagert und erreicht erst nach Hebung des Meeresbodens zu einem Gebirge im Laufe von Millionen von Jahren wieder die Erdoberfläche und ist erneut der Verwitterung ausgesetzt. Den so entstandenen Lagerstätten entnimmt der Mensch gegenwärtig 100 Millionen Tonnen Phosphat pro Jahr, das er als Dünger auf die Felder bringt oder zur Herstellung von Industrieprodukten verwendet. Der nutzbare Phosphat-Vorrat liegt bei $75 \cdot 10^9$ Tonnen. Zusammen mit lebensnotwendigen Elementen sind auch Stoffe in die Kreisläufe einbezogen, die entweder keine biologische Funktion haben oder sogar schaden können. Werden solche Elemente im Ökosystem angereichert (z. B. Quecksilber, Blei), so gelangen sie auch in größerer Menge in die Organismen und können über die Nahrungskette Vergiftungen hervorrufen. Manche Elemente sind nur in sehr geringer Menge in den Organismen anzutreffen, aber lebensnotwendig. Das völlige Fehlen eines solchen Mikronährstoffelements (z. B. Co, Mo) wirkt sich auf die Produktionsrate in einem Ökosystem genauso aus wie Mangel an einem Makronährstoffelement (s. 1.5).

3.5 Zeitliche Veränderungen von Ökosystemen

3.5.1 Aspektfolge

Beobachtet man eine Wiese im Jahresverlauf, so zeigt diese von Jahreszeit zu Jahreszeit unterschiedliches Aussehen. Im Frühjahr ergrünt sie, dann erscheinen die ersten Blüten. Infolge der verschiedenen Blütezeit der Arten verändert sich die vorherrschende Blütenfarbe. Im Juni erfolgt meist ein Schnitt, danach erscheinen Sommerblüher usw. Man spricht von unterschiedlichen Aspekten (im Beispiel: der Wiese) und nennt solche sich jährlich wiederholenden Veränderungen im Ökosystem Aspektfolge.

3.5.2 Sukzession und Klimax

In einem Lebensraum können sich infolge der Tätigkeit der Organismen Umweltfaktoren bleibend verändern. Dadurch ändert sich häufig auch die Biozönose. Dies lässt sich gut an einem Heuaufguss beobachten, den man aus Heu mit Tümpelwasser herstellt. Solches Wasser enthält Einzeller, Rädertierchen und Kleinkrebse. Zunächst entwickeln sich Bakterien im Aufguss. Ihnen folgen Geißeltierchen, die Bakterien fressen. Etwas später treten Pantoffeltierchen auf. Im Verlauf einiger Tage oder Wochen nimmt dann die Zahl der Grünalgen, Rädertierchen, Kleinkrebse und Amöben stark zu. Man findet aber weiterhin vereinzelte Exemplare der anfangs herrschenden Organismenarten. Schließlich kann sich ein Endzustand einstellen, in dem die gesamte von den Algen erzeugte Nettoprimärproduktion von den heterotrophen Organismen verzehrt wird. Dann befinden sich Organismenarten und Individuenzahlen weitgehend im Gleichgewicht. Man bezeichnet die Aufeinanderfolge verschiedener Organismengruppen als *Sukzession* (lat. successus Aufeinanderfolge) und den Endzustand als *Klimaxgemeinschaft* (oder Zustand der Klimax; gr.: Höhepunkt). Die Klimaxgemeinschaft ist bei gleich bleibenden Umweltbedingungen ziemlich stabil. Ein Beispiel für eine Sukzession in der Natur ist die Wiederbewaldung eines sich selbst überlassenen Kahlschlags (Abb. 89.1). In manchen Fällen kann man die zeitliche Abfolge der Sukzession auch räumlich nebeneinander beobachten, so bei der Verlandung eines Sees (Abb. 89.2). Unter den klimatischen Verhältnissen Mitteleuropas ist der stabile *Endzustand* stets der *Wald*. Nur Hochgebirge, Felskanten, Moore und Meeresstrände sind von Natur aus waldfrei. Heute aber ist in Mitteleuropa nur noch etwa ein Viertel des Bodens waldbedeckt: Dies ist auf die Tätigkeit des Menschen zurückzuführen. Für die Lüneburger Heide und die Wachol-

Ökosysteme

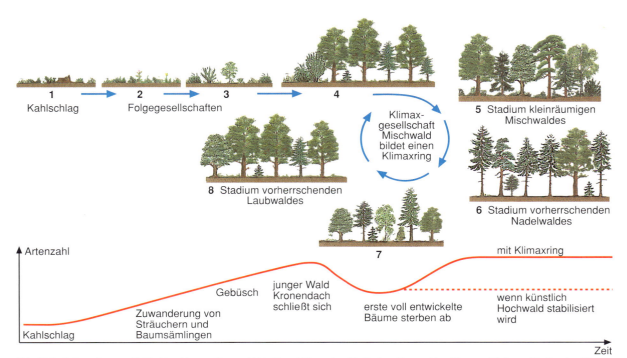

Abb. 89.1: Sukzession vom Kahlschlag bis zum Bergwald (1–4) und Klimaxring (4–8) eines Bergwaldes. Die verschiedenen Stadien des Klimaxringes (4–8) existieren im Naturwald nebeneinander, sodass ein unregelmäßiges Mosaik dieser verschiedenen Bergwaldstadien vorliegt. Unten: Artendiversitäts-Kurve der Sukzession

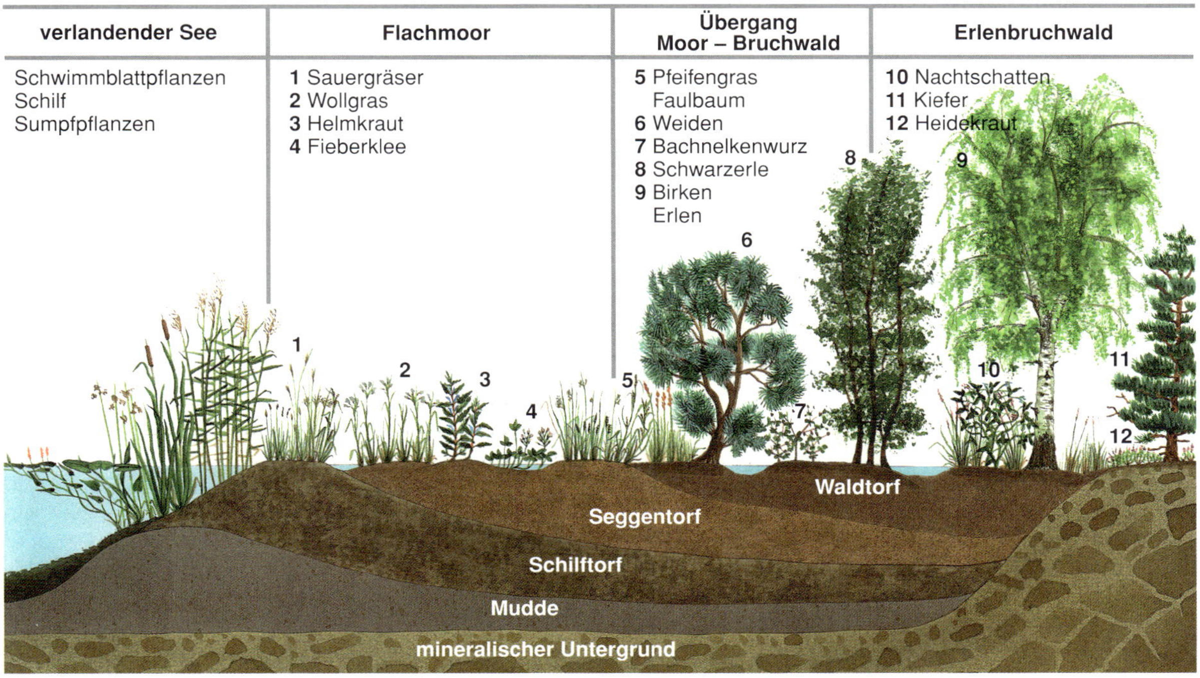

Abb. 89.2: Sukzession der Verlandung eines Sees mit Bildung der Klimax-Gemeinschaft Bruchwald. Angegeben sind einige kennzeichnende Pflanzenarten. Die Verlandungsgeschwindigkeit hängt von der Tiefe des Sees und der Materialzufuhr durch Zuflüsse ab. Auch die Dauer der nachfolgenden Entwicklungsstadien ist sehr unterschiedlich. Mudde: faulschlammhaltige Ablagerung

90 Ökologie

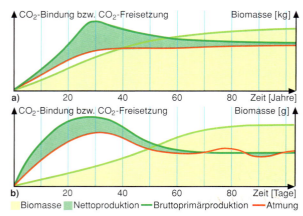

Abb. 90.1: Vergleich der Stoffproduktion im Verlauf der Sukzession zum Wald (100 Jahre) und im Heuaufguss (100 Tage). **a)** Sukzession zum Wald; **b)** Sukzession im Heuaufguss

derheiden der Schwäbischen Alb oder für die steppenartigen Gebiete in Ostösterreich gilt dasselbe. Ohne Einfluss des Menschen würde das Land in verhältnismäßig kurzer Zeit wieder vom Wald erobert werden. Auch von Natur aus kommt es immer wieder zu Abweichungen vom Klimaxzustand (z. B. durch Waldbrände, Sturmschäden, Überflutung), dem sich der gestörte Bereich alsbald durch Sukzession wieder annähert. Selbst das Absterben eines einzigen Baumes setzt auf dem von ihm bisher beschatteten Waldboden eine Sukzession Licht liebender Pflanzen in Gang. Ein großräumiges natürliches Ökosystem ist mosaikartig aufgebaut aus Gebieten im Klimaxzustand und Bereichen, in denen Sukzessionen ablaufen, die sich in verschiedenen Stadien befinden. Man spricht von einem Klimaxring (Abb. 89.1).

3.6 Produktivität und Stabilität von Ökosystemen

Bei Sukzessionen zum Wald und im Heuaufguss beobachtet man eine vergleichbare Entwicklung der Stoffproduktion, obwohl der Klimaxzustand nach ganz unterschiedlichen Zeiten erreicht wird (Abb. 90.1). Zu Beginn nimmt die Stoffproduktion durch Fotosynthese (*Bruttoprimärproduktion* P_B) rasch zu. Auch der Stoffabbau durch *Atmung* (A) von Pflanzen und Tieren weitet sich laufend aus, wenngleich weniger schnell als P_B. Daher ergibt sich ein Produktionsüberschuss (*Nettoproduktion* $P_N = P_B - A$), der die Biomasse rasch anwachsen lässt. Er wird mit der Zeit von den heterotrophen Organismen allerdings immer besser genutzt, bis schließlich im Klimaxstadium der gesamte Stoffabbau praktisch so groß ist wie die Stoffproduktion durch

Fotosynthese. Dann nimmt auch die Biomasse nicht mehr zu; es wird ein Zustand des *dynamischen Gleichgewichts* erreicht.

Nutzt der Mensch ein Ökosystem, so entnimmt er einen Teil der Nettoprimärproduktion als Nahrungs- oder Energiequelle. Häufig wird die Biozönose auf nur einen Produzenten (z. B. Weizen, Kartoffel) beschränkt, und nicht nutzbare Produzenten („Unkräuter") sowie Konsumenten („Schädlinge") werden möglichst ausgeschaltet. Wie man aus Abb. 90.1 erkennt, werden die höchsten Nettoproduktionsraten und somit Erträge in frühen Stadien der Sukzession erzielt. Äcker werden vor der Aussaat umgepflügt; so liegt jeweils ein Anfangsstadium der Sukzession vor. Im Gegensatz zu späten Sukzessionsstadien sind die Anfangsstadien gegenüber Umweltveränderungen (z. B. längere Trockenheit) besonders anfällig.

Um in der Kulturlandschaft großräumig eine gewisse Stabilität zu erreichen, ist es erforderlich klimaxnahe Ökosysteme zu bewahren, wenn deren wirtschaftlicher Ertrag auch verhältnismäßig gering ist oder ganz entfällt. Aus dem *Dilemma zwischen Ökonomie und Ökologie* kann nur ein Kompromiss herausführen. Für diesen gibt es zwei Möglichkeiten:

a) Auf der ganzen Anbaufläche wird ein Ausgleich zwischen Ertragshöhe und ökologischer Qualität des Lebensraums geschaffen (ökologischer Landbau).
b) Die vorhandene Fläche wird in hoch produktive und erhaltende Bereiche aufgeteilt. Die Letzteren sind bei uns die Naturschutzgebiete (s. 4.3.2). Um aber ein Ökosystem mit seinem großräumigen Klimaxring zu erhalten, müsste das zu schützende Gebiet so groß sein, dass es auch viele kleine Bereiche mit den verschiedenen Stadien umfasst. Nur so könnte die vollständige Artenvielfalt geschützt werden.

▶ Während die **Stabilität** früher Sukzessionsstadien geringer ist als die des Klimaxzustandes, gibt es bis heute kein Verfahren, die Stabilität der Klimax verschiedener Ökosysteme zu vergleichen. Stabilität kann ganz unterschiedliche Ursachen haben (hoher Widerstand gegen Störungen, gute Wiederherstellung des Ausgangszustands nach Störung, gut funktionierender Klimaxring). Oft wird die Artenvielfalt als ein Maß der Stabilität eines Ökosystems angesehen, da mit ihr die Komplexität der ökologischen Beziehungen zunimmt (Nahrungsnetze, Konkurrenzbeziehungen und Symbiosen werden komplexer) und daher Störungen vielfach leichter ausgeglichen werden. Wenn aber zahlreiche Arten enge ökologische Nischen aufweisen, so kann der Ausfall von vergleichsweise wenigen zu einer Schädigung des Ökosystems führen, es breiten sich wenige Arten mit weiten Nischen als „Ersatz" aus. ◀

Diversität. Die Artenvielfalt in einem Ökosystem nennt man dessen Artendiversität. Jedoch gibt es auch eine Diversität innerhalb der Populationen jeder Art (Unterarten, Rassen, kleine erbliche Unterschiede der Individuen) und eine Diversität, die auf dem kleinräumigen Wechsel in Ökosystemen beruht. Angaben zur „Biodiversität" bedürfen daher stets einer Erläuterung.

Produktionsökologie in der Landwirtschaft. Ein instabiles Nutz-Ökosystem (z.B. Acker) benötigt zu seiner Erhaltung die Zufuhr von Stoffen (durch Düngung) und von Energie. Letztere ist erforderlich für die Herstellung und das Ausbringen von Dünger, Unkraut- und Schädlingsbekämpfungsmitteln sowie für Herstellung und Betreiben der Maschinen zur Bodenbearbeitung, zum Bewässern oder Entwässern. Energie wird auch benötigt für die landwirtschaftliche Forschung und Züchtung. Mit steigendem Hektarertrag durch den Anbau ertragreicher, aber empfindlicher Hochzuchtsorten wird das Verhältnis von Düngeraufwand zu Ernteertrag immer ungünstiger (Abb. 97.1). In der hoch entwickelten Landwirtschaft ist der Energieaufwand oftmals größer als der Energiegehalt der Ernteproduktion.

Auch bei der Nutztierhaltung sind produktionsökologische Betrachtungen von Bedeutung. Steht eine bestimmte Menge pflanzlicher Nahrung zur Verfügung, so wird bei Haltung von Kleinvieh in kürzerer Zeit eine bestimmte Biomasse (Nutzfleisch) erzeugt als bei der Haltung von Großvieh. Kleinere Tiere benötigen relativ mehr Energie und somit Nahrung als größere. Denn wegen ihres rascheren Wachstums und weil bei ihnen die Körperoberfläche bezogen auf die Körpermasse größer und daher ihr Wärmeverlust je kg höher ist, haben kleinere Tiere einen höheren Grundumsatz.

3.7 Beispiele für Ökosysteme

3.7.1 Ökosysteme mitteleuropäischer Laubwälder

Fast überall in Mitteleuropa wären Laubmischwälder die Klimaxvegetation. Die heute vorhandenen Wälder sind fast ausnahmslos Kulturwälder (Forsten), dennoch findet man zumindest in den Laubmischwäldern verschiedene relativ naturnahe Ökosysteme. Welches Waldökosystem sich entwickeln kann, hängt von Klimaxfaktoren und den Bodenverhältnissen (Abb. 92.2) ab.

Der Pflanzenbestand des Hochwaldes ist aus Schichten aufgebaut. In der Baumschicht bilden die Kronen der Bäume ein Blätterdach. Zur Strauchschicht zählt

Abb. 91.1: Naturgemäßer Mischwald: Baum-, Strauch- und Krautschicht. Baumschicht: Eichen (noch nicht belaubt), Hainbuchen, eingepflanzte Fichten; Strauchschicht: Jungwuchs von Buchen, Hainbuchen und Fichten; Krautschicht: Buschwindröschen, Sternmiere, Gräser

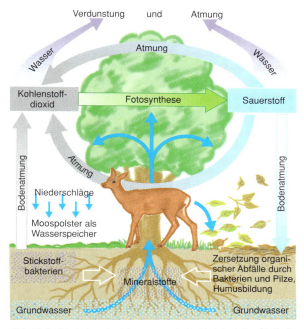

Abb. 91.2: Die Lebensbeziehungen und der Kreislauf der Stoffe im Wald. Mit dem Kreislauf von Kohlenstoff und Sauerstoff ist auch der des Wassers verknüpft.

92 Ökologie

der Nachwuchs der Bäume. Darunter folgt die Krautschicht mit den krautigen Waldpflanzen. Eine dem Boden unmittelbar auflagernde Moosschicht fehlt, weil Moose eine Überdeckung durch den herbstlichen Laubfall nicht ertragen. Moose findet man daher nur auf Baumstümpfen und auf Steinen. Auch einjährige Pflanzen fehlen fast ganz. Der Boden, den sich die Wurzeln der verschiedenen Schichten ebenfalls stockwerkartig teilen, führt außerdem die Pilzschicht.

Der Stockwerksbau entspricht den Lichtbedürfnissen und der Lichtversorgung (s. Abb. 91.1). Die Baumschicht empfängt das Sonnenlicht unmittelbar, die anderen Schichten erhalten nur das vom Laubwerk durchgelassene Licht. Schatten ertragende Arten geben sich auch mit einem lichtarmen Platz zufrieden. Schattenbedürftige Pflanzen wie der Sauerklee gehen im vollen Sonnenlicht zugrunde. Die Frühblüher des Waldes (z.B. Scharbockskraut, Buschwindröschen) nutzen die kurze Zeit vor der Belaubung für ihre Entwicklung aus, da nach der Laubentfaltung nur noch eine geringe Lichtmenge den Boden erreicht. Reservestoffe in Knollen, Zwiebeln oder Wurzelstöcken ermöglichen, dass sie im folgenden Jahr rasch wachsen und Blätter ausbilden.

Das Maximum der pflanzlichen Stoffproduktion verschiebt sich im Laubwald während des Jahres in Abhängigkeit von den Lichtverhältnissen. Es liegt im Frühjahr in der Krautschicht, im Sommer in der Strauch- und Baumschicht. Nur durch diese periodische Verlagerung der Stoffproduktion wird die Existenz so vieler Pflanzenarten ermöglicht, von denen wiederum eine reiche Fauna abhängig ist (s. Abb. 91.2). So gibt es im Waldboden zahlreiche Kleintiere, Amöben, Rädertierchen, Fadenwürmer, Milben, Spinnen, Insekten (Tab. 92.1). Insektenlarven und Schnecken nehmen durch Ernährung, Verdauung und Atmung an der Zerkleinerung und Umsetzung der organischen Stoffe teil. Regenwürmer, aber auch Mäuse oder Wildschweine, lagern die Stoffe durch ihr Wühlen und Graben um und mischen sie bis in tiefere Schichten. Dieses Bodenleben lockert und durchlüftet den Boden und schafft damit günstige Verhältnisse für die Wurzeln der höheren Pflanzen.

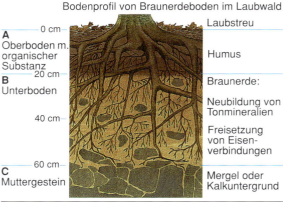

Abb. 92.2: Bodenprofile. Wurzeln durchziehen vor allem den Ober- und Unterboden, nur wenige dringen in den zum Teil zerklüfteten Gesteinsuntergrund ein. Der Oberboden enthält Humus; dieser besteht aus teilweise abgebauten Resten von pflanzlicher und tierischer Substanz, die von Pilzen und Bakterien weiter abgebaut werden. Dabei entstehende Mineralstoffe werden von den Wurzeln aufgenommen. Die Verwitterung setzt Eisen- und Manganverbindungen aus dem Gesteinsuntergrund frei; ihre Oxidation färbt den Boden braun. Bleicherde entsteht durch Auslaugung von Eisen- und Aluminiumverbindungen. Diese werden oft in einer Anreicherungsschicht wieder abgelagert und können diese zu „Ortstein" verfestigen. (Laub- und Nadelwald sind nicht an die hier angegebenen Böden gebunden!)

Organismen	Zahl
Einzeller (Urtierchen und Algen)	1 000 000 000
Räder- und Bärtierchen	500
Fadenwürmer	30 000
Springschwänze	1000
Milben	2000
Spinnen, Krebse, Tausendfüßler	100
Borstenwürmer	50
Regenwürmer	2

Tab. 92.1: Durchschnittliche Zahl von Bodenorganismen in Wald- und Wiesenböden Mitteleuropas pro Liter

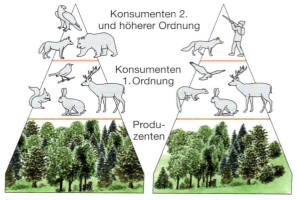

Abb. 92.3: Die Nahrungspyramide im mitteleuropäischen Wald. Links: Naturzustand; rechts: Kulturwald

Zwischen den Pflanzen und Tieren des Waldes bestehen auch Beziehungen, die beiden Teilen Vorteile bringen. Viele krautige Arten, die vor der Belaubung der Baumkronen blühen, locken mit auffallenden Farben Insekten zur Bestäubung an. Samen nahrhafter Früchte werden von Tieren oft unverdaut ausgeschieden.

Auch innerhalb der Tierwelt des Waldes herrschen Konkurrenz- und Abhängigkeitsbeziehungen. Raubinsekten, wie z. B. Ameisen, vernichten andere Insekten und verhindern so Massenvermehrungen schädlicher Insekten. Schlupfwespen legen ihre Eier in die Larven anderer Insekten und töten diese dadurch. Am stärksten wird die Insektenwelt von den Singvögeln und den Spinnen in Schranken gehalten; Greifvögel, Eulen und Raubsäuger wie Marder und Dachs ernähren sich wiederum von Vögeln und von den Kleinsäugern des Waldes. Die Großraubtiere des Waldes hat der Mensch in Mitteleuropa ausgerottet, daher muss deren ökologische Funktion durch die Jagd übernommen werden (Abb. 92.3).

3.7.2 Ökosysteme im See

Ein See weist mehrere Lebensräume auf. Man unterscheidet eine Zone *freien Wassers* (Pelagial) vom *Seeboden* (Benthal). Die *Uferzone* (Litoral) des Seebodens ist der Bereich, in dem das Licht bis zum Grund reicht, sodass der Boden von grünen Pflanzen bewachsen ist. Der randliche Schilfgürtel beherbergt eine charakteristische Tierwelt (s. Abb. 93.1) und die Nistplätze verschiedener Wasservögel. In etwas tieferem Wasser folgt die Zone der Pflanzen mit Schwimmblättern; dort findet man Teichhühner und eine Vielzahl von Insekten. In der Zone der untergetauchten Wasserpflanzen leben Armleuchteralgen, einige Fadenalgen und das Brachsenkraut. Im freien Wasser treffen wir vor allem Wasserflöhe, Hüpferlinge, Wassermilben, Rädertierchen, Fische und Fischbrut verschiedenen Alters sowie Planktonalgen. Im ganzen Litoralbereich sind Libellenlarven, Eintagsfliegen und andere Wasserinsekten, Flohkrebse, Wasserasseln, Schlammschnecke und Posthornschnecke, Süßwasserpolyp und Süßwasserschwamm zu finden.

In größeren Seen liegt im Sommer eine warme *Deckschicht* (Epilimnion) über einer kalten *Tiefenschicht* (Hypolimnion). Beide sind durch die wenige Meter mächtige *Sprungschicht* (Metalimnion) getrennt (s. Abb. 94.1). In ihr sinken Sauerstoffgehalt und Temperatur sprunghaft ab. Das Wasser der Deckschicht wird ständig durchmischt durch vom Wind verursachte Wellen und durch Absinken von Oberflächenwasser, das sich in der Nacht abkühlt. Aus diesem Grund hat das Wasser der Deckschicht eine ziemlich einheitliche Temperatur. In der Tiefenschicht beträgt die Temperatur nur wenig über 4 °C. Dort hat das Wasser seine größte Dichte. Zu merklichen Zirkulationen kommt es im Sommer also nur in der Deckschicht, mit der Tiefenschicht wird kaum Wasser ausgetauscht *(Sommerstagnation)*. Im Herbst kühlt sich das Wasser der Deckschicht ab. Wird es kälter als das Tiefenwasser, sinkt es nach unten und das etwas wärmere (also leichtere) Tiefenwasser steigt an die Oberfläche. Mit dem Tiefenwasser gelangen die durch Zersetzung des abgesunkenen organischen Materials frei gewordenen Mineralstoffe nach oben. Diese *Herbstzirkulation* durchmischt das Wasser des ganzen Sees und endet erst, wenn das gesamte Wasser im See eine Temperatur von etwas unter 4 °C erreicht hat. Unterhalb 4 °C ist das Wasser wieder leichter, sodass sich im Winter über einer Tiefenwasserschicht von 4 °C eine kältere Deckschicht bildet, die von Eis bedeckt ist *(Winterstagnation)*. Im Frühjahr tritt eine erneute Umwälzung *(Frühjahrszirkulation)* ein. Mit ansteigenden Temperaturen wird das Oberflächenwasser zunächst wieder schwerer und

Abb. 93.1: Gürtelung des Pflanzenwuchses in einem See (schematisch)

Ökologie

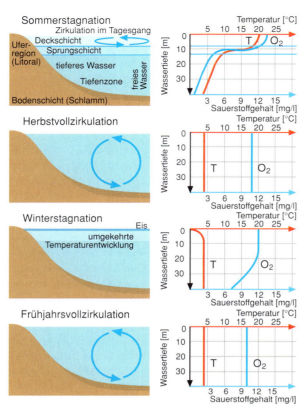

Abb. 94.1: Jahresgang von Temperatur- und Sauerstoffgehalt in einem tiefen Süßwassersee und die Vertikalbewegungen des Wassers

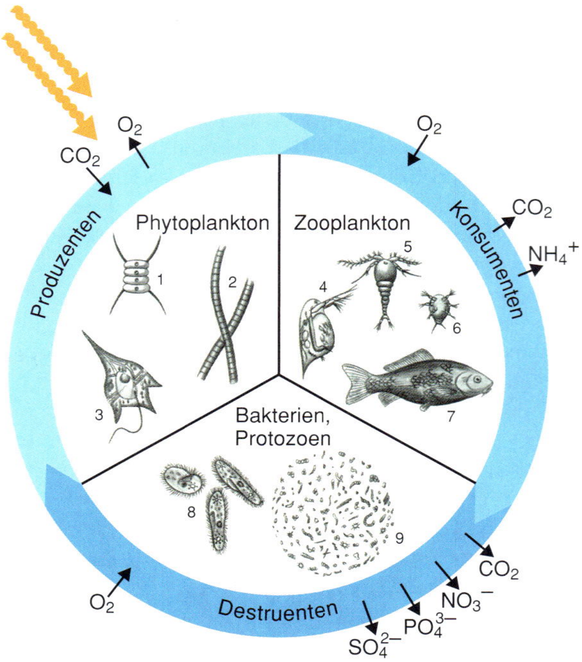

Abb. 94.2: Lebensbeziehungen und Stoffkreislauf im Wasser.
1 Grünalgenkolonie *Scenedesmus*, Vergrößerung 250fach; **2** fadenförmige Blaualgen, 250fach; **3** Geißelalge *Ceratium*, 75fach; **4** Wasserfloh, 13fach; **5** Hüpferling, 13fach; **6** *Nauplius* (Larve des Hüpferlings), 13fach; **7** Karpfen, 1/16fach; **8** Wimpertierchen, 90fach; **9** Bakterien 500fach und organische Abfälle *(Detritus)*:
Die von den Destruenten und Konsumenten freigesetzten Ionen stehen den Produzenten zum Aufbau der Biomasse zur Verfügung.

sinkt ab. Das Absinken hört wieder auf, wenn die Temperatur des Oberflächenwassers 4 °C überschreitet. Heftige Wellenbewegungen durch den Wind übernehmen die weitere Durchmischung.

Im Sommer ist die Deckschicht des Sees die am stärksten besiedelte Zone. Hier lebt die Hauptmasse des *Planktons*, das sind die im Wasser schwebenden Algen und Kleintiere. Da die Lichtintensität mit der Wassertiefe abnimmt, sind die Produzenten (s. Abb. 94.2) nahezu ausschließlich auf die Deckschicht beschränkt. Deren Sauerstoffgehalt ist relativ hoch. Die Tiefenschicht ist von der Atmosphäre abgeschlossen, Sauerstoff erzeugende Organismen fehlen darin. Die dort lebenden Konsumenten und Destruenten zehren von der durch die Frühjahrszirkulation zugeführten Sauerstoffreserve. Ihre eigene Nahrung finden sie in den aus der Deckschicht ständig nach unten sinkenden toten Pflanzen und Tieren *(Detritus)*. Je nach Tiefe des Sees erreichen diese den Boden in mehr oder weniger abgebautem Zustand. Deshalb unterscheidet sich die Lebensgemeinschaft der *Bodenzone (Benthos)* von tiefen und flachen Seen sehr stark. In tiefen Seen ist das Nahrungsangebot am Boden gering, die Besiedlungsdichte und die Sauerstoffzehrung ebenfalls. In flacheren Seen dagegen setzt sich die Fäulnis der abgestorbenen Organismen am Grunde fort. Hohe Besiedlungsdichte mit starkem Sauerstoffschwund ist die Folge. Bei eutrophen Seen fehlt der Sauerstoff am Grunde sogar völlig (erkennbar an der Faulschlammbildung).

▶ 3.7.3 Ökosysteme im Meer

Das Meer bedeckt rund 71 % der Erdoberfläche. Es ist in eine große Zahl unterschiedlicher Ökosysteme gegliedert; daher ist die Tierwelt des Meeres artenreicher als die des Süßwassers. Einige Tierstämme sind ganz auf das Meer beschränkt (z. B. Stachelhäuter). Infolge der größeren Ausdehnung des Meeres bestehen zwischen den einzelnen Lebensräumen zum Teil sich sehr weit auswirkende Nahrungsbeziehungen. Über die verschiedenen Lebensräume unterrichtet die Abb. 95.1. Der Meeresboden wird vom fotosynthetisch wirksamen Licht in klarem Wasser bis zu einer Tiefe von etwa 200 m erreicht; häufig fällt diese Grenze mit der Untergrenze des Kontinentalsockels (Schelf) zusammen.

Die für die Stoffproduktion im Meer ausschlaggebende durchlichtete Zone gliedert sich in die kontinentnahen Flachseebereiche und das Gebiet des offenen Ozeans (Hochsee). Obwohl die Flachsee nur 10 % der gesamten Meeresfläche umfasst, enthält sie etwa 50 % der Biomasse des Meeres. Die Produzenten werden von den einmündenden Flüssen mit Nährstoffen versorgt. In den Ozeanen außerhalb der Tropenzone entstehen im Spätwinter und Frühjahr Auf- und Abwärtsströmungen mit Temperaturausgleich ähnlich den Umschichtungen in einem See. Dabei werden aus den Tiefzonen Mineralsalze in die obere Wasserschicht geführt; sie stammen aus dem bakteriellen Abbau der in die Tiefe sinkenden organischen Substanz. Dadurch entsteht ein Frühjahrsmaximum beim Phytoplankton, dem ein Maximum beim Zooplankton (Kleinkrebse, Larven) folgt. Das Zooplankton dient seinerseits den größeren Tieren als Hauptnahrung. In tropischen Ozeanen fehlt die Umschichtung des Wassers. Trotz günstiger Lichtverhältnisse gibt es daher keine Massenentfaltung von Plankton, das Wasser ist klar und blau. Nur dort, wo kalte, nährstoffreiche Meeresströmungen in die Tropen vorstoßen (Westränder der Südkontinente), gibt es reiches Planktonleben. Diese Meeresströmungen sind gleichzeitig die für die menschliche Ernährung so wichtigen Fischfanggründe.

Tiefsee. Absinkende tote Organismen *(Detritus)* sind meist die einzige primäre Nahrungsquelle für die Tiefseeorganismen. Hier gibt es daher i. d. R. nur unvollständige (abhängige) Ökosysteme. In der Dämmerungszone findet man zahlreiche Tiere, die noch extrem schwaches Licht wahrnehmen können. Fische und Tintenfische haben riesige Augen; viele der Tiere haben Leuchtorgane. Über die meisten Arten ist bisher wenig bekannt; mit modernen Tauchgeräten werden fortlaufend neue entdeckt. In der dunklen Tiefsee herrscht in der Regel Nahrungsmangel und daher eine geringe Individuenzahl. Die Lichtsinnesorgane der Organismen sind zurückgebildet.

Erstaunlicherweise gibt es in der völlig lichtlosen Tiefsee auch vollständige Ökosysteme. Man findet sie in der Umgebung heißer Schwefelquellen im Bereich untermeerischer Vulkane. Produzenten sind hier Schwefelbakterien, die Schwefelwasserstoff oxidieren und mit der so gewonnenen Energie Kohlenstoffdioxid zu Biomasse umsetzen. Diese Schwefelbakterien leben teils frei, teils in Symbiose mit Tiefsee-Röhrenwürmern. Auch Weichtiere, Krebse und Fische gehören zu diesem erst 1977 entdeckten Typus von Ökosystemen.

Litoralzone. Die Ökosysteme der Litoralzone sind der Beobachtung gut zugänglich. Im Strandbereich liegt ein Streifen, der infolge des regelmäßigen Gezeitenwechsels periodisch trockenfällt (Eulitoral); auch herrscht häufig Brandung. Die hier lebenden Organismen müssen daher mechanische Beanspruchung aushalten können. An der Felsküste treten derbe Grün- und Braunalgen (z. B. Blasentang) sowie Seepocken, Napfschnecken und dickschalige Muscheln auf. Im Bereich flacher Sandstrände findet man in der Spritzwasserzone Blaualgen, in der Gezeitenzone die Gesellschaften des *Wattenmeeres.* Der Wattboden besteht aus Schlick, der etwa 10 % organische Substanz enthält, oder aus Schill (hoher Gehalt an Schalentrümmern), Sand und Kies. Das ablaufende Wasser sammelt sich in Prielen, die auch bei Niedrigwasser nie ganz trockenfallen. Die meisten Tiere des Watts leben im Boden (viele Würmer, z. B. der Sandwurm *Arenicola,* Salzkäfer, Schlickkrebs). Die Wattbewohner bieten Nahrung für eine artenreiche Vogelwelt (Möwen, Austernfischer, Strandläufer). In den Prielen gibt es Miesmuschelbänke, in denen auch Polypen und Seeanemonen vorkommen. Daneben findet man See- und Schlangensterne, Seeigel, Krabben, Seepocken, Einsiedlerkrebse und Bohrmuscheln. Auf festem, schlickfreiem Boden können sich Austernbänke entwickeln.

Besonders artenreiche Ökosysteme des Litorals der warmen Meere sind die *Korallenriffe.* Produzenten sind hier Planktonorganismen und in den Korallentieren lebende symbiontische Algen, deren Tätigkeit den Korallen auch den Aufbau des Kalkskeletts ermöglicht.

Viele Bereiche des Meeres werden vom Menschen durch Fischerei in zu starkem Maße genutzt; dementsprechend sind die Erträge vielerorts erheblich gesunken. Bei starker Entnahme von Biomasse aus einem Klimax-Ökosystem ist dies zu erwarten (s. Abb. 90.1).

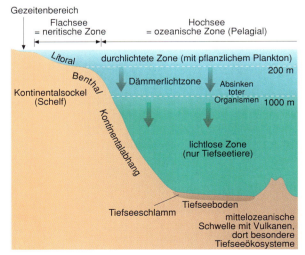

Abb. 95.1: Lebensräume im Ozean

4 Nutzung und Belastung der Natur durch den Menschen

4.1 Entwicklung der Nutzung in der Menschheitsgeschichte

Der Mensch war während seiner Evolution zunächst lange Zeit als Konsument in natürliche Ökosysteme eingebettet. Als Jäger und Sammler entnahm er den Ökosystemen die für ihn erforderliche Nahrung (aneignende Wirtschaftsweise). Vor knapp 10 000 Jahren begann er an einigen Orten der Erde mit Ackerbau und Viehzucht. Durch diese „neolithische Revolution" entstanden neue, vom Menschen gestaltete Ökosysteme. Die menschliche Ernährung wurde auf eine neue Grundlage gestellt: Aus einer gegebenen Fläche konnten viel mehr Individuen ernährt werden. Da somit nicht mehr alle Menschen mit der Gewinnung von Nahrung beschäftigt waren, wurde Arbeitsteilung möglich. Eine Folge davon war die Entwicklung von Städten. Durch die Schaffung von Kulturland und der Städte wurden ökologische Beziehungen mehr und mehr gelöst. So werden in den Nutzökosystemen Produzenten und Konsumenten nach Möglichkeit getrennt; der Mensch als Hauptkonsument lebt in Siedlungen, die als unvollständige Ökosysteme für sich gar nicht existenzfähig sind. Schon heute leben weltweit mehr Menschen in Städten als außerhalb.

Der vorgeschichtliche Mensch hat vor über 500 000 Jahren begonnen das Feuer zu nutzen. Bis ins 18. Jahrhundert blieb das mit Biomasse (Holz) betriebene Feuer die wichtigste Energiequelle. Der Beginn der Nutzung fossiler Brennstoffe (Kohle) fiel etwa mit der Erfindung von Wärmekraftmaschinen zusammen. Diese erlaubten es, Kohle rationell zu gewinnen, und trugen zum weiteren Anwachsen der Bevölkerung bei.

4.2 Heutige Nutzung der Umwelt und deren Folgen

Heute nutzen die Industriestaaten mit 20% der Weltbevölkerung über 75% der für technische Zwecke verfügbaren Energie und verursachen dabei erhebliche Umweltbelastungen. Über ein weltweites Verkehrsnetz werden mit großem Energieaufwand riesige Rohstoffmengen und Waren transportiert. Die Art der Gewinnung von Rohstoffen in Drittweltländern schädigt zum Teil die Umwelt stark. Auch die Zunahme der Verstädterung erhöht die Umweltbelastung, ist aber angesichts des starken Bevölkerungsanstiegs ökologisch sinnvoll: Andernfalls könnten überhaupt keine naturnahen Gebiete erhalten werden. Sie ist auch wirtschaftlich zweckmäßig, um das Verkehrsaufkommen und damit die für den Verkehr erforderliche Energie nicht zu stark ansteigen zu lassen. Die Stadtbevölkerung der Industrieländer nutzt aber die naturnähere („ländliche") Umgebung in wachsendem Maß als Erholungsraum, wodurch die Belastung dort zunimmt.

In der Landwirtschaft Europas wurde der Anbau zunehmend intensiviert und rationalisiert. So ernährte in Deutschland ein Landwirt 1950 etwa zehn Menschen, 1995 waren es 82. Diese Steigerung wurde durch große, gut zu bearbeitende Monokulturen erreicht. Gerade Feldränder und parallele Ackergrenzen dienen der Wirtschaftlichkeit der Produktion. Den Rationalisierungsmaßnahmen fielen im Rahmen der Flurbereinigung vielerorts Hecken, Raine, Feldgehölze, Böschungen und Anbauterrassen zum Opfer (Abb. 96.1). Bäche wurden begradigt, Flüsse reguliert. Das Ausmaß der Veränderung der Landschaft war dabei stark vom Relief und Gesteinsuntergrund abhängig. Durch die Rationalisierungsmaßnahmen ging nicht nur der Zusammenhang von Biotopen verloren, die Feldflur wurde

Abb. 96.1: Ausgeräumte Landschaft zur Verbesserung der maschinellen Bearbeitung. Der Wind trocknet den Boden aus und verweht den Humus, Niederschläge führen zu verstärkter Bodenabtragung.

Abb. 96.2: Landschaft als Mosaik aus Monokulturen und dazwischen liegenden naturnahen Biotopen mit artenreichen Lebensgemeinschaften (z. B. schlingenreicher Bachlauf mit Ufergebüsch, Hecken, Feuchtwiesen, Waldränder)

Nutzung und Belastung der Natur durch den Menschen

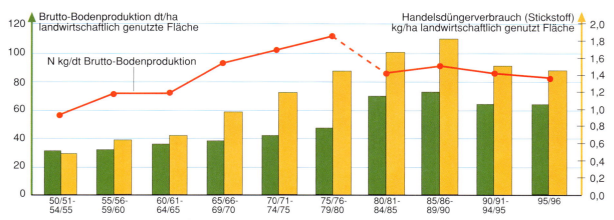

Abb. 97.1: Verbrauch an Handelsdünger (Stickstoff) in der Landwirtschaft (gelb) im Verhältnis zu den erzielten Ernteerträgen von Getreide (grün). Das Verhältnis beider ist in der roten Kurve wiedergegeben. Für die Bruttoproduktion von Getreide wird seit 1981 ein veränderter Umrechnungsschlüssel verwendet; daraus ergibt sich der Knick in der Kurve. Infolge einer Verringerung der N-Düngung (Grundwasserschutz) sind die Erträge geringfügig zurückgegangen.

auch stärker der Erosion ausgesetzt. Die Terrassen (z. B. in den Weinbaugebieten) hatten das Hanggefälle und damit das Abschwemmen von Boden verringert, die Schutzhecken den abgespülten Boden aufgefangen und die Wirkung des Windes vermindert. Ebene, weiträumig gleichartig bewirtschaftete und vor dem Wachstum der Feldfrucht bloßliegende Ackerflächen sind ungeschützt dem Bodenabtrag durch Wasser und Wind ausgeliefert. Dabei wird gerade die wertvolle oberste Bodenschicht (s. Abb. 92.2), der humushaltige, belebte Mutterboden, weggeführt; die Folge ist eine Ertragsminderung.

Mittlerweile gibt es regionale Programme zur Deintensivierung der Überschuss produzierenden Landwirtschaft (Flächenstilllegungen) und bei größeren Baumaßnahmen in der Landschaft wird die Umweltverträglichkeit geprüft und ökologischer Ausgleich durch Schaffung von Ersatzlebensräumen gefordert. Allerdings kann man zerstörte Biotope, die oft Endglieder einer Sukzession sind, nicht innerhalb von Jahrzehnten oder gar Jahren wiederherstellen.

4.2.1 Pflanzenproduktion; Schädlingsbekämpfung

Etwa die Hälfte der Fläche Deutschlands wird landwirtschaftlich genutzt. Auf den Nutzflächen will der Mensch nur Produzenten einer einzigen Art gedeihen lassen (*Monokultur,* s. 3.6). Nicht menschliche Konsumenten werden als Konkurrenten so weit wie möglich ausgeschaltet, ebenso konkurrierende Produzenten, die den Nutzpflanzenertrag verringern („Unkräuter"). Dies führt allerdings zu Problemen, denn in artenarmen Biozönosen neigen die Populationen zu Populationswellen. Auf den massenhaften Anbau von Nutzpflanzen folgt oft die massenhafte Vermehrung von Organismen, die sich von diesen ernähren. Sie werden dadurch zu Schädlingen. Die Intensität der Bodenbewirtschaftung ist infolge der modernen Anbauverfahren vielerorts sehr hoch. Hochzuchtsorten der Nutzpflanzen erfordern hohe Düngergaben und den Einsatz von Pflanzenschutzmitteln (Abb. 97.1). Überschüssige Düngemittel gelangen ins Grundwasser (s. 4.2.6) und können so Trinkwasservorräte verseuchen. Die Nitratgehalte mancher Trinkwasserfassungen sind heute bereits so hoch, dass eine teure Reinigung stattfinden muss. In Gegenden, in denen infolge Massenhaltung von Masttieren die Böden durch die anfallenden Exkremente überlastet werden, kommt es zur Freisetzung von Ammoniak (s. 4.2.7). Die **Schädlingsbekämpfung** in Monokulturen erfolgt mit Hilfe chemischer und biologischer Verfahren. *Chemische Schädlingsbekämpfung* arbeitet mit Pestiziden. Dazu gehören *Insektizide* (gegen Insekten), *Nematizide* (gegen Fadenwürmer), *Fungizide* (gegen Pilze) und *Herbizide* (gegen Unkräuter). Alle diese Stoffe wirken nicht artspezifisch. Der Einsatz von Herbiziden trägt zum Rückgang von Wildpflanzen bei. Beim Insektizideinsatz werden in der Regel nützliche Raubinsekten stärker dezimiert als die Schadinsekten (s. 2.3.2). Generell verringern Pestizide häufig die Artenzahl weiter, sodass die Wahrscheinlichkeit von Populationswellen steigt und folglich weiterer Pestizideinsatz erforderlich ist. Die meisten Pflanzenschutzmittel werden im Boden rasch abgebaut, wobei Mikroorganismen eine wichtige Rolle spielen. Einige aber sind schwer abbaubar und mittlerweile im Grundwasser nachzuweisen. Manche Abbauprodukte werden fest an Bodenteilchen gebunden. Das Risiko dieser Rückstände ist schwierig abzuschätzen.

98 Ökologie

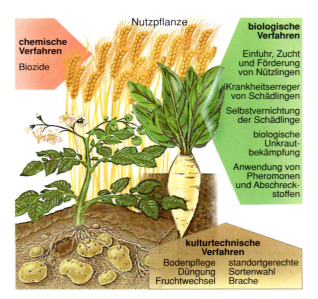

Abb. 98.1: Wichtige Mittel und Methoden des integrierten Pflanzenschutzes

▶ Weil die Biomasse von einem Glied der Nahrungskette zum nächsten ständig abnimmt, reichern sich diejenigen Schadstoffe in der Nahrungskette an, die vom Organismus nicht zersetzt oder ausgeschieden werden können. Dazu gehörten z. B. das früher verwendete DDT und das Quecksilber. Im Endglied der Nahrungskette – das ist oft der Mensch – erreichen solche Schadstoffe ihre höchste Konzentration. ◀

Biologische Schädlingsbekämpfung macht von Erkenntnissen der Ökologie Gebrauch:
– Schutz oder Vermehrung natürlicher Feinde der Schädlingen, z. B. durch Anpflanzen von Hecken als Lebensraum für maus- und insektenfressende Säuger und Vögel, durch Aussetzen von Raubinsekten, Schlupfwespen, Raupenfliegen oder gezüchteten Parasiten. Als Beispiel sei die Bekämpfung der San-José-Schildlaus genannt. Sie wurde aus Kalifornien eingeschleppt und ist heute ein gefürchteter Schädling in allen gemäßigten Zonen der Erde, da die von ihr befallenen Kernobst- und Steinobstbäume absterben können. Bekämpft wird sie durch eine 0,8 mm große Zehrwespe (Schlupfwespe); diese legt ein Ei unter den Schild der Laus und die sich daraus entwickelnde Larve frisst sie auf. Auf Kürbissen oder Melonen vermehrte Schildläuse ermöglichen die Zucht der nützlichen Zehrwespe.
– Verbreitung von Krankheitserregern der Schädlinge (Viren, Bakterien, Pilze, Protozoen). Zur Bekämpfung der Kaninchenplage in Australien verwendete man das *Myxomatose*-Virus, das bei Kaninchen eine tödlich verlaufende Krankheit erzeugt und durch stechende Insekten übertragen wird. Das europäische Kaninchen war 1788 mit den ersten Siedlern nach Australien gekommen, hatte sich dort mangels natürlicher Feinde massenhaft ausgebreitet und verursachte durch Auffressen der Feldkulturen verheerende Schäden. Man züchtete deshalb auf Hühnerembryonen das *Myxomatose*-Virus und ließ es durch künstlich infizierte Kaninchen in die Wildpopulation einschleppen. Die Bekämpfung 1950 und 1952 war mit 90 % Sterblichkeit ein durchschlagender Erfolg. Durch überlebende, gegen das Virus immune Kaninchen erholten sich die Kaninchenbestände zwar wieder, aber nach Erreichen einer gewissen Populationsdichte breitete sich die Seuche erneut aus. Man beobachtete nämlich in den Folgegenerationen der Kaninchen eine abnehmende Virusimmunität. Andererseits nahm aber auch die *Virulenz* (krank machende Aktivität der Viren) ab, und so ist die Population erneut angewachsen. Seit 1995 wurde deshalb ein neues Virus auf seine Ungefährlichkeit (z. B. für alle Beuteltiere) geprüft und ab Herbst 1996 eingesetzt. Gegen Maikäfer-Engerlinge und Larven des Kartoffelkäfers hat man die Sporen gezüchteter parasitischer Pilze ausgesprüht. Die infizierten Larven wurden vom Pilz durchwuchert und gingen zugrunde. *Bacillus thuringiensis* wird z. B. gegen Raupen des Kohlweißlings, der Gespinstmotte und des Eichenwicklers eingesetzt. Der Giftstoff von *Bacillus thuringiensis* ist für Bienen ungefährlich. Er kann nach Übertragung des ihm zugrunde liegenden Gens durch die Gentechnik *(s. Genetik 5.3)* auch von Pflanzen selbst gebildet werden. Diese werden dadurch gegen Pflanzen fressende Insekten resistent.
– Aussetzen großer Mengen gezüchteter Insektenmännchen, die zuvor durch Bestrahlung sterilisiert wurden. Jedes von einem sterilen Männchen begattete Weibchen legt unbefruchtete, also nicht entwicklungsfähige Eier ab. Dadurch wird die Population drastisch vermindert. So verfährt man z. B. gegen die Schraubenwurmfliege, deren Made im südlichen Nordamerika unter der Haut der Rinder schmarotzt.
– Einsatz von Lock- oder Abwehrstoffen bei Insekten. Besondere Duftdrüsen der Weibchen erzeugen artspezifische Signalduftstoffe (Pheromone). Schon in Nanogramm-Mengen locken diese die Männchen aus größeren Entfernungen an. Man kann nun reusenartige Insektenfallen mit den Duftstoffen bestimmter Schädlinge beködern und so die Männchen aus weitem Umkreis anlocken und fangen. Die Schädlingspopulation geht daraufhin stark zurück. Auf diese Weise werden z. B. Borkenkäfer bekämpft. Abschreckstoffe für Insekten (die man chemisch herstellt) werden z. B. in der Autolackiererei verwendet, um Schäden durch festklebende Insekten zu verhindern.

Nutzung und Belastung der Natur durch den Menschen

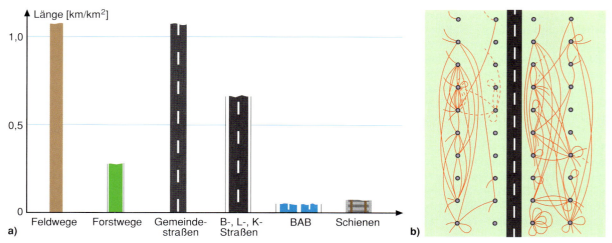

Abb. 99.1: a) Durchschnittliche Länge des Straßen- und Wegenetzes (nur asphaltierte Strecken) in Deutschland, angegeben in km Länge je km² Fläche; **b)** Isolationswirkung einer Straße in einem Wald auf die Populationen von zwei Mäusearten. Kreise: Fallenstandorte. Kurven: zwischen Erstfang und Wiederfang von markierten Tieren zurückgelegte Strecke. Offene Kurvenenden: Erst- oder Wiederfang außerhalb des Bildausschnitts

Integrierte Schädlingsbekämpfung (Abb. 98.1) ist eine Verknüpfung verschiedener Verfahren mit dem Ziel den Einsatz chemischer Mittel möglichst gering zu halten. Sie arbeitet mit einer Kombination von biologischer Bekämpfung, von Pflegemaßnahmen (Bodenbedeckung, Baumschnitt) zur Verbesserung der Widerstandsfähigkeit und von Züchtung (Anbau schädlingsresistenter Sorten). Chemische Bekämpfung wird erst eingesetzt, wenn der zu erwartende Schaden eine bestimmte wirtschaftliche Schadensschwelle übersteigt. Heute wird ferner durch Anbaumaßnahmen versucht, die Ernteverluste gering zu halten. Dieser *integrierte Pflanzenbau* verzichtet auf Höchsterträge und kann durch Extensivierung (Verringerung der Nutzung) des Anbaus, Einrichtung von Schutzzonen (Hecken, Feldraine) und Nutzungsunterbrechung (Brache) die Voraussetzungen für die biologische Schädlingsbekämpfung erheblich verbessern.

4.2.2 Nutzung und Belastung der Umwelt als Lebensraum des Menschen

Eingriffe in die Landschaft wie z. B. beim Straßenbau, bei der Regulierung von Wasserläufen, bei der Flurbereinigung oder bei der Bebauung zerschneiden den Verbund der Lebensräume vieler Tier- und Pflanzenarten. Zugleich werden Teile der Biotope ganz vernichtet, sodass ursprüngliche Lebensräume heute auf kleine Reste geschrumpft sind. So gab es in Niedersachsen und in Schleswig-Holstein noch vor 100–200 Jahren 5000 ha große Moore, die heute infolge von Torfabbau, Entwässerung und Urbarmachung eine Fläche von nur 10–30 ha besitzen. Die etwa 10 000 schutzwürdigen Biotope Schleswig-Holsteins sind durchschnittlich 5 ha groß. Diese Flecken sind in einer Landschaft zerstreut, die von 5000 km versiegelter Straßen durchzogen ist: Das Vernetzungssystem menschlicher Siedlungen zerschneidet den ursprünglichen Verbund von Biotopen und trägt mit dazu bei, dass Organismenarten aussterben (Abb. 99.1). Es ist unbekannt, wie viele Organismenarten ein Ökosystem verlieren kann, ohne sich tiefgreifend zu verändern. Ebenso weiß man von den meisten Arten nicht, welche Mindestfläche zur Erhaltung der Population erforderlich ist. Jedes Aussterben einer Art bedeutet jedoch eine nicht wieder gutzumachende Gefährdung ihres Ökosystems, denn dessen Stabilität nimmt dadurch ab. Die Auslöschung nur einer einzigen Pflanzenart kann eine Vielzahl weiterer Arten gefährden. So leben von der Ackerdistel, deren Bestand durch Herbizide dezimiert wird, etwa 100 Insektenarten. Von ihr ernähren sich auch Rebhuhn, Wachtel, Distelfink und indirekt Insekten fressende Vögel.

Die Verunreinigung des Wassers hat die Fischbestände stark dezimiert und wertvolle Speisefische stellenweise ganz ausgerottet. Wild, Igel und Vögel fallen dem Straßenverkehr zum Opfer. In Mitteleuropa sind in ihrer Existenz bedroht: 50% aller Säugetierarten, 35% der Vogelarten, 60% der Lurch- und Kriechtierarten, 30% der Fischarten, 30% der Großschmetterlingsarten sowie fast 30% der Arten von Blütenpflanzen und Farnen. Die Sorge um den Artentod war der Anlass für die Aufstellung von *Roten Listen;* sie geben einen Überblick über den Grad der Gefährdung unserer Pflanzen- und Tierarten und sie sind die Grundlage für Maßnahmen zum Schutz der gefährdeten Arten, der heute vor allem ein Schutz ihrer Biotope sein muss.

▶ Viele Arten auf Inseln im Meer sind besonders bedroht. Aufgrund ihrer Isolation haben sie oft keine große Konkurrenzfähigkeit entwickelt. So besaß z. B. die Hawaii-Inselgruppe ursprünglich 98 Vogelarten, die nur dort vorkamen. Nach der menschlichen Besiedlung sind fast 50 davon ausgestorben. Seit dem Eintreffen der Europäer ab 1778 sind weitere 17 Arten verschwunden und viele weitere selten geworden. ◀

Waldraubbau. Von Natur aus wären zwischen 50 % und 60 % der Landoberfläche der Erde von Wäldern und waldähnlicher Vegetation bedeckt. Infolge der menschlichen Eingriffe ist es heute nur noch knapp ein Drittel. Von dieser Waldfläche sind nur 15 % künstlich angelegter Wirtschaftswald, alles Übrige ist Naturwald, der aber größtenteils durch Entnahme von Bäumen genutzt wird. Große Naturwaldgebiete sind vor allem die tropisch-subtropischen Wälder sowie die Nadelwälder der nordischen Gebiete, die in Sibirien als Taiga bezeichnet werden. Derzeit erfolgt weltweit eine starke Abnahme der Waldflächen infolge Raubbaus tropischer Wälder und nordischer Nadelwälder. Außerdem werden vielfach Wälder durch Holzplantagen ersetzt. Von der Fläche des tropischen Waldes verschwinden derzeit jährlich zwischen 0,8 % und 2 %; in jeder Minute sind dies mehr als 10 ha! Hält diese Entwicklung an, so werden die Tropenwälder bis zum Jahr 2030 bis auf kleine Reste verschwunden sein. Sie bedecken heute noch knapp 7 % der Erdoberfläche, darin leben aber fast die Hälfte aller Pflanzen- und Tierarten! Ursachen des Raubbaus sind die Bevölkerungsexplosion, die größere landwirtschaftliche Nutzflächen erfordert, wobei die Landwirtschaft vielfach im Wanderfeldbau mit Brandrodung betrieben wird, sowie die übermäßige Entnahme wertvoller Hölzer, die vor allem für den Export in die Industriestaaten bestimmt sind.

4.2.3 Einführung fremder Pflanzen- und Tierarten

Der Mensch hat teils absichtlich, teils versehentlich Tausende von Arten in Gebiete verschleppt, in denen sie von Natur aus nicht vorkommen. In vielen Fällen war dies problemlos. Dies gilt z. B. für Amerikanische Roteiche, Douglasie und Damwild, die bei uns angesiedelt wurden. Einige dieser Neubürger aber vermehren sich stark und verdrängen heimische Arten, weil sie diesen infolge starker Überlappung der ökologischen Nischen heftige Konkurrenz machen. So können Arten sogar völlig ausgerottet werden. Diese Gefahr ist besonders groß auf Inseln, auf denen Pflanzen und Tiere ohne große Konkurrenzfähigkeit vorkommen (s. 4.2.2). Die als Zierpflanze aus Nordamerika eingeführte Goldrute hat sich an Weg- und Waldrändern ausgebreitet und verdrängt heimische Pflanzenarten. Der aus dem Kaukasus-Gebiet eingeschleppte Riesen-

Wert der Vielfalt

Artenvielfalt ist in mehrfacher Hinsicht ein Wert. Zunächst haben Naturprodukte einen unmittelbaren Nutzwert (z. B. Preis für Holz, Fische, Heilpflanzen usw.). Ferner ist zu überlegen, wie viel bezahlt werden müsste, wenn man die Lebewesen oder die daraus gewonnenen Naturprodukte nicht mehr der Natur entnehmen könnte. Daraus ergibt sich ein potentieller Nutzwert, der bei Arzneipflanzen und neuen Nutzpflanzen sehr hoch sein kann. Naturnahe Ökosysteme haben auch einen mittelbaren Wert (Erosionsschutz durch die Pflanzendecke, Einfluss aufs Klima, Produktivität eines Ökosystems als Basis zahlreicher Nahrungsketten).

Schließlich hat die biologische Vielfalt einen ethischen Wert. Mit dem Aussterben einer Art geht ein in seiner Eigenart einmaliger Organismus unwiederbringlich verloren. Das Existenzrecht der Arten beruht auf ihrem vom Menschen und seinen Bedürfnissen unabhängigen Eigenwert. Aus den genannten Gründen ist der Mensch den künftigen Generationen gegenüber verpflichtet, Umweltschäden so gering wie möglich zu halten. Diese Forderung hat schon vor über 2000 Jahren Cicero erhoben: „Certe verum est etiam iis, qui aliquando futuri sint, esse propter eos ipsos consulendum."*

---

* Es ist sicher wahr, dass wir auch für die (Menschen), die zukünftig leben werden, um ihrer selbst willen Sorge tragen müssen.

Abb. 100.1: Mungo. Körperlänge 50 cm (ohne Schwanz)

Nutzung und Belastung der Natur durch den Menschen

Abb. 101.1: Natürlicher Zustand eines Fließgewässers **(a)** und begradigter Lauf **(b)**. Im natürlichen Zustand schützt und festigt Gebüsch die Ufer, beim begradigten Lauf gehen die Uferbiotope verloren und Uferbefestigungen sind erforderlich.

bärenklau wächst als Pflanze stickstoffreicher Standorte an Wegrändern. Sein Zellsaft bildet bei Gegenwart von Sonnenlicht einen Stoff, der gefährliche Allergien auslösen kann. Die Pflanze sollte daher nicht berührt werden.

Auch die Einführung eines zusätzlichen Räubers in eine Lebensgemeinschaft kann das biologische Gleichgewicht empfindlich stören. Ein Beispiel dafür ist das Aussetzen des *Mungo* (Abb. 100.1), eines in Ostindien heimischen Raubtieres von Mardergröße, auf Jamaika. Er sollte die von Schiffen eingeschleppten Ratten vertilgen, weil sie an Zuckerrohrpflanzungen großen Schaden anrichteten. Die 1872 eingeführten Tiere vermehrten sich stark und verminderten die Zahl der Ratten. Mit deren Abnahme ging der Mungo aber dazu über, auch andere Tiere zu fressen: Vögel, Eidechsen, Schlangen und Lurche. Durch das Vertilgen von Insektenfeinden nahmen Schadinsekten verheerend zu und 1890 war der Schaden durch den Mungo schon viel größer als sein Nutzen. Daher wurde die Verfolgung freigegeben, woraus sich allmählich ein neuer, aber veränderter Gleichgewichtszustand einstellte.

4.2.4 Flussregulierung und Bachbegradigung

Da der Wildlauf des Rheins in der Oberrheinischen Tiefebene bis ins vorige Jahrhundert immer wieder schwere Überschwemmungen verursachte, begann man 1817 mit der Rheinkorrektion. Zwar erzielte man die beabsichtigte Vertiefung der Flusssohle, und die Hochwasser blieben aus; im Laufe der Zeit aber sank der Grundwasserspiegel bis zu sieben Metern ab, sodass große Teile der Rheinauenwälder abstarben. Schließlich kam es sogar zur Versteppung von Ackerland. Zusätzliche Schäden durch weitere Grundwassersenkung entstanden mit dem Ausbau des Rheinseitenkanals; man versucht sie durch den Bau von Staustufen zu beheben oder wenigstens zu verringern. Ähnliche Folgen zeigte die Regulierung der Donau im Wiener Becken.

Trotz dieser warnenden Beispiele werden bis heute kleinere Flüsse begradigt, um verhältnismäßig kleine Flächen, wie etwa die Wiesen der Talauen, hochwasserfrei zu machen und sie dann als Bauland vor allem zur Industrieansiedlung nutzen zu können. Abgesehen von der Vernichtung wertvoller naturnaher Uferbiotope (s. Abb. 101.1) hat diese Maßnahme einen rascheren Abfluss des Niederschlags zur Folge, der im Unterlauf zu erhöhter Hochwassergefahr führt. Daher macht die Begradigung nach einiger Zeit den Bau von zahlreichen Rückhaltebecken im Ober- und Mittellauf erforderlich. Um die Hochwasserspitzen an Mittel- und Niederrhein zu verringern, sollen im Oberrheintal potentielle Überschwemmungsflächen ausgewiesen werden. Dadurch entstehen neue Probleme; dort vorhandene Naturschutzgebiete der Rheinaue werden zum Teil beeinträchtigt. Bei Bächen erfolgen heute mit erheblichem Aufwand Rückbaumaßnahmen, durch die ein natürlicher Bachlauf nachahmend wiederhergestellt wird.

4.2.5 Flächenverbrauch

Seit 1981 wurden in Deutschland jährlich im Durchschnitt 44 000 ha Landschaft mit Wohnhäusern, Industrieanlagen und Gewerbebetrieben bebaut bzw. für die Neuanlage oder Verbreiterung von Verkehrswegen genutzt (s. Abb. 102.1). Das entspricht einem Landschaftsverbrauch von 216 Fußballfeldern pro Arbeitstag. Dieser geht zu Lasten landwirtschaftlicher Nutzflächen ebenso wie von naturnahen Biotopen wie Heide, Moor und Ödland.

102 Ökologie

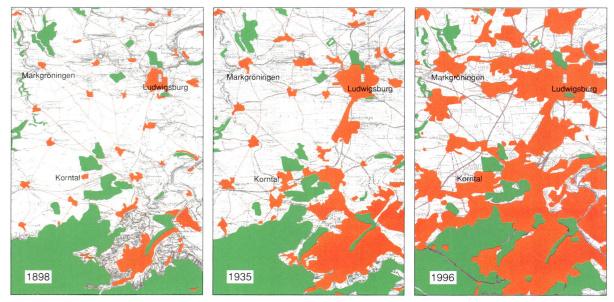

Abb. 102.1: Zunahme des Siedlungsraumes und der Verkehrsflächen im Norden von Stuttgart seit Beginn des 20. Jahrhunderts. Siedlungs- und Verkehrsflächen rot, Wald grün.

Mit der Versiegelung des Bodens nimmt die Belastung der angrenzenden Areale zu. So können Schadstoffe aus Kraftfahrzeugen (z. B. Kohlenstoffmonoxid, Stickstoffoxide, Ölreste, Reifenabrieb) noch in einer Entfernung von 100 m vom Straßenrand den Boden merklich belasten. Auch beeinflusst die relativ starke Erwärmung der dunklen Teerstraßen bei Sonneneinstrahlung das Kleinklima am Boden bis auf eine Entfernung von 40 m. Die Belastung der Straßenrandzonen steigt mit der Dichte des Verkehrs (zur Zerschneidung der Biotope durch eine zunehmende Zahl von Verkehrswegen s. 4.2.2).

4.2.6 Nutzung und Belastung des Wassers

Der Mensch nutzt weltweit mehr als die Hälfte des verwendbaren Oberflächenabflusses und Grundwassers. Durch den Bau weiterer Staudämme ließe sich die Nutzung im Verlauf von 30 Jahren um 10 % erhöhen; auch ist eine Mehrfachnutzung von Wasser möglich.
Wie alle Ökosysteme besitzen Gewässer die Fähigkeit zur Aufrechterhaltung eines stabilen Zustandes (s. 3.1) bei Belastung. Diese „biologische Selbstreinigung" bei Zufuhr organischer Stoffe erfolgt durch Destruenten (Bakterien, Protozoen, Würmer, einige Insektenlarven), die sich in belasteten Gewässern stark vermehren (Abb. 103.2). Beim Abbau organischer Stoffe verbrauchen die Destruenten viel Sauerstoff. Als *biochemischen Sauerstoffbedarf* (BSB) bezeichnet man die Menge an Sauerstoff, die dafür bei 20 °C im Dunkeln je Zeiteinheit erforderlich ist. Häufig wird der Verbrauch im Verlauf von fünf Tagen ermittelt (BSB$_5$-Wert). Die Bestimmung erfolgt im Dunkeln, da am Licht fotosynthetisch tätige Einzeller Sauerstoff bilden würden. Heute sind viele Flüsse und Seen durch Fremdstoffe verschiedener Art verschmutzt (Abb. 103.1). Von Lebewesen stammende Substanzen können durch Mikroorganismen relativ rasch abgebaut werden. Nur langsam abbaubare Verunreinigungen (viele Chemikalien) stammen aus Haushalten und der Industrie. Nicht abbaubar sind Schwermetalle; daher wird deren Übergang in Flusswasser so weit wie möglich verringert. Von hoher Beständigkeit sind auch viele chlorierte Kohlenwasserstoffe (Lösungsmittel; Verwendung bei der Kunststoffherstellung), die nur mit aufwendigen Aktivkohlefiltern beseitigt werden können. Durch Auswaschung von Mineraldünger gelangen Teile von diesem in die Gewässer (s. 4.2.1) und begünstigen Wachstum und Vermehrung von Phytoplankton und anderen Wasserpflanzen. Aus dem ursprünglich nährstoffarmen (oligotrophen) Gewässer wird ein nährstoffreiches (eutrophes) (Abb. 84.1). Die Massenvermehrung der Algen äußert sich oft in einer starken Grünfärbung und Trübung des Wassers, der so genannten Wasserblüte. Eutrophierend wirkende Phosphate gelangen durch Waschmittel sowie durch menschliche und tierische Ausscheidungen in die Gewässer. Die in der Land- und Forstwirtschaft verwendeten Pestizide gelangen ebenfalls in die Gewässer, wirken giftig und erreichen über die Nahrungskette

Nutzung und Belastung der Natur durch den Menschen

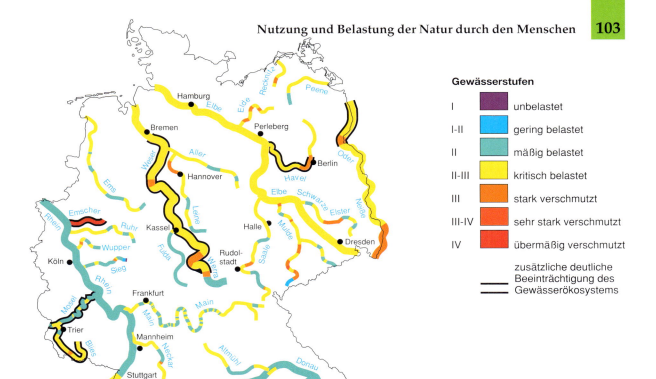

Abb. 103.1: Auszug aus der Gewässergütekarte von Deutschland 1995. Nicht erfasst werden die Ablagerungen schwermetallhaltiger Schlämme in den Flüssen.

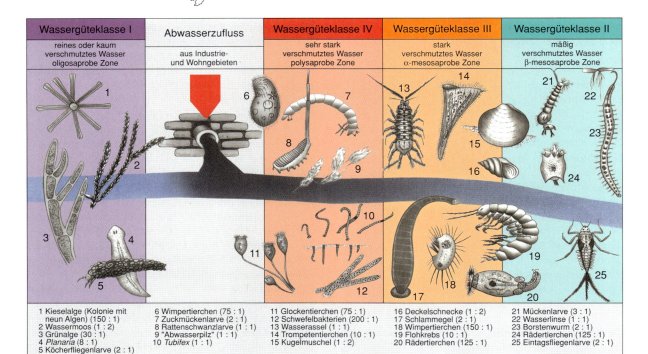

Abb. 103.2: Auswirkungen der Einleitung von Abwasser in ein Fließgewässer. Die Verschmutzung nimmt durch Abbauvorgänge (Selbstreinigung) und Verdünnung allmählich ab. Verschieden stark verschmutzte Zonen enthalten kennzeichnende Organismenarten (Saprobien). Sie lassen den Grad der Verschmutzung und damit die Wassergüte erkennen (biologische Wasseranalyse).

auch den Menschen (s. Abb. 111.1). Um die Eutrophierung von Seen zu vermindern, werden Ringabwasserleitungen gebaut. Diese sammeln das geklärte Abwasser und leiten es in den Fluss, der aus dem See abfließt.

Eine Belastung der Gewässer ist auch die Einleitung von erwärmtem Kühlwasser aus den Kraftwerken. Warmes Wasser nimmt weniger Sauerstoff auf; zudem beschleunigt es die Vermehrung der Bakterien vor allem in den Sommermonaten so stark, dass der noch vorhandene Sauerstoff zu schnell verbraucht wird.

▶ **Kläranlagen.** Durch die Tätigkeit des Menschen gelangen zahlreiche Fremd- und Schadstoffe ins Abwasser. Daher muss es durch Kläranlagen gereinigt werden. Diese ahmen auf kleinem Raum natürliche Reinigungsprozesse nach, wobei Destruenten genutzt werden.
Nach einer mechanischen Vorreinigung lässt man die Schwebstoffe absetzen. Der gebildete Schlamm wird dann anaerob durch Methanbildner (gehören zu den *Archaea)* weitgehend abgebaut. Das gebildete Methan findet als „Biogas" Verwendung. Dem so vorgeklärten Abwasser wird Sauerstoff zugeführt und damit der aerobe Abbau in Gang gesetzt. Sauerstoff verbrauchende Mikroorganismen reichern sich an (Belebungsverfahren). Dabei entstehen Flocken aus Bakterien, Protozoen und Schmutzstoffen (Belebtschlamm). Diese werden im Nachklärbecken abgeschieden und ebenfalls dem anaeroben Abbau zugeführt. In der Regel wird noch eine chemische Reinigungsstufe nachgeschaltet, um Phosphat und, soweit möglich, andere Ionen zu entfernen. Das geklärte Abwasser wird schließlich in den Vorfluter (Bach, Fluss) geleitet.
Häufig enthält der Abwasserschlamm bedenkliche Mengen an Cadmium, Blei, Quecksilber oder anderen Giften. Daher ist Klärschlamm als Dünger meist nicht verwendbar. Die Gifte schädigen auch die Mikroorganismen der Kläranlage und setzen dadurch die Reinigungswirkung herab.
Ergänzende Verfahren zur Beseitigung von Schadstoffen sind der Einsatz von Erdöl fressenden Bakterien und von Mikroorganismen, welche aromatische Verbindungen (Phenole, Chlor- und Nitroaromaten) abbauen. Mit diesen kann man Abwasserschlamm oder verunreinigte Böden beimpfen. Diese Verfahren ließen sich mit gentechnisch veränderten Bakterien *(s. Genetik 5.3.1)* noch erheblich erweitern.

Gewässerverschmutzung und Infektionsgefahr. Alle Abwässer mit menschlichen oder tierischen Ausscheidungen sind infektiös – auch dann, wenn sie die Reinigungsstufen üblicher Kläranlagen durchlaufen. Außer krankheitserregenden Bakterien und Viren können

sich darin auch Eier von Spulwurm, Peitschenwurm und Bandwurm befinden. Bäche und Flüsse, in die solche Gewässer gelangen, sind also seuchengefährlich. Dies schließt nicht nur das Baden darin aus, sondern auch die Verwendung des Wassers zur Fischzucht oder zur Bewässerung. Eine Vernichtung der Erreger in den Kläranlagen ist durch Behandlung mit Chemikalien (z.B. Chlor, Ozon) oder durch Erhitzen möglich. ◀

4.2.7 Belastung der Luft

Der Mensch macht täglich etwa 26 000 Atemzüge. Dies zeigt augenfällig, welche große gesundheitliche Bedeutung Luftschadstoffe haben. Luftverunreinigungen sind alle in der Luft enthaltenen Fremdstoffe. Die Abgabe der Stoffe in die Luft nennt man deren Emission und unterscheidet natürliche Emissionen (vulkanische Gase, von Pflanzen abgegebene Stoffe) und anthropogene Emissionen (z.B. durch Industrie, Verkehr). Die auf Gegenstände und Lebewesen einwirkenden Verunreinigungen sind Immissionen. Jede Immission geht letztlich auf eine Emission zurück. Immissionen sind gas- oder staubförmig oder feinste Tröpfchen. Staubteilchen und Tröpfchen von weniger als 10 μm Durchmesser schweben in Luft und bilden die Aerosole.

Wichtige anthropogene Schadstoffe:
Schwefeldioxid (SO₂) entsteht bei der Verbrennung von Kohle und Erdöl. Nach Oxidation von SO_2 zu SO_3 bildet sich mit dem Wasserdampf der Luft Schwefelsäure, die mit dem Regen niederfällt (saurer Regen):
$$SO_3 + H_2O \longrightarrow H_2SO_4$$
$$H_2SO_4 + CaCO_3 \longrightarrow CaSO_4 + H_2O + CO_2$$
Die Schwefelsäure setzt Kalk in Mauersteinen und Putz zu Gips um, der ein größeres Volumen beansprucht und sich leichter in Wasser löst als Kalk. Dies führt zu Zersetzung von Steinen und Mauerwerk (Abb. 105.1) (z.B. Kölner Dom, Akropolis von Athen). Die Schwefelsäure zersetzt auch Metallteile.
Kohlenstoffmonoxid (CO) entsteht bei unvollständiger Verbrennung in Kraftfahrzeugen und Heizungen. Es verbindet sich mit Hämoglobin, blockiert den Sauerstofftransport und beeinträchtigt daher schon bei geringen Konzentrationen Organfunktionen.
Stickstoffoxide (NO, NO₂, allg.: NOₓ) entstehen bei allen Verbrennungsvorgängen, hauptsächlich in Kraftfahrzeugen (s. Abb. 105.2) und Heizungen, wirken oxidierend und können mit Wasserdampf unter Oxidation Salpetersäure bilden. Sie schädigen die Atmungsorgane und sind Nervengifte. Im Gegensatz zu SO_2 dringen Stickoxide leicht in Innenräume ein und sind Ursache von Atemwegserkrankungen bei Kindern.

Nutzung und Belastung der Natur durch den Menschen

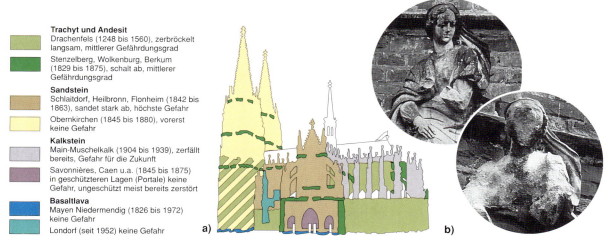

Abb. 105.1: a) Auswirkung von Luftschadstoffen (vor allem saurer Immissionen) am Kölner Dom. Die Verwendung unterschiedlicher Bausteine zu unterschiedlichen Bauzeiten äußert sich in sehr verschiedenen Schädigungen. Der mittelalterliche Bau (1248–1560) erfolgte ausschließlich mit vulkanischen Gesteinen des Siebengebirges (Drachenfels). Beim Weiterbau im 19. Jahrhundert wurden sehr verschiedene Bausteine eingesetzt. Seit 1952 wird nur noch widerstandsfähige Basaltlava zur Ausbesserung verwendet; **b)** Beispiel für die Schädigung einer Statue durch Luftschadstoffe (Skulptur am Schlossportal von Herten, oben: 1908, unten: 1969)

Gefährliche **Stäube** entstehen u. a. aus Flugasche der Kamine oder bei industrieller Verarbeitung von Stoffen. Sie können giftige Metalle (Quecksilber, Cadmium, Blei), Ruß, Gummiabrieb u. a. enthalten und Augen, Atmungsorgane (Staublunge, Krebsgefahr) und Haut (Ausschläge) schädigen.

Aromatische Kohlenwasserstoffe (z. B. Benzpyren) und verwandte Verbindungen (z. B. Dioxine) entstehen bei unvollständigen Verbrennungsvorgängen. Sie können Erbschäden und Krebs erzeugen.

Fluorchlorkohlenwasserstoffe (FCKWs) wurden als Treibmittel in Sprühdosen und als Kühlmittel verwendet; auch dienen sie noch immer als Lösungsmittel. Sie tragen zur Schädigung der Ozonschicht der oberen Atmosphäre bei (s. unten).

Die Ausbreitung der Schadstoffe erfolgt mit Luftströmungen und kann über viele Hunderte, ja Tausende von Kilometern stattfinden. Durch hohe Kamine wird die Fernausbreitung zusätzlich begünstigt. Auf den Wegen dorthin finden fotochemische Reaktionen statt. Unter Einwirkung des kurzwelligen Sonnenlichts entsteht bei Gegenwart von NO_x im Stickoxid-Ozonzyklus (s. Abb. 106.1) das besonders aggressive Ozon. Aus SO_2 und NO_x bilden sich Säuren, aus Kohlenwasserstoffen nach Oxidation (z. B. durch Ozon) und Reaktion mit NO_2 vor allem das Peroxyacetylnitrat, PAN. Dieses gehört zu den Fotooxidantien (am Licht entstehende Oxidationsmittel), die Zellen stark schädigen. Die Säuren führen zur Versauerung des Bodens und der Gewässer, soweit Kalk zur Neutralisation fehlt. Die Folge ist eine Schädigung der Vegetation

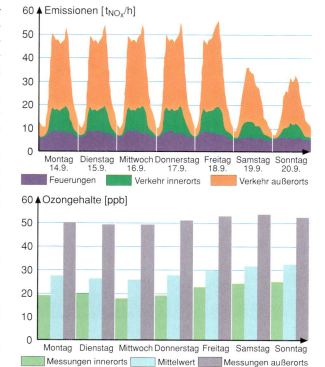

Abb. 105.2: oben: Emission von Stickstoffoxiden in Baden-Württemberg in einer Woche des Jahres 1992. Den größten Anteil liefert der Kraftfahrzeugverkehr; die Spitzen zu den Hauptverkehrszeiten und die geringere Belastung am Wochenende sind zu erkennen; unten: Ozongehalte im Verlauf einer Woche (in der üblichen Messgröße ppb = parts per billion), gemessen in der Stadt (grün) und außerhalb städtischer Bereiche (violett). Man erkennt die gleichmäßigere Verteilung über die Tage und die höhere Belastung ländlicher Bereiche.

106 Ökologie

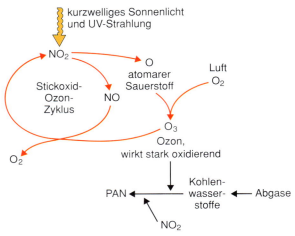

Abb. 106.1: Stickoxid-Ozon-Zyklus und oxidierende Wirkung von Ozon, vereinfacht. Die fotochemische Spaltung von NO_2 löst die Reaktionen aus. Die Ozonbildung erfolgt erst nach Anreicherung von Stickoxiden in der Atmosphäre. Das Ozon kann weit transportiert werden und gelangt so auch in industrie- und verkehrsferne Gebiete.

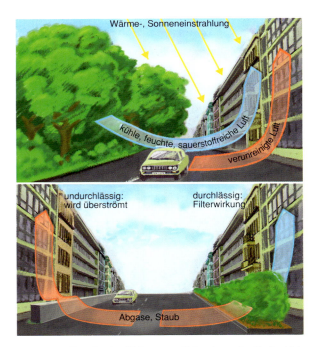

Abb. 106.2: Die günstige Wirkung von Grünanlagen im Stadtgebiet. Bäume, Sträucher und Grasflächen reinigen die Luft von Staubteilchen und schädlichen Abgasen, dämpfen den Lärm, entnehmen der Luft durch Fotosynthese CO_2 und geben O_2 zurück. Die Wasserverdunstung der Pflanzen feuchtet die Luft an. An heißen, windstillen Tagen entsteht durch die Grünanlagen eine Luftzirkulation, die verunreinigte Luft abführt und Frischluft zuführt. Eine Schutzhecke zwischen Häusern und Straße filtert einen beträchtlichen Teil der Staubteilchen (Bleistaub, Gummiabrieb) vom Straßenverkehr aus. Die im Laub gebundenen Schadstoffe gelangen durch Regen und Laubfall ins Erdreich. – Eine Mauer wird hingegen von der Schadstoffe führenden Luft einfach überströmt.

(s. unten). Flechten sind vor allem gegen Schwefeldioxid sehr empfindlich und können daher als Testorganismen *(Bioindikatoren)* zum Nachweis von Luftverunreinigungen eingesetzt werden (Beispiel für *Bio-Monitoring*). Die Luftverschmutzung muss am Ort des Entstehens bekämpft werden: Entgiften der Motorenabgase durch Einbau von Katalysatoren unter Verwendung von bleifreiem Benzin, Verringerung des Treibstoffverbrauchs, Kontrolle und Verbesserung der Verbrennungsvorgänge in den Heizungsanlagen, Filtereinrichtungen zum Auffangen von Stäuben und schädlichen Abgasen der Industrie. Kraftwerke sind mittlerweile mit Entschwefelungs- und Entstickungsanlagen ausgerüstet. Schutzpflanzungen von Hecken und Gehölzen filtern die Luft von Schmutzteilchen (Abb. 106.2). Einer Ansammlung von Schadstoffen in der Luft des Stadtkerns begegnet man durch bebauungsfreie Frischluftschneisen. Luftschadstoffe haben lokal, regional und global unterschiedliche Auswirkungen. Dazu einige Beispiele:

Lokale Wirkungen. In industrie- und verkehrsreichen Ballungsgebieten erfolgt eine Anreicherung von Schadstoffen bei Inversionswetterlagen. Darunter versteht man eine Luftschichtung, bei der leichte, warme Luft über kälterer, schwerer Luft liegt, sodass ein Luftaustausch unterbleibt. Unter dieser Bedingung entsteht **Smog** (Kunstwort aus smoke = Rauch und fog = Nebel). Man unterscheidet Wintersmog (Belastung vorwiegend durch SO_2, H_2SO_4, CO, Staub), der durch winterliche Heizung und Industrieabgase zustande kommt, und Sommersmog (Belastung vorwiegend durch Ozon, NO_x, PAN, CO) = fotochemischen Smog, der vor allem durch den Kraftfahrzeugverkehr verursacht wird und sich bei uns regelmäßig entwickelt. Smog führt zur Erhöhung der Sterblichkeit an Herz-, Kreislauf- und Atemwegserkrankungen. Ein Überschreiten des für einen Schadstoff festgelegten Grenzwertes in der Luft führt deshalb zu „Smog-Alarm". Je nach Stärke des Smogs werden der Autoverkehr und die Industrieproduktion für die Dauer der ungünstigen Wetterlage eingeschränkt oder verboten. Stark ist die Gesundheit durch Tabakrauch in der Atemluft gefährdet; er schädigt auch den, der selbst nicht raucht (Passivrauchen; die Zahl der dadurch verursachten Todesfälle beträgt in Deutschland etwa 400 je Jahr).

Regionale Wirkungen: Waldschäden. Eine Schädigung von Pflanzen durch Luftverschmutzung ist schon lange aus der Umgebung von Industrieanlagen bekannt. Seit Anfang der siebziger Jahre ist in Mitteleuropa aber eine zunehmende großflächige Schädigung der Wälder zu erkennen, die sich vor allem in industriefernen Lagen und Gebirgsbereichen stark auswirkt und nicht einer bestimmten Schadstoffquelle zugeordnet werden kann. Diese neuartigen Waldschäden betreffen bevorzugt Waldgebiete, die schon von Natur aus ungünstigen Bedingungen ausgesetzt sind (steile Hanglagen, wie z. B. in den Alpen und den Mittelgebirgen; saure oder nährstoffarme Böden; besonders trockene und andere klimatisch extreme Standorte). Dabei besteht eine ursächliche Beziehung zur Luftverschmutzung. Bereits unter Stress stehende Pflanzen werden durch eine zusätzliche Belastung häufig irreversibel geschädigt. Hinzu kommt, dass solche Pflanzen besonders leicht von Parasiten (Pilzen, Viren) befallen werden und dieser Sekundärschaden dann oft das erste äußerlich sichtbare Zeichen der Erkrankung ist. Auch das Absterben der Bäume ist vielfach durch solche Sekundäreffekte verursacht.

Flächenschäden wurden zuerst bei der Weißtanne beobachtet. Bei dieser Art hat man aber Massensterben auch schon in früheren Zeiten gelegentlich beobachtet und daher ein abermaliges Auftreten nicht als Zeichen für eine allgemeine Schädigung von Waldbäumen erkannt. Seit etwa 1976 folgten großflächige Schäden bei Fichte und Kiefer und danach auch bei Laubbäumen (Abb. 107.1). Die großflächige Waldschadenserhebung erfolgt allerdings bis heute mit unvollständigen Methoden, welche natürliche Standortunterschiede nicht zureichend berücksichtigen. Als Ursachenkomplexe der neuartigen Waldschäden spielen eine Rolle:

1. **Saurer Regen.** Allein durch den CO_2-Gehalt der Luft hat Regenwasser einen pH-Wert um 5. Sind in der Atmosphäre die Schadgase SO_2 und NO_x zugegen, die mit Wasser unter Bildung von Säure reagieren, so sinkt der pH-Wert weiter ab. Dies kann in sauren Böden zu einer Auswaschung von Ca-, Mg- und möglicherweise K-Ionen aus dem Boden führen und gleichzeitig Al- und Schwermetall-Ionen aus Bodenmineralien verstärkt freisetzen. Dadurch werden von den Pflanzen zu viele Aluminium- und Schwermetallionen aufgenommen, die dann giftig wirken. Da die Waldschäden auch auf Böden mit basischer Reaktion auftreten, kann dieser Ursachenkomplex allein keine Erklärung bieten.

2. **Stickstoffzufuhr.** Durch die Stickstoffoxide (NO_x) und mancherorts durch Ammoniak (s. 4.2.1) erfolgt eine weitflächige einseitige N-Düngung aller Pflanzen. Dies ist am flächenhaften Auftreten von N-Zeigerpflanzen in unseren Wäldern (z. B. Brennnessel, Stinkender Storchschnabel) zu erkennen. Diese verdrängen in steigendem Maße die ursprünglichen Waldbodenpflanzen (Abb. 84.1). Auch die Waldbäume werden überdüngt, gleichzeitig aber ihre Mykorrhiza-Symbiose (s. 1.9.5) gehemmt. Ernährungs- und Stoffwechselstörungen der Bäume

Abb. 107.1: Neuartige Waldschäden. **a)** Fichte; **b)** Rotbuche mit deutlichen Kronenverlichtungen. Bei der Fichte sind die Äste häufig nur noch an der Spitze benadelt. (Das Herabhängen der Seitenzweige ist hingegen nicht notwendigerweise durch Schädigung hervorgerufen!) Bei der Rotbuche ist der jährliche Zuwachs sehr gering; kleine Seitenzweige brechen häufig ab, sodass Teile des Laubes vorzeitig verloren gehen.

sind die Folge. Durch künstliche Düngung mit den erforderlichen Ionen können die Schäden zurückgedrängt werden; dies führt jedoch zu einer generellen Überdüngung im Wald und ist daher nachteilig. Überdies nehmen die Frostresistenz und der Widerstand gegen Parasitenbefall bei Stickstoffüberschuss ab. Dieser erleichtert also das Auftreten von Sekundärschäden.

Ökologie

3. **Unmittelbare Wirkung der Schadstoffe der Luft.** SO_2 verhindert die Schließbewegung von Spaltöffnungen und macht die Pflanzen somit gegen Trockenheit empfindlicher. In höheren Konzentrationen schädigt es Enzyme. Ozon und PAN wirken durch Oxidationsreaktionen auf die Zellen, aber auch auf die Cuticula. Durch deren Schädigung wird die Wasserdampfdurchlässigkeit erhöht; Trockenheit wirkt sich damit verstärkt auf die Bäume aus.

Die Zusammensetzung der Luftschadstoffe ist regional unterschiedlich. In Gebieten mit hoher SO_2-Belastung (z. B. Erzgebirge) sind die dadurch verursachten Schäden besonders stark. In anderen Gebieten (z. B. Schwarzwald) sind Stickoxide und Ozon die primäre Hauptursache.

Globale Wirkungen: Ozonloch. In einer Höhe zwischen 15 km und 50 km über der Erdoberfläche (in der Stratosphäre) befindet sich eine Zone, in der Ozon angereichert ist. Diese Ozonschicht ermöglicht erst das Leben auf der Erde, da sie die kurzwellige UV-Strahlung absorbiert, welche die genetische Substanz und die Proteine der Lebewesen zerstören würde. Die Ozonschicht wird aufrechterhalten, da durch UV-Strahlung ständig Sauerstoff zu Ozon umgesetzt wird:

$$3 O_2 \xrightarrow{UV} 2 O_3$$

Gelangen nun die chemisch stabilen Fluorchlorkohlenwasserstoffe (FCKWs) in die Stratosphäre, so werden sie durch sehr kurzwellige UV-Strahlung gespalten und Chlor-Atome (als Radikale) freigesetzt. Diese reagieren mit Ozon:

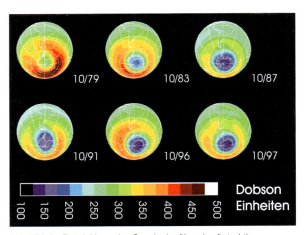

Abb. 108.1: Entwicklung des Ozonlochs über der Antarktis (1979–1997; die Dobson-Einheit ist ein Maß für die Ozonkonzentration: 1 Dobson-Einheit ≙ 0,01 mm Ozonsäule am Boden bei Normalbedingungen)

$$Cl\cdot + O_3 \rightarrow O_2 + ClO\cdot$$
$$O_3 \rightleftarrows O_2 + O\cdot$$
$$ClO\cdot + O\cdot \rightarrow Cl\cdot + O_2$$

So kann ein freigesetztes Chlor-Atom mehrere 10 000 Ozon-Moleküle zerstören, bevor es durch Reaktion mit Wasserstoff zu HCl reagiert und damit unschädlich gemacht wird. In der langen Polarnacht sammeln sich über den Polen FCKW-Moleküle an, die mit Einsetzen der Sonnenstrahlung gespalten werden und zu einem starken Ozonabbau führen; es entsteht ein „Ozonloch", das erst im Verlauf des Polarsommers durch Ozonbildung wieder „aufgefüllt" wird. Dies wurde zuerst im Südpolarbereich nachgewiesen; das

Gas	Quelle natürliche	menschliche	Sink, d. h. Abbau, Verbrauch, Speicherung oder Nutzung	derzeitiger Anteil an der Erwärmung der Erde	vermutete Zunahme bis 2020
Kohlenstoffdioxid CO_2	Lebewesen, Vulkane	Verbrennung fossiler Energieträger, Veränderung der Landnutzung	Speicherung in Ozeanen, Nutzung durch Pflanzen	50 %	um ¼ des heutigen Wertes
Methan CH_4	Sümpfe, Moore, Termiten	Reisanbau, Haustierhaltung, Mülldeponien	Abbau in der Atmosphäre	19 %	um die Hälfte
FCKWs und CKWs	keine	Lösungs- und Kühlmittel	Abbau in der Stratosphäre	16–18 %	auf mehr als das Doppelte
Distickstoffmonoxid N_2O	Mikroorganismen in Böden und Ozean	Kulturböden, Düngung (0,5–3 % des N-Düngers werden zu N_2O umgesetzt)	Abbau in Stratosphäre, Umsatz durch Mikroorganismen des Bodens und der Gewässer	4–5 %	etwa auf das Doppelte
Ozon	UV-Strahlung, Blitze	NO_x-Ozon-Zyklus	Abbau in der Stratosphäre, Umsatz in bodennahen Schichten	7–8 %	um 10 % des heutigen Wertes

Tab. 108.2: Treibhausgase

Ozonloch tritt mittlerweile aber ebenso über dem Nordpol auf; aufgrund der atmosphärischen Strömungen aber nicht so stark lokalisiert. Der Ozongehalt war 1996 um bis zu 50 % verringert (Abb. 108.1). Da der Aufstieg der bereits freigesetzten FCKWs in die Stratosphäre noch jahrelang anhalten wird, ist auch bei völligem Verzicht mit einer steigenden Schädigung der Ozonschicht zu rechnen. Dies bedeutet, dass sich der Mensch unter hohen Breiten zunehmend gegen UV-Strahlung mit starken Sonnenschutzmitteln wird schützen müssen. Das in bodennahen Schichten gebildete und hier schädliche Ozon steigt nicht in die Stratosphäre auf, kann also nicht als „Ersatz" dienen.

4.2.8 Kohlenstoffdioxidkonzentration, Treibhausgase und Klimaänderungen

Der Kohlenstoffdioxidgehalt der Atmosphäre hat sich im letzten Jahrhundert von 0,029 % auf gegenwärtig 0,0345 % erhöht und steigt weiter an. Die wichtigste Ursache ist die Verbrennung fossiler Brennstoffe. Diese Energieträger sind im Verlauf der Erdgeschichte in einem Zeitraum von mehr als 500 Millionen Jahren aufgrund der Fotosynthese entstanden. Nun verbraucht sie der Mensch in wenigen hundert Jahren. Für den Kohlenstoffdioxid-Anstieg mit verantwortlich ist auch die weltweite Abholzung großer Waldgebiete. Wälder nehmen durch Fotosynthese viel Kohlenstoffdioxid aus der Luft und legen es in der Biomasse der Vegetation, aber auch des Bodenhumus fest.

An die Stelle des langzeitigen Kohlenstoffspeichers Wald treten landwirtschaftlich genutzte Gebiete. Die Fotosynthese der Nutzpflanzen und damit die in ihnen gebundene Menge CO_2 ist jedoch weit geringer als diejenige der Wälder. Nur ungenau bekannt ist der CO_2-Gehalt der Ozeane und deren Fähigkeit, bei Anstieg der CO_2-Konzentration in der Luft weiteres CO_2 aufzunehmen.

Kohlenstoffdioxid lässt zwar die von der Sonne kommende kürzerwellige Strahlung (Licht) durch, hält jedoch die von der Erde reflektierte Wärmestrahlung in der Atmosphäre zurück. Die Wirkung ist also ähnlich wie bei einem Treibhaus (Abb. 109.1). Neben CO_2 sind einige andere Gase in ähnlicher Weise als „Treibhausgase" wirksam (s. Tab. 108.2). Ihre Konzentrationserhöhung in der Atmosphäre führt zur Erwärmung der Erde. Die sich daraus ergebenden Klimaveränderungen sind trotz umfangreicher Rechnersimulationen bisher nicht eindeutig fassbar, da der Umfang der CO_2-Aufnahme in die Ozeane unklar ist. Zu rechnen ist mit einer Ausdehnung von Trockengebieten, der Ausweitung von Gebieten, in denen tropische Infektionskrankheiten auftreten (vor allem Malaria) und einem Anstieg des Meeresspiegels.

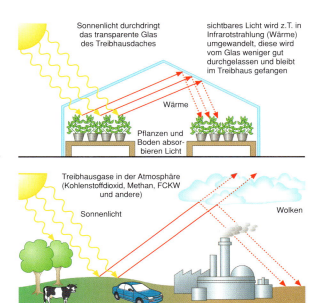

Abb. 109.1: „Treibhausgase" in der Atmosphäre

4.2.9 Belastung durch Müll; Abfallwirtschaft

In Deutschland wurden 1993 337 Millionen Tonnen Müll produziert (davon 43 Millionen Tonnen Hausmüll). Bei seiner Beseitigung muss die Umweltbelastung so gering gehalten werden, wie dies technisch möglich ist. Da Belastungen aber nicht zu vermeiden sind, muss die Forderung nach weiterer Verringerung der Müllmengen („Müllvermeidung") und verstärkter Abfallverwertung *(Recycling)* erhoben werden. Die Beseitigung des gesamten Mülls durch Ablagerung in geordneten Deponien ist nicht mehr möglich; Deponieraum ist knapp geworden. Ab 2005 darf Deponiegut nur noch weniger als 5 % organisches Material enthalten. Dies erfordert eine Müllsortierung, Kompostierung von organischem Material und Aufarbeitung des Restes mit thermischen Müllverarbeitungsverfahren. Die Rückstände werden deponiert. Bei der Deponie wird durch Abdichtung des Untergrundes und Reinigung des ablaufenden Wassers dafür gesorgt, dass das Grundwasser nicht verschmutzt wird.

Abfallverwertung. Erforderlich ist dazu eine Trennung des Mülls am Entstehungsort. Dies geschieht durch getrennte Sammlung von z. B. Glas, Papier, organischen Abfällen. Organische Stoffe können kompostiert oder zur Biogas-Erzeugung eingesetzt werden. Vom anorganischen Abfall lässt sich nur ein Teil mit vertretbarem Aufwand an Kosten und Energie wieder aufbereiten. Dabei handelt es sich gegenwärtig um rund ein Drittel des Abfalls (bei Glas allerdings über 60 %).

Klimageschichte

In früheren Erdepochen war der CO$_2$-Gehalt der Atmosphäre zeitweilig erheblich höher als heute und das Klima der Erde insgesamt wärmer. Die Veränderungen in der Erdgeschichte verliefen aber viel langsamer als der heutige, vom Menschen verursachte CO$_2$-Anstieg. Abb. 110.1 zeigt verschiedene „Zeitfenster" und daher unterschiedliche Aspekte der Klimageschichte. Den großen Veränderungen in der Erdgeschichte sind kürzerfristige Schwankungen überlagert, die während der letzten Million Jahre sehr ausgeprägt waren und zu mehreren Kaltzeiten (Eiszeiten) und Warmzeiten geführt haben. Kleinere Veränderungen spielen sich im Verlauf von Jahrhunderten ab; so war es im Hochmittelalter vergleichsweise warm und im 17. Jahrhundert kälter als heute, sodass Seen und Flüsse regelmäßig zufroren (Winterbilder niederländischer Maler!).

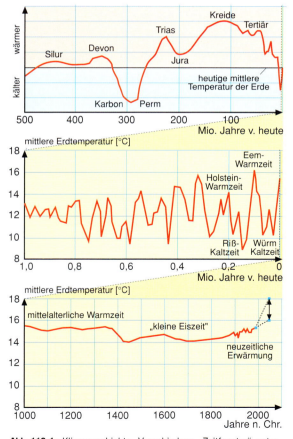

Abb. 110.1: Klimageschichte. Verschiedene „Zeitfenster" unterschiedlicher Zeitauflösung zeigen die Temperaturschwankungen der Erde im Verlauf von 500 Millionen Jahren der Erdgeschichte (oben), der letzten ein Million Jahre (Mitte) und der letzten 1000 Jahre (unten).

Thermische Verfahren. Die klassische Methode ist die Müllverbrennung. Um vollständige Verbrennung zu erreichen, muss sie bei hohen Temperaturen (über 1200 °C) erfolgen und erfordert umfangreiche Rauchgasreinigungsverfahren, um die Freisetzung von Luftschadstoffen zu verhindern. Dennoch kann dabei noch Energie gewonnen werden, die in Städten der Fernheizung und außerdem der Stromerzeugung dient. Die Rückstände können deponiert werden. Sonderabfälle (Altöl, Altreifen, organ. Giftstoffe, Tierkörper) werden verbrannt, die Rückstände in Sonderabfalldeponien gelagert. Da die Müllverbrennung bei unter 1200 °C giftige Produkte liefert, hat man zur Verringerung der Müllmenge auch andere Verfahren entwickelt. Von einigen sind erste Anlagen in Betrieb. Sie beruhen darauf, dass zunächst durch Erhitzen unter Luftabschluss brennbare Gase gewonnen und die Rückstände in Metalle und mineralische Stoffe getrennt werden. Da wasserlösliche Salze anfallen, ist in der Regel eine Reinigung des Nutzwassers erforderlich. Je nach Verfahren muss ferner eine Rauchgasreinigung stattfinden.

Umweltchemikalien. Besondere Probleme im Rahmen der Abfallwirtschaft machen viele chemische Verbindungen, die in Technik, Haushalt, Landwirtschaft und Medizin eingesetzt werden (z. B. Lacke, Arzneimittel, Schädlingsbekämpfungsmittel, Zusätze zur Behandlung von Holz, Leder, Kunststoffen). Sie sind nicht mit einer der üblichen Methoden zu beseitigen, sodass die Gefahr ihrer Ausbreitung in der Umwelt besteht (daher „Umwelt"chemikalien, s. Abb. 111.1). Gelangen sie mit Nahrung und Trinkwasser in den menschlichen Körper, so treten Gesundheitsschäden auf. In der Abfallwirtschaft gehören sie zum *Sondermüll*, für den besondere Vorschriften gelten. Gesetzliche Bestimmungen legen die Höchstmengen fest, die für Umweltchemikalien als nicht gesundheitsgefährlich gelten. Allerdings ist es schwierig ihre Giftigkeit festzustellen. Man prüft sie an Versuchstieren. Weil aber Giftigkeit und Toleranzdosis artspezifisch sind, liefern die Ergebnisse keine genauen Angaben über die für Menschen maximal verträgliche Menge solcher Stoffe. Es ist daher wichtig Umweltchemikalien in geringen Konzentrationen mit kostengünstigen Analyseverfahren nachzuweisen. Dazu gibt es bereits Verfahren, die mit *Biosensoren* arbeiten. Dies sind Enzyme oder ganze Zellen, die den zu analysierenden Stoff umsetzen, wobei die eintretende Veränderung in ein elektrisches Signal umgewandelt wird. Der Nachweis von Schwermetallen erfolgt z. B. mit Urease. Die Enzymreaktion wird gehemmt, deshalb wird weniger Harnstoff zu Ammoniak umgesetzt und so die Veränderung des pH-Wertes verringert. Dies ist mit einem pH-Meter als elektrisches Signal messbar.

Nutzung und Belastung der Natur durch den Menschen 111

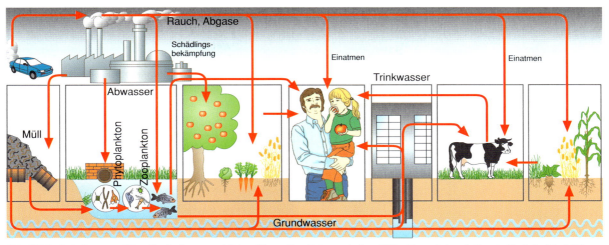

Abb. 111.1: Aufnahme von Giftstoffen in den menschlichen Körper über Nahrungsketten. Giftige Umweltchemikalien sind in Industrieabfällen, Hausmüll und Luftschadstoffen (Emissionen von Industrie, Hausbrand, Kraftfahrzeugen) enthalten.

4.2.10 Belastung durch Lärm

Lärm ist eine Folge der Bevölkerungsverdichtung und der fortschreitenden Technisierung (Verkehr, Maschinen). Ob die Stärke der Geräusche störend, also als „Lärm" empfunden wird, ist individuell verschieden; es hängt von Lebensalter, Gesundheitszustand, abstumpfender Gewöhnung oder zunehmender Empfindlichkeit ab. Von Bedeutung für die Geräuschempfindlichkeit ist auch die innere Einstellung zur Geräuschquelle. Von anderen verursachte Geräusche stören mehr als selbst erzeugte; Naturgeräusche (Wind, Regen, Vogelgezwitscher) stören weniger als Motorengeräusche. Messen lässt sich nicht die subjektiv empfundene Lautstärke („Lärm"), sondern nur der Druck der Schallschwingungen. Doch gibt Abb. 111.2 an, ab welcher Lautstärke durch den Schalldruck Gesundheitsschäden zu befürchten sind. Maßnahmen gegen Lärm liegen deshalb im Interesse der Gesundheit aller. Solche sind: Konstruktion leiser Motoren und Maschinen, Geräuschdämmung in Betrieben, Lärmschutzwälle an Hauptverkehrsstraßen. Jeder Lärmerzeuger (durch Rundfunkgeräte und Musikinstrumente, Haus- und Gartengeräte, Motorfahrzeuge und Baumaschinen) sollte sich bewusst sein, dass er auch Lärmbetroffener ist.

4.2.11 Belastung durch Strahlung

Lebewesen sind ständig der kosmischen Höhenstrahlung und der Bodenstrahlung von natürlichen radioaktiven Stoffen ausgesetzt (z. B. der Strahlung natürlicher Radionuclide von Kalium, Calcium, Uran und seinen Zerfallsprodukten, u. a. Radon). Künstliche,

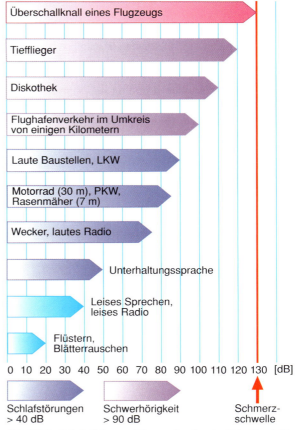

Abb. 111.2: Schallstärke von Alltagsgeräuschen in dB (= Phon). Ein Dezibel (dB) ist der zehnte Teil eines Bel (nach dem Erfinder BELL) und ein logarithmisches Maß der Schallstärke, beruhend auf der Messung des Schalldruckes. Ein Lautstärkeunterschied von einem Phon liegt an der Grenze der Erkennbarkeit für den Menschen.

112 Ökologie

vom Menschen geschaffene Strahlenquellen sind Kernexplosionen, Kernreaktoren sowie die in Technik, Medizin und Forschung verwendeten Röntgengeräte und radioaktiven Substanzen. Die Strahlenquellen können Teilchenstrahlung oder elektromagnetische Wellen oder beides aussenden. Zur Teilchenstrahlung zählen die α-Strahlen (Heliumkerne), β-Strahlen (Elektronen), Protonen- und Neutronenstrahlen. Zur elektromagnetischen Strahlung gehören die Röntgen- und die γ-Strahlen (sowie UV-Strahlen). Die gefährliche Wirkung der Strahlen beruht auf einer Schädigung der DNA und anderer Moleküle in den Zellen; dies kann zum Zelltod oder zur Umwandlung in Krebszellen führen. Die Strahlenbelastung wird mit Hilfe verschiedener Größen beschrieben.

– Die *Aktivität* einer radioaktiven Substanz wird in Becquerel (Bq) angegeben. 1 Bq ist gleich einem Kernzerfall je Sekunde.
– Strahlung kann als Energiestrom aufgefasst werden. Unterschiedliche Atomkerne geben beim Zerfall die Strahlung allerdings mit sehr unterschiedlicher Energie ab. Absorbiert ein Körper der Masse 1 kg eine Strahlungsenergie von 1 Joule, so beträgt die *Energiedosis* der Strahlung 1 J/kg *(physikalische Wirkung)*.
– Die Wirkung von Strahlung auf Lebewesen hängt nicht nur von der absorbierten Energie ab, sondern auch von der Art der Strahlung und dem absorbierenden Organ. So hat eine bestimmte Energiedosis an α-Strahlung die gleiche Wirkung auf Zellen wie eine höhere Energiedosis an β-Strahlung. Dem wird durch einen Bewertungsfaktor Rechnung getragen. Die *Äquivalentdosis* ist das Produkt aus Energiedosis und Bewertungsfaktor, sie wird in Sievert (Sv) gemessen *(biologische Wirkung)*. Die maximal zugelassene Dosis beträgt für strahlenexponierte Personen 50 mSv/Jahr.

Zur wirksamen Strahlenbelastung durch natürliche Strahlungsquellen trägt die Belastung durch die Umgebung etwa $1/4$, die Belastung durch Strahlen, die in den Körper aufgenommen sind (insbesondere Radon und Kalium), $3/4$ bei. Aufgenommene Radionuklide verteilen sich im Körper unterschiedlich. K wird gleichmäßig verteilt. J wird von der Schilddrüse angereichert und dort in das Hormon Thyroxin eingebaut. Sr wird anstelle des chemisch sehr ähnlichen Ca im Knochen eingelagert und beeinflusst daher das besonders strahlenempfindliche Knochenmark. Rn wird mit der Atemluft aufgenommen und in der Lunge angereichert. Das Rn gelangt aus dem Boden, dem Wasser und dem Baumaterial der Häuser in die Atemluft. Wünschenswerte Energiesparmaßnahmen durch Abdichten von Häusern erhöhen die Strahlendosis durch Rn. Rn in Innenräumen verursacht in Deutschland etwa 4–8 % aller Lungenkrebsfälle.

4.3 Umweltschutz

4.3.1 Aufgaben und Bedeutung

Unter Umweltschutz versteht man alle Maßnahmen, die dem Menschen eine ihm dienliche Umwelt zu sichern versuchen. Dazu gehört auch der Schutz der Pflanzen- und Tierwelt. Umweltschutz bedeutet zugleich Schutz der Gesundheit, denn Umwelteinflüsse gehören zu den wichtigsten Krankheitsursachen. Einige umweltbedingte Krankheitsfaktoren sind eindeutig zu erfassen, nämlich die Umweltgifte, die radioaktive Strahlung und die Krankheitserreger. Schwieriger in der Wirkung zu beurteilen sind Krankheitsauslöser der sozialen Umwelt: übermäßiger Stress durch Aufregungen, Fehlernährung, Süchte, Bewegungsmangel.

Eine große Zahl gesetzlicher Bestimmungen bezweckt den Schutz unserer Umwelt. Allgemein gilt: Wer einen Umweltschaden verursacht, muss ihn auch beseitigen *(Verursacherprinzip)*. Entscheidend für die Erhaltung einer menschenwürdigen Umwelt sind jedoch Wissen und Einsicht in das richtige persönliche Verhalten jedes Einzelnen; *Umweltschutz ist jedermanns Sache.* Schließlich nimmt jeder Mensch täglich 3 kg „Umwelt" als Nahrung, Getränke und Atemluft zu sich. Es kann ihm nicht gleichgültig sein, in welcher Beschaffenheit er sie erhält.

▶ **Kosten der Umweltzerstörung.** Umweltschäden wirken sich auf die ganze Volkswirtschaft aus; in die Berechnung der Kosten einer Umweltschädigung sind also jene für Folgewirkungen einzubeziehen. Beispielsweise führen die Waldschäden nicht nur bei der Forstwirtschaft zu finanziellen Einbußen, auch die Holzwirtschaft nimmt Schaden, es werden Investitionen für Hochwasserschutz, Lawinen- und Bodenerosionsschutz erforderlich. Die Luftverschmutzung wirkt sich auf die Gesundheit von Mensch und Tier aus und verursacht große Materialschäden, insbesondere an Gebäuden. Bezieht man diese Schadwirkungen mit ein, dann ergibt sich allein in Deutschland ein jährlicher Schaden von über 50 Milliarden Mark. ◀

4.3.2 Naturschutz und Landschaftspflege

Der Naturschutzgedanke galt anfänglich vor allem der Erhaltung auffälliger wild lebender Pflanzen und Tiere (Edelweiß, Orchideen, Storch; Erhaltung besonderer Bäume u. dgl.). Naturschutzgebiete wurden zunächst mit der Absicht geschaffen kommenden Generationen zu zeigen, wie die heimatliche Naturlandschaft einst aussah. Allerdings konnten die bisherigen Bemühungen von Naturschützern und Gesetzgebern in den letzten 150 Jahren dem Artenverlust nicht Einhalt gebieten (Abb. 113.1). Die relativ kleinen geschützten Areale milderten immerhin in der Folgezeit den Rückgang vieler Arten, die heute vom Aussterben bedroht sind.

Der *Artenschutz* hat seine Bedeutung bis heute nicht verloren. Gezielten Schutzmaßnahmen, z. B. der *Aufzucht* und *Auswilderung* von Organismenarten in früheren Verbreitungsgebieten (z. B. Uhu), sind allerdings Grenzen gesetzt. Auch kann die große Anzahl von Arten – in Deutschland gibt es ca. 40 000 Tier- und 2700 Blütenpflanzenarten – unmöglich durch Einzelprogramme geschützt werden. Dementsprechend tritt neben den Artenschutz der *Biotopschutz*. Die Erhaltung des Lebensraumes dient allen darin vorkommenden Arten. Veränderung oder Zerstörung von Biotopen sind die wichtigste Ursache für den Artenrückgang (Abb. 113.1). Dazu trägt vor allem die intensive Flächennutzung in der Landwirtschaft bei: Es verschwinden die Raine in der Feldflur; Trockenmauern und Böschungen werden beseitigt und Weg- und Waldränder schmäler gemacht, sodass vor allem Übergangszonen zwischen unterschiedlich genutzten Flächen und Sonderstandorte von Pflanzen verloren gehen. Selbst wenig ertragreiche Flächen (z. B. Schaftriften, Magerrasen, die nur einmal im Jahr gemäht werden) werden intensiv genutzt oder aber aufgeforstet. Von der Entwässerung sind insbesondere Moore, Feuchtwiesen und Nasswälder betroffen. Zum Verlust des Artenreichtums trägt weiterhin die Aufschüttung von Boden bei, die vor allem beim Bau von Brücken, Bahndämmen, Siedlungen und Industrieanlagen vorgenommen werden. Heute ist ferner die Erholungsnutzung weiter Landschaftsteile eine wichtige Ursache von Biotopschädigung und Artenverlust. In Deutschland sind derzeit 36 % aller Wirbeltier- und 30 % aller Blütenpflanzenarten gefährdet (s. 4.2.2). Infolge des Stickstoffeintrags (s. 4.2.7) ist die Gefährdung jener Blütenpflanzen besonders groß, die nur bei geringem N-Gehalt des Bodens konkurrenzfähig sind.

▶ Weltweit sind seit 1600 mindestens 485 Tierarten (darunter 116 Vogel- und 59 Säugetierarten) und 584 Arten von Blütenpflanzen ausgestorben. Einige Tierarten, wie Przewalski-Pferd und Davidshirsch, überleben nur in der Obhut des Menschen (in Zoos). ◀

Biotopvernetzung. Durch diese werden Biotope so verbunden, dass eine Wanderung von Tieren bzw. eine wechselseitige Bestäubung bei Pflanzen möglich ist. Die Biotopvernetzung erfolgt durch Acker- und Wiesenrandstreifen, Anpflanzung und Erhaltung von Hecken, Alleen und Baumreihen. Durch neue Vogelschutzgehölze, Feuchtbiotope und Bachauenbepflanzungen versucht man die Abstände zwischen naturnahen Biotopen zu verkleinern. Allerdings sind die Ausbreitungsvorgänge bei vielen Arten nicht ausreichend bekannt. Die Biotopvernetzung ist auch nur mit zum Teil erheblichem Pflegeaufwand zu erreichen. Infolgedessen kann – bei beschränkten Mitteln – ein Widerstreit im Naturschutzbereich entstehen. Was soll Vorrang haben: ein völliger Schutz kleiner Flächen (als Naturschutzgebiete), in denen durch Pflege bestimmte Arten erhalten werden – oder ein partieller Schutz großer Flächen (Flächenschutz)? Aufgrund der hohen Bevölkerungsdichte in weiten Teilen Europas ist es nur in Ausnahmefällen möglich, große Gebiete, in denen sich Klimaxringe (s. 3.5.2) und Sukzessionen ausbilden können, unter Totalschutz zu stellen. Nur in diesen Fällen aber ist ein Artenschutz ohne Pflege möglich.

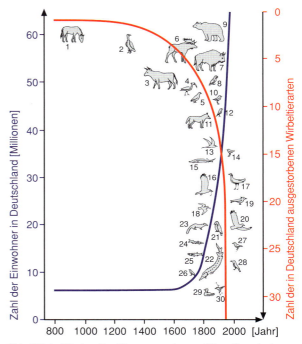

Abb. 113.1: Mit dem Bevölkerungswachstum (blaue Kurve), das zu immer stärkerer Landnutzung führte, beschleunigte sich das Aussterben von Wirbeltieren in Deutschland. Die rote Kurve gibt die Summe ausgestorbener Wirbeltierarten zum jeweiligen Zeitpunkt an. Das Jahr bzw. das Jahrhundert des Aussterbens steht in Klammern neben dem jeweiligen Artnamen.
1 Wildpferd (9. Jhd.); **2** Gänsegeier (13. Jhd.); **3** Auerochse (15. Jhd.); **4** Waldrapp (17. Jhd.); **5** Rothuhn (17. Jhd.); **6** Elch (18. Jhd.); **7** Wisent (18. Jhd.); **8** Papageitaucher (1830); **9** Braunbär (1835); **10** Mornellregenpfeifer (1875); **11** Wolf (1888); **12** Steinrötel (1890); **13** Rosenseeschwalbe (19. Jhd.); **14** Steinwälzer (19. Jhd.); **15** Sterlett (19. Jhd.); **16** Schlangenadler (1911); **17** Großtrappe (1925); **18** Doppelschnepfe (1926); **19** Raubseeschwalbe (1928); **20** Schreiadler (1928); **21** Habichtskauz (1930); **22** Stör (20. Jhd.); **23** Nerz (20. Jhd.); **24** Schnäpel (20. Jhd.); **25** Sichling (20. Jhd.); **26** Steinsperling (1944); **27** Triel (1954); **28** Blaurake (1955); **29** Moorente (1970); **30** Seggenrohrsänger (1972). (Nach ERZ.)

Naturschutzregelungen. Die Naturschutzbestimmungen sind in der Naturschutz-Gesetzgebung zusammengefasst. Das Naturschutzgesetz verlangt die Aufstellung einer Artenschutzliste (**Rote Liste;** s. 4.2.2), die fortlaufend zu ergänzen ist.

Das Gesetz sieht als *Gebietsschutz* vor: Naturschutzgebiete, Nationalparks, Landschaftsschutzgebiete und Naturparks; sowie als *Objektschutz:* Naturdenkmäler (d.h. erhaltenswerte Naturgebilde wie Felsen, Höhlen, Quellen, Wasserfälle, Moore, geologische Aufschlüsse, alte oder seltene Bäume) und geschützte Landschaftsbestandteile (z.B. Alleen, Parks, Gebüschgruppen, Raine, Hecken). Als besonders schutzbedürftig gelten *seltene* Lebensräume sowie solche, die für eine Landschaft besonders typisch (*„repräsentativ"*) sind.

Naturschutzgebiete sind naturnahe Gebiete, in denen „ein besonderer Schutz von Natur und Landschaft in ihrer Ganzheit oder in einzelnen Teilen zur Erhaltung von Lebensgemeinschaften oder Biotopen bestimmter wild lebender Tier- und Pflanzenarten aus wissenschaftlichen, naturgeschichtlichen oder landeskundlichen Gründen oder wegen ihrer Seltenheit, besonderen Eigenart oder hervorragenden Schönheit erforderlich ist" (BNatSchG, § 13, 1). Nutzung und Betreten dieser Gebiete sind eingeschränkt. Dadurch soll eine Zerstörung, Beschädigung oder Veränderung des Gebietes verhindert werden. In Deutschland umfassen die Naturschutzgebiete etwa 2% der Fläche.

Nationalparks sind Gebiete, die „großräumig und von besonderer Eigenart sind, im überwiegenden Teil ihres Gebietes die Voraussetzungen eines Naturschutzgebietes erfüllen, sich in einem vom Menschen nicht oder wenig beeinflussten Zustand befinden und vornehmlich der Erhaltung eines möglichen artenreichen heimischen Pflanzen- und Tierbestandes dienen" (BNatSchG, § 14, 1). Sie sollten so groß sein, dass sich ihr Komplex an Ökosystemen selbst erhält und besondere Biotopvernetzungen nicht erforderlich sind.

Die **Landschaftsschutzgebiete** sind landschaftlich reizvolle und wegen ihres wenig gestörten Charakters erhaltenswerte Gebiete, in denen „ein besonderer Schutz von Natur und Landschaft zur Erhaltung und Wiederherstellung der Leistungsfähigkeit der Naturgüter wegen der Vielfalt, Eigenart und Schönheit des Landschaftsbildes oder wegen ihrer besonderen Bedeutung für die Erholung erforderlich ist" (BNatSchG, § 15, 1). Für Landschaftsschutzgebiete gelten nicht so strenge Schutzbestimmungen wie für Naturschutzgebiete; ihre bisherige land- und forstwirtschaftliche Nutzung bleibt bestehen. Alle neuen Eingriffe in die Landschaft bedürfen jedoch einer besonderen amtlichen Genehmigungsprüfung, um Schädigungen oder Verunstaltungen der Natur so gering wie möglich zu halten.

Die **Landschaftspflege** versucht einen Ausgleich zwischen der Leistungs- und Belastungsfähigkeit der Natur zu schaffen, d.h. zwischen den Erfordernissen ihrer Ökosysteme einerseits und den Lebensbedürfnissen des Menschen andererseits. Dabei kommen einer naturgemäßen und menschenwürdigen Umwelt existentielle Funktionen (Lebenserhaltung und Gesundheit), soziale Funktionen (Erholung) und ästhetische Funktionen (Erlebnis der Natur und ihrer Schönheiten) zu.

4.3.3 Ökologische Situation und künftige Entwicklung

Energienutzung. Die Nutzung der Energie lag vor 100 Jahren weltweit bei $1/10$ der heutigen und hat seit 1950 exponentiell zugenommen; 1995 betrug sie $3,5 \cdot 10^{20}$ Joule jährlich. Über 80% des Bedarfs werden durch fossile Brennstoffe gedeckt, tragen also zur CO_2-Anhäufung in der Atmosphäre bei. Unfälle beim Erdöltransport haben außerdem schon erhebliche ökologische Schäden verursacht. Die Kernenergie ist mit etwa 7% an der Weltenergienutzung beteiligt, die Wasserkraft mit 9%. Der Rest verteilt sich auf die Nutzung von Biomasse (einschließlich Holz), von Wind- und Solarenergie und von Energie aus dem Erdinneren.

In den Entwicklungsländern wird der Energiebedarf in den nächsten Jahrzehnten erheblich zunehmen. Es ist daher dringend erforderlich, dass die Industriestaaten den CO_2-Ausstoß verringern. Die Zielvorgabe für Deutschland, bis 2005 die CO_2-Emission um 25% gegenüber 1990 zu senken, wird mit Sicherheit nicht erreicht. Für die einzelnen Energiequellen ergibt sich folgende Situation: Die Kernenergie wird wegen der Sicherheitsprobleme bis 2010 weltweit voraussichtlich nicht mehr als 10% des Energiebedarfs decken. Drittweltländer werden allerdings weiterhin Kernkraftwerke bauen, sodass die Entwicklung zusätzlicher Sicherheitssysteme für diese dringend erforderlich ist. Eine technische Nutzung der Kernfusion ist frühestens um 2025 zu erwarten. Ein nennenswerter Ausbau der Wasserkraftnutzung ist in Mitteleuropa nicht mehr möglich und auch in anderen Gebieten mit schwerwiegenden Eingriffen in Ökosysteme und Risiken (große Staudämme oder -mauern!) verbunden. Windenergie kann in Mitteleuropa nur wenige Prozent des Energiebedarfs decken; ihrer Nutzung stehen auch Landschafts- und Naturschutzbestrebungen entgegen. Solarenergie kann zur Erwärmung von Wasser und zur Stromerzeugung eingesetzt werden; mit dem Strom lässt sich Wasserstoff gewinnen, der gespeichert und universell als saubere Energiequelle dienen kann (z.B. Wasserstoffauto). Der Flächenbedarf der Solar-

Nutzung und Belastung der Natur durch den Menschen

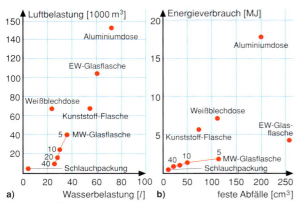

Abb. 115.1: Ökobilanz für Produktion und Entsorgung von Getränkeverpackungen. **a)** Wasser- und Luftbelastung bei der Entsorgung; **b)** Energieverbrauch und entstehende Abfälle bei der Produktion. Für Glasgefäße erfolgt die Angabe mit Altglas-Recycling. MW = Mehrweg-Glasflasche mit 5, 10, 20, 40 Umläufen. Für Kunststoff-Flaschen wird Deponierung angenommen. Aluminiumdosen sind wegen des hohen Energieaufwandes bei der Herstellung und der hohen Luftbelastung bei der Entsorgung/Recycling besonders nachteilig.

energie ist groß, könnte aber in Deutschland dadurch gedeckt werden, dass alle Dächer mit Solarzellen belegt werden. Allerdings ist Solarenergie etwa 10-mal teurer als Elektrizität nach derzeitigen Gewinnungsverfahren. Eine umfangreichere Nutzung von Biomasse zur Energiegewinnung und vor allem zur energiegünstigen Produktion wertvoller Rohstoffe ist möglich. Durch ein globales Aufforstungsprogramm könnten 1–2 Mill. km^2 wieder bewaldet werden, dadurch CO_2 binden und später Biomasse liefern. Um der erforderlichen CO_2-Minderung nahe zu kommen, muss zusätzlich Energie gespart und der Wirkungsgrad der Energienutzung erhöht werden. Da in Mitteleuropa PKWs über 80 % des CO_2-Ausstoßes im Verkehrsbereich verursachen, muss der Auto-Individualverkehr eingeschränkt und der Kraftstoffverbrauch vermindert werden. Autos mit geringerem Verbrauch („Drei-Liter-Auto") und Wasserstoffautos sind in Entwicklung. Notwendig ist ferner eine Verlagerung von Güter- und Personenverkehr auf die Schiene. Die zum Heizen erforderliche Energie kann durch bessere Wärmeisolation der Gebäude verringert werden. „Niedrigenergiehäuser" sparen über 60 % der Heizkosten; die Baukosten sind nur um 10 % höher.

Ökobilanzen. Zu Herstellung, Transport, Verkauf und Entsorgung eines Produktes muss Energie aufgewendet werden. Für Produkte vergleichbarer Funktion ist daher zu prüfen, welches aus energetischen und stofflichen Gründen die beste Umweltverträglichkeit besitzt. Oft ist es nicht das billigste Produkt! Ein Problem bei der Aufstellung der Ökobilanzen liegt darin, dass genaue Daten für den Energieaufwand der Erzeugung und der Entsorgung oft fehlen, sodass man ungenaue Annahmen machen muss. Immerhin gibt es bereits Ökobilanzen vieler Industrieprodukte, oft allerdings für Produktion und Entsorgung getrennt (Abb. 115.1).

Nachhaltigkeit. Die Forderung nach einer nachhaltigen ökologischen Entwicklung bedeutet, dass Rohstoffe und Energieträger so sparsam und wirkungsvoll genutzt werden, dass die wichtigen Bedürfnisse des heutigen Menschen befriedigt werden und gleichzeitig die zukünftige Entwicklung nicht beeinträchtigt wird.

Demographischer Übergang

Wie aufgezeigt kann unter günstigen Bedingungen in den Industriestaaten längerfristig eine Verringerung des CO_2-Ausstoßes erreicht werden. Gleichzeitig besteht aber die Verpflichtung den Entwicklungsländern bei ihrer „Entwicklung" zu helfen; dort wird also der Energiebedarf steigen. Würden alle Menschen so leben, wie wir in Westeuropa es heute tun, so wäre die Umweltbelastung weltweit etwa 10-mal höher und das Klimaproblem nicht mehr lösbar! Die Industriegesellschaft kann daher so, wie sie heute bei uns besteht, nicht weltweit kopiert werden. Sie muss zunächst wenigstens einige der Probleme der schadensverursachenden Energienutzung selbst bewältigen.

Des Weiteren ist die Erhöhung des Lebensstandards in den Entwicklungsländern dringend geboten. Sie hatte in allen untersuchten Fällen eine Verringerung der Kinderzahl zur Folge. Dadurch wird der Bevölkerungsanstieg eingedämmt, der zu einem zusätzlichem Energiebedarf führt. Aufklärung und Appelle zur Geburtenkontrolle allein verhindern die Übervölkerung der Erde nicht. In allen Ländern folgte oder folgt das Sinken der Geburtenrate dem Absinken der Sterberate infolge verbesserter medizinischer Versorgung und verbesserter Ernährung zeitlich nach. Auf diesem Weg findet der *demographische Übergang* von einer Population mit hoher Geburten- und Sterberate über eine Phase mit hoher Geburten- und geringer Sterberate (starkes Populationswachstum) zur Population mit geringer Geburten- und Sterberate (konstante Populationsgröße) statt. Letztere liegt in allen Industriestaaten vor; die meisten Entwicklungsländer befinden sich im demographischen Übergang, der sehr verschieden lang dauern kann. Es ist vorteilhaft dafür zu sorgen, dass er möglichst rasch vollzogen wird.

STOFFWECHSEL UND ENERGIEHAUSHALT

Aufnahme, Umbau und Abbau von Stoffen im Organismus bezeichnet man als Stoffwechsel (Metabolismus). Er umfasst alle chemischen Vorgänge in Lebewesen. Der Stoffwechsel liefert nicht nur die Bausteine für den Aufbau des Organismus, sondern auch die benötigte Energie und dient der Weitergabe von Information. Nach den Aufgaben kann man die Stoffwechselvorgänge gliedern in:

Assimilation: Umwandlung der aufgenommenen körperfremden Stoffe in körpereigene. Assimilationsvorgänge sind aufbauende (= anabolische) Reaktionen. Sie erfordern Energie.

Dissimilation: Umwandlung energiereicher Stoffe in energieärmere unter Freisetzung von Energie, die für Lebensvorgänge des Organismus benötigt wird. Dissimilationsvorgänge sind abbauende (= katabolische) Reaktionen.

Informationsverarbeitung: Umwandlung von Stoffen zum Zweck der Informationsweitergabe in der Zelle oder zwischen Zellen (s. 1.6). Dabei frei werdende Energie hat keinen Einfluss auf die Informationsübertragung.

Autotrophe Organismen nehmen anorganische energiearme Stoffe auf und wandeln sie in organische energiereiche Stoffe um. Benützen sie dazu die Lichtenergie, nennt man den Vorgang Fotosynthese, verwenden sie chemische Energie, spricht man von Chemosynthese (s. 2).

Heterotrophe Organismen versorgen sich mit Energie durch Aufnahme organischer Nahrung, die energiereiche Stoffe enthält.

Beide Gruppen von Organismen machen die in den energiereichen Stoffen enthaltene Energie dadurch nutzbar, dass sie diese Stoffe abbauen (Dissimilation, s. 3).

Bei allen Stoffwechselvorgängen wird ein Teil der umgesetzten Energie in Wärme umgewandelt und geht dem Organismus verloren. Dient der Stoffwechsel vor allem dem Neuaufbau von Zellsubstanz und damit dem Wachstum des Organismus, so spricht man von *Baustoffwechsel*. Dient er in erster Linie dem Auswechseln von Zellmaterial ohne dessen Vermehrung, so spricht man von *Betriebsstoffwechsel* oder Erhaltungsstoffwechsel. Betriebs- und Baustoffwechsel gehen fließend ineinander über.

Die Stoffwechselvorgänge sind chemische Reaktionen, die bei Zimmertemperatur extrem langsam ablaufen. Sie müssen daher durch Katalysatoren beschleunigt werden. Die Katalysatoren der Stoffwechselreaktionen sind die *Enzyme*. Enzyme sind fast immer Proteinmoleküle (Eiweißstoffe). Die Kenntnis von deren Bau und Funktionsweise ist Voraussetzung für das Verständnis des Stoffwechsels der Zelle (s. 1).

1 Enzyme und Zellstoffwechsel

Wasserstoffperoxid (H_2O_2) ist in verdünnter Lösung bei Zimmertemperatur einigermaßen stabil, erst im Verlauf vieler Monate zerfällt das H_2O_2 unter Freisetzung von Sauerstoff:

$$2 H_2O_2 \rightarrow 2 H_2O + O_2$$

Erhitzt man die Wasserstoffperoxid-Lösung, so schäumt sie und das entstehende Gas lässt sich als Sauerstoff identifizieren. Der Zerfall erfolgt dann also in kürzester Zeit. Bei Zimmertemperatur geschieht dasselbe, wenn man einen Platindraht in die Lösung taucht. Platin wirkt als Katalysator der H_2O_2-Spaltung. Statt des Platins kann man auch Kartoffel- oder kleine Leberstückchen verwenden. Diese wirken also ebenfalls als Katalysatoren. Die genauere Untersuchung zeigt, dass sie das Enzym Katalase, ein Protein, enthalten. Wasserstoffperoxid kann in Zellen als Zwischenprodukt entstehen. Es wirkt giftig und wird von der Katalase sofort abgebaut.

1.1 Struktur der Proteine (Enzyme)

Proteine gehören zu den Hauptbestandteilen der Zelle. Sie wirken als Enzyme, als Transportmoleküle und sind am Aufbau des Cytoskeletts und der Membranen beteiligt. Proteine sind Makromoleküle; sie besitzen Molekülmassen von 10 000 bis zu mehreren 100 000 Atommasseneinheiten (= Dalton D). Makromoleküle entstehen durch Verknüpfung kleiner molekularer Bausteine. Bei den Proteinen sind dies die Aminosäuren.

1.1.1 Aminosäuren; Peptidbindung

Aminosäuren. Alle in Proteine eingebauten Aminosäuren haben die gleiche Grundstruktur. Sie unterscheiden sich nur im Aufbau des Restes R.

Da Aminosäuren sowohl eine basische Aminogruppe (NH_2) als auch eine saure Carboxylgruppe (COOH; s. 1.3.2) tragen, können sie in wässriger Lösung als Kationen oder als Anionen vorliegen. Die Aminosäuremoleküle tragen bei Protonenüberschuss eine $H_3\overset{\oplus}{N}$-Gruppe, bei Protonenmangel eine $COO^{\ominus}$-Gruppe. Je nach Säure- bzw. Basenstärke liegt eine Aminosäure bei einem bestimmten pH-Wert (s. 1.3.2) vollständig als Zwitterion vor (Abb. 117.1 a). Dann wandert sie bei Anlegen einer Spannung im elektrischen Feld nicht. Man nennt diesen pH-Wert den *isoelektrischen Punkt*.

Enzyme und Zellstoffwechsel

Optische Isomerie (Chiralität). Bei den Aminosäuren (außer Glycin) sind an einem bestimmten Kohlenstoffatom vier verschiedene Atomgruppen gebunden. Ein solches C-Atom heißt asymmetrisch. Die Bindungen am C-Atom gehen in Richtung der Ecken eines Tetraeders (Abb. 117.2). Wenn vier verschiedene Atomgruppen zu den Ecken eines Tetraeders ausgerichtet sind, können diese in zwei verschiedenen Raumstrukturen angeordnet sein, die man nicht zur Deckung bringen kann. Sie entsprechen einander ebenso wie Bild und Spiegelbild oder eine rechte und eine linke Hand (Abb. 117.3). Man bezeichnet solche Moleküle daher als *chiral* (gr. *cheir* = Hand). Die beiden Molekülformen unterscheiden sich in ihren chemischen Eigenschaften nicht, verhalten sich aber gegenüber polarisiertem Licht unterschiedlich. Die eine Molekülsorte dreht die Schwingungsebene des polarisierten Lichts nach rechts, die andere um denselben Betrag nach links: Verbindungen mit dieser Eigenschaft sind *optisch aktiv*. Die beiden spiegelbildlichen Molekülformen sind optische Isomere; man unterscheidet sie als D-Form (von lat. *dexter* = rechts) und L-Form (von lat. *laevus* = links). Aminosäuren gibt es somit als D- und L-Aminosäuren. Als Bausteine von Proteinen findet man nur L-Aminosäuren. – Auch viele andere wichtige Zellinhaltsstoffe sind optisch aktiv, so die Zucker und einige Säuren (z. B. Milchsäure).

Peptide. Die COOH-Gruppe einer Aminosäure kann sich mit der NH_2-Gruppe einer anderen Aminosäure unter Wasseraustritt verbinden, dabei entsteht ein Dipeptid (s. Abb. 117.1). Bei Anlagerung einer weiteren Aminosäure bildet sich ein Tripeptid usw. Setzt sich dieser Vorgang fort, so entstehen lange Ketten von peptidisch verknüpften Aminosäuren; man nennt sie *Polypeptide*.

Die Peptidbindung ist stets eben gebaut (C- und N-Atom sind nicht gegeneinander drehbar; s. Abb. 117.1 b).

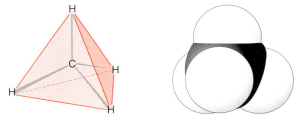

Abb. 117.2: Raumstruktur und Kalottenmodell des Methans

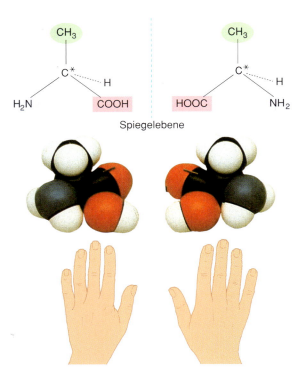

Abb. 117.3: Raumstruktur und Kalottenmodell der Aminosäure Alanin. Alanin existiert in zwei spiegelbildlichen Formen (wie linke und rechte Hand). C*: asymmetrisches C-Atom. Das Kalottenmodell gibt die für biologische Vorgänge wichtige Gestalt des Moleküls an.

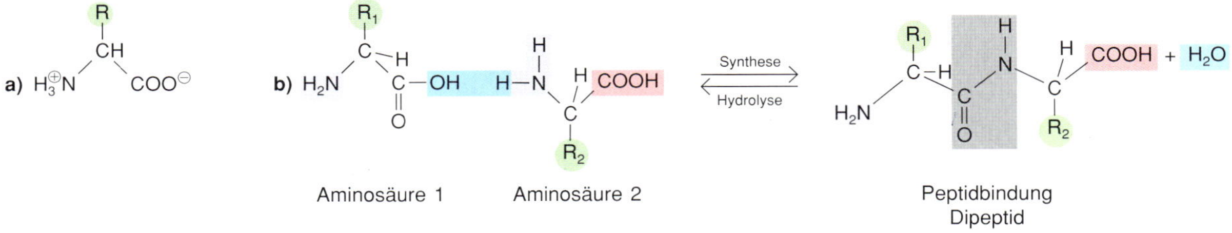

Abb. 117.1: a) Zwitterionstruktur einer Aminosäure; **b)** Verknüpfung von zwei Aminosäuren zu einem Dipeptid. Die an der Peptidbindung beteiligten Atomgruppen liegen in einer Ebene (Peptidebene).

1.1.2 Proteine

Erreicht eine Peptidkette eine gewisse Länge, so kommt es innerhalb des Moleküls zur Ausbildung zusätzlicher (schwacher) Bindungen; die Polypeptidkette nimmt eine bestimmte räumliche Gestalt an. Man spricht dann von einem *Protein* („Eiweiß"). In den Proteinen treten 20 verschiedene Aminosäuren auf (*proteinogene Aminosäuren, s. Genetik 4.2.2*). Die verschiedenen Proteine unterscheiden sich in Anzahl und Reihenfolge der verknüpften Aminosäuren. Dabei sind die Möglichkeiten ihrer Anordnungen unvorstellbar groß. Ist ein Protein aus nur 100 Aminosäuren aufgebaut, ergeben sich bereits $20^{100} = 10^{130}$ Möglichkeiten. (In den Weltmeeren sind etwa $4 \cdot 10^{46}$ Wassermoleküle enthalten.) Die Reihenfolge der Aminosäuren in der Polypeptidkette heißt Aminosäuresequenz oder *Primärstruktur*. Sie ist durch die (kovalenten) Peptidbindungen festgelegt. Die Aminosäurekette besitzt ein Ende mit freier Aminogruppe und ein Ende mit freier Carboxylgruppe. Das Polypeptid hat somit eine Richtung. Für die Ausbildung der Raumstruktur sind die schwachen Bindungen wichtig. Dazu gehören Wasserstoffbrücken, Wechselwirkungen zwischen geladenen Molekülteilen (Ionenbindungen) und Kräfte zwischen neutralen Molekülteilen (zwischenmolekulare Kräfte oder VAN-DER-WAALS-Kräfte).

Wasserstoffbrücken können entstehen, wenn ein Wasserstoffatom positiv polarisiert ist. Dies geschieht durch Bindung an ein stark elektronenanziehendes Atom, z. B. Sauerstoff oder Stickstoff (s. 1.3.1). Die polarisierten Wasserstoffatome können dann mit einem freien Elektronenpaar eines anderen Atomes in Wechselwirkung treten. Wenn aufgrund der Größe und der räumlichen Struktur der Moleküle ein geeigneter Bindungsabstand möglich ist, entstehen Verknüpfungen, die man als Wasserstoffbrücken bezeichnet, z. B. zwischen Wassermolekülen.

Ionenbindungen kommen zustande, wenn sich ein positiv und ein negativ geladenes Teilchen gegenseitig anziehen. Diese Anziehungskräfte wirken gleichmäßig nach allen Raumrichtungen (elektrostatische Anziehung). In Proteinen sind sie vor allem zwischen negativ geladenen Carboxylgruppen ($-COO^-$) und positiv geladenen Amino-Gruppen ($-NH_3^+$) wirksam.

VAN-DER-WAALS-Kräfte. Diese nach ihrem Entdecker benannten schwachen Kräfte sind zwischen den Oberflächen aller Moleküle wirksam.

Die Ausbildung zwischenmolekularer Kräfte hängt davon ab, inwieweit Wassermoleküle mit den organischen Molekülen in Wechselbeziehung treten. Atomgruppen, die eine Wasser-(Hydrat-)hülle um sich herum bilden, heißen hydrophil (wasserliebend). Kohlenwasserstoffketten bilden keine Wasserhülle aus und heißen hydrophob (wassermeidend). Wenn hydrophobe Aminosäureseitenketten einander benachbart sind, werden zwischenmolekulare Kräfte wirksam. Solche Anordnungen sind daher bevorzugt; die hydrophoben Reste ordnen sich vor allem im Molekülinnern an und treten in „*hydrophobe Wechselwirkung*". Sie drängen gewissermaßen Wassermoleküle aus dem Inneren des Proteinmoleküls heraus.

abnehmende Stärke der Bindungsenergie				
kovalente Bindungen	Peptidbindung zwischen Aminosäuren		bestimmt Primärstruktur
	Schwefelbrücke zwischen Cystein-Resten	$R-CH_2-S-S-CH_2-R$ Cys Cys	beteiligt an Sekundär- und Tertiärstruktur
nicht kovalente Bindungen elektrostatische Kräfte (Ionenbindung)	Anziehung zwischen positiver und negativer Ladung	$-NH_3 \quad OOC-$	beteiligt an Sekundär- und Tertiärstruktur
Wasserstoffbrücken	Anziehung zwischen partiell positiver und partiell negativer Ladung	N$-$H ···· O$=$C	beteiligt an Sekundär- und Tertiärstruktur
hydrophobe Wechselwirkung	hydrophobe Gruppen bilden keine Hydrathülle, haben die Tendenz, sich zusammenzulagern und Wasser auszuschließen (dabei werden VAN-DER-WAALS-Kräfte wirksam)	Wassermoleküle	wichtig für Tertiärstruktur
VAN-DER-WAALS-Kräfte	Oberflächenkräfte zwischen Molekülen und Molekülteilen (z. B. infolge Ungleichverteilung der Bindungselektronen)		

Tab. 118.1: Bindungen und Kräfte in Proteinmolekülen

Enzyme und Zellstoffwechsel

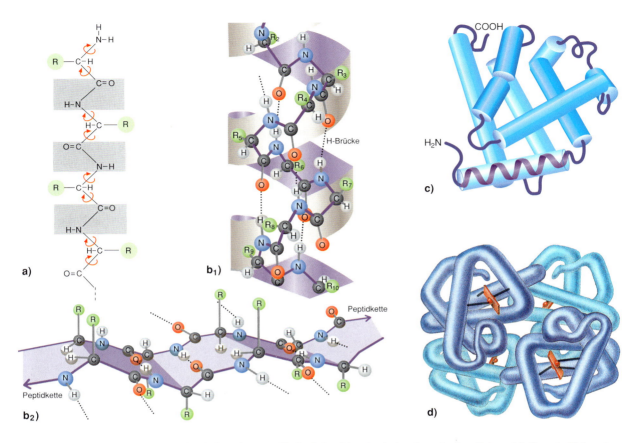

Abb. 119.1: Struktur eines Proteins. **a)** *Primärstruktur:* spezifische Reihenfolge der Aminosäuren in einer Polypeptidkette; rote Pfeile geben Drehbarkeit, graue Felder festliegende Strukturelemente an; **b)** *Sekundärstruktur:* α-Helix-Struktur und β-Faltblatt-Struktur. Bei der Helix-Struktur sind Wasserstoffbrücken zwischen einer CO-Gruppe einer Aminosäure und der NH-Gruppe der dritten in der Helix folgenden Aminosäure ausgebildet; so wird die schraubige Anordnung stabilisiert. Bei der Faltblatt-Struktur liegen zwei Peptidkettenstücke parallel; zwischen ihnen sind Wasserstoffbrücken vorhanden; **c)** *Tertiärstruktur:* Modell der Raumerfüllung der Polypeptidkette von Myoglobin; **d)** *Quartärstruktur* am Beispiel von Hämoglobin: α-Ketten hell, β-Ketten dunkel, Häm-Gruppe rot

Vor allem Wasserstoffbrücken führen dazu, dass Teile der Polypeptidketten eine hoch geordnete räumliche Gestalt erhalten. Bevorzugt sind dabei zwei Raumanordnungen:
- ein Stück der Polypeptidkette wird schraubig angeordnet: *α-Helix-Struktur* (z. B. im Keratin des Haares);
- ein Stück der Polypeptidkette tritt mit einem anderen Teilstück über Wasserstoffbrücken in Wechselwirkung und bildet ein im Zickzack verlaufendes Band: *β-Faltblatt-Struktur* (z. B. im Protein der Seidenfaser).

Derartige Strukturelemente hoher Ordnung bezeichnet man als *Sekundärstruktur* der Polypeptidkette. In den meisten Proteinen sind derartige Teilstücke durch „Schleifen" miteinander verbunden. Daraus ergibt sich dann die Raumgestalt der vollständigen Polypeptidkette; sie heißt *Tertiärstruktur*. Für deren Ausbildung sind hydrophobe Wechselwirkungen besonders wichtig, aber auch Ionenbindungen tragen oft zur Stabilisierung bei. Von kovalenten Bindungen ist nur eine Art für die Bildung von Tertiärstrukturen wichtig: Kommen die SH-Gruppen von zwei Resten der Aminosäure Cystein einander nahe und erfolgt eine Oxidation unter Abspaltung der Wasserstoffatome, so entsteht eine *Disulfidbrücke*. In solchen, aber auch verschiedenen anderen Fällen wirkt bei der Ausbildung der richtigen Raumstruktur der Polypeptidkette zumeist ein „Hilfsprotein" mit. Diese Hilfsproteine heißen *Chaperone*.

Viele Proteine bestehen aus mehreren Polypeptidketten (s. Abb. 119.1). So ist z. B. das Hämoglobin des Menschen aus vier Polypeptidketten aufgebaut, wovon je zwei identisch sind (2 α- und 2 β-Ketten), und an jede ist ein Porphyrinring (Häm) gebunden. Die Struktur, die durch Wechselwirkung zwischen mehreren Polypeptidketten eines Proteinmoleküls zustande kommt, bezeichnet man als *Quartärstruktur*.

Stoffwechsel und Energiehaushalt

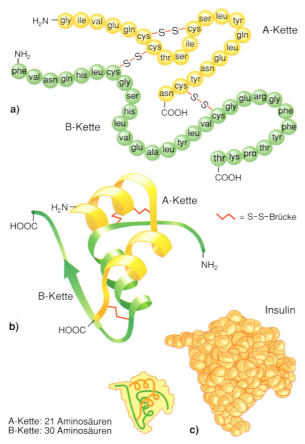

Abb. 120.1: Struktur von Insulin (Hormon). **a)** Primärstruktur: Insulin besteht aus zwei Peptidketten (A und B), die durch Disulfid-(Schwefel-)Brücken verbunden sind; **b)** Raumstruktur des Insulinmoleküls. Helix-Abschnitte sind erkennbar. Die beiden Ketten A und B sind durch unterschiedliche Farben gekennzeichnet; **c)** Kalottenmodell des Insulinmoleküls, um die Raumerfüllung zu zeigen

In Abb. 120.1 sind die Strukturelemente von der Primär- bis zur Quartärstruktur für das Insulin dargestellt. Dieses Hormon ist für die Regulation des Blutzuckerspiegels wichtig (s. Hormone 1.3) Im Blut wird es als ein Gebilde aus sechs Insulinmolekülen transportiert, das durch Zinkionen zusammengehalten wird. Das einzelne Molekül ist ein kleines Protein aus nur 51 Aminosäuren, das aber aus zwei Polypeptidketten (A-Kette, B-Kette) besteht. 57% der beiden Polypeptidketten eines Moleküls bilden als Sekundärstruktur α-Helix-Bereiche aus.

Proteine enthalten stets die Aminosäuren Glutaminsäure und Asparaginsäure, deren Seitenkette eine zusätzliche Carboxylgruppe aufweist und die daher sauer reagieren (saure Aminosäuren, Abb. 120.2). Ebenso gibt es in den Proteinen stets Aminosäuren mit einer zusätzlichen Aminogruppe in der Seitenkette (basische Aminosäuren, z. B. Lysin, Arginin). Deshalb kann die Oberfläche eines Proteinmoleküls sowohl positive als auch negative Ladungen (–NH_3^+, –COO^-) tragen. Die Zahl der Ladungen hängt vom pH-Wert der umgebenden Lösung ab. Bei einem bestimmten pH-Wert wird die Zahl der positiven und der negativen Ladungen gleich. Dieser Zustand ist daran zu erkennen, dass sich das Protein im elektrischen Feld nicht mehr bewegt. Man nennt diesen pH-Wert wie bei den Aminosäuren den isoelektrischen Punkt. Bei diesem pH-Wert weist ein Protein die geringste Löslichkeit auf.

Proteine mit Überschuss an basischen Aminosäuren nennt man basische Proteine (z. B. Histone, die im Zellkern an Desoxyribonucleinsäure gebunden sind), solche mit einem Überschuss an sauren Aminosäuren saure Proteine (z. B. viele Enzyme).

Wasserlösliche Proteine bezeichnet man als Albumine (z. B. Serumalbumine im Blut, Samenalbumine aus Pflanzen), in Wasser unlösliche, aber in verdünnten Lösungen von Salzen lösliche als Globuline (z. B. Immunglobuline, Globulin aus Hülsenfrüchten).

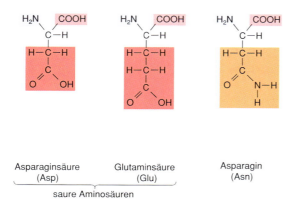
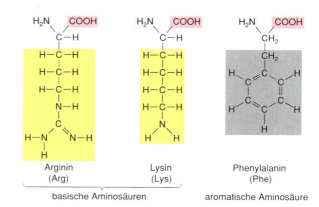

Abb. 120.2: Saure, basische und aromatische Aminosäuren

Sind Proteine kovalent mit einem anderen Molekül verknüpft, so drückt man dies in der Bezeichnung durch eine entsprechende Vorsilbe aus: Bindung an Kohlenhydrate = *Glykoprotein*, Bindung an Lipid = *Lipoprotein*.

Erwärmt man Proteine auf eine Temperatur von über 60 °C, so wird infolge der starken Wärmebewegung die Tertiär- und z. T. auch die Sekundärstruktur zerstört. Das Protein ist damit denaturiert (z. B. „Hautbildung" der Milch).

▶ Die Proteine zeigen charakteristische Eigenschaften, die allen Makromolekülen zukommen. Es sind dies: (1) der Aufbau aus ähnlichen Baueinheiten (Monomeren, hier Aminosäuren); (2) die Verknüpfung der Monomeren durch einen bestimmten Bindungstypus (hier Peptidbindung); (3) die Festlegung der Struktur durch mindestens drei Strukturprinzipien: die Abfolge (Sequenz) der Monomeren (Primärstruktur), die wiederkehrenden räumlichen Bauelemente (Sekundärstruktur) und die Raumgestalt des Makromoleküls (Tertiärstruktur).

1.2 Wirkungsweise der Enzyme

1.2.1 Eigenschaften der Enzyme

Enzyme katalysieren jeweils ganz bestimmte Reaktionen des Stoffwechsels. Die von ihnen umzusetzenden Stoffe heißen *Substrate*. Ein einziges Enzymmolekül kann im Mittel in der Minute etwa 100 000 Moleküle seines Substrates umsetzen (Katalase bis zu fünf Millionen H_2O_2-Moleküle, s. 1). Die Anzahl der je Minute von einem Enzymmolekül umgewandelten Substratmoleküle nennt man die molekulare Aktivität oder Wechselzahl des Enzyms.

Enzyme werden durch die Endung -ase gekennzeichnet (z. B. Katalase). Für einige sehr lange bekannte Enzyme sind oft noch alte Namen im Gebrauch, die meist auf -in enden, z. B. Pepsin des Magens, Trypsin der Bauchspeicheldrüse, Emulsin der bitteren Mandel.

Die meisten Enzyme sind Proteine. Manche Enzyme haben noch eine niedermolekulare Nicht-Proteinverbindung an ihr Molekül gebunden, die bei der Katalyse mitwirkt. Man nennt sie *Coenzym*, wenn die Verbindung nur lose gebunden ist. Ist sie dagegen so fest gebunden, dass sie nicht ohne Strukturveränderungen des Enzyms abtrennbar ist, bezeichnet man sie als *prosthetische Gruppe*. Sie ist im einfachsten Fall nur ein Ion, das an das Enzymprotein gebunden werden muss, um dessen volle Aktivität herzustellen. Solche aktivierenden Ionen sind je nach Enzym z. B. Ca^{2+}, Mg^{2+}, Fe^{2+}. Die entscheidende katalytische Funktion kommt aber stets dem Protein zu. Enzymkatalysierte Reaktionen im Organismus bilden und lösen kovalente Bindungen. Schwache Bindungen (Ionenbindungen, Wasserstoffbrücken) werden in der Regel ohne Mitwirkung von Enzymen ausgebildet oder gelöst. Man kennt auch einige Enzyme, die aus Ribonucleinsäuremolekülen bestehen. Sie sind z. B. im Ribosom an der Bildung der Proteine beteiligt. Man nennt sie *Ribozyme (s. Genetik 4.2.3)*.

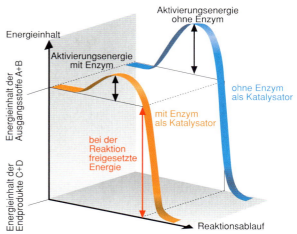

Abb. 121.1: Wirkung eines Enzyms bei einer Stoffwechselreaktion (A+B→C+D). Durch das Enzym wird die Aktivierungsenergie der Reaktion so weit verringert, dass die Energie der Molekülzusammenstöße bei Umgebungstemperatur ausreicht, um die Reaktion in Gang zu setzen (exergonischer Vorgang).

1.2.2 Enzyme als Katalysatoren

Aufgabe eines Katalysators ist die Erhöhung der Geschwindigkeit, mit der die (katalysierte) Reaktion abläuft. Der dabei freigesetzte Energiebetrag ist bei katalysierter und nicht katalysierter Reaktion gleich.

Organische Stoffe können in Gegenwart von Sauerstoff verbrannt, d. h., zu CO_2 und H_2O oxidiert werden. Dennoch sind organische Verbindungen bei natürlichen Umgebungstemperaturen in Gegenwart von Sauerstoff stabil, sonst könnten keine Lebewesen existieren. Man bezeichnet die Verbindungen als metastabil. Erst wenn man einen gewissen Energiebetrag, die *Aktivierungsenergie* (z. B. durch Anzünden) zuführt, reagieren diese organischen Stoffe mit Sauerstoff.

Die Reaktionsgeschwindigkeit chemischer Reaktionen nimmt mit steigender Temperatur zu. Als Faustregel (Reaktionsgeschwindigkeit-Temperatur-Regel: *RGT-Regel*) gilt, dass sich die Reaktionsgeschwindigkeit bei einer Temperaturzunahme um 10 °C etwa verdoppelt. Die Ursache dieses Anstiegs ist die zunehmende Wärmebewegung der Teilchen.

Stoffwechsel und Energiehaushalt

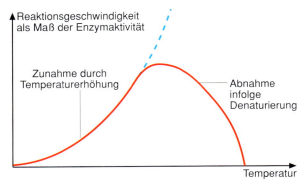

Abb. 122.1: Abhängigkeit der Enzymaktivität von der Temperatur

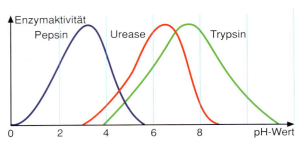

Abb. 122.2: Abhängigkeit der Reaktion von Enzymen vom pH-Wert. Pepsin (aus dem Magen) ist in stark saurem Milieu optimal wirksam, Trypsin (aus dem Bauchspeichel) bei schwach alkalischen Bedingungen. Das Harnstoff spaltende Enzym Urease hat sein pH-Optimum im neutralen Bereich.

▶ Den Faktor, um den sich die Geschwindigkeit eines Vorgangs bei einer Temperaturerhöhung um 10 °C steigert, nennt man Q_{10}-Wert. Physikalische Vorgänge (z. B. Diffusion) haben Q_{10}-Werte in der Nähe von 1,3; viele chemische Prozesse in der Nähe von 2. Durch Licht ausgelöste Reaktionen sind fast gar nicht temperaturabhängig, der Q_{10}-Wert liegt nahe 1. ◀

Wenn man eine metastabile organische Verbindung in Gegenwart von Sauerstoff örtlich erhitzt (Anzünden), so kommt die Reaktion an dieser Stelle in Gang, weil hier die Wärmebewegung der Teilchen erhöht wird. Da die Reaktion selbst Energie liefert, erhält sie sich und läuft vollständig ab. Die aufzuwendende Aktivierungsenergie bestimmt also die Reaktionsgeschwindigkeit. Ist der Bedarf an Aktivierungsenergie so gering, dass die Zimmertemperatur ausreicht, so läuft die Reaktion sofort ab. Ein Enzym hat die Eigenschaft, die erforderliche Aktivierungsenergie so weit herabzusetzen, dass diese Bedingung erfüllt wird (Abb. 121.1). Bei der Reaktion selbst wird in beiden Fällen die gleiche Energiemenge freigesetzt. Da der Katalysator (das Enzym) nach der Umsetzung der Substratmoleküle wieder zur Verfügung steht, können geringe Mengen des Katalysators große Substratmengen umwandeln. So können in einem in der Einleitung beschriebenen Versuch der Platindraht und ebenso die Katalase das vorhandene Wasserstoffperoxid vollständig spalten. Die Enzyme sind temperaturempfindliche Katalysatoren, denn oberhalb 50 °C setzt allmählich die Proteindenaturierung ein (Abb. 122.1). Daher gehen Zellen der meisten Lebewesen bei längerer Einwirkung von Temperaturen über 60 °C zugrunde. Allerdings leben bestimmte (thermophile) Prokaryoten mit besonders hitzestabilen Enzymen in vulkanischen Quellen bei 100 °C.

Eine Veränderung des pH-Wertes verursacht Änderungen im Ladungsmuster und den Ionenbindungen der Proteine. Dadurch verringert sich die katalytische Fähigkeit eines Enzyms und hört schließlich auf. Jedes Enzym hat ein bestimmtes pH-Optimum, bei dem es die höchste Aktivität aufweist (Abb. 122.2).

1.2.3 Wirkungsspezifität und Substratspezifität

In einer nicht spezialisierten Zelle laufen oft über 1000 verschiedene Reaktionen ab, die alle durch Enzyme katalysiert werden. Häufig kann eine bestimmte Verbindung auf verschiedene Weise umgesetzt werden. So kann von einer Aminosäure z. B. NH_3 oder aber CO_2 abgespalten oder ihre NH_2-Gruppe auf eine andere Verbindung übertragen werden, je nachdem, welches Enzym an der Umsetzung beteiligt ist (Abb. 122.3). *Enzyme sind* also *reaktionsspezifisch (wirkungsspezifisch)*.

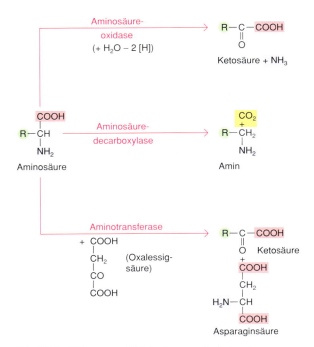

Abb. 122.3: Wirkungsspezifität der Enzyme, die Aminosäuren umsetzen

Enzyme und Zellstoffwechsel 123

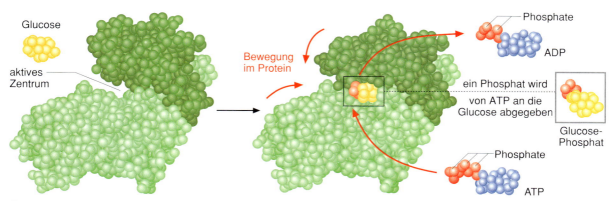

Abb. 123.1: Raumstruktur des Enzyms Hexokinase, Bindung von Glucose im aktiven Zentrum und Reaktion der Phosphatübertragung von ATP auf die Glucose (erster Schritt des Glucose-Abbaus in der Zelle, *s. 3.2*)

Aminosäure-Decarboxylase und Aminotransferase haben das gleiche Coenzym. Die Reaktionsspezifität hängt also allein vom Enzymprotein ab. Sowohl die Aminosäure-Decarboxylase als auch eine bestimmte Aminotransferase katalysieren die angegebene Reaktion nicht bei allen Aminosäuren. Nur einige Aminosäuren sind für sie Substrate. *Enzyme sind substratspezifisch*.

Bei der Reaktion eines Enzyms mit seinem Substrat tritt ein Teil des Enzymproteins mit dem Substratmolekül in enge Wechselwirkung. Diesen Molekülteil des Enzyms nennt man *aktives Zentrum*. Bei vielen Enzymen liegt dieses in einer Vertiefung des Enzymproteins. In ihr wird das Substratmolekül (oder ein Teil davon) gebunden; so entsteht ein *Enzym-Substrat-Komplex* (s. Abb. 123.1 und 124.1 und 124.2). Die Bindung des Substratmoleküls erfolgt vor allem über Ionenbindungen und Wasserstoffbrücken.

Bei der Enzymreaktion wirken im aktiven Zentrum mehrere der Seitenketten verschiedener Aminosäuren auf das Substrat ein. Dieses gleichzeitige Eingreifen mehrerer Seitenketten ist für Enzymwirkungen charakteristisch; man spricht von *multifunktioneller Katalyse*. Nur dadurch kann die Aktivierungsenergie so weit herabgesetzt werden, dass die Reaktionen bei Umgebungstemperatur ablaufen. Die räumliche Struktur und das Ladungsmuster des aktiven Zentrums sind charakteristisch für jedes Enzym, darauf passt jeweils nur ein entsprechend gebautes Substratmolekül (Abb. 123.1). Durch die Gestalt des aktiven Zentrums und sein Ladungsmuster ist daher die Substratspezifität eines Enzyms festgelegt. Nur Verbindungen bestimmter Gestalt, manchmal sogar nur eine einzige Molekülsorte, können gebunden und umgesetzt werden.

Erhöht man bei einer Enzymreaktion die Substratkonzentration (bei konstanter Temperatur), so nimmt

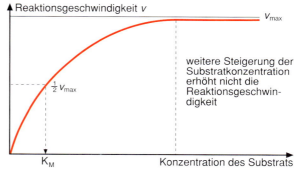

Abb. 123.2: Abhängigkeit der Reaktionsgeschwindigkeit einer Enzymreaktion von der Konzentration des umzusetzenden Substrats. Die Substratkonzentration, bei der die halbmaximale Reaktionsgeschwindigkeit erreicht wird, bezeichnet man als MICHAELIS-MENTEN-Konstante (K_M).

zunächst die Reaktionsgeschwindigkeit zu – so lange, bis alle Enzymmoleküle fortlaufend tätig sind. Dann ist die maximale Geschwindigkeit (Menge des je Zeiteinheit umgesetzten Substrats) erreicht (Abb. 123.2).

▶ Kann ein Enzym verschiedene Substrate umsetzen (z. B. verschiedene Aminosäuren oxidieren), so werden diese nicht genau gleich gut zum Enzym-Substrat-Komplex gebunden. Am schnellsten wird dasjenige Substrat umgesetzt, das die höchste Affinität zum Enzym hat. Bei diesem wird bei einer niedrigeren Substratkonzentration die maximale Reaktionsgeschwindigkeit erreicht. Als Maß für die Affinität verwendet man aus praktischen Gründen die Substratkonzentration bei halbmaximaler Reaktionsgeschwindigkeit; sie heißt MICHAELIS-MENTEN-Konstante (sie ist einfacher zu bestimmen als die Substratkonzentration bei Erreichen der maximalen Geschwindigkeit, s. Abb. 123.2). ◀

124 Stoffwechsel und Energiehaushalt

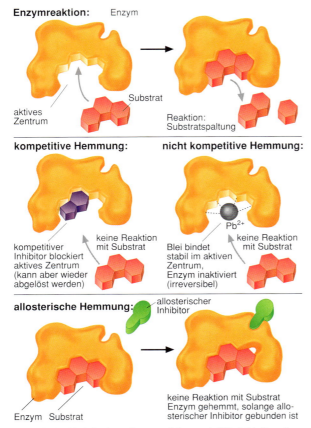

Abb. 124.1: Modell einer Enzymreaktion und Möglichkeiten ihrer Hemmung. Das Substrat wird im aktiven Zentrum gebunden. Dargestellt ist eine Substratspaltung. Eine allosterische Hemmung kommt durch einen Inhibitor zustande, der außerhalb des aktiven Zentrums angreift und die Raumgestalt des Enzymproteins verändert.

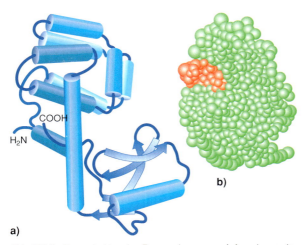

Abb. 124.2: Raumstruktur des Enzyms Lysozym. **a)** Anordnung der Peptidkette („Skelett" der Tertiärstruktur). Die α-Helix-Abschnitte sind hier als Zylinder wiedergegeben; **b)** Raumerfüllung des Moleküls im Kalottenmodell mit gebundenem Substrat (z.B. Murein).

1.2.4 Hemmung und Regulation der Enzyme

Eine Verbindung, deren Struktur einem Enzymsubstrat sehr ähnlich ist, die aber nicht umgesetzt werden kann, führt zu einer Hemmung der Enzymwirkung. Das „falsche" Molekül bindet ans Enzymmolekül und blockiert es, sodass („richtige") Substratmoleküle nicht ins aktive Zentrum gelangen. Somit sind weniger Moleküle dieses Enzyms in der Zelle aktiv und seine Wirksamkeit ist herabgesetzt (**kompetitive Hemmung** = Hemmung durch eine mit dem Substrat konkurrierende Verbindung).

Außer solchen spezifischen, nur bei einem Enzym wirksamen Hemmstoffen gibt es auch weniger spezifische. Dazu gehören Schwermetall-Ionen (z. B. Hg^{2+}, Pb^{2+}); sie binden an viele Enzymproteine und inaktivieren sie dadurch irreversibel (**nicht kompetitive Hemmung**). Die von diesen Enzymen katalysierten Stoffwechselreaktionen fallen dann aus; deshalb sind Schwermetalle für den Organismus giftig.

▶ **Regulation.** Die katalytische Wirkung mancher Enzyme ist regulierbar; sie lässt sich durch Bindung eines bestimmten Stoffes verändern. Dadurch ändert sich bei gleich bleibender Substratkonzentration auch die Reaktionsgeschwindigkeit. Den wirksamen Stoff bezeichnet man als *Effektor*. Er ist ein im Stoffwechsel entstehender Stoff. Wird die Reaktionsgeschwindigkeit durch Bindung von Effektormolekülen herabgesetzt, so spricht man von *Hemmung*; nimmt die Reaktionsgeschwindigkeit dagegen zu, so liegt eine *Aktivierung* vor. Die Effektoren können eine völlig andere Struktur als das Substrat haben; sie werden nicht am aktiven Zentrum, sondern an einer besonderen Bindungsstelle gebunden, die in ihrer Struktur an den spezifischen Effektor angepasst ist. Diese Bindungsstelle nennt man allosterisches (anders gestaltetes) Zentrum, die ganze Erscheinung *Allosterie*. In der Regel kommt es dabei zu kleinen Gestaltsveränderungen des Proteinmoleküls und damit auch des aktiven Zentrums. Im Falle einer Hemmung der Enzymwirkung spricht man von *allosterischer Hemmung*. Diejenigen Enzyme, die diese Art von Regulation ihrer Wirksamkeit zeigen, nennt man allosterische Enzyme. Häufig sind dies Enzyme mit einer „Schlüsselfunktion", d.h. solche, mit denen ein ganzer Stoffwechselweg beginnt. Am Abbau der Glucose in der Zelle ist das Enzym Phosphofructokinase beteiligt. Dieses Enzym wird durch Bindung von ATP (s. 1.4.3) allosterisch gehemmt. Bei ATP-Überschuss in der Zelle wird daher der Glucose-Abbau gehemmt, bei ATP-Mangel dagegen gefördert, sodass infolge des Abbaus die ATP-Menge ansteigen kann. ◀

Enzymtechnik

Seit langer Zeit werden Enzyme auch technisch eingesetzt. Die Lebensmittelindustrie verwendete zunächst Enzympräparate bei der Herstellung von Käse, der Klärung von Obstsäften (Abbau der trübenden Pectine durch Pectinasen) und als Weichmacher von Fleisch (Protein spaltende Enzyme = Proteasen). Heute werden auch Stärke spaltende Amylasen und Fett spaltende Lipasen eingesetzt. Durch Enzymbehandlung werden aus Nebenprodukten der Lebensmittelindustrie (z. B. Molke) wertvolle Stoffe gewonnen.

In der Waschmittelindustrie dienen Proteasen zum schonenden Abbau von Eiweißresten auf Textilien; hierbei genügt eine geringere Reinheit des Enzyms, als bei Lebensmitteln erforderlich. Vorteilhaft ist es, Enzyme bei hohen Temperaturen einzusetzen; dazu sind hitzestabile Enzyme geeignet, die man neuerdings aus thermophilen Prokaryoten (s. 1.1.2) gewinnt. Die Arzneimittelproduktion nutzt enzymatische Reaktionen, um Verbindungen ganz bestimmter räumlicher Struktur in reiner Form zu erhalten (z. B. Herstellung von Cortison, von halbsynthetischen Penicillinen).

Enzyme werden weiterhin zur Herstellung von *Biosensoren* verwendet, die zum hoch empfindlichen Nachweis eines Stoffes (Glucose, Saccharose, Cholesterol u. a.) dienen. Ein derartiger Biosensor besteht aus einem Enzym (das den betreffenden Stoff umsetzt), kombiniert mit einem elektrischen Sensor, der ein Produkt der Enzymreaktion erfasst. So wird z. B. zum Glucosenachweis das Enzym Glucoseoxidase mit einer Sauerstoffmesselektrode verknüpft. Wird Glucose oxidiert, so wird Sauerstoff verbraucht und diese Abnahme von der Elektrode als elektrisches Signal abgeleitet.

Teure Enzyme sollten möglichst lange einsetzbar bleiben. Da freie Enzyme nach Gebrauch zumeist verworfen werden (z. B. Waschmittelenzyme mit der Waschlauge), bindet man teure Enzyme an einen Träger (z. B. Kunstharz). Diese Immobilisierung verringert zwar die Aktivität des Enzyms (ein Teil der Enzymmoleküle wird funktionsunfähig), erlaubt aber die mehrfache Verwendung. Man kann auch ganze Zellen vorsichtig so abtöten, dass gewünschte Enzyme funktionsfähig bleiben. Nun werden die Zellmembranen mit einem Lösungsmittel durchlässig gemacht und diese „Zellen" immobilisiert. Sie sind nun als Käfige der gewünschten Enzyme wirksam.

Derzeit werden jährlich über 100 000 t Enzyme vorwiegend aus Mikroorganismen und Pflanzen gewonnen. Um den Energie- und Zeitaufwand der Herstellung zu verringern, werden zunehmend gentechnisch veränderte Mikroorganismen eingesetzt *(s. Genetik 5.3.2).* Die gentechnische Methode ermöglicht es auch, hitzestabile Enzyme aus „normalen", leicht in Großkulturen zu züchtenden Bakterien zu erhalten. Jedoch hat auch eine Gewinnung direkt aus den hitzestabilen Prokaryoten Vorteile, denn bei hoher Temperatur werden die Kulturen nicht durch normale Bakterien verunreinigt, da diese nicht mehr gedeihen.

1.3 Bau- und Inhaltsstoffe der Zellen

Chemische Untersuchungen haben schon früh ergeben, dass in den Zellen unterschiedlicher Pflanzen und Tiere immer wieder gleichartige Stoffe vorkommen. An ihrem Aufbau sind nur relativ wenige chemische Elemente beteiligt: Etwa 99 % der Masse von Organismen bestehen aus nur sechs Elementen (C, H, O, N, S, P). Mit den in den Lebewesen vorkommenden Stoffen und ihren Reaktionen beschäftigt sich die *Biochemie*.

Zellen bestehen in der Regel zu 60 bis über 90 % aus Wasser. Neben einer großen Zahl von Kohlenstoffverbindungen (in der einfach gebauten Bakterienzelle über 3000!) findet man freie, stets von einer Wasserhülle umgebene *(hydratisierte)* Ionen (wichtig sind vor allem jene von K, Na, Ca, Mg, Fe). Kohlenstoffverbindungen werden aufgrund ihres Vorkommens in Organismen auch als organische Verbindungen bezeichnet. Der Kohlenstoff bildet vier Bindungen aus, die im einfachsten Fall zu den Ecken eines Tetraeders ausgerichtet sind (s. Abb. 117.2). Die Bindung zwischen zwei C-Atomen ist sehr stabil, sodass auch lange Ketten und Ringe gebildet werden können. In einer Zelle mittlerer Größe sind etwa $2 \cdot 10^{14}$ Moleküle enthalten.

		Bakterienzelle	eukaryotische Zelle (Tier)
Wasser		80 %	76 %
Proteine	Makro-	10 %	14 %
Nucleinsäuren	molе-	3,5 %	3 %
Polysaccharide	küle	2 %	< 1 %
Lipide		2 %	2 %
kleinmolekulare organ. Verbindungen		1,3 %	1 %
Ionen		1,3 %	3 %

Tab. 125.1: Prozentuale Stoffanteile (in Gewichtsprozent) in Zellen

1.3.1 Wasser

Wasser, H$_2$O, besitzt ein gewinkeltes Molekül (Abb. 126.1). Am Sauerstoff befinden sich zwei freie Elektronenpaare. Außerdem halten sich die Bindungselektronen im zeitlichen Mittel mehr beim Sauerstoff als beim Wasserstoff auf. Der Sauerstoff hat daher einen Überschuss an negativer Ladung, während die H-Atome infolge Elektronenmangels schwach positiv geladen erscheinen. Die Bindungen sind polar. Das Wassermolekül als Ganzes ist elektrisch neutral, aber die elektrische Ladung ist innerhalb des Moleküls ungleichmäßig verteilt; es hat „*Dipol*"-Charakter. Daher können sich Wassermoleküle an Ionen anlagern. Diese sind deshalb in wässriger Lösung stets von einer Wasserhülle umgeben; sie sind *hydratisiert*. Dadurch sind die Anziehungskräfte zwischen den gegensätzlich geladenen Ionen so stark verringert, dass sie sich frei in der Lösung bewegen können. Eine derartige Lösung leitet den elektrischen Strom. Durch die Hydrathülle sind die freien Ionen sehr viel größer als die gleichen Ionen im Kristall (s. Abb. 126.2).

Untereinander bilden Wassermoleküle mehrere Wasserstoffbrücken aus (s. 1.1.2). Daher ist ihre Bindung aneinander ziemlich fest, sodass aus einer größeren Anzahl von Wassermolekülen Aggregate entstehen.

Im Eis liegt ein regelmäßiges Kristallgitter mit großen Hohlräumen vor; bricht dieses beim Schmelzvorgang zusammen, bilden sich die Aggregate. Da die Hohlräume zwischen den Molekülen, die im Kristall vorhanden waren, kleiner werden, nimmt die Dichte des Wassers von 0° bis +4°C zu *(Dichteanomalie)*. Bei weiterem Temperaturanstieg vergrößert die zunehmende Wärmebewegung der Moleküle die durchschnittlichen Abstände zwischen den Molekülen und die Dichte nimmt ab.

Die Bindung der Wassermoleküle aneinander ist, verglichen mit ähnlichen Molekülen (z. B. NH$_3$, H$_2$S), sehr stark. Die Folge ist: Wasser hat einen höheren Schmelz- und Siedepunkt als diese Stoffe, eine große Oberflächenspannung, eine hohe Schmelzwärme und eine hohe spezifische Wärme (= Wärmekapazität). Die ersten Lebewesen entstanden im Wasser. Noch heute ist jede tätige Zelle auf Wasser angewiesen, insbesondere
– als Lösungsmittel für Stoffumsetzungen in der Zelle,
– als Transportmittel für gelöste Stoffe,
– als Reaktionspartner bei Stoffwechselreaktionen,
– als Mittel zur Regelung der Temperatur (hohe Wärmekapazität).

Infolge der Dichteanomalie des Wassers frieren Gewässer von oben her zu; dies ist für die Lebewesen von großer Bedeutung. Weil das Wasser bei +4°C am schwersten ist, herrscht im Tiefenwasser diese Tempe-

Abb. 126.1: Wassermolekül: Struktur, Kalottenmodell, Ladungsverteilung

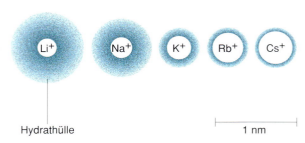

Abb. 126.2: Hydrathülle einiger Ionen. Die Oberfläche des kleinen Lithiumions hat eine hohe Ladungsdichte und daher eine große Hydrathülle. Mit zunehmendem Ionendurchmesser nimmt bei gleich bleibender Ladung die Ladungsdichte und entsprechend die Größe der Hydrathülle ab.

ratur. Kälteres und wärmeres Wasser ist leichter und steigt nach oben (zu den Auswirkungen dieser Zirkulation s. *Ökologie 3.7.2*).

▶ **1.3.2 Übersicht über die Stoffgruppen**

Die Bindungen zwischen Kohlenstoff und Wasserstoff sind wenig reaktionsfähig. Organische Verbindungen können jedoch noch andere Atome enthalten, z. B. Sauerstoff- oder Stickstoffatome. Weil diese elektronegativer sind als der Kohlenstoff, ziehen sie Elektronen stärker an und bilden daher polare Bindungen aus. Diese aber sind reaktionsfähig, und deshalb spielen sich die chemischen Reaktionen solcher Stoffe fast stets an den polaren Bindungen ab. Eine Atomgruppe im Molekül, die dessen Reaktionen weitgehend bestimmt, nennt man eine *funktionelle Gruppe*. Gleiche funktionelle Gruppen bedingen gleichartige chemische Eigenschaften und Reaktionen. Man teilt deshalb die organischen Verbindungen nach diesen funktionellen Gruppen ein (s. Tab. 127.1).

Alkohole (Alkanole) leiten sich von den Kohlenwasserstoffen ab, indem ein H-Atom oder mehrere durch je eine OH-Gruppe ersetzt sind (z. B. Ethanol, Glycerin, s. Abb. 127.2). Sie bilden in Wasser jedoch keine OH$^-$-Ionen und wirken nicht basisch. Stoffe mit zwei bzw. drei alkoholischen OH-Gruppen heißen zweiwertige bzw. dreiwertige Alkohole.

Enzyme und Zellstoffwechsel 127

Name Strukturformel	Verbindungsklasse	Eigenschaften Vorkommen in biologisch wichtigen Stoffen
Hydroxylgruppe (–OH) 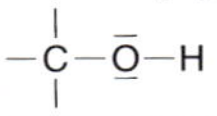 $-\overset{\mid}{\underset{\mid}{C}}-\bar{O}-H$	Alkanole (Alkohole)	polare Bindung; reaktionsfähig; z. B. Kohlenhydrate, Sterole
Carbonylgruppe (C = O) $\diagdown C{=}\dot{O}$ 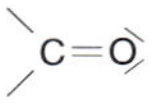	Alkanale (Aldehyde) Alkanone (Ketone)	polare Bindung; sehr reaktionsfähig; z. B. Kohlenhydrate, Ketosäuren
Carboxylgruppe (–COOH) 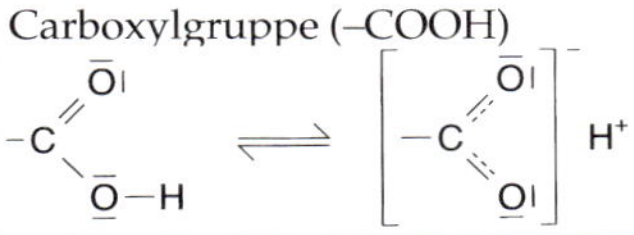	Carbonsäuren	polare Bindungen; ein Proton wird leicht abgegeben (saure Reaktion); Anion ist mesomeriestabilisiert; z. B. Fettsäuren
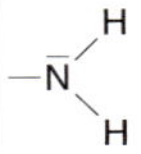 Aminogruppe (–NH₂) $-\overset{H}{\underset{H}{N}}$	Amine Aminoverbindungen	polare Bindung; freies Elektronenpaar am N reagiert basisch (wie bei NH_3, Ammoniak) und kann daher Protonen binden; z. B. Aminosäuren
Phosphatgruppe ($-PO_4^{2-}$; Kurzsymbol: P) 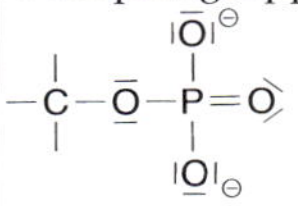	Phosphatester	am Phosphor polare Bindungen; Protonen werden leicht abgegeben: saure Reaktion; z. B. Zuckerphosphate, Nucleinsäuren, Phospholipide
Methylgruppe (–CH₃) 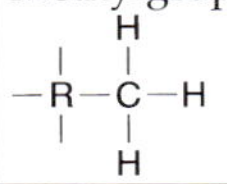	Methylverbindungen, z. B. in Lipiden	unpolar; macht Moleküle hydrophob; z. B. Lipide, Methionin

Tab. 127.1: Wichtige funktionelle Gruppen und Verbindungsklassen

Carbonsäuren sind durch die Carboxylgruppe –COOH gekennzeichnet. Beispiel:

Essigsäure (Ethansäure)   CH₃–COOH
Brenztraubensäure   CH₃–CO–COOH
Milchsäure   CH₃–CHOH–COOH

sowie die in Fetten vorkommenden höheren Fettsäuren. Mit Alkohol bilden Carbonsäuren unter Wasserabspaltung Ester (s. Abb. 127.2). Die meisten Carbonsäuren sind schwache Säuren, d. h., sie haben nur eine geringe Tendenz, den Wasserstoff der Carboxylgruppe als Proton (H⁺) abzuspalten (Protolyse):

$$HX + H_2O \rightarrow H_3O^+ + X^-$$

Je ausgeprägter die Protolyse-Reaktion einer Säure ist, umso stärker ist die Säure. Als Maß für die H_3O^+-Ionenkonzentration in wässriger Lösung dient der pH-Wert; er ist der negative Zehnerlogarithmus der H_3O^+-Ionenkonzentration.

In reinem Wasser ist die H_3O^+-Ionenkonzentration 10^{-7} Mol/l, der pH-Wert somit 7 (Neutralität). Um den pH-Wert einer Lösung weitgehend konstant zu halten, verwendet man Pufferlösungen. Man stellt sie häufig durch Mischen einer schwachen Säure (z. B. Essigsäu-

re) mit deren Alkalisalz (z. B. Natriumacetat) her. Der pH-Wert solcher Lösungen ändert sich bei mäßigem Zusatz von Säuren oder Basen kaum.

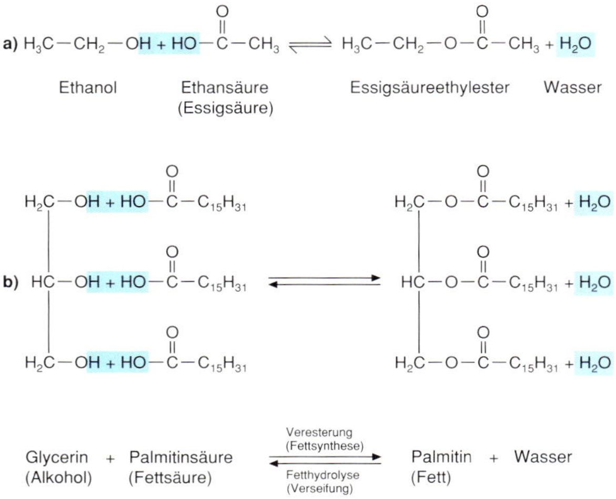

Abb. 127.2: Esterbildung. **a)** allgemein; **b)** Fett als Ester aus Fettsäuren und Glycerin

128 Stoffwechsel und Energiehaushalt

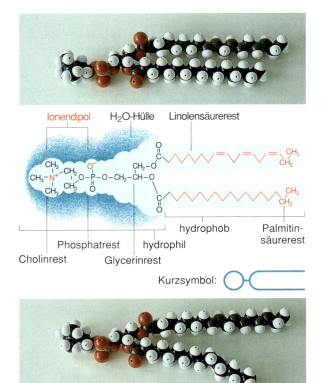

Abb. 128.1: Molekülmodell eines polaren Lipids. Die Molekülgestalt wird durch das Kalottenmodell wiedergegeben; das untere Kalottenmodell zeigt, wie durch Drehung um C–C-Einfachbindungen eine Gestalt entsteht, die mehr Platz braucht. Durch solche Drehbewegungen der Moleküle wird die Membran „gelockert".

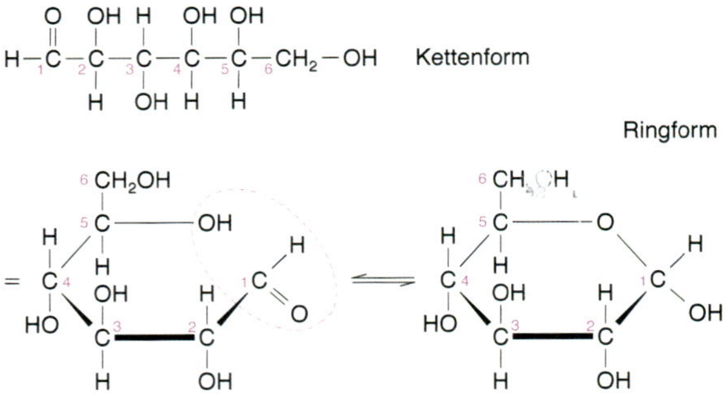

Abb. 128.2: Strukturformel der D-Glucose (Traubenzucker); Entstehung der Ringform aus der Kettenform

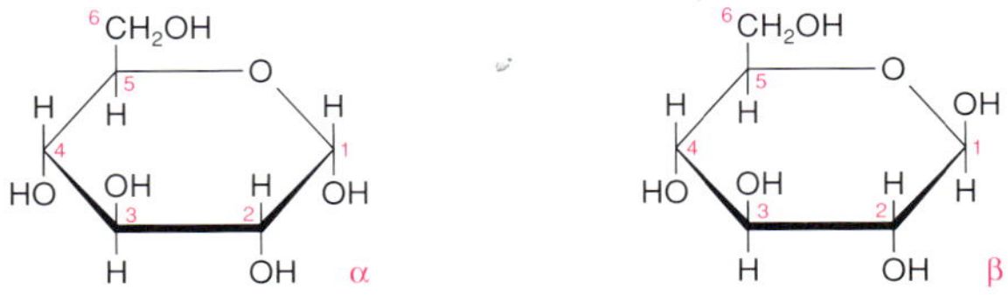

Abb. 128.3: Links α- und rechts β-Form der D-Glucose

▶ 1.3.3 Lipide

Fette sind Ester des dreiwertigen Alkohols Glycerin mit verschiedenen Fettsäuren (s. Abb. 127.2). Unter den Fettsäuren gibt es häufig solche, die Doppelbindungen im Molekül aufweisen (ungesättigte Fettsäuren). Eine einfach ungesättigte Fettsäure (mit einer Doppelbindung) ist die Ölsäure. Mehrfach ungesättigte Fettsäuren sind die Linolsäure mit zwei und die Linolensäure mit drei Doppelbindungen. In der langen C-Kette liegen nur C–C- und C–H-Bindungen vor. Diese sind unpolar (unpolare C-Kette); daher sind alle längerkettigen Fettsäuren in Wasser unlöslich.

Außer den Fetten stellt man auch solche Stoffe zu den Lipiden, welche die gleichen Löslichkeitseigenschaften haben wie die Fette. *Lipide kann man nachweisen durch ihre Löslichkeit in unpolaren Lösungsmitteln und ihre Anfärbbarkeit durch unpolare Farbstoffe.*

Polare Lipide sind wichtige Bausteine aller biologischen Membranen. Polar heißen sie, weil das eine Molekülende eine Atomgruppe mit polaren Bindungen trägt. Es liegen Ester von Glycerin mit zwei langkettigen Fettsäuren vor, die dritte OH-Gruppe des Glycerins trägt die polare Gruppe (z. B. bei Lecithinen). Durch einen hohen Anteil an mehrfach ungesättigten Fettsäuren erhalten die biologischen Membranen ihre weitgehend flüssige Beschaffenheit.

Sterole gehören auch zu den Lipiden. Sie treten als Membranbausteine auf (z. B. Cholesterin = Cholesterol), aber auch als Hormone (Nebennierenrinden- und Sexualhormone, Insektenhormone). ◀

▶ 1.3.4 Kohlenhydrate

Kohlenhydrate sind die wichtigsten Energiequellen der meisten Zellen, ferner dienen sie als Reservestoffe und als Stützsubstanzen. Viele Kohlenhydrate sind Verbindungen mit der Summenformel $C_x(H_2O)_y$. Die einfachen Kohlenhydrate schmecken häufig süß, sie werden deshalb oft auch als „Zucker" bezeichnet. Die Baueinheiten (Monomeren) aller Kohlenhydrate sind die Monosaccharide (Einfachzucker).

Monosaccharide sind Verbindungen, die ein Kohlenstoffgerüst von 3, 4, 5, 6 oder 7 C-Atomen enthalten. Sie werden nach der Zahl der C-Atome Triosen, Tetrosen, Pentosen, Hexosen, Heptosen genannt. Es sind stets Polyalkohole, d. h., sie enthalten mehrere Hydroxylgruppen im Molekül und sind daher wasserlöslich. Die Struktur der Monosaccharide sei am Beispiel des Traubenzuckers (*Glucose*) betrachtet. Er hat die Summenformel $C_6H_{12}O_6$, ist also eine Hexose. Das Molekül besitzt fünf Hydroxylgruppen sowie eine Aldehydgruppe und enthält vier asymmetrische C-Atome (C_2–C_5). Der natürlich vorkommende Traubenzucker ist die D-Glucose (s. S. 117). Im Kristall und bei der Verknüpfung mit anderen Zuckern liegt das Glucosemolekül in Form eines Sechserrings vor, der durch Reaktion der Carbonylgruppe mit der OH-Gruppe am fünften C-Atom entsteht (Abb. 128.2).

Genauere Betrachtung zeigt, dass zwei verschiedene Ringstrukturen möglich sind, weil beim Ringschluss am ersten C-Atom die OH-Gruppe nach „oben" oder nach „unten" angeordnet sein kann (Abb. 128.3). Man unterscheidet sie als α- und β-Glucose. In einer wässrigen Lösung liegen die beiden Ringstrukturen und die offene Kette im Gleichgewicht vor.

Eine weitere Hexose ist der Fruchtzucker (*Fructose*). Er trägt die Carbonylgruppe in der Kettenform am zweiten C-Atom, dementsprechend entsteht bei der Ringbildung in der Regel ein Fünfring (s. Abb. 129.1).

Pentosen sind z. B. die *Ribose* und die sauerstoffärmere *Desoxyribose*. Sie sind Bestandteile der Nucleinsäuren.

Disaccharide entstehen durch Zusammenlagerung von zwei Monosaccharid-Molekülen unter Wasserabspaltung.

Maltose (Malzzucker) besitzt eine Bindung zwischen dem ersten C-Atom des einen Glucosemoleküls und dem vierten C-Atom des anderen Moleküls. Das reagierende erste C-Atom trägt eine α-ständige, nach unten angeordnete OH-Gruppe: Die gebildete glykosidische Bindung ist somit eine α-1,4-Bindung.

Rohrzucker (Saccharose) (Abb. 129.4) ist aus einer Glucose- und einer Fructoseeinheit mit 1,2-Verknüpfung aufgebaut; er kommt in allen höheren Pflanzen vor.

Polysaccharide (Vielfachzucker) sind makromolekulare, aus zahlreichen Monosacchariden aufgebaute, kettenförmige Moleküle. Sie sind in kaltem Wasser meist nicht löslich, aber quellbar. Alle Polysaccharide können durch Hydrolyse (z. B. durch Enzyme oder mit Säuren) in ihre Bausteine (Monomeren) zerlegt werden. Zu den Polysacchariden gehören:

Stärke, der wichtigste pflanzliche Reservestoff, ist aus Tausenden von Glucosemolekülen aufgebaut. Sie besteht aus Amylose (unverzweigte Glucoseketten) (Abb. 129.5) und Amylopektin (sehr große, verzweigte Kettenmoleküle). Die Glucoseeinheiten (der Amylose) sind, wie bei der Maltose, durch α-1,4-Bindung verknüpft. Mit Iodlösung färbt sich Stärke blau.

Glykogen, der Reservestoff der Pilze und der Tiere, ist stärkeähnlich aufgebaut.

Cellulose, der Hauptbestandteil der pflanzlichen Zellwand, ist die häufigste organische Verbindung. Die Glucoseeinheiten sind in der Cellulose durch β-1,4-Bindungen verknüpft.

Chitin, ein stickstoffhaltiges Polysaccharid, bildet die Wand der Pilzhyphen und die Gerüstsubstanz im Außenskelett der Gliederfüßler. Sein Aufbau ähnelt dem der Cellulose. ◀

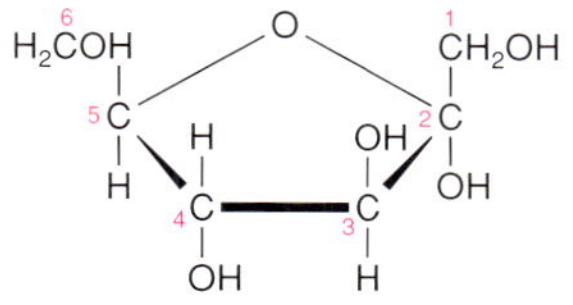

Abb. 129.1: Ringform (Fünferring) der D-Fructose

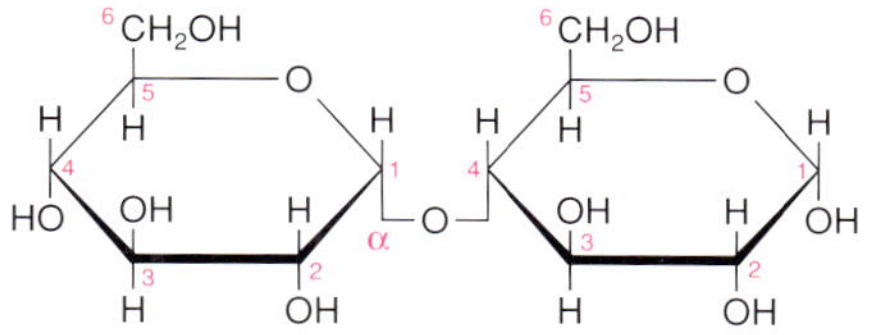

Abb. 129.2: Maltose (Malzzucker) mit α-1,4-Verknüpfung von zwei Glucose-Molekülen

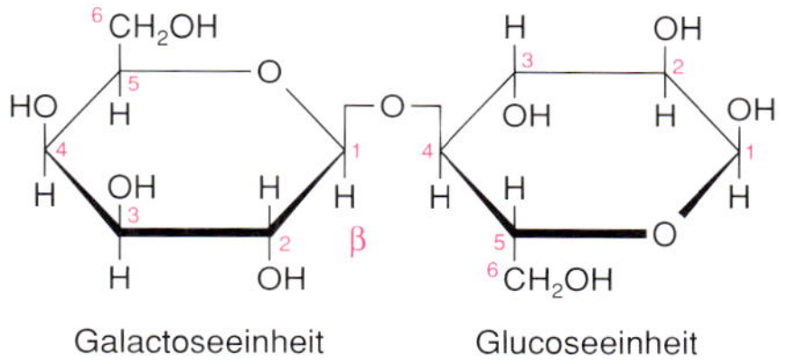

Abb. 129.3: Lactose (Milchzucker) mit β-1,4-Verknüpfung zwischen Galactose und Glucose

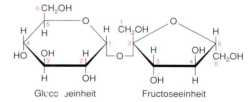

Abb. 129.4: Saccharose (Rohr- oder Rübenzucker); besteht aus Glucose und Fructose, die über eine 1,2-Verknüpfung verbunden sind

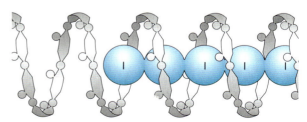

Abb. 129.5: Sekundärstruktur des Kettenmoleküls der Amylose. Die Helixstruktur ist auch hier durch Wasserstoffbrücken stabilisiert. Bei Nachweis von Stärke mit Iod entsteht eine blaue Färbung; sie kommt durch Einlagerung von Iodatomen in den inneren Hohlraum des schraubigen Amylosemoleküls zustande.

1.3.5 Nucleinsäuren

Nucleinsäuren sind Träger der Erbinformation. Es sind unverzweigte, kettenförmige Makromoleküle. Ihre Monomeren heißen Nucleotide; die Nucleinsäuren sind *Polynucleotide*. Den Namen verdanken die Nucleinsäuren ihrem Vorkommen in allen Zellkernen (Kern = *Nucleus*). Entdeckt wurden sie 1868 von F. MIESCHER in Tübingen bei der Untersuchung von Eiter.

Nucleotide bestehen aus je einem Molekül einer Pentose, einem Phosphorsäurerest und einer stickstoffhaltigen organischen Ringverbindung, die man wegen ihrer schwach basischen Reaktion auch kurz als Base bezeichnet (s. Abb. 130.1). In Nucleinsäuren finden sich hauptsächlich die folgenden fünf Basen: *Adenin* und *Guanin* mit einem Doppelringsystem (*Purin*-Ring) sowie *Cytosin*, *Thymin* und *Uracil* mit einem einfachen Ringsystem (*Pyrimidin*-Ring).

Man unterscheidet zwei Arten von Nucleinsäuren: die *Ribonucleinsäuren* (RNS oder RNA von engl. ribonucleic acid) mit dem Zucker *Ribose* und die *Desoxyribonucleinsäure* (DNA) mit dem Zucker *Desoxyribose*. DNA enthält die vier Basen Adenin, Guanin, Cytosin und Thymin. Ribonucleinsäuren enthalten statt Thymin fast stets Uracil.

Die Verknüpfung der Bausteine zum Nucleotid geschieht immer nach demselben Prinzip: Die Base ist über eines ihrer N-Atome an das erste C-Atom des Zuckers gebunden, das fünfte C-Atom des Zuckers trägt den Phosphorsäurerest.

Bei der Desoxyribose trägt das zweite C-Atom keinen Sauerstoff (daher die Bezeichnung).

In den **Nucleinsäuren** sind die Nucleotide linear in einer Kette angeordnet und durch Phosphorsäurebrücken verknüpft. Base und Zucker ohne Phosphorsäure werden als *Nucleosid* bezeichnet. Für die Nucleoside (und häufig ungenauerweise auch für die Basen allein) verwendet man als Symbol die Anfangsbuchstaben der jeweils beteiligten Basen: A, C, G, T, U.

1.3.6 Porphyrine

Die Porphyrine sind Farbstoffe, deren Moleküle das aus vier Pyrrolringen zusammengesetzte Porphyringerüst besitzen. Zu ihnen gehören das *Chlorophyll* (Blattgrün) mit dem Zentralatom Magnesium und das *Häm* mit dem Zentralatom Eisen (s. Abb. 131.1). Häm ist der farbige Bestandteil des Hämoglobins in den Roten Blutkörperchen, des Myoglobins in den Muskelzellen und der *Cytochrome* (Proteine der Zellatmung); Einige Porphyrine sind Bestandteile von Enzymen.

Das Eisen der Oxidationsstufe +2 wird durch Abgabe eines Elektrons zur Oxidationsstufe +3 oxidiert bzw. durch Aufnahme eines Elektrons wieder reduziert. Das geschieht in den Cytochromen, die Elektronenüberträger sind und Redoxsysteme bilden. Im Hämoglobin bindet das Eisen des Häm-Systems den Sauerstoff ohne Oxidation.

1.3.7 Untersuchungsverfahren der Biochemie

Zur Untersuchung der einzelnen in den Zellen enthaltenen Verbindungen muss man diese voneinander trennen und reinigen. Lösliche Stoffe können aus dem Gewebe mit einem geeigneten Lösungsmittel herausgelöst und dann durch *Chromatografie* getrennt und isoliert werden. Ein einfaches Verfahren ist die Dünnschichtchromatografie. Dazu wird auf eine Glasplatte oder Kunststoff-Folie eine dünne Schicht von Kieselgel, Cellulose o. Ä. aufgebracht. Nahe dem Ende der dünnen Schicht wird der Zellextrakt aufgetropft. Nach dem Trocknen stellt man die Platte in ein geeignetes „Laufmittel", das in der Schicht wandert und die Stoffe des Extraktes verschieden weit mit sich führt. Anschließend werden die aufgetrennten Verbindungen durch chemische Reaktionen, bei denen farbige Verbindungen entstehen, sichtbar gemacht. Für alle biologischen Stoffgruppen gibt es solche spezifischen Farbreaktionen. Untersucht man ein unbekanntes

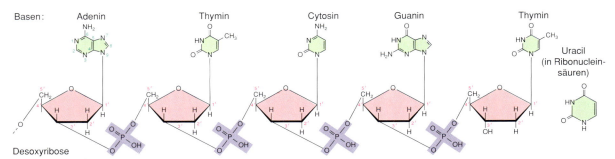

Abb. 130.1: Aufbau einer Polynucleotid-Kette, hier der Desoxyribonucleinsäure (DNA von **D**esoxyribo**n**ucleic **a**cid). Zahlen mit Strich (rot) bezeichnen die C-Atome der Pentose, Zahlen ohne Strich (grün) die Atome der Base. Die Base Uracil (die nur in RNA vorkommt) ist getrennt dargestellt.

Enzyme und Zellstoffwechsel

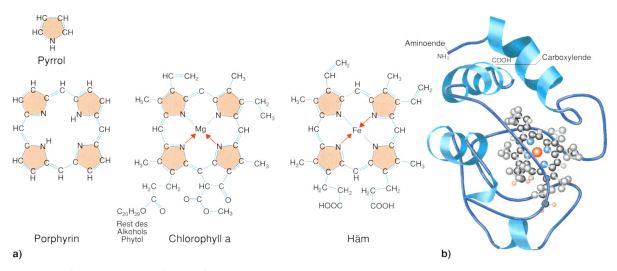

Abb. 131.1: a) Die Porphyrin-Ring-Systeme Chlorophyll und Häm und ihre Bausteine Pyrrol und Porphyrin. Die π-Elektronen der Doppelbindungen sind nicht lokalisiert; sie bilden „Elektronenwolken" auch oberhalb und unterhalb der Ringebene der Moleküle; **b)** Das Häm-System im Cytochrom c (die Raumstruktur des Proteins mit Helix-Strukturen ist dargestellt)

Stoffgemisch, so kann man neben dessen Auftropfstelle auch bekannte Substanzen der entsprechenden Verbindungsgruppe (z. B. Aminosäuren) auftragen. Stoffe, die gleich weit wandern wie die bekannten Substanzen, werden als mit ihnen identisch angenommen.

Zur Trennung komplexer Gemische und zur besseren Unterscheidung der Stoffe bedient man sich oft zweidimensionaler Chromatografie. Dazu wird nach der Auftrennung des Stoffgemisches in einer Richtung die Dünnschichtplatte um 90° gedreht und dann in ein zweites Laufmittel gebracht (Abb. 131.2).

Die früher viel verwendete *Papierchromatografie* (auf Papier) spielt heute keine Rolle mehr; hingegen werden andere chromatografische Verfahren in großem Umfang angewandt; so bestimmt man z. B. verdampfbare Stoffe durch *Gaschromatografie* oder man trennt Stoffe nach der Molekülgröße in einem Polysaccharid-Gel mit feinsten Poren durch *Gelchromatografie*.

Um die chromatografische Trennung zu beschleunigen, wendet man erhöhte Drücke an und presst das Laufmittel durch ein dünnes Stahlrohr, in dem sich eine Trägersubstanz befindet, an der die Auftrennung erfolgt. Dieses Verfahren heißt *Hochdruckflüssig-Chromatografie*.

Proteine sind meistens elektrisch geladen. Deshalb kann man sich zu ihrer Trennung der *Elektrophorese* bedienen (Abb. 132.1). Ein mit Salzlösung getränkter Filtrierpapierstreifen wird zwischen zwei Elektroden ausgespannt und das zu untersuchende Substanzgemisch (z. B. Eiweiß) auf die Streifenmitte aufgetragen. Nach Anlegen einer Gleichspannung wandern negativ geladene Teilchen zur Anode, positiv geladene zur Ka-

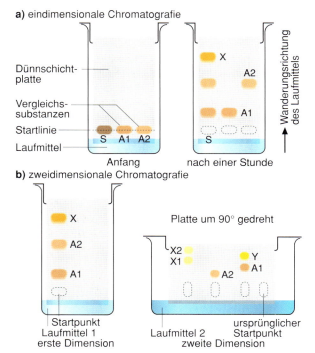

Abb. 131.2: Dünnschichtchromatografie eines Stoffgemisches. **a)** Eindimensionale Chromatografie. S: Stoffgemisch am Startpunkt; A_1 und A_2 reine Aminosäuren als Vergleichsstoffe. Die Chromatografie zeigt, dass das Stoffgemisch die Aminosäuren A_1, A_2 sowie den noch nicht identifizierten Stoff X enthält; **b)** Zweidimensionale Chromatografie. In der ersten Dimension erhält man das von a) bekannte Ergebnis. In der zweiten Dimension zeigt sich, dass X in zwei Stoffe X_1 und X_2 aufspaltet; ebenso ist neben der Aminosäure A_1 noch ein unbekannter Stoff Y zu erkennen, der durch eindimensionale Chromatografie nicht nachzuweisen war.

Stoffwechsel und Energiehaushalt

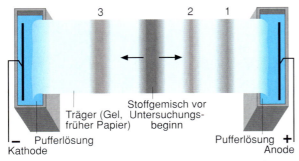

Abb. 132.1: Trennung eines Stoffgemisches durch Elektrophorese. Die Stoffe 1 und 2 (im unteren Bild) sind negativ geladen und wandern verschieden rasch zur Anode. Stoff 3 ist positiv geladen und wandert zur Kathode (das obere Bild zeigt eine Gel-Elektrophorese).

thode. Sie wandern verschieden schnell, je nach Ladung, Größe und Gestalt der Moleküle. Die Unterschiede in der Wanderungsgeschwindigkeit führen zu einer Trennung der Stoffe, die dann durch Farbreaktionen erkannt werden können. Die Elektrophorese wird heute überwiegend mit Kunststoffgelen durchgeführt (*Gel-Elektrophorese*).

Ein wichtiges Verfahren zur Aufklärung von Stoffwechselwegen ist die *Isotopenmarkierung (Tracer-Methode)*. So kann man z. B. mit Hilfe des radioaktiven Kohlenstoffisotops ^{14}C feststellen, welche Stoffe bei der CO_2-Assimilation der Pflanze gebildet werden, indem man dem CO_2-Gas eine geringe Menge radioaktiv markiertes CO_2 beimischt (s. dazu 2.1.3). Mittlerweile gibt es auch Verfahren der nichtradioaktiven Markierung, z.B. mit Fluoreszenzfarbstoffen, für die es hoch empfindliche Nachweise gibt.

1.4 Energiehaushalt (von Zelle und Organismus)

Für alle Lebensvorgänge braucht die Zelle Energie. Für den Stoffaufbau ist chemische Energie, für die Aufrechterhaltung der Körpertemperatur ist Wärme notwendig, die Muskelzellen erzeugen mechanische Energie und die Nervenzellen elektrische Energie. Die von der Zelle benötigte Energie erhält sie durch Umsetzung chemischer Verbindungen, die ihr mit der Nahrung zugeführt werden oder die sie bei Besitz von Chloroplasten durch Fotosynthese aus Lichtenergie gewinnt.

1.4.1 Energieumsatz

Chemische Reaktionen, also auch Stoffwechselreaktionen, sind mit einem Energieumsatz verbunden. Entweder wird bei der Reaktion Energie freigesetzt oder es muss zum Ablauf der Umsetzung Energie aufgenommen werden. Die Energieveränderungen bei chemischen Reaktionen sind am einfachsten zu erkennen an der *Reaktionswärme* (= *Wärmetönung* der Reaktion). Sie ist für viele Reaktionen direkt messbar (z. B. im Kalorimeter). Reaktionen, bei denen Reaktionswärme abgegeben wird, heißen *exotherm*; Reaktionen, bei denen Wärmeenergie zugeführt werden muss, heißen *endotherm*. Durch eine Reaktion ändert sich der Energieinhalt eines chemischen Systems. Das Ausmaß dieser Änderung ist über den Wärmegewinn oder -verlust quantitativ messbar. Die Reaktionswärme bei der Verbrennung von Traubenzucker (Glucose) wird bestimmt, indem man 1 Mol Glucose (180 g) in Gegenwart von reinem Sauerstoff vollständig verbrennt und die freigesetzte Wärmemenge bestimmt. Diese beträgt 2820 kJ:

$C_6H_{12}O_6 + 6\,O_2 \rightarrow 6\,CO_2 + 6\,H_2O; \quad \Delta H = -2820\text{ kJ}$

▶ Die Wärmeenergie, die hierbei an die Umgebung abgegeben wird, ist gleich der Differenz des Energieinhalts (innere Enthalpie) der Ausgangsstoffe und der Endprodukte der Reaktion. Sie heißt *Enthalpieänderung* ΔH. Die molare Enthalpieänderung der Verbrennung von Glucose beträgt also $\Delta H = -2820$ kJ. Das negative Vorzeichen sagt aus, dass Energie bei der Verbrennung an die Umgebung abgegeben und damit dem chemischen System entzogen wird. Beim Verbrennen von Glucose verschwindet deren hoch geordnete räumliche Struktur und es entstehen kleine Moleküle (CO_2, H_2O, zwölf je Glucose) in Form von Gasen mit geringem Ordnungsgrad. Die Entstehung von Ordnung oder von Unordnung bei einer Reaktion muss bei genauer Betrachtung in die Energieüberlegung mit einbezogen werden. Entsteht – wie in unserem Beispiel – Unordnung, so wird mehr Energie frei, als der Reaktionswärme entspricht. Dem trägt man Rechnung durch Einführung der Größe *Entropie*(-änderung) ΔS. Beim Glucose-Abbau treibt die Zunahme der Entropie (der Unordnung) die Reaktion zusätzlich in Richtung der einfachen Moleküle. Den Energiebetrag, den eine bestimmte Glucosemenge maximal zur Verrichtung von Arbeit zur Verfügung stellen könnte, wenn keinerlei Wärmeverluste einträten, bezeichnet man als maximale Nutzarbeit (ΔG). Dieser Wert kann unter tatsächlichen Bedingungen nicht erreicht werden. Infolge der Entropiezunahme ist die maximale Nutzarbeit der Reaktion größer als der ΔH-Wert. Diese maximale Nutzarbeit (unter den physikalischen Bedingungen von

Enzyme und Zellstoffwechsel

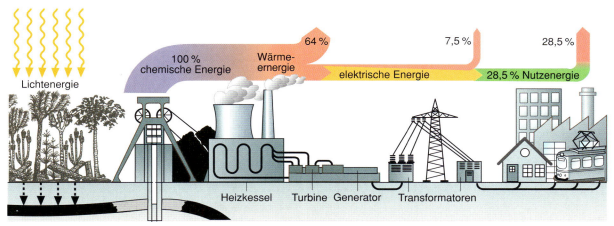

Abb. 133.1: Beispiel für Energieumsetzungen, das den Verlust nutzbarer Energie durch Entstehen von Wärmeenergie zeigt. Das Sonnenlicht liefert Energie, die von Pflanzen zum Aufbau organischer Stoffe genutzt wird. Die so entstandenen Brennstoffe (z. B. Kohlen) werden von Menschen zur Herstellung von Elektrizität genutzt (Nutzeffekt ca. 36 %). Die elektrische Energie dient zum Betrieb von Maschinen, zur Beleuchtung und zur Beheizung und wird dabei letztlich vollständig in Wärme verwandelt. Über 60 % der in Kohle, Erdöl usw. enthaltenen Energie gehen durch Umwandlungsverluste ungenutzt verloren. Die Verluste sind besonders hoch beim Betrieb von Wärmekraftmaschinen.

Zellen) wird als *Änderung der freien Enthalpie* ΔG bezeichnet. Die Reaktionswärme ΔH einer Reaktion ist zusammengesetzt aus der maximalen Nutzarbeit ΔG und der temperaturabhängigen Entropieänderung: $\Delta H = \Delta G + T\Delta S$.

Beim Glucoseabbau ist ΔH negativ (Freisetzung von Energie, bei Abbau von 1 Mol: −2820 kJ) und ΔS positiv (Zunahme der Entropie, $T\Delta S$ bei Zimmertemperatur + 55 kJ). Daher ist ΔG negativer als ΔH (− 2875 kJ), der Betrag der maximalen Nutzarbeit ist also höher als der der Reaktionswärme.

Bei der Verrichtung von Arbeit in Zellen kann Wärmeenergie nicht genutzt werden. Wärmeenergie kann nämlich nur dann Arbeit verrichten, wenn ein Temperatur- und Druckgefälle besteht. Dies zeigen die Wärmekraftmaschinen (Dampfmaschine), bei denen ein Teil der Wärmeenergie in mechanische Arbeit umgewandelt wird (Abb. 133.1).

Bei Reaktionen, die unter Energiefreisetzung ablaufen, erhält ΔG ein negatives Vorzeichen, weil die Energie vom System abgegeben wird. Man nennt solche Reaktionen *exergonische Reaktionen*. Diese laufen „freiwillig" ab. Umsetzungen, die der Energiezufuhr bedürfen, nennt man *endergonisch*; ihr ΔG-Wert ist positiv. Die bei einer exergonischen Reaktion frei werdende Energie kann allerdings nur zum Teil zur Verrichtung von Arbeit genutzt werden (z. B. zum Aufbau neuer Stoffe oder für die mechanische Arbeit der Muskeln). Der Rest wird als Wärme abgegeben und ist somit nicht mehr nutzbar.

Ist die Entropieänderung ΔS positiv, so nimmt die Unordnung zu, ist ΔS negativ, so nimmt der Ordnungsgrad zu.

Bringt man zwei Körper verschiedener Temperatur zusammen, so erfolgt ein Temperaturausgleich. Dieser Vorgang ist nicht umkehrbar (irreversibel), d. h., Wärme geht nicht von selbst von einem kälteren auf einen wärmeren Körper über, obwohl dies nach dem Energieerhaltungssatz möglich wäre. Ebenso sind Diffusionsvorgänge irreversibel. Auch dieser Nichtumkehrbarkeit von Reaktionen trägt die Entropiegröße Rechnung; sie nimmt bei irreversiblen Reaktionen stets zu. Im Organismus kommt es durch die Stoffwechselreaktionen nicht zu einer Zunahme der Entropie, sondern es wird die Ordnung (z. B. der Zellen) aufrechterhalten. Wenn ein Lebewesen durch Vermehrung der Zahl der Zellen (mit geordneten Strukturen) wächst, wird die Ordnung sogar vermehrt. Eine Entropiezunahme erfolgt aber in der Umgebung, da die Lebewesen Energie des Sonnenlichts oder der organischen Nahrung nutzen und in der qualitativ „schlechteren" Energieform der Wärme (mit höherer Entropie) abgeben. Lebewesen bauen ihre Ordnung auf, indem sie die Entropie in ihrer Umgebung vermehren. ◀

1.4.2 Chemisches Gleichgewicht

Die Umsetzungen von Stoffen in der Zelle sind chemische Reaktionen. Die meisten chemischen Vorgänge sind umkehrbar. Eine solche umkehrbare Reaktion bei organischen Stoffen ist z. B. die Umsetzung von Säure und Alkohol zum Ester (s. Abb. 127.2). Führt man die Reaktion in einem abgeschlossenen Gefäß aus, so entsteht aus den Ausgangsstoffen unter Wasserbildung eine bestimmte Menge Ester; daneben bilden sich aber auch Alkohol und Säure aus Ester und Wasser zurück. Es stellt sich (bei gegebener Temperatur) ein Endzustand ein, in dem alle vier Stoffe in bestimmten Mengen vorliegen. Der gleiche Endzustand lässt sich erreichen, wenn man reinen Ester mit Wasser vermischt. Es werden dann Alkohol und Säure durch Esterspaltung (Hydrolyse) gebildet. Den – bei Verwendung gleicher Konzentration der Ausgangsstoffe – stets gleichen Endzustand nennt man den Zustand des chemischen Gleichgewichts. In diesem Gleichgewichtszustand scheint die Reaktion stillzustehen, weil die Umsetzungen in beiden Richtungen gleich rasch verlaufen. Ein Enzym erhöht (wie jeder Katalysator) die Reaktionsgeschwindigkeit, verändert aber die Gleichgewichtslage nicht (s. 1.2.2).

Wenn man hingegen aus dem chemischen System fortwährend einen der Stoffe entnimmt (im Beispiel etwa das Wasser ständig entfernt), so kann sich das Gleichgewicht nicht einstellen und die Reaktion läuft immer weiter in einer Richtung ab (bis die Ausgangsstoffe vollständig umgesetzt sind). Infolge der fortgesetzten Entnahme einer Komponente aus der Reaktion (oder der Zuführung) liegt kein geschlossenes System mehr vor, sondern ein offenes System. In offenen Systemen stellen sich chemische Gleichgewichte nicht ein, wenn Stoffe zugeführt oder entnommen werden.

1.4.3 ATP als Energieüberträger

In der Zelle laufen nicht nur Reaktionen ab, bei denen Energie freigesetzt wird (wie z. B. der Glucose-Abbau), sondern auch solche, die Energie benötigen (endergonische Reaktionen, z. B. der Aufbau eines Proteins aus den Aminosäuren). Dies ist dann möglich, wenn die endergonische Reaktion mit einer exergonischen verknüpft wird, die mehr Energie liefert, als die endergonische benötigt. Dann ist der Energieumsatz beider gekoppelter Reaktionen in der Summe exergonisch (s. Tab. 135.1).

Nun laufen aber endergonische Reaktionen in der Zelle nicht genau dort ab, wo die exergonischen (z. B. Glucose-Abbau) erfolgen. Zwischen dem exergonischen Glucose-Abbau und der endergonischen Reaktion (z. B. des Proteinaufbaus) lässt sich aber eine Kopplung herstellen. Dazu muss beim Abbau der Glucose ein Zwischenprodukt entstehen, das beweglich ist und an die Orte des Bedarfs transportiert werden kann. Dort kann die bei der Bildung des Stoffes aufgenommene Energie durch Abbau des energiereichen Stoffes wieder freigesetzt werden. Für die Kopplungsreaktion benutzt die Zelle in den meisten Fällen die Bildung von Adenosintriphosphat (ATP) aus Adenosindiphosphat (ADP) und einem Phosphorsäurerest (P$_i$, i steht für inorganic = anorganisch, s. Tab. 135.1). Diese Reaktion ist endergonisch und nimmt in der Zelle frei werdende Energie auf. Die umgekehrte Reaktion

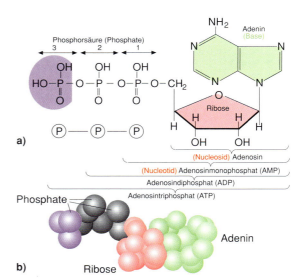

Abb. 134.1: a) Aufbau von Adenosintriphosphat, ATP; **b)** das ATP-Molekül, 30millionenfach vergrößert (Kalottenmodell)

ATP → ADP + P$_i$ ist nach dem Gesetz der Energieerhaltung exergonisch (ΔG = – 30 kJ/mol; Standardwert bei einmolarer ATP-Lösung; unter den tatsächlichen Konzentrationsverhältnissen der Zelle ist ΔG noch stärker negativ).

Die exergonische Reaktion der ATP-Spaltung kann mit irgendeiner endergonischen Reaktion (z. B. Proteinaufbau oder Bindung von Phosphat an Glucose mit Hilfe der Hexokinase, Abb. 123.1 und Tab. 135.1) gekoppelt werden und ermöglicht deren Ablauf.

In Formeln der Biochemie wird die Phosphorsäure mit dem Zeichen P$_i$, ein gebundener Phosphorsäurerest jedoch durch P ausgedrückt. Das Zeichen ~ gibt eine *energiereiche Bindung* an. Es weist darauf hin, dass die so gebundenen Atomgruppen leicht mit anderen Stoffen unter Freiwerden von Energie reagieren und dabei endergonische Reaktionen ermöglichen.

▶ Die Bezeichnung „energiereiche Bindung" meint allerdings nicht, dass die Energie ausschließlich in einer chemischen Bindung stecke und bei der Spaltung dieser Bindung freigesetzt würde. Sie drückt nur aus, dass zwischen dem Energiegehalt der reagierenden Substanz ATP und dem Energiegehalt der Reaktionsprodukte ADP und P$_i$ eine verhältnismäßig hohe Energiedifferenz besteht. ◀

Weil sich ATP bei Energiezufuhr leicht aufbauen und unter Freisetzung dieser Energie auch leicht wieder abbauen lässt, ist die Verbindung geeignet, Energie von einer Reaktion auf die andere zu übertragen. ATP ist in allen Zellen vorhanden; seine Konzentration in

(1)	Glucose + Phosphorsäure	$\rightarrow$ Glucose~Phosphat + H_2O	Energiezufuhr:	$\Delta G = 13\ kJ/mol$
(2)	ATP + H_2O	$\rightarrow$ ADP + Phosphorsäure (P_i)	Energieabgabe:	$\Delta G = -30\ kJ/mol$
(3)	Glucose + ATP	$\rightarrow$ Glucose~Phosphat + ADP	Energieüberschuss:	$\Delta G = -17\ kJ/mol$

Tab. 135.1: Energieumsatz bei der Bildung von Glucosephosphat

der Zelle liegt bei 0,5–2,5 mg/cm^3 Gewebe. Die Lebensdauer eines einzelnen ATP-Moleküls ist sehr kurz. Beim Abbau der durchschnittlichen Nahrungsmenge, die der Mensch in einem Tag aufnimmt, wird so viel Energie freigesetzt, dass damit 85 kg ATP gebildet werden könnten. Da der menschliche Körper zu jedem Zeitpunkt aber nur 35 g ATP enthält, müssen seine ATP-Moleküle täglich etwa 2400-mal aus ADP aufgebaut und wieder zu ADP abgebaut werden. Das ATP hat eine hohe Umsatzrate (turn-over).

▶ Adenosintriphosphat ist ein Nucleotid, das aus der Base Adenin, dem Zucker Ribose und drei Phosphorsäureresten aufgebaut ist (s. Abb. 134.1). Die bei der Verknüpfung von Phosphorsäure und Adenosin aufgenommene Energie macht ATP zu einer energiereicheren Verbindung. Ebenso wie Adenosin werden auch viele andere am Zellstoffwechsel beteiligten Stoffe (z. B. alle Monosaccharide) mit Phosphorsäure verestert; man nennt dies *Phosphorylierung*. Die dafür aufzuwendende Energie macht die phosphorylierten Verbindungen energiereicher und reaktionsbereit. Die Stoffe werden durch Phosphorylierung „aktiviert". Durch die Wirkung der Hexokinase überträgt ATP einen Phosphatrest auf Glucose; es entsteht das reaktionsfähige Glucosephosphat (Abb. 123.1). ◀

Ein sehr empfindlicher Nachweis für ATP macht davon Gebrauch, dass es einige Organismen gibt, die Energie in Form von Licht freisetzen können. Das Licht entsteht durch Oxidation besonderer Leuchtstoffe (die unabhängig von ihrer chemischen Struktur *Luciferin* genannt werden) mit Hilfe eines Enzyms *(Luciferase)*. Das aus dem amerikanischen Leuchtkäfer *Photinus* gewonnene, käufliche Luciferin-Luciferase-Gemisch leuchtet im Dunkeln auf, wenn als Energiequelle ATP hinzugefügt wird. Die Intensität des entstehenden Lichtes hängt von der ATP-Konzentration ab und lässt sich mit einer Fotozelle messen. Da alle lebenden Zellen ATP bilden, lässt sich dieses Verfahren auch dazu nutzen, das Vorhandensein von Lebewesen nachzuweisen. Bei der Marssonde ergab diese Methode keinen Hinweis auf Leben (das ATP nutzt).

Unbekannt ist die Funktion des von begeißelten Einzellern verursachten Meeresleuchtens. Bei den Leuchtkäfern (dazu gehört das einheimische „Glühwürmchen") dient das Leuchten dem Sexualverhalten.

1.4.4 Grundumsatz

Ein Organismus muss selbst bei völliger äußerer Untätigkeit zur Aufrechterhaltung seiner Zellstrukturen und damit für die Erhaltung der Zell-, Gewebsund Organfunktionen Energie aufwenden (s. 1.4.1). Den dafür erforderlichen Energieaufwand nennt man Grundumsatz. Um ihn bestimmen zu können, muss man die Nährstoffe kennen, die veratmet werden. Welcher Nährstoff jeweils bevorzugt zur Energiegewinnung benutzt wird, erkennt man am so genannten *Respiratorischen Quotienten*. Als Respiratorischen Quotienten bezeichnet man das Verhältnis des Volumens des ausgeatmeten Kohlenstoffdioxids zum verbrauchten Sauerstoff ($CO_2 : O_2$). Bei alleiniger Oxidation von Kohlenhydraten ist er gleich 1, weil die Kohlenhydrate schon so viel Sauerstoff im Molekül enthalten, wie zur Oxidation ihres Wasserstoffs nötig ist.

$$C_6H_{12}O_6 + 6\,O_2 \rightarrow 6\,CO_2 + 6\,H_2O$$

Fette enthalten weniger Sauerstoff. Bei ihrer Oxidation bindet deshalb ein Teil des eingeatmeten Sauerstoffs an Wasserstoff unter Bildung von Wasser. Der Respiratorische Quotient ist kleiner als 1. So würde die Oxidation von Palmitinsäure den Respiratorischen Quotienten $CO_2 : O_2 = 16 : 23 = 0{,}7$ ergeben:

$$C_{15}H_{31}COOH + 23\,O_2 \rightarrow 16\,CO_2 + 16\,H_2O$$

Der Respiratorische Quotient gibt daher Auskunft darüber, aus welchen Stoffarten der Körper hauptsächlich seine Energie gewinnt. Weiß man, welche Stoffe oxidiert wurden, kann man aus der Höhe des Sauerstoffverbrauchs oder der CO_2-Bildung den Energieumsatz bestimmen.

Der *Grundumsatz* ist beim jugendlichen Organismus höher als beim erwachsenen, bei lebhaften Tieren größer als bei ruhigen, bei Gleichwarmen erheblich größer als bei Wechselwarmen. Für den erwachsenen Menschen beträgt der Grundumsatz etwa 4 kJ je kg Körpergewicht und Stunde. Jede darüber hinausgehende Leistung verlangt einen höheren Energieaufwand. Dieser zusätzliche Energieumsatz heißt *Leistungsumsatz*. Er hängt von der verrichteten Arbeit ab und ist bei Muskelarbeit am größten, bei geistiger Arbeit am geringsten. Leichte körperliche Arbeit erfordert beim Menschen an Ergänzung zum Grundumsatz etwa 200 kJ/h, schwere Arbeit 800 kJ/h.

136 Stoffwechsel und Energiehaushalt

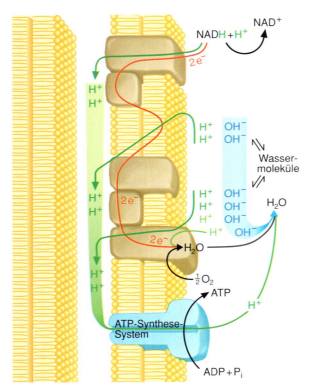

Abb. 136.1: ATP-Bildung an einer Membran. Durch eine festgelegte Anordnung einer Elektronentransportkette werden auf einer Seite der Membran (links) H⁺ freigesetzt, auf der anderen Seite (rechts) gebunden. So entsteht eine Ladungs- und pH-Differenz quer zur Membran. Diese wird zur ATP-Bildung genutzt (s. auch Abb. 152.2).

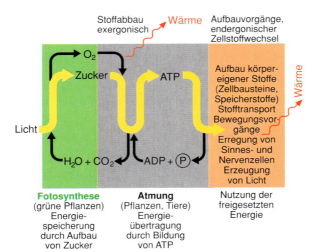

Abb. 136.2: Schema des Energieumsatzes in Organismen. Durch Abbau energiereicher Stoffe wird Energie in der Zelle freigesetzt. Pflanzen verwenden dazu Assimilate, Tiere die aufgenommene Nahrung. Mit der ständigen Aufnahme und Abgabe von Stoffen (Materiefluss) ist ein Energiefluss verbunden, der die Lebensfunktionen aufrechterhält. Im Schema ist nur der Auf- und Abbau von Zuckern angegeben; Auf- und Abbau von Proteinen und Fetten wurden weggelassen.

▶ 1.4.5 ATP-Bildung

ATP-Bildung erfolgt bei verschiedenen Reaktionen in der Zelle, die sich aber auf nur zwei Grundtypen zurückführen lassen. In einem Fall wird ein Phosphatrest von einer organischen Verbindung, die einen energiereichen Phosphatrest trägt, auf das ADP übertragen. Im anderen Fall wird aus ADP und anorganischem Phosphat mithilfe eines membrangebundenen Enzyms ATP gebildet. Die erforderliche Energie stammt dabei aus Redoxreaktionen (Abb. 136.1).

Oxidation ist die Abgabe, Reduktion die Aufnahme von Elektronen. Eine Oxidation ist stets mit einer Reduktion verknüpft, da bei der Abgabe von Elektronen durch ein Teilchen ein anderes vorhanden sein muss, das Elektronen aufnimmt; man spricht deshalb von *Redoxreaktionen*. Der Reaktionspartner, der reduziert, bildet zusammen mit dem Reaktionspartner, der oxidiert, ein Redoxsystem. Redoxreaktionen sind im Stoffwechsel des Organismus sehr zahlreich und können in Kette hintereinander geschaltet sein, wobei Energie freigesetzt wird. Eine geeignete Anordnung von Redoxreaktionsketten in einer Membran führt dazu, dass auf der einen Membranseite Protonen (bzw. H_3O^+-Ionen) abgegeben werden, auf der anderen Seite hingegen gebunden werden. Die Folge ist der Aufbau einer Ladungsdifferenz und damit eines Potentials quer zur Membran und gleichzeitig – da es sich um H_3O^+ handelt – der Aufbau einer pH-Differenz. In der Ladungs- und pH-Differenz steckt Energie; diese wird nun zur ATP-Bildung genutzt. Das ATP bildende Enzym ist mit einem Membrankanal für Protonen verbunden. Jene wandern entsprechend dem Ladungs- und Konzentrationsgefälle und liefern dem Enzym die Energie. Man kann diese Art der Energiegewinnung mit Wasser vergleichen, das den Berg herabläuft und eine Turbine treibt. Ebenso wie man mit elektrischem Strom die Turbine als Pumpe betreiben und Wasser wieder hochpumpen kann, so ist es auch möglich, durch Spaltung von ATP verschiedene Ionen (z. B. H^+-Ionen, K^+- und Na^+-Ionen) durch eine Membran gegen ein Konzentrationsgefälle zu transportieren. Man spricht dann von *aktivem Ionentransport*. ◀

1.5 Stoffwechselketten und Fließgleichgewicht

Der Aufbau, Umbau und Abbau der Stoffe in der Zelle (Abb. 136.2) verläuft in Form aufeinander folgender Reaktionsschritte, wobei die Produkte einer Reaktion die Ausgangsstoffe für eine oder mehrere anschließende Reaktionen sein können. Die Stoffwechselreaktionen bilden also Ketten.

A, B, C . . . sind die an den Reaktionen beteiligten Stoffe. Jedes Produkt der Stoffwechselkette wird weiter umgesetzt. Allerdings hat jede Stoffwechselkette einen Anfang und ein Ende. Die Reaktionskette beginnt dann, wenn die Zelle aus ihrer Umgebung Stoffe aufnimmt, und sie endet, wenn sie Endprodukte der Reaktionsfolge an die Umgebung abgibt. Soweit die Ausgangsstoffe A und B ständig von außen nachfließen und die Endprodukte andauernd abgegeben werden, entsteht ein Gleichgewichtszustand, der durch die Geschwindigkeit von Zu- und Abfluss der Stoffe und der Geschwindigkeit der Teilreaktionen bestimmt wird. Man nennt diesen Zustand ein *Fließgleichgewicht* (steady state). Im Fließgleichgewicht erreichen die Teilreaktionen nicht den Zustand ihres jeweiligen chemischen Gleichgewichts!

Einzelne Enzymreaktionen lassen sich mit isolierten Enzymen im Reagenzglas *(in vitro)* durchführen und auf diese Weise untersuchen: Oft gelingt dies sogar für ganze Stoffwechselketten. Die Untersuchung von Vorgängen in der lebenden Zelle *(in vivo)* ist dagegen meist schwierig, da infolge der vielfachen Stoffwechselbeziehungen (Stoffwechselvernetzung) über Zwischenstoffe praktisch „jedes auf alles" wirkt.

1.6 Signalketten

Alle Zellen erhalten über die Verhältnisse in ihrer Umgebung Informationen. So kann ein Einzeller Nahrungs- oder Giftstoffe der Umgebung unterscheiden. Jede Zelle eines Vielzellers benötigt Information über Vorgänge in anderen, z. T. weit entfernten Zellen. Dazu werden Botenstoffe (z. B. Hormone, Wachstumsfaktoren, *s. Hormone 2 und Entwicklungsbiologie 2*) gebildet und im Organismus verteilt. Viele Fremdmoleküle und die meisten der Botenstoffe werden nicht in die Zellen aufgenommen, sondern an Rezeptoren der Zellmembran gebunden. Die *Rezeptoren* sind Membranproteine, die fest in der Membran verankert sind und durch die Zellmembran hindurchreichen. Moleküle, die auf der Membranaußenseite an einen Rezeptor binden, bezeichnet man als dessen Liganden. Durch Anwendung radioaktiv markierter Liganden wurde gezeigt, dass es eine große Zahl unterschiedlicher Rezeptoren in der Zellmembran jeder Zelle gibt und dass von jeder Sorte zwischen 500 und 100 000 je Zelle vorhanden sind.

Die Rezeptoren lassen sich nach Art der Weitergabe des Signals in die Zelle in drei Gruppen einteilen:

1. Der Rezeptor ist mit einem Ionenkanal in der Membran verknüpft oder ist selbst Teil eines Ionenkanals. Seine Aktivierung führt zu einem Transport von Ionen.

2. Der Rezeptor wirkt auf der cytoplasmatischen Seite als Enzym und aktiviert seinerseits ein bewegliches Enzym.

3. Der Rezeptor ist mit einer Signalkette verknüpft, in der verschiedenartige Signalmoleküle nacheinander lawinenartig vermehrt werden. Dies bedeutet eine Verstärkung des Informationsflusses; sie ist erforderlich, weil das Cytoplasma oft eine sirupartige Beschaffenheit hat, sodass der Transport einzelner Signalmoleküle quer durch die Zelle durch Diffusion zu langsam und unsicher wäre. Wenn hingegen ein Signalmolekül nur eine kurze Strecke zurücklegt, dann seinerseits ein Enzym aktiviert und dieses in kurzer Zeit etliche 100 neue Signalmoleküle der zweiten Stufe produziert, die dann wieder ein Enzym aktivieren, so wird die Information schnell und sicher zum Empfänger geleitet. Wichtig ist es, dass anschließend die Signalübertragung wieder abgeschaltet wird.

Die Signalmoleküle sind spezifisch gebaut, sodass keine Verwechslungen stattfinden. Sie werden in der Zelle durch eine rasche Reaktion aus Vorstufen hergestellt. So entsteht aus dem überall verfügbaren ATP das Signalmolekül *cyclisches Adenosinmonophosphat* (cAMP; ATP dient hier nicht als Energielieferant!). Andere Signalmoleküle sind cyclisches Guanosinmonophosphat (cGMP) und Inositoltrisphosphat (IP$_3$).

Wie funktionieren nun solche Signalketten? Die Rezeptoren treten an ihrer cytoplasmatischen Oberfläche mit Proteinen in Wechselwirkung, die man als *G-Proteine* bezeichnet, weil sie aufgrund der Einwirkung des Rezeptors ein Molekül Guanosintriphosphat (GTP) binden und so aktiv werden. GTP ist ähnlich gebaut wie ATP, aber gestaltlich so verschieden, dass es von Enzymen nicht damit verwechselt wird. Es gibt eine größere Zahl verschiedener G-Proteine (aber weniger als Rezeptortypen). Sie haben unterschiedliche Funktionen: Einige aktivieren beispielsweise das Enzym der cAMP-Bildung, andere hemmen diese Reaktion; wieder andere wirken auf ganz andere Enzyme.

Da ein einziges aktiviertes Rezeptormolekül mehrere G-Proteine einer Sorte aktiviert, wird schon bei dieser Reaktion eine Verstärkung erreicht.

Das cAMP reagiert mit Proteinen, die eine Bindungsstelle für dieses Molekül besitzen. Solche Proteine können Ionenkanäle in Membranen sein oder Enzyme, die ihrerseits andere Enzyme aktivieren oder inaktivieren. Wie dadurch eine Verstärkung zustande kommt, lässt sich an einem Beispiel zeigen (Abb. 138.1): Ein aktives Rezeptormolekül aktiviert (in einer bestimmten Zeit) zehn G-Protein-Moleküle. Jedes davon setzt ein Molekül des cAMP produzierenden Enzyms in Tätigkeit.

Stoffwechsel und Energiehaushalt

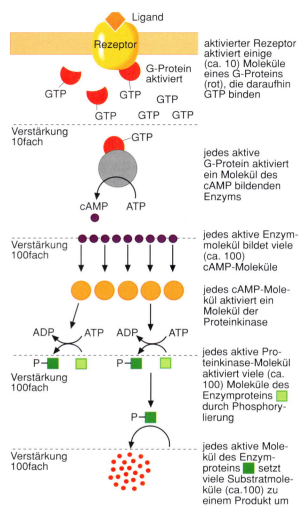

Abb. 138.1: Verstärkung in einer Signalkette. Ein Ligand aktiviert einen Rezeptor in der Zellmembran, dadurch wird die Signalkette in Gang gesetzt.

Jedes von diesen Enzymmolekülen katalysiert die Bildung von 100 cAMP-Molekülen. Jedes cAMP aktiviert nun ein Molekül einer Proteinkinase, und diese Moleküle bringen dann je 100 Enzymmoleküle durch Phosphorylierung in einen aktiven Zustand. Diese Enzymmoleküle schließlich setzen z. B. 100 Zuckermoleküle frei. Die Verstärkung ist somit $10 \cdot 100 \cdot 100 \cdot 100 = 10^7$ fach. Durch Einschaltung eines weiteren Proteinkinase-Schrittes (die aktivierte Proteinkinase aktiviert wieder eine Proteinkinase und diese das Enzym des Stoffwechsels) wird eine weitere ca. 100fache Verstärkung erreicht. Bei der besonders wichtigen Regulation der Zellteilung sind in der Signalkette sogar drei Proteinkinasen hintereinander geschaltet. Dies bedeutet infolge der zusätzlichen Verstärkung hohe Sicherheit. Allerdings kann es durch eine kleine Strukturveränderung im G-Protein am Beginn der Signalkette dazu kommen, dass keine Abschaltung mehr erfolgt. Dann wird die Zellteilung nicht mehr kontrolliert; es entstehen Tumore (s. Genetik 4.3.4).

Die Abschaltung der Signalkette erfolgt häufig dadurch, dass die G-Proteine das GTP spalten und sich so wieder inaktivieren. Das inaktive Protein bleibt zunächst am Rezeptor gebunden und löst sich erst allmählich ab. Eine erneute Aktivierung erfolgt, wenn der Rezeptor auf der Außenseite ein neues Molekül des Liganden bindet. Die GTP-Spaltung wird durch das Gift der Cholerabakterien verhindert; dadurch bleiben Signalketten aufrechterhalten, und in den zuerst betroffenen Darmzellen führt dies zu außerordentlichem Ionen- und Wasserverlust. – Signalketten können auch an anderer Stelle abgeschaltet werden, z. B. durch Abbau von cAMP oder Phosphatabspaltung aus phoshorylierten Proteinen. Für diese Phosphatabspaltung gibt es spezifische Enzyme (Phosphatasen), die ihrerseits durch andere Signalketten reguliert sein können.

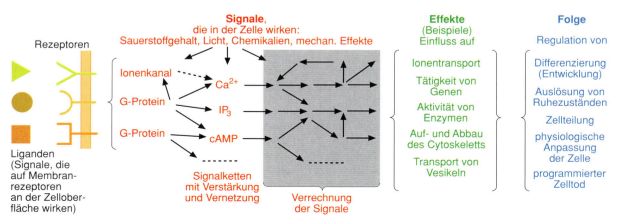

Abb. 138.2: Aufgaben der Signalketten im Zellgeschehen

Enzyme und Zellstoffwechsel

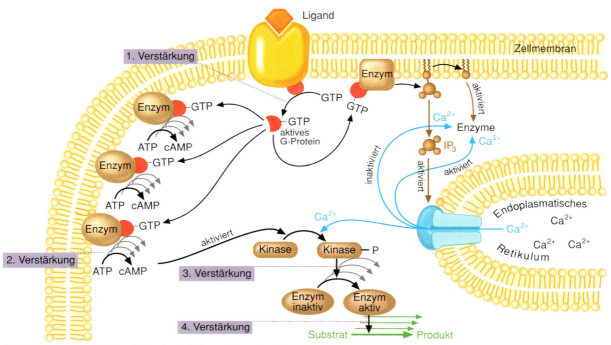

Abb. 139.1: Beispiele für Signalketten in der Zelle und deren Vernetzung

Das erwähnte Inositoltrisphosphat (IP$_3$) veranlasst seinerseits die Freisetzung von Ca^{2+}-Ionen aus dem ER (Abb. 139.1). Ca^{2+}-Ionen sind wegen ihrer Kleinheit sehr geeignete Signalvermittler. Ca^{2+} bindet an Enzyme und aktiviert diese, andere Enzyme werden durch Ca^{2+} inaktiviert und so Signalketten „abgeschaltet". Manche Enzyme werden sowohl durch cAMP wie durch Ca^{2+} reguliert; so werden Signalketten vernetzt. Wird das IP$_3$ abgebaut, so wird Ca^{2+} wieder ins ER zurückgepumpt. Dieses System und die hintereinander geschalteten Proteinkinasen bilden ein zentrales Verrechnungssystem, in dem der Informations-Input vieler Signalketten zusammentrifft und die Reaktion der Zelle auslöst. So reguliert ein komplexes Netzwerk von Signalen das Zellgeschehen (s. Abb. 138.2).

Bei der Bildung von IP$_3$ aus Membranlipiden werden Fettsäuren freigesetzt. Einige davon reagieren zu Folgeprodukten, die ebenfalls regulatorische Funktionen haben. Zu diesen gehören die Prostaglandine, die den cAMP-Gehalt erhöhen und dadurch Entzündungen auslösen können *(s. Immunbiologie 2.2)*. Das Arzneimittel Aspirin (= Acetylsalicylsäure) hemmt die Prostaglandin-Bildung und greift so in das Signalnetz ein. Eine genaue Kenntnis der Signalnetze der verschiedenen Zelltypen ermöglicht gezielte medizinische Eingriffe. Daher wird ihre genaue Aufklärung, auch der quantitativen Beziehungen, intensiv betrieben.

▶ Wenn ein Rezeptor infolge Ligandenüberschuss dauernd aktiv bleibt, schützt sich die Zelle gegen „Überlastung" oft durch eine kleine Veränderung der Raumstruktur des zugehörigen G-Proteins, sodass dieses nicht mehr wirksam wird (Desensibilisierung). Dann verringert sich aber auch die Empfindlichkeit gegenüber anderen Liganden, die über andersartige Rezeptoren wirken, jedoch das gleiche G-Protein nutzen. Dies ist Ursache verschiedener Drogenabhängigkeiten. Morphin und Heroin binden an Rezeptoren, deren G-Proteine die cAMP-Bildung in einigen Gehirnbereichen hemmen. Normalerweise wirken auf diese Rezeptoren Endorphine *(s. Neurobiologie 1.8)*, welche die Schmerzempfindlichkeit verringern. Durch die Drogen geschieht dies ebenfalls und es werden angenehme Gefühle ausgelöst. Jedoch werden infolge Überlastung die G-Proteine desensitiviert. Die Endorphine sind dann nicht mehr wirksam und von der Droge wird fortlaufend mehr erforderlich, um die cAMP-Menge herabzusetzen und so die steigende Schmerzempfindlichkeit zu dämpfen. Hört die Drogenzufuhr auf, so steigt der nun nicht mehr kontrollierte cAMP-Gehalt drastisch an und es kommt zu Entzugserscheinungen, die umso ausgeprägter sind, je stärker die Desensitivierung ist. Durch die Proteinsynthese in der Zelle bilden sich allmählich neue, nicht desensitivierte G-Proteine nach – ohne diesen Vorgang könnte ein Entzug physisch nicht erfolgreich sein. ◀

2 Energie- und Stoffgewinn autotropher Lebewesen

2.1 Fotosynthese

Grüne Pflanzen besitzen die Fähigkeit, aus Kohlenstoffdioxid und Wasser Kohlenhydrate aufzubauen und dabei Sauerstoff abzugeben. Bei diesem Vorgang dient Licht als Energiequelle; man bezeichnet ihn daher als Fotosynthese. Dadurch kommt die Bildung neuer Biomasse (Primärproduktion) zustande *(s. Ökologie 1.2.1).* Summarisch gilt:

$6\,CO_2 + 6\,H_2O \rightarrow C_6H_{12}O_6 + 6\,O_2; \quad \Delta G = +2875\,kJ$

Aufgrund der Untersuchung der Lichtabhängigkeit der Fotosynthese (s. Abb. 45.2) kann man Primärvorgänge (Umwandlung der Lichtenergie in chemische Energie) und Sekundärvorgänge (Aufbau von Kohlenhydraten durch Bindung von Kohlenstoffdioxid) unterscheiden.

2.1.1 Blattfarbstoffe und Lichtabsorption

Die Fotosynthese beginnt mit der Absorption von Licht durch Farbstoffe, die im Membransystem der *Chloroplasten* an Proteine gebunden vorliegen (s. Abb. 143.1). In diesen Membranen laufen alle Primärvorgänge ab.

Bau der Chloroplasten. Chloroplasten sind bei den Blütenpflanzen linsenförmige Organellen von 2–8 µm Länge, die oft zu Hunderten in einer Zelle liegen (Abb. 140.2). Sie sind von einer Hülle (die aus zwei Membranen besteht) begrenzt. Die innere Hüllmembran schnürt zahlreiche, lamellenartig flach gedrückte Membransäckchen (Thylakoide) in den Innenraum des Chloroplasten ab (s. Abb. 140.1 und 143.1). Sie sind oft wie Münzen in einer Geldrolle gestapelt. Diese Thylakoidstapel heißen *Grana* (Einzahl *Granum*), sie liegen in der Grundsubstanz des Chloroplasten, der *Matrix* (= *Stroma*).

Isolierte Chloroplasten erzeugen bei Belichtung Sauerstoff und Kohlenhydrate, sind also auch außerhalb der Zelle noch fotosynthetisch aktiv. Sie enthalten demnach alle für die Fotosynthese benötigten Enzyme.

Die von der Sonne ausgehenden Lichtstrahlen lassen sich als elektromagnetische Wellen auffassen. Manche Eigenschaften des Lichtes werden allerdings besser verständlich, wenn man Lichtstrahlen als einen Strom winziger Energieteilchen betrachtet; man nennt diese Teilchen Lichtquanten oder Photonen. Die Vorstellung vom Licht als Strom von Lichtquanten erweist sich für die Untersuchung der Lichtabsorption durch Moleküle als vorteilhaft. Die Energie eines Lichtquants ist von der Frequenz und damit auch von der Wellenlänge des Lichtes abhängig. Quanten des kurzwelligen Lichtes sind energiereicher als Quanten des langwelligen.

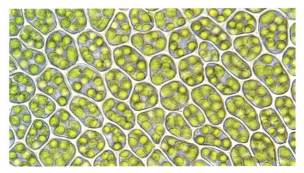

Abb. 140.2: Chloroplasten in Blattzellen des Mooses *Mnium*, Vergrößerung ca. 1000fach

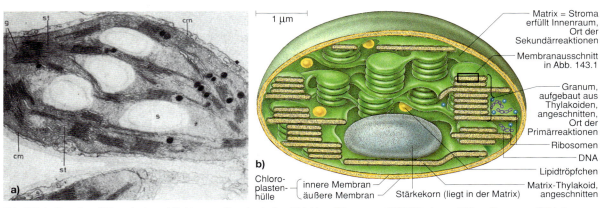

Abb. 140.1: Bau eines Chloroplasten. **a)** Elektronenmikroskopisches Bild, Vergrößerung ca. 150000fach; cm Hülle, g Granum, s Stärkekorn, st Matrix-Thylakoid; **b)** Schema des Baus

Blattfarbstoffe. Ihre Bedeutung für die Fotosynthese ergibt sich aus folgendem Versuch: Man belichtet ein panaschiertes (weißgrün geflecktes) Blatt einige Stunden lang und extrahiert anschließend die Blattfarbstoffe. Dann setzt man Iod-Iodkalium-Lösung zu; dadurch färbt sich gebildete Stärke blau *(s. Abb. 44.1)*. Im Versuch stellt man fest, dass sich Stärke nur an den vorher grünen Stellen gebildet hat.

Zur Untersuchung der Blattfarbstoffe müssen diese in reiner Form gewonnen werden. Man extrahiert sie mit einem geeigneten Lösungsmittel aus den Blättern und trennt sie dann durch *Dünnschichtchromatografie* voneinander (s. 1.3.7). Im Chromatogramm erkennt man *Chlorophyll a* und *b* sowie mehrere rötlich bis gelb gefärbte *Carotinoide* (Carotine und Xanthophylle) (Abb. 141.1). Ihr Absorptionsvermögen bei den verschiedenen Wellenlängen lässt sich ermitteln, indem man das Licht spektral zerlegt und die einzelnen Anteile des Spektrums durch eine Lösung der Blattfarbstoffe schickt. So erhält man ein *Absorptionsspektrum* für die Farbstoffe. Ebenso kann man Absorptionsspektren der getrennten Farbstoffe erhalten. Chlorophylle absorbieren vor allem im blauen und roten Bereich und reflektieren grünes Licht. Daher erscheinen Chlorophylle und chlorophyllhaltige Pflanzenteile grün.

▶ Licht verschiedener Wellenlänge ist für die Fotosynthese unterschiedlich wirksam. Dies konnte ENGELMANN schon im vergangenen Jahrhundert durch einen Versuch mit Bakterien (Abb. 141.2) nachweisen. Er projizierte ein durch ein Prisma erzeugtes Spektrum auf einen Algenfaden. Je stärker die fotosynthetische Wirksamkeit eines Spektralbereiches war, desto mehr Sauerstoff entstand an diesem Abschnitt durch die Fotosynthese. Zugesetzte Sauerstoff liebende Bakterien sammelten sich besonders dort an, wo Sauerstoff reichlich gebildet wurde. Die Menge der Bakterien diente also als Maß für die Fotosyntheseleistung.

Vergleicht man die Bereiche, in denen sich die meisten Bakterien sammelten, mit dem Absorptionsspektrum von Chlorophyll, so erkennt man, dass die Bereiche hoher fotosynthetischer Aktivität mit den Absorptionsmaxima von Chlorophyll im Rot- und Blaubereich zusammenfallen. Bestrahlt man Pflanzen mit Licht verschiedener Wellenlänge und bestimmt aus der gebildeten Sauerstoffmenge die Fotosyntheserate für jede Wellenlänge, so erhält man das *Wirkungsspektrum der Fotosynthese*. Es stimmt mit dem Absorptionsspektrum der Chlorophylle weitgehend überein. Dies beweist, dass Chlorophylle die wichtigsten Farbstoffe der Fotosynthese sind.

Im Bereich zwischen 450 und 500 nm weichen Wirkungsspektrum der Chlorophylle und Absorptionsspektrum voneinander ab. In diesem Bereich absorbieren die Farbstoffe aus der Gruppe der Carotinoide. Davon tragen einige zur Fotosynthese bei, indem sie Energie auf Chlorophyll a übertragen. Auch Chlorophyll b überträgt die Energie des absorbierten Lichts auf Chlorophyll a. ◀

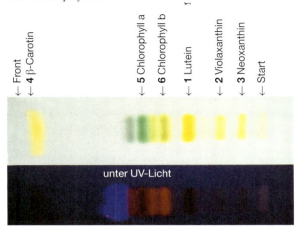

Abb. 141.1: Chromatogramm der Blattfarbstoffe der Erbse. **1–3** sind Xanthophylle. Wichtigstes Carotin ist das β-Carotin **(4)**. Unter UV-Licht ist die Fluoreszenz der Chlorophylle zu erkennen **(5, 6)**: Kieselgel-Dünnschichtplatte; Laufmittel Methanol: Aceton: H₂O 30:20:1

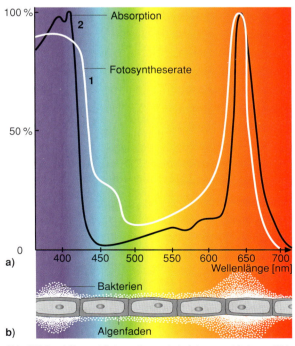

Abb. 141.2: a) Kurve 1 Fotosyntheserate bei den verschiedenen Wellenlängen – Wirkungsspektrum der Fotosynthese (Fotosyntheserate gemessen als Menge freigesetzten Sauerstoffs); Kurve 2 Absorptionsspektrum von Chlorophyll a; **b)** ENGELMANNscher Bakterienversuch. Man sieht, dass die Hauptabsorptionsbereiche von Chlorophyll a fotosynthetisch besonders wirksam sind.

2.1.2 Die Primärvorgänge der Fotosynthese

Die Primärreaktionen (lichtabhängig) wandeln Lichtenergie in chemische Energie um. Dies geschieht durch Reaktionen, die in den Membranen des Chloroplasten-Inneren ablaufen. Bei diesen Vorgängen (Abb. 143.1 und 144.1) wird:
- Wasser gespalten (Fotolyse des Wassers)
- ATP gebildet (Fotophosphorylierung).

Die Absorption von Lichtenergie versetzt Chlorophyllmoleküle in einen energiereicheren *angeregten* Zustand, weil ein Elektron des Moleküls vom energetischen Grundzustand auf ein höheres Energieniveau gehoben wird (s. Abb. 142.1). Die Rückkehr dieses Elektrons in den Grundzustand (innerhalb von 10^{-9} s) setzt die aufgenommene Energie wieder frei. Diese dient entweder als „Triebkraft" einer endergonischen chemischen Reaktion oder wird als Wärmeenergie oder aber wieder in Form von Licht (Fluoreszenzstrahlung) frei. Die Energieabgabe durch Fluoreszenzstrahlung zeigt sich bei Belichtung einer Chlorophyll-Lösung mit Blaulicht; die Lösung erscheint dann rot.

Wasserspaltung. Bei der Fotosynthese entsteht Sauerstoff. Dieser kann theoretisch aus CO_2 oder aus H_2O stammen. Einen Hinweis auf die Herkunft geben Beobachtungen an purpurfarbenen Schwefelbakterien. Sie verwenden bei der Fotosynthese neben CO_2 nicht H_2O, sondern H_2S als Ausgangssubstanz und bilden Schwefel. Ihre Fotosynthese läuft nach folgender Gleichung ab:

$6\,CO_2 + 12\,H_2S \rightarrow C_6H_{12}O_6 + 12\,S + 6\,H_2O$

Hierbei wird H_2S zu Schwefel oxidiert. Man darf daher vermuten, dass grüne Pflanzen entsprechend H_2O spalten (oxidieren) und daraus O_2 freisetzen. Um dies zu prüfen, stellte man Pflanzen Wasser mit dem schweren Sauerstoffisotop ^{18}O zur Verfügung, also $H_2^{18}O$. Der bei der Fotosynthese dann ausgeschiedene Sauerstoff bestand tatsächlich größtenteils aus ^{18}O, stammte also aus dem Wasser. Man nennt diese lichtabhängige Wasserspaltung auch *Fotolyse des Wassers*. Die Fotolyse darf nicht verwechselt werden mit der Dissoziation (Protolyse) des Wassers in H^+- und OH^--Ionen; dieser Vorgang verläuft nämlich ohne nennenswerten Energieaufwand. Hingegen erfordert die Wasserspaltung als Oxidation viel Energie, die aus dem Licht stammt. Durch die Lichtenergie wird (beginnend an Chlorophyll-a-Molekülen) eine Abfolge von Redoxreaktionen in Gang gesetzt. Dem Wasser werden Elektronen entzogen (Oxidation); so entsteht Sauerstoff. Die Elektronen gelangen in den Chloroplasten zu dem Molekül **N**ikotinamid-**A**denin-**D**inucleotid-**P**hosphat ($NADP^+$). Dadurch geht dieses in $NADP^-$ über und reagiert sofort mit H^+ zu NADPH.

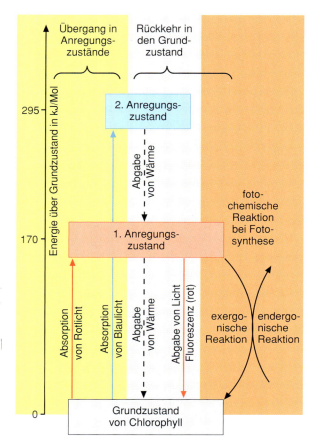

Abb. 142.1: Grundzustand und Anregungszustände von Chlorophyll. Durch Absorption von Rotlicht wird ein Elektron auf ein höheres Energieniveau gehoben; das Molekül gelangt in den ersten Anregungszustand. Die Rückkehr des Elektrons in den Grundzustand ist eine exergonische Reaktion, die bei der Fotosynthese mit einer endergonischen Redoxreaktion gekoppelt ist. Ohne diese Kopplung wird die Energie als Wärme oder als Fluoreszenzlicht frei. Durch Absorption von Blaulicht erreicht das Elektron einen höheren Energiezustand (zweiter Anregungszustand). Der Mehrbetrag gegenüber dem ersten Anregungszustand ist aber für die Fotosynthese nicht nutzbar, da er stets als Wärme frei wird. Blaue Strahlung ist daher – obwohl kurzwelliger und somit energiereicher – fotosynthetisch nicht stärker wirksam als rote Strahlung.

Eine Suspension isolierter Chloroplasten kann auch verschiedene von außen zugefügte Stoffe reduzieren (z. B. Chinon und Eisen(III)-Komplexe), wobei ebenfalls Wasser gespalten wird (*HILL-Reaktion*).

Da der ausgeschiedene Sauerstoff aus dem Wasser stammt, muss die Grundgleichung der Fotosynthese lauten:

$6\,CO_2 + 12\,H_2O \rightarrow C_6H_{12}O_6 + 6\,H_2O + 6\,O_2$

(Das auf der rechten Seite der Gleichung stehende H_2O wird durch Vorgänge im Rahmen der Sekundärreaktionen gebildet.)

Energie- und Stoffgewinn autotropher Lebewesen

Bildung von ATP. Neben der Wasserspaltung findet eine weitere Reaktion statt, bei der die Energie, die in den angeregten Chlorophyllmolekülen steckt, in chemische Energie umgewandelt wird. Es bildet sich ATP nach der Gleichung

ADP + P_i → ATP

ARNON konnte dies an *isolierten Chloroplasten* nachweisen. Sie erzeugen bei Belichtung ATP, wenn der Chloroplastensuspension ADP und anorganisches Phosphat *(P_i; s. 1.4.3)* zugefügt werden, Kohlenstoffdioxid aber fehlt. Fügt man zu isolierten Chloroplasten bei Dunkelheit CO_2, ATP und viel NADPH hinzu, so bilden sie Zucker. Fehlt eine von diesen Verbindungen, so entsteht im Dunkeln kein Zucker. Die Primärvorgänge können also durch ATP + NADPH ersetzt werden; diese Stoffe sind die Endprodukte der Primärreaktionen. In ihnen ist die vom Chlorophyll absorbierte Lichtenergie nun als chemische Energie enthalten. Die Energie des NADPH drückt sich in seiner Eigenschaft als starkes Reduktionsmittel aus; ATP besitzt energiereiche Bindungen *(s. 1.4.3)*.

▶ **Ablauf der chemischen Primärreaktionen.** Um Wasser durch Elektronenentzug (Oxidation) zu spalten, muss Energie aufgewendet werden. Diese wird vom Licht geliefert: Chlorophyllmoleküle werden angeregt und eine komplizierte Kette von Reaktionen in Gang gesetzt. Ein Chlorophyllmolekül im angeregten Zustand gibt viel leichter ein Elektron ab als im Grundzustand; es wird dabei oxidiert (zu Chlorophyll$^+$). Das angeregte Chlorophyll reduziert durch die Elektronenabgabe Stoffe, die Chlorophyll im Grundzustand nicht zu reduzieren vermag. Diese reduzierbaren Stoffe sind Elektronenakzeptoren der Lichtreaktionen am Chlorophyll. Das Chlorophyll$^+$ muss von einem Elektronen liefernden Stoff, dem Elektronendonator, wieder ein Elektron zurückerhalten, damit es bei einer erneuten Anregung wieder ein Elektron abgeben kann. Die räumliche Anordnung der Reaktionspartner in der Thylakoidmembran der Chloroplasten (Abb. 143.1) verhindert, dass die Elektronen vom Akzeptor (mit negativerem Potential) zum Donator (mit positivem Potential) zurückkehren.

Bei Wellenlängen über 690 nm absorbiert Chlorophyll a noch erheblich, die Fotosyntheseleistung ist aber gering. Die Untersuchung dieser Abweichung zeigt, dass am Ablauf der Lichtreaktion zwei verschiedene Chlorophylle a beteiligt sind, wovon nur eines bei Wellenlängen über 690 nm absorbiert. Man unterscheidet sie als Chlorophyll a_I und Chlorophyll a_II. Erst das Zusammenspiel beider erbringt die volle Fotosyntheseleistung. Diese erfordert also zwei miteinander verknüpfte Lichtreaktionen.

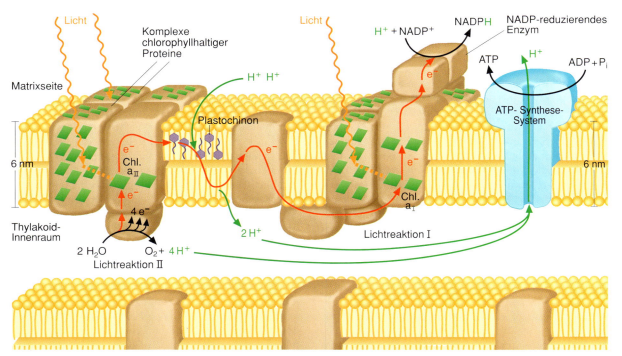

Abb. 143.1: Ausschnitt aus der Thylakoidmembran mit den Vorgängen bei den Primärreaktionen der Fotosynthese. ATP wird gebildet, wenn durch einen Protonenkanal H$^+$ hindurchwandert. Im Inneren des Thylakoids muss sich daher zuvor H$^+$ anreichern.

Stoffwechsel und Energiehaushalt

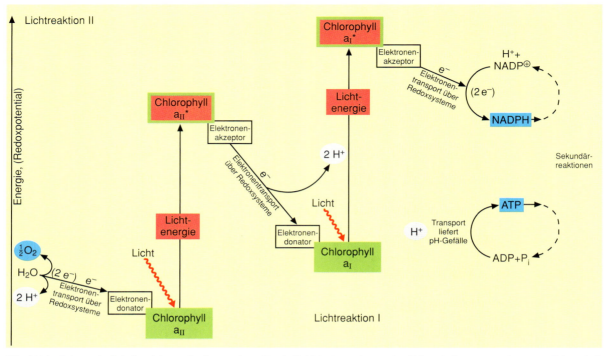

Abb. 144.1: Schema der Primärreaktionen der Fotosynthese. Durch die Lichtabsorption werden Chlorophylle angeregt. Angeregte Chlorophyllmoleküle geben jeweils ein Elektron an einen Elektronenakzeptor ab. Sie gehen dann wieder in den Grundzustand über und erhalten das fehlende Elektron von einem Elektronendonator. Bei der Lichtreaktion II entzieht der Elektronendonator dem Wasser Elektronen; dadurch wird das Wasser gespalten und es entsteht Sauerstoff. Vom Elektronenakzeptor der Lichtreaktion I wandert das Elektron zum NADP$^+$, nach Aufnahme von zwei Elektronen entsteht daraus NADPH. Der Elektronenakzeptor der Lichtreaktion II ist mit dem Elektronendonator der Lichtreaktion I durch Überträgerstoffe (Redoxsysteme) verbunden; so entsteht eine Elektronentransportkette. Diese ist mit einem Transport von H$^+$-Ionen durch die Membran verbunden (s. Abb. 143.1); dadurch entsteht ein elektrisches Feld und ein pH-Gefälle; beider Energie dient der ATP-Bildung. Zur Vereinfachung ist in der Abbildung der Transport eines Elektrons dargestellt.

An der Spaltung eines Moleküls Wasser sind zwei Anregungsreaktionen von Chlorophyll a beteiligt. Die beiden Reaktionen werden als *Lichtreaktion I* und *Lichtreaktion II* mit den zugehörigen Chlorophyllen a$_I$ (oder P700 = Pigment mit Absorption bei 700 nm) und a$_{II}$ (oder P680; s. Abb. 144.1) unterschieden. Beide Lichtreaktionen laufen in Proteinkomplexen der Thylakoidmembran ab, in denen die Chlorophyllmoleküle mit den zugehörigen Elektronendonator- und Akzeptor-Systemen verbunden sind. Der Elektronendonator für die Lichtreaktion II ist ein Protein, das seinerseits dem Wasser Elektronen entzieht, welches dadurch gespalten (zu Sauerstoff oxidiert) wird. Dieser Vorgang erfolgt an der inneren Oberfläche der Thylakoidmembran (Abb. 143.1); dabei entstehen neben freiem Sauerstoff auch H$^+$-Ionen. Die vom Wasser gelieferten Elektronen beheben den Elektronenmangel von Chlorophyll a$_{II*}$. Der Elektronenakzeptor der Lichtreaktion II, der Elektronen vom Chlorophyll a$_{II}$ erhält, gibt diese seinerseits an die Substanz Plastochinon ab, die in großer Menge in der Lipidschicht der Membran enthalten ist. Reduziertes Plastochinon kann die Elektronen über Zwischenverbindungen an den Donator der Lichtreaktion I abgeben; dadurch werden die beiden Lichtreaktionen miteinander verknüpft. Vom Chlorophyll a$_I$ der Lichtreaktion I gelangen die Elektronen über weitere Zwischenverbindungen zum NADP$^+$, das dadurch reduziert wird und deshalb sofort mit H$^+$ zu NADPH reagiert. Dieser Vorgang läuft an der äußeren Membranoberfläche ab. Dort tritt infolgedessen ein H$^+$ (Protonen-)Mangel ein, während im Thylakoid-Inneren durch die Freisetzung von H$^+$ bei der Wasserspaltung ein Protonenüberschuss auftritt. Auch im Verlauf des Elektronentransportes kommt es zu einer H$^+$-Abgabe ins Thylakoid-Innere. So entsteht ein erheblicher Konzentrationsunterschied *(Gradient)* an Protonen zwischen Außenraum mit geringer Protonenkonzentration und Thylakoid-Innenraum mit hoher Protonenkonzentration. Er ist durch den Elektronentransport verursacht. Dieser *Protonengradient* enthält Energie, die nun zur Bildung von ATP genutzt wird (s. 1.4.5).

Energie- und Stoffgewinn autotropher Lebewesen   145

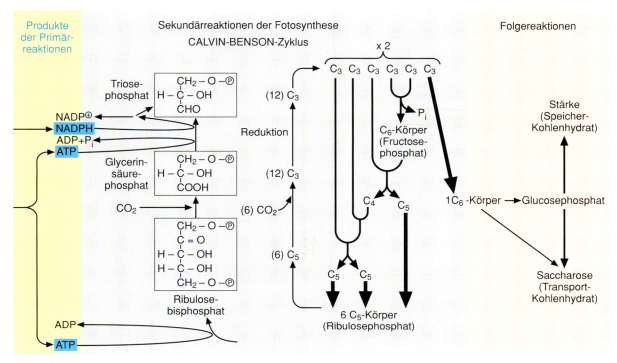

Abb. 145.1: Schema der Sekundärreaktionen der Fotosynthese und der Bildung von Zucker und Stärke; P_i = anorganisches Phosphat

Bei jeder erneuten Anregung der Chlorophyllmoleküle durch Licht wiederholen sich diese Vorgänge. Der Elektronentransport verläuft also über eine ganze Kette von Stoffen, die oxidiert und wieder reduziert werden (Elektronentransportkette). Er führt zur NADPH-Bildung und Wasserspaltung und ist stets mit einer ATP-Bildung verknüpft *(nichtzyklische Fotophosphorylierung)*.

Ein Elektron kann aber vom angeregten Chlorophyll a_I auch über Zwischenverbindungen wieder zum oxidierten Chlorophyll a_I zurückwandern. In diesem Fall läuft nur die Lichtreaktion I ab, eine Wasserspaltung (O_2-Freisetzung) und somit auch eine NADP-Reduktion unterbleibt. Bei der Rückkehr der Elektronen zum Chlorophyll a_I entsteht ein Protonengradient (s. o.). Die darin enthaltene Energie kann der ATP-Bildung dienen *(zyklische Fotophosphorylierung)* ◄

2.1.3 Die Sekundärvorgänge der Fotosynthese

Erst im Anschluss an die Primärreaktion werden anorganische Stoffe in organische Stoffe umgewandelt, denn die in den Primärvorgängen gebildeten Produkte ATP und NADPH dienen dazu, aus CO_2 Kohlenhydrate aufzubauen (Abb. 146.1). Den Weg von der Aufnahme des CO_2 bis zum fertigen Kohlenhydrat hat der Amerikaner CALVIN als Erster untersucht. Er „fütter-

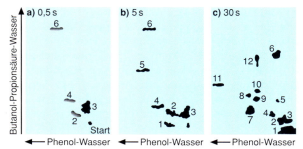

Abb. 145.2: Autoradiogramme von zweidimensionalen Papierchromatogrammen von *Chlorella*-Extrakten; **a)** 0,5 s, **b)** 5 s, **c)** 30 s nach Beginn der Fotosynthese; Laufzeit bei c) kürzer; 1 + 2 Zuckerphosphate, 3 Glycerinsäurephosphat, 4 Triosephosphate, 5 Asparaginsäure, 6 Äpfelsäure, 7 Saccharose, 8 Glycin, 9 Serin, 11 Alanin, 12 Glykolsäure – (5, 8, 9, 11 sind Aminosäuren)

te" *Chlorella*-Algen mit CO_2 des radioaktiven Isotops ^{14}C. Nimmt die Pflanze diese Verbindung auf, so sind alle Zwischenprodukte (Metaboliten) auf dem Weg zum Kohlenhydrat durch dieses ^{14}C markiert und durch Autoradiografie erkennbar (Abb. 145.2). Man kann nun den Vorgang der Fotosynthese durch Zugabe von siedendem Alkohol zu jedem beliebigen Zeitpunkt unterbrechen, einen *Chlorella*-Extrakt herstellen und chromatografisch nach den bis dahin gebildeten Zwischenprodukten suchen.

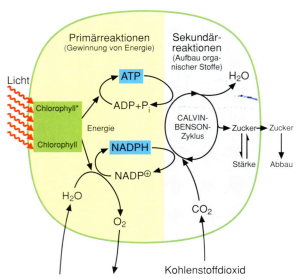

Abb. 146.1: Vereinfachtes Schema der Reaktionsfolge bei der Fotosynthese in Chloroplasten; blau: Produkte der Primärreaktionen. NADPH liefert den Wasserstoff für die Reduktion von CO₂ bei den Sekundärreaktionen, ATP liefert die zusätzlich erforderliche Energie.

▶ Das aufgenommene CO₂ reagiert zunächst mit Ribulosebisphosphat, einer Verbindung des Zuckers Ribulose, an dessen beiden Molekülen jeweils ein Phosphatrest gebunden ist. Die Ribulose ist eine Pentose, hat also fünf C-Atome (C₅-Körper). Durch die Reaktion mit CO₂ müsste aus dem C₅-Körper ein C₆-Körper gebildet werden. Vom Enzym werden aber zwei Moleküle des C₃-Körpers Glycerinsäurephosphat (= Phosphoglycerinsäure) freigesetzt. Diese Verbindung wird unter Zufuhr von Energie (ATP) mit dem Wasserstoff des aus den Lichtreaktionen stammenden NADPH zu Glycerinaldehydphosphat (Triosephosphat) reduziert. Mit diesem C₃-Zuckerphosphat ist die Stufe der Kohlenhydrate erreicht.

Die C₃-Zuckerphosphate müssen nun so umgesetzt werden, dass zum weiteren Fortgang der Reaktion der C₅-Körper Ribulosebisphosphat zurückgebildet wird. So entsteht ein Stoffwechselzyklus, der nach den Entdeckern CALVIN-BENSON-Zyklus heißt. Zunächst reagieren zwei Moleküle Triosephosphat zum C₆-Körper Fructosebisphosphat. Von diesem wird ein Phosphatrest abgespalten. Das Fructosephosphat kann dann in mehreren Schritten mit weiteren Triosephosphaten reagieren. Letztlich entstehen C₅-Zucker, die alle mit ATP zu Ribulosebisphosphat umgesetzt werden (Abb. 145.1). Werden sechs Moleküle CO₂ gebunden, so entstehen im Zyklus wieder sechs C₅-Körper: Ein Fructosephosphat bleibt übrig und wandelt sich in Glucosephosphat um. Die Enzyme der Sekundärvorgänge liegen in der Matrix des Chloroplasten. ◀

2.1.4 Fotosyntheseprodukte

Die bei der Fotosynthese entstehenden Zuckerphosphate (Fructosephosphat und Glucosephosphat) sind Ausgangsmaterial für die Bildung der anderen organischen Stoffe in der Pflanzenzelle (Abb. 155.1); für einen Teil dieser Stoffe werden auch noch die über die Wurzeln aufgenommenen Ionen benötigt.

In den Chloroplasten bildet sich aus Glucosephosphat oft unlösliche Stärke, die sich dort als mikroskopisch sichtbare Körnchen ablagert. Nachts wird die Stärke wieder in gut lösliche Zucker abgebaut, die zu den chlorophyllfreien Zellen sowie zu den Orten starken Wachstums transportiert werden. Der wichtigste Transportzucker ist die Saccharose (Rohrzucker). In Speicherorganen (Wurzeln, Knollen, Früchte, Samen) entsteht aus den löslichen Zuckern wieder Stärke. Zuckerrübe und Zuckerrohr speichern Saccharose. Sie wird aus Fructosephosphat und Glucosephosphat im Cytoplasma der Zellen gebildet, also außerhalb der Chloroplasten. Zum Ausgleich des Phosphatverlustes in den Chloroplasten beim Austreten dieser Stoffe wird anorganisches Phosphat (PO_4^{3-} = P_i) eingeschleust.

Einige Bakterien können Elektronen der Primärvorgänge (aus der Elektronentransportkette) zur Reduktion von H^+ verwenden; es entsteht dann Wasserstoff als Fotosyntheseprodukt. Da Wasserstoff ein umweltschonender Treibstoff ist (er verbrennt zu Wasser), gibt es Überlegungen, diese Wasserstoffproduktion technisch nutzbar zu machen.

2.2 Chemosynthese

Setzt man eine Spur Ackererde zu einer rein anorganischen Nährlösung, die Stickstoff nur in Form von Ammoniumsalzen enthält, und stellt diese Kultur im Dunkeln auf, so entwickeln sich darin Bakterien. Da Licht als Energiequelle nicht in Frage kommt, muss die Energie für die Synthese organischer Stoffe aus anorganischen Stoffen in der Nährlösung selbst enthalten sein. Es fällt auf, dass jene Bakterien viel Sauerstoff verbrauchen und die Ammoniumionen allmählich verschwinden, dafür aber Nitrationen auftreten. Diese Bakterien gewinnen also offensichtlich Energie durch Oxidation von NH_4^+ zu NO_3^-.

Eine solche Art des Aufbaus organischer Verbindungen bezeichnet man als *Chemosynthese*. Verschiedene Bakterienarten sind zur Chemosynthese befähigt. Sie leben auch im Dunkeln völlig autotroph, d.h., sie ernähren sich selbstständig und brauchen im Gegensatz zu den übrigen Bakterien keine organischen Verbindungen als Nahrung.

Energie- und Stoffgewinn autotropher Lebewesen

Bezeichnung	Reaktionsgleichung	Energiegewinn
nitrifizierende Bakterien: Nitritbakterien Nitratbakterien	$2\,NH_4^+ + 3\,O_2 \rightarrow 2\,NO_2^- + 2\,H_2O + 4\,H^+$ $2\,NO_2^- + O_2 \rightarrow 2\,NO_3^-$	$-544\ kJ$ $-151\ kJ$
farblose Schwefelbakterien (in Schwefelquellen, Kläranlagen usw.)	$2\,H_2S + O_2 \rightarrow 2\,H_2O + 2\,S$ $2\,S + 3\,O_2 + 2\,H_2O \rightarrow 2\,SO_4^{2-} + 4\,H^+$	$-420\ kJ$ $-988\ kJ$
Eisenbakterien (bilden Raseneisenerz, in Fe^{2+}-haltigem Wasser)	$4\,Fe^{2+} + O_2 + 6\,H_2O \rightarrow 4\,FeO(OH) + 8\,H^+$	$-268\ kJ$
Methan abbauende Bakterien (oxidieren Methan, das z. B. bei der Cellulosevergärung entsteht)	$CH_4 + 2\,O_2 \rightarrow CO_2 + 2\,H_2O$	$-892\ kJ$
Knallgasbakterien (setzen Wasserstoff mit Sauerstoff um)	$2\,H_2 + O_2 \rightarrow 2\,H_2O$	$-480\ kJ$
Methanbildner (anaerob) (Archaea)	$CO_2 + 4\,H_2 \rightarrow CH_4 + 2H_2O$	$-131\ kJ$

Tab. 147.1: Chemosynthetisch arbeitende Mikroorganismen

Die Chemosynthese verläuft (wie die Fotosynthese) in zwei Stufen:

1. Gewinnung von Energie, hier durch Oxidation anorganischer Verbindungen; Sonnenlicht ist also nicht erforderlich. Mit dieser Energie wird ATP aus ADP und P_i aufgebaut und $NADP^+$ zu NADPH reduziert. Viele chemosynthetisch tätige Bakterien verwenden NAD statt $NADP^+$.
2. Aufbau von Kohlenhydraten durch Reduktion von CO_2.

Die verschiedenen chemosynthetisch tätigen Bakterienarten oxidieren unterschiedliche Stoffe zur Gewinnung von Energie (s. Tab. 147.1).

Die Nitritbakterien oxidieren Ammoniumionen zu Nitritionen und die Nitratbakterien oxidieren die Nitritionen zu Nitrationen. Die Tätigkeit dieser im Boden weit verbreiteten „nitrifizierenden Bakterien" ist für den Kreislauf des Stickstoffs von großer Bedeutung, weil sie das Entweichen des bei der Eiweißzersetzung entstehenden Ammoniaks verhindert und den Stickstoff in Form von Ionen bindet, die von den Pflanzen wieder aufgenommen werden können.

Wirtschaftlich wichtig ist auch die Tätigkeit der farblosen Schwefelbakterien. Sie oxidieren das bei der Fäulnis von Eiweiß entstehende H_2S und unterstützen dadurch die Selbstreinigung der Gewässer (s. Ökologie 4.2.6) und die Klärung des Abwassers in den Kläranlagen.

Wird durch Bakterien Wasserstoff produziert (z. B. durch Fotosynthese, s. 2.1.4, oder durch unvollständigen Abbau organischer Stoffe, s. 3.3) so wird dieser bei Gegenwart von Sauerstoff durch Knallgasbakterien umgesetzt (z. B. in Böden). Ist kein Sauerstoff vorhanden, so wird durch die als Methanbildner bezeichneten Mikroorganismen Methangas gebildet. Sie gehören zu einer besonderen Gruppe der Prokaryoten, den Archaea. Die Methanbildner gewinnen die Energie durch Reduktion. Sie leben in sauerstofffreien Lebensräumen (anaerob), so z. B. in besonders großer Zahl in Kläranlagen. Das von ihnen gebildete Methan wird als „Biogas" z. B. in die Gasnetze der Städte eingespeist. Die Kläranlage einer Stadt von 100 000 Einwohnern liefert täglich etwa zwei Millionen Liter Methan, aus denen etwa 20 000 kWh Energie gewonnen werden können. Auch viele andere Archaea leben anaerob und unter extremen Umweltbedingungen (z. B. in konzentrierten Salzlösungen – so auch im Toten Meer; in heißen vulkanischen Schlammquellen; s. Evolution 3.3).

Erzlaugung durch Chemosynthese

Eine Nutzung von armen sulfidischen Erzen, deren direkte Aufarbeitung wegen geringer Gehalte nicht lohnend wäre, gelingt durch Erzlaugung mit Schwefelbakterien. Diese oxidieren im Erz enthaltene Schwermetall-Sulfide zu löslichen Sulfaten, die konzentriert werden können. Das Verfahren wird bei der Kupfer- und Urangewinnung eingesetzt. Auch eine Entschwefelung von Kohle ist mit Schwefel oxidierenden Bakterien möglich; allerdings muss die Kohle in Pulverform vorliegen. Für Erdöl erwies sich eine bakterielle Behandlung für die Praxis als viel zu teuer. Erzlaugung ist auch mit Eisenbakterien durchführbar. Schwermetall-Sulfide werden in saurer Lösung durch Fe^{3+} zu Sulfaten oxidiert und das Eisen dabei reduziert. Die Bakterien oxidieren nun das Fe^{2+} wieder zu Fe^{3+}, sodass die Reaktion weiterläuft und lösliche Schwermetallsulfate entstehen.

3 Stoffabbau und Energiegewinn in der Zelle

Aus den bei der Fotosynthese neu gebildeten organischen Verbindungen (vor allem Kohlenhydrate) baut die Pflanze eine große Zahl anderer organischer Stoffe auf (z.B. Proteine, Nucleinsäuren, Membranlipide). Die dazu nötige Energie gewinnt sie entweder unmittelbar aus der Fotosynthese oder aber (z.B. nachts) durch Abbau von Kohlenhydraten. Durch Abbau organischer Stoffe der Nahrung decken auch Tier und Mensch ihren Energiebedarf, gleichzeitig verwenden sie solche organischen Stoffe auch als Bausteine für die Neubildung ihrer eigenen Körpersubstanz. Verläuft der Abbau organischer Verbindungen vollständig, so ist hierzu Sauerstoff erforderlich; Kohlenstoffdioxid wird abgegeben. Dieser bei allen Lebewesen gleichartige Vorgang heißt *Atmung*. Abbau ohne Beteiligung von Sauerstoff verläuft unvollständig; solche Vorgänge nennt man *Gärungen* (s. 3.3).

3.1 Stoffabbau und Energiegewinn durch Atmung

Die chemischen Reaktionen der Atmung sind vor allem Oxidationsvorgänge. Sie laufen in den Zellen ab; man nennt sie *Zellatmung*. Bei Tieren und Mensch gibt es außerdem eine *äußere Atmung*; darunter versteht man die Aufnahme von Sauerstoff und die Abgabe von CO_2 durch besondere Atmungsorgane (Lunge, Kiemen, Haut, s. 4.3).
Der Ablauf der Veratmung von Zucker in der Pflanzen- oder Tierzelle entspricht der Summengleichung:

$C_6H_{12}O_6 \rightarrow 6\,CO_2 + 6\,H_2O; \quad \Delta G = -2875\,kJ$

Von der je Mol Traubenzucker freigesetzten Energie von 2875 kJ sind 35–60% für chemische Umsetzungen verfügbar, der Rest wird als Wärme frei. Da normalerweise bei der Fotosynthese täglich mehr Stoffmasse gebildet als im Verlauf von 24 Stunden veratmet wird, legen die Pflanzen in den Fotosyntheseprodukten eine große Energiemenge fest **(s. Ökologie 1.2.1 und 3.1)**, die zum Wachstum und der Speicherung von Reservestoffen dient.
Außer Zucker können Pflanzen und Tiere auch andere Stoffe veratmen, namentlich Speicherstoffe wie Stärke und Fette. Auch Proteine werden laufend abgebaut. In großem Umfang geschieht dies jedoch nur bei hungernden Tieren und Menschen, deren Kohlenhydrat- und Fettvorräte erschöpft sind. Die Pflanze atmet ununterbrochen bei Tag und Nacht, wogegen die Fotosynthese nur bei Tag möglich ist.

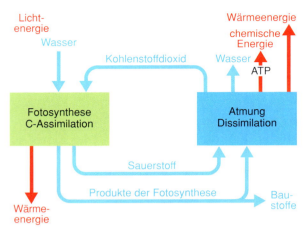

Abb. 148.1: Zusammenhang zwischen Fotosynthese und Atmung. Die grüne Pflanze veratmet ihre eigenen Fotosyntheseprodukte; das Tier nimmt Fotosyntheseprodukte als Nahrung auf. Durch Fotosynthese verbrauchen die Pflanzen jährlich etwa 9% des CO_2-Gehaltes der Atmosphäre. Durch die Tätigkeit des Menschen steigt aber der CO_2-Gehalt der Atmosphäre laufend an (s. Ökologie 4.2.8).

Abb. 148.2: Mangrove (Bäume des tropischen Wattenmeers) bei Niedrigwasser; Mitte: kleiner Avicennia-Baum mit senkrecht in die Luft wachsenden Luftwurzeln. Sie leiten in großen Zwischenzellräumen Luft in die im sauerstoffarmen Schlamm liegenden Wurzeln. Links und hinten rechts Rhizophora-Bäume mit Stelzwurzeln zur besseren Verankerung im Schlamm; sie werden bei Flut überschwemmt. Die Mangrove-Bäume sind Salzpflanzen (s. Ökologie 1.5).

Die Sauerstoffaufnahme der Pflanze erfolgt durch die ganze Oberfläche. Das kleine O_2-Molekül kann durch die Abschlussgewebe in die Organe diffundieren. Nur in dichten, luftarmen Böden kann die Sauerstoffversorgung der Wurzeln schlecht sein. Zum Gedeihen von Pflanzen trägt daher eine Durchlüftung des Bodens durch regelmäßiges Auflockern wesentlich bei. In der Natur spielt die Tätigkeit der Regenwürmer eine wichtige Rolle. Sumpfpflanzen stellen die Sauerstoffversorgung ihrer Wurzeln durch Bildung von besonderen Atemwurzeln (Abb. 148.2) oder durch große lufterfüllte Hohlräume im Inneren von Stängeln und Wurzeln sicher.

Wärmebildung bei der Atmung. Die bei der Atmung nicht im ATP gespeicherte Energie wird als Wärme frei. Sie ist jedoch bei Pflanzen in der Regel nicht fühlbar, da sie rasch wieder an die Umgebung abgegeben wird. Doch können sich Frühlingspflanzen mit Hilfe dieser Atmungswärme einen Weg durch den Schnee schmelzen. Besonders viel Wärme wird von kräftig atmenden Pilzen und Bakterien erzeugt. Darauf beruht die Erwärmung im Kompost- und Misthaufen und Mistbeet sowie die Selbstentzündung von feuchtem Heu.

Die Atmungsintensität ist sehr stark temperaturabhängig; von Einfluss ist auch der Wassergehalt der Zellen und der Sauerstoffgehalt der Luft. Um bei der Lagerung von Ernteprodukten (Getreide, Kartoffeln, Obst) die Substanzverluste durch Atmung gering zu halten, muss man für niedrige Temperatur und bei Körnerfrüchten auch für niedrigen Wassergehalt sorgen.

Bei Tieren trägt die Atmungswärme zur Erwärmung des Körpers bei. Homoiotherme Tiere *(s. Ökologie 1.8)* nutzen die Wärmeproduktion durch Atmung zur Aufrechterhaltung der konstanten Körpertemperatur. Die Stoffwechselvorgänge sind daher auf eine bestimmte Temperatur hin optimiert.

▶ **Untersuchungsmethoden des Stoffabbaus.** Der Abbau von Kohlenhydraten verläuft als eine Kette aufeinander folgender Reaktionen. Jede dieser Reaktionen wird von einem bestimmten Enzym katalysiert. Es liegt also eine Reaktionsfolge vor, die schematisch so aussieht:

$$A \xrightarrow{\text{Enzym 1}} B \xrightarrow{\text{Enzym 2}} C \xrightarrow{\text{Enzym 3}} D \xrightarrow{\text{Enzym 4}} E$$

Der Ausgangsstoff A wird über eine Reihe von Zwischenstufen in das Endprodukt oder die Endprodukte E verwandelt. Um festzustellen, welche Stoffe den Zwischenstufen B, C, D usw. entsprechen, verwendet man folgende Verfahren:

1. Man bietet der Zelle radioaktiv markiertes A an. Alle in der Zelle gefundenen radioaktiven Stoffe müssen dann aus A entstanden sein.
2. Vermutet man ein Zwischenprodukt X, so setzt man einen Stoff zu, der mit X reagiert. Entsteht so eine neue Verbindung, die nicht weiter umgesetzt werden kann, dann reichert sie sich an. Das vermutete Zwischenprodukt lässt sich auf diese Weise identifizieren. Dass der gebundene Stoff tatsächlich ein Zwischenprodukt auf dem untersuchten Stoffwechselweg ist, zeigt sich am Ausfall des Endprodukts.

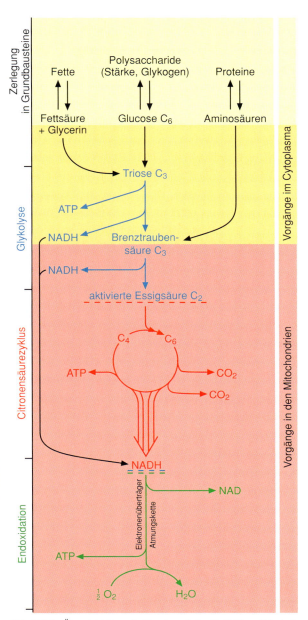

Abb. 149.1: Übersicht über die Vorgänge beim Stoffabbau (Dissimilation). Die Atmungskette ist eine Kette hintereinander geschalteter Elektronenüberträger (Redoxsysteme), bei der ATP gebildet wird.

3. Man hemmt ein bestimmtes Enzym (z. B. Enzym 3), dann häuft sich das Substrat dieses Enzyms (die Substanz C) an und lässt sich identifizieren.
4. Man isoliert die einzelnen Enzyme oder Enzymkomplexe aus der Zelle, untersucht deren Fähigkeiten und lässt nach Zusammenfügen der erforderlichen Enzyme ganze Reaktionsketten in vitro ablaufen. ◀

3.2 Ablauf des Stoffabbaus

Die Grundvorgänge des Stoffabbaus laufen in den Zellen aller Lebewesen in weitgehend gleicher Weise ab (Abb. 149.1). Man kann mehrere aufeinander folgende Prozesse unterscheiden; allerdings treten nicht alle dieser Prozesse bei jedem Abbauvorgang auf.

Übersicht über den Abbau:
1. *Abbau makromolekularer Stoffe* in ihre Grundbausteine (z. B. Stärke in Glucose, Proteine in Aminosäuren)
2. *Glykolyse*, bei der in einer Kette von Reaktionen Zucker (Monosaccharide) aufgespalten werden und zum Schluss unter Abgabe von CO_2 „aktivierte Essigsäure" entsteht. Im Verlauf dieser Reaktionen wird der Stoff NAD^+ (Nikotinamid-Adenin-Dinucleotid) zu NADH reduziert und außerdem ATP gebildet.
3. *Citronensäurezyklus*, in dem die „aktivierte Essigsäure" an eine C_4-Verbindung angelagert und zu Citronensäure umgesetzt wird. Bei den nun folgenden Abbaureaktionen entstehen wiederum CO_2 und NADH neben verschiedenen Carbonsäuren. Abschließend bildet sich die C_4-Verbindung zurück. An sie kann sich neue „aktivierte Essigsäure" anlagern und zu Citronensäure umsetzen, worauf sich die Abbaureaktionen wiederholen. Weil am Ende der Reaktionskette die gleiche C_4-Verbindung wieder entsteht, die am Anfang in die Reaktionskette eingetreten ist, spricht man von einem Zyklus (*Citronensäurezyklus* oder *Tricarbonsäurezyklus*).
4. *Endoxidation*, bei welcher der Wasserstoff des NADH durch Sauerstoff zu Wasser oxidiert wird. Mit der dabei frei werdenden Energie wird ATP aufgebaut. Das ATP steht als Energiequelle für weitere Stoffwechselreaktionen zur Verfügung. Der Vorgang der Endoxidation ist neben der Fotosynthese die wichtigste Energiequelle der grünen Pflanzenzelle. In nichtgrünen Pflanzenzellen und in den Zellen der Tiere ist die Endoxidation die hauptsächliche Energiequelle (s. Abb. 149.1 und 151.1).

▶ 3.2.1 Glykolyse

Der Abbau von Zucker beginnt mit einer Reaktionskette ohne Sauerstoffverbrauch im Cytoplasma, der *Glykolyse*.

Aus den Monosacchariden entstehen zunächst Zuckerphosphate durch Bindung von Phosphat, das vom ATP geliefert wird. Bei der Spaltung von Saccharose und von Stärke werden ebenfalls Zuckerphosphate gebildet. Die Zuckerphosphate wandeln sich dann zu Fructosephosphat um. Dieses wird in einer weiteren Reaktion zu Fructosebisphosphat umgewandelt und dann in zwei Triosephosphate (C_3-Körper) gespalten. Anschließend erfolgt über mehrere Zwischenstufen unter Wasserstoffabspaltung eine Oxidation, die zur Bildung von *Brenztraubensäure* führt. Der Wasserstoff bindet sich an NAD^+:

$$NAD^+ + 2\,[H] \rightarrow NADH + H^+$$

Bei der Oxidation wird so viel Energie frei, dass außerdem aus ADP und anorganischem Phosphat (P_i) ATP aufgebaut werden kann. Auch im NADH steckt Energie, denn dessen Wasserstoff kann in der Endoxidation zu Wasser oxidiert werden, wobei ATP entsteht. Während aber aus dem ATP die in ihm enthaltene Energie durch eine einfache Phosphatabspaltung frei wird, kann NADH (und NADPH) nur Energie liefern, wenn die Reaktion mit Sauerstoff stattfindet (Abb. 152.2). Die Glykolyse kann nur dann ablaufen, wenn NAD^+ zur Aufnahme von Wasserstoff verfügbar ist. Die gebildete Brenztraubensäure wandert in die Mitochondrien. Dort laufen nun die weiteren Abbauvorgänge ab. Zunächst entsteht unter Abspaltung von einem Molekül CO_2 ein C_2-Körper, der nach Oxidation und Reaktion mit *Coenzym A* die energiereiche „aktivierte Essigsäure" (*Acetyl-Coenzym A*) bildet.

3.2.2 Citronensäurezyklus oder Tricarbonsäurezyklus (TCC)

Bei der nun anschließenden, ebenfalls in den Mitochondrien verlaufenden Reaktionsfolge wird der Acetylrest der aktivierten Essigsäure (C_2-Verbindung) an die C_4-Verbindung Oxalessigsäure gebunden unter Freisetzung von Coenzym A (s. Abb. 151.2). Dabei entsteht die C_6-Verbindung Citronensäure mit drei Carboxylgruppen (Tricarbonsäure). Aus ihr wird über eine Reihe von Zwischenstufen unter Abspaltung von Wasserstoff und Kohlenstoffdioxid Oxalessigsäure zurückgebildet, die damit wieder zu erneuter Reaktion mit Acetyl-Coenzym A zur Verfügung steht. Dieser Teil des Stoffabbaus bildet also einen Zyklus; er heißt Citronensäurezyklus (*Citratzyklus*) oder Tricarbonsäurezyklus (TCC) und wurde 1937 von KREBS und HENSELEIT entdeckt. Durch den Citronensäurezyklus wird ein vollständiger Stoffabbau erreicht, denn ebenso viele C-Atome, wie in Form von aktivierter Essigsäure in ihn eintreten, werden als Kohlenstoffdioxid freigesetzt.

Aus dem TCC werden für die Bildung anderer Produkte auch Stoffe entnommen **(s. 3.4.1)**. Daher könnte schließlich zu wenig Oxalessigsäure zur Verfügung stehen. Deshalb gibt es noch einen besonderen Weg der Bildung von Oxalessigsäure aus Brenztraubensäure.

3.2.3 Endoxidation

Atmungskette. Der in der Glykolyse und im Citronensäurezyklus abgespaltene Wasserstoff bindet an NAD⁺. Das gebildete NADH muss nun wieder zu NAD⁺ oxidiert werden, da sonst die Oxidationsvorgänge der Glykolyse und des Citronensäurezyklus zum Erliegen kämen. NADH gibt seinen Wasserstoff an Enzyme in der inneren Mitochondrienmembran ab. Sie bilden eine Kette hintereinander geschalteter Redoxsysteme *(Atmungskette)* ähnlich der Elektronentransportkette bei der Fotosynthese (s. Abb. 152.2). In der Elektronentransportkette der Fotosynthese kommt es durch die Lichtreaktionen an Chlorophyll zu einer Energieaufnahme: Die Elektronen werden „bergauf" transportiert, und Wasser wird als Elektronenlieferant verwendet und dabei gespalten. In der Atmungskette kommt es zur Energieabgabe, die Elektronen wandern „bergab" zum Sauerstoff, der dadurch zu Wasser umgesetzt wird. Bei der Oxidation von Wasserstoff zu Wasser wird eine beträchtliche Energiemenge frei (Knallgasreaktion!). Durch die Hintereinanderschaltung der verschiedenen Redoxsysteme wird diese stufenweise freigesetzt. Mit dieser Energie wird ATP gebildet. An der stufenweisen Energiefreisetzung sind die eisenhaltigen *Cytochrome* der Atmungskette beteiligt.

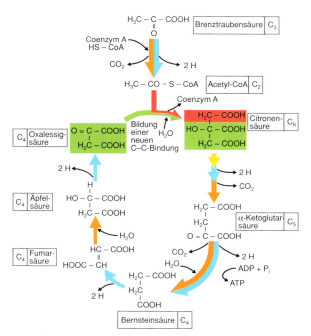

Abb. 151.2: Der Citronensäurezyklus = Tricarbonsäurezyklus (TCC). Die Reaktionen des Stoffwechsels sind aus der organischen Chemie gut bekannte Reaktionen. Redoxreaktionen blau, Decarboxylierungen braun, Bildung einer neuen C-C-Bindung grün/rot, andere Reaktionen gelb. Im Citronensäurezyklus wird die Oxalessigsäure ständig regeneriert.

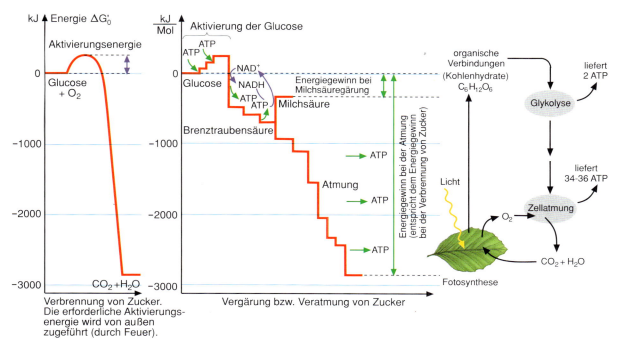

Abb. 151.1: Energieverhältnisse bei der Verbrennung von Zucker sowie bei der Gärung und Atmung. Um die Energieabnahme (negative Werte) oder Energiezunahme (positive Werte) der Glucose bei Aktivierung und Abbau darzustellen, wird der Energieinhalt von Glucose als Bezugspunkt = 0 gesetzt. Bei Gärung und Atmung erfolgt ATP-Bildung.

152 Stoffwechsel und Energiehaushalt

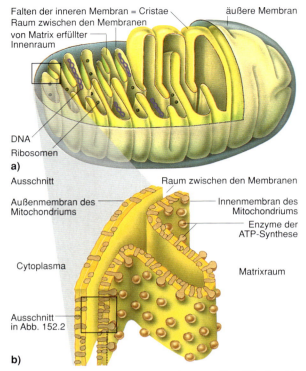

Abb. 152.1: Bau des Mitochondriums. **a)** vollständiges Mitochondrium mit Einfaltungen der inneren Membran; äußere Membran durchsichtig wiedergegeben; Außenseite der inneren Membran gelb. Der eingezeichnete Membranausschnitt ist in **b)** vergrößert wiedergegeben. Man erkennt hier die in die Matrix hineinragenden Enzyme der ATP-Bildung (Ausschnitt s. Abb. 152.2).

ATP-Bildung. Sie erfolgt an der inneren Mitochondrienmembran. Im Verlauf des Elektronentransports wandern Protonen vom Mitochondrien-Innenraum in den Raum zwischen den beiden Mitochondrienmembranen. So entsteht eine Ladungsdifferenz und eine Differenz des pH-Wertes zwischen diesem Raum und dem Innenraum *(Protonengradient)*. In der inneren Mitochondrienmembran befinden sich besondere Enzymkomplexe, durch die H^+-Ionen im Energiegefälle wieder in den Matrixraum zurückgeschleust werden können. Dabei findet ATP-Bildung statt (s. 1.4.3). Dieser Vorgang läuft ab, solange H^+-Ionen zurückwandern. Voraussetzung dafür ist, dass durch den Elektronentransport fortgesetzt H^+-Ionen in den Raum zwischen den beiden Membranen gebracht werden. ◂

3.2.4 Energiebilanz

Die beim Zuckerabbau freigesetzte Energie wird zum Aufbau von ATP aus ADP und anorganischem Phosphat P_i verwendet. Beim Abbau eines Moleküls Traubenzucker zu CO_2 und H_2O werden 36–38 Moleküle ATP aus ADP gebildet. Da jede neu gebildete P-Bindung mindestens 30 kJ/mol speichert, beträgt der Wirkungsgrad der Atmung, d. h. das Verhältnis zwischen gespeicherter und freigesetzter Energie, mindestens $36 \cdot 30 : 2875 = 0{,}38$ oder etwa 38 %. (Zum Vergleich: Der Wirkungsgrad einer Dampfmaschine beträgt bis zu 15 % und der eines Verbrennungsmotors rund 35 %.) Der Rest der Energie wird als Wärme frei.

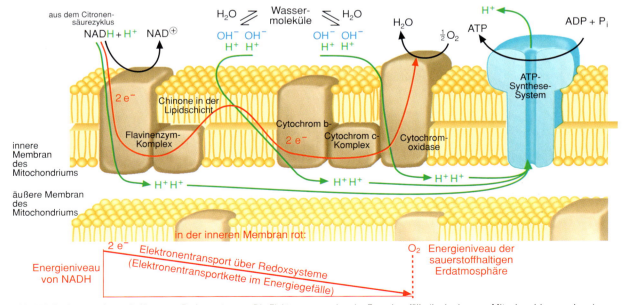

Abb. 152.2: Atmungskette als Kette von Redoxsystemen. Die Elektronen wandern im Energiegefälle (in der inneren Mitochondrienmembran) zum Sauerstoff. Nimmt dieser Elektronen auf, so entstehen O^{2-}-Ionen, die mit H^+ zu Wasser reagieren.

3.2.5 Fettabbau

Der Abbau von Fetten spielt bei der Keimung von Samen eine wichtige Rolle, da diese oft Fett als Speicherstoff enthalten. Auch in Tieren wird bei Energiebedarf gespeichertes Fett abgebaut. Der Abbau beginnt mit einer Hydrolyse; aus dem Fett entstehen freie Fettsäuren und Glycerin, das als C_3-Körper in die Glykolyse einbezogen wird. Die Fettsäuremoleküle werden nach Bindung an Coenzym A stufenweise abgebaut. In jeder Reaktionsstufe spaltet sich Acetyl-Coenzym A ab. Dabei wird die Fettsäure jeweils um zwei C-Atome kürzer, bis sie vollständig zerlegt ist. Die entstandenen Acetyl-Coenzym-A-Moleküle treten dann in den TCC ein.

3.3 Gärungen

Ohne Sauerstoff kann die Zelle organische Verbindungen (z. B. Zucker) nur unvollständig abbauen. Solche Vorgänge werden als Gärungen bezeichnet. Die dabei gebildeten Endprodukte sind noch energiehaltig. Der Energiegewinn durch Gärung ist deshalb geringer als der durch Atmung, bei der nur die energiearmen Stoffe Kohlenstoffdioxid und Wasser entstehen. Hefepilze gedeihen in verdünnten Zuckerlösungen auch bei Fehlen von Sauerstoff und vermehren sich sogar. Der Zucker wird zu Ethanol und CO_2 umgesetzt:

$$C_6H_{12}O_6 \rightarrow 2\,C_2H_5OH + 2\,CO_2; \quad \Delta G = -234\ kJ$$

Diesen Vorgang nennt man *alkoholische Gärung*.

Wenn jedoch die Hefepilze freien Sauerstoff zur Verfügung haben, können sie, wie die Zellen anderer Organismen, den Zucker auch vollständig oxidieren. Sie vermögen also sowohl durch Atmung als auch durch Gärung, Energie zu gewinnen. Auf diese Weise erschließen sich die Hefepilze eine besondere ökologische Nische, in der dauernd sauerstoffbedürftige Organismen nicht existieren können. Übersteigt das bei der Gärung entstehende Ethanol die Konzentration von 15 %, gehen die Hefepilze allerdings im eigenen Ausscheidungsprodukt zugrunde.

Die zuvor genannte Summengleichung gibt nur die Ausgangs- und Endprodukte der alkoholischen Gärung an. Die dazwischen liegenden Reaktionen sind bis zur Brenztraubensäure die gleichen wie die der Glykolyse. Je abgebautem Glucosemolekül werden daher drei ATP gebildet. Da kein Sauerstoff zur Verfügung steht, kann der Wasserstoff des NADH

Gärungstechnologie

Sie ist der älteste Bereich der wirtschaftlichen Nutzung biologischer Vorgänge. Die Fähigkeit von Hefen, Zucker zu vergären, wird schon seit vorgeschichtlicher Zeit zur Herstellung von alkoholischen Getränken und von Backwaren genutzt. *Bäckerhefe* vergärt im Teig den darin enthaltenen Zucker. Das entstehende CO_2 treibt den Teig auf und lockert ihn. Das ebenfalls sich bildende Ethanol verdampft in der Backhitze. Im Sauerteig wirken neben den Hefen auch Milchsäurebakterien. Die gleichen Hefepilze vergären als *Bierhefe* beim Brauen den im Malz enthaltenen Zucker. Malz entsteht aus angekeimten und danach getrockneten Gerstenkörnern, welche die Enzyme zum Stärkeabbau enthalten. Beim Keimen der Gerste wird die Stärke durch Enzyme in Maltose und Glucose gespalten. In der Weinkellerei vergären *Weinhefen* die Zucker des Traubensaftes. Sprit entsteht durch enzymatischen Abbau (Verzuckerung) von Kartoffel- oder Getreidestärke, anschließende Vergärung mit Hefe und nachfolgender Destillation des Ethanols. Zur technischen Ethanolproduktion wird auch das Bakterium *Zygomonas* eingesetzt. Als Ausgangsmaterial dient vielfach Cellulose, die zunächst auf chemischem Weg zu Glucose aufgespalten wird.

Milchsäurebakterien werden genutzt, um Nahrungsmittel haltbar zu machen, weil Milchsäure die Entwicklung von Fäulnisbakterien hemmt. Sie wirken mit bei der Herstellung von Sauermilch, Käse, Sauerkraut und Silofutter. Die Herstellung von Milchsäure für die Lebensmittelindustrie erfolgt ebenfalls mit Milchsäurebakterien. *Buttersäurebakterien* liefern in der Technik Aceton und Butanol. Manche als Gärungen bezeichneten Vorgänge laufen bei beschränktem Sauerstoffzutritt ab. Dabei entstehen oft mehrere Endprodukte, weshalb man von *gemischten Gärungen* spricht. Die so genannte *Essigsäuregärung* ist keine echte Gärung; bei ihr wird durch verschiedene Arten von Essigbakterien Ethanol zur energieärmeren Essigsäure oxidiert; dazu ist freier Sauerstoff notwendig:

$$C_2H_5OH + O_2 \rightarrow CH_3COOH + H_2O; \quad \Delta G = -490\ kJ$$

Auf diesem Weg wird sowohl Speiseessig gewonnen wie auch Essigsäure hergestellt. Ebenso können Schimmelpilze der Gattung *Aspergillus* Kohlenhydrate zu Citronensäure umsetzen, die in der Lebensmittelindustrie verwendet wird. Mit Hilfe von Bakterien werden Aminosäuren hergestellt, die als Lebensmittelzusatzstoffe dienen. *Corynebacterium* z. B. liefert Glutaminsäure als Geschmacksverstärker.

154 Stoffwechsel und Energiehaushalt

nicht zu Wasser oxidiert werden. Der Wasserstoff geht auf Zwischenprodukte des Stoffabbaus über und reduziert diese. Im Fall der alkoholischen Gärung in den Hefezellen spaltet sich von der Brenztraubensäure CO_2 ab. Das so entstandene Ethanal (Acetaldehyd) wird dann durch NADH zu Ethanol (Ethylakohol) reduziert. Auch viele Bakterien können durch Gärungen Energie gewinnen. Die Milchsäurebakterien bauen Zucker zu Milchsäure ab:

$$C_6H_{12}O_6 \rightarrow 2\,CH_3-CHOH-COOH; \quad \Delta G = -218\,kJ$$

Bei dieser *Milchsäuregärung*, die auch im arbeitenden Muskel bei ungenügender Sauerstoffversorgung abläuft, wird der im Verlauf der Glykolyse freigesetzte Wasserstoff auf die Brenztraubensäure übertragen und diese dadurch zu Milchsäure reduziert.

Für manche gärenden Bakterien ist freier Sauerstoff schädlich, sie können nur unter Sauerstoffausschluss leben. Man bezeichnet sie als *Anaerobier*. Dazu gehören die meisten *Buttersäurebakterien*, die Kohlenhydrate zu Buttersäure, Butanol und weiteren Stoffen vergären. Bei Anwesenheit von Sauerstoff stellen sie ihre Lebenstätigkeit ein oder gehen sogar zugrunde. An der als *Fäulnis* bezeichneten Eiweißzersetzung sind neben atmenden *(aeroben)* auch gärende *(anaerobe)* Mikroorganismen beteiligt. Sie bauen die Aminosäuren, in die das Eiweiß zunächst zerlegt wird, weiter ab, wobei unter anderem stets CO_2, NH_3 und H_2S entstehen.

Unter *Verwesung* versteht man im Gegensatz zur Fäulnis die Zersetzung organischer Substanz unter ungehindertem Luftzutritt. Unter Einwirkung aerober Bakterien entstehen dabei CO_2 und NH_3.

3.4 Stoffumwandlung und Stoffspeicherung

3.4.1 Umsetzungen im intermediären Stoffwechsel

Bei der Fotosynthese entstehen zunächst Zucker und Stärke. Daraus müssen anschließend die zahlreichen Verbindungen aufgebaut werden, die in Pflanzenzellen auftreten. Außer weiteren Kohlenhydraten sind dies vor allem Proteine, Nucleinsäuren, Lipide und die sekundären Pflanzenstoffe (s. 3.4.5). Zu ihrem Aufbau verwenden die Zellen oft Zwischenprodukte, die bei der Glykolyse oder im Citronensäurezyklus entstehen. So werden Bausteine für die Bildung der Aminosäuren, der Cytochrome, der Chlorophylle und anderer Stoffe aus dem Citronensäurezyklus entnommen (s. Abb. 155.1). Der Citronensäurezyklus ist daher als „zentraler Umschlagplatz und Sammelbecken des Stoffwechsels" zu betrachten, in das ständig Stoffe aus dem Abbau einströmen und dem wiederum Reaktionsprodukte für den Aufbau entnommen werden.

Stoffaufbau und Stoffabbau sind also eng miteinander verknüpft. Die Aufeinanderfolge der Reaktionen bezeichnet man als Stoffwechselweg. Die stets gleichartigen Stoffwechselwege, die dem Umbau der Stoffe dienen, bilden den *intermediären Stoffwechsel*.

Aufbau von Zellbestandteilen. Neben der Stärke spielen unter den pflanzlichen *Polysacchariden* vor allem die Baustoffe der Zellwand eine große Rolle. Es sind dies neben Cellulose die Hemicellulosen und die Pectinstoffe. Die Zuckerbausteine dieser Polysaccharide bilden sich aus Zuckerphosphaten. Pectinstoffe werden in der Lebensmittelindustrie als Geliermittel verwendet.

Polare Lipide werden als wichtige Bausteine aller Membranen in jeder Zelle gebildet. In Form der Fette (Triglyceride) sind Lipide außerdem wichtige Speicherstoffe. Die Bildung der Fette umfasst die Synthese der Fettsäuren und deren Veresterung mit Glycerin, dessen Vorstufe aus der Glykolyse entnommen wird. In polare Lipide werden noch hydrophile Molekülteile (phosphathaltige Gruppe oder Zucker) eingebaut.

▶ Die Fettsäuren entstehen aus C_2-Körpern, die als Acetyl-Coenzym A in energiereicher Form vorliegen. Die Synthese erfolgt an einem Aggregat aller dazu erforderlichen Enzyme. Diese sind so angeordnet, dass die entstehende Fettsäure von einem Enzym zum anderen weiterwandert und dabei immer an den „Multi-Enzymkomplex" gebunden bleibt, also niemals vor ihrer endgültigen Fertigstellung frei wird. Bei den grünen Pflanzen ist dieser Multi-Enzymkomplex in die Chloroplasten eingeschlossen und besteht aus sieben verschiedenen Proteinen, die sich zusammenlagern. Bei den Säugern befindet sich der Komplex frei im Cytoplasma, er besteht hier aus einem einzigen Protein, das alle sieben Enzymfunktionen innehat. Auch für andere Reaktionsketten des Stoffwechsels ist nachgewiesen worden, dass die beteiligten Enzyme zu einem Multi-Enzymkomplex zusammengefasst sind. ◀

3.4.2 Bildung und Abbau von Aminosäuren

Aus Nitrat- und Ammoniumionen deckt die höhere Pflanze ihren Stickstoffbedarf für die Bildung der Aminosäuren und der daraus aufgebauten Proteine. Ammoniumionen werden über eine Zwischenstufe an α-Ketoglutarsäure gebunden, die im Citronensäurezyklus entsteht. Dadurch wird Glutaminsäure gebildet. Diese kann ihre Aminogruppe auf andere Kohlenstoffverbindungen zur Bildung verschiedener Aminosäuren übertragen. Da Ammoniumionen in größerer Menge für die Zelle giftig sind und ihre Aufnahme durch die Wurzeln in manchen Böden auch erschwert ist,

Stoffabbau und Energiegewinn in der Zelle 155

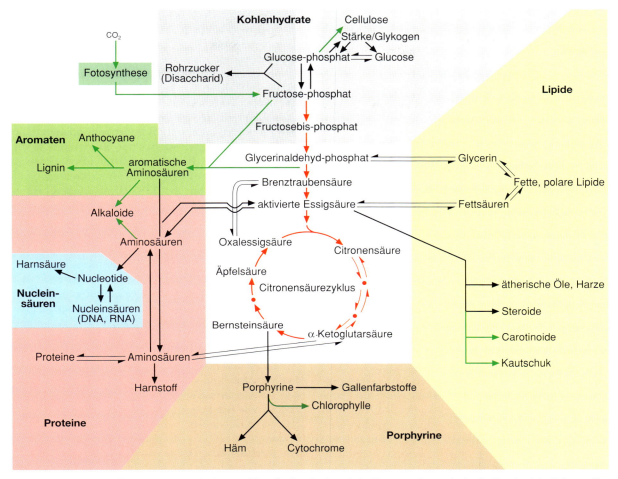

Abb. 155.1: Schema der Stoffwechselwege des intermediären Stoffwechsels und des Zusammenhangs der im Stoffwechsel der Zelle von Tier und Pflanze auf- und abgebauten Stoffe. Der Abbau der Kohlenhydrate durch die Glykolyse und die Umsetzung der aktivierten Essigsäure im Citronensäurezyklus ist mit roten Pfeilen dargestellt. Grüne Pfeile kennzeichnen Reaktionsketten, die nur in Pflanzen ablaufen.

	Vorgang	Energiequelle	Produkte	Organismen
Assimilation (Stoffaufbau) autotropher Organismen (Produzenten)	Fotosynthese	Lichtenergie	Kohlenhydrate	grüne Pflanzen, einige Bakterien
	Chemosynthese	anorganische Oxidationsreaktionen Reduktion von CO_2 mit H_2	Kohlenhydrate organische Stoffe	einige Bakterien einige *Archaea* (Methanbildner)
Assimilation heterotropher Organismen (Konsumenten, Destruenten)	Aufbauvorgänge im intermediären Stoffwechsel	Atmung, Gärung	körpereigene Stoffe	Tier, Mensch, Pilze, Mehrzahl der Prokaryoten
Dissimilation (Stoffabbau)	Atmung	organische Verbindungen	CO_2, H_2O	alle Lebewesen außer wenigen Bakterien und *Archaea*
	Gärung	organische Verbindungen	organische Gärungsprodukte (Milchsäure, Ethanol u. a.)	einige Bakterien, Hefepilze, gelegentlich andere Organismen

Tab. 155.2: Übersicht über die Vorgänge der Assimilation und Dissimilation

156 Stoffwechsel und Energiehaushalt

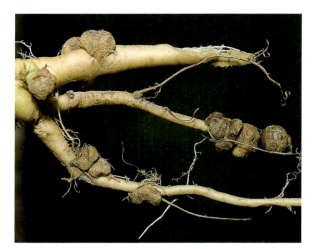

Abb. 156.1: Wurzelknöllchen der Lupine. Darin befinden sich die Stickstoff bindenden Bakterien.

nehmen viele höhere Pflanzen bevorzugt Nitrationen auf. Sie werden in der Zelle unter Energieaufwand zu Ammoniumionen reduziert und diese sofort zur Bildung von Aminosäuren verwendet. Tiere müssen Stickstoff in Form organischer Verbindungen aufnehmen, da sie weder Ammonium- noch Nitrationen nutzen können. Sie können aber auch nicht alle Aminosäuren aufbauen. Der Mensch kann nur 12 der 20 in Proteinen regelmäßig vorkommenden Aminosäuren selbst herstellen. Die übrigen müssen ihm mit der Nahrung zur Verfügung gestellt werden. Fehlt auch nur eine dieser unentbehrlichen oder *essentiellen Aminosäuren* auf Dauer, so stellen sich schwere Gesundheitsschäden ein, weil viele Proteine nicht mehr hergestellt werden können. Wichtige essentielle Aminosäuren sind z. B. Lysin, Phenylalanin, Tryptophan, Methionin. Beim Abbau von Proteinen durch Hydrolyse entstehen wieder Aminosäuren. Diese werden nach Abspaltung der Aminogruppe NH_2 zu Verbindungen umgesetzt, die sich auch bei der Glykolyse oder dem Citronensäurezyklus bilden. Ihr weiterer Abbau verläuft dann in der dort beschriebenen Weise.

3.4.3 Stickstoff-Fixierung

Einige Bakterien des Erdbodens (z. B. *Azetobacter*), verschiedene Cyanobakterien (Blaualgen) und die in Symbiose mit Schmetterlingsblütlern lebenden *Knöllchenbakterien* können den Stickstoff der Luft binden und dabei nach dessen Reduktion zu Ammoniumionen Aminosäuren aufbauen (Symbiose; *s. Ökologie 1.9.5*). Beim Absterben der frei lebenden Stickstoff bindenden Bakterien gelangen ihre Stickstoffverbindungen in den Boden.

Die Reduktion des Luftstickstoffs erfordert zur Aktivierung des chemisch sehr trägen N_2-Moleküls einen hohen Energieaufwand, der durch Atmungsvorgänge gedeckt werden muss. Die symbiontischen Stickstoffbinder entnehmen ihrer Wirtspflanze daher sehr viel Kohlenhydrate.

Die Knöllchenbakterien *(Rhizobium)* der Schmetterlingsblütler (Erbse, Bohne, Linse, Soja, Lupine, Klee usw.) kommen auch frei im Boden vor, können dann aber keinen Stickstoff reduzieren. Sie dringen in die Rindenzellen der Wurzeln ein und lösen Gewebswucherungen in Form von *Wurzelknöllchen* aus (Abb. 156.1). Der von den Knöllchenbakterien gebundene Stickstoff kommt auch der Wirtspflanze zugute. Daher gedeihen Schmetterlingsblütler auch auf ungedüngtem, stickstoffarmem Boden. Durch die Symbiose werden etwa 200–300 kg Stickstoff je ha und Jahr gebunden. Man verwendet Schmetterlingsblütler zur Gründüngung auf magerem Boden, indem man ihre oberirdischen Teile in den Boden einpflügt. Die Tätigkeit der Bakterien ist von großer Bedeutung für den Menschen, weil die Schmetterlingsblütler proteinreiche Samen bilden, die hochwertige Nahrungs- und Futtermittel liefern.

Sanddorn und Erle stehen in einer ähnlichen Symbiose mit Stickstoff bindenden Bakterien aus der Gruppe der sog. *Strahlenpilze*. Die genannten Holzpflanzen dienen ebenso wie Schmetterlingsblütler als Pionierpflanzen bei der Kultivierung humusarmer Sand- und Rohböden.

Die jährliche Produktion von Stickstoffverbindungen durch N_2 bindende Organismen schätzt man für die Erde auf über 180 Millionen t; die Weltproduktion von Stickstoffdünger liegt bei über 50 Millionen t.

3.4.4 Speicherstoffe und ihre Nutzung in der menschlichen Ernährung

Was von den Assimilaten nicht sofort verbraucht wird, speichert die Pflanze. Dazu werden oft besondere Speicherorgane gebildet: Spross- und Wurzelknollen, Rüben, Zwiebeln. Bei Holzpflanzen erfolgt die Speicherung vor allem in den Markstrahlen und dem Rindengewebe *(s. Abb. 55.2)*. Außerdem versehen die Pflanzen ihre Samen mit einem Nährstoffvorrat, der dem Keimling zur Bildung der Keimwurzel und der ersten Blätter dient. Einer der häufigsten Speicherstoffe ist die *Stärke*. Sie ist in Form von Körnern, deren Gestalt und Schichtung bei jeder Pflanzenart verschieden ist, in Plastiden der Zellen eingelagert (z. B. Kartoffelknolle). *Rohrzucker* wird insbesondere von Zuckerrübe (bis zu 21 %) und Zuckerrohr gespeichert. *Fette* und *Öle* finden sich besonders reichlich in den Samen vieler Pflanzen.

Stärke	
Kartoffel	20–25%
Weizenkorn	67%
Roggenkorn	71%
Fett	
Olive, Fruchtfleisch	40–56%
Sojabohne	17–19%
Sonnenblumenkern	25–35%
Leinsamen	33–40%
Rapssamen	30–34%
Erdnusskern	46%
Mohnsamen	50%
Ölpalme (Fruchtfleisch)	65–72%
Eiweiß	
Kartoffel	2%
Roggenkorn	9%
Weizenkorn	12%
Erbse	16%
Sojabohne	23%

Tab. 157.1: Gehalt an Speicherstoffen in Prozent des Frischgewichts

Für seine Ernährung nutzt der Mensch viele Samen, Früchte und andere Speicherorgane von Pflanzen, die er durch Züchtung *(s. Genetik 5.1)* ertragreicher gemacht hat. Die wichtigste Energiequelle für den Menschen sind die *Kohlenhydrate*. Pflanzen liefern Stärke und Zucker; enthalten aber in den Zellwänden stets auch große Mengen an Cellulose, die der Mensch nicht abbauen kann. Sie hat in der Ernährung dennoch eine wichtige Aufgabe als „*Ballaststoff*". Ein kleiner Anteil davon wird im Darm durch Mikroorganismen („Darmflora") abgebaut. Der Mensch gewinnt daraus immerhin 7% seiner verfügbaren Energie. Die hohe Wasserbindefähigkeit der Ballaststoffe führt zu einer Volumenvergrößerung des Darminhaltes und regt so Bewegungen des Darmes an.

Fette sind die energiereichsten Nahrungsstoffe; bei ihrem vollständigen Abbau werden 39 kJ/g freigesetzt (bei Kohlenhydraten und Proteinen nur um 17 kJ/g). Pflanzliche und tierische Fette werden vom menschlichen Körper gleich gut verwertet; flüssige Fette (Öle) werden besser genutzt als feste. Bei übermäßiger Kohlenhydratzufuhr (Kuchen, Süßspeisen, Süßigkeiten) speichert der Körper Fette. Er kann also Kohlenhydrate in Fette umwandeln. Trotzdem können Kohlenhydrate Fette nicht voll ersetzen, da die fettlöslichen Vitamine A und D nur zusammen mit Fett aufgenommen werden können. Außerdem braucht der Körper einige ungesättigte Fettsäuren, die er nicht selbst herstellen kann *(essentielle Fettsäuren)*. Er nimmt sie vor allem mit Pflanzenfetten auf. Essentielle Fettsäuren sind auch Vorstufen der Prostaglandine (s. 1.6). Der Fettanteil soll etwa 35% des Tagesenergiebedarfs decken.

Proteine der Nahrung dienen vor allem zum Aufbau körpereigener Proteine. Pro Tag setzt ein 70 kg schwerer Mensch etwa 400 g Eiweißstoffe um. Bis zu 100 g der dabei entstehenden freien *Aminosäuren* werden unter Abspaltung des gebundenen Stickstoffs zu CO_2 oxidiert. Im Verlauf eines Jahres wird dabei die Substanz des menschlichen Körpers zu über 90% erneuert. Beim Erwachsenen soll der Proteinanteil der Nahrung etwa 15% des Tagesenergiebedarfs ausmachen, bei Kindern und Heranwachsenden mehr. Nahrungseiweiß ist nur dann vollwertig, wenn die essentiellen Aminosäuren (s. 3.4.2) etwa dieselbe prozentuale Häufigkeit aufweisen wie in den Proteinen des menschlichen Körpers. So ist Eiweiß aus Fleisch, Fisch, Eiern, Milch und Käse sowie das Eiweiß der Kartoffel und der Sojabohne vollwertig. Weniger wertvoll sind trotz ihres hohen Eiweißgehalts Hülsenfrüchte, da sie von einigen essentiellen Aminosäuren zu wenig enthalten. Um den Bedarf des Körpers zu decken, muss man also größere Mengen dieser Proteine zu sich nehmen. Die im Überschuss aufgenommenen Aminosäuren dienen vorwiegend als Energiequelle.

3.4.5 Produkte des Sekundärstoffwechsels

Außer den im Grundstoffwechsel gebildeten und in allen Organismen vorkommenden Verbindungen treten in vielen Pflanzen noch zahlreiche andere Stoffe auf. Manche davon schützen vor übermäßigem Tierfraß („Fraßschutzstoffe"), andere vor Befall durch Mikroorganismen, die Bedeutung wieder anderer ist unbekannt. Man nennt sie sekundäre Pflanzenstoffe und fasst ihre Stoffwechselwege als *Sekundärstoffwechsel* zusammen. Aus dem Lipidstoffwechsel entstehen ätherische Öle, Harze, Kautschuk und *Wachse*. *Kautschuk* wird aus dem Milchsaft des Kautschukbaums gewonnen, der weltweit in den feuchten Tropen angebaut wird. Aus dem Aminosäurestoffwechsel stammen die Bausteine der stickstoffhaltigen *Alkaloide*. Diese sind Verbindungen, bei denen ein Stickstoffatom in einen Ring eingebaut ist. Sie reagieren schwach basisch. Vom Kohlenhydratstoffwechsel geht die Bildung von *aromatischen Verbindungen* aus. Diese vermag nur die Pflanze aufzubauen. Tiere können es nicht. Sogar die aromatischen Aminosäuren (s. Abb. 120.2) für den Aufbau von Proteinen müssen Tier und Mensch aus Pflanzen über die Nahrungskette beziehen. Die Sekundärstoffe werden in den großen Vakuolen der Pflanzenzelle angehäuft. Dazu müssen sie gut wasserlöslich sein. Dies wird bei wenig polaren Stoffen durch Verknüpfung mit Zuckern erreicht; so entstehen *Glykoside*. Glykoside von Aromaten sind die Anthocyane; sie bilden rote und blaue Blütenfarbstoffe.

Abb. 158.1: a) Zellkultur im industriellen Maßstab. Der Behälter der Zellkultur wird als Fermenter bezeichnet; **b)** Pflanzliche Zellkultur im Labor.

Biotechnologie der Zellkulturen

Über 25% der Arzneimittel werden aus Pflanzen gewonnen. Viele der Lieferanten sind seltene Arten, die sich manchmal auch nur schlecht anbauen lassen. Deshalb gibt es große Anstrengungen, die wertvollen Stoffe aus Zell- oder Gewebekulturen der betreffenden Arten zu gewinnen. Nach Anlage der Kultur werden die Zellen in Kulturgefäßen im Großbetrieb *(Bioreaktor)* vermehrt. Unter geeigneten Bedingungen erzeugen die Zellen dann die als Arzneimittel verwendeten Inhaltsstoffe. Oft geschieht dies allerdings erst dann, wenn die Zellen sich in der Kultur stark vermehrt (Abb. 158.1) haben und in die stationäre Phase (ohne weitere Teilung, s. Abb. 77.1) übergegangen sind. In diesem Fall sind Dauerkulturen zur Produktgewinnung sehr aufwendig, können aber dennoch lohnend sein.

Ein gegen das Wachstum von Krebszellen *(s. Genetik 4.3.4)* besonders wirksamer Stoff ist das Taxol aus einer seltenen nordamerikanischen Eibenart. Die Gewinnung aus Zellkulturen ist hier schon deshalb erforderlich, weil die langsam wachsenden Bäume sonst innerhalb von 20 Jahren ausgerottet wären.

Die Veränderung von Kulturbedingungen ermöglicht in Zellkulturen manchmal auch die Gewinnung wertvoller Stoffe, die in der intakten Pflanze nur in ganz geringen Mengen vorkommen, in den einzelnen Zellen aber angehäuft werden.

Bei der Gewinnung mancher Antibiotika (z. B. Penicilline) werden den Kulturen geeignete chemisch hergestellte Bausteine zugesetzt, die dann ins Antibiotikum eingebaut werden. So entstehen „halbsynthetische" Verbindungen. Dadurch wird die Variationsbreite und damit die Wirksamkeit solcher Antibiotika vergrößert. (Überwindung der Resistenzbildung von krankheitserregenden Bakterien!)

Bei den aus Kulturen von Bakterien *(Streptomyceten)* gewonnenen Breitband-Antibiotika aus der Gruppe der Makrolide (Erythromycin u. Ä.) lassen sich völlig neue Stoffe dadurch erhalten, dass man mit Hilfe der Gentechnik *(s. Genetik 5.3)* Biosynthesevorgänge aus verschiedenen Arten miteinander kombiniert.

Zahlreiche Bakterien produzieren Polyhydroxybuttersäure (und ähnliche Stoffe) als Reservestoffe. Diese Verbindungen sind als biologisch leicht abbaubare Kunststoffe geeignet, aber ihre Gewinnung ist relativ teuer; 1995 wurden nur 1000 t/Jahr produziert. Durch Verbesserung der Kulturverfahren und Nutzung gentechnisch veränderter Bakterien wird eine erhebliche Verbilligung erwartet.

Der Mensch nutzt seit langem eine große Zahl der sekundären Pflanzenstoffe: Pflanzen mit ätherischen Ölen liefern *Gewürze* (Petersilie, Kümmel, Anis, Rosmarin, Zimt, Lorbeer, Ingwer und viele andere), *Duftstoffe* (Lavendel) oder *Arzneimittel* (Pfefferminze, Kamille). Als Arzneimittel werden auch zahlreiche Alkaloide verwendet, z. B. Morphin und Codein aus dem Milchsaft des Schlafmohns, Atropin aus der Tollkirsche, Coffein aus dem Samen des Kaffeestrauchs. Alkaloide sind ferner einige *Genuss-* und *Rauschmittel*: Nikotin (Tabak), Opium (Schlafmohn), Cocain (Cocastrauch), Haschisch und Marihuana (indischer Hanf). Glykoside des Fingerhutes (Digitalis) und einiger tropischer Pflanzen sind wichtige Herzarzneimittel.

4 Stoffwechsel vielzelliger Tiere

Die Tiere und der Mensch können nicht wie die grüne Pflanze aus anorganischen Stoffen organische Substanz aufbauen, sondern müssen den Bedarf an Baustoffen, Betriebsstoffen und Energie direkt oder indirekt aus den von der Pflanze hergestellten organischen Stoffen decken. Die Zellen können zumeist diese Stoffe nicht unmittelbar der Umgebung entnehmen und Endprodukte nicht an diese abgeben. Aufnahme, Transport und Abgabe sind daher an besondere Organsysteme gebunden. Dabei handelt es sich um die Verdauung, den Stofftransport im Blut, die Atmung sowie die Ausscheidung von Abfallstoffen.

4.1 Verdauung und Resorption

Der tierische und menschliche Körper kann die aufgenommene Nahrung erst verwerten, wenn die Stoffe durch eine Zellmembran treten können. Nun sind aber die meisten in der Nahrung enthaltenen Substanzen hochmolekular und werden daher nicht unmittelbar aufgenommen.

Durch die *Verdauung* werden makromolekulare Nährstoffe hydrolytisch in ihre niedermolekularen Bausteine gespalten. Diese können von Darmzellen aufgenommen werden und gelangen zum Weitertransport in Blut und Lymphe.

Durch die enzymatische Spaltung bei der Verdauung werden die *Proteine* zu *Aminosäuren*, die *Fette* zu *Glycerin* und *Fettsäuren*, die *Kohlenhydrate* zu *Monosacchariden* und die *Nucleinsäuren* zu *Nucleotiden* abgebaut. Wasser, Vitamine und die meisten anorganischen Ionen werden dagegen unverändert aufgenommen (s. Abb. 160.1).

Die Reaktionen beim Aufspalten der Makromoleküle in ihre Bausteine sind zwar exergonisch, erfordern aber eine hohe Aktivierungsenergie. Deshalb laufen sie nur bei Anwesenheit von Enzymen mit nennenswerter Geschwindigkeit ab. Die dafür erforderlichen Enzyme werden in den Verdauungsdrüsen gebildet.

▶ 4.1.1 Verdauung und Resorption im Tierreich

Die Verdauungsorgane sind bei den verschiedenen Tiergruppen trotz gleichartiger Funktion unterschiedlich ausgebildet *(s. Anhang, Baupläne)*. Hohltiere und niedere Würmer haben einen blind endigenden Darm. In ihm wird die Nahrung durch Enzyme so weit abgebaut, dass sie von Zellen der Darmwand aufgenommen und dort zu Ende verdaut werden kann. In der Darmwand findet man daher Fresszellen und Drüsenzellen.

Bei den höher entwickelten Wirbellosen und allen Wirbeltieren ist der Verdauungsvorgang ganz in den Hohlraum eines besonderen Verdauungstraktes verlegt. Verdaut wird also außerhalb der Zellen, *extrazellulär*. Die Zellen müssen jetzt nur noch die Verdauungssäfte herstellen und die verdauten Nahrungsbestandteile resorbieren. Da diese Tiere ein *durchgehendes Darmrohr* besitzen, ist die Möglichkeit gegeben, Nahrung aufzunehmen, ehe die vorausgegangene Mahlzeit vollständig verarbeitet ist. Auch wirken die Enzyme nacheinander auf den Nahrungsstrom ein. Durch diese „Fließbandarbeit" wird die Leistungsfähigkeit des Verdauungssystems erheblich gesteigert. Der Darmkanal, der bei den Ringelwürmern den Körper noch als ein einfaches Rohr durchzieht, wird bei den höher entwickelten Tieren stärker differenziert. Durch Zusammenlagerung von Drüsenzellen entstehen Drüsenorgane, die zum Teil vom Darm weg in die Leibeshöhle verlagert werden. Diese *Verdauungsdrüsen* können sich weiter spezialisieren und nur noch ganz bestimmte Enzyme liefern. Auch im Bereich des Darmkanals ist eine Arbeitsteilung zu beobachten. Bei den Wirbeltieren übernimmt der vordere Abschnitt die mechanische Zerkleinerung, die Speicherung und die Vorverdauung. Der mittlere Teil ist der Ort der Hauptverdauung und der Resorption, während der Endabschnitt die Resorption beendet und den Kot formt. Der Darm ist durch Schlingenbildung verlängert und seine resorbierende Oberfläche durch Ausbildung von Falten und Zotten beträchtlich vergrößert. ◀

4.1.2 Verdauung und Resorption beim Menschen

Im *Mund* wird die Nahrung durch Kauen und Einspeicheln für die Verdauung vorbereitet. Die tägliche Menge von etwa 1,5 Liter *Mundspeichel* wird in zahlreichen kleinen Drüsen in den Wänden der Mundhöhle und der Zunge, vor allem aber in drei Paar großen Speicheldrüsen, den *Ohrspeicheldrüsen*, den *Unterkieferdrüsen* und den *Unterzungendrüsen*, bereitet.

Der Speichel reagiert in der Regel neutral. Er enthält Schleim, das Enzym *Ptyalin* (Amylasen) und Salze. Die Hauptaufgabe des Speichels ist das Durchfeuchten der Speise. Die Amylasen bauen einen Teil der Stärke zu Maltose ab; sie arbeiten optimal im neutralen Bereich. Die zerkleinerte und eingespeichelte Nahrung gleitet beim Schlucken in die *Speiseröhre*. Durch peristaltische Wellen wird sie an den Mageneingang transportiert und schließlich in den Magen gedrückt. Eine *peristaltische Welle* entsteht, wenn sich die Ringmuskulatur an einer Stelle kontrahiert. Dadurch wird das Innere der Speiseröhre starkt eingeengt. Die Kontraktionswelle wandert über die Speiseröhre in Richtung Magen und schiebt dabei die Speise vor sich her.

Stoffwechsel und Energiehaushalt

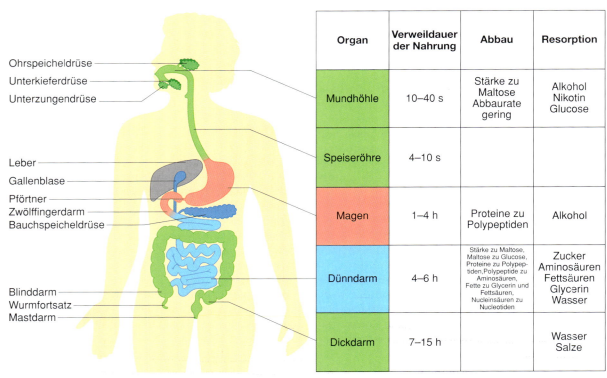

Abb. 160.1: Verdauung beim Menschen. Die Farben kennzeichnen das Reaktionsmilieu der Verdauungssäfte: grün = neutral, rot = sauer, blau = basisch.

Der *Magen* ist der weiteste Teil des Darmkanals. Er sammelt die Nahrung an und gibt sie allmählich in kleinen Mengen an den Darm ab. So kann der Mensch mit wenigen großen Mahlzeiten am Tag auskommen. Die Magenschleimhaut ist sehr reich an kleinen, schlauchförmigen *Drüsen* (s. Abb. 160.2). In diesen Drüsen finden sich vor allem Hauptzellen und Belegzellen. Die *Belegzellen* erzeugen *Salzsäure*. Durch diese Magensäure wird der im Mund begonnene Stärkeabbau unterbrochen. Die *Hauptzellen* sondern im Wesentlichen *Pepsinogen*, eine Vorstufe des *Pepsins*, ab. Im Pepsinogen ist das aktive Zentrum des Pepsins durch ein Stück der Peptidkette abgedeckt. Dieses Stück wird unter Einwirkung von Salzsäure langsam abgespalten. Bereits gebildetes Pepsin katalysiert diese Abspaltung zusätzlich. Durch die Abgabe des Pepsins in inaktiver Form wird verhindert, dass es seine Wirkung schon in der Zelle entfaltet und dadurch die Zelle zerstört.

Der Magensaft (zwei Liter pro Tag) reagiert durch seinen Gehalt an freier Salzsäure (0,2–0,5 %) stark sauer. Diese wirkt desinfizierend auf die Nahrung. Sie denaturiert außerdem die darin enthaltenen Proteine und stellt das optimale pH-Milieu für die Wirkung des Pepsins her.

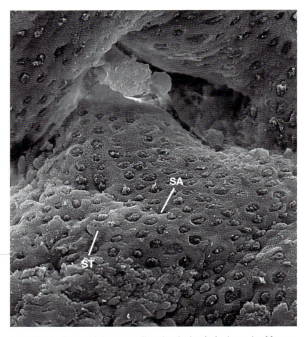

Abb. 160.2: Rasterelektronenmikroskopische Aufnahme der Magenschleimhaut (3000fach); **SA** Schleimdrüsenausgang, **ST** Schleimtröpfchen

▶ Die Selbstverdauung der Magen- und Darmwände durch die Enzyme wird wahrscheinlich dadurch verhindert, dass die Zellen durch einen Schleimbelag geschützt sind und die Eiweiß spaltenden Enzyme in inaktiver Form abgeschieden werden. Nach dem Tode bleiben die Verdauungssäfte zunächst noch wirksam und greifen dann die Magenwände an. Aus dem Grad ihrer Zersetzung kann z. B. der Gerichtsmediziner schließen, wann der Tod eingetreten ist. ◀

Darm. Die Innenseite des Darmes wird von einer einschichtigen Darmschleimhaut bedeckt. Sie wird ständig erneuert. Die abgestoßenen Zellen bilden einen Teil des Kotes. Querfalten der Darmwand vergrößern die Oberfläche. Im Bereich des Dünndarmes ist sie außerdem noch mit Darmzotten besetzt, 1 mm langen, zapfenförmigen Ausstülpungen der Schleimhaut, die dicht gedrängt beieinander stehen (bis zu 30 je mm^2, im Ganzen vier bis sechs Millionen). Jede Zotte enthält ein Lymphgefäß und Blutgefäße. Die Darmzotten vergrößern die Dünndarmoberfläche auf 40–50 m^2 (s. Abb. 161.1). In noch viel stärkerem Maße tut dies ein Besatz feinster Plasmafortsätze *(Mikrovilli)* an der Oberfläche der resorbierenden Zellen (200 Mill./mm^2). Durch sie erreicht die der Stoffaufnahme dienende Fläche des Dünndarmes eine Größe von über 2000 m^2. Sobald saurer Speisebrei vom Magen in den *Dünndarm* gelangt, scheidet dessen Schleimhaut den Darmsaft ab. Er reagiert alkalisch und enthält *Erepsine* (Proteasen, die Polypeptidketten von ihren Enden her abbauen), mehrere Kohlenhydrat spaltende Enzyme und *Enterokinase* (aktiviert das Trypsin des Bauchspeichels, s. unten). Die Bauchspeicheldrüse und die Leber geben ihre Säfte in den Dünndarm ab.

Die hinter dem Magen liegende **Bauchspeicheldrüse** liefert den alkalisch reagierenden Bauchspeichel, der alle zur Verdauung notwendigen Enzyme enthält. Das elektronenmikroskopische Schema einer der *Drüsenzellen* (s. Abb. 161.2) steht stellvertretend für alle enzymabscheidenden Zellen. Auffällig ist die starke Entwicklung des mit Ribosomen besetzten Endoplasmatischen Retikulums. Die Ribosomen sind die Orte der Proteinsynthese. Das Eiweiß spaltende Enzym Trypsin des Bauchspeichels muss durch die Enterokinase des Darmsafts aktiviert werden (ähnlich wie das Pepsin des Magens). Zwischen das Drüsengewebe der Bauchspeicheldrüse eingestreute Zellhaufen, die *LANGERHANSschen Inseln*, sondern die wichtigen Hormone *Insulin* und *Glucagon* ab (**s. Hormone 1.3**).

Die **Leber** ist die größte Drüse im menschlichen Körper. Die Leberzellen ordnen sich zu kleinen, fingerförmigen Gebilden, den Leberläppchen an. Diese werden von den feinsten Verzweigungen der *Pfortader* durchzogen. Die Pfortader sammelt das Blut, das von

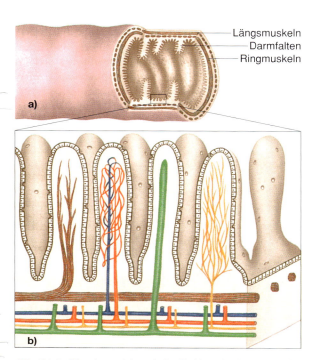

Abb. 161.1: Dünndarm. **a)** Ausschnitt. Die Muskelschicht wird außen von Bindegewebe umhüllt; **b)** Darmzotten stark vergrößert; braun: glatte Muskelfasern; rot: Arterie und Kapillaren; blau: Vene; grün: Lymphgefäß; gelb: Nervenfasern. Die Vertiefungen der Zottenoberfläche sind die Schleim erzeugenden Becherzellen.

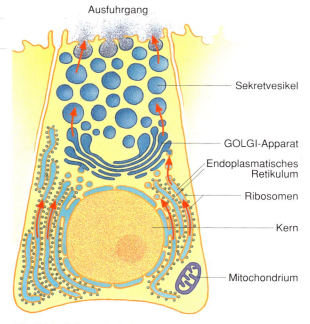

Abb. 161.2: Drüsenzelle der Bauchspeicheldrüse. An den Ribosomen des Endoplasmatischen Retikulums werden die Verdauungsenzyme gebildet, im GOLGI-Apparat gesammelt und in Sekretvesikeln ausgeschieden. Vergrößerung etwa 20 000fach

162 Stoffwechsel und Energiehaushalt

Magen, Darm und Milz kommt und mit Nährstoffen beladen worden ist, und führt es zur Leber. Ein zweites Kapillarnetz, das von der *Leberarterie* ausgeht, versorgt die Leberzellen mit Sauerstoff. Ein drittes System, die *Gallenkanälchen*, sammelt die in der Leber dauernd sich bildende *Gallenflüssigkeit* und führt sie zur *Gallenblase*. Dort wird sie eingedickt und nach Bedarf in den Darm gepresst. Die in ihr enthaltenen Gallensäuren können Fett in feinste Tröpfchen aufteilen (emulgieren). Die Galle ist daher für die Fettverdauung wichtig.

▶ Ihre grünlich gelbe Farbe rührt von den *Gallenfarbstoffen* her, die von den Leberzellen aus dem Farbstoff abgebauter Roter Blutkörperchen gebildet werden, also Ausscheidungsprodukte darstellen. Umgewandelte Gallenfarbstoffe verursachen auch die Braunfärbung des Kotes und die Gelbfärbung des Harns. ◀

Die Leber ist an einer großen Zahl von Stoffwechselvorgängen beteiligt. Sie baut aus Glucose das Reservekohlenhydrat Glykogen auf und speichert es; weiterhin synthetisiert sie Fett. Beim intensiven Proteinstoffwechsel der Leber entstehen Abbauprodukte, die zu Harnstoff und Harnsäure umgesetzt werden. Dem Blut entzieht die Leber Giftstoffe; außerdem baut sie gealterte Rote Blutkörperchen ab. Man kann die Leber als „chemische Zentrale" des Körpers bezeichnen.

Der Dünndarm mündet seitlich in den 5–8 cm weiten **Dickdarm** ein. Ein Schließmuskel sowie zwei in das Innere des Dickdarms vorspringende Hautfalten verhindern das Zurücktreten von Dickdarminhalt in den Dünndarm. Am Übergang vom Dünndarm in den Dickdarm schließt sich der *Blinddarm* mit dem *Wurmfortsatz* an. Der Wurmfortsatz ist ein Teil des Immunsystems und somit besonderer Infektionsgefahr ausgesetzt („Blinddarmentzündung"). Die meisten Säuger haben einen wohl entwickelten Blinddarm. Bei den höheren Affen und beim Menschen dagegen ist er zurückgebildet. Die Drüsen der Dickdarmschleimhaut liefern nur Schleim, aber keine Enzyme. Der Dickdarm ist von zahlreichen Bakterien (z. B. *Escherichia coli*) besiedelt. Sie erzeugen unter anderem Vitamine. Einseitige Ernährung und Arzneimittel können die Zusammensetzung der *Darmflora* ungünstig beeinflussen. Dem dünnflüssigen Darminhalt wird im Dickdarm Wasser entzogen, sodass der Körper einen großen Teil der Flüssigkeit wieder zurückgewinnt. Wird zu wenig Wasser entzogen, entsteht der Durchfall (Diarrhoe). Als Kot gelangt der Darminhalt schließlich in den *Mastdarm*. Der Kot besteht aus den unverdaulichen und nicht verdauten Resten der Nahrung sowie aus abgestoßenen Darmzellen und Darmbakterien, die bis zu einem Drittel der Kotmenge ausmachen.

4.2 Blut und Blutkreislauf

Blut befördert Nährstoffe und Sauerstoff zu den verbrauchenden Zellen. Es schafft Abfallstoffe zu den Ausscheidungsorganen, bringt Wärme an die Körperoberfläche und transportiert Hormone, die der Steuerung des Organismus dienen. Zu weiteren Aufgaben des Blutes zählen die Herstellung von Abwehrstoffen gegen Infektionserreger **(s. Immunbiologie)** und die Bildung von Gerinnungsstoffen. Lebewesen benötigen zirkulierende Körperflüssigkeiten wie das Blut immer dann, wenn der Sauerstofftransport durch reine Diffusion, also durch Eigenbewegung der Teilchen, nicht schnell genug erfolgen kann. Weil die Diffusionsgeschwindigkeit mit steigender Entfernung rasch abnimmt **(s. Cytologie 3.1)**, ist dies bei allen größeren Tieren der Fall.

4.2.1 Kreislaufsysteme

Bei den *Hohltieren* und *Plattwürmern* fehlt ein besonderes Transportsystem. Ihr Darm ist ziemlich groß und blind geschlossen. Er durchzieht den ganzen Körper und tritt dadurch nahe an alle verbrauchenden Zellen heran. Bei größeren Tieren ist er im Allgemeinen stark verästelt. Die Diffusionswege sind hier dadurch abgekürzt, dass die Nährstoffe gleichmäßig im Darm verteilt werden. Sie können dann überall aus dem Darm resorbiert und den unmittelbar benachbarten Zellen zugeführt werden. Diese Art des Stofftransports setzt voraus, dass alle Teile des Darms zur Resorption fähig sind.

Bei den *Fadenwürmern* mit durchgehendem Darm erfolgt der Transport durch die *Leibeshöhlenflüssigkeit*, die den Hohlraum zwischen Darm und Körperwand ausfüllt. Sie erhält vom Darm die Nährstoffe, von der Haut den Sauerstoff und nimmt die von den arbeitenden Zellen abgeschiedenen Abfallstoffe auf. Die Stoffe in der Leibeshöhle werden durch die Körperbewegungen des Tieres allerdings nur ungeordnet verteilt.

Tiere mit Blutkreislaufsystem besitzen ebenfalls Leibeshöhlen. Die Bedeutung der Leibeshöhlenflüssigkeit für den Stofftransport ist aber dann, gemessen an der des Blutkreislaufsystems, gering.

Im Tierreich findet man *geschlossene* und *offene Blutgefäßsysteme* **(s. Anhang Baupläne)**. In einem *geschlossenen Kreislaufsystem* (z. B. Ringelwürmer) fließt das Blut stets innerhalb von Gefäßen, die sich in den Geweben in feinste Röhrchen, die *Kapillaren*, verzweigen. Der Blutfluss durch den Körper kann in einem solchen System sehr genau gesteuert und ein verstärkt arbeitendes Organ gezielt mit Blut versorgt werden.

In *offenen Blutgefäßsystemen* (Gliederfüßler, Weichtiere) fließt das Blut, das aus dem Herzen gepumpt wird,

Stoffwechsel vielzelliger Tiere 163

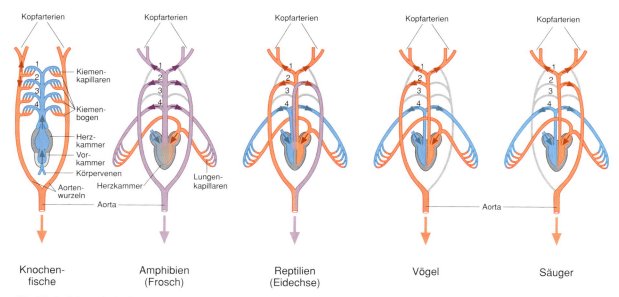

Abb. 163.1: Schematische Darstellung des Herzens und der herznahen Blutgefäße bei den Wirbeltieren; sauerstoffreiches Blut rot, sauerstoffarmes Blut blau, Mischblut violett. Grau dargestellte Gefäße werden bei der Keimesentwicklung angelegt und dann zurückgebildet.

nur über eine kurze Strecke in Gefäßen, die offen enden. Es strömt dann in Spalten zwischen den Geweben und Organen weiter, ohne dass es gezielt zum Herzen zurückgeführt würde. In offenen Blutgefäßsystemen herrscht ein sehr niedriger Blutdruck, das Blut fließt langsamer als in geschlossenen und die Blutverteilung ist weniger gut steuerbar.

4.2.2 Blutkreislauf der Wirbeltiere

Bei den Wirbeltieren ist das Blutkreislaufsystem geschlossen. Man kann bei ihnen also zwischen dem *Blut* und *der Leibeshöhlenflüssigkeit* unterscheiden. Dazu kommt als dritte Körperflüssigkeit noch die *Lymphe* (s. 4.2.4). Als Lymphe bezeichnet man die Flüssigkeit zwischen den einzelnen Zellen und in den Gewebespalten. Blut und Lymphe stehen über den Lymphbrustgang miteinander in Verbindung.
Ein bauchwärts gelegenes *Herz* treibt das Blut an. Die vom Herzen ausgehenden Gefäße (s. Abb. 163.1) bezeichnet man als *Arterien* (Schlagadern, Pulsadern). Ihre starken Wände sind elastisch dehnbar. Glatte Muskelzellen verleihen den Gefäßen die Fähigkeit, sich zu verengen. Gefäße, die das Blut wieder dem Herzen zuführen, heißen *Venen*. Sie haben nur wenig Druck auszuhalten, ihre Wände sind dünn und wenig elastisch. Sie kollabieren bei Entleerung. Taschenartige *Klappen* im Innern der Venen verhindern das Zurückfließen des Blutes.
Der Stoffaustausch spielt sich in den *Kapillaren* ab, den letzten Verzweigungen der Arterien. Sie bilden ein feinstes Netzwerk sehr enger Röhrchen mit sehr großer Oberfläche, das alle Organe und Gewebe durchzieht. Die Kapillaren vereinigen sich wiederum zu den Venen. Die Wände der Kapillaren bestehen nur aus einer einzigen Schicht flacher Zellen und ermöglichen dadurch einen raschen und ausgiebigen Stoffaustausch.
Das Herz der Knochenfische besteht aus einer Vor- und einer Herzkammer. Das CO_2-haltige, sauerstoffarme Körperblut wird von der Vorkammer angesaugt und von der Herzkammer in die *Kiemenschlagader* gepumpt. Von dort gelangt es in vier Paar Kiemenarterien (= *Arterienbögen*) und von da in die Kiemenkapillaren. Aus diesen sammelt sich das sauerstoffreich gewordene Blut in den paarigen *Aortenwurzeln*, die sich zur großen Körperschlagader (= *Aorta*) vereinigen; sie führt das Blut wieder dem Körper zu (*einfacher Kreislauf*). Das Herz enthält nur sauerstoffarmes Blut (Abb. 163.1).
Mit dem Übergang zur Lungenatmung wird der Blutkreislauf wesentlich umgestaltet. Das Blut kehrt nämlich nach dem Verlassen der Atmungsorgane zunächst wieder zum Herzen zurück und erhält dort einen neuen Antrieb. So entsteht ein *doppelter Kreislauf*. Die Trennung der beiden Kreisläufe durch Ausbildung einer Scheidewand in der Herzkammer ist bei Lurchen und Reptilien unvollkommen (Mischblut, Abb. 163.1).
Erst bei den Vögeln und Säugetieren kommt es zu einer völligen Trennung der beiden Herzhälften und damit der beiden Kreisläufe. Auf diese Weise gelangt in den Körper nur sauerstoffreiches, in die Lunge nur sauerstoffarmes Blut.

Stoffwechsel und Energiehaushalt

4.2.3 Blutkreislauf beim Menschen

Überblick (s. Abb. 164.1). Aus der linken Herzkammer entspringt die große Körperschlagader, die *Aorta*. Sie führt den Organen sauerstoffreiches Blut zu. Aus den Darmkapillaren sammelt die *Pfortader* das sauerstoffarm gewordene und jetzt mit Nährstoffen beladene Blut und leitet es zur Leber. Durch die untere Hohlvene fließt das Blut dann in das Herz zurück. Eine besondere Arterie versorgt die Leber unmittelbar mit sauerstoffreichem Blut. Nach dem Durchlaufen der Körperkapillaren wird das sauerstoffarm gewordene Blut wieder gesammelt und der rechten Vorkammer zugeführt (*großer Kreislauf*), die es an die rechte Herzkammer weitergibt. Diese pumpt das Blut durch die Lungenarterien in das Kapillarnetz der Lungen. Dort nimmt es Sauerstoff auf und gibt CO_2 ab. Es kehrt durch die Lungenvenen zur linken Vor- und Herzkammer zurück (*kleiner Kreislauf*). Die linke Herzhälfte enthält also nur sauerstoffreiches, die rechte nur sauerstoffarmes Blut. Sauerstoffreiches Blut wird auch als arterielles, sauerstoffarmes als venöses Blut bezeichnet. Damit wird aber *nicht* zum Ausdruck gebracht, in welchem Gefäßtyp das Blut fließt.

Bau und Tätigkeit des Herzens. Das Herz ist ein kräftiger Hohlmuskel (s. Abb. 164.2). Die beiden Herzhälften sind völlig getrennt, sodass das Herz aus zwei Pumpen besteht. Jede Hälfte ist aus einer *Vor-* und einer *Herzkammer* aufgebaut. Zwischen Vor- und Herzkammer liegen ventilartig wirkende *Segelklappen*. Sie verschließen beim Zusammenziehen der Herzkammer die Öffnung zur Vorkammer. *Taschenförmige Klappen* am Ursprung der aus den Herzkammern abzweigenden Arterien verhindern den Rückfluss des Blutes in die sich erweiternden Herzkammern.

Beide Herzhälften arbeiten gleichzeitig, wobei sich die Herzkammern bzw. Vorkammern abwechselnd zusammenziehen (*Systole*) und erweitern (*Diastole*). Zunächst kontrahieren die Vorkammern und geben ihr Blut an die erschlaffenden Herzkammern ab. Dann ziehen sich die Herzkammern zusammen und drücken das Blut in die Schlagadern. Gleichzeitig erweitern sich die Vorkammern und nehmen dadurch neues Blut aus den Venen auf. Darauf folgt eine kurze Ruhezeit. Die Herzkontraktion erzeugt eine Druckerhöhung in der Aorta, die sich als Druckwelle über die Arterien fortpflanzt. Diese Druckwelle ist als *Pulsschlag* fühlbar. Sie weitet die elastischen Wände der Arterien. Nach der Systole üben die nun gedehnten Wände der Arterien einen Druck auf das Blut aus. Dieser Wanddruck sorgt auch nach dem Ende der Systole für einen erhöhten Innendruck in den Gefäßen: Das Blut strömt weiter.

In der Oberarmarterie beträgt der systolische Blutdruck beim Zwanzigjährigen ca. 16 kPa (120 mm Hg) in Ruhe, der diastolische Blutdruck etwa 10,7 kPa (80 mm Hg). (Luftdruck im Fahrradschlauch: ungefähr 150 kPa.)

Der mittlere Blutdruck, also der Druck, der beim Bluttransport tatsächlich wirksam wird, nimmt von der Aorta über das Kapillargebiet bis zu den Hohlvenen dauernd ab. In der Aorta beträgt der *Mitteldruck* etwa 13,3 kPa (100 mm Hg), in den Hohlvenen fast 0 kPa. Die Blutmenge, die das Herz je Minute pumpen kann,

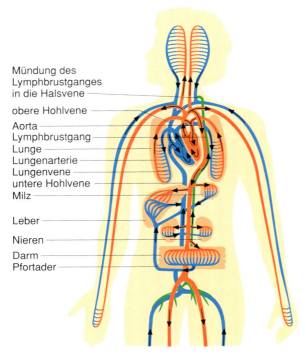

Abb. 164.1: Blutkreislauf beim Menschen mit Lymphbrustgang, schematisch; sauerstoffreiches Blut rot, sauerstoffarmes Blut blau, Lymphe grün

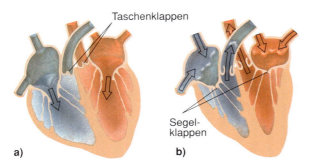

Abb. 164.2: Die Tätigkeit des Herzens. **a)** Zusammenziehen der Vorkammern, Erschlaffen (Diastole) der Herzkammern; **b)** Zusammenziehen (Systole) der Herzkammern, Erschlaffen und Erweiterung der Vorkammern

heißt Herzminutenvolumen. Es kann von 5 l/min in Ruhe auf etwa 25 l/min bei schwerer Muskelarbeit ansteigen. Die Mehrarbeit wird durch eine Steigerung der Schlagfrequenz oder des Schlagvolumens erreicht. Beim Training vergrößern sich die Muskelzellen des Herzens, sodass sich das Herz kräftiger zusammenziehen kann. Die Herzfrequenz wird geringer, das Schlagvolumen höher.

Ein tägliches Training, bei welchem dem Körper mindestens zehn Minuten lang etwa 50–75 % seiner Leistungsfähigkeit abgefordert werden (130–150 Pulsschläge pro Minute), trägt ganz wesentlich zur Gesunderhaltung des Herzens bei (Dauerlauf, Radfahren, Schwimmen oder andere Ausdauersportarten).

4.2.4 Lymphe

Die Wände der Kapillaren sind durchlässig für niedermolekulare Stoffe und Wasser, aber undurchlässig für die meisten Proteine. Aufgrund des Blutdrucks werden laufend Wasser und darin gelöste Stoffe aus den Kapillaren ausgepresst. Dem Austritt der Flüssigkeit sind allerdings Grenzen gesetzt, und zwar vor allem aus folgendem Grund: Im Blut findet man Proteine in hoher Konzentration, die in der ausgepressten Flüssigkeit nahezu völlig fehlen. Diese Proteine erzeugen im Innern der Kapillare einen gewissen osmotischen Druck, der beim Menschen 3,3 kPa beträgt **(s. Cytologie 3.1)**. Im Anfangsteil der Kapillare ist der Blutdruck noch höher als der von den Proteinen erzeugte osmotische Druck, sodass Flüssigkeit durch die Kapillarwand gepresst wird *(Filtration)*. Im Endabschnitt der Kapillare ist dagegen der von den Proteinen erzeugte osmotische Druck größer als der Blutdruck. Deshalb nimmt die Kapillare in diesem Bereich Flüssigkeit aus dem Gewebe auf *(Resorption)*. In der Summe überwiegt der Einfluss des Blutdrucks, sodass insgesamt etwas mehr Flüssigkeit aus der Kapillare ausgepresst als aufgenommen wird (Netto-Ausstrom). Die Flüssigkeit, die sich in den Gewebespalten sammelt, bezeichnet man als *Lymphe* (= Zwischenzellflüssigkeit, Gewebsflüssigkeit). Ihre Zusammensetzung entspricht der Zusammensetzung des Blutes ohne Blutkörperchen und Proteine. Der Austausch zwischen Blut und Lymphe erfolgt rasch; innerhalb einer Minute werden 70 % der Blutflüssigkeit mit der Lymphflüssigkeit ausgetauscht. Deshalb führt eine rasche Wasseraufnahme ins Blut (z. B. nach starkem Trinken) nur zu einer verhältnismäßig geringfügigen Zunahme des Blutvolumens.

Die Lymphe umspült alle Zellen. Aus ihr entnehmen die Zellen die benötigten Stoffe und scheiden ihre Abfallstoffe dorthin ab. Die Lymphe wird dauernd aus den Kapillaren gespeist. Sie fließt aus den Gewebe-spalten über die im Gewebe blind endenden Lymphkapillaren ab, deren Wand für die Lymphe stark durchlässig ist. Diese vereinigen sich zu Lymphgefäßen und schließlich zum Lymphbrustgang. In diesen münden auch die vom Darm kommenden, mit dem resorbierten Fett beladenen Lymphgefäße. Der Lymphbrustgang ergießt seinen Inhalt in die linke Schlüsselbeinvene; auf diese Weise gelangt die Lymphe dann wieder in den allgemeinen Blutkreislauf zurück.

Zahlreiche in die Lymphgefäße eingeschaltete Lymphknoten reinigen die Lymphe vor ihrem Eintritt in die Blutbahn von Bakterien, Bakteriengiften und anderen Fremdstoffen *(s. Immunbiologie 2.1)*.

4.2.5 Blut

Das Blut der Wirbeltiere besteht aus dem flüssigen Blutplasma und den darin schwimmenden festen Bestandteilen, den Blutkörperchen (s. Tab. 165.1). Beim erwachsenen Menschen, auf dessen Blut sich die folgende Beschreibung bezieht, beträgt die gesamte Blutmenge 5–6 Liter. Das ist verhältnismäßig wenig im Vergleich zur Lymphe (etwa 10 Liter) und zur intrazellulären Flüssigkeit (etwa 30 Liter). Die Zusammensetzung des Blutes ist in Abb. 166.1 dargestellt.

Rote Blutkörperchen (Erythrozyten). Unter den festen Bestandteilen stehen die Roten Blutkörperchen der Menge nach an erster Stelle (Abb. 166.2). Es sind scheibenförmige, im Umriss runde, an beiden Flächen eingedellte Zellen (Abb. 166.3). Infolge ihrer elastischen Verformbarkeit können sie selbst die engsten Kapillaren passieren. Rote Blutkörperchen enthalten fast nur Hämoglobin. Mitochondrien und Zellkern sind im Anfangsstadium der Entwicklung zwar vorhanden, werden aber im Laufe der Reifung abgebaut.

Jedes Hämoglobinmolekül hat vier Sauerstoffbindungsstellen. Das gesamte Blut eines Menschen enthält rund 750 g Hämoglobin. 1 g Hämoglobin kann 1,34 ml O_2 binden (s. 4.3.1).

Die Roten Blutkörperchen entstehen im roten Knochenmark. Der Mensch besitzt etwa fünf Millionen davon in 1 mm³ Blut. Durch Anwendung radioaktiv markierter Elemente konnte festgestellt werden, dass ihre

	Rote Blutkörperchen	Weiße Blutkörperchen
Anzahl/mm³	4,5–5 Millionen	5000–10 000
Gesamtzahl	25 Billionen	35 000 Millionen
Gesamtoberfläche	3000–3500 m²	–
Verhältnis von Weißen zu Roten Blutkörperchen 1 : 600–800		

Tab. 165.1: Rote und Weiße Blutkörperchen

166 Stoffwechsel und Energiehaushalt

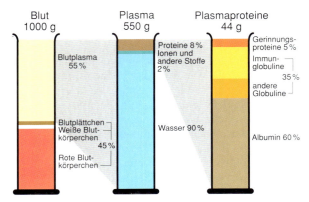

Abb. 166.1: Zusammensetzung des Blutes

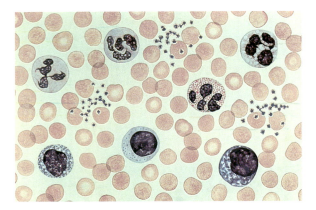

Abb. 166.2: Blut vom Menschen. Ausstrichpräparat, angefärbt; Rote Blutkörperchen kernlos; verschiedene Weiße Blutkörperchen, jeweils mit Kern sowie kleine Blutplättchen

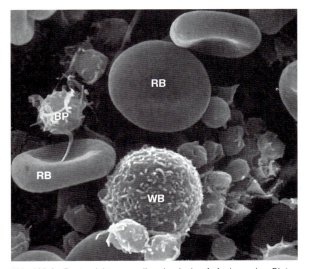

Abb. 166.3: Rasterelektronenmikroskopische Aufnahme des Blutes vom Menschen (4000fach); **RB** Rotes Blutkörperchen, **WB** Weißes Blutkörperchen, **BP** Blutplättchen

mittlere Lebensdauer beim Menschen 100 bis 120 Tage beträgt. Sie werden hauptsächlich in der Milz und der Leber (s. 4.1.2) abgebaut. Täglich müssen also 1% neu gebildet werden. Die Zahl der umlaufenden Erythrozyten ist starken Schwankungen unterworfen. Beim Menschen nimmt sie bei intensivem Körpertraining (erhöhter Sauerstoffbedarf) oder auch beim Aufenthalt in größerer Höhe (geringerer Sauerstoffgehalt der Luft) zu (bis auf acht Millionen in 1 mm^3 bei 5000 m über dem Meer). Das wird beim Höhentraining von Leistungssportlern ausgenutzt.

Weiße Blutkörperchen (Leukozyten). Im Gegensatz zu den Roten Blutkörperchen haben die kernhaltigen Weißen Blutkörperchen keine feste Form. Sie sind zu amöboider Eigenbewegung befähigt. Man kann verschiedene Formen Weißer Blutkörperchen mit jeweils spezifischer Funktion unterscheiden (s. Immunbiologie Abb. 368.1). Während die Roten Blutkörperchen an die Blutgefäße gebunden sind und darin passiv vom Blutstrom mitgeschwemmt werden, können die Weißen Blutkörperchen die Adern verlassen und in die Gewebe einwandern. Ihre Hauptbildungsstätten sind Lymphdrüsen und Knochenmark.

Blutplättchen (Thrombozyten) sind keine echten Zellen, sondern Bruchstücke von Knochenmarksriesenzellen. Sie sind farblos, scheiben- bis spindelförmig und recht klein (0,5–2,5 µm). Ihre Lebensdauer beträgt nur wenige Tage. An Wunden ballen sie sich zusammen. Der dadurch gebildete Pfropf kann zu einem vorläufigen Wundverschluss führen. Die Blutplättchen enthalten außerdem mehrere Enzyme, die wesentlich an der Blutgerinnung beteiligt sind. Beim Verlassen der Blutgefäße zerfallen die Blutplättchen rasch.

Blutplasma. Es besteht aus 90% Wasser und 10% darin gelösten Stoffen. Beim Gerinnen des Blutes bildet sich der Blutfaserstoff, das *Fibrin*. Es entsteht aus einer im Blutplasma gelösten Vorstufe, dem Fibrinogen. Das Fibrin bildet ein Netzwerk, in dem sich die Blutkörperchen verfangen. Lässt man das Blut in einem Gefäß gerinnen, setzt sich das Fibrin zusammen mit den Blutzellen am Boden ab. Darüber bleibt eine schwach gelb gefärbte Flüssigkeit stehen: das *Blutserum*. Es entspricht dem Blutplasma ohne Fibrinogen.

Blutgerinnung. Bei Verletzung gerinnt das Blut zu einer gallertartigen Masse, die nach einigen Stunden fest wird. Das Gerinnsel verstopft die Wunde und schützt dadurch den Körper vor übermäßigem Blutverlust. Abb. 167.1 stellt den Ablauf der Blutgerinnung in Grundzügen dar. Tatsächlich sind viele weitere enzymatisch wirkende Blutfaktoren beteiligt. So ist z. B.

Thrombokinase das Endprodukt zahlreicher chemischer Reaktionen im Blutplasma.

Am Ende der komplizierten Gerinnungsreaktionen wird das im Blutplasma enthaltene *Fibrinogen* zum *Fibrin* umgesetzt. Das Fibrin bildet ein Netzwerk aus feinsten Fäden, das Blutkörperchen festhält und auch dem Blutserum den Austritt aus der Wunde erschwert. So entsteht eine zusammenhängende Kruste, der Wundschorf, unter dessen Schutz sich dann die Wunde durch Neubildung von Zellen wieder schließt. Bei krankhaften Zuständen oder nach schweren Operationen können sich derartige Gerinnsel *(Thrombus)* auch innerhalb der Gefäße bilden. Man spricht dann von einer *Thrombose*. Wird ein Thrombus vom Blut weggeführt, so bezeichnet man ihn als *Embolus*. Er kann als Fernwirkung der Thrombose an einer anderen Stelle des Gefäßsystems zu lebensgefährlicher Verstopfung der Blutwege führen *(Embolie)*.

Bei der häufigsten Bluterkrankheit fehlt ein am Gerinnungsprozess beteiligtes Globulin (Faktor VIII), sodass das Blut nur sehr langsam gerinnt. Selbst relativ kleine Wunden können dann schon zum Verbluten führen. Dieses Globulin lässt sich heute sowohl aus Blut gesunder Personen als auch aus gentechnisch veränderten Bakterien *(s. Genetik 5.3.2)* gewinnen.

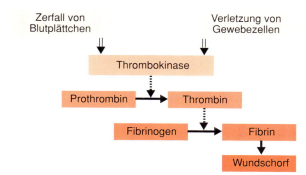

Abb. 167.1: Vereinfachtes Schema der Blutgerinnung. Doppelpfeil: Freisetzung; ausgezogener Pfeil: Umwandlung, gestrichelter Pfeil: Katalyse

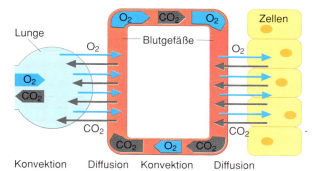

Abb. 167.2: Wechsel von aktiven Strömungsvorgängen (Konvektion) und Diffusion beim Transport der Atemgase

4.3 Atmung

Die Atmung läuft bei Mensch und Tier ohne Unterbrechung das ganze Leben lang ab. Der Mensch kann z. B. wochenlang ohne Nahrung existieren, einige Tage lang ohne Wasser, aber nur wenige Minuten ohne Sauerstoff.

Durch Oxidation energiereicher Nahrungsstoffe gewinnt der Körper die erforderliche Energie. Dies erfolgt im Innern der lebenden Zellen *(Zellatmung, innere Atmung)*. Den dazu nötigen Sauerstoff entnehmen die Zellen ihrer Umgebung. Was man gewöhnlich unter Atmung versteht, ist nur ein äußerer Vorgang, der dazu dient, Sauerstoff in den Körper aufzunehmen und das entstehende Kohlenstoffdioxid daraus zu entfernen *(äußere Atmung)*. Die ausgeschiedene Kohlenstoffdioxidmenge ist ein Maß für die Intensität der Atmung eines Organismus.

4.3.1 Gasaustausch

Atemgase werden im Körper des Menschen durch *Diffusion* und durch *gerichtete Strömung* bewegt (s. Abb. 167.2). Sauerstoff gelangt durch Diffusion aus der Lungenluft ins Blut und aus dem Blut in die Gewebezellen (s. Abb. 168.1). Auch der Übertritt von Kohlenstoffdioxid aus den Zellen ins Blut und aus dem Blut in die Lungenluft erfolgt durch Diffusion. Bei der Strömung *(Konvektion)* wird das Medium, in dem sich die Gasmoleküle befinden, transportiert (Atemluft, Blut). Hierfür muss Energie eingesetzt werden. Sie wird von *vier Pumpen* bereitgestellt: dem Zwerchfell, dem Brustkorb mit der Rippenmuskulatur, der linken und der rechten Herzhälfte.

Weil Diffusion nur über Bruchteile eines Millimeters in verhältnismäßig kurzer Zeit abläuft, sind alle größeren Tiere auch auf Strömung angewiesen. Bis ein Konzentrationsausgleich erreicht ist, benötigt z. B. Sauerstoff zur Diffusion im Wasser für 1 mm 0,1 ms, für 1 cm bereits ca. 100 s und für 1 m etwa drei Jahre. Tiere, bei denen Sauerstoff allein durch Diffusion befördert wird, sind normalerweise sehr klein oder aber flach und lang gestreckt (z. B. Einzeller, Plattwürmer), haben also eine große Sauerstoff aufnehmende Oberfläche im Vergleich zur Körpermasse. Diese *Hautatmung* bleibt neben anderen Atmungsweisen (s. 4.3.2 und 4.3.3) bei allen weichhäutigen Tieren bestehen. So decken z. B. Frösche während der Winterruhe im Schlamm der Gewässer den gesamten Sauerstoffbedarf durch die Haut.

Stoffwechsel und Energiehaushalt

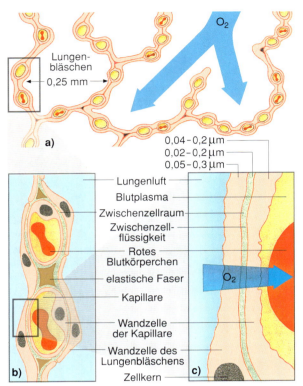

Abb. 168.1: Sauerstofftransport in der Lunge des Menschen. **a)** Schnitt durch einige Lungenbläschen; **b)** Wand eines Lungenbläschens mit Kapillaren; **c)** Weg des Sauerstoffs aus dem Lungenbläschen ins Blut. Die Diffusionsstrecke von der Lunge ins Blutplasma ist sehr kurz.

▶ Die Insekten, die einen Außenpanzer besitzen, führen Luft durch ein weit verzweigtes Röhrensystem unmittelbar den Sauerstoff verbrauchenden Zellen zu. Diese Luftröhren oder *Tracheen* beginnen in jedem Körperabschnitt links und rechts mit je einem Atemloch oder *Stigma*. Die Hauptstämme verzweigen sich im Innern des Körpers stark und umspinnen alle Organe **(s. Abb. 466.2).** Ihre blind geschlossenen Verästelungen endigen zwischen den einzelnen Zellen, zum Teil sogar im Innern von Zellen. ◀

Gasdiffusion. Die Atmungsorgane (Lungen, Kiemen) bieten optimale Bedingungen für die Diffusion von Gasen. Die Epithelien des Gasaustausches sind großflächig und dünnwandig. So hat beispielsweise das Lungenepithel des Menschen mit 50–80 m² die Fläche einer Dreizimmerwohnung (Hautfläche: weniger als 2 m²). Die Wanddicke der Lungenbläschen beträgt nur etwa 1 mm, sodass die Diffusionsstrecke der Atemgase äußerst klein ist. Je größer aber die Diffusionsfläche und je kleiner die Diffusionsstrecke, desto größer ist das Ausmaß der Diffusion.

Transport des Sauerstoffs im Blut. In einem Liter Blut*plasma* lösen sich maximal 3 ml Sauerstoff. Dennoch transportiert das Blut sehr viel mehr Sauerstoff. Beim Einfließen in die Lunge enthält es pro Liter etwa 150 ml O₂, beim Verlassen der Lunge jedoch 200 ml O₂. Dies liegt daran, dass Sauerstoff im Blut nicht nur physikalisch gelöst, sondern auch chemisch gebunden wird. Das Gleiche gilt für Kohlenstoffdioxid, von dem etwa 40 ml pro Liter Venenblut transportiert werden, obwohl die Sättigungskonzentration von Wasser bei 4 ml CO₂/l liegt. Sauerstoff reagiert mit dem Hämoglobin der Roten Blutkörperchen (s. 4.2.5) und wird daran gebunden.

Hämoglobin + O₂ ⇌ Oxy-Hämoglobin

Während das Blut durch die Lungenkapillaren fließt, überwiegt die Hinreaktion. Dem Blutplasma wird durch Hämoglobin physikalisch gelöster Sauerstoff entzogen, sodass der Konzentrationsunterschied zwischen Blutplasma und Lungenluft relativ lange erhalten bleibt. Wegen der chemischen Bindung ans Hämoglobin gelangt also viel mehr Sauerstoff ins Blut, als aufgrund reiner Diffusion zu erwarten wäre.

In den Kapillaren der übrigen Körpergewebe, welche aufgrund der inneren Atmung sauerstoffarm sind, überwiegt die Rückreaktion. Bindungen zwischen Sauerstoff- und Hämoglobinmolekülen werden gelöst und Sauerstoff diffundiert ins Gewebe. Das Ausmaß der chemischen Bindung von Sauerstoff an Hämoglobin hängt von der Sauerstoffkonzentration im Blutplasma ab (Abb. 169.1). Die Sauerstoffkonzentration wird als Druck (in Pa) angegeben. Der rechte Teil der *Sauerstoffbindungskurve des Hämoglobins* (oberhalb 7 kPa) zeigt, dass auch bei relativ niedrigen O₂-Konzentrationen im Blutplasma fast alle verfügbaren Bindungsorte des Hämoglobins mit Sauerstoff beladen werden. Deshalb führt auch eine verhältnismäßig starke Abnahme des Sauerstoffgehaltes der Lungenluft nicht zu lebensbedrohender Sauerstoffarmut in Geweben. Der Kurvenverlauf links (unterhalb 5 kPa) macht deutlich, dass Hämoglobin schon bei einer geringen Abnahme der O₂-Konzentration in den Körpergeweben relativ viel Sauerstoff abgibt. Die geschwungene Kurvenform wird dadurch erklärt, dass ein von einem Hämoglobinmolekül gebundenes O₂-Molekül die Bindungsfähigkeit der noch freien Sauerstoffbindungsstellen erhöht (vier Bindungsstellen; s. Abb. 119.1d). Die O₂-Bindungskurve des Hämoglobins eines Säugerfetus liegt im Vergleich zur Mutter weiter links (Abb. 169.1). So wird die Übernahme des Sauerstoffs vom Blut der Mutter zu dem des Kindes in der Plazenta erleichtert. In Abb. 169.1 ist auch die Sauerstoffbindungskurve des *Myoglobins* (roter Farbstoff des Muskels) eingetragen. Myoglobin nimmt bei allen Konzen-

Stoffwechsel vielzelliger Tiere

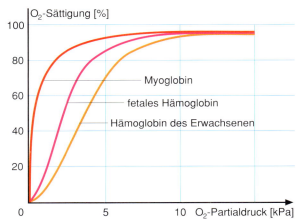

Abb. 169.1: Sauerstoffbindungskurven von Hämoglobin des Erwachsenen und des Fetus sowie von Myoglobin (Normalwerte). Die Sauerstoffkonzentration wird angegeben als Partialdruck (das is der Druck, den die jeweilige Sauerstoffmenge ausüben würde, wenn sie im gegebenen Raum allein vorhanden wäre).

trationen mehr Sauerstoff auf als Hämoglobin, besonders viel aber bei Konzentrationen, wie sie in Körpergeweben (< 5 kPa) vorherrschen. Durch die Bindung von Sauerstoff setzt Myoglobin die Konzentration des in der Zellflüssigkeit gelösten Sauerstoffs herab und fördert so die Diffusion des Sauerstoffs aus dem Blut ins Zellinnere. Myoglobin gibt den Sauerstoff schließlich an die Enzyme der Zellatmung in den Mitochondrien ab. Es ist auch ein *Sauerstoffspeicher* des Muskels.

Der Transport des Kohlenstoffdioxids im Blut erfolgt zu 10 % in physikalischer Lösung. Etwa 30 % der CO_2-Moleküle sind an Hämoglobin angelagert, allerdings an anderen Stellen als die O_2-Moleküle. Ungefähr 60 % reagieren mit Wasser unter Bildung von Kohlensäure:

$CO_2 + H_2O \rightarrow H^+ + HCO_3^-$

Die Erzeugung von Kohlensäure erfolgt fast ausschließlich innerhalb der Roten Blutkörperchen. Diese enthalten das Enzym Carboanhydrase, das die Reaktion stark beschleunigt. Kohlensäure liegt dissoziiert in H^+- und HCO_3^--Ionen vor. Ein großer Teil der HCO_3^--Ionen diffundiert (im Austausch gegen Cl^--Ionen) ins Blutplasma. H^+-Ionen werden von verschiedenen Puffern des Blutes abgefangen. Dadurch wird eine Übersäuerung des Blutes verhindert. Auch das Hämoglobin bindet einen Teil der H^+-Ionen, wobei allerdings sein O_2-Bindungsvermögen sinkt. Daher fördert das aus den Geweben ins Blut einströmende Kohlenstoffdioxid die Sauerstofffreisetzung. In den Lungen laufen die genannten Reaktionen in umgekehrter Richtung ab. Die CO_2-Konzentration des Blutplasmas steigt und Kohlenstoffdioxid diffundiert in die Lungenluft.

▶ 4.3.2 Kiemenatmung der Fische

Die Kiemen der Fische sind in Bau und Funktion an die Sauerstoffarmut des Wassers angepasst. Sie entziehen dem Atmungswasser etwa 80–90 % des Sauerstoffs. Ein Liter Wasser enthält etwa 10 ml Sauerstoff. Da pro Liter Kiemenblut etwa 15 Liter Wasser durch die Kiemen gepumpt werden, nimmt ein Liter Blut des Fisches 10 ml · 15 · 80 % = 120 ml Sauerstoff auf. Im Vergleich dazu saugt der Mensch je Liter Lungenblut nur ein Liter Atemluft in die Lunge, das heißt ca. 200 ml Sauerstoff. Bei einer O_2-Aufnahme von 25 % nimmt ein Liter Lungenblut somit nur 50 ml Sauerstoff auf. Die Fischkieme erreicht ihren hohen Wirkungsgrad vor allem durch Anwendung des Gegenstromprinzips. Wasser und Blut fließen in entgegengesetzter Richtung aneinander vorbei (Abb. 169.2). Beim Einfließen in die Kieme trifft sauerstoffreiches Wasser auf nur wenig sauerstoffärmeres Blut. Doch selbst der geringe Unterschied bewirkt eine Diffusion von Sauerstoff aus dem Wasser ins Blut. Kurz vor dem Verlassen der Kieme hat das Wasser schon sehr viel Sauerstoff abgegeben. Das Blut, an dem es jetzt vorbeifließt, ist aber immer noch sauerstoffärmer und nimmt daher weiter Sauerstoff auf.

Das Atmungswasser wird in sehr dünnen Schichten durch die Kieme gepumpt. Die Schlitze zwischen zwei Kiemenlamellen, durch die das Wasser hindurchgeführt wird, haben eine Breite von nur 20–50 µm (Abb. 169.2). Innerhalb der dünnen Wasserfilme ist der *Diffusionsweg* des Sauerstoffs äußerst kurz. Auch dies erhöht den Wirkungsgrad.

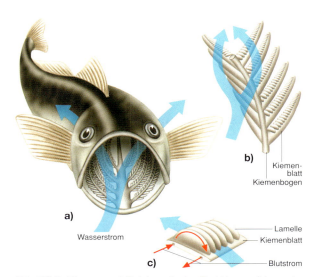

Abb. 169.2: Wasser- und Blutstrom in der Fischkieme. **a)** Lage der Kiemenbögen im Mundraum; **b)** Kiemenbogen mit Kiemenblättern und Kiemenlamellen; **c)** Gegenstrom von Wasser und Blut

Stoffwechsel und Energiehaushalt

Abb. 170.1: Australischer Lungenfisch *(Neoceratodus)*; Länge bis über 1,5 m

Das Wasser wird durch Erweiterung des Mund- und Kiemenraums in den Mund eingesogen. Aufeinander folgende Verengungen des Mund- und Kiemenraumes pressen es durch die Kiemenspalten wieder aus.
Bei den altertümlichen *Lungenfischen* ist die Innenwand der Schwimmblase wabenartig vergrößert und reichlich durchblutet. Mit dieser „Lunge" können sie Luft atmen und so das sommerliche Austrocknen der Gewässer im Schlamm überstehen; im Wasser atmen auch Lungenfische nur mit Kiemen.
Bei den *Lurchen* atmen die Larven noch durch Kiemen. Nach der Umwandlung verschwinden die Kiemen und mit dem Verlassen des Wassers übernehmen die Lungen und die Haut ihre Aufgabe. ◄

4.3.3 Lungenatmung der Wirbeltiere

Die Lungen (s. Abb. 171.1) sind bei den *Molchen* noch einfache, glattwandige Säcke. Bei den *Fröschen* ist die Innenwand durch vorspringende Falten wabenartig gekammert und erreicht dadurch zwei Drittel der Körperoberfläche. Bei den *Eidechsen* sind diese Falten in sich noch einmal gefältelt und bei den *Krokodilen* und *Schildkröten* ist der ganze Innenraum in zahlreiche Kammern, Nischen und Bläschen aufgeteilt, sodass in der Mitte nur noch ein enger Gang, der *Bronchus*, übrig bleibt, durch welchen die Luft in die Kammern geleitet wird. In der *Säugetierlunge* teilt sich dieser Luftweg in mehrere Äste, die *Nebenbronchien*, auf, die sich weiter verzweigen. Ihre letzten Verästelungen enden in zahlreichen feinen Bläschen, den *Lungenbläschen*. Diese sind mit einem engmaschigen Blutgefäßnetz umsponnen, sodass hier der Gasaustausch vor sich gehen kann.

Bei *Erneuerung der Atemluft* beim Menschen fördert ein gewöhnlicher, ruhiger Atemzug nur etwa einen halben Liter Luft. Bei stärkster Ein- und Ausatmung können jedoch bis zu sechs Liter gewechselt werden *(Vitalkapazität)*. Dabei bleiben immer noch rund 1,2 l Luft in der Lunge zurück *(Residualluft)*, sodass niemals die gesamte Luft erneuert wird. Da die eingeatmete Luft sich mit der zurückgebliebenen mischt, hat die Lungenluft, die wir gewöhnlich veratmen, einen geringeren Sauerstoffgehalt und einen höheren Gehalt an Kohlenstoffdioxid als die Frischluft.

▶ Besondere Verhältnisse herrschen in großen Höhen. Hier ist der Luftdruck und auch die Sauerstoffmenge in der Luft geringer. Deshalb wird das Hämoglobin nicht mehr in vollem Umfang oxidiert; den Zellen steht zu wenig Sauerstoff zur Verfügung. Der Körper sucht sich dem Sauerstoffmangel durch verstärkte Atmung, Beschleunigung des Herzschlags, Umstellen aller sonstigen Tätigkeiten auf „Schongang" und bei längerem Aufenthalt durch Vermehrung der Roten Blutkörperchen anzupassen. Trotzdem kann es in Höhen über 4000 m zu der gefürchteten *Höhenkrankheit* kommen (Müdigkeit, Schwindel, Entschlussunfähigkeit, Bewusstseinsstörungen); in Höhen um 7000 m besteht Lebensgefahr, die durch Sauerstoffzufuhr gebannt werden kann.

Die Druckverhältnisse im Wasser setzen dem Menschen beim Tauchen Grenzen. Bei Verwendung eines Schnorchels kann man ab einer Tiefe von 112 cm nicht mehr atmen, weil der Druck des Wassers auf den Brustkorb den Innendruck der Lunge zu sehr übersteigt. Erhöht man den Innendruck in der Lunge (Taucheranzug, Atemgerät), kann man auch in größere Tiefen vordringen. Bei erhöhtem Luftdruck lösen sich alle Atemgase in größerer Menge im Blutplasma als beim Atmen an der Luft. Stickstoff entweicht bei zu schnellem Auftauchen aus dem Blutplasma in Form von Gasbläschen, ähnlich wie Kohlenstoffdioxid aus Selterswasser beim Öffnen der Flasche. Die Gasbläschen versperren dem Blut in kleinen Gefäßen den Weg. Es entsteht die lebensgefährliche *Taucherkrankheit* mit Schmerzen im ganzen Körper und Benommenheit. Die betroffenen Taucher müssen in einer Druckkammer einem höheren Luftdruck ausgesetzt werden, der nach und nach gesenkt wird. Die Taucherkrankheit kann durch sehr langsames Auftauchen („Austauchen") vermieden werden, weil dann der überschüssige Stickstoff nach und nach mit der Atemluft ausgeschieden wird. Tief tauchende Tiere, z. B. Wale, haben relativ kleine Lungen, deshalb kann sich beim Tauchen nur eine geringe Menge Stickstoff im Blut lösen. Sie besitzen aber ein großes Blutvolumen, sodass sie eine große Menge Sauerstoff in die Tiefe mitnehmen können. ◄

Stoffwechsel vielzelliger Tiere

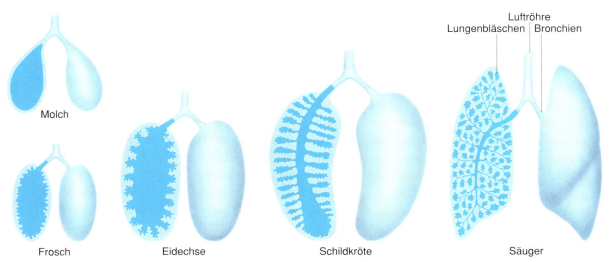

Abb. 171.1: Lungenbau der Wirbeltiere, schematisch. Man erkennt die zunehmende Vergrößerung der inneren Oberfläche.

4.3.4 Regelung der äußeren Atmung beim Menschen

Die rhythmischen Pumpbewegungen der Atmungsmuskeln im Zwerchfell und zwischen den Rippen werden von Nervenzellen des Rückenmarks gesteuert. Diese Neuronen werden im gleichen Zeittakt von anderen Nervenzellen erregt, die im Atmungszentrum des Nachhirns liegen *(s. Neurobiologie 5.2.2)*. Die Erregung hängt von verschiedenen Faktoren ab. Die Hauptrolle bei der Regelung der Atmung spielt der Kohlenstoffdioxidgehalt des Blutplasmas (s. Abb. 171.2). Dieser wird von Sinneszellen (CO_2-*Rezeptoren*) in den Halsschlagadern und in der Aorta bestimmt. Steigt der CO_2-Gehalt des Blutplasmas in diesen Arterien, so verstärkt das Atmungszentrum die Tätigkeit von Zwerchfell- und Rippenmuskeln und somit die Ventilation der Lunge. Ein Abfallen des CO_2-Gehaltes hat die gegenteilige Wirkung. Atmet man längere Zeit so schnell und so tief wie möglich *(Hyperventilation)*, so kann es danach ebenfalls zum Stillstand der Atmung kommen, weil das Blut so stark an Kohlenstoffdioxid verarmt, dass der Antrieb für das Atmungszentrum fehlt.

Ein weiterer Faktor bei der Regelung der Atmung ist der Sauerstoffgehalt des Blutplasmas. Dieser wird von O_2-*Rezeptoren* in den Halsschlagadern und in der Aorta gemessen, die ebenfalls mit dem Atmungszentrum in Verbindung stehen. Zur Verstärkung der Atmung führt Sauerstoffmangel in der Lungenluft, der u. a. beim Aufenthalt in großen Höhen oder bei einer krankhaften Verengung der Luftwege (z. B. bei Asthma) auftritt. Auch andere Faktoren wie Sprechen, Singen und Erregung haben Einfluss auf das Atmungszentrum.

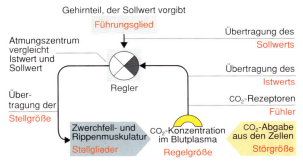

Abb. 171.2: Regelung der äußeren Atmung

4.4 Ausscheidung

Im Stoffwechsel entstehen fortwährend Endprodukte. Sie sind für den Körper wertlos oder gar schädlich und müssen ausgeschieden werden (Exkrete). Die Ausscheidung ist also ein natürlicher Teilvorgang im allgemeinen Stoffwechselgeschehen. Kohlenhydrate und Fette werden zu CO_2 und H_2O oxidiert. Als Endprodukt des Eiweißabbaues entstehen CO_2, H_2O und NH_3. Das Kohlenstoffdioxid wird zumeist durch die Atmungsorgane aus dem Körper entfernt. Das giftig wirkende Ammoniak ist leicht wasserlöslich und kann nur von Wassertieren über die Atmungsorgane und die Körperoberfläche ausgeschieden werden. Viele Tiere, vor allem die landlebenden, verwandeln Ammoniak in den leicht löslichen Harnstoff oder in die fast unlösliche Harnsäure. Beide Stoffe werden, ebenso wie andere Exkrete, nicht nur durch die Haut, sondern vor allem durch besondere Organe, die *Ausscheidungsorgane*, aus dem Körper entfernt.

Stoffwechsel und Energiehaushalt

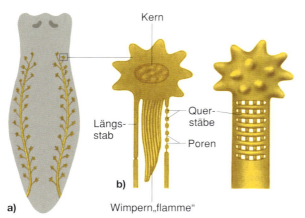

Abb. 172.1: Protonephridien eines Plattwurms. **a)** Lage im Körper; **b)** Anfangszelle eines Protonephridiums mit Reuse im Längsschnitt

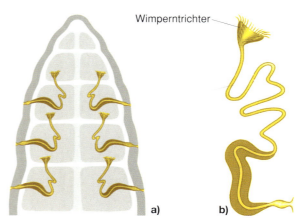

Abb. 172.2: Nephridien des Regenwurms. **a)** Lage im Körper; **b)** Schema des Baus

4.4.1 Ausscheidungsorgane

Bei den Wirbellosen findet man drei Typen von Ausscheidungsorganen.

Die *Protonephridien* der Plattwürmer (s. Abb. 172.1) sind ein verzweigtes, blind geschlossenes Röhrensystem. Die einzelnen Röhrchen beginnen mit *Wimpernflammzellen*. Durch den Schlag der Wimpern, die in den Anfang der Röhren hineinragen, entsteht ein leichter Unterdruck, sodass Flüssigkeit aus dem Gewebe durch reusenartige Teile der Zelle angesaugt wird.

Viele höhere Wirbellose, die eine Leibeshöhle besitzen, haben als Ausscheidungsorgane *Nephridien*. Diese sind ebenfalls röhrenförmig, beginnen aber offen in der Leibeshöhle mit einem Wimperntrichter. Auch der schleifenförmige Ausscheidungskanal ist teilweise bewimpert (Abb. 172.2). In das Ausscheidungsorgan gelangt die Leibeshöhlenflüssigkeit. Im ausgeschiedenen Harn sind allerdings nur noch solche Stoffe enthalten, die der Körper nicht mehr verwerten kann. Daraus kann man schließen, dass die Zellen des Ausscheidungskanals die noch verwertbaren Stoffe der Leibeshöhlenflüssigkeit dem Kanalinhalt wieder entziehen können.

Die Ausscheidungsorgane der luftlebenden Gliederfüßler, die *Malpighischen Gefäße*, sind dünne, schlauchförmige, geschlossene Nierenorgane, die in den Enddarm münden.

Das Ausscheidungsorgan der Wirbeltiere ist die *Niere*. Sie ist funktionell und anatomisch an die Nephridien der Ringelwürmer anzuschließen.

In vielen Tiergruppen dienen Ausfuhrgänge der Ausscheidungsorgane auch zur Abgabe der Geschlechtszellen (Eizellen, Spermien). Dadurch wird die Zahl erforderlicher Körperöffnungen, die Eintrittsorte von Krankheitskeimen sind, klein gehalten. Wegen dieser Beziehung von Ausscheidungs- und Geschlechtsorganen spricht man auch vom *Urogenital-System*. Bei den höheren Wirbeltieren entstehen Ei- und Samenleiter aus Ausfuhrgängen von Nephridien der ursprünglichen (beim Embryo noch vorhandenen) Nierenanlage. Diese wird infolge der Bildung der kompakten Niere im Laufe der weiteren Entwicklung wieder abgebaut. Beim Eileiter ist die Herkunft aus einem Nephridium zu erkennen *(s. Entwicklung Abb. 277.1).*

4.4.2 Bau und Funktion der Niere des Menschen

Beim Menschen liegen die Nieren zu beiden Seiten der Wirbelsäule an der hinteren Wand der Bauchhöhle (s. Abb. 173.1). Ein langer, enger Schlauch, der *Harnleiter*, führt den Harn zur Harnblase ab. Starke Blutgefäße versorgen die Nieren reichlich mit Blut: Die Nieren gehören zu den am stärksten durchbluteten Organen des Körpers. Obwohl sie nur etwa 1 % des Körpergewichts ausmachen, werden sie von 20–25 % des Blutes durchflossen, das aus der linken Herzkammer gepumpt wird.

Im Schnitt erkennt man einen inneren Hohlraum, das *Nierenbecken*. Aus ihm entspringt der *Harnleiter*. Die dicke Wand der Niere besteht aus der äußeren gekörnelten *Rindenschicht* und der inneren, radial gestreiften *Markschicht*. Aus der Markschicht springen 10–15 kegelförmige *Nierenpyramiden* gegen das Nierenbecken vor. Der eigentliche Ausscheidungsapparat wird von den *Nephronen* (über eine Million) gebildet (s. Abb. 173.2). Jedes Nephron besteht aus einem Nierenkörperchen und dem daraus abgehenden Nierenkanälchen.

In jedes Nierenkörperchen führt eine kleine Arterie *(Arteriole)*. Sie verzweigt sich innerhalb der doppel-

wandigen *BOWMANschen Kapsel* zu einem Knäuel von Kapillaren *(Glomerulus)*. Diese vereinigen sich wieder zu einer Arteriole, die aus dem Nierenkörperchen herausführt und sich erneut in Kapillaren aufteilt. Diese bis zu 4 cm langen Kapillaren begleiten das Nierenkanälchen und münden in eine kleine Vene *(Venole)*.
Das Nierenkanälchen ist in der Rindenschicht aufgeknäuelt, geht in einer Schleife *(HENLEsche Schleife)* gerade durch die Markschicht und wieder zurück in die Rinde. Dort knäuelt es sich erneut und endet in einem *Harnsammelrohr*, das auf der Spitze der Nierenpyramide in das Nierenbecken mündet. Die Wand der Nierenkanälchen ist nur eine Zelllage dick.
Durch die Wand der Kapillaren und die angrenzende Wand der BOWMANschen Kapsel wird Flüssigkeit *(Primärharn)* aus dem Blutplasma ins Innere des Nierenkanälchens gepresst. Blutzellen und die meisten Proteinmoleküle sind zu groß, als dass sie durch die feinen Poren dieser Wände gedrückt werden könnten. Der Primärharn enthält aber alle anderen im Blutplasma vorkommenden Stoffe in der dort vorliegenden Konzentration. Er dürfte also auf die gleiche Weise entstehen wie die Gewebeflüssigkeit (Lymphe) im Kapillargebiet. Allerdings ist der Blutdruck in den Kapillaren des Nierenkörperchens höher als in anderen Kapillargebieten. Erwachsene bilden pro Tag ca. 180 Liter Primärharn. Während des Abflusses durch die erste Aufknäuelung des Nierenkanälchens werden dem Primärharn vor allem durch aktive Transportvorgänge die verwertbaren Stoffe wieder entzogen, sie gelangen dadurch in die Gewebeflüssigkeit der Niere. Infolge des Stoffentzugs sinkt der osmotische Druck des Harns unter den des umgebenden Gewebes, sodass auf osmotischem Wege (also passiv) ein großer Teil des Wassers ebenfalls in die Gewebeflüssigkeit ausströmt. Es werden auch Stoffe über die Wandzellen der Nierenkanälchen in den Primärharn abgesondert (u. a. Drogen, Medikamente). Bis zum Erreichen der HENLEschen Schleife verliert der Primärharn bereits 75 % des Wassers. Ein weiterer Wasserentzug findet in der *HENLEschen Schleife*, in dem *geknäuelten Endabschnitt* des Nierenkanälches und in den *Sammelrohren* statt. Eine wichtige Rolle spielt dabei ein Konzentrationsgefälle im Nierengewebe, von wo das überschüssige Wasser kontinuierlich ins Blut abfließt. Der Endharn, der aus den Sammelrohren ausfließt, verändert seine Zusammensetzung auf dem Weg durch Harnleiter, Blase und Harnröhre nicht mehr. Wie viel Wasser aus den Nierenkanälchen zurückgewonnen wird, welche Konzentration der Harn also annimmt, wird durch ein Hormon der Hypophyse *(Adiuretin)* bestimmt. Je mehr Adiuretin im Blut ist, desto mehr Wasser diffundiert aus den Sammelrohren in die Zwischenzellflüssigkeit des Nierengewebes zurück und von da ins

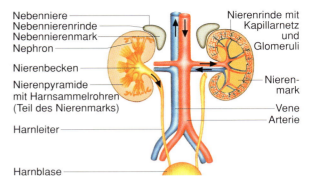

Abb. 173.1: Niere des Menschen (Nebenniere s. Hormone 1.2). Links sind nur Harn ableitende Kanäle dargestellt, rechts nur Blutgefäße.

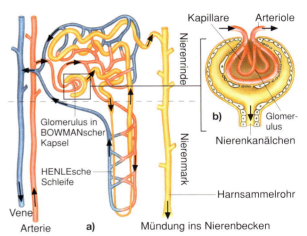

Abb. 173.2: a) einzelnes Nephron (gelb); **b)** Nierenkörperchen: BOWMANsche Kapsel mit Kapillaren

Blutplasma, desto konzentrierter wird der Endharn (geringer Wasserverlust des Körpers). Bei abnehmendem Adiuretingehalt des Blutplasmas diffundiert dagegen immer weniger Wasser aus den Sammelrohren, es wird ein schwach konzentrierter Endharn erzeugt (hoher Wasserverlust des Körpers).
Die Regelung des Salzgehaltes der Körperflüssigkeiten erfordert eine ausreichende Wasserzufuhr. Bei Wassermangel kommt es zu einer Erregung des „Durstzentrums", das ebenfalls im Zwischenhirn liegt. Schon bei einem Wasserverlust von 0,5 % des Körpergewichts (z. B. von 250 ml bei 50 kg) entsteht beim Menschen Durst. Die empfindliche Reaktion des Durstzentrums ist zweckmäßig, weil der Mensch bereits bei einer Wasserabgabe von 15–20 % des Körpergewichts verdurstet. Bei mäßiger Außentemperatur ist dies ohne Trinken nach 10–20 Tagen der Fall, in der Tropensonne aber wegen der hohen Schweißabgabe schon nach einigen Stunden.

NEUROBIOLOGIE

Das Nervensystem bildet zusammen mit den Sinnesorganen und den Muskeln ein schnelles Information verarbeitendes System. Durch den Besitz eines Nervensystems unterscheidet sich der größte Teil der Tiere von den Pflanzen. Unter den vielzelligen Tieren fehlt es nur bei den Schwämmen. Man kann sagen, dass das Nervensystem das Organsystem ist, das einen vielzelligen Organismus erst zum „typischen" Tier macht.

Das Nervensystem enthält Nervenzellen (Neuronen) und Gliazellen. Die *Nervenzellen* sind für die Aufnahme, Weiterleitung und Verarbeitung von Informationen zuständig. Die *Gliazellen* haben unterschiedliche Aufgaben. Sie sind mechanische Stützelemente im Zentralnervensystem, sie isolieren die Nervenzellen voneinander und sie sorgen für eine gleich bleibende Zusammensetzung der Flüssigkeit zwischen den Nervenzellen. Gliazellen sind meistens klein und sehr zahlreich. Im Gehirn von Säugetieren kann es 10- bis 50-mal so viele Gliazellen geben wie Nervenzellen. Da sich dieses Kapitel nur mit der Informationsverarbeitung im Nervensystem befasst, beschränkt sich die folgende Darstellung auf die Nervenzellen.

1 Bau und Funktion von Nervenzellen

1.1 Bau einer typischen Nervenzelle

Nervenzellen können sehr unterschiedlich aussehen. Bei den meisten Nervenzellen kann man aber drei Teile unterscheiden: **(1)** Der *Zellkörper* enthält den Zellkern und wichtige Organellen. Er sorgt vor allem für den Stoffwechsel und für die Synthese der von der Zelle benötigten Makromoleküle. **(2)** Die *Dendriten* sind kurze, stark verästelte Fortsätze. Über sie empfängt das Neuron Informationen. **(3)** Das *Axon* ist ein langer Fortsatz, der Informationen aktiv über große Entfernungen weiterleitet. Das Axon kann verzweigt oder unverzweigt sein. An seinem Ende befindet sich die Ausgangsregion der Nervenzelle, die die Information an andere Zellen weitergibt.

Die relative Lage dieser drei Teile einer Nervenzelle kann unterschiedlich sein. Als erstes Beispiel sei eine *motorische Nervenzelle* (α-Motoneuron) des Rückenmarks beschrieben (s. Abb. 174.1). Motorische Nervenzellen steuern die Kontraktion von Muskeln. Ein α-Motoneuron hat einen bis zu 0,25 mm großen Zellkörper (s. Abb. 175.1). Die Dendriten gehen aus dem Zellkörper hervor. Das Axon entspringt ebenfalls am Zellkörper. Es kann sehr lang sein (beim Menschen über 1 m, z. B. vom Rückenmark zum Fuß). Die Axone sind bei Wirbeltieren oft von bestimmten Gliazellen, den SCHWANNschen Zellen, umgeben. Diese sind in der Regel viel kürzer als ein Axon. Deshalb werden Axone in ihrem Verlauf von vielen hintereinander liegenden SCHWANNschen Zellen umhüllt. Bei solchen Wirbeltieraxonen wickeln sich die SCHWANNschen Zellen während der Embryonalzeit mehrmals um die Axone, sodass eine Hülle von lamellenartigem Aufbau entsteht. Man bezeichnet diese als *Markscheide*, *SCHWANNsche Scheide* oder *Myelinscheide* (s. Abb. 174.1 und 175.2). Im Elektronenmikroskop kann man erkennen, dass die Axonmembran dort, wo zwei SCHWANNsche Zellen zusammentreffen, über eine kurze Strecke freiliegt. Diese Stellen tragen nach ihrem Entdecker die Bezeichnung *RANVIERsche Schnürringe*, weil sie im Lichtmikroskop als Einschnürungen der Markscheide erscheinen. Zwei hintereinander liegende RANVIERsche Schnürringe haben einen Abstand von 1 bis 2 mm.

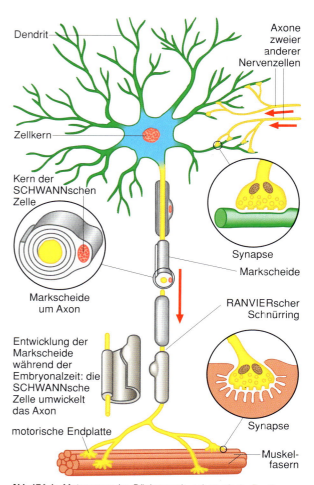

Abb. 174.1: Motoneuron im Rückenmark, schematisch. Durchmesser des Axons 5 bis 20 μm. Die roten Pfeile zeigen die Richtung des Erregungsflusses an. Zellkörper blau, Dendriten grün, Axon gelb. Aus dem Axon sind in der Mitte etwa 70 cm herausgeschnitten. Bei dem gewählten Maßstab wären das etwa 40 m.

Bau und Funktion von Nervenzellen

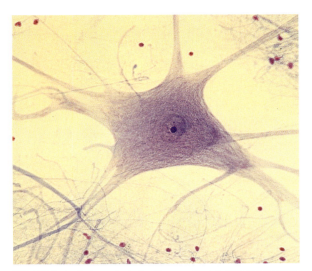

Abb. 175.1: Isolierte motorische Nervenzelle aus dem Rückenmark des Rindes (Vergrößerung 200fach) aus einem mit Methylenblau gefärbten Quetschpräparat

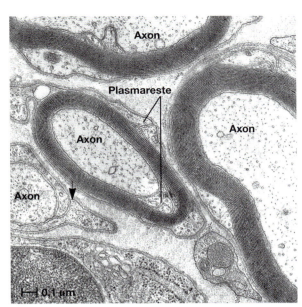

Abb. 175.2: Teil eines Querschnitts durch einen Nerv der Maus mit drei Axonen mit Markscheide. Im mittleren Axon erkennt man sowohl im Inneren als auch im Äußeren Plasmareste der SCHWANNschen Zelle, die die Myelinscheide hervorgebracht hat. Links unten ist ein Axon ohne Markscheide zu sehen, das in eine SCHWANNsche Zelle eingesenkt ist. Zwischen Axon und SCHWANNscher Zelle ist hier ein schmaler Spalt, der mit dem Außenmedium bei ↓ Verbindung hat.

Markscheiden gibt es nur bei Wirbeltieren und auch dort nur bei etwa der Hälfte aller Axone. Auch Axone ohne Markscheiden sind von SCHWANNschen Zellen umgeben. Dann sind allerdings mehrere Axone so in eine gemeinsame SCHWANNsche Zelle eingebettet, dass der dünne Außenraum, der jedes Axon umgibt, eine schmale Verbindung nach außen hat (Abb. 175.2). Von Axonen mit Markscheide wird die Erregung viel schneller geleitet als von Axonen ohne Markscheide (s. 1.6). Ein Bündel parallel laufender Axone heißt *Nerv*.

Die zahlreichen Berührungsstellen zwischen zusammengeschalteten Nervenzellen sowie zwischen Nervenzellen und Muskelfasern oder Drüsenzellen heißen *Synapsen*. Sie übertragen Erregung von einer Zelle auf die andere.

Nicht alle Nervenzellen sind so gebaut wie das Motoneuron im Rückenmark der Wirbeltiere. Beispielsweise folgt bei Neuronen des dargestellten Typs der Abb. 175.3a auf eine dendritische Region direkt das Axon. Zu dieser Art von Neuronen gehören die meisten Nervenzellen der Wirbellosen (Abb. 175.3b), aber auch die Sinnesnervenzellen der Wirbeltiere (Abb. 188.2c). Der Zellkörper liegt bei dieser Art von Neuronen seitlich entweder an der Dendritenregion oder am Axon. Er ist an der Erregungsleitung nicht direkt beteiligt.

Es gibt auch Neurone, die kein Axon besitzen. Nervenzellen dieser Art findet man z. B. in der Netzhaut der Wirbeltiere (s. 3.3.3 und 3.5). Die Ausgangsregion dieser Zellen (d. h. der Bereich, an dem sich Synapsen zu nachgeschalteten Zellen befinden) kann sich entweder nur in einem bestimmten Teil der verzweigten Zelle befinden oder überall verteilt sein.

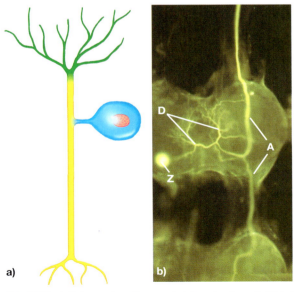

Abb. 175.3: a) Schema eines Neurons, bei dem das Axon direkt auf die Dendritenregion folgt und der Zellkörper seitlich am Axon liegt. Dendriten grün, Axon gelb, Zellkörper blau; **b)** Einzelnes Neuron einer Heuschrecke, das durch die Injektion eines Fluoreszenzfarbstoffes angefärbt wurde. Es ist in ein Brustganglion (s. Abb. 209.2) eingebettet, dessen restliche etwa 2000 Nervenzellen ungefärbt blieben. Das Neuron hat ein verzweigtes Axon (A) und sein Zellkörper (Z) hängt an der Dendritenregion (D).

176 Neurobiologie

1.2 Ionen als Ladungsträger

Die Aufnahme, Weiterleitung und Verarbeitung von Information in Nervenzellen sind an elektrische Vorgänge gekoppelt. Elektrische Vorgänge können nur ablaufen, wenn bewegliche Ladungsträger vorhanden sind. In Metallen sind dies Elektronen, in Salzlösungen dagegen positiv und negativ geladene Ionen. Jedes Ion ist von einer Wasserhülle umgeben *(s. Stoffwechsel 1.3.1)* und stellt deshalb ein relativ großes und dadurch auch schwer bewegliches Teilchen dar. Ionen in einer Lösung sind also nicht so leicht verschiebbar wie Elektronen in Metallen. Daraus folgt, dass der elektrische Widerstand von Salzlösungen sehr viel höher ist als der von Metallen.

In tierischem Gewebe sind als bewegliche Ladungsträger vor allem die positiv geladenen Kationen Natrium (Na^+), Kalium (K^+), Calcium (Ca^{2+}) und die negativ geladenen Anionen Chlorid (Cl^-) und Hydrogencarbonat (HCO_3^-) von Bedeutung. Diese findet man sowohl innerhalb als auch außerhalb der Zellen. Daneben gibt es innerhalb der Zellen nahezu unbewegliche Ladungsträger, zu denen vor allem die Proteine des Cytoplasmas gehören.

1.3 Ionen-Transport durch die Zellmembran

Bei allen Lebewesen kommen die meisten Ionen innerhalb und außerhalb der Zellen in jeweils ganz unterschiedlichen Konzentrationen vor. So weisen bei Tieren die K^+-Ionen im Innern der Zellen eine relativ hohe, in der Zwischenzellflüssigkeit (Außenmedium der Zellen) aber eine relativ niedrige Konzentration auf. Die Konzentration der Na^+-Ionen ist dagegen im Außenmedium wesentlich höher als im Innern der Zellen. Die unterschiedliche Verteilung dieser Ionen wird durch einen aktiven Transportmechanismus erzeugt und aufrechterhalten. Man nennt ihn *Natrium-Kalium-Pumpe*. Dabei handelt es sich um einen in der Membran liegenden Proteinkomplex, der bei wahrscheinlich allen tierischen Zellen vorhanden ist. Unter ATP-Spaltung werden von der Natrium-Kalium-Pumpe K^+-Ionen nach innen und gleichzeitig Na^+-Ionen nach außen transportiert. Ohne die Natrium-Kalium-Pumpe würde die unterschiedliche Ionenverteilung auf beiden Seiten der Zellmembran allmählich verschwinden, weil die Ionen in sehr geringem Umfang die Membran passieren können. Die Natrium-Kalium-Pumpe ist einer der größten ATP-Verbraucher im tierischen Organismus (20 % des ATP-Umsatzes eines Säugetieres). Die vom ATP gelieferte Energie steckt in der ungleichen Ionenverteilung, d.h. in der Erhöhung der Ordnung. Demgemäß ist die ungleiche Ionenkonzen-

tration selbst eine Energiequelle, und zwar für fast alle elektrischen Erscheinungen an Zellen (s. z. B. 1.4.2 und 1.5.2).

1.4 Membranpotential – Ruhepotential

1.4.1 Messung des Membranpotentials

Zwischen dem Inneren einer Zelle und der sie umspülenden Zwischenzellflüssigkeit (Außenmedium) liegt eine elektrische Spannung. Diese lässt sich mit Hilfe zweier Elektroden messen (s. Abb. 177.1). Dabei taucht eine von ihnen in das Außenmedium ein. Die zweite Elektrode muss mit Hilfe eines Mikromanipulators in das Innere der Zelle geführt werden. Sie muss sehr fein sein, um die Zelle nicht zu schädigen. Metalldrähte kann man dafür nicht verwenden, unter anderem deshalb, weil äußerst dünne Drähte dieses Materials sich zu leicht verbiegen würden. Deshalb besteht eine solche Elektrode normalerweise aus einer Glaskapillare (ausgezogene Glasröhre) mit einem Spitzendurchmesser von weniger als 0,5 µm. Da das Auflösungsvermögen des Lichtmikroskops bei 0,5 µm liegt, ist die Form der Elektrodenspitze nur unter dem Rasterelektronenmikroskop zu erkennen. Eine solche *Kapillarelektrode* ist mit einer Salzlösung (oft KCl) gefüllt. Beim Einstich legt sich die Zellmembran so dicht an die Elektrode an, dass kein Stoffaustausch mit der Umgebung durch die Einstichstelle möglich ist. Die beiden Elektroden sind über einen Verstärker mit einem Oszilloskop verbunden. Das Oszilloskop zeichnet den Spannungsverlauf auf.

Solange beide Elektroden in das Außenmedium eintauchen, tritt keine Spannung zwischen ihnen auf. Sobald die Kapillarelektrode aber die Zellmembran durchstoßen hat, zeigt das Oszilloskop eine Spannung zwischen den beiden Elektroden an: Sie beträgt je nach Zelltyp zwischen −30 und −100 mV (Abb. 177.1 b). Das negative Vorzeichen vor den Spannungswerten zeigt an, dass die Innenseite negativ geladen ist, also einen Überschuss an negativ geladenen Ionen besitzt. Die Außenseite ist positiv geladen; sie enthält demnach mehr Ionen mit positiver als mit negativer Ladung. Schiebt man die Elektrodenspitze tiefer ins Zellinnere, ändert sich die Spannung nicht mehr. Positive und negative Ladungen sind also nur durch die Zellmembran getrennt. Daher bezeichnet man diese Spannung als Membranspannung oder als *Membranpotential*.

In Sinnes-, Nerven- und Muskelzellen kann sich das Membranpotential verändern (Erregung). Bei diesen Zellen bezeichnet man das Membranpotential im unerregten Zustand als *Ruhepotential* oder Ruhespannung.

Bau und Funktion von Nervenzellen 177

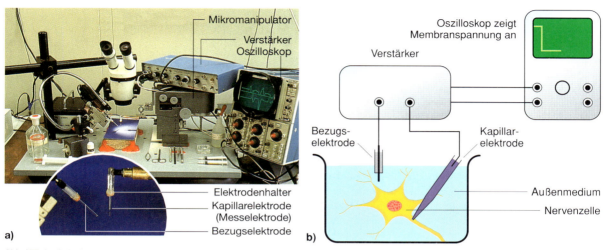

Abb. 177.1: Elektrophysiologische Versuchsanordnung zur intrazellulären Ableitung. **a)** Foto; **b)** Schema. Mit dem Mikromanipulator können sehr feine Bewegungen ausgeführt werden. Auf dem Oszilloskopschirm ist der Spannungsverlauf beim Einstechen der Kapillarelektrode in eine Zelle zu sehen. Das Absinken der grünen Linie zeigt an, dass das Zellinnere negativ geladen ist.

1.4.2 Ursachen des Membranpotentials

Wie kann aus der ungleichen Ionenverteilung außerhalb und innerhalb der Zelle ein Membranpotential, also eine elektrische Spannung, entstehen? Dazu folgende Überlegung (Abb. 177.2): Ein Gefäß sei durch eine dünne Membran unterteilt. In die linke Seite wird eine KCl-Lösung, in die rechte Seite eine NaCl-Lösung gleicher Konzentration eingefüllt. Die Membran habe die Eigenschaft, selektiv nur K$^+$-Ionen durchzulassen.
Man bezeichnet eine Membran, die nur bestimmte gelöste Stoffe und Wasser passieren lässt, als *selektiv permeabel*, im Gegensatz zu einer semipermeablen Membran *(s. Cytologie 3.1)*, die nur Wasser, aber keine gelösten Stoffe durchlässt. Um Osmose zu verhindern, muss in unserem Experiment die Teilchenkonzentration auf beiden Seiten gleich sein.

In unserem Experiment können nun die K$^+$-Ionen auf Grund ihres Konzentrationsgefälles durch die selektiv permeable Membran auf die rechte Seite diffundieren. Dadurch entsteht ein Überschuss an positiver Ladung auf der rechten und ein Überschuss an negativer Ladung auf der linken Seite. Die dadurch erzeugte elektrische Spannung zieht K$^+$-Ionen, als die einzigen Ionen, die die Membran passieren können, wieder zurück. Der Netto-Übertritt von K$^+$-Ionen hört also auf, wenn sich der vom Konzentrationsunterschied erzeugte Ausstrom und der von der elektrischen Spannung erzeugte Rückstrom die Waage halten. In diesem Gleichgewichtszustand, in dem sich die elektrische Spannung zwischen den beiden Teilen des Gefäßes nicht weiter erhöht, sind nur außerordentlich wenige K$^+$-Ionen auf der rechten Seite vorhanden. Wenn nur 5000 K$^+$-Ionen pro µm^2 Membranfläche auf die rechte Seite gelangt sind, entsteht eine Spannung von ca. 90 mV über der Membran (das entspricht ungefähr dem Gleichgewichtszustand, wie er sich bei Salzkonzentrationen einstellt, die denen in der Zelle gleichen). Dabei enthält aber jeder µm^3 einer KCl-Lösung, deren Konzentration der einer Zelle entspricht, mehr als 10^8 K$^+$-Ionen. Auf die Größe einer Zelle bezogen muss deshalb von jeweils 50 Millionen K$^+$-Ionen nur eines auf die rechte Seite übertreten. An der ungleichen Verteilung der Na$^+$- und K$^+$-Ionen (die in der Zelle durch die Natrium-Kalium-Pumpe hergestellt wird) ändert sich also fast nichts.

Die Geschwindigkeit, mit der sich die Spannung nach dem Füllen der beiden Teile des Gefäßes aufbaut, hängt natürlich von der Leitfähigkeit (Durchlässigkeit) der Membran für K$^+$-Ionen ab. Bei *Membranleitfähigkeiten*, die denen von Zellmembranen entsprechen, vergehen nur wenige Millisekunden, bis sich der Gleichgewichtszustand eingestellt hat.

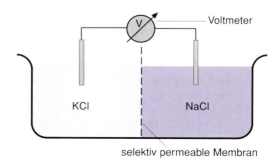

Abb. 177.2: Überlegung zur Entstehung eines Membranpotentials

1.4.3 Ionenkanäle

Nach den Überlegungen des vorangehenden Abschnitts könnte das Membranpotential einer Zelle erklärt werden, wenn die Zellmembran selektiv permeabel für bestimmte Ionen wäre. Wie soll man sich aber diese selektive Permeabilität der Zellmembran vorstellen? Die Lipid-Doppelschicht ist hydrophob und kann deshalb von den hydrophilen Ionen kaum passiert werden *(s. Cytologie 2.2)*. In die Membran sind aber Ionenkanäle eingelagert. Sie bestehen aus röhrenförmig angeordneten Proteinkomplexen, die eine Verbindung zwischen dem Inneren der Zelle und dem Außenmedium herstellen. Die meisten Ionenkanäle sind vorzugsweise für einzelne Ionen-Arten durchlässig. Diese Selektivität beruht vor allem auf ihrem Durchmesser und den Ladungsverhältnissen innerhalb des Kanals. Die Ionenkanäle verleihen der Zellmembran also eine selektive Permeabilität für bestimmte Ionen.

Es gibt Ionenkanäle, die immer offen sind. Die meisten Ionenkanäle können sich aber öffnen und schließen. Das Öffnen und oft auch das Schließen werden durch Außenbedingungen gesteuert. *Spannungsgesteuerte Ionenkanäle* öffnen sich in Abhängigkeit vom Membranpotential. Sie kommen im Axon jeder Nervenzelle vor. *Chemisch gesteuerte Ionenkanäle* öffnen sich, wenn ein bestimmtes Molekül an sie bindet. Man findet sie an Synapsen, aber auch in vielen Sinneszellen. *Mechanisch gesteuerte Ionenkanäle* öffnen und schließen sich in Abhängigkeit von der mechanischen Spannung an der Oberfläche der Zelle. Sie kommen z. B. in mechanischen Sinneszellen vor.

Die Membran aller tierischen Zellen enthält Ionenkanäle, die ziemlich selektiv für K^+-Ionen durchlässig und immer offen sind. Deshalb können, wie in 1.4.2 geschildert, einige der innen befindlichen K^+-Ionen nach außen diffundieren und so ein Membranpotential aufbauen (innen Überschuss an negativer Ladung).

Neben K^+-Ionen befinden sich im Inneren der Zellen vor allem die negativ geladenen Proteinmoleküle (s. 1.2). Sie können nicht durch die Ionenkanäle wandern.

▶ Im Außenmedium liegen neben vielen Na^+-Ionen v. a. Cl^--Ionen und Ca^{2+}-Ionen vor. Ca^{2+}-Ionen und Cl^--Ionen sind teilweise auch in der Lage, durch die Membran zu diffundieren und damit einen Einfluss auf das Membranpotential auszuüben. Da dieser Einfluss schwer zu verstehen ist, begnügen wir uns bei der Darstellung der elektrochemischen Vorgänge an Nervenzellen mit der Rolle der K^+- und Na^+-Ionen.

Die Zellmembran ist im Ruhezustand für Na^+-Ionen nahezu undurchlässig, aber eben nur nahezu, weil die K^+-Kanäle in geringem Umfang auch für Na^+-Ionen

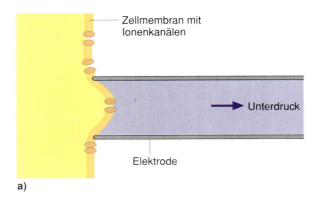

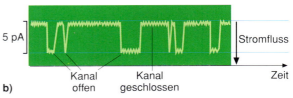

Abb. 178.1: a) Patch-clamp-Technik. Eine Kapillarelektrode wird auf die Zelloberfläche aufgesetzt und durch Ansaugen daran befestigt. **b)** Elektrischer Strom, der durch einen Membranfleck (patch) fließt, der nur einen Ionenkanal enthält. Wenn sich der Kanal öffnet, fließt ein konstanter, sehr kleiner elektrischer Strom.

durchlässig sind und einige wenige Na^+-Kanäle (s. unten) sich für ganz kurze Zeit öffnen. Deshalb erfolgt stets auch ein äußerst geringer Na^+-Einstrom in die Zelle und das Ruhepotential ist geringfügig höher als das Potential, das sich einstellen würde, wenn die Membran ausschließlich für K^+ permeabel wäre.

Unsere Kenntnisse über die Arbeitsweise der verschiedenen Ionenkanäle verdanken wir vor allem der *Patch-clamp-Technik*. Dabei wird eine verhältnismäßig grobe Kapillarelektrode mit einem Spitzendurchmesser von 2–5 μm verwendet (etwa 10-mal so dick wie eine Kapillarelektrode zur Messung des Membranpotentials). Sie wird auf die Zelloberfläche aufgesetzt. Durch Ansaugen wird eine Abdichtung zur Umgebung erreicht. Deshalb fließt der gesamte Strom, der das Membranfleckchen (engl. „patch") unter der Elektrode passiert, auch durch die Elektrode. Er kann durch ein hoch auflösendes Mikroamperemeter gemessen werden. Es gelingt, die Membranstückchen unter der Elektrode so klein zu halten, dass sie unter Umständen nur einen einzigen Ionenkanal enthalten, dessen Verhalten man auf diese Weise direkt studieren kann (Abb. 178.1). Während die Messung des Membranpotentials (Abb. 177.1) eine Spannungsmessung ist, handelt es sich bei der Patch-clamp-Technik um eine Strommessung.

Mit der Patch-clamp-Technik lässt sich feststellen, dass die Membran aller tierischen Zellen Ionenkanäle enthält, die selektiv für K^+-Ionen durchlässig sind. ◀

Das Membranpotential kommt in allen Teilen der Nervenzelle (Zellkörper, Axon, Dendriten) auf die geschilderte Weise zustande. Wird es weniger negativ oder sogar positiv (z. B. weil sich einige Na$^+$-Kanäle öffnen), spricht man von *Depolarisation*, wird es stärker negativ (z. B. weil sich mehr K$^+$-Kanäle öffnen), spricht man von *Hyperpolarisation*. Im Folgenden werden die Arbeitsweisen des Axons und der Dendriten getrennt voneinander besprochen.

1.5 Erregungsleitung im Axon ohne Markscheide

1.5.1 Aktionspotential

Sticht man eine Mikroelektrode wie in Abb. 177.1 in ein Axon (intrazelluläre Ableitung), so beobachtet man in einer unerregten Zelle ein Ruhepotential, das je nach Nervenzelle im Allgemeinen zwischen –55 mV und –90 mV liegt (Innenseite negativ). Sobald die Zelle erregt wird, treten kurzzeitige, schnelle Veränderungen des Membranpotentials auf. Man bezeichnet sie als Aktionspotential, Spike oder Impuls. Ein einzelnes Aktionspotential dauert 1–2 ms (Millisekunden). Es besteht aus einer schnellen Depolarisation auf etwa +30 mV, der eine genauso schnelle Hyperpolarisation folgt. Die Hyperpolarisation schießt kurzzeitig über das Ziel hinaus. Danach vergehen einige Millisekunden, bis das Ruhepotential wieder erreicht wird.

Ein Aktionspotential tritt entweder in voller Höhe auf oder es entsteht gar nicht (Alles-oder-Nichts-Gesetz). Aktionspotentiale bilden sich nur im Axon, nicht aber im Zellkörper und in den Dendriten. Wenn ein Aktionspotential einmal entstanden ist, wandert es über das gesamte Axon. Die Bildung und die Weiterleitung von Aktionspotentialen dient der Informationsübermittlung, v. a. über größere Entfernungen. Wie kann nun aber ein Impuls, dessen Form und Größe immer gleich ist, eine Information weitergeben? Messungen an unterschiedlich stark erregten Zellen zeigen, dass der zeitliche Abstand zwischen zwei Aktionspotentialen mit zunehmender Erregung kleiner wird (Abb. 179.1). Die Stärke der Erregung einer Nervenzelle drückt sich also im zeitlichen Abstand der Aktionspotentiale oder in der Zahl der Aktionspotentiale pro Zeiteinheit (der Frequenz der Aktionspotentiale), nicht aber in der Amplitude der Aktionspotentiale aus (Frequenzmodulation wie beim UKW-Empfang im Radio).

Der Begriff „Potential" wird in der Elektrophysiologie zum Teil entgegen der physikalischen Definition und außerdem doppeldeutig verwendet. Ruhepotential bzw. Membranpotential bedeuten aus physikalischer Sicht eine Potentialdifferenz oder Spannung, Aktionspotential bezeichnet eine Änderung der Spannung in der Zeit.

1.5.2 Ursachen des Aktionspotentials

Die Axonmembran enthält sowohl spannungsgesteuerte Na$^+$-Kanäle, als auch spannungsgesteuerte K$^+$-Kanäle (zusätzlich zu den immer geöffneten K$^+$-Kanälen). Beim Ruhepotential sind beide Arten von Kanälen geschlossen. Wird das Axon aus irgendeinem Grund über einen bestimmten Wert *(Schwellenwert)* hinaus depolarisiert, öffnen sich Na$^+$-Kanäle. Die spannungsgesteuerten K$^+$-Kanäle bleiben zunächst geschlossen, sodass die Zahl der offenen K$^+$-Kanäle zunächst unverändert klein bleibt. Anfänglich öffnen sich nur wenige Na$^+$-Kanäle. Dadurch strömen Na$^+$-Ionen in das Axon ein, die nun das Membranpotential weiter depolarisieren und dadurch weitere Na$^+$-Kanäle öffnen. So kommt es zu einem allmählichen, lawinenartigen Anschwellen der Zahl geöffneter Na$^+$-Kanäle. Deshalb strömen pro Zeiteinheit mehr Na$^+$-Ionen nach innen als K$^+$-Ionen nach außen. Dadurch entsteht im Innern des Axons ein Überschuss an positiver Ladung. Das Zellinnere ist also zu Beginn eines Aktionspotentials gegenüber dem Ruhezustand gerade umgekehrt geladen (s. Abb. 179.1 und 180.1).

Die spannungsgesteuerten Na$^+$-Kanäle bleiben nur 1–2 ms lang offen. Dann schließen sie sich wieder. Sie verhalten sich in dieser Beziehung wie eine Tür, die eine gewisse Zeit nach dem Öffnen automatisch wieder schließt. Im Gegensatz zu einer automatischen Tür schließen sich die Na$^+$-Kanäle aber auch dann, wenn der Auslöser für das Öffnen erhalten bleibt, d. h. wenn die Depolarisation andauert. Nachdem ein Kanal einmal offen war, bleibt er für 1–2 ms geschlossen, bevor er erneut geöffnet werden kann. Auch eine noch so

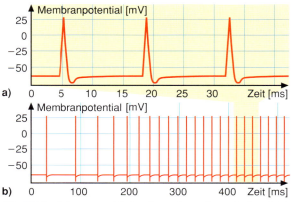

Abb. 179.1: Aktionspotentiale in einem Axon (intrazelluläre Ableitung). **a)** mit starker Zeitdehnung (Ausschnitt aus b); **b)** geringe Zeitdehnung, die Erregungsstärke nimmt allmählich zu

Neurobiologie

starke Depolarisation ist in dieser Zeit nicht in der Lage, ihn wieder zu öffnen *(absolute Refraktärzeit)*. Danach kann er durch eine starke Depolarisation wieder geöffnet werden *(relative Refraktärzeit,* s. Abb. 187.1). Es dauert mehrere Millisekunden, bis er auch wieder durch schwächere Depolarisationen geöffnet werden kann.

Die spannungsgesteuerten K^+-Kanäle werden ebenfalls durch eine Depolarisation geöffnet. Sie öffnen und schließen sich aber sehr viel langsamer als die Na^+-Kanäle. Deshalb öffnen sich die spannungsgesteuerten K^+-Kanäle erst, wenn sich die Na^+-Kanäle zu schließen beginnen. Infolge des erhöhten K^+-Ausstroms kehrt das Membranpotential rasch wieder zum Ruhewert zurück. Kurzzeitig wird es sogar stärker negativ, weil mehr K^+-Kanäle offen sind als im Ruhezustand und alle Na^+-Kanäle geschlossen sind. Die spannungsgesteuerten K^+-Kanäle sind erst mehrere Millisekunden später wieder geschlossen. Erst dann ist der ursprüngliche Zustand wieder hergestellt.

Der steile Anstieg eines Aktionspotentials wird also vom lawinenartig wachsenden Na^+-Einstrom, die Rückkehr zum Ausgangszustand vom erhöhten K^+-Ausstrom erzeugt. Gemessen an der Gesamtzahl der vorhandenen Na^+- und K^+-Ionen fließen bei einem Aktionspotential außerordentlich wenige Ionen durch die Zellmembran (s. auch 1.4.2). Ein Aktionspotential verändert also die Ionenverteilung kaum. Erst nach einer größeren Zahl von Aktionspotentialen tritt eine messbare Änderung der Ionenverteilung auf. Ein Blockieren der Natrium-Kalium-Pumpe (z. B. durch ATP-Mangel) kann also erst nach längerer Zeit das Entstehen der Aktionspotentiale unterbinden.

Spannungsgesteuerte Na^+-Kanäle sind die Ursache der Entstehung von Aktionspotentialen. Diese Kanäle gibt es in genügender Anzahl nur in der Axonmembran. Deshalb sind Aktionspotentiale auf das Axon beschränkt. Aus diesem Grund können Substanzen, die die spannungsgesteuerten Na^+-Kanäle blockieren, selektiv die Informationsweitergabe in Axonen verhindern. Zu diesen Substanzen gehören z. B. *Tetrodotoxin*, das Gift eines ostasiatischen Kugelfisches, aber auch Mittel zur lokalen Betäubung (Lokalanästhetika), die die Na^+-Kanäle nur eine gewisse Zeit lang inaktivieren. Ohne spannungsgesteuerte K^+-Kanäle würde die Rückkehr zum Ruhepotential wesentlich langsamer (Dauer: mehrere Millisekunden) erfolgen, und es gäbe auch keine vorübergehende Hyperpolarisation.

1.5.3 Weiterleitung des Aktionspotentials

Die Weiterleitung des Aktionspotentials vollzieht sich so: Wenn an einer bestimmten Stelle (A) ein Aktionspotential entsteht, grenzen dort positive und negative Ladungen ohne trennende Membran aneinander. Da sich gegensätzliche Ladungen anziehen, verschieben sich die beweglichen Ionen in der Nachbarschaft. Das

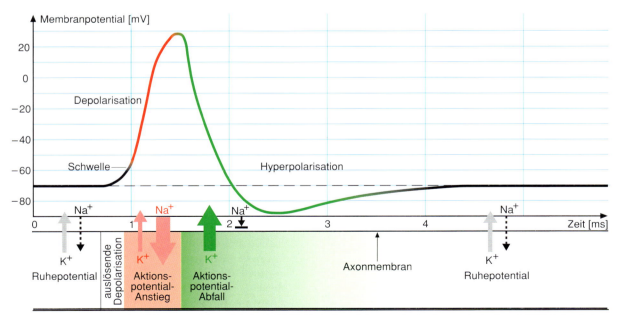

Abb. 180.1: Ionenströme beim Aktionspotential, vereinfacht. In Wirklichkeit gibt es keine so scharfen Grenzen in der Ionenleitfähigkeit zwischen den einzelnen Phasen des Aktionspotentials. Die Anzahl der Ionen, die durch die Membran treten, ist, gemessen an der vorhandenen Anzahl, verschwindend gering.

Bau und Funktion von Nervenzellen

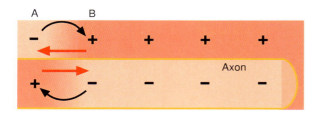

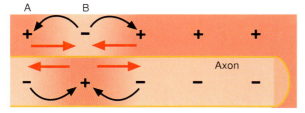

Abb. 181.1: Weiterleitung eines Aktionspotentials im Axon ohne Markscheide, schematisch. Im oberen Teil tritt bei (A) gerade ein Aktionspotential auf. Die Tiefe der roten Farbe symbolisiert die Dichte positiv geladener Ionen (die negativ geladenen sind der Einfachheit halber weggelassen). Rote Pfeile: Bewegungsrichtung der positiv geladenen Ionen. Schwarze Pfeile: Richtung des elektrischen Stroms (Ausgleichsströmchen). Unten: dasselbe Axon, 2 ms später; Entwicklung eines Aktionspotentials an Stelle (B)

heißt, dass die negativen Ladungsträger des Außenmediums an der Stelle (A) Na^+-Ionen aus der Umgebung anziehen und Cl^--Ionen abstoßen, während im Innenmedium von den dort überwiegend positiven Ladungsträgern K^+-Ionen abgestoßen werden. Diese Verschiebungen der Ionen kann man auch als elektrische Ströme auffassen. Man nennt sie deshalb Ausgleichsströmchen. Die Ausgleichsströmchen erniedrigen das Membranpotential der benachbarten Stellen. Ist die Nachbarstelle über den Schwellenwert depolarisiert, entsteht auch hier ein Aktionspotential (s. Abb. 181.1).

▶ Die Ionenbewegung, die den Ausgleichsströmchen zugrunde liegt, ist langsamer, als man es von einem ionengetragenen elektrischen Strom erwarten würde. Das kommt daher, dass im unerregten Teil des Axons positive und negative Ladung nur durch die äußerst dünne Zellmembran getrennt sind. Da sich die negativ und positiv geladenen Ionen beiderseits der Membran gegenseitig anziehen und die negativ geladenen Proteinmoleküle nicht beweglich sind, behindert dies die Verschiebung der Ionen entlang der Membran. ◀

Bei dicken Axonen wird der Schwellenwert früher erreicht als bei dünnen, weil der elektrische Widerstand des Innenmediums von dicken Axonen geringer ist (der Widerstand eines elektrischen Leiters hängt von seinem Querschnitt ab). Deshalb leiten dicke Axone Aktionspotentiale schneller als dünne.

Die neu entstandenen Aktionspotentiale erniedrigen ihrerseits wieder das Membranpotential der benachbarten Stellen, aber auch der ursprünglichen Startstelle (A), an der die alte Membranpolarität wieder hergestellt ist. Diese Stelle ist jedoch aufgrund der Refraktärzeit noch unerregbar, sodass hier kein Aktionspotential auftreten kann. Folglich kommt es nur an der auf B folgenden Stelle zur Auslösung eines Aktionspotentials.

Einem Aktionspotential liegen an jeder neuen Stelle Ionenströme zugrunde, die wie jeder Strom Energie erfordern. Sie beziehen diese Energie aus der ungleichen Ionenverteilung, die von der Natrium-Kalium-Pumpe unter ATP-Verbrauch erzeugt bzw. aufrechterhalten wird (sie erzeugt jedoch nicht direkt das Membranpotential). Bei der elektrischen Informationsweitergabe durch metallische Leiter in der Technik wird nur an einer Stelle Energie zugeführt. Dieses Prinzip kann im Axon nicht angewendet werden, weil die elektrischen Widerstände der Salzlösungen beiderseits der Zellmembran sehr viel höher sind als die von Metallen (s. 1.2). Der Ionenstrom würde sich deshalb so abschwächen, dass er die Membran schon nach 5–8 mm nicht mehr überschwellig depolarisieren könnte.

Ein weiterer Grund für die Abschwächung der Ausgleichsströmchen ist die Tatsache, dass die unerregte Axonmembran nicht nur für K^+-Ionen, sondern in geringem Maße auch für die anderen beweglichen Ionen durchlässig ist. Deshalb fließt ein Teil der Strömchen auch durch die Axonmembran ab (Leckstrom). Dieser Teil steht nicht mehr für die Depolarisation der jeweils folgenden Axonabschnitte zur Verfügung.

Häufig werden Aktionspotentiale nicht durch in die Faser eingestochene Kapillarelektroden gemessen *(intrazelluläre Ableitung; s. 1.4.1)*, sondern durch zwei außen in einem gewissen Abstand angelegte Elektroden *(extrazelluläre Ableitung,* s. Abb. 182.1). Bei ruhen-

Riesenaxon als Modellsystem

Die unter 1.5.2 und 1.5.3 geschilderten Tatsachen wurden von HODGKIN und HUXLEY (1952) an Riesenaxonen von Tintenfischen (bis 0,6 mm dick) untersucht. Die damals zur Verfügung stehenden Elektroden konnten lediglich in sehr dicke Axone eingeführt werden. Nur das kurz zuvor entdeckte Riesenaxon konnte deshalb als Versuchsobjekt verwendet werden. Erst deutlich später erlaubten die modernen Elektroden die entsprechenden Messungen auch an dünneren Axonen. Diese Messungen haben die früheren Ergebnisse auch für andere Axone bestätigt.

182 Neurobiologie

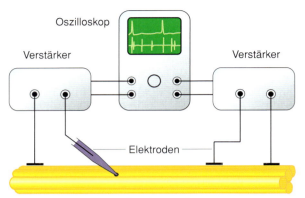

Abb. 182.1: Gleichzeitige extrazelluläre (rechts) und intrazelluläre (links) Ableitung von einem Nerv mit vier Axonen, schematisch. Es ist nur ein Stück des Nerven gezeigt. Die extrazelluläre Ableitung erfasst die Aktionspotentiale aller Axone des Nervs, die intrazelluläre nur die des Axons, in das die Kapillarelektrode eingestochen wurde.

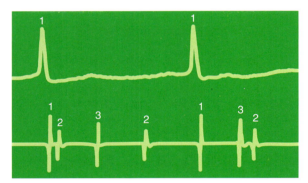

Abb. 182.2: Gleichzeitige intrazelluläre (oben) und extrazelluläre (unten) Ableitung vom Axon eines Motoneurons (1) der Stabheuschrecke (vgl. Abb. 177.1 und 182.1). Intra- und extrazelluläre Elektroden waren ein Stück weit voneinander entfernt. Bei der extrazellulären Ableitung vom Nerv erscheinen die Aktionspotentiale von zwei weiteren Axonen 2 und 3.

der Faser tritt dann keine Spannung zwischen den Elektroden auf. Läuft ein Aktionspotential über die Faser, erreicht es zunächst die eine Elektrode, die damit gegenüber der zweiten negativ wird, weil die Außenseite des Axons bei Erregung negative Ladung trägt. Kurze Zeit später erreicht die Erregung die zweite Elektrode, die dann gegenüber der ersten negativ wird. Bei extrazellulärer Ableitung zeigt das Aktionspotential einen Verlauf wie in Abb. 182.2. Die Form des registrierten Bildes eines Aktionspotentials hängt also von den Ableitbedingungen ab. Axone verlaufen fast immer mit anderen zusammen in einem Nerv. Die extrazelluläre Ableitung erfasst deshalb im Gegensatz zur intrazellulären Ableitung die Aktionspotentiale aller Axone des untersuchten Nervs (Abb. 182.2).

1.6 Erregungsleitung im Axon mit Markscheide

Im Axon mit *Markscheide* wird die Erregung anders weitergeleitet. An den Abschnitten mit Markscheide befinden sich keine spannungsgesteuerten Natriumkanäle. An diesen Teilen der Axonmembran können also keine Aktionspotentiale entstehen; sie bilden sich nur im Bereich der Schnürringe (s. Abb. 182.3). Tritt an einem Schnürring ein Aktionspotential auf, entstehen Ausgleichsströmchen zum nächstfolgenden, 1–2 mm entfernten Schnürring, sodass auch dieser depolarisiert wird. Erst hier wird ein neues Aktionspotential aufgebaut. An den mit der Markscheide umhüllten Stellen ist der Abstand zwischen dem Innenmedium der Zelle und der Zwischenzellflüssigkeit jenseits der Markscheide sehr groß, weil sich die Markscheide direkt der Axonmembran auflagert (s. Abb. 175.2). Eine gegenseitige Anziehung von Ionen unterschiedlicher Ladung innerhalb und außerhalb der Faser findet also nicht statt. Deshalb sind die Ionen leichter beweglich. Außerdem dichtet die Markscheide die Axonmembran völlig ab, sodass keine Leckströme auftreten. Die Ausgleichsströmchen fließen also rascher (großer Abstand zwischen Innen- und Außenmedium) und werden weniger abgeschwächt (keine Leckströme) als bei Axonen ohne Markscheide. Die Erregung pflanzt sich deshalb mit hoher Geschwindigkeit fort (maximal 120 m/s). An den Schnürringen laufen die gleichen Vorgänge wie in marklosen Axonen ab. Die Erregung „springt" also von Schnürring zu Schnürring (*saltatorische Erregungsleitung*).

Rasch leitende Axone ohne Markscheide müssen einen großen Durchmesser haben. Eine Leitungsgeschwindigkeit von 25 m/s misst man beim Riesenaxon des Tintenfisches (keine Markscheide, nur äußerst dünne SCHWANNsche Zelle) bei einem Durchmesser von etwa 600 μm, beim Regenwurm (mit dicker SCHWANNscher Zelle) bei einem Durchmesser von 100 μm und beim Frosch (mit Markscheide) bei einem Durchmesser von 10 μm.

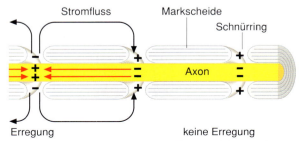

Abb. 182.3: Sprunghafte (saltatorische) Erregungsleitung in einer Nervenfaser mit Markscheide (s. Text).

1.7 Vorgänge an den Synapsen; Funktion der Dendriten

Die Enden eines Axons sind oft sackartig erweitert. Diese „Endknöpfchen" legen sich an den Zellkörper oder die Dendriten eines anderen Neurons oder auch an eine Muskelfaser an. Es entsteht eine *Synapse*. Zwischen dem Endknopf eines Axons und der Membran der folgenden Nerven- oder Muskelzelle ist ein schmaler flüssigkeitsgefüllter Spalt *(synaptischer Spalt)* von etwa 20 nm Breite. An einem Neuron enden im Allgemeinen Axone außerordentlich vieler Nervenzellen, sein eigenes Axon bildet andererseits Synapsen mit vielen anderen Zellen. Man schätzt, dass die Anzahl der Synapsen auf den Dendriten einer einzigen Nervenzelle normalerweise 1000 bis 10000, in Einzelfällen bis zu 200000 beträgt.

Man unterscheidet an einer Synapse den *präsynaptischen Teil* (dieser liegt vor dem Spalt) und den *postsynaptischen Teil* (er liegt hinter dem Spalt).

Motorische Endplatte. Am einfachsten ist die Synapse zwischen dem Axon eines Motoneurons und einer Muskelfaser zu untersuchen. Man nennt sie *motorische Endplatte* oder *neuromuskuläre Synapse* (Abb. 183.1).

Motorische Endplatten sind wesentlich größer als die Synapsen zwischen zwei Neuronen, aber grundsätzlich gleich gebaut. Abb.183.2 zeigt einen Querschnitt durch eine solche Endplatte. Besonders auffallend sind am Ende des Axons die vielen synaptischen Bläschen. Sie enthalten den *Überträgerstoff (Transmitter)* Acetylcholin.

▶ In der Membran des Endknopfes gibt es spannungsgesteuerte Calciumkanäle. In der Ruhe sind sie geschlossen und das Zellinnere ist relativ arm an Ca^{2+}-Ionen. Erreicht ein Aktionspotential den Endknopf, öffnen sich die Calciumkanäle kurzzeitig, Ca^{2+}-Ionen können in das Zellinnere strömen. Der Anstieg der Ca^{2+}-Ionen-Konzentration bewirkt, dass ein Teil der synaptischen Bläschen mit der Zellmembran verschmilzt (s. Abb. 184.1). Ihr Inhalt wird dadurch in den synaptischen Spalt entleert. Die Ca^{2+}-Ionen werden schnell chemisch gebunden bzw. herausgepumpt, sodass ihre Konzentration rasch wieder absinkt und keine weiteren synaptischen Bläschen mehr ihren Inhalt ausschütten können. Diese Prozesse dauern nur so lange wie die Depolarisation (wenige Millisekunden). ◀

Acetylcholin wird aus den synaptischen Bläschen freigesetzt und diffundiert in etwa 0,1 ms über den Spalt. Dieser Überträgerstoff (Transmitter) bindet an besondere Rezeptoren in der postsynaptischen Membran.

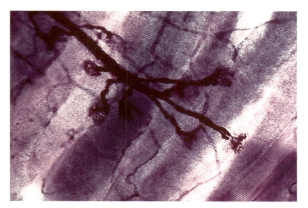

Abb.183.1: Motorische Innervierung der Muskulatur. Die Nervenfasern spalten sich auf und bilden am Ende die Endknöpfe der motorischen Endplatten (Vergrößerung 800fach).

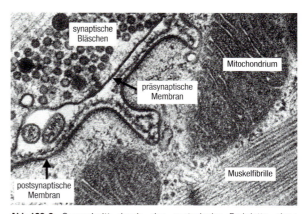

Abb.183.2: Querschnitt durch eine motorische Endplatte eines Frosches. Präsynaptische Membran und postsynaptische Membran begrenzen den synaptischen Spalt.

Die Muskelfaser hat wie die Nervenfaser ein Ruhepotential. Der hinter dem synaptischen Spalt liegende Teil ihrer Membran (die postsynaptische Membran) besitzt chemisch gesteuerte Ionenkanäle, die für alle Kationen durchlässig sind. In Abwesenheit von Acetylcholin sind sie geschlossen. Wird Acetylcholin an der Außenseite der Kanäle an Rezeptoren gebunden, öffnen sie sich: Na^+-Ionen strömen ein, relativ wenige K^+-Ionen aus. Dadurch wird die postsynaptische Membran depolarisiert. Die Differenz zwischen dem Ruhepotential und dem depolarisierten Membranpotential bezeichnet man als *Endplattenpotential*.

Acetylcholinmoleküle bewegen sich im synaptischen Spalt gleich Pingpongbällen hin und her und können mehrere Ionenkanäle hintereinander öffnen. Sobald sie aber an das Enzym *Cholinesterase* stoßen, werden sie sofort in Acetat-Ionen und Cholin gespalten. Dies verhindert eine Dauererregung. Beide Stoffe werden

Neurobiologie

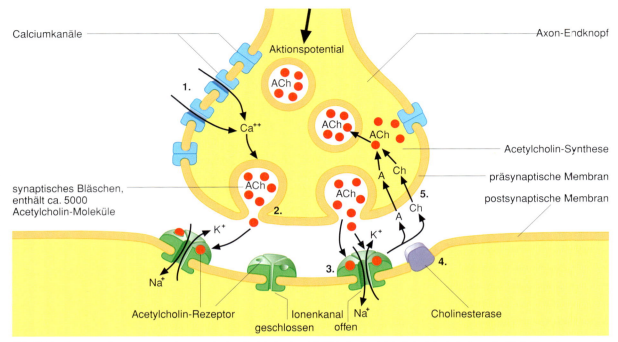

Abb. 184.1: Erregungsübertragung an der motorischen Endplatte einschließlich des Acetylcholinkreislaufs (schematisch). **1.** Ein ankommendes Aktionspotential bewirkt den Einstrom von Ca^{2+}-Ionen in den Axon-Endknopf; **2.** Synaptische Bläschen verschmelzen mit der präsynaptischen Membran und Acetylcholin wird in den synaptischen Spalt entleert; **3.** Acetylcholinmoleküle besetzen ca. 1 ms lang Rezeptoren in der postsynaptischen Membran, ebenso lange öffnen sich die zugehörigen Ionenkanäle in der postsynaptischen Membran, Na^+-Ionen strömen ins Zellinnere, vergleichsweise wenige K^+-Ionen nach außen; **4.** Acetylcholinmoleküle besetzen das Enzym Cholinesterase und werden in Acetat-Ionen und Cholin gespalten; **5.** Acetat-Ionen und Cholin werden in den Endknopf aufgenommen; dort wird neues Acetylcholin gebildet.

wieder in die Nervenendigung aufgenommen, wo sich aus ihnen erneut Acetylcholin bildet. Dieses wird in den synaptischen Bläschen gespeichert.
Erreicht das Endplattenpotential an der postsynaptischen Membran den Schwellenwert, so löst es in der Umgebung der Endplatte ein normales Aktionspotential aus. Dieses breitet sich über die Muskelfaser aus und veranlasst sie zur Kontraktion. Das Aktionspotential wird in der Muskelfaser auf die gleiche Weise weitergeleitet wie im Axon. Die Erregungsübertragung kann in Synapsen dieses Typs durch verschiedene Gifte gestört werden (Abb. 185.1).

Interneurale Synapsen. Die Synapsen zwischen zwei Nervenzellen *(interneurale Synapsen)* arbeiten ähnlich wie die motorischen Endplatten. Es gibt allerdings auch einige Unterschiede. So findet man als Überträgerstoff neben *Acetylcholin* noch *Noradrenalin, γ-Aminobuttersäure, Dopamin, Serotonin* und viele andere Stoffe. Die Ausschüttung dieser Transmitter auf der präsynaptischen Seite erfolgt wie bei der motorischen Endplatte aus synaptischen Bläschen, die sich bei einer Erhöhung der Ca^{2+}-Konzentration nach außen entleeren. Die Rezeptoren für diese Überträgerstoffe liegen auf der postsynaptischen Seite z. T. ebenfalls direkt an einem Ionenkanal. Teilweise sind die Rezeptoren aber vom Ionenkanal getrennt. Die Bindung des Überträgerstoffs an den Rezeptor setzt im letzten Fall in der postsynaptischen Zelle eine Signalkette *(s. Stoffwechsel 1.6)* in Gang, an deren Ende intrazellulär ein Signalmolekül entsteht (z. B. cyclisches Adenosinmonophosphat cAMP oder cyclisches Guanosinmonophosphat cGMP). Das Signalmolekül bindet auf der Membraninnenseite an den Ionenkanal und öffnet ihn auf diese Weise.

Für Acetylcholin gibt es neben den direkt am Kanal liegenden Rezeptoren in interneuralen Synapsen auch Rezeptoren, die über eine Signalkette wirken. Die beiden Rezeptortypen werden von unterschiedlichen Giften (Nicotin bzw. Muskarin) beeinflusst (Abb. 185.1).

Enzyme bauen auch bei interneuralen Synapsen die Überträgerstoffe in äußerst kurzer Zeit wieder ab, oder der Transmitter wird durch einen aktiven Transportvorgang wieder in die präsynaptische Endigung oder in Gliazellen aufgenommen. Dadurch wird eine Dauererregung verhindert.

Im Nervensystem gibt es neben den erregenden Synapsen auch hemmende Synapsen. Die Überträgerstof-

Bau und Funktion von Nervenzellen 185

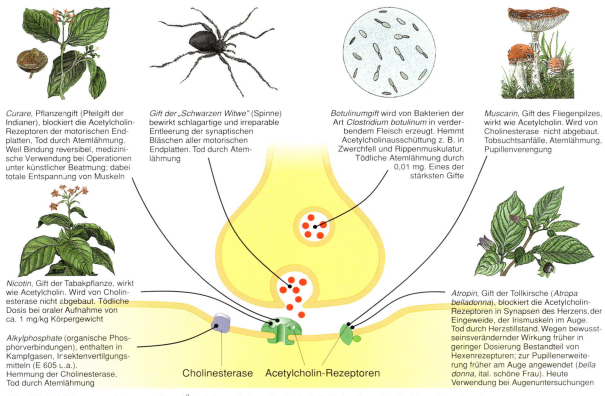

Abb. 185.1: Wirkung von Synapsengiften (Überträgersubstanz Acetylcholin). Links: Rezeptor direkt am Ionenkanal, rechts: Rezeptor wirkt über Signalkette.

fe dieser hemmenden Synapsen hyperpolarisieren die nachfolgende Nervenzelle, indem sie weitere Kaliumkanäle oder Chloridkanäle in der postsynaptischen Membran öffnen. *Tetanustoxin* (Gift des Tetanusbazillus) verhindert die Freisetzung des Transmitters an gewissen hemmenden Synapsen im Rückenmark. Dies führt zur Übererregung von α-Motoneuronen und damit zum Starrkrampf.

Ein Aktionspotential, das an einer erregenden Synapse ankommt, erzeugt in der postsynaptischen Zelle eine kurzzeitige Depolarisation *(erregendes postsynaptisches Potential = EPSP)*. Das EPSP an der motorischen Endplatte heißt Endplattenpotential. An einer hemmenden Synapse erzeugt ein Aktionspotential dagegen eine kurzzeitige Hyperpolarisation der Folgezelle *(inhibitorisches postsynaptisches Potential = IPSP)*. Weil die Transmitterwirkung das präsynaptische Aktionspotential überdauert, dauern EPSPs und IPSPs deutlich länger als ein Aktionspotential (Abb. 186.1).

Ein Neuron besitzt im Allgemeinen nur am Axonende synaptische Endknöpfe, die Informationen auf eine andere Zelle übertragen (Ausgangssynapsen). Synapsen, über die die Zelle Informationen erhält (Eingangssynapsen), liegen bevorzugt an den Dendriten,

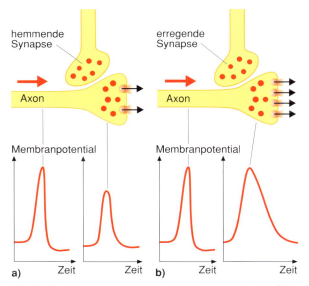

Abb. 185.2: Wirkung von Eingangssynapsen kurz vor dem Ende eines Axons, schematisch. **a)** Hemmende Synapse. Das Aktionspotential am Axon (Pfeil und intrazelluläre Ableitung unten) wird kleiner, der Endknopf scheidet weniger Transmitter aus; **b)** Erregende Synapse. Das Aktionspotential am Axon fällt langsamer ab, der Endknopf scheidet deshalb mehr Transmitter aus.

Neurobiologie

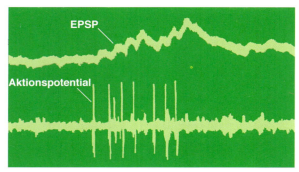

Abb. 186.1: Gleichzeitige Messung von Aktionspotentialen (untere Linie) und den von diesen ausgelösten erregenden postsynaptischen Potentialen (EPSPs, obere Linie). Die obere Linie wurde durch intrazelluläre Ableitung von einem Motoneuron der Heuschrecke gewonnen, die untere durch gleichzeitige extrazelluläre Ableitung von einem auf dem Motoneuron endigenden Axon. Jedes Aktionspotential des präsynaptischen Neurons erzeugt ein EPSP im Motoneuron. Am Anfang ist Summation zu beobachten. Das Motoneuron wurde nicht bis zur Aktionspotential-Schwelle depolarisiert.

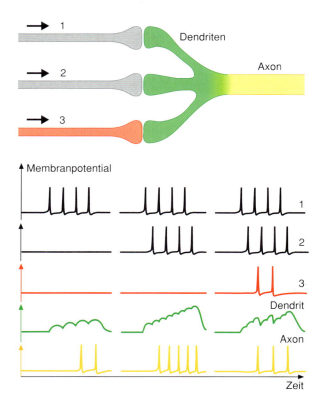

Abb. 186.2: Einwirkung von zwei erregenden (grau bzw. schwarz, 1 und 2) und einer hemmenden (rot, 3) Synapse auf die Dendriten eines Neurons (grün) und die Aktionspotentiale in seinem Axon (gelb), vereinfacht. In Wirklichkeit wird eine einzelne Synapse ein Folgeneuron nicht zur Bildung von Aktionspotentialen veranlassen können. Es sind in den unten stehenden schematisierten Ableitungen drei Situationen dargestellt: links: nur ein erregendes Axon zeigt Aktionspotentiale, Mitte: beide erregenden Axone haben Aktionspotentiale, rechts: erregende und hemmende Axone haben Aktionspotentiale.

bei Neuronen des in Abb. 174.1 dargestellten Typs auch am Zellkörper. Gelegentlich findet man Eingangssynapsen auch am Ende des Axons kurz vor den synaptischen Endknöpfen. Eingangssynapsen am Axon können hemmend oder erregend sein. Hemmende Synapsen dieser Art öffnen z. B. zusätzliche Kaliumkanäle. Dadurch werden Aktionspotentiale, die dort den Endknopf erreichen, kleiner, sodass pro Aktionspotential weniger Überträgerstoff ausgeschüttet wird. Erregende Synapsen dieser Art können z. B. die spannungsgesteuerten K^+-Kanäle im Axon-Endknopf inaktivieren. Deshalb verringert sich der Kaliumausstrom am Ende eines Aktionspotentials und das Aktionspotential dauert länger an (s. 1.5.2). Dadurch wird mehr Überträgerstoff pro Aktionspotential ausgeschüttet. Durch Eingangssynapsen kurz vor dem Axonende kann also die Stärke des Einflusses einer bestimmten Synapse verändert werden (Abb. 185.2).

Informationsverarbeitung. In einer Nervenzelle tritt sowohl im Zellkörper und in den Dendriten als auch im Axon ein Ruhepotential auf. Aktionspotentiale bilden sich aber nur im Axon, weil nur hier spannungsgesteuerte Natrium- und Kaliumkanäle vorhanden sind (s. 1.4.3 und 1.5.2). Spannungsänderungen, die durch EPSPs oder IPSPs an den Synapsen der Dendriten erzeugt werden, müssen sich also durch Ausgleichsströmchen (passiv) über die ganze Zelle bis zum Ursprung des Axons ausbreiten. Dabei schwächen sie sich ab (s. 1.5.3).

Im Gegensatz zur motorischen Endplatte kann die Tätigkeit einer einzigen erregenden interneuralen Synapse das Membranpotential von Zellkörper und Dendriten nur geringfügig verändern und auch das Membranpotential des Axonursprungs nicht bis zum Schwellenwert depolarisieren. Nun enden aber an einer Nervenzelle viele Axone mit erregenden Synapsen. Wird eine größere Zahl dieser Synapsen gleichzeitig erregt, summieren sich ihre Wirkungen. Beim Erreichen des Schwellenwertes am Axonursprung entsteht dort ein Aktionspotential, das über das Axon wandert. Jedes Aktionspotential, das an einer Synapse ankommt, erzeugt im Dendriten ein EPSP, das deutlich länger andauert als das Aktionspotential. Ist der zeitliche Abstand zwischen zwei Aktionspotentialen kurz, ist das vom ersten Aktionspotential hervorgerufene EPSP noch nicht völlig abgefallen, wenn das zweite EPSP beginnt. Deshalb überlagern sich die beiden EPSPs (Abb. 186.1). Ist also die Frequenz der Aktionspotentiale (d.h. die Zahl der Impulse pro Zeiteinheit) hoch, ist die Überlagerung stark. Daraus folgt, dass sich auch die Wirkungen der Aktionspotentiale, die an ein und derselben Synapse ankommen, summieren können.

An den Dendriten und dem Zellkörper eines Neurons enden außer den erregenden auch zahlreiche hemmende Synapsen. Die Wirkungen beider Synapsentypen auf das Membranpotential dieser Zelle überlagern sich (Abb. 186.2). Die Veränderung des Membranpotentials am Axonursprung ist also eine Art Summe der zu diesem Zeitpunkt „eingelaufenen" Aktionspotentiale an den erregenden (positive Wirkung) und hemmenden Eingangssynapsen (negative Wirkung). Diese Summe wird dann am Axonursprung in die Frequenz der auslaufenden Aktionspotentiale übersetzt. Die Frequenz ist umso höher, je weiter die Schwelle überschritten ist. Die Abhängigkeit der Aktionspotentialfrequenz vom Membranpotential kann folgendermaßen erklärt werden: Nach Bildung des ersten Aktionspotentials befindet sich der Axonursprung zuerst in der absoluten und dann in der relativen Refraktärzeit. Während der relativen Refraktärzeit sinkt die Schwelle für das Auslösen eines Aktionspotentials allmählich ab. Erreicht sie das gerade vorhandene Membranpotential, entsteht das nächste Aktionspotential. Je stärker der Axonursprung also depolarisiert ist, desto früher wird das nächste Aktionspotential ausgelöst (Abb. 187.1). Ein Axon kann theoretisch Impulse in beide Richtungen leiten. Da die Informationsübertragung in Synapsen aber nur in einer Richtung erfolgt, leiten auch Axone unter natürlichen Bedingungen Impulse immer nur in eine Richtung: Synapsen wirken als *Gleichrichter*. Man kann deshalb im Körper *afferente (sensible) Nervenfasern* von *efferenten Fasern* unterscheiden. Die afferenten Axone leiten die Erregung von den Sinnesorganen zum Zentralnervensystem, die efferenten umgekehrt vom Zentralnervensystem zu den peripheren Organen (Muskeln, Drüsen, s. Abb. 174.1). Die zu den Muskeln ziehenden efferenten Fasern werden auch als *motorische Axone* bezeichnet.

1.8 Neuromodulatoren, Neurosekretion

Synaptische Transmitter sind nicht die einzigen Stoffe, welche die Tätigkeit einer Nervenzelle beeinflussen können. Es gibt zusätzlich hormonartige Stoffe, deren Wirkung nicht auf die Synapsenregion beschränkt ist, sondern sich über größere Bereiche des Neurons erstreckt. Oft werden ganze Gruppen von Nervenzellen auf einmal von ihnen beeinflusst. Solche Stoffe heißen *Neuromodulatoren*. Viele Neuromodulatoren sind Peptide. Wahrscheinlich kann ein und dieselbe Substanz sowohl räumlich begrenzt in Synapsen als Transmitter als auch über gewisse Entfernungen als Neuromodulator wirken. Die beiden Begriffe Transmitter und Neuromodulator sind also nicht scharf voneinander abgegrenzt.

Endorphine und *Enkephaline* sind Polypeptide mit neuromodulatorischer Wirkung. Sie werden im Gehirn bei starken Schmerzen freigesetzt und vermindern nach Bindung an spezifische Rezeptoren die Schmerzempfindung. Die Tatsache, dass Schwerverletzte unmittelbar nach dem Unfall keine Schmerzen empfinden, führt man auf die Wirkung dieser Substanzen zurück. Opiate (Opium, Morphin) können an die Rezeptoren für die Endorphine und Enkephaline binden, obwohl sie chemisch mit diesen nicht verwandt sind. Sie wirken daher schmerzstillend.

Sowohl Transmitter als auch Neuromodulatoren können nicht durch die Membran der Zielzelle diffundieren. Im Gegensatz dazu kann Stickoxid (NO) die Zellmembran passieren und so Stoffwechselprozesse in der Zielzelle direkt beeinflussen. Es wird von vielen Neuronen, aber auch von Zellen der Blutgefäßwand synthetisiert und diffundiert dann in alle benachbarten Zellen. Da es chemisch nur sehr kurzlebig ist, hält seine Wirkung nur kurzzeitig an. Bekannt ist seine gefäßerweiternde Wirkung.

Jede Nervenzelle ist in gewisser Hinsicht auch als sekretorische Zelle zu bezeichnen, da sie aus ihren synaptischen Endknöpfen Transmittersubstanzen freisetzen kann. Bei manchen Nervenzellen ist diese Eigenschaft besonders entwickelt. Ihre Axone enden dann oft nicht an anderen Nervenzellen, sondern an Blutkapillaren oder frei im Gewebe. Die ausgeschiedenen Stoffe sind Gewebshormone **(s. Hormone 1)**. Man bezeichnet solche Zellen als *neurosekretorische Zellen*. Neurosekretorische Zellen transportieren die von ihnen ausgeschiedenen Stoffe ans Axonende. Dort werden sie auf die gleiche Weise wie der Transmitter einer normalen Nervenzelle freigesetzt, wenn ein Aktionspotential über das Axon gelaufen ist. Bei Beispielen für innersekretorische Zellen **s. Hormone 1.4**. Neuromodulatoren werden ebenfalls von neurosekretorischen Zellen produziert.

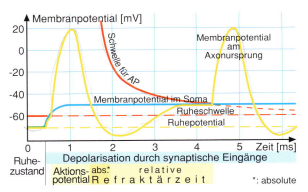

Abb. 187.1: Abhängigkeit der Aktionspotentialfrequenz vom Membranpotential. Dendriten und Soma (blau) werden durch erregende Eingänge depolarisiert. Die Depolarisation löst am Axonursprung (gelb) ein Aktionspotential aus. Die Schwelle für die Auslösung des folgenden Aktionspotentials (rot) sinkt danach allmählich ab (s. Text).

2 Grundsätzliches zur Aufnahme und Verarbeitung von Sinnesreizen

Sinnesorgane „informieren" über die Umwelt und über Zustände innerhalb des Körpers. Nicht alle Phänomene der Umwelt und der Innenwelt sind in der Lage, Sinneszellen zu erregen, d. h. als Reiz zu wirken (z. B. radioaktive Strahlung). Die Reize werden in den Sinneszellen in Erregung umgewandelt. Die Erregung wird im Zentralnervensystem verarbeitet. Subjektiv wissen wir von diesen Vorgängen nichts. Das Erste, was wir beim Anblick einer Wiese subjektiv erleben, ist ein Sinneseindruck, z. B. Grün. Viele solcher Eindrücke zusammen ergeben eine Empfindung, z. B. kleine weiße, gelbe und blaue Flecken auf grünem Untergrund. Auf Grund unserer Erfahrung deuten wir diese Empfindung als blühende Wiese. So entsteht eine Wahrnehmung. Was wir wahrnehmen, ist also nicht einfach das Abbild der Wirklichkeit in unseren Sinnesorganen, sondern das, was unser Gehirn aus diesem Abbild als unsere Vorstellung der Wirklichkeit rekonstruiert. Diese Tatsache erkennt man immer dann, wenn dieser Prozess der Rekonstruktion zu einer fehlerhaften Vorstellung führt, z. B. bei *optischen Täuschungen* (s. Abb. 188.1, 201.2, 203.1, 203.2).

Eine Sinneszelle spricht nur auf eine ihr gemäße, „*adäquate*" Reizart an. So reagieren die Sinneszellen der Netzhaut auf Licht und Tastsinneszellen der Haut auf Druck. Wenn Sinneszellen durch andere Reizarten überhaupt erregbar sind, dann nur bei sehr hoher Reizintensität (z. B. bei einem Schlag auf das Auge, der eine Lichtempfindung auslöst). Für jede Reizart gibt es also einen bestimmten, spezifischen Sinneszelltyp. Reize, für die es adäquate Sinneszellen nicht gibt, werden vom Organismus nicht wahrgenommen.

Dem Bau nach unterscheidet man *primäre* und *sekundäre Sinneszellen* sowie *Sinnesnervenzellen* (Abb. 188.2). Sekundäre Sinneszellen kommen fast nur bei Wirbeltieren vor.

Wird die Sinneszelle von einem adäquaten Reiz getroffen, wird sie im Allgemeinen depolarisiert. Man bezeichnet die Differenz zwischen Ruhepotential und Membranpotential nach Reizung als *Rezeptorpotential*. Je stärker der Reiz, desto größer ist das Rezeptorpotential der Sinneszelle.

Bei der primären Sinneszelle breitet sich das Rezeptorpotential von der gereizten Stelle her durch Ausgleichsströmchen über den Zellkörper bis zum Beginn des Axons aus. Ist es dort noch so hoch, dass der Schwellenwert erreicht wird, entstehen Aktionspotentiale, die über das Axon wandern. Die primäre Sinneszelle verhält sich also wie eine normale Nervenzelle.

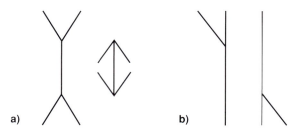

Abb. 188.1: Optische Täuschungen. **a)** Die beiden senkrechten Striche sind gleich lang; **b)** Die schrägen Striche liegen auf einer Linie.

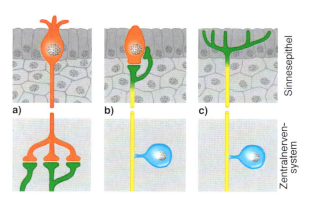

Abb. 188.2: Schema der Sinneszellen. **a)** Primäre Sinneszelle. Sie nimmt den Reiz auf und leitet auch die Erregung weiter; **b)** Sekundäre Sinneszelle. Die Erregung wird durch eine gesonderte Nervenzelle abgeleitet; **c)** Sinnesnervenzelle. Der Zellkörper liegt in einem Ganglion (z. B. Spinalganglion) und ist an der Erregungsleitung nicht beteiligt. Die reizaufnehmenden Dendriten gehen unmittelbar in das Axon über. Sinneszellen: rot, Nervenzellen: Dendriten grün, Zellkörper blau, Axon gelb

Die Frequenz der weitergeleiteten Aktionspotentiale (d. h. Zahl der Impulse pro Zeiteinheit) ist proportional zum Rezeptorpotential (s. auch 1.7 und Abb. 189.1). Die Information über die Reizstärke wird also zunächst in die Höhe des Rezeptorpotentials und schließlich in die Frequenz der Aktionspotentiale übersetzt (Codierung).

In jeder Sinneszelle kann sich nur eine Größe verändern, nämlich das Rezeptorpotential und die von ihm bestimmte Frequenz der Aktionspotentiale. Es gibt Reize, die erst durch zwei unabhängige Größen eindeutig gekennzeichnet sind (z. B. Helligkeit und Farbe eines Bildpunktes). Ein solcher Reiz kann nur durch mehrere Sinneszellen eindeutig charakterisiert werden. An sekundären Sinneszellen entstehen keine Aktionspotentiale. Sie verhalten sich also wie Neurone ohne Axon (s. 1.1). An ihrem unteren Ende besitzen sie Ausgangssynapsen, deren Transmitterausschüttung von der Höhe des Rezeptorpotentials bestimmt wird. Der Transmitter beeinflusst die nachfolgende Nervenzelle.

Das Rezeptorpotential und die Frequenz der Aktionspotentiale sind bei den meisten Sinneszellen nicht nur eine Funktion der Reizintensität, sondern auch der Zeit. Man kann verschiedene Typen von Sinneszellen unterscheiden (s. Abb. 189.2). Bei *phasischen Sinneszellen* fällt die Impulsfrequenz bei gleich bleibender Reizung schließlich auf null ab. *Tonische Sinneszellen* ändern bei Dauerreizung ihre Impulsfrequenz fast gar nicht. Bei den *phasisch-tonischen Sinneszellen* (dem häufigsten Typ) ist die Impulsfrequenz zu Beginn eines Reizes hoch. Sie fällt dann im Verlauf mehrerer Sekunden bei gleich bleibender Reizintensität auf einen niedrigeren, jetzt konstant bleibenden Wert ab. Das Rezeptorpotential verhält sich entsprechend; es ist ja die Ursache der Aktionspotentiale. (Zur Bedeutung der verschiedenen Zelltypen beim Tastsinn s. 4.1.)

Alle Reize führen zu gleichartigen Aktionspotentialen in den weiterleitenden Nervenfasern, völlig unabhängig davon, ob es sich um Licht-, Ton-, Geschmacks- oder andere Reize handelt. Welchen Sinneseindruck die Aktionspotentiale auslösen, hängt davon ab, an welcher Stelle im Gehirn sie eintreffen. Ein Sinneseindruck entsteht also erst durch das Zusammenwirken der Sinneszellen mit den ihnen zugeordneten Gehirnzentren. Sinnesorgan, Sinnesnerv und Gehirnzentrum gehören als „Sinnessystem" zusammen. Daraus wird verständlich, dass z. B. eine Lichtempfindung auftritt, einerlei ob eine normale Lichtreizung des Auges, ein elektrischer Reiz oder ein Schlag auf das Auge die Ursache war. Ebenso führt eine elektrische Reizung an der Zunge (wenn man z. B. eine Taschenlampenbatterie „prüft") zu einer Geschmacksempfindung, an der Haut je nach Art der aufnehmenden Sinneszellen zu einer Wärme-, Kälte-, Berührungs- oder Schmerzempfindung.

Ein Reiz führt nur dann zur Weiterleitung einer Erregung, wenn das von ihm ausgelöste Rezeptorpotential am Axonursprung Aktionspotentiale erzeugen kann. Man bezeichnet die Reizintensität, die gerade ein Aktionspotential auslöst, als *Reizschwelle* der Sinneszelle. Geringere Reizintensitäten werden nicht wirksam, sie sind unterschwellig.

Die Energie für die Entstehung des Rezeptorpotentials und für das Entstehen und Weiterleiten der Aktionspotentiale wird nicht der Reizenergie entnommen, sondern stammt aus dem Stoffwechsel der betreffenden Zelle (s. 1.3 und 1.5). Das ist vergleichbar dem Einschalten einer elektrischen Lampe. Auch hier erscheint die mechanische Energie, die zum Betätigen des Schalters benötigt wird, nicht in der von der Lampe ausgestrahlten Energie, sondern wird an Ort und Stelle in Wärme umgewandelt. Man sagt deshalb: Der Reiz *steuert* die Bildung des Rezeptorpotentials.

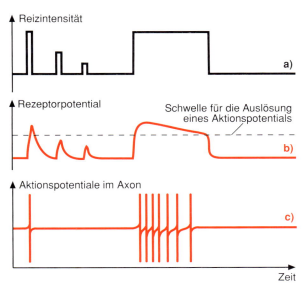

Abb. 189.1: a) Reizung einer Sinneszelle mit Reizen verschiedener Intensität und Dauer; **b)** die von den Reizen erzeugten Rezeptorpotentiale (intrazelluläre Ableitung aus der Sinneszelle), Schwelle gestrichelt; **c)** Aktionspotentiale im Axon der Sinneszelle (extrazelluläre Ableitung). Schematisch

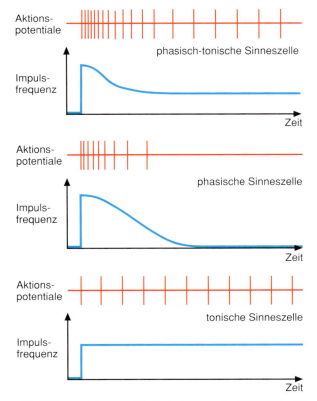

Abb. 189.2: Reaktion verschiedener Typen von Sinneszellen auf einen konstanten Reiz. Rot: einzelne Aktionspotentiale (Erklärung im Text, Beispiele s. Abb. 204.1)

3 Lichtsinn

Lichtempfindliche Sinneszellen bezeichnet man als Sehzellen. Im einfachsten Fall sind die Sehzellen über die ganze Körperoberfläche verstreut (z. B. beim Regenwurm). In den eigentlichen Lichtsinnesorganen treten zu den Sehzellen Pigmentzellen. Sie schirmen die Sehzellen einseitig ab. Optische Apparate (Linsen, Blenden usw.) sorgen für eine Abbildung der Umwelt auf den Sinneszellen. Die von den Sehzellen kommende Information wird in den zugehörigen Teilen des Nervensystems verarbeitet. Den Vorgang des Sehens kann man also in drei Stufen aufteilen, die im Folgenden getrennt besprochen werden: Die Abbildung der Umwelt auf den Sinneszellen (3.1–3.3), die Vorgänge in den Sehzellen (3.4) und die Verarbeitung der Information (3.5–3.11).

3.1 Einige Typen von Lichtsinnesorganen

Die *Flachaugen* (z. B. bei manchen Quallen) enthalten relativ wenige Sehzellen, die an der Körperoberfläche flach ausgebreitet sind (s. Abb. 190.1 a). Weil ein optischer Apparat fehlt, können solche Augen nur die ungefähre Richtung des einfallenden Lichtes bestimmen. Bei anderen Tieren, wie den Strudelwürmern und manchen Schnecken, senkt sich der pigmentumhüllte Sehfleck becherförmig ein *(Pigmentbecherauge)*. Dadurch wird zwar das „Sehfeld" verkleinert, aber dafür kann auch ungefähr die Hell-Dunkel-Verteilung in der Umgebung und die Richtung einer Lichtquelle festgestellt werden (Abb. 190.1 b).

Vom Becherauge leitet sich das *Lochkameraauge* ab (z. B. bei primitiven Tintenfischarten, manchen Schnecken). Es entsteht, wenn die Einsenkung Blasenform annimmt und die Öffnung sich bis auf ein kleines Loch verengt (s. Abb. 190.1 c). Ein solches Auge entwirft dann wie eine Lochkamera ein Bild auf dem Augenhintergrund. Das Bild ist lichtschwach und nicht besonders scharf. Je enger das Sehloch, desto lichtschwächer, aber auch schärfer, ist das Bild. Beim *Linsenauge* bildet sich in der Nähe der Sehöffnung eine Linse. Die Sehöffnung ist relativ groß und mit einer lichtdurchlässigen Haut abgeschlossen. Je größer die Sehöffnung, umso mehr Licht kann in das Auge fallen, umso lichtstärker ist also das auf den Sinneszellen entstehende Bild. Bei der Höherentwicklung der Augen wurde bis zum Lochkameraauge die Schärfe des Bildes auf Kosten der Lichtstärke erhöht. Erst das Linsenauge erzeugt ein gleichzeitig scharfes und lichtstarkes Bild.

In Linsenaugen mit starren Linsen wird nur ein begrenzter Bereich der Umwelt scharf abgebildet (Tiefenschärfebereich). Das gilt vor allem für größere Augen, da bei höherem Abstand zwischen Linse und Sehzellen auch die Brennweite der Linse größer werden muss. Wie bei Fotoapparaten nimmt aber die Tiefenschärfe mit steigender Brennweite der Linse ab. Deshalb sind bei größeren Augen Veränderungen des Linsensystems notwendig, wenn nahe und ferne Gegenstände abgebildet werden sollen.

Die Lichtintensität kann an einem hellen Sommertag um mehrere Zehnerpotenzen höher sein als in der Dämmerung (Abb. 199.1). Wie beim Fotoapparat kann deshalb durch eine veränderliche Blende der Licht-

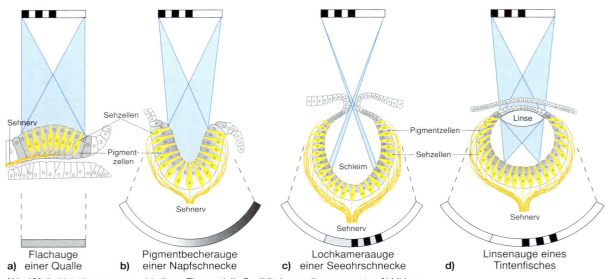

Abb. 190.1: Lichtsinnesorgane wirbelloser Tiere und die Qualität der von ihnen erzeugten Abbildung
a) Flachauge einer Qualle
b) Pigmentbecherauge einer Napfschnecke
c) Lochkameraauge einer Seeohrschnecke
d) Linsenauge eines Tintenfisches

einfall in das Auge so gesteuert werden, dass die Sinneszellen trotzdem in ihrem optimalen Bereich arbeiten.

Das Auflösungsvermögen eines Auges wird nicht nur von der Schärfe der Abbildung der Umwelt auf der Sinneszellschicht, sondern auch von der Dichte der Sinneszellen bestimmt. Je dichter die Sinneszellen stehen, desto feiner wird das Bild aufgerastert, desto feinere Einzelheiten sind also zu erkennen.

3.2 Facettenauge

Das *Facettenauge* (Komplexauge) der Gliederfüßler ist aus zahlreichen Einzelaugen zusammengesetzt (s. Abb. 191.1). Das Einzelauge *(Ommatidium)* besteht aus einem Lichtbrechungsapparat, Pigmentzellen zur Abschirmung von anderen Einzelaugen und Sinneszellen. Der Lichtbrechungsapparat wird aus einer Chitinlinse und dem Kristallkegel gebildet. Bei den Insekten hat das Einzelauge meist acht Sinneszellen. Alle Sinneszellen eines Ommatidiums bilden einen gemeinsamen Sehstab *(Rhabdom)* als den eigentlich lichtempfindlichen Teil (s. Abb. 191.2). Dieser besteht aus Membranausstülpungen (Mikrovilli) der Sehzellen. Die optischen Achsen nebeneinander liegender Einzelaugen weichen voneinander ab, jedes Einzelauge „blickt" also in eine andere Richtung. Deshalb bildet jeder Lichtbrechungsapparat auf seinem Sehstab einen anderen Ausschnitt der Umgebung ab; alle Sehzellen des Ommatidiums werden also von dem Licht, das dieser Ausschnitt abstrahlt, getroffen. Bei dem Gesamtbild, das im Facettenauge entsteht, handelt es sich demnach um ein Mosaik von Bildpunkten.

Je mehr Ommatidien ein Facettenauge pro Raumwinkel besitzt, desto feiner ist dieses Mosaik, desto größer ist auch das Auflösungsvermögen der Augen. Gleichzeitig sinkt aber die Lichtempfindlichkeit, weil der von einem Einzelauge wahrgenommene Ausschnitt der Umgebung kleiner wird, dieser also auch weniger Licht abstrahlt.

Ein Einzelauge hat nur eine winzige Sehöffnung. Deshalb ist die Helligkeit eines Bildpunktes, der von einer punktförmigen Lichtquelle (z. B. von einem Stern) erzeugt wird, nur sehr gering. Ein einzelnes Ommatidium bildet aber eine relativ große Fläche der Umwelt ab, sodass sich die Intensitäten vieler Bildpunkte addieren. Deshalb ist die Lichtempfindlichkeit gut ausgebildeter Facettenaugen relativ hoch, sie entspricht etwa der gleich großer, d. h. sehr kleiner Linsenaugen. Auch im Auflösungsvermögen unterscheiden sich solche Facetten- und Linsenaugen nicht. Das Auflösungsvermögen nimmt jedoch mit wachsender Augengröße beim Linsenauge wesentlich schneller zu als

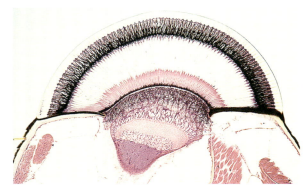

Abb. 191.1: Facettenauge eines Insekts. Die einzelnen Ommatidien sind längs geschnitten, unterhalb des Auges sind Teile des Gehirns zu sehen.

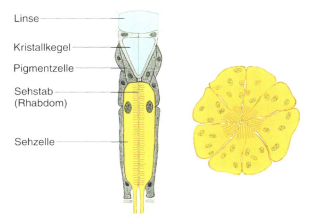

Abb. 191.2: Links Längsschnitt durch ein Ommatidium; rechts Querschnitt auf der Höhe der Sinneszellen

Abb. 191.3: Verkehrte Welt. Ein Mensch mit Facettenaugen und eine Fliege mit Linsenaugen jeweils gleicher Leistungsfähigkeit wie die wirklichen Augen

Neurobiologie

beim Facettenauge. Für kleine Augen gibt es also zwei etwa gleichwertige optimale Lösungen: das Linsenauge und das Facettenauge. Bei großen Augen ist dagegen das Linsenauge weit überlegen (Abb. 191.3).

3.3 Das menschliche Auge als Beispiel eines Linsenauges

3.3.1 Übersicht über den Bau

Die Wand des Auges (s. Abb. 192.1 und 192.2) wird von der *harten Augenhaut* gebildet. Den vorgewölbten und durchsichtigen Teil der harten Augenhaut nennt man *Hornhaut*. Die innerste Schicht ist die Netzhaut oder *Retina*. Der Hohlraum des Auges wird von dem durchsichtigen *Glaskörper* ausgefüllt. Die Regenbogenhaut oder *Iris* liegt vorn der *Linse* auf. Sie umschließt eine kreisförmige Blendenöffnung, die *Pupille*. Die Pupille wird enger, wenn sich die Lichtintensität erhöht, und weiter, wenn die Lichtintensität absinkt. Die Iris regelt also den Lichteinfall in das Auge (Regelkreis des Pupillenreflexes, Abb. 193.1).

Die Netzhaut enthält die Sinneszellen. Im gelben Fleck (*Sehgrube oder Fovea centralis*) stehen die Sinneszellen besonders dicht. Er ist deshalb die Stelle mit der höchsten Auflösung.

Der blinde Fleck liegt an der Austritts-Stelle des Sehnervs. Dort fehlen die Sinneszellen. Trotzdem haben wir kein „Loch" in unserem Gesichtsfeld, denn der fehlende Bildteil wird im Gehirn aus der Umgebung ergänzt.

3.3.2 Die Bilderzeugung

Die Lichtstrahlen, die von einem Gegenstand in das Auge einfallen, werden durch den optischen Apparat so gesammelt, dass auf der Netzhaut ein umgekehrtes und verkleinertes Bild entsteht (Abb. 190.1 und 193.2). An der Lichtbrechung sind Hornhaut und Linse beteiligt. Die *Brechkraft* der Hornhaut ist größer als diejenige der Linse, da ihre Vorderseite an Luft grenzt. Sie beträgt 43 Dioptrien.

Eine *Dioptrie* (=1D) entspricht der Brechkraft einer Linse von 100 cm Brennweite. Eine Linse von 2D hat eine Brennweite von 100:2 = 50 cm, eine solche von 60D eine Brennweite von 100:60 = 1,67 cm. Je größer die Dioptrienzahl, desto kleiner ist die Brennweite.

Die Linse wird durch den *Ciliarkörper* in ihrer Lage festgehalten. Sie ist elastisch und nimmt, wenn kein seitlicher Zug auf sie ausgeübt wird, nahezu Kugelform an. Ihre Brechkraft schwankt zwischen 19D bei Ferneinstellung und 33D bei Naheinstellung. Die Einstellung *(Akkommodation)* erfolgt mit Hilfe des Ciliarkörpers (Abb. 192.2). Er besteht aus dem Ciliarmuskel, der die Linse ringförmig umgibt. Von seiner Innenseite ziehen feine Fasern, die Linsenbänder, zum Rande der Linse. Sie zerren bei der Fern-Akkommodation des Auges ringsum an der Linse und flachen sie ab. Zur Nah-Akkommodation kontrahiert sich der Ciliarmuskel. Dadurch werden die Linsenbänder entspannt, und die Linse kann sich, ihrer natürlichen Elastizität folgend, der Kugelform nähern.

Der nächste Punkt, den man bei Fern-Akkommodation scharf sieht, liegt 5–6 m vom Auge entfernt. Mit zuneh-

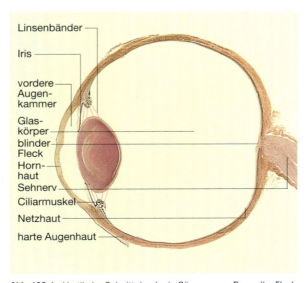

Abb. 192.1: Vertikaler Schnitt durch ein Säugerauge. Der gelbe Fleck liegt außerhalb der Schnittebene in Höhe des blinden Flecks.

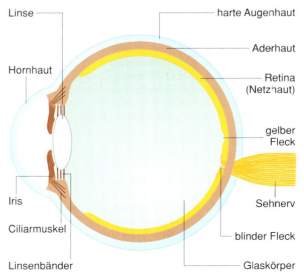

Abb. 192.2: Horizontaler Schnitt durch ein menschliches Auge, schematisch

Lichtsinn **193**

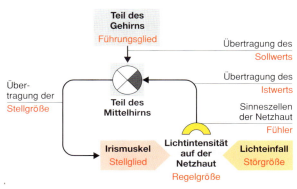

Abb. 193.1: Der Regelkreis des Pupillenreflexes. Bei Steigerung der Lichtintensität wird die Pupille kleiner. Der Regelkreis hält allerdings den Lichteinfall nicht völlig konstant, sondern verringert nur die Helligkeitsunterschiede.

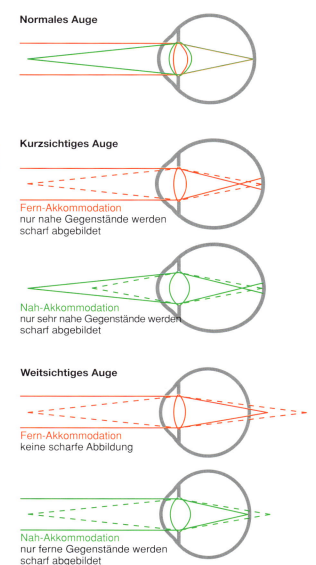

Abb. 193.2: Strahlengang im normalen, kurzsichtigen und weitsichtigen Auge. Rot: Linsenform und Strahlengang bei Fern-Akkommodation, grün bei Nah-Akkommodation

mendem Alter verliert die Linse an Elastizität und damit ihre Fähigkeit, Kugelform anzunehmen. Deshalb rückt der nächste Punkt, der bei Nah-Akkommodation scharf gesehen wird, der *Nahpunkt,* immer weiter vom Auge ab. Bei Siebzigjährigen ist die Linse meist starr und kann sich nicht mehr auf Nahsehen einstellen.

Bei *Kurzsichtigkeit* ist das Auge für die Brechkraft von Hornhaut und Linse zu lang (s. Abb. 193.2). Deshalb entsteht das Bild entfernter Gegenstände bereits vor der Netzhaut und ist daher unscharf, während das Bild naher Gegenstände auf die Netzhaut fällt. Bei der angeborenen *Weitsichtigkeit* ist der Augapfel zu kurz. Daher werden nahe Gegenstände unscharf gesehen (s. Abb. 193.2).

Das *Gesichtsfeld* eines Auges kann man mit einem *Perimeter* bestimmen. Dabei sitzt eine Versuchsperson mit aufgestütztem Kinn so, dass sich eines ihrer Augen im Zentrum einer halbkreisförmigen Messapparatur mit Gradeinteilung befindet (Abb. 193.3). Mit diesem Auge (das andere ist geschlossen) wird eine Markierung in der Mitte der Apparatur fixiert. Der Experimentator führt kleine bunte Flächen von außen her in das Gesichtsfeld. Die Versuchsperson muss angeben, ab wann sie die Fläche sieht und ab wann sie die Farbe erkennt. Auf diese Weise lässt sich feststellen, dass der Rand des Gesichtsfeldes nicht farbempfindlich ist und dass auch die einzelnen Farben unterschiedlich weit vom gelben Fleck entfernt noch wahrgenommen werden.

Im Linsenauge wird auf der Netzhaut ein Bild der Umwelt erzeugt. Dieses Bild wird durch die Sinneszellen in einzelne Bildpunkte zerlegt: es wird aufgerastert. Im Facettenauge dagegen wird das Umweltbild schon durch den optischen Apparat in einzelne Bildpunkte zerlegt. Auf der Ebene der Sinneszellen ist dann das Bild sowohl beim Facetten- als auch beim Linsenauge „aufgerastert".

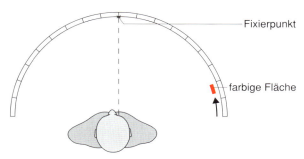

Abb. 193.3: Perimeter (Erklärung siehe Text)

3.3.3 Bau der Netzhaut

Die *Sinneszellen* bilden die innerste Zellschicht der Netzhaut und sind somit am weitesten vom Glaskörper entfernt (vom Licht abgewandt). In Richtung Augenmitte folgen mehrere Schichten von Nervenzellen (Abb. 194.1). Die Sehzellen treten in der Säugetiernetzhaut mit *Bipolarzellen* in Verbindung. Im Allgemeinen hat jede Bipolarzelle mit mehreren Sinneszellen Kontakt. Mehrere Bipolarzellen werden wieder von einer *Ganglienzelle* zusammengefasst. Außerdem bestehen Querverbindungen auf der Ebene der Sinneszellen über die *Horizontalzellen* und auf der Ebene der Ganglienzellen über die *amakrinen Zellen*. Die Funktion der verschiedenen Neuronentypen wird in 3.5 besprochen. Durch diese Verschaltung erhält jede Ganglienzelle Meldungen von einer größeren Zahl von Sinneszellen. In der Regel leitet aber auch jede Sinneszelle auf mehrere Ganglienzellen ab. Im gelben Fleck liegen genauso viele Ganglienzellen wie Sinneszellen; nur wenige Sehzellen sind mit einer Ganglienzelle verbunden. In den anderen Teilen der Netzhaut ist die Zahl der Ganglienzellen wesentlich kleiner als die Zahl der Sinneszellen. Viele Sinneszellen leiten hier auf eine Ganglienzelle ab. Je weniger Sehzellen zusammengeschaltet sind, desto mehr Bildpunkte werden getrennt wahrgenommen, desto größer ist also das Auflösungsvermögen. Je mehr Sehzellen auf eine Ganglienzelle geschaltet sind, desto mehr Erregungen laufen in der Ganglienzelle ein, desto lichtempfindlicher ist also die Netzhaut an dieser Stelle. Die Art der Verschaltung trägt also dazu bei, dass im gelben Fleck das Auflösungsvermögen größer, die Lichtempfindlichkeit aber geringer ist als an anderen Stellen der Netzhaut.

3.4 Vorgänge in den Sehzellen der Wirbeltiere

Die Sehzellen bestehen aus dem eigentlichen Zellkörper und einem Abschnitt, der sich aus dichten, geordneten Membranpaketen zusammensetzt, dem *Außenglied* (Abb. 195.2). Es liegt im äußersten Bereich der Netzhaut, vom Licht abgewandt. In der Säugetiernetzhaut gibt es zwei Arten von Sehzellen, die *Stäbchen* und die *Zapfen*. Die Außenglieder der Stäbchen sind lang und zylinderförmig, die der Zapfen kegelförmig und kürzer. In der ganzen Netzhaut gibt es etwa 120 Millionen Stäbchen und etwa sechs Millionen Zapfen. Stäbchen und Zapfen sind ungleichmäßig über die Netzhaut verteilt. Im gelben Fleck kommen nur Zapfen vor. In seiner Umgebung sind Stäbchen und Zapfen durchmischt. Die Randteile der Netzhaut enthalten fast nur Stäbchen. Die Stäbchen sind sehr viel lichtempfindlicher als die Zapfen. Da es nur eine Sorte von Stäbchen gibt, ist das „Stäbchen-Sehsystem" farbenblind. Von den Zapfen gibt es drei verschiedene Typen, die von jeweils unterschiedlichen Wellenlängen erregt werden. Das „Zapfen-Sehsystem" kann also Farben unterscheiden. Die Zapfen sprechen wegen ihrer geringen Lichtempfindlichkeit in der Dämmerung nicht mehr an. Im Mondlicht kann man also keine Farben erkennen. Im hellen Licht sehen wir dagegen fast ausschließlich mit den Zapfen.

Licht löst eine Erregung aus, wenn es von dem Farbstoff der Sehzellen absorbiert wird. Der lichtempfindliche Farbstoff der Stäbchen wird *Sehpurpur* (Rhodopsin) genannt. *Rhodopsin* ist ein Chromoprotein, das aus *Retinal* (Aldehyd des Vitamins A) und dem Protein *Opsin* besteht. Es ist in die Membranen der Stapel eingelagert (Abb. 195.1). Das Molekül Retinal kann in mehreren verschiedenen Raumstrukturen vorkommen. Nur eine dieser Formen, das 11-cis-Retinal, kann sich mit dem Opsin verbinden. Wird Licht absorbiert, so geht das 11-cis-Retinal durch eine Änderung der Raumstruktur in das All-trans-Retinal über (Abb. 195.1); dabei wird es über mehrere extrem kurzlebige Zwischenstufen vom Opsin abgespalten. Das Rhodopsin wird laufend unter Aufwendung von Stoffwechselenergie neu synthetisiert.

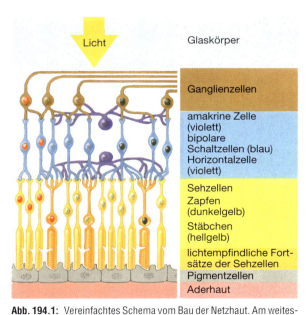

Abb. 194.1: Vereinfachtes Schema vom Bau der Netzhaut. Am weitesten außen liegen die Sehzellen, in Richtung Augenmitte folgen mehrere Lagen von Nervenzellen. Das Licht muss die Nervenzellschichten durchdringen, bevor es die lichtempfindlichen Fortsätze der Sehzellen erreicht. Auf der linken Seite ist dargestellt, wie eine einzelne Ganglienzelle Meldungen von vier Sehzellen erhält (rote Kerne). Auf der rechten Seite ist dargestellt, wie eine einzelne Sehzelle Informationen an zwei Ganglienzellen weitergibt (schwarze Kerne).

Lichtsinn   195

Die Spaltung des Rhodopsins ist eine der schnellsten fotochemischen Reaktionen. Sie läuft in ca. 200 femto sec (10^{-15} s) ab. Eines der Zwischenprodukte der Rhodopsinspaltung löst während seiner kurzen Existenz eine Kette chemischer Reaktionen aus *(Signalkette, s. Stoffwechsel 1.6)*. An deren Ende wird cGMP (**c**yclisches **G**uanosin**m**ono**p**hosphat) gespalten. Dies verringert den cGMP-Spiegel. Im unerregten Zustand der Zelle hält das cGMP die Natriumkanäle der Zellmembran offen. Durch seine Spaltung schließen sich diese,

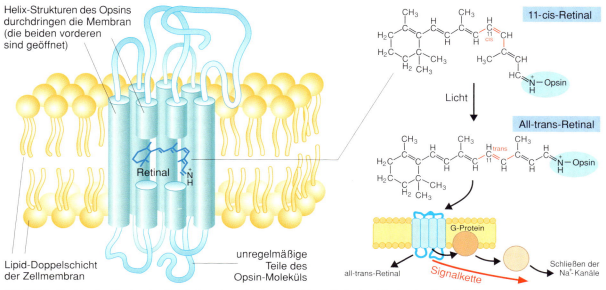

Abb. 195.1: Struktur des Rhodopsins (links), Formel von 11-cis- und all-trans-Retinal und Beginn der Signalkette

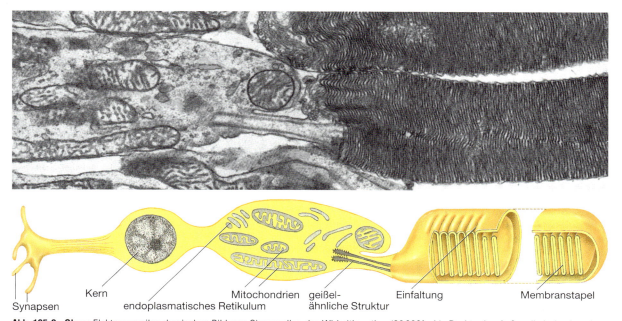

Abb. 195.2: Oben: Elektronenmikroskopisches Bild von Sinneszellen der Wirbeltierretina (30 000fach). Rechts das Außenglied, das in seinen dicht gepackten Membranstapeln den Sehfarbstoff trägt. Das Außenglied ist über eine geißelähnliche Struktur (Bildmitte) mit dem eigentlichen Zellkörper (links) verbunden. Das Licht kommt in der Abbildung von links. **Unten:** schematische Darstellung des elektronenmikroskopischen Bildes einer Sehzelle (Stäbchen) der Wirbeltierretina. Außenglied räumlich, geöffnet, Zellkörper im Längsschnitt. Die Membranstapel entstehen im unteren Abschnitt des Außengliedes als Einfaltungen der Zellmembran, diese ist übertrieben dick gezeichnet.

196 Neurobiologie

und das Membranpotential ändert sich. Der Verstärkungsfaktor dieser Signalkette ist sehr hoch, sodass die Spaltung eines einzigen Rhodopsinmoleküls zur Schließung sehr vieler Natriumkanäle führt.

Die Stäbchen und Zapfen haben im ungereizten Zustand ein sehr stark depolarisiertes Ruhepotential, weil viele Natriumkanäle offen sind. Wird die Zelle gereizt, schließt sich ein Teil der Natriumkanäle. Deshalb wird (im Gegensatz zu anderen Sinneszellen) das Membranpotential bei Erregung negativer, d. h., es entsteht ein hyperpolarisierendes Rezeptorpotential. Die Zelle bildet keine Aktionspotentiale, ist also eine sekundäre Sinneszelle.

Die Ausgangssynapsen der Sehzellen schütten im unerregten Zustand (also bei maximaler Depolarisation) kontinuierlich große Mengen von Transmitter aus. Belichtung verringert die Transmitterausschüttung. Die Wirbeltier-Sehzelle verhält sich also eigentlich wie eine Sinneszelle für Dunkelheit.

Wird ein zuvor der Dunkelheit ausgesetztes Stäbchen plötzlich belichtet, ist zu Beginn sehr viel Rhodopsin vorhanden. Es wird also viel Licht absorbiert, die Sehzelle ist sehr empfindlich. Hält die Belichtung einige Zeit an, sinkt die Rhodopsin-Konzentration, weil die Neu-Synthese dem lichtinduzierten Abbau nicht die Waage halten kann: Die Zelle wird weniger lichtempfindlich. Das Gleichgewicht zwischen Aufbau und Abbau von Rhodopsin ist also die Ursache für das phasisch-tonische Verhalten dieser Sinneszelle *(Abb. 189.2)*. Die Sehzellen der Insekten bilden normale depolarisierende Rezeptorpotentiale und in ihren Axonen Aktionspotentiale. Sie sind also primäre Sinneszellen.

3.5 Nervenzellen der Netzhaut

Die Ausgangssynapsen der Sehzellen übertragen die Erregung auf die Nervenzellen der Netzhaut. Die Bipolar-, Horizontal- und amakrinen Zellen sind Neurone ohne Axon. Sie bilden also keine Aktionspotentiale. Aktionspotentiale entstehen erst in den Ganglienzellen. Die Synapsen zwischen Sehzellen und Bipolar- bzw. Horizontalzellen sind teilweise erregend und teilweise hemmend. Je nach Synapsentyp werden diese Zellen durch Licht depolarisiert (bei hemmender Synapse, Wegfall der Hemmung unter Licht) oder hyperpolarisiert. Dabei kann eine bestimmte Sinneszelle die eine Bipolarzelle erregen, eine andere aber hemmen. Da in beiden Fällen der gleiche Transmitter ausgeschüttet wird, ist dies ein Beispiel dafür, dass der gleiche Transmitter je nach postsynaptischer Zelle eine unterschiedliche Wirkung haben kann. Die Erregung einer Gruppe von Sehzellen führt daher in den Nervenzellen der Netzhaut zu einem komplexen Muster

von Erregung und Hemmung. Dabei entsteht bei Reizung von Zapfen ein Erregungsmuster, in dem die Information über die Form des Gesehenen und die über seine Farbe weitgehend getrennt ist.

Die Reaktion einer Ganglienzelle wird am besten durch ihr *rezeptives Feld* beschrieben. Darunter versteht man die Gruppe von Sehzellen, die mit einem bestimmten Neuron verbunden ist. In Abb. 194.1, links, bilden vier Sinneszellen das rezeptive Feld einer Ganglienzelle (rote Kerne). Jede Sinneszelle hat aber zu mehreren Ganglienzellen Verbindung. Deshalb überschneiden sich die rezeptiven Felder benachbarter Ganglienzellen.

Im Zentrum des rezeptiven Feldes können Sehzellen liegen, deren Reizung erregend auf die zugehörige Ganglienzelle wirkt. Sie bilden zusammen einen zentralen erregenden Bereich des rezeptiven Feldes (Abb. 198.1 a). Um diesen zentralen Bereich herum liegen Sehzellen, deren Reizung eine hemmende Wirkung auf die zugehörige Ganglienzelle ausübt. Diese Sehzellen bilden den hemmenden Randbereich des rezeptiven Feldes. Die Ganglienzelle spricht dann am stärksten an, wenn der erregende zentrale Bereich ihres rezeptiven Feldes voll ausgeleuchtet ist, der hemmende Randbereich aber dunkel bleibt, also bei Reizung mit hellen Punkten auf dunklem Untergrund, deren Bild genau den erregenden Teil des rezeptiven Feldes ausfüllt.

Es gibt in der Netzhaut von Säugetieren aber auch einen anderen Typ von rezeptiven Feldern. Bei diesem findet man umgekehrt einen hemmenden zentralen Bereich und einen erregenden Randbereich (Abb. 198.1 b). Die zugehörige Ganglienzelle spricht demgemäß am stärksten auf dunkle Punkte auf hellem Untergrund an.

Ob das rezeptive Feld einer Ganglienzelle einen erregenden oder einen hemmenden Zentralbereich hat, hängt vor allem von den Synapsen zwischen Sehzellen und Bipolarzellen ab. Sind sie hemmend, wird die Bipolarzelle durch Licht erregt. Sind sie erregend, wird sie gehemmt. Die jeweils entgegengerichtete Wirkung der Peripherie des rezeptiven Feldes wird vor allem über Horizontal- und amakrine Zellen vermittelt.

Die eben beschriebenen Ganglienzellen dienen vor allem der Wahrnehmung der Form des gesehenen Gegenstandes. Daneben gibt es Ganglienzellen, die vor allem der Farbwahrnehmung *(s. 3.6)* oder der Wahrnehmung von Bewegung dienen. Das von den Sehzellen aufgenommene Bild wird also von den nachgeschalteten Neuronen verarbeitet. Die Art der Verschaltungen in der Netzhaut führt dazu, dass die verschiedenen Kategorien des Bildes (Form, Farbe, Bewegung) auf getrennten Wegen in das Gehirn gemeldet werden.

3.6 Farbensehen

Weißes Licht, z. B. das Sonnenlicht, lässt sich mit Hilfe eines Prismas in die *Spektralfarben* zerlegen. Eine bestimme Spektralfarbe ist durch ihre Wellenlänge charakterisiert. Das für den Menschen sichtbare *Spektrum* ist der Wellenlängenbereich von rund $\lambda = 400$ nm (Violett) bis $\lambda = 700$ nm (Rot). Licht, das nur eine bestimmte Wellenlänge hat, bezeichnet man als spektralrein (monochromatisch).

Farbensehen tritt nicht bei allen Tieren auf. So ist z. B. die Welt der Hunde, wie die vieler anderer Säugetiere auch, weitgehend grau, d. h., diese Tiere können Farben nur schwer unterscheiden. Wie das Farbsehsystem des Menschen arbeitet, kann man schon aus einfachen Versuchen ableiten. Man kann z. B. spektralreine Lichter verschiedener Farben mischen, indem man sie übereinander projiziert *(additive Farbmischung)*. Die wichtigsten Ergebnisse solcher additiver Farbmischungen sind: Eine Mischung aller Spektralfarben ergibt den Eindruck „Weiß". Den Eindruck Weiß erhält man aber auch durch die Mischung von nur drei spektralreinen Farben, nämlich Rot, Grün und Blau. Man nennt diese Farben *Grund- oder Primärfarben*. Die Mischung zweier Grundfarben ergibt eine neue Farbe, die sich mit der dritten Grundfarbe zu Weiß ergänzt. Zwei Farben, die sich zu Weiß ergänzen, heißen *Ergänzungs- oder Komplementärfarben*. So ist zum Beispiel Rot die Komplementärfarbe zu Grün und Gelb zu Blau. Durch Mischung verschiedener Anteile der drei Grundfarben lässt sich jeder beliebige Farbeindruck herstellen. Davon macht z. B. das Farbfernsehen Gebrauch. Das Vorhandensein von Komplementärfarben oder die Tatsache, dass jede beliebige Farbe durch Mischen von Licht der drei Grundfarben herzustellen ist, lässt sich physikalisch nicht begründen, sondern kommt durch Besonderheiten unseres Sehsystems zustande.

Aus den geschilderten Versuchen stellte der Physiker YOUNG schon 1801 die Hypothese auf, dass unser Auge alle Farbempfindungen aus drei Grundfarben zusammensetze. Die Theorie wurde von HELMHOLTZ 1852 verfeinert und mündete schließlich in die Theorie, dass in der Netzhaut drei verschiedene Sorten von Zapfen vorhanden sein müssten. Sie ließen sich tatsächlich nachweisen. Außerdem fand man dreierlei Farbstoffe, die bei Belichtung ähnlich wie der Sehpurpur der Stäbchen zerfallen. Jede Zapfensorte ist mit einem dieser drei Farbstoffe ausgestattet. Die Farbstoffe sind ähnlich wie Rhodopsin gebaut; sie unterscheiden sich durch ihr Absorptionsspektrum voneinander (Abb. 197.1). Durch Lichtabsorption wird eine Signalkette ähnlich wie in Stäbchen aktiviert. Allerdings ist der Verstärkungsfaktor dieser Signalketten geringer als der der Stäbchen. Dies ist zusammen mit der Tatsache, dass die Außenglieder der Zapfen kürzer sind als die der Stäbchen (damit verringert sich für ein Lichtquant die Wahrscheinlichkeit, ein Farbstoffmolekül zu treffen) die Ursache für die geringere Lichtempfindlichkeit der Zapfen.

Ein spektralreines Licht von 400 nm Wellenlänge erregt nur die „Blaurezeptoren" unter den Zapfen. Ein solches von 450 nm erregt die „Blaurezeptoren" stark und die „Grünrezeptoren" sehr schwach. Licht von 500 nm Wellenlänge lässt alle drei Zapfensorten ansprechen. Die einzelnen Farbeindrücke werden also durch das Verhältnis der Erregungsstärken der drei Zapfentypen codiert, die Helligkeit durch die absolute Höhe der Erregung.

Aus der Theorie von YOUNG und HELMHOLTZ ist das Vorhandensein von Komplementärfarben nicht zu erklären. Das führte HERING 1874 zur Aufstellung der *Gegenfarbentheorie*. Weil sich Komplementärfarben zu Weiß ergänzen, forderte er drei jeweils antagonistisch organisierte Vorgänge und zwar je einen für die Farbenpaare Blau-Gelb und Grün-Rot sowie einen für Schwarz-Weiß. Solche antagonistischen Prozesse konnten inzwischen schon auf der Ebene der Horizontal- und Bipolarzellen bei Affen nachgewiesen werden. Es gibt Zellen, die bei der Belichtung des Auges mit Grün mit einer Erhöhung des Membranpotentials, bei Belichtung mit Rot aber mit einer Erniedrigung des Membranpotentials antworten.

Andere Zellen antworten entsprechend auf das Farbenpaar Blau-Gelb. Es gibt auch Ganglienzellen, die z. B. im zentralen Bereich ihres rezeptiven Feldes von Rot erregt und von Grün gehemmt werden, während

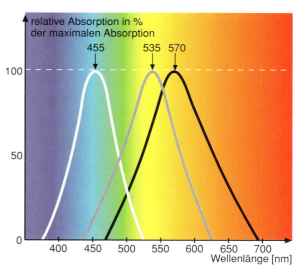

Abb. 197.1: Absorptionskurven der verschiedenen Zapfensorten beim Menschen, schematisiert. Jede Zapfensorte hat einen anderen lichtempfindlichen Farbstoff.

Neurobiologie

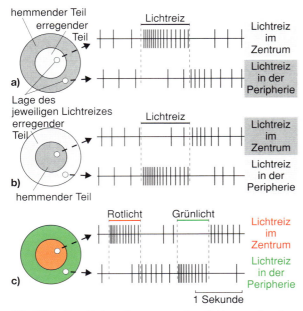

Abb. 198.1: Verschiedene Formen rezeptiver Felder von Ganglienzellen der Retina. **a)** und **b)** gehören zur Formwahrnehmung; **c)** zur Farbwahrnehmung. Links ist die Lage eines Reizlichtes, rechts eine extrazelluläre Ableitung vom Axon der zugehörigen Ganglienzelle angegeben.

sie im Randbereich des rezeptiven Feldes von Grün erregt und von Rot gehemmt werden (Abb. 198.1 c). Entsprechende Neurone gibt es auch im Gehirn. Die HERINGsche Theorie beschreibt demnach die Vorgänge in den nachgeschalteten Neuronen, die YOUNG-HELMHOLTZsche Theorie aber die Vorgänge in den Sinneszellen selbst.

Die Unfähigkeit, Farben unterscheiden zu können, wird als *Farbenblindheit* bezeichnet. Bei der sehr seltenen totalen Farbenblindheit können keine Farben mehr unterschieden werden, sondern nur Graustufen (wie bei einem Schwarzweißfilm). Häufig kommt eine teilweise Farbenblindheit, besonders die *Rotgrünblindheit*, vor *(s. auch Genetik 3.3.3)*. Rot und Grün sind dann nur noch an ihrer unterschiedlichen Helligkeit, aber nicht mehr als Farben unterscheidbar. Viel seltener ist die *Blaugelbblindheit*.

Farbenblindheit beruht entweder auf dem Ausfall eines Zapfentyps (bei einem Teil der Rotgrünblinden der „Rotrezeptor" oder der „Grünrezeptor") oder auf untypisch ausgebildeten Sehpigmenten. Nach Ausfall eines Zapfentyps werden Farben, die das gleiche Verhältnis der Erregungsstärken in den beiden verbleibenden Zapfentypen erzeugen, nicht unterschieden. Dies ist z. B. nach Ausfall des „Rotrezeptors" der gesamte Bereich, in dem der „Blaurezeptor" nicht und daher nur der Grünrezeptor anspricht (s. Abb. 198.2).

3.7 Zeitliches Auflösungsvermögen

Ein kurzer Lichtblitz erzeugt ein Rezeptorpotential, das den Reiz eine Zeit lang überdauert. Bei rasch aufeinander folgenden Lichtblitzen verschmelzen die Rezeptorpotentiale sowie die Potentiale der nachgeschalteten Nervenzellen, sodass ein einheitlicher Eindruck entsteht. Beim Menschen ist dies oberhalb von 16 Bildern pro Sekunde der Fall. Bei einer Film- oder Videovorführung müssen deshalb pro Sekunde mehr als 16 Bilder geboten werden. Bei manchen Insekten liegt diese Verschmelzungsfrequenz bei 200–300 Bildern pro Sekunde. Solche Tiere könnten in einem Film die einzelnen Bilder getrennt wahrnehmen.

Bei sehr starken Reizen kann die Empfindung den Reiz viele Sekunden überdauern. Schaut man z. B. in eine Lampe und danach auf eine einheitliche Fläche, „sieht" man dort scheinbar die Lampe *(positives Nachbild)*. Wird ein Verkehrsteilnehmer in der Nacht von einem entgegenkommenden Fahrzeug geblendet, kann er danach keine dunklen Konturen erkennen, weil sich das positive Nachbild der Blendung den wesentlich schwächeren späteren Reizen überlagert.

3.8 Adaptation

Eine weiße Fläche strahlt in der Dämmerung wesentlich weniger Licht zurück als eine schwarze Fläche, die in der Sonne liegt. Trotzdem erscheint uns die eine immer weiß, die andere immer schwarz. Das Sehsystem kann sich also an die veränderte Umwelthelligkeit anpassen. Man bezeichnet diesen Vorgang als *Adaptation*. Es sind daran mehrere schon oben erwähnte Teilprozesse beteiligt, die für jeweils unterschiedliche Teile des Adaptationsverlaufs (Abb. 199.1) verantwortlich

Abb. 198.2: Computersimulation der Empfindung einer Person mit Rot-Grün-Sehschwäche. **a)** Normalsichtig; **b)** Ausfall des Rotrezeptors

Lichtsinn

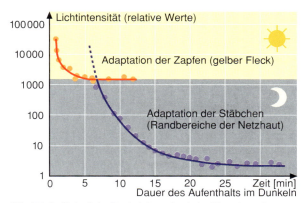

Abb. 199.1: Verlauf der Dunkeladaptation beim Menschen. Angegeben ist jeweils die Schwellenleuchtstärke. Die absolute Sehschwelle (Stäbchen) ist gleich 1 gesetzt. Sie wird erst nach ca. 2 Stunden erreicht. Etwa beim 2000fachen Wert der absoluten Sehschwelle ist die Sehschwelle der Zapfen erreicht. Gelber Bereich: Lichtintensitäten des Tageslichtes; grauer Bereich: Lichtintensitäten der Dämmerung

sind: (**1**) der Pupillenreflex, (**2**) das phasisch-tonische Verhalten der Sehzellen, das dafür sorgt, dass eine veränderte Lichtstärke zwar am Anfang stark, nach einiger Zeit aber wesentlich schwächer beantwortet wird, und (**3**) das Umschalten von Stäbchen- auf Zapfensehen oder umgekehrt. Dazu kommt (**4**), dass die erregenden Teile der rezeptiven Felder der Ganglienzellen mit abnehmender Lichtintensität größer werden. Dadurch erhalten die Ganglienzellen mehr erregende und weniger hemmende Eingangsinformationen und werden deshalb empfindlicher. (**5**) Teilweise gibt es auch Wanderungen des Pigments, das die Sehzellen umgibt und sie vor Streulicht abschirmt.

Abb. 199.1 zeigt den Verlauf der Dunkeladaptation beim Menschen. Die Versuchsperson bekam nach Abschalten des Lichtes einen aufblitzenden Lichtpunkt zu sehen, dessen Leuchtstärke schrittweise verringert wurde. Es wurde festgestellt, bei welcher Leuchtstärke der Lichtpunkt gerade noch zu sehen war (Schwellenleuchtstärke). Die Ergebnisse sind in zwei Kurven dargestellt. Die Kurve oben links ergab sich, wenn die Lichtpunkte fixiert, d. h. mit dem gelben Fleck betrachtet wurden (Zapfensehen!), die zweite Kurve, wenn sie mit der Randzone der Netzhaut angesehen wurden (Stäbchensehen!).

Einzelne Bereiche des Auges können getrennt adaptieren. Fixiert man z. B. einen Punkt der Abb. 201.2 einige Sekunden lang, adaptieren die Bereiche der Netzhaut, auf denen die hellen „Straßen" abgebildet werden, stärker als die Bereiche, auf welche die dunklen Quadrate fallen. Schaut man danach auf eine einheitliche Fläche, erscheinen die vorher dunklen Quadrate hell (*negatives Nachbild*), weil hier die Lichtstrahlen auf weniger stark adaptierte Netzhautbereiche fallen.

3.9 Prinzip der gegenseitigen Hemmung

In einem Facettenauge kann nur dann ein scharfes Bild entstehen, wenn sich die Blickfelder der Einzelaugen nicht wesentlich überschneiden. Dann fällt das Licht eines Bildpunktes ausschließlich in ein Einzelauge. Man stellte jedoch fest, dass das Licht einer punktförmigen Lichtquelle in mehrere Einzelaugen gelangt. Ein Tier mit Facettenauge müsste demzufolge ein recht unscharfes Bild von seiner Umgebung erhalten. Man prüfte deshalb die Sehschärfe einiger Insektenarten durch Verhaltensexperimente und fand sie wesentlich größer, als es die unscharfe Abbildung erwarten lässt. Die sich widersprechenden Befunde lassen einen nervösen Mechanismus vermuten, der die unscharfe Abbildung zum Teil wieder korrigiert.

Dieser nervöse Vorgang wurde am Pfeilschwanzkrebs (*Limulus*) näher untersucht (s. Abb. 199.2). Der Pfeilschwanzkrebs besitzt Facettenaugen. Aus jedem Einzelauge führen zwar mehrere Axone zum Gehirn, doch können bei Belichtung nur in einem dieser Axone Aktionspotentiale registriert werden (s. Abb. 200.1). Zwischen den Axonen verschiedener Ommatidien findet man kurz nach dem Austritt aus dem Ommatidium zahlreiche Querverbindungen. Dann vereinigen sich die Einzelaxone zum optischen Nerv, der zum Gehirn zieht.

In einem ersten Versuch wurde nur ein Einzelauge belichtet. Die benachbarten Ommatidien blieben dunkel. Gleichzeitig wurden die Aktionspotentiale von dem Axon abgeleitet, das zu dem belichteten Ommatidium gehört. Es zeigte sich ein typisches phasisch-tonisches Verhalten der Sinneszellen (s. 2).

Bei Dauerlicht beobachtete man eine bestimmte (von der Lichtintensität abhängige) Impulsfrequenz (Abb. 200.1 unten, erster Teil). Wurden dann zusätzlich auch die benachbarten Einzelaugen beleuchtet, so sank im Axon des zuerst belichteten Einzelauges die

Abb. 199.2: Pfeilschwanzkrebs *(Limulus)*, Länge 30 cm

Neurobiologie

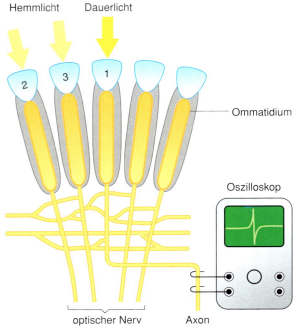

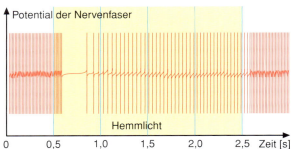

Abb. 200.1: Nachweis der gegenseitigen Hemmung von Einzelaugen des Pfeilschwanzkrebses. **Oben:** schematische Darstellung der Versuchsanordnung, **unten:** Aktionspotentiale aus der Nervenfaser des Ommatidiums 1 (extrazelluläre Ableitung). Dieses Einzelauge wurde während der gesamten Messzeit mit Licht gleicher Intensität beleuchtet. „Hemmlicht" bedeutet das zusätzliche Belichten der benachbarten Ommatidien.

Impulsfrequenz zunächst auf null ab. Sie stieg dann allmählich wieder an, allerdings nur bis zu einem Wert, der erheblich unter der früheren Frequenz lag. Während der ganzen Zeit hatte sich die Belichtung des ersten Einzelauges nicht geändert. Seine Erregung musste also von den benachbarten Einzelaugen gehemmt worden sein (Abb. 200.1 unten, zweiter Teil).

Die Axone der anschließend belichteten Nachbaraugen (Nachbarommatidien) hatten zunächst eine hohe Impulsfrequenz, die dann allmählich sank und auf einem niedrigeren Wert konstant blieb (phasisch-tonische Sinneszellen) (s. Abb. 189.2). Die Nachbaraugen hemmen also das erste Einzelauge umso stärker, je höher ihre eigene Impulsfrequenz ist.

Die Hemmung wird in den Axonen des optischen Nervs beobachtet. Sie muss also über Nervenbahnen erfolgen, die noch innerhalb des Auges verlaufen. Die weiteren Versuche bestätigten, dass jedes Einzelauge seine Nachbarn hemmt, umgekehrt aber auch von allen Nachbarn gehemmt wird (*gegenseitige Hemmung* oder *laterale Inhibition*). Je stärker das hemmende Einzelauge belichtet wird, desto stärker ist seine Hemmwirkung. Demgemäß hemmt bei dem in Abb. 201.1 dargestellten Versuch das intensiv belichtete mittlere Einzelauge die schwächer belichteten Nachbaraugen erheblich, während umgekehrt die schwächer belichteten Einzelaugen das stark belichtete nur schwach hemmen. Die laterale Inhibition vergrößert also den Unterschied in der Erregung zwischen stark und schwach belichteten Einzelaugen. Das ist nichts anderes als eine Verschärfung der zunächst unscharfen Abbildung.

Der untere Teil von Abb. 201.1 zeigt das im Tier gemessene Ergebnis. Danach führt die gegenseitige Hemmung nicht nur zur Schärfung unscharfer Abbildungen, sondern erhöht auch die Kontraste. So ist im Beispiel von Abb. 201.1 das Bild der Lichtquelle von einem dunklen Saum umgeben (niedrigere Impulsfrequenzen in der Nähe der stark gereizten mittleren Axone). Es tritt dadurch deutlich heraus.

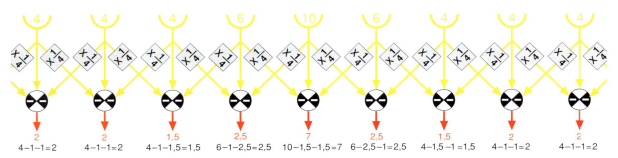

Abb. 200.2: Schema der gegenseitigen Hemmung mit Zahlenbeispiel. Von jeder Bahn, die von einer Sinneszelle zum ZNS führt, zweigen seitliche Bahnen ab. In diesen Bahnen wird die von den Sinneszellen kommende Erregung durch hemmende Synapsen auf $1/4$ abgeschwächt. Die abgeschwächte Erregung wird von der Erregung der benachbarten Sinneszellen subtrahiert. Der Multiplikationsfaktor ist in Wirklichkeit wesentlich geringer als $1/4$. ᗐ Sinneszelle mit Angabe relativer Helligkeit; ✪ Nervenzelle mit Angabe relativer Erregung

Die gegenseitige Hemmung gibt es auch beim menschlichen Sehen. So ist die optische Täuschung von Abb. 201.2 mit gegenseitiger Hemmung leicht zu erklären. Die Kreuzungspunkte sind von mehr hellen Flächen umgeben als die dazwischen liegenden weißen Bänder. Die von den Kreuzungspunkten ausgelösten Erregungen werden also stärker gehemmt als die von den weißen Bändern ausgelösten Erregungen. Die Kreuzungspunkte erscheinen deshalb dunkler. Die Erscheinung ist im Fixierpunkt nicht zu beobachten. Daraus ist zu folgern, dass gegenseitige Hemmung im gelben Fleck nur auf wenige, unmittelbar benachbarte Sinneszellen beschränkt ist. Die Struktur der rezeptiven Felder der Ganglienzellen der Netzhaut liefert mindestens teilweise eine Erklärung für diese Kontrasterscheinungen, weil auch hier die von einer Sehzelle zu einer Ganglienzelle führende Nervenbahn sowohl von anderen Sehzellen (die zum hemmenden Teil des rezeptiven Feldes gehören) gehemmt wird, als auch ihrerseits zur Hemmung anderer Ganglienzellen beiträgt.

Netzwerke, die nach dem Prinzip der gegenseitigen Hemmung arbeiten, sind auch anderen Sinnesorganen nachgeschaltet und haben dort die gleiche Funktion. So verformt ein auf die Haut aufgesetzter Bleistift einen verhältnismäßig großen Bereich der Haut, reizt also viele Tastsinnesorgane. Trotzdem ist die Empfindung wegen der nachgeschalteten gegenseitigen Hemmung auf eine kleine, eng umschriebene Stelle begrenzt.

3.10 Auswertung der optischen Informationen im Gehirn von Säugetieren

Die Axone der etwa eine Million Ganglienzellen der Netzhaut bilden den Sehnerv. Die Sehnerven der beiden Augen vereinigen sich hinter der Augenhöhle und überkreuzen sich teilweise. Dabei ziehen die Axone aus den äußeren Netzhauthälften ungekreuzt weiter, während die Fasern der inneren, der Nase zugekehrten Netzhauthälften jeweils auf die andere Seite hinüberwechseln. Dadurch gelangt z. B. die Information über einen links aufleuchtenden Punkt von beiden Augen in die rechte Gehirnseite (s. Abb. 202.1). Danach trennen sich die beiden Sehnerven wieder. Sie treten im Bereich des Zwischenhirns ins Gehirn ein. Von dort ziehen Nervenfasern zur primären Sehrinde im Hinterhauptlappen des Großhirns. In der Sehrinde besteht eine genaue Punkt-zu-Punkt-Verbindung zur Netzhaut. Dabei bleiben die relativen Lagebeziehungen erhalten, sodass die Informationen benachbarter Sehzellen auch in benachbarte Regionen der Sehrinde ziehen. Allerdings nimmt

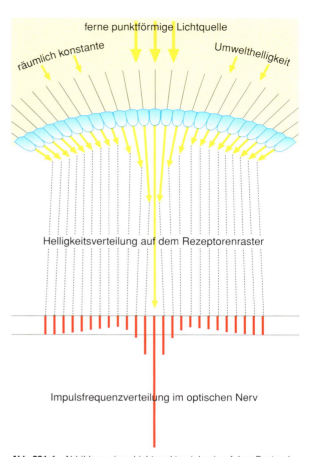

Abb. 201.1: Abbildung eines Lichtpunktes (oben) auf dem Raster der Sinneszellen und Wirkung der gegenseitigen Hemmung im Auge des Pfeilschwanzkrebses (unten). Die Länge der Balken symbolisiert die Frequenz der Aktionspotentiale in den ableitenden Axonen. Die Blickrichtung jedes Ommatidiums im oberen Bildteil ist durch eine schwarze Linie angegeben.

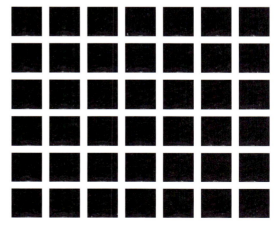

Abb. 201.2: Kontrasterscheinung. Beim Fixieren einer Kreuzungsstelle der weißen Gitterstreifen erscheinen die Kreuzungsstellen dunkler – mit Ausnahme der fixierten Stelle.

Neurobiologie

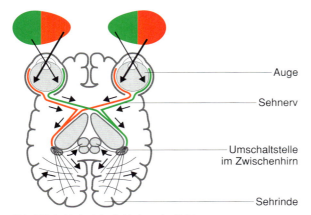

Abb. 202.1: Verlauf der Sehbahnen im Gehirn

die Projektion der Netzhautperipherie auf der primären Sehrinde nur einen kleinen Teil ein. Der größte Teil der Rindenfläche entfällt auf den gelben Fleck und seine unmittelbare Umgebung. Dabei wird eine Fläche von 5 µm Durchmesser auf der Netzhaut auf eine Großhirn-Rindenfläche von etwa 500 µm Durchmesser abgebildet.

Sowohl im Zwischenhirn als auch in der Sehrinde werden die Form, die Farbe und die Bewegung eines Gegenstandes getrennt verarbeitet. So findet man in der Sehrinde auf der einen Seite Neurone, die nur dann ihre Aktionspotentialfrequenz ändern, wenn eine dunkle Linie in einem ganz bestimmten Winkel über den entsprechenden Teil des Gesichtsfeldes läuft. Andere Neurone sprechen auf helle Linien oder Hell-Dunkel-Grenzen einer ganz bestimmten Raumorientierung an. Alle diese Zellen reagieren auf Helligkeitsunterschiede, jedoch kaum auf Farbunterschiede. Eine Zelle, die z. B. ihre Aktionspotentialfrequenz stark erhöht, wenn eine dunkle Linie gleich welcher Farbe in einem bestimmten Winkel verläuft, spricht nicht an, wenn eine blaue Linie auf gelbem Grund vorhanden ist, gelb und blau aber gleich hell sind.

Wenn man also den Wurf eines roten Balles mit den Augen verfolgt, wird die Form des Balles, seine Farbe sowie Richtung und Geschwindigkeit der Bewegung von jeweils unterschiedlichen Neuronen repräsentiert. Wie daraus dann der Sinneseindruck „roter, fliegender Ball" wird und wie er von dem gleichzeitig wahrgenommenen Hintergrund getrennt wird, ist noch weitgehend unbekannt.

Sicher ist nur, dass Farb- und Formwahrnehmung auch in höheren Gehirnarealen getrennt bleiben. So erscheint uns ein farbiges Bild mit starker Struktur (z. B. eine rote Rose vor grünem Hintergrund) dann als formloser Farbklecks, wenn alle seine Teile die jeweils gleiche Lichtmenge reflektieren, wenn also die Neurone der primären Sehrinde, die auf Linien oder Kanten ansprechen, nicht mehr erregt werden.

Künstliche neuronale Netze

In der Technik werden so genannte künstliche neuronale Netze zur Lösung komplexer Aufgaben verwendet. Ein solches Netz besteht aus einer größeren Zahl von künstlichen „Neuronen". Im einfachsten Fall besitzt ein „Neuron" nur zwei Erregungszustände, nämlich „voll erregt" und „unerregt". Es geht vom unerregten in den erregten Zustand über, wenn die Summe aller Eingänge eine bestimmte Schwelle überschreitet. Ein solches künstliches „Neuron" hat also mit einem Neuron im Nervensystem sehr wenig gemeinsam. Die künstlichen „Neurone" können entweder als elektronische Bauteile verwirklicht sein oder sie können auf einem Computer simuliert werden.

Es gibt mehrere unterschiedliche Arten künstlicher neuronaler Netze. Eine häufig verwendete Art besteht aus drei Schichten (Abb. 202.2): der Eingangsschicht, der verborgenen Schicht (sie wird nicht direkt beobachtet, arbeitet also im Verborgenen) und der Ausgangsschicht. Jedes „Neuron" der Eingangsschicht kann jedes „Neuron" der verborgenen Schicht beeinflussen, sofern es selbst „erregt" ist.

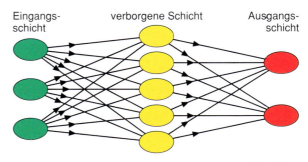

Abb. 202.2: Aufbau eines künstlichen neuronalen Netzes. Die Zahl der „Neurone" jeder Schicht ist in Wirklichkeit wesentlich größer.

Jedes „Neuron" der verborgenen Schicht beeinflusst alle „Neurone" der Ausgangsschicht. Alle Arten von Einflüssen können verändert werden.

Durch einen eingebauten Lern-Algorithmus werden nun die Stärken der verschiedenen Einflüsse so lange verändert, bis das Netz auf ein bestimmtes Erregungsmuster in der Eingangsschicht mit einem gewünschten Erregungsmuster in der Ausgangsschicht reagiert.

3.11 Räumliches Sehen

Wir sehen einen Gegenstand, den wir mit beiden Augen betrachten, einfach, obwohl zwei etwas verschiedene Bilder entstehen. Das ist dadurch zu erklären, dass sich die Gesichtsfelder beider Augen weitgehend überdecken und die Augen so eingestellt werden, dass die gleichen Bilder auf einander entsprechende Netzhautstellen fallen. Bilder dieser Art lösen im Gehirn eine einheitliche Empfindung aus. Entstehen die Bilder jedoch nicht auf den einander entsprechenden Stellen der Netzhaut, dann werden zwei Bilder wahrgenommen. Dies ist z. B. der Fall, wenn ein Daumen ganz an die Nase gehalten wird. Mit dem zweiäugigen Sehen hängen das räumliche Sehen und die Tiefenwahrnehmung zusammen. Da das linke Auge den Gegenstand mehr von links, das rechte ihn mehr von rechts sieht, entsprechen sich die beiden Bilder nicht völlig. Dies wird deutlich, wenn man den Daumen in Armeslänge von der Nase weghält und abwechselnd mit dem linken und dem rechten Auge betrachtet. Der Unterschied zwischen dem Links- und dem Rechtsbild löst den Eindruck des Körperlichen aus; er ist bei nahen Gegenständen größer als bei entfernten. Dieser Effekt wird ausgenützt, wenn man eine zweidimensionale Abbildung dreidimensional erscheinen lassen will. Dazu werden zwei nicht völlig identische Bilder übereinander abgebildet. Außerdem wird dafür gesorgt, dass eines der Bilder nur in das eine, das andere nur in das andere Auge gelangt. Das kann man bei rotgrünen Abbildungen durch komplementäre grün-rote Brillen erreichen *(s. z. B. Abb. 16.2 und 298.1 a)*.

Wenn man seinen Daumen etwa 30 cm entfernt hält, aber auf die Ferne akkommodiert, sieht man zwei unscharfe Bilder des Daumens. Würde man diese beiden Bilder im richtigen Abstand nebeneinander abbilden und mit Fernakkommodation betrachten, müsste in der Mitte ein dreidimensionales Bild erscheinen. Man kann das ausprobieren, wenn man seine beiden Daumen nebeneinander hält. So können auch dreidimensionale Eindrücke von zweidimensionalen Abbildungen entstehen.

Bei größeren Entfernungen wird das räumliche Sehen durch perspektivische Verzerrungen des gesehenen Gegenstandes hervorgerufen. Wir können eine perspektivische Zeichnung gar nicht anders als räumlich sehen (Abb. 203.1). Auch eine Reihe anderer optischer Täuschungen beruht wahrscheinlich darauf, dass wir viele Zeichnungen unbewusst perspektivisch interpretieren (Abb. 203.2). Manche Zeichnungen sind perspektivisch mehrdeutig. Dann springt ein Raumeindruck plötzlich in einen anderen um (Abb. 203.3).

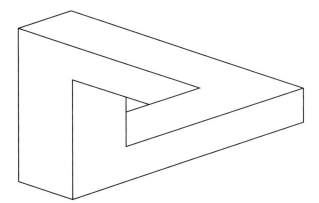

Abb. 203.1: Paradoxe Perspektive. Wir haben immer einen räumlichen Eindruck, obwohl die Zeichnung nur als ebene Strichkombination sinnvoll ist.

Abb. 203.2: Durch die perspektivischen Linien entsteht der Eindruck eines räumlichen Bildes. Dadurch erscheint der „hintere" Mann größer, obwohl er in Wirklichkeit genauso groß ist wie der vordere. Es gelingt nicht, sich die drei Männer nebeneinander vorzustellen.

Abb. 203.3: Man sieht die weißen Flächen entweder als Böden hängender Würfel oder als Deckel stehender Würfel. Das Ganze als flächenhaftes Muster zu sehen, ist sehr schwierig.

4 Weitere Sinne

4.1 Tastsinn

In der Haut der Säugetiere liegen Sinnesorgane für folgende Reize: *Wärme*, *Kälte*, *Berührung* und *Schmerzreiz*. Bei den Sinnesorganen, die auf Berührung ansprechen (Tastsinnesorgane), kann man funktionell drei verschiedene Typen unterscheiden: **(1)** Phasisch-tonische Sinnesorgane. Sie zeigen die *Stärke* und die *Dauer* eines Tastreizes an. **(2)** Phasische Sinnesorgane. Sie messen die *Geschwindigkeit* der Verformung der Haut. **(3)** Phasische Sinnesorgane mit sehr schnellem Erregungsabfall. Sie sprechen auf eine schnelle Deformation der Haut nur mit einem einzigen Aktionspotential an. Daher reagieren sie vor allem auf *Vibration*en (s. hierzu 2).

Die Struktur der Tastsinnesorgane kann sehr unterschiedlich sein, wie Abb. 204.1 zeigt. In den verschiedenen Teilen der Haut stehen diese Sinnesorgane unterschiedlich dicht. Beim Menschen sind sie an den Fingerspitzen am dichtesten. Deshalb können dort feine Strukturen am besten ertastet werden. Am spärlichsten sind sie auf dem Rücken.

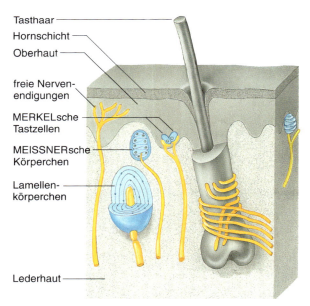

Abb. 204.1: Tastsinnesorgane und freie Nervenendigungen der Haut. Die MERKELschen Tastzellen reagieren phasisch-tonisch. Die Nervenfasern der Tasthaare reagieren auf deren Auslenkung meist phasisch; ebenso die MEISSNERschen Körperchen. Die Lamellenkörperchen (Vater-Pacinische Körperchen) reagieren phasisch, aber mit äußerst kurzer Abfallszeit der Erregung. Freie Nervenendigungen in der Oberhaut reagieren phasisch-tonisch auf Druck- oder auf Schmerzreize. Als freie Nervenendigungen bezeichnet man die Dendriten von Sinnesnervenzellen, sofern sie von keinen erkennbaren Zusatzstrukturen umgeben sind.

4.2 Schmerzsinn

Sicheres über das Schmerzempfinden ist nur vom Menschen bekannt. Aus dem Verhalten von Wirbeltieren kann man allerdings vermuten, dass auch sie Schmerzen ähnlich wie wir fühlen. Schmerzunempfindlich sind wahrscheinlich die Insekten und viele andere wirbellose Tiere.

Schmerzreize werden von freien Nervenendigungen aufgenommen (Abb. 204.1). Sie sind in großer Zahl in der Haut, in der Muskulatur, in Gelenken und in den Häuten des Körperinneren (Bauchfell, Brustfell, Knochenhäute) vorhanden. Unempfindlich sind Lunge und Gehirn, nicht aber die Hirnhäute. Die Schmerzendigungen reagieren meist auf unterschiedliche Arten von Reizen (mechanische, chemische, Hitze), haben aber für alle Reizarten eine ziemlich hohe Schwelle. Im gesunden Gewebe spricht auch bei starken Reizen nur ein Teil der Schmerzendigungen an. Bei Entzündungen führen die dabei entstehenden Stoffe (z. B. Histamine und Prostaglandine) zu einer Senkung der Reizschwelle der Schmerzendigungen, sodass jetzt schon schwache Reize ein starkes Feuern aller Schmerzendigungen hervorrufen. Deshalb dämpfen Medikamente, die die Prostaglandin-Synthese hemmen (z. B. Aspirin) die Schmerzempfindung.

Die Axone der Schmerzendigungen ziehen zum Rückenmark und werden dort auf Interneurone verschaltet, deren Axone zum Gehirn führen. Wie stark der Einfluss der Schmerz-Axone auf diese Interneurone ist, wird vom Gehirn kontrolliert. Bei dieser Kontrolle spielen unter anderem Endorphine und Enkephaline eine Rolle (s. 1.8).

4.3 Raumlagesinn

Die Schwerkraft unterscheidet sich von anderen Reizen dadurch, dass Stärke und Richtung konstant sind. Somit ist die Erdschwere eine ideale Bezugsgröße, auf die Organismen ihre Lage im Raum beziehen können. Deshalb spielt die Bestimmung der Winkel, welche die Körperachsen mit dem Schwerelot bilden, besonders bei Tieren, die häufig labile Körperhaltungen einnehmen, eine große Rolle (s. 5.2.2 Kleinhirn).

Schweresinnesorgane sind meistens als *Statocysten* ausgebildet. Ein schwerer Körper *(Statolith)* liegt einem Polster von Sinneszellen auf. Die Schweresinnesorgane der Wirbeltiere liegen in einem mit Flüssigkeit gefüllten Hohlraum, welcher sich durch eine Einschnürung in ein oberes Bläschen *(Utriculus)* und ein unteres Bläschen *(Sacculus)* teilt (s. Abb. 205.1 und 206.1). Am oberen Bläschen entspringen drei halbkreisförmige, in das Bläschen zurücklaufende Kanäle *(Bogengänge)*. Von

Weitere Sinne 205

dem unteren Bläschen zweigt bei Amphibien, Reptilien, Vögeln und Säugern das Hörorgan ab. Das Bogengangsystem hat schon GALEN, ein griechischer Arzt (2. Jh. n. Chr.), als *Labyrinth* bezeichnet.

Im oberen und unteren Bläschen befindet sich je ein Schweresinnesorgan. Jedes trägt am Boden ein Polster von Sinneszellen. Dabei handelt es sich, wie bei allen Sinneszellen des Labyrinths, um *Haarsinneszellen*. Sie tragen eine größere Zahl von „Härchen". Eines davon ist wie eine typische Geißel gebaut (Kinocilie). Es steht seitlich an der Zelle. Die anderen „Härchen" sind einfacher gebaut (Stereocilien). Haarsinneszellen sind sekundäre Sinneszellen (s. 2). Abbiegen der Cilien in Richtung zum Kinocilium hin erregt (depolarisiert) sie, Abbiegen in die andere Richtung hemmt (hyperpolarisiert) sie.

Die Haarsinneszelle schüttet im unerregten Zustand kontinuierlich Transmitter aus. Deshalb zeigt die ableitende Nervenfaser im ungereizten Zustand eine spontane Entladungsfrequenz. Depolarisation erhöht und Hyperpolarisation vermindert die Transmitterausschüttung und verändert entsprechend die Entladungsfrequenz in der ableitenden Nervenfaser (Abb. 205.1 c).

Die Cilien der Haarsinneszellen tauchen in eine Gallerte ein, in der zahlreiche winzige Kalkkörperchen (Durchmesser 2–5 μm) liegen. Diese Gallertmasse wirkt als Statolith. Die Statolithenmasse lässt sich nur parallel zur Oberfläche des Sinnesepithels bewegen. Dabei werden die Sinneshaare abgebogen. Je stärker also die Schräglage des Sinnesepithels ist, desto größer sind Erregung oder, bei Schräglage in die andere Richtung, Hemmung der Sinneszellen.

4.4 Drehsinn

Jedes der beiden Labyrinthe eines Wirbeltieres enthält Drehsinnesorgane. Sie bestehen aus den drei mit Flüssigkeit gefüllten Bogengängen. Diese liegen in drei zueinander senkrechten Ebenen. Jeder Bogengang hat nahe der Einmündung in das obere Bläschen eine Anschwellung. Ihr Boden ist mit Haarsinneszellen besetzt, deren Sinneshaare in eine Gallertzunge *(Cupula)* eingebettet sind, welche in die Erweiterung hineinragt (s. Abb. 205.2). Dreht man beispielsweise den Kopf nach rechts, dann bleibt die Flüssigkeit in den waagrechten Bogengängen infolge ihrer Trägheit in Ruhe, während die Wand der Bogengänge mitsamt der Gallertzunge bewegt wird. Die Flüssigkeit bewegt sich also relativ zur Wand und biegt die Gallertzunge ab. Dies reizt die Sinneszellen.

Eine bekannte Sinnestäuschung ist der *Drehschwindel*. Bei dauerndem Drehen in gleicher Richtung macht schließlich auch die Flüssigkeit in den Bogengängen diese Bewegung mit und strömt infolge ihrer Trägheit weiter, wenn die Körperbewegung plötzlich aufhört. Dadurch wird die Cupula in Richtung der strömenden Flüssigkeit abgebogen, was das Gefühl entgegengerichteter Drehbewegung auslöst.

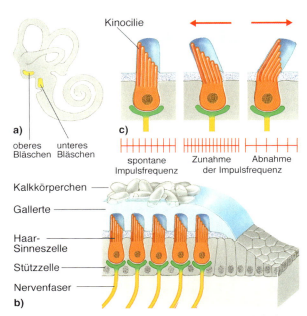

Abb. 205.1: Schweresinnesorgan im oberen und unteren Bläschen. **a)** Lage; **b)** Bau; **c)** Reaktion der Sinneszellen

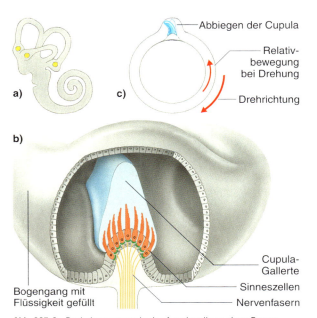

Abb. 205.2: Drehsinnesorgan in der Anschwellung eines Bogengangs. **a)** Lage; **b)** Bau; **c)** Beeinflussung durch Drehung

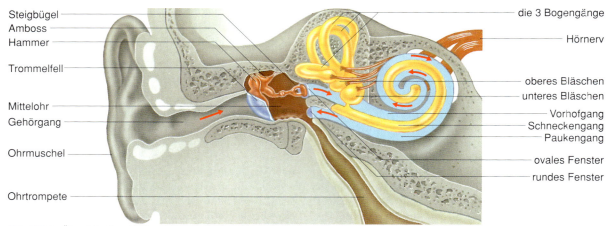

Abb. 206.1: Übersicht über den Bau des menschlichen Ohrs (die Ohrmuschel ist im Verhältnis zu klein gezeichnet)

4.5 Gehörsinn

Das **menschliche Ohr** hat drei Abschnitte:
1. das *äußere Ohr* mit Ohrmuschel, Gehörgang und Trommelfell;
2. das mit Luft gefüllte *Mittelohr* (Paukenhöhle), welches durch die Brücke der Gehörknöchelchen den Schall zum Hörorgan weiterleitet; und
3. das flüssigkeitsgefüllte *Innenohr* mit der Schnecke, dem eigentlichen Hörorgan.

Eine Verbindung zwischen der Paukenhöhle und der Mundhöhle, die Ohrtrompete oder *Eustachische Röhre*, sorgt für Druckausgleich und verhindert dadurch eine Beschädigung des Trommelfells infolge eines starken einseitigen Drucks. Drei miteinander verbundene *Gehörknöchelchen*, Hammer, Amboss und Steigbügel, übertragen die Trommelfellschwingungen auf das *ovale Fenster* des Innenohres. Sie bilden einen Hebelapparat, der die verhältnismäßig großen, aber mit geringer Kraft geführten Ausschläge des Trommelfells in kleinere, aber kräftigere Ausschläge verwandelt (etwa 20fache Untersetzung). Dies ist notwendig, weil im Innenohr nicht Luft, sondern eine schwer verschiebbare Flüssigkeit bewegt werden muss.

Das innere Ohr ist in einen spiralig gewundenen Knochengang des Felsenbeins, die 2½ Umgänge umfassende *knöcherne Schnecke*, eingelagert (siehe Abb. 206.3). Zwei fensterartige, durch Häute verschlossene Durchbrechungen des Knochens, das *ovale* und das *runde Fenster*, verbinden die Schnecke mit dem Mittelohr. In der knöchernen Schnecke ist die häutige Schnecke als zartes Gebilde aufgehängt. Die häutige Schnecke ist seitlich an der Wand der knöchernen Schnecke befestigt, lässt aber oben und unten je einen mit Flüssigkeit gefüllten Raum frei. Die Windungen der knöchernen Schnecke sind also in drei Räume geteilt (s. Abb. 206.2): den *Vorhofgang* oben, der über den Vorhof an das ovale Fenster grenzt, den mittleren,

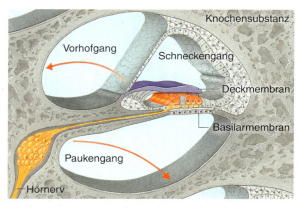

Abb. 206.2: Querschnitt durch einen Umgang der knöchernen Schnecke. Sinneszellen rot. Pfeile = Richtung der Schallwellen

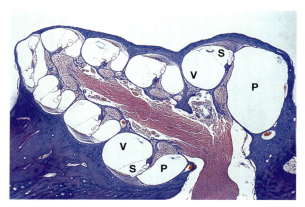

Abb. 206.3: Schnitt durch die Schnecke eines Säugetiers (15 fach). **P** Paukengang, **S** Schneckengang, **V** Vorhofgang

von der häutigen Schnecke gebildeten *Schneckengang* und den *Paukengang* unten, der zum runden Fenster führt. Der Schneckengang endet blind vor der Spitze der knöchernen Schnecke. Vorhof- und Paukengang gehen dort ineinander über.

Der Boden des Schneckengangs wird von der rund 33 mm langen *Basilarmembran* gebildet. Sie wird in Richtung der Schneckenspitze immer breiter. Auf ihr sitzen Haarsinneszellen. Über den Sinneszellen liegt eine diese berührende *Deckmembran*. Der adäquate Reiz besteht in einer Abbiegung der Sinneshaare durch eine Bewegung der Deckmembran relativ zur Basilarmembran (s. auch Abb. 206.2). Verschieden hohe Töne bringen unterschiedliche Bezirke der Basilarmembran zum Schwingen. Hohe Töne werden in der Nähe des ovalen Fensters (am schmalen Teil der Basilarmembran), tiefe an der Spitze der Schnecke (am breiten Teil der Basilarmembran) registriert.

Die untere Hörgrenze liegt beim Menschen bei 20 Hz (Hertz), die obere zwischen 15 und 20 kHz (1 Kilohertz = 1000 Schwingungen pro Sekunde). Beim Hund liegt die obere Grenze zwischen 30 und 50 kHz. Der Hund nimmt also auch Töne wahr, die für den Menschen unhörbar sind (Hundepfeife!). Die obere Hörgrenze der Fledermäuse (175 kHz) und der Delphine (200 kHz) ist noch wesentlich höher.

Außer dem Hören dient das Ohr auch zur *Orientierung im Schallraum*. Ein von links kommender Schall erreicht zuerst das linke und dann das rechte Ohr. Dieser geringe Zeitunterschied genügt, um die Richtung der Schallquelle festzustellen. Wahrscheinlich spielen dabei auch die Unterschiede der Schallintensität in beiden Ohren eine Rolle. Zum Richtungshören sind daher beide Ohren notwendig.

4.6 Chemische Sinne

4.6.1 Geschmackssinn

Beim Menschen liegen die Geschmackssinnesorgane auf der Zunge und im Innern der Mundhöhle. Die Geschmackssinneszellen sind sekundäre Sinneszellen. 4 bis 20 solcher Schmeckzellen liegen zusammen in einer *Geschmacksknospe*. Die Geschmacksknospen ihrerseits liegen seitlich oder an der Spitze von *Schmeckpapillen* (Abb. 207.1). Eine Geschmacksknospe enthält neben Sinneszellen noch Stützzellen und Basalzellen (Abb. 207.1 b). Die Sinneszellen ragen in einen mit Flüssigkeit gefüllten Raum hinein. Ihre Oberfläche ist an dieser Stelle durch die Ausbildung von Mikrovilli stark vergrößert. Der mit Flüssigkeit gefüllte Raum im Innern der Geschmacksknospe steht durch eine Öffnung mit der Mundhöhle in Verbindung.

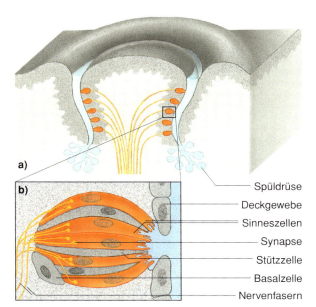

Abb. 207.1: a) Schmeckpapille der menschlichen Zunge. Seitlich liegen Geschmacksknospen, die mit Dendriten von Nervenzellen in Kontakt stehen. **b)** Einzelne Geschmacksknospe (schematisch). Von den ca. 50 in die Geschmacksknospe eintretenden Fortsätzen von Nervenzellen sind nur drei mit ihren Verzweigungen eingezeichnet.

Ein erwachsener Mensch besitzt etwa 2000 Geschmacksknospen. Bei älteren Menschen und starken Rauchern ist die Anzahl der Geschmacksknospen stark vermindert.

Der Mensch kann vier Arten von Geschmacksreizen *(Geschmacksqualitäten)* unterscheiden: salzig, sauer, süß und bitter. Die Wahrnehmung der Geschmacksqualitäten ist nicht gleichmäßig über die Zunge verteilt. Die Geschmacksstoffe werden an Rezeptormoleküle in der Membran der Sinneszelle gebunden. Diese sind entweder direkt mit Ionenkanälen verbunden oder sie beeinflussen Ionenkanäle über eine Signalkette *(s. Stoffwechsel 1.6)*.

In eine Geschmacksknospe treten etwa 50 Nervenfasern ein und verzweigen sich in ihr. Jede Nervenfaser nimmt mit ihrer Dendritenregion Kontakt mit mehreren Sinneszellen auf. Jede Schmeckzelle hat ihrerseits Kontakt mit den Dendriten von bis zu zwölf Nervenfasern. Eine einzelne Geschmackssinneszelle hat nur eine Lebensdauer von wenigen Tagen. Sie wird durch eine nachrückende Zelle ersetzt; diese ist Abkömmling einer Basalzelle. Dabei müssen die synaptischen Verknüpfungen mit der alten Schmeckzelle gelöst und mit der neuen hergestellt werden.

Die Beurteilung des „Geschmacks" von Speisen beruht nicht nur auf Meldungen der Geschmackssinneszellen, sondern auch auf dem Geruchssinn, dem Temperatur-, Tast- und gegebenenfalls dem Schmerzsinn.

4.6.2 Geruchssinn

In der Nasenhöhle des Menschen liegt als besonders gestaltete Region die mit Geruchssinneszellen ausgestattete *Riechschleimhaut*. Sie ist beim Menschen etwa 5 cm² groß, bei Säugetieren mit sehr ausgeprägtem Geruchsvermögen nimmt sie einen wesentlich größeren Raum ein. Die Riechschleimhaut (s. Abb. 208.1) besteht aus dreierlei Zellen: den Sinneszellen, den Stützzellen und den Basalzellen. Die (primären) Sinneszellen enden in einem mit feinen Härchen (olfaktorische Cilien) besetzten Sinneskolben, der über die Oberfläche des Epithels hinaus in die Schleimschicht hineinragt. Die Axone der Geruchssinneszellen bilden den Riechnerv, der zum Vorderhirn zieht. Weil Riechsinneszellen schnell adaptieren, nehmen wir selbst starke Gerüche nach einiger Zeit kaum noch wahr.

Beim Menschen liegt die *Wahrnehmungsschwelle* für Geruchsreize je nach Duftstoff zwischen 10^7 und 10^{17} Molekülen pro cm³ Reizluft. An dieser absoluten Schwelle ist jedoch meist keine Identifizierung des Duftes möglich, man hat nur eine unbestimmte Duftempfindung. Erst bei stärkerer Konzentration einer Substanz wird deren charakteristischer Geruch wahrnehmbar und eine qualitativ eindeutige Empfindung hervorgerufen: Die *Erkennungsschwelle* ist erreicht. Für manche Gerüche ist die menschliche Nase außerordentlich empfindlich. Beispielsweise erfüllt schon 1 mg des nach Fäkalien riechenden Skatols eine ganze Fabrikhalle von 250 000 m³ Rauminhalt mit einem für Menschen widerlichen Gestank. Hunde besitzen ein noch wesentlich feineres Riechvermögen; zur Auslösung einer Geruchswahrnehmung genügt ein Molekül eines Duftstoffes pro mm³ Luft.

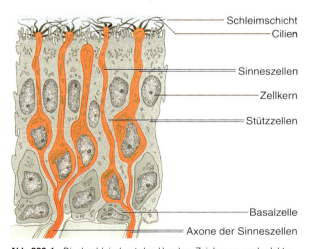

Abb. 208.1: Riechschleimhaut des Hundes. Zeichnung nach elektronenmikroskopischen Aufnahmen. Die mittlere der fünf Sinneszellen ist noch nicht vollständig differenziert.

4.7 Erfahrbare Umwelt

In der Ausrüstung der Tiere mit Sinnen und in der Leistung der Sinnesorgane bestehen große Unterschiede. Auch die höchstentwickelten Lebewesen erfassen nur einen Teil der Erscheinungen in ihrer Umgebung. Der Mensch nimmt Schallwellen nur zwischen 20 und 20 000 Hz wahr. Tiere können ganz andere Bereiche wahrnehmen. So reicht die obere Hörgrenze bei Hunden oder Fledermäusen bis weit in den Ultraschallbereich. Elefanten und einige Wale hören noch unterhalb 20 Hz (Infraschall) und verständigen sich auch in diesem für uns unhörbaren Frequenzbereich.

Der Sehbereich des Menschen ist auf die Wellenlängen zwischen rund 400 und 700 nm beschränkt. Viele Insekten sehen dagegen noch ultraviolettes Licht. Für sie hat z. B. eine Blüte eventuell eine völlig andere Farbe als für uns.

Unterscheidung von „warm" und „kalt" ist beim Menschen nur innerhalb eines sehr engen Temperaturbereichs möglich. Sein Geruchssinn ist im Vergleich mit den guten „Riechern" unter den Tieren ausgesprochen schlecht entwickelt. Vieles erreicht unser Bewusstsein schon deshalb nicht, weil wir dafür keine Aufnahmeorgane haben.

Aber selbst der eingeschränkte Informationsfluss wird im Gehirn noch weiter verarbeitet und dabei auch gefiltert. Was uns zum Bewusstsein kommt, ist vor allem das Ergebnis dieser Verarbeitungs- und Filtervorgänge und nicht ein direktes Abbild der Wirklichkeit.

Bei manchen Tieren finden wir Sinne, die dem Menschen fehlen. So haben die *Grubenottern* (zu denen die Klapperschlange gehört) am Kopf grubenartige Sinnesorgane, mit denen sie *Wärmestrahlen „sehen"* können. Die Organe reagieren empfindlich auf Temperaturunterschiede in der Umgebung. Die Tiere sind damit in der Lage, warmblütige Beutetiere zu orten. *Elektrische Fische* können nicht nur elektrische Stromstöße aussenden (und damit ein elektrisches Feld erzeugen), sondern auch Änderungen des elektrischen Feldes (wie sie z. B. von Beutetieren oder Hindernissen erzeugt werden) wahrnehmen. Manche Insekten und Zugvögel können sich am *Magnetfeld* der Erde orientieren.

Wegen der unterschiedlichen Leistungsfähigkeit von Sinnen und Gehirn sind die „Vorstellungen", welche die Lebewesen von ihrer Umgebung haben, sehr verschieden. Der Mensch lebt vorwiegend in einer farbigen Sehwelt, der Hund in einer Riechwelt, die Fledermaus in einer Hörwelt, die Spinne in einer Tastwelt.

Der Mensch hat es jedoch verstanden, den Wahrnehmungsbereich durch die Entwicklung „technischer Sinnesorgane" gewaltig zu erweitern und bisher Unsichtbares sichtbar, Unhörbares hörbar zu machen.

5 Nervensystem

Das Nervensystem verarbeitet die von den Sinnesorganen kommenden Informationen und kontrolliert die Tätigkeit der Muskeln und Drüsen. Es besteht bei höheren Tieren aus Milliarden von Nervenzellen.

Bei höher organisierten Tieren unterscheidet man ein *zentrales Nervensystem* (ZNS) von einem *peripheren Nervensystem*. Das Zentralnervensystem besteht aus größeren Ganglien und den Verbindungen zwischen ihnen. *Ganglien* (Sing. Ganglion) enthalten die Zellkörper der Nervenzellen. Das periphere Nervensystem umfasst die Gesamtheit aller Nerven, welche die Verbindung des ZNS mit der Peripherie des Körpers herstellen, sowie eine Anzahl kleinerer Ganglien, die vor allem die inneren Organe innervieren (mit Nerven versorgen).

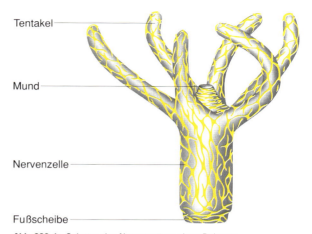

Abb. 209.1: Schema des Nervennetzes eines Polypen

5.1 Nervensysteme von Tiergruppen

Wirbellose. Das einfachste Nervensystem ist das der Hohltiere. Beim Süßwasserpolypen liegen in der Stützschicht viele Nervenzellen *(Abb. 37.1)*. Sie sind über den ganzen Körper verteilt und durch Fortsätze miteinander sowie mit Sinneszellen und Muskelzellen im Ektoderm verbunden (Abb. 209.1).

Das *Strickleiternervensystem* der Gliedertiere enthält in jedem Körpersegment auf der Bauchseite ein Ganglienpaar. Die beiden Ganglien eines Segmentes werden durch eine Kommissur (Querverbindung) verbunden. Die Konnektive (Längsverbindung) verknüpfen die Ganglien der benachbarten Segmente.

Bei den *Gliederfüßlern* ist das Strickleiternervensystem vor allem im Bereich der Brust und des Kopfes konzentriert. Bei den Insekten (Abb. 209.2) sind mehrere Ganglienpaare über dem Schlund miteinander verschmolzen und bilden das Gehirn. Die Entwicklung des Gehirns steht im Zusammenhang mit der Bildung leistungsfähiger Sinnesorgane des Kopfes.

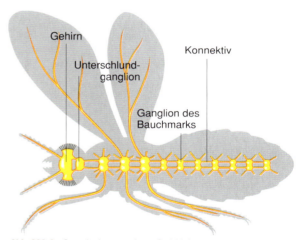

Abb. 209.2: Grundschema des Strickleiternervensystems eines Insekts. Bei den meisten Arten sind Gruppen von Ganglien verschmolzen.

Wirbeltiere. Bei diesen liegt das Zentralnervensystem (Gehirn- und Rückenmark) auf der Rückenseite des Körpers. Es entsteht auf der Oberseite des Keimes aus einer rinnenförmigen Einsenkung des Ektoderms, die sich abschnürt und zu einem röhrenförmigen Gebilde *(Neuralrohr)* zusammenschließt *(s. Entwicklungsbiologie 2.1.1 und 2.1.3)*. Aus dem hinteren Ende entsteht das Rückenmark, an seinem vorderen Ende das Gehirn (s. Abb. 209.3). Letzteres entwickelt sich aus fünf bläschenförmigen Erweiterungen des Neuralrohres, sodass in allen Wirbeltiergehirnen von vorn nach hinten die fünf Abschnitte *Vorderhirn, Zwischenhirn, Mittelhirn, Hinterhirn* und *Nachhirn* zu unterscheiden sind.

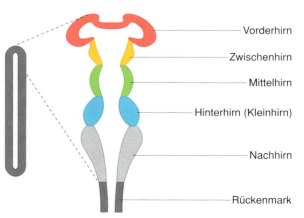

Abb. 209.3: Umbildung des Neuralrohrs (links) zum Gehirn

210 Neurobiologie

5.2 Nervensystem des Menschen

5.2.1 Rückenmark

Es liegt im Wirbelkanal der Wirbelsäule, den es als fingerdicker Strang vom Hinterhauptsloch bis zum ersten Lendenwirbel durchzieht. Die *graue Substanz* (sie enthält die Zellkörper) liegt im Innern. Sie ist von *weißer Substanz* umgeben (enthält nur Axone und sieht wegen der Myelinscheiden weiß aus, Abb. 210.1 und 2). Zwischen je zwei Wirbeln entspringt beiderseits ein Rückenmarksnerv mit einer *vorderen* und *hinteren Wurzel* aus der grauen Substanz (Abb. 210.1), insgesamt 31 Paare. Die vordere, an der Bauchseite austretende Wurzel enthält *motorische (efferente) Axone,* die hintere *sensorische (afferente) Axone.* Die Zellkörper der motorischen Axone liegen im vorderen Teil der grauen Substanz, die der sensorischen Axone im Spinalganglion, einer Anschwellung der hinteren Wurzel. Die beiden Wurzeln vereinigen sich zu einem gemischten Nerv. Jeder dieser Nerven stellt die Verbindung zu einem gesonderten Körperbezirk her. Die Rückenmarksnerven verzweigen sich unmittelbar nach ihrem Austritt aus der Wirbelsäule in dünnere Nerven.

Das Rückenmark leitet Meldungen von allen außerhalb des Kopfes liegenden Sinnesorganen an das Gehirn und motorische Befehle des Gehirns an die Muskeln. Werden solche Verbindungen durch eine Rückenmarksverletzung unterbrochen, dann ist für den Körperbereich, mit dem die durchtrennten Nerven in Verbindung stehen, das Gefühl völlig ausgeschaltet. Auch sind willkürliche Bewegungen nicht mehr möglich *(Querschnittslähmung).* Das Rückenmark kann einfache Bewegungen selbständig steuern, z. B. rhythmische Schwimmbewegungen bei Fischen (s. 5.2.3 und **Verhalten** 2.2).

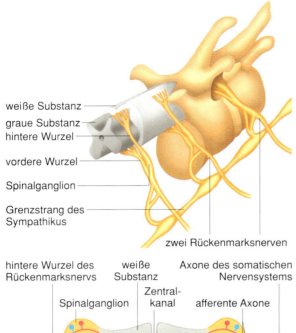

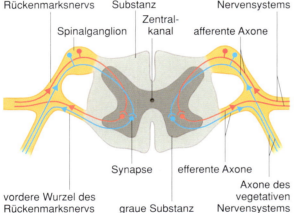

Abb. 210.1: Oben: Bau des menschlichen Rückenmarks mit Rückenmarksnerven, weiße Substanz z. T. weggelassen. Unten: Querschnitt durch Rückenmark und Rückenmarksnerven, schematisch

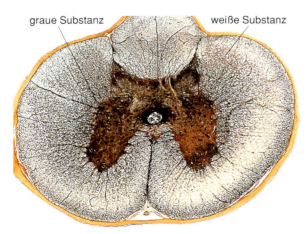

Abb. 210.2: Rückenmark der Katze quer, Rückenmarkshaut, Vergr. 8fach

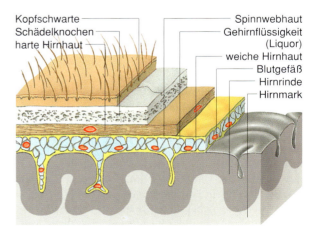

Abb. 210.3: Hirnhäute (Mensch)

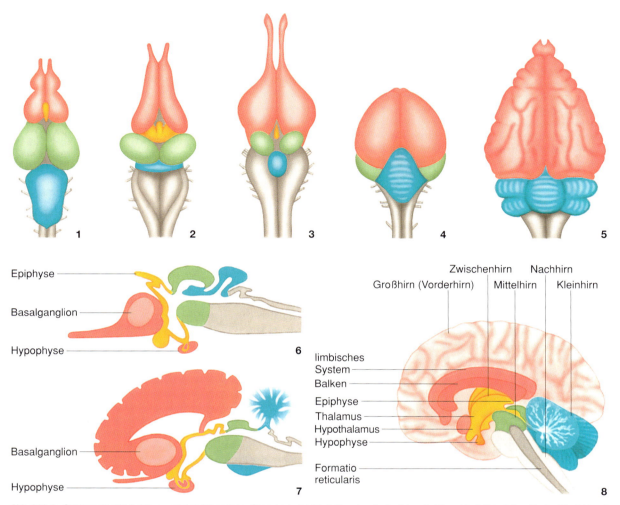

Abb. 211.1: Gehirne der Wirbeltiere und des Menschen. Oben in Aufsicht: **1** Knochenfisch; **2** Lurch (Frosch); **3** Kriechtier (Krokodil); **4** Vogel (Taube); **5** Säuger (Hund). Unten im Längsschnitt: **6** Knochenfisch; **7** Hund; **8** Mensch. Hypophyse relativ zu groß gezeichnet (hat beim Menschen Kirschkerngröße). Großhirn (Vorderhirn) rot, Zwischenhirn gelb, Mittelhirn grün, Kleinhirn blau, Nachhirn grau

5.2.2 Gehirn

Hirnhäute. Das gesamte Gehirn wird von schützenden Hüllen umgeben (Abb. 210.3): Unmittelbar auf dem Gehirn liegt die *weiche Hirnhaut*. Sie umschließt mit der transparenten *Spinnwebhaut* ein zartes Gewebe, das Gehirnflüssigkeit enthält. Die Spinnwebhaut liegt der *harten Hirnhaut* an, zwischen beiden ist ein Film von Gewebeflüssigkeit. An die harte Hirnhaut grenzt der Schädelknochen.

Vorderhirn oder Großhirn. Es besteht aus zwei Hälften, der *linken* und der *rechten Großhirnhemisphäre*. Diese bilden den größten Teil des Gehirns. Bei höheren Säugern ist die Oberfläche des Großhirns (Großhirnrinde) stark gefurcht, beim Menschen sind sogar zwei Drittel davon in den Furchen verborgen. Dies liegt an der großen Zahl von Neuronen der Rinde. Wie alle Abschnitte des ZNS besteht auch das Vorderhirn aus grauer und weißer Substanz. Die graue Substanz enthält die Zellkörper. In der weißen Substanz im Innern des Großhirns verlaufen Axone, welche die einzelnen Teile des Großhirns miteinander und mit anderen Teilen des Nervensystems verbinden. Die starke Verbindungsbahn zwischen den beiden Großhirnhemisphären bezeichnet man als *Balken*. Graue Substanz findet man in der Großhirnrinde sowie im inneren, basalen Bereich (Basalganglien, Hippocampus, Mandelkern). Die Basalganglien spielen eine wichtige Rolle bei der Steuerung der Körperbewegungen. Der Hippocampus liegt an der Innenseite des Schläfenlappens (Abb. 212.1), er ist an der Gedächtnisspeicherung be-

212 Neurobiologie

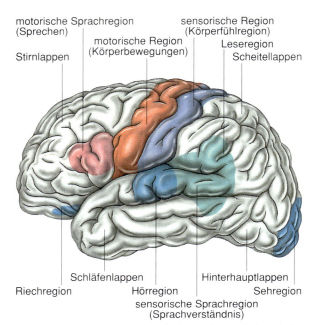

Abb. 212.1: Die wichtigsten sensorischen und motorischen Regionen der Großhirnrinde des Menschen

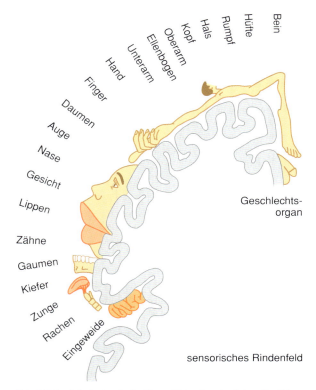

Abb. 212.2: Schnitt durch die Körperfühlregion der linken Großhirnhälfte. Körperteile, von denen Informationen eingehen, sind entsprechend der Größe der zugehörigen Gehirnteile eingezeichnet. Es entsteht ein verzerrtes Bild von Körperteilen des Menschen.

teiligt. Der Mandelkern, ein Teil des limbischen Systems, beeinflusst Gefühle und koordiniert u. a. die Aktivitäten von vegetativem Nervensystem (s. 5.2.3) und Hormonsystem.

Hippocampus und Mandelkern (s. Abb. 216.2) sind Teile des *limbischen Systems* (*limbus* lat. = Saum), zu dem eine Menge weiterer, funktionell ähnlicher Neurone an der Basis des Gehirns gehört. Das limbische System säumt den Hirnstamm (s. u.) in einem ununterbrochenen Band. Es ist an der Steuerung der Organe beteiligt, die vom vegetativen Nervensystem innerviert werden, auch beeinflusst es die Hormonproduktion der Hypophyse sowie das Lernen, die Gedächtnisspeicherung und die emotionale Tönung des Verhaltens. Außerdem verarbeitet das Großhirn Informationen aus Sinnesorganen und löst Bewegungen aus. Dies erfolgt in sensorischen bzw. motorischen Regionen. Eine der *sensorischen Regionen* ist die Sehrinde, welche die Informationen aus den Augen aufnimmt. Teile ihrer Funktion wurden unter 3.10 besprochen. Fällt diese sensorische Region durch Verletzung aus, ist Erblindung die Folge, auch bei gesunden Augen (Rindenblindheit). Die *motorischen Regionen* steuern z. B. die willkürlichen (dem Willen unterworfenen) Bewegungen der Skelettmuskeln. Sie übermitteln ihre Erregung an Nervenzellen des Rückenmarks. Dies geschieht über absteigende Nervenbahnen (s. auch 6.3).

Die sensorischen und motorischen Regionen der rechten Körperseite liegen in der linken Hemisphäre (Abb. 212.2); die der rechten Hemisphäre sind für die linke Körperseite zuständig. Sie nehmen bei niederen Säugern einen Großteil der Großhirnrinde ein. Mit zunehmender Höherentwicklung wird ihr Anteil daran immer geringer, und zwar zugunsten der Assoziationsregionen. Zu den Aufgaben der *Assoziationsregionen* gehört es, Meldungen aus Sinnesorganen miteinander und mit Informationen aus anderen Gehirnteilen zu verknüpfen („zu assoziieren"). Das ist aber sicher nur ein kleiner Teil ihrer Aufgabe. Sie sind nämlich verantwortlich für alle „höheren" Leistungen des Gehirns (s. 5.2.4 bis 5.2.7).

Die einzelnen Regionen gehen ineinander über. So entspringen die Fasern der absteigenden motorischen Nervenbahnen zwar besonders dicht in der in Abb. 212.1 als „motorische Region" bezeichneten Stelle, vereinzelt aber auch in den dahinter liegenden sensorischen Regionen und in den davor liegenden Assoziationsregionen. Der Name einer Region bezeichnet also die Leistung, die sie hauptsächlich vollbringt.

Zwischenhirn. Es umfasst den *Thalamus* und den *Hypothalamus*. Der Thalamus ist bei Säugern die Hauptumschaltstelle zwischen den Sinnesorganen und dem Großhirn. Der Hypothalamus ist das Steuerzentrum für das vegetative Nervensystem (s. 5.2.3). Ihm ist das limbische System übergeordnet. An der Unterseite des Zwischenhirns liegt die *Hypophyse* (Hirnanhangsdrüse), an der Oberseite die *Epiphyse* (Zirbeldrüse).

Der *Hypothalamus,* der beim Menschen kaum 1% des Gehirns ausmacht, dient der Konstanthaltung (Homöostase) der inneren Bedingungen des Organismus. Er stimmt die Tätigkeit des vegetativen Nervensystems sowie auch von Teilen des Zentralnervensystems und des Hormonsystems aufeinander ab.

Vom Hypothalamus werden u.a. geregelt: die Körpertemperatur, der Wasserhaushalt des Gewebes (bei zu niedrigem Wassergehalt veranlasst der Hypothalamus die Hypophyse zur Abgabe eines Hormons, das die Wasserabgabe durch die Nieren verringert), die Nahrungs- und Flüssigkeitsaufnahme (die Zerstörung der entsprechenden Zentren führt zu hemmungsloser Fressgier bzw. zu geringer Flüssigkeitsaufnahme), der Sexualtrieb (bei der Ausschaltung des Zentrums ist der Geschlechtstrieb nahezu aufgehoben). Der Hypothalamus schickt nicht nur Nervenimpulse an die Organe, sondern gibt auch Hormone ins Blut ab, welche auf die Hypophyse einwirken *(s. Hormone 1.4)*. Der Hypothalamus ist die Schaltstelle zwischen Nervensystem und Hormonsystem.

Mittelhirn. Es ist bei niederen Wirbeltieren die Hauptumschaltstelle zwischen den Sinnesorganen und der Muskulatur. Bei Säugetieren hat es in dieser Hinsicht nur eine untergeordnete Bedeutung.

Mittelhirn, Verlängertes Mark und die zwischen diesen beiden Gehirnteilen liegende Brücke bilden den *Hirnstamm* (auch als Stammhirn bezeichnet). Nervenzellen der Brücke vermitteln den Informationsaustausch zwischen Großhirn und Kleinhirn über die Planung und die Ausführung von Bewegungen. Im Stammhirn liegt auch ein dichtes Netz von Neuronen, die u.a. die Bewusstseinslage steuern *(s. 5.2.6)*. Es heißt *Formatio reticularis* (vom lat. *reticulum* = Netzchen).

Kleinhirn. Dieser Teil des Gehirns ist am Entwerfen und an der Überwachung von Bewegungsabläufen beteiligt *(s. 6.3)*. Seine Aufgaben lassen sich vereinfacht folgendermaßen gliedern:

(1) Wird es vom Großhirn über den Plan für eine Körperbewegung informiert, legt es daraufhin die konkrete Abfolge von Muskelkontraktionen fest, und zwar teilweise dadurch, dass ein bereits gespeichertes Bewegungsprogramm aktiviert wird (z.B. für Radfahren, Skifahren, Schwimmen). Schließlich veranlasst es die motorischen Regionen des Großhirns, die Bewegung auszulösen. Bei bestimmten Verletzungen des Kleinhirns, bei denen die Funktion des Entwerfens von Bewegungsabläufen ausfällt, haben die Betroffenen Schwierigkeiten, Bewegungen zu starten und Teilbewegungen koordiniert ineinander übergehen zu lassen.

(2) Hat ein Bewegungsablauf begonnen, so prüft das Kleinhirn laufend, ob dieser auch mit dem Entwurf übereinstimmt. Das gilt etwa für die Feinabstimmung in der Endphase einer langsamen Greifbewegung. Dafür nutzt das Kleinhirn Informationen über die Lage der sich bewegenden Gliedmaßen z.B. aus den Augen, Muskelspindeln oder Tastsinnesorganen. Das Kleinhirn bewirkt somit die Genauigkeit einer Zielbewegung. Ist diese Funktion bei Kleinhirnverletzten gestört, so schießen solche Bewegungen über ihr Ziel hinaus oder geraten zu kurz, die Hand kann um den Gegenstand pendeln, den sie ergreifen will.

(3) Viele Bewegungsfolgen sind so schnell, dass die Zeit für eine Korrektur nicht ausreicht (z.B. Hochsprung im Leistungssport, Klavier spielen, Kontraktionen der Kehlkopfmuskulatur beim Sprechen). Die rasche und koordinierte Aufeinanderfolge derartiger Muskelaktivitäten muss deshalb vorher trainiert werden (motorisches Lernen; s. 5.2.5 und *Verhalten 3.4*). Dies ist ohne Mitwirkung des Kleinhirns nicht möglich.

(4) Weiterhin ist das Kleinhirn an der Aufrechterhaltung der Körperstellung und des Körpergleichgewichts im Schwerefeld der Erde beteiligt. Zu diesem Zweck erhält es Informationen v.a. aus den Schwere- und Drehsinnesorganen des Labyrinths. Bei einem Ausfall dieser Funktion neigen die Betroffenen dazu, hinzufallen oder torkelnd zu gehen, sie leiden außerdem an Übelkeit und Schwindelgefühlen. Bei Tiergruppen, die sich im dreidimensionalen Raum bewegen und dabei oft wenig standfeste Körperhaltungen einnehmen (Fische, Vögel, Säuger), ist das Kleinhirn relativ groß (Abb. 211.1). Dagegen ist es verhältnismäßig klein bei Lurchen und Kriechtieren, deren Körper normalerweise in stabilem Gleichgewicht auf den Beinen ruht. Das Kleinhirn steuert Bewegungsabläufe nur indirekt *(s. 6.3)*. Deshalb führt sein Ausfall nicht zu Lähmungen, sondern allein zu einer Störung der Bewegungskoordination bzw. des Gleichgewichtes.

Nachhirn oder Verlängertes Mark. Es verbindet Rückenmark und Mittelhirn. Von hier entspringen mehrere Nerven, welche die Kopfregion motorisch und sensorisch innervieren. Das Nachhirn steuert viele lebenswichtige Reflexe (Kauen, Speichelfluss, Schlucken, Erbrechen, Husten, Niesen, Tränenfluss). Hier liegt auch das Kreislaufzentrum, das den Blutdruck und die Herzfrequenz regelt. Außerdem enthält es das Atmungszentrum. Von diesem wird der Grundrhythmus des Ein- und Ausatmens vorgegeben, der allerdings durch andere Teile des Gehirns beeinflusst werden kann (z.B. beim Sprechen, Singen).

5.2.3 Steuerung vegetativer Funktionen

Das *vegetative Nervensystem* steuert die inneren Organe, indem es deren Funktionen an den jeweiligen Bedarf des Organismus angleicht. So schlägt das Herz eines fliehenden Tieres oder eines Dauerläufers relativ schnell, die Atemfrequenz ist erhöht. Dagegen sind die Darmbewegungen verlangsamt und die Ausscheidung ist blockiert. Die Aktivitäten des vegetativen Nervensystems und des *somatischen Nervensystems,* das die Skelettmuskeln steuert, sind also aufeinander abgestimmt. Die Koordination erfolgt durch den Hypothalamus im Zwischenhirn.

Wie beim somatischen Nervensystem kann man auch beim vegetativen einen peripheren und einen zentralen Anteil unterscheiden. Zum peripheren vegetativen Nervensystem zählen der Sympathicus, der Parasympathicus und das Darmnervensystem. *Sympathicus* und *Parasympathicus* bilden Nerven mit efferenten, vom ZNS zu den inneren Organen ziehenden Axonen. Über afferente Axone erhält das ZNS Informationen aus den Eingeweiden. Das *Darmnervensystem* enthält zahlreiche Nervenzellen, etwa so viele wie das Rückenmark (10^8). Es steuert die Funktionen des Magen-Darm-Traktes (einschließlich Speiseröhre), vor allem dessen Bewegungen, die dem Transport und der Vermengung seines Inhaltes dienen. Das Darmnervensystem wird von Sympathicus und Parasympathicus beeinflusst, z. B. bei der Nahrungsaufnahme und Hormonabgabe.

Die sympathischen und parasympathischen Neurone des Rückenmarks (erste Neurone) senden ihre Axone nicht direkt zu den Zielorganen, sondern stehen in synaptischem Kontakt mit einer weiteren Nervenzelle in der Peripherie. Erst die Axone dieser zweiten Neurone enden an dem zugehörigen Organ. Die Zellkörper der zweiten Neurone des Sympathicus befinden sich in Ganglien, von denen die meisten paarig zu beiden Seiten der Wirbelsäule liegen (Grenzstrang des Sympathicus). Die zweiten Neurone des Parasympathicus findet man in Ganglien nahe dem Zielorgan.

Der Überträgerstoff der ersten Neurone von Sympathicus und Parasympathicus ist Acetylcholin. Dagegen bilden die zweiten Neurone des Sympathicus Noradrenalin, die des Parasympathicus ebenfalls Acetylcholin. An vielen inneren Organen enden sowohl sympathische als auch parasympathische Nerven. Die beiden Systeme haben dann nicht selten eine entgegengesetzte Wirkung (Tab. 215.3, Abb. 215.1).

Eine Sonderrolle spielt das Nebennierenmark *(s. Hormone 1.2).* Diese Hormondrüse besteht aus umgewandelten (zweiten) sympathischen Neuronen, die bei Erregung Adrenalin und Noradrenalin ins Blut abgeben. Adrenalin ist ähnlich gebaut wie Noradrenalin und wirkt gleichartig (s. Tab. 215.3; Sympathicus).

▶ Für Noradrenalin und Adrenalin existieren auf der postsynaptischen Seite zwei verschiedene Arten von Rezeptormolekülen (α- und β-Rezeptoren). In einem Organ ist in aller Regel nur ein Typ von Rezeptormolekülen vorhanden. Manche Pharmaka blockieren selektiv die α- oder die β-Rezeptoren (so genannte α- und β-Blocker). So kann die Wirkung des Sympathicus auf bestimmte Organe (z. B. Steigerung der Herztätigkeit) gehemmt werden, ohne dass andere Organe dadurch beeinträchtigt werden. Nebenwirkungen sind aber dennoch meist unvermeidlich. Manche β-Blocker werden eingesetzt, um einen zu hohen Blutdruck zu senken. Sie vermindern die Herzfrequenz und die Schlagintensität des Herzens. Bei Menschen, die unter *Asthma bronchiale* leiden, bewirken β-Blocker eine weitere Verkleinerung des krankhaft engen Durchmessers der Bronchien, denn die glatten Muskelfasern der Bronchien besitzen ebenfalls β-Rezeptoren. Werden diese durch Noradrenalin aktiviert, so erschlaffen die Muskelfasern und die Bronchien erweitern sich. β-Blocker hemmen die Erschlaffung der glatten Muskelzellen, sodass sich der Durchmesser der Bronchien weiter verkleinert. ◀

Zum vegetativen Nervensystem gehören auch Teile der Großhirnrinde, des limbischen Systems, des Stammhirns (insbesondere der Hypothalamus) und des Rückenmarks. So ist der Hypothalamus an der Kontrolle von Verhaltensweisen beteiligt (s. 5.2.2). Dazu gehört das Abwehr- und das Fluchtverhalten (Aktivierung des Sympathicus), weiterhin die Nahrungsaufnahme (Aktivierung des Parasympathicus). In diesen Fällen gibt die Hypophyse, die dem Hypothalamus untergeordnet ist, zusätzlich spezielle Hormone ins Blut ab, durch die der Stoffwechsel der jeweiligen Verhaltenssituation angepasst wird. Stets ist zur Ausführung solcher Verhaltensweisen auch die Kontraktion von Skelettmuskeln erforderlich (s. Abb. 215.2). Der Hypothalamus ist dem limbischen System untergeordnet. Im limbischen System erhalten Sinneseindrücke eine affektive (gefühlsmäßige) Tönung. Löst das Verzehren einer bestimmten Speise beispielsweise eine Ekelreaktion aus, so wirkt daran das limbische System mit; auch trägt es dazu bei, dass man später eine solche Speise vermeidet (s. 5.2.4).

Die Großhirnrinde löst über den Hypothalamus physiologische Erwartungsreaktionen aus. So steigen Herzfrequenz und Blutdruck bereits kurz vor Beginn einer schweren körperlichen Anstrengung. Vom Rückenmark werden über Parasympathicus und Sympathicus z. B. die Darmentleerung und die Urinabgabe gesteuert. Nach dem Kleinkindalter werden diese Funktionen von höheren Zentren im Gehirn mit kontrolliert, ihre Auslösung unterliegt dann dem Willen.

Nervensystem

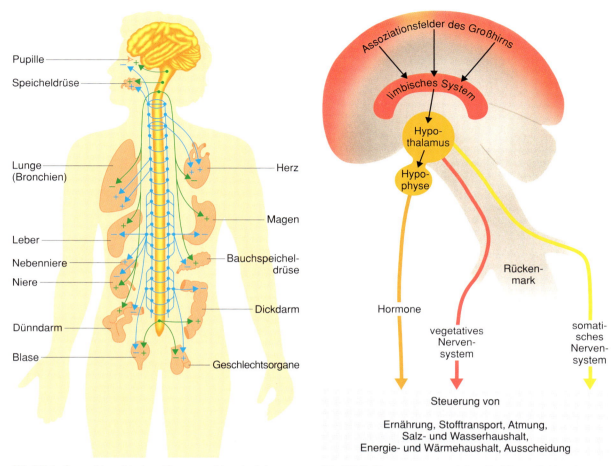

Abb. 215.1: Sympathicus (blau) und Parasympathicus (grün).
+ fördernde, – hemmende Wirkung (Näheres s. Tab. 215.3)

Abb. 215.2: Steuerung von vegetativen Funktionen, Gehirnschema nicht maßstabsgerecht

Organ	Wirkung des Sympathicus	Wirkung des Parasympathicus
Auge	Erweiterung der Pupille	Verengung der Pupille Sekretion von Tränenflüssigkeit Nahakkommodation
Schweißdrüsen	Ausscheidung	
Herz	Erhöhung der Schlagfrequenz Erhöhung der Kontraktionskraft	Erniedrigung der Schlagfrequenz Erniedrigung der Kontraktionskraft
Blutgefäße	Verengung	Erweiterung
Speicheldrüsen	Ausscheidung zähflüssigen Speichels	Ausscheidung dünnflüssigen Speichels
Magen, Darm	Abnahme der peristaltischen Bewegungen Kontraktion der Schließmuskeln	Zunahme der peristaltischen Bewegungen Erschlaffung der Schließmuskeln
Leber	Glykogenabbau Erweiterung der Gallengänge	Glykogenaufbau Verengung der Gallengänge
Lunge	Erweiterung der Bronchien	Verengung der Bronchien
Blase	Erschlaffung der Wandmuskulatur Kontraktion des Schließmuskels	Kontraktion der Wandmuskulatur Erschlaffung des Schließmuskels

Tab. 215.3: Wirkung von Sympathicus und Parasympathicus auf verschiedene Organe

5.2.4 Emotion und Motivation

Unsere Wahrnehmungen und Handlungen können von Freude, Traurigkeit, Furcht, Feindseligkeit, Überraschung, Ekel und anderen Gefühlen begleitet sein. *Gefühle (Emotionen)* werden individuell entweder als angenehm oder unangenehm bzw. als erregend oder hemmend erfahren. Sie sind allerdings nicht nur durch subjektives Erleben gekennzeichnet, sondern treten meistens zusammen mit *physiologischen Reaktionen* auf, die vom vegetativen Nervensystem oder auch vom Hormonsystem gesteuert werden (z. B. Feuchtwerden der Hände, Trockenwerden des Mundes, Beschleunigung der Atmung, Erhöhung der Herzschlagfrequenz oder sogar Harnabgang und Durchfall bei Furcht). Außerdem sind sie oft von *motorischen Aktionen* begleitet (gesteuert vom somatischen Nervensystem; s. Gesichtsausdrücke bei Furcht und bei Freude, mit der Faust auf den Tisch schlagen bei Wut). Emotionen können bestimmte Verhaltensweisen begünstigen oder hemmen (z. B. Angriff oder Flucht). Auch dienen die motorischen Aktionen dazu, andere über die eigene innere Verfassung zu informieren. Wie die Steuerung der Fortbewegung erfolgt auch die Verarbeitung der Emotionen durch mehrere Gehirnteile.

Die drei Merkmale menschlicher Emotionen werden verschiedenartig analysiert. Das *subjektive Erleben* ist nur durch Selbstbeobachtung (Introspektion) zu erfassen. Die *Vorgänge in den inneren Organen* werden mit Hilfe physiologischer Methoden untersucht. Und die *motorischen Aktionen*, von denen ein Gefühl meistens begleitet ist, werden mit Mitteln der Physiologie bzw. durch Verhaltensbeobachtung analysiert. Die neuronale Basis von subjektivem Erleben kann nur am Menschen untersucht werden, der sich sprachlich äußern kann. Entsprechende physiologische und motorische Aktionen findet man in ähnlicher Form auch bei Tieren. Deren neurobiologische Grundlagen wurden von HESS schon in den vierziger Jahren des 20. Jahrhunderts untersucht. Er reizte den Hypothalamus von Katzen elektrisch und löste damit Aktivitäten des vegetativen und des somatischen Nervensystems aus; die Reaktionen der Versuchstiere entsprachen denen bei „Wut" bzw. aggressivem Verhalten: Erhöhung des Blutdrucks, Pupillenverengung, Aufwölben des Rückens („Katzenbuckel"), Aufrichten der Haare und Aufstellen des Schwanzes. Die Frage, ob Tiere ebenfalls ein emotionales Erleben haben, lässt sich anhand derartiger Untersuchungen allerdings nicht beantworten. In der Folgezeit stellte sich heraus, dass der Hypothalamus bei der Auslösung der beschriebenen Reaktionen über Nervenverbindungen auch mit dem Großhirn in Verbindung steht. Auf die Beteiligung des limbischen Systems (Abb. 211.1: 8) weisen Untersuchungen am Menschen hin: Bei bestimmten Gehirnoperationen wird zunächst das Gebiet, in dem der Eingriff stattfinden soll, mit einer sehr feinen Elektrode gereizt, um an den Reaktionen der Patienten zu erkennen, wo sich die Instrumente genau befinden. Da das Gehirn keine Schmerzrezeptoren besitzt, erfolgt dies ohne Narkose und die Betroffenen können Auskunft über auftretende Gefühle geben. Stimuliert man nun Bereiche des Mandelkerns, so können dabei Furcht oder auch eine Vielfalt anderer Gefühle ausgelöst werden.

Nachrichten über Umweltreize, z. B. das Bellen einer Dogge in nächster Nähe, erreichen nicht nur die zugehörigen sensorischen Regionen der Großhirnrinde, sondern parallel dazu auch den Mandelkern über den Thalamus (Abb. 216.1). Über diese (schnelle) Verbindung vom Ohr wird der Mandelkern (unbewusst) innerhalb von weniger als 100 ms aktiviert. Das bewusste Erleben von Furcht ist vermutlich an die erst nach ca. 300 ms erfolgende Aktivierung von bestimmten Großhirnarealen geknüpft.

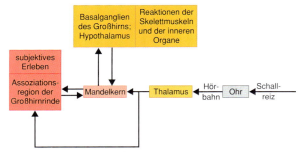

Abb. 216.1: Entstehung emotionaler Reaktionen nach einem Furcht erregenden Reiz, z. B. Bellen eines Hundes in nächster Nähe (s. Text)

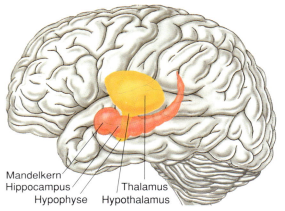

Abb. 216.2: Lage von Mandelkern, Thalamus, Hypothalamus sowie von Hippocampus im Gehirn (s. Text)

Der Mandelkern kann über den Hypothalamus auch die Tätigkeiten der inneren Organe modifizieren (z. B. Beschleunigung des Herzschlags) sowie über die Basalganglien des Großhirns die Mimik (schreckhafter Gesichtsausdruck) und die Körperhaltung beeinflussen. Das Erlebnis wird unter Beteiligung des Hippocampus im Gedächtnis verankert.

Emotionen wirken sich auf unser Handeln aus. Wie aber kommt es zur Auslösung und Beendigung von Handlungen? Um darauf eine Antwort zu geben, bedient sich die Wissenschaft der hypothetischen Vorstellung von *Motivationszuständen (Trieben)*. Hunger, Durst und Paarungsbereitschaft sind Beispiele für Motivationszustände.

In der Psychologie werden angeborene Motivationszustände (Triebe) und erworbene (z. B. Leistungsbereitschaft) unterschieden. Im Unterschied zu den angeborenen führt die Befriedigung der erworbenen Motivationszustände nicht zu einer Sättigung. Als Ursachen für die Ausdauer bei der Aufgabenbearbeitung (Leistungsbereitschaft) tritt sowohl Hoffnung auf Erfolg als auch Furcht vor Misserfolg auf. Diese sind bei verschiedenen Individuen unterschiedlich stark ausgeprägt, und zwar aufgrund bisheriger Erfahrungen in Leistungssituationen. So sind bei primär erfolgsorientierten Schülern Erfolgserlebnisse auf der Basis eigener Leistung eine wichtige Voraussetzung ausdauernden Lernens, die gleiche Rolle spielt bei primär misserfolgsorientierten das Vermeiden von Fehlschlägen.

5.2.5 Lernen und Gedächtnis

Unter Lernen beim Menschen verstehen wir den Erwerb neuen Wissens (z. B. englische Vokabeln, Gesichter) oder neuer Fertigkeiten (z. B. Rad fahren, Anwendung grammatikalischer oder mathematischer Regeln). Als Gedächtnis bezeichnet man die Fähigkeit, das Wissen bzw. die Fertigkeiten zu speichern und bei Bedarf abzurufen; man unterscheidet demnach *Wissensgedächtnis* und *Verhaltensgedächtnis*. Wie wichtig diese Prozesse der Informationsverarbeitung für ein geordnetes Leben sind, zeigt die völlige Orientierungslosigkeit alter Menschen, die an der Alzheimer Krankheit leiden. Sie verlaufen sich in ihrer eigenen Wohnung, finden nicht mehr nach Hause oder erkennen sogar ihre eigenen Kinder nicht mehr.

Das **Wissensgedächtnis (deklaratives Gedächtnis)** besteht aus mehreren Komponenten, die jeweils an bestimmte Teile des Gehirns gebunden sind. Das zeigte erstmals der Krankheitsverlauf des Amerikaners Henry M.: Dieser hatte mehr als zehn Jahre lang an so schweren epileptischen Anfällen gelitten, dass er kein normales Leben mehr führen konnte. Da Medikamente nicht halfen, entfernte man ihm 1953 im Alter von 27 Jahren beidseitig einen Teil des Schläfenlappens des Gehirns (dieser befindet sich in Höhe der Ohren und Schläfen). Dadurch wurde H. M. zwar von den Anfällen befreit, der Eingriff führte jedoch zu einem spezifischen Gedächtnisverlust.

H. M. kann nur solches Wissen aus dem Gedächtnis abrufen, das er vor der Operation aufgenommen hat. Alle Informationen, die er danach erhalten hat, kann er nicht längerfristig speichern. So erkennt er niemanden wieder, dem er nach der Operation erstmals begegnet ist, selbst wenn er ihn täglich trifft. Über den gleichen Witz kann er jeden Tag neu lachen. Er sagt von sich selbst: „Jeder Augenblick erscheint mir klar, aber was ereignet sich unmittelbar davor? Es ist so, als erwachte man soeben aus einem Traum. Ich bin einfach nicht in der Lage, mich zu erinnern."

Beim Wissensgedächtnis unterscheidet man mindestens zwei Teile, das *Kurzzeitgedächtnis* (Speicherdauer: Sekunden bis wenige Minuten) und das *Langzeitgedächtnis* (Tage bis Jahrzehnte). H. M. besitzt ein intaktes Kurzzeitgedächtnis, ist aber nicht fähig, Informationen von dort ins Langzeitgedächtnis zu übertragen. Diese Funktion erfordert offenbar einen Teil des Schläfenlappens (Hippocampus und Gebiete in dessen unmittelbarer Umgebung, Abb. 216.2). Die dauerhafte Speicherung erfolgt schließlich in anderen Teilen des Gehirns, insbesondere in weiten Teilen der Großhirnrinde. Für das Kurzzeitgedächtnis ist nicht nur die kurze Speicherdauer, sondern auch die begrenzte Speicherkapazität kennzeichnend. So können im Kurzzeitgedächtnis nur fünf bis sieben Elemente gleichzeitig behalten werden. Dabei kann es sich sowohl um Einzelelemente handeln (z. B. Ziffern, Buchstaben) als auch um zusammengesetzte Elemente („chunks") wie z. B. Zahlen, Wörter oder Reime. Die Übertragung sprachlicher Informationen ins Langzeitgedächtnis wird einerseits durch Wiederholung unterstützt (s. inneres Vorsagen einer Telefonnummer beim Einprägen; Vokabellernen). Wird das Wiederholen gestört *(Interferenz),* erfolgt normalerweise keine dauerhafte Speicherung. Andererseits wird diese durch „elaboriertes Memorieren" weiter gefördert. Dabei wird z. B. ein Satz nicht nur mechanisch wiederholt, sondern es wird auch versucht, seine Bedeutung zu erfassen, oder er wird mit bildhaften Vorstellungen und eigenen Erlebnissen in Beziehung gesetzt. Weiterhin dient die Reizung mehrerer Sinnesorgane beim Lernen (Lesen, lautes Vorsprechen, Schaubilder selbst entwickeln oder auch Modelle mit den eigenen Händen nachbauen) der besseren Langzeitspeicherung.

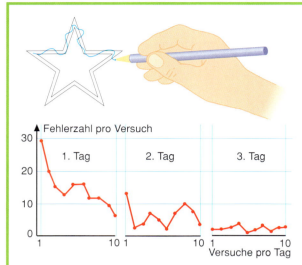

Abb. 218.1: Spiegelbildliches Nachzeichnen (prozedurales Lernen) durch H. M. Fehler: Abweichen von der Umrisslinie

Wenn die Wiedergabe auf ähnliche Weise erfolgt wie das Einspeichern, ist der Abruf aus dem Langzeitgedächtnis erleichtert. Vor einer mündlichen Prüfung ist es deshalb zweckmäßig, die Inhalte jemand anderem mündlich zu erklären, vor einer schriftlichen Prüfung ist es sinnvoll, wesentliche Gedankengänge schriftlich zu fixieren. Lässt man Versuchspersonen eine längere Geschichte lesen und danach diese nacherzählen, so erhält man keine wörtlichen Wiedergaben, sondern neu formulierte Texte. Bei der Bearbeitung der Geschichte spielen z. B. logische Schlüsse, subjektive Vermutungen oder frühere Erfahrungen eine wichtige Rolle. Wissen wird also sowohl bei der Einspeicherung als auch bei der Wiedergabe aus dem Langzeitgedächtnis aktiv rekonstruiert und nicht aus einem „Behälter" unverändert hervorgeholt.

Im Langzeitgedächtnis ist nicht nur sprachlich-begriffliches Wissen gespeichert, sondern auch bildhaftes Wissen und episodisches Wissen, das ist Wissen um die Situationen, in denen man gelernt hat. Begriffe sind abstrakt und unterscheiden sich daher von Bildern und Situationen. Diese verschiedenen Wissenstypen scheinen auf unterschiedliche Weise verarbeitet und gespeichert zu werden. Die Wiedergabe von Wissen aus dem Langzeitgedächtnis erfolgt erneut über das Kurzzeitgedächtnis, das deshalb auch als Arbeitsgedächtnis bezeichnet wird. Erst beim Übergang ins Kurzzeitgedächtnis werden Inhalte des Langzeitgedächtnisses bewusst. Eine wichtige Rolle für die Funktion des Arbeitsgedächtnisses spielt der Stirnlappen des Gehirns.

Verhaltensgedächtnis (prozedurales Gedächtnis). Henry M. ist zwar nicht mehr in der Lage, sprachliche Informationen über längere Zeit zu speichern, dennoch kann er bestimmte Fertigkeiten neu erwerben. Z. B. lernte er die Konturen eines fünfzackigen Sternes nachzuziehen, wobei er seine Hand nur im Spiegel betrachten konnte, die Bewegungen und Linien also seitenverkehrt sah. Dies gelang von Mal zu Mal besser, obwohl er den Lernfortschritt selbst nicht bemerkte und ihm die Aufgabe stets neu erschien (Abb. 218.1).

Beim *prozeduralen Lernen* stellt sich der Fortschritt nach und nach ein, und man kann nicht sagen, was den Erfolg ausmacht. Beispielsweise verbessert man beim Lernen des Radfahrens die Fertigkeit, die erforderlichen Ausgleichsbewegungen zu machen, schrittweise. Dies geschieht jedoch, ohne dass man angeben könnte, was sich genau ändert. Der Inhalt des prozeduralen Gedächtnisses ist dem Bewusstsein nicht zugänglich. Will man wissen, ob man eine bestimmte, schon lange nicht mehr ausgeübte Tätigkeit noch beherrscht, ist das Ausprobieren der einzige Weg, diese Frage zu beantworten. Das prozedurale Gedächtnis speichert nicht Fakten, Bilder oder Episoden, sondern codiert Bewegungsfolgen und enthält Regeln, z. B. der Satzbildung, des Argumentierens und des Rechnens, und es erfordert Übung. Während bei der Wiedergabe aus dem Wissensgedächtnis der Zusammenhang mit auftaucht, in dem das Gelernte steht, erfolgt die Aktivierung von Bewegungsfolgen und Regeln praktisch unabhängig von dem Kontext, in dem diese erworben wurden. Prozedurales Wissen wird sehr viel langsamer vergessen als deklaratives. Zum prozeduralen Lernen gehört auch die klassische und operante Konditionierung *(s. Verhalten 4.2)*. An der Speicherung des so Gelernten ist u. a. das Kleinhirn beteiligt.

5.2.6 Aufmerksamkeit, Bewusstsein, Wachheit und Schlaf

Grade der Aufmerksamkeit. Ein Mädchen und ein Junge fahren auf dem Radweg nebeneinander zur Schule und sind in ein Gespräch vertieft. Automatisch und ohne einen Gedanken darauf zu verschwenden treten sie in die Pedale, biegen um Kurven und halten einen kleinen Abstand. Völlig unerwartet fährt das Mädchen über einen Stein, und ihr gleitet beinahe der Lenker aus der Hand. Durch eine blitzschnelle Reaktion verhindert sie einen Sturz. Sie merkt, wie ihr der Schreck in die Glieder fährt. In diesem Augenblick nimmt sie keine Notiz von dem, was ihr Begleiter noch sagt, ihre volle Aufmerksamkeit gilt allein dem Fahrrad. Jetzt merkt auch der Junge, was passiert ist, auch er konzentriert sich ganz auf das Fahren und weicht aus, um einen Zusammenstoß zu verhindern. Die beiden jungen Leute schenkten dem Radfahren unterschiedliche Grade von Aufmerksamkeit. Lange Zeit war ihnen vermutlich überhaupt nicht oder nur äußerst schwach bewusst, dass sie fahren, dann drang die Tatsache, dass sie auf dem Fahrrad sitzen, urplötzlich in ihr Bewusstsein. Im ersten Fall spricht man in der Psychologie von *automatischer Aufmerksamkeit,* im zweiten von *kontrollierter Aufmerksamkeit.* Beide Formen der Aufmerksamkeit lassen sich nicht nur durch Selbstbeobachtung (Introspektion) auseinander halten, sie sind auch von unterschiedlichen Aktivitäten des Gehirns begleitet.

Bewusstsein ist an das Kurzzeitgedächtnis (s. 5.2.5) gebunden. Die Prozesse der Verarbeitung von Informationen aus Sinnesorganen laufen völlig unbewusst ab, bevor kontrollierte Aufmerksamkeit einsetzt. So führt das Überfahren des Steines bei dem Mädchen zunächst zur Reizung u. a. von Mechanorezeptoren der Haut, von Muskelspindeln und von Sinneszellen des Gleichgewichtsorgans. Das Gehirn vergleicht das Reizmuster mit passenden Reiz-Reaktions-Mustern, die im Gedächtnis gespeichert sind, und löst eine Reihe von Gegenbewegungen aus, deren Ablauf es ständig kontrolliert (s. 5.2.2; Kleinhirn). Dies alles geschieht ohne Beteiligung des Bewusstseins und willentlicher Steuerung. In gezielten Experimenten werden erst 250 ms nach einer entsprechenden Reizung von Sinneszellen diejenigen Gehirngebiete aktiv, die die bewusste (kontrollierte) Aufmerksamkeit, also die Funktion des Kurzzeitgedächtnisses, begleiten. Solange die eingehenden Informationen, die das Gehirn zur Steuerung des Radfahrens verwendet, weder eine Gefahr anzeigen noch irgendwie sonst ungewöhnlich sind, wird deren Verarbeitung überhaupt nicht oder kaum bewusst (automatische Aufmerksamkeit). Diese Art der Informationsverarbeitung überwiegt im Alltag. Ständig konkurrieren unterschiedliche Informationen aus verschiedenen Sinnesorganen um die Aufnahme ins Kurzzeitgedächtnis und damit um die bewusste Verarbeitung. Dies wird beim „Cocktail-Party-Phänomen" deutlich. Man ist umgeben von mehreren Gruppen von Menschen, die sich angeregt unterhalten. Gefragt, was man eben gehört hat, kann man nur das Gespräch wiedergeben, dem man seine (kontrollierte) Aufmerksamkeit geschenkt hat. Wird in einer Nachbargruppe der eigene Name erwähnt, schwenkt die Aufmerksamkeit sofort um. Daraus geht hervor, dass man das Gespräch dieser Gruppe zwar aufgenommen, aber bis dahin nicht bewusst verarbeitet hat. Diese Filterfunktion schreibt man einem hypothetischen System des Gehirns zu, das wie ein Flaschenhals wirkt und nur Informationen über besondere Reize

zum Bewusstsein kommen lässt, sei es, dass die Reizintensität hoch oder die Reizquelle von besonderer sozialer Bedeutung ist (limitiertes Kapazitätskontrollsystem; Limited Capacity Control System, LCCS). Diese Auswahl erfolgt unbewusst. Ob es sich beim LCCS um ein abgegrenztes Areal der Großhirnrinde handelt, ist offen.

Neurobiologische Vorgänge bei kontrollierter Aufmerksamkeit. Von der Kopfhaut der Schädeldecke lassen sich mit Elektroden Spannungsschwankungen ableiten, die man als Elektroencephalogramm (EEG) bezeichnet. Deren Frequenzen liegen zwischen 0 und 80 Hz, die Amplituden betragen 1–100 mV. Im EEG kommen vor allem erregende postsynaptische Potentiale (EPSP; s. 1.7) zum Ausdruck, die gemeinsam in unzähligen Synapsen an den ausgedehnten Dendritenbäumen von Neuronen der Großhirnrinde entstehen; Aktionspotentiale werden bei dieser Art Messung nicht erfasst. Abb. 220.1 zeigt das EEG eines wachen Menschen mit geschlossenen bzw. mit offenen Augen, also in Zuständen relativ niedriger bzw. verhältnismäßig hoher Aufmerksamkeit. Dabei ergibt sich ein deutlicher Unterschied in der Amplitude der Potentialschwankungen. Bei geschlossenen Augen treten so genannte α-Wellen, bei offenen Augen jedoch β-Wellen, die eine viel kleinere Amplitude haben, auf.

Wachheit. Kontrollierte Aufmerksamkeit ist nur im Zustand der Wachheit möglich, der maßgeblich unter Beteiligung der *Formatio reticularis* (Abb. 211.1: 8) zustande kommt. Dieses dichte Netz von Neuronen durchzieht – vom Rückenmark herkommend – das Nachhirn und das Mittelhirn, wo es seine größte Ausdehnung hat. Aus Teilen der Formatio reticularis fließt bei Wachheit ständig Erregung zum Thalamus, von dem die Großhirnrinde aktiviert wird. Sobald dieser erregende Zustrom aufhört, fällt der Organismus in Schlaf oder einen schlafähnlichen Zustand (Narkose, Bewusstlosigkeit). Die Formatio reticularis ist gegen Chemikalien besonders empfindlich, sodass die Bewusstseinslage über sie leicht zu beeinflussen ist. Die Weckamine (z. B. Pervitin) erhöhen ihre Aktivität, Schlafmittel (z. B. Barbiturate) setzen sie herab.

Schlaf und Traum. Schlaf ist im Gegensatz zur Bewusstlosigkeit ein lebensnotwendiger, endogen erzeugter Vorgang, bei dem sich die meisten Organe und Gewebe durch Aufbau- und Regenerationsvorgänge erholen. Durch EEG-Ableitung bei Beginn und während des Schlafes konnten unterschiedliche *Schlafstadien,* erkennbar an den verschiedenen Formen des EEG, ermittelt werden.

Der *gewöhnliche* oder *orthodoxe Schlaf* beginnt mit dem Einschlafstadium, ihm folgen verschiedene Schlafstadien zunehmender Schlaftiefe. Diese Stadien, außer dem Einschlafen, wiederholen sich periodisch während der Gesamtschlafzeit (Abb. 220.2). Die Perioden von 90 bis 120 Minuten Dauer beendet normalerweise ein Schlafstadium, das als *paradoxer Schlaf* bezeichnet wird, weil es nach der Hirnstromkurve ein Leichtschlafstadium sein müsste, tatsächlich jedoch ein Tiefschlaf ist. Begleitet wird der paradoxe Schlaf, der etwa 10 bis 60 Minuten dauern kann, von schnellen Bewegungen des Augapfels (rapid eye movements), weshalb er auch REM-Schlaf genannt wird. Er stellt die Traumphase im Schlafgeschehen dar. Entzug des REM-Schlafes über längere Zeit – und damit die Verhinderung des Träumens – führt zu Nervosität, Angstgefühlen, Denk- und Empfindungsstörungen bis hin zu halluzinatorischen Zuständen. Da Schlafmittel und übermäßiger Genuss von Alkohol den REM-Schlaf und damit das Träumen verkürzen, kann Missbrauch die seelische Gesundheit des Menschen stören.

5.2.7 Sprache

Menschen kommunizieren entweder nonverbal oder mit Hilfe der Sprache. Die Nachrichten, die durch Mimik, Gestik oder Körperhaltung ausgetauscht werden, haben stets eine konkrete Bedeutung, sind situationsgebunden und normalerweise emotional gefärbt (s. 5.2.4). Im Unterschied dazu können mit Hilfe der Sprache abstrakte und komplexe Informationen ausgetauscht werden. Dafür stehen im Gedächtnis sowohl ein „Lexikon" mit bis zu 120 000 Wörtern als auch eine Menge Regeln (Grammatik) zur Verfügung. Mit den Regeln werden Klänge zu Wörtern und diese zu Sätzen kombiniert. Beispiele für Klänge (Phoneme) sind „m" und „b", die z. B. die Wörter „Mutter" bzw. „Butter" einleiten und allein den Unterschied in der Bedeutung bewirken. Säuglinge unterscheiden und bilden eine Vielfalt solcher Klänge. Deren Bandbreite wird im Laufe der Entwicklung eingeschränkt, wenn bestimmte Phoneme in der Muttersprache nicht vorkommen. So können japanische Kleinkinder die Klänge „r" und „l" unterscheiden, die meisten erwachsenen Japaner dagegen nicht. Deutsche Kinder müssen im Englischunterricht das „th" neu erlernen, das sie als Babys schon mal beherrschten. Die Grammatik der Muttersprache eignen sich Kinder in den ersten Lebensjahren an. Deren Regeln werden im prozeduralen Gedächtnis gespeichert (s. 5.2.5). Beim Sprechen erinnert man sich laufend an sie, ohne dass einem dies bewusst würde. Gesprochene Sätze sind überdies emotional getönt, was insbesondere in der Stimmlage zum Ausdruck kommt (z. B. begütigende, bekräftigende, nervöse, jammernde, „tonlose" Stimme), aber auch durch Mimik, Gestik oder Körperhaltung unterstützt wird.

Obwohl wir das Sprechen als einheitlichen Vorgang erleben, laufen dabei im Gehirn doch viele unterschiedliche Vorgänge ab (Sprachproduktion, Sprachverstehen, weitere Bearbeitung des Gehörten), und

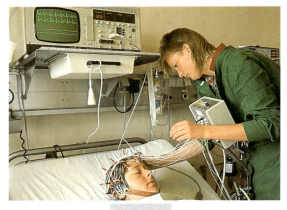

Abb. 220.1: EEG bei geschlossenen bzw. offenen Augen (s. Text)

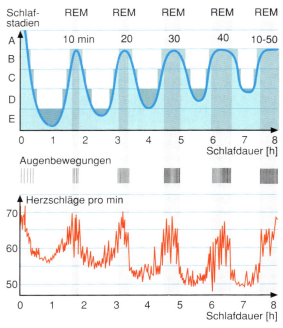

Abb. 220.2: Periodischer Wechsel der Schlafstadien in einer Nacht

zwar an verschiedenen Stellen. Wird ein entsprechendes Areal durch Verletzung zerstört, so kommt es zu einer typischen *Sprachstörung (Aphasie)*. Durch die Untersuchung der Gehirne von Sprachgestörten nach deren Tod konnte man diejenigen Gebiete lokalisieren, die an der Sprachproduktion und dem Sprachverstehen von Gesunden beteiligt sind.

Schon in den sechziger Jahren des vorigen Jahrhunderts beschrieb PIERRE PAUL BROCA Patienten, die Sprache zwar verstehen, aber kaum mehr sprechen konnten *(motorische Aphasie)*, obwohl weder Zunge noch Gaumenmuskeln oder Stimmbänder geschädigt waren. Die Autopsie hatte in allen Fällen ergeben, dass ein Gebiet am unteren Teil des Stirnlappens der linken Hemisphäre verletzt war (s. motorische Sprachregion Abb. 212.1). Solche als Läsionen bezeichneten Schädigungen kommen z. B. durch das Platzen von Gefäßen bei einem Schlaganfall zustande. Die Betroffenen reden kaum, nach Aufforderung sprechen sie mühsam und schwerfällig im Telegrammstil, und das ohne Nutzung grammatikalischer Formen („sehen gelb Blume" statt „Ich sehe eine gelbe Blume."). Die motorische Sprachregion steht mit der motorischen Region für Körperbewegung (Abb. 212.1) in enger räumlicher Verbindung, von der die Muskeln von Gesicht, Zunge, Gaumen und Kehlkopf gesteuert werden, welche beim Sprechen aktiv sind. Wenige Jahre später beschrieb CARL WERNICKE eine Form von Aphasie, bei der die Betroffenen zwar sprechen, aber kaum mehr verstehen, was sie hören, und kaum mehr die Bedeutung der eigenen Worte erfassen *(sensorische Aphasie)*. Bei ihnen war ein Gebiet im linken hinteren Schläfenlappen geschädigt (s. sensorische Sprachregion in Abb. 212.1). Sie sprechen viel und flüssig, jedoch oft grammatikalisch falsch und unverständlich („Ich kam hierher bevor hier und kehrte dorthin zurück" ist eine Antwort auf die Frage „Wo wohnen Sie?").

Die Sprachproduktion (einschließlich Schreiben) wird von der von BROCA entdeckten motorischen Sprachregion gesteuert. In der sensorischen Sprachregion nach WERNICKE werden die Codes der gehörten Wörter als Sprache erkannt und mit bestimmten Bedeutungen versehen. Die weitere Bearbeitung des Gehörten erfolgt unter Beteiligung anderer Gebiete der Großhirnrinde.

Mit Hilfe der **f**unktionellen **M**agne**t**resonanz**t**omographie (fMRT) können diejenigen Gebiete der Großhirnrinde bildlich dargestellt werden, die beim Sehen, Hören, Sprechen oder Erinnern einen erhöhten O_2-Verbrauch und deshalb eine Zunahme des Blutflusses zeigen. Im Gegensatz zum EEG hat die fMRT eine hohe räumliche Auflösung (d. h., Hirnareale lassen sich gut voneinander trennen), aber eine viel geringere zeitliche

Auflösung (d. h., die Aktivität muss eine Weile andauern, bis man sie erkennt). Während der Untersuchungen werden die Versuchspersonen in ein starkes Magnetfeld gebracht. Dadurch erzeugen Protonen (Kerne der Wasserstoffatome) im Gehirn ihrerseits ein gerichtetes Magnetfeld – der Kopf der Versuchsperson hat somit selbst magnetische Eigenschaften. Dieses „eigene" Magnetfeld kann gemessen werden; es ist innerhalb des Kopfes nicht überall gleich. Besonders stark ist das gemessene Signal in sauerstoffreichem Blut. Dieses wird verstärkt in die Hirnregionen transportiert, in denen viele Nervenzellen aktiv sind. Mit Hilfe eines Computers werden die Stellen mit den stärksten Signalen ermittelt und die Signalstärke in Farbwerte umgesetzt. Abb. 222.2 zeigt Gehirnaktivität während einfacher und komplexerer geistiger Tätigkeiten. Es zeigt sich, dass Sehen und Hören an unterschiedlichen Orten verarbeitet werden. Während beim Hören z. B. von Tönen ein kleines Gebiet im Schläfenlappen beider Hirnhälften (Hemisphären) aktiv ist, so ist es beim Sehen ein breites Areal, das sich über beide Seiten des Hinterhauptes erstreckt. Die Verarbeitung von Sprache aktiviert zusätzliche Gebiete der Großhirnrinde. Wird eine Versuchsperson aufgefordert, sich einzelne Sätze anzuhören, sind Teile des hinteren Schläfenlappens (WERNICKE-Region) sowie des Scheitellappens beider Hemisphären aktiv. Soll eine Versuchsperson aber beim Hören (und beim Lesen) einzelner Wörter über deren Bedeutung nachdenken, geht dies mit einer Aktivierung im Stirnlappen (BROCA-Region) zumeist in der linken Hirnhälfte einher. Die Fähigkeit, eine Muttersprache zu beherrschen, ist bei den meisten Menschen in Regionen der linken Hirnhälfte organisiert. Allerdings darf der Beitrag der rechten Hirnhälfte zum Sprachvermögen nicht unterschätzt werden. Mit zunehmender Komplexität der Anforderungen nimmt der Einfluss der rechten Hemisphäre beim Sprachverstehen zu. Eine Vorherrschaft der linken Hemisphäre bei sprachlichen Leistungen zeigt sich besonders deutlich an Patienten, bei denen die Verbindung zwischen den beiden Hemisphären operativ durchtrennt wurde („split brain"). Eine solche Operation wurde früher in Fällen sehr schwerer, unheilbarer Epilepsie durchgeführt. In einer natürlichen Umgebung verhalten sich die Operierten völlig normal. Die Tatsache, dass alle Informationen aus den rechten Netzhauthälften der Augen nur in die rechte Großhirnhälfte gelangen und alle Meldungen aus den linken Netzhauthälften nur in die linke Großhirnhälfte (Abb. 202.1), nutzte man zu folgendem Experiment (Abb. 222.1): Man bildete ein Wort (z. B. Apfel) nur auf den rechten Netzhauthälften der Versuchsperson ab und verlangte von ihr, den bezeichneten Gegenstand zu ertasten und anschließend zu be-

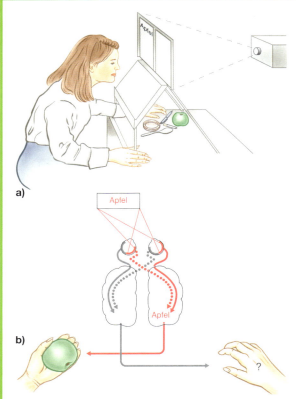

Abb. 222.1: Eine Split-Brain-Patientin fixiert einen Punkt zwischen zwei Projektionsflächen, sodass das Bild des Wortes Apfel in die rechten Netzhauthälften fällt. Experimente s. Text. Unten: Informationsübertragung (farbige Pfeile); gepunktete Pfeile: unterbrochene Verbindung

nennen. Die Versuchsperson war in der Lage, den Apfel mit der linken Hand aus mehreren Gegenständen herauszusuchen (nicht mit der rechten, denn diese wird von der linken Großhirnhälfte gesteuert). Sie konnte aber so lange nicht sagen, was sie in der Hand hielt, bis sie den Apfel vor die Augen halten durfte, wodurch sein Bild durch Bewegung der Augen abwechselnd auf die linke und rechte Netzhauthälfte fiel und so auch der linken Großhirnhälfte bekannt wurde. Wurden in die beiden Gesichtshälften die Bilder verschiedener Gegenstände projiziert, benannte die Versuchsperson nur den rechts gezeigten Gegenstand. Forderte man sie dann auf, den gesehenen Gegenstand mit der linken Hand aus einer Reihe von Gegenständen herauszusuchen, so griff sie immer nach dem links projizierten Objekt. Sollte sie schließlich den durch Tasten gefundenen Gegenstand benennen, wurde der Name des rechts gezeigten Objektes genannt. Weil die rechte Großhirnhälfte die emotionale Tönung des gesprochenen Wortes bewirkt, ist die Stimmlage der Patienten relativ tonlos und flach, und zwar unabhängig davon, ob die Betroffenen freudig erregt oder schwermütig sind. Im Übrigen zeigte sich die rechte Hemisphäre der linken bei sprachlichen Leistungen unterlegen. Sie scheint aber beim Erkennen von Formen, dem räumlichen Vorstellungsvermögen und dem Musikverständnis der linken Hälfte überlegen zu sein. So erledigten die Versuchspersonen die Aufgabe, farbige Holzklötze zu einem geeigneten Muster zusammenzustellen, mit der linken Hand erfolgreicher als mit der rechten (*„Sprache" bei Tieren s. Verhalten 5.1.3*).

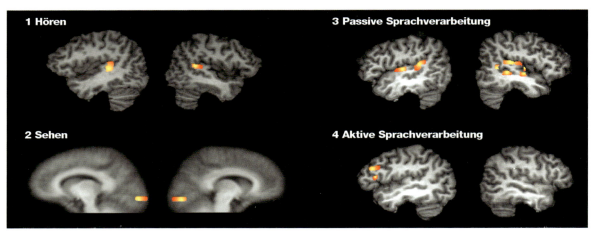

Abb. 222.2: Bestimmte Kortexregionen, die an der Erkennung und Verarbeitung geschriebener oder gesprochener Wörter beteiligt sind, lassen sich mit Hilfe der **f**unktionellen **M**agnet**r**esonanz**t**omographie (fMRT)-Technik identifizieren. Jedes der dargestellten Bilder zeigt eine Seitenansicht der linken (linkes Teilbild) und rechten Hemisphäre (rechtes Teilbild) des menschlichen Gehirns. **1** Das Hören eines Tones/Wortes ruft eine Antwort im Schläfenlappen hervor; **2** Das Sehen aktiviert ein anderes Areal im Hinterhaupt, das so genannte Sehzentrum; **3** Die passive Verarbeitung (Zuhören) von Sätzen zeigt neben der Aktivierung für Hören (siehe 1) eine zusätzliche Aktivierung des WERNICKE-Areals; **4** Die aktive Verarbeitung, wie z. B. das Analysieren der Bedeutung eines Wortes aktiviert den frontalen Kortex, hauptsächlich im BROCA-Areal der linken Hemisphäre (nach M. MEYER und B. OPITZ, MPI für neuropsychologische Forschung, Leipzig).

6 Entstehung von Bewegungen

6.1 Muskulatur

6.1.1 Bau der Muskeln

Die Bauelemente der Muskeln sind bei den Wirbeltieren entweder Muskelzellen oder Muskelfasern. *Muskelzellen* sind spindelförmige Zellen, deren Cytoplasma zu einem großen Teil aus Muskelfibrillen besteht und – wie jede normale Zelle – einen einzigen Kern enthält.

Die *Muskelfasern* enthalten zahlreiche Kerne, sind also ein vielkerniges Gebilde *(Syncytium)*. Sie besitzen mehr Fibrillen als die Muskelzellen. Während die Muskelzellen meist nur Bruchteile eines Millimeters lang sind, erreichen die Muskelfasern eine Länge von zehn und mehr Zentimetern. Sie sind zwischen zehn und 100 μm dick und durchziehen meist den ganzen Muskel.

Die *Fibrillen* treten sowohl in den Muskelzellen als auch in den Muskelfasern in zwei Ausbildungsformen auf. Entweder zeigen sie im Lichtmikroskop über ihre ganze Länge eine gleichmäßige Struktur, dann nennt man sie *glatt*, oder sie weisen eine regelmäßige Bänderung auf, dann heißen sie *quer gestreift* (Abb. 223.1). Die quer gestreifte Muskulatur arbeitet viel rascher als die glatte. Beim Menschen kommen glatte Muskelzellen in der Wand des Darmes und der Blutgefäße vor. Die *Muskulatur des Herzens* besteht aus quer gestreiften Muskelzellen. Die *Skelettmuskulatur* setzt sich aus quer gestreiften Muskelfasern zusammen.

Die Fibrillen der quer gestreiften Muskulatur bestehen aus gleichförmigen Bauteilen, den *Sarkomeren*. Ein Sarkomer wird durch zwei *Z-Scheiben* begrenzt (Abb. 224.1). Im elektronenmikroskopischen Bild kann man innerhalb der Sarkomere regelmäßig angeordnete Filamente erkennen: dünne *Actinfilamente* und dickere *Myosinfilamente*. Die Actinfilamente ragen von den Z-Scheiben her ins Innere des Sarkomers. Im mittleren Abschnitt liegen die Myosinfilamente. Sie überlappen an beiden Enden mit den Actinfilamenten. Im Kontraktionszustand ist die Überlappung deutlich stärker als bei Erschlaffung des Muskels, d.h., die Myosinfilamente schieben sich bei der Kontraktion tiefer zwischen die Actinfilamente hinein. Die Actinfilamente und die Myosinfilamente bilden ein *regelmäßiges Muster* (Abb. 224.1). Durch die regelmäßige Anordnung der Filamente und dadurch, dass einander entsprechende Abschnitte aller Fibrillen einer Faser auf gleicher Höhe liegen, entsteht der Eindruck der Querstreifung. In der glatten Muskulatur sind die Actin- und Myosinfilamente unregelmäßig angeordnet.

Jede Muskelfibrille eines Skelettmuskels setzt sich beiderseits in eine dünne *Sehnenfibrille* fort, sodass die Muskelfasern in *Sehnenfasern* auslaufen. Zahlreiche Muskelfasern sind durch eine Hülle aus Bindegewebe zu einem *Faserbündel* zusammengefasst. Viele Faserbündel bilden den *Muskel*. Er ist von der dehnbaren Muskelhaut umgeben. Die Sehnenfaserbündel vereinigen sich zur *Sehne*, welche den Muskel am Knochen befestigt. Mit jedem Muskel tritt ein Nerv in Verbindung. In ihm verlaufen motorische und sensorische Axone.

6.1.2 Funktion der quer gestreiften Muskelfasern

Quer gestreifte Muskelfasern oder auch ganze Muskeln kann man elektrisch reizen, indem man entweder zwei Elektroden in den Muskel einsticht oder im zugehörigen Nerv durch elektrische Reizung Aktionspotentiale auslöst. Ein einzelner elektrischer Reiz oder ein einzelnes Aktionspotential löst eine *Zuckung* aus, d.h., die Muskelfasern werden verkürzt und dabei dicker, erschlaffen jedoch gleich darauf wieder (Abb. 225.1).

Bei einer einzelnen Muskelfaser ist die Stärke einer Zuckung unabhängig von der Stärke des auslösenden Reizes, sofern dieser überhaupt ausreicht, die Faser zu erregen *(Alles-oder-Nichts-Gesetz)*. Bei einem ganzen Muskel ist dagegen die Stärke der Kontraktion von der Stärke des Reizes abhängig, weil mit steigender Reizintensität auch Muskelfasern erregt werden, die von

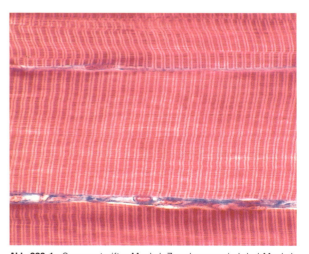

Abb. 223.1: Quer gestreifter Muskel. Zu erkennen sind drei Muskelfasern (Dicke 50–100 μm). Jede Muskelfaser ist aus einer Vielzahl von 1–2 μm dicken Muskelfibrillen (Myofibrillen) aufgebaut; sie sind im Bild nicht zu unterscheiden. Man sieht jedoch deutlich die senkrecht über die Fibrillen laufenden schmalen roten Streifen (Z-Scheiben) und zwischen je zwei von ihnen einen breiten dunkelroten Streifen, in dem die Myosinfilamente liegen (s. Abb. 224.1).

Neurobiologie

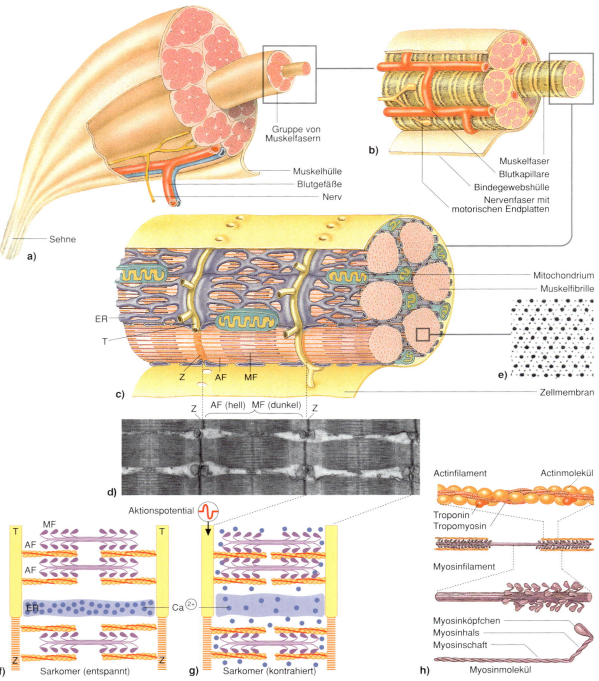

Abb. 224.1: Bau und Funktion eines quer gestreiften Muskels. **a)** Stück eines Muskels; **b)** Bündel von quer gestreiften Muskelfasern, wie sie sich im Lichtmikroskop darstellen; **c)** Ausschnitt aus einer Muskelfaser: Myofibrillen rot; zwischen den Muskelfibrillen liegen zwei Kanalnetze: das Endoplasmatische Retikulum (blau) sowie das T-System (gelb): AF Actinfilamente, MF Myosinfilamente, Z Z-Scheibe; **d)** Ausschnitt aus einer Muskelfibrille (Längsschnitt) mit hintereinander liegenden Sarkomeren (15 000fach); **e)** Querschnitt im Bereich der Überlappung von Actin- (dünn) und Myosinfilamenten (dick); 36 000fach; **f)** Sarkomer entspannt. Erreicht eine Erregung über das T-System (gelb) das Endoplasmatische Retikulum ER, so werden vom ER Calciumionen ausgeschüttet (blau). Diese binden an Troponin, worauf die Tropomyosinfäden in die Rinne zwischen den beiden Actinfilamenten gedrängt werden (siehe h). Die Myosinköpfchen binden an die Actinfilamente und verschieben sie zur Sarkomer-Mitte; **g)** Sarkomer kontrahiert; **h)** Feinbau eines Actinfilaments und eines Myosinfilaments. Ein Myosinmolekül ist getrennt herausgezeichnet.

den Elektroden weiter entfernt sind. Die Dauer der Zuckung ist bei den einzelnen Tierarten sehr verschieden. Sie kann mehrere Sekunden oder nur wenige Hundertstel Sekunden dauern.

Folgt auf den ersten Reiz ein zweiter so rasch, dass dem Muskel keine Zeit bleibt zu erschlaffen, führt dies zu einer Dauerverkürzung, die man als *Tetanus* bezeichnet. Für eine tetanische Muskelkontraktion genügen bei den Skelettmuskeln der Schildkröte schon 2 bis 3 Reize pro Sekunde, beim Frosch sind dazu 20 bis 30, beim Menschen mindestens 50 (bis zu 150) Reize in der Sekunde notwendig. Mit der Beendigung der Erregung erschlafft der tetanisch verkürzte Muskel wieder.

Ein Aktionspotential wird vom α-Motoneuron über die motorische Endplatte auf die Muskelfaser übertragen (s. 1.1 und 1.7). Von dort aus breitet es sich über die Oberfläche der Muskelfaser aus und dringt über fingerförmige Einstülpungen der Muskelfasermembran, das so genannte *T-System*, auch in das Innere der Faser vor.

6.1.3 Molekulare Grundlagen der Muskelkontraktion

Bei der Kontraktion gleiten die dünnen Actinfilamente zwischen die Myosinfilamente. Dabei verändert sich die Länge der Filamente nicht. Dieses Ineinandergleiten wird vom Myosinfilament verursacht.

Ein *Myosinfilament* besteht aus etwa 150 Myosinmolekülen. Jedes Molekül besitzt einen „Schaft", einen „Hals" und einen „Kopf". Die Schäfte sind chemisch fest aneinander gebunden und bilden das eigentliche Filament, aus dem, von den Hälsen getragen, die Myosinköpfe seitlich herausragen (Abb. 224.1).

Jedes *Actinfilament* ist aus zwei umeinander gewundenen, perlschnurartig aussehenden Ketten von kugeligen Actinmolekülen aufgebaut. In regelmäßigen Abständen sind die Actinfilamente mit kugeligen *Troponinmolekülen* besetzt. Außerdem laufen zwei fadenförmige *Tropomyosinmoleküle* an dem Actinfilament entlang.
Die Muskelkontraktion läuft folgendermaßen ab: Bei Erregung der Muskelfaser werden *Calciumionen* (Ca^{2+}-Ionen) aus dem Endoplasmatischen Retikulum der Muskelfaser freigesetzt. Das wird durch die enge räumliche Nachbarschaft von T-System und Endoplasmatischem Retikulum begünstigt. Die Ca^{2+}-Ionen gelangen durch Diffusion an das Troponin und werden von diesem gebunden. Die Troponinmoleküle verändern daraufhin ihre Form. Dadurch drängen sie die

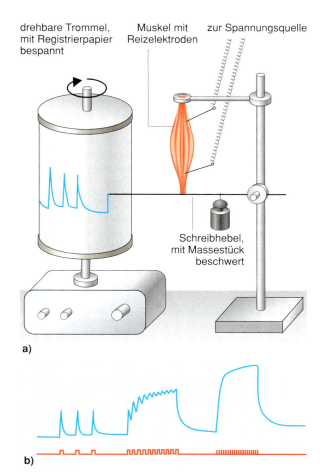

Abb. 225.1: Elektrische Muskelreizung. **a)** Versuchsapparatur; **b)** Registrierstreifen, auf dem zusätzlich die Reizfrequenz eingezeichnet ist (untere Linie). Ein einzelner Reiz löst eine Zuckung aus, bei ca. 20 Reizen pro Sekunde (mittlere Aufzeichnung) tritt unvollständiger, bei ca. 50 Reizen pro Sekunde (rechte Aufzeichnung) vollständiger Tetanus auf.

Tropomyosinfäden aus ihrer Lage, sodass Bindungsstellen auf den Actinfilamenten freigelegt werden, an welche dann Myosinköpfe binden können.
Die Myosinköpfe klappen nach ihrer Bindung an ein Actinfilament um. Dadurch ziehen sie das Actinfilament entweder ca. 10 nm weit am Myosinfilament vorbei oder sie dehnen das elastische Halsstück (Abb. 224.1). Im ersten Fall verkürzt sich der Muskel, die Muskelspannung („Tonus") bleibt dabei gleich *(isotonische Kontraktion)*. Im zweiten Fall erhöht sich dagegen die Muskelspannung. Dies gilt z. B. für den vergeblichen Versuch, einen zu schweren Koffer anzuheben; die Längsabmessung des Muskels verändert sich dabei praktisch nicht *(isometrische Kontraktion)*.
Die Bindung eines Myosinkopfes an Actin dauert 10 bis 100 ms (je nach Muskelfaser). Anschließend löst

sich die Bindung unter Spaltung von ATP. Der abgeknickte Myosinkopf richtet sich dabei auf und bindet danach erneut an das Actinfilament. Durch dieses wiederholte Abknicken und Aufrichten der Myosinköpfe werden die beiden Filamente aneinander vorbei gezogen. Die Myosinköpfe arbeiten ähnlich wie eine Seilmannschaft, die ein langes Stück Seil durch wiederholtes Nachgreifen an sich vorbei zieht.

Die Energie für die Ruderbewegungen der Myosinköpfe wird vom ATP geliefert. Wahrscheinlich wird pro Ruderbewegung eines Myosinkopfes ein Molekül ATP gespalten. Das ATP wird allerdings nicht direkt für den Ruderschlag eingesetzt, sondern dient zur Lösung der Bindung des Myosinkopfes an das Actinfilament. Beim Fehlen von ATP in der Zelle bleiben alle Myosinköpfe fest am Actin haften. Der Muskel wird starr: ATP-Mangel ist die Ursache der Totenstarre. Eine lebende Muskelfaser enthält immer ATP. Trotzdem kontrahiert sie sich nicht dauernd, denn die Ruderbewegung findet nur bei Anwesenheit von Ca^{2+}-Ionen statt. Normalerweise beendet das Zurückpumpen der Ca^{2+}-Ionen in das Endoplasmatische Retikulum die Kontraktion.

6.1.4 Energetische Prozesse bei der Muskelkontraktion

Energielieferant für die Muskelarbeit ist das ATP. Bei maximaler Kraftentfaltung reicht der ATP-Vorrat der Muskelfaser nur für ein bis zwei Sekunden. ATP muss also schnell durch andere Prozesse bereitgestellt werden:

1. Das im Muskel reichlich vorhandene *Kreatinphosphat* geht unter Aufbau von ATP in freies Kreatin über: Kreatinphosphat + ADP → Kreatin + ATP.
Der Kreatinphosphat-Vorrat der Muskelfaser reicht bei starker körperlicher Aktivität für etwa 20 bis 30 Sekunden. In der Erholungsphase während der reichlich ATP aus der Zellatmung, also unter Sauerstoffverbrauch, entsteht, wird Kreatinphosphat wieder aufgebaut.

2. Die *aerobe Zellatmung* liefert das meiste ATP. Dabei wird die Glucose oxidiert, die aus dem im Muskel gespeicherten Glykogen gebildet wird. Der benötigte Sauerstoff wird nur zum Teil dem Blut direkt entzogen. Vor allem bei hohem Sauerstoffbedarf stammt er auch aus dem Sauerstoffvorrat des Muskels. Der Muskel enthält nämlich in hoher Konzentration den roten Sauerstoff bindenden Farbstoff *Myoglobin*. Myoglobin ist ähnlich gebaut wie eine Untereinheit des Hämoglobins. Es hat eine höhere Affinität zu Sauerstoff als Hämoglobin und entzieht diesem deshalb den Sauerstoff. Myoglobin ist im ruhenden Muskel mit Sauerstoff gesättigt. Es ruft die rote Farbe der Muskulatur hervor *(s. Stoffwechsel Abb. 169.1)*.

Bei länger anhaltender Aktivität, z.B. bei einem Langstreckenlauf, ist der Sauerstoffvorrat des Muskels weitgehend erschöpft. Dann wird die Arbeitsleistung der Muskulatur durch die Leistungsfähigkeit der Mitochondrien der Muskelfaser, die Geschwindigkeit der Sauerstoffzufuhr durch das Blut und die Nachlieferung von Glucose aus dem Glykogenvorrat begrenzt.

3. Wenn bei einer starken Beanspruchung des Muskels die eigene Sauerstoffreserve erschöpft ist und die Sauerstoffzufuhr durch das Blut nicht ausreicht, wird Glucose durch anaerobe Glykolyse *(Gärung)* zu Milchsäure abgebaut. Die ATP-Ausbeute ist nur gering. Aus Milchsäure wird anschließend in der Leber wieder Glykogen aufgebaut.

Die Milchsäuregärung liefert ATP 2- bis 3-mal schneller als die Zellatmung. Sie überbrückt bei plötzlichen Höchstleistungen die Zeit zwischen dem Erschöpfen des Kreatinphosphat-Vorrats und dem vollen Einsetzen der aeroben ATP-Bildung. Die Milchsäuregärung kann aber nur kurzfristig die volle ATP-Versorgung übernehmen, weil sie die Glucose-Vorräte schnell aufbraucht. Außerdem senkt die sich im Blut ansammelnde Milchsäure die Transportkapazität des Hämoglobins für Sauerstoff und behindert so die aerobe ATP-Gewinnung.

6.1.5 Training

Die Leistungsfähigkeit der Muskulatur kann auf sehr unterschiedliche Weise durch Training gesteigert werden, je nach den gewünschten Zielen. Die maximal erzeugte Kraft erhöht sich durch Vergrößerung der Muskelmasse. Eine Vergrößerung der Muskelmasse führt aber nicht unbedingt zu einer Erhöhung der Dauerleistung. Für Dauerleistungen sind vielmehr die Faktoren wichtig, die eine möglichst hohe aerobe ATP-Bildung garantieren. Dazu gehören: erhöhte Blutversorgung des Muskels, gesteigerte Leistungsfähigkeit von Blutkreislauf und Atmung, erhöhte Glykogen-Einlagerung in die Muskelfaser und Beschleunigung des Stoffabbaus in den Mitochondrien.

Für kurzfristige Höchstleistungen, z.B. beim Kurzstreckenlauf, muss dagegen die Speicherfähigkeit für Kreatinphosphat und die Leistungsfähigkeit der Milchsäuregärung erhöht werden. Training steigert nicht nur die Stoffwechsel-Leistungen, es sorgt auch für einen rationellen Bewegungsablauf, sodass eine bestimmte Bewegung mit möglichst geringem Aufwand an Muskelkraft durchgeführt wird. Die einzelnen sportlichen Disziplinen erfordern also sehr unterschiedliche Trainingsmaßnahmen, um die jeweils gewünschte Leistung zu maximieren.

6.2 Regelung der Muskellänge

Schlägt man auf die Sehne des Unterschenkelstreckmuskels (Kniesehne, unterhalb der Kniescheibe), so wird dieser Muskel dadurch kurz gedehnt. Unmittelbar darauf kontraiert er sich und löst so ein leichtes Vorschnellen des Unterschenkels aus *(Kniesehnenreflex)*. Entsprechende Reflexe gibt es bei allen Muskeln. Sie dienen der Regelung der Muskellänge. Folgende Vorgänge laufen dabei ab: In allen Skelettmuskeln der Wirbeltiere, also auch im Unterschenkelstrecker, liegen Sinnesorgane, welche die Muskellänge messen. Man bezeichnet sie als *Muskelspindeln* (Abb. 227.1). Sie sind maximal 3 mm lang und mit ihrer Bindegewebshülle fest mit den umgebenden Muskelfasern verbunden. Im Innern der Muskelspindel liegen einige dünne Muskelfasern (Spindelmuskeln), deren Kontraktionszustand vom Zentralnervensystem über eigene motorische Nervenfasern (so genannte γ-Motoneurone) verändert werden kann. Die Spindelmuskelfasern können sich nur an ihren beiden Endabschnitten kontrahieren. Der mittlere, nicht kontraktile Teil wird von Sinnesnervenzellen umschlungen, die die Spannung messen, unter der dieser Teil der Spindelmuskeln steht.

Bei den folgenden Darlegungen muss man zwischen dem Kontraktionszustand des Skelettmuskels (ohne die Spindelmuskeln) und dem Kontraktionszustand der Spindelmuskelfasern unterscheiden. Wird der Muskel länger (z. B. bei einer passiven Dehnung), so wird die Muskelspindel ebenfalls passiv in die Länge gezogen. Dies erhöht die Spannung im Mittelteil der Spindelmuskelfasern. Die sensorischen Endigungen der dort liegenden Sinnesnervenzellen werden also durch eine Verlängerung des Muskels erregt. Die Muskelspindel misst demnach über die Spannung der Spindelmuskeln die Länge des Muskels.

Die Axone der Sinnesnervenzellen laufen zum Rückenmark. Sie bilden dort erregende Synapsen mit den α-Motoneuronen (motorische Nervenzellen, s. 1.1), die den Muskel innervieren, in der die Muskelspindel liegt. Diese veranlassen den Muskel (nicht aber die Spindelmuskelfasern) zur Kontraktion, wenn sich die Frequenz der Aktionspotentiale in den Axonen der Spindelsinnesnervenzellen erhöht. Dadurch verkürzt sich der Muskel aktiv und mit ihm seine Muskelspindeln passiv, und zwar so lange, bis die Muskelspindel ihre ursprüngliche Länge erreicht hat. Auf diese Weise wird die Muskellänge konstant gehalten (Abb. 227.2 a).

Die Muskelspindeln wirken auch auf die Motoneurone des antagonistischen Muskels ein. Die Einwirkung ist allerdings nicht direkt, sondern erfolgt über ein

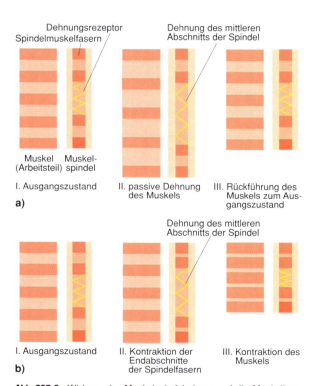

Abb. 227.2: Wirkung der Muskelspindelreizung auf die Muskelkontraktion. **a)** Passive Dehnung des Muskels; **b)** Die γ-Motoneurone veranlassen die Spindelmuskelfasern zur Kontraktion.

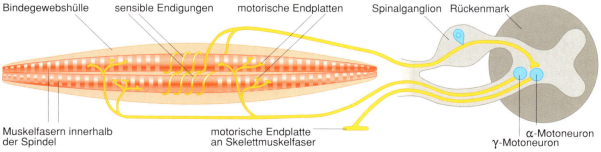

Abb. 227.1: Muskelspindel, stark verkürzt, schematisch

228 Neurobiologie

zwischengeschaltetes Interneuron. Das Interneuron bildet mit dem α-Motoneuron des Antagonisten hemmende Synapsen. Eine aufgezwungene Dehnung eines Muskels lässt also auch dessen Antagonisten erschlaffen. Beide Vorgänge zusammen werden zur Erhaltung einer bestimmten Gelenkstellung bzw. Körperhaltung benötigt.

Was passiert nun, wenn höhere Nervenzentren eine Bewegung veranlassen? Theoretisch ist die Steuerung einer Bewegung auf zwei verschiedene Weisen denkbar:

(1) Die höheren Zentren beeinflussen nur die α-Motoneurone. Da die Informationswege kurz sind, würde das zu einem raschen Bewegungsbeginn führen, die Bewegung würde aber bald vom oben geschilderten Muskelspindelregelkreis behindert, eventuell sogar rückgängig gemacht.

(2) Die höheren Zentren erregen nur die γ-Motoneurone. Dies bringt die Spindelmuskeln (nicht den Muskel, in der die Spindel liegt) zur Kontraktion. Folglich erhöht sich ebenfalls die Spannung im mittleren Teil der Spindelmuskelfasern, obwohl sich die Muskellänge nicht verändert hat. Die sensorischen Endigungen werden erregt. Sie bewirken in den α-Motoneuronen eine Erhöhung der Impulsfrequenz: Der Muskel kontrahiert sich und wird dabei kürzer. Das entspannt die Muskelspindel wieder. Der Muskel kontrahiert sich deshalb so lange, bis die Sinnesnervenzellen die ursprüngliche Spannung melden (Abb. 227.2 b). Eine Kontraktion der Spindelmuskelfasern zieht in diesem Fall also eine Kontraktion des Muskels nach sich. In diesem Regelkreis wird eine Veränderung des Sollwerts (Muskellänge) durch eine Änderung des Messbereichs des Fühlers (Muskelspindel) erzielt.

Die Einleitung einer Bewegung über eine Erregung nur der γ-Motoneurone hätte den Nachteil, sehr langsam zu sein, weil die Erregung den Weg zwischen Rückenmark und Muskel dreimal zurücklegen muss. Es ist deshalb verständlich, dass zur Durchführung einer Bewegung α- und γ-Motoneurone gleichzeitig erregt werden. Die Erregung der α-Motoneurone erzeugt den raschen Beginn der Bewegung. Die Erregung der γ-Motoneurone sorgt dafür, dass gleichzeitig der Sollwert im Muskelspindelregelkreis verstellt wird. Dadurch wird die Bewegung durch diesen Regelkreis nicht gestoppt, sondern vielmehr erreicht, dass der Muskel auf unvorhersehbare Störungen auch während der Bewegung richtig reagiert.

Die von Muskelspindeln ausgelösten Reflexe können mit sehr unterschiedlicher Stärke ablaufen. Je nach Verhaltenssituation erzeugt eine bestimmte Frequenz von Aktionspotentialen in den Axonen der Muskelspindel-Sinnesnervenzellen mal eine starke, mal eine schwache Depolarisation der zugehörigen α-Moto-

neurone. Eine Veränderung der Stärke des Einflusses der Synapsen zwischen Sinnesnervenzellen und α-Motoneuronen wird durch hemmende Eingangssynapsen kurz vor dem Ende der Sinnesnervenzellen-Axone (s. 1.7) erreicht. Ähnliche Anpassungen der Reflexstärke an aktuelle Erfordernisse findet man bei vielen Reflexen *(s. Verhalten, 2.1)*.

6.3 Steuerung von aktiven Bewegungen

Bei den meisten Aktionen werden mehrere Gelenke bewegt und zwar in einer ganz bestimmten zeitlichen Ordnung. Die Motoneurone, die die Muskeln dieser Gelenke steuern, müssen entsprechend aktiviert werden. Zeitpunkt und Stärke ihrer Aktivierung hängt aber nicht nur von der Art der Bewegung ab, sondern auch von der Lage des Gelenkes im Raum (ob die Bewegung in Richtung der Schwerkraft oder entgegen geführt werden soll), sowie von zusätzlichen Belastungen (wenn z. B. ein Gegenstand gehoben werden soll). Außerdem ist zu berücksichtigen, ob die Bewegung sehr fein auf äußere Gegebenheiten abgestimmt werden muss oder nicht. Wenn man z. B. einen zerbrechlichen Gegenstand ergreifen will, muss die Muskelkraft in sehr viel höherem Maße durch Meldungen aus Tastsinnesorganen und Muskelspindeln reguliert werden, als wenn man einen unzerbrechlichen Gegenstand anfassen will. Es ist deshalb verständlich, dass oft große Bereiche des Zentralnervensystems zusammenarbeiten müssen, um eine komplexere Bewegung zu erzeugen.

Wenn ein Mensch z. B. einen Gegenstand ergreifen will, laufen nach den heutigen Vorstellungen folgende Prozesse im Zentralnervensystem ab (vereinfacht dargestellt): Der Plan für die Handlung entsteht in den *Assoziationsregionen* des Großhirns. Diese „veranlassen" *Basalganglien* und *Kleinhirn*, für diesen Plan eine konkrete Handlungsabfolge „zu entwerfen" (also in unserem Beispiel die Winkelbeträge, um die die einzelnen Gelenke zu bewegen sind und die zeitliche Abfolge der Gelenkbewegungen festzulegen). In beiden Strukturen sind die dazu notwendigen Informationen über die Lage des Körpers im Raum und die Stellungen der Gelenke vorhanden (in unserem Beispiel also die Lage von Arm und Hand). Aus diesen Informationen und dem zu erreichenden Ziel (dem zu ergreifenden Gegenstand) werden dann die durchzuführenden Bewegungen ermittelt (s. Abb. 229.1). Sind durch diese Bewegungen wesentliche Verschiebungen des Körperschwerpunkts zu erwarten, werden entsprechende Kompensationsbewegungen möglicherweise gleich mitentworfen. In Kleinhirn und Basalganglien sind zu diesem Zweck „Handlungsprogramme" abrufbereit, die eine schnelle Umsetzung des Planes für die Handlung in einen konkreten Handlungsablauf ermöglichen. Ohne solche Handlungsprogramme wären die Bewegungen langsamer und weniger gut koordiniert, weil die Assoziationsregionen jedes Detail der Bewegung festlegen müssten.

Arbeitet das Kleinhirn fehlerhaft, gehen die Einzelbewegungen eines Bewegungsablaufs nicht gleichmäßig ineinander über. Die Betroffenen wirken ungelenk und gehen taumelnd wie Betrunkene. Es ist ihnen nicht möglich, schnell aufeinander folgende Bewegungen auszuführen (wie z. B. beim Klavierspielen). Manche Bewegungen schießen über ihr Ziel hinaus, andere geraten zu kurz. Korrekturen fallen zu stark oder zu schwach aus, sodass z. B. die Hand, die einen Gegenstand ergreifen will, um diesen pendelt. Funktionsstörungen des Kleinhirns führen also nicht zum völligen Ausfall bestimmter motorischer Fähigkeiten; vielmehr wird die Koordination zwischen den einzelnen Komponenten einer Bewegung gestört (s. 5.2.2). Es ist wie bei einem Verkehrsleitsystem. Man kann zwar den Verkehr durch unabhängig voneinander arbeitende Ampeln regeln, einen effizienten Verkehrsfluss erreicht man aber erst, wenn man den Zeittakt der Ampeln miteinander koordiniert und ihn außerdem an die aktuellen Erfordernisse anpasst.

Manche Teile der Basalganglien brauchen für ihre Funktion die neuromodulatorische Wirkung von *Dopamin*. Das Dopamin wird aus den Endverzweigungen von Nervenzellen ausgeschüttet, die vom Mittelhirn zu den Basalganglien ziehen. Bei der *PARKINSONschen Krankheit* degenerieren diese Neurone allmählich, sodass der Dopamin-Spiegel sinkt und die Basalganglien fehlerhaft arbeiten. Die Betroffenen lassen z. B. Ausdrucksbewegungen des Gesichts vermissen („Wachsgesicht"), wirken starr und gehen vorsichtig mit kleinen Schritten. In ihren langsamen Bewegungen sind sie stark behindert. Außerdem leiden sie an Zittern ihrer Hände. Die Krankheitserscheinungen können oft durch laufende Zufuhr von *Dopa* gemindert werden, einer Vorstufe von Dopamin. Neuerdings wird versucht, die degenerierenden Zellen durch Transplantation geeigneter embryonaler Gehirnzellen zu ersetzen. Durch die gezielte Transplantation wird erreicht, dass sich die Erhöhung des Dopamin-Spiegels auf die Basalganglien beschränkt. Dadurch sind die Nebenwirkungen, die bei einer allgemeinen Zufuhr von Dopa auftreten, nicht zu beobachten. Diese Nebenwirkungen (v. a. psychische Störungen) treten wahrscheinlich auf, weil Dopamin auch eine Rolle bei der Steuerung von Stimmung und Affekt im limbischen System spielt.

Die in Kleinhirn und Basalganglien entworfenen Handlungsprogramme werden über den Thalamus zu den *motorischen Regionen* der Großhirnrinde geleitet, die sie in Bewegungsbefehle für einzelne Muskeln oder Muskelgruppen umsetzt (in unserem Beispiel die Muskeln, welche die Arm- und Fingergelenke bewegen). In der motorischen Großhirnrinde besteht eine genaue Zuordnung bestimmter Bereiche zu bestimmten Muskeln oder Muskelgruppen, wobei benachbarte Großhirnbereiche auch benachbarten Muskeln zugeordnet sind, ähnlich wie das auch für das primäre optische Zentrum (s. 3.10) und die Körperfühlregion (s. 5.2.2) gilt. Reizt man einzelne Gebiete der motorischen Großhirnrinde elektrisch, treten immer nur Bewegungen einzelner Gelenke auf, aber keine koordinierten Bewegungen mehrerer Gelenke.

Axone aus der motorischen Großhirnrinde ziehen über abgegrenzte Bahnen (absteigende Bahnen) durch das Rückenmark und enden dort an Interneuronen, die ihrerseits α- und γ-Motoneurone beeinflussen. Dabei enden die Axone der rechten Großhirnhemisphäre auf der linken Rückenmarksseite und umgekehrt. Ein Teil dieser Axone zieht ohne Unterbrechung zu diesen Interneuronen, andere werden im Stammhirn auf andere Neurone umgeschaltet, die dann ihrerseits ins Rückenmark ziehen. Beide Typen absteigender Bahnen haben verzweigte Axone, von denen nur der eine Zweig ins Rückenmark, der andere aber ins Kleinhirn zieht. Das Kleinhirn kann so die auslaufenden Befehle mit dem ursprünglichen Handlungsprogramm vergleichen und, falls notwendig, korrigierend direkt auf die im Stammhirn unterbrochenen absteigenden Bahnen einwirken.

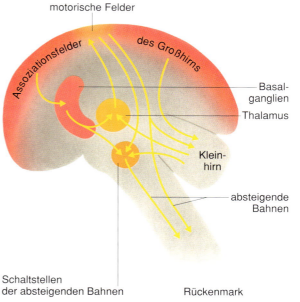

Abb. 229.1: Steuerung von Bewegungen durch Zusammenarbeit vieler Teile des Gehirns (vereinfacht, schematisch)

VERHALTEN

1 Was ist Verhaltensforschung?

Die Verhaltensforschung beschreibt einerseits das Verhalten von Tier und Mensch und sucht andererseits nach den Ursachen und den Bedingungen, unter denen bestimmte Verhaltensweisen auftreten. Im Gegensatz zu manchen Tierpsychologen früherer Zeiten verstehen sich heutige Verhaltensforscher als Naturwissenschaftler. Als Naturwissenschaftler können sie nur das erfassen, was objektiv zu erkennen ist; subjektive Vorgänge, so z. B. die ein Verhalten begleitenden Gefühle, sind nicht Gegenstand ihrer Forschung. Das heißt nicht, dass die Verhaltensforschung leugnet, dass es subjektive Vorgänge gibt. Sie können aber nur durch Introspektion („In-sich-Hineinschauen") erfasst werden, sind also von außen nicht erkennbar. Aufgrund der Grenzen, die ihr die naturwissenschaftliche Methodik auferlegt, kann die Verhaltensforschung dazu keine Aussagen machen. Diese Einschränkung muss man sich vor allem in zwei Bereichen immer vor Augen halten:

(1) Die in der Verhaltensforschung verwendeten Begriffe stammen oft aus der Umgangssprache, in der sie sich meist auf menschliche Verhaltensweisen beziehen, z. B. Lernen, Spiel, Aggression. Umgangssprachlich angewandt, beschreiben sie sowohl den von außen objektiv beobachtbaren Vorgang als auch das damit verbundene Gefühl. In der Verhaltensforschung beziehen sie sich aber nur auf die von außen beobachtbaren Vorgänge.

(2) Die Verhaltensforschung macht auch Aussagen zum menschlichen Verhalten. Im Gegensatz zu manchen Bereichen der Psychologie beschränkt sie sich jedoch auch dabei auf das, was sich von außen objektiv erkennen lässt.

Es gibt **drei Arten von Ursachen** für eine bestimmte Verhaltensweise (Abb. 231.1):

(a) Die *aktuellen Ursachen* sind unmittelbar (d. h. hier und jetzt) für das Auftreten und die Art und Weise der Durchführung des Verhaltens verantwortlich. Die Frage nach den aktuellen Ursachen ist also die Frage nach den physiologischen Faktoren, die einer bestimmten Verhaltensweise zugrunde liegen: „*Wie* wird das Verhalten ausgelöst und wie werden die Bewegungen vom Nervensystem gesteuert?" Die Gesamtheit aller Faktoren, die ein bestimmtes Verhalten erzeugen (z. B. der Aufbau und die Funktionsweise der beteiligten Neuronennetze und die Charakteristika der beteiligten Sinnesorgane), kann man in Anlehnung an ein Computerprogramm als *Verhaltensprogramm* bezeichnen. Die in Kleinhirn und Basalganglien der Säugetiere gespeicherten Handlungsprogramme *(s. Neurobiologie 6.3)* sind Teile dieser Verhaltensprogramme.

(b) *Lernen*. Bei der Ausbildung von Verhaltensprogrammen können neben dem Erbgut auch individuelle Erfahrungen eine wichtige Rolle spielen. Lernvorgänge können lange vor dem Ablauf des Verhaltens stattgefunden haben.

(c) Die *evolutiven Ursachen* sind schließlich die Ursachen, die dieses Verhalten und das ihm zugrunde liegende Verhaltensprogramm im Laufe der Stammesentwicklung hervorgebracht haben. Die Frage nach den evolutiven Ursachen ist also die Frage nach den Selektionsvorteilen, die die betreffende Art durch dieses Verhalten hat. Dabei ist vor allem an den Fortpflanzungserfolg der Individuen zu denken.

In diesem Kapitel liegt der Schwerpunkt auf den aktuellen Ursachen und den Lernvorgängen. Die evolutiven Ursachen werden v. a. in 5.4 und ausführlich im Kapitel *Evolution* besprochen.

Bei den **aktuellen Ursachen** kann man zwei Gruppen unterscheiden: (1) Ursachen für die Auslösung des Verhaltens (das Starten des Programms) und (2) Ursachen für die konkrete Art der Durchführung.

(1) Eine Verhaltensweise kann ohne einen äußeren Anlass auftreten, also nur von inneren Bedingungen ausgelöst werden. So erwacht der Mensch auch ohne äußere Weckreize aus dem Schlaf. Wir nennen ein solches Verhalten *spontan*. Ein Verhalten kann auch ausschließlich eine Reaktion auf äußere Reize sein (*reaktives* Verhalten). So zieht der Mensch seinen Arm zurück, wenn die Hand einen heißen Gegenstand berührt. Das Auftreten der meisten Verhaltensweisen ist aber sowohl von inneren als auch von äußeren Zuständen abhängig. In diesen Fällen bestimmen innere Bedingungen, ob ein äußerer Reiz ein Verhalten auslöst oder nicht. So antwortet ein Raubtier auf den Anblick einer Beute oft nur dann mit Beutefangverhalten, wenn es hungrig ist. Wenn in einem hungrigen Tier die Schwelle für das Auslösen des Beutefangverhaltens besonders niedrig ist, kann auch der von wenig geeigneter Nahrung ausgehende Reiz diese Schwelle überschreiten. Das Auftreten des Verhaltens wird also dann sowohl von der Höhe des inneren Zustandes als auch von der Höhe des äußeren Reizes beeinflusst (doppelte Quantifizierung). Es gibt aber auch Verhaltensweisen, deren Auslöseschwelle fast immer gleich hoch liegt. Das gilt für viele Arten der Flucht oder des Abwehrverhaltens.

(2) Ein Verhaltensprogramm kann entweder starr ablaufen oder sich an unterschiedliche Erfordernisse anpassen. Ein *starres* Verhaltensprogramm kann durch Sinnesmeldungen nicht modifiziert werden. Die davon erzeugten Bewegungen laufen immer gleich ab: Die Erdkröte fängt ihre Beute, indem sie ihre klebrige Zunge blitzartig vorschnellt und wieder in den Mund

Was ist Verhaltensforschung?

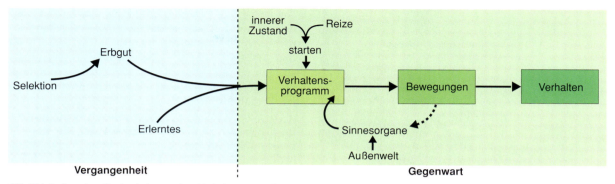

Abb. 231.1: Ursachen für das Auftreten einer Verhaltensweise. Grün: aktuelle Ursachen. Blau: In der Vergangenheit liegende Ursachen

zurückzieht. Bewegt sich die Beute (z.B. eine Fliege) nach dem Beginn der Zungenbewegung fort, so schlägt die Zunge daneben, weil ihre Bewegungsrichtung nicht mehr korrigiert werden kann (Abb. 231.2). Die von einem *flexiblen* Verhaltensprogramm erzeugten Bewegungen werden dagegen durch Sinnesmeldungen laufend an Änderungen der Umgebung angepasst. So setzen wir unsere Beine beim Gehen auf ebener Fläche anders als beim Gehen über ein Geröllfeld, obwohl in beiden Fällen das gleiche Verhaltensprogramm zugrunde liegt. Bei verschiedenen flexiblen Verhaltensprogrammen ist der Umfang, in dem Sinnesmeldungen in den Programmablauf eingreifen können, sehr unterschiedlich.

Lernen. Eine bestimmte Verhaltensweise bezeichnet man als *ererbt*, wenn an der Entwicklung des Verhaltensprogramms keine Lernvorgänge beteiligt sind. So führen Insekten und Vögel korrekte Flugbewegungen aus, ohne dies vorher gelernt zu haben. Eine ererbte Verhaltensweise muss nicht gleich von Geburt an vorhanden sein, sondern sie kann auch erst später auftreten, wie z.B. das Fliegen von Vögeln und Insekten oder das Sexualverhalten. Das andere Extrem sind Verhaltensprogramme, die sich fast ausschließlich durch Lernen ausbilden, wie z.B. das Radfahren. Viele Verhaltensweisen liegen zwischen diesen beiden Extremen. Dann bestimmt das Erbgut, in welcher Weise sich das Verhaltensprogramm unter dem Einfluss der Erfahrung verändern kann. So ist bei vielen Singvögeln nur die grobe Struktur des arttypischen Gesanges ererbt. Zur Ausbildung der vollen Gesangsstruktur müssen die Tiere in ihrer Jugendzeit den Gesang eines Artgenossen gehört haben (Abb. 232.1). Dabei dient aber bei den meisten Arten nur der arteigene Gesang, nicht aber die Gesänge anderer Vogelarten als Vorbild. Einige Arten können auch Nicht-Artgenossen für einen Teil ihres Gesangsrepertoires zum Vorbild nehmen (so genannte Spötter, z.B. Star).

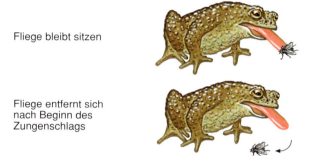

Abb. 231.2: Starres Verhaltensprogramm beim Beutefang der Erdkröte. Bewegt sich die Fliege nach Beginn der Zungenbewegung fort, schlägt die Zunge daneben.

Der genaue Aufbau der neuronalen Netzwerke, die einem bestimmten Verhaltensprogramm zugrunde liegen, ist bisher nur von einfachen Verhaltensweisen bekannt. Es wird wohl noch lange dauern, bis wir auch den neuronalen „Schaltplan" komplexerer Verhaltensprogramme verstehen. Erst dann wird man feststellen können, was sich an einem solchen Netzwerk z.B. unter Erfahrungsentzug ändert, d.h., wie sich Einflüsse des Erbguts und Einflüsse von Lernvorgängen auf die Gestaltung der Verhaltensprogramme auswirken.

Verschiedene Verhaltensweisen unterscheiden sich im Allgemeinen sowohl in den Mechanismen ihrer Auslösung und Durchführung als auch in der Bedeutung von Lernvorgängen bei der Bildung des Verhaltensprogrammes voneinander. Deshalb muss man sich davor hüten, die Ergebnisse der Untersuchung einzelner Verhaltensweisen zu verallgemeinern. Dies ist allerdings in der **Geschichte der Verhaltensforschung** mehrfach geschehen und zwar einfach deshalb, weil man die Verschiedenheit der Ursachen erst allmählich erkannt hat. Häufig wurden Verhaltensweisen untersucht, die ein bestimmtes Phänomen besonders deut-

Abb. 232.1: Bedeutung von Erfahrung und Lernen bei der Gesangsentwicklung des Buchfinkenmännchens. Sonagramme der Strophe **(a)** eines frei aufgewachsenen Buchfinken und **(b)** eines isoliert aufgezogenen im Vergleich. Das isoliert aufgezogene Männchen hat vor allem den Endschnörkel nicht gelernt. Auch weicht die genaue Struktur der einzelnen Elemente von (a) ab.

lich zeigen, d. h. sich in der Nähe eines der beiden Extreme befinden. Lernvorgänge lassen sich z. B. besonders leicht an solchen Verhaltensweisen studieren, die einen hohen Lernanteil bei der Bildung des Verhaltensprogrammes benötigen. Diese Ergebnisse wurden dann oft auf alle Verhaltensweisen ausgedehnt. Deshalb gab es früher in der Verhaltensforschung mehrere Richtungen, die sich zum Teil heftig bekämpften.

Die *Reflextheorie* des Verhaltens geht auf SHERRINGTON (1857–1952) zurück. Er untersuchte einfache Verhaltensweisen, wie ererbte oder erlernte Reflexe, unter immer den gleichen äußeren und inneren Bedingungen. Dadurch erreichte er zwar eine hohe Reproduzierbarkeit seiner Ergebnisse, seine Methode konnte aber den Einfluss wechselnder innerer Bedingungen nicht erfassen (s. z. B. 2.1 und Abb. 233.1).

Der *Behaviorismus* (von amerik. behavior = Verhalten), vertreten z. B. durch SKINNER (1904–1990), beschäftigte sich mit komplexeren Verhaltensweisen, deren Programme hauptsächlich durch Lernen entstehen, wie z. B. das Erlernen des richtigen Weges durch einen Irrgarten. Der Behaviorismus war vor allem in Amerika beheimatet. Viele Behavioristen, geschult an Verhaltensprogrammen mit hohem Lernanteil, dehnten diese Sicht auf alle Verhaltensweisen der höheren Tiere und des Menschen aus und leugneten z. B. das Vorhandensein ererbter Verhaltensprogramme. Vielmehr sollte Verhalten vor allem eine erlernte Reaktion auf Umweltreize sein. Diese Vorstellung hatte starken Einfluss auf Psychologie und Pädagogik.

Die *klassische Ethologie* (von griech. ethos = Gewohnheit) entwickelte sich in Europa parallel zum Behaviorismus. Als Hauptvertreter sind LORENZ (1903–1989) und TINBERGEN (1907–1988) zu nennen. Sie untersuchten ebenfalls komplexere Verhaltensweisen, aber vorwiegend solche mit einem hohen Anteil an ererbten Verhaltensprogrammen und einer hohen Abhängigkeit der Auslösbarkeit von inneren Bedingungen. Im Gegensatz zum Behaviorismus, der die Tiere in meist unnatürlicher Laborumgebung untersuchte, bemühten sich die Ethologen um möglichst natürliche, artgerechte Beobachtungssituationen. Darüber hinaus waren sie nicht nur an den aktuellen Ursachen, sondern auch an den evolutiven Ursachen von Verhaltensweisen interessiert. Obwohl die klassische Ethologie das Vorhandensein von Lernen nicht leugnete, wurde von manchen Vertretern die Bedeutung der ererbten Komponenten überbetont. Außerdem wurde oft die Tatsache, dass in den untersuchten Verhaltensweisen die Schwelle für das Auslösen sehr stark von inneren Faktoren abhing, zu einseitig auf alle Verhaltensweisen ausgedehnt.

Die *Neuroethologie* oder Verhaltensphysiologie ist die jüngste Disziplin, die sich mit den aktuellen Ursachen von Verhalten beschäftigt. Als frühe Vertreter seien V. HOLST (1908–1962) und V. FRISCH (1886–1982) genannt. Die Neuroethologie versucht herauszufinden, wie das Nervensystem Verhalten erzeugt, d. h., sie erforscht den genauen Aufbau (den „Schaltplan") sowie die Arbeitsweise der Verhaltensprogramme. Während die Ethologie ihre geistigen Wurzeln in der vergleichenden Anatomie und der Evolutionsforschung hat und wie diese Disziplinen vorwiegend beschreibt und vergleicht, ist die Neuroethologie ein Kind der Physiologie, vor allem der Nerven- und Sinnesphysiologie. Neuroethologen machen meist neurophysiologische Experimente, und zwar vorwiegend an Tieren, deren Bewegungsfähigkeit stark reduziert ist.

Unter *Soziobiologie* werden heute alle Forschungen zusammengefasst, die sich mit den evolutiven Ursachen sozialer Verhaltensweisen beschäftigen. Der Name wurde 1975 von WILSON geprägt.

Aus der Geschichte der Verhaltensforschung kann man lernen, dass man zu sehr unterschiedlichen Aussagen kommen kann, wenn man richtige Befunde, die man aber nur an einer kleinen Auswahl von Verhaltensweisen gewonnen hat, ungeprüft verallgemeinert. Das zeigt, wie gefährlich es in diesem Gebiet ist allgemein gültige Aussagen zu machen, wenn man nur von einer kleinen Anzahl von Beispielen ausgeht. Die folgende Darstellung des Verhaltens versucht diese Gefahr zu vermeiden.

2 Neuronale Basis einfacher Verhaltensweisen

2.1 Reflexe

Der Begriff *Reflex* wurde 1771 von UNZER eingeführt. Er geht auf Vorstellungen von DESCARTES zurück. Reflex bezeichnete ursprünglich eine jederzeit auslösbare, nach einem starren Plan ablaufende Reaktion des Organismus auf einen bestimmten Reiz. Ein typisches Beispiel ist der Kniesehnenreflex *(Neurobiologie 6.2)*. Aber selbst dieser lässt sich nicht unter jeder Bedingung auslösen, sondern nur bei entspanntem Bein. Mittlerweile kennt man viele Beispiele dafür, dass Reflexe keineswegs so starr ablaufen, wie ursprünglich angenommen. Berührt man z. B. die Oberseite der Pfote einer laufenden Katze, so hat das recht unterschiedliche Folgen, je nachdem, in welcher Position sich das Bein gerade befindet. Erfolgt der Reiz während des Vorschwingens, wird das Bein stark angehoben, weil sich alle Beugemuskeln kontrahieren. Dadurch kann das Bein unter natürlichen Umständen einem Gegenstand, der den Reiz verursacht, ausweichen. Erfolgt der Reiz, solange das Bein auf dem Boden nach hinten stemmt, werden die Streckmuskeln aktiviert. Dadurch wird der Schritt beschleunigt. Ähnlich variabel ist die Reaktion des Menschen auf einen schmerzhaften Reiz an der Fußsohle (Abb. 233.1). Bei unbelastetem Bein erzeugt der Reiz eine starke Erregung der Beugemuskeln, also ein Zurückziehen des Fußes, weg von der Gefahrenquelle. Erfolgt der Reiz aber, wenn der Körper auf dem Bein ruht (z. B. wenn man barfuß auf eine Wespe tritt), werden zunächst die Streckmuskeln aktiviert. Ohne diese Variabilität der Reflexantwort würde ein schmerzhafter Reiz bei belastetem Bein sofort zum Umfallen führen.

Die Beispiele zeigen, dass der Ablauf mancher Reflexe vom augenblicklichen Zustand des Tieres bzw. Menschen abhängig ist. Somit muss die ursprüngliche Definition modifiziert werden. Ein Reflex ist also heute definiert als eine relativ einfache Reaktion des Organismus auf einen Reiz, deren Auslösbarkeit und deren Art der Ausführung aber von der Situation abhängen, in der sich das Lebewesen gerade befindet.

Vielen Reflexen liegt eine direkte Verbindung zwischen Sinneszellen und Motoneuronen zugrunde. Eine solche Verbindung bezeichnet man als *Reflexbogen*. Ist das Axon der Sinneszelle direkt mit dem Motoneuron verbunden, handelt es sich um einen *monosynaptischen Reflexbogen*, weil nur eine Synapse in ihm vorhanden ist. Beispiele sind der Kniesehnenreflex *(Neurobiologie 6.2)* und der besonders intensiv untersuchte *Kiemenrückziehreflex* der Meeresschnecke

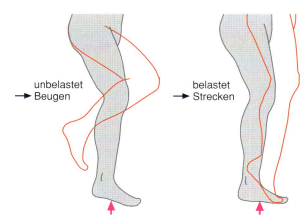

Abb. 233.1: Wirkung eines schmerzhaften Reizes an der Fußsohle (Pfeil) bei unbelastetem und belastetem Bein

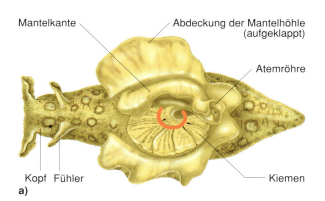

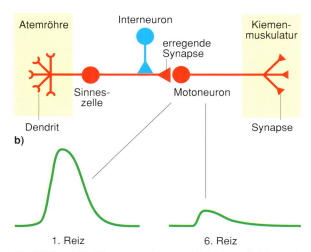

Abb. 233.2: a) Die Meeresschnecke *Aplysia* („Seehase", Länge bis 40 cm); **b)** Vereinfachtes Schema des Kiemenrückzieh-Reflexes. Auf mechanische Reizung der Atemröhre hin werden die Kiemen bis in Höhe des roten Kreises in a) zurückgezogen. Monosynaptischer Reflexbogen rot, Interneuron mit Synapse kurz vor dem Ende der Sinneszellaxone blau. Die EPSPs (grün) im Motoneuron werden von Reiz zu Reiz kleiner (unten).

Aplysia. Berührt man die Atemröhre dieses Tieres, so zieht es seine Kiemen in die Mantelhöhle zurück. Die auf der Atemröhre liegenden Tastsinneszellen sind direkt über erregende Synapsen mit den Motoneuronen des Kiemenrückziehmuskels verbunden (Abb. 233.2). Bei mehrfacher Wiederholung des Reizes vermindert sich der Ca^{++}-Einstrom in den synaptischen Endknöpfen der Sinneszellaxone. Deshalb wird weniger Transmitter ausgeschüttet und die in den Motoneuronen entstehenden EPSPs (erregende postsynaptische Potentiale, *s. Neurobiologie 1.7*) werden kleiner. Folglich verringert sich die Reflexantwort immer mehr und hört nach 10 bis 15 Berührungsreizen ganz auf. Man bezeichnet dies als *Habituation* (Gewöhnung). Habituation ist eine einfache Form von Lernen. Sie tritt bei sehr vielen Reflexen auf. Die Wirkung der Aktionspotentiale in den Axonen der Tastsinneszellen auf die Motoneurone kann aber auch erhöht werden, und zwar zum einen spontan (wenn längere Zeit kein Reiz erfolgte), zum anderen durch erregende Synapsen, die kurz vor dem Ende der Sinneszellaxone auf ihnen enden (s. Abb. 233.2).

Bei vielen Reflexen sind zwischen Sinneszellaxonen und Motoneuronen ein oder mehrere Interneurone eingeschaltet. Man spricht dann von einem *di-* bzw. *polysynaptischen Reflexbogen.* Beispiele sind die Beeinflussung von α-Motoneuronen durch die Muskelspindeln des Antagonisten *(s. Neurobiologie 6.2)* und das oben erwähnte Zurückziehen von Arm oder Bein, wenn Hand oder Fuß schmerzhaft gereizt werden.

Neben Reflexen, denen eine direkte Verbindung zwischen Sinneszellen und Motoneuronen in Form eines Reflexbogens zugrunde liegt, gibt es auch Reflexe, bei denen ein Sinnesreiz ein komplexeres Verhaltensprogramm startet. Beim Niesreflex erzeugt ein Kitzeln in der Nase eine genau aufeinander abgestimmte Folge von Kontraktionen der Atemmuskulatur in Brustkorb und Zwerchfell, die ihrerseits mit Bewegungen von Kehlkopf und Gaumensegel abgestimmt werden müssen. Beim Schluckreflex startet eine Berührung der hinteren Rachenwand das motorische Programm, das die komplexe Bewegungsabfolge beim Schlucken hervorruft (Heben des Kehlkopfes und Verschluss der Luftröhre mit dem Kehlkopfdeckel, Hemmung der Atemmuskulatur, Anpressen der Zunge an den Gaumen, peristaltische Bewegungen der Speiseröhre usw.).

Wird ein Auge mechanisch gereizt, schließen sich die Augenlider. Dieser Reflex wird z. B. dann ausgelöst, wenn ein kurzer Luftstrom das Auge trifft. Welche Arten von Reizen ihn in Gang setzen, ist im Erbgut festgelegt („ererbte auslösende Reize"). Reflexe, die von „ererbten Reizen" ausgelöst werden, heißen *unbedingte Reflexe.*

Ertönt in einem Versuch regelmäßig etwa eine halbe Sekunde vor einem Luftstrom auf das Auge ein Summton, so kann dieser nach einiger Zeit allein das Schließen der Augenlider verursachen. Im Zentralnervensystem wurden der „ererbte auslösende Reiz" und der Zusatzreiz verknüpft (assoziiert). Reflexe, die erfahrungsbedingt, von nicht „ererbten Reizen" ausgelöst werden, nennt man *bedingte Reflexe.* Beim bedingten Reflex wird also der Zusatzreiz mit dem „ererbten auslösenden Reiz" verknüpft. Die Verknüpfung erfolgt nur, wenn der Zusatzreiz unmittelbar vor dem „ererbten Reiz" erfolgt. Die Bildung solcher *Assoziationen* (Verknüpfungen) im Zentralnervensystem ist neben der Habituation eine andere Form von Lernen, die auch bei komplexerem Verhalten eine wichtige Rolle spielt. Ihre neuronale Ursache ist nicht genau bekannt (s. 4.2).

Die Bildung bedingter Reflexe wurde erstmals von PAWLOW (1926) untersucht. Er beschäftigte sich vor allem mit Reflexen, die die Absonderung von Speichel und Magensaft beim Hund beeinflussen. Speichel und Magensaft beginnen zu fließen, wenn das Tier Fleisch nur riecht. Die Absonderung wird verstärkt, wenn der Hund das Fleisch im Mund hat, wenn also zusätzlich noch Geschmacks- und Tastreize auftreten. Wird beim Füttern stets ein bestimmtes Licht gezeigt oder eine Glocke angeschlagen, genügt nach einiger Zeit schon das Aufleuchten oder der Ton allein, um Speichelfluss und Magensaftsekretion in Gang zu bringen. Auch beim Menschen scheint es diese bedingten Reflexe zu geben. Schon das Lesen der Speisekarte, das Geklapper der Teller oder der Anblick eines schön gedeckten Tisches kann uns „das Wasser im Mund zusammenlaufen" lassen.

Die obigen Ausführungen haben gezeigt, dass unter dem Begriff Reflex sehr unterschiedliche Verhaltensweisen zusammengefasst werden. Die einzigen Gemeinsamkeiten sind die schnelle Beantwortung des Reizes, die relative Einfachheit des Reizes und die relative Einfachheit und Kürze der motorischen Reaktion. Es gibt jedoch einen fließenden Übergang zu Instinkthandlungen und erlernten Handlungen.

2.2 Steuerung rhythmischer Bewegungen

Mit Ausnahme von einfachen Reflexen, die auf direkte Reflexbögen zurückgehen, liegen den meisten Verhaltensweisen Verhaltensprogramme zugrunde. Wie solche Verhaltensprogramme im Nervensystem realisiert sind, wurde besonders intensiv bei rhythmischen Bewegungen untersucht. Ein motorisches Programm, das eine rhythmische Bewegung erzeugt, bietet den Vorteil, dass es in regelmäßiger Folge immer wieder abläuft. Es kann deshalb leichter untersucht werden als ein Programm, das immer nur ein einziges Mal abläuft.

Rhythmische Bewegungen treten z. B. beim Gehen, Fliegen und Schwimmen auf. Durchtrennt man bei Fischen alle sensorischen Wurzeln der Rückenmarksnerven *(s. Abb. 210.1)*, laufen die rhythmischen Schwimmbewegungen weiter. Das Zentralnervensystem kann also ein rhythmisches Erregungsmuster der Motoneurone *(s. Neurobiologie 6.2 und 6.3)* ohne eine Beteiligung von Sinnesmeldungen erzeugen. Beim Neunauge (einem primitiven Fisch) kann sogar ein isoliertes kurzes Stück des Rückenmarks ein Erregungsmuster in den Motoneuronen bilden, das weitgehend dem entspricht, das bei natürlichen Schwimmbewegungen auftritt. Es muss also in diesem Teil des Rückenmarks ein Netzwerk von Neuronen geben, das dieses Erregungsmuster erzeugt. Man nennt ein Netzwerk aus Neuronen, das ein Erregungsmuster in den Motoneuronen ohne Zuhilfenahme von Sinnesmeldungen erzeugen kann, einen *zentralen Mustergenerator*. Ein zentraler Mustergenerator ist eine besondere Form eines Verhaltensprogramms.

Es ist mit elektrophysiologischen Untersuchungen gelungen, den „Schaltplan" der neuronalen Verknüpfungen und die Arbeitsweise mehrerer solcher zentraler Mustergeneratoren aufzuklären. Alle diese Mustergeneratoren sind durch Informationen aus anderen Teilen des Zentralnervensystems beeinflussbar und auch offen für die Einwirkung von Sinnesorganen. Sie können unter solchen Einflüssen den Zeittakt der rhythmischen Erregungen, aber auch die zeitlichen Beziehungen in der Erregung einzelner Motoneurone ändern (Abb. 235.1). Unter natürlichen Bedingungen würde sich dadurch z. B. die Frequenz, aber auch die Form der Flossen- oder Flügelschläge verändern.

Soweit wir heute wissen, werden unter natürlichen Bedingungen alle rhythmischen Bewegungen durch Sinnesmeldungen beeinflusst und so mehr oder weniger stark an wechselnde Gegebenheiten der Umwelt angepasst. Dabei findet man aber große Unterschiede. So werden die Bewegungen von Flossen und Flügeln nicht in jeder einzelnen Phase eines Schlages durch Sinnesmeldungen beeinflusst, sondern im Wesentlichen nur in ihrer Frequenz und Amplitude moduliert. Sie werden also meist in relativ großem Umfang von zentralen Mustergeneratoren gesteuert. Im Gegensatz dazu können rhythmische Beinbewegungen beim Gehen nur dann auf unebenem Grund erfolgreich sein, wenn jedes Detail eines Schrittes durch Sinnesmeldungen verändert werden kann. Im motorischen Programm für Gehbewegungen spielt deshalb ein zentraler Mustergenerator nur eine untergeordnete Rolle. Stattdessen werden die vom Programm erzeugten Bewegungen in hohem Maße von Sinnesmeldungen gesteuert, sodass man hier fast von einer Kette aufeinander folgender Reflexe sprechen kann.

Die Untersuchung der Steuerung rhythmischer Bewegungen hat also gezeigt, dass es alle Übergänge gibt zwischen rein zentralen, starren Verhaltensprogrammen und Programmen, die nahezu vollständig von Sinnesorganen gesteuert werden. Die wenigen Untersuchungen an nichtrhythmischen Bewegungen deuten in die gleiche Richtung. So ist das Schlucken weitgehend zentral gesteuert, während eine zielgerichtete Handbewegung in hohem Maße von Sinnesmeldungen beeinflusst wird *(s. Neurobiologie 6.3)*.

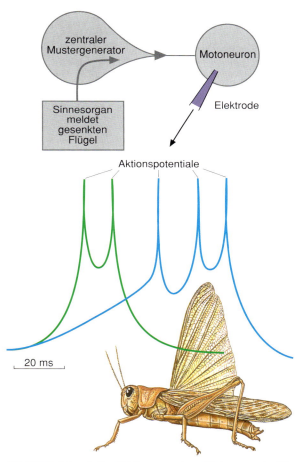

Abb. 235.1: Intrazelluläre Ableitung von einem Motoneuron des Flügelhebemuskels der Wanderheuschrecke während des Flügelhebens. Blau: Nach Ausschalten aller Sinnesorgane, die die Flügelstellung messen. Nur die Wirkung des zentralen Flugmustergenerators ist vorhanden. Grün: Ableitung bei intaktem Sinnesorgan, das die Flügelstellung misst. Die Sinnesmeldung depolarisiert das Motoneuron wesentlich schneller. Dadurch erfolgt die Kontraktion der Muskeln jeweils früher. Da die Depolarisation auch früher aufhört, kann die nächste Depolarisation früher folgen. Dadurch erhöht sich die Flügelschlagfrequenz.

3 Instinktverhalten

3.1 Was ist eine Instinkthandlung?

Abschnitt 2 hat gezeigt, dass komplexeren Reflexen und allen rhythmischen Bewegungen Verhaltensprogramme zugrunde liegen. Diese Programme werden meistens von bestimmten Sinnesmeldungen gestartet, aber oft nur dann, wenn andere Bedingungen (z. B. unbelastetes Bein) dies erlauben. Die vom Programm erzeugten Bewegungen sind manchmal starr vom Zentralnervensystem vorgegeben; meistens können sie aber durch Sinnesmeldungen an wechselnde Umweltbedingungen angepasst werden. Die genaue Struktur der Programme wie auch die der auslösenden Reize ist teilweise vollständig ererbt, teilweise bildet sie sich aber auch unter dem Einfluss von Lernvorgängen. Alle diese Tatsachen findet man auch bei Instinkthandlungen. Instinkthandlungen sind komplexe Verhaltensweisen, die ohne eine Beteiligung kognitiver Leistungen ablaufen. Es gibt allerdings keine scharfe Abgrenzung zu den höheren Verhaltensleistungen (siehe z. B. 4.3, 5.1.3).

Eine Instinkthandlung besteht nach den Vorstellungen der klassischen Ethologie aus folgenden Teilen:

(1) *Appetenzverhalten.* Wenn in einem Tier die Tendenz (Bereitschaft) vorhanden ist, ein bestimmtes Verhalten auszuführen, zeigt es oft eine Aktivität, die wie ein Suchen nach auslösenden Reizen für das betreffende Verhalten aussieht. So kann man das Kreisen eines Mäusebussards über einem Feld als Suchen nach auslösenden Reizen für das Beutegreifen auffassen.

(2) *Erkennen des Schlüsselreizes.* Unter Schlüsselreiz versteht man einen Reiz, der das betreffende Verhalten auslösen kann, sofern im Tier eine Bereitschaft dazu vorhanden ist. Im Falle des Mäusebussards handelt es sich um optische Reize, die eindeutig ein Beuteobjekt kennzeichnen.

(3) *Ausführung eines Verhaltensablaufs.* Das ist die Reaktion auf den Schlüsselreiz, in unserem Falle also das Ergreifen, Töten und Verzehren der Beute. Teilweise wurde dieser Teil des Verhaltens auch als Endhandlung bezeichnet.

3.2 Appetenzverhalten

Beobachtet man, wie ein kreisender Mäusebussard plötzlich herabstößt und eine Maus ergreift, so leuchtet ein, dass das Kreisen ein Suchen nach Schlüsselreizen für den Beutefang war. Andere Beispiele für das Suchen nach auslösenden Reizen sind das Beziehen einer geeigneten Warteposition und das Lauern bei Räu-

bern wie Hecht oder Frosch sowie das ziellose Herumstreifen vieler paarungsbereiter Tiere, ehe ein Geschlechtspartner gefunden wird. In allen diesen Fällen schließt der beobachtende Mensch aus der am Ende stehenden Ausführung des Verhaltens, dass der Beginn ein Suchen nach Schlüsselreizen gewesen sei. Das Kreisen über einem Feld führt aber beim Mäusebussard oft nicht zum Beutefangverhalten. Es ist in solchen Fällen von einem unbefangenen Beobachter nicht zu entscheiden, ob es keine genügend wirksamen Schlüsselreize gab oder ob das Tier mit dem Kreisen etwas ganz anderes „beabsichtigt" hatte. Vielleicht hatte es nur die über dem warmen Feld aufsteigende Luft benützt, um ohne Anstrengung in höhere Luftschichten zu gelangen. Das Kreisen ist also nicht eindeutig dem Beutefangverhalten zuzuordnen. Dieser Hinweis soll zeigen, wie schwierig es ist, aus einem beobachteten Verhalten richtige Schlüsse auf die Vorgänge im Tier zu ziehen.

Der Begriff Appetenzverhalten leitete sich ursprünglich von den Vorstellungen ab, die man in der klassischen Ethologie von dem Entstehen der Bereitschaft hatte, ein bestimmtes Verhalten auszuführen. Diese Bereitschaft nannte man auch Trieb (s. dazu 3.5). Man nahm an, dass sich ein Trieb mit der Zeit immer stärker „anstaut" und schließlich das zu diesem Antrieb gehörende Appetenzverhalten auslöst. Wir wissen heute, dass ein solcher Triebstau nur in manchen Fällen (z. B. zunehmender Hunger) auftritt. Außerdem gibt es Verhaltensweisen, die nicht von einem Suchen nach Schlüsselreizen eingeleitet werden. Dazu gehören z. B. die meisten Verteidigungs- und Abwehrhandlungen. Man sollte deshalb den Begriff Appetenzverhalten nur dann verwenden, wenn sich nachweisen lässt, dass dieses Verhalten nur als Teil einer einzigen Art von Instinkthandlung und damit nur unter dem Einfluss einer spezifischen Verhaltensbereitschaft auftritt. Als Teil jeder Instinkthandlung sollte er aber aufgegeben werden. Als Beispiel für ein Appetenzverhalten, das nur Teil einer einzigen Instinkthandlung ist, kann man das Schwarmverhalten männlicher Stechmücken nennen. Der Schlüsselreiz für das Paarungsverhalten ist der Flugton der Weibchen. Das Gehörorgan der Männchen ist aber nur im Fliegen genügend empfindlich, um ein Weibchen aus mehreren Metern Entfernung wahrnehmen zu können. Wenn sich die Männchen also in der Dämmerung über auffälligen Landmarken ansammeln, ist das eindeutig ein „In-Horchposition-Gehen", also eine Suche nach dem Schlüsselreiz. Das erkennt man sofort, wenn man unter einem solchen Schwarm den Flugton der Weibchen summt und schnell den Mund vor den anfliegenden Männchen schließen muss.

Instinktverhalten

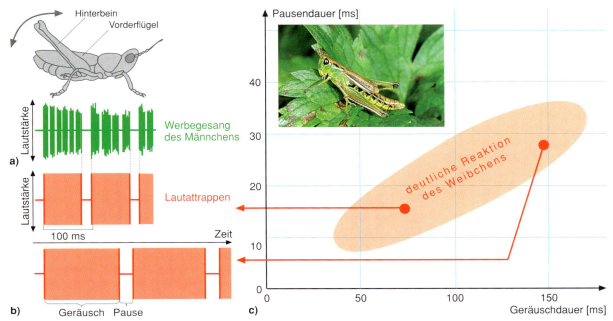

Abb. 237.1: a) Lautmuster (Oszillogramm) des Werbegesangs eines Feldheuschrecken-Männchens (grün). Es besteht aus raschen Folgen von 4 bis 8 kurzen Lauten, die durch Pausen unterbrochen sind; **b)** Künstlich erzeugte Lautattrappen aus einheitlichen, regelmäßig unterbrochenen Geräuschen (rot), die beide als Schlüsselreiz wirken; **c)** Die Weibchen reagieren deutlich auf alle Lautattrappen, bei denen das Verhältnis von Geräuschdauer zu Pausendauer dem natürlichen Werbegesang der Männchen entspricht.

3.3 Schlüsselreiz

Eine Instinkthandlung wird im Allgemeinen von einem Außenreiz ausgelöst. Er wird als *Schlüsselreiz* bezeichnet. Geht er von einem Artgenossen aus, kann man ihn auch *Auslöser* nennen.

Männliche Feldheuschrecken erzeugen ein arttypisches Zirpen, indem sie mit den Hinterbeinen über eine Kante auf den Vorderflügeln streichen. Das Zirpen bewirkt bei paarungsbereiten Weibchen ein Antwort-Zirpen, das nur auftritt, nachdem das Weibchen ein Männchen gehört hat. Die männlichen „Werbegesänge" sind von Art zu Art verschieden. Die Weibchen reagieren ausschließlich auf die Gesänge arteigener Männchen. Nur diese wirken also als Schlüsselreiz oder Auslöser für das Antwort-Zirpen.

Woran erkennt nun das Weibchen den Gesang arteigener Männchen? Um diese Frage zu klären, wurden die männlichen Gesänge elektronisch „synthetisiert". Diese Gesangs-*Attrappen* konnten nun mehr oder weniger stark verändert werden. Der natürliche Männchen-Gesang besteht z. B. bei einer bestimmten Art aus Folgen von vier bis acht kurzen Lauten, die durch etwas längere Pausen unterbrochen werden (Abb. 237.1). Zunächst wurde die Folge von vier bis acht kurzen Lauten durch ein ununterbrochenes Geräusch gleicher Länge ersetzt, in dem Töne sehr unterschiedlicher Frequenz enthalten waren (Abb. 237.1): Die Weibchen reagierten dennoch darauf. Sie reagierten auch, wenn die Geräuschdauer kürzer oder länger als die natürliche Lautfolgedauer war, aber nur, wenn das Verhältnis von Geräuschdauer zu Pausendauer das gleiche war wie das Verhältnis von Lautfolgedauer zu Pausendauer der natürlichen Gesänge (s. Abb. 237.1). Für die Reaktion des Weibchens ist also dieses Verhältnis ausschlaggebend, die Aufeinanderfolge der kurzen Laute und die absolute Länge von Geräusch- und Pausendauer ist unerheblich.

Mit solchen Attrappen-Versuchen lässt sich zeigen, dass der eigentliche Schlüsselreiz nur aus einem Teil der Merkmale des natürlichen auslösenden Reizes besteht. Entsprechende Ergebnisse hat man auch durch Verwendung von Attrappen bei anderen Schlüsselreizen gefunden. So sticht eine Zecke in alles, was warm ist und nach Buttersäure riecht. Buttersäure ist, neben vielen anderen flüchtigen Stoffen, im Schweiß von Säugetieren enthalten. Dieser einfache Schlüsselreiz genügt, um mit hoher Wahrscheinlichkeit einen geeigneten Wirt zu finden. Ein männlicher Stichling greift während der Fortpflanzungszeit ein anderes Männchen an, wenn es sich seiner Reviergrenze nähert, aber auch sehr grobe Attrappen, wenn diese nur den für fortpflanzungsbereite Stichlingsmännchen typischen roten Bauch besitzen.

238 Verhalten

Aus vielen solchen Versuchen wurde gefolgert, dass ein Schlüsselreiz im Allgemeinen nicht aus der Gesamtmenge der eintreffenden Reize besteht, sondern nur aus einer Teilmenge davon. Man stellte sich deshalb vor, dass es in den Sinnesorganen und dem Zentralnervensystem des Tieres eine Art ererbten Filtermechanismus gibt, den *angeborenen auslösenden Mechanismus* (AAM). Der AAM sollte nur auf die für den Schlüsselreiz charakteristische Teilmenge der Außenreize ansprechen und dann das zugehörige Instinktverhalten auslösen (s. Abb. 239.1). Schlüsselreiz und AAM sollten wie Schlüssel und Schloss zusammenpassen (daher der Name Schlüsselreiz).

Dieses Konzept des Schlüsselreizes muss heute in zweifacher Hinsicht relativiert werden. Einmal kann die Reizkombination, die als Schlüsselreiz wirkt, davon abhängen, welche anderen Reize noch geboten werden, und zum anderen können Schlüsselreize nicht nur völlig angeboren, sondern auch teilweise erlernt sein.

Die Abhängigkeit der als Schlüsselreiz wirkenden Reizkombination von anderen Reizen sei an folgenden Beispielen erläutert:

(1) Grillenweibchen reagieren auch auf sehr stark veränderte Lautattrappen des Männchengesangs, wenn diese Attrappen alleine geboten werden. Haben die Weibchen aber die Wahl zwischen zwei oder mehreren Lautattrappen, wenden sie sich ausschließlich der Attrappe zu, die die größte Ähnlichkeit mit dem arteigenen Männchen-Gesang hat.

(2) Ein kampfbereites Stichlingsmännchen attackiert zwar jede allein gebotene Attrappe mit rotem Bauch, aber nur, wenn sich diese in geringem Abstand befindet. Werden mehrere Attrappen gleichzeitig geboten, hängt die Reaktion von deren Haltung, der Entfernung und der Bewegung ab. Auch reagiert nicht jedes Männchen gleich.

Ein Schlüsselreiz ist also offensichtlich nicht ein genau passender Schlüssel zu einem neuronalen Mechanismus, der dann das betreffende Verhalten auslöst. Man definiert ihn besser als eine Merkmalskombination, an der eine bestimmte verhaltensauslösende Situation erkannt wird. Erst das Erkennen dieser verhaltensauslösenden Situation startet dann das Verhaltensprogramm. Welche Merkmalskombination aber ausreichend ist, um eine solche Situation eindeutig wahrzunehmen, hängt wiederum von anderen Reizen ab. Auch wir erkennen einen vertrauten Menschen zu Hause an ganz wenigen Merkmalen. Befindet er sich aber in einer Menschenmenge, brauchen wir dazu viel mehr Merkmale, können ihn also z. B. nicht mehr sicher von hinten erkennen.

Wenn der „Schlüssel" zum Verhalten in vielen Fällen keine von vornherein festgelegte Merkmalskombination ist, kann man auch nicht erwarten, dass es dazu ein konstantes „Schloss" in Form des AAM gibt. Tatsächlich ist es auch trotz intensiver neurophysiologischer Suche bisher nicht gelungen, Neuronen im Gehirn zu finden, die dem Konzept des AAM entsprechen. Diese Erkenntnis passt zu den heutigen Vorstellungen z. B. über die Wahrnehmung optischer Eindrücke (**s. Neurobiologie 3.10).** Dabei zeigte sich, dass Form, Farbe und Bewegung eines Gegenstandes weitgehend getrennt im Gehirn repräsentiert sind. Ein Neuron, oder eine Gruppe von Neuronen, die nur ansprechen, wenn ein bestimmter Gegenstand gesehen wird, wurde nicht gefunden.

Der Mensch zeigt ein sehr viel flexibleres Verhalten als Tiere, weil bei ihm Lernprozesse eine deutlich größere Rolle spielen. Wir werden also erwarten, dass Schlüsselreize hier in sehr viel höherem Maß erlernte Komponenten enthalten als bei Tieren. So sind sexuelle Auslöser wie das Frau-Schema (s. 5.7) nicht rein ererbt, sondern enthalten Attribute der aktuellen Mode. Was einem Menschen Furcht einflößt, hängt von der Vorerfahrung, aber auch vom Wissen über die Gefährlichkeit einer Waffe ab (der Anblick einer Pistole hätte im Altertum niemand erschreckt).

Prägung. Ein Beispiel für das teilweise Erlernen eines Schlüsselreizes ist auch der Vorgang der Prägung. Gänse- oder Entenküken folgen kurz nach dem Schlüpfen dem ersten Objekt, das sich bewegt und Laute von sich gibt. Unter natürlichen Umständen ist dies die eigene Mutter, deren individuelles Aussehen so erlernt wird. Wird im Experiment aber einem im Brutkasten geschlüpften Küken zuerst ein lebloses Objekt präsentiert, dann folgt das Küken fortan nur noch diesem Gegenstand (Abb. 239.2). Allgemein ist Prägung meist nur in einer zeitlich begrenzten Phase des Lebens, der sensiblen Phase, möglich. Ihr Resultat hält aber normalerweise lebenslang an.

Die sensible Phase der Prägung muss nicht, wie im obigen Beispiel, unmittelbar vor dem ersten Auslösen der Instinkthandlung liegen. Sie kann auch deutlich vorher sein. So werden viele Tiere in der Kindheit auf künftige Sexualpartner geprägt. Die sensible Phase muss auch nicht unbedingt in der Kindheit liegen. So werden die Elterntiere bei vielen Herdentieren oder bei in Kolonien brütenden Vögeln auf ihre eigenen Jungen geprägt. Weibliche Ziegen lassen z. B. nur solche Jungtiere am Euter trinken, deren Geruch sie in einem Zeitraum von etwa einer Stunde nach dem Gebären wahrgenommen haben. Sie nehmen in diesem Zeitraum auch fremde Jungtiere an.

3.4 Verhaltensprogramme

Der Ausführung von Instinkthandlungen liegen Verhaltensprogramme zugrunde. Im Gegensatz zu Reflexen und rhythmischen Bewegungen ist es aber bisher nicht gelungen, Verhaltensprogramme von Instinkthandlungen neuronal vollständig zu analysieren. Man kann aber davon ausgehen, dass es keine prinzipiellen Unterschiede zu den Programmen einfacher Verhaltensweisen gibt.

So findet man sowohl Verhaltensprogramme, die wenig Spielraum für Variationen unter dem Einfluss von Sinnesorganen lassen, als auch Verhaltensprogramme, deren konkreter Ablauf in hohem Maße von Sinnesmeldungen beeinflusst wird. Im ersten Falle wird ein ziemlich starres Verhalten erzeugt, das sich kaum an wechselnde Umgebungen anpassen kann. Als Beispiele kann man viele Balzbewegungen oder die oben erwähnten Heuschreckengesänge nennen, die ja ihrerseits von einem Partner als Signale erkannt werden und deshalb relativ formstarr sein müssen. Die meisten anderen Verhaltensweisen können aber durch Sinnesmeldungen in vielfältiger Weise an die aktuellen Bedürfnisse angepasst werden.

Verhaltensprogramme sind teilweise ererbt, teilweise aber auch durch Lernen erworben. So ist bei vielen männlichen Singvögeln eine gewisse Grundstruktur des Gesanges ererbt, viele Details müssen aber erlernt werden (s. Abb. 232.1). Dabei gibt es in der Jugend, also lange ehe der Vogel selbst singt, eine sensible Phase, in der unter natürlichen Bedingungen der Gesang des Vaters gespeichert wird. Diese gespeicherte Information dient später als Vorbild für den eigenen Gesang. Der ganze Prozess hat Ähnlichkeit mit Prägungsvorgängen.

Die klassische Ethologie hat für die eigentliche Instinkthandlung (Endhandlung, s. 3.1), teilweise auch für das zugrunde liegende Verhaltensprogramm den Begriff *Erbkoordination* verwendet. Der Begriff legt nahe, dass die betreffenden Bewegungen vollständig vom Erbgut festgelegt sind. Das würde bedeuten, dass das zugrunde liegende Verhaltensprogramm sowohl vollständig ererbt als auch durch Sinnesmeldungen nicht veränderbar ist. Nur vom Erbgut festgelegte, starre Handlungsabfolgen scheinen aber nach heutiger Auffassung eher die Ausnahme zu sein. In der Frühzeit der Ethologie standen sie vor allem deshalb im Zentrum der Forschung, weil sie aufgrund ihres reproduzierbaren Verlaufs leichter als Einheiten zu erkennen sind als flexible und zusätzlich durch Lernen veränderbare Verhaltensweisen.

3.5 Tendenz, Handlungsbereitschaft, Motivation

Die meisten instinktiven Verhaltensweisen werden nur dann von einem Schlüsselreiz gestartet, wenn im Tier eine bestimmte Bereitschaft dazu vorhanden ist. Diese Bereitschaft wird *Handlungsbereitschaft*, *Tendenz* oder auch *Motivation* (manchmal auch Trieb, *s. Neurobiologie 5.2.4*) genannt. Ihre Stärke hängt von inneren Zuständen, oft aber auch von Sinnesmeldungen ab. Die Bereitschaft, Handlungen auszuführen, die dem Nahrungserwerb dienen, wird stark vom Grad der Sättigung bzw. des Hungers beeinflusst, hängt aber auch von äußeren Bedingungen ab. So wird ein Tier, das eine Gefahr wahrnimmt, selbst dann nur eine geringe Bereitschaft zum Nahrungserwerb haben, wenn es sehr hungrig ist.

Bereitschaften für Handlungen, die im Dienst der Regelung interner Größen stehen, werden oft weniger von Sinnesmeldungen beeinflusst als andere Hand-

Abb. 239.1: Das „Sperren" der Jungvögel wirkt auf den Altvogel als Auslöser für das Füttern (Grasmücke). Auffällig ist die Färbung des Schnabelrandes und die Rachenfärbung der Jungvögel.

Abb. 239.2: Apparatur zur Prägung eines Entenkükens auf einen Fußball. Der Ball muss sich bewegen und Lockrufe abgeben.

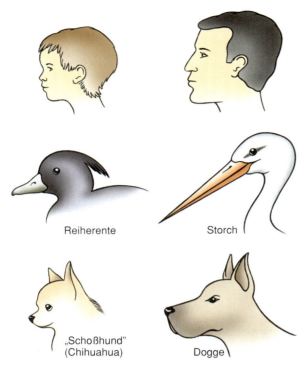

Abb. 240.1: Kindchen-Schema. Bei allen Tierabbildungen handelt es sich um Köpfe erwachsener Tiere.

lungsbereitschaften. Dazu gehören Nahrungsaufnahme (Regelung der Nährstoffkonzentration im Körper), Wasseraufnahme (Osmoregulation) und Handlungen, die der Temperaturregulation dienen (z. B. Aufsuchen kühler oder warmer Plätze). Auch die Bereitschaft zum Fortpflanzungsverhalten wird kaum von Sinnesmeldungen kontrolliert. Umgekehrt ist die Bereitschaft zum Erkundungs- und Spielverhalten sehr stark vom „Neuigkeitswert" der Umgebung abhängig. Die Bereitschaft zum Brutpflegeverhalten oder zum Beschützen von Jungtieren ist meist an das Vorhandensein eigener oder fremder Jungtiere gekoppelt.

Die Werbung macht von solchen äußeren Einflüssen auf Handlungsbereitschaften reichlich Gebrauch. So reagieren Menschen der verschiedensten Kulturkreise auf eine Kombination von Körpermerkmalen, die für Kleinkinder typisch ist *(Kindchen-Schema)*, mit betreuender Zuwendung (Abb. 240.1).

Die Bereitschaft für eine bestimmte Verhaltensweise (z. B. ein bestimmtes Futter aufzunehmen) ist oft in eine übergeordnete Bereitschaft für eine ganze Gruppe von Verhaltensweisen (z. B. Nahrungsaufnahme) eingebettet. In einer hungrigen Meise erhöhen sich z. B. die Bereitschaften für alle Verhaltensweisen des Nahrungserwerbs. Ob dies aber stärker zur Suche nach Insekten (hoher Proteingehalt) oder zur Suche nach Körnern (hoher Kohlenhydratgehalt) führt, hängt sowohl von inneren Faktoren (z. B. jeweiliger Protein- oder Kohlenhydratbedarf) als auch von der Vorerfahrung über die Verfügbarkeit der jeweiligen Nahrungsquelle ab. Bei reichlichem Körnerangebot (z. B. wegen zu langer Winterfütterung) kann es vorkommen, dass sich das Tier auch dann bevorzugt von Körnern ernährt, wenn es während der Fortpflanzungszeit einen erhöhten Proteinbedarf hat. Das Beispiel zeigt auch, dass die Höhe einer Bereitschaft von Lernvorgängen beeinflusst werden kann.

Vielleicht sind Lernvorgänge auch am Entstehen einer *Drogensucht* beteiligt. Man kann sich vorstellen, dass nach ersten Erfahrungen mit der Droge die Bereitschaft für alle Handlungen, die zur weiteren Einnahme führen, erhöht ist und schließlich stärker als alle anderen Bereitschaften wird. Für die Beteiligung von Lernprozessen am Entstehen einer Sucht spricht auch, dass solche Drogen besonders schnell süchtig machen, bei denen die Wirkung rasch einsetzt. Eine enge zeitliche Beziehung zwischen zwei Ereignissen ist ja eine Vorbedingung für viele Lernprozesse (s. 2.1 und 4.2).

Ein Tier besitzt im Allgemeinen eine Fülle unterschiedlicher Verhaltensweisen, führt aber zu einem bestimmten Zeitpunkt nur eine davon aus. Offensichtlich setzt sich nur die Verhaltensweise oder die Gruppe von Verhaltensweisen durch, für die die höchste Bereitschaft besteht. In besonders gelagerten Fällen können auch einmal zwei unterschiedliche Bereitschaften gleich groß werden. Dann tritt nicht eine Mischung der beiden Verhaltensweisen auf, sondern eine ganz andere Handlung. Eine Honigbiene hat zu Beginn eines Besuchs an einer ergiebigen Futterquelle eine hohe Bereitschaft zum Nektarsaugen und eine geringe Bereitschaft wegzufliegen. Im Laufe des Besuches steigt mit zunehmender Füllung des Honigmagens die Tendenz abzufliegen, und die Tendenz zu saugen fällt. Die Stärke der jeweiligen Tendenz lässt sich an bestimmten Körperhaltungen ablesen. Sind gegen Ende des Besuches beide Tendenzen gleich groß, beginnt sich die Biene zu putzen, auch wenn sie gar nicht verschmutzt ist. Man nennt solche Handlungen, die auftreten, wenn sich die stärkeren Bereitschaften für zwei andere Handlungen gegenseitig hemmen, *Übersprunghandlungen*. Sie sind wahrscheinlich weit verbreitet, aber sehr schwer nachzuweisen, da es nur selten gelingt, die Stärke von Handlungsbereitschaften quantitativ zu messen. So könnte man sich z. B. vorstellen, dass das „Sich-am-Kopf-Kratzen" beim Menschen dann auftritt, wenn sich in einer Konfliktsituation zwei andere Bereitschaften gegenseitig aufheben. Da man diese Bereitschaften aber nicht messen kann, lässt sich diese Vorstellung nicht beweisen.

4 Lernvorgänge

4.1 Überblick

Lernvorgänge können auf allen Ebenen der Verursachung von Verhalten eine Rolle spielen, nämlich bei der Bildung der Verhaltensprogramme, beim Festlegen des auslösenden Reizes und beim Festlegen der Höhe der Bereitschaft, ein Verhalten auszuführen.

Außer für die Habituation (s. 2.1) weiß man bisher für keine Lernform, auf welchen neuronalen Mechanismen sie genau beruht. Deshalb kann man die verschiedenen Lernformen auch nur anhand der beobachtbaren Verhaltensänderungen voneinander abgrenzen. Ob dieser Abgrenzung auch unterschiedliche neuronale Mechanismen zugrunde liegen, muss aber vorerst offen bleiben. Auf diese Weise kann man die folgenden Lernformen unterscheiden:

1. Habituation (s. 2.1)
2. Prägung (s. 3.3)
3. Lernanteile bei der Bildung der Verhaltensprogramme (s. 3.4)
4. Assoziatives Lernen. Hier wird entweder ein neuer auslösender Reiz mit einer vorhandenen Reaktion gekoppelt (z. B. bei der Bildung bedingter Reflexe, s. 2.1) oder eine bestimmte Handlung mit einem bestimmten Erfolg durch Versuch und Irrtum assoziiert. In allen Fällen sind keine kognitiven Leistungen erforderlich (s. 4.2).
5. Lernen durch Einsicht (s. 4.3).

Normalerweise wird jede erfahrungsbedingte Änderung einer Verhaltensweise als Lernen definiert. Wie so oft in der Verhaltensforschung, so ist aber auch der Begriff Lernen nicht klar definiert, obwohl er auf den ersten Blick so eindeutig erscheint. Viele Reflexe werden z. B. allmählich schwächer, wenn man sie mehrfach hintereinander auslöst. Die Abschwächung kann auf Vorgängen im Zentralnervensystem beruhen. Dann redet man von *Habituation* (s. 2.1), also von einem Lernvorgang. Sie kann aber auch durch die Adaptation beteiligter phasischer oder phasisch-tonischer Sinneszellen verursacht sein **(s. Neurobiologie 2 und 3.8)**. Dann wird sie nicht als Lernvorgang definiert. In vielen Fällen werden jedoch beide Mechanismen an der Abschwächung einer Reaktion beteiligt sein. Auch die verschiedenen Formen von Lernen sind oft nicht völlig eindeutig voneinander zu trennen. So besteht die Prägung (s. 3.3) in der Verknüpfung eines bestimmten Reizes mit einer bestimmten Reaktion. Das ist aber kein prinzipieller Unterschied zur Bildung einer Assoziation beim bedingten Reflex (s. 2.1).

4.2 Assoziatives Lernen

Beim assoziativen Lernen werden während eines Lernvorganges *(Konditionierung)* Verknüpfungen (Assoziationen) zwischen zwei Ereignissen hergestellt, die ursprünglich nichts miteinander zu tun hatten. Es gibt wahrscheinlich viele verschiedene Formen assoziativen Lernens. Zwei Formen wurden besonders intensiv in Laborexperimenten untersucht, die klassische Konditionierung und das Lernen nach Versuch und Irrtum (operante Konditionierung).

Bei der klassischen Konditionierung (Lernen eines Reizes) werden zwei Reize miteinander assoziiert. Ein typisches Beispiel ist die Bildung eines bedingten Reflexes (s. 2.1). Wenn unmittelbar vor einem reflexauslösenden Reiz (z. B. ein Luftstrom auf das Auge) regelmäßig ein anderer Reiz (z. B. ein Ton) gegeben wird, löst nach einigen Wiederholungen der Zusatzreiz (Ton) den Reflex (Schließen der Augenlider) allein aus. Der Lernvorgang besteht offensichtlich darin, dass der vorangehende Zusatzreiz gleichsam den nachfolgenden reflexauslösenden Reiz ankündigt. Es ist deshalb verständlich, dass der Lernerfolg nur eintritt, wenn die beiden Reize unmittelbar aufeinander folgen.

Es zeigte sich, dass auch bei den meisten anderen Formen assoziativen Lernens ein Lernerfolg nur eintritt, wenn die beiden Ereignisse unmittelbar aufeinander folgen. Aber auch hier gibt es keine Regel ohne Ausnahme: Wenn nach dem Verzehr einer bestimmten Speise Übelkeit auftritt, wird bei vielen Versuchstieren und auch beim Menschen die Übelkeit mit dem Geschmack der Speise assoziiert und dieser Geschmack künftig gemieden. Dabei können zwischen dem Geschmacksreiz und der Übelkeit mehrere Stunden liegen.

Als weitere Beispiele für klassische Konditionierungen könnte man nennen:

(a) Wenn ein Tier immer am gleichen Ort und zur gleichen Zeit gefüttert wird, sucht es den Futterplatz regelmäßig zur gleichen Tageszeit auf.

(b) Wenn ein Tier in einer bestimmten Situation eine schlechte Erfahrung gemacht hat, versucht es künftig diese Situation zu vermeiden. So scheuen Pferde manchmal an Orten, an denen sie einmal erschreckt worden sind. Hier werden die von der Situation ausgehenden Reize mit der unangenehmen Erfahrung assoziiert. Beim Menschen wird eine übersteigerte Form eines solchen Vermeide-Verhaltens als *Phobie* bezeichnet. Sie äußert sich in Angst vor bestimmten Gegenständen, Lebewesen, Situationen (z. B. Platzangst, Dunkelangst, Angst vor Hunden oder Spinnen, Prüfungsangst). Da wohl die meisten Assoziationen im prozeduralen Gedächtnis **(s. Neurobiologie 5.2.5)** niedergelegt sind, kann man Phobien schwer rational, d. h. über das Bewusstsein beeinflussen. Wird während einer Therapie der Zusatzreiz häufig alleine gegeben, ohne dass jeweils der eigentliche auslösende Reiz folgt, so verschwindet die Assoziation allmählich wieder. Wie schnell dies geschieht, ist sehr unterschiedlich.

Bei der **operanten Konditionierung** (Lernen nach Versuch und Irrtum, Lernen einer Reaktion) wird ein neues Verhalten mit einer bestimmten positiven oder negativen Erfahrung verknüpft. Diese Form des Lernens wurde v. a. in speziellen Versuchskäfigen (so genannten SKINNER-Boxen) untersucht. So erhielt z. B. eine Taube immer dann Futter (Belohnungsreiz), wenn sie gegen eine kleine erleuchtete Scheibe pickte. Die ersten Male geschah dies zufällig. Aber schon nach kurzer Zeit lernte sie gegen die Scheibe zu picken, wenn sie hungrig war. In einer anderen Versuchssituation musste eine Ratte den Weg zum Futter durch ein Labyrinth finden. Zunächst probierte sie an jeder Verzweigung des Weges nacheinander beide Wege aus und fand schließlich durch viele Versuche und Irrtümer den richtigen Weg. Beim zweiten Mal fand sie den Weg schon wesentlich schneller und hatte schon nach wenigen weiteren Versuchen den richtigen Weg gelernt. Weitere Beispiele mit Goldhamstern sind in Abb. 242.1 und 242.2 dargestellt.

Wenn auf ein bestimmtes Verhalten eine negative Erfahrung (z. B. Strafe) folgt, wird das Tier künftig das Verhalten vermeiden. So können durch Belohnung oder Bestrafung einem Tier viele Verhaltensweisen andressiert und andere abdressiert werden. Das wird bei Zirkusdressuren, aber auch bei der „Erziehung" von Haustieren vielfach angewandt. Wichtig ist dabei, dass die Bestrafung oder Belohnung unmittelbar auf das Verhalten folgt und dass während der Lernphase jedes entsprechende Verhalten auch konsequent belohnt bzw. bestraft wird.

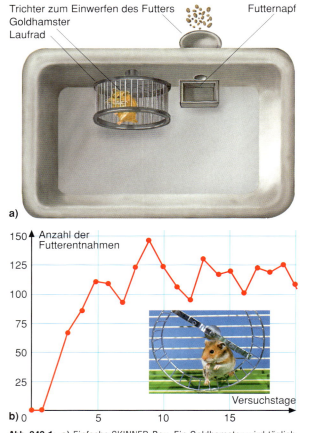

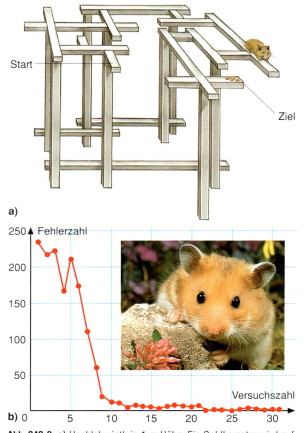

Abb. 242.1: a) Einfache SKINNER-Box. Ein Goldhamster wird täglich 30 min lang hineingesetzt. Jedes Mal, wenn das Tier das Laufrad dreht, wird ein Korn in den Futternapf gegeben. **b)** Es wird gezählt, wie oft der Goldhamster zwischen Laufrad und Futternapf hin- und herläuft und dabei Körner aus dem Napf entnimmt.

Abb. 242.2: a) Hochlabyrinth in 1 m Höhe. Ein Goldhamster wird auf den Startplatz gesetzt und muss das Futter am Ziel erreichen. **b)** Es wird gezählt, wie oft er pro Versuch einen falschen Weg einschlägt.

Die Vorgänge im Nervensystem, die sich bei der Bildung der Assoziationen abspielen, sind bisher nur unvollständig bekannt. Am Vorgang des Lernens sind offensichtlich Veränderungen der Synapsenstärke beteiligt, die Minuten bis Stunden lang anhalten. Ähnlich wie bei der Habituation des Kiemenrückziehreflexes von *Aplysia* **(s. 2.1)** wird das EPSP, das von einem Aktionspotential erzeugt wird, eine Zeit lang kleiner (Langzeit-Depression) oder größer (Langzeit-Potenzierung).

Für das endgültige, langfristige Abspeichern sind offensichtlich strukturelle Veränderungen verantwortlich. So erhöhte sich die Synapsendichte auf manchen Neuronen des Kleinhirns, nachdem Ratten eine schwierige Bewegung (z. B. über eine Strickleiter klettern) gelernt hatten. Allerdings kann ein bestimmter Gedächtnisinhalt nicht einer bestimmten Gruppe von Neuronen zugeordnet werden. Er scheint vielmehr über weite Teile des Gehirns verteilt abgespeichert zu sein.

Nicht alle assoziativen Lernprozesse lassen sich der klassischen und operanten Konditionierung zuordnen. Das möge folgendes Beispiel verdeutlichen:

Das Weibchen einer bestimmten Grabwespenart baut 10 bis 15 kleine Erdhöhlen, in die es je ein Ei legt, aus dem dann eine Larve schlüpft. Jeden Morgen besucht es die Höhlen in einer festen Reihenfolge. Dabei stellt es die Größe der jeweiligen Larve fest und bestimmt dadurch, wie viele Schmetterlingsraupen es während des Tages als Futter in die betreffende Höhle eintragen muss. Tauscht man die Larven nach dem morgendlichen Inspektionsflug aus, wird trotzdem jeweils die Zahl an Raupen eingetragen, die dem morgendlichen Zustand entsprochen hätte. Das Lernverhalten dieser Grabwespe ist also auf einen engen Zeitrahmen beschränkt. Das gibt es bei der klassischen und operanten Konditionierung nicht. Das Gelernte wird bei der Grabwespe genau einen Tag lang, aber nicht länger, behalten, ein Phänomen, das man ebenfalls sonst nicht kennt.

Für Tiere, bei denen Erlerntes einen hohen Anteil am Verhaltensrepertoire ausmacht, und auch für den Menschen ist es wichtig, Erfahrungen sammeln zu können, ohne dass jede negative Erfahrung zu einer ernsthaften Schädigung (z. B. Verletzung) führt. So wird verständlich, dass viele höhere Säuger und auch einige Vögel während ihrer Jugend eine Phase intensiven **Neugier- und Spielverhaltens** durchlaufen. Dabei wird die Umgebung erkundet, und Teile des Verhaltensrepertoires werden in „ungefährlichen", oft von den Eltern beschützten Situationen durchgespielt. Die dabei gewonnenen Erfahrungen fließen offensichtlich in Assoziationen ein, die später, in „ernsten" Situationen, das betreffende Verhalten optimal ablaufen lassen. In dieser Phase der Jugendentwicklung werden wahrscheinlich auch Verhaltensweisen der Eltern nachgeahmt und spielerisch eingeübt (s. 5.3). Gerade bei höheren Säugetieren müssen viele Details des Verhaltens von einem Vorbild erworben werden. Das macht in vielen Fällen das Wieder-Aussetzen (Auswildern) in Menschenobhut großgezogener Wildtiere problematisch. Diese Tiere müssen in der freien Natur sehr viele Teile ihres Verhaltensrepertoires erst durch Versuch und Irrtum erlernen, was sehr viel risikoreicher ist, als Verhaltensweisen von den Eltern zu übernehmen.

4.3 Lernen durch Einsicht

Bei vielen Vögeln und Säugetieren, insbesondere bei Menschenaffen, sind Lernleistungen bekannt, bei denen das Tier eine Handlungsabfolge „in Gedanken" planend durchspielt und anschließend in einem Stück ausführt. Versuch und Irrtum werden hier nicht in Wirklichkeit durchgeführt, sondern in der Überlegung vollzogen, ohne die Risiken, die ein realer Irrtum immer besitzt. Das ist aber nur möglich, wenn das Tier ein inneres Modell der Wirklichkeit besitzt, d. h., es müssen z. B. Ursache-Wirkungs-Beziehungen sowie räumliche und zeitliche Beziehungen im Gehirn repräsentiert sein. Dann kann das Tier die Konsequenzen seiner Handlungen im Voraus richtig einschätzen.

Verhalten dieser Art wurde zuerst von KÖHLER (1914) an gefangenen Schimpansen untersucht. Die Tiere benutzten Stöcke zum Herbeiholen von Bananen außerhalb des Käfigs, türmten Kisten aufeinander, die zufällig in ihrem Käfig herumlagen, oder steckten Stöcke mit hohlen Enden zusammen, um eine an der Käfigdecke aufgehängte Banane herunterzuholen, ohne dies je gelernt zu haben (Abb. 244.1). Bei den Versuchen wurde ausgeschlossen, dass die Tiere ihr Verhalten von anderen abschauen konnten. Sie probierten nicht herum, wie dies für das Lernen durch Versuch und Irrtum charakteristisch ist. Offensichtlich hatten die Tiere Einsicht in ihr Tun. Die Leistungen der Affen sind nur verständlich, wenn man annimmt, dass sie die Erfolg versprechende Handlung zunächst „in Gedanken" vorentworfen und dann ohne Zögern oder Probieren ausgeführt haben.

Höhere Leistungen sind auch in anderen Fällen beobachtet worden. Tauben, Papageien, Rabenvögel und Eichhörnchen lernten, aus einer abgedeckten Futterschale so viele Körner herauszunehmen, wie auf dem Deckel durch Punkte angegeben waren. Rabenvögel und Papageien lernten sogar, nach einer Anweisertafel zu handeln (Abb. 244.2). Die Deckel von den Schälchen waren jeweils mit einer bestimmten Anzahl Plastilinstückchen verschiedener Form und unterschiedlicher

Verhalten

Abb. 244.1: Lernen durch Einsicht bei Schimpansen. Einzelheiten s. Text. (Originalaufnahmen von KÖHLER, 1914)

räumlicher Anordnung versehen. Vor den Schälchen lag eine Anweisertafel mit einer bestimmten Anzahl von Punkten. Die Tiere hoben entsprechend der Anweisertafel den Deckel des Schälchens mit gleicher Zahl an Plastilinstückchen ab und fraßen den darin liegenden Köder.

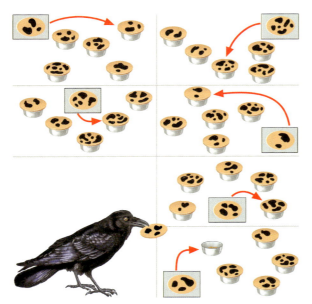

Abb. 244.2: Wahl nach Anweisertafel durch einen Kolkraben. Auf den Deckeln der mit Futter versehenen Schälchen liegen Plastilinstückchen verschiedener Form und Anzahl. Die Pfeile verbinden die Tafel mit dem vom Raben gewählten Futternapf.

Bei einem anderen Versuch lagen in sieben abgedeckten Schälchen Futterkörner. Ein Graupapagei lernte auf zwei, drei oder vier Lichtsignale hin ein Schälchen nach dem anderen zu öffnen, bis er so viele Körner gefressen hatte, wie Lichtsignale gegeben worden waren. Er entnahm aber auch ohne weitere Dressur die entsprechende Anzahl Körner, wenn statt der trainierten Lichtsignale plötzlich Tonsignale gegeben wurden. Höhere Wirbeltiere sind also imstande, aus einer gleichen Anzahl von Gebilden, die in Form und räumlicher Anordnung verschieden sind, das Gemeinsame, nämlich die Anzahl, herauszufinden. Diese Tiere haben demnach das Vermögen zu abstrahieren. Die maximal erkannten Anzahlen liegen bei sechs bis acht, also in der gleichen Größenordnung wie beim Menschen, ohne dass er abzählt.

Ein sicherer Nachweis für Lernen durch Einsicht ist nur zu erbringen, wenn man ausschließen kann, dass kein Lernen nach Versuch und Irrtum und kein Imitieren eines anderen Tieres oder des betreuenden Menschen stattgefunden hat. Im Fall der in Abb. 244.1 gezeigten Leistungen heißt das, dass nur die erste Ausführung einen Rückschluss auf Einsicht erlaubt. Wiederholungen des Verhaltens durch das gleiche Tier könnten einfach auf assoziativem Lernen beruhen.

Die Versuche zum Lernen durch Einsicht sind sehr zeitraubend. Sie können also nicht ohne weiteres an einer größeren Zahl zusätzlicher Tiere wiederholt werden. Deshalb ist die Erforschung höherer Lernleistungen nicht im Zentrum der naturwissenschaftlichen Verhaltensforschung.

5 Sozialverhalten

5.1 Verständigung bei Tieren (Kommunikation)

5.1.1 Möglichkeiten der Verständigung

Viele Tiere leben überwiegend allein. Aber selbst dann müssen sie bei der Fortpflanzung, bei Rivalenkämpfen oder bei der Verteidigung des Reviers mit Artgenossen Informationen austauschen, d. h. sich verständigen können. Noch wichtiger wird die gegenseitige Verständigung bei gesellig lebenden Tieren. Im einfachsten Fall erfolgt die Verständigung durch das Aussenden situationsgebundener Signale, die von Artgenossen über Sinnesorgane wahrgenommen werden und als Schlüsselreiz (Auslöser) für bestimmte instinktive Handlungen wirken.

Amphibien, Vögel und Säuger, aber auch manche Insekten (s. 3.3) verwenden akustische Signale.

Viele Insekten verständigen sich über *Pheromone*. Es sind dies Substanzen, die in geringer Konzentration an die Luft (bzw. das Wasser) abgegeben oder durch direkten Kontakt auf andere Tiere übertragen werden und die bei Artgenossen bestimmte Verhaltensreaktionen auslösen. Die Sexuallockstoffe vieler Schmetterlinge werden von den Weibchen abgegeben. Sie bestehen meist aus einem artspezifischen Gemisch verschiedener leicht flüchtiger Stoffe. Der Lockstoff kann die Männchen aus sehr großen Entfernungen anlocken, weil deren Geruchsorgane für dieses Substanzgemisch besonders empfindlich sind. Andere Insekten verwenden Pheromone, um Artgenossen zu geeigneten Lebensräumen zu locken. So geben Borkenkäfer, die einen geeigneten Wirtsbaum gefunden haben, Pheromone ab. Diese ziehen eine große Zahl anderer Borkenkäfer an, sodass es zu einem Massenbefall und damit oft zum Absterben des Baumes kommt. Pheromone werden auch zur Markierung von Wegen oder Territorien (Ameisen) oder zur Verständigung innerhalb des Staates (Ameisen) benutzt.

Der Mensch setzt künstlich hergestellte Pheromone zur Schädlingsbekämpfung ein *(s. Ökologie 4.2.1).* Auch viele Säugetiere und vielleicht auch der Mensch („ich kann ihn/sie nicht riechen") verständigen sich mit Duftsignalen (s. 5.2).

Sehr häufig werden *optische Signale* für die innerartliche Kommunikation verwendet. Es kann sich dabei um Körpermerkmale handeln, die nur zu bestimmten Zeiten des Jahres auftreten. So haben Männchen des Dreistachligen Stichlings zur Laichzeit einen roten Bauch. Dieser rote Bauch kann zusammen mit einem entsprechenden Verhalten auf andere Männchen kampfauslösend wirken (s. 3.3). Oft dienen auch bestimmte Körperhaltungen, Bewegungen oder Gesten zur Verständigung. Das Auftreten einer Katze mit Katzenbuckel, gesträubten Haaren und gefletschten Zähnen wird selbst von den meisten Menschen als Drohgebärde erkannt. Genauso deuten wir das Schwanzwedeln eines Hundes meistens richtig.

Auch der Mensch besitzt solche Ausdrucksbewegungen, die in allen Kulturen die gleiche Bedeutung haben und auch in gleicher Weise ausgeführt werden *(nonverbale Verständigung).* Dazu gehören Lächeln, Gesichtsbewegungen beim Grüßen oder beim Erstauntsein, Zornes- und Drohgebärden. Sie werden von taubblinden Kindern in gleicher Weise ausgeführt, sind also weitgehend ererbt. Trotzdem können sie willentlich unterdrückt werden (Pokerface) oder ohne die zugehörigen Emotionen ausgeführt werden (bei guten Schauspielern). Beides erfordert aber einen intensiven Lernprozess *(s. auch Neurobiologie 5.2.4).*

Man kann sich vorstellen, dass manche dieser Gesten aus Verhaltenselementen entstanden sind, die ursprünglich gar keinen Signalcharakter hatten und in einem ganz anderen Zusammenhang auftraten. So drohen sich Stichlingsmännchen gegenseitig mit senkrecht nach unten gerichtetem Kopf. Möglicherweise hat sich diese Drohgebärde aus einem Verhaltenselement beim Nestbau entwickelt. Stichlingsmännchen bauen am Boden Nester, deren Umgebung sie als Revier gegen andere Männchen verteidigen. Wenn ein solches Verhaltenselement im Laufe der Stammesgeschichte durch Bedeutungswandel Signalcharakter erhält, bezeichnet man diese Veränderung als *Ritualisierung.* So plausibel die Annahme einer Ritualisierung in bestimmten Fällen beim Vergleich verschiedener Verhaltensweisen ist, so schwer ist sie zu beweisen.

5.1.2 Kommunikation bei Honigbienen

Tierstaaten sind geschlossene Verbände, in denen ein Teil der Mitglieder auf die Fortpflanzung verzichtet, aber die wenigen fortpflanzungsfähigen Tiere bei der Brutfürsorge unterstützt. Tierstaaten gibt es bei Termiten, Bienen, Wespen, Hummeln und Ameisen sowie bei einigen Säugerarten, wie z. B. dem afrikanischen Nacktmull. Es gibt deutlich mehr Tierarten mit Staatenbildung als Vogel- und Säugerarten zusammen. Die Kommunikation innerhalb dieser Staaten erfolgt meistens über Pheromone. Darüber hinaus hat sich bei Honigbienen eine weitere Kommunikationsform entwickelt, nämlich der „Bienentanz".

Der Bienenstaat besteht bis auf wenige Männchen (Drohnen) nur aus weiblichen Tieren (s. auch 5.4). Es gibt ein einziges fortpflanzungsfähiges Weibchen

(Königin) und Zehntausende von sterilen Arbeiterinnen. Während die Königin vier bis fünf Jahre alt wird, beträgt die Lebensspanne der Arbeiterinnen im Sommer nur einige Wochen.

Die ersten zwei bis drei Wochen nach dem Schlüpfen aus der Puppe verbringt die Arbeiterin im Stock und beteiligt sich an der Brutpflege und dem Wabenbau. Erst danach beginnt sie mit dem „Außendienst" und trägt dann bis an ihr Lebensende Blütenstaub, Nektar oder Wasser ein.

Bienentanz. Wie finden nun die Bienen eine günstige Futterquelle? Stellt man im Freien ein Schälchen mit Zuckerwasser auf, so vergehen unter Umständen Stunden, bis die erste Biene diese Futterquelle entdeckt hat. Kurze Zeit, nachdem die erste Biene wieder abgeflogen ist, wächst jedoch die Zahl der anfliegenden Bienen rasch auf Dutzende an. Offenbar können sich die Bienen untereinander verständigen.

Um festzustellen, wie dies geschieht, hat VON FRISCH die zuerst ankommende Biene mit einem Farbtupfer markiert. Nach ihrer Rückkehr in den Bienenstock wurde das Verhalten der markierten Biene beobachtet.

Lag die Futterquelle in unmittelbarer Nähe des Stocks, so führte die heimkehrende Sammlerin auf einer senkrecht hängenden Wabe einen *Rundtanz* auf (Abb. 246.1 a). Wurde das Futterschälchen immer weiter vom Stock entfernt, gingen die Tanzbewegungen bei einer Entfernung von 80 bis 100 Metern in den so genannten *Schwänzeltanz* über (Abb. 246.1 b). Der Schwänzeltanz hat die Form einer Acht. Im Mittelstück der Tanzfigur schiebt die Tänzerin den Körper nur langsam nach vorn und bewegt dabei den Hinterleib heftig hin und her (schwänzeln). Gleichzeitig gibt sie einen Ton ab. Als Bezugsrichtung dient die Erdschwerkraft. Dabei entspricht im dunklen Stock die Richtung senkrecht nach oben der Richtung zur Sonne beim Flug. Die Körperhaltung beim Schwänzeln verläuft im Mittel senkrecht nach oben, wenn die Futterquelle genau in Richtung Sonne liegt. Sie weicht im Mittel um so viele Winkelgrade von der Senkrechten ab, wie der Winkelabstand zwischen dem Weg zur Futterquelle und der Richtung zur Sonne beträgt (s. Abb. 246.2).

Mit zunehmender Entfernung zur Futterquelle werden die Umläufe langsamer, das Schwänzeln im Mit-

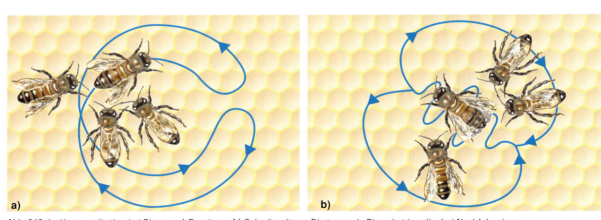

Abb. 246.1: Kommunikation bei Bienen: **a)** Rundtanz; **b)** Schwänzeltanz. Die tanzende Biene hat jeweils drei Nachfolgerinnen.

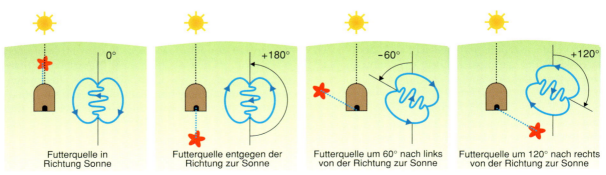

Abb. 246.2: Richtungsweisung der Bienen nach dem Sonnenstand

telstück aber immer länger. Anders ausgedrückt: Jeder einzelne Lauf dauert länger und damit werden auch pro Umlauf mehr Schwänzelbewegungen ausgeführt. Die Zahl der Umläufe je Zeiteinheit scheint also von der Entfernung abhängig zu sein (s. Abb. 247.1). Liegt die Futterquelle bei gleicher Entfernung vom Stock das eine Mal bergauf, das andere Mal bergab, ist die Zahl der Umläufe je Zeiteinheit beim Bergaufflug kleiner als beim Bergabflug. Es ist also nicht die absolute Entfernung, sondern die Flugleistung bis zum Erreichen des Zieles für die Zahl der Umläufe verantwortlich. Ähnliche Verhältnisse wurden auch bei Gegenwind beobachtet. Bei Umwegen um einen Berg bestimmt die Richtung der Luftlinie zur Trachtquelle die mittlere Tanzrichtung, aber die Umwegstrecke die Anzahl der Umläufe pro Zeiteinheit.

Wenn die Sonne z. B. durch Gebäude, Berge oder dichte Wolken verdeckt ist und nur ein kleiner Fleck blauen Himmels sichtbar bleibt, können die Bienen trotzdem aus der Schwingungsrichtung des *polarisierten* Himmelslichtes den Sonnenstand erkennen. Da ihr Auge für ultraviolettes Licht sehr empfindlich ist, können sie auch bei geschlossener dünner Wolkendecke die Sonne direkt sehen. Bienen berücksichtigen bei ihrem Tanz auch die während der Sammeltätigkeit erfolgte Änderung des Sonnenstandes, die durch die Erddrehung eintritt; sie haben einen gut entwickelten Zeitsinn. Die Art der zu erwartenden Futterquelle wird durch den der Tänzerin anhaftenden Geruch übermittelt. Je ergiebiger eine Futterquelle ist, desto länger tanzt die Kundschafterin und lockt so mehr Bienen zum Futterplatz.

Wie die Stockgenossen die im Tanz enthaltene Information übernehmen, ist noch nicht sicher bekannt. Denkbar wären z. B. Vibrationen der Waben, die von der tanzenden Biene erzeugt werden und von benachbarten Stockgenossen wahrgenommen werden, oder direkte Tastwahrnehmungen.

Da die heimgekehrte Sammelbiene auf der senkrecht hängenden Wabe tanzt, muss sie die Information über den Winkel zwischen Sonne und Flugrichtung in den Winkel zwischen der Lotrechten und der Tanzrichtung übersetzen.

Der Tanz wird nicht nur zum Informieren über eine Futterquelle eingesetzt, sondern auch bei der Suche nach einem geeigneten Platz für einen Schwarm. Kurz bevor nämlich eine neue Königin schlüpft, verlässt die alte Königin zusammen mit etwa der Hälfte der Arbeiterinnen den Stock. Der alte Stock wird von der frisch geschlüpften Königin übernommen, nachdem sie von männlichen Tieren (Drohnen) außerhalb des Stockes begattet wurde.

Der Schwarm lässt sich zunächst in einer Traube in der Nähe des alten Stockes nieder. Kundschafterinnen

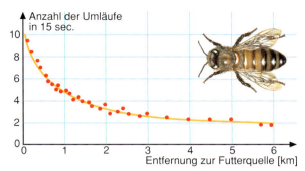

Abb. 247.1: Häufigkeit des Durchlaufens der Tanzfigur pro Zeiteinheit in Abhängigkeit von der Entfernung

schwärmen aus und suchen nach geeigneten Orten für einen neuen Stock. Die Lage eines geeigneten Platzes wird durch einen Tanz angezeigt. Daraufhin inspizieren weitere Bienen diesen Ort und tanzen ihrerseits in der Schwarmtraube. Normalerweise werden anfänglich verschiedene, unterschiedlich gut geeignete Orte gefunden. Da die Güte eines Platzes auch in diesem Fall die Intensität des Tanzes beeinflusst und diese wiederum die Zahl der dorthin ausfliegenden Bienen, werden am Schluss alle für den geeignetsten Ort tanzen. Das Ganze ist also eine Art Abstimmung.

5.1.3 Sprachähnliche Kommunikation bei Tieren

Die komplexen Strukturen im Bereich von Kehlkopf und Mund, die beim Menschen die Lautbildung beim Sprechen ermöglichen, fehlen bei Menschenaffen. Will man also feststellen, ob Menschenaffen die geistigen Fähigkeiten zur Nutzung einer einfachen Sprache besitzen, kann man nicht die gesprochenen Worte verwenden, sondern muss andere Formen der Sprache benutzen. Man muss außerdem mit Jungtieren arbeiten, da bei erwachsenen Tieren die Lernbereitschaft wesentlich geringer ist. Bei solchen Untersuchungen ist zu prüfen, ob die Tiere sowohl die Bedeutung von Wörtern verstehen (semantischer Aspekt von Sprache) als auch die Regeln der Kombination von Wörtern anwenden (syntaktischer Aspekt).

Tatsächlich gelang es, einzelnen Schimpansen über 100 Zeichen der Taubstummensprache beizubringen, mit denen sie sogar Sätze bilden konnten. Die Eheleute GARDNER brachten als Erste dem Schimpansenweibchen *Washoe* in vier Jahren Zeichen für 160 Wörter bei. Diese Wörter konnte es auch selbst durch Zeichen mitteilen. Der Begriff „süß" wurde durch das Berühren der wackelnden Zungenspitze mit dem Zeigefinger dargestellt. Er wurde von Washoe immer dann benützt, wenn sie nach der Mahlzeit einen Nachtisch haben wollte oder ein Bonbon begehrte. Trinken wurde durch Berühren des Mundes mit dem von der Faust abgespreizten Daumen angedeutet (Abb. 248.1). Washoe verwendete diese Geste für die Begriffe Wasser, Arznei oder Limonade. Limonade verband sie oft mit „süß". Einem Beobachter konnte Washoe durch gelernte Zeichen mitteilen, was sie auf einem Bild sah. Sie kombinierte auch selbständig Zeichen, z. B. Öffnen – Essen – Trinken, wenn sie andeuten wollte, dass der Kühlschrank geöffnet werden sollte.

Während bei den Arbeiten der GARDNERS die Vermittlung von Wortbedeutungen im Vordergrund stand, ging es PREMACK vor allem um die Frage, ob Affen auch syntaktische Regeln anwenden. Er lehrte die Schimpansin *Sarah*, dass Plastikstücke von bestimmter Form und Farbe (Symbole für Worte) ein bestimmtes Objekt (ein Substantiv), eine Tätigkeit (Verb) oder eine Eigenschaft (Adjektiv) bedeuten. Mit solchen Plastikfiguren, von denen jede einem bestimmten Wort entsprach, konnte z. B. folgender Satz gelegt werden: Sarah – legen – Banane – Schüssel – Apfel – Eimer (Abb. 248.2). Die Schimpansin verstand den Sinn der Kombination der Plastikfiguren, legte den Apfel in den Eimer und die Banane in die Schüssel. Ihre eigenen Wünsche konnte sie auf die gleiche Weise äußern.

Susan SAVAGE-RUMBAUGH untersuchte Zwergschimpansen, die sich hinsichtlich des Spracherwerbs als besonders fähig erwiesen, und verglich sie mit Kindern. Sie analysierte das Verständnis für gesprochene englische Sprache. Es ergab sich, dass junge Zwergschimpansen und Menschen bis zum Alter von etwa zweieinhalb Jahren ungefähr gleich weit waren, und zwar sowohl in semantischer (400 bis 500 Wörter) als auch in syntaktischer Hinsicht. Von da ab erwarben die Zwergschimpansen weder weitere Vokabeln noch zusätzliches syntaktisches Wissen. Dagegen nimmt beim Menschen der sprachliche Wissenserwerb danach fortlaufend zu.

Die Tiere brachten als Erwachsene die gelernten „Sprachen" nicht ihren Kindern bei, sodass auf diese Weise keine „Schimpansensprachen" entstanden.

Auch Delfine und Papageien sind offensichtlich in der Lage, einfache Sprachsymbole zu verstehen und richtig anzuwenden.

Abb. 248.1: Ein Schimpansenweibchen signalisiert „Trinken" in der Zeichensprache

Abb. 248.2: Sprachähnliche Kommunikation bei der Schimpansin Sarah. Das Tier handelt gemäß der gegebenen Anweisung. Von oben nach unten gelesen bedeuten die Symbole Sarah – legen – Banane – Schüssel – Apfel – Eimer (s. Text). Die Symbole haben keine Ähnlichkeit mit den von ihnen bezeichneten Dingen.

5.2 Territoriales Verhalten (Revierverhalten)

Die meisten Tiere leben dauernd in einem bestimmten Gebiet. Ein Ausschnitt dieses Gebietes, in welchem sie ihre Nahrung erwerben, ihr Nest bauen, schlafen und sich fortpflanzen, wird bei höheren Tieren häufig gegen Artgenossen abgegrenzt und verteidigt. Man nennt solche Zonen *Reviere* oder *Territorien*. Verschiedene Arten, deren Angehörige einzeln leben, wie z. B. Dachs und Hamster, besetzen Einzelreviere, in Gruppen lebende Arten (Wolf, Paviane) Gruppenreviere. Säugetiere grenzen ihre Reviere oft durch *Duftmarken* aus Drüsensekreten ab, die sie an bestimmten Stellen des Reviers anbringen. Der Wolf *markiert* durch Harn, Dachs und Marder mit dem Sekret einer Drüse an ihrer Schwanzwurzel. Der Gesang der Singvögel zeigt das betreffende Brutrevier an.

Der Besitzer zeigt im Revier Kampfbereitschaft. Diese ist umso ausgeprägter, je näher er dem Zentrum seines Reviers ist. Selbst ein schwächeres Tier kann im Zentrum seines Reviers einen stärkeren Artgenossen besiegen, an dessen Peripherie aber eventuell nicht mehr. Deshalb drückt sich die Kampfstärke eines Tieres häufig in der Größe seines Reviers aus.

Die biologische Bedeutung des Revierverhaltens liegt in der Sicherung des Lebensraumes für die Besitzer und ihre Jungen sowie in der Verteilung der Individuen innerhalb eines Verbreitungsgebietes. Werden die Reviere von Tieren durch Überbevölkerung eingeengt, dann treten oft körperliche Störungen und Verhaltensänderungen auf, die die Vermehrungsrate verringern. Werden z. B. Spitzhörnchen (Tupajas) in zu großer Zahl in einem Gehege gehalten, ist bei den Weibchen die Funktion der Milchdrüsen und damit die Fähigkeit zum Säugen gestört. Außerdem scheidet die Duftdrüse zum Markieren der Jungen kein Sekret mehr ab und die nicht duftmarkierten Jungen werden von Artgenossen getötet. Oft tragen trächtige Weibchen ihre Jungen nicht mehr aus. Beim Männchen verzögert sich die Entwicklung der Hoden. Nicht nur der Nachwuchs ist betroffen: Bei Erwachsenen tritt häufig Nierenversagen als Todesursache auf. Diese Vorgänge verringern die Anzahl der Tiere so weit, bis jedes Tier wieder die erforderliche Reviergröße hat.

5.3 Traditionsbildung

Säugetiere und Vögel müssen einen Teil ihres Verhaltensrepertoires in ihrer Jugend erlernen. Das geschieht weitgehend durch das Nachahmen der Verhaltensweisen ihrer Eltern oder anderer erwachsener Artgenossen (s. 4.2). Wenn ein Tier ein bestimmtes Verhalten z. B. durch Versuch und Irrtum erlernt hat, kann es also sein, dass dieses Verhalten durch Nachahmung von anderen Tieren übernommen wird. Dadurch können in bestimmten Gruppen Traditionen entstehen, die sich von den Traditionen anderer Gruppen der gleichen Art unterscheiden. So wurde in einer Population von Rotgesichtsmakaken auf der japanischen Insel Koshima 1953 beobachtet, dass das Affenmädchen Imo die auf dem Sandstrand als Futter ausgelegten Süßkartoffeln (Bataten) in einem nahen Bach vor dem Verzehr zu waschen begann. Diese Erfindung wurde zunächst innerhalb der eigenen Familie durch Nachahmung von den Eltern auf die Kinder weitergegeben. Im Lauf von zehn Jahren wandten 75 % der Gesamtpopulation dieses Verfahren an.

Amseln können in ihren Gesang Pfiffe von Menschen einbauen und diese neuen Gesangsteile an die folgenden Generationen weitergeben.

5.4 Altruistisches Verhalten – Soziobiologie

Bei vielen sozial lebenden Tieren findet man Verhaltensweisen, die zwar für die Gemeinschaft Gewinn bringend sind, für das ausführende Individuum aber auf den ersten Blick Nachteile haben. Solche Verhaltensweisen bezeichnet man als *altruistisch* (selbstlos). Wenn z. B. bei Pflanzen fressenden Säugetieren ein einzelnes Tier auf mögliche Feinde achtet und ihr Nahen durch einen Ruf ankündigt, so hat dieser Wächter zwei Nachteile: Er kann sich nicht so gut ernähren und er macht durch das Rufen den Feind besonders auf sich aufmerksam. Noch stärker wird der Altruismus, wenn ein Tier auf eigene Nachkommen verzichtet und stattdessen andere Artgenossen bei der Aufzucht ihrer Jungen unterstützt (z. B. die Arbeiterinnen in Insektenstaaten).

Normalerweise geht man davon aus, dass der Bau und die Lebensäußerungen eines Tieres vorteilhaft sind, sonst wären sie im Laufe der Evolution verschwunden *(s. Evolution 2.1.2)*. Wie konnte sich also altruistisches Verhalten in der Evolution bilden und erhalten, obwohl es für den Ausführenden mit Nachteilen verbunden ist? In der Evolution wird nicht das Verhalten bevorzugt, das dem betreffenden Individuum nützt, sondern dasjenige, das für eine möglichst hohe Zahl von Nachkommen sorgt. Das müssen nicht unbedingt eigene Kinder sein. Es genügt, wenn die geförderten Nachkommen relativ eng verwandt sind, also ein ähnliches Erbgut besitzen.

Tatsächlich bestehen die Gruppen von Tieren, in denen altruistisches Verhalten auftritt, meistens aus nahe verwandten Tieren. Wenn also einem Wächter in einer solchen Tiergruppe zwar individuelle Nachteile erwachsen, sich aus diesem Grund aber die Überlebenswahrscheinlichkeit der anderen Gruppenmitglieder erhöht, so können dadurch eventuell mehr Erbanlagen des Wächters in die nächste Generation gelangen, auch Gene für altruistisches Verhalten. Entsprechendes gilt für den Verzicht auf eigene Nachkommen bei Arbeiterinnen Staaten bildender Insekten. In diesem Fall kommt bei Ameisen und Bienen noch hinzu, dass die Schwestern eines bestimmten Weibchens näher mit ihm verwandt sind (mehr gleiche Gene besitzen) als die eigenen Kinder. Wegen der besonderen Chromosomenverhältnisse bei männlichen Ameisen und Bienen *(s. Evolution 2.5)* haben Schwestern durchschnittlich $3/4$ der Gene gemeinsam. Ihre eigenen Kinder bekommen aber nur die Hälfte ihrer Gene. Wenn ein Weibchen also zur Arbeiterin wird (somit keinen eigenen Nachwuchs hat) und stattdessen dafür sorgt, dass eine größere Anzahl ihrer Geschwister aufwachsen kann, gelangen schließlich mehr ihrer Gene in die folgende Generation.

Die geschilderte Vorstellung von den evolutiven Ursachen altruistischen Verhaltens wird von der *Soziobiologie* vertreten. So einleuchtend diese Erklärung ist, so schwer ist sie in vielen Fällen nachzuweisen. Wenn die Verwandtschaftsverhältnisse nicht so extrem wie bei Bienen und Ameisen sind, muss man dazu eine *Kosten-Nutzen-Analyse* machen. In ihr müssen die Kosten (die Nachteile, die das Tier unmittelbar hat) dem Nutzen (die Vorteile, die das Tier meist indirekt hat) gegenübergestellt werden *(s. Ökologie 1.9.2).* Sowohl Kosten wie Nutzen sind aber oft nicht quantitativ zu ermitteln. Im Falle des oben erwähnten Wächters ist die Verringerung seiner Lebenserwartung nur durch eine große Serie von Freilandbeobachtungen zu ermitteln. Die Erhöhung der Lebenserwartung der anderen Gruppenmitglieder ist sogar nur grob zu schätzen, wenn die betreffende Tierart im Freiland nicht ohne einen Wächter äst, die Lebenserwartung ohne Wächter also gar nicht zu ermitteln ist.

Die soziobiologische Erklärung altruistischen Verhaltens ist also in vielen Fällen zwar eine einleuchtende Hypothese, aber eine Hypothese, die nur sehr schwer und meistens nur mit riesigem Aufwand durch Messdaten gestützt werden kann. Man kommt also oft in Beweisnot, wenn man die soziobiologische Betrachtungsweise auf eine konkrete Verhaltensweise anwenden will.

Die soziobiologische Betrachtungsweise kann man auch auf andere Verhaltensweisen ausdehnen, z. B. die Jungen-Fürsorge. Bei Brutpflege und Jungen-Fürsorge z. B. bei Säugetieren sieht eine Kosten-Nutzen-Analyse folgendermaßen aus: Den Eltern entsteht ein erheblicher Energieaufwand und ihre Lebenserwartung wird im Mittel herabgesetzt. Dieser Nachteil wird dadurch aufgewogen, dass die Wahrscheinlichkeit der Nachkommen erhöht wird, ihrerseits zur Fortpflanzung zu gelangen und so die Verbreitung des elterlichen Erbgutes zu fördern. Mit zunehmendem Alter der Jungen steigen allerdings die „Kosten" der Eltern und der „Nutzen" der Brutpflege nimmt ab. Je älter z. B. ein noch gesäugtes Säugetierjunges wird, desto höher wird nämlich auch sein Nahrungsbedarf, dementsprechend steigen die „Kosten" der Milchproduktion durch die Mutter. Andererseits nimmt die Fähigkeit des Jungen zu, auch andere Nahrung zu verwerten, sodass die Überlebenschance immer weniger von der Muttermilch abhängt. Im gleichen Maße nimmt also der „Nutzen" des Säugens aus der Sicht der Mutter ab. Schließlich kommt der Zeitpunkt, zu dem es für die Mutter vorteilhaft ist, die verfügbare Energie in weitere Nachkommen zu investieren, das Junge wird „entwöhnt".

Auch der Aufwand, den männliche Tiere für den Nachwuchs treiben, könnte sich bei einer Kosten-Nutzen-Analyse als eigennützig herausstellen. So steht den nicht unerheblichen „Kosten" von Kämpfen um ein Weibchen oder einen Harem wieder der „Nutzen" des eigenen Fortpflanzungserfolges gegenüber. Dieser würde gemindert, wenn nach Übernahme eines oder mehrerer Weibchen auch Junge des im Kampf Unterlegenen mit versorgt würden. So überrascht es nicht, dass z. B. bei Löwen, manchen Affen und Nagetieren die Lebenserwartung der bereits vorhandenen Jungen deutlich sinkt, wenn Weibchen von einem neuen Männchen übernommen werden. Manchmal bringt dieses die Kinder seines Vorgängers einfach um.

Die Tendenzen, altruistische Verhaltensweisen auszuführen, sind angeboren, oft auch durch Lernvorgänge modifiziert. Das Verhalten selbst läuft ohne eine Einsicht in mögliche Folgen ab. Der Wächter erfüllt also diese Aufgabe, ohne dass ihm die damit verbundenen individuellen Nachteile bewusst sind. Man kann also nicht von „moralischem", allenfalls von „moralanalogem" Verhalten sprechen.

5.5 Rangordnung

In vielen Gruppen von Wirbeltieren (z. B. Affen, Wölfe, Dohlen, Hühner) besteht eine Rangordnung, in der jedes Mitglied seinen bestimmten Platz einnimmt. Voraussetzung für die Ausbildung einer solchen Rangordnung ist, dass die Tiere lernfähig sind und sich gegenseitig individuell erkennen können. Bringt man z. B. Haushühner, die sich noch nicht kennen, zu einer Schar zusammen, fangen sie zu kämpfen an. Jedes Huhn ficht nach und nach mit jedem anderen und merkt sich, wen es besiegte und gegen wen es verlor. In der Folgezeit hackt es die Unterlegenen, wenn sie ihm nicht Platz machen, vor den Siegern drückt es sich. Das ranghöchste Tier bezeichnet man als α-Tier.

Die Ausbildung einer relativ stabilen Rangordnung hat Vorteile: Kräftezehrende Kämpfe um Nahrung, Geschlechtspartner oder Nistplatz sind selten und die Führung der Gruppe wird vom fähigsten Tier übernommen. Die soziale Stellung des Mitgliedes eines Verbandes kommt in dessen Körperhaltung (Abb. 252.1) oder auch in besonderen Verhaltensweisen zum Ausdruck.
Eine solche Rangordnung (in der Hühnerschar auch Hackordnung genannt) ist nicht auf Dauer festgelegt. Insbesondere junge Gruppenmitglieder versuchen dann und wann, die Rangordnung zu ihren Gunsten zu verändern. Sie zetteln dann Rangordnungskämpfe an.

Eine Auseinandersetzung um die Rangordnung beginnt meist mit *Drohen* (Imponieren). Dabei wird oft der Körperumriss durch Sträuben der Haare oder Federn bzw. durch entsprechende Körperhaltungen (z.B. Aufrichten, Katzenbuckel) vergrößert oder es werden Angriffswaffen (Zähne, Hörner) gezeigt. Manchmal treten zu den optischen auch akustische Signale, wie das Knurren und Fauchen bei Raubtieren. Die Auseinandersetzung wird häufig schon auf dieser Stufe beendet, indem einer der Partner aufgibt. Kommt es zum Kampf, werden bei manchen Arten die gefährlichen „Waffen" der Tiere eingesetzt. So liefern sich Wölfe eine regelrechte Beißerei. Dabei können sich die Tiere gegenseitig verletzen *(Beschädigungskampf)*. Häufig besteht die Auseinandersetzung aber aus einem *Turnierkampf* (Kommentkampf), der nach festen Regeln abläuft und bei dem gefährliche Waffen nicht oder nur in nicht verletzender Weise eingesetzt werden. So bekämpfen Giraffen ihre Rivalen mit den Hörnern, setzen aber die weit gefährlicheren Hufe nicht ein. Hirsche und Rehe kämpfen untereinander, indem sie zuerst ihre Geweihe aneinander stoßen und dann versuchen den Gegner fortzuschieben. Gezielte Stöße gegen die Weichteile des Gegners werden nicht beobachtet.

Den Abschluss eines Kampfes bildet bei vielen Arten eine *Demutshaltung* des Unterlegenen. Der Sieger bricht daraufhin den Kampf sofort ab. Die Demutshaltung besteht oft aus dem Gegenteil der Drohgebärde (Kleinmachen, Sich-auf-den-Boden-Legen) oder aus dem Darbieten verletzlicher Körperstellen. Demutshaltungen fehlen häufig, wenn die Tiere keine gefährlichen Waffen besitzen (z.B. Taube) und wenn sie unter natürlichen Bedingungen leicht fliehen können. Ist ihnen in einem engen Käfig aber der Fluchtweg abgeschnitten, kann es eher zum Töten von Artgenossen kommen als bei wehrhaften Tieren, bei denen auch unter diesen Bedingungen meist eine Demutshaltung zum Abbruch des Kampfes führt.

Früher dachte man, alle wehrhaften Tiere besäßen solche Demutshaltungen, die das Töten von Artgenossen verhindern. Das gilt aber nicht allgemein, sodass es offen bleiben muss, ob der Mensch solche Demutshaltungen besitzt. Man könnte zwar aggressionsdämpfende Gesten wie Lächeln, Senken des Blicks und Weinen in dieser Richtung deuten, aber es fehlt ihnen die absolute Wirkung einer echten Demutshaltung.

Der Sieger im Kampf ist im Allgemeinen das kräftigere und gewandtere Tier. Daneben spielt aber auch die Kampfbereitschaft eine wichtige Rolle. Das ergibt sich aus den folgenden Experimenten:

(1) Gaben des männlichen Sexualhormons erhöhen bei Tauben die Kampfbereitschaft. Die so behandelten Tauben verbesserten daraufhin ihren Platz in der Rangordnung.

(2) Entfernen bestimmter Teile der Mandelkerne des Gehirns *(s. Neurobiologie 5.2.4)* verändert die Kampfbereitschaft von Affen. Ganz entsprechend änderte sich auch der soziale Rang operierter Tiere.

Die Rangordnung wird aber nicht nur durch Auseinandersetzungen zwischen einzelnen Tieren festgelegt. In vielen Fällen spielen auch andere Faktoren eine Rolle. So verbessern rangniedere Pavian-Weibchen ihren sozialen Rang, wenn sie Junge haben. Bei Dohlen und Rhesusaffen erhält ein rangniederes Weibchen, das sich mit einem ranghöheren Männchen paart, die soziale Stellung des Männchens. Bei Tüpfelhyänen, in deren Rudeln die Weibchen dominanter sind als die Männchen, „erben" sowohl männliche als auch weibliche Nachkommen den sozialen Rang der Mutter. Bei Affen sind die ranghöchsten Tiere oft erfahrene Alttiere, die trotz verminderter Körperstärke ihren Status behalten. Sie sind durch ein „Altersprachtkleid" ausgezeichnet. Dadurch wird die Erfahrung der älteren Tiere zum Nutzen der ganzen Gruppe eingesetzt.

5.6 Aggression

Die Bereitschaft zu drohen oder zu kämpfen bezeichnet man als *Aggressivität*. Als gemeinsame Bezeichnung sowohl für diese Bereitschaft als auch für die davon geförderten Verhaltensweisen Drohen und Kampf hat sich der Ausdruck *Aggression* eingebürgert.

Aggressives Verhalten kann zwischen getrennten Arten auftreten: (1) Um den Hunger zu stillen, greifen Fleischfresser Beutetiere an. (2) Die Beutetiere wehren sich umgekehrt oft gegen den Angreifer, wenn sie nicht fliehen können.

Aggression kann sich auch gegen Angehörige der gleichen Art richten: (3) So wird ein Revier durch aggressive Verhaltensweisen erkämpft und verteidigt. Dabei nimmt die Aggressivität ab, je weiter der Besitzer vom Zentrum seines Reviers entfernt ist (s. 5.2). (4) Die Rangordnung in einem individualisierten Verband wird durch Drohen und Kämpfen hergestellt (s. 5.5). (5) Es kann vorkommen, dass Tiere, die nicht dem normalen Artbild entsprechen, von anderen Artgenossen angegriffen werden.

Manchmal wird auch nicht zwischen Angehörigen der eigenen oder fremder Arten unterschieden: (6) In Gruppen lebende Tiere greifen auf den Angstschrei eines Mitglieds kollektiv den Gruppenfeind an. Auf Tiere, die zwar den Angstschrei nicht gehört haben, aber das aggressive Verhalten der Gruppenmitglieder wahrnehmen, wird die Angriffsstimmung übertragen; sie greifen mit an. Gruppenaggression wirkt also ansteckend auf Artgenossen. (7) Elterntiere sind oft besonders aggressiv, wenn sie Junge haben.

Abb. 252.1: Körperhaltung als Zeichen des Ranges bei Affen.
a) Berberaffenmännchen (vorne) droht einem niederrangigen Tier;
b) Dscheladamännchen (links) droht einem Weibchen seines Harems

Bei der Vielzahl der Situationen, in denen aggressives Verhalten auftritt, ist es fraglich, ob diesen Verhaltensweisen ein gemeinsamer Antrieb zugrunde liegt. Dagegen sprechen auch die folgenden Befunde: (1) Angriffe auf Beutetiere werden „kaltblütig", d. h. ohne die bei Angriffen gegen Artgenossen zu beobachtenden vegetativen Reaktionen (emotionsbegleitende Reaktionen, s. *Neurobiologie 5.2.4*) durchgeführt.
(2) Die Aggressivität kann sich für bestimmte Situationen erhöhen, ohne dass sie gleichzeitig auch für andere Situationen ansteigt. So werden hungrige Raubtiere aggressiver nur gegenüber ihrer Beute, säugende Muttertiere nur gegenüber potentiellen Feinden ihrer Jungen und in der Hierarchie „aufstrebende" Jungtiere nur gegenüber Gruppenmitgliedern.
(3) Durch elektrische Hirnreizung kann bei Versuchstieren je nach Reizort entweder Beuteangriff oder eine Attacke gegen jedes erreichbare Ziel oder Furcht-induzierte Aggression ausgelöst werden.
Wenn es fraglich ist, ob es einen einheitlichen Aggressionstrieb gibt, kann man auch nicht davon ausgehen, dass ein solcher Trieb mit der Zeit anwächst. Die früher geäußerte Annahme, ein Aggressionstrieb staue sich auch beim Menschen allmählich an und müsse dann durch entsprechende Verhaltensweisen abgebaut werden, ist somit unsicher geworden.

5.7 Biologische Wurzeln menschlichen Verhaltens

Die naturwissenschaftlich orientierte Verhaltensforschung hat gewisse Schwierigkeiten menschlichem Verhalten gerecht zu werden. Das liegt erstens daran, dass sie nur die von außen, objektiv erfassbaren Tatbestände einbezieht, nicht aber die subjektiven, nur durch Introspektion erfassbaren. Diese Tatbestände sind darüber hinaus hier nur durch Beschreiben und Vergleichen, nicht aber durch Experimentieren zu erlangen. Zweitens ist der Mensch Natur- und Kulturwesen zugleich; die Verhaltensforschung kann aber nur dem Naturwesen Mensch gerecht werden. Drittens können ungesicherte Hypothesen zu menschlichem Verhalten weitreichende, unter Umständen negative Auswirkungen auf Erziehung und Einstellung zu gewissen Gruppen haben. So hat z. B. die Ablehnung ererbter Verhaltensanteile durch den Behaviorismus *(s. 1)* bewirkt, dass man alle Kinder bei der Geburt für gleich begabt hielt und ihnen folglich die gleiche Schulbildung angeboten hat. Wurde ein Kind dadurch überfordert und scheiterte, gab man die „Schuld" einer „mangelhaften" Erziehung. (Zu den biologischen Wurzeln menschlichen Verhaltens siehe auch 2.1, 3.3, 3.5, 4.2, 5.1 sowie *Neurobiologie 5.2.4–5.2.7*.)

Heute ist unumstritten, dass das Verhalten des Menschen wie das der Tiere sowohl vom Erbgut als auch von Lernvorgängen und Einsicht bestimmt ist. Allerdings nehmen **Lernvorgänge** und Einsicht einen weitaus größeren Raum ein als bei Tieren. Das Verhalten des Menschen wird also in sehr viel höherem Maße von Umwelt und Erziehung bestimmt als das von Tieren. Nur der Mensch besitzt eine erlernte *Wortsprache*, mit der er Erfahrungen beschreiben und diese Beschreibungen auch auf künftige Generationen übertragen kann. Eine Wortsprache ist die Voraussetzung dafür, dass sich der Erfahrungsschatz von Generation zu Generation vermehren konnte und so schließlich zu Wissenschaft, Technik, Kunst, aber auch zu Religion und Moral führte. Durch die kulturelle Tätigkeit haben sich die Umwelt und die sozialen Beziehungen, in denen der Mensch lebt, wesentlich und zunehmend schneller verändert. Diese Lebensumstände sind heute völlig anders als z. B. zur Steinzeit.

Die **ererbten Bestandteile** menschlichen Verhaltens können sich durch den Evolutionsprozess nur allmählich verändern. Sie konnten also der raschen Veränderung der menschlichen Lebensumstände, wenn überhaupt, nur sehr verzögert folgen. Es ist deshalb anzunehmen, dass diese ererbten Bestandteile eher auf ein Leben in einer kleinen Gruppe von Menschen unter steinzeitlichen Bedingungen hin optimiert sind als auf ein Leben in einer modernen Massengesellschaft. Hier

Abb. 253.1: Affenkind (Schimpanse) als aktiver Tragling

Abb. 253.2: Säugling des Menschen als passiver Tragling

liegt auch die praktische Bedeutung der vergleichenden Verhaltensbiologie des Menschen. Sie lässt uns die biologischen Wurzeln unseres Verhaltens erkennen. Diese Einsicht kann dazu beitragen, falsches Sozialverhalten, das sich aus der Unangepasstheit unserer ererbten Verhaltensbestandteile an moderne Umstände ergibt, durch Vernunft zu überwinden.

Der Mensch ist von Geburt an ein soziales Lebewesen. Schon der *Säugling* kann gleich nach der Geburt die Umwelt wahrnehmen, kann aber der Mutter nicht nachfolgen oder sich an ihr festklammern, wie es ein Affenkind als aktiver Tragling (Abb. 253.1) tut, obwohl beim menschlichen Neugeborenen die entsprechenden Greifreflexe noch funktionieren. Als passiver Tragling (Abb. 253.2) ist der Säugling auf die Hilfe der Mutter angewiesen. Zu den ersten Erfahrungen mit der Umwelt gehören der enge Hautkontakt mit der Mutter, die Suche nach der Mutterbrust und das Saugen.

Im Laufe der ersten Monate lernt der Säugling das Gesicht der betreuenden Person (im Allgemeinen der Mutter) von anderen Gesichtern zu unterscheiden und beginnt dann, andere Gesichter abzulehnen („Fremdeln"). Diese individuelle Bindung kann offensichtlich nur im ersten Lebensjahr (besonders leicht zwischen dem 2. und 6. Monat) erfolgen, danach kaum mehr. Der Vorgang hat also Ähnlichkeit mit der **Prägung** bei Tieren (s. 3.3). Er scheint für eine ungestörte kindliche Entwicklung sehr wichtig zu sein. Deshalb treten wahrscheinlich bei Kindern, die im ersten Lebensjahr häufig wechselnde Bezugspersonen hatten (z. B. Kinder, die in Kinderheimen ohne Kontakt zur Mutter aufwachsen), oft psychische Schäden auf.

Vielleicht gibt es auch noch andere prägungsähnliche Vorgänge. Dazu gehört möglicherweise das *Inzest-Verbot*, also die Verhinderung der Zeugung von Kindern durch nahe Verwandte. Es fällt auf, dass in den verschiedensten Kulturkreisen gemeinsam aufgewachsene Kinder untereinander nicht freiwillig heiraten. Das gilt unabhängig davon, ob diese Kinder miteinander verwandt sind (wie in einer normalen Familie) oder nicht (wie z. B. bei Adoptivkindern). Es könnte sein, dass der Mensch während der Kindheit darauf geprägt wird, in wen er sich später nicht verlieben sollte.

Für soziale Interaktionen sind offensichtlich vor allem die auch beim Menschen hoch entwickelten **non-verbalen Verständigungsmittel** (Gesten, Mimik, Laute) wichtig. Diese Verständigungsmittel scheinen weitgehend angeboren zu sein, weil sie in allen Kulturen in gleicher Weise angewandt werden und auch bei taubblinden Menschen auftreten (s. 5.1.1). Wie bei Tieren, so scheinen sich Stimmungen innerhalb einer Gruppe auch beim Menschen über solche Verständigungsmittel zu übertragen (Gähnen, Lachen, aber auch Angst und Wut sind „ansteckend"). Das ist für kleine Gruppen wichtig, um sie zu gemeinsamem Handeln zu veranlassen, kann aber im Zeitalter der Massenkommunikationsmittel zur Demagogie missbraucht werden. Es gibt in der Geschichte viele positive und negative Beispiele dafür, dass ein Einzelner durch eine emotionsgeladene Rede eine große Gruppe zu Handlungen veranlassen kann, die jedes einzelne Gruppenmitglied bei klarer Überlegung nicht ausgeführt hätte.

In allen menschlichen Gruppen tritt eine **Rangordnung** auf, auch in solchen, die das Ideal der Gleichheit aller zu verwirklichen suchen. In kleinen Gruppen, bei denen sich alle Mitglieder persönlich kennen, drückt

Abb. 254.1: Symbole des sozialen Status

sich oft die Hierarchie für einen Außenstehenden höchstens in gewissen Haltungen, im aufmerksamen Zuhören bzw. Nichtbeachten aus; äußere „Abzeichen" des Ranges sind nicht nötig. Je größer und je anonymer eine Gruppe wird, desto wichtiger werden aber solche Statussymbole. Durch Statussymbole wird der soziale Rang zur Schau gestellt. Demonstriert wird z. B. das Einkommen (Auto, Kleidung, Schmuck), die Zugehörigkeit zu bestimmten Eliten (Klubabzeichen, Uniformen, in Jugendgruppen auch Haartracht, Musik usw.) oder der Bildungsgrad (Verwendung der Hochsprache gespickt mit vielen Fachwörtern). Statussymbole ersetzen also offensichtlich in einer großen anonymen Gesellschaft das individuelle Kennen der Rangfolge (s. Abb. 254.1). Sie können aber auch dazu führen, dass andere Menschen, die diese Statussymbole nicht besitzen, aggressiv reagieren.

Der Mensch fühlt sich besonders wohl in einer beständigen, kleinen Gruppe aus individuell bekannten Mitgliedern (Großfamilie, alter Freundeskreis). In unserer mobilen Massengesellschaft werden solche Gruppen zunehmend seltener und haben oft auch kürzeren Bestand als früher. Deshalb werden wohl äußere Zeichen der Zugehörigkeit zu einer bestimmten Gruppe (Clique) immer wichtiger, wie Kleidung, Schmuck, Haartracht, Dialekt oder Jargon. Wie bei tierischen Gruppen werden Andersartige angefeindet. Diese *Aggression gegen Gruppenfremde* ist für kleine Menschengruppen unter steinzeitlichen Bedingungen überlebensnotwendig. In der heutigen Gesellschaft kann sie aber zu unnötigem und schädlichem Klassenkampf, Fremdenhass oder Diskriminieren anders Denkender und anders Aussehender führen. Ein Statussymbol kann also einerseits den sozialen Rang betonen, gleichzeitig aber bei anderen Aggressionen wecken.

Jede Menschengruppe versucht, ein bestimmtes **Territorium** abzugrenzen. Das gilt selbst für Sammler- und Jägervölker, basiert also möglicherweise auf Ererbtem. Ein solches Territorium wird wie bei Tieren (s. 5.2) verteidigt, wobei Revierbesitzer immer mehr in Vorteil kommen, je näher sie dem Zentrum des Territoriums sind (im Wohnzimmer reagiert man heftiger auf einen Eindringling als an der Gartentür). Territorialverhalten liegt wahrscheinlich dem Abgrenzen des Grundstücks oder der Wohnung, dem Einnehmen eines Stammplatzes im Restaurant, im Bus oder am Strand, vielleicht auch der kriegerischen Auseinandersetzung um Ländergrenzen zugrunde. Es handelt sich wohl meistens um Gruppenterritorien (s. 5.2); gegenüber Angehörigen der gleichen Gruppe (Familie, Clique, Stammtisch) besteht oft kein Bedürfnis der Abgrenzung. Die moderne Gesellschaft mit ihrem teilweisen Zwang zum engen Zusammenleben und der großen Mobilität (dauerndes Aufgeben des Territoriums) könnte hier zu psychischen Belastungen führen.

Aus den bisherigen Ausführungen folgt, dass es auch beim Menschen ererbte Komponenten des Verhaltens gibt. Wir werden also erwarten, dass bestimmte *Reizkombinationen* wie bei Tieren bestimmte instinktive Verhaltensanteile oder Handlungsbereitschaften (s. 3.3, 3.5) auslösen. Das wird zwar nicht in der zwanghaften Weise wie bei den meisten Tieren geschehen, weil der Mensch sein Verhalten auch durch Vernunft und Willen steuern kann. Aber die Tendenz zu bestimmten Handlungen könnte sich doch verschieben. Deshalb ist der Mensch über die Darbietung solcher handlungs- oder bereitschaftsauslösender Reize, z. B. von der Werbung manipulierbar.

Solche **„Schlüsselreize"** sind vor allem im Sexualverhalten zu erwarten. Tatsächlich spricht der Mann auf das Frau-Schema und die Frau auf das Mann-Schema bevorzugt an. Das Frau-Schema enthält weiche Gesichtszüge, Brüste, schmale Schultern, enge Taille, breite Hüften. Das Mann-Schema ist durch breite Schultern, schmale Hüften, hervortretende Muskeln und Bartwuchs gekennzeichnet (s. Abb. 255.1). Das unbewusste Ansprechen auf solche „Schlüsselreize" wird besonders deutlich, wenn man die Veränderung der Pupillenweite misst (Abb. 255.2).

Die heutige Reizüberflutung führt nun dazu, dass wir gegenüber den natürlichen „Schlüsselreizen" zunehmend abstumpfen. Wie bei Tieren so scheint auch beim Mensch nicht der Schlüsselreiz selbst, sondern die durch den Schlüsselreiz erkannte Situation der eigentliche Auslöser zu sein (s. 3.3). Wenn aber die in den Medien angebotenen, z. B. sexuellen Schlüsselreize gar nicht bevorzugen einen Geschlechtspartner, sondern ein zu kaufendes Produkt signalisieren, ist anzunehmen, dass sie als Signale für einen Geschlechtspartner all-

Sozialverhalten

Kinidische Aphrodite des Praxiteles um 350 v. Chr.   Speerträger von Polyklet aus Argos um 440 v. Chr.   Fayencestatuette, Knossos vor 1600 v. Chr.   Ausschnitt aus Stuckrelief in Knossos ca. 1550 v. Chr.   Ausschnitt aus Radierung von Jean-Michel Moreau 1775/80   Ausschnitt aus Kupferstich von A. Dürer ca. 1503

Abb. 255.1: Mann-Schema/Frau-Schema und entsprechende Betonung typisch männlicher oder typisch weiblicher Merkmale durch die Kleidung. Offenbar haben die Merkmalskombinationen „männlich" und „weiblich" schon im Altertum als Schlüsselreiz gewirkt.

mählich an Bedeutung verlieren. Um die ursprüngliche Signalwirkung wieder zu erlangen, müssen die auslösenden Reize überbetont werden (übernormaler Auslöser).

Frauen und Männer verhalten sich in vielen Situationen unterschiedlich. Ob diese Unterschiede teilweise ererbt oder ob sie nur eine Folge der unterschiedlichen Erziehung sind, kann heute noch nicht entschieden werden. Für ererbte Anteile spricht, dass **geschlechtsspezifisches Verhalten** auch bei allen Menschenaffen auftritt und dass solches Verhalten beim Menschen auch bei völlig gleicher Erziehung von Mädchen und Jungen vorhanden ist. Eine solche gleichartige Erziehung erfolgte z. B. ursprünglich im israelischen Kibbuzim (ab etwa 1920). 55 Jahre später hatten die meisten der im Kibbuz aufgewachsenen Frauen und Männer die traditionellen Rollen teilweise wieder übernommen. Das ist allerdings kein Beweis für ererbte Verhaltensunterschiede, da nicht ausgeschlossen werden kann, dass die Auffassungen der restlichen Welt über geschlechtsspezifische Rollenverteilung durch unbewusste Nachahmung prägend auf diese Kinder eingewirkt haben.

Das menschliche **Sexualverhalten** unterscheidet sich von dem der meisten Tiere durch die Tatsache, dass es nicht nur im Dienste der Fortpflanzung steht, sondern zusätzlich auch die Bindung zwischen den Partnern stabilisiert. Nur beim Zwergschimpansen wurde Ähnliches beobachtet, nicht aber bei den anderen Menschenaffen. Es ist nicht auszuschließen, dass die heutige Überflutung mit übernormalen sexuellen Auslösern sowie die Abkopplung des Sexualverhaltens von der Fortpflanzung durch empfängnisverhütende Mittel die Rolle der Sexualität als Lustgewinn (Sex) betont, die Rolle bei der Festigung der Partnerbindung aber zurückdrängt.

Abb. 255.2: Zunahme der Pupillenweite bei Männern und Frauen, die auf Bilder von Säuglingen bzw. von nackten Erwachsenen blicken

Die menschliche Gesellschaft hat sich nur entwickeln können, weil in ihr in erheblichem Umfang **altruistisches Verhalten** vorkommt. Der Einzelne hätte weder als einzeln lebendes Individuum noch ohne elterliche Fürsorge in seiner Jugend eine Überlebenschance. Im Gegensatz zu Tieren hat aber der Mensch Einsicht in mögliche Folgen seines Tuns. Er kann also abschätzen, welche individuellen Nachteile ihm aus einem bestimmten altruistischen Verhalten erwachsen können. Agierte er so egoistisch, wie es ihm die Soziobiologie zuschreibt, würde er die vorhersagbaren individuellen Nachteile gegen den Nutzen für den Fortpflanzungserfolg aufrechnen und dabei meistens den individuellen Gesichtspunkten den Vorrang einräumen. Altruistisches Verhalten, das nicht ererbt ist, würde nur noch dann auftreten, wenn nicht-altruistisches Verhalten auch persönliche Nachteile durch gesellschaftliche Sanktionen hätte. Nur weil ethische Normen egoistischem Verhalten entgegenwirken, ist deshalb gruppendienliches Verhalten auch in einer modernen Massengesellschaft längerfristig möglich.

HORMONE

1 Allgemeine Eigenschaften von Hormonen und Hormondrüsen des Menschen

Ein Wasserfrosch, der am Ufer eines Weihers sitzt, ist grasgrün wie seine Umgebung, begibt er sich aber auf dunklen Grund, so färbt er sich bald blaugrün: Frösche gleichen ihre Farbe dem Untergrund an. Den Farbwechsel ermöglichen besondere Hautzellen (Melanozyten), die dunkle Pigmentkörner aus Melanin enthalten. Solange der gesamte Farbstoff in der Mitte der Zellen konzentriert ist, erscheint die Haut hell, ist er über das gesamte Innere der mit vielen Fortsätzen versehenen Zellen verteilt, wirkt sie dunkel. Die Pigmentgrana werden mit Hilfe des Cytoskeletts (s. *Cytologie 2.4*) bewegt. Dieser Vorgang wird von einem Hormon der Hypophyse (s. 1.4) gesteuert. Das schloss man aus dem folgenden Versuch: Man injizierte einem Frosch mit heller Haut einen Extrakt aus Frosch-Hypophyse;
daraufhin färbte sich das Tier ebenfalls blaugrün (Abb. 256.2). Der Extrakt enthielt u. a. das melanozytenstimulierende Hormon (MSH). Da MSH auch beim Säuger vorkommt, hat ein Extrakt aus Säuger-Hypophyse beim Frosch den gleichen Effekt. Nun besitzen Säuger keine Melanozyten, MSH muss bei ihnen also eine andere Wirkung haben als beim Frosch. Es gilt allgemein, dass viele Hormone in allen Wirbeltierklassen vorkommen (Hormone sind normalerweise nicht artspezifisch), wenngleich sie oft unterschiedliche Wirkungen haben. Dies zeigen z. B. die Hormone Prolactin und Thyroxin. *Prolactin* (s. 1.4) regt beim Säuger die Milchproduktion an, bei der Taube führt es zur Absonderung von Kropfmilch, mit der die Jungen gefüttert werden, bei der Glucke bewirkt es das Locken der Küken zum Futter, bei Amphibien stimuliert es die Wanderung zum Laichgewässer. *Thyroxin* (s. 1.1) steigert bei allen Wirbeltieren und dem Menschen den Stoffabbau in den Zellen, bei Amphibien löst es außerdem die Metamorphose aus (Abb. 256.1).

Hormone sind Signalstoffe. Sie werden in speziellen Zellen gebildet und ins Blut bzw. die Zwischenzellflüssigkeit abgegeben. Viele Hormone werden mit dem Blut im ganzen Körper verteilt, sie liegen allerdings nur in kleinsten Konzentrationen vor (10^{-5} bis $10^{-12}\,\mu\text{mol/l}$). Die Informationsübertragung durch Hormone erfolgt viel langsamer als die neuronale Erregungsleitung; Ausschüttung und Transport benötigen Minuten bis Stunden. Ein Hormon wirkt nur auf solche Zellen ein, die mit einem spezifischen Rezeptor ausgerüstet sind (Zielzelle). Die Wirkung hält so lange an, bis das Hormon abgebaut wird. Die Hormonabgabe wird normalerweise geregelt und damit dem jeweiligen Bedarf angepasst: Steigt die Konzentration eines Hormons im Blut über den Sollwert, so wird die Ausschüttung gehemmt, sinkt sie darunter, wird die Abgabe verstärkt. Man kennt Peptid- und Proteinhormone, aus Aminosäure gebildete und aus Lipiden erzeugte Hormone (s. Tab. 258.2).

Nach dem Ort ihrer Bildung lassen sich zwei große Gruppen von Hormonen unterscheiden:

1. Drüsenhormone. Sie werden aus Drüsen direkt an das durchströmende Blut abgegeben. Man nennt diese Drüsen daher innersekretorische oder *endokrine Drüsen* (s. Abb. 257.1).

2. Gewebshormone. Diese werden in Geweben gebildet, die zusätzlich eine andere Aufgabe als die der Hormonproduktion haben. Gewebshormone sind z. B. das *Gastrin* der Magenschleimhaut (es regt die Salzsäurebildung im Magen an) und das *Sekretin* des Dünndarms (es regt den Fluss des Bauchspeichels an und hemmt die Salzsäurebildung im Magen).

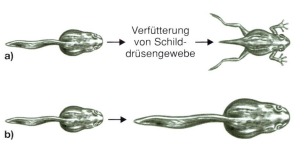

Abb. 256.1: a) Versuch mit Kaulquappen: vorzeitige Metamorphose nach Fütterung mit Schilddrüsengewebe; **b)** normales Wachstum

Abb. 256.2: Zwei Frösche, die längere Zeit auf hellem Untergrund saßen. Dem dunklen Forsch wurde 15 min vor der Aufnahme Hypophysenextrakt injiziert. Er war vorher hell gefärbt.

Allgemeine Eigenschaften von Hormonen und Hormondrüsen des Menschen

Prostaglandine stellen ebenfalls eine wichtige Gruppe von Gewebshormonen dar. Sie dienen vorwiegend der Feinregulation von Vorgängen, die durch andere Hormone gesteuert werden. Prostaglandine entstehen in vielen Geweben aus Fettsäuren und wirken vorwiegend auf die Hormon-Bildungszelle oder in deren Umgebung, werden aber auch im Blut transportiert. Sie beeinflussen z. B. den Blutdruck, Transportvorgänge durch Membranen sowie die Kontraktion der Bronchien. Auch vermindern sie die Magensaftbildung und sensibilisieren Sinneszellen, die auf Schmerzreize reagieren *(s. Neurobiologie 4.2)*. Aspirin hemmt die Prostaglandin-Bildung und damit die Empfindlichkeit der Schmerzrezeptoren. Prostaglandine wurden in der Spermaflüssigkeit des Menschen entdeckt, daher die von der Prostata abgeleitete Bezeichnung.

Manche Gewebshormone werden nur in die unmittelbare Umgebung der sie bildenden Zellen abgegeben und wirken dort. Die Übergänge zu den Neurotransmittern und Neuromodulatoren *(s. Neurobiologie 1.8)* sowie den Induktionsstoffen, die bei der Entwicklung eine Rolle spielen, und den gewebsspezifischen Wachstumsfaktoren sind fließend *(s. Entwicklungsbiologie 2.2.1; Induktion, Induktionsketten)*.

1.1 Die Schilddrüse

Diese liegt als zweilappiges, etwa 20 g schweres Gebilde vor dem Schildknorpel des Kehlkopfes. Ihr wichtigstes Hormon ist das iodhaltige *Thyroxin,* ein Abkömmling der Aminosäure Tyrosin. Pro Tag gibt die Schilddrüse beim Erwachsenen etwa 0,1 mg Hormon ins Blut ab. Dieses regt den Stoffwechsel aller Zellen an. Es stimuliert die Proteinsynthese. Damit nimmt die Anzahl der in der Zelle aktiven Enzyme zu, insbesondere der abbauenden Enzyme in den Mitochondrien; dadurch wird die Zellatmung angeregt *(s. Stoffwechsel 3.1, 3.2)*. Je höher der Thyroxingehalt des Blutes, desto höher ist deshalb der Sauerstoffverbrauch des Organismus und umgekehrt. Somit steigt mit dem Thyroxinspiegel auch der Grundumsatz *(s. Stoffwechsel 1.4.4)*.

Bei einer Überfunktion der Schilddrüse ist der Stoffwechsel verstärkt. Die Betroffenen neigen zum Schwitzen und wirken nervös. Bei manchen von ihnen quellen die Augen hervor. Man bezeichnet dieses Krankheitsbild nach dessen Entdecker, dem Merseburger Arzt BASEDOW (1779–1854), als BASEDOWkrankheit. Eine Schilddrüsenüberfunktion kann von einer Vergrößerung der Drüse („Kropf") begleitet sein. Wird der Kropf völlig entfernt und dann eine nicht ausreichende Menge Thyroxin eingenommen, so treten die im Folgenden beschriebenen Symptome der Schilddrüsenunterfunktion auf. Daran hat man schon früh die große Bedeutung dieser Hormondrüse für den Organismus erkannt.

Bei Schilddrüsenunterfunktion im Erwachsenenalter ist der gesamte Stoffwechsel verlangsamt und es kommt zu Fettansatz. Die Betroffenen fühlen sich schlapp, sind wenig leistungsfähig und reagieren relativ langsam auf äußere Reize. Mit der Zeit schwillt ihre Haut schwammig auf *(„Myxödem")*. Bei regelmäßiger Einnahme von Schilddrüsenhormonen verschwinden diese Symptome. Ein unerkannter Thyroxinmangel im frühen Kindesalter führt dagegen zu bleibenden körperlichen und geistigen Schäden. Da das Wachstumshormon (s. 1.4) nur dann das Längenwachstum der Knochen anregt, wenn genügend Thyroxin vorhanden ist, bleibt der Körper klein. Weiterhin kommt es zu Schwachsinn und die Entwicklung der Geschlechtsorgane verzögert sich *(Kretinismus,* Abb. 258.1*)*. Dieses Krankheitsbild wurde früher in Gebieten beobachtet, wo in der Nahrung Iodmangel herrschte, v. a. in Gebirgsgegenden (iodarmes Trinkwasser). Dies liegt daran, dass das Schilddrüsenhormon nur dann in ausreichender Menge produziert wird, wenn im Körper genügend Iod vorhanden ist. Zur Vorbeugung verwendet man Kochsalz, dem eine kleine Menge Natriumiodid zugesetzt ist. Bei angeborener Schilddrüsenunterfunktion muss gleich nach der Geburt re-

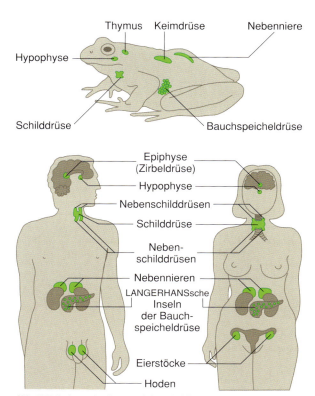

Abb. 257.1: Lage der Hormondrüsen bei Frosch und Mensch. Anstelle der Zirbeldrüse besitzt der Frosch ein zusätzliches kleines Auge am Dach des Zwischenhirns, die Nebenschilddrüse fehlt ihm.

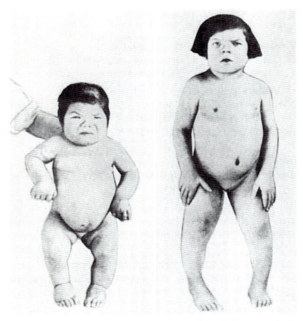

Abb. 258.1: Links: 17-jähriges Mädchen mit Schilddrüsenunterfunktion. Rechts: dasselbe Mädchen nach 13-monatiger Thyroxinbehandlung

gelmäßig Thyroxin gegeben werden, um das Entstehen dieser Symptome zu verhindern.

Ein weiteres Schilddrüsenhormon ist das *Calcitonin*. Es fördert bei einer hohen Calciumkonzentration im Blut den Einbau von Ca^{++}-Ionen in die Knochen. Calcitonin ist ein Gegenspieler des *Parathormons*. Dieses wird von der *Nebenschilddrüse* gebildet, die aus vier etwa linsengroßen, in die Schilddrüse eingebetteten Gebilden *(Epithelkörperchen)* besteht. Das Parathormon stimuliert bei niedrigem Ca^{++}-Spiegel den Abbau von Knochensubstanz. Dadurch und weil es zugleich die Ausscheidung von Ca^{++}-Ionen in der Niere hemmt, steigt die Ca^{++}-Konzentration des Blutes. Die Nebenschilddrüse ist während der Schwangerschaft und in der Stillzeit besonders aktiv, weil der Fetus wegen des Knochenwachstums einen relativ hohen Calciumbedarf hat. (Früher hieß es, jede Schwangerschaft koste die Mutter einen Zahn.) Die Abnahme der Östrogenproduktion in den Wechseljahren kann ebenfalls zum Abbau von Knochensubstanz führen, ein Teil der Frauen leidet dann an Knochenbrüchigkeit (Osteoporose). Diese entsteht dadurch, dass der Proteingehalt des Knochens abnimmt, was durch Östrogengaben verhindert werden kann.

Drüse	Hormon	chemische Struktur	gesteuerte Funktion
Hypophysen-vorderlappen	Prolactin Wachstumshormon Steuerungshormone	Protein Protein Proteine	Milchsekretion Körperwachstum Tätigkeit anderer Hormondrüsen
Hypophysen-hinterlappen	Adiuretin Oxytozin	Peptid Peptid	Salz-, Wasserhaushalt Milchsekretion, Wehen
Epiphyse	Melatonin	Aminosäureabkömmling	tagesperiodische Rhythmen (zus. mit Hypothalamus)
Schilddrüse	Thyroxin Calcitonin	Aminosäureabkömmling Peptid	Stoffwechsel, Wachstum Ca^{++}-Stoffwechsel
Nebenschilddrüse	Parathormon	Peptid	Ca^{++}-Stoffwechsel
Pankreas-Inseln β-Zellen α-Zellen	Insulin Glucagon	Peptid Peptid	Blutzuckerhaushalt
Nebennierenmark	Adrenalin (Noradrenalin)	Aminosäureabkömmling	Blutzuckerhaushalt, Durchblutung
Nebennierenrinde	Mineralocorticoide Glucocorticoide	Steroide (Lipidabkömmlinge) Steroide	Salzhaushalt Blutzuckerhaushalt, Immunreaktion
Keimdrüsen	Sexualhormone	Steroide	Sexualität

Tab. 258.2: Hormondrüsen und deren wichtige Hormone beim Menschen

1.2 Die Nebennieren

Diese sitzen wie Kappen auf den Nieren. Jede besteht aus der Nebennierenrinde und dem Nebennierenmark. Im Mark werden *Adrenalin* und *Noradrenalin* (*s. Neurobiologie 5.2.3*) gebildet. Die Hormone der Nebennierenrinde bezeichnet man als *Corticoide* (von lat. *cortex* = Rinde). Eine Gruppe (*Mineralocorticoide*) greift in den Mineral- und Wasserhaushalt ein und sorgt für das richtige Verhältnis von Na$^+$- und K$^+$-Ionen in Blut und Gewebe. Außerdem bewirken sie die Ausscheidung von K$^+$- und H$^+$-Ionen. Die gleiche Funktion üben sie in der Darmwand sowie in Speichel- und Schweißdrüsen aus (Schweiß reagiert sauer!).

Eine zweite Gruppe (*Glucocorticoide*) beeinflusst den Kohlenhydrat- und Proteinstoffwechsel und hemmt Entzündungsvorgänge sowie die Immunreaktion. Dazu gehören *Cortisol* und *Cortison*. Glucocorticoide machen im Falle von Flucht oder Kampf Glucose als Energielieferanten verfügbar. In diesen Verhaltenssituationen unterstützen Glucocorticoide die Tätigkeit des Sympathicus (*s. Neurobiologie 5.2.3*), der u. a. die Freisetzung von Adrenalin und Noradrenalin aus dem Nebennierenmark ins Blut bewirkt. Diese beiden Hormone fördern den Glykogenabbau in Leber und Muskeln, sodass der Blutzuckergehalt rasch ansteigt. Auch stimulieren sie die Verengung von Blutgefäßen des Darmes und der Haut (Blässe). Im Bereich der Skelettmuskulatur bewirken sie dagegen eine Gefäßerweiterung; dies allerdings nur dann, wenn auch Cortisol im Blut vorhanden ist.

Stress. Die Gesamtheit dieser physiologischen Reaktionen, die im Falle von Flucht bzw. Kampf v. a. vom Sympathicus und dem Nebennierenmark ausgelöst werden, heißt *Fight or Flight Syndrom* (FFS; *s. hierzu Neurobiologie 5.2.3*). Die bevorzugte Versorgung von Skelettmuskeln mit Blut und damit mit Nährstoffen und Sauerstoff erfolgt allgemein in *Stresssituationen*, auch in solchen, die nicht durch Kampf oder Flucht bewältigt werden können. Dies gilt z. B. für Gefahrensituationen im Verkehr, zwischenmenschliche Konflikte und Belastungen im Beruf. Unter Stress versteht man die gleichartige Reaktion des Organismus auf verschiedenartige Reize wie Infektionen, Verletzungen, Lärm, Hitze und Kälte, Narkose oder auch Bedrohung. Eine kurzfristige Einwirkung von Stressoren aktiviert vor allem das Sympathicus-Nebennierenmark-System (s. FFS), längerfristige Einwirkungen das Hypophyse-Nebennierenrinde-System. Bei einem hohen Blutcortisolspiegel werden Muskelproteine abgebaut und die dabei entstehenden Aminosäuren in der Leber zu Glucose umgebaut. Gleichzeitig wird die Proteinsynthese von Eiweißstoffen, v. a. von Muskelproteinen, und von Fetten gehemmt. Außerdem wird die Tätigkeit des Immunsystems unterdrückt (Entzündungshemmung). Auf lang anhaltende Stressreize reagiert der Körper im Übrigen mit einem gleich bleibenden Reaktionsmuster, dem *allgemeinen Anpassungssyndrom* (AAS): u. a. Vergrößerung der Nebenniere und Bluthochdruck. Es kann schließlich zu körperlichem Fehlverhalten kommen, z. B. zu Kreislaufschwäche (Verarbeitung emotional belastender Situationen im Gehirn, *s. Neurobiologie 5.2.4*).

Wegen seiner *entzündungshemmenden Wirkung* wird Cortison häufig als Medikament eingesetzt. Es bekämpft allerdings nur die Symptome (Schwellung, erhöhte Durchblutung, Erhitzung, Schmerz), nicht aber Krankheitserreger wie z. B. Bakterien, die sich möglicherweise weiter ausbreiten. Auch die Hemmung der Immunreaktion durch Corticoide (*s. Immunbiologie 2.6*) macht sich die Medizin zunutze. So dient Cortison dazu, allergische Reaktionen abzuschwächen. Eine lange Behandlung mit Cortison in hoher Dosis kann den Blutzuckerspiegel über das Normalmaß hinaus erhöhen und zu merklichem Eiweißabbau führen, beispielsweise kann Muskelschwund auftreten. Auch kann es zu einer gefährlichen Unterfunktion der Nebennierenrinde kommen.

Außer Mineralo- und Glucocorticoiden erzeugt die Nebennierenrinde in beiden Geschlechtern auch männliche Geschlechtshormone (Androgene). So stammt beim Mann immerhin ein Drittel der Androgene, darunter allerdings nur wenig Testosteron, aus der Nebennierenrinde. Die anderen zwei Drittel, vorwiegend Testosteron, werden in den Hoden gebildet. Bei der Frau kann eine Überproduktion der Androgene der Nebennierenrinde zu einem männlichen Erscheinungsbild führen. Weiterhin wird von der Nebennierenrinde auch Progesteron gebildet. In jedem Körper finden sich also auch Sexualhormone des anderen Geschlechts. Entscheidend für die Merkmalsausbildung ist das Mengenverhältnis von weiblichen zu männlichen Hormonen.

1.3 Die Bauchspeicheldrüse

In der Bauchspeicheldrüse (*Pankreas*) entdeckte LANGERHANS bei seiner Doktorarbeit (1869) inselartig verteilte 0,3 mm große Zellgruppen, die sich deutlich vom übrigen Drüsengewebe unterschieden. 1889 stellte man fest, dass die völlige Entfernung der Bauchspeicheldrüse beim Tier Zuckerkrankheit hervorrief. Die Krankheit trat nicht auf, wenn man dem drüsenlosen Tier Extrakt der Bauchspeicheldrüse ins Blut spritzte. Wurde nur der Ausführgang der Drüse in den Dünn-

Hormone

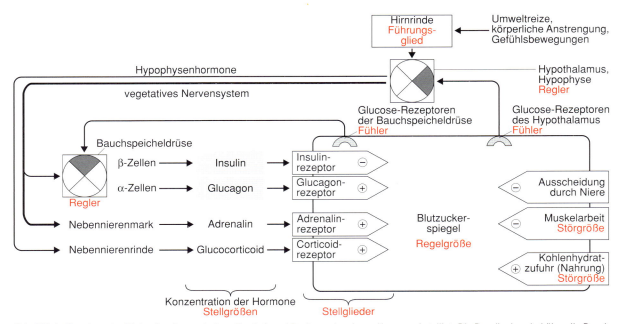

Abb. 260.1: Regelung der Blutzucker-Konzentration. Es sind zwei Regler und mehrere Hormone beteiligt. Die Regelkreise sind über die Regelgröße Blutzuckerspiegel verbunden (vermascht). ⊕: je mehr ... desto höher; je weniger ... desto niedriger; ⊖: je mehr ... desto niedriger, je weniger ... desto höher. Hormonrezeptor s. Abb. 264.1

darm für den Bauchspeichel **(s. Stoffwechsel 4.1.2)** verschlossen, trat ebenfalls keine Zuckerkrankheit auf.

Daraus folgerte man, dass die Bauchspeicheldrüse nicht nur Verdauungsenzyme erzeugt, sondern auch als Hormondrüse fungiert, die ihre Produkte unmittelbar ins Blut abgibt. Es lag nahe, die Hormonfunktion den LANGERHANSschen Inseln in der Bauchspeicheldrüse zuzuschreiben. 1921 gelang es, aus den LANGERHANSschen Inseln das Hormon *Insulin* zu isolieren, das in den Zuckerhaushalt des Körpers eingreift. Insulin ist ein aus 51 Aminosäuren aufgebautes Peptid, dessen Struktur seit 1955 bekannt ist. Seit 1980 kann Insulin gentechnisch mit Hilfe von Bakterien produziert werden **(s. Genetik 5.3.2)**.

In der Zelle wird bei der Synthese als Vorstufe ein größeres Molekül, Proinsulin, gebildet, aus dem dann Insulin entsteht. Über GOLGI-Vesikel **(s. Cytologie 2.3.2)** gelangt das Insulin zur Zellmembran, durch Exozytose in die Zwischenzellflüssigkeit und von da ins Blut. In ähnlicher Weise erfolgt die Bildung und Abgabe anderer Proteinhormone.

Andere Zellen der LANGERHANSschen Inseln liefern das Hormon *Glucagon*, das dem Insulin entgegenwirkt. Glucagon ist ebenfalls ein Peptid.

Das zentrale Organ für den Zuckerstoffwechsel ist die Leber. Sie entnimmt dem Pfortaderblut die vom Darm kommende Glucose und wandelt sie in Glykogen um. Glykogen wird bei Bedarf wieder zu Zucker abgebaut und dieser wird ins Blut abgegeben. Dadurch wird der Blutzuckergehalt mit ca. 0,1 % (= 100 mg Glucose/100 ml Blut) weitgehend konstant gehalten. Ist der *Blutzuckerspiegel* zu hoch, dann scheiden die LANGERHANSschen Inseln Insulin aus. Dieses bewirkt die Aufnahme von überschüssigem Zucker in die Zellen. In Leber und Muskeln wird daraus die Speichersubstanz Glykogen aufgebaut. Sinkt der Blutzuckergehalt, dann veranlassen Glucagon sowie Adrenalin und die Glucocorticoide (s. 1.2) die Leber, Glykogen abzubauen und den Zucker ans Blut abzugeben (s. Abb. 260.1).

Ungenügende Insulinbildung ruft die Zuckerkrankheit *(Diabetes mellitus)* hervor. Insulinmangel führt einerseits zu vermindertem Glucoseabbau in den Zellen, bewirkt aber andererseits den Glykogenabbau und die Glucoseneubildung aus Eiweiß. Es kommt zu einem Anstieg des Blutzuckerspiegels. Über die Niere wird Glucose ausgeschieden. Dabei wird eine große Menge von Urin gebildet („*Diabetes*"; große Harnruhr), der süß schmeckt („*mellitus*"). Insulinzufuhr vermag die Krankheitserscheinungen für die Dauer der Insulinwirkung zu beseitigen. Zu große Mengen von Insulin lassen den Blutzuckergehalt allerdings rasch absinken, sodass es zu schweren Krämpfen, Bewusstlosigkeit und Atemlähmung kommen kann. Für die Entstehung der Zuckerkrankheit ist eine Krankheitsanfälligkeit maßgebend, die oft auf erblichen Anlagen beruht.

1.4 Die Hypophyse

Die Hypophyse (Hirnanhangsdrüse) liegt als kirschkerngroßes Gebilde an der Unterseite des Hypothalamus, dem Zwischenhirnboden. Sie steht mit anderen Hormondrüsen in Wechselbeziehung (s. Abb. 261.1). Ihre Hormone sind Proteine und Peptide.

Die Hypophyse besteht aus Vorder-, Zwischen- und Hinterlappen. Die Hormone des Hinterlappens werden im Zellkörper von Neuronen des Hypothalamus gebildet, im Axon zum Hinterlappen transportiert und dort nach Bedarf abgegeben. Sie sind also *Neurohormone (s. Neurobiologie 1.8)*. *Adiuretin* steuert die Konzentrierung des Harns in der Niere. Beim Ausfall dieses Hormons scheidet der Körper täglich bis zu 20 Liter sehr verdünnten Harns aus. *Oxytozin* bewirkt die Kontraktion des Uterus beim Geburtsvorgang (Wehen).

Das Wachstumshormon *Somatotropin* des Hypophysenvorderlappens führt bei übernormaler Abscheidung beim Jugendlichen zu Riesenwuchs, beim Erwachsenen zu abnormer Vergrößerung von Händen und Füßen, unternormale Abscheidung verursacht Zwergwuchs. Dieser kann durch Zufuhr von Somatotropin verhindert werden. Das *Prolactin* fördert bei stillenden Frauen die Milchsekretion.

Vier weitere Hormone des Vorderlappens stimulieren andere Hormondrüsen: Das *thyreoideastimulierende Hormon* (TSH) regt die Tätigkeit der Schilddrüse an, das *adrenocorticotrope Hormon* (ACTH) die der Nebennierenrinde. Die Keimdrüsen beider Geschlechter werden durch das *follikelstimulierende* (FSH) und das *luteinisierende Hormon* (LH) gesteuert (Abb. 263.2b). Ein starker Anstieg der Konzentration dieser Hormone im Blut wirkt über das Zwischenhirn auf die Hypophyse zurück, sodass weniger Steuerungshormone abgegeben werden. Es liegt also ein Regelkreis vor (s. Abb. 261.2). Die Abgabe der Vorderlappenhormone wird vom Hypothalamus durch *Releasing-Hormone* reguliert (engl. to release, auslösen). Die meisten dieser Neurohormone *fördern* die Abgabe von Vorderlappenhormonen, einige wirken auch *hemmend*. So hemmt das Releasing-Hormon *Somatostatin* die Somatotropinbildung. Es wird gentechnisch hergestellt und bei Riesenwuchs als Arzneimittel verwendet *(s. Genetik 5.3.2)*. Die Hormonkette von den Releasing-Hormonen bis zum Drüsenhormon im Körper hat eine beträchtliche Verstärkerwirkung zur Folge: 0,1 µg eines Releasing-Hormons setzen in der Hypophyse 1 µg ACTH (s.o.) frei; eine solche Menge führt zur Bildung von 40 µg Glucocorticoid, dieses bewirkt in der Zelle den Umsatz von 5,6 mg (= 56 000 µg) Glucose.

Der Hypophysenzwischenlappen, in dem das melanozytenstimulierende Hormon (MSH; s. 1) gebildet wird, ist in Abb. 261.1 nicht dargestellt.

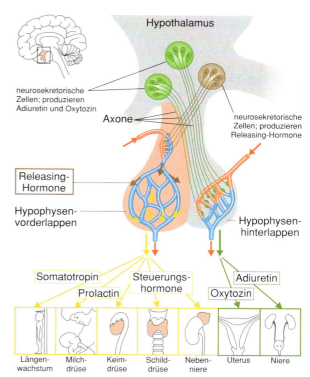

Abb. 261.1: Die Hypophyse, ihre Lage im Gehirn und ihre Funktionen

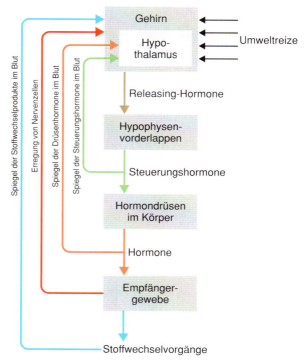

Abb. 261.2: Mehrfache Rückkopplung der Steuerung von Stoffwechselvorgängen durch Hormone (vermaschte Regelkreise)

1.5 Die Keimdrüsen

In ihnen werden außer den Ei- bzw- Spermazellen männliche und weibliche Geschlechtshormone gebildet. Diese bewirken während der Ontogenese die Ausbildung der primären und der sekundären Geschlechtsmerkmale. Nach der Geschlechtsreife stimulieren sie die Produktion von Geschlechtszellen und wirken bei der Steuerung des Sexualverhaltens mit.

1.5.1 Männliche Geschlechtshormone

Das wichtigste männliche Sexualhormon ist das *Testosteron*. Es führt in der Pubertät zur Reifung des Hodengewebes (Abb. 263.1), veranlasst die fortgesetzte Bildung von Spermien und beendet in höherer Konzentration das Körperwachstum in der Pubertät. Es löst demnach in verschiedenen Organen und Geweben unterschiedlich verlaufende Reaktionsketten aus. Die Testosteronbildung wird in erster Linie durch das follikelstimulierende Hormon (FSH) der Hypophyse stimuliert, weiterhin ist daran das luteinisierende Hormon (LH) der Hypophyse beteiligt.

1.5.2 Weibliche Geschlechtshormone

Weiblicher Geschlechtszyklus. Dieser beginnt mit der Reifung eines Follikels (Eibläschen) in einem der beiden Ovarien (Abb. 263.3), die durch das *follikelstimulierende Hormon* (FSH) der Hypophyse ausgelöst wird. Der heranwachsende Follikel bildet die Follikelhormone, die im Wesentlichen aus *Östradiol* bestehen. Östradiol ist das wichtigste Hormon aus der Gruppe der *Östrogene*, die in der Pubertät für die Ausbildung der sekundären weiblichen Geschlechtsmerkmale verantwortlich sind. Nach der Pubertät fördern sie die Verdickung und die erhöhte Durchblutung der Uterusschleimhaut. Östradiol hemmt über den Hypothalamus die Produktion von follikelstimulierendem Hormon und regt die Hypophyse zu einer verstärkten Ausschüttung von luteinisierendem Hormon (LH) an. Der Follikel reift innerhalb von 14 Tagen; er platzt, nachdem die Konzentration des luteinisierenden Hormons angestiegen ist und entlässt die Eizelle in den Trichter des Eileiters (Ovulation). LH bewirkt auch die Bildung des *Gelbkörpers (Corpus luteum)* aus dem Epithel des geplatzten Follikels. Der Gelbkörper bildet Östrogene und das *Gelbkörperhormon (Progesteron)*. Dieses fördert zusammen mit Östrogenen den Aufbau der Uterusschleimhaut, die so für die Einnistung eines Embryos vorbereitet wird. Zusammen mit den Follikelhormonen hemmt es die Reifung weiterer Follikel; durch die Progesteronbildung steigt die Körpertemperatur nach der Ovulation um 0,3– 0,5 °C an.

Wird die Eizelle nicht befruchtet, stirbt sie innerhalb weniger Stunden ab. Außerdem degeneriert der Gelbkörper langsam und vermindert die Abgabe von Progesteron so stark, dass 14 Tage nach dem Eisprung die Uterusschleimhaut unter Blutungen *(Menstruation)* abgestoßen wird. Auch die Körpertemperatur sinkt wieder ab. Da nach der Ovulation die Hemmwirkung der Östrogene auf die Hypophyse nachlässt und bei der Nichtbefruchtung des Eies die Bildung von Progesteron aufhört, kann nach der Menstruation ein weiterer Follikel, meist in dem anderen Ovar, reifen. Der Zyklus beginnt von neuem (Abb. 263.2 a).

Hormone während der Schwangerschaft. Die Befruchtung der Eizelle findet im Eileiter statt, nachdem eine Spermazelle in die Eizelle eingedrungen ist. Die befruchtete Eizelle beginnt sich zu teilen und wandert im Laufe einer Woche durch den Eileiter in den Uterus, wo sich der Embryo in die blutgefäßreiche Schleimhaut einnistet. Die Einnistung wird durch das Gelbkörperhormon ermöglicht. Der Embryo beginnt nach dem Einnisten mit der Hormonbildung. Das zunächst entstehende *Gonadotropin* wirkt wie LH und hält den Gelbkörper in Funktion. Dieser bildet weiterhin Progesteron und Östrogene. Die Uterusschleimhaut wird deshalb nicht abgestoßen. Gonadotropin lässt sich ab zwei Wochen nach der Befruchtung im Blut und dann auch im Urin der Schwangeren nachweisen. Darauf beruhen viele Schwangerschaftstests.

Die Bildung von Progesteron und Östrogenen wird schließlich von der Plazenta übernommen; etwa zwei Monate nach der Befruchtung ist sie die Hauptquelle dieser Hormone, die nun das Wachstum von Uterus und Brustdrüsen anregen. Der hohe Östrogen- und Progesteron-Spiegel während einer Schwangerschaft hemmt die Bildung neuer Follikel sowie die Abgabe des Wehenhormons *Oxytozin* (Abb. 263.2 b).

▶ **Empfängnisverhütung.** Der in seinen Grundzügen bekannte Wirkungszusammenhang der Geschlechtshormone beim weiblichen Zyklus hat auch eine sozial bedeutsame Anwendung bei der Geburtenkontrolle durch die „Pille" gefunden, die normalerweise Östrogene und Progesteron enthält. Östrogene hemmen die Abgabe von FSH aus der Hypophyse und damit das Follikelwachstum. Progesteron verhindert den Anstieg der LH-Konzentration, sodass der Eisprung unterbleibt. Es erhöht außerdem die Viskosität des Schleims am Eingang zum Uterus, der von Spermien dann weniger leicht durchdrungen werden kann. Die *Minipille* enthält nur Progesteron, sie hemmt die Ovulation nicht, sondern bewirkt hauptsächlich eine Erhöhung der Schleimviskosität, die „Versagerrate" ist deshalb relativ hoch.

◀

Allgemeine Eigenschaften von Hormonen und Hormondrüsen des Menschen

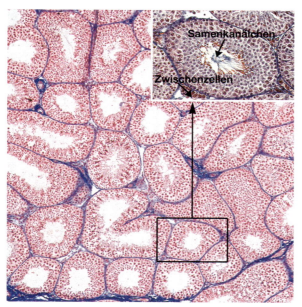

Abb. 263.1: Schnitt durch Hodengewebe. In den Samenkanälchen sind die gerade in Bildung begriffenen Spermien zu erkennen, in den Räumen zwischen den Samenkanälchen erkennt man die Zwischenzellen mit großen Kernen; sie bilden die Hormone.

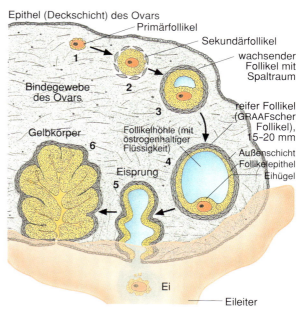

Abb. 263.3: Follikelreifung (**1–4**), Eisprung (**5**) und Gelbkörperbildung (**6**). Eizelle rot, Follikelepithel gelb, Flüssigkeit in der Follikelhöhle blau. Der reife Follikel (**4**) hat einen Durchmesser von 15 bis 20 mm (Eizelle s. auch Abb. 269.1).

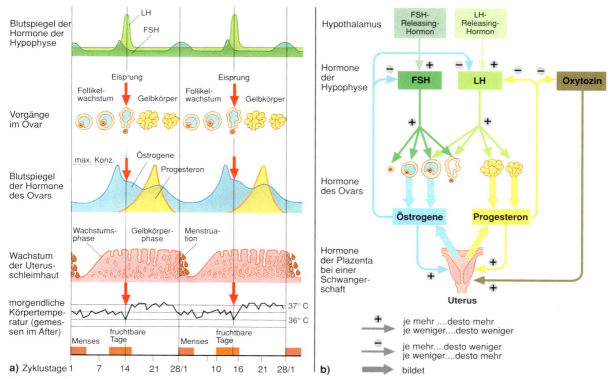

Abb. 263.2: a) Anatomische und physiologische Veränderungen während des Menstruationszyklus; **b)** Zusammenspiel von Hormonen bei diesem Zyklus und in der Schwangerschaft. FSH follikelstimulierendes Hormon, LH luteinisierendes Hormon. Im Vergleich mit Östrogenen wird etwa 100-mal mehr Progesteron produziert (Progesteronkonzentration nicht maßstabsgerecht wiedergegeben).

2 Molekulare Grundlagen der Hormonwirkung bei Tier und Mensch

Alle Hormone beeinflussen den Stoffwechsel oder die Membranpermeabilität ihrer Zielzellen. Allerdings gelangen nur bestimmte Hormone in die Zelle, die anderen wirken von außen auf Rezeptoren in der Zellmembran ein (Abb. 264.1). Die von Lipiden abgeleiteten Hormone (Geschlechtshormone, Hormone der Nebennierenrinde) sowie das Thyroxin gelangen ins Innere der Zelle. Innerhalb ihrer Zielzellen – und nur dort – finden sie Rezeptorproteinmoleküle vor, an die sie spezifisch binden. Der Rezeptor-Hormon-Komplex gelangt dort in den Zellkern, wo er die Transkription (s. Genetik 4.2.2) bestimmter Gene entweder hemmt oder fördert. Daraufhin ändert sich im Cytoplasma die Konzentration der entsprechenden Proteine, von denen ein Teil als Enzyme bestimmte chemische Reaktionen des Stoffwechsels katalysiert (Zellantwort).

Die übrigen Hormone gelangen nicht in die Zelle. Die entsprechenden Zielzellen besitzen jedoch in der Zellmembran spezifische Rezeptorproteine, an die die jeweiligen Hormone außen binden. Diese Rezeptoren reichen durch die ganze Membran. Die Bindung des Hormons (erster Botenstoff) verändert die räumliche Struktur des Rezeptorproteins, das daraufhin auf der Innenseite die Zellantwort auslöst. Dies erfolgt in der Regel über mehrere Reaktionsschritte, in denen es zu einer Signalverstärkung kommt. Man kennt verschiedenartige membrangebundene Rezeptortypen, auf einige von diesen soll exemplarisch eingegangen werden.

So wirkt der Rezeptor für Insulin als Enzym, sobald ein Molekül dieses Hormons an ihn bindet. Dieser Rezeptor-Hormon-Komplex aktiviert viele Moleküle eines im Cytoplasma gelösten Proteins, die daraufhin ihrerseits enzymatisch tätig werden und bestimmte Stoffwechselreaktionen, z. B. den Aufbau von Glykogen, auslösen (Zellantwort).

Die spezifischen Rezeptoren einer ganzen Reihe weiterer Hormone setzen über Zwischenreaktionen cyclisches Adenosinmonophosphat (cAMP) frei (Glucagon, Adrenalin, Calcitonin, Parathormon, Adiuretin, luteinisierendes Hormon, follikelstimulierendes Hormon, verschiedene Steuerungshormone der Hypophyse). Dabei kommen Signalketten in Gang (s. Stoffwechsel 1.6). cAMP bindet an Moleküle eines im Cytoplasma gelösten Proteins, das dann als Enzym funktioniert und die besondere Zellantwort hervorruft: Leberzellen bauen Glykogen ab, Zellen der Schilddrüse bilden Thyroxin und aus den die Eizelle umgebenden Epithelzellen entsteht der Follikel. Da die Wirkungen des cAMP unterschiedlich sind, darf die Zellmembran für diesen Stoff nicht durchlässig sein. Die Zellantwort wird durch den Abbau des cAMP beendet, der z. B. durch Coffein gehemmt wird.

Andere Rezeptoren verursachen einen Transport von Ca^{++}-Ionen in der Zelle, die dort bestimmte Enzyme aktivieren bzw. inaktivieren.

Manche Hormone, wie z. B. Adrenalin, werden von zweierlei Rezeptoren gebunden; einer davon beeinflusst die cAMP-Bildung, der andere die Ca^{++}-Konzentration. Es hängt dann von der Art der Rezeptoren in der Membran der Zielzellen ab, welchen Effekt das Hormon hat.

Die an den Rezeptor der Zellmembran gebundenen Hormone gelangen schließlich durch Endozytose in Vesikeln in die Zelle und werden dort in Lysosomen (s. Cytologie 2.3.2) abgebaut.

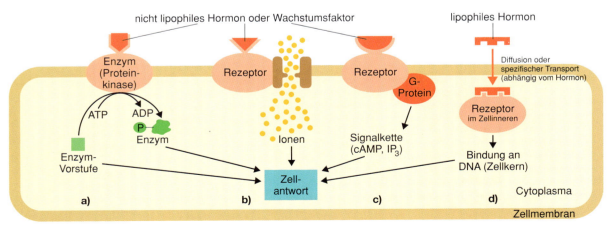

Abb. 264.1: Bindung von Hormonen und Hormonwirkung in der Zelle. Die in der Zellmembran liegenden Rezeptoren der nicht lipophilen Hormone wirken entweder als Enzyme (a), stehen in Verbindung mit Ionen-Kanälen (b) oder lösen Signalketten aus (c). Lipophile Hormone diffundieren durch die Zellmembran und binden an Rezeptoren im Cytoplasma (d).

3 Pflanzenhormone

Hormone finden sich, wenn auch in äußerst geringen Mengen, in allen Teilen der Pflanze. Sie bilden sich zum Teil in jungen, wachsenden Geweben, zum Teil in den Wurzeln und wandern dann in der Pflanze. Pflanzenhormone sind Gewebshormone.

Die wichtigsten Gruppen der Pflanzenhormone sind:
– **Auxine:** sie fördern das Streckungswachstum;
– **Gibberelline:** sie fördern Keimung, Wachstum und Blütenbildung (Abb. 265.1);
– **Cytokinine:** sie regen die Teilung junger Zellen an und hemmen das Altern;
– **hemmende Hormone:** *Abscisinsäure, Jasmonsäure;* sie wirken hemmend auf Stoffwechsel und Entwicklung. Die Abscisinsäure-Menge vermehrt sich während der Ruhepause der Pflanze im Spätjahr und nimmt dann wieder ab. Daher kann man erst nach dieser Zeit abgeschnittene Zweige von Bäumen (z. B. Kirsche) und Sträuchern (z. B. Flieder, Forsythie) durch Warmstellen vorzeitig zum Blühen bringen. Durch das gasförmige *Ethen*, „Reifungshormon", werden Fruchtreifung, Gewebsalterung und Blattfall gefördert, die Keimung und das Austreiben von Knospen dagegen gehemmt.

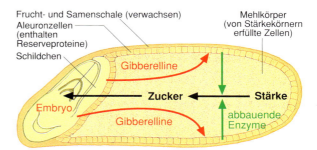

Abb. 265.1: Wirkung der Gibberelline bei der Keimung des Getreidekorns (s. Text)

Abb. 265.2: Bewurzelter Steckling der Weide. Die Bildung der Wurzeln erfolgt stets am ursprünglich unteren Ende des Stecklings, auch bei verkehrter Aufhängung.

Keimung von Getreidekörnern (Abb. 265.1). Unter dem Einfluss von Gibberellin, das der Embryo abgibt, werden Gene für Stärke spaltende und Protein spaltende Enzyme aktiviert **(s. Genetik 4.3.3, Regulation).** Die Enzyme bauen die Reservestoffe im keimenden Getreidekorn ab, vor allem die Stärke im Mehlkörper, und machen sie dem Bau- und Energiestoffwechsel des wachsenden Keimlings verfügbar. Wenn man die Getreidekörner quer teilt, tritt der Stärkeabbau nur in den embryohaltigen Hälften ein. In den embryolosen Hälften kann er aber durch Zugabe von Gibberellin-Lösung ausgelöst werden.

Anwendung von Wuchsstoffen im Gartenbau. Bei der Stecklingsvermehrung wird die Wurzelbildung am abgeschnittenen Sprossstück beschleunigt, wenn man es vor dem Einpflanzen in Auxinlösung taucht; Apfel- und Citrusbäume werfen die Früchte später ab, wenn sie mit Auxinlösung besprüht werden. Mit Pflanzenhormonen lässt sich Riesenwuchs erzeugen, Frühkeimung von Samen auslösen und außerdem das Austreiben der Kartoffeln im Keller verhindern. Synthetische Stoffe mit auxinartiger Wirkung verwendet man z. B. im Getreidefeld oder im Rasen als Unkrautvertilgungsmittel *(Herbizide)*, weil sie die wuchsstoffempfindlicheren zweikeimblättrigen Pflanzen zu einem schnellen, krankhaften und zum Absterben führenden Wachstum veranlassen. Einkeimblättrige Pflanzen wie Getreide und andere Gräser reagieren viel schwächer auf das Herbizid.

Polarität. Hängt man zwei Stücke eines Weidenzweiges in einen feuchten Raum, das eine in normaler Lage, das andere aber umgekehrt, so treiben Wurzeln nur am ursprünglich unteren Ende der Zweigstücke aus (Abb. 265.2). Die Polarität als Beziehung zwischen unten und oben ist auch bei der *Pfropfung* von Bedeutung. Das Pfropfreis muss mit dem „unteren Pol" auf die Unterlage gesetzt werden. Entfernt man die Sprossspitze, so wachsen darunter liegende Seitenknospen aus, deren Austrieb zuvor gehemmt war. Es müssen demnach Wechselwirkungen zwischen den Organen bestehen. Auch hierfür sind in erster Linie Hormone verantwortlich. So bilden die jungen Zellen der Sprossspitzen Auxin, das im Spross abwärts wandert und in Knospen die Bildung von hemmenden Stoffen auslöst. Diese verhindern das Austreiben der Knospen. Sobald die Auxinzufuhr von oben her aufhört, treibt die nunmehr höchstgelegene Seitenknospe aus und übernimmt die Funktion der Sprossspitze. Polarität ist auch eine Eigenschaft der einzelnen Zellen und in diesen von Hormonen unabhängig.

ENTWICKLUNGSBIOLOGIE

1 Fortpflanzung

Einzeller pflanzen sich durch Teilung fort. Die Tochterzellen wachsen zur Größe der Mutterzellen heran und können sich dann erneut teilen. Bei der Fortpflanzung der Mehrzeller werden entweder Geschlechtszellen (Keimzellen, Gameten) oder andere Zellen oder Zellgruppen, z. B. Brutknospen, Ausläufer, Pilzsporen, abgesondert. Aus Geschlechtszellen entwickelt sich erst dann ein neuer Organismus, wenn sich diese vereinigt haben; die Gruppen von Körperzellen wachsen jedoch unmittelbar zu einem neuen Lebewesen heran. Beginnt die Individualentwicklung mit der Vereinigung von Gameten, so spricht man von *geschlechtlicher Fortpflanzung*, geht sie von anderen Zellen aus, von *ungeschlechtlicher* oder *vegetativer Fortpflanzung*.

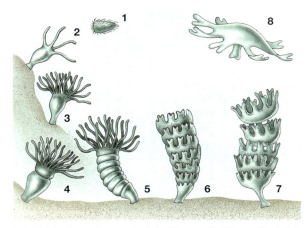

Abb. 266.1: Generationswechsel der Ohrenqualle. Die geschlechtlich erzeugte Wimpernlarve (**1**) wächst am Boden zu einem Polypen heran (**3**; wenige Millimeter lang), dieser schnürt sich mehrfach ein (**4, 5**), bildet die Tentakel zurück und Randlappen aus (**6**); durch Querteilung entstehen Medusen (**8**; sie erreichen einen Durchmesser von 20–40 cm)

1.1 Ungeschlechtliche Fortpflanzung

Vielzellige Tiere. Eine Form der ungeschlechtlichen Fortpflanzung ist die Teilung. Bei Hohltieren (z. B. Seeanemonen) wird sowohl *Längsteilung* als auch *Querteilung* beobachtet. Bei der Ohrenqualle entsteht die frei schwimmende Meduse durch wiederholte Querteilung der Polypenform; jeweils die oberste Scheibe löst sich als Meduse ab. In der Meduse entstehen Eizellen und Spermazellen. Aus der befruchteten Eizelle bildet sich über eine Larvenform der Polyp. Der Wechsel zwischen einer Generation, die sich ungeschlechtlich fortpflanzt (Polyp), und einer, die sich geschlechtlich vermehrt (Meduse), heißt *Generationswechsel* (Abb. 266.1). Der erste Generationswechsel bei Tieren wurde von ADELBERT VON CHAMISSO bei Salpen (Manteltiere) entdeckt.

Auch ein Teil der im Süßwasser lebenden Ringelwürmer pflanzt sich sowohl geschlechtlich als auch ungeschlechtlich fort. Die ungeschlechtliche Fortpflanzung erfolgt durch Querteilung des Körpers. Zuvor werden die den neu entstehenden Würmern fehlenden Segmente durch Sprossung ersetzt. Bestimmte Meereswürmer bilden am Hinterende Jungtiere, die schließlich abgeschnürt werden (s. Abb. 266.2). Die Jungtiere erzeugen im Gegensatz zum Muttertier, das sich nur ungeschlechtlich fortpflanzt, Geschlechtszellen. Es liegt ein Generationswechsel vor, der demjenigen der Ohrenqualle entspricht.

Beim *Keimzerfall* fällt der Keim zu einem sehr frühen Entwicklungszeitpunkt in Einzelzellen oder Zellgruppen auseinander. Darauf beruht die Bildung von *eineiigen Mehrlingen*.

Bei der *Knospung* wächst der neue Organismus aus dem Muttertier heraus und schnürt sich dann ab *(z. B. Süßwasserpolyp s. Abb. 37.1)*. Bei den stockbildenden

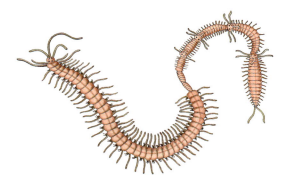

Abb. 266.2: Ungeschlechtliche Fortpflanzung durch Sprossung bei einem Meeresringelwurm. Die Sprossungszone liegt am letzten Körpersegment des Muttertieres.

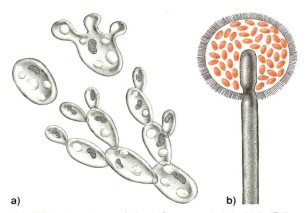

Abb. 266.3: Vermehrung **a)** durch Sprossung bei der Hefe (Zellen schnüren sich ab); **b)** durch Bildung von Mitosporen beim Köpfchenschimmel

Korallen und den Moostierchen *(Bryozoen)* bleiben die durch Knospung erzeugten Nachkommen mit dem Muttertier verbunden; auf diese Weise entstehen Tierstöcke.

Vielzellige Pflanzen. Viele Pilze und Algen bilden durch Mitose *(s. Cytologie 4)* besondere Zellen *(Mitosporen)* zur ungeschlechtlichen Fortpflanzung (Abb. 266.3b und 267.1). Mitosporen können für sich allein ein neues Lebewesen erzeugen, sind also keine Geschlechtszellen. Bei wasserlebenden niederen Pflanzen tragen die Mitosporen oft Geißeln zur aktiven Verbreitung im Wasser *(Schwärmsporen)*.
Ungeschlechtliche (vegetative) Fortpflanzung kommt auch bei vielen Blütenpflanzen vor. So entstehen beim Scharbockskraut in den Blattachseln *Brutknospen*, die abfallen und aus denen neue Pflanzen heranwachsen (Abb. 267.1b). Erdbeeren und Kriechender Hahnenfuß erzeugen oberirdische, Quecke und Taubnessel unterirdische *Ausläufer*. Dahlien und Scharbockskraut vermehren sich durch *Wurzelknollen*, die Kartoffel pflanzt sich durch *Sprossknollen* fort. Alle auf ungeschlechtlichem Wege von einer Mutterpflanze abstammenden Nachkommen sind untereinander erbgleich. Sie bilden zusammen einen *Klon (s. Genetik 1)*. Vegetative Fortpflanzung ist in der Regel mit einer Vermehrung der Individuenzahl verbunden. Man bezeichnet sie deshalb auch als *vegetative Vermehrung*.

Pflanzen haben in der Regel die Fähigkeit, verloren gegangene oder fehlende Teile neu zu bilden (Selbstergänzung oder *Regeneration*). Die Gärtnerei benutzt die Regenerationsfähigkeit in vielfältiger Weise, um Kulturpflanzen gezielt zu vermehren. Aus einem Begonienblatt, das mit Einschnitten versehen auf feuchten Sand gelegt wird, erwächst an jedem Einschnitt eine neue Pflanze (s. Abb. 267.2). Viele Bäume, z. B. Pappeln und Weiden, werden ausschließlich durch abgeschnittene Zweigstücke *(Stecklinge)* vermehrt; fast alle Pyramidenpappeln in Mitteleuropa sind auf diese Weise aus Steckreisern eines aus Italien eingeführten männlichen Baumes herangezogen worden. Auch viele Zier- und Nutzpflanzen werden so vermehrt. Um Geranien, Fuchsien, Chrysanthemen, Johannisbeeren und andere Pflanzen zu vermehren, bringt man Sprossstecklinge in die Erde. Auch der Weinstock, das Zuckerrohr, die Banane, die gar keine Samen mehr bildet, werden nur auf vegetativem Weg vermehrt. Die Stecklingsvermehrung wird in der Gärtnerei durch den Einsatz von Pflanzenhormonen unterstützt *(s. Hormone 3)*. Vegetative Vermehrung liegt auch beim *Okulieren* und beim *Pfropfen* von Obstbäumen sowie bei der Produktion von Pflanzen aus Zell- oder Gewebekulturen vor *(s. Genetik 5.1)*.

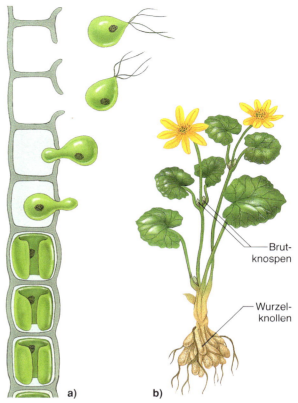

Abb. 267.1: Vermehrung **a)** durch ungeschlechtliche Mitosporen (Schwärmsporen) bei der Grünalge *Ulothrix*; **b)** durch Wurzelknollen und durch Brutknospen beim Scharbockskraut

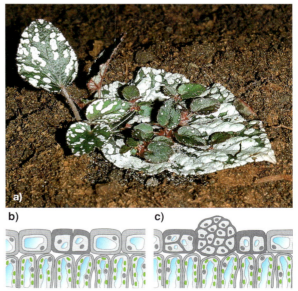

Abb. 267.2: Bildung von Blattstecklingen bei der Begonie (a, b und c): Eine Epidermiszelle an der Schnittstelle bildet durch vielfache Teilungen eine Knospe.

1.2 Geschlechtliche Fortpflanzung

Bei der geschlechtlichen Fortpflanzung erfolgt eine Vereinigung von zwei Geschlechtszellen (Keimzellen, Gameten). Im einfachsten Fall, so bei vielen einzelligen und fädigen Algen, sind diese nach Geschlecht und Größe gleich *(Isogameten, Abb. 268.1 a)*. Es handelt sich zumeist um begeißelte Zellen. Sie geben vielfach Lockstoffe ab; so finden sich die Gameten einer Art. Es vereinigen sich aber nur die Gameten verschiedener Individuen, die sich an Rezeptoren der Zelloberfläche *(s. Cytologie 2.2 und Stoffwechsel 1.5)* gegenseitig erkennen.

Bei anderen Algenarten sind die begeißelten Gameten ungleich groß *(Anisogameten)*. Der größere Gamet *(Megagamet)* enthält mehr Nährstoffe für die Entwicklung des neuen Individuums als der kleine *(Mikrogamet)*, der jedoch beweglicher ist. Die Gameten entstehen bei den Algen häufig in besonderen Behältern.

Die Spezialisierung der Gameten geht vielfach noch weiter: Der Megagamet ist dann unbegeißelt und wird als weibliche Geschlechtszelle oder Eizelle bezeichnet; der Mikrogamet ist gut beweglich, er ist die männliche Geschlechtszelle (Spermazelle, Spermium). Verschiedene Algen (Abb. 268.1 a), die Landpflanzen und alle mehrzelligen Tiere bilden Ei- und Spermazellen aus.

Die verschiedenen Formen der Ausbildung von Geschlechtszellen zeigen also eine fortschreitende Differenzierung im Sinne einer Arbeitsteilung. Die Eizelle enthält Nährstoffe, sodass das aus ihr entstehende Lebewesen zunächst keine Nahrung aufnehmen muss.

Die Vereinigung einer weiblichen und einer männlichen Keimzelle bezeichnet man als *Befruchtung*. Die so entstandene Zelle heißt *Zygote*. Bei der Befruchtung verbindet sich zunächst das Cytoplasma der beiden Gameten, dann verschmelzen deren Kerne. Das Eindringen des Spermiums in die Eizelle heißt *Besamung*. Zur Sicherung der Vereinigung von Spermium und Eizelle paaren sich bei vielen Tierarten ein männliches und ein weibliches Individuum; ihre körperliche Vereinigung bezeichnet man als *Begattung*. (Zur Reduktion der Chromosomenzahl bei der Bildung der Geschlechtszellen *s. Genetik 3.1*.)

1.2.1 Geschlechtliche Fortpflanzung bei Mensch und Tieren

Bei mehrzelligen Tieren und beim Menschen entstehen die Eizellen in den weiblichen Keimdrüsen *(Eierstöcke, Ovarien)*, die Spermazellen in den männlichen Keimdrüsen *(Hoden)*. Die Individuen mancher Tierarten besitzen sowohl Ovarien als auch Hoden, diese Tiere sind *Zwitter*. Die meisten höheren Tierarten sind aber im Gegensatz zu den höheren Pflanzen getrenntgeschlechtlich. Auch bei zwittrigen Arten erfolgt meist Fremdbefruchtung, indem sich zwei Tiere wechselseitig begatten (z. B. Weinbergschnecke, Regenwurm).

Bau der Geschlechtszellen. Die menschliche Eizelle hat einen Durchmesser von etwa 0,2 mm und ist eben noch mit bloßem Augen sichtbar (Abb. 269.1 a); ihr Volumen beträgt das 200 000fache der Spermazelle. Die Größe der Eizelle beruht auf dem größeren Cytoplasmagehalt. Eier von Vögeln und Reptilien, die ihre Entwicklung außerhalb des Körpers durchlaufen, haben dotterreiche, große Eizellen. Säugetiere, die sich im Mutterleib entwickeln, haben dotterarme bzw. dotterlose kleine Eizellen.

Die Spermazelle (Abb. 269.1 b, c) besteht aus dem Kopfstück, einem kleinen Mittelstück und einem als Geißel ausgebildeten Schwanz, der durch peitschenartige Bewegungen die Zelle vorwärts treibt. Das Kopfstück enthält vor allem den Zellkern; am hinteren Ende liegt das Centriol *(s. Cytologie 2.3.3 und 4)*. Am Vorderende des Kopfstückes liegt das vom GOLGI-Apparat gebildete *Akrosom*. Es ist reich mit Enzymen ausgestattet und wirkt beim Eindringen des Spermiums in die Eizelle und bei den darauf folgenden Vorgängen entscheidend mit (s. Abb. 269.1 b).

Befruchtungsvorgang. Dieser ist erstmals 1875 von dem Zoologen OSKAR HERTWIG beim Seeigel beobachtet worden. Der Seeigel gibt die Geschlechtszellen ins Wasser ab. Die beweglichen Spermazellen schwimmen, von *Befruchtungsstoffen* angezogen, auf die in eine Gallerthülle eingeschlossene Eizelle zu und heften sich mit dem Akrosom an die Gallerthülle an

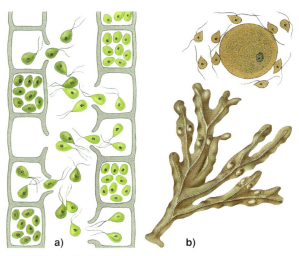

Abb. 268.1: a) Gleichartige Geschlechtszellen (Isogameten) bei der Alge *Ulothrix;* **b)** Ungleich gestaltete Geschlechtszellen (Eizelle und Spermazellen beim Blasentang *(Fucus)*)

Fortpflanzung 269

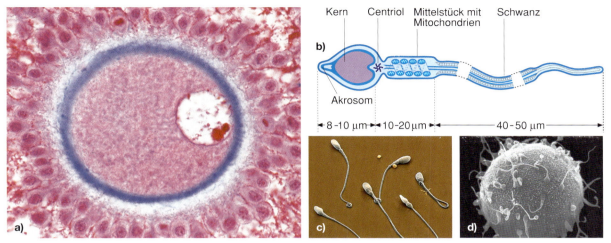

Abb. 269.1: Ei- und Spermazelle. **a)** Reife Eizelle (LM-Aufnahme); **b)** Spermazelle (60 µm lang), Schema; **c)** REM-Aufnahme menschlicher Spermien (2400fach vergrößert); **d)** REM-Aufnahme einer Eizelle, an deren Oberfläche sich zahlreiche Spermien befinden (1900fach vergrößert)

(Abb. 269.2). Ein Enzym des Spermienkopfes verflüssigt lokal die Gallerthülle. Gleichzeitig wird vom Akrosom ein fadenförmiges Gebilde *(Akrosomfaden)* auf die Eirinde geschleudert. Es bildet sich ein *Befruchtungshügel* und die Eirinde lockert sich auf. Die Spermazelle dringt mit Kopf und Mittelstück in das Cytoplasma der Eizelle ein und wirft den Schwanzteil ab *(Besamung).* An der Eindringstelle der Spermazelle hebt sich innerhalb einer Minute die durchsichtige *Befruchtungsmembran* von der Eioberfläche ab. Diese Membran trägt mit dazu bei, dass keine weiteren Spermazellen in die Eizelle hineingelangen. Nachdem die Spermazelle eingedrungen ist, treten aus dem Kopfstück das Centriol und aus dem Mittelstück die Mitochondrien aus. Der durch Flüssigkeitsaufnahme vergrößerte Kern der Spermazelle bewegt sich auf den Kern der Eizelle zu. Bis zum Beginn der ersten Teilung lagern die Kerne nebeneinander, dann vereinigen sie sich. Damit ist die Befruchtung vollzogen. Währenddessen hat sich am Centriol ein zweites Centriol gebildet. Beide rücken auf gegenüberliegende Seiten. Dann beginnt die *Teilung* der befruchteten Eizelle.

Bei wasserlebenden niederen Tieren vollzieht sich in der Regel die Befruchtung außerhalb des mütterlichen Körpers; Eier und Spermazellen werden ins Wasser entleert, wo die Spermien dann die Eizellen aufsuchen. Unter den Wirbeltieren zeigen auch die Fische und die Lurche meist noch diese ursprüngliche Art der Befruchtung. Dagegen muss bei den Landtieren eine innere Befruchtung stattfinden; sie erfolgt bei den höheren Wirbeltieren im Ausführgang der weiblichen Keimdrüsen, dem Eileiter, wohin die Spermien nach der Begattung gelangen.

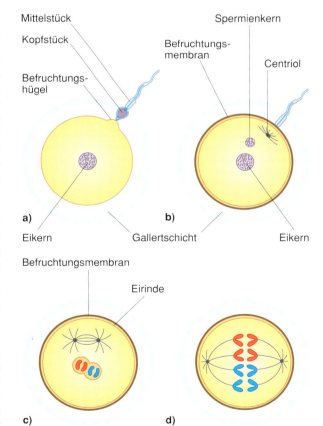

Abb. 269.2: Schema der Befruchtung. **a)** Anheftung der Spermazelle an die Eizelle; **b)** Besamung und Bildung der Befruchtungsmembran; **c)** Verschmelzung der Kerne und Erscheinen der Chromosomen (Prophase der ersten Zellteilung); **d)** Trennung der zwischenzeitlich ausgebildeten Schwesterchromatiden (Anaphase der ersten Zellteilung)

Entwicklungsbiologie

Parthenogenese. Bei dieser Fortpflanzungsart entwickeln sich die Eizellen ohne Befruchtung (Jungfernzeugung). Manche Stabheuschrecken, einige Regenwurmarten, Rundwürmer und Rädertiere pflanzen sich ausschließlich parthenogenetisch fort. Bei einigen Tierarten (Blattläuse, Gallwespen, Wasserflöhe) wechseln parthenogenetische und geschlechtliche Fortpflanzung regelmäßig ab. Diese Arten bilden Wintereier, die die kalte Jahreszeit überdauern, sich langsam entwickeln und befruchtet werden müssen. Bei guten Lebensbedingungen erzeugen sie Sommereier, die in großer Zahl abgegeben werden, ohne Befruchtung mit der Keimesentwicklung beginnen (s. 2.1) und dann zu einer schnellen Vergrößerung der Population beitragen. So entstehen innerhalb kurzer Zeit große Blattlauspopulationen, wenn zunächst nur ein einziges Muttertier eine Pflanze erreicht hat. Die weiblichen Tiere der Honigbiene und anderer Hautflügler entstehen aus befruchteten, die Männchen aus unbefruchteten Eiern. Eine unbegattete Bienenkönigin erzeugt deshalb nur haploide Drohnen. (Im Laufe der Entwicklung der Drohnen wird in den meisten Zellen die Chromosomenzahl verdoppelt, sodass viele Gewebe nachträglich diploid, z. T. sogar polyploid werden.) Parthenogenese kommt ebenso bei Pflanzen vor; der Löwenzahn und viele Habichtskrautarten pflanzen sich ohne Befruchtung fort.

1.2.2 Geschlechtliche Fortpflanzung und Keimesentwicklung bei Samenpflanzen

Bei den Samenpflanzen entstehen in den *Staubblättern* Pollen, die vor allem durch Tiere oder den Wind auf *Fruchtblätter* übertragen werden (Bestäubung). Die Spermazellen entwickeln sich nach der Bestäubung in den Pollenkörnern. Die Eizelle findet man bei den Samenpflanzen in der *Samenanlage,* die von einem *Fruchtblatt* hervorgebracht wird. Bei den Nacktsamern (z. B. Ginkgo, Nadelbäume) liegen die Samenanlagen frei auf den Fruchtblättern. Bei den Bedecktsamern (alle anderen Samenpflanzen) sind die Fruchtblätter stets zu einem oder mehreren *Fruchtknoten* verwachsen und schließen so die Samenanlagen ein (Abb. 270.1). Zusammen mit Griffel und Narbe wird der Fruchtknoten als *Stempel* bezeichnet. Ein Fruchtknoten kann eine oder viele Samenanlagen enthalten.

Keimesentwicklung. Aus der befruchteten Eizelle bildet sich die aus Milliarden Zellen bestehende Pflanze. Die bis zur Bildung eines Keimlings in der Samenanlage ablaufende Entwicklung ist die *Keimesentwicklung* (s. Abb. 270.2). Bei zweikeimblättrigen Bedecktsamern entsteht nach den ersten Teilungen der befruchteten Eizelle eine stielförmige Zellreihe *(Embryoträger),* deren Endzelle sich durch vermehrte Teilungen zu einem

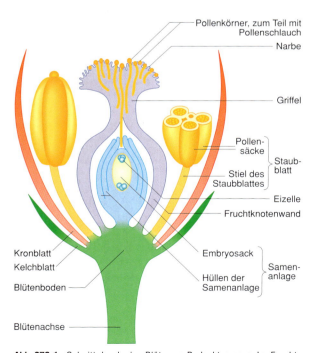

Abb. 270.1: Schnitt durch eine Blüte von Bedecktsamern. Im Fruchtknoten ist nur eine Samenanlage eingezeichnet, wie dies z. B. bei Sonnenblume und Getreidearten der Fall ist.

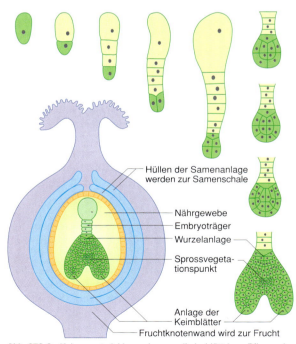

Abb. 270.2: Keimesentwicklung einer zweikeimblättrigen Pflanze. Im Fruchtknoten ist nur eine Samenanlage eingezeichnet. Dieser Fall ist z. B. bei Eiche, Buche, Knöterich verwirklicht.

Embryo umbildet. Daraus geht später die Pflanze hervor. Der Embryo gliedert sich im weiteren Verlauf der Entwicklung in die Anlage der Wurzel und in zwei lappenförmige Anlagen der *Keimblätter* (s. Abb. 270.2), die von einem kurzen Sprossteil getragen werden. Die Keimblätter vieler Pflanzen erscheinen bei der Keimung als erste Blätter über dem Erdboden. Zwischen den beiden Keimblättern liegt die Anlage des *Sprossvegetationspunktes,* welcher später die Sprossachse bildet. Die andere Unterklasse der Bedecktsamer, die einkeimblättrigen Pflanzen, bildet – wie ihr Name besagt – nur ein Keimblatt aus.

Viele Samen speichern Nährstoffe in den Keimblättern (z. B. Bohne und andere Hülsenfrüchtler) oder in einem besonderen Nährgewebe (z. B. Rizinus, Pfeffer). Die Hüllen der Samenanlagen bilden sich am Ende zu einer festen Samenschale um. Damit ist der **Samen** fertig. Zur gleichen Zeit entsteht aus der Wand des Fruchtknotens die **Frucht**.

Keimung und Wachstum. Bei vielen Pflanzen sind die ausgereiften Samen sofort keimfähig. Andere Samen keimen erst nach einer gewissen Ruhezeit. Die Samen der *Frostkeimer* werden durch Frost zur Keimung angeregt (viele Alpenpflanzen). Die Samen der *Lichtkeimer* (Tabak, Mistel) brauchen zum Keimen Licht; bei den *Dunkelkeimern* (Kürbis, Stiefmütterchen) hemmt Licht die Keimung.

Beim Keimungsvorgang werden die im Samen gespeicherten Nährstoffe unter der Mitwirkung von Hormonen in lösliche Stoffe umgewandelt und dem Embryo zugeführt *(s. Hormone 3);* sein Wachstum beginnt.

Die Zellen des Keimlings differenzieren sich in die drei Grundorgane Wurzel, Sprossachse und Blatt. Entsprechend ihrer unterschiedlichen Funktion sind diese Zellen verschiedenartig gebaut *(s. Abb. 38.2 und 53.1).*

Das **Längenwachstum** geht von den Wachstumsstellen an den Wurzel- und Sprossenden und in den Blattachseln aus, wo sich dauernd teilungsfähige Zellen befinden. Stängel mit äußerlich sichtbaren Knoten (z. B. Gräser) wachsen auch in der Nähe der Knoten. Bei den Wurzeln ist das Längenwachstum auf eine kurze Strecke hinter der Wurzelspitze beschränkt (s. Abb. 271.2); anschließend an diese Zone brechen die Seitenwurzeln von innen heraus. Die wachsende Spitze des Sprosses, der *Wachstumskegel,* ist von älteren Blattanlagen schützend umhüllt (s. Abb. 271.1); das Ganze wird als *Endknospe* bezeichnet. Die Sprossachse wächst in größerer Entfernung vom Vegetationspunkt nicht durch Zellteilung, sondern durch *Zellstreckung* in die Länge. Blätter und Seitenzweige entstehen aus Auswölbungen des Wachstumskegels. Kürbispflanzen können bis zu 1 mm in 10 min, Bambussprosse 10 mm in 10 min wachsen.

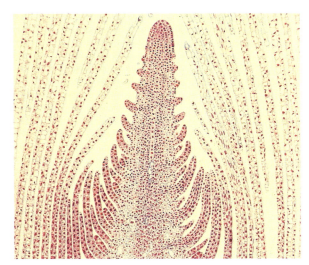

Abb. 271.1: Schnitt (gefärbt) durch den Wachstumskegel (Vegetationskegel) der Wasserpest mit Blattanlagen

Abb. 271.2: Rasterelektronenmikroskopische Aufnahme der Wurzelspitze; **WHZ** Wurzelhaarzone (Wurzelhaare bilden sich ständig spitzenwärts neu), **SZ** Zone der Zellstreckung und Zelldifferenzierung, **WH** Wurzelhaube

2 Keimesentwicklung von Tieren und Mensch

Zur Entwicklung (Ontogenese) gehören alle Prozesse der Formbildung, die nach der Befruchtung bis zum natürlichen Tode ablaufen. Die Periode der Keimesentwicklung endet mit dem Schlüpfen bzw. der Geburt. Daran schließen sich die Kindes- und Jugendentwicklung, das Erwachsenenalter und die Periode des Alterns an. Im Folgenden wird allein auf die Keimesentwicklung eingegangen.

2.1 Ablauf der Keimesentwicklung

Aus der befruchteten Eizelle entsteht das vielzellige Lebewesen durch zahlreiche Zellteilungen. Die Entwicklung verläuft in vier Schritten. Im ersten Schritt (Furchung) teilt sich die Eizelle in eine Vielzahl von Zellen; in dem Zellhaufen bildet sich schließlich ein Hohlraum aus. Der zweite Schritt ist die Keimblätterbildung. Die Keimblätter der Tiere und des Menschen sind unterschiedliche Zellschichten, in denen die Anlagen für bestimmte Organe entstehen. Es folgt drittens die Sonderung der Organanlagen. Der vierte Schritt ist die Gewebedifferenzierung der Organe (Organbildung). Die dabei entstehenden Zellen und vielzelligen Strukturen ordnen sich in den einzelnen Schritten jeweils zu einem typischen räumlichen Muster (Gestaltbildung), sind also nie willkürlich verteilt. Diese Entwicklungsschritte sind besonders gut bei Amphibien, z. B. Grasfrosch und Molch, (Abb. 272.1, 274.1 und 275.1) zu verfolgen.

Abb. 272.1: Entwicklung des Frosches. Aus der befruchteten Eizelle entwickelt sich eine Kaulquappe, aus ihr wird in der Metamorphose der Frosch.

2.1.1 Keimesentwicklung der Amphibien

Furchung. Die befruchtete Eizelle (Zygote) ist in verschiedene Plasmabezirke aufgeteilt. Diese sind schon äußerlich an ihrer unterschiedlichen Färbung erkennbar. Der dotterarme Teil ist dunkel gefärbt, der Teil, der viel Dotter enthält, hell. Zwischen beiden liegt eine grau gefärbte Zone, der *Graue Halbmond* (Abb. 273.1). Diese Bereiche werden im Verlauf der Teilungen auf verschiedene Zellen verteilt, die bei der Weiterentwicklung jeweils bestimmte Organe bilden. Zu Beginn der ersten Teilung der Zygote beobachtet man rund um die Zelle eine schmale Vertiefung, die die Teilungsebene markiert. Daher bezeichnet man diese Art Teilung auch als *Furchung*. Furchungszellen, die auch als *Blastomeren* bezeichnet werden, wachsen zwischen zwei Teilungen nicht. Die erste Furchungsteilung der befruchteten Eizelle liefert zwei Blastomeren (s. Abb. 274.1), die zweite, deren Teilungsebene senkrecht zur ersten verläuft, vier Zellen. Die dritte Teilung lässt zwei Zellkränze zu je vier Zellen entstehen. Die Zellen des oberen Zellkranzes sind kleiner (*Mikromeren*) und enthalten weniger Dotter als die des darunter liegenden (*Makromeren*). Die Furchung heißt *total inäqual*, da durch den ungleichen Dottergehalt der beiden Eihälften unterschiedlich große Zellen entstehen. Die folgenden Teilungen führen in etwa 20 Stunden zur Bildung eines beerenförmigen Zellhaufens (*Maulbeerkeim* oder *Morula*). Daraus formt sich eine Hohlkugel, *Blasenkeim* oder *Blastula* genannt, mit mehrschichtiger Wand (*Blastoderm*) und Blastulahöhle (*primäre Leibeshöhle = Blastocoel*). In diesem Stadium sind die in der Eizelle unterschiedlich gefärbten Zonen noch zu erkennen: eine obere *animale Zone*, eine mittlere *Randzone* und eine untere *vegetative Zone*. Bei der weiteren Entwicklung gehen aus diesen verschiedenen Blastulabezirken verschiedene Keimteile hervor.

Keimblätterbildung. An einer Stelle wandern Zellen des Blastoderms der vegetativen Zone in die Blastulahöhle ein. Auf diese Weise entwickelt sich der Urdarm. Auch die Zellen der Randzonen werden ins Innere des Blasenkeims verlagert. Durch diese Vorgänge wird die Blastulahöhle verdrängt und es entsteht ein neuer Hohlraum, die *Urdarmhöhle*, die über den *Urmund* mit der Außenwelt in Verbindung steht. Dieses Keimstadium heißt *Becherkeim* oder *Gastrula*. Die Gastrula ist aus verschiedenen Zellschichten aufgebaut. Die Außenschicht, das *Ektoderm*, besteht aus den Zellen der animalen Zone. Die Urdarmhöhle ist von Zellen der vegetativen Zone umschlossen (*Entoderm*). Dem Urdarm aufgelagert sind Zellen der Randzone, die damit eine Schicht zwischen Ektoderm und Entoderm bilden, die als *Mesoderm* bezeichnet wird. Derjenige Bereich, in dem das Mesoderm dem Entoderm aufliegt, heißt Urdarmdach; darunter liegt der Urdarmboden. Das Ergebnis ist ein dreischichtiger Keim, der aus den drei *Keimblättern* Ektoderm, Mesoderm und Entoderm besteht (Abb. 273.2).

Sonderung der Organanlagen. Im weiteren Verlauf der Entwicklung grenzen sich die Anlagen der Organe ab. Der bisher kugelförmige Keim streckt sich in die Länge. Auf seiner Rückenseite entsteht in dem Bereich des Ektoderms, dem das Urdarmdach (Mesoderm) unterlagert ist, eine schuhsohlenförmige Aufwulstung. Die Wulstränder laufen aufeinander zu und bilden schließlich eine Rinne, die sich zu einem Rohr, dem *Neuralrohr,* schließt. Durch diesen Vorgang der *Neurulation* entsteht bei Wirbeltieren die Anlage des Zentralnervensystems. Aus dem Ektoderm bilden sich außerdem die Körperhaut, Vorder- und Enddarm sowie eine Reihe von Sinnesorganen. Am Vorderende dieses als *Neurula* bezeichneten Keimstadiums wird der Mund angelegt; aus dem Urmund wird bei den Wirbeltieren der After, bei vielen Wirbellosen bildet er den Mund. Tiere, bei denen der Urmund zum After wird und der Mund sich neu bildet, heißen *Neumundtiere (Deuterostomier)*. Tiere, deren Urmund zum Mund wird und deren After sich neu bildet, nennt man *Altmünder (Protostomier)*.

Auf der Oberseite des Mesoderms formt sich eine Ausstülpung, die sich als solider elastischer Strang abschnürt und zur *Chorda,* der Vorläuferin der Wirbelsäule, wird. Bei allen Wirbeltieren wird sie embryonal angelegt, später aber durch die Wirbelsäule ersetzt. Die Seitenteile des Mesoderms umwachsen das Entoderm vollständig und gliedern sich im oberen Teil des Keims in eine Reihe hintereinander liegender Abschnitte (Ursegmente oder *Somiten*). Aus ihnen geht u. a. die Körpermuskulatur hervor. Der untere Teil des Mesoderms gliedert sich in ein inneres und äußeres Mesodermblatt, die einen Hohlraum, die sekundäre Leibeshöhle *(Coelom),* umschließen.

Das Mesoderm liefert außer der Muskulatur das Blutgefäßsystem, die Harnbildungs- und inneren Fortpflanzungsorgane sowie das Skelett. Das Entoderm bildet das Mittelstück des endgültigen Darmkanals mit Leber und Bauchspeicheldrüse sowie die Lunge und die Harnblase. (Vorder- und Enddarm entstehen aus Einstülpungen des Ektoderms.) Die Geschlechtszellen gehen aus Zellen hervor, die keinem Keimblatt zugeordnet sind; sie sondern sich schon frühzeitig während der Embryonalentwicklung ab *(s. Keimbahn Genetik 3.1).*

Gewebedifferenzierung der Organe (Organbildung). Die aus den Keimblättern gebildeten Organanlagen werden durch Differenzierung der Zellen zu Geweben spezifischer Funktion, die sich dann zu Organen in ihrer endgültigen Form vereinigen. Bestimmte Zellen des Bindegewebes, der Haut und der Schleimhäute behalten dabei ihre Teilungsfähigkeit, die Nervenzellen der Wirbeltiere verlieren sie in aller Regel.

Die Keimesentwicklung der Amphibien führt zu einer wasserlebenden, fischähnlichen Larve (Kaulquappe), die in ihrem Körperbau an das Wasserleben angepasst ist. Kaulquappen ernähren sich vor allem von Algen, die sie von der Unterlage abraspeln. Der Gasaustausch erfolgt über Kiemen und Haut. Durch komplexe Umwandlungsprozesse *(Metamorphose)* entsteht im Laufe von etwa 16 Wochen aus der Larve das am Land lebende Amphibium. Dessen Nahrung sind u. a. Insekten und Spinnen. Die Atmung erfolgt über Lungen, aber auch durch die Haut.

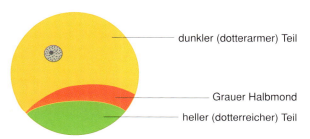

Abb. 273.1: Plasmabezirke der Zygote der Amphibien

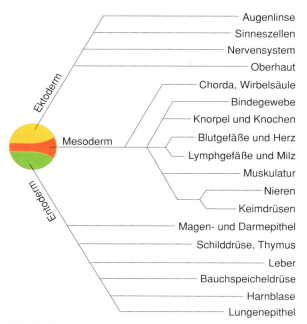

Abb. 273.2: Bedeutung der Bezirke des Eicytoplasmas für die Entwicklung der Organe aus den drei Keimblättern

Entwicklungsbiologie

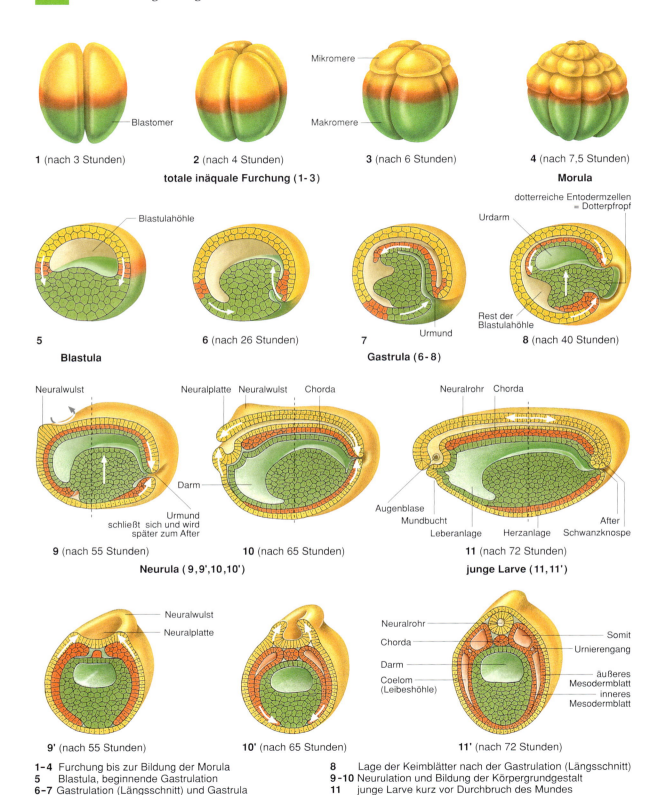

Abb. 274.1: Keimesentwicklung der Amphibien. Farben: **1–6** dotterarme Zone (gelb), Grauer Halbmond (rot) und dotterreiche Zone (grün); **7–11** Ektoderm (gelb), Mesoderm (rot), Entoderm (grün); **5** sowie **9'–11'** Querschnitte, sonst Längsschnitte

Keimesentwicklung von Tieren und Mensch

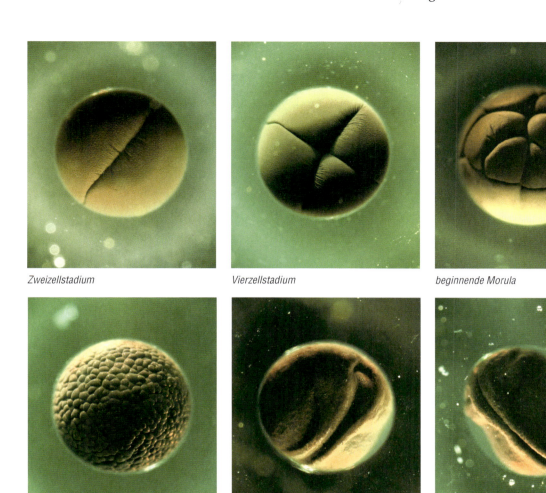

Zweizellstadium   *Vierzellstadium*   *beginnende Morula*

beginnende Gastrula   *Bildung des Neuralrohres mit Abheben des Neuralwulstes*   *Bildung der Neurula mit Verschluss des Neuralrohres*

Embryoentwicklung im Ei   *oben: Larve, unten: kleiner Frosch*   *voll entwickelter Grasfrosch*

Abb. 275.1: Unterschiedliche Stadien der Keimesentwicklung des Grasfrosches *(Rana temporaria)*

276 Entwicklungsbiologie

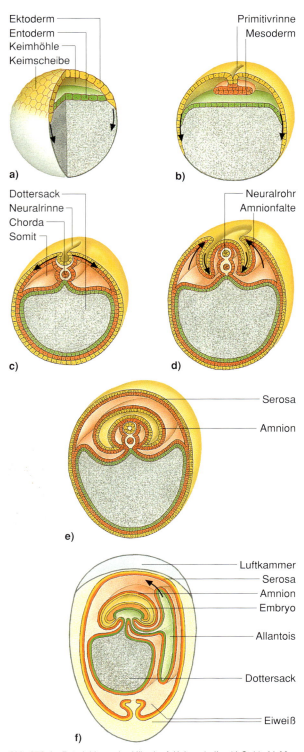

Abb. 276.1: Entwicklung der Vögel. **a)** Keimscheibe (4 Std.); **b)** Mesodermbildung (10 Std.); **c)** Neurulation (30 Std.); **d)** Bildung von Amnion und Serosa durch Faltung (48 Std.); **e)** Embryo mit Embryonalhüllen (60 Std.); **f)** Hühnerembryo im Ei (8 Tage)

2.1.2 Keimesentwicklung der Reptilien und der Vögel

Die Entwicklung der Reptilien und der Vögel (Abb. 276.1) verläuft sehr ähnlich. Ihre Eizellen sind relativ groß und mit reichlich Nährmaterial versehen. Was etwa beim Hühnerei im Alltag als „Dotter" bezeichnet wird, ist in Wahrheit eine vergleichsweise riesige Eizelle, die eine große Menge Dotter *enthält*.

Bei der Furchung wird die Dotterkugel nicht auf die Tochterzellen aufgeteilt. Diese entstehen an einer eng umgrenzten Stelle, der *Keimscheibe,* am animalen Pol der Eizelle und sind im Vergleich zur Eizelle winzig *(diskoidale Furchung;* von gr. *diskos,* Scheibe.) Die Blastomeren der entstehenden Keimscheibe heben sich unter Bildung einer Keimhöhle von der Dotteroberfläche ab und bilden das Ektoderm. Die Keimhöhle wird gegen die Dotteroberfläche von Zellen des Entoderms abgegrenzt. Auf einer Verdickung des Ektoderms bildet sich eine Rinne *(Primitivrinne).* Von ihr wandern Zellen in das Innere der Keimhöhle und ordnen sich zum Mesoderm. Ektoderm, Mesoderm und Entoderm umwachsen schließlich den gesamten Dotter. Aus dem Entoderm bildet sich der Dottersack. In einem weiteren Entwicklungsschritt bilden sich zusätzlich *Embryonalhüllen* aus.

Ektoderm und Mesoderm falten sich um die Embryonalanlage auf und umschließen diese in Form von zwei Häuten, dem *Amnion* und der *Serosa*. In der mit Flüssigkeit gefüllten Amnionhöhle liegt der Embryo. Die Serosa dient der Versorgung mit Nährstoffen. An sie legt sich eine Ausstülpung des embryonalen Darms an, die *Allantois*. Sie nimmt zunächst die Stoffwechselprodukte des Embryos auf und unterstützt nach ihrer Verbindung mit der Serosa deren Aufgabe, den Embryo mit Nährstoffen zu versorgen und Atemgase auszutauschen. Die gesamte Entwicklung dauert beim Hühnchen 21 Tage.

2.1.3 Keimesentwicklung des Menschen

Embryonalzeit. Die Keimesentwicklung des Menschen (Abb. 277.1) verläuft ähnlich wie bei allen Säugetieren. Die etwa 0,2 mm messende Eizelle ist polar gebaut und dotterlos. Die Befruchtung findet im Anfangsteil des Eileiters statt, weil die Eizelle nur 8–12 Stunden nach der Ovulation befruchtungsfähig ist *(s. Hormone 1.5.2).* Für ihre Wanderung in den *Uterus* (Gebärmutter) benötigt die befruchtete Eizelle 4–5 Tage. Während des Transports durch den Eileiter furcht sich die Zygote anfänglich *total äqual* und entwickelt sich zur *Blastocyste.* Dieses ist ein spezielles Entwicklungsstadium bei Säugern und entspricht nicht dem Blastulastadium. Die Blastocyste besteht aus

Keimesentwicklung von Tieren und Mensch

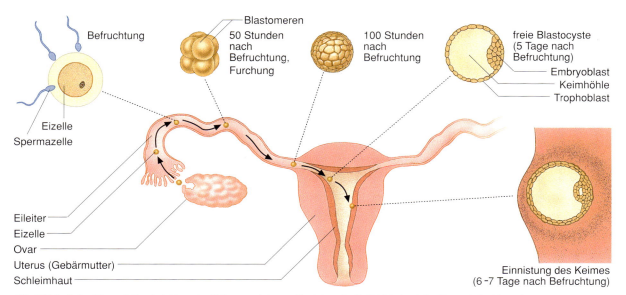

Abb. 277.1: Befruchtung, Frühentwicklung des Keimes und dessen Einnistung in die Schleimhaut des Uterus beim Menschen. Darauf folgende Phasen der Keimesentwicklung sind in Abb. 278.1 dargestellt.

dem *Trophoblast*, dem *Embryoblast* (Embryonalknoten) und der *Keimhöhle*. Der künftige Embryo entsteht nur aus Zellen des Embryoblasten. Der Trophoblast bildet das Gelbkörperhormon Progesteron, das die Einnistung der Blastocyste in den Uterus bewirkt. Die Uterusschleimhaut erzeugt Gonadotropin, das den Gelbkörper in Funktion hält. Dadurch wird die Abstoßung der Uterusschleimhaut (Regelblutung) mit der eingenisteten Blastocyste verhindert *(s. Hormone 1.5.2)*.

Bis zum 12. Tag (Abb. 278.1) entsteht im Embryoblast das *Amnion* mit der Amnionhöhle und daran angrenzend der *Dottersack* mit Dottersackhöhle. Das Amnion wird später zur flüssigkeitsgefüllten *Fruchtblase,* der Dottersack liefert Blutzellen und Urkeimzellen. Zwischen Amnion und Dottersackhöhle liegt der zweischichtige *Keimschild*. Aus ihm geht der Embryo hervor. Die amnionseitige Schicht ist das Ektoderm, die darunter liegende das Entoderm.

Auf der Außenseite des Trophoblasten, jetzt als *Chorion* (Zottenhaut) bezeichnet, bilden sich wurzelartige Ausstülpungen, die *Chorionzotten*. Sie eröffnen im Uterusgewebe Blutgefäße. Es entstehen blutgefüllte Räume (Blutlakunen), in denen die Zotten vom mütterlichen Blut umspült werden, wobei ein Stoffaustausch zwischen Mutter und Embryo erfolgt, und zwar ohne dass sich das Blut beider vermischt. Der Haftstiel als Verbindung zwischen Trophoblast und Embryoanlage wird später zur *Nabelschnur*.

Etwa zwei Wochen nach der Befruchtung bildet sich aus dem etwa 1 mm großen Keimschild eine verdickte Zellplatte aus Ektodermzellen mit einer säckchenför-

migen Einstülpung (Chordaanlage) sowie eine Längsrinne *(Primitivrinne,* läuft aus in *Primitivgrube)*. Durch die Längsrinne wandern Zellen ein und bilden zwischen Ektoderm und Entoderm das Mesoderm. Aus dem Dottersack stülpt sich die beim Menschen funktionslose Allantois *(s. 2.1.2)* in den Haftstiel aus. Nach etwa drei Wochen beginnt das zunächst ungekammerte, schlauchförmige Herz zu schlagen. Bis Ende der vierten Woche entsteht das Neuralrohr. Bis zu diesem Zeitpunkt (der Embryo misst jetzt 3,5 mm) bilden sich weiterhin die Anlagen für Augen, Ohren, Geruchsorgan, Leber, Lunge, Darm und Extremitäten.

Zwischen der vierten und achten Woche nach der Befruchtung ändert der Embryo sein Aussehen. An der Kopfregion werden vier Wülste sichtbar, die den Anlagen der *Kiemenbögen* bei Fischen entsprechen. Die Wülste sind durch blind geschlossene Einbuchtungen *(Kiementaschen)* voneinander getrennt. Aus dem ersten Kiemenbogen entwickeln sich Ober- und Unterkiefer, aus der dahinter liegenden Kiementasche der Gehörgang und die Eustachische Röhre. Am Hinterende des Embryos ist vorübergehend eine Schwanzwirbelsäule ausgebildet. Das Gehirn gliedert sich in fünf Abschnitte *(Abb. 209.3)*. Nach acht Wochen hat der Embryo eine Scheitel-Steiß-Länge von etwa 3 cm.

Während der Ausgestaltung reagieren die Organanlagen sehr empfindlich auf schädliche Einflüsse von außen wie z. B. Sauerstoffmangel, chemische Stoffe, Strahlen sowie Viren- und Bakteriengifte. Solche Einflüsse führen oft zu bleibenden Organschäden, Missbildungen oder Fehlgeburten (s. Abb. 279.1).

278 Entwicklungsbiologie

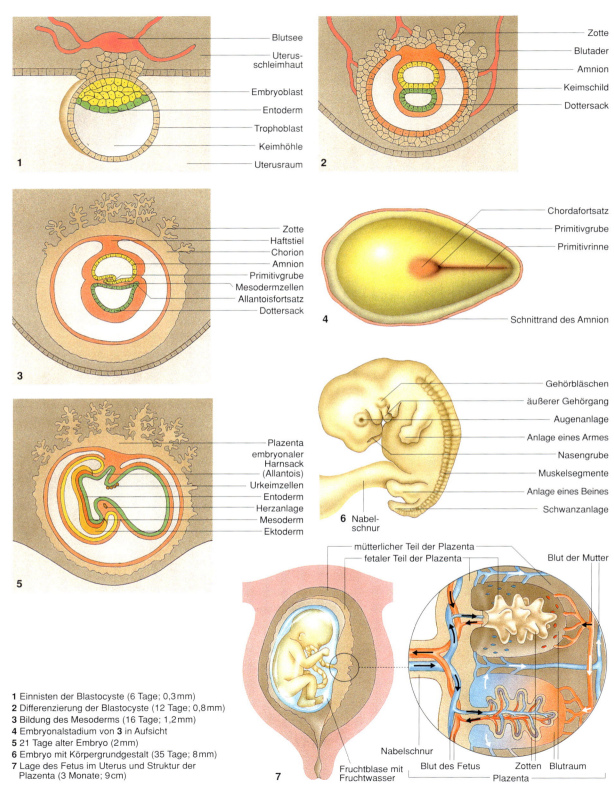

1 Einnisten der Blastocyste (6 Tage; 0,3 mm)
2 Differenzierung der Blastocyste (12 Tage; 0,8 mm)
3 Bildung des Mesoderms (16 Tage; 1,2 mm)
4 Embryonalstadium von 3 in Aufsicht
5 21 Tage alter Embryo (2 mm)
6 Embryo mit Körpergrundgestalt (35 Tage; 8 mm)
7 Lage des Fetus im Uterus und Struktur der Plazenta (3 Monate; 9 cm)

Abb. 278.1: Keimesentwicklung des Menschen; Zeitangabe in Tagen nach der Befruchtung

Keimesentwicklung von Tieren und Mensch

Fetalzeit. Ab der 9. Woche nach der Befruchtung heißt der Keim *Fetus*. In der Fetalzeit werden die Funktionen der Organe bis zur Geburt so verfeinert, dass das Kind nach der Abnabelung lebensfähig ist. Darm und Lunge beginnen allerdings erst nach der Geburt mit ihrer Tätigkeit. Der Fetus kann im Fruchtwasser der Fruchtblase Bewegungen ausführen. Diese Flüssigkeit ermöglicht ein gleichmäßiges Wachstum, schützt gegen mechanische Einwirkungen und sorgt für Wärme.

Als Ernährungsorgan für den Fetus bildet sich die scheibenförmige *Plazenta*. Sie besteht aus dem fetalen Teil der Zottenhaut und dem mütterlichen Teil der Uterusschleimhaut. Über die Plazenta gelangen Nährstoffe, aber auch Gifte in den Fetus und umgekehrt Abfallstoffe des Fetus in den mütterlichen Körper. Außerdem bildet die Plazenta Hormone **(s. Hormone 1.5.2)**.

In der 9.–12. Woche nach der Befruchtung formt sich das Gesicht aus. Der Fetus ist jetzt 6–8 cm groß, auch das Geschlecht ist äußerlich erkennbar. Verstärkt treten Körperbewegungen auf. Im 5. Schwangerschaftsmonat (gerechnet ab der letzten Menstruation) ist der Herzschlag des jetzt 20 cm großen Fetus von außen zu hören, ebenso kann die Mutter seine Bewegungen wahrnehmen. Zwischen dem 6. und 9. Monat wächst der Fetus von 35 cm Kopf-Fersen-Länge auf etwa 50 cm heran. Dabei werden durch unterschiedlich starkes Wachstum von Kopf, Rumpf und Extremitäten die Körperproportionen eines Neugeborenen erreicht. Nach etwa 280 Tagen (40 Wochen nach der letzten Menstruation) erfolgt durch hormonal ausgelöste Kontraktionen des Uterus die Geburt. Der Fetus ist in der Regel ab der 29. Woche als Frühgeburt lebensfähig. (Es gibt unterschiedliche Arten der Altersbestimmung. Der Arzt rechnet aus praktischen Gründen ab der letzten Menstruation. Nach dieser Rechnung dauert eine Schwangerschaft 10 x 28 Tage, also ca. zehn Monate!)

Embryonenschutz

Die modernen Reproduktionstechniken ermöglichen auch Eingriffe in die Fortpflanzung und die Keimesentwicklung des Menschen. Das betrifft v. a. die Zeit zwischen Besamung und Einnistung der Blastocyste in den Uterus. Im Einzelnen geht es um

- die künstliche Befruchtung von Eizellen, die auf die Spenderin selbst übertragen werden,
- die Übertragung einer fremden Eizelle auf eine Frau, sodass austragende und genetische Mutter nicht identisch sind („gespaltene Mutterschaft"),
- die Erzeugung einer Schwangerschaft durch künstliche Befruchtung oder Embryotransfer bei einer Frau, die bereit ist, ihr Kind nach der Geburt auf Dauer abzugeben („Ersatzmutterschaft"),
- die künstliche Befruchtung von Eizellen des Menschen zu Forschungszwecken,
- die künstliche Befruchtung von mehr Eizellen einer Frau, als ihr innerhalb eines Zyklus übertragen werden sollen,
- die künstliche Befruchtung einer Eizelle beim Menschen mit dem Ziel, das Geschlecht des Kindes durch vorherige Auswahl eines entsprechenden Typs von Spermien festzulegen,
- die künstliche Veränderung der Erbinformation einer Keimbahnzelle des Menschen (Gentransfer),
- das Klonen von Menschen,
- die Erzeugung von Chimären (Verschmelzen menschlicher Zellen unterschiedlicher Herkunft) oder von Hybridwesen aus Mensch und Tier.

Außer der künstlichen Befruchtung von Eizellen, sofern diese innerhalb eines Zyklus auf die Spenderin übertragen werden, sind diese Techniken in

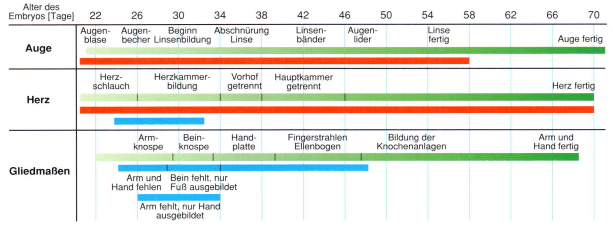

Abb. 279.1: Phasen der Entstehung von Missbildungen an Organen durch das Beruhigungsmittel *Thalidomid* (blau) und das Virus der Röteln (rot)

280 Entwicklungsbiologie

Deutschland durch Gesetz verboten. In anderen Ländern, z. B. Großbritannien, den USA, gelten weniger restriktive Regelungen; dort ist die Forschung mit menschlichen Keimen erlaubt. In Deutschland werden die Einschränkungen sowohl mit der *Würde des Menschen* und damit dem besonderen Wert des menschlichen Lebens als auch mit dem *Wohl des Menschen*, inbesondere dem Kindeswohl, begründet.

Im ersten Fall wird der Beginn des Menschseins auf den Zeitpunkt der Befruchtung festgelegt. Folglich machen Eingriffe in eine Zygote oder in Blastomeren den Menschen zum Objekt und verletzen damit seine Würde. Falls der Keim stirbt, tasten sie sogar menschliches Leben an. Diese Begründung wird gegen Forschung an Embryonen oder das Klonieren beim Menschen vorgebracht. Solche Argumente können allerdings dann nicht angeführt werden, wenn man den Beginn des Menschseins mit der Einnistung der Blastocyste in die Uterusschleimhaut oder später, z. B. mit Einsetzen der Großhirnentwicklung, beginnen lässt. Unter diesen Bedingungen spricht nichts gegen Forschungsarbeiten mit Embryonen, die dem Wohl des Menschen, z. B. dem medizinischen Fortschritt im Rahmen der Krebsforschung, dienen. Das Kindeswohl wird u. a. gegen die „gespaltene Mutterschaft" ins Feld geführt. Denn diese kann die Identitätsfindung des Kindes erheblich erschweren, weil es sein Leben drei Eltern verdankt. Außerdem sind seelische Konflikte zu erwarten, wenn die Spenderin der Eizelle Einfluss auf die Entwicklung des Kindes zu nehmen sucht oder das Kind – falls die Eizellübertragung mittels Eierstocktransplantation erfolgte – die Tatsache verkraften muss, von einer Toten abzustammen.

Von der Ethik wird weiterhin darauf hingewiesen, dass man eine Handlung nicht allein deshalb ausführen darf, weil die Natur das Gleiche ebenfalls tut. Danach ist etwa das Klonieren beim Menschen keineswegs schon deshalb gerechtfertigt, weil eineiige Mehrlinge natürlicherweise entstehen. Denn man könne auch aus dem Umstand, dass jeder Mensch stirbt, nicht den Schluss ziehen, man dürfe Menschen töten. Ganz allgemein kann aus Phänomenen in der Natur (aus etwas, das der Fall ist) nicht abgeleitet werden, was getan werden darf oder zu geschehen hat (was sein darf oder soll). Andernfalls würde man einen *naturalistischen Fehlschluss* ziehen. Weil die Handlungen des Menschen gut oder böse sein können, müssen sie auch gesondert gerechtfertigt werden. Dies erfolgt letztlich in Bezug auf höchste Werte, nämlich die Würde des Menschen oder das Wohl des Menschen (s. Anhang S. 457).

2.2 Experimentelle Untersuchung von Entwicklungsvorgängen

Die strukturelle und funktionelle Spezialisierung von Zellen in verschiedene Zelltypen im Laufe der Keimesentwicklung bezeichnet man als *Differenzierung (s. Cytologie 5).* Der Differenzierung geht die *Determination* voraus, durch die der weitere Entwicklungsweg einer noch undifferenzierten Zelle festgelegt wird. Diese spielt sich im molekularen Bereich des Zellgeschehens ab. Deshalb ist sie in der Morphologie der Zelle zunächst nicht erkennbar und muss indirekt durch Experimente nachgewiesen werden. Die Differenzierung verläuft in mehreren Schritten. Beispielsweise werden bestimmte Blastomeren darauf festgelegt, Zellen des Blutes zu bilden. Deren Nachkommen werden schließlich zu Stammzellen ganz bestimmter Blutzellen differenziert (Rote Blutkörperchen, spezielle Lymphozyten u. a.; *s. Abb. 368.1*).

2.2.1 Experimente mit Amphibien (Determination und Differenzierung)

Determinantenhypothese. Diese wurde schon 1882 von dem Zoologen WEISMANN aufgestellt. Danach sollten im Zellkern der befruchteten Eizelle in einem dreidimensionalen Muster kleine entwicklungssteuernde Einheiten *(Determinanten)* liegen, die das spätere Schicksal der Blastomeren bestimmen. Bei der Furchung sollten die Determinanten in verschiedener Weise auf die Blastomeren verteilt werden und entsprechend ihren determinierenden Eigenschaften die Differenzierung leiten.

Diese Hypothese wollte der Zoologe HANS SPEMANN (1869–1941) experimentell prüfen. Wenn sie richtig ist, so folgerte er, müssen die bei der Furchung entstehenden Blastomeren qualitativ verschieden sein und eine experimentelle Störung der normalen Furchung zu einer abnormen Verteilung der Determinanten und damit auch zu Abnormitäten in der Entwicklung führen. Außerdem dürften sich dann Blastomeren, die künstlich von einem Teil des Keimes in einen anderen übertragen werden, nicht in gleicher Weise weiter entwickeln wie die Zellen in ihrer neuen Umgebung. Vielmehr müssten sie an dieser Stelle ebenfalls eine Störung der normalen Entwicklung hervorrufen. SPEMANN wählte deshalb zwei verschiedene experimentelle Ansätze. Zum einen trennte er Blastomeren ganz oder teilweise voneinander (Schnürungsexperimente), zum anderen verpflanzte er Stücke eines Keimbereiches in einen anderen Keim (Transplantationsexperimente). Er wählte als Versuchsobjekte Molcheier oder Molchkeime aus, weil die Entwicklung dieser Tiere gut bekannt war und die Eier für experimentelle Eingriffe eine geeignete Größe hatten. Für seine Versuche am 1–2 mm großen Keim erfand er genial einfache *mikrochirurgische Operationsinstrumente* (Glasmesser, Glasnadeln, Transplantationspipetten).

Schnürungsexperimente. SPEMANN trennte die Blastomeren eines Molchkeims im Zweizellstadium mit Hilfe einer Schlinge aus feinem Säuglingshaar (Abb. 281.1). Aus jeder der beiden Blastomeren entwickelte sich ein ganzes Tier.

Wurden bei der Schnürung die beiden Blastomeren nicht ganz voneinander getrennt, dann entstanden Doppelwesen mit teilweisen Verwachsungen (s. Abb. 281.2) ähnlich den „siamesischen Zwillingen". Diese Versuche zeigten, dass eine Blastomere, die im Zellverband einen halben Keim ausgebildet hätte, als isolierte Blastomere noch die Fähigkeit besitzt, sich zu einem ganzen Keim auszugestalten. Die gesamte Entwicklungsmöglichkeit einer isolierten Blastomere ist also größer als diejenige, die im Zellverband realisiert wird. Man bezeichnet die Menge der *möglichen* künftigen Funktionen (die Entwicklungsmöglichkeit) einer Blastomere oder eines Keimes als *prospektive Potenz* und die tatsächlich vorgesehene Funktion (das „Entwicklungsschicksal") einer Blastomere als *prospektive Bedeutung.* Wie die Versuche zeigen, sind auch *Teile* eines Keims noch in der Lage, einen vollständigen Organismus zu bilden. Ihr Entwicklungsschicksal ist noch nicht festgelegt, obwohl sie doch nur eine Portion Eimaterial enthalten. Sie können also bis zu einem gewissen Grad Störungen der Entwicklung ausgleichen (regulieren). Eizellen, aus denen Blastomeren mit dieser Fähigkeit hervorgehen, heißen *Regulationseier.* Diese sind mit der Determinantenhypothese nicht vereinbar; sie kann also für die Amphibienentwicklung nicht zutreffen.

Voraussetzung der uneingeschränkten prospektiven Potenz ist allerdings, dass im Schnürungsversuch beide Blastomeren einen bestimmten Anteil am Grauen Halbmond zugeteilt bekommen. Wenn nur eine der beiden Blastomeren den Grauen Halbmond enthielt, so entwickelte sich nur diese zu einer vollständigen Larve. Die andere lieferte dagegen eine undifferenzierte Gewebemasse.

Auch der Mensch besitzt Regulationseier, deshalb sind eineiige Mehrlinge möglich. Aus diesem Grund lassen sich menschliche Keime auch „klonen", d. h., man kann theoretisch auch beim Menschen künstlich eineiige Mehrlinge erzeugen (s. 2.1.3).

Mosaikentwicklung. In manchen Tiergruppen (z. B. Fadenwürmer, Rädertierchen und Manteltiere) ist bereits das Entwicklungsschicksal der Furchungszellen determiniert und die gesamte Entwicklung läuft nach

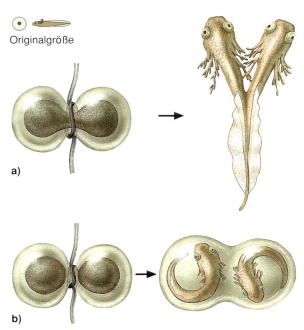

Originalgröße

Abb. 281.1: Schnürungsversuch mit befruchteten Molcheiern auf der Zweizellenstufe. **a)** Bei unvollständiger Durchschnürung entsteht eine zweiköpfige Larve; **b)** Die vollständige Durchschnürung ergibt eineiige Zwillinge. Durchmesser des Molcheis ca. 2 mm

Abb. 281.2: Die siamesischen Zwillinge CHANG und ENG

einem starren Programm ab *(Mosaikentwicklung).* Man bezeichnet die entsprechenden Eier als *Mosaikeier.*
Isolierte Blastomeren oder Blastomerengruppen entwickeln sich nicht zu einem Ganzkeim. Entfernt man diese in einem frühen Keimstadium, dann fehlt dem Tier am Ende das, was aus den entnommenen Teilen geworden wäre.

Entwicklungsbiologie

Ein genau untersuchtes Beispiel ist die Entwicklung des 1 mm langen Fadenwurmes *Caenorhabditis elegans.* Der fertige Wurm besteht aus genau 959 Zellen. Jede dieser Zelle entsteht durch eine festgelegte Zahl von Teilungsschritten aus der Zygote. Die einzelnen Körperteile, z. B. verschiedene Nervenganglien, haben jedoch eine unterschiedliche Zahl von Zellen. Deshalb entstehen in manchen Körperbezirken überzählige Zellen – insgesamt 131 –, die dann absterben (s. 2.2.2; *Apoptose*). Der Vorteil der streng festgelegten Mosaikentwicklung ist der schnelle Ablauf der Keimesentwicklung (Dauer: weniger als 24 Stunden).

Auch bei der Regulationsentwicklung dienen Stoffe der Eizelle der Determination. Dies gilt allerdings nur für die Produktion bestimmter Zelltypen, so z. B. bei Amphibien und Insekten für die Bildung der Urkeimzellen. (Damit wird also die obige Aussage, die Determinantenhypothese gelte nicht für die Amphibienentwicklung, leicht eingeschränkt.)

Transplantationsexperimente. Nachdem SPEMANN geklärt hatte, dass die beiden ersten Blastomeren des Molchkeims noch nicht determiniert sind, stellte er sich die Frage, in welcher Phase der Entwicklung Determination erfolgt. Um sie zu beantworten, führte er mit Stücken der frühen Gastrula Transplantationen durch. Er ging dabei von der folgenden Annahme aus: Teile des Keimes, die noch nicht determiniert sind, entwickeln sich in der neuen Umgebung „ortsgemäß", d. h., sie differenzieren sich in gleicher Weise wie die Zellen in ihrer neuen Umgebung. Bereits determinierte Teile des Keims entwickeln sich dagegen „herkunftsgemäß", stören also die normale Entwicklung am neuen Platz.

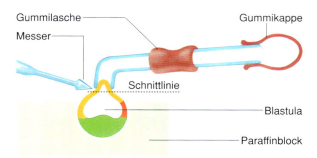

Abb. 282.2: Transplantationspipette und ihre Anwendung. Die Gummilasche dient zur Feinregulation des Pipettensogs. Das eingesogene Stück wird abgeschnitten.

SPEMANN transplantierte ein Stück Molchgastrula, das später zur Bauchhaut würde, auf einen anderen Keim, und zwar in die Region, aus der später die Neuralplatte hervorgeht (die künftig das Nervensystem liefert). Es entwickelte sich hier ortsgemäß, nämlich zu Nervengewebe. Das gleiche Ergebnis hatte die umgekehrte Verpflanzung. Die umgepflanzten Stücke können also zu diesem Zeitpunkt noch nicht endgültig darauf festgelegt sein, sich zu einem bestimmten Gewebe zu differenzieren; ihr Entwicklungsschicksal (ihre prospektive Bedeutung) wird vielmehr durch die Umgebung bestimmt.

Anders verlaufen die Versuche, wenn sie erst im Stadium der beginnenden Neurula ausgeführt werden. Dann verhalten sich die verpflanzten Stücke nicht mehr ortsgemäß, sondern nur noch herkunftsgemäß. Demnach erfolgt die Determination der verpflanzten Keimteile in der Zeit zwischen dem frühen Gastrula- und dem beginnenden Neurulastadium.

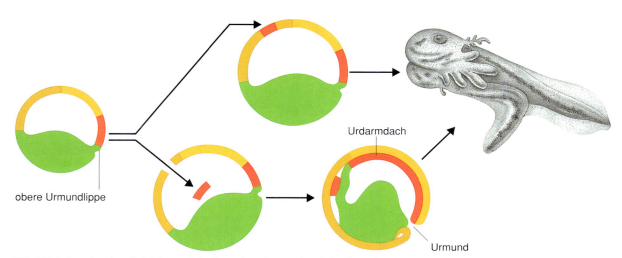

Abb. 282.1: Experiment zur Induktion nach der Transplantations- und nach der Einsteckmethode. In beiden Fällen ist das Ergebnis die Bildung einer zusätzlichen Embryoanlage. Dunkelgelb: präsumptives Hautgewebe, hellgelb: präsumptives Neuralrohrgewebe, grün: Entoderm

Keimesentwicklung von Tieren und Mensch

Um nachzuweisen, zu welchen Organen sich verschiedene Blastulabezirke entwickeln, wurden Teile der Blastula mit verschiedenfarbigen Vitalfarbstoffen angefärbt und in ihrer Entwicklung verfolgt. So konnte experimentell ermittelt werden, zu welchen Organen sich bestimmte Blastulabereiche (= *praesumptive Bereiche*) (Abb. 282.1) später entwickeln. Damit war die Voraussetzung geschaffen, diese präsumptiven Bereiche zu isolieren und mit ihnen zu experimentieren.

Induktion. Die Frage, ob der Zeitpunkt der Determination für alle Keimbereiche gleich ist, wurde durch weitere Transplantationsexperimente an Amphibien überprüft. Auf Anregung SPEMANNS wurde der Teil des präsumptiven Chordamesoderms, der oberhalb des späteren Urmundes liegt *(dorsale Urmundlippe)* und aus dem sich später Chordagewebe bildet, in die präsumptive Bauchhaut einer anderen Blastula verpflanzt (s. Abb. 282.1). Damit sollte festgestellt werden, ob sich dieser Keimbereich zu Chordagewebe oder Bauchhautgewebe umbildet, d. h., ob er schon determiniert oder noch umbildungsfähig ist. Das Experiment brachte ein überraschendes Ergebnis. Nach der Transplantation senkten sich nämlich an dieser Stelle der überpflanzte Keimbereich und ein Teil der Umgebung durch eine Art Gastrulation ein, wobei der verpflanzte Keimbereich sich der präsumptiven Bauchhaut unterlagerte. Es bildete sich dann wie bei der Normalentwicklung ein *Achsensystem*, bestehend aus Neuralohr, Chorda und Ursegmenten (Somiten). Damit entstand in dem sich entwickelnden Wirtskeim die *Anlage eines zweiten Keims,* dessen Gewebe großteils aus dem Keimbereich des Wirtes und nicht vom transplantierten Gewebe stammte. Das gleiche Ergebnis erhält man mit dem *Einsteckversuch*. Der zu transplantierende Keimbereich wird durch einen feinen Schlitz in den Hohlraum einer Blastula gesteckt. Bei der Gastrulation wird dieser ebenfalls dem Ektoderm unterlagert. Wie im vorhergehenden Versuch entsteht auch hier – diesmal ohne Gastrulation – ein zweites Achsensystem. Daraus geht hervor, dass der Keimbereich der dorsalen Urmundlippe das darüber liegende Ektoderm veranlasst, sich zum Neuralrohr umzubilden. Man nennt diesen Vorgang *Induktion*. Er wird durch Induktionsstoffe ausgelöst. Ein Hinweis darauf ist die Tatsache, dass auch ein Extrakt aus dorsaler Urmundlippe ein Achsensystem induziert. Induktionsstoffe sind nicht artspezifisch. So kann auch die dorsale Urmundlippe des Froschkeimes und des Unkenkeimes beim Molch die Bildung eines (Molch-) Neuralrohres auslösen.

Ein Induktionsstoff wird von Rezeptoren auf der Membran der zu determinierenden Zelle erkannt. Daraufhin wird eine Signalkette in Gang gesetzt (s. *Stoffwechsel 1.6*), die schließlich im Zellkern die Tätigkeit bestimmter Gene auslöst oder beendet. Determination kommt also dadurch zustande, dass je nach Zelltyp nur bestimmte Gene aktiviert werden (s. *Genetik 4.3.1*).

Induktionsketten. Die Keimesentwicklung wird durch viele verschiedene Induktionsstoffe gesteuert, die in einer geordneten Folge von Determinationen nacheinander wirksam werden. So induziert bei der Amphibienentwicklung das Entoderm zunächst die Bildung von Mesoderm. Ohne diese Induktion würden die betreffenden Zellen zu Ektoderm werden. Das gebildete Mesoderm induziert die Bildung des Neuralrohres aus dorsalem Ektoderm.

Zellen, die durch Induktion determiniert werden, entwickeln also selbst wieder induktive Fähigkeiten und lösen eine neue Determination aus. So entsteht eine *Induktionskette*. Dies zeigt z. B. die *Augenentwicklung beim Grasfrosch* (Abb. 283.1): Nach der Induktion des Neuralrohres durch das Urdarmdach und der Induktion des Gehirns am Vorderende des Neuralrohres kehren sich aus diesem seitlich zwei Augenblasen nach außen, die sich unter das Ektoderm schieben. Beide Blasen stülpen sich dann zu Augenbechern ein. Unter der induktiven Wirkung des Augenbechers gliedert sich ein

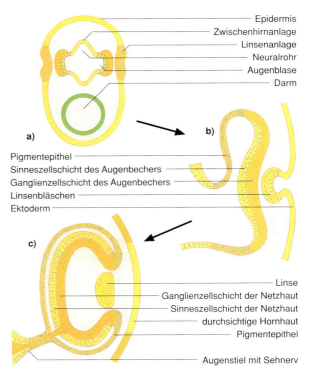

Abb. 283.1: Schema der Augenentwicklung beim Grasfrosch.
a) Querschnitt durch den Kopfteil des Embryos; **b)** Bildung von Augenbecher und Linsenbläschen; **c)** fertig angelegtes Auge

Ektodermbläschen ab und bildet sich zur Linse um. Das über der Becheröffnung liegende Ektoderm wird unter dem Einfluss der Augenlinse zur Hornhaut. Verpflanzt man einen Augenbecher in die präsumptive Bauchhaut eines Keimes, dann werden selbst an dieser Stelle Linse und Hornhaut gebildet.

Entfernt man das Ektodermbläschen, das sich zur Linse umbildet, so wandern Ektodermzellen aus der Umgebung an seine Stelle. Sie treten in Kontakt mit den Zellen des Augenbechers. Letztere veranlassen dann eine Linsenbildung durch die eingewanderten Zellen, die normalerweise eine andere Funktion im Organismus übernehmen würden. Die Augenentwicklung ist ein sehr komplexes Wechselspiel von fördernden und hemmenden Wirkungen, die wie alle Induktionsvorgänge durch vier Faktoren zustande kommen.

1. Durch Kontakt zwischen Zellen. Dazu sind spezifische Proteinmoleküle (Rezeptoren) in der Zellmembran erforderlich.
2. Durch Stoffe, die von bestimmten Zellen abgegeben werden und die Determination anderer Zellen verursachen, sodass diese zu Stammzellen bestimmter Gewebe werden: Dazu gehören außer den Induktionsstoffen auch die Morphogene *(s. 2.2.2)*.
3. Durch Stoffe, die die Differenzierung von Stammzellen veranlassen (Wachstumsfaktoren) und deren Gegenspieler (Hemmfaktoren) *(s. 2.2.3)*. Die meisten der unter 2. und 3. genannten Stoffe, die bisher identifiziert wurden, sind Peptide oder Proteine. Sie sind nicht artspezifisch.
4. Durch Wanderung von Zellen. Sie ist möglich aufgrund des Cytoskeletts und seiner Wechselwirkung mit Myosinfilamenten in den Zellen *(s. Cytologie 2.4)* und mit entstehenden Bindegewebsfasern des embryonalen Bindegewebes zwischen den Zellen.

Die geordnete zeitliche Aufeinanderfolge der Entwicklungsschritte kommt dadurch zustande, dass die für jede Entwicklungsphase zuständigen Gene nacheinander aktiv werden *(s. hierzu Homöobox; Genetik 4.3.3)*.

2.2.2 Experimente mit dem Süßwasserpolypen (Gestaltbildung)

Die durch Differenzierung entstandenen Gewebe und Organe bilden ein räumliches Muster. Dieses entsteht durch Prozesse der *Gestaltbildung (Morphogenese)* im Laufe der Keimesentwicklung. Die Gestaltbildung wird heute vor allem bei wirbellosen Tieren untersucht, z. B. beim Süßwasserpolypen *Hydra*, der Fruchtfliege *Drosophila* und dem Fadenwurm *Caenorhabditis*. Beim Süßwasserpolypen wird die Bildung von Tentakeln und Mundfeld („Kopfregion") einerseits und die Bildung der Festheftungsstelle („Fuß") andererseits jeweils durch bestimmte Stoffe (Peptide) ausgelöst (s. Abb. 284.1). Solche Stoffe, die an der Gestaltbildung beteiligt sind, heißen *Morphogene*. Ein kopfbildender Stoff wird in der Mundfeldregion synthetisiert und wandert von dort in andere Teile der *Hydra*, wo er nach und nach abgebaut wird. Seine höchste Konzentration hat er also im Kopfbereich, die geringste im Fußbereich. Für die Konzentration eines fußbildenden Stoffes gilt das Umgekehrte. Allerdings reichen diese beiden Stoffe zur geordneten Gestaltbildung noch nicht aus, denn es muss verhindert werden, dass unmittelbar nebeneinander zwei Köpfe entstehen. Dies geschieht dadurch, dass der kopfbildende Stoff die Erzeugung eines Hemmstoffes gegen die Bildung weiterer Köpfe auslöst. Dasselbe gilt entsprechend für die Fußbildung.

Zerschneidet man eine *Hydra* in mehrere Scheiben, so regeneriert sich aus jeder Scheibe ein neues Tier (s. Abb. 284.1). Dabei benötigen diese Scheiben für die Kopfregeneration umso mehr Zeit, je weiter entfernt sie von der Mundregion entnommen werden, denn umso geringer ist die Konzentration des kopfbildenden Stoffes in der Querscheibe. Außerdem entsteht nur an demjenigen Teil der Querscheibe, der dem ursprünglichen Kopf näher liegt, wieder eine Kopfregion, denn am mundfeldferneren Ende ist die Konzentration des

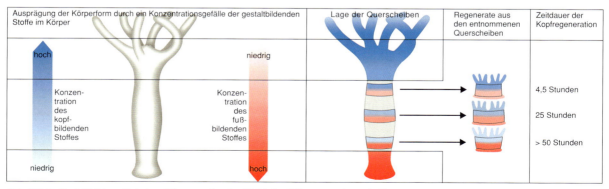

Abb. 284.1: Gestaltbildung (links) und Regeneration (rechts) beim Süßwasserpolypen (s. Text)

kopfbildenden Stoffes geringer. Dazu kommt, dass der entstehende Kopf auch einen Hemmstoff erzeugt, der relativ rasch durch das Gewebe wandert und dazu beiträgt, die Kopfbildung am mundfeldferneren Teil der Querscheibe zu verhindern.

Positionsinformation. Infolge der Konzentrationsgefälle der gestaltbildenden Stoffe „kennt" also jede Zelle der *Hydra* zu jedem Zeitpunkt ihre Lage (Position) im Organismus. Um diese *Positionsinformation* zu erhalten, muss die Zelle die Konzentration der gestaltbildenden Stoffe messen. Dazu benötigt sie Rezeptoren, welche diese Stoffe binden. Man nimmt an, dass auch an der Anordnung von Organen und Geweben im Organismus von höheren Tieren gestaltbildende Stoffe mitwirken. Vermutlich steckt in allen Fällen der Gestaltbildung die Positionsformation in Konzentrationsgefällen von gestaltbildenden Stoffen. Der Kopfbildungsstoff von *Hydra* ist bei allen daraufhin untersuchten Tieren ebenfalls gefunden worden, so z. B. im Säugerembryo, wo er vorwiegend im Nervengewebe vorkommt. Zwischen Induktionsstoffen, Morphogenen, Wachstumsfaktoren, Gewebe- und Neurohormonen bestehen fließende Übergänge.

▶ **Apoptose.** Zur Bildung der Körpergestalt trägt auch das programmierte Absterben von Zellen, die Apop-tose, bei. So „schmelzen" die Kaulquappen von Froschlurchen in der Metamorphose den Schwanz ein. Auch bei der Keimesentwicklung des Menschen geht ein zunächst angelegter Schwanz wieder verloren und eine schwimmhautähnliche Haut zwischen den Fingern wird bis auf einen kleinen Rest abgebaut. Auf das vorzeitige und programmierte Absterben von Zellen bei *Caenorhabditis* wurde unter **2.2.1** (Mosaikentwicklung) bereits eingegangen. Der programmierte Zelltod wird durch eine Signalkette in Gang gesetzt, die zur Beendigung einer Zellteilung, zur Zerstückelung von DNA und zum Abbau wichtiger Proteine führt. Dann setzt Phagozytose ein. Nach bisheriger Kenntnis besitzen alle Zellen die gleichen „Selbstmordinstrumente". Diese werden allerdings nur dann aktiv, wenn die Zelle bestimmte Informationen von außen oder innen (Gendefekt!) erhält oder wenn gewisse Signalstoffe, die von anderen Zellen abgegeben werden (z. B. Wachstumsfaktoren, Induktionsstoffe), plötzlich ausbleiben. Apoptose spielt auch noch nach der Keimesentwicklung eine große Rolle (so z. B. beim Absterben von Zellen des Uterus während der Menstruation, beim Absterben von T-Lymphozyten am Ende der Immunreaktion und beim Absterben von Zellen mit einem Gendefekt). Ungehemmte oder gestörte Apoptose kann Krankheiten auslösen, vermutlich auch Alzheimer, Parkinson und Osteoporose.

2.2.3 Experimente mit Mäusen (Bedeutung von Stammzellen)

In einem Versuch entnahm man aus dem Eileiter reinerbig weißer Mäuse Furchungsstadien im Zwei- bis Achtzell-Stadium und entfernte enzymatisch die äußere Hülle. In gleicher Weise verfuhr man mit reinerbig schwarzen Mäusen. Dann wurden die Furchungsstadien von schwarzen und weißen Mäusen vermischt; die Zellen fügten sich aneinander und bildeten einen Embryo. Dies sah man daran, dass manche Mäuse, die aus dem in eine Pflegemutter eingepflanzten Embryo neu entstanden, schwarzweiß gescheckt waren: Es waren *Chimären* entstanden.

Die Experimente ergaben, dass das Fell vom Kopf bis zum Schwanz immer aus 34 Bereichen zusammengesetzt ist, die unterschiedlich gefärbt sein können. Jeder Bereich kann bei den Chimären entweder nur weiß oder schwarz sein. Zwischentöne treten nicht auf. So entstehen vielerlei Muster von schwarzweiß gefleckten Mäusen (s. Abb. 285.1). Diese Muster müssen auf *34 embryonale Ausgangszellen* zurückgehen, die die Pigmentzellen für die Fellfärbung eines ganz bestimmten Hautbezirks liefern. Diese 34 Zellen sind demnach während der Embryonalentwicklung zu Stammzellen der Pigmentzellen determiniert worden. Im Zusammenspiel von Wachstumsfaktoren und Hemmfaktoren entsteht die richtige Anzahl von Stammzellen.

Stammzellen ermöglichen durch ihre Teilungsfähigkeit auch die *Regeneration* eines Gewebes. Entfernt man ein Stück Lebergewebe operativ, so wird das fehlende Gewebe unter der Wirkung eines Wachstumsfaktors durch rasche Teilung von Stammzellen ersetzt. Die Teilungen hören aber auf, sobald die ursprüngliche Größe des Organs wieder erreicht ist. Die Leberzellen bilden einen Hemmfaktor aus und jede Leberzelle trägt zu dessen Gesamtmenge bei. Ist eine bestimmte Konzentration des Hemmfaktors erreicht, teilen sich die Zellen nicht mehr.

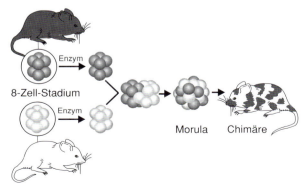

Abb. 285.1: Bildung einer Maus-Chimäre (s. Text)

GENETIK

Die Nachkommen von Lebewesen zeigen Merkmale ihrer Eltern. Wir bezeichnen die Weitergabe von Elternmerkmalen auf die Kinder als **Vererbung.** Diese ist eigentlich etwas höchst Erstaunliches, da die Nachkommen lediglich aus winzigen weiblichen und männlichen Keimzellen entstehen. Die befruchteten Eizellen eines Kaninchens, eines Hundes oder eines Pferdes unterscheiden sich auch bei hoher mikroskopischer Auflösung kaum voneinander. Trotzdem muss in ihrem Inneren erbliche Information über Bau und Lebenserscheinungen der jeweiligen Organismen enthalten sein, denn die Nachkommen entwickeln sich nach ihren Eltern. Die Gesetzmäßigkeiten, die der Verteilung der erblichen Informationen in den aufeinander folgenden Generationen zugrunde liegen, sind Gegenstand der Vererbungslehre oder **Genetik.**

Die Regel, dass die Nachkommen ihren Eltern gleichen, gilt allerdings nicht immer und nicht streng. Wenn man Samen einer Pflanze aussät und einen Teil der Keimlinge dunkel hält, so bleiben diese bleich, während die anderen grün werden. Erst wenn man die Bleichen ans Licht bringt, werden sie durch Chlorophyllbildung ergrünen. Eine Eigenschaft der Umwelt (Vorhandensein oder Fehlen von Licht) legt also fest, ob die einzelne Pflanze von ihrer erblichen Fähigkeit Chlorophyll zu bilden Gebrauch macht oder nicht.

Man muss also bei der Erforschung der Vererbung zwei Gesichtspunkte auseinander halten: die Ausstattung des Lebewesens mit einer Anzahl erblicher Eigenschaften und sein tatsächliches Erscheinungsbild, das durch die Umgebung mitbestimmt ist. Die Gesamtheit der erblichen Eigenschaften des Organismus heißt *Genotyp,* sein tatsächliches Erscheinungsbild *Phänotyp.* Alle erblichen Merkmale eines Lebewesens sind in dessen *Genom* enthalten, welches in der befruchteten Eizelle vollständig vorhanden ist.

1 Variabilität von Merkmalen

Der Einfluss der Umwelt auf den Phänotyp ist am besten bei Pflanzen zu untersuchen. Sie lassen sich leicht vegetativ vermehren (z. B. durch Teilung oder Stecklinge); dabei wird das Genom nicht verändert. Man erhält also genetisch identische Organismen, deren Variabilität somit ausschließlich umweltbedingt ist. In einem klassischen Versuch wurde die Hälfte einer jungen Löwenzahnpflanze im Tiefland, die andere im Hochgebirge angepflanzt. Die beiden erbgleichen Teilpflanzen entwickelten sich ganz verschieden (s. Abb. 286.1). Dies lag daran, dass die Wirksamkeit mancher Anlagen durch die Umwelt beeinflusst wurde. Zieht man genetisch gleiche Individuen einer Sorte der Chinesischen Primel bei einer Temperatur von über 30 °C, so blühen sie weiß; hält man sie bei niedrigerer Temperatur, so blühen sie rot. Die Ausbildung der Blütenfarbe ist also von der Temperatur abhängig. Vererbt wird demnach nicht das Merkmal „Blütenfarbe", sondern die Art der Umsetzung der für die Bildung des Blütenfarbstoffs zuständigen genetischen Information bei verschiedenen Temperaturen. Die erblich festgelegte Reaktionsweise eines Organismus auf Umwelteinflüsse bezeichnet man allgemein als *Reaktionsnorm.* Bei der Chinesischen Primel liegen zwei alternative Ausbildungsmöglichkeiten des Merkmals vor. Man nennt dies eine *diskontinuierliche Variabilität* des Merkmals. Bei vielen anderen Merkmalen gibt es kontinuierliche Übergänge, so z. B. bei den Samengrößen von Bohnen oder Erbsen oder bei den Längen von Pantoffeltierchen. Es liegt dann *kontinuierliche Variabilität* vor. Bei gelb blühenden Sorten der Chinesischen Primel ist die Blütenfarbe von Einflüssen der

Abb. 286.1: Umwelteinwirkung beim Löwenzahn. Teilung einer Jungpflanze in zwei Hälften. Die eine Hälfte bildet im Tiefland die Form **a)**, die andere im Hochgebirge die Form **b)** aus.

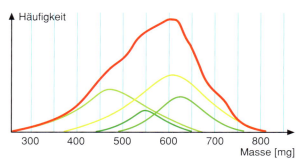

Abb. 286.2: Populationskurve als Summenkurve der Variationskurven von vier reinen Linien (Gewicht von Bohnensamen)

Variabilität von Merkmalen

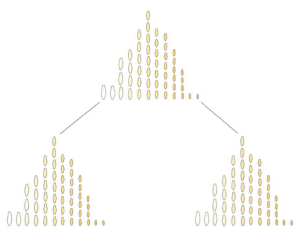

Abb. 287.1: Variabilität beim Pantoffeltierchen. Die Unterschiede bei den Zellgrößen sind zur Verdeutlichung übertrieben.

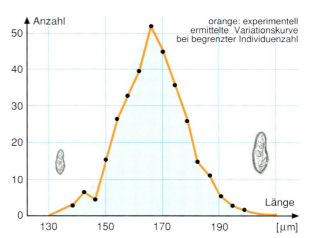

Abb. 287.2: Variation der Länge von 300 erbgleichen Pantoffeltierchen. Bei großer Individuenzahl entsteht das Bild einer Glockenkurve (GAUSSsche Verteilungskurve).

Umwelt unabhängig, also ausschließlich genetisch festgelegt. Die Variabilität eines Merkmals kann somit durch die Umwelt oder erblich verursacht sein. Die umweltbedingte Variabilität heißt **Modifikabilität** und die unterschiedlichen Formen sind **Modifikationen** (nichterbliche Varianten). Die Modifikabilität kann kontinuierlich (fließend) oder diskontinuierlich (umschlagend, alternativ) sein.

Ein Beispiel für die umschlagende Modifikabilität ist die Ausbildung der Blütenfarbe bei der roten bzw. weißen Primelsorte. Beispiele für fließende Modifikabilität sind die Ausprägung von Licht- und Schattenblättern *(s. Abb. 49.1)* oder die Länge der Nadeln an einem Tannenast. Ein sehr genau untersuchter Fall ist die Länge der Zellen erbgleicher Pantoffeltierchen (s. Abb. 287.1). Am häufigsten traten die mittleren Längen zwischen 164 und 168 µm auf, von hier fielen die Werte nach beiden Seiten gleichmäßig ab (s. Abb. 287.2).

Die Größenverteilung wird dadurch bestimmt, dass die Größe eines Pantoffeltierchens von einer erheblichen Zahl wachstumsfördernder und wachstumshemmender Einzelbedingungen abhängt, z.B. von Nahrung, Temperatur, Licht und Sauerstoff. Nach den Regeln der Wahrscheinlichkeit sind diejenigen zufälligen Kombinationen, in denen sich die fördernden und hemmenden Faktoren gerade die Waage halten, am häufigsten. Am seltensten treten ausschließlich hemmende oder fördernde Faktorengruppen auf. Daher ist auch eine mittlere Größe die häufigste. Dies gilt in entsprechender Weise für die Samen von Bohnen- oder Erbsensorten. Verschiedene Rassen einer Pantoffeltierchen-Art oder verschiedene Sorten von Erbsen bzw. von Bohnen können hingegen auch aufgrund von Erbfaktoren unterschiedlich groß sein (s. Abb. 286.2). Die phänotypische Variabilität in einer Population hat also einen genetischen und einen modifikatorischen Anteil. Für Untersuchungen zur Genetik ist es erforderlich diese beiden zu unterscheiden. Hierzu dienen folgende Verfahren:

- Vegetative Vermehrung führt zu erbgleichen Individuen; es entsteht ein *Klon* (s. 5.1);
- Selbstbefruchtung (die z.B. bei vielen zwittrigen Pflanzen vorkommt) kann über viele Generationen wiederholt werden; es entstehen immer mehr erbgleiche Nachkommen (*„reine Linien"*).

Die Ausschaltung unterschiedlicher Umweltbedingungen und Untersuchung der Nachkommen über viele Generationen hinweg lässt die genetische Variabilität (näherungsweise) erkennen. Hat man Klone oder reine Linien, so kann man Kreuzungsexperimente durchführen, die Aussagen über die Weitergabe der Erbinformation ermöglichen.

Viele der erblichen Merkmale von Organismen zeigen eine gewisse Modifikationsbreite. Ein Pantoffeltierchen aus dem oben beschriebenen Klon trägt erbmäßig die Möglichkeit in sich 130 bis 200 µm groß zu werden; wie groß es innerhalb dieser Grenzen tatsächlich wird, entscheiden die einwirkenden Umwelteinflüsse.

Allgemein gilt: *Gene können sich nur so weit auswirken, wie es die Umwelt zulässt; umgekehrt kann aber auch die Umwelt nur so viel Einfluss nehmen, wie es die Reaktionsnorm der Gene erlaubt.*

Die Modifikabilität ermöglicht dem Organismus, sich an die jeweils herrschenden Umweltverhältnisse anzupassen. Trotz zahlreicher Versuche mit vielen Organismen gelang bisher nie der Nachweis, dass Modifikationen spezifische Änderungen des Erbguts bewirken. *Modifikationen sind also nicht erblich.*

2 MENDELsche Gesetze

Seit dem Altertum hatten sich Philosophen, Ärzte und Naturforscher bemüht, hinter das Geheimnis des Erbgeschehens zu kommen. 1865 veröffentlichte der Lehrer für Naturwissenschaften und spätere Abt im Augustinerkloster Brünn, JOHANN GREGOR MENDEL, die Arbeit „Versuche über Pflanzenhybriden". Er beschrieb darin seine Kreuzungsversuche an verschiedenen Erbsensorten im Garten seines Klosters und die Gesetzmäßigkeiten, die er aus diesen Versuchen ableitete.

JOHANN GREGOR MENDEL
(1822–1884)

Die wissenschaftliche Welt erkannte jedoch die Bedeutung seiner Forschung nicht. Erst um die Jahrhundertwende, also 16 Jahre nach seinem Tod, wurden die Vererbungsgesetze gleichzeitig und unabhängig voneinander durch drei Botaniker von neuem entdeckt, dem Holländer DE VRIES (1848–1935), dem Deutschen CORRENS (1864–1933) und dem Österreicher TSCHERMAK (1871–1962). Sie führten Kreuzungsversuche mit Sorten verschiedener Pflanzenarten durch.

Die Begriffe **Art** und **Sorte** sind in der Genetik folgendermaßen definiert: Zu einer **Art** gehören alle Individuen, die sich miteinander paaren können und fruchtbare Nachkommen haben; Individuen, die sich nur in wenigen Merkmalen von anderen Individuen ihrer Art unterscheiden, bilden eine **Sorte** dieser Art (zum Artbegriff s. auch Evolution 2.1).

Experimentator	gelb	grün	Verhältnis
MENDEL 1865	6022	2001	3,01 : 1
CORRENS 1900	1394	453	3,077 : 1
TSCHERMAK 1900	3580	1190	3,008 : 1
HURST 1904	1310	445	2,944 : 1
BATESON 1905	11903	3903	3,049 : 1
LOCK 1905	1438	514	2,797 : 1
DARBISHIRE 1905	109060	36186	3,0313 : 1
WINGE 1924	19195	6553	2,929 : 1
zusammen	153902	51245	3,003 : 1

Tab. 288.1: Zahlenverhältnis der Nachkommen (F_2) bei der Kreuzung von Erbsen mit gelben und grünen Samen

2.1 Monohybrider Erbgang

2.1.1 Dominant-rezessiver Erbgang

Eine rot blühende Sorte der Pflanzenart Gartenerbse bringt unter sich vermehrt in jeder Generation nur rot blühende Pflanzen hervor, entsprechend eine weiß blühende Sorte nur weiß blühende Pflanzen. Pflanzen mit diesem Erbverhalten nennt man *reinerbig* in Bezug auf das betrachtete Merkmal *(reine Linie)*. Kreuzt man die beiden Sorten, d. h., bestäubt man die Narben der rot blühenden mit Pollen der weiß blühenden Sorte und sät die entstehenden Samen aus, so erhält man in der ersten Tochtergeneration nur rot blühende Pflanzen. Das gleiche Ergebnis wird erreicht, wenn man mit Pollen der rot blühenden Sorte Narben der weiß blühenden bestäubt (umgekehrte oder *reziproke Kreuzung*). Die Ausgangsformen der zur Kreuzung verwendeten Pflanzen heißen Elterngeneration (*Parentalgeneration*, abgekürzt P), die erste Tochtergeneration nennt man *1. Filialgeneration*, F_1. Bei der Kreuzung der rot blühenden Pflanzen der F_1-Generation untereinander entstehen in der nächsten Generation (F_2) $3/4$ rot blühende und $1/4$ weiß blühende Pflanzen (s. Abb. 289.1). Das Zahlenverhältnis 3 : 1 tritt umso genauer auf, je mehr Nachkommen untersucht werden (s. Tab. 288.1).

Vermehrt man die weiß blühenden Erbsenpflanzen der F_2 unter sich, so erhält man in der F_3 und den weiteren Generationen stets nur weiß blühende Nachkommen. Diese sind also reinerbig. Auch $1/3$ der rot blühenden F_2-Pflanzen liefert reinerbige rot blühende Nachkommen; die übrigen $2/3$ der rot blühenden Pflanzen der F_2-Generation hingegen ergeben in der F_3-Generation wieder rot blühende und weiß blühende Pflanzen im Verhältnis 3 : 1.

Die aus der Kreuzung der P-Generation hervorgehenden *Bastarde (Mischlinge, Hybriden)* der F_1-Generation zeigen nur das Merkmal der rot blühenden Elternpflanze. Das Merkmal der anderen, weiß blühenden Elternpflanze tritt nicht in Erscheinung, obwohl es im Erbgut vorhanden sein muss. Man nennt die Anlage für das Merkmal rot die *dominante* (beherrschende), die Anlage für das Merkmal weiß die *rezessive* (unterdrückte) Anlage. Im Folgenden wird zur sprachlichen Vereinfachung auch das jeweilige Merkmal dominant bzw. rezessiv genannt. Auch bei anderen Versuchen mit Erbsen fand MENDEL dominant-rezessives Verhalten der Anlagen: Gelbe Farbe der Samen dominiert über die grüne Farbe, runde Form der Samen über kantige und hoher Wuchs der Pflanzen über niedrigen.

2.1.2 Erklärungsversuch MENDELs

In F_2 treten neben rot blühenden auch zu $1/4$ weiß blühende Pflanzen auf. Daher muss in den ausschließlich rot blühenden Pflanzen der F_1-Generation die Blütenfarbe Weiß „angelegt" sein, obwohl sie nicht in Erscheinung tritt. Die F_1-Pflanzen müssen also sowohl eine Anlage für Rot als auch eine solche für Weiß in sich tragen. Das stimmt mit ihrer Abstammung von rein rot bzw. rein weiß blühenden Eltern (P) überein. Auch bei $2/3$ der rot blühenden F_2-Pflanzen muss je eine Anlage für Rot und für Weiß angenommen werden. Bei einem weiteren Drittel der rot blühenden Pflanzen ist offenbar die Anlage für Weiß nicht vorhanden, wie auch den rein weiß blühenden Pflanzen der F_2-Generation die Anlage für Rot fehlt. Die einfachste Erklärung für diese Befunde ist: Die Anlage für die Blütenfarbe ist in jeder Pflanze doppelt vorhanden; es können Anlagen für Weiß oder für Rot sein, also gibt es die Möglichkeiten rot/rot, weiß/weiß (beide reinerbig) und rot/weiß (mischerbig).

Von einer Generation zur anderen werden die Anlagen für die Blütenfarbe über Keimzellen (Gameten) übertragen; diese enthalten die Anlage nur einmal, also entweder für Rot oder für Weiß. Durch ihr Zusammentreffen bei der Befruchtung entsteht eine *Zygote*, die von den Eltern je eine Anlage für die Blütenfarbe erhalten hat und somit die Anlage doppelt in sich trägt. Die Anlagen liegen dann entweder *reinerbig (homozygot)* oder *mischerbig (heterozygot)* vor. Die Nachkommen der heterozygoten Pflanzen spalten bei weiterer Vermehrung wieder im Verhältnis 3 : 1 auf (s. Abb. 289.1).

2.1.3 Rückkreuzung, 1. und 2. MENDELsches Gesetz

Um seine Annahmen zu überprüfen, führte MENDEL eine Rückkreuzung durch: Er kreuzte die F_1-Bastarde mit dem homozygoten weiß blühenden Elter. Diese Rückkreuzung müsste dann rot blühende (heterozygote) und weiß blühende (homozygote) Pflanzen im Verhältnis 1 : 1 ergeben, gemäß dem Schema in Abb. 289.2a. Bei der Rückkreuzung mit dem reinerbigen rot blühenden Elter dürften nur rot blühende Pflanzen auftreten, je zur Hälfte reinerbig und mischerbig. Tatsächlich ergaben alle Versuche diese geforderten Ergebnisse und bestätigten damit die Richtigkeit der Annahmen. Die Rückkreuzung mit dem reinerbig-rezessiven Elter ist deshalb auch ein Mittel, um Reinerbigkeit oder Mischerbigkeit eines beliebigen Individuums festzustellen; sie ist eine *Testkreuzung*. MENDEL hat seine Ergebnisse in zwei Gesetzen zusammengefasst:

1. **Uniformitätsgesetz:** *Kreuzt man zwei Individuen einer Art, die sich in einem Merkmal unterscheiden, das beide Individuen reinerbig aufweisen, so sind die Individuen der F_1-Generation im betrachteten Merkmal gleich.* Uniformität der F_1-Individuen tritt auch dann auf, wenn bei der Kreuzung das Geschlecht der Eltern vertauscht ist (reziproke Kreuzung). Man bezeichnet daher das Uniformitätsgesetz auch als **Reziprozitätsgesetz.**

2. **Spaltungsgesetz:** *Kreuzt man diese Mischlinge unter sich, so spalten in der Enkelgeneration (F_2) die Merkmale im durchschnittlichen Zahlenverhältnis 3:1 wieder auf.* Je größer die Zahl der Nachkommen ist, desto genauer wird dieses Zahlenverhältnis erreicht. Die Vererbung von Merkmalen gehorcht statistischen Gesetzen.

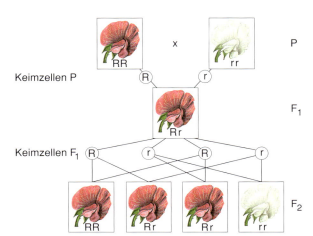

Abb. 289.1: Kreuzungsexperiment mit Erbsen, die sich in einem Merkmal unterscheiden. Im Erbschema wird die Erbanlage für ein Merkmal (hier Blütenfarbe) mit einem Buchstaben bezeichnet; für die dominante Erbanlage benützt man einen Großbuchstaben (hier R) und für die rezessive Erbanlage einen Kleinbuchstaben (hier r).

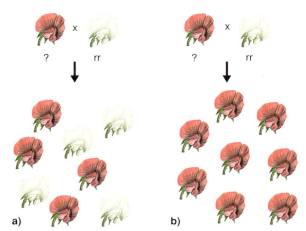

Abb. 289.2: Testkreuzung von Erbsen mit roter Blütenfarbe mit reinerbig rezessiven Erbsen mit weißer Blütenfarbe. In **a)** zeigt die Aufspaltung der Nachkommen (1 : 1), dass die rot blühende Ausgangsform den Genotyp Rr besitzen muss; in **b)** sind die Nachkommen uniform, somit ist die rot blühende Ausgangsform reinerbig RR.

2.1.4 Unvollständige Dominanz

Die dominant-rezessive Vererbung ist die weitaus häufigste Form der Vererbung. So dominiert z. B. beim Mais die Anlage für blaue (dunkle) Farbe der Körner über die Anlage für gelbe Farbe, glatte Oberfläche über runzelige; beim Meerschweinchen Kurzhaarigkeit über Langhaarigkeit und beim Hund Dackelbeinigkeit über Normalbeinigkeit.

Daneben gibt es auch eine intermediäre Form der Vererbung. In diesem Fall zeigen die F_1-Hybriden eine Mittelstellung zwischen den Merkmalen der reinerbigen Eltern (z. B. Blütenfarbe der Wunderblume, Abb. 290.1). In der F_2-Generation spalten dann die Merkmale im Verhältnis 1 : 2 : 1 auf. In vielen Fällen hat aber das Merkmal in F_1 nicht genau Mittelstellung. Daher spricht man verallgemeinernd von *unvollständiger Dominanz*. Die vollständige Dominanz bei der Ausbildung von Merkmalen ist nur ein Grenzfall der Wirkung von Erbanlagen. Bei manchen Lebewesen ist selbst bei Dominanz im heterozygoten Zustand eine rezessive Erbanlage nicht völlig unterdrückt; ihr Vorhandensein ist an kleinen Unterschieden gegenüber der homozygot dominanten Form zu erkennen. Darauf beruhen Testverfahren zum Nachweis von heterozygoten Individuen (*Heterozygoten-Test*; s. 3.5.3, Phenylketonurie).

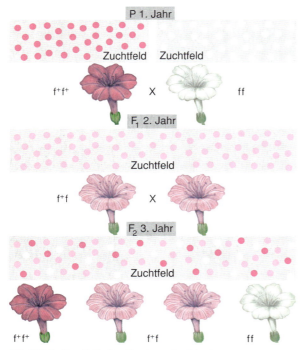

Abb. 290.1: Unvollständige Dominanz der Erbanlagen bei der Wunderblume

2.2 Dihybrider Erbgang

Kreuzungen von Sorten, die sich in zwei oder mehr Merkmalen voneinander unterscheiden, bestätigen die Erbgesetze. MENDEL kreuzte zwei Erbsensorten mit gelb-runden und grün-kantigen Samen, wobei gelb über grün und rund über kantig dominierte. Er erhielt nach dem Uniformitätsgesetz in F_1 nur runde gelbe Erbsen, in F_2 dagegen Erbsen mit den Merkmalen gelb und rund, gelb und kantig, grün und rund und grün und kantig im Verhältnis 9 : 3 : 3 : 1.

Ein Beispiel aus dem Tierreich ist die Kreuzung von zwei Rinderrassen, die sich in Fellfarbe und der Musterung unterscheiden; die eine Rasse ist schwarz gescheckt und die andere rotbraun ungescheckt (Abb. 291.1). Schwarz dominiert über rot und ungescheckt über gescheckt. Daher sind die Tiere der F_1-Generation durchweg schwarz und ungescheckt. In der F_2-Generation ergeben sich vier verschiedene Erscheinungsformen: schwarz/ungescheckt, schwarz/gescheckt, rot/ungescheckt und rot/gescheckt durchschnittlich im Verhältnis 9 : 3 : 3 : 1. Dieses Verhältnis kann durch zwei Annahmen erklärt werden:

Den Merkmalen schwarz/rot und ungescheckt/gescheckt liegt je ein besonderes Paar von Anlagen zugrunde, nämlich **A** für die dominante Anlage schwarz, **a** für die rezessive Anlage rot und **B** für ungescheckt und **b** für gescheckt. Die reinerbigen Eltern tragen in ihren Körperzellen die Anlagen **AAbb** (schwarz/gescheckte Rasse) und **aaBB** (rot/ungescheckte Rasse). Da reinerbige Formen nur einerlei Geschlechtszellen ausbilden können – hier also mit den Anlagen **Ab** und **aB** –, erhält die F_1-Generation den Anlagenbestand **AaBb**, ist damit für beide Anlagen heterozygot.

Für die Entstehung der vier Erscheinungsformen der F_2-Generation muss angenommen werden, dass vier Arten von Geschlechtszellen gebildet wurden, nämlich solche mit den Anlagen **AB, Ab, aB** und **ab.** Für jede Kombinationsmöglichkeit besteht dabei die gleiche Wahrscheinlichkeit. Bei der Vereinigung der Geschlechtszellen ergeben sich mit gleicher Wahrscheinlichkeit 16 Möglichkeiten der Anlagenkombinationen in F_2 (Kombinationsquadrat s. Abb. 291.1). Einige Kombinationen treten mehrfach auf, sodass im Genotyp neun verschiedene Kombinationen möglich sind, die im Phänotyp vier Formen im Verhältnis 9 : 3 : 3 : 1 ergeben.

Die tatsächlich gefundene Aufspaltung von 9 : 3 : 3 : 1 der Phänotypen bestätigt die im Kombinationsquadrat enthaltenen Annahmen und damit auch die Annahme der vier verschiedenen Geschlechtszellen in gleicher Häufigkeit. Dies setzt aber voraus, dass die Anlagen **A** und **a** bzw. **B** und **b** selbständige Erbeinheiten sind; man bezeichnet sie als **Gene.** Weiterhin müssen sich bei der Bildung von Geschlechtszellen die Gene verschiedener Merkmalspaare voneinander trennen und zu neuen Kombinationen zusammenfinden.

Damit stimmen auch die Ergebnisse von Kreuzungen mit drei Merkmalsunterschieden überein. MENDEL kreuzte eine Erbsensorte mit hohem Wuchs und gelben runden Samen mit einer Sorte von niedrigem Wuchs und grünen kantigen Samen. In der F_2-Generation traten acht unterschiedliche Phänotypen auf, was nur dadurch zu erklären ist, dass die Gene der drei Merkmalspaare acht (2^3) verschiedene Geschlechtszellen erzeugen; im Kombinationsquadrat mit 64 ($2^3 \cdot 2^3$) Feldern finden sich 27 verschiedene Genotypen.

Aus diesen Beobachtungen und Annahmen folgt das **3. MENDELsche Gesetz:** *Die einzelnen Erbanlagen sind frei kombinierbar, d.h., sie werden unabhängig voneinander vererbt und bei der Keimzellenbildung neu kombiniert* (Gesetz von der Unabhängigkeit der Erbanlagen oder der **Neukombination von Genen;** s. 3.2.1, Kopplung von Genen). Den Vorgang, durch den neue Genkombinationen entstehen, nennt man *Rekombination* und die betreffenden Organismen *Rekombinanten*.

Verschiedene Ausbildungsformen des gleichen Gens, die zu unterschiedlicher Merkmalsausprägung führen können, heißen **allele Gene** oder kurz **Allele.** Für die Ausbildung der Blütenfarbe bei Erbse oder Wunderblume ist nach diesen Versuchen nur ein Gen zuständig. Da die Blütenfarbe aber rot oder weiß sein kann, muss es verschiedene Allele dieses Gens geben. Das eine Allel führt zum Merkmal „rote Blütenfarbe", das andere zum Merkmal „weiße Blütenfarbe". Auch das Gen für die Fellfarbe des Rindes tritt in zwei Allelen auf (Phänotyp schwarz oder rot) und ebenso das Gen für die Musterung (Phänotyp ungescheckt oder gescheckt). Im Erbschema verwendet man für allele Gene stets den gleichen Buchstaben. Erst durch das Auftreten verschiedener Allele kann man erkennen, dass einem bestimmten Merkmal ein bestimmtes Gen zugrunde liegt. Solange nur eine einzige Merkmalsausbildung vorliegt, ist dies nicht nachzuweisen.

2.3 Die Bedeutung MENDELs

Viele Forscher hatten schon vor MENDEL Kreuzungsversuche durchgeführt, ohne die Vererbungsgesetze zu entdecken. MENDELs Erfolge beruhten auf einer Versuchsmethodik, die sich in verschiedener Hinsicht von derjenigen seiner Vorgänger unterschied:

1. durch die Wahl eines günstigen Versuchsobjekts (die Erbse ist Selbstbestäuber, doch ist Fremdbestäubung möglich, und sie hat eine kurze Generationsdauer sowie eine große Zahl von Nachkommen);
2. durch die sorgfältige Wahl des Ausgangsmaterials (MENDEL führte zwei Jahre lang Vorzuchten durch,

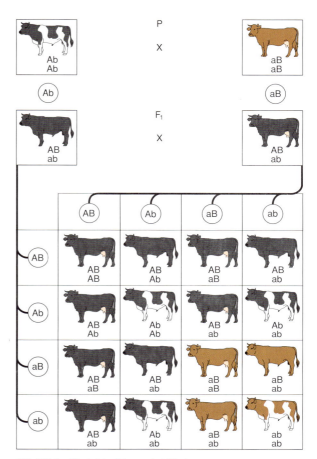

Abb. 291.1: Dihybrider Erbgang bei Rindern

um für die P-Generation reine Linien zu erhalten);
3. durch die Beschränkung der Untersuchung auf das Erbverhalten von nur ein oder zwei sich klar unterscheidenden Merkmalen (z.B. Blütenfarbe, Gestalt und Farbe der Samen);
4. durch Kontrollexperimente zur Bestätigung oder Widerlegung seiner Deutung der bisherigen Ergebnisse (reziproke Kreuzung, Rückkreuzung);
5. und – was in besonderem Maße wegweisend für die genetische Forschung war – durch quantitative und statistische Auswertung der Versuchsergebnisse, wobei die Verteilung der Merkmale auf die Nachkommen über mehrere Generationen verfolgt wurde.

2.4 Populationsgenetik

Die Genetik untersucht auch die Verteilung der Allele in der Nachkommenschaft ganzer Populationen. Die **Population** umfasst alle artgleichen Individuen eines Gebietes, die sich in der Regel beliebig miteinander

paaren können: Die Population bildet eine Fortpflanzungsgemeinschaft. Eine Art kann aus mehreren Populationen bestehen. Den Gesamtbestand aller in einer Population vorhandenen Gene (bzw. Allele) bezeichnet man als *Gen-Pool* und die Häufigkeit eines Gens in einer Population als *Gen-Häufigkeit* (Allelen-Häufigkeit). Betrachten wir ein Roggenfeld, in dem Pflanzen auftreten, die das Allel für die Ausbildung grünlicher Samen (A) tragen und solche mit dem Allel für helle Samen (a). Die Übertragung der Pollenkörner, welche die Allele A bzw. a enthalten, erfolgt durch den Wind. Der Anteil der Pollenkörner mit dem Allel A sei p und der mit dem Allel a sei q. Man gibt p und q in relativen Häufigkeiten (Wahrscheinlichkeiten) an (80 % = 0,8; 20 % = 0,2). Beide müssen sich zu 1 addieren:
0,8 + 0,2 = 1 oder allgemein: **p + q = 1**.

Bei den weiblichen Keimzellen findet man die gleiche Verteilung der Allele A und a wie bei den männlichen. Unter der Voraussetzung, dass die Wahrscheinlichkeit für das Zusammentreffen beliebiger Keimzellen gleich groß ist, können wir für eine große Population ein Kombinationsquadrat (Abb. 292.1) aufstellen. Dies gilt natürlich genauso für Populationen von Tieren, wenn die Paarungswahrscheinlichkeit beliebiger Partner gleich groß ist. Bei der Befruchtung verschmelzen je zwei Geschlechtszellen miteinander. Die Häufigkeit der Individuen mit dem Genpaar AA beträgt also $p \cdot p = p^2$, die der Individuen mit der Kombination Aa $p \cdot q + q \cdot p = 2 pq$ und die der Individuen mit der Kombination aa $q \cdot q = q^2$. Alle Individuen mit den Genotypen AA, Aa und aa zusammen entsprechen 100 %; damit gilt für die Summe ihrer Einzelhäufigkeiten **$p^2 + 2 pq + q^2 = 1$**.

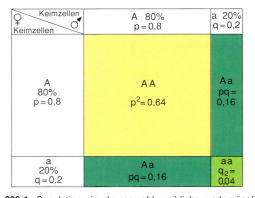

Abb. 292.1: Population, in der sowohl weibliche und männliche Keimzellen mit dem Allel A die Häufigkeit p = 0,8 besitzen; weibliche und männliche Keimzellen mit dem Allel a treten somit in der Häufigkeit q = 0,2 auf. Bei den Nachkommen tritt dann die Kombination AA in der Häufigkeit $p^2 = 0,8 \cdot 0,8 = 0,64$ (= 64 %) auf, die Kombination Aa in der Häufigkeit 2 pq = 0,32 (= 32 %) und die Kombination aa in der Häufigkeit $q^2 = 0,04$ (= 4 %). Die Summe der einzelnen Häufigkeiten ist also 0,64 + 0,32 + 0,04 = 1 ($p^2 + 2 pq + q^2 = 1$).

Man erkennt, dass sich bei p = q das MENDELsche Spaltungsgesetz (s. 2.1.3) ergibt. Wenn nun die drei Genotypen (AA, Aa und aa) gleiche Nachkommenzahlen haben, bilden sich auch in der Tochtergeneration wieder p Allele A und q Allele a aus. Das Verhältnis der Allel-Häufigkeit p : q bleibt also auch in der Tochtergeneration sowie allen Folgegenerationen konstant. Diesen Sachverhalt der Erbkonstanz bezeichnet man als HARDY-WEINBERG-Gesetz, weil es 1908 von dem Engländer HARDY und unabhängig von ihm von dem Stuttgarter Arzt WEINBERG gefunden wurde. Das HARDY-WEINBERG-Gesetz gilt nur für eine *ideale Population*, für die folgende Voraussetzungen erfüllt sein müssen:

1. Die Träger der verschiedenen Genotypen haben alle die gleiche Eignung für die Umwelt, in der die Population lebt; das HARDY-WEINBERG-Gesetz gilt also nicht für Heterozygote, die Vorteile in einer Population haben (s. Sichelzellanämie 4.2.6).
2. Es treten keine Erbänderungen auf.
3. Die Individuen der Population können sich beliebig paaren.
4. Die Population ist so groß, dass ein zufälliges Ausscheiden einiger Träger eines bestimmten Allels das Verhältnis p : q nicht ändert (was bei kleinen Populationen der Fall wäre).
5. Es dürfen in die Populationen keine Individuen zuwandern oder aus ihr auswandern.

Unter diesen fünf Voraussetzungen bleibt die Häufigkeit der Allele jedes Gens in einer Population gleich. In natürlichen (realen) Populationen ändert sich das Allelen-Verhältnis mit der Zeit.

Wenn die homozygot rezessiven Individuen aa einer Population durch Beobachtung erfasst werden, errechnet sich die Häufigkeit der Heterozygoten Aa und der Homozygoten AA folgendermaßen:
Die Häufigkeit von aa ist q^2. Aus p + q = 1 ergibt sich die Häufigkeit der Heterozygoten Aa:
p = 1 − q und daher 2 pq = 2 (1 − q) · q.
Die Häufigkeit der Homozygoten AA ist
$p^2 = 1 − 2 pq − q^2$.
Bei einer rezessiv vererbten menschlichen Erbkrankheit, der Phenylketonurie (s. 3.5.3), kommt auf zehntausend gesunde Kinder ein krankes Kind. Daher ist

$q^2 = \dfrac{1}{10000}$ und $q = \sqrt{\dfrac{1}{10000}} = \dfrac{1}{100} = 0,01$.

Die Häufigkeit der Heterozygoten Aa beträgt dann:
2 (1 − q) · q = 2 (1 − 0,01) · 0,01 = 0,0198 (1,98 %).
Die Häufigkeit der Homozygoten AA ist somit:
$p^2 = 1 − 2 pq − q^2 = 1 − 0,0198 − 0,0001 = 0,9801$ (98,01 %).
Aus dem Prozentsatz der Heterozygoten Aa von rund 2 % sieht man, dass etwa jeder Fünfzigste die Anlage der Krankheit trägt.

3 Vererbung und Chromosomen

Die Befunde MENDELs sind dadurch zu erklären, dass die Anlagen für die beobachteten Erbmerkmale in den Körperzellen je doppelt und in den Keimzellen jeweils einfach vorhanden sind (s. 2.1.2). Die Entdeckung und die Untersuchung der Chromosomen bei Kernteilungen nach 1880 führte einen der Wiederentdecker der MENDELschen Gesetze, C. CORRENS, zu der Vermutung, dass die Chromosomen die Träger der Erbanlagen (Gene) sind. Diese Vermutung wurde durch folgende Beobachtungen gestützt:

1. Jeder Organismus besitzt in seinen Körperzellen eine konstante Anzahl von Chromosomen (s. Tab. 293.1).
2. Diese Konstanz wird gewährleistet durch die Mitose *(s. Cytologie 4).*
3. Die Keimzellen enthalten genau halb so viele Chromosomen wie die Körperzellen (s. Abb. 294.1).

Kreuzungsforschung und Zellforschung, zwei bis dahin getrennt verlaufende Forschungsrichtungen, waren so zu parallelen Ergebnissen gekommen, welche BOVERI und SUTTON zu der *Chromosomentheorie der Vererbung* verbanden (1903).

3.1 Meiose und Keimbahn

Bei der Befruchtung vereinigen sich zwei Geschlechtszellen und damit auch deren Chromosomensätze. Daher muss im Verlauf der Entwicklung der Lebewesen die Chromosomenzahl wieder halbiert (reduziert) werden. Andernfalls würde sich die Chromosomenzahl von Generation zu Generation verdoppeln. Die Halbierung der Zahl der Chromosomen muss so geordnet stattfinden, dass die ganze genetische Information (also ein Allel von jedem Gen) in jedem Individuum erhalten bleibt. Der Vorgang, durch den dies erreicht wird, ist die **Meiose.** Bei allen vielzelligen Tieren und den höheren Pflanzen erfolgt die Meiose bei der Bildung der Keimzellen, bei vielen Algen in einem anderen Entwicklungsstadium.

Die Meiose besteht aus zwei zusammengehörigen Teilungsschritten, den Reifeteilungen (Abb. 294.1). Sie beginnt nach dem Sichtbarwerden der Chromosomen mit der Paarung der homologen Chromosomen. Dabei lagern sich je zwei homologe Chromosomen eng nebeneinander. In dieser Phase erkennt man, dass jedes Chromosom aus zwei Schwesterchromatiden aufgebaut ist. Diese sind nur noch durch das ungeteilte Centromer untereinander verbunden, deshalb bilden die beiden gepaarten homologen Chromosomen einen Komplex aus vier Chromatiden, die *Chromatidentetrade.* Zwischen den Chromatiden beobachtet man häufig

Art und Chromosomenzahl		Art und Chromosomenzahl	
Pferdespulwurm	2	Champignon (Pilz)	8
Fruchtfliege	8	Erbse	14
Hausmaus	40	Mais	20
Mensch	46	Weizen	42
Schimpanse	48	Kartoffel	48
Hund	78	Natternzunge	512
Karpfen	104	(ein Farn)	

Tab. 293.1: Chromosomenzahlen einiger Tier- und Pflanzenarten (doppelter Satz)

Kontaktstellen (*Chiasmata*, s. 3.2.1). Die Chromatidentetraden ordnen sich anschließend in der Äquatorialebene der Kernspindel an.

Schließlich trennen sich die homologen Chromosomen wieder. Die eine Hälfte bewegt sich zum einen Spindelpol, die andere zum entgegengesetzten. Immer noch hängen die beiden Chromatiden jedes Chromosoms über das noch ungeteilte Centromer zusammen. Anschließend teilt sich die Zelle. Bei dieser **ersten Reifeteilung** werden also die homologen Chromosomen voneinander getrennt. Hierbei bleibt es dem Zufall überlassen, welches der beiden homologen Chromosomen – das vom mütterlichen oder vom väterlichen Organismus stammende – zu welchem Pol gelangt. Außerdem wird aus dem diploiden Chromosomensatz durch Reduktion der Chromosomenzahl auf die Hälfte ein haploider Chromosomensatz *(Reduktionsteilung).* In den beiden entstandenen Zellen befindet sich jetzt je ein homologes Chromosom mit seinen beiden Chromatiden. Ohne Ruhepause läuft anschließend die **zweite Reifeteilung,** ähnlich einer Mitose, ab. Dabei werden die beiden Schwesterchromatiden voneinander getrennt.

Die Meiose führt also zur Bildung von vier haploiden Zellen. Die Chromosomen bestehen bis zur Befruchtung nur aus einer Chromatide. Kurz vor oder nach der Befruchtung entstehen durch Verdopplung der Chromatiden wieder Chromosomen mit zwei Schwesterchromatiden.

Bei der Spermienbildung geht aus jeder der vier gleich großen haploiden Zellen durch komplexe Reifungsprozesse je eine Spermienzelle hervor. Die Eireifung verläuft ebenso, doch wird das Plasma ungleich geteilt: Die Eimutterzelle teilt sich bei der ersten Reifeteilung asymmetrisch. Es entsteht eine große plasmareiche und eine vergleichsweise sehr kleine Zelle. Beide enthalten die Hälfte des diploiden Chromosomensatzes. Die kleine plasmaarme Zelle heißt *Pol-* oder *Richtungskörperchen,* weil in der Nähe desselben bei der Entwicklung der befruchteten Eizelle die erste Teilungsfurche entsteht. Dieser asymmetrische Teilungsvorgang wiederholt sich bei der zweiten Reifeteilung,

294 Genetik

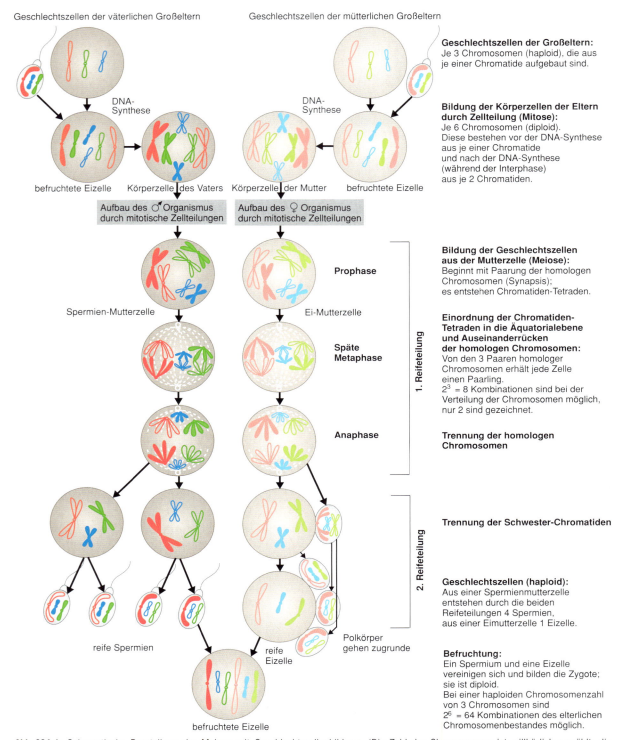

Abb. 294.1: Schematische Darstellung der Meiose mit Geschlechtszellenbildung. (Die Zahl der Chromosomen ist willkürlich gewählt; die Teilungsspindel und das Ansetzen der Spindelfasern am Centromer ist nur bei einer Phase angedeutet.) Bedeutung der Meiose: 1. Erhaltung der artspezifischen Chromosomenzahl. Aus diploiden Körperzellen werden haploide Geschlechtszellen und die Verschmelzung von zwei Geschlechtszellen führt wieder zu diploiden Körperzellen. 2. Neukombination der Chromosomen und damit der Erbanlagen in jeder Zygote; so entstehen die individuellen Unterschiede bei den Lebewesen einer Art.

Vererbung und Chromosomen 295

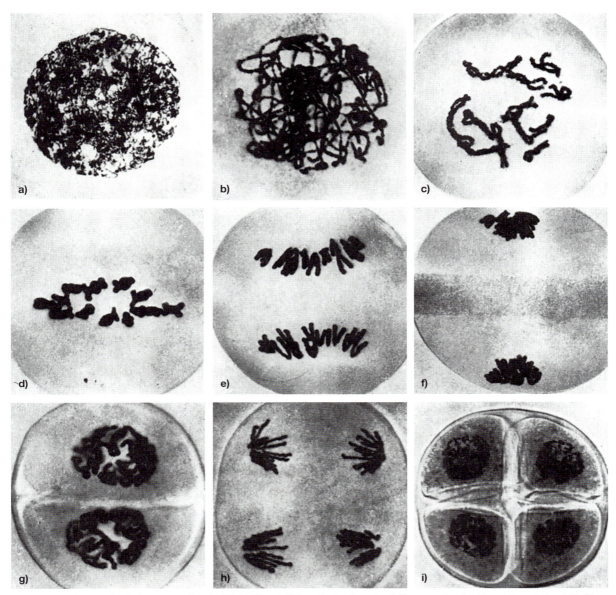

Abb. 295.1: Meiose in den Pollenmutterzellen der Königslilie. **a)–f)** Erste Reifeteilung; im Zellkern werden das Chromatingerüst und die Chromosomen sichtbar (a, b); die Chromosomen kontrahieren und paaren sich (c); die homologen Chromosomenpaare ordnen sich in der Äquatorialebene an (d), trennen sich (mit je 2 Chromatiden) und wandern an entgegengesetzte Pole, sodass sich an jedem Pol nur die Hälfte der Chromosomen einfindet (e, f; Reduktionsteilung). **g)–i)** Zweite Reifeteilung; die Chromosomen werden mitotisch in ihre beiden Chromatiden getrennt und die beiden Chromatiden wandern an entgegengesetzte Pole (g, h); die Chromatiden entschrauben sich und bilden einen Kern mit Kernmembran; dann erfolgt die Teilung der Zellen (i). So entstehen aus einer diploiden Pollenmutterzelle vier haploide Pollenkörner.

wobei sich gleichzeitig auch das Richtungskörperchen teilt. Es entstehen somit vier haploide Zellen, eine große plasmareiche Eizelle und drei kleine Richtungskörperchen, die später zugrunde gehen.

Durch die Meiose erhält jede Geschlechtszelle einen einfachen, aber vollständigen Satz von Chromosomen, d. h. von jedem Paar homologer Chromosomen eines.

Da die Verteilung der homologen Chromosomen auf die Keimzellen zufällig erfolgt, sind genetisch verschieden ausgestattete Keimzellen die Regel, sofern die homologen Chromosomen sich wenigstens geringfügig unterscheiden. Eine Fruchtfliege mit vier Chromosomenpaaren (s. Tab. 293.1) kann also $2^4 = 16$ verschiedene Keimzellen produzieren; ein Mensch mit

23 Chromosomenpaaren kann unter denselben Bedingungen 8,39 Millionen verschiedene Keimzellen bilden. Bei der Befruchtung verschmelzen eine männliche und eine weibliche Geschlechtszelle und damit wird in der befruchteten Eizelle der doppelte Chromosomensatz wiederhergestellt. Die Anzahl möglicher Kombinationen ist dann bei einem einzigen Menschenpaar mindestens $(8{,}39 \cdot 10^6)^2 = 7 \cdot 10^{13}$ (Zahl der Menschen auf der Erde etwa $6 \cdot 10^9$!). Die Mannigfaltigkeit der Keimzellen ist die genetische Grundlage für die Individualität der Organismen einer Art.

Bei den meisten Tierarten und beim Menschen lassen sich schon auf sehr frühem Embryonalstadium diejenigen Zellen, aus denen sich im Laufe der Weiterentwicklung die Keimzellen bilden, von den Zellen unterscheiden, die den Körper aufbauen. Von der befruchteten Eizelle ausgehend führt eine unmittelbare Abfolge von Zellen als so genannte **Keimbahn** (Abb. 296.1) zur nächsten befruchteten Eizelle. Bei Pflanzen ist eine solche Unterscheidung nicht möglich (s. 3.4).

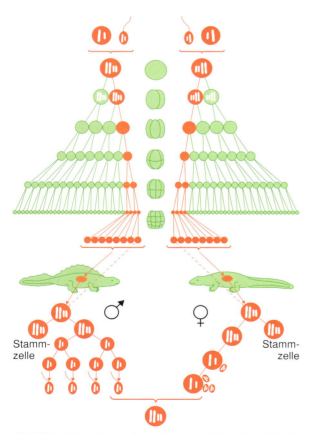

Abb. 296.1: Schematische Darstellung der Keimbahn. Rot: die Folge der Körper- und Keimzellen mit Einschluss der Reifeteilungen; in einem Teil sind die Chromosomen eingezeichnet. Grün: die Folge der Körperzellen.

3.2 Kopplung von Genen

3.2.1 Kopplungsgruppen und Crossover

Die Regel von der freien Kombinierbarkeit der Gene ist nicht uneingeschränkt gültig. Die Zahl der nachgewiesenen Gene ist sehr viel höher als die haploide Chromosomenzahl. Es müssen also viele Gene gemeinsam in einem Chromosom liegen. Den Nachweis einer solchen Kopplung von Genen erbrachten die Forschungen von MORGAN und seinen Mitarbeitern an der Frucht- oder Taufliege *Drosophila melanogaster*. Eine Form von *Drosophila* besitzt einen schwarzen Körper (Allel b, von black) und Stummelflügel (Allel vg, von vestigial, rudimentär). Diese Form ist viel seltener als die Form mit den Merkmalen grauer Körper und normal ausgebildete Flügel. Man bezeichnet die in der Natur häufigste Form einer Art als *Wildtyp* und kennzeichnet ihre Allele mit einem hochgestellten Pluszeichen. Die Verwendung von Groß- und Kleinbuchstaben zur Kennzeichnung von Dominanz und Rezessivität ist häufig nicht zweckmäßig; für den Fall, dass es von einem Gen mehrere Allele gibt, kann sich nämlich das Wildallel a$^+$ dominant gegenüber dem Allel a' erweisen, gegenüber dem Allel a'' jedoch rezessiv sein.

Die Allele mütterlicher Herkunft schreibt man über einen Strich, die Allele väterlicher Herkunft unter diesen. So lässt sich die Herkunft der Allele einfach und eindeutig angeben. Der Wildtyp (grauer Körper, normale Flügel) von *Drosophila* hat den Genotyp $\frac{b^+ \, vg^+}{b^+ \, vg^+}$ und die schwarze Form mit den Stummelflügeln $\frac{b \, vg}{b \, vg}$. Bei der Kreuzung beider Formen entstanden in der F$_1$ Bastarde mit dem Aussehen der Wildform, d.h., die Allele b$^+$ und vg$^+$ verhalten sich dominant gegenüber b und vg. Der Genotyp der Bastarde ist $\frac{b^+ \, vg^+}{b \, vg}$ bzw. $\frac{b \, vg}{b^+ \, vg^+}$. Diese Bastarde wurden mit schwarzen stummelflügeligen Tieren gekreuzt (Rückkreuzung). Die Ergebnisse waren verschieden, wenn MORGAN weibliche oder männliche Bastarde zur Rückkreuzung verwendete.

1. Kreuzte er männliche Bastarde mit homozygot rezessiven Weibchen, so erhielt er als Nachkommen nur die Ausgangsphänotypen *(Elterntypen)* grau normalflügelig und schwarz stummelflügelig im Verhältnis 1 : 1. Demnach sind die Gene für Körperfarbe und Flügelform nicht frei kombinierbar, sondern gekoppelt; sie müssen daher auf einem Chromosom liegen.

2. Bei der reziproken Rückkreuzung (weibliche Bastarde mit reinerbigen schwarz stummelflügeligen Männchen) traten neben den Elterntypen auch Rekombinanten auf: 9% der Nachkommen besaßen einen grauen Körper und Stummelflügel und 9% einen schwarzen Körper mit normalen Flügeln.

Die beiden Elterntypen waren bei dieser Kreuzung nur mit je 41% vertreten (Abb. 297.2). Dieses Ergebnis wird nur verständlich, wenn man annimmt, dass unter den weiblichen Keimzellen neben solchen mit b^+vg^+ und b vg in je 9% der Fälle auch solche mit b^+vg und b vg^+ aufgetreten sind. Bei 18% der weiblichen Geschlechtszellen müssen also die sonst gekoppelten Gene getrennt worden sein (die Spermien enthalten alle b vg).

MORGAN erklärte die Entkopplung so: In einem frühen Stadium der Meiose paaren und umschlingen sich die homologen Chromosomen, die aus je zwei Schwesterchromatiden bestehen. Dabei erfolgt an einer Stelle ein Bruch von zwei Nicht-Schwesterchromatiden. Die Bruch-Enden verknüpfen sich anschließend über Kreuz (Abb. 297.2), sodass zwei neu kombinierte Chromatiden entstehen. So werden Gene aus Kopplungsgruppen entkoppelt und gegeneinander ausgetauscht *(Crossing-over* oder *Crossover)*. Die Überkreuzung von Nicht-Schwesterchromatiden, die man mikroskopisch beobachten kann, nennt man *Chiasma* (= Kreuz). Die unterschiedlichen Kreuzungsergebnisse von 1. und 2. lassen darauf schließen, dass Crossover bei *Drosophila* nur während der Eizellenbildung, nicht aber bei der Bildung von Spermien vorkommen. Durch Crossover findet genetische Rekombination innerhalb homologer Chromosomen statt. Diese intrachromosomale Rekombination liefert neue, bisher nicht vorhandene Genkombinationen. Da Crossover häufige Vorgänge sind, wird die Mannigfaltigkeit der Keimzellen dadurch außerordentlich erhöht. Der Prozentsatz der Entkopplungen zweier Gene heißt deren *Austauschwert*.

3.2.2 Genkartierung

Je weiter zwei Gene auf einem Chromosom voneinander entfernt sind, desto größer ist die Wahrscheinlichkeit, dass im dazwischen liegenden Chromosomenabschnitt ein Bruch und damit ein Crossover stattfindet. Damit ist der Austauschwert ein relatives Maß für den Abstand der Gene auf dem Chromosom.

Eine Häufigkeit von 1% Crossover wird als eine Austauscheinheit (= *1 centi-Morgan*) bezeichnet. Der Abstand zwischen den Genen b und vg beträgt demnach 18 centi-Morgan. Versuche zeigten, dass bei gekoppelten Genen der Austauschwert unter konstanten Bedingungen immer gleich bleibt. Dies legt nahe anzunehmen, dass die *Gene auf den Chromosomen hintereinander (linear) angeordnet sind*. Weitere Kreuzungen bestätigten diese Annahme: Durch die Kreuzung zwischen einem Wildtyp und einer *Drosophila*-Form mit den zwei gekoppelten rezessiven Genen schwarzer Körper (b) und purpurne Augen (p) entstanden Bastarde, von de-

Abb. 297.1: THOMAS HUNT MORGAN (1866–1945)

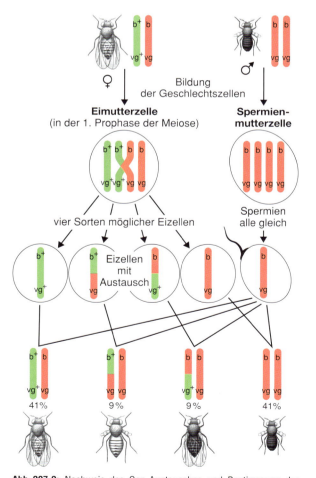

Abb. 297.2: Nachweis des Gen-Austausches und Bestimmung der Austauschwerte. Die untersuchten Gene liegen bei *Drosophila melanogaster* im Chromosom 2. Dargestellt ist nur dieses Chromosom.

nen Weibchen mit homozygot rezessiven Männchen rückgekreuzt wurden. Für die Gene b und p wurde ein Austauschwert von 6 % festgestellt. Eine entsprechende Kreuzung des Wildtyps mit einer *Drosophila*-Form mit purpurnen Augen (p) und Stummelflügeln (vg) erbrachte den Austauschwert 12 %. Damit liegen die Gene b und p 6 centi-Morgan, die Gene p und vg 12 centi-Morgan voneinander entfernt:

$$\underbrace{b \overbrace{}^{6} p \overbrace{}^{12} vg}_{18}$$

Man kann zur Kreuzung auch die Dreifach-Mutante $\frac{b\ p\ vg}{b\ p\ vg}$ einsetzen; dann erhält man dasselbe Ergebnis wie mit den drei Zweifaktor-Kreuzungen. Die Einzel-Abstandswerte lassen sich also addieren; dies bestätigt die Annahme von der linearen Anordnung der Gene auf den Chromosomen.

Führt man das beschriebene Verfahren mit weiteren Drosophila-Formen fort, so kann man durch Vergleich der erhaltenen Genabstände innerhalb einer Kopplungsgruppe die Reihenfolge der Gene ermitteln; es entsteht eine *Genkarte* des Chromosoms. Da die Crossover-Vorgänge nicht an allen Orten eines Chromosoms gleich häufig ablaufen, entsprechen diese genetisch ermittelten Abstände nicht genau den tatsächlichen Genabständen.

Zur stärksten Stütze der MORGANschen Theorie von der linearen Anordnung der Gene wurden die Untersuchungen an den *Riesenchromosomen* von *Drosophila*. Riesenchromosomen entstehen in den Speicheldrüsen von Drosophila-Larven dadurch, dass sich die Chromatiden der gepaarten homologen Chromosomen vervielfachen, ohne dass Kernteilungen stattfinden. So bilden sich schließlich Bündel von bis über 1000 Chromatiden. Jede Chromatide ist aus Chromomeren und Zwischenstücken aufgebaut. Beim Riesenchromosom sind die tausendfach nebeneinander liegenden Chromomere als Querscheiben im mikroskopischen Bild zu erkennen (Abb. 298.1). Riesenchromosomen treten auch in den Speicheldrüsen anderer Insektenlarven auf; gut untersucht sind sie z. B. bei den Zuckmücken.

Für die Befunde MORGANs sprechen folgende weitere Tatsachen: Man kann durch Röntgenbestrahlung oder Laserstrahlen Stücke von einem Chromosom absprengen. Dies verursacht den Ausfall jener Merkmale der Kopplungsgruppe, die dem abgesprengten Chromosomenstück entsprechen. Am Riesenchromosom lässt sich ein solcher Ausfall direkt mikroskopisch am Fehlen bestimmter Querscheiben beobachten. So kann der Genort für eine eingetretene Merkmalsveränderung aufgefunden werden. Mit dieser cytologischen Methode lassen sich die tatsächlichen Genorte feststellen. Dafür gibt es heute außerdem molekularbiologische Verfahren (s. 5.4).

Genkarten gibt es heute für viele Organismenarten; durch die modernen Methoden der Genetik wurden auch auf den 23 Chromosomen des Menschen viele Genorte bestimmt (s. Abb. 299.1).

Zur Identifizierung der menschlichen Chromosomen dient die **cytogenetische Methode,** bei der Chromosomen im Metaphasestadium untersucht werden. Behandelt man solche Chromosomenpräparate mit bestimmten Farbstoffen, so färben sich einzelne Chromosomenabschnitte verschieden an. Es entsteht ein für jedes Chromosom spezifisches Bandenmuster, mit dem man alle 2 × 23 Chromosomen des Menschen sicher unterscheiden kann (Abb. 299.1). Da verschiedene Farbstoffgruppen unterschiedliche Bandenmuster liefern, lassen sich auch kleine Veränderungen (Mutationen) der Chromosomen erfassen. Für ein Chromosomenpräparat benutzt man Weiße Blutkörperchen; sie teilen sich in einer Blutplasma-Kultur mit ausreichender Häufigkeit. Durch Colchicin wird zunächst die Kernteilung im Metaphase-Stadium gehemmt. Dann bringt man die Zellen auf dem Objektträger in destilliertes Wasser, wo sie platzen (Osmose). Anschließend macht der Zusatz eines Protein spaltenden Enzyms die Chromosomen leichter färbbar.

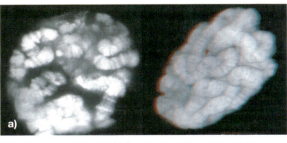

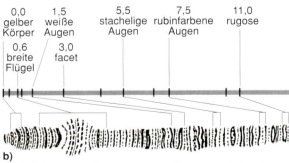

Abb. 298.1 a) Riesenchromosomen von *Drosophila* mit Laser-Scanning Mikroskopie (konfokales Verfahren); links: eine Ebene scharf, rechts: alle Ebenen addiert. Das rechte Bild sollte mit einer Rotgrün-Brille betrachtet werden. **b)** Genkarte vom Ende des X-Chromosoms. Oben: genetisch ermittelte Genabstände; unten: Zuordnung der genetischen Daten zur cytologisch gewonnenen Karte des Riesenchromosoms.

Genkartierung der menschlichen Chromosomen. Für die Genkartierung menschlicher Chromosomen hat sich die Methode der Zellhybridisierung als hilfreich erwiesen. Mischt man eine Kultur menschlicher Zellen mit der Kultur einer anderen Zellart, z.B. von der Maus, so führt dies vereinzelt zur Verschmelzung von zwei artverschiedenen Zellen. Diese Hybriden enthalten zwei Kerne, einen von der menschlichen Zelle und einen von der Mauszelle. Die beiden Kerne können verschmelzen. Bei der Teilung der Hybridzellen durch Mitose tritt ein starker Verlust an Chromosomen auf. Welche Chromosomen im Laufe der Zellteilungen verschwinden, ist zufällig. So entstehen schließlich auch Hybridzellen, die nur noch ein einziges der menschlichen Chromosomen aufweisen. Durch extremes Verdünnen der Zellkultur lassen sich diese Hybridzellen isolieren und getrennt weitervermehren. Weist man in einer solchen Zellkultur dann ein menschliches Enzym nach, so muss das Gen für dieses Enzym auf dem noch vorhandenen Chromosom der Hybridzelle liegen. Dieses Chromosom kann nach der Herstellung eines Karyogramms identifiziert werden. Durch künstlich ausgelöste Verluste von Chromosomenstücken lässt sich sogar der Chromosomenabschnitt bestimmen, in dem das Gen liegt.

▶ **Nichtchromosomale Vererbung.** Schon 1909 hat CORRENS Beobachtungen an Wunderblumen mit grünweiß gescheckten („panaschierten") Blättern gemacht, aus denen er schloss, dass einige erbliche Eigenschaften nicht über Chromosomen weitergegeben werden. Bei der Übertragung von Pollen einer normalgrünen Pflanze auf die Narbe einer panaschierten Pflanze entstehen grüne, panaschierte und farblose Nachkommen. Ihre Häufigkeitsverteilung zeigt jedoch keine Mendelspaltung. Bei der reziproken Kreuzung (Pollen einer panaschierten Pflanze auf die Narbe einer normalgrünen) erhält man nur grüne Nachkommen. Der Phänotyp (grüne, panaschierte oder farblose Blätter) wird offenbar ausschließlich durch die weibliche Keimzelle bestimmt (mütterliche Vererbung). Heute weiß man, dass in Mitochondrien und Chloroplasten eigene Gene vorkommen, die für diese *nichtchromosomale Vererbung* verantwortlich sind. Da Mitochondrien und (bei Pflanzen) Chloroplasten zumeist nur über die Eizelle in die nächste Generation gelangen, erklärt sich damit die rein mütterliche Vererbung. Beispiele sind außer den panaschierten Blättern der Wunderblume die Pollensterilität bei Getreidearten sowie einige Fälle von Epilepsie beim Menschen (s. 3.5.3).

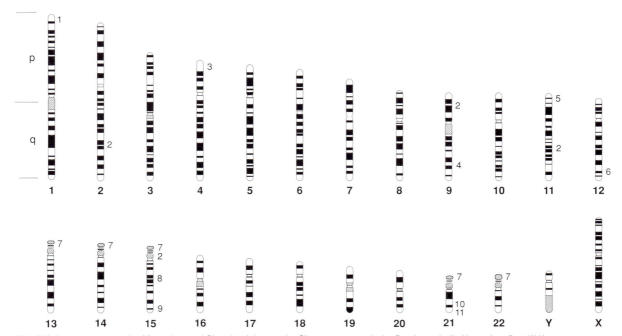

Abb. 299.1: Karyogramm des Menschen und Charakterisierung der Chromosomen mit der Bandentechnik. Unter dem Begriff Karyogramm versteht man die Ordnung der Chromosomen in Gruppen und ihre Nummerierung. Benutzt werden dazu: Größe und Länge der langen (q) und kurzen (p) Arme der Chromosomen sowie das Bandenmuster. Die Chromosomenbilder wurden aus einem Foto von der Metaphase ausgeschnitten und geordnet, je eine Chromatide wurde gezeichnet. Erläuterung der als Beispiele angegebenen Genorte: **1** Rhesusfaktor; **2** verschiedene Genorte für Albinismus; **3** HUNTINGTON; **4** Blutgruppen ABO; **5** β-Globingene; **6** Phenylketonurie; **7** rRNA-Gene; **8** MARFAN-Syndrom; **9** Tyrosinase-Gen; **10** ALZHEIMER; **11** Schizophrenie; zu den Genen des X-Chromosoms, s. Abb. 301.3.

Weil die Eizelle den Hauptteil der Zellorganellen in die Zygote liefert, ähneln bei manchen Arten die Nachkommen mehr dem mütterlichen Elter. So führt die Kreuzung von Eselhengst mit Pferdestute zum Maultier, das dem Pferd ähnlicher ist als dem Esel. Bei der Kreuzung von Pferdehengst mit Eselstute erhält man dagegen den Maulesel. ◂

3.2.3 Versuchsobjekte in der Genetik

Dass die Wahl geeigneter Objekte und Untersuchungsverfahren von besonderer Wichtigkeit für die Erkenntnisgewinnung ist, zeigen die Forschungen von MENDEL (s. 2.3) und MORGAN. Das Forschungsobjekt MORGANs, *Drosophila*, ist im Labor leicht zu züchten (Abb. 300.1); die Generationsdauer beträgt 14 Tage und die Nachkommenzahl ist groß. Zahlreiche leicht erkennbare Erbmerkmale, nur vier Kopplungsgruppen, denen vier Chromosomenpaare entsprechen, und das Auftreten von Riesenchromosomen zeigen die Eignung von *Drosophila* in der klassischen Genetik.

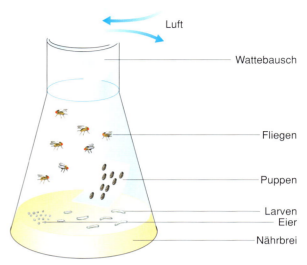

Abb. 300.1: Zucht von *Drosophila*. Futter aus Bananenbrei mit etwas Hefe. Die Maden verpuppen sich auf trockenem Fließpapier.

Ähnliche Bedeutung wie *Drosophila* besitzt in der Pflanzengenetik *Arabidopsis thaliana* (Abb. 301.1). Auch *Arabidopsis* zeigt viele gut erkennbare Erbmerkmale, sie ist im Gewächshaus leicht zu kultivieren und ihre Generationsdauer beträgt nur vier Wochen. Sie ist besonders wichtig als Objekt gentechnischer Grundlagenforschung.

Ergebnisse der Chromosomenforschung	Ergebnisse der Kreuzungsforschung
Chromosomen sind selbständige Einheiten, die als solche weitergegeben werden.	Gene (Erbanlagen) sind selbständige Einheiten, die als Ganzes weitergegeben werden.
Chromosomen treten in den Körperzellen paarweise auf und bilden in ihrer Gesamtheit einen doppelten Satz. Die Zelle ist diploid.	Gene sind in den Körperzellen paarweise vorhanden und bilden in ihrer Gesamtheit einen doppelten Satz.
Durch die Reduktionsteilung gelangt von jedem Chromosomenpaar ein Chromosom in die Geschlechtszellen. Diese enthalten einen einfachen, aber vollständigen Chromosomensatz. Die Zelle ist haploid.	Die Geschlechtszellen erhalten von jedem Allelenpaar ein Allel; sie enthalten damit einen einfachen Satz.
Jede Art Lebewesen hat eine ganz bestimmte Anzahl von Chromosomen.	Die Gene treten in Kopplungsgruppen auf; die Anzahl der Kopplungsgruppen entspricht genau der Anzahl der Chromosomen im haploiden Satz.
Bei der Reduktionsteilung werden die Chromosomen väterlicher und mütterlicher Herkunft unabhängig voneinander nach Gesetzen der Wahrscheinlichkeit in freier Kombination auf die Geschlechtszellen verteilt.	Sofern die Gene nicht zu Kopplungsgruppen gehören, werden bei der Bildung der Geschlechtszellen die einzelnen Allele der Allelenpaare unabhängig voneinander auf die Geschlechtszellen verteilt, sodass eine freie Kombination der Erbanlagen stattfindet.
Die Länge der Chromosomen ist unterschiedlich.	Die unterschiedliche Anzahl der Gene in den Kopplungsgruppen entspricht der unterschiedlichen Chromosomenlänge.

Tab. 300.2: Gegenüberstellung einiger bei der Chromosomenforschung und der Kreuzungsforschung beobachteter Phänomene

Vererbung und Chromosomen

Abb. 301.1: *Arabidopsis thaliana* (Ackerschmalwand), ein bei uns seltener Kreuzblütler (Ackerunkraut), Größe ca. 10 cm

3.3 Geschlechtschromosomen

3.3.1 Geschlechtsbestimmung

Bei den meisten Organismen ist das Zahlenverhältnis von Weibchen und Männchen etwa 1:1. Weil dieses Aufspaltungsverhältnis auch bei einer Rückkreuzung auftritt, wurde schon früh vermutet, dass die das Geschlecht bestimmenden Gene in dem einen Geschlecht homozygot und im anderen heterozygot vorliegen. Hinweise auf die Richtigkeit dieser Vermutung erbrachte die Untersuchung der Chromosomen von *Drosophila* (Abb. 301.2) und anderen Tierarten. Von den vier Chromosomenpaaren von *Drosophila* sind drei bei beiden Geschlechtern völlig gleich gestaltet; es sind die *Autosomenpaare*. Das vierte Paar besteht beim Weibchen aus zwei stabförmigen Chromosomen (X-Chromosomen), beim Männchen aus einem stabförmigen (X-Chromosom) und einem hakenförmigen Chromosom (Y-Chromosom). Diese Chromosomen stehen in Beziehung zur Ausprägung des Geschlechts, man nennt sie *Geschlechtschromosomen (Heterosomen oder Gonosomen)*.

Bei der Reduktionsteilung in der Meiose werden die Partner eines jeden Chromosomenpaares getrennt. Es müssen daher alle Eizellen neben einem Satz Autosomen ein X-Chromosom besitzen, während die eine Hälfte der Spermien ein X-Chromosom, die andere Hälfte aber ein Y-Chromosom mitbekommt. Das Zusammentreten der Geschlechtszellen bei der Befruchtung würde dann je zur Hälfte die Kombination XX und XY, d. h. Weibchen und Männchen im Zahlenverhältnis 1 : 1 ergeben, was auch tatsächlich zutrifft. Die Geschlechtsbestimmung ist demnach bei *Drosophila* ein Vorgang der Vererbung. *Das Geschlecht des neuen Lebewesens ist daher mit der Befruchtung festgelegt.* Gleiches gilt für zweihäusige Pflanzen (z. B. Salweide, Sanddorn, Große Brennnessel), bei denen jedes Individuum entweder nur männliche oder nur weibliche Blüten trägt.

Beim Menschen und den Säugetieren bestimmt das Y-Chromosom die Ausbildung männlicher Geschlechtsmerkmale (Abb. 302.1). Bei Drosophila hingegen hat sich gezeigt, dass die Ausbildung des männlichen Geschlechts nicht durch das Y-Chromosom, sondern durch die Autosomen festgelegt wird, da es auf das Verhältnis zwischen der Anzahl der X-Chromosomen und der Anzahl der Autosomensätze (je drei Autosomen) ankommt. Ist das Verhältnis der Autosomensätze A zur Zahl der X-Chromosomen gleich 1 (AAXX oder AAXXY), so entstehen Weibchen, ist das Verhältnis aber 2:1 (AAXY oder AAX oder AAXYY), so werden Männchen ausgebildet, unabhängig davon, ob ein Y-Chromosom oder in gelegentlich auch auftretenden anomalen Fällen gar mehrere Y-Chromosomen vorhanden sind oder ob das Y-Chromosom fehlt.

Meist sind weibliche Tiere in Bezug auf die Geschlechtschromosomen homozygot, männliche heterozygot, sodass die Spermien zu gleichen Teilen das weibliche und das männliche Geschlecht bestimmen.

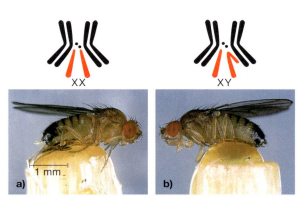

Abb. 301.2: Die beiden Geschlechter von *Drosophila* und ihr Chromosomensatz. **a)** Weibchen; **b)** Männchen

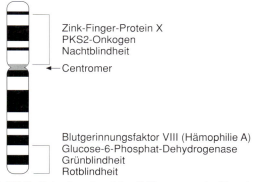

Abb. 301.3: Einige Genorte auf dem X-Chromosom des Menschen

302 Genetik

Das gilt auch für den Menschen. Bei Vögeln, einigen Reptilien und bei Schmetterlingen ist es umgekehrt; das weibliche Geschlecht hat den Genotyp XY, das männliche XX. Es gibt daher Eizellen mit dem X- und solche mit dem Y-Chromosom. Spermien haben stets ein X-Chromosom. Hier bestimmt also die Chromosomenausstattung der Eizelle das künftige Geschlecht.

▶ Der Vorgang der Geschlechtsbestimmung lässt beide Geschlechter in gleicher Zahl erwarten. Dies stimmt auch tatsächlich im großen Ganzen; bei einzelnen Lebewesen treten aber doch Abweichungen von dem Geschlechtsverhältnis 1:1 auf, die über das nach den Wahrscheinlichkeitsgesetzen zulässige Maß hinausgehen. So werden bei allen Rassen des Menschen auf 100 Mädchen 106 bis 107 Jungen geboren. Auch bei verschiedenen Haustierarten sind Abweichungen zu beobachten. Bei ihnen stellte man fest, dass sich Y-Spermien schneller bewegen als X-Spermien und daher häufiger eine Eizelle zuerst erreichen können. ◀

Die Festlegung der männlichen Geschlechtsmerkmale erfolgt beim Menschen durch das Y-Chromosom. Auf diesem liegt das Gen für den Hoden-determinierenden Faktor. Dieses Genprodukt bewirkt, dass die noch undifferenzierte Keimdrüse im Embryo Hodengewebe entwickelt. In diesem wird dann im Embryo männliches Sexualhormon gebildet, das die Ausdifferenzierung der Geschlechtsorgane veranlasst. Ist der Hoden-determinierende Faktor nicht vorhanden, so werden die Keimdrüsen zu Ovarien differenziert und weibliche Geschlechtsorgane gebildet; dazu bedarf es keiner weiteren Botenstoffe.

Das X-Chromosom trägt fast ausschließlich solche Gene, die gar nichts mit der Geschlechtsausbildung zu tun haben. Ein außerordentlich kleiner Abschnitt des X-Chromosoms ist einem ebensolchen des Y-Chromosoms homolog.

Schon in einem frühembryonalen Zustand wird in den Zellen mit zwei X-Chromosomen ein X-Chromosom durch starke Kontraktion und Verknüpfung mit zusätzlichen Proteinen in einen inaktiven Zustand gebracht. Das „stillgelegte" X-Chromosom ist nach Anfärbung lichtmikroskopisch als BARR-Körperchen sichtbar. Einige wenige Gene sind im BARR-Körperchen von der Stilllegung ausgenommen. Am Vorhandensein oder Fehlen des BARR-Körperchens lässt sich bei Intersexen das erblich angelegte Geschlecht eindeutig erkennen. Die Geschlechtsbestimmung durch Untersuchung der Zellkerne von Blutzellen, Zellen der Mundschleimhaut oder der Haarwurzeln spielt bei der Zulassung zu Wettkämpfen des Hochleistungssports eine Rolle.

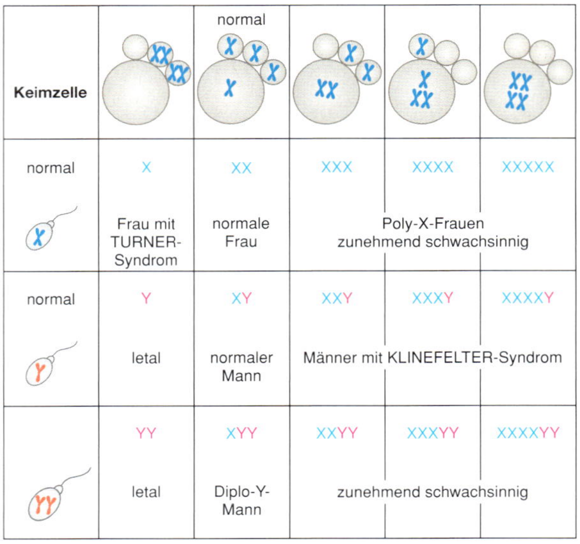

Abb. 302.1: Abweichungen von der Geschlechtschromosomenzahl durch Störungen während der Meiose. Sowohl bei überzähligen X- wie Y-Chromosomen kommt es zu verringerter Intelligenz. Häufigkeitsangaben für mitteleuropäische Bevölkerungen: X0 1:2500, XXY 1:400, XXX 1:2500, XYY 1:1000

Die Inaktivierung eines der beiden X-Chromosomen erfolgt weitgehend zufällig. In einem Teil der Zellen wird das X-Chromosom vom Vater, in einem anderen Teil der Zellen das X-Chromosom von der Mutter inaktiviert, sodass die Allele beider X-Chromosomen im Organismus wirksam werden können.

▶ Die Inaktivierung beim Fetus erfolgt auf dem Stadium der Blastocyste, etwa um den 16.–18. Tag nach der Befruchtung *(s. Entwicklungsbiologie 2.1.3).* Ist diese Inaktivierung beim Fetus erfolgt, so bleibt sie bei allen Zellen, die durch weitere Zellteilungen entstehen, gleichartig. Bei der Zellteilung wird die Information über das stillzulegende X-Chromosom weitergegeben. Sie ist in einem einzigen Gen des stillzulegenden X-Chromosoms selbst lokalisiert, dieses Gen bleibt aktiv. Diese „Ungleichwertigkeit" homologer Chromosomen nennt man *genetische Prägung.* Bei der Maus wird im extraembryonalen Gewebe des Trophoblasten (fetaler Teil der Plazenta) stets das väterliche X-Chromosom inaktiviert. So ließ sich beim Menschen genetische Prägung bei einer Störung im Chromosom 15 nachweisen. Wenn ein kleines Stück bei einem Exemplar dieses Chromosoms fehlt, führt dies zu unterschiedlichen Krankheitsbildern je nach Herkunft von Vater oder Mutter. Die Ursache liegt in einer Störung der herkunftsabhängigen Inaktivierung von Genen auf dem jeweiligen normalen Chromosom 15. Auch bei Autosomen konnte Inaktivierung festgestellt werden. ◀

3.3.2 Störungen der Geschlechtsentwicklung beim Menschen

Echte Zwitter (Intersexe) mit Hoden und Ovarien entstehen beim Menschen bei Doppelbefruchtung. Normalerweise sind zum Zeitpunkt der Befruchtung die Richtungskörperchen von der Eizelle vollkommen getrennt. Bleibt jedoch ausnahmsweise ein Richtungskörperchen noch mit der Eizelle verbunden, so können beide Zellen befruchtet werden. Wird die eine Zelle von einem X- und die andere von einem Y-Spermium befruchtet, so entsteht ein Mosaik von XX- und XY-Zellen und der Organismus bildet männliche und weibliche Geschlechtsorgane.

Häufiger sind Störungen nach erfolgter Befruchtung. Wenn beim XY-Typ der Rezeptor für das männliche Sexualhormon (Testosteron) nicht funktionsfähig ist, so wird zwar normales Hodengewebe gebildet, aber die weiteren Geschlechtsorgane und der Körperbau sind weiblich. Durch hormonelle Störungen sind auch andere Umbildungen zu Scheinzwittern (Hermaphroditen) möglich. Bei einer Geschlechtsumwandlung durch Hormongaben werden nur die äußeren Geschlechtsmerkmale verändert.

Einige Anomalien beruhen auf Fehlen oder Überzähligkeit von Geschlechtschromosomen (Abb. 302.1). Menschen, die als Geschlechtschromosomen nur ein X-Chromosom aufweisen, also zum X0-Typ gehören, haben weibliche Konstitution; sie sind kleinwüchsig und haben funktionslose Geschlechtsorgane (TURNER-Krankheitsbild oder *TURNER-Syndrom*; wird durch Hormonzufuhr ab der Kindheit phänotypisch normalisiert). Beim XXY-Typ sind die sekundären Geschlechtsmerkmale männlich, es treten aber eunuchoide Züge mit hoher Stimme und geringem Bartwuchs auf *(KLINE-FELTER-Syndrom)*. Dieser anomale Genotyp zeigt, dass beim Menschen das Y-Chromosom das männliche Geschlecht bestimmt. Von Männern des XYY-Typs sind keine phänotypischen Anomalien bekannt.

3.3.3 Geschlechtschromosomen-gebundene Vererbung

Im Jahr 1910 veröffentlichte MORGAN Untersuchungen über die Vererbung der Rotäugigkeit bei *Drosophila* (Abb. 304.1). Er kreuzte reinerbig rotäugige Weibchen mit weißäugigen Männchen und erhielt in der F_1 ausschließlich rotäugige Nachkommen (rote Augenfarbe dominiert über die weiße). In der F_2 traten neben ausschließlich rotäugigen Weibchen rot- und weißäugige Männchen im Verhältnis 1:1 auf.

Die reziproke Kreuzung von reinerbig weißäugigen Weibchen mit rotäugigen Männchen erbrachte schon in der F_1 eine Aufspaltung der rot- und weißäugigen Tiere im Verhältnis 1:1, wobei alle Weibchen rote Augen und alle Männchen weiße Augen hatten. Auch in der F_2 besaßen 50 % der Tiere rote und 50 % weiße Augen; hier allerdings gab es weiße und rote Augen bei beiden Geschlechtern im Verhältnis 1:1.

Diese Merkwürdigkeiten erklären sich dadurch, daß die X-Chromosomen neben Genen für die Ausbildung des Geschlechts auch andere, wie z.B. das Gen für die Augenfarbe, tragen. Das väterliche Allel für die Augenfarbe wird mit dem X-Chromosom auf die Töchter übertragen, während die Söhne das Augenfarben-Allel von der Mutter erhalten. Man nennt Gene, die auf einem Geschlechtschromosom, zumeist dem X-Chromosom lokalisiert sind, *Geschlechtschromosomen-gebunden (gonosomal)*. Gonosomale Erbgänge beim Menschen gelten für z.B. Bluterkrankheiten und Rotgrünsehschwäche (Abb. 305.1 und 304.2).

Bei **Bluterkranken** ist die Blutgerinnung stark verlangsamt; kleine Prellungen können ausgedehnte Blutergüsse zur Folge haben. Bei größeren Wunden kommt es zu starkem Blutverlust, sodass der Tod eintreten kann. Kleinere Blutungen kommen durch die Kontraktion der verletzten Gewebe zum Stillstand. Dieser Vorgang führt bei bluterkranken Frauen auch zum Aufhören der Menstruationsblutung.

An der Blutgerinnung sind zahlreiche Gene beteiligt. Daher gibt es mindestens zwei verschiedene Bluterkrankheiten (A und B). Bei diesen beiden kann das Krankheitsbild unterschiedlich schwer sein. Bei der Bluterkrankheit A (defektes Gen auf X-Chromosom) fehlt der Gerinnungsfaktor VIII *(s. 5.3.2).* Eine Stammtafel über die Vererbung dieser Bluterkrankheit in europäischen Fürstenhäusern zeigt Abb. 305.1.

Aus der Partnerschaft zwischen einem bluterkranken Mann und einer gesunden Frau ohne ein Bluterallel gehen gesunde Söhne und gesunde, aber heterozygote Töchter hervor. Bei solchen Anlagenträgerinnen ist der Gerinnungsfaktor VIII nur in halber Konzentration vorhanden. Bei etwa der Hälfte der Zellen, die diesen Faktor erzeugen, liegt das zuständige intakte Allel im BARR-Körperchen, bei der anderen Hälfte der Zellen jedoch das Bluterallel. Die Zellen mit dem intakten Allel können wenigstens die halbe Menge des Faktors VIII erzeugen; sie reicht für eine fast normale Blutgerinnung aus. Eine Anlagenträgerin und ein gesunder Mann zeugen homozygot und heterozygot gesunde Töchter sowie gesunde und kranke Söhne. In einer Partnerschaft von einer Anlagenträgerin und einem kranken Mann sind reinerbig kranke Töchter, Anlagenträgerinnen, kranke und gesunde Söhne zu erwarten.

Die **Rotgrünsehschwäche** ist eine Störung des Farbsehens. Den drei Farbrezeptoren *(s. Neurobiologie 3.6)* entsprechen Rezeptorprotein-Gene. Das Gen des Blau-

304 Genetik

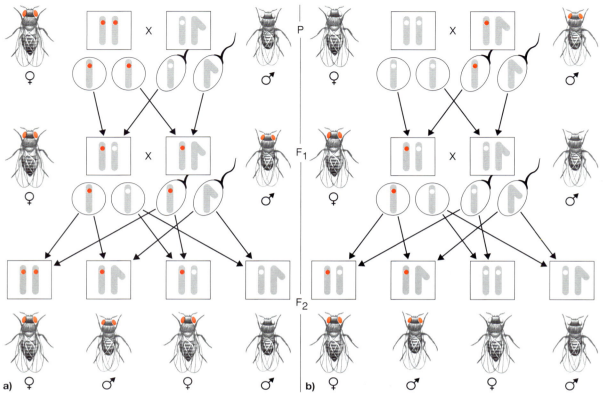

Abb. 304.1: Schema der Vererbung eines geschlechtsgebundenen rezessiven Merkmals (reziproke Kreuzung). Das hakenförmige Y-Chromosom enthält kein Gen für die Augenfarbe. Erklärung im Text

Rezeptors liegt auf Chromosom 3, das Gen für den Rot-Rezeptor und drei identische Gene für den Grün-Rezeptor befinden sich auf dem X-Chromosom so nahe beieinander, dass es bei Crossover gelegentlich zu einer ungleichen Rekombination zwischen diesen Genen kommt. Dadurch kommen falsche Genkombinationen zustande, sodass z. B. ein Sehfarbstoff entsteht, dessen Empfindlichkeitsmaximum zwischen Grün und Rot liegt, oder dass ein Sehfarbstoff völlig ausfällt. Derartige Vorgänge sind die Ursache der Rotgrünsehschwäche. Das dreifache Vorliegen des Grün-Rezeptorgens erklärt, weshalb die Sehstörung mit unterschiedlicher Stärke auftritt (zu weiteren X-chromosomalen Erbgängen mit rezessiver Wirkung der mutierten Allele s. Abb. 304.2).

Es gibt auch X-chromosomale Erbgänge, bei denen sich die mutierten Allele dominant verhalten. In diesen Fällen sind sämtliche Allelträger auch Merkmalsträger. Beispiele dafür sind: Nystagmus (ständiges Zittern der Augen), gelbbrauner Zahnschmelz (Schmelzschicht sehr dünn, daher früher Zahnverfall), Vitamin-D-resistente Rachitis und erbliche Nachtblindheit B (die erbliche Nachtblindheit A zeigt einen autosomalen Erbgang).

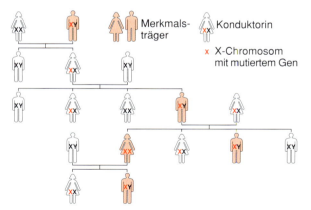

Abb. 304.2: Schema für X-chromosomal-rezessive Erbgänge. Merkmalsträger sind alle Männer mit dem mutierten Allel im X-Chromosom sowie Frauen, die homozygot bezüglich des mutierten Allels sind. Heterozygote Frauen nennt man Konduktorinnen; sie zeigen das Merkmal nicht, können es jedoch weitervererben. Beispiele: Rotgrünsehschwäche (in Europa bei 8 % der Männer und 0,5 % der Frauen); Bluterkrankheit A (1 : 10000 bei Männern und 1 : 100 Millionen bei Frauen); Fischschuppenhaut (1 : 100000, Haut mit rauen dicken Hornplatten bedeckt, ist homozygot letal); Mangel an Gamma-Globulin (hohe Infektionshäufigkeit durch mangelhafte Bildung von Antikörpern).

Vererbung und Chromosomen

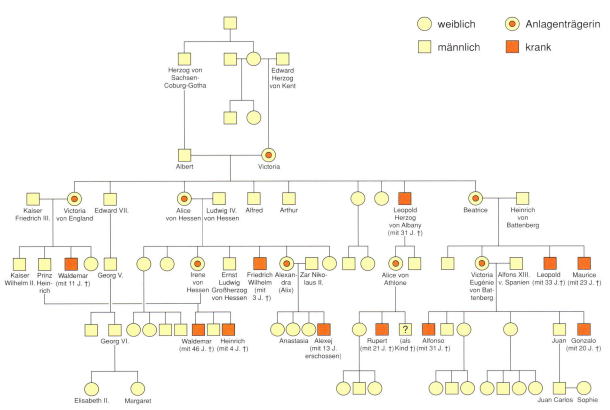

Abb. 305.1: Stammbaum europäischer Fürstenhäuser mit Bluterkrankheit A. Die ersten Erkrankungen wurden bei Nachkommen von Königin Viktoria beobachtet. ?: nicht bekannt, ob mutiertes Allel vorlag

3.4 Mutationen

Die verschiedenen Rassen unserer Haustiere und Kulturpflanzen haben sich aus Wildformen entwickelt. Zur Bildung dieser Vielfalt mussten Änderungen im Genom der Wildform aufgetreten sein, die dann weitervererbt wurden. Solche Änderungen im Erbgefüge nennt man **Mutationen;** die Träger der Mutationen heißen **Mutanten.** Die über 500 Formen von *Drosophila* sind in den Zuchten durch Mutationen entstanden (s. Abb. 306.2).

Die rotblättrigen und geschlitztblättrigen Formen wie auch die „*Trauerformen*" vieler Sträucher und Bäume sind solche Mutanten (s. Abb. 306.1 und 306.3). Die meisten unserer *Zierpflanzen* sind ebenfalls durch Mutationen entstanden, die zu neuen Blütenformen und -farben geführt haben. Auch alle *Rassen des Haushundes* gehen auf Mutanten zurück.

Erbliche Änderungen können das einzelne Gen betreffen *(Genmutation)*, doch können auch einzelne Chromosomen in ihrer Struktur *(Chromosomenmutation)* oder sogar der gesamte Chromosomenbestand, das Genom *(Genommutation)*, verändert werden.

Mutationen sind in jeder Zelle des Körpers möglich. An die Nachkommen werden jedoch nur solche Mutationen weitergegeben, die in der Keimbahn (s. 3.1) entstanden sind. Mutationen in Körperzellen (Somazellen) werden normalerweise nicht an die Nachkommen vererbt. Bei Pflanzen ist eine Trennung in Zellen der Keimbahn und des übrigen Körpers nicht möglich. Aus einer Mutation in einer Zelle des Vegetationskegels kann ein Spross mit anderen Erbeigenschaften (z. B. mit wertvolleren Früchten bei Obstbäumen) entstehen. Eine solche Mutante lässt sich durch Pfropfen von Sprossen oder durch Samen vom mutierten Spross vermehren.

Experimente haben eine Reihe von möglichen Ursachen für Mutationen aufgedeckt. MULLER konnte 1927 in den Keimzellen von *Drosophila* durch Röntgenstrahlen Mutationen künstlich hervorrufen, die den natürlichen entsprachen. Das Gleiche gelingt mit ultravioletter und radioaktiver Bestrahlung. *Der Prozentsatz der auftretenden Mutationen ist der angewandten Strahlenmenge (Produkt aus Strahlungsintensität und Strahlungsdauer) proportional.* Auch chemische Substanzen sowie abnorm hohe und tiefe Temperaturen können Mutationen verursachen; durch Erhöhung der Zuchttemperatur um 10 °C steigt bei *Drosophila* die Zahl der Mutanten auf das 3- bis 5fache. Umweltfaktoren (z. B. Temperaturabweichungen, Höhenstrahlung und Strahlung radioaktiver Mineralien) sind als auslösende Ursachen an den natürlichen Mutationen beteiligt. Faktoren, die Mutationen auslösen, bezeichnet man als *Mutagene*. Ohne erkennbare Mutagene ausgelöste Mutationen nennt man *Spontanmutationen*. Mit keinem Mutagen lassen sich gezielt bestimmte Mutationen auslösen, Mutationen sind richtungslos. Allerdings hat die Molekulargenetik heute Verfahren, bei Genen, deren Aufbau bekannt ist, gezielt Mutationen herbeizuführen.

3.4.1 Gen-Mutationen

Genmutationen sind die häufigste und wichtigste Form der Mutationen. Da sie zufällig erfolgen, kann man nicht voraussagen, welches der Gene und wann es mutieren wird; es lässt sich auch nicht angeben, in welcher Richtung sich das Gen und das von ihm bestimmte Merkmal verändern wird.

Die **Mutationsrate** der Lebewesen, d. h. die Häufigkeit, mit der sich ein Gen während eines Lebens verändert, liegt etwa zwischen $1:10^4$ und $1:10^9$ (s. 4.2.6). Die Mutationsrate ist bei verschiedenen Pflanzen- und Tierarten, ja sogar bei verschiedenen Genen einer Art unterschiedlich groß.

Abb. 306.1: Gleich gerichtete Mutationen. Schlitzblättrigkeit bei **a)** Schöllkraut; **b)** Hasel; **c)** Rotbuche; **d)** Walnuss. Links ist jeweils die Normalform, rechts die Mutante dargestellt (a–c $1/3$ der natürlichen Größe, d $1/10$ der natürlichen Größe).

Abb. 306.2: *Drosophila.* **a)** Normalform; **b)**–**d)** Mutantenformen; **b)** weiße Augen; **c)** Stummelflügel; **d)** flügellos. c und d sind durch verschiedene Mutationen des Gens vg (vestigial = stummelflügelig) entstanden; es liegt multiple Allelie vor; b geht auf die Mutation eines anderen Gens zurück.

Abb. 306.3: Blutbuche. Mutante der Rotbuche, bei der das Chlorophyll durch rotes Anthocyan überdeckt ist

Abb. 306.4: Albino-Mutante vom Gorilla und normal gefärbtes Tier

Bei den meisten Genmutationen entstehen Gene mit rezessiver Wirkung, doch treten auch dominant wirkende Gene neu auf. Für ihre Träger sind sie in vielen Fällen ohne Auswirkung (Schlitzblättrigkeit, Hängeformen), sehr oft nachteilig (verkrüppelte Flügelformen bei *Drosophila*), bei Reinerbigkeit manchmal tödlich (letal); in diesem Fall spricht man von einem *Letalfaktor*. Seltener treten vorteilbringende Mutationen auf. Ein Beispiel für einen Letalfaktor ist das Gen (D) für Kurzbeinigkeit bei irländischen *Dexter-Rindern*. Tritt es homozygot auf, so führt das zum Tod des Tieres schon als Fetus. Die kurzbeinigen Dexter-Rinder sind daher alle heterozygot (Dd). Bei Kreuzungen untereinander entstehen 25 % homozygote Totgeburten (DD).

Multiple Allelie. Die Allele eines Gens auf den beiden homologen Chromosomen mutieren unabhängig voneinander; durch eine Mutation in einem Allel wird das Lebewesen in Bezug auf die betreffende Erbanlage heterozygot. Ein und dasselbe Gen vermag in der Generationsfolge mehrfach zu mutieren, sodass mehrere, voneinander verschiedene Allele entstehen (multiple Allelie, s. Abb. 307.1 und 306.2). Bei *Drosophila* kann durch wiederholte Mutation desselben Gens eine stufenweise Flügelverkümmerung bis zu gänzlichem Flügelverlust eintreten (Abb. 306.2). Beim Löwenmaul kennt man mehr als zehn Allele eines Gens für die Blütenfarbe, die Abstufungen von Rot über eine Reihe von Zwischenstufen bis Weiß verursachen. Ein diploider Kern kann jedoch immer nur zwei Allele eines Gens enthalten.

Bei den **Blutgruppen A, B, AB, 0** liegt ebenfalls multiple Allelie vor: Die zugrunde liegenden Allele I^A und I^B verhalten sich dominant gegenüber dem Allel i (Tab. 307.2). Die Blutgruppe AB wird durch die beiden dominanten Allele I^A und I^B bestimmt. Da hier *beide* Phänotypen A und B auftreten (als Bausteine auf der Membran der Roten Blutkörperchen, **s. Immunbiologie 2.7**), spricht man von *Kodominanz*. Das ist nicht zu verwechseln mit der unvollständigen Dominanz, bei der ein „mittleres" Erscheinungsbild durch die Wirkung zweier verschiedener Allele eines Allelenpaars zustande kommt (s. 2.1.4, Wunderblume).

Jeder Mensch bekommt von beiden Eltern je ein Blutgruppen-Allel. Die Blutgruppen von Mutter und Kind erlauben deshalb Rückschlüsse auf die Blutgruppe des Vaters. So lässt sich klären, ob ein bestimmter Mann als Vater eines Kindes in Frage kommt. Haben zum Beispiel Mutter und Kind die Blutgruppe 0 (ii), kann der Vater nicht die Gruppe AB ($I^A I^B$) aufweisen. Neben den I-Blutgruppen kennt man die Erbgänge von weiteren Blutgruppen, sodass die Blutgruppenzugehörigkeit zuverlässige Aussagen über Vaterschaften und andere Verwandtschaftsbeziehungen erlaubt.

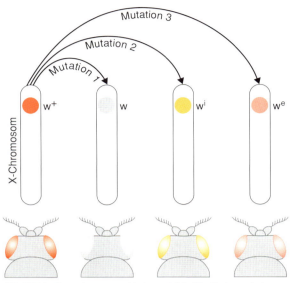

Abb. 307.1: Entstehung verschiedener Allele für die Augenfarbe von *Drosophila* durch Mutationen. Die Art der Entstehung erklärt, dass sie an entsprechenden Orten homologer Chromosomen liegen. w⁺: rote Augenfarbe des Wildtyps (dominant); w: weiße Augenfarbe (rezessiv); wⁱ: elfenbeinfarbene Augenfarbe; wᵉ: eosinfarbene Augenfarbe

Genotyp	Phänotyp (Blutgruppe)
$I^A\ I^A$	A
$I^A\ i$	A
$I^B\ I^B$	B
$I^B\ i$	B
$I^A\ I^B$	AB
i i	0

Tab. 307.2: Geno- und Phänotyp bei den Blutgruppen des Menschen

3.4.2 Chromosomen-Mutationen

Chromosomen-Mutationen beruhen auf Änderungen in der Struktur einzelner Chromosomen (Abb. 308.1). Diese können auseinander brechen und dabei Teilstücke verlieren, welche dann abgebaut werden *(Deletion)*, oder ein Teilstück wird in die Schwesterchromatide eingegliedert *(Duplikation)* oder an eine Chromatide eines nicht homologen Chromosoms angeheftet *(Translokation,* s. Abb. 308.2*)*. Innerhalb eines Chromosoms kann sich nach einem doppelten Bruch ein Chromosomenstück auch umgekehrt wieder einfügen *(Inversion)*. Solche Änderungen wirken sich als Verlust oder Änderung der Reihenfolge der betreffenden Gene aus. Bei Inversionen und Translokationen hat sich gezeigt, dass die Wirkungsweise eines Gens von dem Ort abhängig ist, den es innerhalb der übrigen Gene des Chromosoms einnimmt *(Positions-Effekt)*. Für

308 Genetik

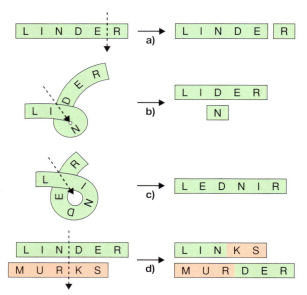

Abb. 308.1: Schema von Chromosomen-Mutationen. **a)** Verlust eines Endstücks; **b)** Verlust eines Zwischenstücks; **c)** Inversion; **d)** Translokation

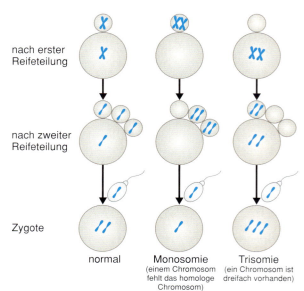

Abb. 308.3: Abweichung der Chromosomenzahl durch Nichttrennen der Chromosomen (Nondisjunktion) während der Meiose bei der Eizellenbildung

die Eigenschaften eines Organismus ist also nicht allein der Genbestand, sondern auch die Anordnung der Gene auf den Chromosomen maßgebend. Dies ist aus der heutigen Kenntnis der Organisation des Genoms verständlich (s. 4.3.3).

Eine Chromosomen-Mutation beim Menschen führt zum *Katzenschrei-Syndrom*. Helles katzenartiges Schreien des Säuglings und weit auseinander stehende Augen sind mit geistigen Defekten verbunden. Diese Erbkrankheit beruht auf dem Verlust eines sehr kleinen Stückes des 5. Chromosoms. Ein weiteres Beispiel ist das Entstehen von Männern mit zwei X-Chromosomen. Dabei handelt es sich um eine Translokation. Der kurze Arm des Y-Chromosoms trägt die Gene, welche für die Ausbildung von Hodengewebe verantwortlich sind. Wird dieser kurze Abschnitt auf ein X-Chromosom transloziert, so können männliche Nachkommen mit XX entstehen.

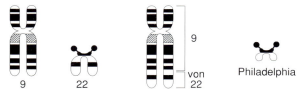

Abb. 308.2: Translokation zwischen den Chromosomen 9 und 22 bei einer Form der Leukämie. Links: die normalen Chromosomen (je zwei Chromatiden); rechts ist ein Stück des langen Arms von Chromosom 22 auf Chromosom 9 transloziert. Das Rest-Chromosom 22 ist das Philadelphia-Chromosom (nach Entdeckungsort benannt).

3.4.3 Genom-Mutationen

Bei Genom-Mutationen verändert sich die Anzahl der Chromosomen. Man unterscheidet *Aneuploidie* und *Euploidie*. Bei der Aneuploidie ist die Zahl der Chromosomen vermehrt oder vermindert, was auf Unregelmäßigkeiten während der Zellteilungen zurückgeführt wird. Werden z. B. einzelne Chromosomenpaare bei der Meiose nicht getrennt (*Nondisjunktion*, s. Abb. 308.3), so entstehen Keimzellen mit n + 1, n + 2, n − 1 usw. Chromosomen. Die Zygote enthält dann ebenfalls einzelne Chromosomen zu viel oder zu wenig. Neben den schon beschriebenen Störungen in der Zahl der Geschlechtschromosomen (s. 3.3.1) ist beim Menschen vor allem die *Trisomie 21* bekannt. Hier liegt das Chromosom 21 dreifach vor, sodass alle Körperzellen 47 Chromosomen besitzen. Ursache dafür ist entweder, dass sich die beiden homologen Chromosomen Nr. 21 bei der Meiose nicht trennen oder dass sich das eine Chromosom Nr. 21 an ein anderes Chromosom (z. B. Nr. 14) anhängt (Translokation). In beiden Fällen besitzt dann eine Keimzelle zwei Chromosomen Nr. 21. Die phänotypische Auswirkung der Trisomie 21 wird als *DOWN-Syndrom* (oder *Mongolismus*) bezeichnet. Symptome der Krankheit sind körperliche Anomalien wie kleiner Kopf, flaches Gesicht mit mongoloiden Zügen, kurzes Genick und flacher Hinterkopf sowie stark verminderte Intelligenz (Abb. 309.1). Die Störung der Chromosomenverteilung in der Meiose als Ursache der Trisomie wird mit zunehmendem

Vererbung und Chromosomen

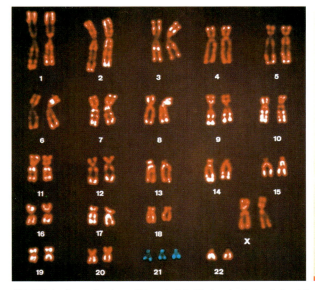 

Abb. 309.1: Down-Syndrom (Trisomie 21). Merkmale sind: schräg stehende Augen, kurze Nase, flacher Hinterkopf; der Betroffene kann geistig schwer behindert sein. Aufgrund angeborener Herzfehler ist die Lebenserwartung reduziert. Chromosomensatz: Das Chromosom 21 ist dreifach vorhanden. Bei den meisten Trisomien anderer Autosomen sind die Störungen so stark, dass die Kinder vor oder kurz nach der Geburt sterben.

Alter der Eltern häufiger. Bei Müttern unter 30 Jahren liegt die Wahrscheinlichkeit der Geburt eines davon betroffenen Kindes bei 0,04 % und steigt bei Müttern über 45 Jahren auf 6 % an.

Von *Euploidie* spricht man, wenn die Veränderung ganze Chromosomensätze betrifft, also entweder Haploidie auftritt oder Chromosomensätze vervielfacht werden *(Polyploidie)*. Bei der Meiose kann es vorkommen, dass sich die Chromatidenpaare in der Anaphase der 2. Reifeteilung nicht trennen; dann entstehen statt haploider Keimzellen (1n) diploide (2n), die bei der Befruchtung mit einer normalen Keimzelle einen dreifachen Chromosomensatz (3n) ergeben; solche Zellen sind triploid. Beim Zusammentreten zweier diploider Keimzellen entsteht ein vierfacher (tetraploider) Satz mit 4n. Auf ähnliche Weise können bis zu 16fache Sätze entstehen. Fortpflanzungsfähig sind allerdings nur geradzahlige Polyploide; bei ungeradzahligen wie auch bei einzelnen überzähligen oder fehlenden Chromosomen treten Störungen bei den Reduktionsteilungen auf. Bei vielen unserer Nutz- und Zierpflanzen liegt Polyploidie vor (Abb. 309.2). Auch zahlreiche Wildpflanzenarten haben polyploide Rassen oder es gehen aus ihnen eigene polyploide Arten hervor.

Polyploide Pflanzen haben zumeist größere Zellen; Verdopplung der Chromosomen führt etwa zur Verdopplung des Zellvolumens, sodass man bei nah verwandten Arten aus der Zellgröße auf den Polyploidiegrad schließen kann. Polyploide zeichnen sich meist durch üppigeren Wuchs vor den diploiden Pflanzen aus; aus diesem Grund werden sie bevorzugt in Kultur genommen. Bei der Rose (n = 7) sind Formen mit 14, 28, 42, 56, 70, 84 und 112 Chromosomen, also bis zum 16fachen Satz, bekannt.

Unter natürlichen Verhältnissen hat noch eine andere Art von Polyploidie bei Pflanzen große Bedeutung. Ein Bastard aus zwei verschiedenen Pflanzenarten ist normalerweise steril, da eine ordnungsgemäße Paarung der homologen Chromosomen in der Meiose nicht möglich ist, wenn sich diejenigen des männlichen Elters von denen des weiblichen unterscheiden. Verdoppelt sich nun der Chromosomensatz jedes Elters, so findet jedes Chromosom einen homologen Partner. Der Bastard ist dann fortpflanzungsfähig und zu einer neuen Art mit spezifischen Eigenschaften geworden. Eine Aufspaltung der Bastard-Nachkommen

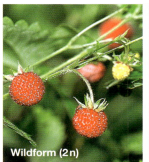 

Abb. 309.2: Polyploidie bei der Erdbeere

310 Genetik

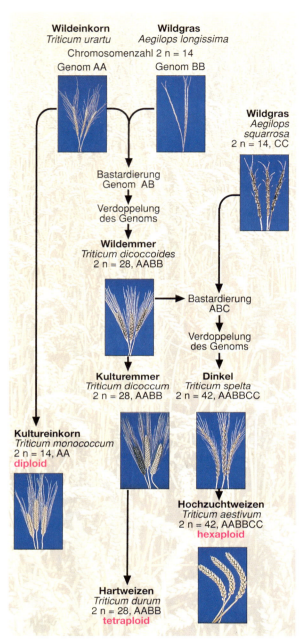

Abb. 310.1: Entstehung des Kulturweizens durch Kreuzung, Polyploidisierung und Auslese. Auf dem hier angegebenen Weg ist die Nachzüchtung des Kulturweizens aus den Ausgangsformen gelungen; früheste Funde des Kultureinkorns um 7500 v. Chr in Vorderasien, des Emmers um 7000 v. Chr. in Vorderasien, des Dinkels um 4500 v. Chr. in der Westukraine. Das wilde Einkorn hat brüchige Ährenspindeln wie viele andere Wildgräser. Der heutige Weizen hat feste Ährenspindeln, die beim Erntevorgang nicht zerbrechen. Die Einkorn-Ähre enthält etwa 20 Körner, die Ähre der Hochzuchtsorte etwa 60–70 Körner und jedes Korn mit dem 2- bis 3fachen Gewicht eines Korns vom Einkorn. An den Ertragssteigerungen der Hochzuchtsorten ist nicht nur die Züchtung beteiligt, auch verbesserte Anbaumethoden und die Düngung der Böden haben dazu beigetragen.

in die ursprünglichen Elternformen kann jetzt nicht mehr auftreten, weil die Keimzellen je einen Chromosomensatz von beiden Ausgangseltern haben. Man spricht hier von *Allopolyploidie*.

Viele unserer Kulturpflanzen sind auf diese Weise entstanden. Die heutigen Weizensorten sind allo-hexaploid und besitzen 42 Chromosomen, während die Stammarten *Einkorn* und *Aegilops* 14 Chromosomen (n = 7) aufweisen (Abb. 310.1). Die Zygote einer Kreuzung von Wildeinkorn und dem Wildgras Aegilops hat 7 + 7 = 14 Chromosomen. Bildet der Bastard diploide Geschlechtszellen, so entsteht der *Emmer* mit 28 Chromosomen. Die Kreuzung von Emmer mit Aegilops (28 + 14) führt zum Kulturweizen mit 42 Chromosomen. Dieser Weg der Herausbildung des Kulturweizens wurde von der Forschung nachvollzogen, wobei man die Bastarde zur Polyploidisierung mit Colchicin behandelte. Colchicin ist ein giftiger Inhaltsstoff der Herbstzeitlose. Es löst Polyploidie durch Hemmung der Kernspindelbildung aus, was die Trennung der Schwesterchromatiden verhindert.

3.5 Aspekte der Humangenetik

Das Hauptanliegen der Erbforschung am Menschen ist die Erfassung von Erbkrankheiten und erblichen Missbildungen sowie die Erforschung von Therapiemöglichkeiten, aber auch die Kartierung und Sequenzierung des menschlichen Genoms.

3.5.1 Methoden der humangenetischen Forschung

Cytologische Verfahren der Humangenetik sind in 3.2.2 behandelt.

Das **massenstatistische Verfahren** wendet die Erkenntnisse der Populationsgenetik auf den Menschen an. Die Untersuchung einer möglichst großen Zahl von Einzelfällen macht mit Hilfe statistischer Methoden allgemeine Aussagen möglich (s. 2.4).

Die **Familienforschung** geht auf GALTON (1822–1911) zurück; sie tritt beim Menschen an die Stelle des Kreuzungsexperiments. Sie verfolgt anhand von *Stammbäumen* (der Nachkommen eines Paares) und *Ahnentafeln* (der Ahnen eines Einzelmenschen) den Erbgang eines bestimmten Merkmals. Die Erhebungen aus Geburts-, Heirats- und Sterberegistern sollen möglichst viele Generationen erfassen; sie werden durch die *Sippentafeln* ergänzt, welche auch die Seitenglieder der Familien einbeziehen. Aus der Art, wie ein Merkmal in der Folge der Geschlechter auftritt, lassen sich Schlüsse auf dessen Erblichkeit und auf die Art des Erbgangs ziehen.

Ein weiterer wichtiger Zweig der menschlichen Erbforschung ist die **Zwillingsforschung** (Abb. 311.1). Es gibt zwei Arten von menschlichen Zwillingen. Bei zweieiigen Zwillingen (ZZ) haben sich zwei Eizellen aus dem Ovar der Mutter losgelöst und sind befruchtet worden. Da die Geschlechtszellen verschiedene Chromosomenkombinationen enthalten, stimmen ZZ nicht mehr überein als andere Geschwister; sie können gleichen oder verschiedenen Geschlechts sein. Eineiige Zwillinge (EZ) bilden sich dadurch, dass sich der Keim wohl schon bei den ersten Zellteilungen in zwei gleiche Teile spaltet, von denen sich jeder zu einem Menschen entwickelt. Da diese Zwillinge auf dieselbe Zygote zurückgehen, haben sie denselben Chromosomenbestand und damit gleiches Erbgut. Daraus erklärt sich die außerordentliche Ähnlichkeit eineiiger (monozygoter) Zwillinge, die weit über das Maß der üblichen Geschwisterähnlichkeit hinausgeht. Bei uns kommt auf etwa 95 Geburten eine Zwillingsgeburt, auf etwa 340 Geburten eine EZ-Geburt.

Die Frage, ob es sich bei gleichgeschlechtlichen Zwillingen um EZ oder ZZ handelt, wird durch die *polysymptomatische Ähnlichkeitsdiagnose* beantwortet. Dabei wird der Grad der Übereinstimmung in solchen Merkmalen überprüft, die erfahrungsgemäß erblich stark variieren, aber sehr umweltstabil sind. Es sind das u. a. Blutgruppen, Pigmentierung und Struktur der Iris, Form der Augenbrauen, Farbe und Form der Haare, Form der Ohrmuschel, Form und Stellung der Zähne sowie die Finger-, Hand-, Fuß- und Zehenlinien. Stimmen diese Merkmale bei Zwillingen überein, so handelt es sich um EZ.

Die Bedeutung der EZ für die Erbforschung liegt in der völligen Gleichheit ihres Erbguts. Die Unterschiede, die sie aufweisen, müssen daher von Einflüssen der Umwelt herrühren. Die Zwillingsforschung vergleicht EZ gleicher Umwelt, EZ verschiedener Umwelt und ZZ gleicher Umwelt. Der Merkmalsvergleich von EZ gleicher Umwelt mit EZ verschiedener Umwelt ergibt Hinweise auf die Wirkung der Umwelteinflüsse. Ein Merkmal ist dann als vorwiegend umweltbedingt anzusehen, wenn eine erhebliche Verschiedenheit *(Diskordanz)* bei EZ verschiedener Umwelt, aber große Übereinstimmung *(Konkordanz)* bei EZ gleicher Umwelt besteht. Der Vergleich von ZZ in gleicher Umwelt erlaubt Rückschlüsse auf die genetische Variabilität eines Merkmals (s. unten). Ein umweltabhängiges Merkmal weist umso größere Unterschiede auf, je verschiedenartiger die Umwelten der EZ sind. Am aufschlussreichsten sind die allerdings seltenen Fälle, in denen EZ vom frühesten Kindesalter an in ganz verschiedener Umwelt herangewachsen sind. Beim Vergleich ihrer Eigenschaften zeigt sich, dass manche Eigenschaften nur wenig, andere aber stark durch die Umwelt be-

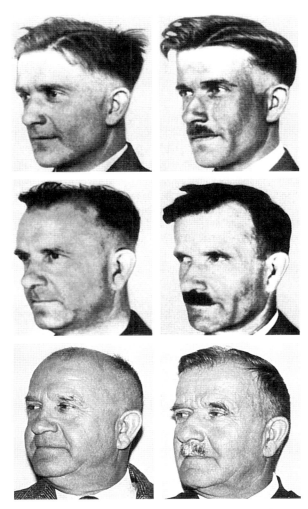

Abb. 311.1: Eineiige Zwillingsbrüder. Oben im Alter von 23 Jahren, in der Mitte von 48 Jahren und unten 63 Jahre alt. Der Zwilling links war Elektriker und arbeitete in der Stadt, sein Bruder rechts war Landwirt. Trotz jahrzehntelanger erheblicher Umweltunterschiede ist die Ähnlichkeit in den einzelnen Merkmalen des Gesichts sehr groß geblieben.

einflusst werden können. Man unterscheidet daher umweltstabile und umweltlabile Merkmale.

Merkmalsunterschiede bei ZZ und anderen Geschwistern in gleicher Umwelt beruhen auf genetischen Unterschieden. Man nennt den Anteil der *genetischen Variabilität* an der Gesamtvariabilität der Individuen einer Population **Heritabilität** (= Erblichkeit). Der Heritabilitätswert ist also abhängig von der genetischen Zusammensetzung der Familie bzw. Population und den Umweltfaktoren, welche die Gesamtvariabilität beeinflussen; denn mit zunehmenden Umwelteinflüssen verringert sich der Anteil der Heritabilität an der Gesamtvariabilität (s. 3.5.2, Intelligenz).

3.5.2 Monogene und polygene Merkmale

In der Humangenetik werden Dominanz und Rezessivität von Merkmalen nur erkennbar, wenn man Vorfahren und Nachkommen des Merkmalsträgers auf das Auftreten des Merkmals untersuchen kann. Merkmale heißen auch dann dominant, wenn sie bei Heterozygoten schwächer als bei Homozygoten ausgeprägt sind. Der Begriff „intermediär" wird in der Humangenetik nicht verwendet.

Rezessive Merkmale können viele Generationen überspringen, bis sie durch Verbindung zweier heterozygoter Anlagenträger (z.B. Verwandtenehe) wieder in Erscheinung treten. Die Aussage gilt allerdings nur für seltene rezessive Merkmale. Ist das rezessive Merkmal in einer Population häufig, dann tritt es auch ohne Verwandtenehe ziemlich oft homozygot und damit phänotypisch auf.

Diese Aussagen über Dominanz und Rezessivität sind gültig, wenn das betreffende Merkmal nur von einem Gen *(monogen)* bestimmt wird. Sie besitzen nur eingeschränkte Gültigkeit, wenn mehrere Gene an der Ausbildung eines Merkmals beteiligt sind *(polygene Merkmale)*.

Ein Beispiel für ein monogenes dominant vererbtes Merkmal ist die **Fähigkeit Phenylthioharnstoff (PTC)** zu schmecken. Merkmalsträger empfinden diese Substanz als bitter, für die anderen ist sie ohne Geschmack. In einer Population kann trotzdem die Zahl der „Nicht-Schmecker" viel höher sein als die Zahl der „Schmecker"; Dominanz hat nichts mit der Häufigkeit eines Allels zu tun.

Eine Abnormität in Bezug auf die Haut- und Haarpigmentierung ist der **Albinismus**, der rezessiv vererbt wird (Abb. 312.2). Ein Albino kann den Farbstoff *Melanin* nicht aus Aminosäuren aufbauen. Die Haare sind weißlich, die Haut ist ganz blass und die Augen bekommen wegen des durchscheinenden Blutes eine rote Farbe. Albinismus wird rezessiv vererbt, daher besteht bei Verwandtenehen ein erhöhtes Risiko für die Nachkommen.

Bei Kleinkindern kann es auch zur Ausbildung von Albino-Merkmalen kommen, wenn sie unter extremem Proteinmangel leiden *(Proteinmangel-Krankheit Kwashiorkor)*. Dann stehen zu wenig Aminosäuren (vor allem Tyrosin) für die Farbstoffbildung zur Verfügung. Hier hat der Umweltfaktor Proteinmangel eine ähnliche Wirkung wie beim echten Albinismus die Gen-

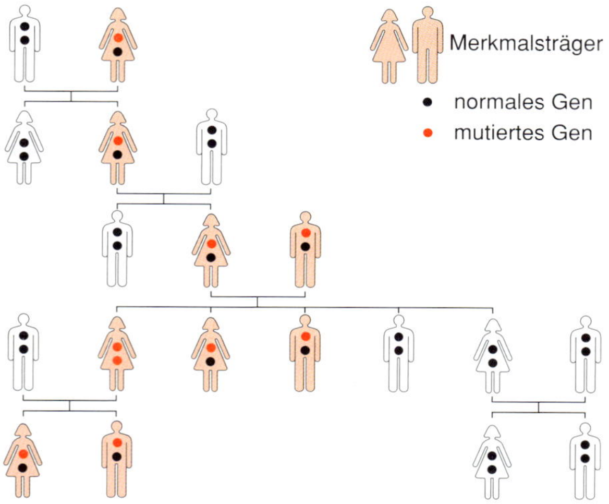

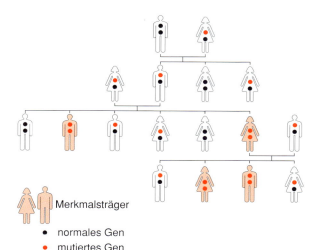

Abb. 312.1: Autosomal-dominanter Erbgang. Der Merkmalsträger kann bezüglich des mutierten Gens homozygot oder heterozygot sein. Beispiele: Uringeruch nach Spargelgenuss, Kurzfingrigkeit (1:170000, durch Verwachsen zweier Fingerglieder sind einzelne oder mehrere Finger an beiden Händen verkürzt), Vielfingrigkeit (1:5000, überzählige Finger oder Zehen), Spalthand, Spaltfuß (1:100000, Missbildung durch Verwachsen von Fingern oder Zehen), erbliche Knochenbrüchigkeit (spröder Knochenbau), HUNTINGTONsche Krankheit (1:15000, Veitstanz, Nervenkrankheit mit Muskelkrämpfen), chondrodystropher Zwergwuchs (1:50000, durch mangelhafte Knorpelbildung sind Arme und Beine extrem kurz), erbliche Nachtblindheit (1:100000), erblicher Augenkrebs (1:20000, Retinazerfall = Retinablastom), Schielen (1:75), MARFAN-Syndrom (Spinnenfingrigkeit, s. Abb. 316.1)

Abb. 312.2: Rezessiv-autosomaler Erbgang. Die Erbkrankheiten treten nur bei Homozygotie auf und daher nicht in jeder Generation; heterozygote Träger sind nicht ohne weiteres erkennbar. Das Schema zeigt die erhöhte Gefährdung durch Homozygotie bei Kindern aus Verwandtenehen. Beispiele: Albinismus (1:15000), Kretinismus (1:50000), Phenylketonurie (1:10000), Alkaptonurie (äußerst selten), Galaktosämie (1:20000, Galaktose, ein Baustein des Milchzuckers, wird nicht in Glucose umgewandelt; führt zu Leber- und Gehirnschäden und Schwachsinn), Fructose-Intoleranz (1:50000, Unfähigkeit zur Fructose-Verwertung; führt zu Schwachsinn und Linsenstar), Sichelzellanämie (s. 4.2.6), Taubstummheit (1:3000), Hasenscharte (1:1000, Oberlippe gespalten), Mucoviscidose (Drüsenzellen sondern zähflüssigen Schleim ab, der u.a. die Funktion von Darm und Lunge beeinträchtigt, s. 5.4.3)

Mutation. Man spricht in einem solchen Fall von einer **Phänokopie** der Erbkrankheit.

Kurzfingrigkeit (Fehlen eines Fingergliedes) wird dominant vererbt. Der Stammbaum einer Großfamilie mit Kurzfingrigkeit, von dem englischen Arzt FARABEE 1905 aufgestellt, war der erste Beweis dafür, dass die MENDELschen Gesetze auch für den Menschen gelten. In den Ehen dieser Großfamilie traten merkmalstragende und normale Kinder im Verhältnis 36:33, also etwa 1:1, auf (vergleiche mit Rückkreuzung; zu anderen Skelettmissbildungen, s. Abb. 312.1).

Der **Rhesusfaktor** führt zur Bildung eines Proteins der Roten Blutkörperchen, das etwa 82 % der Europäer besitzen, ebenso wie der Rhesusaffe (daher die Namensgebung). Die Rhesus-positiven Menschen (Rh$^+$) sind entweder homozygot oder heterozygot (DD oder Dd). Etwa 18 % der Europäer sind Rhesus-negativ (Rh$^-$) mit dem Genotyp dd. Wenn eine werdende Mutter Rhesus-negativ ist, ihr Kind aber Rhesus-positiv, so kann *Erythroblastose* auftreten. Bei dieser schweren Krankheit werden Rote Blutkörperchen des Kindes zerstört und so der Sauerstofftransport verringert *(s. Immunbiologie 2.7)*.

Polygene Merkmale. Eine große Zahl von erblichen Merkmalen wird nicht durch ein einziges Gen (bzw. Allelenpaar) bestimmt, sondern durch mehrere Gene. Polygene Erbgänge sind schwer zu verfolgen. Daher ist bis heute kein Beispiel polygener Vererbung quantitativ vollständig aufgeklärt, obgleich zahlreiche Untersuchungsbefunde für Polygenie bei den Merkmalen sprechen, die im Folgenden behandelt werden. Die Schwierigkeiten bei der Verfolgung polygener Erbgänge sind u. a.:

1. Die am Merkmal beteiligten Gene müssen trotz Rekombination (s. 3.1) in der folgenden Generation wieder gemeinsam vorhanden sein (was nur bei Verwandtenehen wahrscheinlich ist).
2. Nur nach Zusammentreffen von veränderten Allelen mehrerer Gene ist im Phänotyp ein Effekt festzustellen.
3. Die Wirkung mehrerer Gene kann sich addieren (z. B. bei der Pigmentierung).
4. Viele polygene Merkmale sind außerdem noch stark umweltabhängig.

Pigmentierung. Pigmente bewirken die Färbung von Iris, Haaren und Haut. Ihnen liegen mehrere selbständig „mendelnde" Gene zugrunde. Allerdings kann durch eine Mutation in einem bestimmten Gen jegliche Farbbildung unterbleiben (s. Albinismus). Im Allgemeinen dominiert die Erbausstattung für dunkel über hell (bei der Iris braun bzw. grün über blau). Bei der Hautfarbe sind vermutlich vier Allelenpaare für Pig-

mentierung zuständig. Je mehr Pigmentallele bei Mischlingen zwischen Schwarz und Weiß vorhanden sind, umso dunkler ist die Haut, weil sich die Allele in ihrer Wirkung weitgehend addieren (additive Polygenie).

Körpergröße und -gewicht. Im 20. Jahrhundert hat die durchschnittliche Körpergröße in Europa um über 10 % zugenommen. Die Gründe sind nicht vollständig bekannt, beteiligt sind bessere Hygiene und bessere Eiweiß-Ernährung. Trotzdem ist die Körpergröße ein relativ umweltstabiles Merkmal, wie Untersuchungen an eineiigen Zwillingen belegen. Hingegen können die Körpergewichte von eineiigen Zwillingen sehr unterschiedlich sein; dieses Merkmal ist also umweltlabil (s. 3.5.3).

Besondere Begabungen.

> „Vom Vater hab' ich die Statur,
> des Lebens ernstes Führen,
> vom Mütterchen die Frohnatur
> und Lust zu fabulieren.
>
> Urahnherr war der Schönsten hold,
> das spukt so hin und wieder;
> Urahnfrau liebte Schmuck und Gold,
> das zuckt wohl durch die Glieder.
>
> Sind nun die Elemente nicht
> aus dem Komplex zu trennen,
> was ist denn an dem ganzen Wicht
> Original zu nennen?"　　　*GOETHE*

Die Fähigkeit des Menschen zu kulturellen Leistungen ist durch psychische Merkmale bedingt. Nun sind die psychischen Unterschiede zwischen den Menschen nicht weniger auffallend als die körperlichen, und sie haben ebenfalls erbliche Grundlagen. Die Häufung Begabter in bestimmten Familien ist zwar noch kein Beweis, aber ein Hinweis für die erbliche Grundlage der Begabung. Aus der Familienforschung weiß man, dass die schwäbischen Dichter und Philosophen SCHILLER, UHLAND, MÖRIKE, HÖLDERLIN, HAUFF, KERNER, VISCHER, GEROK, HEGEL, SCHELLING und PLANCK miteinander verwandt und sämtlich Nachkommen des im 15. Jahrhundert in Stuttgart-Zuffenhausen lebenden Schultheißen JOHANNES VAUT waren. Eindrucksvoll ist auch die Häufung der musikalischen Begabung in der Familie BACH (Abb. 314.1). Über eine lange Reihe von Generationen treten in ihr hervorragende Musiker auf. Die Beobachtung der Häufung begabter Nachkommen in Begabtenfamilien kann jedoch zu einem erheblichen Teil auch auf fördernde Einflüsse des Eltern-

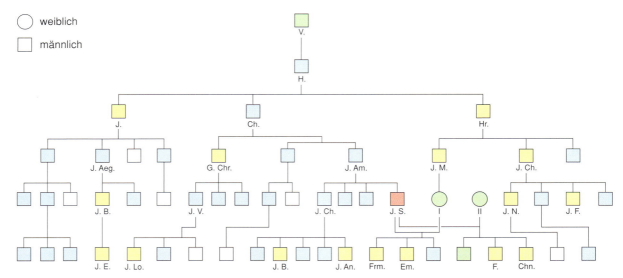

Abb. 314.1: Stammbaum des Geschlechts der BACHs. Rot: JOHANN SEBASTIAN BACH; blau: Berufsmusiker; grün: Komponist; gelb: Berufsmusiker und Komponist

hauses zurückzuführen sein. In jedem Fall übertragen Eltern ihren Kindern nicht nur Gene, sondern schaffen in der Regel auch die Umwelt, in der die Kinder aufwachsen. Wie die Verhaltensforschung zeigt, ist gerade die Umwelt in der frühen Kindheit von größtem Einfluss auf die psychische Entwicklung. Es ist deshalb schwierig, genetische Wirkungen und Umwelteinflüsse bei der Ausbildung geistig-seelischer Merkmale zu trennen. Für die genetische Untersuchung psychischer Eigenschaften wirkt erschwerend, dass sie polygene Grundlagen haben und dass Begabungen und Fähigkeiten quantitativ schwer zu messen sind.

Intelligenz. Der Intelligenzbegriff wird verschieden definiert, doch ist allen Definitionen gemeinsam, dass sie Denkfähigkeit als Wesensmerkmal der Intelligenz hervorheben. Dabei werden u. a. unterschieden: Verstehen, Urteilen, Schließen, Zusammenhänge erfassen, Kombinationsfähigkeit, Abstraktionsvermögen, Einfallsreichtum, Raumvorstellungsvermögen, Konzentrationsfähigkeit. Intelligenz ist auf jeden Fall das Ergebnis einer Vielfalt von geistigen Einzelleistungen. Zu deren Bestimmung benutzt man die Intelligenztests, die den *Intelligenz-Quotienten (IQ)* liefern. Dieser wird dann (willkürlich) als Maß der Intelligenz verwendet, denn nur wenn eine quantitativ messbare Größe vorliegt, lassen sich populationsgenetische Untersuchungen anstellen. Intelligenztests sind allerdings nie völlig unabhängig vom kulturellen Hintergrund. Man setzt weiterhin voraus, dass bezüglich des IQ Normalverteilung in der Population vorliegt; ein IQ von 100 bedeutet daher durchschnittliche Intelligenz, ein IQ unter 100 unterdurchschnittliche, ein IQ über 100 überdurchschnittliche Intelligenz. Aus Zwillingsuntersuchungen erhielt man einen Heritabilitätswert des IQ von 0,6 bis 0,8 (zur Heritabilität s. 3.5.1). Dies bedeutet: Unter den Umweltbedingungen des europäischen Kulturkreises ist die Variabilität im Intelligenzquotienten zu 60 bis 80 % durch genetische Faktoren bestimmt. Hätten alle Individuen die gleiche Umwelt, so wäre die Variabilität des IQ um 20 bis 40 % geringer, und die dann noch zu beobachtenden IQ-Unterschiede wären genetisch verursacht (die Heritabilität wäre dann 100 %). Falsch ist hingegen die Schlussfolgerung, dass 60 bis 80 % der Intelligenz erblich und umweltunabhängig und 20 bis 40 % umweltbedingt seien. Da die Heritabilitätswerte sich immer auf Populationen in einer bestimmten Umwelt beziehen, sagen sie nichts darüber aus, wie weit im Einzelfall durch gesundheitsfördernde oder erzieherische Mittel die geistige Leistung gesteigert werden kann. Für die Leistungen eines einzelnen Menschen ist die Intelligenz Voraussetzung; sie sind aber auch bei gegebener Intelligenz weitgehend umweltabhängig. Dies sei an einem Vergleich gezeigt: Ein Forscher kann seine wissenschaftliche Befähigung nur verwirklichen, wenn ihm die Umwelt die Gelegenheit gibt das Wissen seines Fachgebiets zu erlernen und ihm auch die für seine Forschungen nötigen Geräte und andere Hilfsmittel zur Verfügung stellt. So ist jede Intelligenzleistung einerseits genetisch vorgegeben und andererseits völlig umweltabhängig. Ohne Umwelteinfluss und Lernen entwickelt sich die Intelligenz nicht. *Erbgut und Umwelt arbeiten kooperativ, nicht additiv.* – Zu den wirksamen Umweltfaktoren gehört auch die Protein-Ernährung der Säuglinge. Protein-Mangel, wie er in Entwicklungsländern vorkommt, führt zu verminderter Intelligenz. Die Alternative „vererbt oder erworben" ist also sicherlich falsch. Man darf davon ausgehen, dass die Fähigkeit zu geistigen Leistungen polygen bedingt ist und daher eine große Reaktionsbreite aufweist. Eben diese Reaktionsbreite ist durch die Gene festgelegt, nicht aber die Leistungsfähigkeit selbst. Die Reaktionsnorm, die Umwelt und vor allem die Erziehung sowie das Maß der Nutzung der lebenslangen Lernfähigkeit des Menschen bestimmen auch die Grenzen der geistigen Leistungsfähigkeit.

3.5.3 Erbkrankheiten

▶ **Expressivität und Penetranz.** Insbesondere für die Humangenetik sind besondere Begriffe für spezielle Formen der Variabilität wichtig. Von *vollständiger Penetranz* spricht man, wenn sich ein dominantes Merkmal in der Generationenfolge ohne Unterbrechung ausprägt („Durchschlagskraft" des Gens). Wenn bei Trägern des gleichen Allels (z. B. in einer Geschwisterreihe) das Merkmal quantitativ verschieden ausgeprägt ist, nennt man dies unterschiedliche *Expressivität* (Ausprägungsgrad). So kann z. B. beim MARFAN-*Syndrom* (s. Abb. 316.1) innerhalb einer Familie die Länge der Gliedmaßen oder der Fingerglieder zwischen extrem lang und normal schwanken oder es können überhaupt bevorzugt die Arterien oder das Herz betroffen sein. Auch geschlechtsabhängige Unterschiede der Expressivität sind bekannt. So ist die Länge des Zeigefingers relativ zum Ringfinger durch ein autosomales Gen beeinflusst. Das Allel, das zu einem relativ kürzeren Zeigefinger führt, verhält sich beim Mann dominant und bei der Frau rezessiv (Abb. 315.1). Dies zeigt, dass noch andere Gene auf den Ausprägungsgrad einwirken. Darüber hinaus ist zu erkennen, dass die Begriffsbildung dominant/rezessiv der Vielfalt der Erscheinungen in der Humangenetik nicht völlig gerecht werden kann.

Wenn ein erwartetes Merkmal bei manchen Trägern des entsprechenden Allels gar nicht ausgeprägt wird, nennt man dies *unvollständige Penetranz* des Merkmals. Dies ist z. B. von der *Syndaktylie* (Verwachsung von 3. und 4. Finger) bekannt. Unvollständige Penetranz kann ebenso wie unterschiedliche Expressivität durch die Wirkung anderer Gene und durch Umwelteinflüsse während der Entwicklung zustande kommen.

Bei der genetischen Analyse verursachen Merkmale wechselnder Expressivität und unvollständiger Penetranz große Probleme. Besonders geeignet für Stammbaumuntersuchungen sind daher Erbmerkmale, die umweltstabil sind und eine vollständige Penetranz aufweisen. Dies trifft z. B. für Blutgruppenmerkmale zu. ◀

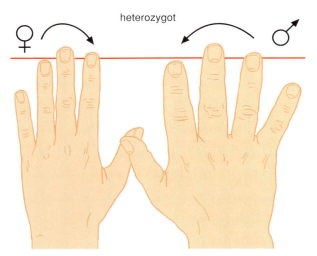

Abb. 315.1: Unterschiedliche Expressivität eines Merkmals. Das Verhältnis der Längen von Zeigefinger zu Ringfinger wird durch ein Gen bestimmt, dessen Allel S' beim Mann dominant ist und zu einem kürzeren Zeigefinger führt, während es bei der Frau rezessiv ist und nur bei Homozygotie einen kürzeren Zeigefinger ergibt.

Die Zahl der beim Menschen bekannten Erbkrankheiten ist außerordentlich groß. Vererbt werden allerdings nicht Krankheiten, sondern defekte Gene und Chromosomen-Anomalien. Ob diese eine Krankheit oder Missbildung verursachen, hängt oft auch von Umwelteinflüssen ab. Monogene Erbleiden zeigen dabei eine sehr hohe Penetranz und nur geringe Beeinflussbarkeit durch die Umwelt im Gegensatz zu polygenen, multifaktoriellen Erbkrankheiten, bei denen mehrere defekte Gene mit Umweltfaktoren (z. B. Ernährung und Pharmaka) zusammenwirken. Beim Menschen sind über 2000 monogener Erbleiden bekannt geworden. Davon sind 793 autosomal-dominant, 629 autosomal-rezessiv und 123 X-Chromosom-gebunden (vorwiegend rezessiv). Alle auf Enzymdefekten beruhenden Stoffwechselkrankheiten sind rezessiv.

Phenylketonurie ist ein Beispiel für eine rezessive monogene Stoffwechselkrankheit, bei der infolge eines Enzymdefekts die Aminosäure Phenylalanin nicht in Tyrosin, sondern z. T. in giftige Phenylbrenztraubensäure umgewandelt wird (s. 4.2.4). Auch heterozygote Träger des Merkmals haben einen erhöhten Phenylalanin-Gehalt im Blut. Man kann deshalb mit Hilfe einer Blutuntersuchung Heterozygote mit einer Sicherheit von etwa 80 % ermitteln. Das Verfahren wird als *Heterozygoten-Test* bezeichnet. Er ist für die genetische Familienberatung von großem Nutzen. Auch für viele andere erbliche Stoffwechselkrankheiten gibt es Methoden zur Erkennung von Heterozygoten, weil sie so genannte „Mikrosymptome" der Krankheit zeigen (s. auch 2.1.4).

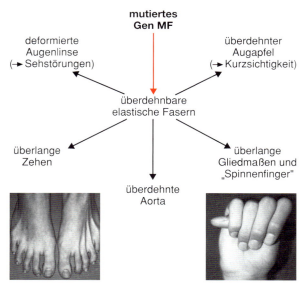

Abb. 316.1: Das MARFAN-Syndrom in seinen möglichen Ausprägungen

Das **MARFAN-Syndrom** *(Spinnenfingrigkeit)* ist ein Beispiel für Polyphänie beim Menschen. Als *Syndrom* bezeichnet man ein Krankheitsbild aus mehreren Symptomen (Merkmalen), denen aber dieselbe Ursache zugrunde liegt. Die Ursache ist hier ein dominantes Defekt-Allel, welches die elastischen Fasern des Bindegewebes überdehnbar macht. Die Hauptsymptome bestehen in Skelettveränderungen (Hochwuchs mit einer allgemeinen Bindegewebsschwäche, Trichterbrust, Verkrümmung der Wirbelsäule), fehlerhafter Ausbildung der Herzklappen und Aorta-Erweiterung sowie verschiedenen Augenfehlern (Abb. 316.1); homozygot ist dieses Erbleiden tödlich.

Epilepsie. Zahlreiche Krankheitsbilder können durch Mutationen in jeweils verschiedenen Genen verursacht sein. Man findet dann keinen einfachen Erbgang, selbst nicht unter der Annahme von vollständiger Penetranz und gleicher Expressivität. Ein derartiger Fall liegt bei der *Epilepsie* vor. Es sind 24 monogene Erbleiden bekannt, zu deren Symptomen epileptische Anfälle gehören. Z. B. ist eine epileptische Erkrankung, die mit einer Muskelkrankheit verknüpft auftritt, durch eine Mutation eines Gens der Mitochondrien-DNA verursacht (extrachromosomale Vererbung, s. 3.2.2). Dies war schon länger vermutet worden, weil die Erkrankung nur über die Mutter vererbt wird (von der väterlichen Spermazelle gelangt nur der Kern in die Eizelle). Epilepsie kann auch als Folge einer vorgeburtlichen Schädigung des Fetus auftreten, ist dann also keine Erbkrankheit. Diese vielerlei Ursachen der Epilepsie lassen verstehen, warum sie in manchen Fällen mit geistiger Unterentwicklung einhergeht und in anderen auch bei Hochbegabten auftritt (z. B. JULIUS CAESAR, SPINOZA).

Diabetes mellitus, der durch Insulingaben zu behandeln ist (davon sind 0,4 % der Europäer betroffen), kann durch Mutationen in zwölf verschiedenen Genen verursacht sein. Am häufigsten ist eine Mutation auf dem p-Arm von Chromosom 6, das an Immunreaktionen beteiligt ist (35 % der Fälle). Die Folge ist ein Abbau der Insulin bildenden Zellen *(s. Immunbiologie 2.5.2)*. Auch **Bluthochdruck** sowie verschiedene Geisteskrankheiten werden polygen vererbt. Bei **Schizophrenie** und **depressiver Erkrankung** handelt es sich um Krankheiten, die von Genen mit verursacht werden. An der Entstehung der **ALZHEIMER Erkrankung** sind vier Gene beteiligt. **Infektionskrankheiten** erscheinen zunächst rein umweltbedingt. Es zeigt sich aber, dass bei eineiigen Zwillingen wesentlich häufiger beide Zwillinge von solchen Krankheiten betroffen werden, als dies bei zweieiigen Zwillingen der Fall ist. Auch hier liegt eine erbliche Disposition vor, die auf Unterschieden in der Reaktionsfähigkeit des Immunsystems beruht.

Vorgeburtliche Erkennung von Erbkrankheiten. Zum vorgeburtlichen Nachweis (der pränatalen Diagnose) von Erbkrankheiten (oder z. B. von *Erythroblastose* bei Rhesus-Unverträglichkeit) beim Fetus gewinnt die *Amnionpunktion (Amniozentese)* immer größere Bedeutung (Abb. 317.1). Man entnimmt der Fruchtblase eine geringe Menge Fruchtwasser. In diesem sind stets Zellen vom Fetus enthalten, die dann in Zellkulturen vermehrt werden. Damit kann man Chromosomen- und biochemische Untersuchungen durchführen und auf diese Weise viele Chromosomen-Anomalien und Stoffwechselkrankheiten erkennen. So gewinnt man Grundlagen für die Entscheidung, ob ein Abbruch der Schwangerschaft *(medizinische Indikation)* angebracht ist, um die Entwicklung schwer erbkranker Kinder zu verhindern. Dieses Verfahren ist für Mutter und Kind jedoch nicht ganz ungefährlich. Z. B. sind infolge des Eingriffs, der durch die Bauchdecke geschieht, Infektionen der Mutter oder Verletzungen des Kindes möglich. Deshalb wird es nur bei begründetem Verdacht auf angeborene Erkrankungen, wie etwa bei Erbkrankheiten in der Familie oder fortgeschrittenem Lebensalter der Eltern, angewendet.

Das Verfahren der **Chorionbiopsie,** bei dem aus dem Choriongewebe *(s. Entwicklungsbiologie 2.1.3)* Zellen des Trophoblasten entnommen werden, ist schon in der 7.–12. Schwangerschaftswoche auszuführen und mit weniger Risiko verbunden. Es erlaubt in den meisten Fällen die gleichen Untersuchungen wie die Amnionpunktion.

Vererbung und Chromosomen 317

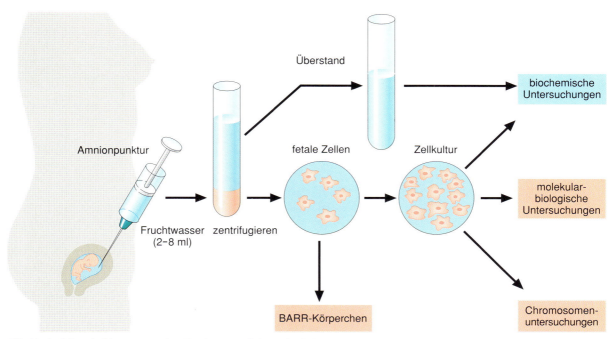

Abb. 317.1: Pränatale Diagnose aus dem Fruchtwasser. Schema der Aufarbeitung. Die fetalen Zellen werden in einem Kulturmedium weitergezüchtet, bis Teilungsstadien für Chromosomenuntersuchungen vorliegen und Stoffwechselprodukte der Zellen auf Enzymdefekte schließen lassen. Die Amnionpunktion wird in der Regel ausgeführt, wenn der Fetus 14–20 Wochen alt ist.

3.5.4 Die genetische Zukunft des Menschen

Die genetische Zukunft des Menschen ist im Wesentlichen durch Folgendes gekennzeichnet: 1. Einschränkung der natürlichen Selektion, 2. Anwachsen der Erdbevölkerung, 3. steigende Durchmischung der Erdbevölkerung, 4. mutagen wirkende Zivilisationseinflüsse.

Der Kulturmensch ist nicht mehr in dem Maße dem Einfluss der Selektion unterworfen wie etwa Naturvölker oder gar Tiere in ihrem natürlichen Lebensraum. Erbkrankheiten werden also immer weniger durch natürliche Selektion verschwinden. Dies zeigt sich z. B. in einem verbreiteten Nachlassen der Sinnesleistungen (Sehen und Hören) sowie in einer Schwächung des Immunsystems, was sich in einer Zunahme von Infektionskrankheiten und Allergien äußert. Eine wachsende Abhängigkeit von medizinischer Hilfe ist die Folge.

Röntgenstrahlung, radioaktive Strahlung und in noch höherem Maße mutationsauslösende chemische Stoffe bergen eine große Gefahr für das Erbgut. Bekannt ist die mutagene Wirkung einiger Suchtmittel, mancher Arzneimittel und Biozide sowie verschiedener technisch verwendeter Stoffe. Von vielen anderen Stoffen weiß man noch gar nicht, ob sie genetisch unbedenklich sind.

Die **genetische Bürde** (s. *Evolution 2.1.2*) einer Generation wird durch folgende Faktoren bestimmt:
1. **genetische Mitgift:** hierbei handelt es sich um Mutationen, welche über die Keimzellen von den Eltern übernommen werden;
2. **genetischer Zufluss:** darunter versteht man zusätzliche Mutationen, die im Verlauf des individuellen Lebens in der Keimbahn entstehen (und als genetische Mitgift in die nächste Generation eingehen können);
3. **genetischer Ausfall:** manche Mutationen bewirken, dass Zellen der Keimbahn ausscheiden, und führen damit zu verringerter Fruchtbarkeit oder gar zu Unfruchtbarkeit; außerdem fallen mutierte Gene auch dadurch aus, dass sich manche Erbkranke nicht fortpflanzen.

Ohne genetische Bürde gibt es keine Evolution und keine genetische Anpassung von menschlichen Populationen.

Unter den heutigen Lebensbedingungen steigt der genetische Zufluss, sodass im Erbgut eines jeden Menschen (rezessive) Erbdefekte angenommen werden können. Nah verwandte Ehepartner besitzen mit größerer Wahrscheinlichkeit gleiche Defektallele als nicht verwandte Partner. Da sich die Bevölkerungen aber immer stärker durchmischen, wird die Wahrscheinlichkeit, dass zwei rezessive defekte Anlagen zusammentreffen, im Mittel geringer.

▶ **Genetische Beratung.** Besondere Bedeutung hat die genetische Beratung für solche Familien, in denen Erbkrankheiten bereits aufgetreten sind. Die Kenntnis über die Vererbungsweise von Erbleiden und die Möglichkeit von Gentests (*s. Gentechnik 5.3*) erlaubt warnende oder beruhigende Voraussagen über die Krankheitswahrscheinlichkeit künftiger Kinder, ermöglicht Ratschläge bei der ärztlichen Überwachung der Schwangerschaft oder kann ein Anlass sein zum Schwangerschaftsabbruch bzw. zum freiwilligen Verzicht auf eigene Kinder.

Genetische Beratung sollten in Anspruch nehmen:
– Paare, in deren Verwandtschaft Erbkrankheiten auftreten oder die selbst eine Erbkrankheit haben;
– Partner, die miteinander verwandt sind;
– Paare, bei denen die Frau mehrere ungeklärte Fehlgeburten hatte;
– Frauen, die vor oder während einer Schwangerschaft therapeutisch bestrahlt wurden oder die mutagene Medikamente eingenommen haben;
– schwangere Frauen, die älter als 38 Jahre sind.

Maßnahmen, die sich auf eine Veränderung der Häufigkeit defekter Allele in einer Population beziehen, bezeichnet man als *negative Eugenik*. Solche Maßnahmen sind entweder sinnlos oder sie führen zu ethischen Problemen. Obwohl (in Europa) viele Erbkranke keine Nachkommen haben, bleibt infolge der Neumutationen die Häufigkeit der Defektallele weitgehend konstant. Bei rezessiven Defektallelen sind deren Träger zumeist nicht bekannt. Dass mit genetischer Beratung schwerwiegende Probleme verbunden sein können, zeigt folgendes Beispiel: Eine dominant vererbte Krankheit mit geringer Neu-Mutationsrate ist die *HUNTINGTONsche Erkrankung* (erblicher Veitstanz). Diese unheilbare Erkrankung tritt bei einem Träger des Defektallels mit Sicherheit, meist zwischen dem 35. und 55. Lebensjahr, auf. Sie beginnt mit Bewegungsstörungen, führt meist zu schwerer Geisteskrankheit und endet nach etwa 15 Jahren mit dem Tod. Seit 1983 kann man durch einen Gentest mit 90%iger Sicherheit feststellen, ob jemand das Defektallel besitzt. Was soll nun ein Arzt einer 20-jährigen Person sagen, bei der er die Diagnose stellt? Kann diese Person die Bürde des Wissens tragen? Wie sollen sich Eltern verhalten, wenn bei der vorgeburtlichen Diagnose das mutierte Allel gefunden wurde? Da ein Elternteil das Allel übertragen haben muss, wird auch bei ihm die Krankheit ausbrechen. Sollen sich die Eltern nun ihrerseits dem Gentest unterziehen, um Gewissheit zu erlangen, oder können sie die Ungewissheit bis zum Krankheitsausbruch gemeinsam

ertragen? Auf diese Fragen gibt es keine „richtigen" Antworten. Daher muss die Entscheidung, ob überhaupt ein Gentest durchgeführt wird, bei den Betroffenen liegen. Eine die Population betreffende Maßnahme ist also ausgeschlossen.

Bei der Abschätzung der Folgen der genetischen Beratung sind drei Ebenen zu unterscheiden.

Ebene des Individuums: Es sind viele Erbkrankheiten heute schon vorgeburtlich eindeutig zu erkennen; für alle häufigen Erbkrankheiten wird dies in wenigen Jahren mit Hilfe gentechnischer Verfahren möglich sein. In manchen Fällen ist eine Therapie möglich (vgl. Phenylketonurie), in anderen Fällen aber nicht. Die Medizin bietet dann nur die Möglichkeit des Schwangerschaftsabbruchs. Diese Entscheidung kann nur von den Eltern getroffen und verantwortet werden. Es gibt allerdings auch die Ansicht, dass die bevorstehende Geburt eines Kindes mit schwerem Erbdefekt einen menschlichen Eingriff grundsätzlich nicht rechtfertigt.

Ebene der Gesellschaft: Es ist zu diskutieren, wie die Kranken körperlich und sozial versorgt werden. Bei Fällen mit Behandlungsmöglichkeit sind die Kosten für die Frühdiagnose und anschließende Therapie Kranker im Allgemeinen niedriger als die Versorgung nicht behandelter Kranker.

Ebene der Evolution: Es wird argumentiert, dass durch verbesserte Therapie von Erbkrankheiten die Häufigkeit von Defektallelen zunehmen wird. Dieser Vorgang verläuft bei seltenen Allelen aber sehr langsam (Zunahme der Häufigkeit eines dominanten Allels von 10^{-6} auf 10^{-5} erfordert mindestens 300 Jahre). Die Zunahme der genetischen Bürde ist also geringfügig. Auch dies unterstreicht die Sinnlosigkeit eugenischer Maßnahmen.

Da wir über die Anteile von Erbgut und Umwelt an den Eigenschaften des Menschen keine genauen Kenntnisse haben, ist es sinnvoll sich vor allem um eine Umwelt zu bemühen, in der jeder Mensch seine Erbanlagen optimal entwickeln kann. Dazu gehört, dass mutagene Umwelteinflüsse vermieden oder zurückgedrängt werden und dass weitere medizinische Behandlungen entwickelt werden, mit welchen sich die Wirkungen von Erbkrankheiten ausgleichen lassen. Zum Erreichen der medizinischen Ziele gibt uns die Gentechnik wichtige Hilfsmittel an die Hand.

„Den genetisch vollkommenen, den idealen und völlig gesunden Menschen hat es wohl noch nie gegeben und kann es auch gar nicht geben." (BAITSCH) ◀

4 Molekulare Grundlagen der Vererbung

Die Eigenschaften eines Organismus entwickeln sich auf der Basis seiner Erbanlagen (im Wechselspiel mit Umwelteinflüssen). Also müssen die Gene eine Anweisung (Information) für die Ausbildung dieser Eigenschaften besitzen.

Aus welchem Stoff bestehen nun die Gene? Nach allem, was wir über die Vererbung wissen, muss dieser Stoff folgende Eigenschaften aufweisen:
1. Fähigkeit zur sicheren Speicherung einer großen Informationsmenge;
2. Fähigkeit zur identischen Verdopplung der genetischen Information, sodass bei der Zellteilung jede Tochterzelle dieselbe Information erhält;
3. Fähigkeit zu Veränderungen der genetischen Information (Mutationsfähigkeit).

4.1 Nucleinsäuren

4.1.1 Transformation bei Pneumokokken

Als stoffliche Träger der genetischen Information kommen nur Proteine oder Nucleinsäuren in Frage, weil die Chromosomen aus diesen beiden Stoffen zusammengesetzt sind. Die Nucleinsäuren wurden 1868 von MIESCHER in Tübingen entdeckt. 1928 führte der englische Bakteriologe GRIFFITH Versuche mit *Pneumokokken*-Stämmen durch. Diese sind Erreger der Lungenentzündung; ihre Zellen sind normalerweise durch eine Polysaccharidkapsel vor dem Angriff durch Weiße Blutkörperchen geschützt. Es gibt aber auch einen Stamm, der die Fähigkeit zur Kapselbildung infolge einer Mutation verloren hat und deshalb von den Weißen Blutkörperchen angegriffen wird. Dieser Stamm ist daher auch nicht krankheitserregend. Wenn man Mäusen kapselbildende *Pneumokokken* injiziert, so erkranken sie und sterben. Tötet man die *Pneumokokken* vor der Injektion ab, werden die Mäuse nicht krank. Wenn man aber lebende kapsellose *Pneumokokken* (nicht krankheitserregende!) zusammen mit abgetöteten kapselbildenden *Pneumokokken* injiziert, so sterben die Mäuse und im Blut lassen sich lebende Kapselformen nachweisen. Es ist demnach die erbliche Eigenschaft „kapselbildend" der abgetöteten Pneumokokken auf die harmlosen Formen übertragen worden. Diese bildeten nun Kapseln und waren daher krankheitserregend. Man bezeichnet die Umwandlung von Zellen durch Übertragung genetischer Information als **Transformation**. GRIFFITH konnte das Ergebnis dieser Transformationsversuche allerdings

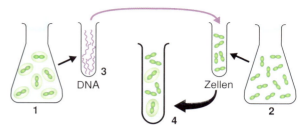

Abb. 319.1: Transformationsexperiment bei *Pneumokokken*. **1** kapselbildende, krankheitserregende Form; **2** kapsellose, harmlose Form; **3** DNA-Extrakt von Stamm 1; **4** Bakterien von Stamm 2 erhalten Eigenschaften von Stamm 1 durch Aufnahme von DNA.

noch nicht richtig deuten. Erst dem amerikanischen Chemiker AVERY und seinen Mitarbeitern gelang es dann 1944 nachzuweisen, dass diese erblichen Eigenschaften von der Desoxyribonucleinsäure (**d**esoxyri**bon**ucleic **a**cid oder DNA) übermittelt werden. Er übertrug isolierte DNA, die er aus kapselbildenden Stämmen gewonnen hatte, in Kulturen von kapsellosen, harmlosen Stämmen (Abb. 319.1). Einige Bakterien der harmlosen Stämme bildeten dann Kapseln aus; sie wurden in bekapselte, krankheitserregende Formen transformiert. Behandelt man die DNA von Spender-Bakterien vor der Übertragung mit dem DNA-spaltenden Enzym Desoxyribonuclease, so findet keine Transformation statt. Die DNA enthält also die Information für die Kapselbildung und ist damit für die Transformation verantwortlich.

Vererbung beruht demnach auf stofflichen Vorgängen. Bei diesen handelt es sich aber um Umsetzungen von Molekülen. Man bezeichnet deshalb die sich damit befassende Forschungsrichtung der Genetik als Molekulargenetik.

4.1.2 Bakterien und Viren als Untersuchungsobjekte

Nach den Experimenten mit *Pneumokokken* haben zahlreiche weitere Untersuchungen an Bakterien und auch an Viren wichtige Antworten auf Fragen in der Molekulargenetik gegeben.

Bakterien. Bakterienarten, z. B. *Escherichia coli*, dessen Wildform im Darm von Säugetieren und Menschen lebt, haben für molekulargenetische Untersuchungen folgende Vorzüge:
1. In kleinen Gefäßen lassen sie sich mit wenig Aufwand (sterile Bedingungen!) in großen Mengen züchten. Wenige Milliliter einer *Escherichia-coli*-Kultur können so viele Zellen enthalten, wie es Menschen auf der Erde gibt.

Genetik

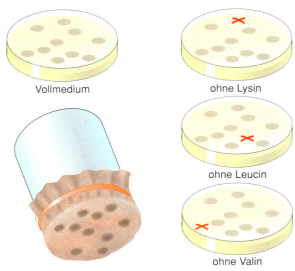

Abb. 320.1: Schema der Stempeltechnik zur Suche nach Mangelmutanten. Ein mit Samt überzogener Stempel überträgt das Muster der Bakterienkolonien von der Ausgangsplatte links auf die „Replica"-Platten, denen jeweils eine ganz bestimmte Aminosäure fehlt. Markierung X bedeutet: keine Koloniebildung, weil diese Mutante nicht die Fähigkeit zur Synthese der fehlenden Aminosäure hat.

2. Sie haben eine sehr kurze Generationsdauer. Unter günstigen Bedingungen teilen sie sich alle 20 bis 30 Minuten *(s. Ökologie 2.2.1).*
3. Sie haben einfach gebaute Zellen und liefern viele Mutanten.
4. Sie besitzen nur ein einziges Chromosom. Dieses ist ringförmig gebaut. (Bei Eukaryoten gibt es sehr wenige Arten mit nur einem Chromosomenpaar.)
5. Sie sind haploid. Ein mutiertes Gen wirkt sich sofort aus, weil es nicht durch ein zweites Allel in seiner Wirkung überdeckt werden kann.
6. Gene können bei vielen Bakterienarten von einem Individuum zum andern übertragen werden (Möglichkeit der Rekombination von Genen; s. unten).
7. Viele Bakterienstämme besitzen außer dem Chromosom noch kleine ringförmige DNA-Moleküle im Cytoplasma. Man nennt sie *Plasmide* (s. Konjugation und Abb. 351.1).

Allerdings fehlen den Bakterien Strukturen der Eucyte; die bei ihnen erzielten Ergebnisse lassen sich deshalb nicht ohne weiteres auf Eukaryoten übertragen *(s. Cytologie 2.1).*

Antibiotika in der Bakteriengenetik. In der Bakteriengenetik werden bevorzugt physiologische Erbmerkmale untersucht, so z. B. die Fähigkeit bzw. Nichtfähigkeit zur Synthese bestimmter Stoffe oder die Sensibilität oder Resistenz gegenüber Antibiotika. *Antibiotika* (Sing. *Antibiotikum*) sind Stoffe, welche Bakterien töten oder deren Wachstum und dadurch die Vermehrung verhindern (z. B. *Penicillin, Streptomycin, Chloramphenicol, Tetracyclin* u. a.). Sie werden bevorzugt aus Bakterien, aber auch niederen Pilzen gewonnen. Wegen ihrer antibakteriellen Wirkung eignen sich Antibiotika als Arzneimittel gegen bakterielle Infektionen (s. auch 4.2.3).

In der Bakteriengenetik werden sie z. B. bei der Suche nach *Mangelmutanten* eingesetzt. Während die Wildform einer Bakterienart alle 20 Aminosäuren selbst aufbauen kann, gibt es Mutanten, denen die Fähigkeit zur Synthese einzelner Aminosäuren fehlt. Diese Mangelmutanten kann man durch Bestrahlung eines Wildstammes erzeugen; man liest sie mit folgendem Verfahren aus: Die Bakterien werden in ein Medium (Nährflüssigkeit) ohne Aminosäuren, aber mit einem speziellen Antibiotikum gebracht, das die sich teilenden Zellen tötet. Die Mangelmutanten teilen sich nicht und bleiben übrig. Sie werden auf einem festen Nährboden ausgestrichen, der alle Aminosäuren enthält; dort teilen sie sich rasch und bilden bald ein Muster von Kolonien. Jede Kolonie geht auf ein einziges Bakterium zurück, besteht also aus völlig erbgleichen Individuen. Nach Entwicklung der Kolonien drückt man einen sterilen Samtstempel auf den festen Nährboden und überimpft das an den Samthaaren hängen bleibende Muster der Bakterienkolonien auf andere Nährböden, denen jeweils eine ganz bestimmte Aminosäure fehlt (Abb. 320.1). Auf diesen Nährböden können sich diejenigen Mutanten nicht entwickeln, welche gerade die im Nährboden fehlende Aminosäure nicht selbst synthetisieren können. Durch Vergleich mit der Ausgangsplatte lassen sich die Mangelmutanten lokalisieren. Sie werden dann von der Ausgangsplatte abgeimpft und unter Zugabe der für sie notwendigen Aminosäuren weiterkultiviert.

Natürlich sind bei der Bestrahlung auch viele weitere Mangelmutanten entstanden, bei denen andere Stoffwechselwege gestört sind. Diese treten aber in der Regel bei dem angewandten Verfahren gar nicht in Erscheinung.

	Virus	Zelle
Nucleinsäuren	DNA oder RNA	DNA und RNA
Fähigkeit zur Mutation	vorhanden	vorhanden
Stoffwechsel	fehlt	vorhanden
Vermehrung	nur in Wirtszellen möglich	durch Spaltung, mitotische oder meiotische Teilung
begrenzende Membran	fehlt (oder wird vom Wirt geliefert)	vorhanden

Tab. 320.2: Vergleich von Viren und Zellen

Konjugation. Plasmide vermehren sich wie das Bakterien-Chromosom durch Replikation. Sie enthalten nur wenige Gene. Darunter sind häufig Resistenzgene gegen Antibiotika sowie so genannte Fertilitätsfaktoren (F). Bei *E. coli* (und vielen anderen Bakterien) befähigt das Vorhandensein des F-Faktors die Zelle (F$^+$-Zelle), sich an eine andere Zelle ohne F-Faktor (F$^-$-Zelle) anzulagern und eine Plasmabrücke zwischen beiden Zellen auszubilden. Dieser Vorgang heißt *Konjugation*. Während der Konjugation wird eine vorher gebildete Kopie der Plasmid-DNA in die Empfängerzelle übertragen; diese besitzt dann ebenfalls den F-Faktor. Auch Resistenzgene der Plasmide können so auf die Empfängerzelle übertragen werden, manchmal sogar zwischen Vertretern verschiedener Bakterienarten. Harmlose Darmbakterien haben gelegentlich Plasmide mit Resistenzgenen gegen Antibiotika. Es ist daher möglich, dass diese Darmbakterien ihre Plasmide auf krankheitserregende Bakterien übertragen. Die Krankheitserreger vererben dann ihre so erworbene Resistenz (zur Bedeutung der Plasmide in der Gentechnik s. 5.3.1).

Statt in ein Plasmid kann der F-Faktor auch im ringförmigen Chromosom der Bakterienzelle eingebaut sein. Bei der Konjugation beginnt wiederum die Übertragung einer DNA-Kopie, in diesem Fall aber einer Kopie der Ringchromosomen-DNA. Diese DNA ist sehr viel länger als die Plasmid-DNA; in der Regel trennen sich daher die beiden Zellen, bevor die ganze DNA-Kopie in die Empfängerzelle gelangt ist. In dieser kann daher nur ein Teil der DNA des Ringchromosoms ausgetauscht (rekombiniert) werden. Man nennt dies einen *parasexuellen* Vorgang. Von echten sexuellen Prozessen spricht man dann, wenn haploide Kerne sich zu einem diploiden vereinigen und sich somit gesamte Genome rekombinieren. Dies ist nur bei Eukaryoten der Fall. Der Teil des in die Empfängerzelle eingewanderten DNA-Stücks, der dort nicht in das Chromosom eingebaut wird, sowie das dort ausgetauschte DNA-Stück werden im Cytoplasma der Empfängerzelle abgebaut.

Viren sind keine Zellen, aber organisierte Partikel. Sie bestehen aus einem oder mehreren Nucleinsäure-Molekülen, die von einer Proteinhülle umgeben sind. Der Vergleich von Viren und Zellen (Tab. 320.2) zeigt, dass Viren nicht alle Kennzeichen des Lebendigen tragen. Es fehlt ihnen ein eigener Stoffwechsel. Sie können sich daher nicht selbst vermehren, sondern veranlassen die Zellen, die sie befallen haben, Virus-Nucleinsäure und Virus-Protein und damit neue Viren zu bilden. Die Wirtszellen gehen dabei meist zugrunde. Viele Viren sind Krankheitserreger von Mensch, Tier oder Pflanze. Beim Menschen verursachen sie z. B. Kinderlähmung, Windpocken, Grippe, Masern, Pocken; auch sind sie wahrscheinlich Verursacher bestimmter Arten von Krebs (s. 4.3.4). Viruskrankheiten der Haustiere sind Maul- und Klauenseuche, Kuhpocken, Tollwut. Bei Pflanzen treten z. B. Tabakmosaikkrankheit (Abb. 321.2), Kartoffelviruskrankheiten u. a. auf.

Die Größe der Viren (Abb. 321.1) liegt zwischen derjenigen der größten Proteinmoleküle (20 nm) und der kleinsten Bakterien (300 nm). In Viren findet man entweder DNA oder RNA; man unterscheidet danach zwischen DNA-Viren und RNA-Viren.

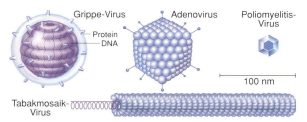

Abb. 321.1: Schematische Darstellung verschiedener Viren. Man beachte den Maßstab. Adenoviren verursachen Krankheiten der Atemwege, *Poliomyelitis*-Viren die Kinderlähmung.

Abb. 321.2: Tabakblätter, die vom Tabakmosaikvirus (einem RNA-Virus) befallen sind.

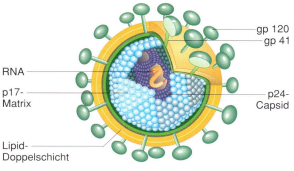

Abb. 321.3: **H**uman **I**mmunodeficiency **V**irus (HIV); gp Glykoprotein, p Protein, s. Immunbiologie 2.5.4

Genetik

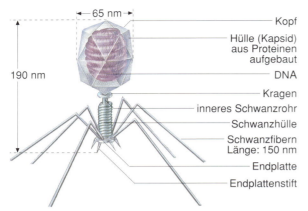

Abb. 322.1: Bakteriophage T4. Er besteht aus einem Kopf (enthält in der Proteinhülle die DNA), einem schmalen Kragen und dem Schwanzstück. Die Proteinscheide des Schwanzstücks ist kontraktil. Durch die Kanüle kann die DNA in das Bakterium injiziert werden. Die Grundplatte mit Stacheln und die Schwanzfibern dienen dem Festhalten an der Zellwand des Bakteriums.

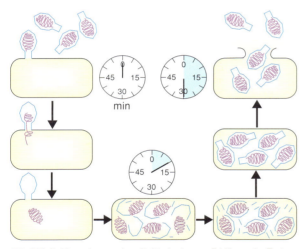

Abb. 322.2: Vermehrung eines Bakteriophagen. Erklärung im Text

Abb. 322.3: Elektronenmikroskopische Aufnahme eines Nucleinsäurefadens, der aus einem Bakteriophagen ausgestoßen wurde. Der Nucleinsäurefaden hat eine Länge von 56 µm. Pfeile: Anfang und Ende des Fadens

Bei einigen Viren ist nachgewiesen, dass *ihr Zusammenbau von selbst erfolgt (Selbstaufbau):* Zwischenmolekulare Kräfte fügen die Moleküle des Virusproteins und der Virusnucleinsäure so zusammen, dass ein Zustand geringsten Energieinhalts entsteht.

Eine Gruppe von Viren, die *Bakteriophagen* (kurz *Phagen* genannt), befällt Bakterien. Bringt man Bakteriophagen (Abb. 322.1) mit dem Wirtsbakterium zusammen, so heften sich die Phagen an bestimmte Stellen der Zellwand an. Durch ein Enzym *(Lysozym)* in der Endplatte des Schwanzstücks wird örtlich die Bakterienwand aufgelöst und durch das entstandene Loch die Nucleinsäure (Abb. 322.3) in die Bakterienzelle injiziert (Abb. 322.2). Die Proteinhülle bleibt auf der Oberfläche des Bakteriums zurück. Dies konnte man durch Infektion von Bakterien mit Phagen beweisen, bei denen nur die Proteinhülle radioaktiv markiert war. Die Aktivität war nur außen an der Bakterienwand nachzuweisen. In der allein mit der Nucleinsäure infizierten Zelle bilden sich nun viele neue Phagen. Dazu wird der Stoffwechsel der Bakterienzelle so verändert, dass diese die einzelnen Phagenbestandteile bildet, die sich dann zu Phagen zusammenlagern. Etwa 20 bis 30 Minuten nach der Injektion wird die Wand der Bakterienzelle aufgelöst und es werden 30 bis 200 neue Phagen freigesetzt.

▶ **Viroide.** Sie sind noch einfacher gebaut als Viren und bestehen nur aus einem einzigen kleinen Nucleinsäure-Molekül; Viroide sind als Krankheitserreger einiger Nutzpflanzen nachgewiesen (z. B. bei der Kartoffel). Möglicherweise sind sie auch Erreger von Krankheiten bei Tier und Mensch, deren Ursache noch ungeklärt ist.

Prionen. Verschiedene infektiöse Erkrankungen des Gehirns bei Mensch und Tier (z. B. *Scrapie* beim Schaf, *BSE = Spongioforme Encephalitis* beim Rind = „Rinderwahnsinn") werden allein durch ein Protein ausgelöst. Dies ist ungewöhnlich, da alle anderen bekannten infektiösen Krankheitserreger stets Nucleinsäuren enthalten. Der Prion-Erkrankung liegt eine Veränderung eines Proteins von Nervenzellen (pathogenicity related protein) zugrunde. Dadurch erhält dieses eine falsche, sehr hitzestabile Raumstruktur und wird durch Proteasen nicht mehr abgebaut. Gelangt ein solches Prion in eine weitere Nervenzelle, so bewirkt es, dass alle neu synthetisierten Proteine des gleichen Gens dort ebenfalls die falsche Raumstruktur bilden und ihrerseits in weitere Nervenzellen eindringen können; damit reichern sich Prionen in den Zellen lawinenartig an und führen zur Erkrankung durch Degeneration der Zellen. ◀

4.1.3 Desoxyribonucleinsäure (DNA) als Träger der genetischen Information

Den ersten Nachweis, dass die DNA Träger der genetischen Information ist, lieferten die Untersuchungen von AVERY *(s. 4.1.1)*; weitere Erkenntnisse erhielt man aus folgenden Untersuchungen:

1. Manche Phagen zerstören bei einer Infektion die Bakterienzellen nicht, weil sie in den Zellen nicht vermehrt werden. Unter bestimmten Bedingungen können sich aber wieder Phagen in den Bakterien bilden, diese müssen deshalb die Phagen in einer inaktiven, maskierten Form enthalten. Tatsächlich ist die Phagen-DNA in diesem Fall ins Bakterienchromosom eingebaut; man spricht dann von *Prophagen*. Sie bleiben in dieser Form in der Bakterienzelle inaktiv, werden aber z. B. durch einen Temperaturschock wieder aktiv und bewirken über den Vermehrungszyklus der Phagen die Auflösung *(Lyse)* der Zelle. Bakterien, die Prophagen enthalten, heißen *lysogene Bakterien* (d. h., sie sind unter gewissen Bedingungen wieder lysierbar). Phagen, die ins Prophagen-Stadium übergehen können, heißen *temperente* (gemäßigte) *Phagen*.
   Gehen temperente Phagen vom Prophagenstadium in den aktiven Zustand über, löst sich die Phagen-DNA aus der Bakterien-DNA. Dabei kann die Phagen-DNA Stücke aus der Bakterien-DNA mitnehmen. Wenn sich nun solche „bereicherten" Phagen in neuen Wirtszellen eines anderen Bakterienstammes temperent verhalten, so enthält die Wirts-DNA nicht nur die zusätzliche Phagen-DNA, sondern auch das Stück aus der DNA der früheren Wirtszelle. Die Gene dieses DNA-Stücks können nun in der neuen Wirtszelle wirksam werden, sodass sie Merkmale der früheren Wirtsbakterien ausbildet. Die Übertragung genetischer Substanzen mit Hilfe temperenter Phagen heißt *Transduktion*. Dieses Verfahren, fremde Gene in ein Bakterium einzubringen, wird heute gelegentlich in der Gentechnik angewendet (s. 5.3.1).
2. Man kann Bakterien mit der isolierten Phagen-DNA infizieren. Die Bildung von Viren-Nachkommen verläuft dann in gleicher Weise wie beim Befall durch normale Viren. Die genetische Information zur Erzeugung von kompletten Tochter-Phagen muss also allein in der Phagen-DNA enthalten sein.
3. Nicht alle UV-Strahlen erzeugen Mutationen in gleichem Ausmaß: Bestimmt man die Mutationsrate bei verschiedenen Wellenlängen, so zeigt sich: Je stärker die Absorption der UV-Strahlen durch die DNA, desto höher ist auch die Mutationsrate.

	Huhn	Rind
Leber	25	64
Niere	24	64
Pankreas	26	66
Milz	26	68
Spermien	13	33

Tab. 323.1: DNA-Menge in Zellkernen aus verschiedenen Geweben von Huhn und Rind; Einheit: 10^{-13} g

4. Dass auch bei Eukaryoten die DNA der Träger der genetischen Information ist, wird durch die DNA-Gehalte der Zellkerne nahe gelegt: Misst man diese in verschiedenen Geweben bei einer Tierart, so findet man im Allgemeinen den gleichen Wert (Ausnahmen sind Gewebe mit polyploiden Kernen, s. 3.4.3). Spermien und Eizellen besitzen nur den halben DNA-Wert (s. Tab. 323.1). Dieser Befund stimmt mit den Aussagen der Tabelle 300.2 überein. Andere Stoffe der Zelle zeigen dieses Verhalten nicht.

4.1.4 Vorkommen und Struktur der Nucleinsäuren

Die Zellen der Organismen enthalten zwei Arten von Nucleinsäuren: Die *Ribonucleinsäure (RNA)* findet sich sowohl im Zellkern als auch außerhalb des Kerns im Cytoplasma, in den Ribosomen, den Mitochondrien und den Plastiden. Die *Desoxyribonucleinsäure (DNA)* ist Bestandteil der Chromosomen, ist aber auch in den Chloroplasten und Mitochondrien enthalten (*vgl. 3.2.2*, nichtchromosomale Vererbung; zur Struktur von RNA und DNA *s. Stoffwechsel 1.3.5*).

Die Bausteine der Nucleinsäuren sind die Nucleotide; die Nucleinsäuren sind also Polynucleotide. Jedes Nucleotid besteht aus drei Teilen: aus einer Base (einem stickstoffhaltigen Ring), einem Zucker und der Phosphorsäurerest. Der Zuckerbaustein ist bei der RNA die Ribose, bei der DNA die Desoxyribose; darauf beruht die Namensgebung. In der DNA treten als Basen Adenin, Cytosin, Guanin und Thymin auf; in der RNA kommt statt Thymin die Base Uracil vor. Der Phosphorsäurerest verknüpft stets das dritte C-Atom eines Zuckers mit dem fünften C-Atom des nächsten Zuckers (s. Abb. 325.1 c). Damit kann man im Nucleinsäure-Molekül Richtungen benennen: Ähnlich wie man eine Treppe „hinauf"- oder „hinab"-steigen kann, so lässt sich die Nucleinsäurekette in 3'-5'-Richtung oder in 5'-3'-Richtung verfolgen.

Da die Zucker- und Phosphorsäurebausteine der Nucleinsäuren durch die ganze Kette hindurch völlig gleich sind, muss die genetische Information an die

Genetik

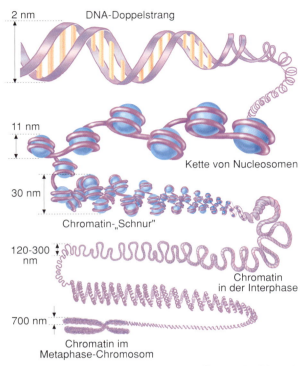

Abb. 324.1: Modell der Feinstruktur einer Chromatide. Die perlschnurartig aufgebaute Chromatide besteht aus einem DNA-Faden, der regelmäßig mit linsenförmigen Nucleosomen verknüpft ist. Ein Nucleosom wird aus acht Molekülen von Histon-Proteinen gebildet.

Abb. 324.2: WATSON (links) und CRICK vor ihrem DNA-Modell

Basen gebunden sein. Wir können vermuten, dass sie in der Abfolge der Basen gespeichert ist – ähnlich wie die Information eines Wortes in der Reihenfolge der Buchstaben –, wobei in beiden Fällen die Leserichtung von Bedeutung ist.

In der **DNA** treten Adenin und Thymin immer in gleicher Häufigkeit auf, ebenso Guanin und Cytosin. Mit dieser Regel von CHARGAFF kann man die prozentuale Basenzusammensetzung einer DNA angeben, wenn der Prozentgehalt nur einer Base bekannt ist. Liegt z. B. Adenin zu 17 % vor, dann gilt dies ebenfalls für Thymin, und Cytosin und Guanin müssen zu je 33 % enthalten sein (Abb. 325.1).

Aufgrund dieser chemischen Befunde und aus physikalischen Daten über die Raumerfüllung des Moleküls entwickelten WATSON und CRICK (Abb. 324.2) 1953 ein *Modell der DNA-Struktur*. Danach besteht die DNA aus zwei langen Polynucleotidsträngen, die über die Basen der Nucleotide strickleiterartig zu einem *Doppelstrang* verknüpft sind. Das ganze Gebilde ist schraubig gedreht, wobei zehn Nucleotidpaare auf eine Windung kommen. Man spricht von einer *Doppelhelix-Struktur*. Die vier Basen der DNA ordnen sich einander gegenüber immer so an, dass sie räumlich zusammenpassen und zwischen ihnen Wasserstoffbrücken optimaler Länge und in höchstmöglicher Zahl ausgebildet werden. Guanin paart deshalb mit Cytosin unter Ausbildung von drei Wasserstoffbrücken, Adenin mit Thymin unter Bildung von zwei Wasserstoffbrücken (*Regel der spezifischen Basenpaarung,* Abb. 325.1 a). Die beiden zusammengehörigen Stränge der Doppelhelix sind daher nicht identisch, sondern *komplementär* gebaut, sodass durch jede Base des einen Stranges der zu ihr gehörende Partner des anderen Stranges festgelegt ist. Der zweite Strang ist gewissermaßen das „Negativ", und jeder Strang ist damit die Bauvorlage für den anderen. Die Reihenfolge der gepaarten Basen in einem Strang der DNA ist unregelmäßig (Abb. 325.1 c). Die beiden Stränge der Doppelhelix laufen einander entgegen wie die beiden Fahrstreifen einer Landstraße; sie sind *antiparallel.* Die Antiparallelität ist in Abb. 325.1 c als 3'-5'-bzw. 5'-3'-Richtung gekennzeichnet.

Jede Chromatide enthält eine DNA-Doppelhelix. Diese ist in regelmäßigen Abständen um Proteinpartikel *(Nucleosomen)* herumgewunden (Abb. 324.1) und besitzt daher „Überschrauben-Struktur" ähnlich einer Glühlampen-Wendel.

Die **RNA** ist einsträngig, kann aber innerhalb des Stranges Schlingen ausbilden und dadurch gepaarte Abschnitte aufweisen. Das Uracil, das hier an die Stelle von Thymin tritt, bildet mit Adenin die gleiche Zahl von Wasserstoffbrücken wie Thymin.

Molekulare Grundlagen der Vererbung

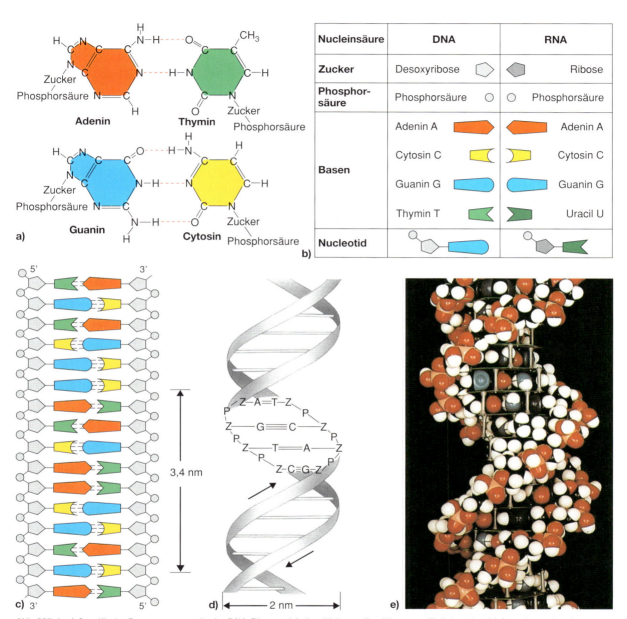

Abb. 325.1: a) Spezifische Basenpaarungen in der DNA. Die gestrichelten Linien stellen Wasserstoffbrücken dar; **b)** Grundbausteine der Nucleinsäuren; **c)** Bei der DNA sind zwei komplementäre Polynucleotid-Stränge durch Wasserstoffbrücken zu einem Doppelstrang verbunden; die Pfeile kennzeichnen die Antiparallelität; **d)** Schraubige Struktur der DNA-Doppelhelix; **e)** Kalottenmodell eines DNA-Ausschnitts (H weiß, C schwarz, O rot, N blau, P orange). Die Stickstoff-Atome zeigen die Lage der Basen an. Die beiden Polynucleotidstränge sind so angeordnet, dass sie abwechselnd eine größere (Mitte) und eine kleinere Rinne (oben) frei lassen.

▶ In der wissenschaftlichen Forschung sind häufig Modellvorstellungen hilfreich. Das WATSON-CRICK-Modell ist ein Beispiel für den Wert eines Modells in der wissenschaftlichen Forschung. Es gibt Antworten auf offene Fragen und erlaubt prüfbare Voraussagen. Das WATSON-CRICK-Modell macht verständlich, warum in der Tochterzelle die gleiche Menge DNA wie in der Mutterzelle enthalten ist. Es erlaubt Voraussagen über Einzelheiten der räumlichen Struktur und darüber, wie vermutlich die Bildung neuer DNA durch identische Verdoppelung stattfindet. Schließlich lässt das Modell verstehen, warum die DNA Träger von genetischer Information sein kann: Jede Veränderung der Nucleotidsequenz liefert eine andere Information. ◀

4.1.5 DNA als Speicher der genetischen Information

Die genetische Substanz muss die Fähigkeit haben Information zu speichern. Tatsächlich kann in der unregelmäßigen Aufeinanderfolge der vier Basen in den Polynucleotidsträngen Information gespeichert werden. Ähnlich wie bei einem Morsetext auf einem Papierstreifen, der durch freie Kombination von drei Zeichen (Punkt, Strich, Pausezeichen) alle möglichen Nachrichten verschlüsselt enthalten kann, vermag die DNA mit vier frei kombinierbaren Zeichen genetische Information zu speichern. Die Informationsmenge lässt sich durch die Anzahl der Variationsmöglichkeiten bei vier Basen angeben. Läge nur ein Nucleotid vor, so gäbe es 4^1 Variationsmöglichkeiten (da es ja vier verschiedene Nucleotide gibt); bei zwei verknüpften Nucleotiden sind es 4^2 und in einer DNA von 300 Nucleotiden 4^{300} Möglichkeiten. Da aber die DNA bei allen Lebewesen aus mindestens einer Million Nucleotidpaaren (oder *Basenpaaren*) besteht, könnte sogar jedes Individuum auf der Erde seine eigene Basen-Abfolge haben.

Die DNA von *Escherichia coli* ist etwa 1 mm lang, also 100-mal so lang wie der Durchmesser dieser Bakterienzelle. Die DNA-Moleküle aus den Chromosomen einer menschlichen Zelle ergeben aneinander gereiht eine Länge von ungefähr zwei Metern. Ihr Informationsgehalt entspricht etwa dem von 500 Büchern mit je 1500 Seiten. (Verglichen damit würde die genetische Information von *Escherichia coli* nur die Größenordnung des Buches erreichen, in dem Sie gerade lesen.)

Die Bestimmung der Reihenfolge der Nucleotide der DNA *(DNA-Sequenzierung)* ist heute auch für sehr lange DNA-Stücke möglich. Sie erfordert allerdings einen erheblichen Aufwand und erfolgt mit Hilfe von Enzymen und chemischen Umsetzungen (s. 4.1.9).

4.1.6 Replikation der DNA

Neben der Fähigkeit der Informationsspeicherung muss die Erbsubstanz auch die Fähigkeit zur identischen Reproduktion dieser Information haben, damit Vererbung überhaupt möglich ist. Während der Zellteilung *(s. Cytologie 4)* erhält jede Tochterzelle eine der beiden identischen Chromatiden. Um wieder ein Chromosom zu bilden, das zwei Chromatiden aufweist, muss sich das in der Chromatide vorhandene DNA-Molekül so verdoppeln, dass zwei identische Schwesterchromatiden entstehen, die je ein DNA-Molekül enthalten. Diesen Vorgang der DNA-Verdoppelung bezeichnet man als *Replikation* (= Nachbildung). Sie findet bei Eukaryoten in der S-Phase des Zellzyklus statt.

Die von WATSON und CRICK gefundene Struktur der DNA ließ bereits vermuten, dass die Replikation folgendermaßen ablaufen könnte: Zunächst wird der Doppelstrang reißverschlussartig an den Wasserstoffbrücken zwischen den komplementären Basen geöffnet. An die nunmehr frei werdenden Basen binden komplementäre Nucleotide. Diese werden durch das Enzym DNA-Polymerase (Replikase) zu einem neuen Strang (Tochterstrang) verbunden, der dann zum alten Strang komplementär ist. So entstehen nach völliger Auftrennung des alten Doppelstranges zwei neue, mit diesem identische Doppelstränge (Abb. 327.1). Da jeder von diesen aus einem alten und einem neu gebildeten Teilstrang besteht, nennt man diese Form der Replikation *semikonservativ* (= halb-bewahrend).

Den experimentellen Beweis für die semikonservative Replikation der DNA lieferten MESELSON und STAHL (Abb. 327.2). Bakterien können ihren Stickstoffbedarf aus Ammoniumchlorid (NH_4Cl) decken. Gewöhnliches Ammoniumchlorid enthält das Stickstoff-Isotop ^{14}N. Es lässt sich aber auch NH_4Cl mit dem schwereren Isotop ^{15}N herstellen. Die beiden Forscher gaben $^{15}NH_4Cl$ in das Nährmedium einer Kultur von *Escherichia coli*, deren Zellen alle gleich alt waren und die sich gleichzeitig teilten. Da keine andere Stickstoffquelle zur Verfügung stand, bauten die Bakterien in der Folge nur noch DNA auf, deren Basen das schwerere Isotop ^{15}N enthielt ("schwere DNA"). Eine Probe wurde entnommen und die DNA im Dichtegradienten zentrifugiert *(s. Cytologie Abb. 30.2)*. Nun wurden die Bakterien wieder in normales Medium (mit $^{14}NH_4Cl$) überführt. Die danach neu gebildete DNA musste ^{14}N enthalten. Nach der nächsten Verdoppelung der Bakterienkultur, der eine einzige DNA-Replikation vorausging, wurde wieder eine Probe zentrifugiert: Die neue DNA erwies sich als "halbschwer", d.h., die Doppelhelix enthielt einen Strang mit ^{15}N in den Basen und einen Strang mit ^{14}N. Nach der nächsten Verdoppelung der Bakterien fanden MESELSON und STAHL halbschwere und normale Doppelstränge (die nur ^{14}N enthalten) im Verhältnis 1:1. Die Replikation erfolgt also semikonservativ.

Da der DNA-Doppelstrang wie eine Kordel verschraubt ist, können nicht beide Tochterstränge "am Stück" synthetisiert werden. Auch geschieht die Synthese allein von 5' nach 3'. Daher erfolgt nach Öffnung des Doppelstrangs nur an einem Strang eine kontinuierliche Synthese des Tochterstrangs. An dem anderen freien Strang findet die Synthese des Tochterstrangs stückweise statt (Abb. 327.1 a). Danach werden die Teilstücke des Tochterstrangs unter Mitwirkung von *DNA-Ligase* verknüpft.

Molekulare Grundlagen der Vererbung 327

4.1.7 Reparatur und Spaltung der DNA

Die Struktur der DNA erweist sich als sehr stabil. Deshalb wird die DNA über viele Generationen hinweg unverändert weitergegeben. Fehler, die bei der Replikation gelegentlich auftreten, werden durch besondere Enzyme sofort beseitigt. Durch UV-, Röntgen- und radioaktive Strahlung sowie durch Chemikalien entstehen weitere Schäden. Auch diese werden rasch behoben, solange nur einer der beiden Stränge im DNA-Molekül betroffen ist. Die durchschnittlich von einem Menschen während seines Lebens aufgenommene natürliche Strahlendosis würde zu so vielen Veränderungen von Basen führen, dass der Mensch nicht mehr lebensfähig wäre, wenn nicht fortgesetzt Reparaturen der Schäden stattfänden. Die Wirkung von Chemikalien sei am Beispiel von Zigarettenrauch gezeigt: Je Zigarette sind im Lungengewebe etwa 30 000 Reparaturvorgänge an DNA-Molekülen erforderlich, falls Lungenzüge gemacht werden.

An der Wiederherstellung der DNA sind Reparaturenzyme beteiligt. Das beschädigte Strangstück wird durch eine *Nuclease* herausgeschnitten und dann abgebaut. Das fehlende Stück bildet sich neu, wobei der komplementäre, unbeschädigte Strang als Bauvorlage dient. Bleibende Veränderungen der DNA sind zu erwarten, wenn beide Stränge der DNA geschädigt worden sind. Für die Nachkommen sind nur die bleibenden DNA-Veränderungen, nämlich die Mutationen, in Zellen der Keimbahn von Bedeutung. Die Mutationen in den Körperzellen werden nicht an Nachkommen weitergegeben; sie heißen *somatische* Mutationen.

Wenn es durch UV-Strahlung in der menschlichen Haut zu Sonnenbrand kommt, werden stets DNA-Schäden verursacht. Das kurzwellige Blaulicht aktiviert allerdings gleichzeitig ein Reparaturenzym. Verbleibende DNA-Schäden sind die Ursache von Hautkrebs.

Zu den DNA-spaltenden Nucleasen gehören auch die in Bakterien vorkommenden **Restriktionsenzyme.** Sie vermögen DNA-Stränge aufzuschneiden, und zwar an einer für jedes Restriktionsenzym spezifischen Abfolge von meist vier bis sechs Basen. Bei den meisten Restriktionsenzymen ist die Spaltstelle auch die „*Erkennungssequenz*". Da die Erkennungssequenz in einem DNA-Doppelstrang an unterschiedlichen Stellen immer wieder auftritt, zerlegt das Restriktionsenzym ein großes DNA-Molekül in eine Vielzahl kleiner, unterschiedlich langer Bruchstücke. Auf diese Weise bauen Restriktionsenzyme in eine Bakterienzelle eingedrungene Phagen-DNA ab und machen sie unschädlich. Die bakterieneigene DNA wird nicht abgebaut, weil die Nucleotide im Bereich ihrer Erkennungssequenzen zusätzlich schützende Methyl-Gruppen tragen. Treten

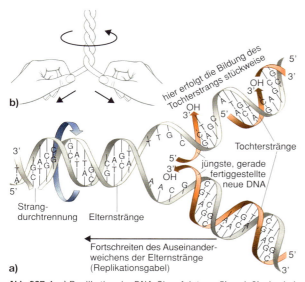

Abb. 327.1: a) Replikation der DNA. Sie erfolgt von 5' nach 3', also bei den Tochtersträngen gegenläufig. An dem einen Elternstrang entstehen daher kurze Stücke, die dann durch das Enzym DNA-Ligase zum Tochterstrang verknüpft werden. Entschraubung der Elternstränge kann nur durch Strangdurchtrennen und späteres Wiederverknüpfen bewerkstelligt werden, da eine Rotation der DNA nicht möglich ist. (Die auseinander gewichenen Elternstränge werden durch Proteine in ihrer Lage gehalten.) **b)** Zum Vergleich das Auftrennen einer Kordel: Beim Trennen der Teilstränge muss die Kordel um ihre Achse rotieren.

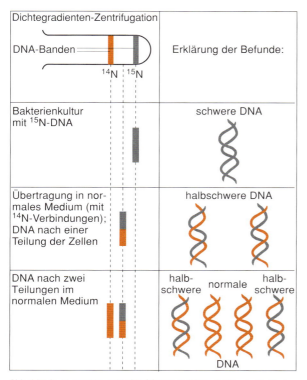

Abb. 327.2: Versuch von MESELSON und STAHL. Erklärung im Text

diese Gruppen auch bei der Phagen-DNA auf, kann sie ebenfalls nicht aufgespalten werden. Dadurch sind bestimmte Phagen an bestimmte Wirtsbakterien angepasst. Von dieser Ausnahme abgesehen spalten Restriktionsenzyme jede DNA, gleich welcher Herkunft. Unter den Restriktionsenzymen gibt es solche, die den DNA-Doppelstrang versetzt spalten, sodass die Spaltstücke einsträngige Enden aufweisen (1). Diese Einstrang-Enden reagieren sehr leicht mit anderen, die mit demselben Restriktionsenzym erzeugt wurden; man nennt sie *„sticky ends"* *(klebrige Enden)*. Das Restriktionsenzym (2) mit der Erkennungssequenz AGCT spaltet hingegen an genau gegenüberliegenden Stellen.

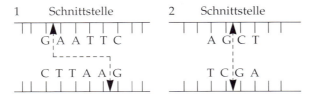

(zur Anwendung von Restriktionsenzymen in der *Gentechnik s. 5.3.1*).

▶ 4.1.8 Polymerase-Ketten-Reaktion

Dieses Verfahren erlaubt die beliebige Replikation von DNA-Stücken, ausgehend von einem einzigen Molekül (Abb. 328.1). Die DNA liegt normalerweise als Doppelstrang vor, die Synthese erfolgt aber an Einzelsträngen. Durch Erhitzen auf 94 °C wird der Doppelstrang zunächst aufgetrennt. Dann können jeweils komplementäre Stränge an den Einzelsträngen aufgebaut werden, wenn man alle vier Nucleotidbausteine und DNA-Polymerase zusetzt. Man verwendet eine hitzestabile Polymerase aus dem Bakterium *Thermus aquaticus* (einer *Archaea*-Art aus heißen Quellen). Diese Taq-Polymerase synthetisiert nach Abkühlen auf 70 °C die neuen Stränge. Zum Start der Synthese ist ein *Primer*-Molekül für jeden Strang notwendig. Die Primer müssen zu den Enden des gewünschten DNA-Stücks komplementär sein; wenn deren Nucleotidsequenz bekannt ist, lassen sie sich auf chemischem Weg herstellen. Nach einiger Zeit, in der die Synthese läuft, erhitzt man wieder auf 94 °C. Dadurch werden die neu gebildeten Doppelstränge aufgetrennt und die Einzelstränge lagern nach rascher Abkühlung auf 70 °C wieder Primer-Moleküle an; danach erfolgt erneut Synthese der komplementären Stränge. Diesen PCR-Zyklus (PCR = **p**olymerase **c**hain **r**eaction) lässt man – in automatischen Geräten – etwa 25- bis 50-mal ablaufen. Nach 25 Zyklen sind 2^{25} Kopien einer Ausgangssequenz entstanden. Diese werden nun isoliert und dienen zu weiteren Untersuchungen.

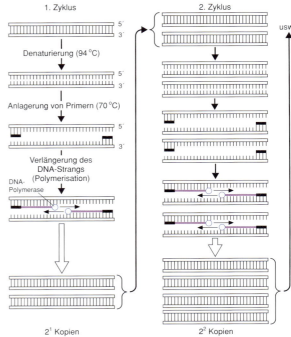

Abb. 328.1: PCR-Zyklus

So kann man Infektionen durch Viren oder Bakterien sicher nachweisen. Eine HIV-Infektion ist so bereits durch ein einziges Virus-DNA-Molekül, das durch PCR vervielfältigt wurde, erkennbar, also lange bevor die Virusvermehrung einsetzt. In der genetischen Beratung kann PCR zum Nachweis von Erbkrankheiten eingesetzt werden; ebenso lassen sich somatische Mutationen erkennen, die Krebs auslösen. Vermehrung von DNA aus Fossilien ermöglicht es, diese in molekulare Stammbäume einzuordnen **(s. *Evolution* 3.5.2)**.

Wichtig ist die Anwendung zur Gewinnung eines *„genetischen Fingerabdrucks"*. So bezeichnet man das Verfahren, eine Person aufgrund individueller genetischer Daten zu identifizieren. Dazu benötigt man Genorte, in denen viele verschiedene Allele (> 500) einer Population vorliegen (hochpolymorphe Genorte s. auch 5.4.2). Wenn man Reste von Blut, Speichel oder Sperma von einem Täter hat, vermehrt man die darin enthaltene DNA dieser Genorte durch PCR. Dann kann man diese Genorte mit Restriktionsenzymen in Fragmente zerlegen. Mit der DNA von Tatverdächtigen verfährt man ebenso. Stimmen die Fragmente nicht überein, so kann es sich nicht um den Täter handeln. Bei Übereinstimmung der Fragmente *nur eines Genortes* kann der Täter nicht als überführt gelten. Dies ist erst dann der Fall, wenn alle Fragmente von mehr als drei verschiedenen Genorten völlig übereinstimmen.

▶

Molekulare Grundlagen der Vererbung 329

▶ 4.1.9 Sequenzanalyse der DNA

Zur Feststellung der Nucleotidabfolge der DNA wird heute in über 90% aller Fälle das *Kettenabbruchverfahren* von SANGER eingesetzt. Dabei wird an einer einsträngigen DNA der komplementäre Strang aufgebaut. Dazu sind eine DNA-Polymerase sowie die vier Nucleotidbausteine (und ein kleines Startermolekül) erforderlich. Hat man diesen Ansatz hergestellt, so entnimmt man einen Anteil und gibt eine geringe Menge eines abweichend gebauten Nucleotids (enthält einen anderen Zucker) z. B. der Base Adenin zu. Wird dieser „falsche" Baustein anstelle des richtigen Adeninnucleotids eingebaut, so kann die Synthese nicht mehr weiterlaufen: Es erfolgt Kettenabbruch. Da man nur wenig vom falschen Baustein zugesetzt hat, werden nur einige wenige neu gebildete DNA-Stränge beim ersten Adenin-Einbau abbrechen, einige beim zweiten Adenin-Einbau, weitere beim dritten usw.
Weitere drei Anteile des Ansatzes werden mit je einem anderen Abbruch-Nucleotid (mit Guanin, Cytosin, bzw. Thymin) versetzt; man benötigt also vier verschiedene Synthese-Ansätze. Nach einiger Zeit ist in jedem Ansatz ein Gemisch unterschiedlich langer Doppelstrangstücke entstanden. Diese werden zu Einzelsträngen aufgespalten, die dann durch Elektrophorese getrennt werden. Die neu gebildeten Stränge wandern umso rascher, je kürzer sie sind. Wenn man radioaktiv markierte Nucleotide zur Synthese einsetzt, kann man die getrennten Stränge an der Schwärzung eines aufgelegten Filmes erkennen. Aus der Lage der Schwärzung kann die Länge der Ketten erkannt und das jeweils letzte eingebaute (Abbruch-) Nucleotid identifiziert werden. Daraus lässt sich die neu gebildete Basensequenz direkt ablesen; sie ist der Nucleotidabfolge der zur Untersuchung eingesetzten DNA komplementär (s. Abb. 329.2). ◀

4.2 Realisierung der genetischen Information

4.2.1 Der Weg vom Gen zum Merkmal

Genetisch festgelegte Merkmale können nur durch Stoffwechselvorgänge ausgeprägt werden. Diese werden durch entsprechende Enzyme ermöglicht. Enzyme sind Proteine, die aus einer oder mehreren Polypeptidketten bestehen. Die nahe liegende Annahme, dass deren Aminosäuresequenz durch die Nucleotidsequenz der DNA festgelegt ist, konnte zuerst durch Untersuchungen an Viren und Bakterien bestätigt werden. Die genetische Information der DNA reguliert damit die Bildung der Proteine. Dies geschieht in folgenden Schritten (Abb. 329.1):
1. An der DNA (bei Eukaryoten im Zellkern) wird ein RNA-Molekül gebildet, welches die genetische Information eines DNA-Abschnitts übernimmt. Diese

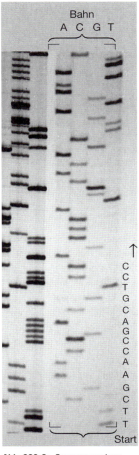

Abb. 329.2: Sequenzanalyse

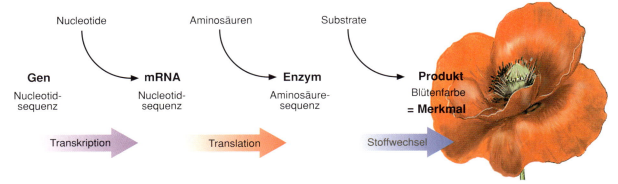

Abb. 329.1: Schema der Informationsübertragung vom Gen zum Merkmal. Das Schema berücksichtigt nicht, dass das Merkmal Blütenfarbe durch mehrere Gene bedingt ist. Ihre Genprodukte (Enzyme) katalysieren eine Kette von Reaktionen, an deren Ende die Bildung des Blütenfarbstoffs steht.

330 Genetik

RNA heißt *messenger-RNA* oder *mRNA* (= Boten-RNA) und den Vorgang nennt man **Transkription** (von engl. transcription = Umschreibung).

2. Weitere RNA-Moleküle im Cytoplasma binden spezifisch Aminosäuren; sie heißen *transfer-RNA* oder *tRNA* (= Transport-RNA, Abb. 332.2).

3. Die Synthese der Proteine findet im Cytoplasma an den Ribosomen statt. Hier bestimmt die Nucleotidsequenz der mRNA die Reihenfolge der Aminosäuren, die von den tRNA-Molekülen zum Ribosom gebracht werden. Diese Übersetzung der in der Basenabfolge der mRNA liegenden genetischen Information in die Abfolge von Aminosäuren des Proteins heißt **Translation** (= Übersetzung).

4.2.2 Transkription und Genetischer Code

Die **Transkription** ist formal der Replikation der DNA ähnlich. Mit den Nucleotiden des einen Stranges paaren sich komplementäre Ribonucleotide, die dann durch ein Enzym *(RNA-Polymerase)* miteinander verknüpft werden. Das neu gebildete Polynucleotid ist eine Ribonucleinsäure (RNA). Die RNA löst sich von der DNA und wandert (bei Eukaryoten) als einsträngiges Molekül aus dem Kern ins Cytoplasma. Ihre Nucleotidsequenz enthält die an der DNA „abgelesene" Information. Die RNA trägt die Information als Bote oder *messenger* und heißt deshalb *mRNA* (Boten-RNA).

A	C	T	A	C	G	T	Stück eines DNA-Stranges
U	G	A	U	G	C	A	komplementäres Stück der mRNA

Die DNA hat demnach zwei Funktionen:

1. Sie dient als Bauvorlage für die Bildung einer neuen identischen DNA und sichert damit die unveränderte Vermehrung und Weitergabe der genetischen Information von Zelle zu Zelle und über die Keimzelle vom Elternorganismus zum Tochterorganismus.

2. Sie dient als Bauvorlage für die Synthese der mRNA, welche die genetische Information aus dem Kern ins Cytoplasma trägt und ihre Verwirklichung in den Merkmalen steuert.

Es gibt auch die Umkehrung des normalen Transkriptionsvorganges: Manche RNA-Viren *(Retroviren)* lösen in der Wirtszelle die Bildung eines Enzyms aus, das an der Virus-RNA eine komplementäre DNA bildet. Man nennt das Enzym daher *reverse* (= umkehrende) *Transkriptase*. An dieser DNA wird dann neue Virus-RNA gebildet; so werden RNA-Viren in der Wirtszelle vermehrt. Man kann reine reverse Transkriptase gewinnen und mit ihr experimentell eine DNA aufbauen, indem man die ihr entsprechende mRNA zufügt.

So wurden DNA-Abschnitte hergestellt, die ganzen Genen entsprechen. Reverse Transkriptasen spielen eine Rolle in der Gentechnik (s. 5.3.1).

Genetischer Code. In den Proteinen der Lebewesen treten in der Regel 20 verschiedene Aminosäuren auf. Deren Reihenfolge muss in der Nucleotidsequenz der mRNA und damit in der Nucleotidsequenz der DNA *verschlüsselt (codiert)* vorliegen. Würde eine Aminosäure durch eine einzige Base bestimmt, so ließen sich den vier Basen der Nucleinsäuren nur vier Aminosäuren zuordnen. Würde man jeweils zwei Basen, z. B. AG oder GT, zur Festlegung einer Aminosäure kombinieren, ergäben sich $4^2 = 16$ Möglichkeiten. Auch diese Zahl reicht zur Codierung von 20 Aminosäuren nicht aus. Erst bei der Kombination von drei Basen, etwa dem Triplett AGT oder ATA, ergeben sich genügend viele, nämlich $4^3 = 64$ Möglichkeiten zur Bestimmung jeder der 20 Aminosäuren. Damit liegt die Vermutung nahe, dass einem bestimmten Basen-Triplett (Trinucleotid) eine Aminosäure zugeordnet ist (Abb. 331.1).

Diese Annahme ließ sich mit Hilfe von *Rastermutationen* bestätigen. Unter Raster versteht man hier die Aufeinanderfolge der Tripletts. Man kann dieses Raster dadurch verändern, dass man bestimmte Moleküle (z. B. Acridine) zwischen zwei Nucleotide „einschiebt". Bei der Replikation der DNA wird dann an dieser Stelle am komplementären Strang irgendein Nucleotid neu eingesetzt, sodass von dort an die Tripletts in der DNA verändert sind. Daher wird auch eine veränderte mRNA abgelesen mit der Folge, dass sich andere Proteine, z. B. nicht mehr funktionsfähige Enzyme, bilden. Das Hinzufügen oder Wegnehmen von zwei Basen hat das gleiche Ergebnis (Abb. 331.2). Werden hingegen drei aufeinander folgende Basen weggenommen oder hinzugefügt, so bleibt im darauf folgenden Teil der DNA das Raster und damit die genetische Botschaft erhalten. Die entstehenden Proteine sind nur geringfügig verändert. Dies beweist, dass drei Basen die Einheit der genetischen Information sind: *Ein Triplett codiert eine Aminosäure*. Man nennt die Basen-Tripletts der DNA, die Aminosäuren codieren, *Codogene*. Dem Codogen entspricht nach der Transkription ein **Codon** auf der mRNA. In Code-Tabellen (Abb. 331.3) werden die Codons der mRNA angegeben. Ihre Gesamtheit ist der **Genetische Code.**

Aus den Rastermutationen lässt sich auch ersehen, dass die Codierung keine „Pausezeichen" zur Unterscheidung der Tripletts benötigt. Dass jedes Nucleotid nur an einem Triplett beteiligt ist, konnte ebenfalls mit Hilfe von Mutanten nachgewiesen werden. Wird eine einzelne Base durch eine andere ersetzt, führt dies höchstens

Molekulare Grundlagen der Vererbung

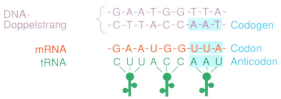

Abb. 331.1: Transkription und Translation übertragen die Triplett-Folge des Gens (DNA-Abschnitt) in die Aminosäureabfolge (Sequenz) einer Polypeptidkette. Diese bildet ein Protein (z. B. den Proteinanteil eines Enzyms).

Entschlüsselung des Genetischen Codes. Die Frage, welches Codon (Triplett) welche Aminosäure festlegt, konnte geklärt werden, nachdem man zwei experimentelle Methoden entwickelt hatte:
– die Herstellung zellfreier Extrakte, die alle für die Proteinsynthese erforderlichen Bestandteile enthalten (tRNA-Moleküle, Ribosomen, alle notwendigen Aminosäuren, energiereiche Phosphate und die für die einzelnen Reaktionen erforderlichen Enzyme)
– die Herstellung von künstlichen (kleinen) mRNA-Molekülen mit genau bekannter Basenabfolge.

Damit ließen sich Peptidketten „im Reagenzglas" (in vitro) synthetisieren. Eine erste künstliche mRNA enthielt als Base nur Uracil (U). Verwendet man dieses Poly-U für die Proteinsynthese, so entsteht eine Polypeptidkette, die nur aus Phenylalanin besteht. Damit war das erste Codewort gefunden: das Triplett UUU bestimmt die Aminosäure Phenylalanin (Phe). Dann setzte man künstliche mRNA-Moleküle mit periodischen Trinucleotidabfolgen (z. B. CUACUACUA...) ein. Die Analyse der jeweils erhaltenen Polypeptide ergab schließlich die eindeutige Zuordnung von 61 Basentripletts der mRNA zu den 20 Aminosäuren der Proteine. Da der genetische Code mit mRNA-Molekülen aufgeklärt wurde, verwendet man als Codewörter die RNA-Trinucleotide.

zur Änderung einer Aminosäure im zugehörigen Protein. Die Ablesung des Codes erfolgt also „ohne Überlappung". Zahlreiche Untersuchungen an Viren, Prokaryoten- und Eukaryoten-Zellen lieferten den Beweis, dass alle Organismen gleiche Codons für gleiche Aminosäuren benutzen. *Der Genetische Code ist universell.*

▶ An der grundlegenden Universalität ändern einige geringfügige Abweichungen nichts: Bei etlichen Einzellern ist das Codewort für die Aminosäure Tryptophan abweichend, und die Proteinsynthese in den Mitochondrien hat für Tryptophan und bei manchen Organismen auch für Methionin abweichende Codons. ◀

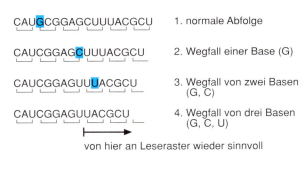

Abb. 331.2: Nachweis für das Vorliegen von Triplett-Codewörtern durch Wegfall von Basen (blau unterlegt) und erläuterndes Beispiel mit einem Satz aus Wörtern mit nur drei Buchstaben.
Bei 2 und 3 sind alle Tripletts, die dem ersten folgen, anders zusammengesetzt als bei 1. Bei 4 ist das zweite und dritte Triplett anders als bei 1, ein Triplett fehlt, alle folgenden sind wieder so zusammengesetzt wie bei 1.

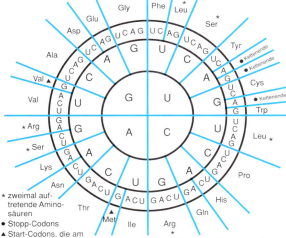

Ab. 331.3: Der Genetische Code. Die Codewörter sind für die mRNA angegeben. Die Codons sind von innen nach außen zu lesen. Beispiel: Die Aminosäure Glycin *Gly* wird bestimmt durch die Tripletts GGU, GGC, GGA und GGG.
Phe Phenylalanin, *Leu* Leucin, *Ser* Serin, *Tyr* Tyrosin, *Cys* Cystein, *Trp* Tryptophan, *Pro* Prolin, *His* Histidin, *Gln* Glutamin, *Arg* Arginin, *Ile* Isoleucin, *Met* Methionin, *Thr* Threonin, *Asn* Asparagin, *Lys* Lysin, *Val* Valin, *Ala* Alanin, *Asp* Asparaginsäure, *Glu* Glutaminsäure, *Gly* Glycin

Wie man der „Code-Sonne" (Abb. 331.3) entnehmen kann, gibt es für viele Aminosäuren mehrere (bis zu 6) Codewörter. Man sagt (informationstheoretisch nicht ganz korrekt), der Genetische Code sei *„degeneriert"*, weil man zwar eindeutig von der Nucleotid-Sequenz auf die Aminosäure, nicht aber umgekehrt von der Aminosäure auf die Nucleotid-Sequenz schließen kann.

Wenn in den RNA-Molekülen, die man zur Aufklärung des Genetischen Codes einsetzte, die Tripletts UAG, UAA oder UGA auftraten, erfolgte überhaupt keine Polypeptid-Synthese bzw. wurde eine begonnene abgebrochen. Diese drei Tripletts liefern demnach die Information „Ende der Polypeptidkette"; sie sind *Stopp-Codons (Terminations-Codons)*. Entsprechend den Stopp-Codons gibt es auch *Start-Codons*. Es sind dies AUG und GUG. Beide signalisieren den Start für das Ablesen der mRNA, wenn ein Stopp-Codon oder eine nicht abgelesene Sequenz vorausgegangen ist. (*In vitro* ist auch ein Start ohne Start-Codons möglich, sonst würde Poly-U nicht abgelesen.)

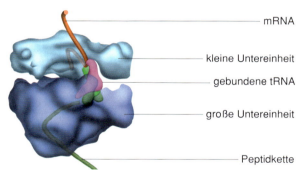

Abb. 332.1: Modell eines Ribosoms und Lage des mRNA-Stranges

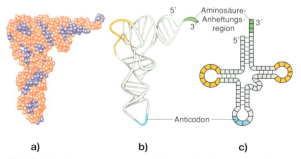

Abb. 332.2: a) Raumstruktur einer tRNA als Kalottenmodell. Man erkennt die „hinkelsteinartige" Gestalt, deren spezifische Oberfläche zu dem Enzym passt, welches eine bestimmte Aminosäure anheftet; **b)** Räumliches Modell einer tRNA, welches Basenpaarungen (als Querbänder) und Schleifen zeigt; eine der Schleifen enthält das Anticodon (blau); **c)** Auf die Ebene projizierte Struktur einer tRNA, die kleeblattartige Form zeigt ebenfalls das Anticodon sowie am 3'-Ende die Anheftungsstelle für die Aminosäure (CCA).

4.2.3 Translation

Die Translation (Biosynthese der Proteine) findet an den Ribosomen statt (s. Abb. 332.1). Man beweist dies durch kurzzeitige, z.B. zehn Sekunden dauernde Zufuhr von ^{14}C-markierten Aminosäuren. Die Radioaktivität muss sich dort anhäufen, wo aus markierten Aminosäuren Polypeptide aufgebaut werden. Dies ist an den Ribosomen der Fall. Ribosomen sind aus Proteinen und ribosomaler RNA (rRNA) aufgebaut; sie bestehen aus zwei Untereinheiten, die erst beim Start der Proteinsynthese zu einem funktionsfähigen ganzen Ribosom zusammentreten.

Die Proteinsynthese benötigt: 1. alle Aminosäuren, die Bausteine der Polypeptidkette sind; 2. Ribosomen; 3. Enzyme (z.T. im Ribosom enthalten); 4. mRNA als Träger der Information über die Aminosäureabfolge; 5. weitere RNA-Moleküle, die transfer-RNA (tRNA).

Die tRNA-Moleküle sind relativ klein (70–90 Nucleotide). Da ihre Basen zum Teil innerhalb des Stranges miteinander gepaart sind, entstehen Schleifen. Die tRNA-Moleküle besitzen mindestens drei Schleifen, sodass die Moleküle – abgebildet auf die Ebene – kleeblattartig aussehen (Abb. 332.2). Die räumliche Gestalt der Moleküle ist etwa „hinkelsteinartig" (vgl. „Hinkelsteine" in Asterix und Obelix). In der mittleren Schleife liegt bei jeder tRNA ein spezifisches Basentriplett, welches mit einem komplementären Codon der mRNA in Wechselwirkung treten kann. Man nennt dieses Triplett der tRNA *Anticodon* (s. auch Abb. 331.1). Das 3'-Ende aller tRNA-Moleküle besitzt die Basenfolge CCA. An diesem Ende wird an jede Sorte von tRNA eine bestimmte Aminosäure gebunden; dafür sind spezifische Enzyme verantwortlich (diese erkennen Oberflächenstrukturen der jeweiligen tRNA). So werden die 20 verschiedenen Aminosäuren jeweils an die zugehörige tRNA gebunden und zum Ribosom gebracht, wo sie zum Polypeptid verknüpft werden. Die tRNA-Moleküle sind mit Dolmetschern vergleichbar, welche die Sprache der DNA bzw. RNA (Sequenz von Basen) in die Sprache der Proteine (Sequenz von Aminosäuren) übersetzen. Dabei wandert die mRNA durch das Ribosom (zwischen dessen beiden Untereinheiten) hindurch. Die Reihenfolge der Aminosäuren in der Polypeptidkette ist durch die Basenfolge des transkribierten DNA-Abschnitts festgelegt.

Schon während der Synthese des Polypeptids (s. Abb. 333.1) beginnt sich dessen Raumstruktur auszubilden; sie ist die Folge von Bindungskräften zwischen den Seitenketten der verknüpften Aminosäuren. Die Raumstruktur wird nach der Ablösung vollendet (sie ist also nicht gesondert in der DNA verschlüsselt). In vielen Fällen wirken dabei Hilfsenzyme mit (die *Chaperone,* **s. Stoffwechsel 1.1.2**).

Molekulare Grundlagen der Vererbung

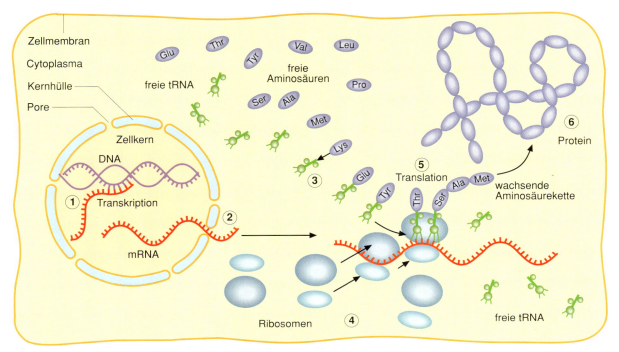

Abb. 333.1: Schema der Protein-Biosynthese. **1** mRNA bildet sich an der DNA im Kern. Dabei wird die in der Basenfolge der DNA enthaltene Information auf die mRNA übertragen (Transkription); **2** die mRNA gelangt durch eine Kernpore ins Cytoplasma; **3** an eine tRNA wird eine spezifische Aminosäure gebunden; **4** die beiden Untereinheiten eines Ribosoms binden an die mRNA und setzen sich zum funktionsfähigen Ribosom zusammen; **5** die von den tRNAs mitgebrachten Aminosäuren werden am Ribosom enzymatisch zu einer Polypeptidkette verknüpft; dabei wird die Basenfolge der mRNA in die Aminosäurefolge des Polypeptids übersetzt (Translation); **6** das fertige Polypeptid hat sich vom Ribosom abgelöst und bildet seine endgültige Struktur aus.

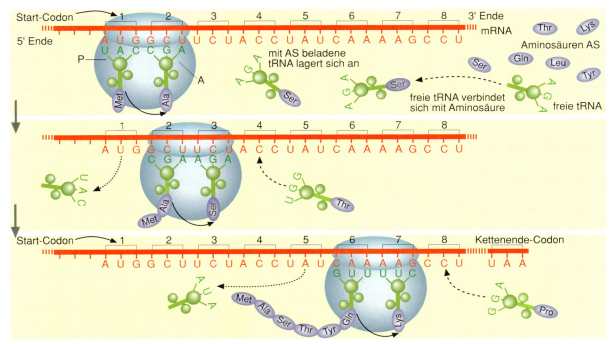

Abb. 333.2: Entstehung der Aminosäurekette am Ribosom. A und P sind Bindungsstellen; 1…8 Codons

334 Genetik

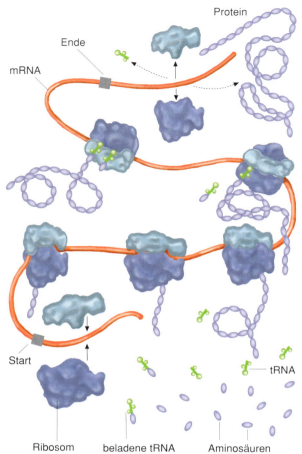

Abb. 334.1: Synthese mehrerer gleicher Aminosäureketten an einer mRNA durch einen Ribosomenverband (Polysom). Die jeweilige Aminosäurekette ist umso länger, je mehr Codons bereits abgelesen wurden. Während der Synthese beginnt unter Faltung und Knäuelung der Kette die Ausbildung der Raumstruktur. Nach Fertigstellung trennt sich das Ribosom wieder in seine beiden Untereinheiten.

▶ Zum Start der Synthese lagert sich eine mit der Aminosäure Methionin beladene tRNA an das Startcodon der mRNA an. Auf dem Ribosom befinden sich zwei Bindungsstellen für beladene tRNA-Moleküle, die als *P- und A-Bindungsstelle* bezeichnet werden (Abb. 333.2). Die Bindung der *Start-Methionin-tRNA* erfolgt an der P-Bindungsstelle. An der noch freien A-Bindungsstelle bindet dann eine weitere beladene tRNA, nämlich diejenige, deren Anticodon zu dem Codon passt, das in der A-Bindungsstelle liegt. Nun erfolgt die Verknüpfung der beiden Aminosäuren; dabei wird die tRNA der P-Bindungsstelle aminosäurefrei und löst sich ab. Die mRNA wird nun um ein Codon verschoben und die tRNA der A-Bindungsstelle, an der die beiden verknüpften Aminosäuren (das Peptid) gebunden sind, muss in die frei gewordene P-Bindungsstelle überwechseln. Die A-Bindungsstelle, in der nun das nächste Codon liegt, bindet eine neue beladene tRNA, und die nächste Verknüpfung kann stattfinden. Der ganze Vorgang läuft weiter, bis ein Stopp-Codon erscheint. Dann bricht das Wachstum der Polypeptidkette ab. ◀

Da eine mRNA stets sehr groß ist, können mehrere Ribosomen mit ihr in Wechselwirkung treten und die Information ablesen (Abb. 334.1). Sie bauen alle je ein Molekül des gleichen Polypeptids auf. Man bezeichnet die Gesamtheit aller an einem mRNA-Molekül sitzenden Ribosomen als *Polysom* (s. Abb. 334.2). Durch die Bildung von Polysomen wird die Information einer mRNA mehrmals genutzt, bevor ihr Abbau durch Ribonucleasen einsetzt. In einer Zelle liegen viele Tausende von Ribosomen, sodass sich gleichzeitig eine außerordentlich große Zahl von verschiedenen Polypeptiden (und damit von Proteinmolekülen) bilden kann.

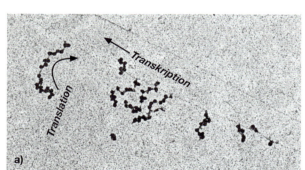
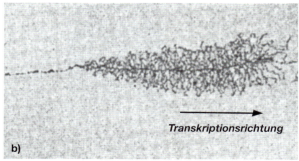

Abb. 334.2: a) Transkription und Translation bei *E. coli* im Elektronenmikroskop. Bei Prokaryoten beginnt die Translation während der Bildung der mRNA an der DNA. An dem diagonal verlaufenden DNA-Strang bilden sich gleichzeitig mehrere mRNA-Moleküle, an die sich sofort nach ihrer Entstehung Ribosomen anlagern. Rechts im Bild hat die Synthese eines mRNA-Moleküls erst begonnen; die mRNA ist daher kurz und nur mit wenigen Ribosomen besetzt. Mit zunehmender Länge der mRNA nimmt auch die Anzahl der Ribosomen zu. Vergrößerung ca. 49000fach; **b)** Transkription bei Eukaryoten. Durch das Bild verläuft fast horizontal der DNA-Doppelstrang. An einem der Stränge bilden sich von links nach rechts zahlreiche mRNA-Moleküle (die Anlagerung der Ribosomen findet bei Eukaryoten erst im Cytoplasma statt). Vergrößerung ca. 27000fach

Lokalisierung der Proteine. Unter der Vielzahl der verschiedenen Proteine sind Membranproteine und Enzyme, die ihre Funktion nur in bestimmten Zellorganellen (Mitochondrien, Zellkern, Lysosomen usw.) ausüben. Es muss also sichergestellt werden, dass jedes Protein an den richtigen Ort in der Zelle gelangt. Dafür gibt es verschiedene Sortierstufen, ähnlich wie bei einer Briefverteilungsanlage. Die Proteine besitzen eine Abfolge von Aminosäuren, die als Erkennungsbereich (Signalsequenz) dient, gewissermaßen die „Postleitzahl". So gibt es bestimmte Signalsequenzen, die einen Transport in den Kern, die Mitochondrien oder die Plastiden festlegen. Die jeweilige Signalsequenz wird von der Membran des richtigen Organells erkannt; dann wird ein Aufnahmesystem aktiv, das auch die Signalsequenz abspaltet, sodass ein Rücktransport nicht erfolgen kann.

Die Lokalisierung in anderen Organellen als den oben genannten oder die Ausschleusung aus der Zelle wird durch eine andersartige Signalsequenz ausgelöst, die sich stets am Anfang (am Amino-Ende) des Proteins befindet. Diese Sequenz wird noch während der Proteinsynthese an die Membran des Endoplasmatischen Retikulums gebunden. Dadurch lagern sich die Ribosomen an das ER an *(raues ER, s. Cytologie 2.3.2)* und das neu gebildete Protein gelangt unter Abspaltung der Sequenz in dessen Innenraum bzw. (abhängig vom Signal) in dessen Membran. Die weitere Verteilung erfolgt über Transportvesikel, die vom ER abgeschnürt werden. Diese erreichen das richtige Organell und binden dort, weil ein Membranprotein des Vesikels und ein Protein des Organells wie die beiden Teile eines Druckknopfs zusammenpassen. Ungeklärt ist bisher, wie die Transportvesikel jeweils den richtigen „Druckknopfteil" erhalten.

Proteine, die außerhalb von Zellen ihre Funktion ausüben (Verdauungsenzyme, Hormone) dürfen nicht vorzeitig schon in der Zelle tätig werden. Sie werden als Vorstufen gebildet und in den Vesikeln transportiert; erst bei oder nach Ausschleusung aus der Zelle werden sie durch Abspaltung eines Stücks der Polypeptidkette fertig gestellt.

▶ **Antibiotika.** Viele Antibiotika (s. 4.1.2) verursachen eine Hemmung von Transkription oder Translation. Manche sind nur in Prokaryoten-Zellen wirksam (z. B. *Streptomycin, Neomycin, Kanamycin, Tetracyclin*, die alle die Transkription hemmen, sowie *Rifamycin*, das die Translation hemmt) und können daher als Arzneimittel eingesetzt werden. Hingegen ist z. B. *Puromycin* (welches die Translation hemmt) auch in eukaryotischen Zellen wirksam und daher für den Menschen stark giftig. Nur in Eukaryoten-Zellen wird durch *Amanitin* (Gift des Grünen Knollenblätterpilzes) die Transkription gehemmt. Alle diese Stoffe werden im Labor zur spezifischen Unterbrechung von Transkription bzw. Translation eingesetzt. ◀

4.2.4 Merkmale und Genbegriff

Wie wird genetische Information in Merkmale des Phänotyps umgesetzt? Um dies zu klären, führten KÜHN und BUTENANDT Experimente mit der Mehlmotte durch. Die Wildform hat dunkelbraun pigmentierte Augen, verursacht durch den Farbstoff *Ommochrom*. In einer Zucht trat eine Mutante mit aufgehellten (roten) Augen auf, die offenbar den dunklen Farbstoff Ommochrom nicht mehr herstellen konnte (Mangel-Mutante). Es war bekannt, dass der Ausgangsstoff für die Ommochrombildung die Aminosäure Tryptophan ist. Verfütterte man an die Mutante *Kynurenin* (einer der Stoffe, den man aus den Wildtyp-Augen extrahieren konnte), so färbten sich die Augen normal dunkelbraun. Offenbar wird Ommochrom aus Tryptophan über die Zwischenstufe Kynurenin gebildet und es fehlt der rotäugigen Mutante das Enzym zur Kynurenin-Synthese.

Diese Vermutung wurde bestätigt und erweitert durch Befunde bei *Drosophila*. Bei dieser Art gibt es zwei „rotäugige" Mangelmutanten, die sich äußerlich nicht unterscheiden. Bei der einen führen Kynureningaben zu normalen braunen Augen, bei der anderen nicht. Bei dieser Letzteren färben sich die Augen erst dann braun, wenn man ihr weitere Stoffe zuführt, die aus Kynurenin entstehen. Die Ommochrom-Synthese erfolgt demnach so:

Tryptophan $\xrightarrow{1}$ Kynurenin $\xrightarrow{2}$ ... $\xrightarrow{3}$ Ommochrom,

wobei jeder Teilschritt durch ein Enzym (1, 2, 3) katalysiert wird. Die Befunde an Mehlmotte und *Drosophila* lassen vermuten, dass Mutationen Enzymverluste zur Folge haben können. Daraus ergibt sich die weitere Annahme, die Bildung eines bestimmten Enzyms sei

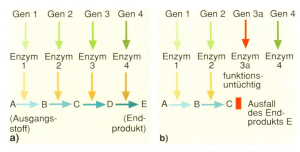

Abb. 335.1: a) Schema der Steuerung einer Stoffwechsel-Reaktionskette durch Enzyme; **b)** Unterbrechung der Reaktionskette nach Mutation eines Gens; nur Zufuhr von D ermöglicht die Synthese von E

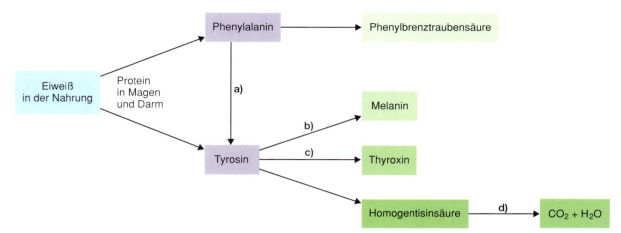

Abb. 336.1: Phenylalanin-Stoffwechsel; a,b,c,d: Enzyme. Beim genetisch bedingten Ausfall von Enzymen treten folgende Erbkrankheiten auf:
a fehlt → *Phenylketonurie;* **b** fehlt → *Albinismus;* **c** fehlt → *Kretinismus;* **d** fehlt → *Alkaptonurie*

einem bestimmten Gen zuzuordnen. Dies führte zur *Ein-Gen-ein-Enzym-Hypothese,* die sich auch an Bakterien und in umfangreichen Untersuchungen (BEADLE und TATUM) am roten Schimmelpilz *Neurospora crassa* bestätigen ließ. Mittlerweile ist sie eine durch eine riesige Zahl weiterer Beobachtungen gestützte Theorie.

Genbegriff auf molekularer Ebene. Die Erkenntnisse der Molekulargenetik über den Bau der DNA machen eine Neufassung des Genbegriffs notwendig. Nach klassischer Auffassung ist das Gen einmal eine *Funktionseinheit* (durch die ein Merkmal beim Phänotyp bestimmt wird), ferner eine *Austauscheinheit* beim Crossing-over und schließlich eine *Mutationseinheit.* Heute weiß man, dass das Merkmal erst am Ende einer ganzen Kette von Reaktionen steht und jedem Reaktionsschritt ein Enzym zugeordnet ist, für dessen Bildung ein bestimmter Abschnitt des DNA-Moleküls zuständig ist (Abb. 335.1). Erst das Tätigwerden mehrerer DNA-Abschnitte führt zum phänotypischen Merkmal. *Ein Gen ist also, molekulargenetisch betrachtet, ein DNA-Abschnitt, der in seiner Basenfolge die Information für ein Polypeptid enthält und daher eine funktionelle Einheit ist.* Da ein Enzym vielfach aus mehreren Polypeptiden aufgebaut ist, spricht man richtiger von der *Ein-Gen-ein-Polypeptid-Hypothese.* Aus den Stoffwechselreaktionen ergeben sich dann die Merkmale des Organismus. Die Merkmale werden demnach nicht direkt von den Genen gebildet; sie entstehen erst am Ende zahlreicher hintereinander geschalteter Stoffwechselreaktionen. Diese sind eng miteinander verknüpft. Sie werden durch Enzyme, also durch Gen-Produkte, gesteuert. Daher bezeichnet man die durch Genwirkung ausgelöste Stoffwechselkette auch als *Genwirkkette.* Die Bildung des Augenfarbstoffs bei der Mehlmotte ist ein Beispiel dafür.

Ein weiteres Beispiel ist die Genwirkkette im *Phenylalaninstoffwechsel* des Menschen (Abb. 336.1): Die Aminosäure *Phenylalanin* wird mit der Nahrung zugeführt oder beim Eiweißabbau des Körpers gewonnen. Fehlt das zur Umwandlung von *Phenylalanin* in *Tyrosin* notwendige Enzym infolge einer Mutation, so entsteht die giftige *Phenylbrenztraubensäure* (frühere Bezeichnung: Phenylketon). Sie wird im Urin ausgeschieden und färbt sich mit $FeCl_3$ grün bis blaugrün. Man bezeichnet diese Stoffwechselstörung als *Phenylketonurie.* Die Wirkung zeigt sich vor allem an einer Schädigung der Gehirnzellen; dieser erbliche Defekt führt zu Schwachsinn. Neugeborene werden deshalb auf Phenylbrenztraubensäure im Urin oder auf Phenylalanin im Blut (GUTHRIE-Test) untersucht (s. 3.5.3). Ist der Test positiv, so erhalten die Kinder bis zum 10. Lebensjahr eine phenylalaninarme Diät; sie verhindert die Folgen der Krankheit weitgehend.

Eine andere Stoffwechselkette läuft vom *Tyrosin* zum Hautpigment *(Melanin).* Fehlt eines der Enzyme dieser Kette, entsteht *Albinismus.*

Bei normalem Abbau des Tyrosins bildet sich als Zwischensubstanz *Homogentisinsäure* (früher *Alkapton* genannt). Lässt sich diese nicht weiter abbauen, weil das erforderliche Enzym dazu fehlt, wird die sich ansammelnde *Homogentisinsäure* im Urin ausgeschieden. Diese für den Betreffenden oft harmlose Stoffwechselanomalie äußert sich in einer Dunkelfärbung des Urins an der Luft infolge Oxidation der Homogentisinsäure zu einem dunklen Farbstoff *(Alkaptonurie* = Schwarzharn). Lagert sich die Homogentisinsäure im Knorpelgewebe ab, kann *Arthritis* entstehen.

Ein genetisch bedingter Enzymausfall in der Stoffwechselkette vom *Tyrosin* zum Schilddrüsenhormon *Thyroxin* führt zu angeborenem *Kretinismus.*

4.2.5 Molekularer Bau von Genen bei Eukaryoten; Spleißen

Beim Vergleich der Nucleotidsequenz von mRNA-Molekülen mit der Nucleotidsequenz der zugehörigen Gene (also DNA-Abschnitte) stellt man fest, dass bei den Eukaryoten in den meisten Fällen diese Sequenzen nicht völlig übereinstimmen. Die Gene enthalten Nucleotidabfolgen, die in der mRNA nicht enthalten sind. Elektronenmikroskopische Beobachtungen bestätigen dies: Wenn man den einen Strang der DNA des Gens mit der an ihm gebildeten mRNA zusammenbringt, so bilden beide unter Basenpaarung einen „Hybrid"-Doppelstrang. Dabei zeigt sich, dass bestimmte Teile der DNA aus dieser Doppelstrang-Struktur ausgeschlossen bleiben, weil sie keine Paarung eingehen können. Sie bilden Schleifen. Daraus ergibt sich: Die meisten Gene der Eukaryoten bestehen aus mehreren Teilen. DNA-Abschnitte, deren Information in die fertige mRNA und damit in die Polypeptidkette eingeht, heißen *Exons* (weil sie *exprimiert* = ausgedrückt werden). Die dazwischen liegenden Teilstücke des Gens nennt man *Introns*; sie liefern keine Information für die Polypeptidkette. Die Introns werden mit den Exons transkribiert, wobei sich eine Vorstufe der mRNA, die prä-mRNA, bildet. Aus ihr werden im Zellkern die mRNA-Teile herausgeschnitten, die den Introns entsprechen. Die fertige mRNA enthält nur die Informationen der Exons. Die Anzahl der Introns je Gen ist unterschiedlich (Abb. 337.1).

Der Vorgang des enzymatischen Herausschneidens der Introns und der anschließenden Verknüpfung der verbliebenen Exons wird als **Spleißen** (splicing) bezeichnet. Reaktionen an den Molekülenden werden durch deren Blockierung verhindert. Am 5'-Ende der prä-mRNA wird ein besonderes Nucleotid als „Kappe" (cap) angebaut; am 3'-Ende wird eine größere Zahl von Adenin-Nucleotiden (aus ATP) hinzugefügt. Manche mRNA-Vorstufen haben die für das Spleißen notwendige katalytische Fähigkeit selbst. Solche Ribonucleinsäuren, die wie ein Enzym chemische Bindungen lösen oder knüpfen können, nennt man *Ribozyme*. Auch die ribosomale RNA (rRNA) hat bei der Proteinsynthese enzymatische Wirkung. Diese Befunde sind wichtig für die Modellvorstellungen zur Entstehung des Lebens *(s. Evolution 3.2)*.

In einigen Fällen ließ sich zeigen, dass die auf einzelne Exons zurückgehenden Teile der Polypeptidkette auch ganz bestimmte Teilfunktionen im Protein haben. Beim Gamma-Immunglobulin entspricht z. B. ein bestimmtes Exon dem Bindungsbereich an die Zellmembran, ein anderes Exon dem Antigen-Bindungsort usw. (zur Bedeutung der Introns *s. Evolution 3.1.3*).

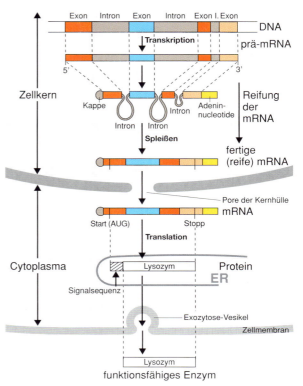

Abb. 337.1: Struktur des Lysozym-Gens und Reifung der mRNA. Die Reifung erfolgt im Zellkern. Die fertige (reife) mRNA enthält nur die Exons. Das an ihr gebildete Polypeptid besitzt zunächst noch eine Signalsequenz; erst durch deren Abspaltung entsteht das funktionsfähige Enzym Lysozym, das aus der Zelle ausgeschleust wird.

Wenn man an mRNA-Molekülen mit Hilfe der reversen Transkriptase DNA-Moleküle herstellt, so erhält man die Sequenz der DNA ohne Introns. Solche DNA-Moleküle werden in der Gentechnik eingesetzt (*copy-DNA = cDNA*, s. 5.3.1, Herstellung von Vektoren).

▶ **Intramolekulare Rekombination: Gene der Antikörper.** Der menschliche Körper bildet etwa zehn Millionen verschiedene Antikörper-Proteine (Immunglobuline, *s. Immunbiologie 2.1.1*). Diesen kann nicht je ein eigenes Gen zugrunde liegen, da der Mensch nicht mehr als 100 000 Gene besitzt. Die große Zahl kommt durch einen besonderen Vorgang der Verknüpfung verschiedener DNA-Abschnitte eines Chromosoms zustande (intramolekulare Rekombination). Die meisten Immunglobuline bestehen aus vier Polypeptidketten, je zwei identischen leichten und schweren Ketten, deren Gene auf verschiedenen Chromosomen liegen. Jede Kette ist aus einem variablen und einem in vielen Ketten identischen konstanten Teil aufgebaut. Dem variablen Teil (V-Teil) liegen rund 100 verschiedenen V-Gene zugrunde, für den konstanten Teil gibt es bei den leichten Ketten ein Gen, bei den schweren Ketten mehrere. Bei der Reifung der Antikörper bildenden Zellen wird ein V-Gen über ein Verbindungsstück mit einem Gen des konstanten Teils verknüpft; die dazwischen befindlichen langen DNA-Stücke gehen verloren. An der Verknüpfung können unterschiedliche Verbindungsstücke beteiligt sein, auch erfolgt sie mit einer gewissen Ungenauigkeit. Schließlich ist in den V-Teilen des so rekombinierten Gens die Mutationsrate sehr hoch, sodass bei jeder Zellteilung Veränderungen eintreten können. Die Vielfalt der Antikörper entsteht also durch vier Teilvorgänge: Auswahl des V-Teils, Auswahl des Verbindungsstücks, Ungenauigkeit der Verknüpfung und somatische Mutationen im V-Teil. ◀

4.2.6 Molekulare Grundlage der Genmutation

Ein gut untersuchtes Beispiel für die Wirkung einer Genmutation ist die *Sichelzellanämie* (Abb. 338.1). Die Betroffenen bilden abnormes Hämoglobin, und ihre dadurch veränderten Roten Blutkörperchen werden von Leukozyten angegriffen und aufgelöst. Die Folge ist bei homozygoten Trägern des Allels eine schwere Anämie („Blutarmut"), die zum Tod führt. Heterozygote leiden darunter in weit geringerem Maße (es liegt also unvollständige Dominanz vor); sie sind außerdem malariaresistent im Gegensatz zu den Gesunden (den homozygoten Trägern des Normalallels).

Eine Untersuchung des Hämoglobins ergab, dass nur dessen β-Ketten verändert sind und diese sich in einer einzigen Aminosäure von den normalen β-Hämoglobinketten unterscheiden: Von den insgesamt 146 Aminosäuren ist die 6. Aminosäure – Glutaminsäure – durch Valin ersetzt (Abb. 338.2). Wie man der Codesonne (Abb. 331.3) entnehmen kann, ist diese Veränderung durch einen einzigen Basenaustausch in der RNA (bzw. in der DNA) verursacht.

Eine Genmutation liegt also bereits vor, wenn in der DNA nur eine einzige Base verändert, entfernt oder hinzugefügt wird (s. auch Rastermutationen 4.2.2). Man spricht dann von einer *Punktmutation*. Sie ist die häufigste Form der Genmutation.

Eine solche Punktmutation kann auch zu einer veränderten Enzymstruktur führen, sodass ein bestimmter Stoffwechselschritt nicht mehr katalysiert wird. Wenn als Folge davon z. B. ein Blütenfarbstoff ausfällt, entsteht eine weiß blühende Mutante. Beim Ausfall eines lebenswichtigen Stoffs kann die Mutation tödlich wirken (letale Mutation).

Bei der Bluterkrankheit A ist das Gen des Blutgerinnungsfaktors VIII verändert. Die molekulargenetische Untersuchung von über 1000 Patienten mit unterschiedlicher Schwere der Krankheit zeigte, dass bei leichteren Fällen meist ein Nucleotid*austausch* vorlag. In schweren Fällen aber handelte es sich entweder um eine Rastermutation (Nucleotid*verlust*; dadurch entsteht ein unsinniges Protein) oder um eine Inversion einer kurzen Nucleotidsequenz innerhalb des Gens (in diesem Fall liegt also keine Punktmutation vor). Eine weitere Form einer Genmutation wurde für die *HUNTINGTON-Erkrankung* (und einige andere Erbkrankheiten) gefunden. Das Gen enthält eine Abfolge von 20 bis 35 CAG-Codons. Durch eine Störung bei der DNA-Replikation kann die Zahl dieser Codons auf über 40 ansteigen (*Triplett-Expansion*). Je größer die Anzahl geworden ist, umso schwerer ist die Erkrankung. Die unterschiedliche Expressivität ist hier auf das Ausmaß der Mutation zurückzuführen.

▶ Ein anderes Beispiel für eine Expansionsmutation ist das *Fragile-X-Syndrom,* das die häufigste Ursache genetisch bedingten Schwachsinns im männlichen Geschlecht ist. Ihren Namen hat die Erkrankung erhalten, weil man sie daran erkennt, dass bei der Präparation (jedoch nicht im Organismus!) der Chromosomen das X-Chromosom häufig zerbricht. Das verantwortliche Gen liegt im X-Chromosom; im normalen Allel liegt

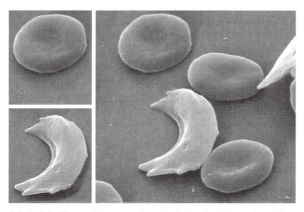

Abb. 338.1: Rasterelektronenmikroskopische Aufnahme der deformierten Roten Blutkörperchen bei Sichelzellanämie (unter bestimmten Bedingungen nehmen die Roten Blutkörperchen Sichelform an)

Reihenfolge der Aminosäuren	1	2	3	4	5	6	7	8	...	145	146
Normales Hb	Val	His	Leu	Thr	Pro	Glu	Glu	Lys	...	Tyr	His
Sichelzell-Hb	Val	His	Leu	Thr	Pro	Val	Glu	Lys	...	Tyr	His

Abb. 338.2: Aminosäuresequenz des Anfangs der β-Polypeptidkette von normalem und von Sichelzell-Hämoglobin

eine Folge von 6 bis 54 CGG-Tripletts vor; im Allel Erkrankter sind diese auf über 200 vermehrt. Bei etwa 20 % der Männer mit fragilem X sind keine Krankheitssymptome vorhanden (unvollständige Penetranz). Die molekulare Untersuchung zeigte, dass in diesen Fällen 60 bis 200 CGG-Tripletts vorliegen. Man nennt dies den Zustand der Prämutation, denn bei einer Weitergabe des Allels über eine Tochter an einen Enkelsohn erfolgt zumeist eine weitere Triplett-Expansion und damit Erkrankung.

Mutationsrate. Die Häufigkeit von Genmutationen ist bei Bakterien gut zu ermitteln, da man rasch eine riesige Zahl erhalten und untersuchen kann. Man findet je Gen Werte von 1 bis 10 Mutationen je 10^{10} Bakterien und Generation. Die meisten der Mutationen beruhen auf einem Nucleotidaustausch; man darf annehmen, dass sich ein Austausch je 10^9 bis 10^{10} Basenpaare und Generation ereignet, der nicht repariert wird.
Für eukaryotische Zellen erhält man an Zellkulturen ähnliche Werte (je Zellgeneration!). Mutagene erhöhen diese Rate von „Spontanmutationen". Die Mutationsrate für Erbkrankheiten in einer Generation des Menschen (nicht Zellgeneration) kann am besten an X-chromosomal vererbten Krankheiten (z. B. Bluterkrankheit) erkannt werden. Aus der Häufigkeit neu erkrankter männlicher Individuen einer Population erhält man sehr unterschiedliche Mutationsraten für die über 100 bekannten Erbkrankheiten; sie schwanken zwischen $5 \cdot 10^{-5}$ und $< 10^{-6}$. Dies hat mehrere Gründe: Die Gene sind sehr verschieden groß und ein Basenaustausch ist daher unterschiedlich wahrscheinlich; aufgrund der Proteinstruktur hat nicht jeder Aminosäureaustausch gleiche Wirkungen.

Transposons. Bei Prokaryoten und Eukaryoten kommen DNA-Stücke vor, die sich von selbst aus dem Verband lösen und sich an anderer Stelle wieder in ein Chromosom einfügen. Sie heißen Transposons. Ihr Einbau in die Nucleotidsequenz eines Gens führt zu dessen Inaktivierung. Treten sie wieder aus, so wird die Funktion des Gens in der Regel wiederhergestellt (scheinbare Rückmutation). Solche beweglichen DNA-Stücke wurden zuerst von BARBARA McCLINTOCK bei Maissorten mit farbigen Körnern entdeckt. Wird durch den Einbau des Transposons die Ausbildung der Kornfärbung verhindert, so entstehen helle Körner. Tritt das Transposon aus, so wird die Kornfärbung wiederhergestellt. Erfolgt der Austritt während der Kornentwicklung, so entstehen gefleckte Körner (Abb. 339.1). Alle Zellen nämlich, die durch Teilung aus der Zelle hervorgehen, in welcher der Austritt erfolgte, bilden den Farbstoff aus. Entsprechende Vorgänge führen zu gesprenkelten Blüten von Löwenmäulchen, Petunien usw.

Abb. 339.1: Gefleckte Maiskörner infolge Transposon-Wirkung

4.3 Regulation der Genaktivität

4.3.1 Genetische Totipotenz und unterschiedliche Genaktivität

Wie kommt es, dass sich während der Embryonalentwicklung die eine Zelle zur Muskelzelle, die andere zur Nervenzelle oder Drüsenzelle differenziert? Sie stammen doch alle von derselben befruchteten Eizelle ab und sind durch den Vorgang der Mitose mit den gleichen Genen ausgestattet. Der Gegensatz zwischen genetischer Gleichheit und leistungsmäßiger Verschiedenheit der Zellen legt nahe, dass nicht die gesamte genetische Information in allen Zellen verwirklicht wird. Schon lange ist bekannt, dass bei vielen Pflanzenarten ein Steckling aus einem Sprossabschnitt die ganze Pflanze mit Wurzel und Blüte wiederherstellen kann. Nimmt man einzelne Zellen aus dem Siebteil der Leitbündel einer Karotte und kultiviert sie in Kokosnussmilch, so bildet sich durch Teilung eine Zellgruppe, die bei geeigneter Ernährung zu einer normal blühenden und fortpflanzungsfähigen Möhrenpflanze heranwächst.
Bei Tieren ließ sich die Fähigkeit zur Regeneration ganzer Lebewesen aus einzelnen Zellen besonders gut beim südafrikanischen Krallenfrosch *(Xenopus)* nachweisen (Abb. 340.1). Entnimmt man Kerne aus differenzierten Darmepithelzellen von Kaulquappen des Krallenfrosches und verpflanzt sie in kernlos gemachte Eizellen dieses Frosches, so entstehen daraus ganz normale Frösche. Zur Entwicklung dieser Tiere aus den Eizellen müssen wieder Gengruppen aktiv geworden sein, welche in den differenzierten Darmzellen inaktiv waren; zugleich aber mussten die für die spezifische Funktion der Darmepithelzellen tätigen Gene abgeschaltet worden sein *(s. Entwicklungsbiologie 2.2.1)*. Das beweist einerseits, dass auch im Kern differenzierter Zellen noch alle für eine vollständige Entwicklung des Tieres notwendigen Gene vorhanden sind, und andererseits, dass das Cytoplasma der Eizelle Stoffe enthält, welche die Tätigkeit der Gene regulieren.

340 Genetik

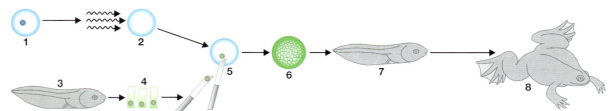

Abb. 340.1: Kerntransplantation beim Krallenfrosch. **1** Unbefruchtete Eizelle; **2** Zerstörung des Eizellkerns durch UV-Strahlen; **3** Kaulquappe; **4** isolierte Darmepithelzellen der Kaulquappe; **5** Übertragung eines Zellkerns mit einer Mikropipette; **6** Weiterentwicklung der Eizelle nach der Kernverpflanzung zur Blastula; **7** zur Kaulquappe und **8** zum fertigen Frosch

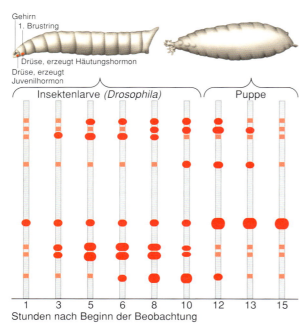

Abb. 340.2: Schema der zeitlichen Folge der Genaktivität, gekennzeichnet durch das Auftreten und Verschwinden von Puffs an den Genorten des gleichen Chromosomenabschnitts von *Drosophila*. Rot: aktive Gene (Puff); hellrot: inaktive Gene. Nach der Umwandlung der Fliegenmade zur Puppe sind bestimmte Gene abgeschaltet.

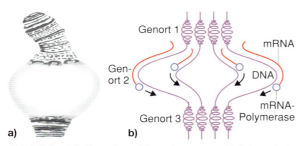

Abb. 340.3: a) Puff an einem Riesenchromosom; **b)** Schematische Darstellung an vier Chromatiden (von etwa 1000); am entknäuelten DNA-Abschnitt eines Genorts wird mit Hilfe von mRNA-Polymerase mRNA gebildet (dabei ist die DNA aufgetrennt und an den frei gewordenen Basen des codogenen Stranges setzen freie komplementäre RNA-Nucleotide an).

Bei Säugetieren gelangen entsprechende Versuche erstmals 1996 bei Schafen. Aus Zellen einer Zellkultur entnahm man Kerne und übertrug sie in kernlos gemachte Eizellen. Aus einigen dieser Eizellen erhielt man gesunde Tiere.

Zellen enthalten also auch im differenzierten Zustand die gesamte genetische Information; man spricht deshalb von der *Totipotenz der Zellen*.

Während der Entwicklung eines Organismus spezialisieren sich allmählich seine Zellen. Dabei werden in den verschiedenen Zelltypen jeweils unterschiedliche Gene oder auch Gruppen von Genen in entwicklungsgerechter Reihenfolge aktiv; alle anderen Gene bleiben inaktiv *(differentielle Genaktivierung)*. Man kann die differentielle Genaktivierung in Riesenchromosomen von Insektenlarven (s. 3.2.2) mikroskopisch beobachten (Abb. 340.2). Bestimmte Abschnitte sind wulstartig aufgebläht; Querscheiben sind hier nicht zu erkennen. Man nennt diese Abschnitte *Puffs* (engl. to puff = sich blähen, Abb. 340.3). Während der weiteren Larvalentwicklung verschwinden manche Puffs und neue treten an anderen Orten der Chromosomen auf. Mit *Toluidinblau* kann man nachweisen, dass an den Puffs RNA gebildet wird. Toluidinblau färbt DNA blau und RNA rotviolett: Die ungepufften Abschnitte erscheinen blau, an den Puffs lässt die zusätzliche Rotviolett-Färbung die RNA-Bildung erkennen.

4.3.2 Regulation der Gentätigkeit bei Bakterien

Wie werden Gene zu bestimmten Zeitpunkten in der Zelle aktiviert oder gehemmt? Diese Frage wurde zunächst beim Bakterium *Escherichia coli* untersucht. Man fand zwei Möglichkeiten zur Regulation der Gentätigkeit.

1. Substratinduktion. Normalerweise wird in einer Kultur von *Escherichia coli* der Energiebedarf der Zellen durch Glucose gedeckt. Ersetzt man die Glucose durch *Lactose* (Milchzucker, eine Verbindung aus Galaktose und Glucose), so bilden die Bakterien verstärkt die Enzyme *Lactose-Permease* und *β-Galactosidase* (welche vorher nur in Spuren vorhanden waren). Die Per-

Molekulare Grundlagen der Vererbung 341

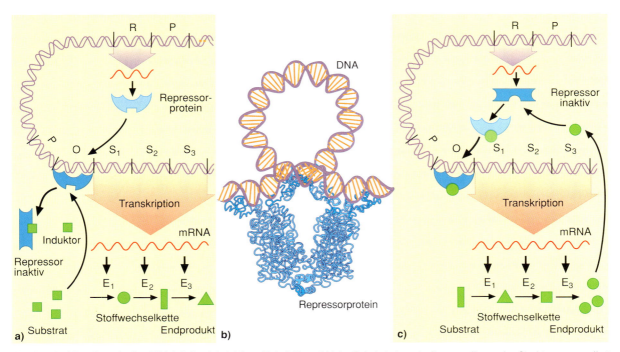

Abb. 341.1: a) Regelung der Gen-Tätigkeit durch Induktion. Als Induktor wirkt das Substrat eines der Enzyme, die von den Strukturgenen codiert werden. Durch Bindung des Induktors an das Repressor-Protein ändert dieses seine Gestalt und kann sich nicht mehr an den Operator anlagern; die Strukturgene sind dann ablesbar; **b)** Bindung des Repressorproteins an den Operatorbereich des Lac-Operons (Computermodell); die Bindung erfolgt an zwei getrennte DNA-Sequenzen, wodurch die dazwischen gelegene DNA eine Schleife bildet; **c)** Endprodukt-Repression; ein Endproduktmolekül bindet an den Repressor, der dadurch seine Gestalt ändert und sich an den Operator anlagern kann; die Enzymsynthese wird gestoppt. **R** Regulator-Gen, **O** Operator, **S** Strukturgene, **P** Promotor, **E** Enzyme

mease bewirkt den Transport von Lactose aus dem Medium in das Zellinnere (*Permeation* = Eindringen) und die Galactosidase katalysiert die Spaltung von Lactose in Galactose und Glucose.

Es gibt nun zwei eigenartige Mutanten von *Escherichia coli:* Die eine produziert die beiden Enzyme (Permease und Galactosidase) auch dann, wenn gar keine Lactose im Medium vorhanden ist, und die andere Mutante bildet trotz Anwesenheit von Lactose keines der Enzyme, obwohl die beiden zuständigen Gene nachweislich nicht mutiert sind. Es muss also wenigstens ein weiteres Gen geben, das für die Regulierung der Aktivität der Enzym-Gene verantwortlich ist. Auf dem Chromosom von *Escherichia coli* liegen die beiden Gene für Permease und Galactosidase unmittelbar nebeneinander (neben einem dritten Gen, dessen Funktion nicht genau bekannt ist). Die beiden Enzyme werden auch stets gemeinsam und in gleicher Menge hergestellt.

Dies ist so zu erklären, dass die beiden Gene gemeinsam abgelesen werden; dabei entsteht nur eine einzige mRNA. Bei den genannten Mutanten ist offenbar ein regulierender DNA-Abschnitt verändert. Ein solcher befindet sich vor den beiden Genen. Dieser DNA-Abschnitt heißt *Operator;* er kann mit einem spezifischen Protein, dem *Repressor*-Protein in Wechselwirkung treten. Vor dem Operator befindet sich ein weiterer kurzer DNA-Abschnitt, der die RNA-Polymerase bindet; er heißt *Promotor*. Die RNA-Polymerase kann die beiden *Strukturgene* (Permease-Gen und Galactosidase-Gen) nur dann ablesen, wenn der zugehörige Operator nicht durch das Repressor-Protein blockiert wird. Dies ist der Fall, wenn ein Lactose-Molekül an den Repressor bindet. Dadurch verliert dieser seine spezifische Bindungsfähigkeit an den Operator: Der DNA-Abschnitt des Operators wird frei und die Transkription der Strukturgene kann erfolgen (Abb. 341.1 a). Das Repressor-Protein wird von einem an einer anderen Stelle liegenden Gen, dem *Regulator-Gen,* codiert.

Die Funktionseinheit von Promotor, Operator und Strukturgenen nennt man *Operon* (hier: *Lactose-Operon*). Wenn das Substrat eines Enzyms des Operons die Genaktivität und damit die Enzymsynthese auslöst, spricht man von *Substratinduktion*. Die Steuerung der Genaktivität durch Induktion findet man vor allem bei der Synthese von Enzymen für *abbauende* Stoffwechselreaktionen.

2. Endprodukt-Repression. Bei *aufbauenden* Stoffwechselreaktionen wird die Genaktivität häufig anders reguliert. E. coli kann z. B. die Aminosäure *Histidin* selbst synthetisieren. Fügt man aber reichlich Histidin zur Nährlösung hinzu, so nimmt die Menge der an der Histidin-Synthese beteiligten Enzyme in den Bakterien rasch ab, weil die Bildung dieser Enzyme gehemmt wird und die bereits vorhandenen Enzyme in den Bakterien fortlaufend abgebaut werden. Schließlich wird in den Bakterien kein Histidin mehr gebildet. Man nennt diese Erscheinung *Endprodukt-Repression*, weil das Endprodukt der Reaktionskette die weitere Enzymsynthese hemmt. Im Falle des Histidin-Stoffwechsels liegt das vom Regulator-Gen gebildete Repressor-Protein zunächst inaktiv vor. Durch Bindung von Histidin wird das Repressor-Protein aktiviert, lagert sich an den Operator an und verhindert so die weitere Transkription der Strukturgene des Operons. Weil das Histidin die Enzymbildung durch seine Bindung an den Repressor unterdrückt, nennt man es *Corepressor* (Abb. 341.1c).

Die Fähigkeit zur Regulation der Gentätigkeit ist für die Zelle sehr wichtig. Sie verhindert unnötigen Energieaufwand und überflüssige Synthesen. Enzyme werden erst dann gebildet, wenn ihr Substrat vorliegt (Substrat-Induktion), und Synthesen hören auf, wenn der produzierte Stoff in genügender Menge gebildet ist (Endprodukt-Repression). In beiden Fällen wird das Repressor-Protein gebunden, sodass die Ablesung von Strukturgenen verhindert wird.

Die geschilderten Vorstellungen über die Regulierung der Genaktivität bei Bakterien gehen auf JACOB und MONOD zurück (*JACOB-MONOD-Modell*).

4.3.3 Aufbau des Genoms und Regulation bei Eukaryoten

Die DNA-Menge der Zellkerne höherer Pflanzen und Tiere ist wesentlich größer als die DNA-Menge eines Bakteriums; alle Eukaryoten-Zellen enthalten einen „Überschuss" an DNA. Welche Funktion hat nun diese zusätzliche DNA?

1. Die Gene sind zum Teil durch längere DNA-Stücke getrennt, denen man keine Funktion zuschreiben kann. In diese DNA-Bereiche sind allerdings häufig kürzere Sequenzen mit regulatorischen Aufgaben eingebaut.
2. Die Introns, die ebenfalls keine Information für das Protein enthalten, können sehr lang sein, sodass das Gen vorwiegend aus Introns besteht.
3. Die Nucleotidabfolgen von Genen können sich wiederholen und eine Multigen-Familie bilden. Die Gene einer solchen Familie liegen entweder in Gruppen beieinander oder sie sind auf mehrere Chromosomen verteilt. Wenn die sich wiederholenden Gene identisch sind, so kann bei ihrer Transkription sehr rasch viel mRNA und das entsprechende Protein entstehen. Dies ist z. B. bei den Histonen (Abb. 324.1) der Fall. Sind die Gene ein wenig voneinander verschieden, so haben ihre Produkte etwas unterschiedliche Aufgaben. Z. B. gibt es beim Menschen auf Chromosom 11 einige β-Globin-Gene. Eines davon enthält die Information für die β-Hämoglobin-Kette, andere codieren für ähnliche Hämoglobine, die vor der Geburt im fetalen Blut vorhanden sind. Auch funktionslose Sequenzen, die den aktiven Sequenzen in ihrer Basenabfolge weitgehend entsprechen, aber keinen Transkriptionsstart aufweisen (so genannte *Pseudogene*), gehören zu dieser Multigen-Familie (Abb. 342.1).

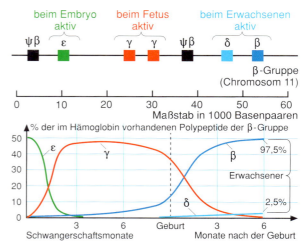

Abb. 342.1: Multigen-Familie der β-Globin-Gene (für die β-Kette des Hämoglobins) auf Chromosom 11 des Menschen und zeitlicher Verlauf der Bildung der einzelnen Polypeptide der β-Kette. ψβ = Pseudogene der β-Gruppe. Der zeitliche Verlauf zeigt, dass eine sehr genaue Regulation der Aktivität der einzelnen Gene stattfindet; diese ist weitgehend unbekannt. Während aller Entwicklungsstadien treten zwei α-Ketten mit zwei Polypeptiden aus der Gruppe der β-Ketten zum funktionsfähigen Hämoglobin zusammen.

4. Einige Nucleotidabfolgen wiederholen sich im Genom mehr als 10 000fach. Diese *hochrepetitiven* Sequenzen sind an der Ausbildung der Chromosomenstruktur beteiligt: Sie bilden das Centromer und befinden sich in der DNA der Chromosomen-Endstücke. Sie stabilisieren offenbar diese Bereiche. Andere solche Sequenzen sind über das ganze Genom verteilt; ihre Funktion ist unbekannt.
5. Bestimmte Nucleotidsequenzen binden die Chromosomen an das Cytoskelett des Zellkerns. Diese Bindung erfolgt so, dass jedes Chromosom im Kern einen festen Platz hat.

Molekulare Grundlagen der Vererbung

Regulation. Bei den Eukaryoten gibt es viel mehr Regulationsmöglichkeiten für die Verwirklichung der genetischen Information als bei Bakterien: bei der Transkription, bei der RNA-Reifung, dem RNA-Transport aus dem Kern ins Cytoplasma, dem RNA-Abbau und bei der Translation (z. B. wenn inaktive mRNA im Cytoplasma vorliegt, die erst nach Eintreffen eines Signals abgelesen wird).

Die Gene der Eukaryoten bilden keine Operons, wie sie bei den Bakterien vorliegen; ihre Regulationsbereiche sind oft weit von der Startstelle für die Proteinsynthese entfernt. Der Ort, an dem die RNA-Polymerase an die DNA bindet, heißt auch hier Promotor. An diesen müssen aber vor Anlagerung der RNA-Polymerase mehrere andere Proteine (Transkriptionsfaktoren) gebunden werden. Sie werden ihrerseits durch aktivierende und hemmende Proteine beeinflusst, die an oft weit (bis zu viele Tausend Basenpaare) entfernten Bindungsstellen an die DNA binden (s. Abb. 343.2).

Die Aktivität mancher dieser genregulatorischen Proteine wird über Signalstoffe (z. B. Hormone) oder eine Signalkette *(s. Stoffwechsel 1.6)* reguliert. Da manche Produkte (Proteine) so aktivierter Gene ihrerseits wieder neue Genaktivitäten auslösen bzw. verhindern können und andere auf Signalketten fördernd oder hemmend einwirken, liegt ein komplexes Netzwerk der Weitergabe und Verrechnung von Information vor.

▶ Die DNA-Bindung der genregulatorischen Proteine erfolgt durch bestimmte Molekülteile. Häufig wird eine Protein-α-Helix in der „Rinne" der DNA gebunden; in anderen Fällen ein fingerartiger Fortsatz des Proteins („Fingerprotein").

Eine besondere Gruppe von DNA-bindenden Proteinen ist für Entwicklungsvorgänge von großer Bedeutung. Sie besitzen eine stets gleichartige α-Helix von etwa 60 Aminosäuren. Die zugrunde liegenden Gene weisen bei allen Eukaryoten im entsprechenden Bereich eine ähnliche Basensequenz auf, die man als *Homöobox* bezeichnet. Jedes dieser Gene („*HOM*-Gene") hat einen bestimmten Wirkungsbereich im Körper; sein Genprodukt aktiviert dort in einem bestimmten Entwicklungsstadium weitere Gene, welche die Ausbildung von Körpersegmenten oder Organen steuern. Mutationen von HOM-Genen führen z. B. dazu, dass Organe am falschen Ort entstehen (so können bei *Drosophila* Beine anstelle der Fühler oder zwei Flügelpaare auftreten). HOM-Gene sind bei den meisten Tieren und beim Menschen nachgewiesen. Ihre Anordnung auf dem Chromosom entspricht der Gliederung der Körpersegmente entlang der Körperachse (Abb. 343.1). Bei Blütenpflanzen sind sie an der Ausbildung der Blütenorgane beteiligt; Mutationen führen z. B. dazu, dass Blüten mit Blättern anstelle von Staubgefäßen entstehen. ◀

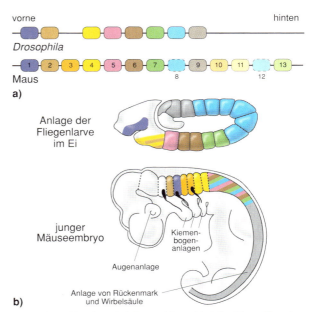

Abb. 343.1: HOM-Gene bei *Drosophila* und bei der Maus. Einander entsprechende Gene sind durch gleiche Farbe gekennzeichnet. **a)** Abfolge der Gene auf einem Chromosom. Bei der Maus gibt es vier solcher Gengruppen (s. Evolution 3.1.3). Dargestellt ist nur die erste, bei der die Gene Nr. 8 und Nr. 12 fehlen (diese sind daher gestrichelt eingetragen). Keine der 4 Gengruppen besitzt alle 13 Gene; **b)** Embryonen der beiden Arten. Die Bereiche der Aktivitäten der jeweiligen Gene sind mit gleicher Farbe angegeben wie in a. In den schraffierten Bereichen sind alle durch Farben gekennzeichneten Gene aktiv.

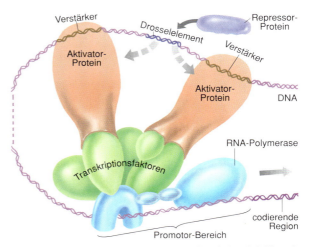

Abb. 343.2: Transkriptionsstart und seine Regulation bei Mensch und Säugetieren. Die RNA-Polymerase kann erst gebunden und tätig werden, wenn eine Reihe von Transkriptionsfaktoren im Promotorbereich gebunden ist. Einige der Transkriptionsfaktoren werden durch aktivierende Proteine aktiviert, wenn diese an entfernte „Verstärker"-Bereiche der DNA gebunden sind. Je mehr aktivierende Proteine gebunden sind, umso effektiver ist die Transkription. Die Transkription wird gehemmt durch hemmende Proteine (Repressoren), die nach Bindung an die DNA aktivierende Proteine verdrängen oder direkt mit Transkriptionsfaktoren in Wechselwirkung treten.

4.3.4 Regulation der Zellvermehrung, Tumorbildung

Bei der Organbildung muss die Zellvermehrung reguliert werden, da eine ungesteuerte Zunahme tödliche Organstörungen verursachen würde. Entstünden beispielsweise bei der Anlage des Darms im Embryo wenige Prozent mehr neue Zellen pro Zeiteinheit als normal, so würde der Darmhohlraum völlig ausgefüllt. Die Regulation erfolgt durch Wachstumsfaktoren (*Cytokine, s. auch Immunbiologie 1*), die man zu den Gewebshormonen zählen kann. Diese Proteine binden an Rezeptoren der Zellmembran und setzen so in den Zellen Signalketten (*s. Stoffwechsel 1.6*) in Gang, welche den Zellzyklus und damit die Teilungsrate steuern. Wenn Zellen sich verstärkt teilen, so führt dies zu Gewebswucherungen. Teilen sich die Zellen völlig ungehemmt und damit gewebszerstörend, so handelt es sich um bösartige (maligne) **Tumore** oder **Krebs (Karzinome)**. Die Umwandlung von Zellen zu ungehemmt teilungsfähigen Tumorzellen bezeichnet man auch als *Zelltransformierung* (dieser Begriff steht nicht in Zusammenhang mit der in 4.1.1 dargestellten Transformation). Dabei verändert sich das Cytoskelett, sodass die Zellen (vor allem in Zellkulturen) eine andere Gestalt annehmen (Abb. 345.1). Ferner ändern sich Bestandteile der Zellmembran; gegen diese bildet der Organismus Antikörper. Daher werden Tumorzellen, die in jedem Körper immer wieder auftreten, in der Regel durch die Immunabwehr beseitigt.

Die Bildung der Tumorzellen geht von Stammzellen oder deren unmittelbaren, noch undifferenzierten Tochterzellen aus. Bösartige Tumoren können daher in allen erneuerungsfähigen Geweben entstehen. Sie zeigen rasches Wachstum und weichen in ihrer Struktur oft vom Muttergewebe ab, sind also „falsch differenziert" (Abb. 344.2).

Karzinogene. Krebs auslösende Faktoren bezeichnet man als Karzinogene. In den meisten Fällen sind es Mutagene, wie z. B. verschiedene aromatische Kohlenwasserstoffe (entstehen bei unvollkommener Verbrennung, finden sich also in Abgasen von Hausbrand, Autos und im Tabakrauch), Nitrosamine (entstehen bei Nitritzusatz zur Konservierung von Fleischwaren), Aflatoxine (aus Schimmelpilz *Aspergillus* auf verschimmelten Nahrungsmitteln), UV-Strahlen (anhaltende intensive Besonnung kann zu Hautkrebs führen), radioaktive Strahlen. Besonders wirksam sind viele oxidierend wirkende Stoffe; man schätzt, dass in jeder Zelle durch Oxidation unmittelbar oder mittelbar täglich etwa 10 000 Veränderungen an der DNA erfolgen, die durch Reparatur beseitigt werden. Die Zahl der in Nahrungsmitteln (in allerdings sehr geringen

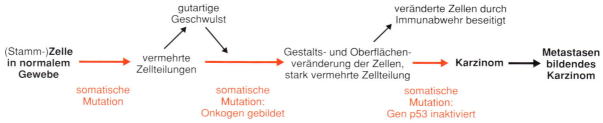

Abb. 344.1: Beispiel für die Schritte bei der Entwicklung eines Karzinoms

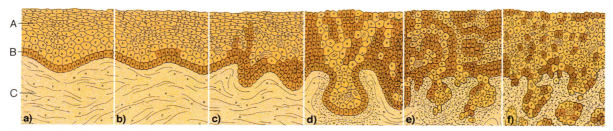

Abb. 344.2: Entstehung eines Karzinoms am Beispiel des Gebärmuttermund-Karzinoms. **a)** Normaler Zustand des Schleimhautepithels (**A** obere Zellschichten der Schleimhaut; **B** Basalzellen der Schleimhaut, **C** Bindegewebe); **b)** Erste Veränderungen: Basalzellen mehrschichtig; **c)** Basalschicht ufert aus, im Schleimhautepithel zahlreiche Mitosen; **d)** Karzinom „in situ", d. h. beschränkt auf die Schleimhaut; normale Ordnung in der Schleimhaut zerstört, Bindegewebe nicht angegriffen; **e)** Beginn des Eindringens ins Bindegewebe; Lymphozyten (schwarze Punkte) versuchen die Krebszellen abzuwehren; bis zu diesem Stadium lässt sich das Krebsgewebe chirurgisch entfernen; **f)** Wucherndes Epithelgewebe wächst ungeordnet ins Bindegewebe. Gelangen Krebszellen in die Blutbahn, können sie an anderen Körperstellen Tochtergeschwülste (Metastasen) erzeugen.

Mengen) vorkommenden Karzinogene ist viel größer als die Zahl der vom Menschen als Schadstoffe hergestellten. Durch Einwirkung der Karzinogene auf die DNA entsteht – sofern keine DNA-Reparatur erfolgt – eine somatische Mutation.

Um ihre Wirkung zu entfalten, müssen die Karzinogene in die Zelle eindringen und dürfen dort nicht entgiftet werden. Stoffe, welche die Aufnahme erleichtern oder eine Entgiftung verhindern, verstärken die Karzinogen-Wirkung (Cokarzinogene). Bei vielen Krebsformen steigt die Zahl der Erkrankungen in der Bevölkerung mit zunehmendem Lebensalter an. Dies ist ein Hinweis darauf, dass die Tumorentwicklung ein zeitabhängiger Vorgang mit mehreren Teilschritten ist (Abb. 344.1). Eine einzige somatische Mutation reicht in der Regel nicht aus, um bösartige Tumore hervorzurufen. Bei den ersten Teilungen können Tumorzellen noch von der Immunabwehr zerstört werden *(s. Immunbiologie 1)*, sodass keine Tumorbildung erfolgt. Wenn jedoch die Immunreaktion zu schwach ist, kommt es zum Tumorwachstum.

Onkogene. Der Amerikaner ROUS zeigte 1911, dass ein Virus (das nach ihm benannte ROUS-Sarkom-Virus) Zellen zu Krebszellen umwandeln kann. Mittlerweile sind viele weitere Tumorviren gefunden worden. Es sind stets Retroviren. Dabei handelt es sich um RNA-Viren, welche nach Eindringen in die Wirtszelle DNA bilden, die ins Wirtsgenom eingebaut und dort tätig wird; dadurch entstehen neue Viren. Oft reicht ein kleiner Teil des Virus-Genoms zur Umwandlung der Wirtszellen in Krebszellen aus. Beim Sarkom-Virus ist es das *src*-Gen. Wird es aus dem Virus entfernt, so kann dieses keine Umwandlung auslösen. Interessanterweise ist das *src*-Gen nahezu identisch mit einem normalen Strukturen der Wirtsorganismen. Durch dessen Mutation entsteht ein verändertes Protein, das die Umwandlung der Zelle auslöst. Im Virus liegt das veränderte Gen als *src*-Gen vor. Mutierte Gene, die Krebs auslösen und die in Form von RNA in das Genom von Retroviren eingebaut sein können, bezeichnet man als *Onkogene* (Krebsgene). Normale Gene, durch deren Mutation die Onkogene entstehen, heißen *Proto-Onkogene*. Proto-Onkogene dienen der Synthese von Proteinen mit regulatorischer Funktion: Rezeptoren für Wachstumsfaktoren, Bestandteile von Signalketten und DNA-bindende Proteine, die an der Transkriptionsregulation beteiligt sind. Durch die Mutation zum Onkogen wird mehr Genprodukt gebildet oder die regulatorischen Proteine bleiben dauernd aktiv und können nicht mehr abgeschaltet werden. Dadurch wird die Zellteilungsrate stark erhöht. Ursache einer Onkogen-Aktivierung können somatische Chromosomenmutationen sein (Abb. 308.1 und 308.2).

Auch die Inaktivierung eines Gens kann zur Umwandlung einer Zelle in eine Krebszelle führen. Dies gilt für den Fall, dass das normale Genprodukt die Zellteilung und so die Bildung eines Tumors verhindert. Die zugrunde liegenden Gene nennt man *Tumor-Suppressor-Gene*. Während die Onkogene dominant wirken, ist die Inaktivierung eines Tumor-Suppressor-Gens meist rezessiv. Eine derartige Inaktivierung verursacht den Krebs der Netzhaut des Auges (Retinoblastom). Familienstammbäume zeigten schon lange eine erbliche Disposition dieser Erkrankung an. Sie ist darauf zurückzuführen, dass ein Allel des Tumor-Suppressor-Gens mutiert ist. Wenn nun das andere Allel infolge einer somatischen Mutation inaktiv wird, so entsteht eine Tumorzelle. Brustkrebs ist in etwa 25 % der Fälle auf eine Mutation des gleichen Gens zurückzuführen. Das Genprodukt ist ein DNA-bindendes Protein, das an der Regulation der Genaktivität beteiligt ist. Besonders wichtig ist das Tumor-Suppressor-Gen „p53". Es codiert für ein DNA-bindendes Protein, das Zellteilung in genetisch geschädigten Zellen verhindert und häufig zu deren Absterben führt. In vielen Fällen löst eine somatische Mutation dieses Gens die Karzinombildung aus.

Zur Bekämpfung von Tumoren werden Stoffe eingesetzt, welche die Zellteilung hemmen *(Cytostatika)*. Einige dieser Stoffe beeinträchtigen die DNA-Synthese im Zellzyklus und andere verhindern den Aufbau der Kernspindel. Allerdings wirken die Cytostatika nicht nur auf die sich teilenden Zellen im Tumorgewebe, sondern hemmen auch die Zellregeneration im Organismus (z. B. zur Blutkörperchenbildung und zur Wundheilung notwendige Zellteilungen).

Es gibt auch cytostatisch wirkende Gewebshormone (Cytokine); sie werden als *Tumor-Nekrose-Faktoren (TNF)* bezeichnet. Sie können das Wachstum von Karzinomen in der Anfangsphase oft verhindern.

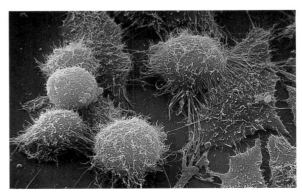

Abb. 345.1: REM-Aufnahme von menschlichen Krebszellen aus einer Zellkultur (Vergrößerung ca. 2200fach)

5 Anwendung der Genetik

Schon seit vorgeschichtlicher Zeit hat der Mensch Pflanzen in Kultur genommen und Wildtiere zu Haustieren gemacht. In höchstens 10 000 Jahren ist dabei aus verhältnismäßig wenigen Wildformen die ungeheure Fülle unserer heutigen Kulturpflanzen und Haustiere entstanden. Der Übergang wird als Domestikation bezeichnet. Ein Jäger und Sammler braucht einen Lebensraum von 20 km²; die gleiche Fläche, mit Kulturpflanzen bebaut, kann heute bis zu 6000 Menschen ernähren. Den Beginn des Nutzpflanzenanbaus kennzeichnet man als Übergang von der Mittleren zur Jungsteinzeit. Ohne diesen Anbau und ohne die Pflanzen- und Tierzüchtung, die nicht nur ertragreiche Rassen, sondern auch solche für klimatisch weniger günstige Gebiete geschaffen hat, hätte sich die Menschheit gar nicht so stark vermehren können.

5.1 Pflanzenzüchtung

Wie konnte der Mensch aus ertragarmen Wildformen zunehmend ertragreichere Kulturformen erzeugen? Am Anfang beruhte die Züchtung ausschließlich auf einer Auswahl geeigneter Mutanten, die der Mensch in den Wildpopulationen vorfand. Heute bestimmen die Kenntnisse der genetischen Gesetzmäßigkeiten die Züchtungsmethoden. Im Folgenden werden einige Methoden der Pflanzenzüchtung beschrieben (zu den gentechnischen Methoden s. 5.3.3).

Ziele der Pflanzenzüchtung. Allgemeine Ziele der Pflanzenzüchtung sind Ertragssteigerung und Verbesserung der Qualität: höherer Eiweiß- und Fettgehalt, höhere Wertigkeit des Eiweißes, Steigerung der Backfähigkeit oder des Vitamingehaltes, Verbesserung des Geschmacks oder der Haltbarkeit. Die heutigen Züchtungsziele berücksichtigen zudem die Verwendung rationeller Anbau- und Ernteverfahren: z. B. standfeste Getreidesorten mit fester Ährenspindel für den Mähdrusch. So wird laufend eine genetische Anpassung an sich ändernde Produktionsbedingungen erzielt. Zur Ertragssteigerung ist es wichtig, bei den Hochzuchtsorten die Schädlings- und Krankheitsresistenz zu erhöhen sowie die Anbaugebiete auszuweiten. Dazu muss die Züchtung Sorten (Ökotypen) entwickeln, die an den neuen Standort angepasst sind und unter den neuen Klima- und Bodenverhältnissen befriedigende Erträge liefern; dies erfordert Kreuzungsexperimente und Anbauversuche.

Die Qualität von Hochzuchtformen vermindert sich laufend, indem leistungsschwächere Einzelpflanzen auftreten. Dies liegt an Fremdbestäubung oder an spontanen Mutationen. Die *Erhaltungszüchtung* wirkt dieser Verschlechterung von Hochzuchtformen entgegen.

Auslesezüchtung. Anfangs baute der Mensch Wildformen an. Man nimmt an, dass er schon früh damit begann Samen von denjenigen Pflanzen wieder auszusäen, die vorteilhafte Eigenschaften hatten. Damit kam es zur künstlichen Zuchtwahl; es erfolgte eine *Massenauslese*. In der wissenschaftlichen Züchtung wird in den Populationen gezielt nach Individuen mit gewünschten günstigen Eigenschaften gesucht. Ihre Samen werden getrennt auf besondere Beete ausgesät und es wird dafür gesorgt, dass die Pflanzen möglichst gleiche Wachstumsbedingungen haben. Da die Pflanzen eines Beetes von der gleichen Mutterpflanze abstammen, bleiben bei der wiederholten Anwendung des Verfahrens reine Linien mit den gewünschten Eigenschaften übrig (*Individualauslese*). Bei Selbstbefruchtern (Bohne, Erbse, Weizen, Gerste) führt dieses Verfahren meist rasch zum Ziel. Bei Fremdbefruchtern, wie z. B. beim Roggen, wird eine Anzahl Ähren künstlich bestäubt. Einige Körner jeder Ähre werden ausgesät, die übrigen einbehalten. Nach der neuen Ernte werden nur Körner von Ähren mit dem besten Ertrag für die weitere Züchtung verwendet. Ist vegetative Vermehrung möglich, so ist die Individualauslese ebenfalls rasch erfolgreich. Vegetative Vermehrung führt nämlich zu erbgleichen Nachkommen; die Individuen bilden dann einen *Klon*. Die Pflanzenzüchtung wendet die *Klonung* z. B. bei der Kartoffel an: Von einer besonders ertragreichen Mutterpflanze wählt man die Knollen als „Saatgut" und erhält so ebenfalls ertragreiche Nachkommen.

Kombinationszüchtung. Kreuzung verschiedener Genotypen (Sorten) einer Art bringt neue genotypische und phänotypische Kombinationen, die man auf gewünschte Eigenschaften hin ausliest.
Diese Methode hat folgende Vorteile:
1. Gene erwünschter Eigenschaften, die auf beide Eltern verteilt waren, lassen sich in einem Genotyp vereinigen.
2. Durch Kreuzung können ganz neue Eigenschaften auftreten; sie entstehen durch Zusammenwirken von Genen, die von den beiden genotypisch verschiedenen Eltern stammen.
3. Durch Kreuzung können erwünschte Merkmale verstärkt oder unerwünschte zurückgedrängt werden.

Aufwendig ist die Prüfung der großen Anzahl der jeweiligen Kreuzungsprodukte auf unbrauchbare Heterozygote und auf die Homozygoten, die zur weiteren Züchtung dienen.

Anwendung der Genetik

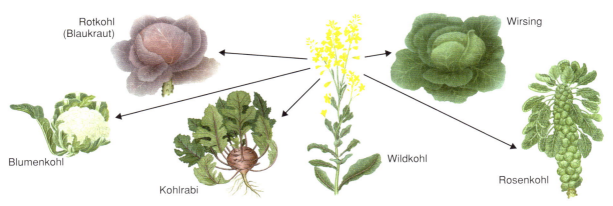

Abb. 347.1: Abänderung des Kohls unter dem Einfluss der Züchtung: Wildkohl *(Brassica oleracea)*, Blumenkohl (fleischig gezüchteter Blütenstand), Kohlrabi (knollige Verdickung des Stängels), Rosenkohl (gestauchte dickfleischige Seitenknospen), Wirsing und Rotkohl (Kopfkohle haben gestauchte Stängel mit großen, dicken und gefalteten Blättern)

Durch Kombinationszüchtung entstand z. B. der *Panzerweizen*, der Winterhärte mit hoher Ertragsfähigkeit verbindet. Gekreuzt wurde eine frostresistente, aber wenig ertragreiche schwedische Weizensorte mit dem reich tragenden, aber kälteempfindlichen englischen *Dickkopfweizen*. Durch Einzelauslese aus zahlreichen Kreuzungen wurde dann die vorteilhafteste Eigenschaften-Kombination ausgewählt und als neue Weizensorte weitervermehrt. Auch unsere Kohlsorten (Kohlrabi, Blumenkohl, Rosenkohl, Krauskohl, Rundkohl, Spitzkohl; s. Abb. 347.1), die alle auf dieselbe wilde Stammform *(Brassica oleracea)* zurückgehen, sowie die Zuckerrübe sind Beispiele für Produkte der Kombinationszüchtung.

Heterosiszüchtung. Bei vielen Fremdbefruchtern (z. B. Mais, Roggen) erreicht man Verbesserungen mit Hybridformen (s. Abb. 348.1). Aus heterozygoten Ausgangspflanzen lassen sich durch mehrjährige künstliche Bestäubung nahezu homozygote Inzuchtlinien (reine Linien) züchten. Kreuzt man zwei solche Linien, tritt bei der Tochtergeneration (F_1-Hybriden) oft eine auffallende Mehrleistung gegenüber der Leistung ihrer beiden Elternformen auf. Man nennt diese Erscheinung *Heterosis-Effekt*. Die Heterosis äußert sich z. B. bei Getreide in einem gesteigerten Kornertrag. Sie kann sich bei Pflanzen und Tieren auch in einer höheren Resistenz gegen Krankheiten und bei Hühnern in verbesserter Legeleistung zeigen. Bei den Nachkommen der F_1-Hybriden treten die weniger günstigen Eigenschaften der Inzuchtlinien wieder auf, da Homozygote entstehen. Man gewinnt Hybrid-Saatgut oder Hybrid-Nutztiere deshalb unmittelbar aus der Kreuzung von zwei Inzuchtlinien.

Die Heterosis ist umso deutlicher ausgeprägt, je größer der genetische Unterschied zwischen den Elternlinien ist, je mehr Gene also in unterschiedlichen Allelen vorliegen. Die Ursache der Heterosis kann darin liegen, dass infolge unvollständiger Dominanz die Zahl aktiver Allele bei Hybriden vergrößert ist. So ist es bei Getreide möglich, dass z. B. beide Allele 1 und 2 ein Enzym gleicher Wirkung, aber mit unterschiedlichem Temperaturoptimum bestimmen. Die heterozygote Hybride vermag dann die betreffende Stoffwechselreaktion in einem breiten Temperaturbereich optimal auszuführen, die Elternformen können dies jedoch nur in einem jeweils schmalen Temperaturbereich. Bei wechselhafter Witterung und Tagesschwankungen der Temperatur ist dann die Hybride mit ihrem breiten Temperaturoptimum im Vorteil.

Kreuzt man Weizen *(Triticum)* mit Roggen *(Secale)*, so entsteht der Bastard *Triticale*. Er ist in tropischen Gebieten den Eltern im Ertrag überlegen. *Triticale* ist aber als Artbastard steril. Durch Behandlung von Keimlingen mit Colchicin (s. 3.4.3) konnte man die Chromosomenzahl verdoppeln. Die so erhaltenen Allo-Polyploiden sind fruchtbare *Triticale*-Pflanzen. Unsere Zuchtweizen-Sorten sind einst als spontane Allo-Polyploid-Bastarde entstanden (s. Abb. 310.1).

Mutationszüchtung. Zur experimentellen Auslösung von Mutationen in der Züchtung verwendet man vor allem Samen und setzt sie Röntgen- und Neutronenstrahlen, Kälte- oder Wärmeschocks oder mutagenen chemischen Stoffen (z. B. *Ethylimin, Ethylmethansulfat* = EMS) aus. Nur ein verschwindend kleiner Bruchteil der erzeugten Mutanten ist für die Weiterzüchtung Erfolg versprechend. Weitaus die meisten von diesen zeigen Defekte. Doch wurde durch Bestrahlung eine Maismutante gewonnen, deren Eiweiß mehr *Lysin* (essentielle Aminosäure) enthält und deshalb für die menschliche Ernährung eine höhere biologische Wertigkeit besitzt.

Abb. 348.1: Heterosis beim Mais. Je fünf Kolben von zwei homozygoten Linien (oben) und ihre Kreuzungsprodukte (unten). Die Mehrleistung der F_1-Hybriden äußert sich vor allem im Körnerertrag (Korngewicht und Anzahl der Körner je Kolben). In F_2 geht die Mehrleistung wieder zurück.

Züchtung höherer Pflanzen aus Einzelzellen. Aus Pollenkörnern oder Samenanlagen kann man in Nährmedien unter sterilen Bedingungen vollständige haploide Pflanzen heranziehen. Die sich teilenden Zellen der jungen Pflänzchen lassen sich mit *Colchicin* diploidisieren. Die dann entstehenden Pflanzen sind stets homozygot. Deshalb wirken sich ihre rezessiven Anlagen phänotypisch aus und man kann brauchbare und weniger brauchbare Eigenschaften sofort erkennen.

Auch einzelne Blattzellen, die zellwandlos gemacht werden *(nackte Protoplasten)*, lassen sich zu vollständigen Pflanzen entwickeln, wobei die Zellen wieder Zellwände ausbilden. In Kulturen solcher Zellen entstehen bei Einwirkung von Mutagenen viele Mutanten, die man mit Hilfe der Stempeltechnik auf verschiedene Nährböden übertragen kann (s. Abb. 320.1). Setzt man dem Nährboden beispielsweise Schädlingsgifte zu, so kann man die resistenten Formen auslesen. Nackte Protoplasten einiger Pflanzenarten können sogar miteinander verschmolzen werden. Aus den *Hybridprotoplasten* lassen sich dann Gewebekulturen und schließlich bei manchen Arten vollständige Pflanzen gewinnen. Man kann auf diese Weise Eigenschaften zweier verwandter Arten auch dann miteinander kombinieren, wenn sie sich nicht kreuzen lassen (s. Abb. 348.2).

Auf diesem Weg wurden auch Tomate und Kartoffel bastardisiert (Tomtoffel). Praktischen Nutzen haben solche Bastarde nicht, da die Produktionsleistung nicht größer ist, sich aber auf Knollen und Früchte verteilt.

▶ **Schutz der Wildpflanzen.** Eine Folge des Bedarfs an ertragreichen Hochzuchtformen ist die Verdrängung ursprünglicher Sorten unserer Nutzpflanzen. Auch viele wild wachsende Verwandte unserer Kulturpflanzen sind ganz oder nahezu ausgerottet *(s. Ökologie 4.2.3)*. Nun besitzen gerade die Wildformen und die Primitivsorten manche Eigenschaften, die für die Weiterführung der Züchtung wertvoll sind, so z. B. Widerstandsfähigkeit gegen Kälte, Trockenheit oder Schädlinge. Mit ihrem Verschwinden verringern sich die Genbestände, die für die Kreuzung zur Qualitätsverbesserung oder zur Anpassung an andere Klimaregionen notwendig sind. Der Genbestand der Hochzuchtsorten reicht für die Vielzahl der angestrebten oder erst in der Zukunft auftretenden Zuchtziele nicht mehr aus. Unvorhersehbar ist auch der Bedarf an weiteren Nutzpflanzen (z. B. Arzneipflanzen), die durch Kultivierung von Wildpflanzen noch zu gewinnen sind. Wir müssen deshalb den Fortbestand dieser Lebewesen als notwendige Voraussetzung für die Existenz des Menschen begreifen und weltweit alles für den Artenschutz Erforderliche tun. Außerdem werden Samen möglichst vieler Sorten in flüssigem Stickstoff aufbewahrt. Sie bleiben dann fast unbeschränkt keimfähig, sodass jederzeit wieder Pflanzen herangezogen werden können. Derartige *Genbanken* hat man für zahlreiche Nutzpflanzen angelegt. ◀

  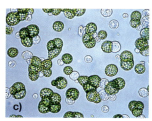 

Abb. 348.2: a) Tabakpflänzchen, die aus Pollenkörnern in der Antherenkultur entstanden sind. Man legt dazu unter sterilen Bedingungen auf einem Nährmedium die Staubbeutel (Antheren) aus; **b)** Bildung einer Pflanze in einer Gewebekultur (von Raps). Man lässt Gewebe aus Stängel- oder Blattgewebsstücken auf einem Nährmedium wachsen und setzt dann geeignete Wuchsstoffe zu. Es erfolgt eine Bildung von Embryonen, wie sie normalerweise im Samen angelegt werden. Diese wachsen heran und lassen sich nach Vereinzelung im Nährmedium zu ganzen Pflanzen heranziehen; **c)** Verschmelzung (Fusion) von grünen und weißen Protoplasten. Protoplasten (zellwandlos gemachte Pflanzenzellen) lassen sich unter geeigneten Bedingungen fusionieren. Hier wurden grüne Blattzell-Protoplasten mit farblosen Protoplasten aus embryonalem Gewebe gemischt. Man erkennt, dass auch Fusionen gleichartiger Protoplasten erfolgen; **d)** Bastard von Raps *(Brassica)* und *Arabidopsis*, erhalten durch Protoplasten-Verschmelzung und anschließende Kultur. Die beiden Eltern gehören zu verschiedenen Pflanzengattungen und sind nicht kreuzbar. Die Protoplastenfusion liefert „somatische Hybriden". Da die Genome der beiden Eltern teilweise nicht zusammenpassen, kommt es zu Wachstums- und Entwicklungsstörungen; es entstehen missgebildete und sterile Pflanzen.

5.2 Tierzüchtung

Aufgrund archäologischer Befunde weiß man, dass das älteste Haustier der Hund ist (seit 12 000 bis 14 000 Jahren). Der Haushund hatte zunächst vermutlich in erster Linie Jagd- und Wächterfunktion. Durch künstliche Zuchtwahl sind daraus die etwa 400 Hunderassen mit ganz unterschiedlichen Aufgaben entstanden. Auf den Hund folgten Schaf und Ziege, dann Rind und Schwein vor 8000 bis 9000 Jahren. Erst vor 7000 Jahren kamen Pferd und Katze hinzu, wenig später Taube und Huhn.

Nutztiere dienen heute vor allem der Nahrungsproduktion. Ihre Bedeutung als Arbeitstiere ist als Folge der Motorisierung mittlerweile weitgehend auf die Länder der dritten Welt beschränkt. Wolle und Leder werden zum Teil durch synthetische Stoffe ersetzt. Andererseits ist die Bedeutung des Haustiers als Gefährte des Menschen gewachsen: Hauskatzen (ca. 40 Rassen) und Haushunde sind heute in vielen Ländern die beliebtesten tierischen Freunde des Menschen.

Die Nutztierzüchtung arbeitet mit Auslese und Kreuzung (Abb. 349.2), außerdem benutzt sie die Erkenntnisse der Populationsgenetik. Zur Auswahl stehen ihr jedoch längst nicht so viele Einzelwesen zur Verfügung wie dem Pflanzenzüchter. Kreuzungen von Großtieren sind wegen der langen Entwicklungszeit, der geringen Zahl der Nachkommen und des großen Wertes der Einzeltiere nicht so einfach wie bei Pflanzen. Genaue Abstammungsnachweise (Stammtafeln und Herdbücher) helfen jedoch dem Züchter. Beim Huhn wurde die durchschnittliche Jahreslegeleistung wesentlich erhöht, sie liegt heute bei 300 Eiern (s. Abb. 350.1). Bei Rindern stieg die jährliche Milchleistung von etwa 600 Litern (Wildrind) auf ca. 5000 Liter beim Hausrind (Hochleistungskühe bis nahe 10 000 l).

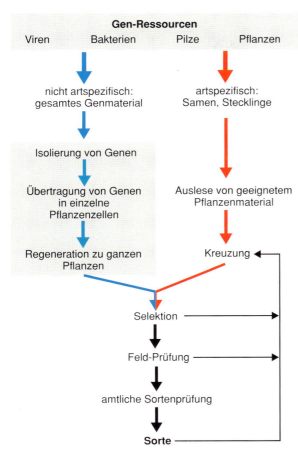

Abb. 349.1: Vergleich der Vorgehensweise bei gentechnischer (links) und klassischer (rechts) Züchtung. Nur in dem unterlegten Segment unterscheiden sich die beiden Verfahren. Klassisch sind Genressourcen wie Samen oder Stecklinge, gentechnisch dagegen genomische oder DNA-Banken. Die zeitintensiven Schritte, wie die Feldversuche oder die behördlichen Genehmigungen, sind dagegen gleich.

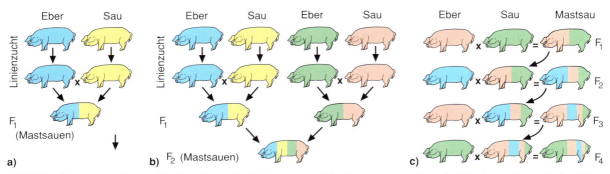

Abb. 349.2: Kreuzungsverfahren bei der Schweinezucht. Die Kreuzung von Schweinerassen kann Heterosiseffekte in den Merkmalen Fruchtbarkeit, Vitalität, Zuwachs und Futterverwertung bringen. **a)** Einfachkreuzung mit vollem Heterosiseffekt; **b)** Vierwegkreuzung; der Heterosiseffekt ist höher als bei a, da im Mastschwein die Merkmale von vier Rassen vereinigt sind; das Verfahren setzt die Zusammenarbeit von zwei landwirtschaftlichen Betrieben voraus; **c)** Rotationskreuzung mit mehreren Rassen, erreicht etwa 60 % der möglichen Heterosis. Bei a und b müssen immer wieder Eber und Sauen zugekauft werden, bei c nur Eber, da ein Teil der Sauen zur Weiterzucht verwendet wird; damit bleibt bei c das (hygienische) Zukaufsrisiko geringer. Für den menschlichen Verzehr ist nur das Fleisch von Sauen geeignet.

Genetik

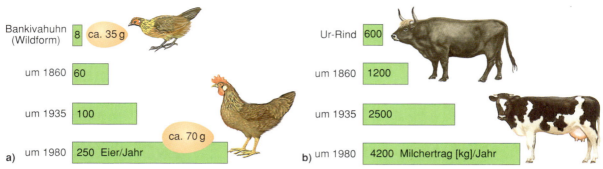

Abb. 350.1: Jahresleistungen von Nutztieren. **a)** Je Huhn im Jahr gelegte Eier; **b)** Jahresmilchertrag je Kuh in kg. Die Leistungen der Tiere schwanken sowohl individuell als auch nach Rasse, Futter und Haltung.

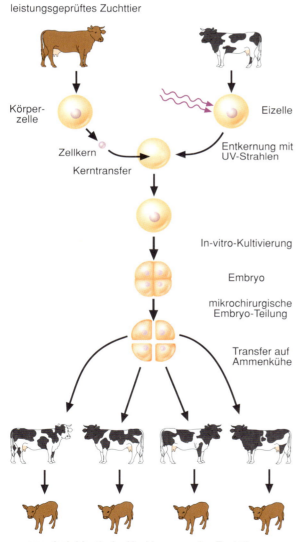

Abb. 350.2: Modellhafte Darstellung der Klonierung von Rindern

Früher war man bestrebt einzelne Eigenschaften des Nutztiers, wie Fleischgewicht oder Milchmenge, zu erhöhen. Heute ist es das Ziel der Züchtung die Leistungen der jeweiligen Sorte möglichst rationell zu erhalten. Für die Wirtschaftlichkeit der Tierproduktion sind heute die Arbeits- und Stallkosten von erheblicher Bedeutung. So müssen für die Heterosiszüchtung zwei Reinzuchtlinien getrennt gehalten werden. Die Hybriden sind die Nutztiere, die Reinerbigen dienen zur Zucht.

In der Nutztierzucht wendet man in großem Umfang die **künstliche Besamung** an. Die Spender der Spermien werden nach den Eigenschaften ausgewählt, welche die Nachkommen haben sollen. So werden heute etwa 95 % der Kühe wie auch der Zuchthennen künstlich besamt.

Um die Erbanlagen hochleistungsfähiger Kühe rascher zu vermehren, entwickelte man die Methode der **Embryo-Übertragung** von der Zuchtkuh auf Ammenkühe. Vor der künstlichen Besamung einer Hochleistungs-Zuchtkuh wird mittels einer Hormoninjektion ein mehrfacher Eisprung ausgelöst, der 8 bis 25 Eizellen gleichzeitig freisetzt. Nach einer Woche werden die stecknadelkopfgroßen Embryonen aus der Gebärmutter ausgespült, einzeln in je eine Ammenkuh eingesetzt und von diesen normal ausgetragen.

Auch die Befruchtung außerhalb des Körpers, in einer Glasschale unter mikroskopischer Kontrolle, wird zur Embryonen-Produktion angewendet. Man nennt dieses Verfahren **In-vitro-Fertilisation** („Im-Glas-Befruchtung"), kurz **IVF.** Die dazu benötigten Eizellen gewinnt man nach hormonal herbeigeführten Eisprüngen durch Punktion direkt aus dem Ovar oder mit Hilfe von Eileiterspülungen. Nach der Befruchtung und den ersten Zellteilungen kann der Embryo unter dem Präparationsmikroskop in zwei oder vier Teile zerlegt werden. Diese Teile entwickeln sich in Ammentieren zu vollständigen und erbgleichen Tieren, einem **Klon.** Eine andere Form der **Klonierung** verwendet die beim Krallenfrosch gewonnenen Erkenntnisse (s. 4.3.1). In entkernte Eizellen werden diploide Kerne eingesetzt, die aus Embryonen von Hochleistungseltern stammen. Dieses Verfahren wird bei Rindern seit 1986 mit großem Erfolg angewendet (Abb. 350.2). Die Möglichkeit sowohl Spermien wie Embryonen in flüssigem Stickstoff einzufrieren und bis zur Weiterverwendung aufzubewahren ist eine wichtige Hilfe bei diesen modernen Verfahren zur Embryonen-Produktion. Embryonen werden auch häufig in verschlossenen Eileitern von Schaf oder Kaninchen zwischengelagert.

5.3 Gentechnik

Unter Gentechnik versteht man die *gezielte Übertragung fremder Gene* in den Genbestand einer Zelle bzw. eines Organismus, wobei eine neue Genkombination zustande kommt. Die veränderten Organismen nennt man *transgen*. Gentechnik bezeichnet zunächst eine Anzahl von Methoden der Molekularbiologie, die zu Forschungszwecken heute in großem Umfang genutzt werden. Davon unabhängig ist die mögliche Anwendung derartiger transgener Lebewesen (Bakterien, Pflanzen, Tiere) in der industriellen Praxis und die Heilung von Erbkrankheiten beim Individuum durch Genübertragung. Ziele der industriellen Anwendung sind die Erzeugung wirtschaftlich und medizinisch wichtiger Stoffe (z. B. zum Nachweis von Erbkrankheiten bei Mensch und Tier), eine Verbesserung der Nahrungsmittelproduktion sowie die Verbesserung des Einsatzes von Mikroorganismen beim Stoffabbau. So ist es möglich Schadstoffe zu beseitigen und Recyclingvorgänge zu beschleunigen. Bei Enzymen kann der Austausch einzelner Aminosäuren im aktiven Zentrum die Substratspezifität *(s. Stoffwechsel 1.2.3)* verändern. Solche mit Hilfe der Gentechnik „maßgeschneiderten" Enzyme sind dann technisch vielfach einsetzbar. Die genetische Regulation von Entwicklungsvorgängen wird heute fast nur noch an transgenen Pflanzen und Tieren untersucht.

Es gibt daneben auch andere Verfahren zur künstlichen Übertragung von Erbmaterial zwischen verschiedenen Arten, so die Zellfusion, die zur Verschmelzung der Chromosomensätze von zwei Zellen führt (s. 5.1) sowie den Transfer einzelner Chromosomen in eine Empfängerzelle. Die Gentechnik liefert auch Analyseinstrumente *(Gensonden)* zur Erkennung von Erbkrankheiten sowie zum Nachweis von Krankheitserregern. Beispielsweise kann mit Hilfe von Gensonden der Virentyp, der eine Maul-und Klauenseuche-Epidemie hervorgerufen hat, viel schneller nachgewiesen werden als mit traditionellen Methoden.

5.3.1 Methoden der Gentechnik

Werkzeuge der Gentechnik. Die zu übertragenden Gene müssen aus dem Genom, in dem sie vorkommen, isoliert und dann in die DNA eines anderen Organismus eingebaut werden. Dazu dienen die *Restriktionsenzyme*, die DNA-Moleküle an ganz genau festgelegten Stellen spalten und so in bestimmte Spaltstücke zerlegen (s. 4.1.7). Man verwendet vor allem solche Restriktionsenzyme, die den DNA-Doppelstrang versetzt spalten. Dadurch entstehen DNA-Stücke, die an den Enden eine kurze einsträngige Nucleotidfolge tragen. Ein bestimmtes Restriktionsenzym zerlegt große DNA-Moleküle in zahlreiche Spaltstücke, die alle die gleichen einsträngigen Endgruppen von Nucleotiden besitzen. Diese Endstücke sind die „klebrigen" Enden *(sticky ends)*. Der Einbau einer fremden DNA, welche die gleichen klebrigen Enden aufweist wie die Wirts-DNA, erfolgt dann mit Hilfe eines Verknüpfungsenzyms, einer *DNA-Ligase.*

Die DNA, die eingebaut werden soll, muss in der Regel an ein „Transportsystem" gebunden werden, um in eine Zelle zu gelangen. Die wichtigsten Transportsysteme sind andere DNA-Moleküle, in welche die gewünschte Fremd-DNA eingebaut wird. Ein solches System heißt *Vektor*. Vektoren werden für Bakterienzellen vor allem aus *Plasmiden* (Abb. 351.1), aber auch aus Phagen-DNA hergestellt. Vektoren für Eukaryoten-Zellen kann man aus *Viren* erhalten.

Wenn in einem Plasmid die Erkennungssequenz (s. 4.1.7) des gewählten Restriktionsenzyms nur einmal vorkommt, wird an dieser Stelle der Plasmidring geöffnet. Nun mischt man die Suspension der geöffneten Plasmide mit der Suspension der einzubauenden (fremden) DNA. Da die klebrigen Strangenden gleich sind, kommt es nach Zugabe der Ligase zum Einbau. Es entstehen Hybrid-Plasmide in Ringform, daneben aber auch wieder ursprüngliche Plasmide sowie Ringe nur aus der Fremd-DNA. Die Suspension aller dieser Moleküle vermischt man nun mit plasmidfreien Bak-

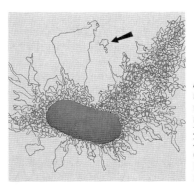

Abb. 351.1: Elektronenmikroskopische Aufnahme einer aufgebrochenen *Escherichia-coli*-Zelle. Neben der aus der Zellhülle herausquellenden chromosomalen DNA ist auch ein Plasmid zu erkennen (Pfeil).

Genetik

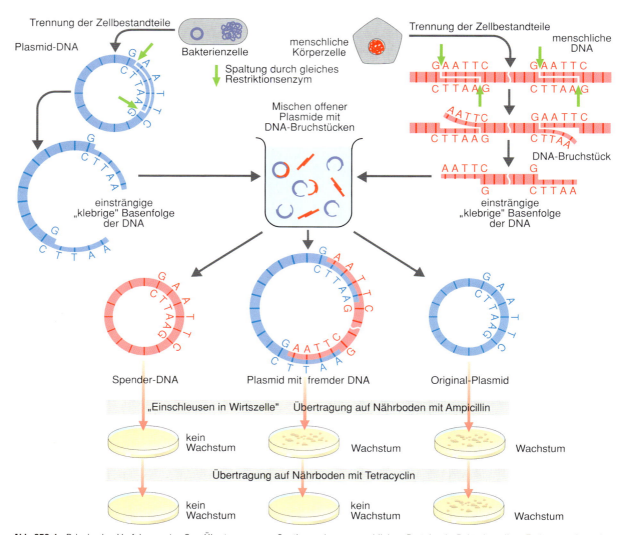

Abb. 352.1: Prinzip des Verfahrens der Gen-Übertragung zur Synthese eines menschlichen Proteins in Bakterienzellen. Es ist nur eines der vielen ungleich großen DNA-Spaltstücke gezeichnet, die bei der Aufspaltung eines DNA-Doppelstrangs durch ein Restriktionsenzym entstehen (Erklärung im Text).

terien. Deren Zellwände hat man zuvor durch chemische Behandlung durchlässig gemacht, sodass viele von ihnen Vektoren aufnehmen. Jetzt muss man diejenigen Bakterien auffinden, die Hybrid-Plasmide enthalten (Abb. 352.1).

Selektion von Bakterien mit Hybridplasmid. Die Selektion gelingt auf folgendem Weg. Die Vektorplasmide besitzen Resistenzgene gegen zwei Antibiotika, z. B. Ampicillin und Tetracyclin. Mitten im Tetracyclin-Resistenzgen befindet sich die Schnittstelle des verwendeten Restriktionsenzyms, an der fremde DNA eingebaut wird. Dadurch wird das Tetracyclin-Resistenzgen inaktiv. Die Zellen, welche das Hybridplasmid aufgenommen haben, werden also Tetracyclin-empfindlich; sie bleiben aber unempfindlich gegen Ampicillin. Alle Bakterien, die auf einem Ampicillin-haltigen Nährmedium wachsen, enthalten also entweder Hybridplasmide oder ursprüngliche Plasmide. Mit Hilfe der Stempeltechnik (s. Abb. 320.1) überträgt man nun Zellen aus den Klonen, die auf dem Ampicillin-Nährmedium wuchsen, auf einen Tetracyclin-Nährboden. Auf diesem vermehren sich nur solche Bakterien, die keine fremde DNA enthalten. Diejenigen Zellen, die auf der Tetracyclin-Platte nicht gedeihen, stammen aus Klonen mit der eingebauten fremden DNA. Aus diesen Klonen werden nun weitere Bakterien auf ein geeignetes Nährmedium übertragen und so vermehrt.

Anwendung der Genetik   353

Herkunft der fremden DNA; Genbibliothek. Das gewünschte Gen, das verpflanzt werden soll, befindet sich im Genom eines Spenderorganismus. In den meisten Fällen wird man seine genaue Lage nicht kennen. Um es zu suchen, wird zunächst die gesamte DNA vieler Zellen des Spenderorganismus aus Zellkulturen gewonnen und dann mit Restriktionsenzymen gespalten. Die verschiedenen Spaltstücke werden zur Herstellung von Hybridplasmiden (oder Hybrid-Phagen) verwendet und diese in Wirtsbakterien vermehrt. Dabei entstehen so viele verschiedene Zellklone von Wirtsbakterien, wie unterschiedliche Fremd-DNA-Stücke vorliegen. Alle diese Zellklone zusammen bilden eine *Genbibliothek*. Deren Umfang hängt davon ab, in welcher Größe DNA-Stücke von den einzelnen Plasmiden oder Phagen aufgenommen werden können. Die Länge der DNA-Fragmente wird durch diese Vektoren auf etwa 20 000 Basenpaare begrenzt. Gelegentlich unterbleibt bei Gewinnung der DNA-Spaltstücke eine Spaltung, sodass man zusätzliche Fragmente und damit mehr als die theoretische Mindestzahl an Zellklonen erhält. Eine vollständige Genbibliothek des menschlichen Genoms umfasst ungefähr 1 Million verschiedener Klone (Gesamtzahl der Basenpaare: ca. $3 \cdot 10^9$).

Gensonden. Nun beginnt die mühsame Arbeit der Suche nach dem gewünschten Gen. Sie wird als „*screening*" (Siebung) bezeichnet. Wenn das gesuchte Gen in den Zellen abgelesen wird und ein Genprodukt entsteht, so kann dieses fremde Gen in den Zellen des betreffenden Klons am Genprodukt nachgewiesen werden. Dies ist aber nur sehr selten der Fall. Wird kein Genprodukt gebildet, so muss man das Gen selbst identifizieren; dies geschieht mit Hilfe einer *Gensonde*. Darunter versteht man eine radioaktiv markierte einsträngige DNA oder RNA, die dem gesuchten Gen oder einem Teil davon komplementär ist. Aus den Zellklonen einer Plattenkultur gewinnt man die DNA, bindet sie an ein geeignetes Filter und macht sie (durch Erhitzen) einsträngig. Dann lässt man die Gensonde in das Filter eindiffundieren. Sie bindet nur an der Zellklon-DNA, in der sich das gesuchte Gen befindet. Durch die Lokalisierung der Radioaktivität lässt sich also feststellen, welche Kolonien das gesuchte Gen enthalten (Abb. 353.1).

▶ **Herstellung von Vektoren.** Wenn man Vektoren nur von den Exon-Abschnitten eines Gens herstellen will, geht man – sofern verfügbar – von der fertigen mRNA des einzubauenden Gens aus. Man kann mit Hilfe von *Reverser Transkriptase* eine DNA-Kopie (copy-DNA = cDNA) davon herstellen, an diese zusätzlich „klebrige" Strangenden anfügen und die cDNA dann als fremde DNA einbauen.

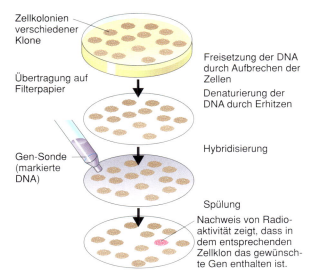

Abb. 353.1: Auswahl von Zellklonen

Kennt man die Aminosäureabfolge eines gewünschten Proteins, so kann man mit Hilfe des genetischen Codes eine Nucleotidsequenz für das dazugehörige Gen ermitteln und dieses aus den Nucleotidbausteinen auf chemischem Weg synthetisieren. Nach dem Anfügen von Strangenden (Restriktionsschnittstellen) ist ein Einbau der fremden DNA möglich (s. 352.1).

Will man einen Vektor haben, in dem das Gen auch sicher abgelesen wird, so muss man anschließend noch in einem gesonderten Arbeitsgang das Regulationssystem so einbauen, dass das Ableseraster der DNA bei der Transkription stimmt. In Bakterienzellen wird hierfür z. B. das Regulationssystem des Lactose-Abbaus (s. 4.3.2) verwendet. Ist dies vollzogen, so kann man das Hybridplasmid erneut in eine Bakterienkultur einbringen. Bei der hohen Vermehrungsrate der Bakterien erhält man große Mengen von Bakterien mit dem gewünschten Gen, die das erstrebte Genprodukt bilden, und zwar nach Zugabe von Milchzucker (s. hierzu auch 5.3.2). Das Genprodukt lässt sich dann aus der Bakterienkultur isolieren. ◀

5.3.2 Anwendung der Gentechnik bei Mikroorganismen und Zellkulturen

Produktion von Somatostatin. Somatostatin ist ein Releasing-Hormon, das die Bildung des Wachstumshormons Somatotropin in der Hypophyse hemmt; bei Riesenwuchs kann es therapeutisch eingesetzt werden *(vgl. Hormone 1.4).* Somatostatin ist ein Peptid aus 14 Aminosäuren. Es wird gentechnisch aus Bakterien gewonnen. Die Herstellung des Vektors gelingt folgendermaßen (Abb. 354.1):

354 Genetik

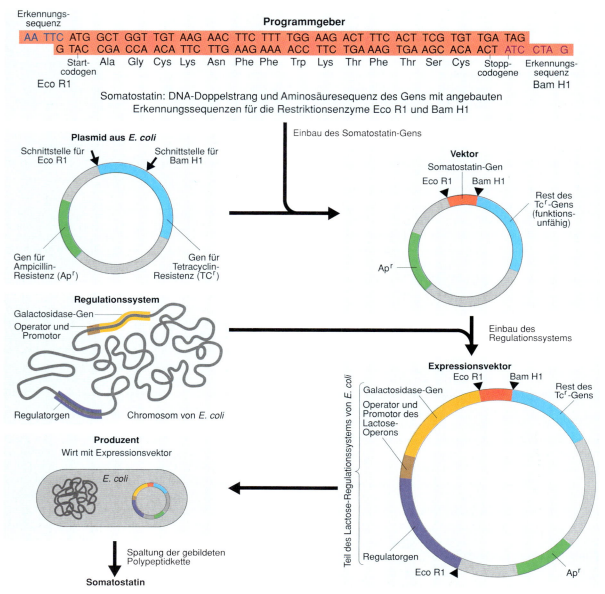

Abb. 354.1: Herstellung des Expressionsvektors für das menschliche Somatostatin. Eco R1: Restriktionsenzym aus *Escherichia coli*, Stamm R1; Bam H1: Restriktionsenzym aus *Bacillus amyloliquefaciens*, Stamm H1.

1. Da die Aminosäure-Sequenz des Somatostatins bekannt ist, kann der entsprechende DNA-Abschnitt (das Somatostatin-Gen) auf chemischem Weg aufgebaut werden. Vor das erste Codogen wird die Schnittstelle für das Restriktionsenzym Eco R1 (AATTC) angebaut und nach dem letzten Codogen die Schnittstelle für das Restriktionsenzym Bam H1 (CCTAG).
2. Das Gen mit Schnittstellen wird nun in einen Vektor (Plasmid aus *E. coli*) eingebaut. Dieser enthält die beiden Resistenzgene für Tetracyclin und Ampicillin. Im Tetracyclin-Gen befindet sich je eine Schnittstelle für Eco R1 und für Bam H1. Lässt man beide Enzyme einwirken, so wird ein Stück aus dem Tetracyclin-Gen herausgeschnitten; an dessen Stelle wird das Somatostatin-Gen eingebaut. Die dadurch veränderten Vektoren lassen sich aufgrund der Ampicillin-Resistenz und der Tetracyclin-Empfindlichkeit der Bakterien auffinden und klonieren (s. 5.3.1).

3. Nun soll das Somatostatin-Gen in Bakterien tätig werden. Dazu wird aus dem Vektor ein Stück ausgeschnitten, welches unmittelbar vor dem Somatostatin-Gen liegt. Stattdessen wird hier ein Teil des Lactose-Regulationssystems (s. 4.3.2) eingesetzt, und zwar Regulator-Gen, Promotor, Operator und Strukturgen 1 (Galactosidase-Gen). Daran schließt sich ohne Stopp das Somatostatin-Gen an, sozusagen als neues „Strukturgen 2". Aktiviert man dieses künstliche „Operon" durch Lactose, so entsteht ein Polypeptid, das aus Galactosidase und daran hängendem Somatostatin besteht. Dieses Polypeptid wird durch Aufbrechen aus den Bakterienzellen gewonnen, auf chemischem Weg gespalten und das dabei freigesetzte Somatostatin isoliert. Weil das Lactose-Regulatorgen in den Vektor eingebaut ist, kann man die Somatostatinbildung über die Zugabe des Induktors Lactose regulieren.

Weitere Produkte aus transgenen Mikroorganismen und Zellen. Viele Enzyme, die in der Lebensmittel- und Waschmittelindustrie eingesetzt werden, stellt man heute gentechnisch in Bakterien her. Transgene Bakterien dienen in großem Umfang zur Produktion von menschlichem Insulin und von Impfstoff gegen Hepatitis B (infektiöse Gelbsucht).

Nicht alle gewünschten Arzneimittel lassen sich aber aus Bakterienzellen gewinnen. Der Blutgerinnungsfaktor VIII, den viele Bluterkranke benötigen, ist ein Glykoprotein. Nur eine Eukaryotenzelle kann das Protein richtig mit dem Zuckerrest verknüpfen. Daher müssen in diesem Fall Kulturen von transgenen Säugerzellen oder transgenen Hefezellen eingesetzt werden.

Da Säugerzellen keine Plasmide enthalten, muss man hier andere Verfahren der Genübertragung anwenden. Man kann einen Überschuss der gewünschten DNA in den Zellkern injizieren; in einem Teil der Zellen wird diese DNA ins Genom eingebaut. Weiterhin kann man durch Anlegen einer hohen Spannung die Zellmembran lokal öffnen und DNA so in die Zelle einbringen; auch hier wird diese gelegentlich ins Genom eingebaut. Es gibt auch noch andere Methoden; alle haben den Nachteil, dass eine große Zahl von Zellen eingesetzt werden muss, um transgene Zellen zu erhalten. Um sicherzustellen, dass das eingebaute Gen tätig wird, muss man es mit einem Regulationssystem verknüpft einbringen. Geeignete Regulationssysteme besitzt z. B. das Affenvirus SV 40, bei dem man in der Virus-DNA die Gene für den Aufbau der Virusteilchen durch die fremde DNA ersetzt hat. Die auch bei Säugerzellen wirksamen Regulationssysteme des Virus sind dann mit der fremden DNA verknüpft.

Mit Hilfe derartiger gentechnischer Verfahren werden weit über 100 verschiedene Arzneimittel gewonnen.

5.3.3 Transgene Pflanzen

Bei Pflanzen gelingt die Einführung fremder Gene in den meisten Fällen auf einem Umweg mit Hilfe eines Plasmids – obwohl die Pflanzenzellen selbst keine Plasmide besitzen!

Das Bodenbakterium *Agrobacterium tumefaciens* dringt durch kleine Verletzungen in zweikeimblättrige Pflanzen ein, vermehrt sich und führt dabei zu Gewebswucherungen (Tumoren) der Pflanzen. Diese werden durch ein Plasmid verursacht, von dem ein Teilstück in den Zellkern der Wirtszellen wandert und dort in ein Chromosom eingebaut wird. So können auch künstlich fremde Gene in Pflanzenzellen eingebracht werden: Man gewinnt Plasmide von *Agrobacterium*, entfernt aus diesen die tumorinduzierenden Gene und baut jene Gene ein, die man in die Pflanze einbringen möchte. Dann schleust man den dadurch erhaltenen Vektor in den Zellkern von pflanzlichen Protoplasten ein (Abb. 356.1). Dafür eignen sich alle Arten, bei denen sich aus Protoplasten ganze Pflanzen entwickeln. Das Fremdgen ist dann im Genom aller Zellen eingebaut, die aus einem solchen Protoplasten hervorgegangen sind, und kann auch aktiv werden. Auf diesem Weg gelang es in der Grundlagenforschung zunächst Tabakpflanzen herzustellen, die gegen Antibiotika resistent sind oder die Kaninchen-Globin produzieren.

Der Einbau des Fremdgens führt in den Pflanzen zu zusätzlichen Stoffwechselleistungen. Die transgenen Pflanzen sind sonst unverändert; bei der geschlechtlichen Fortpflanzung vererbt sich das Fremdgen entsprechend den MENDELschen Gesetzen.

▶ Die Herstellung transgener Pflanzen hat die gleichen übergeordneten Ziele wie die klassische Züchtung (Abb. 349.1). Will man transgene Pflanzen in der Praxis verwenden, so muss ein dreistufiger Test durchlaufen werden: Nach der Prüfung im Sicherheitslabor erfolgt Anbau im geschlossenen Gewächshaus und dann unter kontrollierten Bedingungen im Freiland. Dabei existiert eine genaue Liste, welche Eigenschaften zu prüfen sind, um Gefährdungen auszuschließen. In den USA sind mittlerweile mehrere Tausend Freisetzungen transgener Pflanzen vorgenommen worden. Die Mehrzahl der bisher getesteten transgenen Nutzpflanzen weist Resistenz gegen Viruskrankheiten oder Insektenfraß auf.

Von praktischer Bedeutung ist auch Herbizidresistenz, sodass ein Herbizid die Nutzpflanze nicht beeinträchtigt, aber das Wachstum aller anderen Pflanzen verhindert. Ein Massenanbau solcher herbizidresistenter Pflanzen hat aber auch Nachteile. Wenn sich nämlich nur noch diese vermehren können und alle anderen Sorten bzw. Varianten der gleichen Nutzpflanze nicht

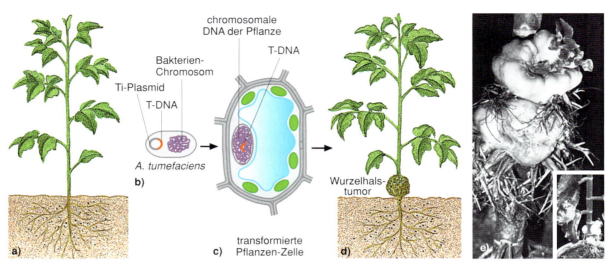

Abb. 356.1: Bildung von Wurzelhalstumoren bei Pflanzen durch Infektion mit dem Bakterium *Agrobacterium tumefaciens.* **a)** Die erste Phase besteht im Eindringen des Bakteriums *A. tumefaciens* in Verletzungsstellen. Dort erreicht das Bakterium engen Kontakt zu Pflanzenzellen; **b)** Das Bakterium enthält zusätzlich zur chromosomalen DNA ein Plasmid (Ti-Plasmid); **c)** Dieses Ti-Plasmid gelangt in eine Pflanzenzelle, und die T-DNA, der für die Tumorerzeugung entscheidende Abschnitt, wird in das Pflanzengenom eingebaut; **d)** Die dadurch transformierten Zellen wuchern und bilden den Wurzelhalstumor. Im T-DNA-Abschnitt liegen Gene, welche zur Förderung des Pflanzenwachstums führen, sowie Gene, welche die Bildung besonderer Nährstoffe induzieren; die Tumorzellen produzieren diese Nährstoffe für das Bakterium; **e)** Wurzelhalstumor an einer *Kalanchoe*-Pflanze

mehr angebaut werden, kommt es zu einer Verarmung des Genpools, die sich auf die Variationsbreite der Population und auf die weitere Züchtung nachteilig auswirkt: Die Anpassungsfähigkeit der betreffenden Kulturpflanzen bezüglich anderer Faktoren wird geringer. Außerdem wird die dauernde Anwendung von Herbiziden bei „Unkrautarten" zur Entwicklung von Resistenz führen, und zwar durch Selektion entsprechender natürlicher Mutanten. Dies hat man beim Einjährigen Rispengras bereits beobachtet. Es besteht ferner die Gefahr, dass das Herbizid, gegen das eine Nutzpflanze resistent ist, im Übermaß eingesetzt wird.

Produkte transgener Pflanzen, die ein Fremdprotein enthalten (z. B. um den Nährwert zu erhöhen), können allergische Reaktionen auslösen und sollten daher nur im gekochten Zustand verwendet werden. Durch die Kennzeichnungspflicht kann jedermann solche Veränderungen erkennen.

In manchen Fällen entstehen allerdings Probleme der Kennzeichnung. So gibt es eine Kartoffelsorte, die üblicherweise reichlich Viren enthält, wodurch der Ertrag verringert wird. Man hat nun ein Gen der Virushüllproteine in das Genom dieser Sorte eingebaut. Da die Kartoffeln nun selbst ein Virusprotein bilden, kommt es zu einer Regulation: Es werden kaum mehr vollständige Viren aufgebaut. Daher ist der Ertrag höher und die Gesamtmenge an Virusprotein ist geringer als bei den ursprünglichen (befallenen) Kartoffeln. Wie soll man hier kennzeichnen?   ◂

5.3.4 Transgene Tiere

In Tiere können Fremdgene über Viren eingeführt werden. Bisher wurden die meisten transgenen Tiere aber durch Injektion von DNA in den Kern der Eizelle mit Hilfe einer Kapillare gewonnen (Abb. 357.1). Dieses Verfahren ist nur bei einem Teil der durchgeführten Versuche erfolgreich, es erfordert also eine größere Zahl von Experimenten, um das gewünschte Ziel zu erreichen. Die fremde DNA wird nämlich nur mit einer gewissen Wahrscheinlichkeit eingebaut, und ob das Gen wirklich tätig wird, hängt von seinem nicht vorhersehbaren Einbauort ab. Deshalb wird das Verfahren bei der praktischen Tierzüchtung nur wenig eingesetzt. Jedoch kann man auf diesem Weg Kühe und Schafe erhalten, die wertvolle Arzneimittel produzieren und mit der Milch abgeben; daraus sind sie dann leicht zu isolieren. Dieses Verfahren wird als *Gene Pharming* bezeichnet.

Die Nutzung transgener Tiere kann ökologische Probleme der Tierzüchtung verschärfen. Beispielsweise gibt es transgene Karpfen, die besonders schnell wachsen. Entweichen solche Tiere in die Natur, so könnte dort die natürliche Population verdrängt werden, was eine Verringerung der genetischen Vielfalt zur Folge hätte. Beim Norwegischen Lachs haben sich die aufgrund klassischer Züchtung entstandenen raschwüchsigen Formen bereits überall ausgebreitet und so eine Verarmung des Genpools bewirkt.

Anwendung der Genetik

Abb. 357.1: Ergebnis einer Genübertragung bei der Maus. In den Kern der befruchteten Eizelle einer Maus wurde mit einer Kapillare die DNA des Gens für das Wachstumshormon der Ratte übertragen, und zwar mit den DNA-Sequenzen, die der Regulation dieses Gens dienen. Die so behandelte Eizelle wurde zusammen mit unbehandelten Eizellen wieder in die Muttermaus implantiert. Die Maus mit dem Ratten-Gen wurde etwa doppelt so groß und auch doppelt so schwer wie die unbehandelten Zwillingsgeschwister, da die miteingebauten Regulationssequenzen einen Wachstumshormon-Spiegel, der dem der Ratte gleicht, bewirkten. Die beiden Mäuse sind zehn Wochen alt; die linke (transgene) Maus wiegt 41 g, die rechte 21 g.

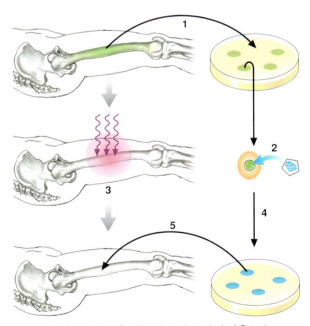

Abb. 357.2: Somatische Gentherapie, schematisch. **1** Entnahme von Stammzellen mit Defektgenen aus dem Knochenmark und Kultivierung; **2** Übertragung intakter Gene durch Viren in Stammzellen; **3** Abtöten verbliebener Stammzellen; **4** Klonierung der umgewandelten Stammzellen und **5** Re-Implantation dieser Stammzellen in das Knochenmark.

5.3.5 Anwendung der Gentechnik beim Menschen

Gentechnische Verfahren haben beim Menschen zwei Anwendungsbereiche: den Nachweis von mutierten Genen, die Erbkrankheiten auslösen können (*Gendiagnose*, z. B. im Rahmen der vorgeburtlichen Diagnostik; s. 3.5.3), und die Heilung erblicher Leiden beim Individuum (*somatische Gentherapie*).

Die Gendiagnose arbeitet mit Gensonden (s. 5.3.1); viele von ihnen sind heute gentechnisch bequem zu gewinnen. Für die somatische Gentherapie muss das Defektallel, das dem Erbleiden zugrunde liegt, bekannt sein. Dann wird versucht, das entsprechende intakte Gen in Körperzellen der betroffenen Person einzubringen. Dies ist aber nicht die einzige Schwierigkeit, denn das eingebrachte Gen muss auch in den Körperzellen tätig werden. Darüber hinaus sollten die Zellen gut teilungsfähig sein, sodass sie sich rasch vermehren. Erst dann kann die Therapie „anschlagen". Wegen dieser Schwierigkeiten sind bisher Verfahren der somatischen Gentherapie nicht bei allen bekannten monogenen Erbkrankheiten sinnvoll anwendbar.

Ein Einbau über die Eizelle (und damit in die Keimbahn; *Gentherapie an Keimbahnzellen*) ist derzeit aus biologischer Sicht nicht möglich. In Deutschland wäre dieses Verfahren auch aus rechtlichen Gründen nicht durchführbar, in anderen Ländern (z. B. Großbritannien, USA) ist es hingegen nicht verboten.

Zu den Erbdefekten, bei denen man sich vom Einsatz der Gentechnik Heilerfolge erhofft, gehören vor allem Krankheiten des Blut- und Immunsystems. Z. B. werden bei verschiedenen Formen der Blutarmut zu wenige Hämoglobinmoleküle erzeugt. Die Ursache ist ein Gendefekt, der sich in den Blutzellen auswirkt. Um solche Erbleiden beim Individuum zu heilen, wird folgendes Verfahren angewandt (Abb. 357.2): Man baut das entsprechende intakte Strukturgen (das kloniert vorliegen muss) in ein Virus ein, welches nicht mehr vermehrungsfähig ist. Dem Patienten entnimmt man durch Operation Gewebe aus dem Knochenmark. Dieses Gewebe enthält die Stammzellen, aus welchem die Blutzellen entstehen. Die Stammzellen werden nun mit dem Virus infiziert. Auf geeigneten Nährböden kann man diejenigen Knochenmarkzellen vermehren und die Stammzellen selektieren, die das Virus-Genom eingebaut haben. Beim Patienten werden die verbliebenen Stammzellen des Knochenmarks (mit dem Defekt-Gen) durch Bestrahlung abgetötet; anschließend werden mittels Injektion die genetisch veränderten Zellen durch Injektion eingepflanzt. Sie treten jetzt an die Stelle der defekten ursprünglichen Stammzellen. Erfolgreich waren solche Versuche bisher (1994) nur an Mäusen und Affen.

5.4 Genkartierung beim Menschen

Das menschliche Genom enthält – verteilt auf 23 Chromosomen – etwa 80000 Gene (Strukturgene). Diese sind unterschiedlich groß, das längste identifizierte Gen umfasst zwei Millionen Basenpaare und besitzt über 100 Introns. Die Strukturgene bilden 20% des Genoms; bei den restlichen 80% handelt es sich u. a. um Regulationsbereiche und Pseudogene (s. 4.3.3 sowie Abb. 358.1) sowie vielfach wiederholte kurze Basensequenzen (z. B. AC oder ACCG), die zum Teil sehr lange Stücke bilden. Zur Kartierung von Genen gibt es grundsätzlich zwei Wege: die *direkte* Untersuchung des Chromosomenaufbaus und die von MORGAN entwickelte *indirekte* Methode. Die direkte Untersuchung erfolgt unabhängig von einem Erbgang; sie wird in 5.4.1 beschrieben. (Sie heißt in Anlehnung an das Vermessungswesen auch *topografische Kartierung*.) Bei der indirekten Methode wird die Häufigkeit des Genaustausches durch Crossover bestimmt und daraus die Abfolge der Gene in einem Chromosom sowie deren relativer Abstand ermittelt (s. 3.2.2). Dazu werden bei Tier und Pflanze Kreuzungsexperimente durchgeführt; beim Menschen ist man auf umfangreiche Stammbaumuntersuchungen angewiesen. Man spricht deshalb von *genetischer Kartierung*. Das Verfahren der indirekten Genkartierung beim Menschen wird in 5.4.2 beschrieben. Seit 1985 wird mit molekularbiologischen Methoden besonders die Lokalisierung von solchen Genen vorangetrieben, die für Erbkrankheiten wichtig sind. Als Beispiel hierzu wird in 5.4.3 die Lokalisierung des *Mucoviscidose*-Gens behandelt.

Das seit 1988 laufende Genomprojekt *(s. 5.4.4)* wird eine vollständige *Sequenzierung* der menschlichen DNA liefern. Mit der Kenntnis der lückenlosen Basenabfolge der DNA jedes Chromosoms wird dann die genaueste Genkarte erstellt sein; dann wird auch die genaue Anzahl der menschlichen Gene bekannt sein. Der Abschluss des Genomprojekts ist vor 2005 zu erwarten.

5.4.1 Verfahren der direkten Genkartierung

Zur Kartierung muss ein Gen zunächst einem bestimmten Chromosom zugeordnet werden. Dann kann die genaue Lokalisierung durch die Feststellung von Genabständen erfolgen. Für das X-Chromosom ist eine Zuordnung von Genen durch Stammbaumanalyse möglich *(s. 3.3.3)*. Für die Autosomen gibt es zwei Verfahren der Zuordnung: die Zellhybridisierung (s. 3.2.2) und die *In-situ*-Hybridisierung (Hybridisierung im Chromosomenpräparat). Für diese muss von dem zu lokalisierenden Gen wenigstens ein Teilstück der Basensequenz bekannt sein. Man stellt dann eine entsprechende einsträngige DNA mit Markierung her, die als Sonde dient. Die DNA der Metaphase-Chromosomen wird auf dem Objektträger vorsichtig durch Erwärmen in Einzelstränge gespalten und die DNA-Sonde zugegeben. Sie bindet nun an die komplementäre Sequenz im Genom. Der Bindungsort wird bei radioaktiver Markierung durch *Autoradiografie* nachgewiesen (mit Hilfe eines Films, der an den Stellen geschwärzt wird, an denen sich die radioaktiven Substanzen befinden); bei der heute gängigen *Fluoreszenzmarkierung* (Bindung eines fluoreszierenden Farbstoffs an die DNA-Sonde) geschieht dies durch Fluoreszenz-Mikroskopie. Mit unterschiedlich markierten DNA-Sonden kann man verschiedene Genorte in einem Arbeitsgang sichtbar machen (Abb. 359.2). Nach Fluoreszenzmarkierung lassen sich auch einzelne Chromosomen aus einer großen Zellmenge abtrennen (Abb. 359.3).

5.4.2 Verfahren der indirekten Genkartierung

Genabstände in einem Chromosom lassen sich als Crossover-Häufigkeiten bestimmen. Dazu benötigt man bereits kartierte Gene als chromosomale Bezugspunkte (Marker), von denen das interessierende Gen nicht allzu weit entfernt liegt. Bei *Drosophila* sind die Gene nur vier Chromosomen zuzuordnen, sodass MORGAN die Kartierung einer Vielzahl von bekannten Genen auf diesem Wege gelang. Beim Menschen war bis 1990 die Anzahl der kartierten Gene noch zu gering, um Kopplung mit weiteren interessierenden Genen durch Stammbaumanalyse sicher nachzuweisen, zumal die kartierten Gene hier auf 23 Chromosomen verteilt sind.

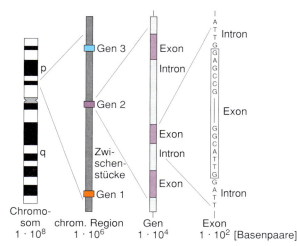

Abb. 358.1: Vom Chromosom zum Gen: hierarchische Darstellung der Größenverhältnisse. Von links nach rechts: Chromosom mit Bandenmuster, chromosomale Region mit drei Genen und anderen Bereichen, Gen (drei Exons und zwei Introns); Exon mit einsträngiger DNA (durchschnittliche Länge: 100 Basenpaare)

Anwendung der Genetik

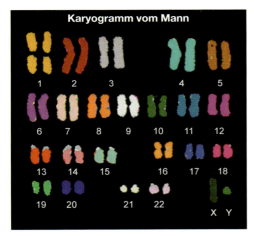

Abb. 359.1: Karyogramm des Menschen. Die spezifische Färbung jedes Chromosoms wird erreicht durch dessen spezifische Markierung mit Fluoreszenzfarbstoffen und anschließende Bildverarbeitung.

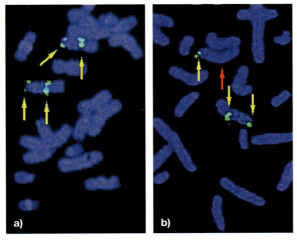

Abb. 359.2: Darstellung von zwei DNA-Abschnitten auf Chromosom 7 durch Hybridisierung mit zwei spezifischen, mit Fluoreszenzfarbstoff markierten DNA-Sonden (grün). Die Chromosomen wurden mit einem blauen Fluoreszenzfarbstoff gegengefärbt. **a)** Normalbefund. Beide Chromosomen 7 zeigen jeweils zwei Doppelsignale (2 Chromatiden; gelbe Pfeile); **b)** Nachweis einer im Karyogramm (Lichtmikroskop) nicht sichtbaren Mikrodeletion. Auf einem Chromosom 7 fehlt ein Doppelsignal (roter Pfeil), d. h., es liegt eine Deletion des entsprechenden Chromosomenabschnittes vor.

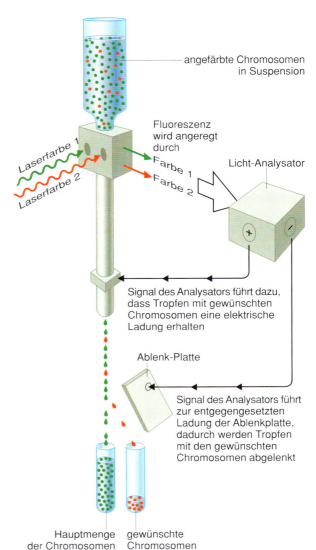

Abb. 359.3: Automatisierte Chromosomentrennung. Das Gerät trennt menschliche Chromosomen aufgrund deren Anfärbung mit zwei Fluoreszenzfarbstoffen. Tropfen, die das gewünschte Chromosom enthalten, werden aufgrund der Fluoreszenz identifiziert, dann elektrisch geladen, durch Ablenkung isoliert und in einem Gefäß gesammelt.

Auch als DNA-Marker sind die schon kartierten Gene für die indirekte Genkartierung nicht geeignet. Denn ein Genaustausch ist nur nachweisbar, wenn die Testperson von dem betreffenden Gen zwei Allele besitzt. Nun kann man zwar viele Gene mit Hilfe von Gensonden erkennen (s. 5.4.1), nicht aber ihre Allele voneinander sicher unterscheiden, da diese sich häufig nur geringfügig voneinander unterscheiden, z. B. nur in einem einzigen Nucleotid.

Daher verwendet man zunächst für die indirekte Kartierung außerhalb der Gene gelegene DNA-Sequenzen (z. B. Abschnitte der Pseudogene). Bei diesen wirken sich Basenaustausche nicht auf den Phänotyp aus und sind daher häufig. Folglich treten sie in zahlreichen Varianten auf *(polymorphe Sequenzen)*, sodass zwischen nicht verwandten Menschen die Unterschiede ziemlich groß sind. Diese lassen sich bei einer bestimmten polymorphen Sequenz mit einem Restriktionsenzym

Genetik

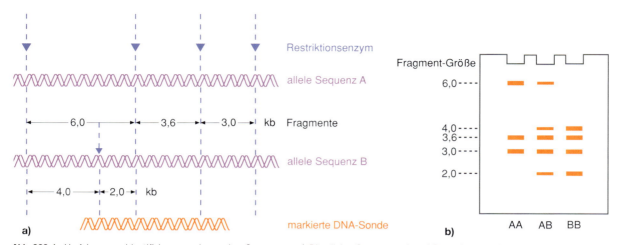

Abb. 360.1: Verfahren zur Identifizierung polymorpher Sequenzen. **a)** Die allelen Sequenzen A und B werden mit einem bestimmten Restriktionsenzym (▼) in unterschiedliche Fragmente zerlegt (kb Kilobasen); **b)** Durch Elektrophorese werden die Fragmente aufgetrennt und mit der markierten DNA-Sonde hybridisiert. Das Fragmentmuster links enthält nur Fragmente der Sequenz A, das rechte nur Fragmente der Sequenz B: Ihre jeweiligen Träger sind also homozygot in Bezug auf diesen DNA-Abschnitt; das mittlere Muster enthält beiderlei Fragmente, ihr Träger ist heterozygot. Weiteres im Text.

erfassen (zum Folgenden s. Abb. 360.1). Das Restriktionsenzym spaltet die allelen DNA-Sequenzen in kleinere Fragmente, z. B. die Sequenz A in Fragmente von der Größe 6 kb (6000 Basenpaare), 3,6 kb und 3,0 kb. Die allele Sequenz B enthält (in diesem Beispiel) eine weitere Schnittstelle für das Restriktionsenzym in dem 6,0-kb-Fragment; dieses wird daher zusätzlich in ein 4,0-kb- und ein 2,0-kb-Fragment gespalten.

Nun werden die Fragmente durch Elektrophorese aufgetrennt. Zur Identifizierung benötigt man eine markierte DNA-Sonde, die zu einem so großen Stück der DNA-Sequenz komplementär ist, dass sie an alle entstandenen Fragmente bindet und diese somit „sichtbar" macht. Aus den Fragmentmustern kann man die allelen Sequenzen identifizieren und damit auch indirekt ein Gen, welches in der Nähe einer zugehörigen Sequenz liegt. Es kann nun für die Bestimmung von Genabständen verwendet werden.

Markierte DNA-Sonden sind in großer Zahl verfügbar (1987 waren es 400, 1995 ca. 15000). Mittlerweile existieren Karten von zahlreichen außerhalb der Gene gelegenen DNA-Sequenzen für die einzelnen Chromosomen des Menschen. Eine entsprechende Karte ist für die spätere Suche nach unbekannten Genorten sehr nützlich. Tritt nämlich in einer Familie, die mit einer monogen verursachten Erbkrankheit belastet ist, eine bestimmte Variante einer solchen DNA-Sequenz (Marker-Sequenz) *regelmäßig* auf, so muss das dafür verantwortliche Gen ganz nahe bei der Marker-Sequenz auf demselben Chromosom liegen (denn ein Austausch zwischen Gen und Marker-Sequenz findet hier praktisch nie statt, s. 3.2.2).

5.4.3 Beispiel einer Genkartierung: Mucoviscidose-Gen

Mucoviscidose oder *Cystische Fibrose (CF)* ist eine rezessiv-autosomal vererbte Krankheit (s. Abb. 312.2), bei der eine Störung des Wasser- und Ionenhaushaltes der Drüsen zu einem zähen Schleim und Absterben der Drüsenzellen führt. Betroffen sind vor allem Pankreas und Bronchien. Man arbeitet intensiv an Verfahren einer gentherapeutischen Behandlung. Der Genort und das Genprodukt des CF-Gens waren 1986 noch völlig unbekannt. Es musste daher zunächst das Gen lokalisiert, dann isoliert und sequenziert werden. Der erste Schritt war die Kopplungsanalyse, wobei die unvollständige Penetranz (ca. 80 %) ein zusätzliches Problem schuf. Man begann mit der Untersuchung von 40 Familien, in denen die Krankheit auftrat. Von gesunden Heterozygoten und den Kranken wurden Zellkulturen angelegt, sodass die DNA untersucht werden konnte. Das mutierte Allel wird jeweils gemeinsam mit einer Marker-Sequenz vererbt, die durch eine DNA-Sonde nachgewiesen werden konnte. Beide müssen also gekoppelt sein. So gelang die Lokalisierung auf dem langen Arm (q) von Chromosom 7.

Der zweite Schritt war die Identifizierung von geeigneten Schnittstellen für ein Restriktionsenzym beiderseits des Gens, um es zu isolieren und die DNA anschließend zu vermehren. Schnittstellen innerhalb des Markers konnten nicht verwendet werden, weil dieser einen zu großen Abstand vom Gen hatte, wie man durch eine weitere genetische Analyse feststellte (Entfernung ca. zehn Millionen Basenpaare).

Der dritte Schritt war die Isolierung des DNA-Abschnitts mit dem CF-Gen von Gesunden und Kranken und die Klonierung dieses Abschnitts. Der Vergleich zeigte das Vorliegen einer Mutation im Gen der Kranken und erlaubte so die genaue Identifizierung des Gens. Den Beweis lieferte schließlich der Einbau des mutierten CF-Gens in Mäuse, bei denen die entsprechenden normalen Allele ausgeschaltet worden waren. Diese *Knock-out-Mäuse* entwickeln in ihren Drüsen das CF-Krankheitsbild.

Das CF-Gen umfasst 230 000 Basenpaare und codiert für ein Protein von 1480 Aminosäuren, das in die Zellmembran eingebaut wird und als Ionenkanal wirksam ist. Eine Untersuchung von mehr als 1000 CF-Patienten ergab, dass in etwa 70 % aller Fälle beim mutierten Allel 3 Nucleotide deletiert sind und das Protein deshalb nicht mehr in die Membran eingebaut wird. Als gentherapeutische Maßnahme hat man bisher einen Spray entwickelt, durch den Adenoviren mit eingebautem CF-Gen in die Lunge inhaliert werden. Die Viren dringen in die Zelle ein und dort wird das intakte CF-Protein gebildet. Diese somatische Gentherapie hat aber nur vorübergehende Besserung zur Folge, sodass sie regelmäßig wiederholt werden muss.

5.4.4 Genomprojekt

Die vollständige Basensequenz aller Chromosomen bildet die genaueste topografische Genkarte des Menschen. Erst dadurch ist jedes Gen exakt zu lokalisieren. Das menschliche Genom umfasst etwa $3 \cdot 10^9$ Basenpaare. Die genetische Kartierung ergibt für das menschliche Genom eine Gesamtlänge von 4000 centiMorgan (s. 3.2.2); somit entspricht im Mittel der Abstand von 1 centiMorgan etwa 750 000 Basenpaaren.

Die DNA-Sequenzierung (s. 4.1.9) benötigt vergleichsweise kurze Teilstücke. Daher muss die DNA eines Chromosoms stufenweise in kleinere Teile zerlegt werden. Zunächst wird sie durch unterschiedliche Restriktionsenzyme aufgespalten. Dann wird eine Genbibliothek angelegt, die überlappende Sequenzen enthält. Zur Identifizierung der Stücke hat man bis Ende 1995 außerdem 15 000 Marker lokalisiert und sequenziert. An ihnen kann man die Zugehörigkeit einer Sequenz zu einem bestimmten Teilstück eines Chromosoms erkennen.

Diese Chromosomen-Teilstücke sind zu lang, um in einem Plasmid oder einem Phagen nach Einbau vermehrt zu werden (s. 5.3.1). Daher verwendet man künstliche Hefechromosomen. Diese besitzen das Centromer, mindestens eine DNA-Replikationsstartstelle und die beiden Chromosomenenden eines Hefechromosoms sowie Markergene zu ihrer Identifizierung. Dazwischen wird ein Stück der menschlichen DNA eingebaut (Abb. 361.1). In der Hefezelle verhält sich dieses zusätzliche Chromosom wie ein Hefechromosom, sodass damit die Klonung gelingt. Es kann bis zu 10^6 Basenpaare aufnehmen; das menschliche Genom kann also in etwa 3000 verschiedenen künstlichen Chromosomen und damit Klonen untergebracht werden. Aus diesen werden dann kleinere Teilstücke mit Restriktionsenzymen entnommen und mit einem Plasmid in einem Bakterium weiter vermehrt. Dann können daraus wieder Stücke entnommen und anschließend sequenziert werden. Dazu vermehrt man die kleinen Stücke zunächst durch PCR (s. 4.1.8). Bis Ende 1995 lagen Basensequenzen von insgesamt 30 000 der 80 000 Gene des Menschen als vollständige oder Teilsequenzen vor. Aufgrund dieser Daten lässt sich die Zahl der Gene für die verschiedenen Funktionen abschätzen (Tab. 361.2).

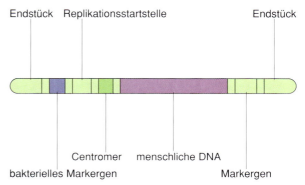

Abb. 361.1: Aufbau eines künstlichen Hefechromosoms

Funktion	prozentualer Anteil
Enzyme der Stoffwechselvorgänge	17 %
Proteine der Signalketten und der Zellkommunikation	12 %
Proteine der Stoffwechselregulation	12 %
Proteine des Cytoskeletts und anderer Zellstrukturen; Proteine für Bewegungsvorgänge	8 %
Proteine der Regulation der Zellteilung und der DNA-Synthese	4 %
Proteine der Genregulation und der Regulation der Proteinsynthese	22 %
nicht zugeordnet	25 %

Tab. 361.2: Funktionen der menschlichen Gene aufgrund der bisherigen Sequenzierungsergebnisse (1996)

▶ Dieselben Verfahren dienen auch zur Erstellung von topografischen („physikalischen") Genkarten anderer Lebewesen. Als erstes vollständig sequenziertes Genom lag 1995 dasjenige des Bakteriums *Haemophilus influenzae* vor (1 830 000 Basenpaare). Im Jahr 1997 waren 12 Genome vollständig sequenziert, darunter die folgender Organismen:

Bakterien: *Escherichia coli, Mycoplasma genitalium, Mycoplasma pneumoniae, Synechocystis sp., Bacillus subtilis* und drei weitere Arten. (Die Genomsequenzierung mehrerer weiterer Bakterienarten ist 1998/99 abgeschlossen.)

Archaea: *Methanococcus jannaschii* und zwei weitere Arten. Bei der Sequenzierung zeigt sich, dass viele ihrer Gene gegenüber entsprechenden Genen von Bakterien große Unterschiede aufweisen. Auch konnte eine ungewöhnlich große Zahl von Genen nicht zugeordnet werden, da die *Archaea* sehr verschieden von Bakterien und Eukaryoten sind.

Eukaryoten: *Saccharomyces cerevisiae* (Hefe).

Die Genome von *Arabidopsis, Drosophila* werden 1998 und 1999 sequenziert sein. Abgeschlossen ist die Sequenzierung bereits beim Fadenwurm *Caenorhabditis*. ◀

5.5 Schluss

Einfache genetische Untersuchungen zeigen, dass und wie ein Merkmal oder eine Eigenschaft eines Lebewesens vom ordnungsgemäßen Funktionieren eines Gens abhängt; wir haben auch gesehen, dass diese Feststellung durch die „Ein-Gen-ein-Enzym"-Hypothese ebenso wie durch die Anwendbarkeit in der Gentechnik unterstützt wird. Es ist allerdings zu beachten, dass die Gene (d.h. DNA-Sequenzen) in ein Netzwerk von Vorgängen eingebunden sind und dass der Ursachenkette von der DNA über RNA zu den Proteinen andere Ursachenketten von Signalproteinen *(Signalketten, Stoffwechsel 1.6)* und Regulatorproteinen zurück zu Transkription, Translation und anderen Zellvorgängen gegenüberstehen. Wichtig ist besonders auch der Informationsaustausch mit anderen Zellen und die Beteiligung von Rezeptoren in der Zellmembran sowie von extrazellulären Strukturen und dem Cytoskelett. Es besteht zirkuläre Kausalität, d.h., Eigenschaften der Zelle wirken auf die Realisierung genetischer Information zurück (Abb. 362.1). Wer dies weiß, wird nicht der falschen Vorstellung von einer „Allmacht der Gene" unterliegen.

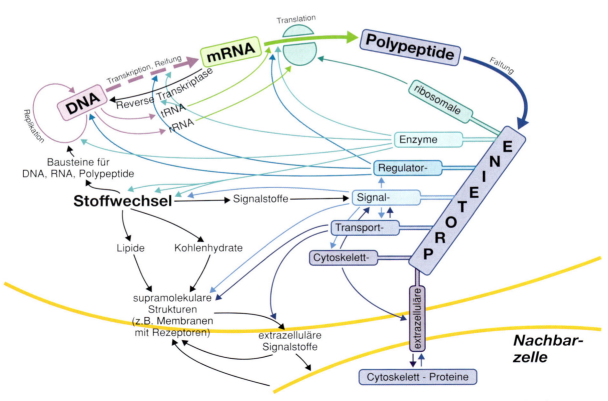

Abb. 362.1: Zirkuläre Kausalität (Rückkopplung) im Zellgeschehen, vereinfacht. Die Pfeile stellen Beziehungen im Zellgeschehen dar; es sind keine Reaktionspfeile.

Risiken und ethische Fragen der Gentechnik

Die Gentechnik eröffnet neue Möglichkeiten der Veränderung von Lebewesen. Stellt man die wirtschaftliche Produktionsleistung über den Artenschutz, so kann dies dazu führen, dass eine Vielzahl natürlicher Allele verschwindet (s. 5.1). Ist eine bestimmte Sorte einer Nutzpflanze standardisiert und werden andere Sorten nicht mehr angebaut, so kann ein Störfall (z. B. das Auftreten eines schwer bekämpfbaren Parasiten) riesige Schäden verursachen. Eine gentechnische Veränderung zur Standardisierung ist nur gerechtfertigt, wenn zugleich Voraussetzungen für den Ausgleich von Störungen aufrechterhalten werden. Die angewandten Techniken und Verfahren müssen Fehler erlauben. Diese Forderung nach *Fehlerfreundlichkeit* gilt für jede Art von Technik als Anwendung wissenschaftlicher Forschungsergebnisse. Alle entsprechenden ethischen Überlegungen gehen von einer Zielvorstellung aus: Die vorhersehbaren Folgen einer Handlung sind abzuschätzen und müssen von den Handelnden verantwortet werden *(s. S. 457)*.

Der Biologe trägt als Fachwissenschaftler für den Bereich der Gentechnik besondere Verantwortung. Er hat durch Einsatz seines Wissens dafür Sorge zu tragen, dass das von der Gesellschaft akzeptierte Risiko der Gentechnik nicht steigt. Stellt er fest, dass dies doch der Fall ist, muss er die Öffentlichkeit darüber informieren. Kommt es dennoch zu Schäden, so ist der Biologe dafür moralisch nicht verantwortlich; ein Wissenschaftler hat keine Universalverantwortung. Voraussetzung für entsprechende Überlegungen sind *Risikoabschätzungen*. Risiko ist die Möglichkeit, durch menschliche Handlungen Schaden zu nehmen; seine Größe wird beurteilt nach Eintrittswahrscheinlichkeit (in %) und Schadensausmaß. Eintrittswahrscheinlichkeiten werden oft falsch eingeschätzt: Ein Flugzeug ist objektiv sicherer als ein Auto. Subjektiv gilt vielen aber Auto fahren als sicherer, weil der Einzelne Einfluss auf die Gefährdung hat oder zu haben glaubt. Generell werden Risiken überbewertet, auf die der Einzelne keinen Einfluss nehmen kann.

Auch das „objektiv gemessene Risiko" erweist sich in der Praxis als problematisch, da das mögliche Schadensausmaß oft nicht genau abzuschätzen ist. In der öffentlichen Diskussion spielt die Verringerung der Eintrittswahrscheinlichkeit von Schäden eine viel größere Rolle als die Verkleinerung von Schadensausmaßen. Zahlreiche gesetzliche Regelungen dienen dazu, die Eintrittswahrscheinlichkeit eines Schadens durch gentechnische Verfahren möglichst klein zu halten. Dazu gehören Vorschriften über technische und biologische Maßnahmen. Technische Vorkehrungen sind besonders konstruierte Laboranlagen, welche die Freisetzung transgener Lebewesen in die Umwelt verhindern sollen. Spezielle Labortechniken sollen bewirken, dass die dort tätigen Menschen nicht mit transgenen Mikroorganismen in Berührung kommen.

Die gentechnisch veränderten Mikroorganismen ihrerseits gelten dann als biologisch sicher, wenn sie außerhalb des Labors nicht lebensfähig und auch nicht imstande sind, ihre DNA auf andere Organismen zu übertragen. Darüber hinaus ruft ein Sicherheitsstamm weder beim Menschen noch bei Tieren oder Pflanzen Krankheiten hervor. Ein Beispiel für ein sicheres Bakterium, das in vielen Fällen als Empfänger für Fremd-DNA verwendet wird, ist *Escherichia coli* K12. Diesem Stamm fehlen die Gene zur Herstellung fädiger Zellanhänge, mit denen sich Bakterien des Wildstamms, der im Darm von Mensch und Säugetieren vorkommt, an die Zellen der Darmwand festheften. Daher kann *E. coli* K12 den Darm von Säugern nicht besiedeln.

Wichtig ist die Überlegung, dass nicht nur unser Tun, sondern auch unser Unterlassen Folgen hat. Es genügt nicht zu prüfen, welche Risiken wir mit der Gentechnik eingehen, sondern man muss ebenso sorgfältig prüfen, welche Versäumnisse wir in Kauf nehmen, wenn wir auf Gentechnik in Medizin und Landwirtschaft verzichten. Ein Unterlassen gentechnischer Therapiemaßnahmen kann unterlassene Hilfeleistung bedeuten!

Bei der Diskussion ethischer Probleme der Gentechnik kann der Biologe nur die naturwissenschaftlichen Tatsachen darlegen. Die Begründung der Normen ist Angelegenheit der Ethik. In einer pluralistischen Gesellschaft gibt es aber kein einheitliches Normensystem und der Biologe sieht sich unterschiedlichen ethischen Argumentationen gegenübergestellt *(s. S. 457)*. So hält jemand, der sich auf das Gewissen bezieht, bestimmte Handlungsweisen nicht wegen der Folgen, sondern aus sich selbst heraus für richtig oder für verwerflich. Gemäß einer Argumentation, die sich auf die wissenschaftliche Praxis bezieht, gelten Handlungen, die Menschen zum Vorteil gereichen und andere Menschen nicht schädigen, als richtig und jene, die Schäden auslösen, als falsch. Bei dieser Argumentation spielt die Risikoabschätzung eine wichtige Rolle. Wer von Gesellschaftsaspekten ausgeht, sieht soziale Auswirkungen einer Handlung als entscheidend an. Risikoabschätzungen, die soziale Folgen – auch weltweit – einbeziehen, gibt es bisher jedoch kaum.

IMMUNBIOLOGIE

Den menschlichen Körper bedrohen ständig zahlreiche Krankheitserreger, vor allem Bakterien und Viren. Zu deren Abwehr und Vernichtung besitzt der Körper ein komplexes **Immunsystem.** Dieses verfügt über miteinander vernetzte Schutzeinrichtungen, die im Folgenden beschrieben werden. Zur **unspezifischen Immunreaktion** oder Resistenz (s. 1) gehören die direkte Abwehr von körperfremden Stoffen oder Zellen durch Haut und Schleimhäute sowie durch bestimmte Weiße Blutzellen. Bei der **spezifischen Immunreaktion** (s. 1 und 2) erkennen andere Weiße Blutzellen (Lymphozyten) die eingedrungenen Fremdkörper und lösen Reaktionen zu deren Vernichtung aus. **Cytokine** (s. 1) übermitteln Informationen innerhalb des Immunsystems.

1 Überblick über die unspezifische und spezifische Immunabwehr

Unspezifische Immunreaktion (Resistenz). Hierbei handelt es sich um angeborene und sofort verfügbare Abwehreinrichtungen. Man unterscheidet zwischen *allgemeiner* und *selektiver Abwehr*.

Der allgemeinen Abwehr dient der mechanische Schutz durch Haut und Schleimhäute. Die Zellen der Schleimhäute bilden schleimige Sekrete, die Mikroorganismen und andere Fremdkörper einhüllen, sodass sie zusammen mit dem Schleim aus dem Körper entfernt werden können. Eine chemische Abwehr erfolgt durch Säuren (Haut und Scheide: pH 3–5, Magen: pH 1–2), durch den Speichel sowie durch das Enzym Lysozym *(s. Stoffwechsel, Abb. 124.2 und Genetik Abb. 337.1),* das im Nasenschleim und der Tränenflüssigkeit enthalten ist und die Zellwände eindringender Bakterien zerstört.

Mit selektiver Abwehr bezeichnet man die Abwehr durch bestimmte Weiße Blutzellen *(Leukozyten).* Sie nehmen eingedrungene Mikroorganismen und Viren durch Phagozytose auf und bauen sie intrazellulär ab. Unter den Leukozyten sind solche mit großem, gelapptem Zellkern und körnchenförmigen (granulären) Einschlüssen im Cytoplasma *(Granulozyten);* sie zirkulieren im Blut und gelangen auf diese Weise rasch an die Orte, an denen sie benötigt werden. Andere, *Makrophagen* genannt, finden sich vor allem in Lymphknoten, Leber, Milz, Lunge und Niere. Bestimmte Granulozyten töten solche Fremdorganismen ab, die für die Aufnahme durch Makrophagen zu groß sind. Auch *natürliche Killerzellen,* eine andere Art von Leukozyten, erkennen Fremdorganismen und vernichten sie. Sie greifen sogar körpereigene Zellen an, wenn deren Oberfläche verändert ist. Daher sind sie wahrscheinlich für die rasche

Vernichtung neu entstandener Krebszellen verantwortlich, da bei diesen die Zellmembran Veränderungen aufweist *(s. Genetik 4.3.4).* Alle Leukozyten stehen auch mit den spezifischen Immunreaktionen in enger Verbindung. Letztlich unterliegen alle eingedrungenen Mikroorganismen und Viren der Phagozytose. Hierbei können phagozytierende Zellen zerstört und dann im Eiter ausgeschieden werden.

Im Blutserum befinden sich ferner Proteine (Enzyme und Enzymvorstufen), die man als Komplement-System bezeichnet. Dieses spielt sowohl bei der unspezifischen als auch bei der spezifischen Immunantwort eine wichtige Rolle. Die Proteine des Komplement-Systems zerstören Membranen von Mikroorganismen, spalten Proteine und bereiten Bakterien für den Zugriff von Makrophagen vor. Die Bezeichnung leitet sich davon ab, dass dieses System die Immunreaktionen ergänzt *(complement* = Ergänzung).

Spezifische Immunreaktion (Immunität). Im Gegensatz zur Resistenz steht die spezifische Immunreaktion, die in der geschilderten Form ausschließlich bei Wirbeltieren vorkommt. Sie erfolgt erst, wenn der Körper Kontakt mit dem Erreger hat, und ist daher erst nach einigen Tagen wirksam. Die hohe Spezifität zeigt sich in folgendem Versuch: Man injiziert einem Kaninchen ein kleine Menge Bakterien einer bestimmten Art und wiederholt dies im Laufe einiger Wochen mehrmals. Anschließend entnimmt man dem Kaninchen einige cm^3 Blut und isoliert das Serum *(s. Stoffwechsel 4.2.5).* Verdünnt man nun das Serum (im Verhältnis 1:1000) und mischt es mit einer Kultur der zuvor injizierten Bakterienart, so verklumpen die Bakterien. Beim Vermischen der Bakterien mit Serum nicht behandelter Kaninchen tritt kein Verklumpen auf, ebenso wenig beim Vermischen von Bakterien einer anderen Art mit dem Serum des behandelten Kaninchens. Man kann daraus schließen, dass im Körper des Kaninchens Stoffe gebildet werden, die mit der Bakterienzellwand so reagieren, dass die Bakterien verklumpen. Diese Stoffe heißen **Antikörper.** Sie werden offenbar nur gebildet, wenn körperfremde Stoffe – im vorliegenden Fall Bakterienzellwände – in die Blutbahn des Kaninchens gelangt sind. Stoffe, die eine Bildung von Antikörpern auslösen, nennt man **Antigene** (**anti**somato-**gen** = „gegen den Körper bildend"). Als Antigene können Peptide, Proteine, Polysaccharide und Polynucleotide wirken; als Antigen wirkt also nicht die gesamte Fremdzelle, sondern nur bestimmte Makromoleküle auf ihr. Tatsächlich zeigen diese Wirkung nur bestimmte Atomgruppen an der Oberfläche dieser Moleküle. Eine solche Atomgruppe heißt *Epitop.* Die Antikörper reagieren ausschließlich mit dem Epitop des Antigens, das die Bildung des betreffenden Antikörpers verursacht hat. Eine Fremdzelle kann verschiedene Antigene mit jeweils unterschiedlichen Epitopen besitzen (Abb. 366.2).

Antigene werden von Lymphozyten erkannt. Diese machen etwa 25 % der Leukozyten aus. Sie entstehen im Knochenmark, das deshalb als *primäres Immunorgan* bezeichnet wird. Ist das Antigen durch solche Zellen erkannt, so reagieren die verschiedenen Arten von Lymphozyten unterschiedlich:

– Ungefähr 10 % der Lymphozyten erzeugen Antikörper und geben diese an Lymphe und Blut (die humoralen = flüssigen Bestandteile des Körpers) ab. Diese Antikörper bildenden Zellen reifen im Knochenmark (bone marrow) und heißen deshalb *B-Lymphozyten*. Der Abschluss ihrer Entwicklung findet in den *sekundären Immunorganen* statt (Lymphknoten, Milz, Wurmfortsatz, Mandeln; Abb. 365.1). B-Lymphozyten findet man auch im Blut bzw. in der Lymphe. Sie sind für die *humorale Immunantwort* verantwortlich.

– Ungefähr 90 % der Lymphozyten haben die Aufgabe, Zellen zu zerstören, welche Antigene tragen; dies können fremde Zellen sein oder auch körpereigene, in die Erreger eingedrungen sind. Die Vorstufen dieser Lymphozyten wandern aus dem Knochenmark zunächst in den Thymus ein und reifen dort; die fertigen Zellen heißen daher *T-Lymphozyten* und dienen der *zellulären Immunantwort*. Nach ihrer Reifung gelangen die T-Lymphozyten ebenfalls in die sekundären Immunorgane, wo sie sich festsetzen und weiter vermehren. Von dort gelangen sie in Blut und Lymphe. Der Thymus reicht bei Kindern in Form zweier Lappen im oberen Brustabschnitt vom Kehlkopf bis fast zum Herzen. Beim Erwachsenen ist er zurückgebildet.

Immunreaktionen können erst einige Tage bis Wochen nach der Geburt ablaufen. Erst dann ist die Entwicklung des Immunsystems abgeschlossen. Körperfremde Stoffe, die vor der Entwicklung des Immunsystems in den Körper gelangen, lösen keine Immunreaktion aus, sie werden „geduldet" (Immuntoleranz).

Cytokine. Die Zellen des Immunsystems (auch solche der unspezifischen Abwehr) tauschen untereinander und mit anderen Körperzellen Information durch hormonartige Substanzen aus. Diese bezeichnet man als *Cytokine* oder *Interleukine*. Es gibt mehrere verschiedene Interleukine mit unterschiedlichen Aufgaben. Eine Interleukinsorte beeinflusst unter anderem die Regulierung der Körpertemperatur durch den Hypothalamus *(s. Neurobiologie 5.2.2)* und trägt dazu bei, Fieber auszulösen. Bei höherer Temperatur werden viele Erreger in ihrer Aktivität gehemmt, Immunzellen hingegen gefördert. Andere Cytokine werden gegen virus-

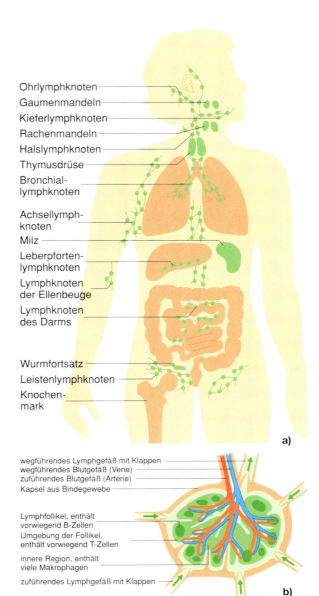

Abb. 365.1: **a)** Das Immunsystem des Menschen mit den primären Lymphorganen (Thymusdrüse und rotes Knochenmark) sowie den sekundären Lymphorganen; **b)** Bau eines Lymphknotens; in den Follikeln der Lymphknoten werden Antikörper erzeugt.

befallene Zellen eingesetzt; diese Cytokine nennt man *Interferone*. Die Cytokine *Interferon γ* und ein *Tumor-Nekrose-Faktor (TNF)* stimulieren die Makrophagen und führen zu verstärkter Phagozytose. TNF erhielt seinen Namen, weil es die Phagozytose erkannter Tumorzellen auslöst. Interferon γ und TNF werden beide von T-Zellen gebildet. Andere Interferone entstehen in virusbefallenen Zellen. Sie lösen die Bildung schützender, gegen Viren gerichteter Proteine aus.

Immunbiologie

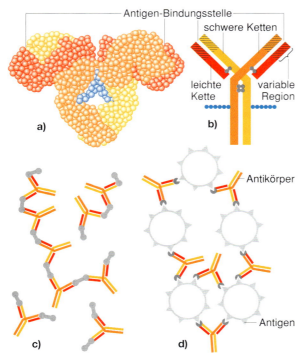

Abb. 366.1: Bau und Funktion der Immunglobulin-G-Moleküle (IgG-Moleküle). **a)** Kalottenmodell, jeder Kettenteil in besonderer Farbe; **b)** stark vereinfachtes Schema; blau: Zuckerketten, grau: S-S-Brücken; **c)** Reaktion zwischen IgG-Molekülen und löslichen Antigenen; **d)** Reaktion zwischen IgG-Molekülen und Antigenen auf der Oberfläche von Zellen

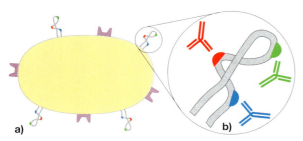

Abb. 366.2: Antigen und Epitop. **a)** Bakterienzelle mit zwei verschiedenen Antigen-Molekülen (schematisch); **b)** Gegen ein Antigen-Molekül können verschiedene Antikörper gebildet werden, da sich diese nur gegen einen bestimmten Bereich der Moleküloberfläche, ein Epitop, richten.

▶ Immunzellen bilden aber auch Neurohormone (z. B. ein Endorphin). Die Immunorgane (z. B. Thymus) werden vom vegetativen Nervensystem sehr fein innerviert. Dies zeigt eine enge Beziehung zwischen beiden Organsystemen. Daher ist es nicht verwunderlich, dass psychische Faktoren das Immunsystem beeinflussen und Infektionen umgekehrt auf die Psyche einwirken können. ◀

2 Die spezifische Immunreaktion

2.1 Antikörper und Lymphozyten

2.1.1 Antikörper

Antikörper werden von den B-Lymphozyten gebildet; es sind globuläre Proteine *(s. Stoffwechsel 1.1.2)*, die man als Immunglobuline (Abkürzung: Ig) bezeichnet. Nach ihrem unterschiedlichen Bau werden sie in fünf Klassen eingeteilt (Abb. 367.2). Der häufigste und am besten untersuchte Typus sind die *Immunglobuline G (IgG)*. IgG-Moleküle machen 70 bis 80% der Immunglobuline im Organismus aus. 80 g Blutserum enthält etwa 1 g IgG. Jedes IgG-Molekül hat zwei spezifische Bindungsstellen für solche Antigene, welche die Bildung des betreffenden Antikörpers veranlasst haben. Ein Antikörpermolekül kann sich also mit zwei Antigen-Molekülen verbinden. Besitzt ein Antigen mehr als eine Bindungsstelle für Antikörpermoleküle, so können größere Komplexe *(Immunkomplexe)* entstehen. Deren Größe hängt von den relativen Konzentrationen von Antigen und Antikörper ab (Abb. 367.1). Sie können so groß werden, dass sie nicht mehr löslich sind und dann ausfallen *(Präzipitation)*. Wenn Antikörper an Zellen binden und diese miteinander verkleben, spricht man von *Agglutination*.

▶ Jedes Immunglobulin-G-Molekül besteht aus vier Untereinheiten: zwei identischen schweren und zwei identischen leichten Polypeptidketten (Abb. 366.1). Die schweren Ketten tragen kurze Zuckerseitenketten; die IgG-Moleküle sind somit Glykoproteine. Die Analyse der Aminosäuresequenzen von Immunglobulin-G-Molekülen des Menschen ergab, dass die unteren Abschnitte der leichten und schweren Ketten in allen Molekülen nahezu gleich gebaut sind (konstante Regionen). Diejenigen Teile des Moleküls, die als Antigen-Bindungsstellen wirken, unterscheiden sich bei den verschiedenen IgG-Molekülen jedoch (variable Regionen). Eine Antigen-Bindungsstelle wird jeweils gemeinsam von den variablen Regionen der leichten und schweren Kette gebildet. Durch die räumliche Anordnung der vier Ketten entsteht eine etwa Y-förmige Molekülgestalt. Die Antigen-Bindungsstellen liegen in den beiden „Armen" des Y.

Bei der Reaktion eines spezifischen Antikörpers mit einem Hühnerei-Protein als Antigen zeigte sich, dass 17 Aminosäuren der variablen Regionen des Antikörpers mit 16 Aminosäuren des Eiproteins (dem Epitop) in direkte Wechselwirkung treten.

Die weiteren vier Klassen der Immunglobuline bestehen ebenfalls aus leichten und schweren Ketten, sie unterscheiden sich von den IgG-Molekülen jedoch so-

Die spezifische Immunreaktion

wohl im Aufbau und in der Größe als auch in der Art der Verknüpfung der schweren Ketten. Darüber hinaus bilden *Immunglobuline A* Doppelmoleküle (Dimere) durch Verknüpfung von zwei Einheiten. Die Immunglobuline M stellen sogar Aggregate aus fünf Einheiten (Pentamere; s. Abb. 367.2) dar.

Im Sekret der Schleimhäute werden in größeren Mengen Immunglobuline A aus B-Lymphozyten abgegeben. Diese Antikörper binden Bakterien, die dann die Schleimhautzellen nicht mehr angreifen können. IgA-Moleküle treten auch in der Muttermilch auf; die Antikörper bildenden Zellen liegen in diesem Falle in den Lymphknoten der Brustdrüse. Möglicherweise schützen die IgA-Moleküle den Säugling vor Infektionskrankheiten.

Jeder B-Lymphozyt erzeugt nur eine ganz bestimmte Art von Antikörpern einer Ig-Klasse. Diese Eigenschaft erwirbt die Zelle während ihrer Reifung, die erst in den Lymphknoten (oder anderen sekundären Immunorganen) abgeschlossen wird. Bei Einwirkung des passenden Antigens entstehen aus einer B-Zelle dann durch Teilungen viele gleichartige B-Zellen. Man bezeichnet sie als *Zell-Klon* (Abb. 368.2 und auch 3.3). Alle Zellen eines B-Zell-Klons bilden also identische Antikörper.

Das menschliche Immunsystem kann etwa zehn Millionen verschiedene Antikörper produzieren, sodass entsprechend viele Typen von Antigenen gebunden werden können. Wie es zur Bildung einer so großen Zahl unterschiedlicher Antikörper kommt, obwohl die Anzahl der hierfür erforderlichen Gene nur wenige Hundert beträgt, ist eine Grundfrage der Immungenetik *(s. Genetik 4.2.5).* ◂

2.1.2 Lymphozyten

Die Lymphozyten entstehen aus Zellen, die beim Fetus aus der Leber ins Knochenmark wandern und dort zu Stammzellen aller Blutzellen werden. Die Bildung der verschiedenen Zellen des Immunsystems aus diesen Stammzellen ist in Abb. 368.1 dargestellt. Wie schon erwähnt, erfolgt die Ausdifferenzierung teils im Thymus (T-Zellen), teils im Knochenmark (B-Zellen). Ein erwachsener Mensch besitzt etwa $2 \cdot 10^{12}$ Lymphozyten, die zusammen etwa 1 kg wiegen, sowie etwa 10^{20} in der Körperflüssigkeit gelöste Antikörpermoleküle, die ebenfalls ca. 1 kg des Körpergewichts ausmachen.

B-Lymphozyten besitzen in ihrer Zellmembran etwa 100 000 Rezeptormoleküle für *ein* bestimmtes Antigen, können also nur *ein* bestimmtes Antigen erkennen und binden. Diese Rezeptoren sind gebaut wie Immunglobuline der IgM-Klasse, sind aber Bestandteile der Membran.

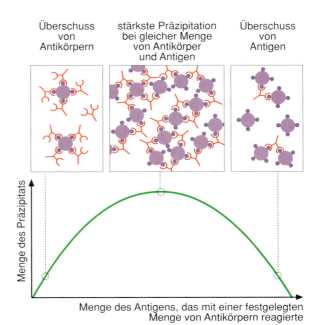

Abb. 367.1: Die Konzentrationen von Antikörper und Antigen beeinflussen die Größe der entstehenden Immunkomplexe.

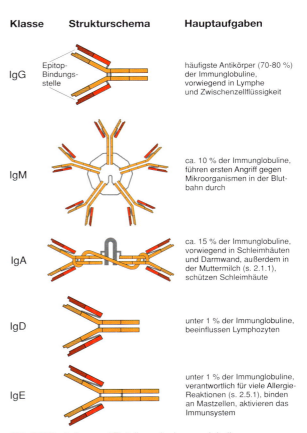

Abb. 367.2: Aufbau und Einteilung der Immunglobuline

Immunbiologie

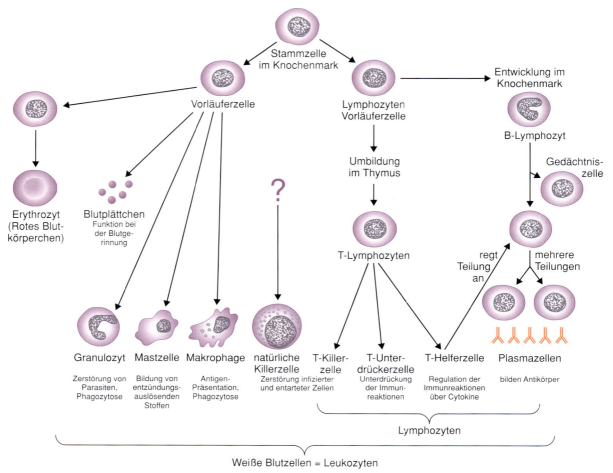

Abb. 368.1: Herkunft der Zellen des Immunsystems

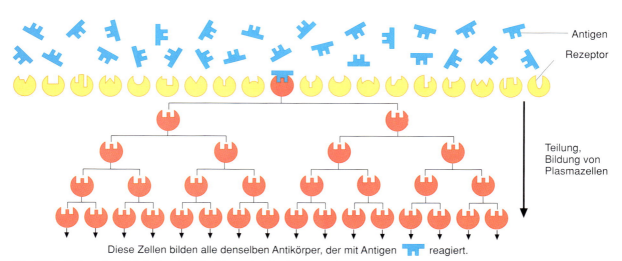

Abb. 368.2: Bildung eines B-Zell-Klons. Bei Einwirkung eines bestimmten Antigens wird diejenige Zelle, die den geeigneten Rezeptor trägt, zur Teilung angeregt und bildet viele Plasmazellen. Diese bilden einen B-Zell-Klon. In Wirklichkeit hat jede B-Zelle bis zu 100 000 gleichartige Rezeptoren. Die B-Zellen mit anderen Rezeptoren können nicht reagieren; die Auswahl der „richtigen" B-Zelle wird als Klon-Selektion bezeichnet.

Kommt eine B-Zelle mit einem passenden Antigen in Kontakt, wird sie zur Teilung angeregt, sodass zahlreiche Zellen gleicher Spezifität entstehen. Diese Tochterzellen differenzieren sich vorwiegend zu *Plasmazellen* und bilden Antikörper. Jede Plasmazelle gibt pro Sekunde etwa 2000 gleiche Antikörpermoleküle an die Körperflüssigkeit ab. Die Plasmazellen leben nur wenige Wochen. Ihre Lebensdauer kann durch energiereiche Strahlung weiter verkürzt werden *(s. Ökologie 4.2.11)*. Einige der B-Zellen differenzieren sich zu *Gedächtniszellen,* die über Jahre hinweg erhalten bleiben. Wenn sie später erneut auf das gleiche Antigen treffen, teilen sie sich rasch, und in gleicher Zeit werden viel mehr Antikörper gebildet als beim ersten Kontakt. Die zweite Immunreaktion verläuft daher viel rascher und wirksamer (Abb. 369.1), sodass dann keine Krankheitssymptome auftreten. Gegen verschiedene Erreger bleibt der Mensch deshalb u. U. Jahrzehnte bis lebenslang immun (z. B. gegen die Erreger vieler Kinderkrankheiten).

Jeder B-Zell-Klon erkennt nur ein bestimmtes Antigen. Da im Körper des Menschen insgesamt etwa zehn Millionen verschiedene Antikörper gebildet werden können, muss es beim Menschen zehn Millionen verschiedene B-Zell-Klone geben.

T-Lymphozyten erzeugen keine Antikörper; sie besitzen aber Membranrezeptoren *(T-Zell-Rezeptoren)* mit Spezifität für *ein* Antigen. Teile von Antigenen werden den T-Lymphozyten von einer anderen körpereigenen Zelle dargeboten (s. 2.2). Bei Kontakt mit einer solchen Zelle wird der T-Lymphozyt zur Teilung angeregt. Dabei werden ebenfalls Gedächtniszellen gebildet. T-Lymphozyten lassen sich nach ihren unterschiedlichen Aufgaben einteilen; die wichtigsten Arten sind:
- *T-Helferzellen;* sie produzieren verschiedene Cytokine. Diese sind Voraussetzung dafür, dass sich B-Zellen nach Erkennung eines Antigens teilen und Antikörper bilden.
- *T-Killerzellen;* sie erkennen und vernichten körpereigene Zellen, die von Viren befallen worden sind, und körperfremde Zellen.
- *T-Unterdrückerzellen;* sie hemmen die Teilung der B-Zellen und die Bildung von T-Killer-Zellen und schalten so die Immunreaktion ab.

Wie bei den B-Lymphozyten kommen auch bei den T-Lymphozyten etwa zehn Millionen verschiedene Zell-Klone vor; die einander entsprechenden T-Zelltypen stehen in Wechselwirkung. Damit ist das menschliche Immunsystem gegen einige Millionen Antigene „gerüstet". Bedenkt man, dass ein Mensch im Laufe seines Lebens höchstens einige hundert Male an Infektionskrankheiten leidet, so ist anzunehmen, dass die meisten Erreger vom Immunsystem vernichtet werden, bevor eine Krankheit ausbricht.

2.2 Vorgänge bei der spezifischen Immunreaktion

Antigen-Darbietung (Präsentation) und **MHC-Proteine.** Dringt ein als Antigen wirkender Fremdkörper in den Organismus ein, so wird er unspezifisch von einem Makrophagen oder spezifisch von einer passenden B-Zelle „eingefangen" und im Zellinneren abgebaut. Anschließend werden Teile des Antigens, z. B. kürzere Peptidketten, an bestimmte Proteine der Zelle gebunden; diese werden dann nach außen transportiert und in der Zellmembran verankert (Abb. 370.1 und 370.2.). So werden Antigenteile von der Zelle „dargeboten". Die präsentierenden Membranproteine heißen *MHC-Proteine* (zur Begriffserklärung s. u.). Von den MHC-Proteinen gibt es zwei Klassen (MHC-Proteine der Klasse I und MHC-Proteine der Klasse II), die sich in ihrem Bau unterscheiden. Zellen des Immunsystems können beide Klassen von MHC-Proteinen bilden, andere kernhaltige Körperzellen nur MHC-I-Proteine.

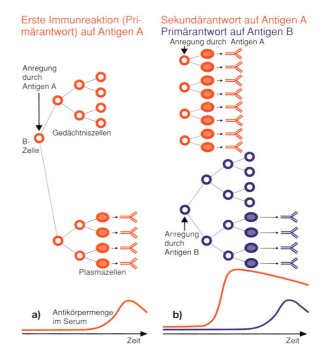

Abb. 369.1: Nachweis der ersten und zweiten Immunreaktion. **a)** Einem Testtier wird zunächst Antigen A injiziert. Man beobachtet in den folgenden Tagen eine Zunahme der Antikörper im Blutserum, da viele Plasmazellen entstehen, die Antikörper erzeugen. Außerdem werden Gedächtniszellen gebildet. Mit dem Absterben der Plasmazellen geht die Antikörperbildung zurück; **b)** Wird nun das gleiche Antigen A erneut injiziert, so entstehen durch rasche Teilung der Gedächtniszellen die Antikörper früher und in größerer Menge; die zweite Immunreaktion ist heftiger. Ein anderes Antigen (B), das gleichzeitig injiziert wird, löst die übliche Primärantwort aus.

Immunbiologie

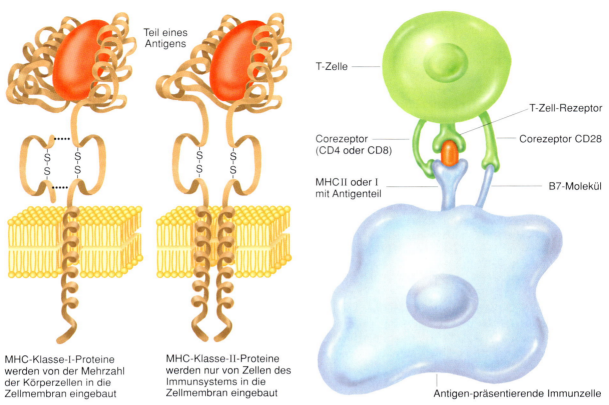

Abb. 370.1: Schematische Darstellung von Membranproteinen der MHC-Klasse-I und MHC-Klasse-II

MHC-Klasse-I-Proteine werden von der Mehrzahl der Körperzellen in die Zellmembran eingebaut

MHC-Klasse-II-Proteine werden nur von Zellen des Immunsystems in die Zellmembran eingebaut

Abb. 370.2: Schematische Darstellung der Bindung einer T-Zelle an eine Antigen-präsentierende Immunzelle

Die Antigen-präsentierenden Makrophagen sind in den Lymphknoten so angeordnet, dass sie ständig mit T-Zellen Kontakt haben. Da die T-Zellen spezifische Rezeptoren für Antigene in ihrer Membran besitzen, kann von den zahlreichen Typen von T-Zellen in der Regel nur einer mit dem präsentierten Antigenteil in Wechselwirkung treten.

▶ Außer den Roten Blutzellen besitzen fast alle Körperzellen des Menschen MHC-Proteine in ihrer Membran; ihre Bildung wird von nur sechs Genen gesteuert, die in zahlreichen Allelen vorliegen. Den vielen möglichen Kombinationen dieser Gene entsprechend gibt es eine große Zahl von Varianten der MHC-Proteine. Daher besitzen nur eineiige Mehrlinge mit Sicherheit den gleichen Satz von MHC-Proteinen. MHC-Proteine, die anders gebaut sind als die körpereigenen, werden von T-Zellen als fremd erkannt und wirken als Antigene. Dies ist bei Gewebs- oder Organverpflanzungen (Transplantationen) von Bedeutung; die fremden MHC-Proteine wirken als „Gewebs-Antigene" und lösen Abwehrmaßnahmen aus, sodass verpflanzte Gewebe abgestoßen werden (s. 2.6). Davon haben diese Membranproteine ihren Namen erhalten: Sie werden als Gewebsverträglichkeits-Proteine (engl. **m**ajor **h**istocompatibility **c**omplex, kurz MHC) bezeichnet.

Die Unterscheidung zwischen körpereigenen und fremden Zellen müssen die T-Zellen unmittelbar nach ihrer Bildung „lernen". Dies erfolgt im Thymus. Hier werden alle die T-Zellen, welche sich „falsch verhalten", selektiert; in ihnen wird der programmierte Zelltod ausgelöst *(s. Entwicklungsbiologie 2.2.2)*. Das sind die T-Zellen, die an (körpereigene) Proteine oder Peptide der Thymuszellen binden. Nur die T-Zellen, die ausschließlich an MHC-Proteine binden können, nicht aber an andere körpereigene Peptide, werden durchgelassen und können sich anschließend vermehren und differenzieren. Dies sind nur rund 1% aller zunächst entstehenden T-Zellen. ◀

T-Zell-Rezeptor und Corezeptoren. T-Zellen regen, wie in 2.1.2 dargestellt, einerseits B-Zellen zur Teilung an (welche damit zu Antikörper bildenden Plasmazellen werden). Andererseits vernichten sie andere Zellen, körperfremde sowie körpereigene, die von Viren befallen sind.

Die spezifische Immunreaktion

Um diese zwei so verschiedenen Aufgaben zu lösen, treten zwei Arten von T-Zellen mit den Antigen-darbietenden Immunzellen auf unterschiedliche Weise in Kontakt (Abb. 370.2).

1. Die eine Gruppe von T-Zellen besitzt in ihrer Membran Rezeptoren, welche nur Antigenteile erkennen, die von MHC-Proteinen der Klasse II präsentiert werden. Zusätzlich verfügen sie über einen Corezeptor. Ein Corezeptor ist wie der T-Zell-Rezeptor ein Membranprotein; er leistet gewissermaßen Hilfestellung bei der Wechselwirkung zwischen dem Rezeptor und dem an ihn bindenden Molekül (dem Liganden, *s. Stoffwechsel 1.6*). Der Corezeptor der hier genannten T-Zellen wird mit CD4 bezeichnet; er rastet nur in die MHC-II-Proteine ein und stabilisiert so die Bindung zwischen der Antigen präsentierenden Zelle und der T-Zelle.

2. Eine andere Gruppe von T-Zellen besitzt andere Rezeptoren, nämlich solche, die nur an Antigen beladene MHC-Proteine der Klasse I binden. Hier wird der Zusammenhalt der Zellen durch einen anderen Corezeptor (CD8) stabilisiert.

3. Neben den Rezeptoren und Corezeptoren ist noch ein drittes Bindungssystem nötig. Die Antigen-präsentierenden Immunzellen besitzen in ihrer Membran so genannte B7-Protein-Moleküle, an die der Corezeptor CD28 (den beide T-Zell-Gruppen aufweisen) bindet.

Diese dreifache Wechselwirkung führt schließlich zur Cytokinbildung der T-Zellen, wodurch sie ihre eigene Teilung stimulieren. Dabei entstehen aus der ersten Gruppe von T-Zellen (an MHC II bindende mit dem Corezeptor CD4) T-Helferzellen und auch T-Unterdrückerzellen. Die T-Helferzellen aktivieren Antigen-präsentierende B-Zellen zur Teilung; es entstehen Plasmazellen.

Aus der zweiten Gruppe von T-Zellen (an MHC I bindende mit dem Corezeptor CD8) entstehen durch Teilung die T-Killerzellen. Wie Spürhunde, die den Geruch ihrer Beute kennen, „suchen" und vernichten diese T-Killerzellen fortan fremde und körpereigene Zellen, welche in ihrer Membran das Antigen tragen, durch welches sie selbst aktiviert wurden. Da alle präsentierenden Immunzellen das B7-Molekül besitzen, die zu vernichtenden Zellen aber nicht, wird verhindert, dass „die falschen Hasen gejagt werden".

Ablauf der Antigen-Antikörper-Reaktion. Kommt ein Antigen zum ersten Mal in den Körper, so läuft die spezifische Immunreaktion in mehreren Phasen ab (Abb. 372.1). In der ersten, der **Erkennungsphase,** muss das Antigen zunächst von einem Makrophagen oder einer B-Zelle aufgenommen, teilweise abgebaut und an

MHC-Proteine der Klassen I und II gebunden werden. Durch diese Präsentation werden T-Zellen zur Teilung angeregt. Es entstehen neben T-Killerzellen vermehrt T-Helferzellen, die bei denjenigen B-Lymphozyten Teilungen auslösen, welche das Antigen präsentieren. Alle diese Vorgänge werden über Cytokine reguliert.

In der zweiten Phase, der **Differenzierungsphase,** vermehren sich die B-Lymphozyten weiter und differenzieren sich zu Plasmazellen. Einige der B-Zellen wie auch der T-Zellen entwickeln sich zu Gedächtniszellen.

In der dritten Phase, der **Wirkungsphase,** erfolgt die Antigen-Antikörper-Reaktion und es entsteht der Immunkomplex (s. 2.1). Immunkomplexe aktivieren das Komplement-System, dessen Proteine dann eine ganze Abfolge von Reaktionen auslösen. Dazu gehört der enzymatische Abbau von Fremdproteinen, die Stimulierung phagozytierender Zellen und eine chemotaktische Anlockung weiterer solcher Zellen. Diese nehmen dann die Immunkomplexe auf und bauen sie ab. Ist der Abbau verzögert, kommt es zu Störungen in Form von Allergien (s. 2.5.3).

Sind die Antigene Bestandteile einer Zellwand (z.B. einer Bakterienzelle), so können die Antikörper mehrere Zellen miteinander verkleben, sofern diese viele gleiche Antigene besitzen. Diese Verklebung nennt man *Agglutination* (s. 2.1.1 und 2.7).

Proteine des Komplement-Systems bewirken, dass die Durchlässigkeit der Kapillarwände für Proteine erhöht wird; so gelangen vermehrt Antikörper aus dem Blut ins Gewebe. Damit tritt auch mehr Flüssigkeit aus den Kapillaren aus *(s. Stoffwechsel 4.2.4),* und die Infektionsstelle schwillt an.

In der vierten Phase, der **Abschaltphase,** wirken die T-Unterdrückerzellen, und die Immunreaktionen hören allmählich auf. Wenn kein Antigen mehr vorhanden ist, werden auch keine neuen Antikörper mehr gebildet.

An den Immunreaktionen sind noch weitere Zellen beteiligt. **Mastzellen** tragen an ihrer Oberfläche Antikörper der IgE-Klasse; in GOLGI-Vesikeln enthalten sie *Histamin* und *Serotonin* sowie *Prostaglandine* und Cytokine. Wird das passende Antigen gebunden, so wird der Inhalt der GOLGI-Vesikel freigesetzt. Er verursacht eine Erweiterung der Blutgefäße und verstärkt die Durchblutung des Gewebes, das sich dadurch rötet und erwärmt. Außerdem reichern sich hier Fresszellen und Lymphozyten an, sodass eine intensive Immunreaktion abläuft, die als lokale Entzündungsreaktion erkennbar wird. Mastzellen spielen eine wichtige Rolle bei allergischen Reaktionen (s. 2.5.1). Durch die Schwellung werden – oft beim Pulsschlag – Schmerzrezeptoren gereizt, sodass pochender Schmerz auftritt.

Immunbiologie

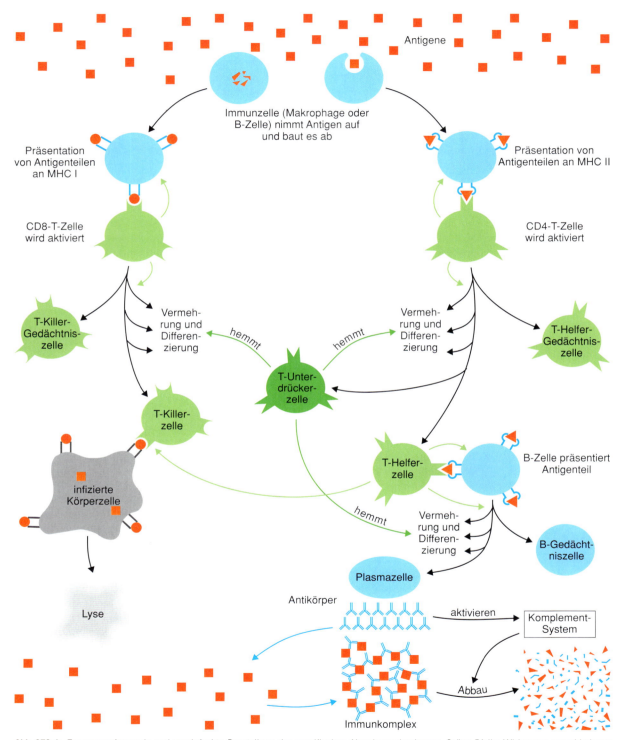

Abb. 372.1: Zusammenfassende und vereinfachte Darstellung der spezifischen Abwehrmechanismen. Grüne Pfeile: Wirkungen verschiedener Cytokine (hellgrün stimulierend, dunkelgrün hemmend). Bei den oberen beiden Zellen handelt es sich entweder um Makrophagen oder um B-Lymphozyten; beide können Antigenteile an MHC I oder MHC II präsentieren. Präsentiert eine B-Zelle das Antigenteil an MHC II, so wird sie in direktem Kontakt durch eine CD4-T-Zelle (oder T-Helferzelle) zur Differenzierung und Vermehrung angeregt; dieser Vorgang ist unten rechts in der Abbildung dargestellt.

2.3 Infektionen

Infektionen werden durch Mikroorganismen, vor allem Bakterien, und durch Viren verursacht. Eine Infektion des Organismus muss allerdings nicht immer zu einer Erkrankung führen; so sind manche Personen zwar Träger und Verbreiter von Krankheitserregern, selbst aber nicht krank.

Immunreaktion gegen Bakterien. Sie hängt davon ab, ob sich die Bakterien außerhalb oder innerhalb der Zellen vermehren. Bei *extrazellulärer* Vermehrung kommt es letztlich zu Agglutinationen und zum Abbau der Immunkomplexe. Geben die Bakterien giftige Stoffe *(Toxine)* ab, so werden diese als freie Antigene von Antikörpern gebunden und unschädlich gemacht, sofern die Giftproduktion nicht zu schnell zunimmt. Die Antikörper der Bakterienoberfläche aktivieren zusätzlich das Komplementsystem (s. 1), welches dann die Bakterienmembran schädigt, sodass Makrophagen die Bakterienzellen zerstören können (s. Abb. 374.1).
Vermehren sich die Bakterien *intrazellulär* (z. B. Tuberkulose-Bakterien), so werden die befallenen Zellen von T-Killerzellen angegriffen, weil die Membran solcher Zellen von Bakterien stammende Antigenteile darbietet. Diese Form der Immunreaktion erfolgt allerdings langsamer als im oben beschriebenen Fall.
Gegen Tuberkulose-Bakterien werden die meisten Menschen immun. Dies zeigt der *Tuberkulin-Hauttest,* bei dem Tuberkulin, ein Extrakt aus Tuberkelbakterien, als Antigen in die Haut eingerieben wird. In der Regel kommt es im Verlauf von zwei bis vier Tagen zu einer schwachen Entzündungsreaktion (Rötung). Die dort entstehenden Immunkomplexe aktivieren nämlich das Komplementsystem. Dadurch werden Makrophagen und T-Helferzellen chemotaktisch zu der Stelle gelockt, an der das Antigen eindringt. Da diese Effekte zum Teil unspezifisch sind (z. B. die Anlockung der Makrophagen), kann die in Gang kommende Immunreaktion (gegen das Tuberkulin) auch oft einen vorübergehenden Schutz vor anderen eingedrungenen Krankheitserregern bieten.

Immunreaktion gegen Viren. Viren können sich nur in Wirtszellen vermehren. Da freie Antikörper nicht in Zellen eindringen, ist die Immunreaktion über Antikörper nur gegen solche Viren wirksam, die sich nicht in den Zellen befinden. Werden Antikörper an die Virusoberfläche gebunden, so wird durch Aktivierung des Komplementsystems eine Zerstörung der Viren eingeleitet. Zellen, die von Viren befallen sind, tragen in ihrer Zellmembran an MHC-I-Proteinen Komponenten der betreffenden Viren. T-Killerzellen erkennen diese Komponenten und töten die infizierten Zellen

ab. Die Zerstörung körpereigener Zellen ist bei der Bekämpfung von Virusinfektionen ein wichtiger Vorgang, da nur so die Vermehrung der Viren gestoppt werden kann.
Viele Viren besitzen eine große Variabilität in ihren Oberflächen-Strukturen. Aufgrund hoher Mutationsraten entstehen immer wieder veränderte Oberflächenproteine und damit verschiedene Virenstämme; dies gilt z. B. für Grippeviren. Gegen derartige Viren ist die erworbene Immunität in der Regel viel weniger wirksam als gegen Bakterien, da gegen jeden neuen Virusstamm eine zusätzliche Immunität erworben werden muss.

2.4 Schutzimpfung

Überstand ein Mensch eine Pockenerkrankung, dann war er in der Regel sein Leben lang vor einem neuen Ausbruch dieser Krankheit bewahrt. Gedächtniszellen gegen die Pockenviren bleiben also lange erhalten und geben dadurch Schutz vor einer neuen Ansteckung; der Körper ist gegen diese Krankheit immun geworden. Auf dieser Tatsache beruht die erstmals von dem englischen Arzt JENNER 1796 angewandte Schutzimpfung zur Immunisierung des Körpers. Er übertrug harmlose Kuhpockenviren in die Haut von einigen Menschen (und sich selbst) und erreichte so, dass die Behandelten während einer Pockenepidemie gesund blieben. Infolge des weltweiten Kampfes gegen die Pocken sind diese heute fast vollständig ausgerottet.
Bei dieser **aktiven Immunisierung** regt man den Körper auf eine für ihn ungefährliche Weise zur Bildung der Antikörper an. Dazu injiziert man abgetötete oder abgeschwächte Krankheitserreger (oder wie bei JENNER ähnliche, aber harmlose Erreger). Auch gentechnisch kann man Impfstoffe gewinnen: Zur Gewinnung des Impfstoffes verpflanzt man das Gen des Oberflächenproteins vom Hepatitis-B-Virus in Hefe; das in den Hefezellen gebildete Virus-Protein wird dann als Impfstoff eingesetzt. Alle diese Impfstoffe rufen keine Krankheit hervor, veranlassen aber den Körper zu einer Immunreaktion. Tritt einige Zeit später eine natürliche Infektion durch den gleichen Erreger ein, erfolgt sofort eine heftige Reaktion, die den Erreger unschädlich macht. Da Gedächtniszellen sehr langlebig sind, wirkt eine aktive Immunisierung für längere Zeit vorbeugend.
Bei der **passiven Immunisierung** erfolgt die Bildung der Antikörper durch ein anderes Lebewesen. Dessen Serum, in dem die Antikörper enthalten sind, wird in den Körper des Erkrankten übertragen. Die passive Immunisierung dient zur Heilung bereits ausgebrochener Infektionskrankheiten. Durch die von außen

Immunbiologie

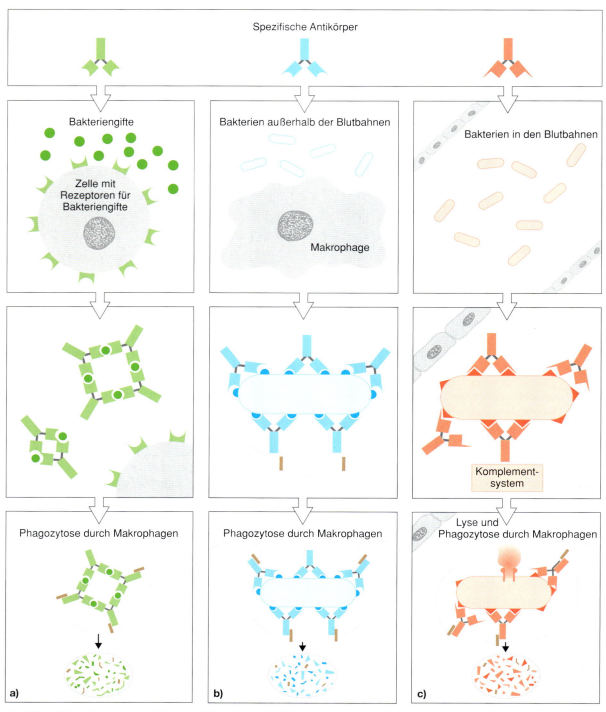

Abb. 374.1: Bei der Immunabwehr können Antikörper hauptsächlich auf drei Arten wirksam werden. **a)** Antikörper binden und neutralisieren Bakteriengifte, sodass diese nicht mehr mit Rezeptoren bestimmter Zellen in Wechselwirkung treten können. Auch Viruspartikel können so unschädlich gemacht werden. Die Antigen-Antikörper-Komplexe werden von Makrophagen (oder anderen Leukozyten) als fremd erkannt und phagozytiert; **b)** Antikörper binden an Bakterien, die sich außerhalb der Blutbahn befinden. So von Antikörpern überzogen können die Bakterien von den Makrophagen besser aufgenommen und abgebaut werden; sie sind gewissermaßen „schmackhafter"; **c)** Bei der Bekämpfung von Bakterien innerhalb der Blutbahn werden die Antikörper durch das Komplementsystem unterstützt; Eiweiße des Komplementsystems öffnen die Wand durch Antikörper gebundener Bakterien und töten sie so. Anschließend erfolgt der Abbau durch Makrophagen.

zugeführten, fertig gebildeten Antikörper wird der Organismus in seinem Kampf gegen die Erreger unterstützt.

Zur Gewinnung von Diphtherieheilserum spritzt man, nach EMIL VON BEHRING (1894), Pferden mehrfach Diphtherieerreger, sodass sich im Pferdeblut reichlich Antikörper bilden. Da die Diphtherie-Bakterien verschiedene Antigene in ihrer Oberfläche besitzen, handelt es sich um ein Gemisch von Antikörpern. Diese werden aus dem entnommenen Blut gewonnen und können längere Zeit steril aufbewahrt werden. Rechtzeitig einem Diphtheriekranken gespritzt, vermag das Heilserum in der Regel den vollen Ausbruch der Krankheit zu verhindern. Eine passive Schutzimpfung ist normalerweise nur wenige Wochen wirksam und sollte nur bei gefährlichen Krankheiten eingesetzt werden. Der menschliche Körper bildet nämlich gegen das Antikörpergemisch des Pferdes seinerseits zahlreiche verschiedene Antikörper. Diese fällen die fremden Antikörper bald aus. Wird ein zweites Mal Pferdeserum injiziert, fällt die Immunreaktion oft sehr heftig aus und kann das Leben des Kranken gefährden (*anaphylaktischer Schock*, s. 2.5.1). Zur Vermeidung solcher Reaktionen verwendet man bei wiederholter Impfung, z. B. gegen Wundstarrkrampf (Tetanus), das Serum einer anderen Tierart (Rind, Schaf) oder gereinigte Antikörper (die Menge fremder Proteine ist dann kleiner). Erfolge der passiven Schutzimpfung bei Diphtherie und der aktiven Schutzimpfung gegen Kinderlähmung zeigt Abb. 375.1.

2.5 Störungen des Immunsystems

Wie bei anderen Organsystemen des Körpers zeigen sich auch beim Immunsystem gelegentlich Funktionsstörungen. Diese bestehen darin, dass entweder übermäßige bzw. ungeeignete Immunreaktionen auftreten oder dass diese zu schwach ausfallen oder ganz ausbleiben. Man nennt alle diese Störungen **Allergien** (aus den griechischen Worten *allos* und *ergos* = „fremde Tätigkeit"). Übermäßige Reaktivität kann sich gegen solche Antigene richten, die normalerweise vom Immunsystem für „harmlos erachtet" werden und keine Immunantwort auslösen; dies sind die Allergien im herkömmlichen Sinn. Die verantwortlichen Antigene heißen *Allergene*. Richtet sich die Über-Reaktivität gegen Strukturen körpereigener Zellen, werden diese also als Antigene erkannt, so kommt es zu **Autoimmun-Erkrankungen**.

Bei zu geringer Reaktivität des Immunsystems kann es vorkommen, dass Immunkomplexe zu langsam abgebaut und dann als Antigene bekämpft werden; es liegt eine **Immunkomplex-Überreaktion** vor.

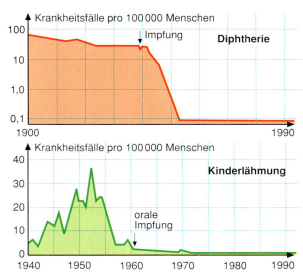

Abb. 375.1: Erfolge der Impfung bei Diphtherie und Kinderlähmung

2.5.1 Überreaktionen gegen äußere Antigene

Antikörper der Klasse E werden – wie die Antikörper der anderen Klassen auch – von B-Lymphozyten gebildet. Diese B-Zellen besitzen in ihrer Membran den IgE-Antikörpern ähnliche Rezeptoren. Wenn nun ein bestimmter Stoff – z. B. aus der Wand von Graspollen (Abb. 376.1) – spezifisch an einen solchen Rezeptor bindet, so kann die B-Zelle zur Teilung und Differenzierung zu Plasmazellen angeregt werden. Dies unterbleibt normalerweise, da T-Unterdrückerzellen mit entsprechender Spezifität diese unangebrachte Immunantwort unterbinden.

Bei Allergikern findet jedoch eine Immunantwort statt; bei ihnen ist aus noch unbekannten Gründen die Tätigkeit dieser T-Unterdrückerzellen gestört. Folglich entstehen vermehrt IgE-Antikörper gegen das Allergen. Diese binden an Rezeptoren von Mastzellen. Dringt das als Allergen wirkende Antigen ein zweites Mal in den Körper, so bindet es an die IgE-Antikörper der Mastzellmembran. Das hat zur Folge, dass die Vesikel ihren Inhalt (Histamin, Serotonin, aber auch Prostaglandine und andere Stoffe, s. 2.2) nach außen abgeben. Diese Stoffe sind verantwortlich für die typischen Symptome einer *Pollenallergie:* Sie wirken auf Drüsenzellen und die glatte Muskulatur der Atemwege ein und es entsteht Heuschnupfen oder allergisches Asthma.

Allergene mit ähnlicher Wirkung können auch Sporen von Pilzen (z. B. Schimmelpilze) und Eiweiße von der Haut und den Haaren von Haustieren sein. Ein häufig anzutreffendes Allergen ist der Kot der *Hausstaubmilbe,* einer etwa 0,3 mm großen Milbe, die in vielen

Immunbiologie

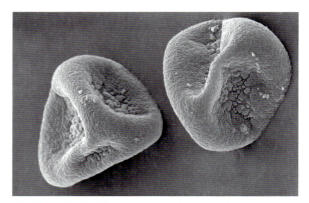

Abb. 376.1: Rasterelektronenmikroskopische Aufnahme von Graspollen; Vergrößerung 1700fach

Abb. 376.2: Rasterelektronenmikroskopische Aufnahme der Hausstaubmilbe; Vergrößerung 325fach

Wohnungen vorkommt (Abb. 376.2). Sie lebt von menschlichen Hautschuppen. Häufig sind Allergien gegen eingeatmete Stoffe (mehr als 10 % der Bevölkerung sind betroffen). Aber auch Allergien gegen Arzneimittel und Insektengifte sowie gegen Bestandteile von Nahrungsmitteln sind bekannt. So gibt es allergische Reaktionen gegen Milch, Erdbeeren und Fischeiweiß. Symptome sind Durchfälle oder Hautausschläge (z. B. „Nesselfieber" mit Hautrötung und Wasseransammlung).

In manchen Fällen kann eine schwere Kreislaufstörung auftreten; es kommt zu Blutdruckabfall, Schwäche und Pulsbeschleunigung. Man nennt dies *anaphylaktischen Schock*; dieser ist stets lebensgefährlich. Besonders leicht tritt der anaphylaktische Schock bei Allergie gegen Insektengift ein. Die anaphylaktische Reaktion ist auf die Stimulierung übermäßig vieler Mastzellen zurückzuführen.

Manche allergischen Überreaktionen werden durch Antikörper der Klasse G hervorgerufen. So entsteht die *Serumkrankheit* als Folge einer Behandlung mit „Schlangenserum" (Immunserum gegen Schlangenbiss). Wiederholte Zufuhr hoher Dosierung von Heustaub oder Pilzsporen führt zu einer Schädigung der Lungenbläschen („Farmerlunge").

2.5.2 Autoimmun-Erkrankungen

Mitunter werden Antikörper auch gegen normale körpereigene Gewebe gebildet; dies führt zu Autoimmun-Krankheiten. Die Ursachen dafür sind nur teilweise bekannt. Eine bestimmte schwere Form der Zuckerkrankheit *(Diabetes mellitus; s. Hormone 1.3)*, die schon bei Jugendlichen auftritt, ist eine solche Autoimmun-Erkrankung. In diesem Fall werden Inselzellen des Pankreas als körperfremd angesehen und abgebaut.

In anderen Fällen werden normale Membranproteine bestimmter Zellen als fremd angesehen. Bei einer Form von Muskelschwund werden dadurch die Acetylcholin-Rezeptoren der Muskelfasern *(s. Abb. 184.1)* angegriffen. Weil die Rezeptoren verschwinden, ist der Neurotransmitter Acetylcholin nicht mehr wirksam, die dadurch „stillgelegten" Muskeln verkleinern sich und werden funktionsuntüchtig.

2.5.3 Immunkomplex-Überreaktion

Immunkomplexe werden normalerweise rasch abgebaut. Tritt eine Verzögerung ein, so kommt es zu einer heftigen Entzündung (s. 2.2), die bis zur Gewebsschädigung führen kann. In manchen Fällen werden dann sogar Antikörper gegen die Immunkomplexe gebildet. Die Immunkomplexe können auch im Körper wandern, sich vorübergehend festsetzen und vielerorts Entzündungen auslösen. Dies ist z. B. bei der Allergie gegen Penicillin der Fall; es kommt dann zu Nesselfieber (s. 2.5.1) und zu Gelenk- und Muskelschmerzen. Immunkomplexe, die sich in den Nieren-Glomeruli *(s. Stoffwechsel 4.4.2)* festsetzen, führen zu einer Nierenentzündung. Daher können Nierenentzündungen z. B. in der Folge von Mandelvereiterungen auftreten. In Gelenken verursachen Immunkomplexe arthritische Entzündungen, die oftmals im Körper „wandern". Auch rheumatische Erkrankungen gehen auf Immunkomplex-Überreaktion oder Autoimmun-Reaktionen zurück.

2.5.4 Immunschwäche

Ist das Immunsystem unzureichend entwickelt oder wird es stark gestört, so bleibt die Immunreaktion aus oder ist mangelhaft. Eine derartige Immunschwäche (Immundefizienz) kann angeboren sein (z. B. bei fehlender Ausbildung des Thymus); sie kann aber auch als Folge einer Infektion auftreten. Weitaus am häufigsten ist das erworbene (**A**quired) **I**mmun-**D**efizienz-**S**yndrom (Aids), das durch ein Virus hervorgerufen wird. Es schädigt in der Regel das Immunsystem so sehr, dass die infizierten Personen einer sonst harmlosen Infektionskrankheit erliegen oder an einer Tumorerkrankung sterben, weil neu gebildete Krebszellen vom Immunsystem nicht mehr zerstört werden (s. 1). Das Aids-Virus trat zuerst in Afrika auf, wurde ab 1979 in den USA nachgewiesen und ist heute über die ganze Erde verbreitet.

Das Aids-Virus (entdeckt 1983) wird als HIV (**H**uman **I**mmunodeficiency **V**irus) bezeichnet. Es gehört zu den RNA-Viren, die ihre genetische Information in einer Wirtszelle zunächst mit Hilfe der Reversen Transkriptase in DNA umschreiben (Retroviren, *s. Genetik 4.2.2 und Abb. 321.3*). Die DNA wird dann in das Genom der Wirtszelle eingebaut. Bevor das Virus in der Wirtszelle vermehrt wird, vergehen oft Jahre; es gehört damit zu den so genannten „langsamen Viren". Mehrere Eigenschaften machen das HIV besonders gefährlich:

– Seine Wirtszellen sind T-Helferzellen, die gerade zur Teilung angeregt worden sind. Diese werden, da sie nun Viren tragen, von den Killerzellen abgebaut, wobei die Viren freigesetzt werden. So zerstört sich das Immunsystem allmählich selbst.

– Die Zahl der Helferzellen nimmt nun ab und der prozentuale Anteil der T-Unterdrückerzellen, die von den Viren nicht angegriffen werden können, steigt daher an. Dadurch wird die Immunreaktion vorzeitig abgeschaltet; die Immunabwehr im Körper ist durchbrochen.

– Gegen die freien Viren werden Antikörper gebildet. Sie sind aber nicht lange wirksam, weil die Oberfläche der Viren von Generation zu Generation verändert wird. Allerdings lässt sich anhand der Antikörper eine Infektion schon im Frühstadium nachweisen (etwa drei Monate nach dem Kontakt mit einer bereits infizierten Person).

– Alle Personen, die das Virus tragen, können andere infizieren. Nach einer Ansteckung treten außer kurzzeitigem Fieber jahrelang keine Krankheitssymptome auf (Latenzphase). Erst danach kommt es zu Schwellungen der Lymphknoten und Gewichtsabnahme; in der Folgezeit wird der Immundefekt wirksam.

Aids-Viren findet man in den Körperflüssigkeiten; am höchsten ist die Konzentration in Blut und Sperma. Eine Infektion ist nur möglich bei Übertragung von Körperflüssigkeit aus infizierten Personen in die Blutbahn eines anderen Menschen, z. B. bei Sexualkontakten, Blutübertragungen und Anwendung nicht steriler Injektionsnadeln (z. B. durch Heroinabhängige). Infizierte Mütter können das Virus vor oder während der Geburt auf das Kind übertragen. Auch durch kleine Verletzungen kann das Virus in die Blutbahn eindringen. Außerhalb des menschlichen Körpers geht es sehr rasch zugrunde. Daher besteht bei den alltäglichen Kontakten keine Ansteckungsgefahr, auch nicht über Essgeschirr, Anhusten oder Anniesen und bei gemeinsamem Benutzen von Duschen oder Toiletten.

Die Bekämpfung von Aids ist derzeit noch sehr schwierig, da aufgrund der langen Latenzzeit die Ansteckungswege nur selten zurückverfolgt werden können und da noch keine Impfstoffe zur Verfügung stehen. Eine Übertragung des Virus lässt sich nur durch eigenverantwortliches Handeln verhindern. Solange in einer Partnerschaft nicht feststeht, dass beide Partner frei von Aids-Viren sind, sollten Kondome als Schutz verwendet werden.

2.6 Organverpflanzung; Abstoßung von Fremdgewebe

Verpflanzt man ein Organ in einen anderen Körper, so bildet dieser Antikörper gegen das fremde Gewebe. Einige der Proteine des transplantierten Gewebes sind nämlich mit dem Immunsystem des für sie fremden Körpers nicht verträglich; sie wirken als Antigene. Vor allem sind dies die MHC-Proteine, die dadurch ja ihren Namen erhalten haben (s. 2.2). Wenn eine Reaktion der Gewebsverträglichkeits-Antigene mit Antikörpern eingetreten ist, werden die T-Killerzellen und die Makrophagen tätig und zerstören das fremde Gewebe. Die Verpflanzung von Organen von einem Körper in einen anderen ist dann erfolgreich, wenn beide genau die gleichen MHC-Proteine besitzen, was bei der großen Variationsbreite nur bei eineiigen Zwillingen mit Sicherheit der Fall ist. In allen anderen Fällen tritt eine Immunreaktion ein. Je nach dem Grad der Übereinstimmung der MHC-Proteine von Spender und Empfänger fällt die Reaktion stärker oder schwächer aus (günstig wäre eine nahe Verwandtschaft von Spender und Empfänger). Deshalb muss die Immunreaktion durch Stoffe unterdrückt werden, die Lymphozyten funktionsunfähig machen (*immunsuppressive Stoffe*). Dazu gehören zellteilungshemmende Stoffe, welche die Vermehrung der Lymphozyten verhindern, sowie Corticosteroide (Hormone der Nebennierenrinde; *s. Hormone 1.2*), die die Wirkung von Cytokinen verändern. Diese Substanzen führen allerdings zu einer Verringerung anderer Immunreaktionen. Spezifischer wirkt das aus einem Pilz gewonnene *Cyclosporin*, das die Aktivierung von T-Zellen hemmt, ohne die B-Zellen zu beeinflussen.

Immunbiologie

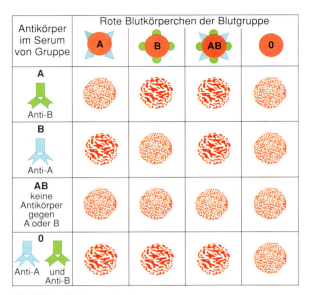

Abb. 378.1: Blutgruppenbestimmung

Nicht jedes Organ hat bei Verpflanzung die gleiche Wirkung auf das Immunsystem des Empfängers; die Hornhaut des Auges und Gehörknöchelchen lösen bei einer Verpflanzung normalerweise keine Immunreaktion aus. Sie zeigen Immuntoleranz, da die Membranen ihrer Zellen keine MHC-Proteine aufweisen. Die Transplantation einer Niere ist immunologisch viel leichter zu beherrschen als eine Verpflanzung von Herz oder Leber.

2.7 Blutgruppen und Rhesusfaktor

Bringt man Blut verschiedener Personen zusammen, so kann es sich entweder einfach vermischen oder die Roten Blutkörperchen werden zu kleinen Klumpen zusammengeballt. Als Ursache dieser Verballung (Agglutination) hat der Österreicher LANDSTEINER 1901 zwei verballungsfähige Stoffe A und B erkannt, die als Antigene wirken. Diese Blutgruppensubstanzen A und B sind Glykolipide und befinden sich in der Membran der Roten Blutkörperchen (Erythrozyten). Es gibt Menschen, deren Erythrozyten nur einen dieser Stoffe besitzen. Bei anderen kommen beide gemeinsam vor und bei wieder anderen fehlen beide. Die Zusammenballung selbst wird durch zwei verschiedene Antikörper, Anti-A und Anti-B, hervorgerufen; diese erkennen die Kohlenhydratketten der Glykolipide, die von der Zellmembran der Erythrozyten nach außen ragen. Die Antikörper sind im Blutserum gelöst. Erythrozyten der Gruppe A werden nur von Anti-A, solche der Gruppe B nur von Anti-B verballt. Die Antikörper können daher im Serum nur dann vorhanden sein, wenn die entsprechenden Blutkörperchen fehlen. Nach der Verteilung dieser Stoffe hat man beim Menschen vier verschiedene Blutgruppen aufgestellt *(s. Genetik 3.4.1).* Angehörige der Blutgruppe A haben Erythrozyten mit dem Glykolipid A und im Blutserum den Antikörper Anti-B. Blutgruppe B besitzt Erythrozyten mit dem Glykolipid B und den Antikörpern Anti-A. Bei der Blutgruppe AB weisen die Erythrozyten beide Glykolipide, also A und B, auf; das Serum enthält keinen der Antikörper Anti-A oder Anti-B und kann deshalb auch übertragenes Blut nicht zum Verklumpen bringen. Das übertragene Blut kann aber seinerseits Verklumpungen auslösen. Die Erythrozyten der Blutgruppe 0 haben weder Glykolipid A oder B. Das Serum dieser Blutgruppe enthält sowohl Anti-A als auch Anti-B und kann daher Blut jeder anderen Blutgruppe außer der eigenen zusammenballen (Abb. 378.1).

Da Antikörper in nennenswerter Menge nur durch eine erste Immunreaktion entstehen, ist zu fragen, weshalb die Antikörper Anti-A und Anti-B auch ohne Berührung mit fremdem Blut vorhanden sind. Dies beruht darauf, dass die Antikörper auch gegen Zuckerketten von Bakterienoberflächen wirksam sind. Im ersten Lebensjahr erfolgt nach einer Infektion mit den entsprechenden Bakterien (vorwiegend solche der Darmflora) eine Bildung dieser Antikörper. Sie unterbleibt jedoch, wenn die Gegenwart der Kohlenhydratkette der Glykolipide A bzw. B in der Membran der Roten Blutkörperchen anzeigt, dass diese Kette als körpereigen anzusehen ist.

Außer den vier klassischen Blutgruppen, dem A/B/0-System, kennt man ein weiteres, für die Blutgruppen wichtiges Blutmerkmal (ein Antigen), den **Rhesusfaktor** *(s. Genetik 3.5.2).* Er ist ebenfalls an die Oberfläche der Roten Blutkörperchen gebunden. Entdeckt wurde er 1940 im Blutserum von Kaninchen, das mit Blut von Rhesusaffen zur Antikörperbildung angeregt worden war. Menschen mit dem Rhesusfaktor-Antigen bezeichnet man als *Rh-positiv* (Rh+), die übrigen als *Rh-negativ* (rh–). 82 % der Mitteleuropäer sind Rh-positiv. Antikörper gegen das Antigen „Rhesusfaktor" bilden sich erst Monate nach einer Übertragung von Blut mit Rh-positiven Erythrozyten in Rh-negative Personen. Deshalb schadet einem Rh-negativen Menschen die erstmalige Übertragung von Blut mit Rh-positiven Erythrozyten nicht. Da die nach der Erstübertragung gebildeten Antikörper und vor allem die Gedächtniszellen jedoch lange Zeit erhalten bleiben, können weitere Übertragungen von Blut mit Rh-positiven Erythrozyten zur Verballung und so zu schweren Schädigungen oder gar zum Tode führen. Schon im Mutterleib kann ein Kind davon betroffen sein.

Die spezifische Immunreaktion

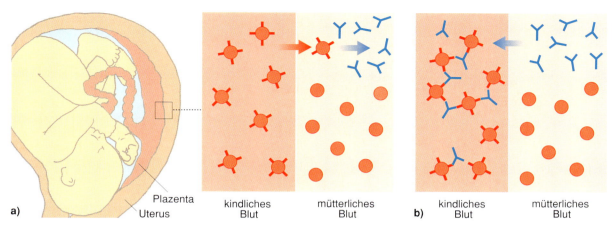

Abb. 379.1: Auswirkungen des Merkmals Rhesusfaktor. Bei Rh-negativer Mutter (Rote Blutzellen ohne Rhesusfaktor) und Rh-positivem Kind (mit Rhesusfaktor) gelangen bei der ersten Geburt Zellen des Kindes mit dem Rh-Antigen ins mütterliche Blut und lösen dort Antikörperbildung aus. Bei einer zweiten Schwangerschaft mit Rh-positivem Kind wandern diese durch die Plazenta ins Blut des Kindes und rufen dort die Schädigung der Blutzellen hervor. Bei einer dritten Schwangerschaft ist die Reaktion so heftig, dass das Kind auf frühem Entwicklungsstadium abstirbt.

Bei Rh-positiven Neugeborenen aus Beziehungen zwischen Rh-positiven Männern und Rh-negativen Frauen tritt zuweilen eine schwere Krankheit (*Erythroblastose*) auf. Bei der ersten Geburt können Erythrozyten des Rh-positiven Kindes in das mütterliche Blut mit Rh-negativen Erythrozyten übergehen und dort die Bildung von Antikörpern bewirken. Bei einer erneuten Schwangerschaft gelangen derartige Antikörper von der Mutter durch die Plazenta in das Blut des Kindes (Abb. 379.1). Ist dieses ebenfalls Rh-positiv, so binden die Antikörper an die Roten Blutkörperchen des Kindes, die dann anschließend zerstört werden. Dadurch verringert sich der Sauerstofftransport und aus dem freigesetzten Hämoglobin entstehen Abbauprodukte, welche die Leber schädigen und Gelbsucht hervorrufen.

Weitere Rh-positive Kinder werden daher entweder tot geboren oder sind nur kurze Zeit lebensfähig. Verhindert man die Bildung von Antikörpern im Blut der Mutter, so tritt diese Auswirkung nicht ein. Man injiziert daher der Rh-negativen Mutter gleich bei der Geburt des ersten Rh-positiven Kindes ein Serum mit Antikörpern gegen das Rhesusfaktor-Antigen. Diese Antikörper lagern sich an die eingedrungenen Blutzellen des Kindes an, die dann in der Mutter keine spezifische Immunreaktion (Bildung von Antikörpern und Entstehung von Gedächtniszellen) mehr auslösen können. Die mit Antikörpern besetzten Blutzellen und die injizierten Antikörper werden abgebaut.

Die Blutgruppenzugehörigkeit und der Rhesusfaktor bleiben während des ganzen Lebens unverändert. Sie werden nach den MENDELschen Gesetzen vererbt. Blutgruppen sind bei allen menschlichen Rassen nachgewiesen worden.

Die Blutgruppenzugehörigkeit ist bei einer Blutübertragung von größter Bedeutung. Es wird grundsätzlich nur Blut von Angehörigen derselben Blutgruppe übertragen. Genauere Untersuchungen machen eine Aufteilung der Blutgruppe A in die Untergruppen A_1 und A_2, beim Rhesusfaktor in die Gruppen C, D und E notwendig. Die Häufigkeit der Blutgruppen in unserer Bevölkerung zeigt Tab. 379.2.

Bei den meisten Menschen werden die Blutgruppen-Substanzen auch in Sekreten ausgeschieden. Die Gerichtsmedizin kann deshalb in Blut-, Schweiß- und Speichelspuren die Blutgruppe nachweisen und dadurch bei Verbrechen Verdächtige ausschließen. Sie zieht dazu auch weitere Blutkörpercheneigenschaften heran, welche für die Blutübertragung wegen des Fehlens der Antikörper meist bedeutungslos sind. Die Blutgruppen spielen auch bei Abstammungsfragen, etwa zur Klärung der Vaterschaft eines Kindes, eine Rolle. Allerdings sind positive Nachweise nur mit Hilfe von Gentests möglich (*s. Genetik 4.1.8*).

In vielen Fällen wird bei einer Blutübertragung kein Vollblut mehr verwendet. Stattdessen isoliert man aus dem Vollblut durch Zentrifugation denjenigen Bestandteil, den der jeweilige Patient braucht, und überträgt nur diesen (z.B. Rote Blutkörperchen oder Blutplättchen oder einen Gerinnungsfaktor).

	0	A_1	A_2	B	A_1B	A_2B	
Rh⁺	36,6	29,7	7	8,1	2,4	0,7	82%
rh⁻	7	5,6	1,3	1,6	0,5	0,1	16%
	43,6	34,7	8,3	9,7	2,9	0,8	100%

Tab. 379.2: Häufigkeit der Blutgruppen und des Rhesusfaktors in unserer Bevölkerung

380 Immunbiologie

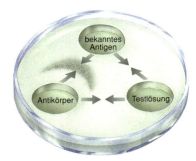

Abb. 380.1: Schema der Immundiffusions-Methode. Die Antigen-Antikörper-Reaktion verursacht eine Ausfällung. Da die zu prüfende Testlösung mit dem antikörperhaltigen Serum keinen Niederschlag liefert, kann sie das bekannte Antigen nicht enthalten.

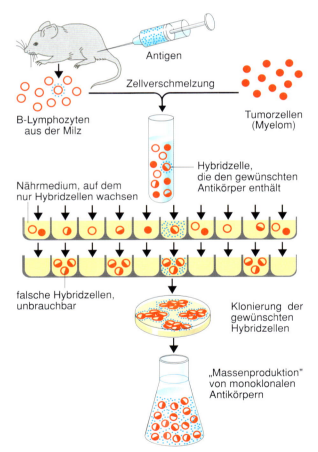

Abb. 380.2: Gewinnung monoklonaler Antikörper. Nach Spritzen des Antigens werden Milzzellen aus der Maus gewonnen. Darunter sind solche, die Antikörper gegen das Antigen produzieren. Nach Verschmelzen mit Tumorzellen entstehen Hybridzellen, darunter solche, welche die gewünschten Antikörper bilden. Auf einem geeigneten Medium überleben nur die Hybridzellen. Diese werden nun einzeln vermehrt und die gebildeten Zellkulturen dann auf die Gegenwart von Antikörpern getestet. Die gewünschten Hybridzellen werden schließlich in Massenkultur vermehrt.

3 Anwendungen der Immunreaktion

3.1 Serumreaktion

Auf der Bildung spezifischer Antikörper gegen artfremde Proteine beruht auch die Serumreaktion. Da jede Tierart arteigene Proteine besitzt, veranlasst eingespritztes Serum von Fremdblut den Organismus zur Bildung von Antikörpern, welche artfremde Proteine ausfällen. Bringt man im Reagenzglas Blutserum des Empfängerblutes mit dem zur Einspritzung verwendeten Serum zusammen, so kann man die Ausfällung unmittelbar beobachten. Die Antikörper sind nur gegen die Bestandteile des Blutes voll wirksam, welche ihre Bildung veranlasst haben *(s. Evolution 3.1.3).*

Die Serumreaktion dient der Gerichtsmedizin zur Unterscheidung von Menschen- und Tierblut. Will man einen Blutfleck als Menschenblut nachweisen, löst man ihn in physiologischer Kochsalzlösung auf. Vorher hat man einem Kaninchen mehrmals menschliches Blutserum injiziert, sodass dessen Blut genügend Antikörper gegen menschliche Blutproteine enthält. Man entnimmt dem Kaninchen Blut und gewinnt daraus das Serum. Diesem Serum setzt man den in physiologischer Kochsalzlösung aufgelösten Blutfleck zu. Entsteht ein Niederschlag, handelt es sich um Menschenblut, während das Ausbleiben des Niederschlags Menschenblut ausschließt.

3.2 Identifizierung von Proteinen durch Immundiffusion

Die Reaktion zwischen Antigen und Antikörper wird in der Biochemie wegen ihrer hohen Empfindlichkeit und Spezifität zur Identifikation von Proteinen verwendet. Es gibt mehrere Techniken; die gebräuchlichste ist die *Immundiffusions-Methode (Ouchterlony-Technik,* Abb. 380.1). Man gießt in eine Petrischale eine Agarschicht und stanzt drei Löcher aus. In eines der Löcher wird die Lösung eines bekannten Proteins (Antigen) gefüllt, in ein zweites Loch Serum eines Kaninchens, das man vorher gegen dieses Protein immunisiert hatte. In das verbleibende Loch wird die zu testende Lösung gegeben. Die in den Lösungen enthaltenen Substanzen diffundieren in die Agarschicht. Treffen ein Antigen und ein dazugehöriger Antikörper zusammen, fällen sie sich aus. Deshalb entsteht zwischen dem Serum und der bekannten Proteinlösung allmählich eine deutlich sichtbare Bande des gefällten Antigen-Antikörper-Komplexes. Entsteht auch zwischen der Testlösung und dem Serum eine Bande, muss die Testlösung das gleiche Protein enthalten wie die Proteinlösung bekannter Zusammensetzung.

Anwendungen der Immunreaktion

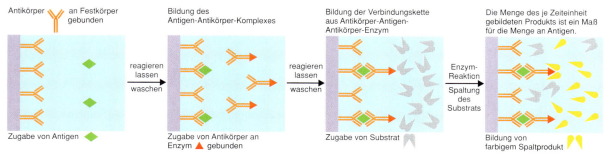

Abb. 381.1: Verfahren zur Mengenbestimmung von Stoffen, die als Antigene wirken, mit Hilfe von monoklonalen Antikörpern. Die Menge des je Zeiteinheit gebildeten Produkts ist ein Maß für die Menge an Antigen.

3.3 Monoklonale Antikörper

Werden Antikörper nach herkömmlichen Verfahren zur passiven Immunisierung (s. 2.4) oder für die Serumreaktion (s. 3.1) gewonnen, so erhält man stets ein Gemisch verschiedener Antikörper, weil verschiedene Bestandteile einer Bakterienzellwand, einer Virushülle oder einer Proteinoberfläche als Antigene wirken. Deshalb werden unterschiedliche B-Zellen zur Klonbildung aktiviert. Es entstehen damit auch verschiedene Plasmazellen und diese erzeugen jeweils die entsprechenden Antikörper. Es gibt jedoch ein Verfahren zur Herstellung größerer Mengen identischer Antikörper, das von jeweils einem einzigen Lymphozyten ausgeht. So erzeugte Antikörper nennt man *monoklonal*. Man lässt zunächst von einem Kaninchen durch Injektion des Antigens Antikörper bilden. Dann isoliert man Antikörper bildende B-Zellen aus der Milz eines Kaninchens und mischt diese mit Zellen aus einem Myelom (einer besonderen Tumorart), die sich durch eine unbegrenzte Teilungsfähigkeit auszeichnen. Bestimmte Chemikalien lösen in der Mischkultur Zellverschmelzungen aus. So entstehen Hybridzellen mit unbegrenzter Teilungsfähigkeit, die Antikörper erzeugen. Die Mischkultur bringt man auf Nährmedien, auf denen nur die Hybridzellen wachsen. Anschließend werden die Hybridzellen einzeln in je einen Behälter mit Kulturflüssigkeit überführt, in der sie sich vermehren (Abb. 380.2). Jede Hybridzelle erzeugt nur eine einzige Sorte von Antikörpern. Einige Zellen jeder Kultur werden in flüssigem Stickstoff eingefroren; sie sind so fast unbegrenzt haltbar und können jederzeit wieder in Kultur genommen werden.

Monoklonale Antikörper sind in Medizin und Biochemie unentbehrliche Hilfsmittel. So kann man gegen zahlreiche Substanzen spezifische Antikörper erzeugen und mit Hilfe dieser z. B. Tumorzellen aufgrund der veränderten Zelloberfläche nachweisen. Außerdem ist ein Nachweis von Viren auch möglich, wenn diese nur in sehr geringen Mengen vorliegen.

Mit monoklonalen Antikörpern können neue Impfverfahren eingeführt werden. Will man gegen ein bestimmtes Virus impfen, so lässt man von einer Maus Antikörper gegen dieses Virus erzeugen und gewinnt dann mit der geschilderten Methode monoklonale Antikörper. Diese lässt man bei anderen Mäusen durch Injektion als Antigene einwirken. So werden nun Antikörper gegen die Antikörper gebildet; diese haben dann als „Negativ vom Negativ" teilweise ähnliche Moleküloberflächen wie das Virus. Nach Auswahl der richtigen Antikörper kann man diese beim Menschen injizieren. Sie verursachen nun ihrerseits als Antigene eine Bildung von weiteren Antikörpern. Diese weisen in bestimmten Bereichen der Moleküloberfläche eine Ähnlichkeit zu der viruserkennenden Oberfläche der ursprünglichen Virus-Antikörper auf und erkennen deshalb ebenfalls das Virus (aktive Immunisierung ohne die Gefahr, eine Virusinfektion auszulösen).

Ein in der modernen Biologie häufig verwendetes Verfahren zur Mengenbestimmung von Stoffen, die als Antigene wirksam werden können, beruht ebenfalls auf der Verwendung monoklonaler Antikörper (Abb. 381.1). Man bindet diese an einen Festkörper und lässt dann das Antigen einwirken. Außerdem werden gleichartige Antikörpermoleküle mit einem Enzym verknüpft, dessen Reaktion leicht messbar ist. Diese an das Enzym gekoppelten Antikörper lässt man mit dem am Festkörper gebundenen Antikörper-Antigen-Komplex reagieren. Eine Reaktion erfolgt nur dort, wo das Antigen gebunden ist. Nun wird das Substrat des Enzyms zugesetzt und die Intensität der Enzymreaktion bestimmt; sie ist ein Maß für die Menge gebundenen Antigens.

Auch in der *Immunhistochemie* spielen monoklonale Antikörper eine wichtige Rolle: Wenn man an Antikörper gegen z. B. den Acetylcholin-Rezeptor einen Farbstoff bindet, kann man gezielt Nervengewebe anfärben, in dem Acetylcholin als Transmitter verwendet wird. Andere Gewebe lassen sich auf diese Weise ebenfalls spezifisch färben.

EVOLUTION

Abb. 382.1: CARL VON LINNÉ (1707–1778)

Abb. 382.2: GEORGES CUVIER (1769–1832)

Auf der Erde gibt es weit über eine Million Tierarten und über 500 000 Pflanzenarten. Wie kommt es, dass eine solche Fülle von unterschiedlichen Lebewesen existiert? Diese Frage beantwortet die Lehre von der Evolution der Organismen. Die Evolutionsforschung befasst sich mit den Ursachen und Gesetzmäßigkeiten des Evolutionsvorgangs *(s. 2)*. Außerdem erforscht sie die Verwandtschaft der Lebewesen, die auf die Stammesgeschichte zurückzuführen ist und stellt Stammbäume auf, welche die Abstammungsverhältnisse beschreiben *(s. 3)*. Sie verknüpft so das Wissen aller Teilgebiete der Biologie durch Aussagen über den Werdegang und die Entstehung der Mannigfaltigkeit der Lebewesen.

1 Geschichte der Evolutionstheorie

1.1 Die Entwicklung bis zu DARWIN

Bis zum Ende des 18. Jahrhunderts galt in der Biologie die vorherrschende Lehrmeinung von der *Unveränderlichkeit der Arten*. Diese wurde aus dem biblischen Schöpfungsbericht abgeleitet.

So vertrat der schwedische Naturforscher LINNÉ (1707–1778) die Ansicht, dass die Arten, so wie wir sie jetzt vorfinden, seit Beginn der Welt vorhanden seien. Er war der erste Biologe, der die zu seiner Zeit bekannten Arten von Pflanzen und Tieren in einem einheitlichen System beschrieb. Dabei ordnete er die Lebewesen aufgrund von Bauähnlichkeiten.

Der Zoologe GEORGES CUVIER (1769–1832) begründete Ende des 18. Jahrhunderts die **Paläontologie** als Lehre von den Lebewesen der Vorzeit. Durch Vergleich mit dem anatomischen Bau existierender (rezenter) Tierarten gelang es ihm, die aufgefundenen Reste ausgestorbener Tiere einzuordnen und aus dem Skelett Rückschlüsse auf deren Lebensweise zu ziehen. Er fand z. B., dass das Skelett der Vordergliedma-

Abb. 382.3: a) JEAN BAPTISTE DE LAMARCK (1744–1829); **b)** CHARLES DARWIN (1809–1882); **c)** ERNST HAECKEL (1834–1919)

Geschichte der Evolutionstheorie

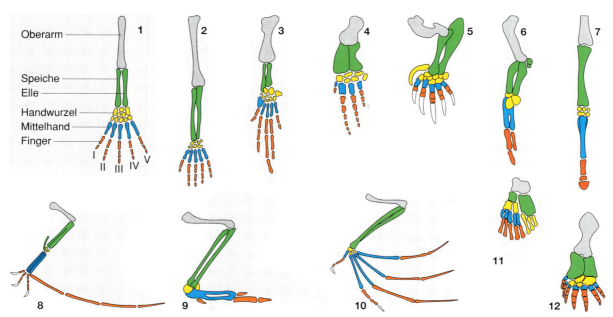

Abb. 383.1: Gestalt und Funktionswechsel der Vordergliedmaßen verschiedener Wirbeltiere. **1** Grundbauplan der fünffingrigen Vorderextremität; **2** Arm des Menschen; **3** Flosse einer Meeresschildkröte; **4** Flosse eines Delfins; **5** Grabbein des Maulwurfs mit Krallen und Sichelbein; **6** Flosse des Pinguins; **7** Laufbein des Pferdes; **8** Flügel des Flugsauriers *Pterodactylus*; **9** Flügel eines Vogels; **10** Flügel der Fledermaus; **11** Quastenflosser, **12** *Ichthyostega* (s. Abb. 419.2). Die Flügel 8–10 gehen auf den Grundbauplan für Extremitäten zurück, nicht auf einen gemeinsamen Flügelbauplan. Die Flügel sind also in getrennten Evolutionsvorgängen aus der Ausgangsform entstanden; ausgestorbene Formen: 8 und 12.

ßen vierfüßiger Wirbeltiere immer die gleiche Grundform aufweist und trotz unterschiedlicher Ausgestaltung stets die gleichen Baueinheiten besitzt (Oberarmknochen, zwei Unterarmknochen, Handwurzel, Mittelhand, Finger; Abb. 383.1). Solche Organe, die äußerlich und nach ihrer Funktion sehr verschieden sein können, aber auf den gleichen Grundbauplan zurückgehen, nennt man **homolog** (s. 3.1). Kennt man den Grundbauplan und eine Reihe von Abwandlungen, so kann man aufgefundene Knochen einordnen und dadurch schließlich ein ganzes Skelett rekonstruieren. CUVIER fand mit Hilfe dieser Methode, dass in der Folge der geologischen Epochen ganz verschiedene Formen von Tieren gelebt haben, und versuchte dies durch die Annahme zu erklären, dass Naturkatastrophen mehrmals über die Erde hereingebrochen seien. Jede Katastrophe sollte die existierenden Organismengruppen größtenteils vernichtet haben, und andersartige Lebewesen wären durch Neuschöpfung ins Leben gerufen worden. Allerdings sollten Reste der früheren Gruppen vielfach erhalten geblieben sein.

Die *Katastrophentheorie* CUVIERs wurde durch die aufblühende Geologie widerlegt. Der Engländer LYELL (1797–1875) vertrat mit seinem *Aktualitätsprinzip* die Auffassung, dass Veränderungen des Erdbildes nicht auf weltweiten Katastrophen beruhen, sondern stetig verlaufen, und dass diejenigen Kräfte, die heute noch das Erdbild umgestalten, auch in den früheren geologischen Epochen wirksam waren und auf die Lebewesen einwirkten.

LAMARCK (1744–1829) kam aufgrund seiner Tätigkeit an den naturhistorischen Sammlungen in Paris zur Erkenntnis der Homologie von Organen und erklärte diese durch Verwandtschaft der Organismen. In seinem Buch *„Philosophie zoologique"* (1809) vertrat er eine Stammesentwicklung der Organismen. Danach stammen die heutigen Arten von ausgestorbenen früheren Arten ab. LAMARCK stellte als Erster *Stammbäume* auf und gab darüber hinaus eine ursächliche Erklärung für die Abstammung. So wurde er zum Begründer der Evolutionstheorie.

Er nahm an, dass die Lebewesen sich durch Gebrauch oder Nichtgebrauch ihrer Organe unmittelbar an die Bedürfnisse anpassen und dass sich eine solche individuell erworbene Anpassung auf die Nachkommen vererbt. Der lange Hals der Giraffe ist nach LAMARCK so entstanden, dass ihre Vorfahren als Laubfresser den Hals immer höher nach den Zweigen von Bäumen streckten. Dadurch sei der Hals länger und länger geworden, und so sei im Laufe der Generationen das Tier in seiner heutigen Form zustande gekommen.

Umgekehrt soll der Nichtgebrauch der Organe zur Verkümmerung führen; auf diese Weise sei es zur Rückbildung der Augen vieler Höhlentiere gekommen.

384 Evolution

Bei solchen Umbildungen wirkt nach LAMARCK ein inneres Bedürfnis (psychischer Trieb) mit, das die Tiere auf die jeweiligen Erfordernisse hin ausrichtet. Diese Hypothese entstand lange vor den Entdeckungen der Genetik. Eine Vererbung erworbener Eigenschaften konnte bis heute in keinem Fall nachgewiesen werden. Vielmehr lehren die Ergebnisse der Genetik, dass Eigenschaften von Lebewesen, die auf Umwelteinflüsse zurückgehen (Modifikationen) nicht vererbbar sind **(s. Genetik 1).**

1.2 Die Entwicklung von DARWIN bis heute

CHARLES DARWIN (1809–1882) hatte auf einer fünfjährigen Reise um die Welt (1831–1836) eine Fülle von Beobachtungen aus der Vergleichenden Anatomie, der Paläontologie und der Tier- und Pflanzengeografie gesammelt. Dadurch vermehrte er die vorhandenen Hinweise auf eine Stammesentwicklung beträchtlich. Erst im Jahr 1859 erschien aber sein Buch *„On the origin of species by means of natural selection"*, in dem er den Gedanken einer Abstammung der heutigen Lebewesen von früheren einfachen Formen beschrieb und eine einleuchtende Darstellung der Ursachen für die Evolution der Organismen gab. Etwa gleichzeitig gelangte auch ALFRED R. WALLACE (1823–1913) zu ähnlichen Ansichten. Zur Ursachenerklärung kam DARWIN über die Beobachtung, dass bei der Tierzüchtung eine Auswahl *(Selektion)* durch den Züchter erfolgt; dieser liest solche Formen aus, deren Eigenschaften ihm zusagen. So sind z. B. alle Haustaubenrassen aus einer Stammform, der Felsentaube, hervorgegangen (Abb. 385.1). Bei der Bearbeitung der von ihm gesammelten Finkenvögel der Galapagos-Inseln (Abb. 385.2) kam DARWIN schon 1845 zu der Ansicht, dass alle dort anzutreffenden Finkenarten aus einer Stammart entstanden seien. (In seinem Buch von 1859 führte er die Finken allerdings nicht an, weil ihm die Daten zu lückenhaft waren.) Nun erhob sich die Frage, wer denn in der Natur die Auswahl trifft. Eine Untersuchung des Wirtschaftswissenschaftlers MALTHUS (1766–1834) führte DARWIN zur passenden Erklärung. MALTHUS hatte gezeigt, dass menschliche Bevölkerungsgruppen in der Regel anwachsen und nur durch die Begrenztheit der Nahrung sowie durch Krankheiten in der Größe konstant gehalten werden. Die Anwendung dieser Erkenntnis auf alle Lebewesen führte zur **Selektionstheorie.** Sie geht von folgenden Tatsachen aus:

1. Die Lebewesen erzeugen viel mehr *Nachkommen,* als zur Erhaltung der Art notwendig wären. Für die Erhaltung der Art würden zwei zur Fortpflanzung gelangende Nachkommen eines Elternpaares genügen. In Wirklichkeit werden oft Tausende, ja Millionen von Nachkommen erzeugt. Trotzdem bleibt in einem Lebensraum bei gleich bleibender Umwelt die Individuenzahl einer Art über längere Zeit hinweg konstant.

2. Die Nachkommen eines Elternpaares sind nicht alle untereinander gleich; sie *variieren* in ihren Merkmalen. Diese sind – wie Tierzüchter schon zu DARWINs Zeit wussten – teilweise erblich (z.T. aber auch umweltabhängig; *s. Genetik 1).*

3. Lebewesen stehen untereinander in ständigem Wettbewerb um günstige Lebensbedingungen, um Nahrung, Lebensraum und Geschlechtspartner.

Daraus folgerte DARWIN: In dem Wettbewerb oder „Kampf ums Dasein" *(struggle for life)* überleben die am besten an ihre Umwelt angepassten Individuen und geben dadurch ihre erblichen Merkmale an die folgenden Generationen weiter *(survival of the fittest =* Überleben der Tauglichsten). Dieser Begriff wurde oft missverstanden. Besonders tauglich im Sinne der Evolutionstheorie ist nicht der Stärkste, sondern dasjenige Individuum, das die höchste Zahl von Nachkommen hat, die ihrerseits wieder zur Fortpflanzung gelangen. Mit der Theorie DARWINs lassen sich also nicht soziale Unterschiede biologisch begründen; auch folgt aus ihr keineswegs ein Recht des Stärkeren (Ansichten des *„Sozialdarwinismus").*

Da ein Wettbewerb zwischen den Individuen einer Art (innerartliche Konkurrenz) besteht, erfolgt eine Anpassung an die Umwelt durch natürliche Auslese *(natural selection).*

Wettbewerb gibt es auch zwischen verschiedenen Arten (zwischenartliche Konkurrenz), wenn sie ähnliche ökologische Nischen *(s. Ökologie 2.1)* aufweisen. Der Wettbewerb führt dazu, dass sich innerhalb einer ökologischen Nische auf Dauer überhaupt nur eine Art behaupten kann. Weniger gut an diese Nische angepasste Arten sterben aus oder werden in andere Nischen abgedrängt.

Die Evolutionstheorie liefert eine einleuchtende Ursachenerklärung für das Auftreten der *Homologien* und für die *Anpassung* der Organismen (ihre „Zweckmäßigkeit"). Sie erklärt aber auch, warum Eigenschaften von Lebewesen in manchen Fällen wenig zweckmäßig sind. Die Giraffe hat nur sieben Halswirbel, sodass sie den Kopf nur unter Schwierigkeiten zu Boden neigen kann, was ihr das Trinken sehr erschwert. Das Immunsystem schützt den Menschen vor eingedrungenen Krankheitserregern, kann aber bei Rhesus-Unverträglichkeit zwischen Mutter und Kind *(s. Immunbiologie 2.7)* zur Schädigung des Embryos führen.

Die **Fitness** *(Tauglichkeit)* eines Lebewesens ist am einfachsten an der Zahl überlebender Nachkommen festzustellen. Der Aussage „Überleben der Tauglichsten" wurde daher vorgeworfen, sie sei sinnleer (tautologisch), denn sie bedeute: „Überleben derjenigen, die überleben." DARWIN hat aber höhere Tauglichkeit als besseres Angepasstsein definiert, also durch qualitative Unterschiede. Weniger gute Anpassung hat eine geringere Nachkommenrate zur Folge; dadurch wird Tauglichkeit im Nachhinein quantitativ messbar.

▶ Schon DARWIN war klar, dass der Evolutionsvorgang lange Zeiträume erforderte. Zu seiner Zeit war aber die Dauer der Erdgeschichte nur schwer abzuschätzen. Aufgrund von Beobachtungen der Abtragung von Schichten in Südengland berechnete DARWIN den Beginn der Kreidezeit zu 300 Millionen Jahren (nach heutigem Wissen 145 Millionen Jahre; s. 3.4.2). Später kam der Physiker W. THOMSON (LORD KELVIN) für das Alter der Erde (aus Berechnungen der Abkühlung der Sonne als glühender Gasball) auf 200 Millionen Jahre, sodass sich die Schwierigkeit ergab, die Evolution in diesem engen Zeitrahmen unterzubringen. Diese wurde behoben, als die Verfahren der absoluten Altersdatierung (s. 3.1.6) sichere Daten lieferten. ◀

DARWINs Buch und die darin vertretene Abstammungslehre haben seinerzeit die Anteilnahme der ganzen Kulturwelt gefunden und heftige Auseinandersetzungen ausgelöst. In Deutschland waren es vor allem ERNST HAECKEL (1834–1919) und AUGUST WEISMANN (1834–1914), die dem Evolutionsgedanken zum Durchbruch verhalfen und ihn ausbauten.
Im 20. Jahrhundert hat zunächst die *Genetik* die Einsicht in die Ursachen der Evolution vertieft. Allen erblichen Merkmalen liegen Gene zugrunde. Da aus der befruchteten Eizelle ein vollständiges Lebewesen entsteht, muss die Information für dessen Bauplan in den Genen enthalten sein. Die Erforschung von Homologien zeigte immer wieder Übereinstimmungen zwischen verschiedenen Organismenarten. Sie gehen auf gleiche Anteile genetischer Information zurück. Da eine Übertragung von Genen zwischen Lebewesen verschiedener Arten normalerweise nicht stattfindet, weil sie sich nicht paaren können, kann man zur Erklärung nur einen gemeinsamen Ahnen annehmen.
Die Tauglichsten im Sinne DARWINs erweisen ihre Tauglichkeit stets innerhalb einer Population. Daher sind die Ergebnisse der *Populationsgenetik* heute eine wichtige Grundlage der Evolutionstheorie, wie vor allem FISHER und SEWALL-WRIGHT in der ersten Hälfte des 20. Jahrhundert gezeigt haben. Nach 1950 trug die Molekularbiologie wesentlich zur Erklärung des Evolutionsvorgangs bei. Ab 1970 wurden durch die Soziobiologie (s. 2.5) und Evolutionsökologie Kosten-Nutzen-Rechnungen angestellt und zur Bedeutung des Fortpflanzungserfolgs für die Selektion quantitative Aussagen gemacht.

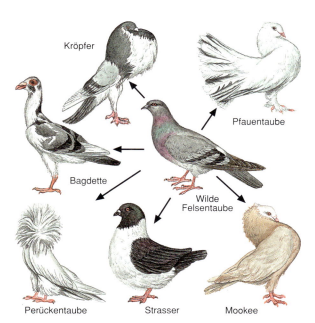

Abb. 385.1: Entstehung der Taubenrassen durch Züchtung (künstliche Selektion). Der Züchter hat fortgesetzt solche Mutanten ausgewählt, die ihm besonders zusagten. – Die künstliche Selektion von Kohlrassen ist in Abb. 347.1 dargestellt.

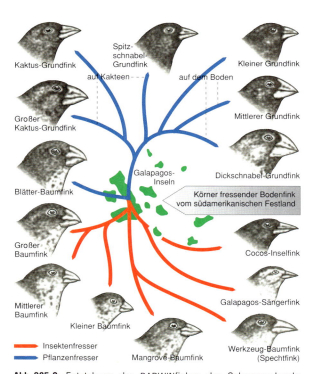

Abb. 385.2: Entstehung der DARWINfinken der Galapagos-Inseln durch natürliche Selektion. Die ersten Finken, welche die Inseln erreichten, gehörten zu einer bodenbewohnenden, Körner fressenden Art. Sie konnte sich durch Ausbildung unterschiedlicher Nischen in viele Arten aufspalten.

2 Evolutionstheorie

2.1 Artbegriff, Evolutionsfaktoren

Artbegriff. Die heutigen Lebewesen zeigen eine abgestufte Ähnlichkeit des Körperbaus, nach der sie in eine Ordnung, ein System, gebracht werden können. Die Grundeinheit des Systems ist die Art. *Alle Lebewesen, die in ihren wesentlichen Merkmalen übereinstimmen und miteinander fruchtbare Nachkommen haben können, fasst man zu einer Art zusammen.* Die Individuen einer Art, die zu gleicher Zeit in einem bestimmten Gebiet leben und sich miteinander fortpflanzen, bilden eine *Population* dieser Art. Man kann daher die Art genauer definieren als *die Gesamtheit der Populationen, deren Individuen sich untereinander fortpflanzen können und durch Fortpflanzungsschranken von anderen Populationen getrennt sind* (populationsgenetischer Artbegriff). Durch geschlechtliche Fortpflanzung erfolgt fortgesetzt eine Durchmischung der Gene in der Population; diese besitzt einen einheitlichen *Genpool (s. Genetik 2.4).* Von der Ökologie her ist eine Art durch ihre ökologische Nische festgelegt (ökologischer Artbegriff; *s. Ökologie 2.1).* Bei Fossilresten versagen diese Artbegriffe; hier bestimmen allein Gestaltsunterschiede die Festlegung von Arten (paläontologischer Artbegriff).

Die *Fortpflanzungsschranken* können entweder das Entstehen von Bastarden von vornherein verhindern oder aber bei diesen zu Sterilität (z. B. Maultier als Bastard von Esel und Pferd) führen. Eine Verhinderung der Bastardbildung ist auf verschiedene Weise möglich. Wenn Populationen nahe verwandter Arten im gleichen Lebensraum verschiedene Habitate und ökologische Nischen besetzen, liegt ökologische Isolation vor (z. B. hat die Ringeltaube ihr Nest auf Ästen, die Hohltaube in Baumhöhlen, und beide nutzen unterschiedliche Nahrung). Durch unterschiedliche Fortpflanzungszeit (bzw. Blütezeit) kommt es zu jahreszeitlicher Isolation (z. B. Roter und Schwarzer Holunder; bringt man sie im Experiment gleichzeitig zum Blühen, so lassen sie sich kreuzen). Eine sexuelle Isolation liegt z. B. vor, wenn die Geschlechtsorgane artspezifisch ausgebildet sind (z. B. zwischen Käferarten, die sich sehr ähnlich sehen); eine ethologische Isolation, wenn ein artspezifisches Paarungsverhalten vorliegt (z. B. reagieren weibliche Leuchtkäfer nur auf das arteigene Leuchtsignalmuster von Männchen). Bei Feldheuschrecken gibt es Arten, die nur durch das spezifische Zirpen zu identifizieren sind. Von Gametenisolation spricht man, wenn die Spermien und Eizellen bei äußerer Befruchtung nicht miteinander reagieren (z. B. Seeigelarten) oder – bei innerer Befruchtung – nicht zueinander gelangen können.

Evolutionsfaktoren. Die Gesamtheit der Gene aller Individuen einer Population nennt man den Genpool der Population. Diese bleibt nach dem HARDY-WEINBERG-Gesetz *(s. Genetik 2.4)* unter folgenden Voraussetzungen konstant:
– Es treten keine Mutationen auf.
– Alle Individuen sind für die gegebene Umwelt gleich gut geeignet und die Wahrscheinlichkeit für die Paarung beliebiger Partner ist gleich groß.
– Die Population ist sehr groß, daher spielt der zufällige Tod einzelner Individuen oder deren Zu- oder Abwanderung keine Rolle.

Jede Abweichung von den Voraussetzungen des HARDY-WEINBERG-Gesetzes erzeugt eine Veränderung des Genpools und damit einen kleinen Evolutionsschritt. Evolution wird also durch folgende Faktoren hervorgerufen:
– **Mutation** (denn sie schafft neue Allele bzw. Gene und damit neue Eigenschaften);
– **Selektion** (denn durch sie werden vorteilhafte Phänotypen ausgewählt);
– **Zufallswirkungen** (**Gendrift,** wirksam vor allem bei kleinen Populationen, s. 2.1.3).

Für die Wirksamkeit von Mutation und Selektion sind weiterhin wichtig:
– *Rekombination* der Gene innerhalb des Genpools: Infolge der geschlechtlichen Fortpflanzung entstehen immer wieder neue Genkombinationen (Genotypen).
– Auftrennung eines Genpools *(= genetische Separation)* durch Isolierung von Teilpopulationen (s. 2.2).

2.1.1 Mutationen als Grundlage der Evolution

Bei der Replikation der DNA treten gelegentlich Fehler auf *(s. Genetik 4.1.7).* Die Fehler betreffen alle DNA-Bereiche, also auch jene, die keine genetische Information tragen. Je Gen und Generation findet man bei Vielzellern Mutationsraten von 10^{-4} bis 10^{-6}. Bei fünf Milliarden Menschen (mit zwei Allelen je Gen) und einer mittleren Mutationshäufigkeit von 10^{-5} je Gen besitzen im Mittel jeweils 100 000 Menschen eine neue Mutation eines Gens – und dies gilt für alle der nahezu 10^{5} Gene des Menschen. Mutationen sind also häufige Ereignisse. Allerdings kommt nur ein kleiner Teil dieser genetischen Veränderungen im Phänotyp (im Erscheinungsbild des Individuums) zum Ausdruck *(s. Genetik 3.4.1).* Die fortlaufende Erzeugung einer großen Zahl unterschiedlicher Allele begünstigt die Evolution. Eine Einschränkung der Funktion von Genen der DNA-Reparatursysteme oder eine Zunahme von Transpositionsvorgängen *(s. Genetik 4.2.6)* erhöhen die Mutationsrate; diese Ereignisse haben daher großen Einfluss auf die Evolution. Punktmutationen, die nur zu kleinen Veränderungen bei den Individuen führen, sind wichtiger als solche mit großen Auswirkungen auf den Phänotyp, da diese zumeist eine verringerte Fitness aufweisen.

2.1.2 Selektion

Da fortgesetzt neue Mutationen entstehen, müsste die genetische Vielfalt und deshalb die Mannigfaltigkeit der Merkmale bei den Individuen einer Population fortlaufend zunehmen. Dies ist nicht der Fall, da die *Selektion* (= natürliche Auslese durch die Umwelt) wirkt. In den meisten Populationen werden viel mehr Nachkommen erzeugt, als in ihrem Lebensraum überleben können. Viele Individuen jeder Generation gehen daher zugrunde, ehe sie zur Fortpflanzung gelangen, andere haben eine sehr geringe Nachkommenzahl. Infolgedessen erfolgt Selektion, die Häufigkeiten der Allele vieler Gene verändern sich und die Individuen leisten zum Genpool der folgenden Generation einen unterschiedlichen Beitrag. Diesen nennt man die „*reproduktive Fitness*" (kurz *Fitness* oder Tauglichkeit genannt).

▶ **Fitness und genetische Bürde.** Jedem Phänotyp liegt ein bestimmter Genotyp (Gesamtheit der Gene eines Individuums) zugrunde. Die Fitness ist eine Eigenschaft des Genotyps in einer gegebenen Umwelt. Dem Genotyp, dessen Träger die höchste Nachkommenzahl hat, schreibt man den Fitness-Wert W = 1 zu. Die Fitness W_x jedes anderen Gentopys x ist dann kleiner; sie kann ermittelt werden aus

$$W_x = \frac{\text{Nachkommenschaft des Genotyps x}}{\text{Nachkommenschaft des Genotyps mit der höchsten Nachkommenzahl}}$$

z. B.: $W_x = \frac{8}{10} = 0{,}8$

In einer Population hat jedes Individuum einen bestimmten Genotyp und daher eine bestimmte Fitness. Aus der Anzahl der Individuen jedes Genotyps und aus dessen Fitness kann man eine mittlere Fitness der Population berechnen. Die Abweichung der mittleren Fitness einer Population von derjenigen des besten Genotyps nennt man die **genetische Bürde** *(s. Genetik 3.5.4)* der Population. Eine genetische Bürde ist Voraussetzung dafür, dass Evolution stattfinden kann; hätten nämlich alle Individuen die größtmögliche Fitness, so gäbe es keine genetische Variabilität und damit keine natürliche Selektion.

Infolge der geringeren Nachkommenzahl ist in der nächsten Generation ein Anteil vom Genotyp x nicht mehr vorhanden. Dieser Anteil wird bezeichnet als

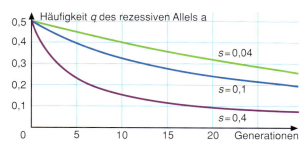

Abb. 387.1: Abnahme des rezessiven Allels a bei Selektion gegen Homozygote (aa) in Abhängigkeit vom Selektionskoeffizienten s

Selektionskoeffizient s (im Beispiel ist s = 0,2; die Nachkommenzahl ist um 20 % geringer). Ein hoher s-Wert bedeutet starken Nachteil (hohen „Selektionsdruck"). Mit Hilfe des HARDY-WEINBERG-Gesetzes und des Selektionskoeffizienten kann man die Abnahme der Häufigkeit eines Allels a berechnen, gegen dessen homozygote Träger (aa) Selektion erfolgt (Abb. 387.1). Selektion führt zu gerichteten Veränderungen von Allelhäufigkeiten im Genpool einer Population. Jedoch verschwindet ein nachteiliges Allel a kaum je vollständig, weil es immer wieder Neumutationen (A – a) gibt. Sind die Heterozygoten bevorzugt (Aa mit W = 1; in der Genetik als Heterosis bezeichnet), so werden weder A noch a verschwinden können, auch wenn sie nachteilig sind (s. Sichelzellallel in Malariagebieten; *Genetik 4.2.6*). ◀

Selektionsfaktoren. Die Selektion kann nur an den Merkmalen angreifen, die beim Individuum ausgebildet sind (Phänotyp), nicht an den Genotypen. Der Selektion unterliegen deshalb nur solche Gene, die sich phänotypisch ausprägen. Werden Merkmale durch mehrere Gene gemeinsam festgelegt, so sind auch alle beteiligten Gene gemeinsam von der Auslese betroffen. Dies gilt z. B. für die vielen Gene, die Gestalt und Funktion der verschiedenen Teile des Wirbeltierauges bestimmen (Netzhaut, Linse, Glaskörper usw.; s. 2.4). Es gibt zahlreiche Beispiele, in denen die Wirkung der Selektion unmittelbar beobachtet werden konnte.
Abiotische Selektionsfaktoren sind z. B. Trockenheit, Feuchtigkeit, Hitze, Kälte, Salzgehalt des Wassers, Lichtmangel – kurz: alle abiotischen Umweltfaktoren von ökologischer Bedeutung *(s. Ökologie 1.1)*. Die Wirksamkeit der Temperatur als Selektionsfaktor zeigt **Abb. 65.1**. Gifte, die der Mensch einsetzt, wirken als Selektionsfaktoren. Die Verwendung von *Antibiotika* gegen Bakterien führt zur Herausbildung resistenter Stämme von Krankheitserregern, denn bereits vorhandene resistente Mutanten überleben und vermehren sich stark (Abb. 399.1). Das Beispiel zeigt auch, dass Mutanten unter veränderten Umweltbedingungen

Evolution

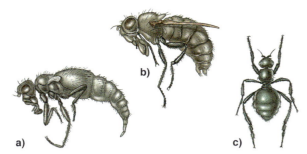

Abb. 388.1: Flugunfähige Insekten der Kerguelen-Inseln.
a) Tangfliege; **b)** Weitmaulfliege; **c)** Dungfliege

(Gegenwart von Antibiotika) plötzlich einen erheblichen Selektionsvorteil gewinnen können (Präadaptation, *s. 2.4*). Ähnliche Beobachtungen der Entstehung resistenter Populationen macht man beim Gebrauch von Insektiziden und Herbiziden.

Auf windgepeitschten kleinen Inseln (z. B. Kerguelen) gibt es viele flugunfähige Arten von Schmetterlingen und Fliegen. Mutanten mit verkümmerten Flügeln haben dort einen Selektionsvorteil, weil flugfähige Insekten häufig aufs Meer hinausgetrieben werden und so umkommen (s. Abb. 388.1).

Biotische Selektionsfaktoren sind andere Lebewesen. Man unterscheidet innerartliche Selektion, z. B. durch Konkurrenz um Nahrung, Geschlechtspartner, Territorium zwischen den Artgenossen und zwischenartliche Selektion durch Feinde, Parasiten und dergleichen.

Ein klassisches Beispiel **zwischenartlicher Selektion** ist der Industriemelanismus. Bei vielen Schmetterlingsarten (z. B. Birkenspanner, s. Abb. 388.2) entstehen immer wieder dunkel gefärbte Mutanten. Der nicht mutierte Birkenspanner hebt sich durch seine Fleckenzeichnung auf den hellen Flügeln von der Rinde der Birken und flechtenüberzogenen anderen Baumstämmen kaum ab und wird deshalb von Insekten fressenden Vögeln oft übersehen. Die dunklen Mutanten zeichnen sich darauf jedoch deutlich ab und werden von den Vögeln daher bevorzugt gefressen. Als sich mit der Industrialisierung die Baumrinden durch Ruß dunkler färbten, entdeckten die Fressfeinde die helle Form leichter als die dunkle. In den Industriegebieten Mitteleuropas, Großbritanniens und Amerikas wurde deshalb in wenigen Jahrzehnten die helle Ausgangsform fast vollständig verdrängt. Die Luftverschmutzung hatte die Selektionsbedingungen geändert und begünstigte die neue Variante des Birkenspanners. Eine Mutation, die sich nur auf die Körperfarbe auswirkte, lieferte die genetische Voraussetzung für diesen Evolutionsvorgang; aber erst die veränderten Selektionsbedingungen führten zu seiner Verwirklichung. Da die Rußbelastung seit einiger Zeit stark zurückgegangen ist, nehmen nunmehr die hellen Formen wieder zu und die dunklen werden verdrängt.

Viele Tiere weisen eine *Tarnfärbung* auf. Polartiere sind oft weiß wie der Schnee (Eisbär, Polarhase, Eisfuchs); Wüstentiere sind gelblich bis hellbraun wie der Sand (Wüstenfuchs); Tiere, die im Gras leben, sind grün (Graufrosch, Heuschrecken) oder braun gefärbt. Die gestreifte Fellzeichnung eines Zebras löst in einem mit Gesträuch durchsetzten Grasland den Körperumriss optisch völlig auf (Gestaltauflösung). Auch eine Tarnung durch *Nachahmung von Gegenständen (Mimese)* kann Fressfeinde täuschen. Der Birkenspanner ahmt die Zeichnung von Baumrinde nach, Stabheuschre-

Abb. 388.2: Natürliche Selektion durch Fressfeinde beim Birkenspanner (zwischenartliche Selektion); ein helles und ein dunkles Exemplar auf flechtenbewachsenem Stamm und auf rußgeschwärztem Stamm ohne Flechten

Abb. 389.1: Schützende Ähnlichkeit mit der Umgebung (Mimese)

Abb. 389.2: Blattschmetterling *Kallima*. Vorder- und Hinterflügel ergänzen sich zu einem einheitlichen Blattmuster, obwohl die beiden Flügelpaare sich getrennt entwickeln.

Abb. 389.3: Mimikry bei Schmetterlingen aus Indien. Oben: *Danaus tyria*; die Raupe nimmt aus der Nahrungspflanze Stoffe auf, die für Vögel giftig sind, und speichert sie. Diese Stoffe schützen Raupe und Schmetterling. Unten: der Nachahmer *Chilasa ayestor*, nicht giftig

cken und Spannerraupen gleichen einem Zweig, Zikaden einem Pflanzenstachel, Verwandte der Stabheuschrecke ähneln in Gestalt und Färbung einem grünen Blatt (Abb. 389.1); ein javanischer Schmetterling sieht in sitzender Stellung aus wie ein dürres Laubblatt (s. Abb. 389.2). Ein Beispiel aus dem Pflanzenreich sind die „Lebenden Steine" *(s. Abb. 57.1)* der steinigen Halbwüste im südlichen Afrika, die man nur erkennt, wenn sie blühen.

Das Zurschaustellen auffälliger Zeichnungen oder Farben, die Fressfeinde abschrecken, bezeichnet man als *Schrecktracht*. Unken werfen sich bei Gefahr auf den Rücken und präsentieren dem Gegner ihre grell gefärbte Bauchseite. Manche Schmetterlingsraupen besitzen am Hinterende auffällige Augenmuster, die den Kopf eines größeren Tieres vortäuschen. Eine weitere Form des Schutzes ist die *Mimikry*; hier erfolgt *Nachahmung eines anderen* (wehrhaften oder giftigen)

Tieres. Der Selektionsdruck wirkt auch hier in Richtung einer vollkommenen Täuschung der Fressfeinde. Manche Schwebfliegenarten ahmen Wespen nach und werden daher von vielen Vögeln nicht gefressen. Zahlreiche Schmetterlingsarten der Tropen werden wegen ihrer Giftigkeit von Vögeln gemieden. In den Schwärmen solcher Schmetterlinge fand man ganz ähnliche, die sich bei genauer Untersuchung als artfremd erwiesen und nicht giftig waren. Sie nehmen durch gleiche Form und Flügelzeichnung am Schutz der anderen Art teil (Abb. 389.3). Die Zahl der Nachahmer darf dabei nicht zu groß werden, denn wenn ein Vogel zuerst auf mehrere Nachahmer trifft, ist der Schutz gering. Die Fitness der Nachahmer ist also häufigkeitsabhängig. In anderen Fällen erwiesen sich bei gestaltlich ähnlichen Arten beide als ungenießbar für Vögel; hier erhöht sich für beide unabhängig von der Individuenzahl die Fitness, und es können auch mehrere Arten an einer Mimikry teilhaben.

Die Mimikry betrifft nicht nur Gestalt oder Färbung; auch bestimmte Verhaltensweisen (Körperhaltung, Fortbewegung) können der Täuschung dienen. In den Korallenriffen suchen Putzerfische fremde Fische nach Parasiten ab, was von den Fischen geduldet wird. Der Putzer wird im Aussehen und Verhalten von einem räuberischen Schleimfisch nachgeahmt, der, kaum hat er sich dem fremden Fisch genähert, Fleischstücke herausbeißt. Bei dieser Form der Mimikry wird also vom Schleimfisch eine Tarnung benutzt, um Nahrung zu erbeuten. Eine Ausnutzung anderer Arten betreibt auch der Kuckuck, dessen Eier häufig jenen der ausbrütenden „Wirtsvögel" in Form und Farbe angepasst sind. Die Blüten von Ragwurz-*(Ophrys-)*Arten ahmen in Gestalt, Färbung und Geruch die Weibchen bestimmter Insektenarten nach, sodass die Männchen Begattungsversuche unternehmen und dabei Pollen aufnehmen, den sie zur nächsten Blüte tragen (Abb. 390.1). Es handelt sich hier um Täuschblumen, die dem Bestäuber gar nichts liefern! Der Vorgang kann nur funktionieren, solange die Blüte das Insektenweibchen gut nachahmt: Die Evolution der beiden Arten muss aufgrund ihrer Wechselwirkung aufeinander abgestimmt sein. Dies nennt man Coevolution.

Coevolution. Im Ökosystem bestehen zahlreiche Wechselwirkungen zwischen den Organismen. Deshalb wirkt sich jeder Evolutionsschritt einer Art auf andere Arten aus, weil sich dadurch deren Selektionsbedingungen ändern. Bildet sich z. B. in einer Pflanze ein Bitterstoff, werden ihre Fressfeinde andere Futterpflanzen wählen: Die Zahl der bitteren Pflanzen nimmt auf Kosten anderer Pflanzen zu. Tritt dann bei bestimmten Fressfeinden Bitterstoff-Verträglichkeit auf, fressen diese nicht nur die neu gewählten Futterpflanzen, sondern auch die bisher durch Bitterstoffe geschützt gewesenen Pflanzen. Evolution ist daher stets Coevolution der miteinander in Beziehung stehenden Lebewesen. Jeder Evolutionsschritt gibt den Anstoß zu weiterer Evolution. Coevolution ist erforderlich, um die Angepasstheit aufrechtzuerhalten, und trägt wesentlich zur Artenvielfalt bei. Die Coevolution von Blüten und Blüten besuchenden Insekten äußert sich in erstaunlicher Angepasstheit der Blüten (Gestalt, Duft, Färbung) an die bestäubenden Insektenarten und umgekehrt dieser an bestimmte Blüten (im Bau der Mundwerkzeuge, der Sinnesorgane und im Verhalten).

Wenn Coevolution vorliegt, ermöglicht die Evolutionstheorie in günstigen Fällen auch Vorhersagen. Dies sei an einem Beispiel erläutert, das auf DARWIN und WALLACE zurückgeht. Die epiphytische Orchidee *Angraecum sesquipedale* aus dem Regenwald Madagaskars

Abb. 390.1: Spiegelragwurz (Orchidee). Gestalt und Färbung (a) sowie der Geruch sind ähnlich den Eigenschaften von Dolchwespen-Weibchen („Täuschblumen", siehe b). Daher unternehmen die Männchen Begattungsversuche (c), nehmen dabei Pollen auf und tragen diesen zur nächsten Blüte. Je ähnlicher die Blüte dem Wespenweibchen ist, umso sicherer ist die Bestäubung durch die Männchen. Die Gestaltähnlichkeit von Blüte und Dolchwespen-Weibchen nimmt daher in der Evolution zu (Coevolution).

Evolutionstheorie

Abb. 391.1: Orchidee *Angraecum sesquipedale* von Madagaskar und ihr Bestäuber. **a)** Blüten der Orchidee; **b)** und **c)** während der Nahrungsaufnahme ermöglicht der lange Rüssel einen großen Sicherheitsabstand von den Blüten. Lauerjäger wie Jagdspinnen können die Schmetterlinge daher kaum erbeuten.

besitzt Blüten mit einem bis über 30 cm langen Sporn (sesquipedale = eineinhalb Fuß; Abb. 391.1), in dem die Nektardrüsen liegen. WALLACE sagte voraus, dass ein Insekt mit einem entsprechend langen Saugrüssel existieren müsse, um Nektar zu saugen und dabei die Blüten zu bestäuben. Von den zeitgenössischen Biologen wurde dies angezweifelt. Dann entdeckte man aber zu Beginn des 20. Jahrhunderts einen entsprechenden Schwärmer; er erhielt den Namen *Xanthopan morgani-praedicta* (praedictus = vorhergesagt; Abb. 391.1). Der lange Rüssel entstand zum Schutz vor Feinden; ein langer Sporn dann durch eine positiv rückgekoppelte Coevolution. Bestäuber mit langen Rüsseln berühren – aufgrund der Anordnung – die Pollensäcke von Blüten mit kurzem Sporn nicht; daher sind lange Sporne durch die Selektion begünstigt.

Als Beispiel für *Selektion durch Parasiten* sei die Sichelzellanämie erwähnt **(s. Genetik 4.2.6).** Hier bleibt eine negative Eigenschaft erhalten, weil das die Krankheit bestimmende Gen zugleich einen positiven Effekt hat. Die homozygoten Träger des Sichelzellallels haben wegen schwerer Anämie nur eine geringe Lebenserwartung. Bei den Heterozygoten treten Beschwerden nur bei Sauerstoffmangel auf; zugleich aber sind sie malariaresistent, weil die Entwicklung der Malariaerreger in den abnormen Roten Blutkörperchen gestört ist. In den Malariagebieten, und nur dort, überwiegen die Vorteile des Sichelzellallels, weshalb sich in solchen Regionen die Sichelzellanämie stark ausgebreitet hat.

Die **innerartliche Selektion** als Konkurrenz um Revier und Geschlechtspartner wird bei vielen höheren Tieren in Form von Rangordnungskämpfen ausgetragen, die in der Regel nicht zum Tode der Unterlegenen führen **(s. Verhalten 5.5).** Schwächere Tiere haben jedoch geringere Fortpflanzungschancen als stärkere, tragen also weniger zum Genpool der Folgegeneration bei. Bei der Konkurrenz um Geschlechtspartner liegt *sexuelle Selektion* (geschlechtliche Auslese) vor. Häufig unterscheiden sich männliche und weibliche Tiere im Aussehen (Sexualdimorphismus). Mähnen, Geweihe, Prachtkleider der Männchen (z. B. Pfauenrad, Gefieder des Paradiesvogels), verbunden mit Imponierverhalten, dienen als sexueller Auslöser. Weibchen bevorzugen Männchen mit besonders gut ausgebildeten Merkmalen; diese sind im Mittel auch die gesündesten. Die Selektion führt so zu einer immer auffälligeren Ausbildung der entsprechenden Merkmale, bis die Tiere durch ihre Auffälligkeit von Fressfeinden so rasch gefunden werden, dass die Nachkommenzahl sinkt. Das Wechselspiel von innerartlicher und zwischenartlicher Selektion führt zu einem „Kompromiss" beim Erscheinungsbild.

Nachteilige Merkmale, die mit vorteilhaften gekoppelt sind, bleiben also in der Evolution so lange erhalten, wie die Bilanz für die Selektionswirkung noch positiv ist. Möglicherweise erklärt eine solche Bilanz die übermäßige und anscheinend zweckwidrige *(hypertelische)* Ausbildung bestimmter Merkmale, die keinerlei Vorteile, wohl aber Nachteile erkennen lässt. Beispiele sind die gewaltigen Stoßzähne des Mammuts, das riesige Geweih des eiszeitlichen Riesenhirsches oder die langen oberen Eckzähne des tertiären Säbelzahntigers (s. Abb. 392.1 bis 392.3). Man muss jedoch annehmen, dass sich auch solche Bildungen aufgrund des Wirkens der Selektion entwickelt haben. So glaubt man, dass das Geweih des Riesenhirsches als Auslöser beim Ritualkampf zwischen den Männchen und beim Balzverhalten gedient hat. Es ist also vermutlich durch innerartliche sexuelle Selektion zustande gekommen.

Abb. 392.1: Besonders starke Entwicklung der oberen Schneidezähne beim eiszeitlichen Mammut. Die zum Stoßen nicht tauglichen Zähne wurden bis zu 4 m lang.

Abb. 392.2: Übermäßig große Geweihbildung beim eiszeitlichen, etwa pferdegroßen Riesenhirsch; Spannweite des Geweihs bis zu 4 m

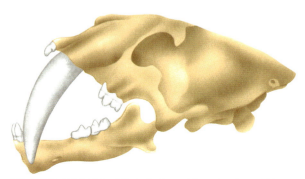

Abb. 392.3: Schädel des Säbelzahntigers; Länge der oberen Eckzähne bis zu 18 cm

Als in der Nacheiszeit der Lebensraum sich allmählich wieder bewaldete, konnte der Riesenhirsch sich an die veränderten Bedingungen nicht mehr anpassen; er starb daher aus.

Selektionsfaktor kann auch eine Eigenschaft im einzelnen Organismus ohne direkte Mitwirkung der Umwelt sein. So hat z. B. die Verbesserung eines Enzyms, die zur Energieeinsparung bei einem Stoffwechselvorgang führt, einen Selektionsvorteil. Derartige Selektionswirkungen werden auch als *„innere Selektion"* bezeichnet.

Wirkungen der Selektion. Den Einfluss, den die Selektionsfaktoren auf eine Population ausüben, bezeichnet man als *Selektionsdruck*. In einer gut angepassten Population werden vor allem nachteilige Mutanten wieder beseitigt; die Selektion erhält also günstige Merkmale und damit die mittlere Fitness, sie stabilisiert den Genpool (*stabilisierende Selektion*, Abb. 393.1 a). Bei einem Wechsel der Umweltbedingungen verändert Selektion die Häufigkeit der Allele und damit der zugehörigen Merkmale in der Population so, dass die mittlere Fitness der Population konstant bleibt oder sogar zunimmt (*gerichtete oder transformierende Selektion*, Abb. 393.1 b).

Es kann aber auch vorkommen, dass die häufigsten Formen durch Parasiten, Infektionskrankheiten oder Feinde besonders stark zurückgehen, sodass dann Formen mit extremen Merkmalen die höchste Fitness haben und vorherrschend werden. Die Population kann dadurch aufgespalten werden (*aufspaltende Selektion*, Abb. 393.1 c).

Das Fehlen bestimmter Selektionsfaktoren wirkt sich ebenfalls aus. So sind viele Höhlentiere farblos; im Licht würden sie Fressfeinden auffallen oder durch die Strahlung geschädigt, in der lichtlosen Höhle hat die Färbung keine Auslesewirkung. Die farblose Mutante hat sogar einen Vorteil, weil sie keine Energie zur Bildung von Farbstoffen aufwenden muss. Sie ist daher bevorzugt. Manche im Dunkeln lebenden Tiere sind blind; ein gutes Sehvermögen hat bei ihrer Lebensweise keinen Vorteil. Wenn, wie in den genannten Beispielen, die stabilisierende Selektion nicht mehr wirksam ist, führt dies zu Variabilität bei den verkümmerten Organen (*Rudimente*, s. 3.1.1).

Es gibt auch Selektionswirkungen, die man nicht am Individuum erkennt, sondern nur an der ganzen Population, so die Entwicklung von r- und K-Strategie des Populationswachstums **(s. Ökologie 2.2.3).** – Wenn unterschiedliche Teilpopulationen einer Art unterschiedliche Fortpflanzungsraten aufweisen, erhöht dies die Geschwindigkeit der evolutiven Veränderungen gegenüber einer einheitlichen großen Population.

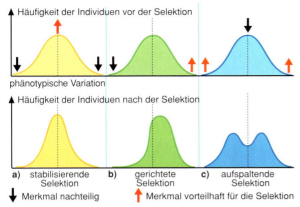

Abb. 393.1: Wirkung der Selektion. Die Auslese greift am Phänotyp an. **a)** Ist eine Population an ihre Umwelt gut angepasst, so werden die am stärksten abweichenden, also weniger angepassten Mutanten wieder verschwinden: stabilisierende Selektion; **b)** Bei geringer Anpassung (z. B. infolge Änderung von Umweltbedingungen) begünstigt die Selektion bestimmte infolge Mutation abweichende Phänotypen. Mit der Zeit verändert sich die Population: umwandelnde (transformierende) oder gerichtete Selektion. Durch sie kommt der Anpassungsvorgang zustande; **c)** Werden die anfangs häufigsten Formen z. B. durch Parasiten oder Feinde stärker dezimiert als die randlichen Formen, so wird die Population gespalten: aufspaltende Selektion.

Konvergenz. Häufig bilden Arten, die ähnliche ökologische Nischen aufweisen (sich also in ihrer Lebensweise ähneln), weitgehend übereinstimmende Körpergestalten aus *(s. Ökologie 2.1 und 2.2.2)*. In solchen Fällen führt die Selektion also zu vergleichbaren Ergebnissen. Man bezeichnet dies als Konvergenz. So findet man z. B. die Fischgestalt bei Haien, Knochenfischen und Walen; die Schlangengestalt bei Schlangen und Blindschleichen, die Kakteengestalt bei verschiedenen Stammsukkulenten *(Abb. 57.2)*. Arten, die ähnliche ökologische Nischen in verschiedenen Gebieten der Erde innehaben, können auch aufgrund von Verwandtschaft übereinstimmen *(Abb. 75.2)*; Nandu, Strauß und Emu sind nah verwandt, Wolf und Beutelwolf hingegen nicht; ihre Ähnlichkeit geht auf Konvergenz zurück.

2.1.3 Gendrift (Zufallswirkung)

Die Zusammensetzung des Genpools einer Population kann sich auch dann von einer Generation zur nächsten verändern, wenn weder neue Mutationen auftreten noch die Selektion wirkt. Eine Gruppe von Trägern bestimmter Merkmale kann durch eine Seuche, durch Unwetter, Waldbrand oder andere Umstände plötzlich aussterben. An ihrer Stelle breitet sich der überlebende Teil der Population mit etwas anderer genetischer Zusammensetzung aus, beim zufälligen Überleben nachteiliger Mutanten sogar diese.

Zufälliger Tod oder zufälliges Überleben von Trägern bestimmter Merkmale (und ihrer Gene) können so für die Zusammensetzung einer Population von Bedeutung werden. Zufallsbedingte Änderungen des Genpools mit nachfolgender transformierender Selektion bezeichnet man als Gendrift. Sie ist in kleinen Populationen viel wirksamer als in großen.

Dies zeigt ein Beispiel: In einer Population von 100 Individuen seien $1/4$, also 25 Individuen, Träger einer Eigenschaft X. Nun sollen 50 Individuen zufällig zugrunde gehen, darunter seien 20 Individuen mit X. In der nun 50 Individuen umfassenden Population sind also nur noch $5 = 1/10$ X-Individuen vorhanden. Der zufällige Tod führt somit zu einer Abnahme der Genhäufigkeit um 15 %. Liegt dagegen eine Population von 1000 Individuen vor, in der $1/4$ (= 250 Individuen) Träger von X sind, so ruft der zufällige Tod von 50 Individuen (davon 20 X-Individuen) nur eine Änderung von weniger als 1 % hervor.

Kleine Populationen treten auf:
1. bei isolierten, nur an einem bestimmten Ort auftretenden Arten,
2. bei Populationswellen *(s. Ökologie 2.3)* jeweils im „Wellental" der Populationsentwicklung,
3. wenn wenige Individuen einer Population in einen neuen Lebensraum verschlagen werden (z. B. die Vorfahren der DARWINfinken, die vom Festland auf die Galapagos-Inseln gelangten (Abb. 385.2).

Zufallswirkungen begünstigen auch den Zerfall einer Population in lokale Rassen. So kennt man z. B. Fischarten, die in jedem von nahe beieinander liegenden Seen eine eigene Rasse aufweisen.

2.1.4 Genetische Rekombination

Rekombinationen führen zur genetischen Variabilität der Individuen: Sie liefern neue Genotypen und damit auch neue Phänotypen. Dadurch schaffen sie die Voraussetzungen dafür, dass die geeigneten Phänotypen mit ihren günstigen Genkombinationen ausgelesen werden. Eine genetische Rekombination ist nur bei geschlechtlicher Fortpflanzung möglich, denn sie erfolgt durch die Zufallsverteilung der väterlichen und mütterlichen Chromosomen sowie durch Crossover bei der Meiose. Bei der ungeschlechtlichen Fortpflanzung sind Eltern und Nachkommen genetisch gleich (außer wenn neue Mutationen auftreten), daher ist für die Evolution die geschlechtliche Fortpflanzung von größter Bedeutung. Ein diploider Organismus entsteht aus der Verschmelzung von zwei Geschlechtszellen, deren allele Gene in der Regel nicht alle identisch sind. Wenn

394 Evolution

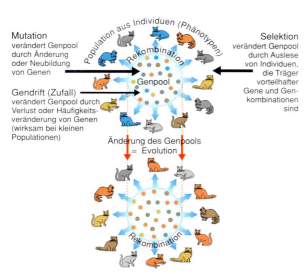

Abb. 394.1: Zusammenwirken der Evolutionsfaktoren. Die Vielzahl von Paarungsmöglichkeiten in einer Population führt ständig zu neuen Rekombinationen von Genen und so zu unterschiedlichen Phänotypen. An den Phänotypen setzt die Selektion an.

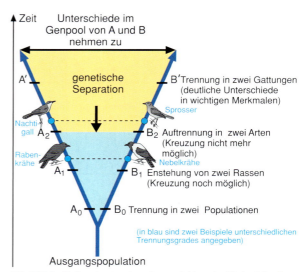

Abb. 394.2: Stufen der Auseinanderentwicklung im Verlauf der Evolution. Die Ausgangsart kann zunächst in die Rassen A_1 und B_1 und dann in getrennte Arten A_2 und B_2 aufspalten. Durch weitere Evolution können so zwei verschiedene Gattungen (A' und B') entstehen.

der Organismus nur in einem Allelenpaar mischerbig wäre (Aa), würde er $2^1 = 2$ verschiedene Geschlechtszellen bilden. Ist der Organismus in zwei Erbanlagen mischerbig (AaBb), können $2^2 = 4$ verschiedene Geschlechtszellen gebildet werden, und ist er in 15 Erbanlagen mischerbig, können bereits $2^{15} = 32\,768$ verschiedene Geschlechtszellen gebildet werden (soweit die Gene auf verschiedenen Chromosomen liegen). Da die Organismen sehr viele Gene besitzen, entsteht eine Fülle von Rekombinationsmöglichkeiten für die Nachkommen, deshalb wird praktisch nie ein Nachkomme desselben Elternpaars dem anderen genetisch völlig gleich sein (abgesehen von eineiigen Mehrlingen).

2.2 Artbildung und Isolation

Populationen entwickeln sich unterschiedlich weiter, wenn sie voneinander getrennt (isoliert) werden, sodass der Genaustausch zwischen ihnen unterbrochen oder zumindest so selten ist, dass kein einheitlicher Genpool mehr vorliegt. Die Auftrennung des Genpools bezeichnet man als genetische Separation (Abb. 394.2). Ist diese vollzogen, liegen zwei getrennte Arten vor. Die dazu erforderliche Isolation der Populationen kann auf verschiedenen Wegen erfolgen; dementsprechend unterscheidet man *allopatrische Artbildung* (2.2.1) infolge einer räumlichen Trennung der Populationen und *sympatrische Artbildung* (2.2.2), die – z. B. durch ökologische Auftrennung der Populationen – im gleichen Lebensraum stattfindet.

Die getrennten Populationen zeigen mit der Zeit immer mehr Merkmalsunterschiede, weil keine Vermischung mehr möglich ist und
– jede Teilpopulation etliche Allele aus dem Genpool der ursprünglichen Population nur in geringer Häufigkeit oder gar nicht mitbekommen hat,
– in den getrennten Gruppen unterschiedliche Mutationen auftreten,
– die Selektion infolge ungleicher Umweltverhältnisse unterschiedlich wirkt,
– unterschiedliche Zufallswirkungen auftreten.

Anfänglich können sich in vielen Fällen die Individuen der beiden Populationen – sofern sie zusammenkommen – noch paaren und fruchtbare Nachkommen haben. Man bezeichnet die verschiedenen Formen dann als *Rassen* oder *Unterarten* einer Art. Rassen bzw. Unterarten unterscheiden sich in ihrem Genbestand; der Genaustausch ist verringert, aber die Genpools sind nicht getrennt. Erst wenn gemeinsame Fortpflanzung verhindert wird, entstehen selbständige Arten.

2.2.1 Allopatrische Artbildung

Sie kommt durch eine räumliche Auftrennung, also *geografische Isolation* der Populationen, zustande. Die Auftrennung kann verschiedene Ursachen haben.
1. Klimaveränderungen, die in der Erdgeschichte fortlaufend stattfanden (s. 3.4.2), führten zur Abdrängung von Teilpopulationen in getrennte Gebiete. Als Folge der Eiszeiten hat sich auf diese Weise die *Krähe* im westlichen Europa zur *Rabenkrähe*, im östli-

chen Europa zur *Nebelkrähe* entwickelt. (Beide werden auch als Unterarten einer Art, der Aaskrähe, angesehen.) Nach dem Rückzug des Eises wurden die frei gewordenen Gebiete von Südwesten und Südosten her wieder besiedelt. Im Bereich der Elbe überlappen sich heute die Verbreitungsgebiete der beiden Krähen; dort bilden sie auch fertile Bastarde. Ebenfalls durch die Trennung während der Eiszeiten haben sich *Sprosser* und *Nachtigall, Winter-* und *Sommergoldhähnchen* zu nicht mehr bastardierenden, echten Arten entwickelt („Zwillingsarten"). Diese konnten nach der Ausbildung von Fortpflanzungsschranken wieder das gleiche Gebiet besiedeln, weil sich ihre ökologischen Nischen unterscheiden. – Klimaänderungen im Verlaufe des Tertiärs sind z. B. für die Entstehung der zahlreichen afrikanischen Antilopenarten verantwortlich.

2. Weite Entfernungen zwischen den Randbereichen eines großen Verbreitungsgebietes einer Art führen infolge unzureichender Durchmischung des Genpools in den Randpopulationen zur Entwicklung getrennter Rassen. So bildet die *Kohlmeise* drei Rassen: die europäisch-sibirische, die südasiatische und die chinesisch-japanische Rasse. Wo sich ihre Verbreitungsgebiete berühren, entstehen Bastarde. Nur im Amurgebiet Ostasiens, wo die chinesisch-japanische auf die europäisch-sibirische Rasse trifft, erfolgt keine Bastardierung. Hier verhalten sich die Rassen bereits wie zwei getrennte Arten. Der Übergang von der Rasse zur Art ist also fließend, wie dies bei einer allmählichen Evolution durch kleine Mutationsschritte zu erwarten ist.

3. Einzelne Individuen können durch Stürme, Meeresströmungen usw. in schwer zugängliche Gebiete (z. B. Inseln, Seen, Gebirgstäler) verschlagen werden. Das Gleiche gilt für den Transport von Samen im Gefieder von Vögeln. Sie gründen dann dort neue Populationen *(Gründerindividuen)*. Auf diesem Wege erfolgte die Besiedlung von im Ozean neu entstandenen Inseln (Galapagos, Hawaii, Kanaren), wo man deshalb zahlreiche nur dort vorkommende Arten findet. Sie besitzen oft geringe Konkurrenzfähigkeit (da sie nur auf den Inseln vorkommen). Wenn der Mensch nun fremde Arten einschleppt, sind sie vielfach diesen unterlegen, werden verdrängt und sterben möglicherweise aus.

4. Im Verlauf der Erdgeschichte hat sich der Meeresspiegel fortlaufend verändert (s. Abb. 417.2). In geologischen Zeiträumen bewegen sich die Kontinentalplatten, sodass sich die Lage der Kontinente ändert (s. Abb. 409.1). So wurden ursprünglich einheitliche Gebiete getrennt und es entstanden unüberwindliche Barrieren (Meeresarme, Gebirge Abb. 395.1). Durch die Isolierung Australiens blie-

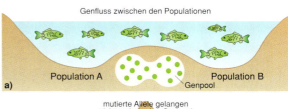
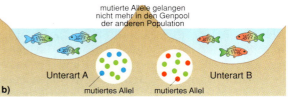

Abb. 395.1: Modell der Aufspaltung einer Art durch Trennung von zwei Populationen. **a)** Zwischen zwei Populationen einer Art besteht durch Hin- und Herwandern von Individuen ein Genfluss; **b)** Zwischen den Lebensräumen der beiden Populationen entsteht eine trennende Barriere, die die beiden Populationen voneinander isoliert; **c)** Unterschiedliche Mutationen in den getrennten Populationen führen zu einer Aufspaltung, zunächst in zwei Unterarten, dann in zwei getrennte Arten. Nach genetischer Separation ist keine Kreuzung mehr möglich, selbst wenn die trennende Barriere verschwindet, die Arten sich ausbreiten und ihre Lebensräume sich überlappen.

Abb. 395.2: Rassen- und Artbildung der Kohlmeise. Die europäische Rasse erstreckt sich bis nach Kleinasien und zum Pazifik. Im persischen Raum geht die europäische Rasse in die südasiatische Rasse über. Die chinesisch-japanische Kohlmeise reicht von Hinterindien bis zum Amur; dort trifft sie in einer Übergangszone mit der von Europa her vorgedrungenen Rasse zusammen.

ben dort die altertümlichen Beuteltiere (die es früher auch auf anderen Kontinenten gab) erhalten und brachten neue Arten hervor (s. Abb. 410.1). Die in Amerika entstandenen Pferde gelangten im Tertiär über eine Landbrücke zwischen Alaska und Sibirien nach Eurasien (s. 3.5.1).

▶ Wenn infolge von Trennung durch ein Meer eine Auftrennung von Populationen erfolgt ist, kann die Ausbildung von Fortpflanzungsschranken unterblieben sein. So bilden die amerikanische und die Mittelmeerplatane fruchtbare Bastarde; die in Mitteleuropa vielfach gepflanzt werden. Auch nordamerikanische und europäische Elstern bilden fruchtbare Bastarde; weil in der Natur keine Kreuzung möglich ist und die Gestalten sich unterscheiden, gelten solche Formen trotzdem als getrennte Arten. ◀

2.2.2 Sympatrische Artbildung

Sie erfolgt innerhalb eines Lebensraumes. Im Gegensatz zur allopatrischen Artbildung ist hier eine frühzeitige Ausbildung einer Fortpflanzungsschranke wichtig. Wenn eine Teilpopulation z. B. durch andere Nahrungsnutzung der innerartlichen Konkurrenz teilweise entzogen ist und so eine abweichende ökologische Nische innehat, kann eine getrennte Entwicklung erfolgen (ökologische Isolation). Endgültig wird sie durch Ausbildung der Fortpflanzungsschranke. Beim *Kleefalter* sucht die normale gelbflügelige Form des Schmetterlings mittags ihre Nahrung, während eine weißflügelige Mutante an niedrigere Temperaturen angepasst und daher morgens und abends aktiv ist. Diese weiße Form kann daher auch an kühleren Orten (Berglagen) leben. Dadurch ist die Wirkung der Selektion verändert.

Besonders wirksam ist die sympatrische Artbildung, wenn Lebensräume wenig besiedelt sind, sodass zahlreiche ökologische Nischen zur Verfügung stehen (Neubesiedlung von Inseln und Seen). In den ostafrikanischen Seen sind es die Buntbarsche *(Cichliden),* die durch Anpassung an unterschiedliche Nahrungsquellen (von Zooplankton bis zu Jungfischen) eine große Zahl von Arten hervorgebracht haben (im Malawisee über 300, im Tanganjikasee über 110 Arten). Der Victoriasee beherbergt fast 300 Arten; er war gegen Ende der letzten Eiszeit trockengefallen – die Artbildung muss daher sehr rasch, im Verlauf von etwa 15 000 Jahren, abgelaufen sein.

Pflanzen, die auf schwermetallhaltigem Boden wachsen können, werden dadurch von anderen Populationen ökologisch isoliert, sodass eine Artaufspaltung stattfinden kann (z. B. Galmeiveilchen auf Bergbauhalden in Ost-Westfalen).

Eine sympatrische Artbildung erfolgt auch, wenn infolge einer Genommutation *(s. Genetik 3.4.3)* zunächst die Fortpflanzungsschranke entsteht (genetische Isolation). Bei Pflanzen tritt verbreitet Polyploidie auf. Polyploide können nur unter sich, nicht aber mit der diploiden Ausgangsform fruchtbare Nachkommen erzeugen und stehen nicht mehr im Genaustausch mit der Ausgangsform. Viele Pflanzengattungen enthalten polyploide Arten (Rose, Weizen, Baumwolle, Tabak u. a.). Artbildung durch Polyploidie geht von Individuen aus. Polyploide sind vielfach gegenüber Umweltstress widerstandsfähiger. Aufgrund der Selektion findet man daher in Gebirgslagen und mit zunehmender geografischer Breite mehr polyploide Arten und Rassen. (Bei Fehlen von Stress sind die Diploiden bevorzugt, da sie weniger DNA aufbauen müssen.)

Geografische Isolation durch den Gründereffekt und ökologische Isolation durch Einnischung bezüglich des Nahrungserwerbs wirkten zusammen bei der Entstehung der 13 DARWINfinken-Arten (Abb. 385.2). Einige dieser Arten bastardieren (selten) noch miteinander. Die Bastarde waren aber nicht konkurrenzfähig und verschwanden rasch, bis infolge zeitweiliger Klimaveränderungen um 1970 sich ihre Konkurrenzkraft so erhöhte, dass ohne Eingreifen des Menschen eine Elternart nahezu ausgerottet worden wäre.

2.2.3 Isolationsmechanismen

Die Isolationsmechanismen dienen der Ausbildung der Fortpflanzungsschranken (s. 2.1), die für die Erhaltung von Populationen als getrennte Arten erforderlich sind. Man unterscheidet Mechanismen, bei denen eine Bastardbildung verhindert wird, und solche, bei denen die Bastarde steril sind. Liegt Letzteres vor, so besteht ein Selektionsdruck zur Ausbildung von Mechanismen, bei denen die Bastardbildung überhaupt verhindert wird, weil dann keine Energie für eine vergebliche Fortpflanzung aufgewendet werden muss.

Ökologische und genetische Isolationsmechanismen wurden in 2.2.2 dargestellt.

Fortpflanzungsbiologische Isolationsmechanismen werden auf verschiedene Weise wirksam:

– ethologische Isolation aufgrund unterschiedlicher Evolution von Balz- und Paarungsgewohnheiten bei Säugern und Vögeln (Fitis und Zilpzalp, Abb. 397.1); bei einigen Feldheuschrecken-Arten sind Lautäußerungen das einzige eindeutige Artunterscheidungsmerkmal;

– zeitliche Isolation aufgrund unterschiedlicher Fortpflanzungs- bzw. Blütezeiten (s. 2.1);

– sexuelle Isolation durch unterschiedliche Ausbildung der Geschlechtsorgane (s. 2.1);

– Gametenisolation (s. 2.1).

Abb. 397.1: Die bei uns vorkommenden Laubsänger Zilpzalp und Fitis unterscheiden sich im Aussehen kaum, doch sind sie durch ihre Gesänge deutlich voneinander isoliert. Oben ist jeweils das Klangspektrogramm (Tonhöhe), unten die Schalldruckkurve (Lautstärke) des Gesangs angegeben. Der Gesang führt nur Geschlechtspartner der gleichen Art zusammen.

Die Vermehrung der Artenzahl ist stets an eine Aufspaltung einer Population und eine Isolation geknüpft (aufspaltende Evolution). Unabhängig davon verändern sich aber in der Generationenfolge im Laufe langer Zeit vor allem bei Veränderung von Umweltbedingungen die Merkmale einer Art so stark, dass man dann von einer neuen Art spricht. Hierbei wird die Zahl der Arten nicht verändert (nichtspaltende Evolution). In solchen Fällen sind die Arten nicht populationsgenetisch (über den Genpool) definiert, sondern man unterscheidet sie allein aufgrund von Gestaltunterschieden (morphologisch). In der Paläontologie (für Fossilien) ist nur diese Methode anwendbar (Abb. 432.1).

2.3 Rahmenbedingungen und Grenzen des Evolutionsvorgangs

Der Evolutionsvorgang kommt durch das Zusammenwirken der Evolutionsfaktoren zustande (s. Abb. 394.1). Er hängt jedoch auch von der jeweiligen genetischen Ausstattung der Organismen ab, welche die Veränderungsmöglichkeiten einschränkt. Eine Veränderung ist nur erfolgreich, wenn lebens- und im jeweiligen Lebensraum konkurrenzfähige Organismen erhalten bleiben; so kann ein Organ (z. B. Auge) nicht vorübergehend stillgelegt werden, um es zu verbessern. Die Organe entwickeln sich auch in wechselseitiger Abhängigkeit (Interdependenz). Phantasieorganismen, bei denen diese Interdependenz gestört ist, erscheinen „surrealistisch" (Abb. 397.2). Für die Ausbildung eines Organs sind stets mehrere Gene zuständig. Da die Selektion am Phänotyp ansetzt, unterliegen diese Gene gemeinsam der Selektion. Daher kann die Evolution nicht zum Verlust eines dieser Gene führen. Das Gleiche gilt für Entwicklungsgene (s. 3.1.3), welche die Ontogenese regulieren. Dies erklärt auch die Tatsache, dass die Giraffe nur sieben Halswirbel hat, obwohl für ihren langen Hals eine größere Zahl mit Sicherheit vorteilhaft wäre. Aber schon bei den Ursäugern hatten die dafür zuständigen Gene sieben Halswirbel festgelegt, und dieses genetische Programm blieb bei fast allen Säugerarten erhalten. Ebenso behalten die Säuger das genetisch festgelegte Geschlechtsverhältnis 1 : 1 starr bei, obwohl in sozialen Systemen, in denen ein Männchen mit mehreren Weibchen eine Gruppe bildet (z. B. Paviane), bei einem anderen Verhältnis die Zahl der Rangordnungskämpfe vermindert wäre.

Abb. 397.2: „Surrealistische" Phantasieorganismen nach Bildern des Malers HIERONYMUS BOSCH (um 1490)

Evolution

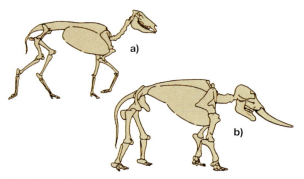

Abb. 398.1: Abhängigkeit des Skelettbaus von der Größe des Tieres. **a)** kleine Pferdeform *Neohipparion* (Tertiär), von Ponygröße; **b)** Rüsseltier *Mastodon* (Tertiär), von Mammutgröße; beide in gleicher Größe wiedergegeben; das größere Tier hat ein viel massigeres Skelett

Infolge des weitgehend festliegenden Entwicklungsprogramms werden in der Ontogenese Stadien durchlaufen, die früheren Evolutionszuständen entsprechen. So bilden die Embryonen der Säuger (einschließlich Mensch) Kiementaschen aus, die sich aber nicht zu Kiemenspalten mit Kiemen weiterentwickeln, sondern andere Funktionen erhalten (s. Abb. 405.2). Die „biogenetische Regel", wonach in der Ontogenese frühere Evolutionsstadien durchlaufen werden, kann – mit Vorsicht – zur Klärung von Abstammungsverhältnissen herangezogen werden (s. 3.1.2). Werden Organe funktionslos, so verschwinden sie im Verlauf der Evolution nur allmählich und sind daher oft noch an Resten (Rudimenten) zu erkennen (s. 3.1.1). Wenn aber die genetische Information für die Bildung eines Organs verloren gegangen ist, kann es nicht mehr wieder entstehen: Die Evolution ist nicht umkehrbar. So bilden Wale keine Kiemen, obwohl dies für sie günstig wäre und ihre Embryonen sogar Kiementaschen anlegen. Möglich ist hingegen die Umbildung und Funktionsänderung von Organen: Die an trockene Standorte angepassten Kakteen besitzen keine Blätter mehr; bei Arten, die später in feuchtere Lebensräume übergegangen sind, wurden Sprosse blattartig (Blattkaktus) und ersetzten die Blätter funktionell, wenn auch nicht mit gleicher Leistungsfähigkeit. Die Evolution liefert also keine optimalen Organe, sondern solche, die aufgrund der Beschränkungen durch die vorhergegangene Evolution die relativ günstigsten sind.

Infolge von Mutationen in Entwicklungsgenen kann es vorkommen, dass ein Organismus bereits im Jugendstadium geschlechtsreif wird, die Jugendform wird zur Erwachsenenform. Gene, die Information für spätere Entwicklungsstadien tragen, werden dann nicht mehr aktiv. Sie bleiben aber zunächst erhalten und stehen für eine neue Verwendung im Laufe der Stammesgeschichte zur Verfügung.

Die genetische Ausstattung setzt auch der Größe der verschiedenen Gruppen von Lebewesen Grenzen (konstruktive Beschränkungen). Große Säugetiere ähneln in ihrem Erscheinungsbild den kleinen Säugetieren, benötigen jedoch relativ dickere Knochen und Muskeln (Abb. 398.1). Skelett und Muskulatur können aber nicht unbegrenzt an Masse zunehmen. So konnte der Blauwal seine Größe mit einer Masse von über 130 000 kg nur als Lebewesen des Wassers erreichen. Die größten Landwirbeltiere (*Bronchiosaurus*) brachten es „nur" auf etwa 50 000 kg! Mit der Vergrößerung eines Körpers bei gleich bleibender Gestalt nimmt sein Volumen mit der dritten Potenz, die Oberfläche aber mit dem Quadrat der Länge zu. Die Atmung ist oberflächenabhängig, muss aber den Körper mit Sauerstoff versorgen. Daher geht mit der Volumenzunahme eine starke Vergrößerung der inneren, Sauerstoff aufnehmenden Oberfläche einher. Bei Insekten setzt die Tracheenatmung der Größe der Tiere Grenzen. Schon bei der Größe eines mittleren Hundes müsste ein Insekt im Inneren fast nur noch aus Tracheen bestehen; andere Organe hätten nicht mehr genügend Platz. Daher konnten die Insekten in der Evolution nie sehr große Formen hervorbringen (s. auch Abb. 419.3).

2.4 Transspezifische Evolution

Die Wirkung der in 2.2. geschilderten Evolutionsfaktoren führt zur Entstehung neuer Rassen und Arten. Vorgänge, die bis zur Bildung einer neuen Art (Spezies) führen, bezeichnet man als *infraspezifische oder intraspezifische Evolution*. Diese wurde direkt beobachtet und ist bei Mikroorganismen und Pflanzen experimentell prüfbar. Führt die Evolution über neue Arten hinaus zur Bildung von neuen Gattungen, Familien und noch höheren Ordnungseinheiten, spricht man von *transspezifischer Evolution*. Die Grenze zwischen beiden Evolutionsvorgängen ist fließend, denn eine neue Gattung kann ja nur auf dem Weg über eine neue Art entstehen. Es gibt keinen Grund zur Annahme, dass bei der transspezifischen Evolution andere Faktoren wirksam sind als bei der infraspezifischen Evolution.

▶ Die Annahme der transspezifischen Evolution erfolgt aufgrund einer Extrapolation. Gibt es für Ereignisse keine Zeugen, so kann man sie in ähnlicher Weise erschließen, wie dies ein Richter bei einem nicht geständigen Angeklagten tut: Die Verurteilung erfordert dann hinreichende Indizien und ein Motiv für die Tat (Frage: Warum?, d. h. kausale Erklärung). Für die transspezifische Evolution stammen die Indizien aus den Fossilfunden *(s. 3.4);* außerdem muss plausibel gemacht werden, warum neue Formen (Baupläne) entstehen. ◀

Das Vordringen einzelner Mutanten in einen neuen, bisher nicht oder unvollständig genutzten Lebensraum ermöglicht es auch zunächst nur wenig angepassten Formen dort zu überleben, weil keine Konkurrenz besteht. Sie leiten die Besiedlung des neuen Lebensraumes oder seine neuartige Nutzung ein. Alsbald entsteht durch ihre Vermehrung Konkurrenz, und die Evolution führt daher vergleichsweise rasch zu unterschiedlichen Anpassungen im neuen Lebensraum. Auch drastische weltweite Klimaveränderungen haben ähnliche Auswirkungen. So erreichten im Silur Pflanzen vom Grünalgentypus zunächst Küstensümpfe und dann das Land. Sie mussten Festigungsgewebe bilden (Luft trägt nicht wie Wasser) und den Wasserhaushalt regulieren. Dazu war ein großer Anteil der Fotosyntheseproduktion aufzuwenden. Dies war möglich, da es keine Konkurrenz gab. Als diese einsetzte, begann die Anpassung an immer trockenere Standorte. Mit ihr war die Ausbildung unterschiedlicher Wuchsformen verbunden. – Jede neu entstehende Art verändert nun auch die Umwelt der anderen Arten; die neue Art ist ein biotischer Selektionsfaktor. So wird im Verlauf der Evolution durch diese selbst die Zahl ökologischer Nischen vergrößert. Die Entstehung fliegender Insekten z. B. ist die Voraussetzung für die Evolution von Fledermäusen und Schwalben, die Insekten im Flug fangen.

Unter welchen Bedingungen kann nun der Übergang in einen neuen Lebensraum erfolgen? Dafür sind drei Faktoren besonders wichtig: Präadaptation, Funktionswechsel und Symbiose.

Präadaptation. Neutrale oder zunächst nachteilige Gene und Genkombinationen können sich bei Umweltänderung oder beim Eindringen in einen neuen Lebensraum vorteilhaft auswirken. Man spricht dann von einer Präadaptation, weil die Möglichkeit von Anpassungen an neue Umweltverhältnisse bereits vorliegt (s. Abb. 399.1). Im Hinblick auf sich ändernde Lebensbedingungen wäre eine völlige genetische Gleichheit der Individuen einer Art für ihr Fortbestehen nur nachteilig.

▶ Präadaptationen sind insbesondere bei diploiden Lebewesen möglich, denn diese können heterozygot für viele Gene sein. Rezessive Allele, die nachteilig oder bedeutungslos sind, werden in heterozygoten Allelenpaaren von der Selektion nicht erfasst, sondern über viele Generationen weitergegeben. Ändert sich jedoch die Umwelt, können solche Allele plötzlich von Vorteil sein und homozygot ihren Trägern nützen. Die Anpassungsfähigkeit an sich ändernde Umweltverhältnisse ist deshalb bei diploiden Organismen größer. So wird verständlich, dass im Verlauf der Höherent-

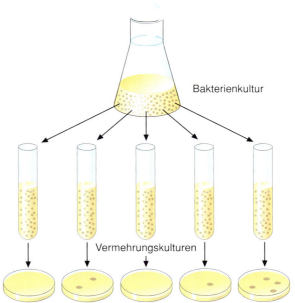

Abb. 399.1: Fluktuationstest zum Nachweis der Präadaptation. Von einer Bakterienkultur werden gleiche Portionen auf viele kleine Kulturgläser verteilt und die Bakterien darin vermehrt. Dann gießt man den Inhalt auf Gelatineplatten, die ein Antibiotikum enthalten. Auf den Platten wachsen unterschiedlich viele Bakterienkolonien. Die Schwankungen (Fluktuationen) zeigen daher, dass bereits in den Vermehrungskulturen unterschiedlich viele antibiotikaresistente Bakterien enthalten waren. Hätte das Antibiotikum die Entstehung der resistenten Mutanten ausgelöst, müssten auf allen Platten ungefähr gleich viele aufgetreten sein.

wicklung der Organismen die diploide Phase *(s. Genetik 3.1)* in der individuellen Entwicklung der Lebewesen eine immer größere Rolle spielt. ◀

Präadaptiv sind auch solche Eigentümlichkeiten des Bauplans, die sich durch weitere Evolution zu neuen Strukturen entwickeln können. So waren die Flossen der Quastenflosser entscheidend für die Ausbildung der Vierfüßerextremität (Abb. 383.1). Die Präadaptation war vorteilhaft in Gebieten mit Gewässern, die gelegentlich austrockneten. Die Tiere konnten dann über Land zu anderen Gewässern gelangen, indem sie die paarigen Brust- und Bauchflossen als Stelzen nutzten, so wie dies auch heute einige Fischarten (z. B. manche Lungenfische) in Trockenzeiten tun. Daher vermochten bestimmte Quastenflosser für kurze Zeit das Land zu besiedeln; sie erreichten so einen zunächst konkurrenzfreien Lebensraum. Heutige Fischarten mit dieser Präadaptation entwickeln sich nicht mehr zu Landlebewesen, weil auf dem Festland der Lebensraum bereits mit besser angepassten Formen besetzt ist.

400 Evolution

Funktionswechsel. Veränderungen von Bauplänen gehen häufig mit Funktionswechsel von Organen einher. Der Legeapparat von Hautflüglern wird bei den Arbeiterinnen von Bienen, Wespen usw. zum Wehrstachel. Die Lungen entstanden aus dem letzten (7.) Paar der Kiementaschen; die Kiefer der Wirbeltiere gingen aus den Skelettelementen des ersten Kiemenbogens kieferloser Formen (von denen heute noch die Neunaugen existieren) hervor. Bei der Umbildung der Organe wird die jeweilige Funktion verbessert. Dabei kann zufällig eine zweite Funktion mitentwickelt werden. Wenn dann die zweite Funktion wichtiger wird, führt die Selektion zu deren Verbesserung und schließlich kann ein Funktionswechsel vollzogen werden.

▶ Die Evolution arbeitet in der Regel so, dass die augenblickliche Funktion verbessert wird und dabei oft eine Zunahme der Komplexität erfolgt. Dies zeigen Modellüberlegungen zur Evolution des Auges. Die einfachsten Lichtsinnesorgane sind Gruppen von Lichtsinneszellen (Flachaugen), mit denen nur Hell-Dunkel-Wahrnehmung möglich ist. Eine Einstülpung verbessert den Schutz der empfindlichen Zellen; so entsteht das Becher- oder Grubenauge *(s. Abb. 190.1)*. Dieses erlaubt es, die Richtung einer Lichtquelle zu erkennen. Der Schutz wird weiter verbessert, wenn sich die Öffnung nach außen verkleinert und so ein Blasenauge entsteht. Damit wird aber zugleich eine „Lochkamera" gebildet und somit eine (anfänglich schlechte) Gegenstandsabbildung zustande gebracht: Das Lichtsinnesorgan erreicht eine neue Qualität und es kommt zu einem erheblichen Selektionsdruck in Richtung auf eine weitere Verbesserung: Eine Linse wird entwickelt. In einer Modellrechnung wurde die Evolution bis zum Linsenauge in einzelne Schritte mit je 1 % Änderung der jeweiligen Struktur aufgeteilt. Insgesamt benötigt man dann etwa 1600 Mutationsschritte.

Aufgrund der bekannten Mutationsraten kann der Zeitbedarf dafür (allerdings nicht für die Evolution der Sehzentren der Gehirne und der weiteren Informationsverarbeitung!) abgeschätzt werden; er liegt bei weniger als 100 Millionen Jahren. ◀

Symbiose. Diese dauernde Kooperation verschiedener Arten führt zu einer Verbesserung der Nutzung der Umwelt und einer Verringerung der Konkurrenz. Bei den Blütenpflanzen hat die Bestäubung durch Tiere, vor allem Insekten, zu zahlreichen Anpassungen und zur Entstehung einer großen Zahl von Arten geführt. Dies gilt ebenso für die Insekten (s. *Coevolution* 2.1.2). Die Vielfalt an Insekten war wiederum bedeutungsvoll für die Evolution der Säugetiere, deren frühe Formen vorwiegend Insekten als Nahrung nutzten.

Riffbildende Korallen konnten nur deshalb nährstoffarme tropische Meere besiedeln, weil symbiontische einzellige Algen es ihnen ermöglichen ein Kalkskelett aufzubauen. Diese Symbiose ist also Grundlage für die Entstehung der Riffe, die zu den artenreichsten Ökosystemen des Meeres gehören.

2.5 Soziobiologie

Das Verhalten der Lebewesen ist in der Evolution entstanden und muss daher mit der Evolutionstheorie in Einklang stehen: Verhaltensweisen mit Selektionsnachteil sind laufend wieder verschwunden. Selektionsnachteil bedeutet auch hier, dass die Häufigkeit der Allele, die für dieses Verhalten verantwortlich sind, von Generation zu Generation abnimmt. In einer stabilen Umwelt erfolgt die Evolution der Verhaltensmerkmale daher so, dass die Fitness zunimmt. So kommt es z. B. zu einer Optimierung des Nahrungserwerbs *(s. Ökologie 1.9.2)*. Ein Nahrung suchendes Tier hat den Nutzen der aufgenommenen Energie, aber auch Kosten. Diese können direkt entstehen (Energieaufwand für die Suche und das Jagen der Beute) oder indirekt sein (da sich das Tier während der Nahrungssuche z. B. der Bedrohung durch Fressfeinde aussetzt). Eine gegenseitige Aufrechnung von Nutzen und Kosten gelingt nur über die Größe der *Fitness*.

Bei sozial lebenden Tieren muss z. B. die Verbesserung des Schutzes vor Fressfeinden durch die Gruppe als Nutzenzuwachs (Fitnesszunahme) so groß sein, dass er die Kosten (Fitnessabnahme) durch stärkere Konkurrenz um Nahrung und leichtere Ausbreitung von Krankheiten übersteigt. Bei verschiedenen Säugerarten warnt ein Tier die Herde, wenn sich ein Feind nähert, und erregt die Aufmerksamkeit des Feindes. Das Tier verringert seine eigene Überlebenschance, erhöht aber die der anderen Herdenmitglieder. Ein solches Verhalten heißt *altruistisch* *(s. Verhalten 5.4)*. Es hat dann einen Selektionsvorteil, wenn die zugrunde liegenden Gene des warnenden Tieres an genügend Nachkommen weitergegeben worden sind, sodass sie im Genpool zunehmen. Die Bedingungen dafür kann man mit Hilfe populationsbiologischer Überlegungen angeben (s. Abb. 401.1). Kinder haben die Hälfte der Gene mit einem Elter gemeinsam. Ein uneigennütziges Verhalten gegenüber Nachkommen, das den Tod des betreffenden Elters zur Folge hat, ist für die Selektion dann vorteilhaft, wenn im Durchschnitt der Population mehr als zwei Nachkommen eben dadurch überleben können, dass sich der uneigennützige Elter opfert. Neffen haben noch ein Viertel der Gene gemeinsam, es müssen also im Durchschnitt mehr als vier Neffen überleben, damit ein Selektionsvorteil auftritt.

Will man die Fitness von Lebewesen mit Sozialverhalten ermitteln, so ist nicht die Zahl der Nachkommen allein entscheidend, sondern man muss die Veränderung der Fitness der genetisch verwandten Individuen mit einbeziehen. Dadurch wird eine *Gesamtfitness (inclusive fitness)* des Individuums festgelegt. Der biologische Altruismus setzt voraus, dass ein Individuum seine Verwandten „kennt". Bei manchen Arten beruht die Kenntnis allein auf chemischen Signalen, bei vielen Vögeln und Säugern aber offenbar auf individueller Kenntnis zwischen den Tieren.

In einer sozialen Gruppe werden oft Kosten und Nutzen von Verhaltensalternativen durch das Verhalten anderer Gruppenmitglieder beeinflusst. Dies sei am Beispiel eines Modells von Rangordnungskämpfern gezeigt. Wir nehmen vereinfachend an, dass es bei einer Art „Kommentkämpfer" und „Beschädigungskämpfer" gäbe. Erste drohen nur, verletzen aber den Rivalen nicht und fliehen bei anhaltender Bedrohung, ohne ernsthaft zu kämpfen, sodass sie unverletzt bleiben. Die Beschädigungskämpfer kämpfen ernsthaft und flüchten nur, wenn sie erheblich verletzt sind. Treffen Kommentkämpfer aufeinander, so haben sie beide nur geringe Kosten; treffen sich Beschädigungskämpfer, so haben sie beide hohe Kosten. Trifft ein Beschädigungskämpfer auf einen Kommentkämpfer, so hat Ersterer einen Nutzen, Letzterer Kosten. Diese sind nicht allzu groß, da er rasch das Weite sucht. Die Wahrscheinlichkeit des Treffens hängt von der Zahl der Individuen mit dem jeweiligen Verhalten ab. Wenn in der Population viele Kommentkämpfer vorhanden sind, ist es vorteilhaft, zu den Beschädigungskämpfern zu gehören. Wenn die Population aber vorwiegend aus Beschädigungskämpfern besteht, die sich gegenseitig stark verletzen, so haben die wenigen Kommentkämpfer einen Vorteil, weil sie weniger verletzt werden; ihre Nachkommenzahl steigt allmählich an. Daher muss sich im Modell ein Gleichgewicht zwischen den beiden Verhaltensweisen ausbilden, das durch die Selektion stabilisiert wird. Man spricht von einer *evolutionsstabilen Strategie* (ESS). Mit Hilfe der *Spieltheorie*, einer Disziplin der Mathematik, kann man bei Vorgabe von Fitnesswerten die Lage des Gleichgewichts berechnen, in komplizierteren Fällen mit Hilfe des Computers. Unser Modell wird realitätsnäher, wenn wir berücksichtigen, dass Verhaltensweisen in der Regel durch viele Gene beeinflusst sind. Es wird daher auch Individuen geben, die als Kommentkämpfer beginnen und dies so lange bleiben, wie es der Rivale auch tut. Geht dieser zum Beschädigungskampf über, so handeln sie ebenso. Nimmt man diese Strategie des „Wie du mir, so ich dir" ins Modell auf, so wird sie unter fast allen Ausgangsbedingungen die alleinige ESS. Ist sie in der Evolution auf diese Weise zustande

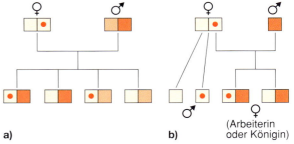

Abb. 401.1: Genetische Verwandtschaftsgrade. Jedes Kästchen symbolisiert einen einfachen Chromosomensatz. Dargestellt ist die Weitergabe der Chromosomensätze an die F_1-Generation. **a)** Organismen, bei denen beide Eltern diploid sind. Der Verwandtschaftsgrad zwischen Eltern und Kindern beträgt stets r = 0,5. Der durchschnittliche Verwandtschaftsgrad zwischen Geschwistern beträgt r = 0,5; **b)** Staaten bildende Bienen, bei denen die Männchen aus unbefruchteten Eizellen entstehen; r zwischen weiblichen Nachkommen = 0,75; r zwischen Mutter und Tochter = 0,5. Diese Verwandtschaftsgrade erklären, dass ein Selektionsvorteil besteht, wenn Arbeiterinnen auf eigene Nachkommen verzichten (s. Verhalten 5.4).

gekommen, so setzt sie sich auch durch; tatsächlich verlaufen Rangordnungskämpfe in realen Populationen zumeist gemäß dieser Strategie.

Auch bei anderen Verhaltensweisen kann sich die Strategie des „Wie du mir, so ich dir" durchsetzen und so z. B. zu kooperativem Verhalten in einer Gruppe führen. Besitzen deren Mitglieder die Fähigkeit zum Lernen durch Einsicht und zu Traditionsbildung *(s. Verhalten 4.3 und 5.3)*, dann betrifft diese Gruppenkooperation nicht mehr nur engere Verwandte, es werden dann z. B. alle Jungen der Gruppe unabhängig von ihrer genetischen Herkunft gleich behandelt.

Die Strategien des Fortpflanzungsverhaltens der Tiere unterliegen unmittelbar der Selektion, daher lassen sich soziobiologische Modelle daran oft besonders gut prüfen. Die Kosten für die Fortpflanzung (reproduktiver Aufwand) sind bei den Weibchen in der Regel höher als bei Männchen. Die Weibchen produzieren große, nährstoffreiche Eizellen und investieren bei Säugern und z. T. bei Vögeln darüber hinaus mehr Energie und Zeit. Dies erklärt, dass Weibchen bei der Partnerwahl bei vielen Arten wählerischer sind als Männchen, woraus ein Wettbewerb der Männchen um die Gunst der Weibchen resultiert. Es erfolgt also sexuelle Selektion, die bis zu Extremen führen kann (s. 2.1.2).

Liegt intensive Brutpflege vor (K-Strategie, *s. Ökologie 2.2.3*), so hängt es von der Einbeziehung der Männchen in diese ab, wie das Paarungsverhalten sich entwickelt. Sind die Männchen stark an der Brutpflege beteiligt, so entsteht in der Regel ein monogames Paarungssystem (verschiedene Vogelarten, Klammeräffchen). Sind sie wenig beteiligt, so entwickelt sich vielfach ein polygames System (z. B. Schimpanse).

3 Stammesgeschichte

Die Evolutionsforschung beschäftigt sich nicht nur mit den Ursachen des Evolutionsvorgangs, sondern auch mit der Verwandtschaft der Lebewesen und beschreibt die Abstammungsverhältnisse. Woran lassen sich nun stammesgeschichtliche Zusammenhänge erkennen? *Homologie* liegt vor bei Strukturen, deren Übereinstimmung auf gleichartiger genetischer Information beruht (3.1). Gibt es diese bei unterschiedlichen Arten, die durch Fortpflanzungsschranken getrennt sind, so müssen die Arten auf eine gemeinsame Ausgangsart zurückgehen. Daher liefert die Erforschung von Homologien in allen Teilgebieten der Biologie die Begründung der Abstammungslehre und erlaubt die Feststellung stammesgeschichtlicher Verwandtschaften. *Analogie* liegt vor bei Strukturen ähnlicher Funktion, aber mit unterschiedlichem Bauplan und ist daher auf ganz unterschiedliche Gene zurückzuführen. Sie liefert Hinweise auf ähnliche Lebensweisen und ist daher für die Ökologie bedeutsam **(s. Ökologie 2.1)**.

Abb. 402.1: Schnabeltier (Länge bis zur Schwanzspitze etwa 60 cm); lebt an Seen und Flüssen Ostaustraliens

Abb. 402.2: *Peripatus*-Art aus Neuseeland; natürliche Größe 3–5 cm

3.1 Methoden der Stammesgeschichtsforschung; Homologieforschung

3.1.1 Homologien im Bau der Lebewesen

Die heutigen Lebewesen zeigen eine abgestufte Ähnlichkeit des Körperbaus, welche die Aufstellung eines Systems ermöglicht, dessen Grundeinheit die Art ist (s. 2.1).
Die *Art* Hauskatze ist der Wildkatze sehr ähnlich; beide gehören zur gleichen *Gattung* Katze (Felis). Mit Löwe, Tiger, Luchs usw. bilden sie die *Familie* der Katzenartigen, diese wiederum mit den Familien der Bären, Marder- und Hundeartigen die *Ordnung* der Fleischfresser (Raubtiere). Mit anderen Ordnungen (Nagetiere, Rüsseltiere, Unpaarhufer) wird sie zur *Unterklasse* der Plazentatiere zusammengefasst, die mit den Beuteltieren und Kloakentieren die *Klasse* der Säugetiere bilden. Diese zählt zum *Unterstamm* der Wirbeltiere, der zusammen mit Lanzettfischchen und Manteltieren den *Stamm* Chordatiere bildet. Die Zahl der übereinstimmenden Merkmale nimmt in diesen Gruppen von Stufe zu Stufe ab. Die Ähnlichkeit der Organismen mit ihren Abstufungen lässt sich durch Annahme einer natürlichen Verwandtschaft erklären. Unterstützt wird diese Annahme durch das Vorkommen von Formen, die Merkmale von zwei benachbarten systematischen Gruppen aufweisen; man nennt diese „Brückentiere".

Heutige Brückentiere. Das zu den Kloakentieren zählende *Schnabeltier* (s. Abb. 402.1) in Australien vereinigt Merkmale der Reptilien (Kloake, Eier legend, schwankende Körpertemperatur) mit Säugermerkmalen (Haarkleid, Milchdrüsen). *Peripatus* (Südafrika, Australien, Südamerika) (s. Abb. 402.2) besitzt Merkmale von Ringelwürmern (Hautmuskelschlauch und gleichmäßige Körpergliederung) und von Gliederfüßlern (Mundwerkzeuge, Tracheenatmung). Nun können diese heute lebenden Arten allerdings nicht die Ahnen anderer heute vorkommenden Arten sein, sind also keine echten Übergangsformen (s. 3.6.1). Sie stammen aber von früheren, tatsächlichen Übergangsformen ab und sind daher ein Modell für diese.
Die **Homologie von Organen** und Organsystemen kann an einer Vielzahl von Fällen aufgezeigt werden. Die Vordergliedmaßen der Wirbeltiere dienten als einleitendes Beispiel (Abb. 383.1). Auch bei der vergleichenden Betrachtung der Säugergebisse *(Abb. 76.1)*, der Beine oder der Mundwerkzeuge der Insekten findet man jeweils einen Grundbauplan mit gleichen Einzelteilen und dessen Abwandlungen.
Für homologe Organe und Organsysteme lassen sich oft ganze Reihen aufstellen, so für das Kreislaufsystem *(Abb. 163.1)*, die Lunge *(Abb. 171.1)* und das Zentral-

nervensystem der Wirbeltiere. Lassen sie eine Verbesserung der Organsysteme erkennen, so heißen sie *Progressionsreihen* oder Progressionen. Daneben gibt es *Regressionsreihen*, welche die Rückbildung eines Organs zeigen, wie z. B. die Rückbildung der Hinterextremitäten bei Walen (s. Abb. 404.1).

Die Abwandlung homologer Strukturen lässt sich sinnvoll nur als Entwicklung im Laufe der Evolution deuten. Homologe Strukturen werden mit Hilfe von drei Kriterien nachgewiesen:

1. *Homologie-Kriterium der Lage.* Strukturen in Organismen aus verschiedenen Gruppen sind dann als homolog anzusehen, wenn sie in gleicher Anzahl vorhanden und in gleicher relativer Lage angeordnet sind. Man kann die Strukturen (Organe) dann einem gemeinsamen Grundbauplan zuordnen. Beispiele sind die Lage der Knochen in den Extremitäten der Landwirbeltiere (Abb. 383.1) und der Aufbau der Lunge *(Abb. 171.1).* Auch bei den Mundwerkzeugen der Insekten ist bei verschiedener Gestalt und Funktion aus der Zahl und Anordnung der Teile der gemeinsame Bauplan zu erkennen.

2. *Homologie-Kriterium der spezifischen Qualität von Strukturen.* Komplexe Strukturen gelten als homolog, wenn sie in zahlreichen Einzelheiten spezieller Merkmale auffallend übereinstimmen. Beispiel: Die Hautschuppen der Haifische entsprechen im Aufbau und in der Lage der Teilstrukturen den Zähnen der Säugetiere und des Menschen (Abb. 403.1).

3. *Homologie-Kriterium der Stetigkeit.* Gestaltlich verschiedene Strukturen werden dann als homolog betrachtet, wenn Zwischenformen existieren, die untereinander mit dem Kriterium der Lage homologisiert werden können. Beispiele: Die Blutkreisläufe von Fischen und Säugern sind homolog, da eine Übergangsreihe vorliegt *(Abb. 163.1);* für die Ausbildung des sekundären Kiefergelenks beim Übergang von Reptilien zu Säugern (Abb. 403.2) sind Zwischenformen bekannt.

Wenn sich bestimmte Organe bei verschiedenartigen Organismen als homolog erweisen, dann sind es in der Regel auch die übrigen Organe (*Korrelationsregel*, gefunden von CUVIER); so sind bei den Wirbeltieren nicht nur die Gliedmaßen homolog, sondern ebenso das ganze Skelett, die Sinnes-, Kreislauf-, Atmungs-, Ausscheidungsorgane usw.

Keine Hinweise für das Vorliegen einer Verwandtschaft liefern dagegen die *analogen Organe:* Strukturen gleicher Funktion, jedoch mit verschiedenem Grundbauplan. Analog sind z. B. die Kiemen eines Krebses und eines Fisches. Erstere sind Anhänge am Grund der Beine des Brustabschnittes, letztere stehen an den Kiemenspalten der Mundhöhle. Analog sind die schaufelförmigen Grabbeine des Maulwurfs und der Maul-

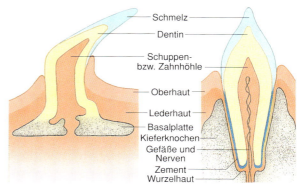

Abb. 403.1: a) Hautschuppe eines Haies; **b)** Schneidezahn des Menschen. Aufbau und Lage der einzelnen Teile von Schuppe und Zahn entsprechen einander.

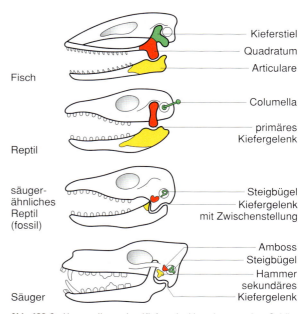

Abb. 403.2: Umwandlung der Kiefergelenkknochen zu den Gehörknöchelchen der Säuger als Beispiel des Funktionswechsels homologer Knochen

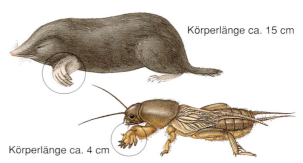

Abb. 403.3: Analoge Organe: Grabbein von Maulwurf und Maulwurfsgrille

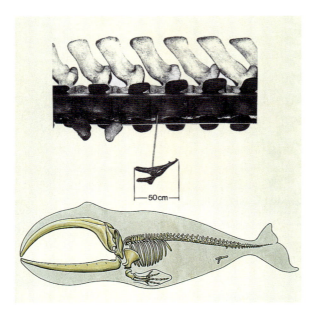

Abb. 404.1: Teil der Wirbelsäule des Grönlandwals mit den im Körperinneren liegenden Resten von Beckengürtel und Hinterextremitäten

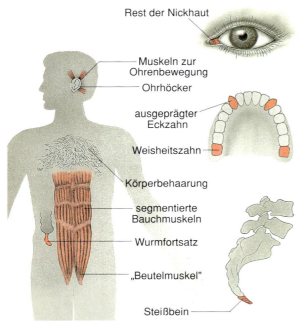

Abb. 404.2: Merkmale des Menschen, die als Rudimente aufgefasst werden. Der Blinddarm mit Wurmfortsatz lässt sich als Rest eines früheren größeren Darmanhangs deuten, in dem Nahrung aufgeschlossen wurde. Der Wurmfortsatz ist zu einem lymphatischen Organ geworden (Funktionswechsel). Die Weisheitszähne erscheinen erst um das 18.–20. Lebensjahr und sind oft verkümmert. Nickhautreste findet man bei allen Säugern, als drittes Augenlid ist die Nickhaut ausgebildet bei Wiederkäuern, Kaninchen, Vögeln, Reptilien und Haien.

wurfsgrille (s. Abb. 403.3) oder die Flügel eines Vogels und eines Insekts. Analog sind auch die Knollen der Kartoffel und der Dahlie; beide dienen zwar als unterirdische Speicher für Reservestoffe, doch sind die Kartoffelknollen verdickte Sprosse, die Dahlienknollen verdickte Wurzelgebilde. Werden analoge Organe infolge ähnlichen Selektionsdrucks einander sehr ähnlich, so spricht man von *Konvergenz (s. Ökologie 2.1)*.

Bei unzureichender Kenntnis kann eine Konvergenz fälschlich als Homologie angesehen werden. Dies führt zu falscher Einordnung der Art ins natürliche System und fehlerhaften Stammbäumen. So hat man früher alle wirbellosen wurmförmigen Tiere (Regenwurm, Spulwurm usw.) in einen Tierstamm „Würmer" vereinigt; dieser bildet jedoch keine stammesgeschichtliche Einheit. Die Geier der Neuen Welt (z. B. Kondor) sind nicht Verwandte der Altwelt-Geier aus der Gruppe der Greifvögel, sondern Storchenverwandte (wie auch das Balzverhalten mit „Schnäbeln" zeigt).

Organrudimente. Eine weitere Stütze für Abstammungszusammenhänge ist das Auftreten von Organrudimenten. Sie sind entstanden durch Rückbildung eines funktionsfähigen Organs. Organrudimente sind bei den Pferden die Griffelbeine (s. Abb. 424.1 b), bei den Walen die winzigen Reste des Beckengürtels (s. Abb. 404.1), beim Grönlandwal auch noch Reste des Ober- und Unterschenkels, bei Seelöwe und Walross die Nägel an den Flossen. Die Blindschleiche besitzt zwar keine Beine mehr, aber einen vollständigen Schultergürtel und Reste eines Beckengürtels. Der flugunfähige neuseeländische Kiwi hat noch stummelförmige Flügelreste. Nacktschnecken besitzen häufig noch Gehäusereste. Bei Höhlentieren zeigen die Augen Abstufungen der Rückbildung. Beim Menschen sind z. B. das Steißbein und die funktionslosen Muskeln der Ohrmuscheln rudimentäre Organe (Abb. 404.2). Bei einigen Arten der Rachenblütler ist ein Teil der Staubgefäße nur noch als Faden ohne Staubbeutel ausgebildet (z. B. Braunwurz, Ehrenpreis-Arten).

Atavismus (Rückschlag) liegt vor, wenn bei Organismen unvermittelt wieder Merkmale in einer weniger stark rückgebildeten Form als normalerweise auftreten, so z. B. bei Pferden ein verlängertes Griffelbein mit Zehenknochen und Huf; bei Menschen ein schwanzartig verlängertes Steißbein oder zwei Leisten von zusätzlichen Brustwarzen. Bei Pflanzen (z. B. Tulpe, Rose) treten gelegentlich vergrünte Blüten auf, deren Kronblätter oder sogar Staubblätter wieder blattartig geworden sind. Atavismen gehen zurück auf eine anomale Verwirklichung genetischer Information, die normalerweise unterdrückt wird.

Stammesgeschichte

Abb. 405.1: „*Archaeopteryx*-Schwanz" des Waldkauz-Embryos: Anlage einer Schwanzwirbelsäule mit zweizeilig angeordneten Federanlagen

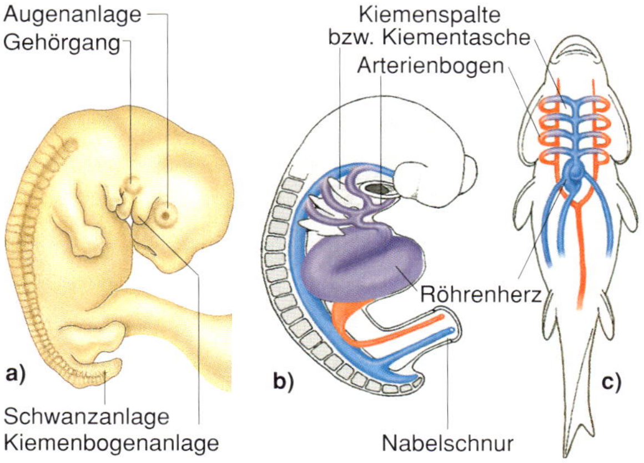

Abb. 405.2: a) Kiemenbogen-Anlage eines menschlichen Embryos; **b)** Schnitt mit Blutkreislauf; **c)** Kiemengefäße eines Knochenfisches. Die Blutgefäße sind durch Kapillaren verbunden (nicht dargestellt).

3.1.2. Homologien in der Entwicklung (Ontogenese)

Embryonen des Rindes zeigen die für die Ausbildung der oberen Schneidezähne typischen Gewebedifferenzierungen, doch entwickeln sich diese Schneidezähne nicht. Die Embryonen der beinlosen Blindschleiche weisen Anlagen von Vordergliedmaßen auf. Beim menschlichen Embryo entstehen die Anlagen der späteren Gehörknöchelchen (s. Abb. 403.2) im Kieferbereich und verlagern sich dann. Derartige Merkwürdigkeiten in der Entwicklung sind nur aus der Stammesgeschichte zu verstehen (s. 2.3). Reste älterer Bauplanmerkmale bleiben erhalten, da die ihnen zugrunde liegenden Gene nicht plötzlich verschwinden.
Dies ist vor allem in der Keimesentwicklung zu erkennen. Schon 1828 hatte daher VON BAER festgestellt, dass Embryonen von Wirbeltieren sich weitgehend gleichen, auch wenn die erwachsenen Tiere sehr verschieden sind (Gesetz der Embryonenähnlichkeit). Später hat HAECKEL die *biogenetische Grundregel* formuliert: „Die Entwicklung eines Einzelwesens (die *Ontogenese*) ist eine kurze und schnelle Wiederholung seiner Stammesentwicklung (der *Phylogenese*)." Allerdings ist die Aussage nur für die ontogenetische Entwicklung *einzelner Merkmale,* nicht für den Organismus insgesamt zutreffend. Auch entstehen in der Entwicklung zunächst Organanlagen, nicht funktionsfähige Organe. So legen Vogelembryonen noch eine Schwanzwirbelsäule an (s. Abb. 405.1), besitzen aber keine Zahnanlagen mehr. Zur Klärung von Abstammungsfragen hat sich die biogenetische Regel als hilfreich erwiesen.
DARWIN erkannte aufgrund der ähnlichen Larvenformen, dass die Seepocken zu den Krebsen gehören (Abb. 405.3). Die Keimesgeschichte der Wale weist auf

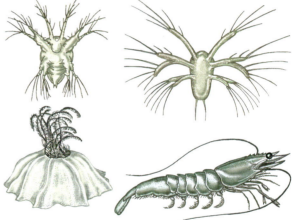

Abb. 405.3: Seepocke und Zehnfußkrebs und ihre Larven. Die beiden Krebstiere sehen sehr verschieden aus; an den gleich gestalteten Larven erkennt man die Zugehörigkeit der Seepocken zu den Krebsen. „. . . *even the illustrious CUVIER did not perceive that a barnacle was a crustacean: but a glance at the larva shows this in an unmistakable manner."* (DARWIN)

die Abstammung von vierfüßigen, landlebenden Säugetieren. Walembryonen zeigen Anlagen von Hintergliedmaßen, haben einen Hals mit sieben freien Halswirbeln (bei erwachsenen Walen fehlt der Hals, die Halswirbel sind ganz oder teilweise verwachsen), weisen ein Haarkleid auf und besitzen noch Riechnerv, Nasenmuscheln und Speicheldrüsen, die bei den erwachsenen Tieren alle rückgebildet sind.
Bei allen Wirbeltieren wird in einem sehr frühen Embryonalstadium eine Chorda *(s. Entwicklungsbiologie 2.1.1)* ausgebildet, erst später eine knorpelige und noch später eine knöcherne Wirbelsäule. In dieser Rei-

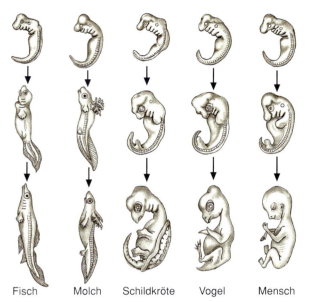

Fisch　　Molch　　Schildkröte　　Vogel　　Mensch

Abb. 406.1: Drei Entwicklungsstadien der Embryonalentwicklung von Knochenfisch, Lurch, Kriechtier, Vogel und Mensch. Die obere Reihe zeigt die auffallende Übereinstimmung in der Gestalt und der Anlage der Kiemenbögen (die Größe der Embryonen ist unterschiedlich).

henfolge sind die Organe auch in der Stammesgeschichte entstanden. Bei den *Froschlarven* ist das *Herz* ähnlich wie bei Fischen gebaut und die von ihm ausgehenden Blutgefäße verzweigen sich entsprechend den Kiemenarterien der Fische. Bei der Metamorphose ändert sich auch das Blutgefäßsystem grundlegend. Die Embryonen der Reptilien, Vögel und Säuger weisen anatomische Merkmale auf, die den Kiemenbögen und Kiemenspalten der Fische entsprechen, nur sind die Spalten nicht durchgebrochen *(Kiementaschen*, Abb. 405.2). Das Herz hat in einem frühen Embryonalstadium bei allen Wirbeltieren die Organisation des Fischherzens mit einer Vor- und einer Hauptkammer. Auch im äußeren Erscheinungsbild gleichen sich frühe Embryonalstadien aller Wirbeltiere und des Menschen weitgehend (Abb. 406.1).

Beim Menschen gibt die Keimesentwicklung noch weitere Hinweise auf die Stammesgeschichte. Der Embryo besitzt ein dichtes Haarkleid. Das Neugeborene hat die Fähigkeit, mit dem Fuß zu greifen.

3.1.3 Biochemische und molekulare Homologien

Alle Organismen weisen die gleichen chemischen Grundbausteine auf und verwenden den gleichen Genetischen Code. Viele weitere Stoffwechselvorgänge sind bei der Mehrzahl der Organismen gleichartig. Aus diesen Übereinstimmungen ist auf einen gemeinsamen Ursprung aller Lebewesen zu schließen.

Die Verwandtschaft von Lebewesen, die sich aus den Homologien von Organen usw. ergeben hat, muss sich auch auf der Ebene der Gene (DNA-Sequenz) und der Genprodukte (Aminosäuresequenz der Proteine) zeigen. Zur Untersuchung der Ähnlichkeit von Proteinen zog man zunächst die Serumreaktion *(s. Immunbiologie 3.1)* heran. Mit ihr wurde gezeigt, dass der chemische Bau der zahlreichen Proteine bei den Lebewesen in der Regel umso mehr übereinstimmt, je näher sie auch nach anderen Kriterien verwandt erscheinen (Abb. 407.1). Serologische Untersuchungen zeigten, dass die Seekühe nicht mit den Robben, sondern mit den Elefanten verwandt sind; anatomische und physiologische Untersuchungen hatten dies nahe gelegt. Da die Serumreaktion nur grobe Daten liefert, wird sie nicht mehr eingesetzt. Die Untersuchung der Aminosäureabfolge von Proteinen liefert bessere Ergebnisse. Noch genauere Daten liefert die Analyse der Basensequenz von Genen, die heute ein Routineverfahren ist *(s. Genetik 4.1.9).* Die so gewonnenen Ergebnisse erlangen für die Verwandtschaftsforschung zunehmende Bedeutung (s. 3.5.2). Viele Gene sind in ähnlicher Form bei allen Wirbeltieren oder sogar allen Vielzellern oder Eukaryoten nachzuweisen. Solche Gene werden für die Funktion der Zelle bzw. des Organismus unbedingt gebraucht. Die Homologie dieser Gene ist von praktischem Nutzen: Wenn sie (oder die entsprechenden Proteine) beim Menschen nur schwer zu untersuchen sind, kann man sie bei Mäusen oder sogar der Hefe analysieren und die gewonnenen Erkenntnisse beim Menschen überprüfen.

Bei einem Vergleich der Aminosäuresequenz verschiedener Enzyme sind Ähnlichkeiten festgestellt worden, die nicht zufällig sein können. So stimmen bei den Eiweiß spaltenden Enzymen Chymotrypsin und Trypsin bei Säugern die Aminosäuren an etwa 40 % der Positionen überein. Man kann daraus schließen, dass die beiden Enzyme, die bei der Verdauung im Dünndarm unterschiedliche Aufgaben haben, aus einem gemeinsamen Urenzym entstanden sind. Diesem Urenzym lag ein einziges Gen zugrunde, während wir heute für Chymotrypsin und Trypsin zwei Gene kennen. Daraus ist zu folgern, dass sich bei der Evolution der DNA das gemeinsame Urgen verdoppelt hat. Nachfolgende Mutationen erfolgten dann unabhängig voneinander, sodass zwei unterschiedliche Gene entstanden. Ihre Proteine haben daher nicht mehr genau den gleichen Bau und die gleiche Funktion.

In entsprechender Weise haben sich andere Gene verdoppelt oder im Laufe der Zeit durch immer wieder auftretende Duplikationen vervielfacht. So konnte aus einem Gen eine ganze Gruppe, eine Multigenfamilie, entstehen *(s. Genetik 4.3.3).* Da in jedem Gen andere Mutationen eintreten, unterscheiden sich die Gene all-

Stammesgeschichte 407

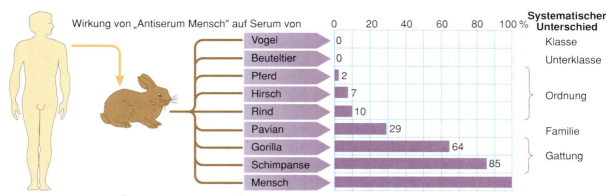

Abb. 407.1: Serologische Ähnlichkeit der Proteine des Blutserums zwischen Mensch und einigen Tieren. Man misst die ausgefällte Menge Serumprotein nach Zusatz des gegen die menschlichen Proteine empfindlich gemachten Serums eines Kaninchens (Antiserum). Fügt man z. B. dem Antiserum gegen menschliches Protein das Blutserum eines Schimpansen hinzu, so werden die Serumsproteine des Schimpansen zu 85 % ausgefällt.

mählich immer mehr voneinander. Verursacht durch Chromosomenmutationen werden sie auch auf verschiedene Chromosomen verteilt. Sowohl verschiedenartige Gene, die auf eine gemeinsame Urform zurückgehen, als auch die Gene einer Multigenfamilie, die durch Verdopplung aus einem Gen hervorgehen, sind als homolog zu bezeichnen. Auf der Ebene der Gene muss man daher homologe Gene bei verschiedenen Arten von verwandten Genen einer Genfamilie bei einer Art unterscheiden (s. Abb. 407.2).
Durch die Genverdopplung erfolgt eine Vermehrung der genetischen Information. Dies erlaubt eine zunehmende Spezialisierung der Funktion von Proteinen. Als Beispiel diene die Evolution des Hämoglobins (Abb. 407.3). Das Hämoglobin der primitiven Rundmäuler (Neunaugen) besteht nur aus der α-Kette; diese entspricht also zum Teil wohl dem ursprünglichen Hämoglobin der Wirbeltiere. Durch eine Genverdopplung und nachfolgende Mutationen entstand ein Ur-β-Hämoglobin, das durch zusätzliche Verdopplungen die Hämoglobinketten β, δ, ε und γ lieferte *(s. Genetik 4.3.3)*. Auch in der weiteren Evolution des α-Hämoglobins erfolgten Genverdopplungen. Die Zusammensetzung von Hämoglobin aus mehreren Polypeptidketten hat den Vorteil, dass die Sauerstoffbeladung regulierbar ist *(s. Stoffwechsel 4.3.1)*.
Besonders auffällig ist die Homologie einer Gruppe von Genen, welche Entwicklungsvorgänge der Individuen regulieren und Bauplanmerkmale festlegen (HOM-Gene, *s. Genetik 4.3.3*). Diese Homologie kann man z. B. beim Vergleich von Maus und *Drosophila* feststellen. In der Evolution der Wirbeltiere erfolgte eine zweimalige Duplikation der ganzen Gruppe von HOM-Genen, sodass bei der Maus vier Gruppen solcher Gene vorhanden sind (in *Abb. 343.1* ist nur eine Gruppe dargestellt!).

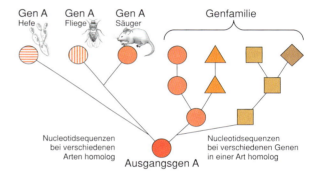

Abb. 407.2: Ein Ausgangsgen (Urgen) bleibt in verschiedenen Arten erhalten; außerdem zeigt es im Verlauf der Evolution Verdopplungen. So entstehen homologe Gene in verschiedenen Arten und homologe Gene, die in einer Art eine Genfamilie bilden.

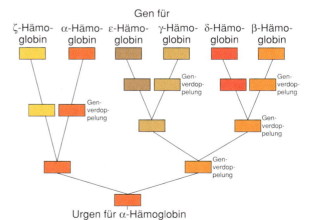

Abb. 407.3: Stammbaum der Gene für Hämoglobine der Wirbeltiere (Multigenfamilie). Im Verlauf der Evolution haben in allen Genen immer wieder Mutationen stattgefunden; die heutigen Gene der Globine sind daher mit den ursprünglichen, von denen sie sich ableiten, nicht mehr identisch.

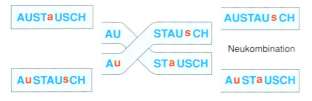

Abb. 408.1: Modellbeispiel der Verdoppelung von Genen oder Gengruppen. Während der Meiose kann zwischen zwei Chromatiden homologer Chromosomen ausnahmsweise ein ungleiches Crossover auftreten. Dies führt bei einer Chromatide zu einer Verdoppelung eines Abschnitts (und der darin liegenden Gene), bei der anderen Chromatide hingegen zu einem Stückverlust. Die Keimzelle, in welche die Chromatide mit dem Verlust gelangt, geht in der Regel zugrunde. Der obere Teil des Bildes zeigt ein normales Crossover. Die mutierten Allele (oder veränderten Nucleotide) sind durch kleine Buchstaben gekennzeichnet.

▶ Die Genverdopplung erfolgt durch ungleiches Crossover (Abb. 408.1) oder durch die Transposition eines DNA-Abschnitts *(s. Genetik 4.2.6)*. Sie ist mit einer Vermehrung der DNA-Menge verknüpft. Viele der so entstandenen Gene sind inaktiv. Im Genom vieler Säuger sind inaktive Gene nachgewiesen worden, die bestimmten Strukturgenen sehr ähnlich sind, also von ihnen herstammen. Diese inaktiven *„Pseudogene"* bilden einen Genvorrat für die zukünftige Evolution. Mutationen in Pseudogenen treten im Phänotyp nicht in Erscheinung. Mit der Zeit häufen sich Mutationen im Pseudogen an, es verändert sich stark. Wird ein Pseudogen dann im Verlauf der Evolution aktiv, so bildet es ein Protein mit neuen Eigenschaften. Die Gliederung vieler Eukaryotengene in Exons und Introns *(s. Genetik 4.2.5)* hat große Bedeutung für die Proteinevolution. Sie erlaubt die Bildung neuer Gene. Ein Exon trägt oft die Information für einen Abschnitt des Proteinmoleküls, der eine bestimmte Teilaufgabe hat (z. B. die Verankerung des Proteins in einer Membran). Tritt im Bereich des benachbarten Introns des Gens ein ungleiches Crossover auf, so wird das betreffende Exon an ein anderes Gen gekoppelt. Dessen Protein erhält dadurch einen neuen Funktionsteil (z. B. die Membranverankerung). So können Änderungen in der Funktion von Proteinen und damit neue Eigenschaften rascher zustande kommen. ◀

3.1.4 Gemeinsame Parasiten

Parasiten sind meist an ganz bestimmte Wirte angepasst, sodass sie nicht auf andere Wirtsarten übergehen können *(Wirtsspezifität)*. Doch haben verwandte Arten oft nahe verwandte Parasitenarten. Menschenläuse finden sich z. B. auch bei Schimpansen, sonst bei keiner Tierart. Das Virus der „Bläschenflechte" tritt nur beim Menschen und den Menschenaffen auf. Das *Dromedar* in Afrika und das *Lama* in Südamerika stammen beide von einer Art ab, die vor drei Millionen Jahren in Nordamerika vorkam. Im Fell beider Tierarten leben Läuse, die zur gleichen Gattung gehören. Offenbar schmarotzte schon ein Vorfahre dieser Läuse auf dem gemeinsamen Ahnen der heute weit entfernt lebenden Kamelverwandten. Aus vielen Beobachtungen lässt sich die Regel ableiten: Haben verschiedene Tierarten den gleichen oder sehr ähnliche Schmarotzer, so gehen sie auf eine gemeinsame Stammform zurück, die von einer Ursprungsform der Parasiten befallen worden war. Es liegt Coevolution vor (s. 2.1.2).

3.1.5 Verbreitung der Lebewesen als Beleg für die Evolution

Die gegenwärtige Tier- und Pflanzenwelt der ausgedehnten Landmassen auf der nördlichen Halbkugel weist keine grundlegenden Unterschiede auf. Aber jedes der größeren Landgebiete auf der südlichen Halbkugel (Afrika südlich der Sahara, Südamerika, Australien) hat seine besonderen, charakteristischen Pflanzen- und Tierformen. Die große Verschiedenheit ist nur so zu erklären, dass die Südkontinente seit langem voneinander getrennt sind, als Folge der in langen Zeiträumen sich vollziehenden Bewegungen der Kontinente (Abb. 409.1). Nach der Trennung konnten sich aus einem ursprünglichen ähnlichen Bestand die neuen, für jeden der Räume eigentümlichen Pflanzen- und Tierarten herausbilden. Diese sind umso mehr verschieden, je vollständiger die Lebensräume getrennt waren und je länger die Trennung dauerte. Ebenso sind ozeanische Inseln wirksame Isolationsräume (s. 2.2.1).

▶ So zeigen die *Galapagos-Inseln* westlich von Südamerika eine große Zahl endemischer, nur hier vorkommender Tierformen. Von einer auch an der benachbarten Westküste des Festlandes lebenden Eidechsengattung weist fast jede Insel dieses Archipels eine ihr eigentümliche Art auf. Die Finkenarten von Galapagos wurden bereits erwähnt (s. Abb. 385.2). Auf den *Kanarischen Inseln* findet man verschiedene altertümliche Pflanzenarten. Sie sind zumeist strauchförmig, während ihre nächsten Verwandten in Europa Kräuter sind (z. B. kanarische Natterkopfarten). ◀

Abb. 409.1: Lage der Kontinente in der Triaszeit, in der Unterkreide sowie heute. Für die Unterkreide ist auch die Land-Meer-Verteilung angegeben. Infolge eines höheren Meeresspiegels war die Landfläche geringer, als die Verteilung der Kontinente angibt. Dies gilt noch mehr für die Oberkreide.

Globale Tektonik

Schon zu Beginn des 20. Jahrhunderts wurde von A. WEGENER die Hypothese aufgestellt, dass die Kontinente ihre Lage auf der Erde in geologischen Zeiträumen verändern. Um 1965 konnte dies durch verschiedene Untersuchungen, vor allem der Tiefsee, bewiesen werden. Im Bereich der mittelozeanischen Tiefseeschwellen (z. B. der mittelatlantischen Schwelle) steigt Magma aus der Tiefe empor und wird zu Ozeanboden. Da im Erdmantel darunter infolge der Wärmeabgabe des Erdinneren eine Konvektionsbewegung erfolgt, wird der zuvor gebildete Ozeanboden (Material der tieferen Erdkruste) seitlich weggeschoben. Unmittelbar an der Schwelle befindet sich also ganz junger Ozeanboden, mit wachsender Entfernung von der Schwelle ist er immer älter. Die Kontinente, deren spezifisch leichtere Gesteine die obere Kruste bilden und der tieferen Erdkruste aufliegen, werden dadurch auf den Krustenplatten (s. Schulatlas) mitbewegt (daher entfernen sich Amerika und Eurasien um einige Zentimeter je Jahr). Dem Magmaaufstieg der mittelozeanischen Schwellen entspricht ein Absinken von Ozeanboden in bestimmten Bereichen der Erde, z. B. an der pazifischen Küste Südamerikas. Hier wandert Ozeanboden unter den südamerikanischen Kontinent, dessen leichtere Gesteine infolge des Auftriebs nicht absinken können. Die Versenkung des Ozeanbodens erfolgt nicht reibungslos: Die Heraushebung der Anden, Vulkanismus und Erdbeben sind die Folge. Die Untersuchung der Ozeanböden kann herangezogen werden, um die frühere Lage der Kontinente zu rekonstruieren (Abb. 409.1). Die Bewegung der Kontinente hat im Laufe der Erdgeschichte Klima- und andere Umweltveränderungen mit verursacht.

Die Tierwelt **Südamerikas** hat ihre besondere Eigenart. Nur in Südamerika leben die *Dreizehenstrauße (Nandus)*, die *breitnasigen Affen (Brüllaffen, Kapuzineraffen)*, eine Reihe eigenartiger Nagerfamilien (z. B. *Wasserschwein*) und die Gruppe der *Zahnarmen: Faultiere, Gürteltiere* und *Ameisenbären*. Bis auf wenige in Mittel- und Nordamerika vorkommende Gürteltierarten ist diese Gruppe allein auf Südamerika beschränkt. Die Erklärung liegt darin, dass Südamerika nahezu während der ganzen Tertiärzeit von Mittel- und Nordamerika durch ein Meer getrennt war, sodass es zu einem eigenständigen Entwicklungsraum wurde. Erst mit der späteren Bildung einer Landbrücke konnten die Gürteltiere nach Nordamerika und verschiedene Raubtierarten (so z. B. Jaguar, Wildkatzen, Bären) nach Südamerika gelangen. Die Letzteren vernichteten einen großen Teil der fremdartigen Tierarten Südamerikas (z. B. *Riesenfaultier, Riesengürteltier,* Beutelraubtiere, besondere Huftiere) gegen Ende der Tertiärzeit.

Auch im isolierten **Australien** entwickelte sich eine spezifische Tier- und Pflanzenwelt. An Säugetieren finden sich hier die auf diesen Erdteil beschränkten *Kloakentiere (Schnabeltier* und *Ameisenigel)* und über 230 Arten von *Beuteltieren* (Abb. 410.1), die sonst nur noch in Amerika durch die Beutelratten vertreten sind. An höheren Säugetieren (Plazentatieren) gab es bei der Entdeckung des Erdteils nur Mäuse, die vielleicht mit Treibholz dorthin gelangt sind, Fledermäuse, die auf dem Luftweg kommen konnten, und einen Wildhund, den Dingo, den vermutlich Menschen mitgebracht haben. Die Beuteltiere weisen nach Größe, Bau und Lebensweise eine erstaunliche Mannigfaltigkeit auf (s. Abb. 410.1). Von den 20 000 Pflanzenarten Australiens kommen über 12 000 nur hier vor. Bäume der Gattung *Eucalyptus* haben sich an die verschiedensten Lebensräume angepasst (vom Tropenwald bis zu Bergregionen des gemäßigten Klimas) und dabei über 500 Arten

Evolution

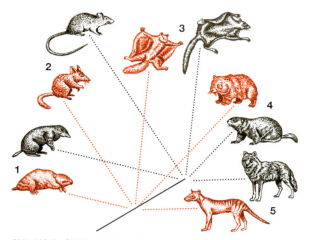

Abb. 410.1: Gleich gerichtete (konvergente) Entwicklung bei Beuteltieren (rot) und Plazentasäugetieren (grau) durch Besetzung gleichartiger ökologischer Nischen. **1** Beutelmull / Maulwurf; **2** Beutelmaus / Maus; **3** Flugbeutler / Flughörnchen; **4** Beutelbär / Malaienbär; **5** Beutelwolf / Wolf

ausgebildet. Auch bei Australien liegt der Grund für die Eigenart seiner Lebewelt darin, dass es seit der Kreidezeit isoliert ist. Da keine konkurrenzkräftigeren höheren Säugetiere (Plazentatiere) zuwandern konnten, blieben Kloakentiere und Beuteltiere erhalten und konnten neue Arten bilden.

3.1.6 Fossilien und Altersbestimmung

Bei der Erforschung der Evolutionszusammenhänge ist man nicht allein auf die vergleichende Untersuchung heute lebender Organismen angewiesen. Die Veränderung der Lebewesen im Laufe der Erdgeschichte lässt sich unmittelbar an den Formen früherer Erdepochen erkennen.

In Gesteinsschichten der verschiedenen geologischen Formationen findet man Überreste (Fossilien) von Pflanzen und Tieren, die zur Zeit der Bildung jener Schichten gelebt haben. Fossilien sind alle Lebensspu-

Altersbestimmung

Die Altersbestimmung der Fossilien ist für die Evolutionsforschung von großer Bedeutung (s. 1.2). Eine relative Altersangabe ist möglich aufgrund der geologischen Lagerregel: Bei flacher Lagerung von Schichten sind die tieferen älter als die höheren. Eine *absolute Altersbestimmung* einer Schicht kann erfolgen durch Messung des Zerfalls radioaktiver Elemente. Die Methode sei am Beispiel des radioaktiven Kohlenstoff-Isotops ^{14}C geschildert. Bei seinem Zerfall werden Elektronen (= β-Strahlen) abgegeben und ^{14}N entsteht. ^{14}C findet sich in äußerst geringer Menge im CO_2 der Luft (10–12 %). ^{14}C-Atome entstehen aus Stickstoffatomen durch Reaktion mit Neutronen energiereicher Höhenstrahlung. Bei der Fotosynthese wird das ^{14}C anteilmäßig in die Pflanze und über die Pflanzennahrung auch in den Tierkörper aufgenommen. Seine Halbwertzeit beträgt rund 5700 Jahre. Nach dieser Zeit ist die Hälfte der ^{14}C-Atome und nach weiteren 5700 Jahren abermals die Hälfte der verbleibenden Atome zerfallen (und so fort). In fossilen Pflanzen- und Tierresten wird daher bei einem Alter von 11 400 Jahren durch Strahlenmessung noch ein Viertel der ursprünglichen und der Luftzusammensetzung entsprechenden ^{14}C-Menge vorgefunden (s. Abb. 410.2). Auch andere radioaktive Elemente können benutzt werden, um das Alter von Fossilien oder von Gesteinsschichten zu bestimmen. Man muss nur die Halbwertzeit, die mittlerweile gebildete Menge eines Zerfallsprodukts sowie die noch nicht zerfallene Menge des Ausgangsisotops kennen. Damit lässt sich dann die ursprüngliche Menge des Letzteren berechnen. Die „K-Ar-Uhr" beruht auf dem Zerfall des in Gesteinen und in Fossilien enthaltenen radioaktiven Kaliumisotops ^{40}K zu Argon ^{40}Ar. Die Halbwertzeit von ^{40}K beträgt 1,3 Milliarden Jahre. Das Edelgas Argon bleibt im Kaliummineral eingeschlossen. Durch Schmelzen des Kaliumminerals im Hochvakuum wird die in ihm enthaltene Argonmenge freigesetzt und bestimmt. Ferner wird die noch vorhandene ^{40}K-Menge gemessen. Daraus ergibt sich, welche Menge ^{40}K zerfallen ist. Beispiel: Ist die Hälfte des ^{40}K zerfallen, so müssen 1,3 Milliarden Jahre seit Entstehung des Minerals vergangen sein.

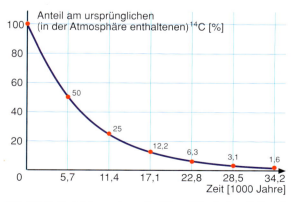

Abb. 410.2: Zerfallskurve des radioaktiven ^{14}C mit einer Halbwertszeit von 5700 Jahren. Mit Hilfe der ^{14}C-Altersdatierung lässt sich das Alter von Holz und anderen Organismenresten bis etwa 70 000 Jahre zurück bestimmen; dann wird die Methode wegen des nur noch in Spuren im Fossil vorhandenen ^{14}C zu ungenau.

ren früherer Organismen (Skelettteile, Schalen, Abdrücke) aus geologischen Ablagerungen (Sedimenten). Meist bleiben von Organismen nur Hartteile erhalten, und diese sind oft durch den Fossilisierungsvorgang verändert. Weichteile erhalten sich nur unter besonders günstigen Verhältnissen; sie müssen daher in der Regel rekonstruiert werden (Abb. 411.1). Dabei zieht man Gestalt und Bau der heute lebenden Organismen zum Vergleich heran. Diese Verfahren der *Vergleichenden Anatomie* ermöglichen die Einordnung der Fossilien in bestimmte Tier- und Pflanzengruppen. Die genaue Untersuchung des Umfelds der Fossilien in der Fundschicht erlaubt oft weitergehende Aussagen über die Lebensweise der Organismen.

3.2 Chemische Evolution und Entstehung des Lebens

In früheren Zeiten nahm man an, dass Lebewesen auch aus toten Stoffen, also ohne Eltern, durch Urzeugung entstehen könnten. ARISTOTELES lehrte, dass Aale aus Würmern und diese unmittelbar aus Schlamm hervorgehen. Dass im faulenden Fleisch sich „Würmer" von selbst bilden, wurde erst 1668 von REDI auf dem Weg des Experiments widerlegt. Er bewahrte Fleisch in einem geschlossenen Behälter auf, sodass Fliegen darauf keine Eier ablegen und auch keine Maden sich darin entwickeln konnten. Der Glaube an eine Urzeugung schränkte sich allmählich auf die Welt der Mikroorganismen ein, bis 1862 PASTEUR nachwies, dass bei Abtötung der vorhandenen Keime keine Mikroorganismen in Nährflüssigkeiten entstehen. Damit war erwiesen, dass sich gegenwärtig Lebendes nur aus Lebendem bildet: „*Omne vivum ex vivo.*"

Für die erstmalige Entstehung der Organismen auf der Erde gilt diese Aussage nicht. Unter den ganz andersartigen physikalisch-chemischen Verhältnissen nach Entstehung der festen Erdrinde (vor rund 4,5 Milliarden Jahren) konnten Vorgänge ablaufen, die zur Bildung einfachster lebendiger Strukturen führten. Da die ältesten Fossilreste etwa 3,7 Milliarden Jahre alt sind, steht für diese Vorgänge eine Zeit von nahezu einer Milliarde Jahren zur Verfügung.

Chemische Evolution. Nach Bildung der Erde war deren Atmosphäre anders zusammengesetzt als heute. In den ältesten Gesteinen fehlen Mineralien von oxidiertem Eisen und Uran. Man schließt daraus, dass zu jener Zeit kein freier Sauerstoff vorhanden war. Durch Vergleich der Atmosphäre anderer Planeten, die noch dem Urzustand der Erde ähneln, lassen sich Aussagen über die *Uratmosphäre* der Erde machen. Wahrscheinlich bestand sie hauptsächlich aus Stickstoff, Kohlen-

Abb. 411.1: Fossilrekonstruktion. **1** Fossiles Schuppentier von Messel/Darmstadt (Eozän); **2** Rekonstruktion des Skeletts unter Ergänzung fehlender Knochen aufgrund des bekannten Bauplans von Schuppentieren; **3** Rekonstruktion der äußeren Gestalt. Einzelheiten, wie etwa die Färbung, bleiben unbekannt.

stoffdioxid und Wasserdampf, ferner waren Schwefelwasserstoff, Methan, wenig Ammoniak sowie anfänglich auch freier Wasserstoff zugegen. Die Atmosphäre war also reduzierend. Im Wasser der Urozeane gelöst kamen Phosphate, Silikate und Metallionen vor. Die Energie für chemische Reaktionen zwischen diesen Stoffen wurde durch elektrische Funkenentladung bei Gewittern, durch geothermische Wärme bei Vulkanismus und durch radioaktive Strahlung geliefert. Auch die durch das Fehlen der Ozonschicht in der Atmosphäre sehr starke UV-Strahlung war damals eine bedeutende Energiequelle.

Dass unter solchen Bedingungen aus anorganischen Stoffen einfache organische Verbindungen – auch Bausteine von Lebewesen – entstehen können, ist zuerst von MILLER und dann durch viele weitere Experimente auch von anderen Wissenschaftlern nachgewiesen worden. MILLER erhielt aus einem Gasgemisch von CH_4, CO, H_2, NH_3 und Wasserdampf, das acht Tage lang im Kreislauf durch einen elektrischen Lichtbogen strömte, zahlreiche organische Verbindungen (Ameisensäure, Formaldehyd, Milchsäure und Aminosäure, s. Abb. 412.1). Aus Formaldehyd entstehen in wässriger Lösung unter alkalischen Bedingungen vielerlei Zucker. In weiteren Versuchen erhielt man unter Energiezufuhr (Wärme, UV usw.) aus anorganischen Stof-

Evolution

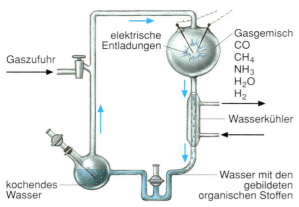

Abb. 412.1: Versuchsapparatur (60 cm hoch) von S. MILLER, mit der 1953 die abiogene Bildung zahlreicher organischer Stoffe unter Bedingungen nachgewiesen wurde, wie sie wahrscheinlich in der Anfangszeit der Erde bestanden haben

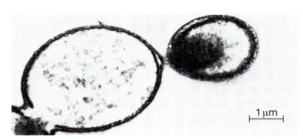

Abb. 412.2: Elektronenmikroskopische Aufnahme eines Schnittes durch Mikrosphären mit einer Proteinoidhülle (Membran); Größe der Mikrosphären: 1–80 μm

fen Blausäure und mit dieser einzelne Nucleotide und Oligonucleotide sowie Fettsäuren und Energie liefernde Verbindungen wie z. B. ATP. Allerdings wurden unter den Bedingungen der Urerde diese Stoffe auch ständig wieder abgebaut. Eine bleibende Vermehrung war nur möglich, wenn Vorgänge unter fortlaufender Energieversorgung abliefen. Energiequelle könnte die Pyritbildung (Oxidation von H_2S zu Polysulfid) gewesen sein: $FeS + H_2S \rightarrow FeS_2 + H_2$

Diese Reaktion liefert so viel Energie, dass eine CO_2-Reduktion möglich ist:
$FeS + H_2S + HCO_3^- \rightarrow FeS_2 + H_2O + HCOO^-$

So können Ameisensäure und Essigsäure, auch in aktivierter Form, entstanden sein. An der Oberfläche der Pyritkriställchen werden negativ geladene Teilchen (z. B. die gebildeten Säurereste) festgehalten, die anderen verschwinden im Meer. Auf diesem Weg konnte ein einfacher Säurestoffwechsel zustande kommen. Ein stabiler Einschluss der Reaktionen an der Pyritoberfläche könnte durch Bildung einer Membran aus Fettsäuren um den wachsenden Pyritkristall herum erreicht worden sein.

In dem so entstandenen kleinen Reaktionsraum konnten organische Verbindungen angereichert werden. Bei den Reaktionen der Verbindungen, die daher in konzentrierter Lösung oder an feste Körper absorbiert vorlagen, könnten unter anderem auch Makromoleküle entstanden sein. Auch solche Synthesen sind im Experiment nachvollzogen worden. Aus Aminosäuregemischen, zusammen mit porösem Lavagestein erhitzt, bilden sich eiweißartige Verbindungen, so genannte *Proteinoide*. Sie sind Modellsubstanzen für „Urproteine". Beim Abkühlen heißer Proteinoidlösungen entstehen kugelförmige Gebilde. Man nennt sie *Mikrosphären* (Abb. 412.2). Sie besitzen eine Membran, die oft nur für einige Stoffe durchlässig, also selektiv permeabel ist. Mikrosphären können wachsen und sich durch Knospung vermehren. Bei Anwesenheit bestimmter Ionen (z. B. Mn^{2+}) spalten manche Mikrosphären ATP. Sie zeigen auch andere enzymatische Fähigkeiten, was auf die in ihnen enthaltenen Proteinoide zurückgeht. Die katalytischen Funktionen sind allerdings wesentlich schwächer als bei heutigen Enzymen. In Mikrosphären oder anderen membranumschlossenen Reaktionsräumen war aber Stoffwechsel auf der Basis der oben erwähnten Sulfidreaktionen auch ohne Enzyme möglich.

Hypothese der RNA-Welt. Durch Verknüpfung von Oligonucleotiden entstanden sehr wahrscheinlich immer wieder kleine RNA-Moleküle. Darunter waren vermutlich auch solche, die ihre eigene Replikation katalysieren konnten: An einem Strang lagerten sich die komplementären Nucleotide an und wurden durch die Katalyse zu einem komplementären Strang verknüpft (die katalytischen Fähigkeiten von RNA werden durch die Existenz von Ribozymen in heutigen Lebewesen belegt; s. *Stoffwechsel 1.2.1*). RNA-Moleküle konnten also sowohl Informationsträger (s. *Genetik 4.2.5*) sein wie auch Funktionen von Katalysatoren ausüben. Man bezeichnet diese wahrscheinliche Entwicklungsstufe der Entstehung des Lebens als die RNA-Welt. Ihre Spuren sind bis heute in den Zellen zu erkennen: Viele Coenzyme sind Nucleotide (z. B. NAD, Coenzym A), und eine wichtige Reaktion bei der Proteinsynthese an den Ribosomen erfolgt an der RNA. Diese Reaktion zeigt auch, dass die Bildung von Peptidketten aus Aminosäuren anfänglich vermutlich durch Ribozyme katalysiert war. Die gebildeten Peptide erwiesen sich mit der Zeit als bessere und anpassungsfähigere Katalysatoren; daher kam es vermutlich zu einer Arbeitsteilung zwischen RNA-Molekülen als Informationsträgern und Proteinen als Katalysatoren. Durch die Evolution der anfangs sicherlich stark fehlerbehafteten Proteinsynthese entstand eine RNA-Protein-Welt.

Hyperzyklus. In diesem System konnte nun ein rückgekoppelter Reaktionszyklus zustande kommen. RNA-Moleküle katalysierten die Bildung von Proteinen; unter diesen waren solche, die eine Replikation der RNA-Moleküle katalysierten. Demnach wurden die katalytischen RNA- und Proteinmoleküle bevorzugt gebildet. Dieses Zusammenwirken von Nucleinsäure-Replikationsvorgängen mit Proteinsynthesen nannte EIGEN Hyperzyklus (Abb. 413.1). Führt die Veränderung (Mutation) einer informationstragenden Polynucleotidkette zur rascheren Abfolge der Reaktionen, wird sich das neue RNA-Protein-System im Wettbewerb um die für die Reaktion nötigen Stoffe aus der Umgebung gegenüber anderen durchsetzen; es breitet sich aus. So herrscht bereits auf der molekularen Ebene das Prinzip der Evolution durch Selektion (s. 2.1.2). Der Hyperzyklus hat bereits grundlegende Eigenschaften von Lebewesen *(s. Einleitung)*:
– Selbstvermehrung und Informationsweitergabe (Vererbung)
– Stoffwechsel
– Mutation (Informationsveränderung). Er leitet somit von der chemischen zur biologischen Evolution über.

Wenn einfache Polynucleotide und Peptide in der chemischen Evolution entstanden sind, so musste die Ausbildung des Hyperzyklus zwangsläufig zustande kommen (Theorie von der *Selbstorganisation der Materie* von M. EIGEN). War der Hyperzyklus in einen kleinen membranumschlossenen Raum eingeschlossen, so lag eine einfachste Lebensform, ein **Protobiont,** vor. Die Protobionten (Vorläufer von Zellen) entwickelten sich vermutlich in der Weise weiter, dass noch andere Polynucleotide (vielleicht auch ganze Hyperzyklen) aufgenommen wurden. Dies ermöglichte zusätzliche, sich voneinander unterscheidende Stoffwechselreaktionen, die sich wechselseitig immer besser aneinander anpassten. In einem weiteren Evolutionsschritt erfolgte die Ausbildung der DNA als Informationsträger; die RNA wurde auf die „Vermittlerfunktion" zwischen DNA und Protein beschränkt (Abb. 414.1). Die Verbesserung der Enzymproteine führte zur weiteren Selektion; die weiterentwickelten Protobionten verdrängten die einfacheren und es entstand allmählich die Protocyte (Prokaryotenzelle; *s. Cytologie 2.1*).

Evolution des Stoffwechsels. Energiequelle für die Protobionten waren zunächst vermutlich die erwähnten Reaktionen unter Beteiligung von H_2S. Außerdem bildeten sich immer wieder, örtlich auch gehäuft, organische Verbindungen aus anorganischen Stoffen; sie konnten in den Protobionten abgebaut werden. Vermutlich bildeten und nutzten schon die Protobionten ATP als Energielieferant.

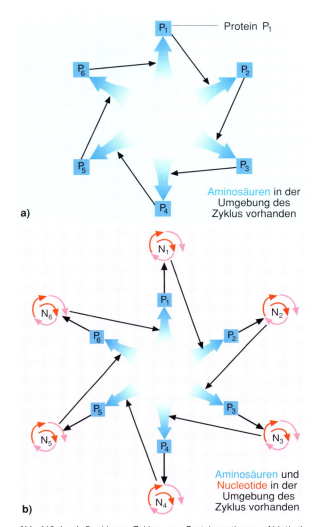

Abb. 413.1: a) Denkbarer Zyklus von Proteinsynthesen. Abiotisch entstandene Proteine seien zu einer Reaktionskette zusammengeschlossen, wobei jedes Protein die Synthese des in der Kette folgenden Proteins katalysiert. Wenn nun das letzte Protein (P_6) die Synthese des ersten (P_1) katalysiert, entsteht ein Reaktionszyklus. Die Veränderung (Mutation) eines Proteins kann es katalytisch unwirksam machen und unterbricht dann den Zyklus. Bleibt die mutierte Form wirksam, so ändert das nichts im Ablauf. Mutationen führen in einem Proteinsynthesezyklus daher zu keiner Evolution über den bestehenden Zyklus hinaus; **b)** Hyperzyklus; Verknüpfung von informationstragenden Polynucleotidketten (N) mit Synthesen katalytisch wirkender Proteine (P), die ihrerseits die Synthese der Polynucleotidketten verbessern. In diesem System steuern die Nucleotidketten N den Aufbau von Enzymproteinen P aus Aminosäuren. Die Proteine katalysieren die Replikation von Nucleotidketten. Im Hyperzyklus werden die Polynucleotide zu Trägern der genetischen Information und die Proteine steuern durch ihre katalytische Funktion den Stoffwechsel. Läuft ein Hyperzyklus in einem membranumschlossenen Raum ab, so zeigt er alle Schlüsselprozesse des Lebens (Stoffwechsel, Wachstum, Vererbung, Mutation, Evolution) und ist daher ein Protobiont. Die dargestellte Form des Hyperzyklus ist nur als Modell anzusehen; wie Hyperzyklen in der Evolution des Lebens tatsächlich aufgebaut waren, ist unbekannt.

Evolution

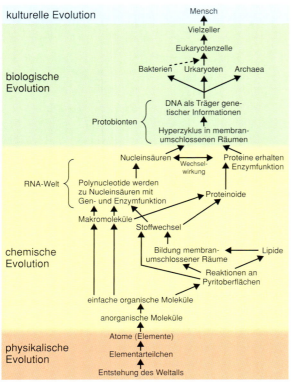

Abb. 414.1: Stufen der Evolution mit den vermutlich aufeinander folgenden Schritten bei der Entstehung von Lebewesen

Die Stoffwechselreaktionen zur Energiegewinnung wurden schrittweise verbessert, wobei jede Verbesserung ihren Trägern einen Selektionsvorteil brachte. Die Protobionten vermehrten sich, sodass die Nahrung allmählich knapp wurde. Neue Wege zur Energiebeschaffung waren für die Lebewesen daher vorteilhaft. Eine solche neue Energiequelle erschloss sich durch die Nutzung von Licht durch Licht absorbierende Farbstoffe unter Ausbildung eines Protonengefälles, das dann zur ATP-Produktion diente *(s. Stoffwechsel 1.4.5)*. Es entstand eine urtümliche Form der Fotosynthese ohne Elektronentransportkette und Sauerstoffbildung. Man findet eine solche Form noch heute bei einigen Archaea (z. B. *Halobacterium*). In einem langen Evolutionsvorgang entstand dann eine Elektronentransportkette. Anfangs diente der Schwefelwasserstoff als Elektronenlieferant; diese Art der Fotosynthese gibt es heute noch bei *Schwefelpurpurbakterien*. Diese einfachen Organismen konnten sich in besonderen ökologischen Nischen bis heute halten, z. B. in H_2S-haltigen Quellen. Ein weiterer wichtiger Fortschritt war dann die Elektronenlieferung durch Spaltung von Wasser, denn dieses war in unbegrenzter Menge verfügbar. Die Wasserspaltung liefert außerdem Sauerstoff *(s. Stoffwechsel 2.1.2)*. Seine vor über 2,5 Milliarden Jahren einsetzende Anreicherung war wiederum Voraussetzung für die Evolution der Zellatmung, die Energie durch Oxidation organischer Stoffe erzeugt.

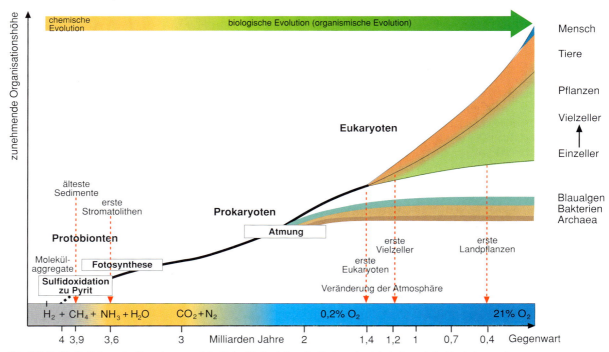

Abb. 414.2: Die Entfaltung der Organismen auf der Erde. Die Evolution der Prokaryoten ist stark vereinfacht wiedergegeben.

3.3 Evolution der Zelle

Die am einfachsten gebaute Zelle ist die der Prokaryoten *(s. Cytologie 2.1)*. Diese sind in zwei große Gruppen aufgeteilt. Die eine umfasst die *echten Bakterien* und die *Cyanobakterien* („Blaualgen"), die andere die *Archaea* (s. Tab. 416.1). Viele Archaea haben ökologische Nischen inne, die in mancher Hinsicht den Verhältnissen der Frühzeit der Erde ähneln. Einige leben in 105 °C heißem Schlamm vulkanischer Quellen; ihre Enzyme sind demnach extrem hitzebeständig *(s. Stoffwechsel 1.2.2)*.

Der einfachen Organisation der Prokaryoten-Zelle steht die komplexe Eucyte mit ihren Zellorganellen gegenüber. Der Aufbau von Mitochondrien und Plastiden legt nahe, dass diese auf ursprünglich selbständige Protocyten zurückgehen, die als Symbionten in andere Zellen aufgenommen wurden. In diesem Symbiosesystem entwickelten sie sich zu Zellorganellen, wobei zahlreiche Gene vom Symbionten in den Kern der Eucyte übergingen. Der Ursprung von Mitochondrien und Plastiden als Endosymbionten ist heute gut belegt. Für die **Endosymbionten-Theorie** (Abb. 415.1) spricht:

1. Beide Organellenformen entstehen nur durch Teilung aus ihresgleichen. Die Zelle kann sie bei Verlust nicht neu bilden.
2. Sie besitzen eine Hülle aus zwei Membranen, als ob sie in „Wirts"zellen eingedrungen wären und ihre eigene Membran von der „Wirts"membran umschlossen worden wäre, so wie dies bei der Endozytose von Partikeln geschieht.
3. Die innere Membran der Mitochondrien enthält ein Phospholipid, das sonst nur in der Membran von Protozyten vorkommt.
4. Beide Organellen enthalten wie die Protozyten nackte DNA, die nicht in Form von Chromosomen mit Histonen verbunden ist. Bei den meisten Mitochondrien und Plastiden ist die DNA ringförmig gebaut wie das Bakterienchromosom.
5. Mitochondrien und Chloroplasten haben eigene Ribosomen von der Größe der Protozyten-Ribosomen. Sie bilden einen Teil der Organellproteine selbst. Die Proteinbiosynthese wird spezifisch durch die gleichen Antibiotika wie bei Prokaryoten gehemmt.
6. Es gibt einige primitive Protozoen, die keine Mitochondrien (und keine Plastiden) besitzen *(„Archaeozoa")*; sie sind in der Evolution vermutlich unmittelbar aus der urtümlichen Wirtszelle der Endosymbionten hervorgegangen.

Interessanterweise sind später weitere Endosymbiosesysteme zwischen Eukaroyten entstanden. Bei einigen Gruppen einzelliger Algen sind die Plastiden stets von

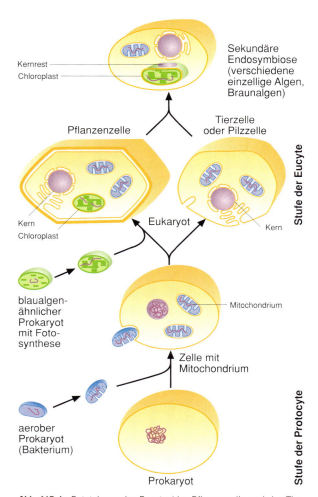

Abb. 415.1: Entstehung der Eucyte (der Pflanzenzelle und der Tierzelle) nach der Endosymbionten-Theorie. Dargestellt ist auch die sekundäre Endosymbiose verschiedener Algen. Sie zeigt beispielhaft die Bedeutung von Symbiosen für die Evolution.

einem verkleinerten („rudimentären") Kern, dem Kernrest, begleitet; beide liegen in einer gemeinsamen Hüllmembran („Zellmembran"). Hier hat also eine farblose Eukaryoten-Wirtszelle einen eukaryotischen Endosymbionten mit Plastid aufgenommen und wurde damit zur Fotosynthese befähigt. Nach dem Bau der Plastiden zu urteilen, sind so auch die Braunalgen entstanden, bei denen der Kernrest allerdings verschwunden ist. – Einige Pantoffeltierchenarten besitzen als Endosymbionten vollständige Grünalgenzellen (Chlorellen); sie sind daher nicht auf organische Nahrung angewiesen. Hier können die Zellen noch getrennt weitergezüchtet werden; es handelt sich daher vermutlich um eine „junge" Symbiose. Pantoffeltierchen, andere Wimpertierchen und verschiedene einzellige Algen enthalten auch stets Bakterien als Endosymbionten.

Bezeichnung, zugleich Hauptgruppen	Lebensweise	Vorkommen
Methanbildner (zahlreiche Arten)	anaerob, benötigen CO_2 und H_2 bzw. Fettsäuren zur Bildung von Methan und organischen Stoffen, leben z. T. bei über 100 °C	Sümpfe, Faultürme von Kläranlagen u. a. sauerstofflose Orte, einige Arten in heißen vulkanischen Schlammquellen
Salz„bakterien"	aerob oder anaerob, leben von organischen Stoffen oder durch Fotosynthese unter Bildung von ATP	Salzseen (Totes Meer), Salinenanlagen
Hitze und Säure liebende *Archaea*	aerob, bei pH-Werten von 2, bei nahezu 100 °C	an sehr heißen Orten wie z. B. heißen Schwefelquellen, glimmenden Kohlehalden

Tab. 416.1: Lebensbedingungen der *Archaea*

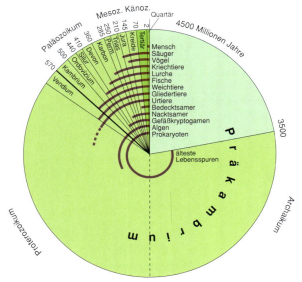

Abb. 416.2: Jahreszahlen der Erdgeschichte und der Entwicklung des Lebens

Abb. 416.3: Stromatolithen aus Westaustralien, etwa 3,5 Milliarden Jahre alt. Dünnschliffe durch die im Querschnitt feinschichtigen Stromatolithen zeigen einzellige, blaualgenartige Gebilde.

3.4 Geschichte des Lebens auf der Erde

3.4.1 Leben im Präkambrium

Prokaryoten als älteste Lebewesen. Das Alter der ältesten bekannten Gesteine der Erde wird nach absoluten Altersdatierungen auf etwa 3,9 Milliarden Jahre geschätzt. Die Gesteine des Präkambriums sind infolge ihres hohen Alters im Laufe der Zeit vielfachen Beanspruchungen ausgesetzt gewesen. Durch Druck und Hitze haben sie ihren Zustand häufig verändert. Man nennt sie deshalb *metamorph*. Schon aus diesem Grunde sind Fossilien darin selten. Die ältesten gesicherten Fossilreste fand man in etwa 3,6 Milliarden Jahre alten Gesteinsschichten. Es handelt sich um Reste von cyanobakterienartigen Lebewesen des Meeres, die Kalkkrusten (*Stromatolithen*; s. Abb. 416.3) bildeten. Schon vor mehr als zwei Milliarden Jahren existierten zahlreiche verschiedene Arten von Blaualgen und Bakterien, darunter auch fädige und Kolonien bildende Formen. Diese betrieben Fotosynthese und haben dabei sehr wahrscheinlich bereits Sauerstoff gebildet.
Die ältesten Meeressedimente mit Fe(III)-Verbindungen sind Bändereisenerze; sie sind etwa drei Milliarden Jahre alt. Festländische Ablagerungen enthielten damals noch kein Fe(III). Durch die Flüsse wurden Eisen(II)-Verbindungen ins Meer verfrachtet. Der bei der Fotosynthese der Blaualgen entstehende Sauerstoff führte im Meer sofort zur Bildung von unlöslichem Eisen(III)-oxid (Fe_2O_3), das sich am Meeresboden absetzte. Deshalb gelangte mehr als eine Milliarde Jahre lang wenig Sauerstoff in die Atmosphäre. Erst vor etwa 1,8–1,5 Milliarden Jahren traten festländische Ablagerungen mit roter Farbe auf, die auf Fe(III) zurückgeht. Offenbar war der Sauerstoffgehalt im Meer durch die Fotosynthese der Organismen so weit angestiegen, dass das zweiwertige Eisen im Meer oxidiert war und Sauerstoff in die Atmosphäre entwich, sodass Fe_2O_3 auch auf dem Festland entstehen konnte.

Stammesgeschichte 417

Auftreten von Eukaryoten. In Schichten mit einem Alter von etwa 1,4 Milliarden Jahren findet man erstmals Reste von Zellen, die nach Größe und Gestalt sehr wahrscheinlich von Eukaryoten herrühren. Über eine lange Folgezeit hinweg sind aber als Vielzeller nur Algenzellfäden und Reste wurmförmiger Organismen überliefert. Erst in den 700–630 Millionen Jahre alten *Ediacara-Schichten* in Südaustralien (und anderen Gebieten) findet man Abdrücke zahlreicher flach gebauter Organismen (Abb. 417.1). Sie wurden von vielen Forschern zunächst vor allem den Hohltieren und Ringelwürmern zugeordnet. Nach neueren Erkenntnissen bildeten sie aber wahrscheinlich eine eigene Evolutionslinie.

Vor etwa 590–570 Millionen Jahren beginnt die Entfaltung eines reichen Tier- und Pflanzenlebens. Man lässt deshalb zu dieser Zeit die lange Epoche des Präkambriums enden. Ihr jüngerer Abschnitt wird als Proterozoikum (gr. *protos*, Erster) bezeichnet. Der Zeitraum der letzten 570 Millionen Jahre der Erdgeschichte heißt Phanerozoikum (gr. *phaneros*, sichtbar) wegen der zahlreichen Fossilfunde, die die weitere Entwicklung des Lebens gut belegen.

3.4.2 Die Pflanzen- und Tierwelt im Phanerozoikum

Geologische Befunde zur Entwicklung der Umweltbedingungen

Für das Phanerozoikum kann man aus geologischen Befunden Veränderungen des Meeresspiegels ziemlich genau ermitteln (Abb. 417.2). Da man die früheren Lagen der Kontinente kennt (Abb. 409.1), kann man daraus die Fläche der jeweiligen Schelfmeere abschätzen, in denen sich zunächst die reichhaltige Organismenwelt entwickelte. Wenn solche Flachmeerbereiche stark schwinden, verlieren viele Formen ihren Lebensraum und sterben aus. Ferner kennt man für das Phanerozoikum die jeweilige mittlere Jahrestemperatur der Erde, aus der man ersieht, ob eine kühle oder eine warme Erdepoche vorlag. Die Geologie macht ferner Aussagen über Gebirgsbildungsprozesse. Mit Hilfe dieser Daten kann man die großräumigen Umweltbedingungen für jeden geologischen Zeitraum rekonstruieren und daraus Evolutionsvorgänge erklären. Epochen mit gleich bleibendem und warmem Klima sind günstige Zeiten; solche wechselnden Klimas erfordern eine fortgesetzte Neuanpassung von Lebewesen.

Kambrium (570–505 Millionen Jahre). Das Leben ist auf das Meer beschränkt; fast alle Stämme der wirbellosen Tiere existieren schon, ebenso Urchordatiere.

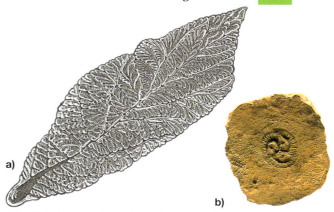

Abb. 417.1: Vertreter der *Ediacara*-Lebenswelt des obersten Präkambriums; eigentümliche Gruppe von Lebewesen, die keinem bekannten Stamm zugeordnet werden können. **a)** Form mit „Steppdeckenmuster", Größe ca. 12 cm; **b)** *Tribrachidium* (Südaustralien), Größe ca. 8 cm

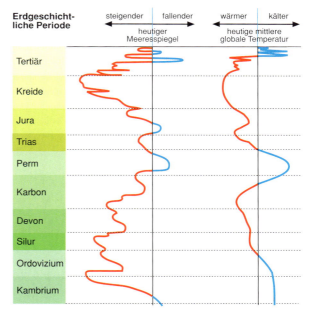

Abb. 417.2: Meeresspiegelschwankungen und globale Temperaturveränderungen im Laufe der Erdgeschichte seit dem Kambrium

Weit verbreitet sind die *Trilobiten*, eine Gruppe der Gliederfüßler (Abb. 418.2). Die Burgess-Schiefer Kanadas lieferten Tierfossilien mit Weichteilerhaltung und z. T. absonderlicher Gestalt. An Pflanzen gab es Grün- und Rotalgen. Auf dem Land existierten nur felsbewohnende Cyanobakterien (Abb. 418.1).

Ordovizium (505–440 Millionen Jahre). Hier treten die ersten **Wirbeltiere** auf: *gepanzerte Fische* mit knorpeliger Wirbelsäule und unpaarigen Flossen. Bei den Pflanzen blieben die Algen weiterhin die einzigen Vertreter; Braunalgen bildeten bereits Riesenformen.

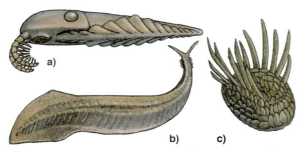

Abb. 418.1: Lebewesen aus den Burgess-Tonschiefern des Mittelkambriums (vor etwa 530 Millionen Jahren). **a)** *Anomalocaris* (Länge 50 cm); **b)** *Pikaia* (vermutlich urtümliches Chordatier (Länge 5 cm); **c)** *Wiwaxia* (Länge 6 cm)

Abb. 418.2: Ein Trilobit *(Paradoxides)* aus dem Kambrium, vor etwa 550 Millionen Jahren, bis 50 cm groß. Links Vertreter des schwammähnlichen Tierstamms der *Archaeocyathiden;* sie kamen nur im Kambrium vor.

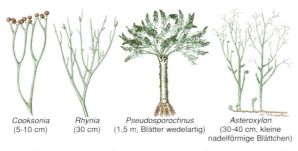

Cooksonia (5-10 cm)   Rhynia (30 cm)   Pseudosporochnus (1,5 m, Blätter wedelartig)   Asteroxylon (30-40 cm, kleine nadelförmige Blättchen)

Abb. 418.3: Nacktfarne *(Psilophyten)* aus dem Devon (vor etwa 400 Millionen Jahren, *Cooksonia* aus dem Oberen Silur); im Sumpf und Uferbereich wachsende Urlandpflanzen

Abb. 418.4: a) *Latimeria*, ein lebender Quastenflosser (1,5 m lang); **b)** *Eusthenopteron*, ein Quastenflosser aus dem Devon

Silur (440–410 Millionen Jahre). Es ist durch das früheste Auftreten von **Landpflanzen** und **Landtieren** gekennzeichnet. Die ersten Landpflanzen waren die *Nacktfarne (Psilophyten)*, im Silur zunächst *Cooksonia* (Abb. 418.3), später im Devon z. B. die viel besser bekannte *Rhynia* (Abb. 418.3). An Algenmerkmalen hatten sie blattlose, gabelig verzweigte Sprosse und noch keine echten, mit Leitbündeln ausgestatteten Wurzeln. Landpflanzenmerkmale waren u. a. Spaltöffnungen an Luftsprossen sowie Sprosse mit Siebzellen und Wasser leitenden Zellen. Beim Übergang vom Wasser- zum Landleben eroberten die Nacktfarne die feuchten Uferbezirke des Landes als neuen Lebensraum. Gegen Ende des Silurs traten *bärlappähnliche Gefäßsporenpflanzen* auf. Als die Pflanzen den Schritt vom Wasser zum Festland vollzogen hatten, erschloss sich auch den Tieren das Land als Lebensraum, da diese ja auf Pflanzen als Nahrungsgrundlage angewiesen sind. Bei den ersten uns bekannten Landtieren handelt es sich allerdings um räuberisch lebende Skorpione, Tausendfüßler und Spinnen. Sie waren in ihrem Chitinpanzer vor Austrocknung geschützt. Aus fossilen Kotresten ist nachzuweisen, dass es auch Pflanzenfresser gab, wie aus ökologischen Gründen zu fordern ist.

Devon (410–360 Millionen Jahre). Erstmals treten *Ammoniten* und *Knochenfische* auf, darunter auch *Quastenflosser (Crossopterygier)* (s. Abb. 418.4). Urtümliche Quastenflosser sind die Ausgangsgruppe der Landwirbeltiere. Sie haben vier durch Knochen gestützte, gequastete Flossen, die eine Fortbewegung auch auf festem Grund ermöglichen. Sie besitzen ein knöchernes Kopfskelett, Zähne, Schultergürtel und eine zur Luftatmung befähigte Schwimmblase. Gegen Ende dieses Zeitalters traten die Amphibien auf. Zu den ersten Vertretern gehört die in Grönland gefundene salamanderähnliche *Ichthyostega* (s. Abb. 419.2). Sie zeigt mit einer Rücken- und einer Schwanzflosse und einem fischähnlichen Gebiss einerseits noch Fischmerkmale, andererseits aber mit dem Besitz von vier Extremitäten sowie einem Schulter- und Beckengürtel bereits Landwirbeltiermerkmale.

Die Nacktfarne wurden im Verlauf der Devon-Zeit von *Gefäßsporenpflanzen* (Farne, Schachtelhalme und Bärlappgewächse) abgelöst. Sie sind mit echten Wurzeln, einem leistungsfähigen Wasserleitungssystem, Blättern mit Spaltöffnungen und Festigungsgewebe schon ganz dem Leben an Land angepasst. Unter den Farnen des späten Devon sind die ersten Vorstufen der späteren *Nacktsamer (Gymnospermen)*, aus denen unter anderem die Samenfarne hervorgingen. Infolge der Zunahme der Pflanzendecke auf dem Festland nahm der CO_2-Gehalt der Atmosphäre ab. Dieser Vorgang setzte sich im Karbon fort.

Karbon (360–285 Millionen Jahre). Dieser Zeitabschnitt ist die Epoche der Steinkohlenwälder (s. Abb. 419.1). Vorherrschend sind jetzt die Amphibien mit der artenreichen Gruppe der *Dachschädler (Stegocephalen)* (Abb. 420.1); sie haben einen durch Knochenplatten geschützten Schädel und ein festes knöchernes Skelett. Als erste Reptilien erscheinen plumpe, schwerfällige Pflanzenfresser, die in ihrer Gestalt an Amphibien erinnern. Die Hornhaut der Reptilien und die Schale ihrer Eier schützen vor Austrocknung, sodass die Jugendentwicklung auf dem Lande ablaufen kann. Die Hornhaut wurde ermöglicht durch eine Vergrößerung der Lungenoberfläche, die eine Hautatmung (wie bei Amphibien) überflüssig machte. Im Karbon treten auch die ersten geflügelten *Insekten* auf (s. Abb. 419.3), riesige Urlibellen mit einer Spannweite bis zu 80 cm sowie schabenähnliche Formen. Neben den als mächtige Baumformen entwickelten *Bärlappgewächsen (Siegel-* und *Schuppenbäume), Schachtelhalmen (Kalamiten)* und *Farnen* treten die *Samenfarne (Pteridospermen)* immer mehr hervor. Sie haben zwar farnartige Blätter, bilden aber bereits richtige Samen. Die Samenfarne werden zu den Nacktsamern gestellt. Pflanzenfossilien sind im Karbon des Ruhrgebiets und anderer westeuropäischer Steinkohlevorkommen nicht selten. In diesen Gebieten muss eine dichte Vegetation geherrscht haben. Westeuropa lag damals in den Tropen, wie die globale Tektonik zeigt. Im Oberkarbon nahm der CO_2-Gehalt der Atmosphäre stark ab; der Sauerstoffgehalt nahm zunächst zu, fiel aber in der folgenden Zeit des Perms wieder (vermutlich auf etwa 15 %).

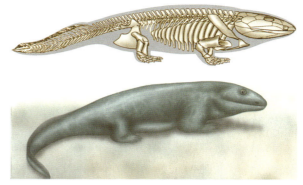

Abb. 419.2: *Ichthyostega* steht in ihren Merkmalen zwischen Quastenflossern und Amphibien. **a)** Skelett, ergänzt; **b)** Rekonstruktion des Aussehens

Abb. 419.3: Altertümliches, den Geradflüglern nahe stehendes Insekt aus dem Karbon (Flügelspannweite 40 cm)

Abb. 419.1: Waldmoor der Steinkohlenzeit (Karbon, vor etwa 280 Millionen Jahren).
1 Schuppenbaum;
2 Siegelbaum;
3 Schachtelhalme *(Calamiten);*
4 Baumfarn;
5 Samenfarn;
6 urtümliche Nadelbaumvorläufer *(Cordaiten)*

Abb. 420.1: Ein ungefähr 1 m langer Dachschädler aus der Trias (vor etwa 220 Millionen Jahren)

Abb. 420.2: *Ginkgo.* Die Gabelnervigkeit der zweilappigen Blätter erinnert an Farne.

Abb. 420.3: *Cycas*, ein rezenter Palmfarn (Nacktsamer)

Perm (285–250 Millionen Jahre). Bei den Pflanzen gehen die Gefäßsporenpflanzen – offenbar im Zusammenhang mit einer Abkühlung der Erde, der Abnahme von CO_2 und der Ausbreitung von Trockengebieten – zurück. Letztere ist durch die allmähliche Vereinigung aller Kontinente zu erklären, die zu kontinentalerem Klima führte. Gegen Ende des Perms entstand eine zusammenhängende Landmasse: Pangäa. Ihr nördlicher Teil wurde später zum Kontinent Laurasia, ihr südlicher Teil zum Kontinent Gondwana (Abb. 409.1). Vorherrschend werden jetzt **Nacktsamer** wie *Palmfarne (Cycas)* (Abb. 420.3) und Ginkgobäume (Abb. 420.2). Auch treten vegetationsbestimmend Bäume mit nadelförmigen Blättern *(Nadelhölzer)* auf. Im Verlauf der Perm-Zeit erscheinen neue Gruppen von Reptilien; aus einer entwickeln sich später die Säugetiere, aus einer anderen die Vögel. Das Absinken des Meeresspiegels verkleinerte die Schelfe im Perm drastisch; die Tiefsee wurde vorübergehend völlig sauerstofffrei und zahlreiche Gruppen von Meerestieren starben aus (Massenaussterben). Vermutlich trugen auch besonders starker Vulkanismus und der verringerte Sauerstoffgehalt der Atmosphäre dazu bei.

Trias (250–210 Millionen Jahre). In der Gruppe der Reptilien entstehen viele Arten, darunter die als „Saurier" bezeichneten Formen. Unter ihnen hatten die *Theriodontier* Merkmale, wie wir sie auch bei Säugern finden, z. B. sieben Halswirbel, ein verschiedenzähniges Gebiss sowie einen säugertypischen Schulter- und Beckengürtel. Am Ende dieser Periode gibt es Tierarten, die sich nur durch die Art ihres Kiefergelenks als Reptilien erweisen, sonst aber alle Säugetiermerkmale besitzen. Gleichzeitig finden sich auch die ersten Reste von **Säugetieren** in Form von Kieferbruchstücken und Zähnen. Bei den Pflanzen herrschen noch die Nacktsamer vor.

Jura (210–145 Millionen Jahre). Die Saurier eroberten sich alle Lebensräume der Erde mit Ausnahme der kalten Regionen: das Wasser (bereits ab der Trias) mit großen schwimmenden Formen *(Ichthyosaurier;* s. Abb. 421.3), die Luft *(Pterodactylus)* und das Land mit Riesenformen. So hatte z. B. *Brontosaurus*, ein 20 Meter langer Pflanzenfresser, etwa 30 Tonnen Lebendgewicht, *Bronchiosaurus* sogar 50–60 Tonnen (s. auch 2.3). Im obersten Jura lebte auch der **Urvogel Archaeopteryx** (s. Abb. 421.1), von dem bisher acht Exemplare, alle im Fränkischen Jura, gefunden wurden (Alter: ca. 150 Millionen Jahre). *Archaeopteryx* steht in seinen Merkmalen zwischen Reptilien und Vögeln; Federkleid, Schädelform, Schulter- und Beckengürtel sowie die Gliedmaßen entsprechen dem Vogeltyp; der eidechsenartig lange Schwanz, die nicht verwachsenen

Stammesgeschichte 421

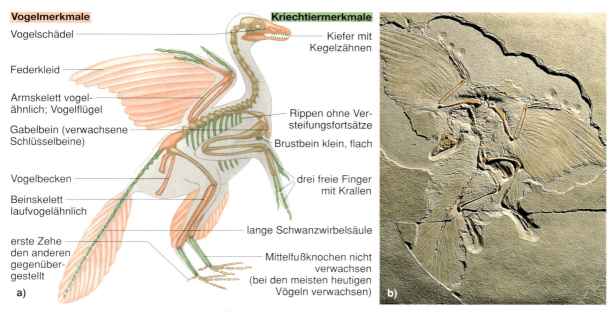

Abb. 421.1: Der Urvogel *Archaeopteryx* (taubengroß) weist ein Mosaik von Kriechtier- und Vogelmerkmalen auf. Er war wohl ein Gleitflieger und stammt vermutlich von zweibeinig laufenden Reptilien ab. **a)** Bauplan: rot: Vogelmerkmale, grün: Kriechtiermerkmale; **b)** Urvogel *Archaeopteryx* aus dem obersten Jura (Solnhofer Plattenkalke); Berliner Exemplar, gefunden bei Eichstätt (Fränkische Alb)

Vogelmerkmale:
- Vogelschädel
- Federkleid
- Armskelett vogelähnlich; Vogelflügel
- Gabelbein (verwachsene Schlüsselbeine)
- Vogelbecken
- Beinskelett laufvogelähnlich
- erste Zehe den anderen gegenübergestellt

Kriechtiermerkmale:
- Kiefer mit Kegelzähnen
- Rippen ohne Versteifungsfortsätze
- Brustbein klein, flach
- drei freie Finger mit Krallen
- lange Schwanzwirbelsäule
- Mittelfußknochen nicht verwachsen (bei den meisten heutigen Vögeln verwachsen)

Abb. 421.2: Gehäuse eines *Ammoniten* aus dem Jura und Rekonstruktion eines Ammonitentieres. Ammoniten gehören zu den Tintenfischen (Kopffüßlern). Das Gehäuse ist gekammert, in der vordersten Kammer sitzt das Tier (Wohnkammer). Die Ammoniten starben zu Ende der Kreidezeit aus. In der Kreide bildeten sie die größten Formen (Gehäuse bis 2,5 m).

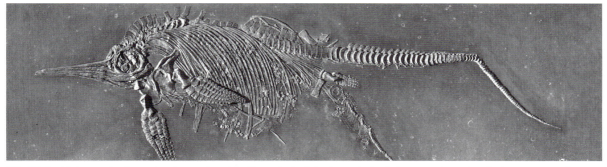

Abb. 421.3: *Ichthyosaurier Stenopterygius* aus dem Jura. Muttertier ist 2,1 m lang mit vier Embryonen, davon einer im Augenblick der Geburt

422 Evolution

Mittelfußknochen und Krallen tragenden Finger sowie die Bezahnung der Kiefer sind noch reptilienhaft (Abb. 421.1). Das Fehlen eines knöchernen Brustbeines als Ansatz für die Flugmuskeln und die Gestaltung der Federfahnen sprechen dafür, dass *Archaeopteryx* ein Gleitflieger war. Bei Vögeln aus der Unterkreide, die in China gefunden wurden (Alter ca. 120 Millionen Jahre), sind weitere Vogelmerkmale ausgebildet: Brustbein mit Kiel, verkürzter Schwanz, verwachsene Schwanzwirbel. Viele der kreidezeitlichen Vögel hatten aber bezahnte Schnäbel. Die Säugetiere waren durch verschiedene Gruppen vertreten, von denen eine, die *Pantotheria*, den Beuteltieren nahe stand. Unter den Pflanzen gab es Nacktsamer, die in der Anordnung und im Bau ihrer Fortpflanzungsorgane den Bedecktsamern ähnlich waren *(Benettiteen)*.

Kreide (145–67 Millionen Jahre). Große Saurier treten als Pflanzenfresser (z. B. *Triceratops*) und Raubtiere (z. B. *Tyrannosaurus* mit etwa zehn Tonnen Gewicht) auf; der Flugsaurier *Pteranodon* war eines der größten fliegenden Tiere, das es je gab (elf Meter Flügelspannweite). Die Saurier bildeten auf der nördlichen Landmasse und Gondwana konvergente Formen (z. B. Raubsaurier: im Norden *Tyrannosaurus*, auf Gondwana *Giganotosaurus*). An Säugetieren gab es *Kloakentiere*, *Beuteltiere* und an Plazentasäugetieren die *Insektenfresser*. Bei den Pflanzen traten die bedecktsamigen **Blütenpflanzen** in großer Artenfülle auf, sie waren in der Oberkreide vegetationsbestimmend. Parallel dazu wuchs die Formenfülle der Insekten. Zu Ende der Kreide ging der Meeresspiegel zurück und die mittlere Jahrestemperatur sank. Nun starben die bisher herrschenden Reptilien bis auf die heutigen Restgruppen aus, auch die Ammoniten (Abb. 421.2) und andere Tiergruppen verschwanden. An die Stelle zahlreicher kreidezeitlicher Vögel traten mit Beginn des Tertiärs die „modernen" Vögel. Es liegt also ein Massenaussterben vor. Im Meer waren die Lebewesen des Flachmeeres infolge der vom Festland beeinflussten Nahrungsketten stärker betroffen als Tiefseeorganismen. Es wird diskutiert, ob der nachgewiesene Einschlag eines Himmelskörpers zu einer weltweiten Staubentwicklung und Abkühlung und daher zum Massenaussterben geführt hat. Jedoch starben manche Tiergruppen vorher aus, und bei manchen ist eine allmähliche Abnahme der Artenzahlen, vermutlich infolge der Klimaveränderungen, nach einer langen klimagünstigen Zeit („Paradies der Kreide"), zu beobachten. Die Katastrophe war dann nur ein zusätzlicher Faktor.

Tertiär (67–1,7 Millionen Jahre). Zu Beginn dieses Zeitalters setzte eine gewaltige Entwicklung der Säugetiere ein (Abb. 431.1). Sie wurde möglich, weil die meisten Reptilien ausgestorben waren und somit viele ökologische Nischen verfügbar wurden. Die Plazentasäuger traten zunächst in drei Gruppen auf: Urinsektenfresser, Pflanzen fressende Urhuftiere und Urfleischfresser. Die primitiveren Säuger (Beuteltiere) erhielten sich in Australien, da dieses von den Plazentasäugern nicht erreicht wurde. Letztere eroberten sich mit der weiteren Anpassung des Gebisses *(Abb. 76.1)*, der Gliedmaßen und des ganzen Körpers an unterschiedliche Ernährungsarten schließlich fast alle Lebensräume der Erde. Für die weitere Artaufspaltung waren Klimaschwankungen bedeutungsvoll. Die Entstehung und Vergrößerung der Poleiskappen führte zu einer Ausbreitung von Grasländern. Die Zunahme der offenen Lebensräume in Afrika ermöglichte z. B. die Herausbildung zahlreicher Arten von Huftieren. Weiterhin entstanden die vielen Arten der Primaten (Herrentiere), und gegen Ende des Tertiärs erschienen Menschenaffen und schließlich der Mensch (s. Abb. 443.1). Die vielfältigen Fossilfunde, die überall auf unserer Erde gemacht worden sind, lassen sich mit Hilfe der Homologiekriterien den systematischen Gruppen zuordnen. Da die Fossilien zeitlich datierbar sind, liefert uns die Paläontologie Angaben, seit wann einzelne Gruppen von Pflanzen und Tieren mit Sicherheit schon existieren. Sie zeigt auch, wie die Vorfahren der heutigen Lebewesen ausgesehen haben.

3.5 Stammbäume der Lebewesen

3.5.1 Aufstellung von Stammbäumen

Der Ablauf der Stammesgeschichte wird anschaulich in Stammbäumen dargestellt. Zu deren Aufstellung muss man von den heutigen Arten ausgehen und diese durch Aufsuchen vieler Homologien ordnen. Fossilien sind dazu zunächst nicht erforderlich; sie werden eingeordnet, wenn sich die kennzeichnenden Merkmale einer Gruppe an ihnen zeigen und liefern so die Zeitmarken für die Evolution.

In einigen Fällen ist die Zahl der Fossilien so groß, dass man fast lückenlose Evolutionsreihen aufstellen kann. Dann liegt ein genauer paläontologischer Stammbaum vor. Das bekannteste Beispiel ist der Stammbaum der Pferde. An eine gute Stammbaumdarstellung wird die Forderung gestellt, dass nur in sich geschlossene Abstammungsgemeinschaften darin vorkommen dürfen, die also

– auf eine Stammart zurückzuführen sind und
– zusammen alle bekannten Nachkommen dieser Stammart umfassen.

(Eine Stammart steht jeweils an einem Verzweigungspunkt des Stammbaums.)

Stammesgeschichte

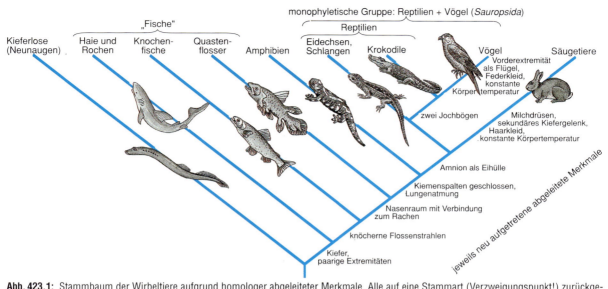

Abb. 423.1: Stammbaum der Wirbeltiere aufgrund homologer abgeleiteter Merkmale. Alle auf eine Stammart (Verzweigungspunkt!) zurückgehenden Tiergruppen bilden eine monophyletische Gruppe (Beispiele: alle Wirbeltiere zusammen, alle Fische und Vierfüßer zusammen, alle *Sauropsida*). Sowohl die Fische als auch die Reptilien stellen keine monophyletische Gruppe dar. Denn aus der Stammart der Fische sind auch alle Vierfüßer hervorgegangen, aus der Stammart der Reptilien auch die Vögel.

Merkmal	ursprünglich	neu oder abgeleitet
Kiefer	noch nicht vorhanden	vorhanden
Kiefergelenk	primär	sekundär (vgl. Abb. 403.2)
Extremitäten	Flossen	paarige Gehextremitäten
Ausbildung der Flossenstrahlen	knorpelig	knöchern
Nasenausführung	nur nach außen	Verbindung auch zum Rachenraum
Eihülle (Amnion)	noch nicht vorhanden	vorhanden

Tab. 423.2: Ursprüngliche und abgeleitete Merkmale bei Wirbeltieren

Man nennt Gruppen, die Nachkommen einer – nur ihnen allen gemeinsamen – Stammart sind, *monophyletisch*. Häufig wird bei weniger genauen Stammbäumen die zweite Forderung vernachlässigt.

Alle Unterschiede, die man bei homologen Merkmalen findet, sind im Laufe der Evolution entstanden. Zur Aufstellung eines Stammbaums muss man eine ausreichende Zahl homologer Merkmale finden und zu erkennen versuchen, welches die ursprüngliche und welches die abgeleitete (veränderte, weiterentwickelte) Ausbildung des Merkmals ist. Ist die Verteilung vieler Merkmale auf die verschiedenen Arten bekannt, so kann man die Verwandtschaftsgrade erkennen. Alle Vertreter eines monophyletischen Verwandtschaftskreises weisen abgeleitete Merkmale auf, die bei der Stammart dieser Gruppe erstmals aufgetreten waren. Auf die monophyletische Entstehung einer Gruppe kann man nur mit Hilfe abgeleiteter Merkmale schließen, nicht mit ursprünglichen, denn solche können in unterschiedlichen Gruppen erhalten geblieben sein. Die Aufstellung eines Stammbaums sei am Beispiel der Wirbeltiere erläutert. Man untersucht homologe Merkmale und ordnet diese danach, ob sie ursprünglich oder abgeleitet sind (s. Tab. 423.2).

Wenn man hinreichend viele abgeleitete Merkmale gesammelt hat, so kann man durch Probieren ein Abstammungsdiagramm erhalten, das nur noch monophyletische Gruppen enthält, die durch bestimmte abgeleitete Merkmale gekennzeichnet sind (Abb. 423.1).

Stammbaum der Pferde. Er beginnt mit dem hasengroßen waldlebenden Urpferd *Hyracotherium* aus dem älteren Tertiär (s. Abb. 424.2). Es besaß kurze Gliedmaßen, die vorn vier, hinten drei mit Hufen versehene Zehen hatten; die Zähne waren spitzhöckerig und für Blattnahrung geeignet. Die folgenden Formen zeigen

424 Evolution

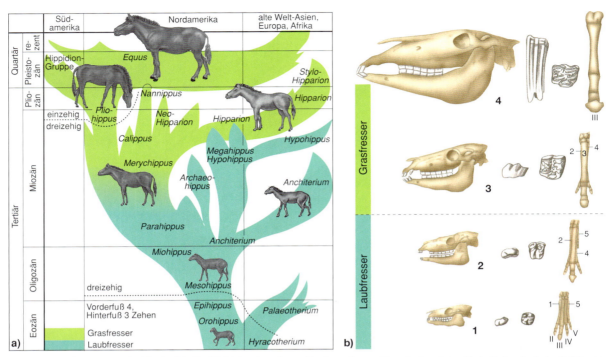

Abb. 424.1: a) Stammbaum der Pferde. Die Alte Welt ist mehrmals von Nordamerika aus über die damals landfeste Beringstraße besiedelt worden. *Hyracotherium* ist der hasengroße Ahn aller Pferde; **b)** Stammesgeschichtliche Entwicklung des Pferdeschädels, der Backenzähne und der Pferdehand. **1** *Hyracotherium*; **2** *Miohippus*; **3** *Merichippus*; **4** *Equus* (Pferd). Die stäbchenförmigen Reste der 2. und 4. Mittelhand- und Mittelfußknochen heißen Griffelbeine.

Abb. 424.2: Skelett eines Urpferdchens aus den Ölschiefern von Messel bei Darmstadt (Eozän); etwa 50 cm lang

eine fortschreitende Zunahme der Körpergröße, eine Verlängerung des Halses und des Schnauzenteils des Schädels, eine allmähliche Umbildung der Zähne im Zusammenhang mit dem Übergang von Laub- auf Hartgrasnahrung. Ferner ist eine fortschreitende Verlängerung der Beine bei gleichzeitiger Rückbildung der Zahl der Zehen bis auf die immer stärker werdende mittlere Zehe (s. Abb. 424.1) zu beobachten. Am Ende der Reihe steht in der Epoche der Eiszeiten (Pleistozän) als schnelles Steppentier das heutige Pferd. Eine Fülle von Zwischenformen und Nebenlinien, die nach längerer oder kürzerer Entwicklung wieder aussterben, haben existiert. Die Entwicklung vollzog sich hauptsächlich in Nordamerika und dauerte 60 Millionen Jahre, das entspricht etwa 15 Millionen Generationen.

Der Stammbaum der Pferde ist ein Beispiel dafür, wie sich aufgrund von Fossilfunden Entwicklungslinien genau erkennen lassen. Auch sieht man an diesem Stammbaum, dass zeitlich aufeinander folgende Vertreter von parallel sich entwickelnden verwandten Formen eine Ahnenreihe vortäuschen können. In Wirklichkeit liegt nur eine „Ähnlichkeitsreihe" vor (*Hypohippus* und *Megahippus* sind nicht die Ahnen von *Hipparion*).

Aus einem entsprechenden Stammbaum der Elefanten ist zu ersehen, dass der Indische Elefant nahe mit dem zwischeneiszeitlichen Waldelefanten und dem eiszeitlichen Mammut Eurasiens verwandt ist und die Evolutionslinie des Afrikanischen Elefanten sich früher abgespalten hat. Ein vereinfachter Stammbaum der Wale ist in Abb. 425.2 wiedergegeben.

3.5.2 Molekularbiologische Stammbäume

Homologien sind bei den Genen und Genprodukten (Proteinen) nachweisbar (s. 3.1.3). Daher kann man aus der Abwandlung von Protein- und DNA-Strukturen Evolutionsvorgänge erschließen. Dies wurde zuerst durch vergleichende Untersuchungen von Cytochrom c, einem Elektronen übertragenden Protein der Zellatmung, gezeigt (Abb. 425.1). Das Protein kommt in allen aerob lebenden Zellen vor und ist bei höheren Wirbeltieren aus 104 Aminosäuren aufgebaut, bei Insekten aus 107 und bei Pflanzen zumeist aus 112. Das menschliche Cytochrom c unterscheidet sich von dem des Rhesusaffen nur in einer einzigen Aminosäure. Dies deutet auf einen einzigen Mutationsschritt hin. Zwischen Menschen- und Hunde-Cytochrom c treten elf Unterschiede (und somit 93 Übereinstimmungen) auf. Dies bestätigt, dass sich die Evolutionslinie zum Menschen früher von der Evolutionslinie zum Hund getrennt hat als von der zum Rhesusaffen. Vergleicht man nun die Aminosäureabfolge von Cytochrom c bei Hefe und Mensch miteinander, so stimmen immer noch etwas mehr als die Hälfte aller Aminosäuren überein. Dies kann kein Zufall sein: Die Evolution des Cytochroms c muss vor sehr langer Zeit von einem „Ur-Cytochrom" ausgegangen sein.

Aufgrund zahlreicher derartiger Untersuchungen können die Änderungen in einem „Stammbaum des Cytochroms c" zusammengefasst werden. Er stimmt gut überein mit dem Stammbaum der Organismen, den die Vergleichende Anatomie unter Mithilfe der Paläontologie aufstellt, obwohl er sich nur auf eine einzige Molekülart bezieht, also nur eine Merkmalshomologie heranzieht.

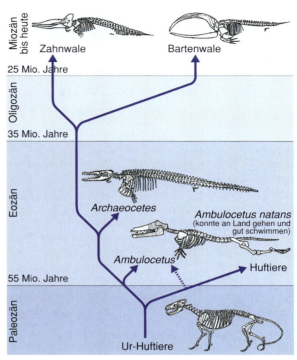

Abb. 425.2: Stammbaum der Wale. Nicht alle Fossilreste lassen sich zweifelsfrei einordnen; dementsprechend bleiben Unsicherheiten über den Evolutionsablauf.

Die Aminosäuresequenz des Cytochroms c der Säuger unterscheidet sich von jener der Vögel im Durchschnitt an elf bis zwölf Stellen. Nun lebten die zu den Reptilien zählenden gemeinsamen Vorfahren dieser Wirbeltiergruppen vor etwa 280 Millionen Jahren. In

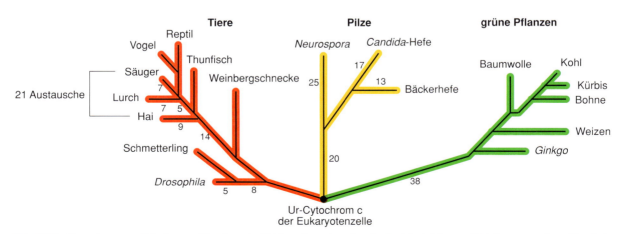

Abb. 425.1: Stammbaum von Cytochrom c. Die Länge der Striche entsprechen etwa der Zahl der infolge von Mutationen ausgetauschten Aminosäuren im Cytochrom-c-Molekül (in einigen Fällen sind auch die Zahlen angegeben). Der Vergleich der Cytochrom-c-Moleküle der verschiedenen Organismen führt zu den gleichen Abstammungsverhältnissen wie die Vergleichende Anatomie. Bei den Blütenpflanzen stimmt der Stammbaum aber nicht genau; man darf also den Stammbaum einer einzigen Molekülart nicht mit dem Stammbaum der Lebewesen gleichsetzen.

426 Evolution

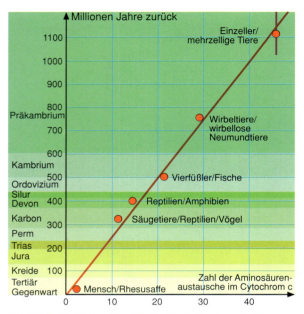

Abb. 426.1: Molekulare Uhr. Die Punkte (rot) geben die Trennung von zwei Organismengruppen im Evolutionsablauf an, wobei auf der Ordinate der Zeitpunkt der Trennung abzulesen ist und auf der Abszisse die Zahl der Aminosäurenaustausche im Cytochrom c, die seit der Trennung eingetreten sind. Den Zeitpunkt der Trennung erhält man, indem man das Alter der geologischen Schicht bestimmt, in der Fossilien der neuen Organismengruppe erstmals auftreten. Die Verbindung der Punkte ergibt näherungsweise eine Gerade. Kennt man nun die Anzahl unterschiedlicher Aminosäuren im Cytochrom c zweier beliebiger Organismengruppen (z. B. zwischen Walen und Bären), lässt sich mittels der Geraden ungefähr der Zeitpunkt ihrer Trennung während der Evolution feststellen. So wurde auch der Zeitpunkt der Trennung der Ausgangsform der mehrzelligen Tiere von den Einzellern bestimmt. Wegen der Ungenauigkeit der Berechnung ist der in Frage kommende Zeitraum durch eine Strecke angegeben.

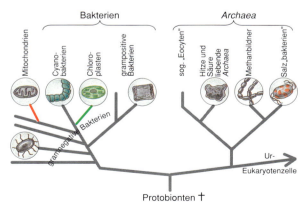

Abb. 426.2: Stammbaum der Prokaryoten aufgrund der Untersuchung von Basensequenzen von Nucleinsäuren (vor allem der Gene für die ribosomale RNA). Bei den Bakterien unterscheidet man nach dem Bau der Zellwand und der dadurch bestimmten Anfärbemöglichkeit grampositive und gramnegative Formen (Färbeverfahren entwickelt von GRAM 1884).

der seitdem verflossenen Zeit wurden insgesamt elf bis zwölf Aminosäuren ausgetauscht. Demnach hat sich im Mittel alle 21 bis 25 Millionen Jahre eine Aminosäure im Cytochrom-c-Molekül verändert. Ein Vergleich von Cytochrom c der Amphibien einerseits und dem der Säugetiere andererseits zeigt im Mittel 17 Aminosäurenaustausche. Amphibien trennten sich von der Entwicklungslinie Reptilien – Säugetiere vor rund 400 Millionen Jahren. Daraus errechnet sich etwa der gleiche Zeitraum für den Austausch einer Aminosäure im Cytochrom c. Auch für andere Verwandtschaftsgruppen kommt man zum gleichen Ergebnis; der Zeitraum ist offenbar in allen Fällen etwa gleich. Somit lässt sich aus der Zahl der Unterschiede in der Aminosäuresequenz des Cytochroms c zwischen zwei Organismengruppen annähernd berechnen, vor welcher Zeit die beiden Gruppen sich voneinander getrennt haben (s. Abb. 426.1).

Auch bei anderen Proteinen ist die Zahl der Aminosäurenaustausche je Zeiteinheit über lange Zeit gemittelt ungefähr konstant. Diese *Evolutionsrate* gibt man an als die Zeit, in der sich im Mittel eine von 100 Aminosäuren infolge Mutation verändert. Man muss deshalb auf 100 Aminosäuren beziehen, weil die Aminosäurekette verschiedener Proteine unterschiedlich lang ist und sonst ein Vergleich nicht möglich wäre. Da die Evolutionsrate ungefähr gleich geblieben ist, kann man sie als „*Evolutionsuhr*" verwenden, d. h., wenn die Trennung zweier Stammbaumlinien durch Fossilien, deren Alter man kennt, datierbar ist, so lassen sich die Trennungszeiten anderer Gruppen berechnen. Dies ist in der Abb. 426.1 für das Cytochrom c geschehen. Die Evolutionsrate eines Proteins bleibt ungefähr konstant, solange keine Änderung der Funktion erfolgt. Diese hat meist eine vorübergehende starke Zunahme der Evolutionsrate aufgrund von Selektionswirkung zur Folge. Für verschiedene Proteine ist die Evolutionsrate unterschiedlich groß, z. B. für die Hämoglobine mehr als doppelt so groß wie für Cytochrom c.

Da man heute Nucleotidsequenzen/Basensequenzen der DNA rasch bestimmen und damit den Verwandtschaftsgrad der Gene unmittelbar feststellen kann, wird diese Methode in der molekularen Evolutionsforschung bevorzugt. Man kann so Verwandtschaftsbeziehungen von Organismen auch ohne Fossilien zeitlich festlegen. Allerdings darf man sich nicht auf den Vergleich nur eines Gens beschränken. Die Untersuchung des Baus der Gene für die Ribosomen-RNA ermöglichte es erstmals, für die große Prokaryoten-Gruppe einen Stammbaum aufzustellen (Abb. 426.2). Ebenso wurde gezeigt, dass sich die großen Stämme der wirbellosen Tiere vor etwa 800–1200 Millionen Jahren voneinander getrennt haben. Die frühesten Fossilien der meisten Stämme sind nur etwa 550 Millionen Jahre alt.

3.5.3 Stammesgeschichte der Organismen

Entstehung der Einzeller. Nach der Entstehung der Eukaryotenzellen haben die Evolutionsvorgänge zur Bildung zahlreicher verschiedener Einzeller geführt. Bei einigen Einzellergruppen sind bis heute pflanzliche und tierische Eigenschaften nicht scharf getrennt. Ein Modell für eine solche Brückenform zwischen Pflanze und Tier ist das „Augentierchen" *Euglena* *(s. Einleitung).* Das Vorkommen von Einzellern ohne Mitochondrien und Plastiden („Archaeozoa") und das Auftreten von Algen mit „eukaryotischen Plastiden" (s. 3.3) zeigt, dass die Einzeller eine außerordentlich heterogene Gruppe sind.

Ausbildung der Vielzeller. Aus den Einzellern entwickelten sich Vielzeller. Dadurch war eine Größenzunahme und eine Arbeitsteilung zwischen den Zellen möglich. Die notwendige Koordinierung der Teile des Organismus besorgen Hormone und bei den rasch reagierenden Tieren zusätzlich die Nervenzellen. Die Ausbildung des Zentralnervensystems lieferte die Grundlage für die erstaunliche Weiterentwicklung der Tiere.

Stammesgeschichte der Pflanzen. Bei den einzelligen Algen gibt es zahlreiche unterschiedliche Evolutionsäste (s. Abb. 428.1). In der Mehrzahl dieser Entwicklungsrichtungen entstanden einfache Zellkolonien und fädige Formen; komplizierter gebaute Tange haben sich bei Braun-, Rot- und Grünalgen getrennt entwickelt. Die meisten Pilze sind aus Einzellern hervorgegangen, die keine Plastiden erworben hatten. Sie bildeten daher eine andere Ernährungsweise aus als die fotosynthetisch tätigen Pflanzen: Durch eine möglichst große Oberfläche langer Zellstränge *(Hyphen)* werden organische Stoffe aufgenommen (Ernährung durch Adsorption). Die Moose und die ausgestorbenen Nacktfarne sind aus hoch entwickelten Grünalgen (vom Typus der Armleuchteralgen) entstanden. Von den Nacktfarnen nehmen im Silur die weiteren Gefäßsporenpflanzen ihren Ausgang – zunächst die Bärlappgewächse, dann die Schachtelhalme und Farne. Aus den ursprünglichen Farnen sind die Samenfarne hervorgegangen und aus ihnen die Palmfarne *(Cycadeen)*. Auch die Nadelhölzer sind an die Urfarne anzuschließen. Die Bedecktsamer gehen auf ursprüngliche *Cycadeen*-Vorfahren zurück.

Stammesgeschichte der Tiere. Auch bei den tierischen Einzellern existieren mehrere unterschiedliche Entwicklungslinien (Abb. 428.1). Jedoch sind – im Gegensatz zu den Pflanzen – nur aus einer Linie Vielzeller hervorgegangen (Abb. 429.1). Am Übergang stehen die

Abb. 427.1: Lanzettfischchen (5–7 cm lang); leben im Küstenbereich der Weltmeere

Schwämme *(s. Cytologie 5.2).* Der Bau ihrer Kragengeißelzellen entspricht genau dem Bau bestimmter Geißelträger. Bei den *Hohltieren* wird Ektoderm und Entoderm gebildet, sodass der Bau mit einer Gastrula verglichen werden kann.

Im weiteren Verlauf der Stammesgeschichte haben sich dann zwei große Gruppen voneinander getrennt: die *Urmundtiere (Protostomier)*, bei denen der Urmund der Gastrula als Mundöffnung erhalten bleibt und der After sich neu bildet, und die *Neumundtiere (Deuterostomier)*, bei denen der Urmund zum After wird und der endgültige Mund neu entsteht. Zur ersten Gruppe gehören Plattwürmer, Ringelwürmer, Gliedertiere und Weichtiere, zur zweiten die Stachelhäuter und die Chordatiere. Bei Alt- und Neumündern kam es zur Bildung einer sekundären Leibeshöhle (*Coelom*, **s. Entwicklungsbiologie 2.1**), in deren Innenraum sich eine Körperhöhlenflüssigkeit befindet. Dadurch wird die Gestalt des oft lang gestreckt wurmförmigen Körpers in ähnlicher Weise stabilisiert wie ein mit Wasser gefüllter Plastikbeutel. Kleinere wasserlebende Organismen kommen durch Ausbildung dieses *Hydroskeletts* ohne echtes Stützskelett (Knochen o. ä.) aus. Das Hydroskelett kann durch Kammerung zusätzlich stabilisiert werden. Zahlreiche Lebewesen mit wurmförmiger Gestalt sind deshalb segmentiert; die Gliederfüßler gehen auf ringelwurmartige Vorfahren zurück *(s. Abb. 465.1)*. Schon früh müssen sich die Krebse abgezweigt haben, die Spinnentiere stehen den Urformen der Krebse nahe. Später treten weitere Luft atmende Gliederfüßler auf.

Primitive Deuterostomier sind u. a. die Stachelhäuter. Die Manteltiere *(s. S. 468* und Abb. 429.1) bilden, zumindest vorübergehend, während ihrer Entwicklung, eine einfache Chorda aus. Das Lanzettfischchen (Abb. 427.1) zeigt Baueigentümlichkeiten, wie man sie sich auch für die Urform der *Chordatiere* vorstellt. Ein urtümliches Chordatier von entsprechender Gestalt wurde in Schichten des Kambriums gefunden. Der Stammbaum der Wirbeltiere ist in 3.5.1 dargestellt (s. Abb. 423.1). Die Evolution der Wirbeltiere ist wie jene der Landpflanzen auch durch Fossilien gut belegt (s. 3.4.2).

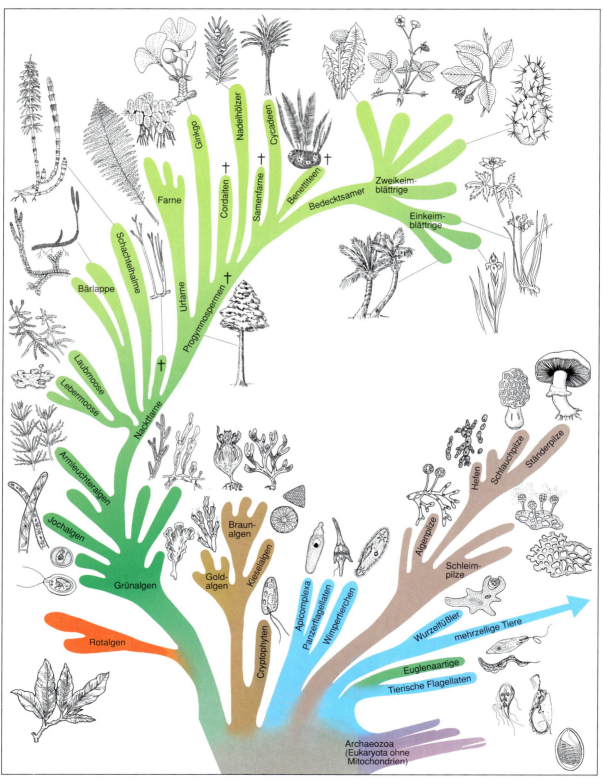

Abb. 428.1: Stammbaum der eukaryotischen Einzeller und der Pflanzen (einschließlich Pilze)

Stammesgeschichte 429

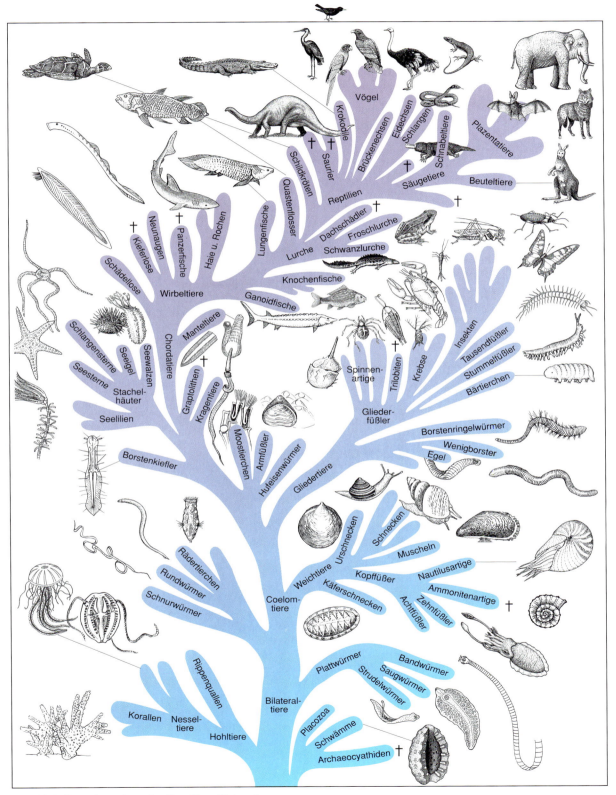

Abb. 429.1: Stammbaum der mehrzelligen Tiere *(Metazoa)*

3.6 Folgerungen aus der Stammbaumforschung

Fossilien erlauben die zeitliche Festlegung der Evolutionsabläufe in der Erdgeschichte. Aus den so datierten Stammbäumen lassen sich allgemeine Regeln der Evolution ableiten.

3.6.1 Übergangsformen

Zwischen verschiedenen Gruppen (höheren systematischen Einheiten: Ordnungen, Klassen) gibt es fossile Übergangsformen („missing links"), die Merkmale beider Gruppen vereinigen (z. B. *Ichthyostega, Archaeopteryx, Cooksonia* bzw. *Rhynia*). Zeitlich stehen sie immer am Beginn des Auftretens einer neuen Gruppe, deren Merkmale sie erstmals zeigen. Ihre systematische Zuordnung hängt von der Gewichtung der Merkmale ab. Meist legt man auf die neuen Merkmale mehr Wert. Man bezeichnet z. B. *Archaeopteryx* als Urvogel. Wäre die Gruppe der Vögel schon vor ihrer Entfaltung in der Kreide wieder verschwunden, so würde man sie als eine gefiederte Gruppe von Reptilien beschreiben. Man bezeichnet die Übergangsformen als *Mosaiktypen*, weil sie ein Mosaik von Merkmalen aufweisen, die von der Systematik zwei verschiedenen Gruppen zugeordnet worden sind. Sie belegen, dass die Bildung neuer Typen (Vogeltypus, Säugertypus, Farnpflanzentypus) durch Summierung vieler Mutationsschritte zu erklären ist. In einigen Fällen liefern Fossilfunde direkte Hinweise auf solche „additiven" Vorgänge *(additive Typogenese)*. So ist der Übergang zwischen Reptilien und Säugern fließend. Die Übergangsformen bildeten jeweils eine Art und in der Regel kleine Populationen. Mit zunehmender Anpassung der neuen Gruppen starben Übergangsformen infolge Selektion aus. Die Gruppen sind dann eindeutig getrennt.

Weil die Bildung völlig neuer Typen vermutlich nur über kleine Populationen verlief, sind Fossilfunde von den Übergangsformen kaum zu erwarten. Konnten sich Übergangsformen in bestimmten ökologischen Nischen halten, so machten sie ihre eigene Evolution durch. Ihre heutigen Vertreter sind deshalb keine echten Übergangsformen mehr, zeigen aber noch Merkmale solcher (rezente Brückentiere, s. 3.1.1).

3.6.2 Adaptive Radiation

Wird ein neuer Lebensraum besiedelt oder kann ein Lebensraum auf neue Weise genutzt werden, so bilden sich in einem geologisch kurzen Zeitraum zahlreiche Arten, verbunden mit kleineren Abwandlungen des Typus. Die Evolution einer Ausgangsart geht also in zahlreiche verschiedene Richtungen. Man spricht von

Abb. 430.1: Arten der Gattung *Aeonium* auf Teneriffa (Dickblattgewächse, verwandt mit der Hauswurz) als Beispiel einer adaptiven Radiation bei Pflanzen.

adaptiver Radiation und meint damit die Auffächerung einer Ausgangsform in mehrere oder viele Arten, wobei jede Art den Lebensraum in besonderer Weise nutzt. Später entstandene gleichartige Mutanten finden dann bereits eine Art gleicher ökologischer Nische vor und gehen im Wettbewerb häufig wieder unter; die Artbildung verlangsamt sich mit der Zeit.

Die Besiedelung eines neu entstandenen Lebensraumes führte zur adaptiven Radiation der DARWINfinken. Hier konnte die Form „Fink" sehr viele Nischen besetzen, in die sie bei stärkerer Konkurrenz nicht hätte eindringen können (s. Abb. 385.2). Ähnliches gilt für die Kleidervögel auf Hawaii; es entstanden 42 Arten mit ganz unterschiedlichen Nahrungsanforderungen aus einer Insekten fressenden Stammart. Als Beispiel aus dem Pflanzenreich seien die *Aeonium*-Arten (Dickblattgewächse) der Kanarischen Inseln erwähnt (s. Abb. 430.1). Die meisten Arten sind Sträucher, die an den Zweigspitzen Blattrosetten tragen. Sie haben sich an die unterschiedlichen Lebensräume auf diesen Inseln angepasst, was in Unterschieden der Blattdicke, der Blattgröße, der Wuchsform, der Wuchshöhe sowie in Unterschieden ihres Stoffwechsels (insbesondere der Fotosyntheseleistung) zum Ausdruck kommt.

Stammesgeschichte

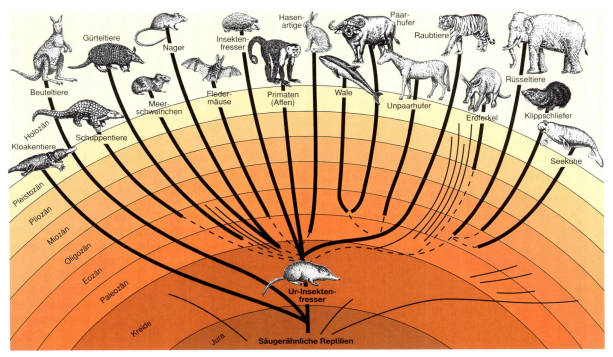

Abb. 431.1: Adaptive Radiation der Säugetiere. Ausgestorbene Gruppen sind durch Striche ohne Namen angegeben. Alle Ordnungen heute lebender Plazentasäuger sind aufgenommen. Innerhalb der Ordnungen setzt sich die Radiation in gleicher Weise fort. Beispiel: In der Ordnung Nager haben Eichhörnchen, Waldmaus, Feldhamster, Murmeltier jeweils unterschiedliche ökologische Nischen inne, in denen sie mit anderen Nagern wenig konkurrieren.

Als durch das Massenaussterben gegen Ende der Kreidezeit – das nur vier von 34 Reptilienordnungen überlebten – zahlreiche Nischen nicht mehr besetzt waren, kam es zur adaptiven Radiation der Säuger im älteren Tertiär (Abb. 431.1). Zunächst entstanden die Stammformen der verschiedenen Ordnungen. Infolge der Konkurrenz lief die adaptive Radiation weiter; in jeder Ordnung entstand eine große Zahl von Arten.

Sind Großnischen bereits weitgehend besetzt, so ist eine Evolution weiterer Gruppen in dieser Richtung nur möglich, wenn sie überlegene Eigenschaften aufweisen. So haben sich bei den Landpflanzen infolge der immer besseren Anpassung an das Landleben (s. 3.5.3) die Nacktfarne, die Bärlappe und Schachtelhalme, die Nacktsamer und die Bedecktsamer nacheinander als herrschende Gruppe der Vegetationsdecke der Erde abgelöst. Doch sind nie alle Nischen von fortschrittlichen Formen besetzt worden, sodass Reliktarten der abgelösten Gruppen erhalten blieben. Es gibt allerdings heute nur noch rund 900 Nacktsamerarten gegenüber 300 000 Bedecktsamern.

Gradualismus und Punktualismus. Aus den Überlegungen zur adaptiven Radiation ergibt sich, dass die Artbildung in Abhängigkeit von der Verfügbarkeit von Nischen unterschiedlich schnell vor sich geht. Wie rasch Artbildungsvorgänge maximal sein können, ist noch immer unklar. Die „Gradualisten" sind der Ansicht, dass der Vorgang allmählich durch Addition vieler kleiner Mutationsschritte vor sich gehe (entsprechend der Abb. 394.2). Andere Evolutionsbiologen verweisen darauf, dass eine Trennung des einheitlichen Genpools in kurzer Zeit zu erheblichen Veränderungen führe, weil sich in der Regel kleine Gründerpopulationen abspalten, in denen dann Gendrift (s. 2.1.3) wirksam ist (Theorie des „unterbrochenen Gleichgewichts"). Anschließend sollen nach Ansicht dieser „Punktualisten" lange Zeiten folgen, in denen sich die Populationen kaum verändern, bis wieder ein rascher Artbildungsvorgang stattfindet.

Die Untersuchung verschiedener Fundstätten mit zahlreichen Fossilien aus einem kurzen Zeitraum lieferte Belege für jedes der beiden Modelle. Bei den Buntbarschen der Ostafrikanischen Seen entstanden zahlreiche Arten in weniger als 20 000 Jahren (s. 2.2.2) – dies ist so kurz, dass die punktualistische Erklärung zutreffen muss. Bei der Schneckengattung *Gyraulus*, die in einem See vor 15 Millionen Jahren (Steinheimer Becken, Abb. 432.1) sich entwickelte, ist hingegen die schrittweise Bildung neuer Arten nachgewiesen.

432 Evolution

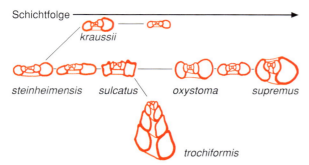

Abb. 432.1: Evolution der Schneckengattung *Gyraulus* im See von Steinheim am Albuch, Württemberg. Hier entstand vor 15 Millionen Jahren durch Einschlag eines Himmelskörpers ein Krater, der dann für mehr als eine Million Jahre von einem See erfüllt war. Der Bau der Schneckengehäuse wird am Schnitt erkennbar.

Abb. 432.2: Anzahl der Familien von Meeresorganismen mit Hartteilen im Verlauf der Erdgeschichte. Die Pfeile geben Ereignisse von Massenaussterben an.

▶ Wenn eine Art eine große geografische Verbreitung hat und zahlreiche Teilpopulationen aufweist, ist die Wahrscheinlichkeit der Bildung einer neuen Art aus einer lokalen Population größer als bei einer Art, die nur ein kleines Gebiet besiedelt. Diese Form der Selektion führt nur bei bestimmten Verbreitungsmustern der Populationen zur Artaufspaltung. Die Aufspaltung in verschiedene Arten hängt in diesem Fall also nicht von Eigenschaften der Individuen ab. Solche Fälle werden als *Artenselektion* bezeichnet. ◀

3.6.3 Massenaussterben (Extinktion)

Das Aussterben von Arten ist ein normaler Vorgang im Evolutionsablauf. Stark spezialisierte Arten haben oft schon bei geringen Umweltveränderungen nicht mehr die Möglichkeit sich anzupassen und sterben deshalb aus. Zeiten starker Meeresspiegelveränderungen und Klimaschwankungen (s. Abb. 417.2) in der Erdgeschichte waren daher stets mit hohen Aussterberaten verknüpft, man spricht von Massenaussterben oder Extinktion (*s. 3.4.2:* Perm, Kreide; Abb. 432.2). Heute wirkt der Mensch durch Artvernichtung (Wale) oder Lebensraumzerstörung (tropische Wälder) als „Ausrotter".

3.6.4 Geschwindigkeit der Evolution

Die einzelnen Pflanzen- und Tierstämme haben sich unterschiedlich rasch entwickelt. In manchen Fällen gibt es eine Erklärung dafür, so z. B. für die geradezu explosive Evolution der Säuger zu Beginn des Tertiärs (s. 3.6.2). Auch innerhalb einer Tiergruppe kann die Evolutionsgeschwindigkeit im Lauf der Zeit wechseln. Die Kopffüßler haben Höhepunkte ihrer Entfaltung im Ordovizium, von der Trias bis zur Kreidezeit und in der Gegenwart, die *Insekten* im Karbon und dann wieder vom Tertiär bis zur Gegenwart, die *Reptilien* von der Trias bis zur Kreide. Eigenartig ist die oft so verschiedene Lebensdauer der einzelnen Stämme. Die einen entfalteten sich in erdgeschichtlich kurzer Zeit geradezu explosiv, um dann wieder langsam zurückzugehen; andere, wie die Ammoniten und die Saurier, verschwinden innerhalb geologisch kurzer Zeit.

Lebende Fossilien. Es sind auch Formen bekannt, die sich in sehr langen Zeiträumen gestaltlich kaum weiterentwickelt haben. Man bezeichnet solche Arten als stabile Formen und, wenn sie heute noch existieren, als lebende Fossilien. Der Armfüßler *Lingula* (s. Abb. 433.1) existiert schon seit dem Silur. Der rezente *Nautilus* unterscheidet sich kaum von fossilen Vorfahren in der Trias; auch die Lungenfische kennt man in gleicher Gestalt seit der Trias. Die Quastenflosser, zu denen *Latimeria* gehört, haben sich seit mehreren 100 Mio. Jahren nicht merklich verändert, allerdings haben sie einen anderen Lebensraum erobert. Weitere Beispiele lebender Fossilien sind der Blattfußkrebs *Triops* (seit 220 Mio. Jahren), der Pfeilschwanz *Limulus* (seit 170 Mio. Jahren), die Brückenechse *Sphenodon* (seit 140 Mio. Jahren), der *Ginkgo*-Baum (seit 170 Mio. Jahren) und der Mammutbaum (seit 75 Mio. Jahren).

3.6.5 Höherentwicklung (Anagenese)

Aus den Stammbäumen ist zu entnehmen, dass es in der Evolution eine Entwicklung von einfach organisierten zu komplexen Formen gegeben hat (Höherentwicklung, *Anagenese*). Sie erfolgt durch fortschreitende Differenzierung und zunehmende Vielfalt von Zellen, Geweben und Organen. Dies bedeutet eine sich steigernde Arbeitsteilung und damit höhere Leistungsfähigkeit der Zellen und Organe. So treten bei den Algen des Kambriums etwa sechs bis zehn verschiedene Zelltypen auf; dies lässt sich aus ähnlichen rezenten

Formen erschließen. Bei den Nacktfarnen waren es rund 25, bei den höchstentwickelten Pflanzen der Gegenwart sind es 70–80 verschiedene Zellarten.

▶ Der Höherentwicklung liegt eine Informationszunahme zugrunde; die großen Evolutionsfortschritte haben mit der Art der Informationsspeicherung und -übertragung zu tun. Mit der Herausbildung von DNA als Informationsspeicher und Proteinen als Funktionsmoleküle (s. 3.2) wurden Genotyp und Phänotyp getrennt. Bei der Bildung der Eukaryotenzelle wurde durch die Symbiose (s. 3.3) die Menge an genetischer Information und die Zahl der Stoffwechselvorgänge in der Zelle beträchtlich vergrößert. Mit der Entstehung von Vielzellern wurden Regulationsvorgänge in den spezialisierten Zellen erforderlich; es entstanden komplizierte Signalnetze *(s. Stoffwechsel 1.6)*. Mit zunehmender Leistungsfähigkeit des Gehirns in der Evolution wird immer mehr aufgenommene Information verarbeitet und es kann das Verhalten der Tiere immer besser der jeweiligen Situation angepasst werden; die Unabhängigkeit des Organismus von der Umwelt wächst. Alle Verbesserungen der Informationsverarbeitung und -speicherung müssen in das vorhandene System jeweils integriert werden. So erfordert die Zunahme der Anzahl der Gene immer mehr Regulationsvorgänge im Genom, die Zunahme der Zelldifferenzierung aber außerdem mehr Signalketten in den Zellen usw. Da die zunehmende Organisation des Systems im Verlauf der Evolution entsteht, liegt *Selbstorganisation* vor. ◀

Das Fortschreiten vom Einfachen zum Komplexen im Evolutionsgeschehen ist nicht gleichbedeutend mit zunehmender Anpassung. Diese ist auf jedem Organisationsniveau möglich, denn die einfach gebauten Formen wären schon längst ausgestorben, wären sie an ihre Umwelt nicht ebenso gut angepasst wie die hoch entwickelten.
Höherentwicklung tritt zwangsläufig auf: Unter der Vielzahl auftretender Mutationen kommen zwar selten, aber doch immer wieder auch solche vor, welche die Besiedlung eines neuen Lebensraums einleiten. Weitere Mutationen in der eingeschlagenen Richtung setzen sich durch, weil sie unter den neuen Lebensbedingungen vorteilhaft sind. Höherentwicklung ist also ein Weg, der Konkurrenz zu entgehen.
Die Höherentwicklung hat nicht immer das Aussterben von Arten mit einfacher Organisation zur Folge, weil diese meist nicht genau die gleichen ökologischen Nischen haben wie die komplexeren. Die einfacher organisierten Arten werden allerdings häufig durch die Teilkonkurrenz der höher organisierten auf einen engeren Lebensraum beschränkt.

Abb. 433.1: a) Heutige *Lingula*, ein ursprünglicher Armfüßler des Meeres. Die Gattung existiert seit dem Ordovizium. **b)** Schale einer fossilen *Lingula*

Andere Ansichten zur Entwicklung der Lebewesen

Vorstellungen, die einen oder mehrere der dargestellten Evolutionsfaktoren (s. 2.1) oder Gesetzmäßigkeiten als prinzipiell nicht wirksam ansehen oder die andere Faktoren einführen, bezeichnet man als nichtdarwinistische Ansichten:
Vitalismus: nimmt als Evolutionsfaktor eine „Lebenskraft" an; diese ist mit naturwissenschaftlichen Methoden nicht nachweisbar;
Finalismus: nimmt eine zielgerichtete Evolution an; damit wird eine der Naturwissenschaft fremde teleologische Erklärung eingeführt;
Kreationismus: nimmt eine getrennte Schöpfung der einzelnen Arten an und verneint die Evolution; dabei werden die wissenschaftstheoretischen Grundlagen der Naturwissenschaft verlassen *(s. S. 455)*;
Lamarckismus: nimmt eine Vererbung erworbener Eigenschaften an *(s. 1.1)*; diese wurde nie nachgewiesen;
Saltationismus: nimmt eine „schlagartige" Bildung neuer Arten durch Großmutationen an; solche wurden nie beobachtet, jedoch ist aufgrund der molekulargenetischen Daten ein seltenes Auftreten nicht auszuschließen;
Kritische Evolutionstheorie: gründet die Evolution auf Biomechanik. Die Lebewesen werden als Energiewandler angesehen, ihre Form soll aus der Mechanik folgen. Es gibt keine Anpassung an Umweltbedingungen, also keine Selektion; Evolution kann nicht aus Homologien erkannt werden, sondern nur aus biomechanischen Zusammenhängen. Diese Theorie beachtet die populationsgenetischen und molekularbiologischen Grundlagen des Evolutionsgeschehens nicht und schließt eine Verknüpfung mit diesen Bereichen sogar aus. Sie hat daher einen viel geringeren Erklärungswert als die darwinistische Theorie.

4 Evolution des Menschen

4.1 Stellung des Menschen im natürlichen System der Organismen

Seiner körperlichen Beschaffenheit nach gehört der Mensch zu den Säugetieren. Schon LINNÉ hat ihn mit den Affen und Halbaffen in die Säugetierordnung der Herrentiere oder **Primaten** gestellt.

Die ursprünglichste Form unter den heute lebenden Primaten ist das eichhörnchengroße *Spitzhörnchen (Tupaja)*. Es lebt in Südostasien als Baumtier. Sein Gebiss mit den spitzhöckerigen Backenzähnen weist auf verwandtschaftliche Beziehungen zu den Insektenfressern hin. Die Gruppe der *Halbaffen* hat vor allem auf der Insel Madagaskar durch adaptive Radiation eine große Anzahl von Arten hervorgebracht.

Die Unterordnung der *Affen* gliedert sich in zwei deutlich abgegrenzte und auch geografisch scharf getrennte Gruppen. Die nur in den Tropenwäldern Mittel- und Südamerikas vorkommenden Neuweltaffen oder *Breitnasenaffen* sind Baumtiere mit breiter Nasenscheidewand, seitlich gestellten Nasenlöchern und starkem Greifschwanz (s. Abb. 434.1). Die Altweltaffen oder *Schmalnasenaffen* mit schmaler Nasenscheidewand und nach vorne gerichteten Nasenlöchern sind auf die wärmeren Gebiete der Alten Welt beschränkt (s. Abb. 434.2). Zu ihnen gehören drei Familien: die *meerkatzenartigen Affen* in Wald- und Felsengebieten von Asien, Afrika und Europa (Gibraltar), die *Langarmaffen (Gibbons)* mit überlangen Vordergliedmaßen, die als Baumbewohner in Südostasien vorkommen, und die *Menschenaffen (Pongiden)*. Letztere weisen drei Gattungen auf: den *Orang-Utan* in den Urwäldern von Sumatra und Borneo, den *Gorilla* und den *Schimpansen* im mittelafrikanischen Urwald. Der Orang-Utan ist ein ausgesprochener Hangelkletterer mit starkem Knochenkamm auf dem Schädel, an dem Kaumuskeln ansetzen, Backenwülsten und Kehlsack. Die beiden anderen sind weniger ausgeprägte Hangler und mehr Boden- als Baumtiere. Beim Schimpansen trennt man den Zwergschimpansen *(Bonobo)* als Unterart oder eigene Art ab.

Der Mensch weist mit den Menschenaffen so viele Ähnlichkeiten auf, dass man Mensch und Menschenaffen in der Familiengruppe (Überfamilie) der Menschenähnlichen *(Hominoidea)* zusammenfasst. In dieser Gruppe bildet der Mensch eine eigene Familie **Hominidae** (Menschenartige). Zu dieser Familie zählt man auch die ausgestorbenen Vormenschen (s. Abb. 435.1).

Der Vergleich des Menschen mit den drei heute lebenden Menschenaffen ergibt eine deutliche Abstufung der Ähnlichkeit. Bei Mensch und Schimpanse sind im erwachsenen Zustand keine durch eine Naht vom Oberkiefer getrennten *Zwischenkieferknochen* festzustellen, dagegen bei allen übrigen Primaten. Sie werden aber bei beiden noch embryonal angelegt, wie bereits GOETHE für den Menschen nachgewiesen hat (Abb. 437.1). Die Verwachsung mit dem Oberkiefer erfolgt beim Menschen vor der Geburt, beim Schimpansen danach. Die Gebisse der Menschenaffen unterscheiden sich vom menschlichen Gebiss durch einen größeren, mit einer Lücke von den übrigen Zähnen abgesetzten *Eckzahn;* der Eckzahn des Schimpansen ist aber am kleinsten. Der Orang besitzt neun *Handwurzelknochen,* Gorilla, Schimpanse und Mensch nur acht; der neunte Knochen wird aber noch embryonal angelegt und verschmilzt später mit dem benachbarten. Die *Abzweigung der Schlagadern* vom großen Aortenbogen ist gleichartig beim Menschen, Schimpansen und Gorilla, andersartig beim Orang. Auch die molekulare Verwandtschaftsforschung (Nucleotidsequenzen, s. Abb. 435.1) weist eine besonders nahe Ver-

Abb. 434.1: Breitnasenaffe (Brüllaffe) aus Mittel- und Südamerika; Nasenlöcher nach außen gerichtet; Größe des Tieres ohne Schwanz etwa 60 cm

Abb. 434.2: Schmalnasenaffe (Makake) aus Afrika/Asien; Nasenlöcher nach unten gerichtet; Größe je nach Art 40–75 cm ohne Schwanz

Evolution des Menschen 435

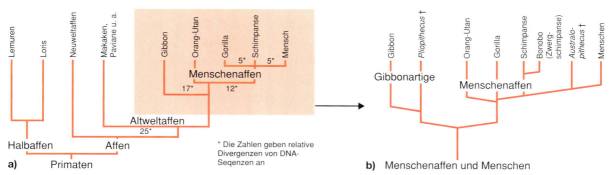

Abb. 435.1: a) Verwandtschaftsbeziehungen der Primaten aufgrund der DNA-Homologie, die den Verwandtschaftsgrad der untersuchten Gene angibt; **b)** Verwandtschaftsbeziehungen der Menschenaffen und des Menschen aufgrund gestaltlicher und anatomischer Merkmale. Beide Methoden führen zu übereinstimmenden Ergebnissen.

wandtschaft mit dem Schimpansen nach. Die Chromosomen gleichen sich weitgehend, doch hat der Mensch 46 gegenüber 48 bei den Menschenaffen: Die Ursache ist eine Verschmelzung von zwei Chromosomen (s. Abb. 435.2).

In Körperbau und Lebensweise der Primaten lassen sich Entwicklungstendenzen erkennen. Auffällig ist insbesondere eine starke Zunahme der Gehirngröße (Abb. 438.1). Gemeinsam mit den meisten Affen hat der Mensch das beidäugige Sehen mit starker Überlappung der Sehfelder beider Augen. Dadurch entsteht ein ausgezeichnetes räumliches Sehvermögen. Die optimale Nutzung dieser Fähigkeit erfordert einen umfangreichen Gehirnbereich zur Auswertung der visuellen Informationen und eine gute Koordination mit den Gliedmaßen. Verloren ging nun der Blick nach hinten, der ein frühes Erkennen eines Angriffs von rückwärts erlaubte. Dies wird ausgeglichen durch die Fähigkeit zur genauen Lokalisierung von Schallquellen und durch den Aufbau komplexer sozialer Organisationsformen. Diese werden bei den höheren Primaten immer mehr vervollkommnet.

4.2 Sonderstellung des Menschen

Aufrichtung des Körpers, Zweibeinigkeit. Gibbon und Orang-Utan bewegen sich auf Bäumen vorwiegend hangelnd oder schwingend fort. Der erwachsene Gorilla ist dafür zu schwer, er lebt fast ganz am Boden. Bei seinem schwerfälligen Gang auf zwei Beinen tritt er nur mit der Außenkante der Fußsohlen auf. Dagegen ist der Mensch ganz zum **Aufrechtgänger,** zum Zweibeiner, geworden (s. Abb. 435.3). Damit geht eine *Umformung des ganzen Skeletts* einher. Beim Erwachsenen ist der Fuß ein ausgesprochenes *Gehwerkzeug* (Abb. 436.1). Die große Zehe liegt an und ist nicht wie der Daumen bewegbar. Fußwurzel- und Mittelfuß-

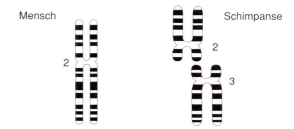

Abb. 435.2: Beispiel zur Homologisierung von Chromosomen mit Hilfe der Bandenmuster. Dem Chromosom 2 des Menschen entsprechen zwei Einzelchromosomen des Schimpansen. Der gemeinsame Vorfahr von Mensch und Schimpanse besaß sehr wahrscheinlich ebenfalls die beiden Einzelchromosomen, die in der Evolutionslinie des Menschen verschmolzen sind.

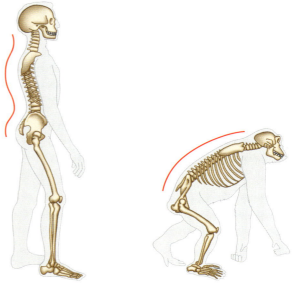

Abb. 435.3: Form der Wirbelsäule bei normaler Körperhaltung von Mensch (doppelt S-förmig gebogen) und Schimpanse (einfach gebogen)

Abb. 436.1: Hand (links) und Fuß (rechts) verschiedener Primaten. Beim Klettern und Hangeln im Geäst schließen die Affen die Finger und krümmen die ganze Hand zu einem Haken. Mit Ausnahme der als Schwinghangler sich bewegenden Gibbons ist der Daumen kurz und fast funktionslos. Der Fuß der Affen ist ein Greiffuß mit abspreizbarer großer Zehe, der Fuß des Menschen ist ein Standfuß.

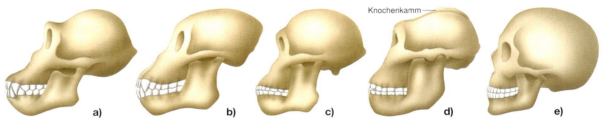

Abb. 436.2: Schädel eines Schimpansen zum Vergleich mit dem Schädel eines fossilen Menschenaffen, zweier Vormenschen und des Jetztmenschen. **a)** Schimpanse; **b)** *Dryopithecus;* **c)** *Australopithecus africanus;* **d)** *Australopithecus boisei* (mit Knochenkamm zum Ansatz der Kaumuskulatur); **e)** *Homo sapiens.* Man erkennt die Größenzunahme des Gehirnschädels, die Rückbildung der Schnauze und bei e die Ausbildung des Kinns.

knochen bilden ein Gewölbe, wie es kein Menschenaffe aufweist. Doch beginnt beim Kind das Gehen mit einer Fußstellung, die an einen Sohlenkantengänger erinnert. Auch kann der Säugling die große Zehe noch zum Greifen verwenden. Bei den Menschenaffen ist die große Zehe zeitlebens abspreizbar, sodass Gegenstände mit dem Fuß gegriffen werden können. Die Hintergliedmaßen des erwachsenen Menschen sind länger als bei den Menschenaffen sowie länger und kräftiger als die Arme. Das Becken ist verbreitert und mehr nach vorne gedreht (Abb. 438.2); es wird zur tragenden Schüssel für die Eingeweide. Die Wirbelsäule hat nicht die Brückenform des Vierfüßlers oder die gerade Streckung wie beim Hangler. Sie ist *doppelt S-förmig* gekrümmt und trägt federnd Rumpf und Kopf. Der Unterstützungspunkt des Schädels liegt unter seinem Schwerpunkt und nicht hinter ihm wie bei den Menschenaffen, sodass nur schwache Nackenmuskeln zum Halten des Kopfes notwendig sind. Der menschliche Brustkorb ist breiter als tief. Dadurch ist der Schwerpunkt des Körpers weiter zur Körperlängsachse zurückverlegt als bei den übrigen Primaten, die einen keilförmigen Brustkorb besitzen. Dies ist für die Erhaltung des Gleichgewichts des Aufrechtgängers von Vorteil.

Der entwicklungsgeschichtlich recht junge Erwerb der aufrechten Körperhaltung hat auch Nachteile. Die aufrechte Körperhaltung belastet vor allem die unteren Teile des Körpers. Die Folge davon ist der mit dem Alter zunehmende Hängebauch, die Neigung zu Unterleibsbrüchen und zu Bandscheibenschäden, zu Senk- und Plattfüßen und zur Bildung von Krampfadern infolge von Blutstauungen in den Beinvenen.

Zahnbogen und Gebiss. Die Anordnung der Zähne in einem *parabolischen Zahnbogen* ist zusammen mit der Wölbung des Gaumens und der guten Beweglichkeit der Zunge wichtig, um die vielen Sprachlaute (Phoneme) hervorzubringen. Die vorgeburtliche Verwachsung von Zwischen- und Oberkieferknochen ermöglicht das gleichmäßige Wachstum des Zahnbogens; die Sprachfähigkeit wird dadurch gefördert (Abb. 437.1).
Das Gebiss des Menschen ist ein nur wenig differenziertes Allesessergebiss und kleiner als das der Menschenaffen. Die Eckzähne unterscheiden sich kaum von den Schneidezähnen. Die Zahnreihe ist beim Menschen geschlossen, während die Menschenaffen zwischen Schneidezahn und Eckzahn eine Zahnlücke aufweisen; auch sind ihre Backenzahnreihen parallel gestellt (s. Abb. 438.2).

Haarkleid. Im Gegensatz zu den Affen ist die Behaarung beim Menschen bis auf wenige Reste verschwunden. Die Erhaltung der Restbehaarung dürfte Selektionsvorteile gehabt haben (bessere Verteilung von Drüsensekret durch Achsel- und Schamhaare, Wirkung als sexuelles Signal).

Verlängerung der Jugend- und Altersphase. Gemessen an der Entwicklungshöhe des Säuglings bei der Geburt wird der Mensch im Vergleich zu den Menschenaffen zu früh geboren. Bei einer längeren Schwangerschaftsdauer würde der größere Hirnschädel des Menschen nicht mehr durch den von den Beckenknochen begrenzten Geburtskanal passen. Der Mensch ist nach der Geburt monatelang völlig hilflos wie Nesthockerjunge von Tieren, besitzt aber voll entwickelte Sinnesorgane (sekundärer Nesthocker). Dies macht eine starke nachgeburtliche Gehirnentwicklung in enger Verbindung mit Sinneseindrücken aus der Umwelt möglich. Während sich Affenjungen aus eigener Kraft an der Mutter festhalten (*aktiver Tragling; Abb. 253.1*), vermag dies der menschliche Säugling nicht (*passiver Tragling; s. Abb. 253.2*). Während der Zeit der intensiven Fürsorge lernt das Kleinkind den erfolgreichen Handgebrauch, das Gehen und das Sprechen. Die Lebensdauer des Menschen weit über das Fortpflanzungsalter hinaus hat eine zeitliche Überlappung der Generationen zur Folge, was für die Weitergabe von Traditionen wichtig ist.

Infolge der intensiven und lang dauernden Pflege der Kleinkinder entstand Arbeitsteilung in der Familie. Zusammenarbeit, wechselseitige Hilfe, Lernen und Weitergabe des Gruppenwissens zur Nutzung der Umwelt und Verbesserung der Lebensmöglichkeiten sind wichtig für den Menschen. Vor allem seine lebenslang anhaltende Lernfähigkeit ist eine wesentliche Grundlage für die Entwicklung der Kultur. Während Vererbung aus einem Informationsfluss von Generation zu Generation besteht, beruht Lernen auf einem Informationsfluss auch zwischen solchen Individuen, die nicht voneinander abstammen.

Greifhand. Mit dem Erwerb des aufrechten Ganges dient die Hand des Menschen nicht mehr der Fortbewegung. Der kräftige Daumen kann den übrigen Fingern gegenübergestellt *(opponiert)* und der Unterarm um seine Längsachse gedreht werden. Deshalb wurde die Hand zu einem geradezu idealen Greif-, Erkundungs- und Manipulationsorgan und damit auch zur Grundlage für jede Form der kulturellen Betätigung.

Großhirn und Schädelform. Die Ausbildung der Greifhand förderte die weitere Evolution des Großhirns, das bei Gorilla und Schimpanse große Ähnlich-

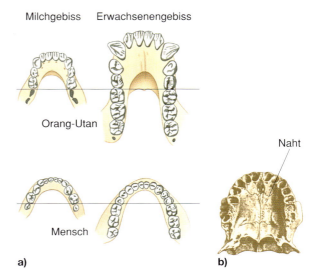

Abb. 437.1: a) Milchgebiss und Erwachsenengebiss beim Orang-Utan und beim Menschen. Beim Orang macht die vordere Region beim Zahnwechsel erhebliche Gestaltveränderungen durch, beim Menschen nicht. Für die Sprachfähigkeit des Menschen ist dies von Bedeutung; **b)** menschlicher Oberkiefer mit nicht verwachsenen Zwischenkieferknochen, sodass die Naht zwischen diesem und dem Oberkieferknochen zu erkennen ist (Zeichnung von WAITZ zu GOETHEs Arbeit)

keit zum menschlichen Gehirn aufweist (Abb. 438.1). Dieses zeigt aber eine viel stärkere Oberflächenentwicklung. Der Hirnschädel hat als Folge der Vergrößerung des Großhirns eine Aufwölbung erfahren, die sich zum Gesicht hin ausdehnt, sodass eine hohe Stirn entsteht. Der Gesichtsschädel ist kleiner, die Schnauze zurückgebildet. Die Überaugenwülste verschwinden, Nasenvorsprung und Kinn treten deutlich hervor (s. Abb. 436.2 und 438.2). Enge Beziehungen bestehen auch zwischen der Zunahme der Gehirngröße und der Evolution der Sprachfähigkeit.

Sprache. Eine Verständigung durch zweckbezogene Lautäußerungen und andere Zeichen ist auch bei Tieren weit verbreitet (z. B. Warn- und Lockrufe). Eine Sprache, die erlernt werden muss und in der Gedächtes in Laute umgesetzt wird, besitzen Tiere nur in Ansätzen. Mit der Sprache verfügt der Mensch über ein Mittel zur vielfältigen Kommunikation; sie ist deshalb die wichtigste Grundlage seiner sozialen Beziehungen. Durch Sprachsymbole (Wörter, Sätze) vermag der Mensch Erfahrungen mitzuteilen.

Voraussetzung für die Sprachfähigkeit sind nicht nur die genannten anatomischen Besonderheiten, sondern auch die Ausbildung eines eigenen *motorischen Sprachzentrums* im Großhirn *(BROCAsche Region; s. Abb. 222.2);* es ermöglicht das zusammenhängende Sprechen.

438 Evolution

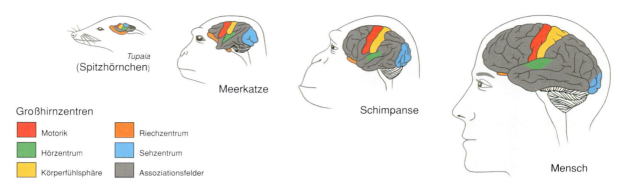

Abb. 438.1: Entfaltung des Gehirns bei den Primaten. Das Großhirn des Spitzhörnchens ist noch ohne Gehirnwindungen. In der Reihe Meerkatze – Schimpanse – Mensch nimmt die Größe des Gehirns, vor allem aber der Großhirnrinde, zu. Die Zunahme der Oberfläche der Großhirnrinde führt zur Ausbildung von immer mehr Gehirnwindungen. Ein ungefähres Maß für die Organisationshöhe des Gehirns ist das Massenverhältnis Großhirnrinde/Stammhirn. Es beträgt bei der Meerkatze (Altweltaffe) 34, beim Schimpansen 50 und beim Menschen 170.

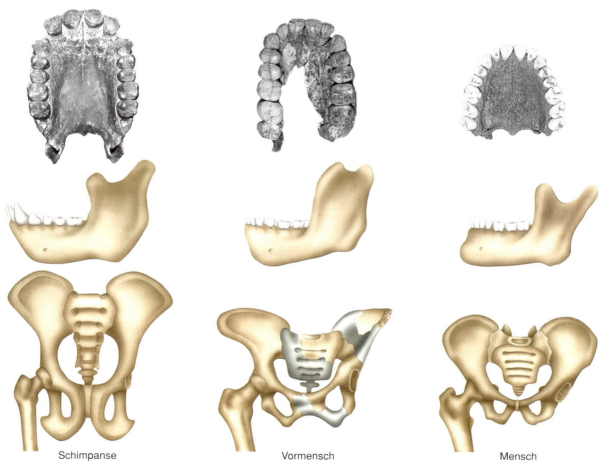

Abb. 438.2: Oberkiefer, Unterkiefer, Becken und Oberschenkel von Menschenaffe (Schimpanse), Vormensch *(Australopithecus)* und Mensch *(Homo)*. **Oberkiefer:** bei Menschenaffen Lücke zwischen Schneidezahn und kräftigem Eckzahn, Backenzahnreihen parallel gestellt; bei Menschen mit eng schließender Zahnreihe, Zahnbogen parabolisch. **Unterkiefer:** bei Menschenaffen stark und groß, ohne Kinn; bei Menschen kurz und mit Kinn. **Becken:** bei Menschenaffen lang und schmal, Oberschenkel ist im Winkel von nahezu 90° zum Schambein angeordnet; bei Menschen: Becken breit, schüsselförmig (trägt Eingeweideorgane), Geburtskanal weit (großer Kopf des Neugeborenen), Oberschenkel in kleinerem Winkel zum Schambein angeordnet (günstig für aufrechten Gang). Die Merkmale von *Australopithecus* liegen zwischen den Merkmalen von Menschenaffe und Mensch; der Oberkiefer ist menschlich gestaltet, die Lage des Oberschenkels zeigt den aufrechten Gang an.

Verstand. Er unterscheidet den Menschen am stärksten von den ihm körperlich nahe stehenden Menschenaffen. Im Vergleich zu ihnen ist er sehr viel weniger an die angeborenen Verhaltensweisen gebunden; er kann sogar diesen zuwiderhandeln (z. B. Hungerstreik). Spezifisch menschlich ist die Fähigkeit, kausale Zusammenhänge zu erfassen. Daher kann er Werkzeuge in viel umfangreicherem Maße als Schimpansen nutzen und Geräte und Werkzeuge selbst herstellen. Alle diese Werkzeuge, wie kompliziert sie auch zusammengesetzt sein mögen, sind im Grunde Hilfsmittel, die Organe nachahmen, ihre Tätigkeit ersetzen, erweitern, verfeinern oder vervielfältigen.

Entscheidend für die Sonderstellung des Menschen ist die Fähigkeit, einsichtig und nach sittlichen Grundsätzen zu handeln. Durch die Fähigkeit, über seine Umwelt und sich selbst nachzudenken, sich die Zukunft vorzustellen, zu planen, individuell erworbene Erfahrung anderen mitzuteilen und durch Schrift und weitere Datenträger aufzubewahren, kann der Mensch sein Schicksal in weitaus stärkerem Maße selbst steuern als irgendein anderer Organismus. Diese Fähigkeiten haben es dem Menschen ermöglicht, seine Lebensweise viel rascher zu ändern, als es einer Tierart bei ausschließlich biologischer Evolution möglich ist. Diese Veränderungen vollzogen sich in den letzten 40 000 Jahren ohne erkennbare Veränderung des Skeletts. Es ist der menschliche Geist, der dem Menschen das spezifisch „Menschliche" verleiht. Aufgrund vieler quantitativer und allmählich abgelaufener Änderungen kommt in der Evolution zum Menschen ein *einzigartiger Qualitätsumschlag* zustande.

4.3 Verlauf der Evolution des Menschen

Die Erforschung der menschlichen Stammesgeschichte geht von drei verschiedenen Ansätzen aus:

1. Untersuchung und Einordnung der Fossilreste, soweit möglich unter Anwendung der absoluten Altersdatierung;
2. molekularbiologische Untersuchungen der Homologie von DNA-Sequenzen und Proteinen von Mensch und Menschenaffen. Wendet man das Prinzip der molekularen Uhr an (s. 3.5.2), so können Zeitpunkte für die Trennung von Evolutionslinien angegeben werden.
3. Untersuchung von gefundenen Werkzeugen, Überresten von Lagerplätzen und dergleichen. Die Befunde lassen sich deuten aufgrund von Feldstudien an heute noch vom Sammeln und Jagen lebenden Bevölkerungen. Die vergleichende Erforschung des Sozialverhaltens von Affen legt die Annahme nahe, dass schon allein die Komplexität der Sozialstruk-

turen einer beträchtlichen Gehirngröße bedarf. Bei der Evolution zum Menschen war diese eine entscheidende Präadaptation.

4.3.1 Vorformen des Menschen

Primaten sind seit dem ältesten Tertiär (seit etwa 65 Millionen Jahren) nachgewiesen; ihre Evolution ist durch zahlreiche Fossilfunde belegt. Vor etwa 40–36 Millionen Jahren erfolgte die Trennung von Breit- und Schmalnasenaffen. Im Oligozän lebten die Parapithecinen, die als Stammgruppe von Schmalnasenaffen, Menschenaffen und Mensch angesehen werden (bekannteste Form: *Aegyptopithecus* aus Ägypten). Sie lebten als Baumtiere. Die gemeinsamen Vorfahren von Menschenaffen und Mensch sind Vertreter der Dryopithecinen des Miozän, von denen mehrere Gattungen bekannt sind. Eine frühe Form in Afrika (sie lebte schon vor mehr als 20 Millionen Jahren) hat den Namen *Proconsul* erhalten. Als eine Landverbindung nach Europa entstanden war, konnten die Dryopithecinen vor etwa 20 Millionen Jahren Europa erreichen. In der Folgezeit entstanden in Eurasien und Afrika zahlreiche Arten, von denen viele schon vor mehr als fünf Millionen Jahren wieder ausstarben. Der älteste Menschenaffenfund in Europa ist *Griphopithecus* (etwa 17 Millionen Jahre alt) aus der Gegend von Sigmaringen. Vor etwa 12–10 Millionen Jahren trennte sich die Evolutionslinie des Orang-Utans ab (Vorfahren im Miozän heißen *Sivapithecus*); die späten Dryo-pithecinen in Afrika sind wohl die gemeinsamen Vorfahren der afrikanischen Menschenaffen und des Menschen. Die weitere Aufspaltung erfolgte vor 9–5 Millionen Jahren, wobei sich zuerst die Gorilla-Linie, später diejenige der Schimpansen abtrennte. Als Bewohner der Savanne konnten die Dryopithecinen nicht mehr ausschließlich auf Bäumen leben; ein immer längerer Aufenthalt auf dem Boden und eine zeitweilige Aufrichtung waren evolutive Folgen.

4.3.2 Menschwerdung (Hominisation)

Klimaveränderungen vor etwa 7,5–5 Millionen Jahren führten in Afrika zu einer Zunahme der Savannenflächen. Verschiedene Tierarten starben aus, insbesondere bei den Huftieren entstanden neue Arten durch Einnischung (s. 3.4.2). Auch die Menschwerdung ist auf Veränderungen der Umweltnutzung (Veränderung der ökologischen Nische) gegenüber jenen Populationen zurückzuführen, die sich zu den Menschenaffen entwickelten. Wahrscheinlich war zunächst die Änderung der Ernährung wichtig, wobei sich der Übergang zum Essen von Aas und Kleintieren (neben der Pflanzennahrung) als vorteilhaft erwies. Bei aufrechter Kör-

Abb. 440.1: Fußabdrücke einer Familie von *Australopithecinen* in vulkanischer Asche, bei Laetoli (Tansania); Alter etwa 3,7 Millionen Jahre. Die Abdrücke zeigen, dass diese Lebewesen aufrecht gingen.

perhaltung konnte die Nahrung besser aufgespürt werden; sie ist außerdem hinsichtlich des Wärmehaushaltes (der direkten Sonnenstrahlung wird eine kleinere Oberfläche ausgesetzt) energetisch günstig. Mit dem aufrechten Gang wurden die Hände frei verfügbar; dies machte Werkzeugbenutzung möglich. Die Zuhilfenahme der Hände bei der Ernährung führte zu einer allmählichen Rückbildung der Kaumuskulatur und damit zu einer Umbildung des Schädels. Zusammen mit dem vielseitigen Gebrauch der Hand verstärkte dies die Tendenz zur Vergrößerung des Gehirns.

Die *Hominisation*, d.h. die Entwicklung der typisch menschlichen Merkmale, umfasste einen mehrere Millionen Jahre währenden Evolutionsvorgang. Es gibt keine scharfe Grenze zwischen „Tier" und „Mensch". Auch verläuft die Entwicklung innerhalb von Populationen mit zahlreichen Individuen. Daher kann der Übergang zum Menschen nicht bei einem einzelnen Individuum aufgetreten sein. Das sichere Merkmal des zum Menschen gewordenen Wesens, seine geistigen Fähigkeiten, lässt sich aus Skelettresten nicht erschließen. Eine Herstellung von Werkzeugen wird als Nachweis solcher Fähigkeiten herangezogen; jedoch lässt sich diese nur für einen Teil der Fossilfunde belegen.

4.3.3 Vormenschen

Jene Formen der menschlichen Evolutionslinie, die noch nicht alle Merkmale der echten Menschen aufweisen und die noch keine gut behauenen Werkzeuge herstellten, bezeichnet man als Vormenschen (Prähominen). Die ältesten Funde dieser Gruppe sind etwas mehr als vier Millionen Jahre alt. Menschliche Merkmale sind die parabolischen Zahnbögen mit nahezu geschlossenen Zahnreihen, der schüsselförmige Bau des Beckens, die gewölbten Füße sowie die zentrale Lage des Hinterhauptloches. Zusammen mit den Skelettresten findet man gelegentlich als Werkzeuge genutzte Steine und zu Hiebwerkzeugen hergerichtete Knochen.

Die zahlreichen Funde aus Ost- und Südafrika, die sich über einen Zeitraum von etwa drei Millionen Jahren erstrecken, erlauben eine Einteilung in mehrere Arten. Die ältesten Fossilreste aus Äthiopien werden als *Ardipithecus ramidus* bezeichnet (4,4–3,9 Millionen Jahre); im Gebiet des ostafrikanischen Turkanasees lebte nahezu gleichzeitig *Australopithecus anamensis* (4,2–3,9 Millionen Jahre), von dem sich vermutlich alle späteren Menschenformen herleiten (Abb. 443.1). Aufgrund zahlreicher Funde gut bekannt ist *Australopithecus afarensis* (Abb. 442.1) aus der Afarsenke Äthiopiens (3,8–2,9 Millionen Jahre). Zu dieser Form gehören auch 3,7 Millionen Jahre alte Fossilfunde und Fußabdrücke aus Laetoli in Tansania, die den aufrechten Gang belegen (s. Abb. 440.1). Jedoch zeigen die Skelettreste, dass Australopithecus auch gut Bäume erklettern konnte. Männliche Individuen waren größer als weibliche. Dieser *Geschlechtsdimorphismus* verringerte sich im Verlauf der Evolution des Menschen; die Frau wurde – in Zusammenhang mit einer Verlängerung der Schwangerschaftsdauer und Zunahme des Geburtsgewichtes – relativ größer.

▶ *Zur Einordnung und Namengebung von Fossilfunden:* Schwierig einzuordnen sind vor allem Skelettreste von solchen Lebewesen, welche der Stammform von zwei sich gabelnden Entwicklungslinien nahe stehen. Man kann die Fossilien dann entweder zur Stammform stellen oder an die Wurzel der einen oder der anderen von ihr ausgehenden Entwicklungslinie. Entsprechend unterschiedlich ist dann die Namengebung für diese Fossilien. Liegen weitgehend gleichaltrige oder nur in wenigen Merkmalen unterschiedliche Fossilreste von zahlreichen Individuen vor, so entsteht das Problem, ob alle Reste zu einer Art gehören (deren Population naturgemäß eine Variabilität aufweist) oder ob zwei verschiedene Arten nebeneinander oder kurz nacheinander gelebt haben. ◀

Von den jüngeren Australopithecinen kam der zierliche, etwa 1,2 m große *A. africanus* (A-Typ) vor allem in Südafrika vor (Abb. 441.1). Zu dieser Art gehört der erste *Australopithecus*-Fund, ein Kinderschädel (gefunden 1924 von R. DART bei Taung; Abb. 442.2). Die robusten, etwa 1,5 m großen *A. robustus* (Südafrika) und *A. boisei* (Ostafrika) gehen vermutlich auf die Ausgangsart *A. aethiopicus* zurück; sie werden wegen ihres früheren Namens *Paranthropus* auch als P-Typ zusammengefasst (s. Abb. 442.3). Die letzten Australopithecinen lebten vor rund 800 000 Jahren. Die jüngeren Australopithecinen gehören nicht in die unmittelbare Vorfahrenreihe des Menschen, sondern sind Teil eines Seitenzweiges der Evolution. Ob Australopithecinen außerhalb Ost- und Südafrika lebten, ist unsicher.

4.3.4 Altmenschen

Als „echte Menschen" *(Euhomininen)* bezeichnet man die Vertreter der Gattung *Homo*, wobei alle diejenigen, die nicht zur heute allein existierenden Art *Homo sapiens* gehören, als Altmenschen zusammengefasst werden. Zahlreiche Funde seit 1980 führten zu vielen neuen Namen; wir beschreiben Gruppen, ohne auf den Rang als Art oder Unterart einzugehen.

Vor etwa 3–2 Millionen Jahren fand eine stärkere Klimaveränderung statt. In Afrika hatte dies Artneubildungen bei etlichen Pflanzenfressern zur Folge. In der menschlichen Evolutionslinie könnte die Klimaänderung eine Ursache für die Entstehung der Gattung *Homo* gewesen sein. Ihre ältesten Reste sind zwischen 2,5 und 2 Millionen Jahre alt; *Homo* muss also rasch entstanden sein. Diesen Befund kann das punktualistische Modell (s. 3.6.2) erklären. Da *Australopithecus* neben *Homo* weiter existierte, müssen die beiden unterschiedliche ökologische Nischen innegehabt haben. Nach Lagerplatzfunden ernährte sich *Homo* in größerem Maße von Fleisch; *Australopithecus* überwiegend oder ausschließlich von pflanzlicher Nahrung.

***Homo-habilis/Homo-rudolfensis*-Gruppe.** Der Name *habilis* (= geschickt) leitet sich von den in den gleichen Schichten gefundenen Werkzeugen her, die man dieser Art zuschreibt. Die ältesten derartigen Werkzeuge sind fast 2,5 Millionen Jahre alt (Abb. 444.1); Fossilreste sind aus der Zeit 2,4–1,6 Millionen Jahre bekannt. Der Schädelinhalt betrug bis zu über 800 ml (Abb. 442.4). Fossilien sind bisher nur aus Afrika bekannt (Olduvai-Schlucht, Turkana-(früher: Rudolf-)See).

***Homo-erectus*-Gruppe.** *Homo erectus* entstand wahrscheinlich durch allmähliche Umbildung aus frühen Formen von *H. rudolfensis*. Eine scharfe Grenze zwischen beiden lässt sich nicht ziehen; der Schädelinhalt ist größer (750–1200 ml). *H. erectus* gab es zunächst nur in Afrika; die ältesten Formen sind 1,9–1,5 Millionen Jahre alt und werden auch als *Homo ergaster* bezeichnet. Ein fast vollständiges 1,6 Millionen Jahre altes Skelett eines Jugendlichen wurde am Turkanasee gefunden. Merkmale sind flache, fliehende Stirn mit starken Überaugenwülsten und fehlendes Kinn (Abb. 442.5). Der dem heutigen Menschen gleichende Oberschenkel lässt auf eine Körpergröße von 1,5–1,8 m schließen.

Schon früh haben *Homo-erectus*-Populationen Afrika verlassen. Sicher über 1,1 Millionen Jahre alt sind Reste aus Dmanisi (Georgien); mindestens gleichaltrig sind die ältesten Funde von Java (Abb. 441.1). So entstand eine östliche Gruppe von *Homo erectus* in Ost- und Südostasien. Zu ihr gehören: der Mensch von Modjokerto auf Java (1,4–1,0 Millionen Jahre); der

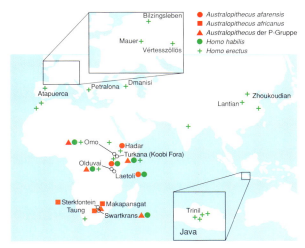

Abb. 441.1: Fundorte von *Australopithecus* und frühen *Homo*-Formen

„*Pithecanthropus erectus*" (erster Fund 1891 von DUBOIS bei Trinil auf Java, 800 000 Jahre); der „*Sinanthropus pekinensis*" (Schädelinhalt bereits 1000 ml, 400 000 Jahre) und zahlreiche weitere Funde aus China.

Eine andere Population erreichte Europa. Hier gibt es Funde aus Spanien, Frankreich, Ungarn, Griechenland und in Deutschland von Mauer bei Heidelberg und von Bilzingsleben (Thüringen). Der bekannteste (und erste in Europa, gefunden 1907) ist der Unterkiefer des *Homo heidelbergensis* (etwa 650 000 Jahre alt). Aus Afrika sind jüngere *Homo-erectus*-Fossilien in Nord-, Ost- und Südafrika gefunden worden.

Bei der Evolution auf der Stufe des *Homo erectus* spielte die Gewinnung und Verteilung der Nahrung eine wichtige Rolle. Ähnlich wie bei sehr ursprünglichen heutigen Sammler-Jäger-Völkern sammelten die Frauen pflanzliche Nahrung und brachten sie zum Wohnplatz. Die Männer beschafften Fleischnahrung durch Jagd in Gruppen. Hierzu war eine Absprache erforderlich. Großwildjagd ist durch den Fund von Speeren (etwa 400 000 Jahre alt) in Schöningen am Harz direkt nachgewiesen. Am Wohnplatz erfolgte die Verteilung und Aufarbeitung der Nahrung mit Hilfe der hergestellten Werkzeuge. So entstanden intensive soziale und wirtschaftliche Wechselbeziehungen, die nur mit Hilfe der Sprache geregelt werden konnten. Daher bestand ein Selektionsdruck auf Verbesserung der Sprach- und Denkfähigkeiten. Dementsprechend beschleunigte sich die Vergrößerung des Hirnvolumens. Gut geformte Feuerstein-Werkzeuge und die an einigen Fundstätten zu beobachtenden Brandspuren weisen *Homo erectus* als echten Menschen aus. Der Gebrauch des Feuers ist vielleicht schon weit über eine Million Jahre, sicher aber 500 000 Jahre alt.

442 Evolution

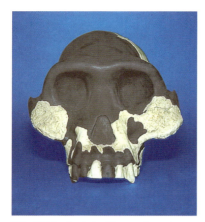

Abb. 442.1: *Australopithecus afarensis,* aus Ostafrika; Rekonstruktion; Alter ca. 4–3 Millionen Jahre

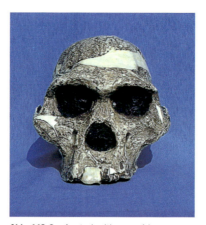

Abb. 442.2: *Australopithecus africanus,* Schädel aus Südafrika (Sterkfontein); Alter ca. 3–2 Millionen Jahre

Abb. 442.3: *Australopithecus boisei,* aus Ostafrika (Turkana-See); Alter ca. 2–1 Millionen Jahre

Abb. 442.4: *Homo rudolfensis,* aus Ostafrika (Turkana-See); Alter ca. 2,4–1,9 Millionen Jahre

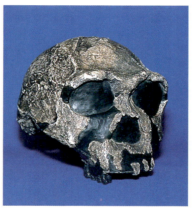

Abb. 442.5: *Homo erectus (Homo ergaster),* aus Ostafrika (Turkana-See); Alter ca. 1,8 Millionen Jahre

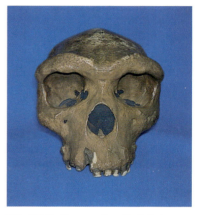

Abb. 442.6: *Homo sapiens* (Archaischer Sapiens), aus Sambia (Broken Hill = Kabwe); Alter ca. 600 000–250 000 Jahre

Abb. 442.7: *Homo sapiens steinheimensis* (Präsapiens, Vorstufe des Neandertalers), aus Steinheim bei Stuttgart; Alter ca. 230 000 Jahre

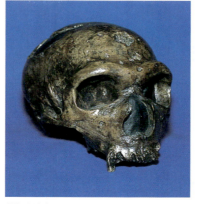

Abb. 442.8: *Homo sapiens neanderthalensis* (Neandertaler), aus La Chapelle-aux-Saints; Alter ca. 150 000–30 000 Jahre

Abb. 442.9: *Homo sapiens sapiens* (früher Jetztmensch), aus Ostafrika (Omo Kibish); Alter ca. 130 000 Jahre

Evolution des Menschen 443

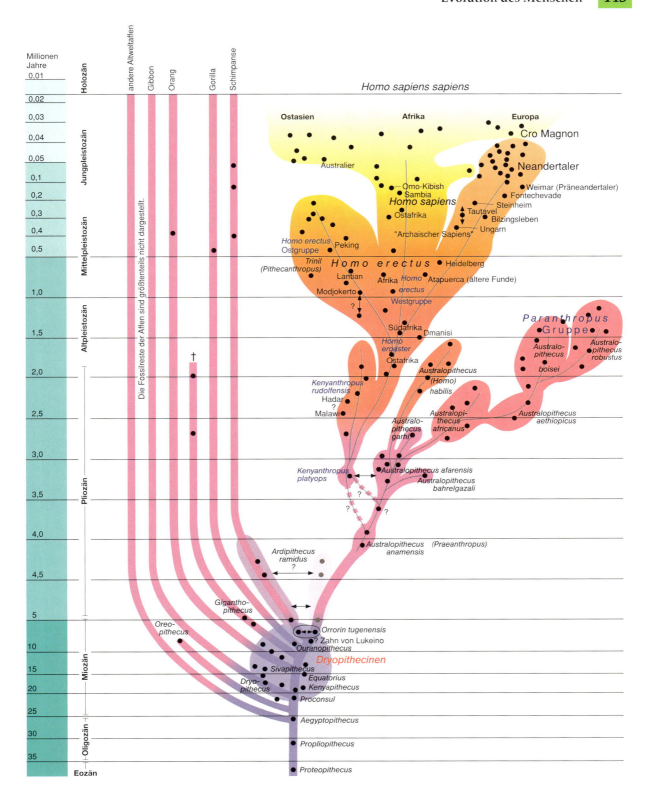

Abb. 443.1: Stammbaum der Menschenaffen und Menschenformen; Kenntnisstand 2001; Zeitmaßstab unterschiedlich (Hintergrundfarbe der Zeitskala beachten!). Von den Funden fossiler Menschenaffen sind nur wenige eingetragen.

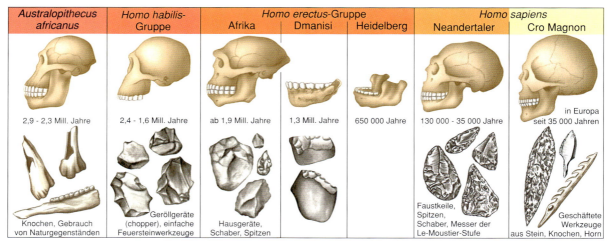

Abb. 444.1: Wichtige fossile Menschenformen. Schädel; Alter; Werkzeuge

4.3.5 Heutiger Mensch (*Homo sapiens*)

Durch Artumbildung entstand aus *Homo erectus* der *Homo sapiens*. Die späten *H.-erectus*-Formen zeigen eine Weiterentwicklung der Schädelform und eine Zunahme des Schädelinhalts auf 1200 ml oder mehr; sie werden daher manchmal als „archaischer Sapiens" bezeichnet (Abb. 442.6). In Europa entwickelte sich daraus die „Praesapiens"-Gruppe mit den Neandertaler-Vorläufern und daraus vor ca. 150 000 Jahren der Neandertaler; in Afrika entstand etwa gleichzeitig die Ausgangsform des Jetztmenschen *Homo sapiens sapiens*. Der wohl am besten erhaltene europäische Praesapiens ist der Fund von Steinheim/Murr (Württ.). Der 1933 von BERCKHEMER gefundene Schädel (Abb. 442.7) ist etwa 230 000 Jahre alt. In seinen Merkmalen steht dieser *Homo sapiens steinheimensis* zwischen *H. erectus* und dem Jetztmenschen: Sein Schädel ist schmal, hat kräftige Überaugenwülste, jedoch eine höhere Wölbung als *H. erectus*, der dritte Backenzahn ist rückgebildet wie bei *H. sapiens sapiens*. Der Schädel von Swanscombe (England) und die Funde von Montmaurin und Tautavel (Frankreich) sind dem Schädel des Steinheimer Menschen ähnlich.

Neandertaler. Den ersten Fund machte FUHLROTT 1856 im Neandertal bei Düsseldorf. Zahlreiche, zum Teil fast vollständige Skelette sind aus Frankreich bekannt. Ein Fundort eines frühen Neandertalers in Deutschland ist Weimar-Ehringsdorf. Der *Homo sapiens neanderthalensis* (Abb. 442.8) war ein kräftiger, großwüchsiger Mensch (1,8 m) mit langen Armen. Der Schädelinhalt betrug oft über 1500 ml und war somit größer als beim Jetztmenschen. Infolge des wenig gewölbten Gaumens und einer höheren Lage des Kehlkopfes war die Lautbildung des Neandertalers schlechter und die Sprache wohl schwerfälliger als die des Jetztmenschen. Die Stirn hatte Überaugenwülste, die Nase war breit und flach, ein Kinn fehlte.

Das Verbreitungsgebiet des Neandertalers war vor allem Europa, reichte aber bis zur Krim und nach Israel. Der Neandertaler trat vor etwa 150 000 Jahren erstmals auf und verschwand in Europa vor 35 000–30 000 Jahren spurlos (in Vorderasien schon früher). Wenig später findet man in Europa nur noch den Jetztmenschen. Dies ist nicht erstaunlich: Wenn man für das Zusammentreffen der beiden Bevölkerungen annimmt, dass die Sterblichkeit der Neandertaler nur um etwa 3 % höher war als die der Jetztmenschen-Population, so musste sich der Jetztmensch innerhalb von 1000 Jahren durchsetzen. Vereinzelt sind Fossilreste gefunden worden, die als eine Mischung von Neandertaler und Jetztmensch zu deuten sind, so z. B. in bei Hamburg.

Jetztmensch. In Afrika sind archaische Sapiens-Formen aus Sambia und Südafrika bekannt. Aus solchen entstand vor etwa 150 000–100 000 Jahren *Homo sapiens sapiens*. Die ältesten Funde stammen aus dem östlichen Afrika (z. B. Omo-Kibish, etwa 130 000 Jahre, Abb. 442.9). Der Schädelinhalt liegt bei ungefähr 1400 ml. Die Befunde der molekularen Verwandtschaftsforschung stehen mit den Fossilaltern in Einklang; sie ergeben eine Entstehungszeit des Jetztmenschen vor 250 000–100 000 Jahren. Populationsgenetische Untersuchungen legen ferner nahe, dass dann eine kleine Bevölkerungsgruppe Afrika verließ und in die eisfreien Teile von Europa und Asien vordrang (s. 4.3.6). In Vorderasien ist der Jetztmensch schon vor etwa 90 000 Jahren aufgetreten, wurde in der Folgezeit dort aber vorübergehend vom Neandertaler verdrängt (vielleicht verursacht durch Klimaveränderungen in der letzten Kaltzeit?). Beim Jetztmenschen besitzt der Schädel keine Überaugenwülste, eine steile Stirn und ein gewölbtes Schädeldach sowie ein deutliches Kinn. Die älteste europäische Form wird nach den Fundorten in Frankreich als *Cro-Magnon-* und *Combe-Capelle-*Mensch bezeichnet. Sie ist wahrscheinlich von Afrika her über Vorderasien eingewandert. Die ältesten Funde in Mitteleuropa stammen aus Oberkassel bei Bonn und aus Tschechien.

Der frühe *Homo sapiens sapiens* verfertigte kunstvolle Steinwerkzeuge und schuf Kunstwerke. Die ältesten Höhlenmalereien in Europa sind etwa 30 000 Jahre alt (Höhle von Chauvet, Ardèche), ebenso die ältesten plastischen Figuren aus Elfenbein (Löwenfrau aus dem Lonetal bei Ulm, s. Abb. 445.1 b).

4.3.6 Die heutigen Menschengruppen

Alle heutigen Menschen gehören zur gleichen Art und Unterart *Homo sapiens sapiens.* Aufgrund der Unterschiedlichkeit der heutigen Menschen in verschiedenen Gebieten der Erde nahm man früh eine Unterteilung in Menschenrassen vor, wobei auffällige Merkmale wie Hautfarbe, Haarfarbe und -form, Gesichtsgestaltung und Körperbau herangezogen wurden. Diese Rassengliederung geht also von einzelnen, gut erkennbaren Merkmalen aus (typologischer Rassenbegriff). Man unterscheidet danach drei große Rassenkreise: *Kaukaside* (Europa bis Indien), *Mongolide* (Ostasien, Indianer Amerikas) und *Negride* (Afrika). Nun haben aber viele Südinder eine dunklere Hautfarbe als manche Negride; schon dieses Merkmal zeigt, dass die Variationsbreite innerhalb eines Rassenkreises größer sein kann als zwischen verschiedenen.

In der Biologie sind Rassen durch Allelenhäufigkeiten in Populationen festgelegt (populationsbiologischer Rassenbegriff). Die genetischen Unterschiede zwischen Populationen lassen sich an monogenen Merkmalen (z. B. Blutgruppen) erfassen. Etwa 85 % der beim Menschen erkennbaren genetischen Variabilität liegen innerhalb der Populationen vor, etwa 8 % betreffen Unterschiede zwischen benachbarten Kulturgruppen und nur 7 % gehen auf Unterschiede zwischen den typologisch definierten Rassen zurück. Die Rassengliederung sagt über die genetisch bestimmten Eigenschaften des Menschen also wenig aus.

Man kann die genetischen Daten mit den Methoden der molekularen Verwandtschaftsforschung erweitern. Dabei werden Unterschiede in den Nucleotidsequenzen außerhalb der Gene *(s. Genetik 4.3.3)* herangezogen, die nicht der Selektion unterliegen. So ermittelte genetische Verwandtschaftsgrade werden zur Populationsgliederung herangezogen; sie erlauben auch

Abb. 445.1: Kunstwerke des frühen Jetztmenschen. **a)** Höhlengemälde von Pech Merle (Südwestfrankreich), Alter ca. 27 000 Jahre; **b)** Löwenfrau vom Lonetal bei Ulm – eines der ältesten plastischen Kunstwerke – Alter ca. 30 000 Jahre; **c)** Venus von Willendorf (Österreich), Alter ca. 25 000 Jahre

Zeitangaben über die Auftrennung. Die so definierten Populationen stimmen mit den Kulturkreisen und den typologischen Rassen weniger gut überein als mit den von Sprachforschern ermittelten Sprachfamilien (s. 4.4). Die Trennung von Populationen geht also oft mit sprachlicher Trennung einher, die dann eine relative Fortpflanzungsschranke bildet. Nach derartigen Untersuchungen liegt bei den Bevölkerungsgruppen Afrikas die größte Allelenvariabilität vor – ein wichtiger Hinweis auf die Entstehung des Jetztmenschen in Afrika. Eine kleine Gruppe wanderte vor über 100 000 Jahren über Vorderasien nach Asien aus und bildete dort Populationen in Westasien, in Nordasien und in Südostasien. Von der Letzteren gelangten vor mehr als 50 000 Jahren Menschen nach Australien (Australide = Aborigines). Von Vorderasien aus wanderte der moderne Mensch vor etwa 40 000 Jahren nach Europa, und von den im Norden Ostasiens lebenden Populationen gelangten Gruppen vor 30 000 Jahren über die damals trocken liegende und vereiste Beringstraße nach Amerika. Die Indianer haben sich rasch in alle Klimazonen des Kontinents ausgebreitet und sich an diese kulturell angepasst. Infolge ihrer weitgehenden

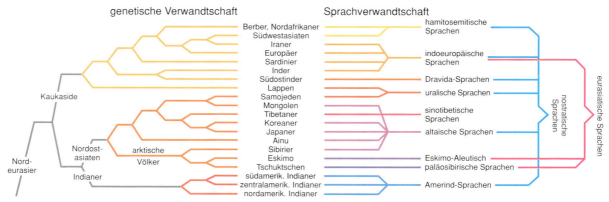

Abb. 446.1: Genetische Verwandtschaft und Sprachverwandtschaft einiger Bevölkerungsgruppen. Wie für Lebewesen lassen sich auch für Sprachen Stammbäume aufstellen (s. Abb. 448.1). Geografische Trennung von Populationen führt zu unterschiedlicher Sprachentwicklung.

Isolation blieben die Indianer genetisch relativ einheitlich. Dies führte dazu, dass sich – nach der Eroberung Amerikas durch die Europäer – eingeschleppte Krankheiten rasch ausbreiteten und die Bevölkerung weit mehr als kriegsbedingt dezimierten.

4.4 Kulturelle Evolution

Kultur ist ein Artmerkmal des Menschen. Man zählt dazu Kunst, Wissenschaft, Technik, Sittlichkeit und Religion. Sie hat genetische Grundlagen und ist abhängig von den Umweltverhältnissen. Durch die Entwicklung der Kultur schafft sich der Mensch im Verlauf seiner Evolution mehr und mehr eine eigene Umwelt: Es kommt zur kulturellen Evolution, die wieder auf die biologische Evolution zurückwirkt (s. *Verhalten* 5.7). Die genetischen Grundlagen der Kultur sind bei der Evolution des Menschen entstanden:

– die außerordentliche Zunahme der Leistungsfähigkeit des Gehirns;
– die Fähigkeit zur sprachlichen Kommunikation; Voraussetzungen dafür sind die Entwicklung der Sprachzentren im Gehirn (s. *Neurobiologie* 5.2.7) und von Kehlkopf und Mundraum zur Artikulation der Laute;
– der aufrechte Gang und die Greifhand mit opponierbarem Daumen.

Die sprachliche Kommunikation und Ausbildung einer Symbolsprache ermöglichen eine Informationsweitergabe an alle Individuen der Gruppe. Dadurch erhöhte sich die Geschwindigkeit der kulturellen Evolution. Da die Informationsweitergabe nicht nur (wie bei der biologischen Evolution) an die Nachkommen erfolgt, wird sie teilweise von dieser abgekoppelt. Die Greifhand ist Voraussetzung für die umfangreiche Werkzeugbenutzung und Werkzeugherstellung.

4.4.1 Sozialverhalten

Für das Sozialverhalten der Menschenvorfahren gelten Überlegungen der Soziobiologie; diese lassen sich daher mit Vorsicht auch auf den heutigen Menschen anwenden. Im Verlauf der menschlichen Evolution sind kulturelle Faktoren allerdings immer wichtiger geworden. Da die kulturellen Leistungen einer Gruppe Einfluss auf ihre Fortpflanzungsrate und damit auf die Zusammensetzung des Genpools haben, entsteht eine sehr komplexe Wechselwirkung zwischen biologischer und kultureller Evolution (biologisch-kulturelle Coevolution). Eine Verhaltensweise kann unter heutigen Bedingungen die Gesamtfitness von Individuen einer Gruppe erhöhen; sie kann aber auch unter früheren Bedingungen vorteilhaft gewesen sein und sich heute negativ auswirken. In isolierten Lebensräumen (bei Fehlen von Konkurrenz) können sich Bräuche, die im Widerspruch zur biologischen Anpassung stehen, lange Zeit erhalten. In Jäger-Sammler-Kulturen spielte die Stabilisierung der Sozialbeziehungen eine erhebliche Rolle, insbesondere in dünn besiedelten Räumen. Daraus entstanden wohl die ersten Rituale. Diese haben also für den Zusammenhalt der Population einen „Nutzen" im Sinne der Soziobiologie (s. 2.5).

4.4.2 Kulturentwicklung in der Vorgeschichte

Die kulturelle Evolution lässt sich nicht wie die körperliche durch Fossilien belegen. Jedoch kann man aus den Werkzeugen (Kulturfossilien), die uns überliefert sind, einige Schlüsse auf den Ablauf der kulturellen Evolution ziehen. Nach Art der verwendeten Werkzeuge unterscheidet man in der Vorgeschichte die *Altsteinzeit (Paläolithikum)* mit behauenen Steinwerkzeugen, die *Jungsteinzeit (Neolithikum)* mit geschliffenen Steinwerkzeugen, die *Bronze-* und die *Eisenzeit*.

Ob die Australopithecinen Werkzeuge selbst herstellten, ist unklar. Sie verwendeten aber Knochen und Gerölle als Werkzeuge. Die ältesten Vertreter von *Homo* (s. Abb. 444.1) stellten aus Geröllen primitive Werkzeuge her. Der *Homo erectus* besaß Werkzeuge aus Knochen und roh behauenen Feuersteinen; Letztere sind hart, spaltbar und geben scharfe Kanten. Angebrannte Knochenstücke an verschiedenen Fundstellen beweisen, dass er das *Feuer* benutzte. Außer der Fundstelle des Peking-Menschen in China und einem Fundort in Ungarn gibt es in Kenia einen 1,4 Millionen Jahre alten Fundplatz mit Brandspuren. Der Neandertaler besaß hoch entwickelte, wenn auch ziemlich grobe Steinwerkzeuge (Kulturstufe des *Mousterien*). Er lebte als Jäger und Sammler in Höhlen, Zelten oder unter überhängenden Felswänden. Die Werkzeuge (Spitzen, Schaber, Kratzer, Bohrer) wurden schon handwerksmäßig hergestellt. Seine Toten hat der Neandertaler förmlich bestattet. Grabbeigaben deuten auf die Vorstellung eines Jenseits hin; er hatte also *religiöse Vorstellungen*.

Die Ablösung des Neandertalers durch den Cro-Magnon-Menschen in Europa vor etwa 35 000 Jahren bezeichnet gleichzeitig einen scharfen Einschnitt in der Kulturentwicklung. Zwar war der neue Mensch der *jüngeren Altsteinzeit* immer noch Jäger und Sammler. Die Feuersteinwerkzeuge wurden jedoch verbessert. Dazu kamen verschiedenartige Knochenwerkzeuge, sogar Nadeln, die auf Herstellung von Kleidung schließen lassen. Pfeil und Bogen wurden erfunden. Künstlerische Leistungen hinterließ er in Form von Tier- und Menschendarstellungen an Felswänden von Höhlen. Aus Knochen und Mammutelfenbein

---

Verhaltensweisen und Zivilisation

Der Mensch lebt als Kulturwesen in der von ihm geschaffenen Zivilisation. Verhaltensanpassungen, die einst bei der Evolution des Menschen oder in den ersten Jäger-Sammler-Kulturen entstanden, sind unter heutigen Bedingungen oft nicht adaptiv und auch gesellschaftlich nicht wünschenswert. Das menschliche Wertesystem hat ebenfalls evolutive Anlagen; dies sagt nichts über die Brauchbarkeit in der Zivilisation aus. Der Befund, dass eine bestimmte Verhaltensweise biologisch angelegt ist, darf nicht zur Folgerung verleiten, dass sie unter den heutigen Bedingungen richtig sei (*naturalistischer Fehlschluss*, **s. Entwicklung 2.1.3**). Menschliches Verhalten ist nicht unveränderlich und der Mensch kann Nachteile seines biologischen Erbes (fehlende Anpassung an die Zivilisation) durch Gebrauch der Vernunft teilweise ausgleichen.

schuf er plastische Kunstwerke (Kulturstufe des *Aurignacien*). Die Mehrzahl der Höhlenmalereien gehören der Kulturstufe des *Magdalenien* an (Abb. 445.1).

Die Übergangsperiode der *Mittelsteinzeit* führte zur **Jungsteinzeit.** Ein Teil der Menschen gab das Nomadenleben auf und wurde zum teilweise sesshaften Viehzüchter oder völlig sesshaften Ackerbauer mit Nutzpflanzen und Haustieren, der sich feste Wohnungen baute, Töpferei und Weberei erfand. In Vorderasien und im Niltal begann dieser Prozess zwischen 10 000 und 8000 v. Chr. Nachdem sich durch die Klimaverbesserung die Wildformen von Getreidearten, Lein und Hülsenfrüchten ausgebreitet hatten, nahm sie der Mensch innerhalb von rund 1000 Jahren in Kultur *(s. Abb. 310.1)*.

Folge dieser veränderten Ernährungsgrundlage („*neolithische Revolution*") war eine starke Bevölkerungszunahme. Unabhängig von Vorderasien geschah Ähnliches vor etwa 7000 Jahren in Ostasien und vor ungefähr 5000 Jahren in Mittelamerika. – Fast gleichzeitig mit dem Ackerbau treten in Vorderasien die ersten Städte auf. Die Kenntnis von Ackerbau und Viehzucht verbreitete sich mit wandernden Bevölkerungsgruppen von Vorderasien über den Balkan auch nach Mitteleuropa, wo die Jungsteinzeit etwa zwischen 5000 und 4000 v. Chr. einsetzte.

Als der Mensch – in Vorderasien ab etwa 5000 v. Chr. – lernte, Metall aus erzhaltigem Gestein zu schmelzen, wurden seine Steinbeile und -waffen allmählich durch Metallwerkzeuge und -waffen abgelöst. Schon ab der mittleren Jungsteinzeit wurde Kupfer verwendet. Darauf folgten dann die **Bronzezeit** (in Mitteleuropa 2000–750 v. Chr.) und die **Eisenzeit** (in Mitteleuropa ab 750 v. Chr.). In Vorderasien und Ägypten wurden um 3000 v. Chr. auch die ersten Schriften entwickelt (sumerische Schrift; Hieroglyphenschrift). Damit geht dort die Vorgeschichte in die durch schriftliche Hinterlassenschaften dokumentierte Geschichte über.

4.4.3 Prinzipien der kulturellen Evolution

Viele Vorgänge im Bereich der kulturellen Evolution verlaufen *analog* zur biologischen Evolution. Neue schöpferische Ideen und Erfahrungen sind für die Kulturentwicklung das, was Mutationen für die biologische Evolution bedeuten: Neuerungen, die der Prüfung durch die Umwelt unterliegen. Brauchbare Ideen setzen sich in einer Population durch, unbrauchbare verschwinden. Durch diese Selektion erfolgt Anpassung der Kultur an die Lebensumstände der Gruppe. Zwischen den Kulturgruppen kommt es zum Wettbewerb, wobei eine Gruppe vorteilhafte Neuerungen der anderen übernehmen kann (kulturelle Assimilation).

448 Evolution

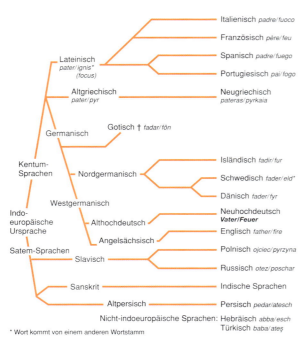

Abb. 448.1: Sprachstammbaum (Evolution von Sprachen) am Beispiel einiger Vertreter der indoeuropäischen Sprachfamilie. Zur Aufstellung eines Sprachstammbaums vergleicht man zahlreiche Wörter der verschiedenen Sprachen auf ihre Zugehörigkeit zu gemeinsamen Wortstämmen. Als Beispiel sind hier die Wörter Vater – Feuer in den verschiedenen Sprachen angegeben. Zum Vergleich sind die entsprechenden Wörter auch für zwei nicht-indoeuropäische Sprachen wiedergegeben.

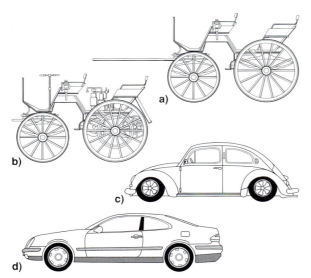

Abb. 448.2: Entwicklung eines Landfahrzeuges. **a)** Pferdekutsche; **b)** Motorkutsche von Daimler (durch den Motor entsteht ein neuer „Stamm" von Landfahrzeugen; dies ist an der äußeren Gestalt aber noch nicht zu erkennen); **c)** Auto um 1950: Trittbretter als „rudimentäre Bildungen"; **d)** modernes Auto (Herkunft von der Kutsche nicht mehr erkennbar)

In der *biologischen Evolution* sehen neue Formen ihren Vorfahren zunächst noch ähnlich (z. B. ursprüngliche Säuger gleichen Reptilien, von denen sie abstammen). Auch in der *kulturellen Evolution* zeigen neuartige technische Konstruktionen oft noch eine auffallende Ähnlichkeit mit ihren Vorgängern, an deren Stelle sie treten. Der erste Dampfer sah aus wie ein Segelschiff, das erste Auto wie eine Pferdekutsche (Abb. 448.2). Wie in der biologischen Evolution rudimentäre Organe auf die Geschichte eines Organismus schließen lassen, so verlieren sich auch in der kulturellen Evolution unnötig gewordene Teile nicht immer sofort.

Räumlich getrennte Gebiete weisen auch eine getrennte kulturelle Evolution auf, wobei sich die entstehenden Kulturkreise in Sitten und Sprache deutlich unterscheiden. Für die *Evolution der Sprachen* kann man deshalb Stammbäume aufstellen (Abb. 448.1). Auf die Beziehungen zwischen populationsgenetischen Gruppen und Sprachgruppen wurde schon hingewiesen.

Trotz auffallender Parallelen zwischen der biologischen Evolution und der kulturellen Evolution gibt es auch grundlegende Unterschiede. Die meisten Fortschritte in der Kultur sind die Folge von zweck- und zielgerichtetem Denken und nicht von richtungslosen Mutationen. Ein Erzeugnis der kulturellen Evolution kann auch mehrere Vorläuferformen und nicht nur eine wie in der biologischen Evolution haben. So sind z. B. in die englische Sprache neben den germanischen Wurzeln zahlreiche Lehnwörter aus dem romanischen Sprachbereich eingedrungen; sie sind Ursache für den außerordentlichen Wortreichtum des Englischen.

Die schöpferischen Einfälle einzelner Menschen sind allerdings ebenso spontan wie die Mutationen bei der biologischen Evolution. Bei der gedanklichen Beschäftigung mit der Lösung eines Problems werden jedoch weniger brauchbare Einfälle schon vor der Verwirklichung wieder ausgeschieden. Denkprodukte, wie z. B. Naturgesetze und technische Erfindungen (Rad, Buchdruck) entstehen nicht durch Variation von bereits Vorhandenem. Solche für die kulturelle Entwicklung wesentlichen Produkte haben Originalität, d. h., sie tauchen gegenüber überkommenen Vorstellungen oft plötzlich auf.

Die verschiedenen Kulturgruppen haben im Laufe der Entwicklung unterschiedliche Lösungen für die gleichen Probleme und Bedürfnisse gefunden (Wohnung, Kleidung, Ernährung, Gesellschaftsform, Kunst). Infolge der heutigen Kommunikationsmöglichkeiten werden Eigenschaften der verschiedenen Kulturkreise untereinander ausgetauscht und die in jedem Kulturkreis vorhandenen Erfahrungen und Ideen lassen sich für alle Menschen nutzbar machen.

GRUNDEIGENSCHAFTEN VON LEBEWESEN

Vererbung. Jede Zelle eines Lebewesens hat ein festgelegtes Programm, das die Informationen für Strukturen und Funktionen des Individuums enthält. Dieses Programm wird an jede Tochterzelle weitergegeben. Welche Teile des Programms sich verwirklichen, hängt vom Bau der Zellen und von ihrer gegenseitigen Beeinflussung ab. Dabei spielen Signalketten eine wichtige Rolle. Die genetische Information einer Zelle ist in der Nucleotidsequenz der DNA gespeichert.

Ontogenie. Der Organismus durchläuft eine für Lebewesen charakteristische Entwicklung vom Keim über das Jugendstadium zur Reife und zum Alter. Diese Entwicklung ist gekennzeichnet durch Wachstum und Differenzierung. Diese Gestaltbildung ist durch das genetische Programm sowie innere und äußere Randbedingungen festgelegt. Innere Randbedingungen sind z. B. die Baustoffe des Organismus, äußere sind Umweltfaktoren, die zu Modifikationen führen. Die Ontogenie beruht also nicht nur auf der Realisierung eines Programms in Form einer Gestaltausbildung, sondern die Gestalt wirkt auf die Verwirklichung des Programms zurück. Dies ist auf der Stufe der Zelle leicht zu erkennen: Die Zelle ist begrenzt durch eine Zellmembran. Diese ist Produkt des Stoffwechsels und Teil der Zelle, zugleich kann die Zelle mit ihrem Stoffwechsel nur mit Zellmembran existieren. Vorgänge und Strukturen bedingen sich wechselseitig. Dies gilt auch für den ganzen Organismus.

Phylogenie. Die Änderungen in der Erbausstattung der Organismen führen zur Neubildung von Formen. Diese neuen Formen werden durch ihre Umwelt laufend einer „Bewertung" unterworfen, wobei die an die jeweilige Umwelt am besten angepassten Formen die größten Fortpflanzungschancen haben. Der genetischen Information muss man somit – im Gegensatz zur Information unbelebter Systeme – einen Wert zuschreiben. Unterschiedlicher Wert der Information führt zur Selektion. Da es schon immer verschiedene Umweltbedingungen nebeneinander gab, kam es in der Evolution durch unterschiedliche Anpassung zu einer Vielfalt der Lebewesen. Aufgrund der *Selektion* sind alle Lebewesen an ihre Umwelt adaptiert.

Der Vorgang der Evolution ist ein Selbstorganisationsprozess. Die Entstehung von Ordnung aus Unordnung (bei geeigneter Zufuhr von Energie) wird durch die *Synergetik* beschrieben. Sie nahm ihren Ausgang von der Erforschung des Lasers in der Physik. In diesem wird durch Elektronensprünge eine Lichtwelle konstanter Frequenz erzeugt, die dann auf die Elektronen so zurückwirkt, dass diese in einen Gleichtakt gelangen, wodurch kohärente Lichtwellen (= Wellen mit konstantem Phasenunterschied) entstehen. Das System geht also in einen geordneten Zustand über. Die Lichtwelle wirkt als ordnendes Prinzip auf die Elektronenübergänge, die dadurch geordnet („versklavt") werden. Entsprechende Vorgänge gibt es bei Lebewesen. In der Ontogenie sind die Konzentrationen von Induktoren, Aktivatoren und Inhibitoren die ordnenden Prinzipien, die in Zellen Entwicklungsvorgänge auslösen und sie so „versklaven". Schon geringe – oft zufällige – Veränderungen in den Bedingungen können den Vorgang der Selbstorganisation beeinflussen und zu anderen Strukturen führen. Daher ist eine Voraussage des Endzustandes eines Systems auch bei genauer Kenntnis des Anfangszustandes nicht möglich.

Organismische Struktur. Die in einem lebenden System ablaufenden Prozesse sind an Strukturen gebunden. Unter Struktur verstehen wir eine gesetzmäßige Anordnung der Grundbestandteile, aus denen ein Gebilde aufgebaut ist. Alles spricht dafür, dass es Leben nur dort gibt, wo Zellen existieren. Aber schon die Zelle ist ein hochgradig strukturiertes System aus Teilbereichen, in denen die für das Lebensgeschehen notwendigen Prozesse geordnet ablaufen. Die aus Zellen aufgebauten Gewebe und Organe sind Strukturen höherer Ordnung, deren Gesamtheit wir Organismus nennen. Die organismische Struktur ist dynamisch. Dies zeigt sich in den Strukturänderungen der Zellkompartimente und äußert sich ebenso in der Zelldifferenzierung und im Gestaltwandel des Organismus.

Entropie und Ordnung. Entropie ist eine physikalische Zustandsgröße wie Druck, Volumen und Temperatur. Man kann sie anschaulich als den Grad an Unordnung eines physikalischen Systems deuten. Hohe Entropie bedeutet einen geringen molekularen Ordnungsgrad, wie er z. B. zwischen den Molekülen eines Gases vorliegt. Systeme mit niedriger Entropie besitzen einen hohen Ordnungsgrad. Schaffung von Ordnung ist stets mit Entropieabnahme gekoppelt. Entstehung von organischer Struktur bedeutet Aufbau von Ordnung und Verringerung der (molekularen) Unordnung. Dazu ist dauernde Energiezufuhr von außen nötig. Die Vorgänge bei der Entwicklung von Lebewesen (Ontogenie) scheinen dem 2. Hauptsatz der Wärmelehre zu widersprechen. Bei der Entwicklung eines Vielzellers nimmt die Ordnung zu, die Entropie ab, weil energiereiche und entropiearme Stoffe als Nahrung aufgenommen und zu energiearmen und entropiereichen Stoffen abgebaut werden (Energiedissipation). Betrachtet man das Lebewesen zusammen mit seiner Umgebung, so nimmt insgesamt die Entropie daher zu, weil die Entropie der Umgebung stärker ansteigt, als die Entropie im Organismus abnimmt. Da stets Stoffe durch ihren Körper fließen, sind Organismen „offene Systeme". Sie streben einem stationären Zustand zu (Fließgleichgewicht), der auch gegen störende Einflüsse von außen aufrechterhalten wird (Homöostase).

ERKENNTNISWEGE DER BIOLOGIE

Erkenntnisse werden erst dann vollständig verstanden, wenn man weiß, wie sie zustande kommen. Die Kenntnis der Methoden befähigt zum Urteil über den Wert und die Grenzen der damit gewonnenen Ergebnisse. Die Biologie als Naturwissenschaft erzielt ihre Erkenntnisse mit naturwissenschaftlichen Methoden. Die Naturwissenschaften bauen auf reproduzierbaren Aussagen auf, die aufgrund von Beobachtungen und Experimenten gewonnen werden. Von ihnen ausgehend bildet man Hypothesen und Theorien.

1 Reproduzierbare Aussagen

Unter einer reproduzierbaren (oder objektiven) Aussage versteht man eine Feststellung, die wiederholt in unabhängiger Weise und von verschiedenen Personen getroffen werden kann. Um zu ihr zu gelangen, muss die strenge Gültigkeit der Logik vorausgesetzt werden. Dazu werden folgende Forderungen erhoben: Unabhängigkeit vom jeweiligen Beobachter, Unabhängigkeit von Übereinkünften und Unabhängigkeit von Glaubens- und Wertvorstellungen und von einer Ideologie. Diese Forderungen können letztlich nicht begründet, sondern nur plausibel gemacht werden; sie sind die „Spielregeln" der Naturwissenschaft. Sie erweisen sich durch die Erfolge der Anwendung der von der Naturwissenschaft gewonnenen Ergebnisse (z. B. Pflanzen- und Tierzüchtung als Anwendung der Genetik) als sinnvoll und gerechtfertigt. Eine weitere wichtige „Spielregel" (Grundannahme, Postulat) für die Naturwissenschaften ist das Kausalitätsprinzip: Jeder Wirkung muss eine Ursache zugrunde liegen und gleiche Ursachen rufen unter gleichen Bedingungen gleiche Wirkungen hervor. Ein wesentliches Ziel der Naturwissenschaften ist es, Kausalbeziehungen festzustellen. Die Erkenntnisse sind natürlich stets abhängig vom technischen Stand der Arbeitsmittel. Dies zeigt z. B. die Geschichte der Zellforschung *(s. Cytologie 1.1)*. Sie sind aber auch abhängig vom zeitbedingten gesellschaftlichen Bewusstsein und damit der Interessenlage in der Wissenschaft. So wurden die MENDELschen Regeln zunächst als unwichtig angesehen; ebenso erging es dem von McCLINTOCK entdeckten Vorgang der Transposition *(s. Genetik 4.2.6)*.

Beobachten. Manche Teilgebiete der Biologie beschränken sich auf das Beobachten und Beschreiben (z. B. die Anatomie). Eine Beobachtung kann in Form einer verbalen Aussage (z. B. der Beschreibung eines Verhaltens), in Form einer Abbildung oder Zeichnung (z. B. bei einer anatomischen Beschreibung) oder in Form einer Tabelle bzw. einer grafischen Darstellung (bei messenden, quantitativen Beobachtungen) nieder-

gelegt werden. Auf die Beschreibung der Erscheinungen folgt der Versuch ihrer Erklärung. Dazu stellt man Überlegungen an, wie eine Erklärung aussehen könnte, d. h., man stellt eine Hypothese auf (s. unten). Diese überprüft man häufig mit Hilfe von Experimenten.

Vergleichen. Viele wissenschaftliche Ergebnisse lassen sich letztlich auf einen Vergleich zurückführen. Vergleichen lassen sich Gegenstände (z. B. DNA-Moleküle), Organismen (Eidechse – Salamander) oder Vorgänge (Fotosynthese – Atmung). Beim Vergleich zweier Erscheinungen wird das Unterschiedliche und das Gemeinsame herausgestellt. Durch den anatomischen Vergleich der Blutkreisläufe sowie der Ausscheidungsorgane verschiedener Wirbeltiergruppen erkannte man, dass ihnen gemeinsame Grundbaupläne zugrunde liegen. Durch Ordnen und Vergleichen wurde das natürliche System der Pflanzen und Tiere gefunden, was wiederum zur Erkenntnis von Abstammungsbeziehungen führte. Auch Vergleiche führen zunächst zu Hypothesen, die dann weiter geprüft werden.

Experimentieren. Will man feststellen, wie eine bestimmte Größe (z. B. die Erregung einer Sinneszelle) durch eine bestimmte andere Größe (z. B. die Reizintensität) beeinflusst wird, bedient man sich des Experiments. Ein Experiment muss so angelegt sein, dass es eine bestimmte Fragestellung eindeutig beantwortet. Es ist also immer das Ergebnis einer Vorüberlegung, die als Arbeitshypothese bezeichnet wird. In der Regel wird darin eine Kausalbeziehung angenommen. Will man klären, ob eine bestimmte Drüse das Wachstum fördert, entfernt man sie einigen Versuchstieren und beobachtet, ob deren Wachstum dann aufhört. Ist dies der Fall, sucht man nach dem wachstumsfördernden Stoff, indem man aus der Drüse eine Reihe von Inhaltsstoffen isoliert und getrennt nacheinander den Versuchstieren einspritzt. Derjenige Inhaltsstoff, der das Wachstum wieder anregt, ist der gesuchte Stoff oder enthält ihn. Häufig sind bei biologischen Experimenten nicht alle Faktoren wirklich konstant zu halten, oft schon deshalb nicht, weil man gar nicht alle kennt. Die Folge ist, dass zwei gleiche Versuche an biologischen Objekten oft nicht identische quantitative Messwerte liefern. Die Messwerte biologischer Versuche streuen deshalb wesentlich stärker als diejenigen physikalischer Versuche. Um den Einfluss solcher nicht genau bestimmbarer oder nicht völlig konstant zu haltender Faktoren auszuschalten, wird ein Experiment mehrmals wiederholt und aus den Messwerten der Mittelwert gebildet. Wegen der oft starken Streuung der Messwerte spielen die mathematischen Verfahren der *Statistik* in der Biologie zur Sicherung der Versuchsergebnisse eine wichtige Rolle.

2 Hypothesen und Theorien

Beobachtungen und Vergleiche führen zu Hypothesen. Die Aufstellung einer Hypothese erfordert zunächst eine Überlegung über mögliche Zusammenhänge zwischen einzelnen Befunden oder Beobachtungstatsachen. Es liegt ihr also eine Idee zugrunde (Abb. 452.1). Daran schließt sich sofort die Prüfung auf Widerspruchsfreiheit und auf Vereinbarkeit mit allen relevanten objektiven Aussagen an. Daraus resultiert eine Arbeitshypothese, die als Grundlage für Experimente dient. Fallen diese positiv aus, so liegt eine etablierte Hypothese der Wissenschaft vor. Ein Beispiel möge den Vorgang der Hypothesenbildung erläutern: MENDEL fand durch seine Experimente die in der Uniformitätsregel und der Spaltungsregel niedergelegten objektiven Aussagen. Er bildete die Hypothese, es gebe selbständige Erbeinheiten, die in den Körperzellen paarweise, in den Keimzellen aber nur in Einzahl vorhanden seien. Diese Hypothese lässt sich nicht logisch aus den objektiven Aussagen herleiten. Auch eine andere Hypothese wäre mit den gleichen Tatsachen vereinbar. Man könnte die von MENDEL gefundenen Spaltzahlen auch damit erklären, dass die Gene in den Körperzellen nicht doppelt, sondern in großer Zahl vorliegen und bei der Geschlechtszellenbildung in zwei nur ungefähr gleiche Hälften geteilt werden.

Eine *Hypothese* ist normalerweise ein (Gedanken-)Modell, das man sich von der Wirklichkeit macht. Dieses Modell muss sich in experimentellen Situationen wie das reale System verhalten. Ein solches Modell kann sehr einfach sein (wie das Modell der selbständigen Erbeinheiten von MENDEL). Es kann aber auch sehr kompliziert sein, wie die Modellvorstellung von der Regulation der Proteinsynthese *(s. Abb. 333.1)* oder wie die Vorstellung von der Steuerung aktiver Bewegungen *(s. Abb. 229.1)*. Jedes Modell soll aus Gründen der Denkökonomie das einfachst mögliche (sparsamste) sein, das zur Erklärung ausreicht (Minimalmodell). Dies ist das „Rasiermesserprinzip", das auf den scholastischen Philosophen W. VON OCKHAM († um 1349) zurückgeht. Stehen zwei Hypothesen zur Auswahl, von denen keine eindeutig als falsch nachgewiesen werden kann, so ist diejenige zu wählen, die mehr Beobachtungen und Aussagen unter einem Gesichtspunkt zusammenfasst und erklärt.

Prüfung von Hypothesen – Deduktion. Eine Hypothese muss geprüft und, falls nötig, weiter verfeinert werden. Dazu werden aufgrund der Hypothese Vorhersagen abgeleitet, die experimentell nachprüfbar sind. Man bezeichnet dieses Verfahren der Herleitung als *Deduktion (s. Abb. 452.1)*. Die Deduktion bedient sich ausschließlich der Logik bzw. mathematischer Herleitun-

gen. Je nach Ausgang des Experiments wird die Hypothese bestätigt oder als falsch erkannt (falsifiziert). Eine einzige objektive Aussage, die mit der Hypothese unverträglich ist, führt zu deren Ablehnung. Dagegen kann eine Hypothese nie endgültig verifiziert werden (d. h. ihre Wahrheit erwiesen werden); durch jede Bestätigung wird ihre Richtigkeit nur wahrscheinlicher. Diese Aussage gilt nicht für Sätze der Art: „Es gibt …" (Existenzsätze). Sie können verifiziert werden (durch eine entsprechende Beobachtung), aber kaum je falsifiziert. Beispiele: „Es gibt schwarze Schwäne" oder „Es gibt einen angeborenen Auslösemechanismus (AAM), der das Verhalten x hervorruft." Solche Existenzsätze sind in der Wissenschaft daher von geringem Wert.

Da Hypothesen nie verifiziert werden können, folgt daraus der hypothetische Charakter aller naturwissenschaftlichen Erkenntnis. Die Annäherung an die Wahrheit erfolgt durch Falsifizierung möglichst vieler alternativen Vorstellungen. Eine vielfach bestätigte Hypothese hat sich bewährt.

Als Beispiel für die Prüfung einer Hypothese seien nochmals die MENDELschen Gesetze erwähnt. Aus der Hypothese, dass die Gene unabhängige Erbeinheiten sind, die in den Körperzellen doppelt, in den Keimzellen aber einfach vorliegen, wird deduktiv das Experiment der Rückkreuzung und das erwartete Ergebnis abgeleitet. Die experimentellen Ergebnisse bestätigen die Hypothese *(s. Genetik 2.1.3)*.

Induktion. Die Ansicht, dass man aus einer großen Zahl bisheriger Beobachtungen auf den nächsten Beobachtungsfall oder sogar auf alle Fälle schließen könne (alle bisher beobachteten Schwäne sind weiß, also sind alle Schwäne weiß) ist unzutreffend. Ein solcher Schluss ist logisch nicht zu rechtfertigen, denn es gibt kein logisches Verfahren, das unter Erhaltung der Sicherheit der Aussage eine Anwendung auf weitere Fälle (Verallgemeinerung) erlaubt. Dennoch verwenden wir im Alltagsleben dauernd solche Überlegungen. Man bezeichnet sie als Induktion. Wir sind überzeugt davon, dass die Sonne morgen wieder aufgeht, obwohl wir das nicht sicher wissen können. Diese Überzeugung beruht auf unserer Erfahrung: Naturvorgänge erwiesen sich bisher als konstant. Möglicherweise besteht auch eine erbliche Disposition, Vorgänge soweit möglich als konstant anzusehen („gleiche bzw. gleichartige Dinge verhalten sich gleichförmig"). Induktiv gewonnene Voraussagen haben keine logische, aber eine praktische Rechtfertigung. Nur mit ihrer Hilfe können wir planen und handeln sowie Gefahren vermeiden (Selektionsvorteil). Wenn alle bisher untersuchten Organismen aus Zellen aufgebaut sind, wird dies bei den nicht daraufhin untersuchten ebenso sein. Wenn die MENDELschen Gesetze für die bisher

452 Erkenntniswege der Biologie

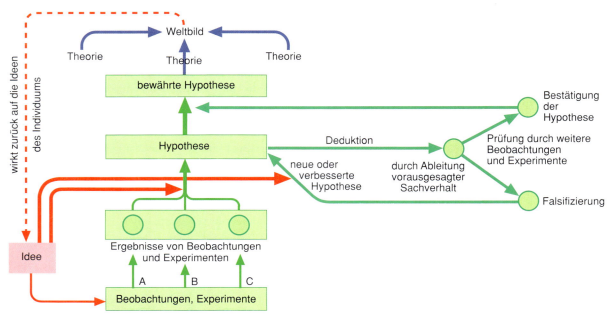

Abb. 452.1: Schema des Erkenntniswegs: Bildung und Prüfung von Hypothesen; Hypothese und Theorie

geprüften Arten zutreffen, so werden sie auch für die anderen gültig sein. Da der Energieerhaltungssatz bisher nie durchbrochen wurde, ist an seiner Allgemeingültigkeit nicht zu zweifeln.

Wissenschaftliche Theorien. Erlaubt eine durch Beobachtung, Experiment und logische Verknüpfung der bekannt gewordenen Einzeltatsachen Schritt um Schritt ausgebaute Hypothese die widerspruchsfreie Einfügung vieler objektiver Aussagen und ist sie vielfach bestätigt, so erhält sie den Rang einer Theorie. Die Bestätigung erfolgt so, dass die Hypothese an deduzierten Folgerungen experimentell vielfach überprüft oder auch verbessert wird (hypothetisch-deduktives Verfahren). Die naturwissenschaftliche Theorie hat vier Funktionen:
– Erfassung eines Themenbereichs durch Schaffung und Handhabung von Begriffen. Diese müssen definiert sein, d. h., ihre Bedeutung und Verwendung muss genau festgelegt sein. (Beispiel: In der Evolutionstheorie werden bestimmte Bauplanähnlichkeiten als Homologie bezeichnet.)
– Zusammenfassung vieler objektiver Aussagen unter einer einheitlichen Hypothese, die sich vielfach bewährt hat (z. B. Homologien werden erklärt durch Abstammungszusammenhänge).
– Möglichkeit von Voraussagen (z. B. weitere Homologien lassen weitere Abstammungszusammenhänge erkennen). Je mehr Voraussagen eingetroffen sind, umso mehr hat sich die Theorie bewährt.

– Fruchtbarkeit: Gelegentlich führen Voraussagen zu Unstimmigkeiten, dadurch werden neue Fragen aufgeworfen, die neue Forschungen auslösen (z. B. in der Evolutionstheorie das Problem des Gradualismus/Punktualismus, *vgl. Evolution 3.6.2*).

Durch fortgesetzte Fehlerkorrektur hoffen wir, uns der Wahrheit zu nähern. Wir wissen aber nicht, ab wann eine Hypothese als hinreichend bewährt angesehen werden darf, um Theorie genannt zu werden. Theorien sind nie endgültig, sondern immer nur richtig nach dem augenblicklichen Stand des Wissens.

Es kann auch vorkommen, dass eine bisherige Theorie nicht infolge Falsifizierung aufgegeben, sondern einfach verlassen wird, weil eine ganz neue, viel überzeugendere Hypothese (ein neues *Paradigma*) zur Erklärung der Tatsachen gefunden wird. Eine solch entscheidende Änderung der Auffassungen (Paradigmenwechsel) kommt einer „wissenschaftlichen Revolution" gleich. Beispiele:
1. DARWINsche Theorie. Sie begründet in überzeugender Weise die Evolution und gibt die Regeln an, nach denen sie abläuft. Sie tritt an die Stelle der Vorstellung von einer einmaligen Schöpfung aller Lebewesen und an die Stelle der Katastrophentheorie von CUVIER.
2. Theorie vom „Gen als Teil der DNA". Sie ist Grundlage der ganzen Molekularbiologie und tritt an die Stelle der Vorstellung, Gene seien hochkomplexe Proteine oder Gene seien nicht stofflicher Natur.

Für fast alle Paradigmenwechsel gilt: Die neue Theorie ist einfacher und umfassender (erklärt mehr Tatsachen) als die vorhergehende und ist daher überzeugender. Die neue Theorie entspricht dem erreichten allgemeinen Bewusstseins- und Erkenntnisstand besser als die alten Theorien. Bewährte Theorien werden durch neue in der Regel nicht völlig umgestürzt, sondern behalten in eingeschränktem Rahmen (als Spezialfall) ihre Gültigkeit. Die Ursache von Schwierigkeiten bei der Anerkennung einer wichtigen neuen Erkenntnis liegt oft in einer Eigentümlichkeit der menschlichen Natur, auf gewohnten Vorstellungen zu beharren.

3 Naturwissenschaftliches Weltbild

Die auf den verschiedenen Gebieten aufgestellten Theorien versucht die Wissenschaft zu einer Einheit, dem naturwissenschaftlichen Weltbild, zusammenzufassen. Dieses Weltbild kann nur ein Teilbild der Welt sein, weil durch die Methode der Naturwissenschaften nichtobjektive Aussagen (Glaube, Wertvorstellungen, Ideologie) ausgeschlossen sind. Außerdem kann es nur ein vorläufiges Bild sein, denn es gibt stets ungelöste Fragen, und alle Theorien werden ständiger Kritik unterzogen. Dass wir richtige Theorien über die Welt bilden können, ist durch die Evolution zu erklären: Nur diejenigen Säugetiere, Vormenschen und Menschen überlebten in der Evolution, die richtige Vorstellungen (selbst einfachster Art) über ihre Umwelt zu entwickeln in der Lage waren. Nur so konnten sie die Vorteile ihrer Fähigkeit zum einsichtigen Handeln ausnützen; denn Vorstellungen über Zusammenhänge in der Umwelt sind die Grundlage jeder gezielten und geplanten Handlung. Diese Ansicht, wonach der Evolutionsvorgang dazu führte, dass der Mensch die Außenwelt einigermaßen zutreffend erkennt, wird als *Evolutionäre Erkenntnistheorie* bezeichnet. (Es handelt sich aber nicht um eine Erkenntnistheorie im philosophischen Sinn, sondern nur um eine Grundlage für eine solche.) Das Verfahren der Erkenntnisgewinnung durch die hypothetisch-deduktive Methode führt dazu, dass im Erkenntnisprozess eine „Welt" hypothetisch rekonstruiert wird; diese bezeichnet man als „reale Welt". Die allgemeinste Naturwissenschaft ist die Physik, sie hat alle realen Systeme zum Gegenstand, und ihre allgemeinsten Gesetze geben daher die Bedingungen der Möglichkeit von Erfahrungen überhaupt an (C. F. VON WEIZSÄCKER). Die Biologie hat die lebenden Systeme und deren Gesetzmäßigkeiten zum Thema. Biologische Systeme sind komplexer als die meisten Systeme der unbelebten Natur. Dies macht es oft schwieriger, allgemeine Gesetzmäßigkeiten zu erkennen und zu prüfen. Zufällige Ereignisse spielen in der Biologie eine größere Rolle als in den meisten Bereichen der Physik; daher sind der Wiederholbarkeit und Voraussagbarkeit engere Grenzen gesetzt. In der heutigen Physik zeigen aber Quantentheorie und Synergetik ebenfalls die Bedeutung von Zufallsvorgängen. Die für die Biologie grundlegende Evolutionstheorie kann als ein spezieller Fall einer allgemeinen Theorie der Synergetik aufgefasst werden.

Wichtig für die Stellung der Biologie im naturwissenschaftlichen Weltbild ist die Frage der Reduzierbarkeit komplexer Systeme. Eine *strenge Reduktion,* d. h. eine logisch-deduktive Ableitung der Biologie aus der Physik und Chemie, ist nicht möglich. Die Methode der Reduktion biologischer Tatbestände auf physikalische und chemische Gesetzmäßigkeiten (methodische Reduktion) ist bisher an keine Grenze gestoßen und hat sich bewährt. Sie wird in den meisten Teilgebieten der Biologie fortlaufend erfolgreich angewendet. Reduktion ist nicht zu verwechseln mit Mathematisierung. Soziobiologische Modelle (s. Evolution 2.5) sind zumeist mathematische Modelle und erweisen sich durch ihre Voraussagen als erfolgreich; eine Reduktion (auf molekularbiologische Grundlagen) erfolgt nicht und ist derzeit auch nicht möglich. Die Welt ist mir nur durch meine Sinnesorgane zugänglich. Die Sinneseindrücke werden mir bewusst durch die Verarbeitung im Gehirn. Das Bewusstsein entsteht durch eine Selbstorganisation des Zentralnervensystems, bei der von angeborenen Strukturen ausgehend fortgesetzt Sinneserfahrungen aufgenommen werden. Das Gehirn hat dabei die Tendenz, eine stabile „Realität" außerhalb seiner selbst anzunehmen, so erschafft es sich seine „Welt". Diese hypothetische Realität könnte eine Illusion sein – darüber wissen wir nichts. Alle Erkenntnis ist Ordnung, die unser Gehirn hervorbringt; erst durch die Ordnung wird sie uns zum Bewusstseinsinhalt. Aber nur ein Bewusstseinsinhalt, der in Begriffe und damit in Worte gefasst werden kann, ist wissenschaftlich sinnvoll. Hieran zeigt sich die enge Verknüpfung von Denken und Sprache. Die *Zeit* ist die einzige Größe, die Bewusstseinsinhalte und physische Phänomene eindeutig verbindet. Daraus ist zu ersehen, dass die Zeit unter den physikalischen Größen eine Sonderstellung einnimmt.

Theorien des Lebens. Alle Erfahrungen der wissenschaftlichen Biologie sprechen dafür, dass die Gesetze der Physik und der Chemie auch für Organismen gelten. Bei Lebewesen finden sich jedoch zusätzliche Eigenschaften, die nur ihnen eigentümlich sind. Die Tatsache, dass Lebewesen Eigenschaften besitzen, die bei unbelebten Systemen unbekannt sind, wurde früher auf völlig unterschiedliche Weise philosophisch gedeutet. Die Vertreter des *Vitalismus* waren der Meinung, ein immaterielles, der Materie übergeordnetes

Prinzip *(Entelechie)* lenke zwecktätig und zielgerichtet die Vorgänge im Organismus. Die Vertreter des *Mechanismus* dagegen lehrten, dass Lebensvorgänge allein durch physikalische und chemische Gesetzmäßigkeiten erklärbar seien.

Die miteinander unvereinbaren Standpunkte von Vitalismus und Mechanismus sind aus der Sicht der heutigen *Systemtheorie* weitgehend gegenstandslos geworden. Ein System, gleichgültig ob belebt oder unbelebt, ist aus Elementen zusammengesetzt, die miteinander in Wechselwirkung stehen. Dies führt zu Eigenschaften, die weder an den Einzelelementen zu beobachten noch als Summe der Eigenschaften der Elemente aufzufassen sind (Prinzip des *Holismus*). Systemeigenschaften entstehen erst durch die Verknüpfung der Elemente zu einem System **(s. *Cytologie 5.4*).** Lebewesen sind hochkomplizierte Systeme. Es ist also zu erwarten, dass sie Eigenschaften besitzen, die keines der beteiligten System-Elemente aufweist. So ist *„Leben"* eine Eigenschaft der Zelle, die deren Teile (Zellorganellen) nicht haben; *Bewusstsein* ist eine Eigenschaft von Lebewesen mit einem hoch entwickelten Zentralnervensystem.

Um festzustellen, welche Eigenschaften ein bestimmtes System besitzt, muss man die Eigenschaften der beteiligten Elemente und die Art ihrer Verknüpfung und gegenseitigen Abhängigkeit im Einzelnen kennen. Dann kann man das System auf einem Computer nachbilden (simulieren) und so eine bestimmte Eigenschaft als Systemeigenschaft erkennen. Eine Simulation ist bis jetzt freilich nur für wenige Teilsysteme (z. B. die Glykolyse; Teile von Signalnetzen) gelungen, nicht jedoch für ganze Zellen oder Organismen. Die Systemtheorie ist noch nicht in der Lage, z. B. die Systemeigenschaften einer Zelle zu simulieren und auf der Grundlage physikalisch-chemischer Gesetze vollständig zu erklären.

Wenn es gelingt, die Eigenschaften eines Systems auf die Eigenschaften der beteiligten Elemente und deren Wechselwirkungen zurückzuführen, so sagt man, diese Systemeigenschaft sei erklärt. Erklären bedeutet in diesem Zusammenhang also, eine Eigenschaft eines lebenden Systems auf die Eigenschaften und Verknüpfungen der beteiligten Elemente zurückzuführen. Dies gilt auch dann, wenn die Eigenschaften der Systemelemente (die ihrerseits wieder Systemeigenschaften eines Systems niedrigerer Ordnung sind) selbst noch nicht auf die nächstniedrige Systemstufe zurückgeführt werden können. So sehen wir eine Erklärung der Eigenschaften eines Zellorganells als zureichend an, wenn wir sie auf die Eigenschaften und Verknüpfungen der beteiligten Moleküle zurückgeführt haben, obwohl deren Moleküleigenschaften nicht vollständig auf die Physik der Atome zurückgeführt sind.

Bewusstsein. Wie wir von uns selbst wissen, sind körperliche (physiologische) Prozesse im Nervensystem eng mit psychischen (seelischen) Vorgängen verknüpft. Mit dem Begriff „psychisch" wollen wir alle jene Vorgänge belegen, die mit dem Entstehen von Empfindungen, Wahrnehmungen, Vorstellungen, Willensregungen, Urteilen u. a. verbunden sind. Ein Beispiel mag dies verdeutlichen: Wir betrachten ein rotes Blatt Papier. Welche Vorgänge führen zu der Aussage: „Das Blatt ist rot"? Physikalisch gesehen, absorbiert das Blatt von den auftreffenden elektromagnetischen Wellen des Sonnenlichts einen Wellenbereich bestimmter Frequenz, ein anderer Teil des Lichtes wird reflektiert und trifft auf die Netzhaut des Auges. In den Sinneszellen wird dann der Lichtreiz durch physikalisch-chemische Vorgänge in ein raumzeitlich geordnetes Muster (Erregungsmuster) von Aktionspotentialen umgesetzt, das über den Sehnerv in die Nervenzellen des Sehzentrums im Gehirn einläuft. Bis hierher können wir den Erregungsvorgang experimentell verfolgen. Es tritt aber jetzt die Wahrnehmung „rot" auf. Sie hat als Bewusstseinsvorgang außer der Dauer keine physikalischen Eigenschaften mehr; sie nimmt keinen Raum ein, hat keine Masse, Energie oder Ladung. Bewusstseinsvorgänge sind damit etwas völlig Neues. Das Bewusstsein hat ein Gedächtnis und Vorstellungen über die Zukunft; es weiß auch um sein eigenes Ende. Zwischen körperlichen Prozessen und psychischen Vorgängen besteht ein Zusammenhang. Wie die Neurobiologie zeigt, ist bewusste Erfahrung an Erregungsmuster in der Großhirnrinde gebunden. Wie sich der Übergang vom raumzeitlichen, physikalisch analysierbaren Erregungsmuster in ein bewusstes Erleben der Außenwelt vollzieht, wie also Bewusstseinsvorgänge in der von uns erlebten Form entstehen, ist von der Biologie zumindest derzeit nicht zu beantworten.

Die derzeit wahrscheinlichste Ansicht über dieses Leib-Seele-Problem ist die Hypothese der psychoneuralen Identität. Sie betrachtet psychische und neuronale Phänomene als zwei verschiedene Erscheinungsformen einer einzigen Wirklichkeit. Bewusstseinsvorgänge treten offenbar dann auf, wenn in bestimmten Teilen des Gehirns ganz bestimmte neuronale Vorgänge ablaufen. In dieser Form ist die Hypothese der psychoneuronalen Identität auch mit Befunden vereinbar, die bei Gehirnoperationen durch elektrische Reizung kleiner Gehirnbezirke gewonnen wurden. Bei der Reizung berichten die betreffenden Patienten u. a. über gewisse Gefühle oder bestimmte Erinnerungsbilder. Solche Bewusstseinsinhalte sind somit durch elektrische Reizung auslösbar. Die Bewusstseinsinhalte haben also eine neurophysiologisch fassbare Entsprechung (Korrelat) im Gehirn. Ein derartiges Korrelat ist einer Kausalanalyse zugänglich, die es als Systemeigenschaft bestimmter Gehirnbezirke erkennt. Damit ist allerdings der Übergang von Erregungsmustern zum Bewusstsein, das nur dem einzelnen Menschen zukommt, nicht erklärt.

Kausalität und Finalität. Hypothesen und Theorien gewinnt man durch Prüfung von Kausalbeziehungen. Im Bereich des menschlichen Handelns gibt es zusätzlich eine zweite Art von Ursache-Wirkungs-Beziehung, die Finalität. Sie ist dadurch gekennzeichnet, dass sich die zeitliche Reihenfolge von Ursache und Wirkung umkehrt. Ein Beispiel: Ein Sprinter startet zu einem Lauf. Ursache für den Lauf ist der vom Sprinter beabsichtigte Zweck, die Distanz in möglichst kurzer Zeit zu durchlaufen und damit vielleicht einen Wettkampf zu gewinnen. Naturwissenschaftliche Erkenntnis beruht auf dem Beziehungsgefüge der Kausalität zwischen Ursache und Wirkung. Finale Ursachen sind mit naturwissenschaftlichen Methoden nicht zu fassen und finale Begründungen in den Naturwissenschaften nicht zulässig. Bei Durchsicht biologischer Texte stößt man aber auf Formulierungen wie „Das Wiesel färbt sich im Winter weiß, damit es im Schnee nicht gesehen werden kann." Hier scheint eine finale Ursache angegeben zu sein. Ist der Satz also unzulässig? Bei genauerer Betrachtung erkennt man, dass die Fragen „Was bezweckt der Läufer mit dem Start?" und „Welchen Zweck hat die weiße Winterfarbe des Wiesels?" nicht gleich gelagert sind. Die erste Frage setzt beim Läufer Einsicht in sein Tun voraus. Die zweite Frage setzt eine solche Einsicht nicht voraus, sondern hat zum Inhalt, welche lebenserhaltende Funktion die Farbe hat. Sie fragt also nach dem Selektionsvorteil (Anpassungswert) dieser Eigenschaft oder, anders ausgedrückt, nach den kausalen Ursachen, die in der Vergangenheit zur Ausbildung eines solchen Merkmals durch Selektion geführt haben. Diese *teleonomische* Fragestellung und Betrachtungsweise steht im Gegensatz zur *teleologischen* Betrachtung, die auf finale Ursachen abhebt. Die teleonomische Art der Fragestellung ist in der Biologie zulässig und sinnvoll, da die Objekte der Biologie stets auch durch kausale Ursachen bestimmt sind, die in der Vergangenheit gewirkt haben. Ohne diese auf die Evolution abhebende Fragestellung ist eine Ursachenbeschreibung in der Biologie unvollständig.

Bei der Untersuchung kausaler Ursachen kann man daher verschiedene Erklärungsniveaus unterscheiden. Die Frage, warum das Fell des Wiesels im Winter weiß ist, kann man unterschiedlich beantworten:

1. weil die Farbstoffbildung in den Haaren unterbleibt;
2. weil es durch die weiße Farbe im Schnee vor Feinden besser geschützt ist und daher einen Selektionsvorteil hat.

Die erste Antwort beschreibt die nächstliegende oder unmittelbare Ursache, die zweite ist die letztendliche oder mittelbare Erklärung.

3.1 Anwendung der Wissenschaftstheorie: Evolutionstheorie und Kreationismus

Der hypothetisch-deduktive Charakter der Grundlagen der Evolutionstheorie ergibt sich aus der Darstellung im Abschnitt 1 des Kapitels Evolution. Die spekulativ vertretene Ansicht einer Evolution wurde zur wissenschaftlichen Hypothese, als DARWIN eine ursächliche Erklärung aufgrund von Beobachtungen und experimentellen Befunden geben konnte. Die Hypothese des Abstammungszusammenhangs aller Lebewesen ermöglicht es, alle Ergebnisse der Biologie und der Paläontologie darin widerspruchsfrei einzuordnen, die Teilgebiete der Biologie in einen Zusammenhang zu bringen und Befunde vieler Teilgebiete besser zu verstehen. Kein Ergebnis der Biologie steht im Widerspruch zur Hypothese der Evolution, aber mit dieser Hypothese sind zahlreiche Voraussagen (über zu erwartende Homologien, über den Aufbau von Genen bei verschiedenen Arten usw.) gemacht worden, und sie wird der Planung von Versuchen fortgesetzt zugrunde gelegt. In keinem Fall wurde die Evolutionshypothese falsifiziert; sie gelangte so schon seit langem in den Rang einer gut begründeten Theorie. Sie steht mit unabhängig davon gewonnenen Ergebnissen der Geologie, Geophysik und Astrophysik in Übereinstimmung, wird durch physikalische Theorien (z. B. Synergetik) untermauert und so zu einem Bestandteil des naturwissenschaftlichen Weltbildes.

Gelegentlich wird die Ansicht vertreten, beim Evolutionsgeschehen handele es sich um experimentell nicht zugängliche Ereignisse, welche die Naturwissenschaft prinzipiell nicht behandeln könne. Dies trifft nicht zu, denn die Artbildung – die den Evolutionsvorgängen zugrunde liegt – ist ein häufiger und in einigen Fällen (bei Pflanzen und Mikroorganismen) beobachteter und sogar experimentell nachvollzogener Vorgang. Eine Sonnenfinsternis ist auch nicht experimentell prüfbar, aber sehr genau vorauszuberechnen. Dagegen gibt es für Mitteleuropa keine verlässliche Wettervorhersage über mehr als vier bis fünf Tage, obwohl nur physikalische Faktoren als Ursachen wirken und die Vorgänge nicht einmalig sind. Die Grundprinzipien der Wetterentstehung können durch die Synergetik beschrieben werden, die auch die theoretische Grundlage für die Beschreibung der Evolutionsvorgänge liefert. Allerdings sind die der Evolution zugrunde liegenden Mutationen zufällig, d. h. nicht beliebig wiederholbar. Aus diesem Grund ist auf keiner Stufe der Evolution der nächste Evolutionsschritt vorhersehbar. Darin besteht die prinzipielle *Offenheit* jedes evolvierenden Systems. Man kann also z. B. nicht angeben, warum in einer bestimmten Tiergruppe Mutationen in einer bestimmten Reihenfolge eintraten, sodass in einer verhältnismäßig kurzen Zeit ein neuer Tierbauplan entstand (vgl. Bauplan der Gliedertiere oder der Wirbeltiere). Man spricht daher hier von „Zufall".

Es ist nicht sicher, dass die derzeitige Evolutionstheorie bereits alle an der Evolution beteiligten Ursachen vollständig erfasst hat. Die Evolutionstheorie ist deshalb nur eine hinreichende Theorie; sie kann zwar die heute bekannten Erscheinungen erklären, gibt aber vielleicht keine vollständige Ursachenbeschreibung, weil es weitere, bisher unbekannte Evolutionsfaktoren geben könnte. Das Erkennen der Abstammungsverhältnisse ist abhängig von den verfügbaren Quellen **(s. Evolution 3.1 und 3.5)**.

Der Evolutionstheorie werden gelegentlich die Ansichten des Kreationismus („Schöpfungslehre") gegenübergestellt. Diese unterscheiden sich von der Evolutionstheorie in folgenden Hauptpunkten:

– Das Leben entstand durch einen einmaligen Schöpfungsakt. Die Lebewesen wurden in der jetzt bekannten Vielfalt geschaffen; sie haben sich nicht aus gemeinsamer Urform mit zunehmender Komplexität entwickelt. Viele Lebewesen sind seit der Schöpfung ausgestorben.

– Erde und Lebewesen bestehen erst seit einigen 10 000 und nicht schon seit Milliarden Jahren.

– Mutation und Selektion können nur Variationen innerhalb der Artgrenzen erzeugen, nicht aber neue Arten und kompliziertere Lebensformen.

Diese Ansichten gehen auf eine wörtliche Interpretation des biblischen Schöpfungsberichtes zurück. Dieser besteht seinerseits aus zwei nicht identischen Darstellungen (Genesis 1 und Genesis 2, Vers 4 ff.). Er wurde in einer Form verfasst, die dem Weltbild der vorderasiatischen Kulturen vor mehr als 2500 Jahren entsprach. Er hat nicht den Stellenwert eines Modells, sondern ist ein Glaubenszeugnis, das den ganz anderen Aspekt einer Gewissheit gleichnishaft beschreibt.

Der Kreationismus erkennt die im Vorstehenden dargestellten Grundprinzipien der Naturwissenschaften nicht an und kann daher keine naturwissenschaftlichen Hypothesen liefern. Nimmt man eine Schöpfung im Sinne des Kreationismus an, so ist daraus keine falsifizierbare Hypothese abzuleiten; daher ist diese Ansicht wissenschaftlich leer. Der Erklärungs- und Voraussagewert kreationistischer Ansichten ist viel geringer als jener der Evolutionstheorie. Daher wäre nach dem heutigen Stand der Wissenschaft die Evolutionstheorie auch überlegen, wenn es sich beim Kreationismus um eine wissenschaftliche Hypothese handelte.

Die Evolutionstheorie kann zu folgenden Fragen führen:

– Was ist der Sinn der Evolution?

– Warum hat die Evolution zum Menschen geführt, einem Wesen mit Geist, d. h. mit der Fähigkeit zum Nachdenken und vernünftigem Handeln?

– Was steckt hinter dem, was die Naturwissenschaft als „Zufall" beschreibt?

Solche Fragen lassen sich mit den Methoden der Naturwissenschaft nicht lösen. Antworten darauf sind dem persönlichen Glauben überlassen. Für einen christlichen Naturwissenschaftler ist nach Worten von KEPLER die Naturwissenschaft eine Methode, um göttliche Schöpfungsgedanken zu erkennen. DARWIN hat dies so ausgedrückt: „Es ist wahrlich etwas Erhabenes um die Auffassung, dass der Schöpfer den Keim allen Lebens, das uns umgibt, nur wenigen oder gar nur einer einzigen Form eingehaucht hat und dass, während sich unsere Erde nach den Gesetzen der Schwerkraft im Kreise bewegt, aus einem so schlichten Anfang eine unendliche Zahl der schönsten und wunderbarsten Formen entstand und noch weiter entsteht."

3.2 Soziobiologie und Weltbild

Viele Verhaltensweisen des Menschen haben eine erbliche Grundlage. Daher gibt es Grenzen der Anpassungsfähigkeit, so wie es auch Grenzen der Lernfähigkeit gibt **(s. Soziobiologie, Evolution 2.5)**. Deshalb kann die Verhaltensforschung Aussagen über die Grenzen der Belastbarkeit des Menschen im Hinblick auf Verhaltensaspekte machen und so die Grenzen sinnvoller Forderungen abstecken (So benötigt der Mensch z. B. einen Individualraum. Wird ihm dieser für längere Zeit verweigert, so führt dies zu psychischen Schäden). Der Mensch ist allerdings auch in der Lage, entgegen seinen biologischen Anlagen zu handeln (er kann z. B. in den Hungerstreik treten). Die Ursache sehen wir darin, dass der Mensch einen freien Willen besitzt. Die Willensfreiheit ist ein Begriff, der aus unserer subjektiven Sicht der „Welt" stammt (ähnlich wie Gefühle). In der „objektiven" Beschreibung der Welt kommt er nicht vor. Um die Freiheitserfahrung des Einzelnen mit dem Kausalprinzip in Einklang zu bringen, bedarf es philosophischer Überlegungen (z. B. SPINOZA, KANT). Die Soziobiologie als biologische Disziplin kennt die Willensfreiheit nicht. Willensfreiheit und Sinn des Seins vermag die Biologie nicht zu deuten. Aus dem Wissen um diese Grenze erwächst die Haltung, die in dem Wort GOETHEs zum Ausdruck kommt: „Das schönste Glück des denkenden Menschen ist, das Erforschliche erforscht zu haben und das Unerforschliche ruhig zu verehren."

4 Biologie und Ethik

Die Ethik befasst sich mit der Begründung von Regeln, die einer Gruppe von Menschen oder sogar der ganzen Menschheit als Richtschnur des Zusammenlebens dienen. Ein System solcher Regeln, die das Handeln gegenüber sich selbst, den Mitmenschen oder der Natur als gut oder schlecht bewerten, bezeichnet man als **Moral.** Die Zehn Gebote sind ein Beispiel eines solchen Regelsystems. Danach gelten bestimmte Handlungen als gut (z.B. Helfen), andere als schlecht (z.B. Lügen). Die Tätigkeit von Biologen unterliegt ebenfalls der moralischen Bewertung. Wissenschaftler untersuchen die Natur als neutrale Beobachter; ihre Ergebnisse werden in erster Linie danach beurteilt, ob sie dem Erkenntnisfortschritt dienen, d.h., ob sie richtig oder falsch sind (*wissenschaftliche Bewertung*). Ihre Arbeiten können aber auch das allgemeine Wohl fördern, indem sie z.B. Wege zur Verringerung des Treibhauseffektes, zum Artenschutz oder zur Heilung von Krankheiten aufzeigen. Umgekehrt kann mit Forschungsergebnissen auch Unheil angerichtet werden.

Zur Beantwortung der Frage: *Wie sollen wir handeln?* ist es vorteilhaft, grundlegende Regeln (Prinzipien) anzugeben, die als Richtschnur für den Einzelfall dienen können. Je nach Art dieser Regeln unterscheidet man verschiedene ethische Ansichten.

Das Prinzip „Verhelfe möglichst vielen Menschen zum größtmöglichen Glück" (*Nützlichkeitsprinzip*) wird als *utilitaristisches Prinzip* bezeichnet. Danach wird der Wert einer Handlung an der Qualität der Folgen bemessen. Überwiegen die Folgen, die das Wohlergehen Vieler fördern, so gilt die Handlung als „moralisch richtig". Allerdings erhebt sich alsbald die Frage, was „Wohlergehen" ist. Dazu bedarf es zusätzlich einer Hierarchiebildung der Werte. Ohne solche kann nicht entschieden werden, ob z.B. freie Fahrt auf der Autobahn dem allgemeinen Wohl besser dient als ein geringerer Kohlenstoffdioxidausstoß bei Geschwindigkeitsbeschränkung. Die Hierarchisierung von Werten ist gesellschaftsabhängig, sie erfolgt immer wieder neu. Über allgemeine Ziele besteht allerdings weitgehend Konsens. Dazu gehören der Schutz der Biosphäre, die Erhaltung der Lebensgrundlagen des Menschen sowie die Ermöglichung eines menschenwürdigen Lebens, das mehr ist als die nackte Existenz. Jedoch wird die Frage, mit welchen Mitteln diese Ziele erreicht werden, kontrovers diskutiert. Eine andere Grundregel, von der ausgegangen werden kann, ist das *kategorische Prinzip* (KANT): Handle stets so, dass deine Prinzipien Grundlage einer allgemeinen Gesetzgebung sein könnten und dass du Menschen (auch dich selbst) stets zugleich als Zweck und niemals nur als Mittel brauchst. Es besteht weitgehend Einigkeit, dass dieses Prinzip ein notwendiges Kriterium moralisch richtigen Handelns ist, aber es ist fraglich, ob es ausreicht, das Richtige zu erkennen. Das Problem der Werte-Hierarchisierung entsteht hier ebenso.

Nun gibt es auch unterschiedliche ethische Grundeinstellungen der Menschen. Für gesellschaftliche Aspekte ist dabei eine Zweiteilung ausreichend (M. WEBER):

– Vorhersehbare Folgen einer Handlung sind abzuschätzen und müssen verantwortet werden. Konkrete Handlungsanweisungen stehen im Zusammenhang mit der Erfahrung, dem gewonnenen Wissen, und sind veränderbar (*Verantwortungsethik*).

– Entscheidend sind die ethischen Prinzipien, die nach ihrer Akzeptanz vom Einzelnen nicht mehr hinterfragt werden müssen. Verantwortung besteht allein vor dem Gewissen, das diese Prinzipien für sich anerkannt hat (*Gesinnungsethik*).

Als ein solches Leitprinzip kann z.B. festgelegt werden: Moralisch richtig sind Handlungen, die dem Menschen als Person gerecht werden (*personalistische Ethik*). Jede Person besitzt einen absoluten Wert (*Würde des Menschen*) und genießt daher unbedingten Schutz; deshalb ist das Leben des Menschen unantastbar. Wird dieses Prinzip zur alleinigen Grundlage des Handelns gemacht, so wird z.B. eine Analyse von Genen als Entscheidungsgrundlage für oder gegen einen Schwangerschaftsabbruch abgelehnt. Mögliche Folgen einer Disposition für eine Erbkrankheit bleiben unberücksichtigt; es zählt nur der hohe Wert des menschlichen Lebens von Anfang an. Die Unterschiede in der Argumentation können zu widersprüchlichen Ergebnissen führen. So werden Experimente mit menschlichen Embryonen aus personalistischer Sicht abgelehnt, aus verantwortungsethischer z.T. jedoch befürwortet, und zwar aus Gründen des medizinischen Fortschritts. Moralische Probleme können also mehrere richtige Lösungen haben, die mit KANTs Grundprinzip im Einklang stehen. Im Falle des Experimentierens mit Embryonen gab für den Gesetzgeber in Deutschland, der es verbot, die erstere Argumentation den Ausschlag, für den in Großbritannien, der es nicht verbot, die letztere. Gesinnungsethisch, aber nicht personalistisch, ist die Auffassung, dass Tierexperimente grundsätzlich verboten werden sollten. Es gibt gute Gründe, Experimente mit Tieren auf das notwendige Maß zu beschränken und ihnen vermeidbare Schmerzen zu ersparen. Jedoch muss vermieden werden, ganze Bereiche der medizinischen Forschung zu hemmen, was schwerwiegende Folgen für Leben und Gesundheit des Menschen hätte. Die Biologie kann bei der Diskussion moralischer Probleme nur darlegen, was aus naturwissenschaftlicher Sicht der Fall ist. Die Begründung von Normen ist Sache der Ethik.

BAUPLÄNE DER LEBEWESEN

Die Lebewesen treten uns in einer ungeheuren Formenmannigfaltigkeit entgegen. Vergleicht man sie aber bezüglich der äußeren Gestalt und des inneren Baus, dann lassen sie sich auf verhältnismäßig wenige *Organisationsformen* zurückführen, deren Vertreter in allen wesentlichen Grundzügen des Bauplanes übereinstimmen. Diese Gruppierung ist zugleich *Ausdruck der natürlichen Verwandtschaft (s. Evolution 3.1).* Man bezeichnet sie deshalb als **das natürliche System der Lebewesen.** Die nachstehende gedrängte Übersicht über die Baupläne gibt daher auch einen Überblick über die natürliche Gliederung des Pflanzen- und Tierreichs.

Als Erste gaben der griechische Naturforscher und Philosoph ARISTOTELES (384–322 v. Chr.) und seine Schüler einen umfassenden Überblick über die damals bekannten Tiere (etwa 520) und Pflanzen. Ihr Werk blieb das ganze Mittelalter hindurch die Grundlage für die Beschreibung und Einteilung der Lebewesen. Etwa zweitausend Jahre später unternahm dann der Schwede CARL VON LINNÉ (1707–1778) erneut den Versuch, Ordnung in die Fülle der inzwischen bekannt gewordenen Lebensformen zu bringen. In seinem erstmals 1735 erschienenen Epoche machenden Werk „*Systema naturae*" – das System der Natur – beschrieb er zuletzt mehr als 8500 Pflanzen und 4236 Tiere. Er verwendete für die Namengebung die lateinische und griechische Sprache, die von den Gelehrten aller Länder verstanden wurden. Auch führte er die heute noch gebräuchlichen Doppelnamen ein (z. B. *Canis familiaris,* der Haushund; *Canis lupus,* der Wolf; *Prunus spinosa,* der Schlehdorn; *Prunus avium,* die Süßkirsche), wobei der erste die Gattung, der zweite die Art angibt, sodass schon der Name die Zugehörigkeit zu einer Gruppe ähnlich gebauter Lebewesen erkennen lässt. Sein damals allgemein anerkanntes System war ein *künstliches System,* da er zur Unterscheidung und Einteilung der Lebewesen vornehmlich äußere, leicht erkennbare Merkmale verwendete. Ein solch künstliches System würde z. B. den Delfin zu den Fischen stellen. Es wurde im Verlauf des 19. Jahrhunderts nach Aufkommen der Evolutionslehre durch das *natürliche System* des Pflanzen- und Tierreichs ersetzt. Heute kennt man etwa 400 000 Pflanzenarten und über 1,5 Millionen Tierarten, und jedes Jahr kommt eine Vielzahl neuer Organismenarten hinzu. Insbesondere von den Mikroorganismen ist bisher wohl nur ein kleiner Teil bekannt.

Nach den Grundmerkmalen der Zelle unterscheidet man die *Prokaryota* (mit Protocyte) und die *Eukaryota* (mit Eucyte). Die Prokaryota bestehen aus zwei völlig selbständigen Gruppen, den Bakterien und den *Archaea* (früher: Archaebakterien). Diese beiden werden zusammen mit den Eukaryota (= Eukarya) als die drei grundlegenden „Domänen" des Organismenreiches bezeichnet.

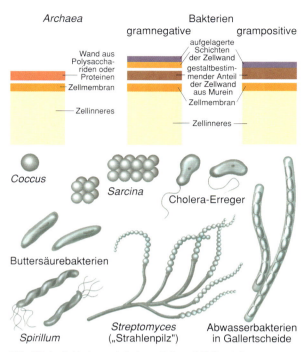

Abb. 458.1: Bakterien und *Archaea.* Zellwand, Zellgestalten

Bacteria. Sehr kleine und einfach gebaute einzellige Lebewesen. Vermehrung durch Teilung (Spaltung). Viele bilden Dauersporen aus. Der gestaltbestimmende Teil der Zellwand besteht aus Kohlenhydratketten, die durch Peptidketten vernetzt sind (Murein) (s. Abb. 458.1). Es gibt kugelige, stäbchenförmige und schraubige Bakterien. Manche bewegen sich mit Hilfe von Flagellen. Die Bakterien sind überall verbreitet; ihre Lebenstätigkeit ist an Feuchtigkeit und organische Stoffe gebunden, von denen sie sich ernähren (heterotrophe Lebewesen). Doch können sich einige Arten auch selbständig, autotroph, von anorganischen Stoffen ernähren. Als Krankheits-, Fäulnis- und Gärungserreger sind die Bakterien außerordentlich bedeutungsvoll. Eine gewisse Sonderstellung hat die Gruppe der **Cyanobakterien** (Blaualgen); sie besitzen Chlorophylle und eine Fotosynthese, die jener der Pflanzen gleicht. Sie bilden z. T. Kolonien, z. T. haben sie eine fädige Organisation (s. Abb. 459.1). Beispiele: Gallertalge *(Nostoc)* auf feuchter Erde, Schwingalge *(Oscillatoria)* im Schlamm verschmutzter Gewässer.

Archaea. Der Aufbau der Zellwand, der Zellmembran und etliche Stoffwechselreaktionen sind anders als bei den Bakterien. Viele Arten sind anaerob. Hierher gehören die Methanbildner, die Salz„bakterien" und Bewohner anderer Extremstandorte. Einige Arten leben bei über 100 °C.

Eukarya. Hierzu gehören die eukaryotischen Einzeller *(Protista),* die Pflanzen und die vielzelligen Tiere. Nach dem Herkommen wird das Pflanzenreich in Abteilungen, das Tierreich in Stämme gliedert. Am Anfang stehen heterotrophe („tierische") Einzeller, die noch nicht alle Merkmale der Eucyte aufweisen. Sie heißen **Archaeozoa.** Einzeller ohne Mitochondrien, zum Teil auch noch ohne Geißeln. Hierher gehören z. B. die mitochondrienlosen *Archamoeba* und die Trichomonaden (Parasiten menschlicher Schleimhäute). Der Erreger der Bienenruhr *(Nosema)* wird neuerdings als Übergang zu Pilzen angesehen.

Ursprüngliche Einzeller leben oft zum Teil autotroph, zum Teil heterotroph, sodass man sie ins Pflanzen- und Tierreich einordnen kann.

Kinetoplastida. Tierisch lebende Einzeller, die sich durch Geißeln bewegen. Viele sind Parasiten, z. B. die Trypanosomen.

Euglenophyten. Einzellige Geißelalgen. Als Beispiel ist *Euglena* in der Einleitung beschrieben.

Alveolata. Aufgrund der Ergebnisse der molekularen Evolutionsforschung zu einer Gruppe zusammengefasst; hierher gehören:

a. **Panzerflagellaten** *(Dinophyten):* Die meisten Arten leben autotroph (als „einzellige Algen"); viele mit Panzer aus Cellulose. Hierher gehören die Dreihornalge *(Ceratium)* und das Meeresleuchttierchen *(Noctiluca).* Einige Arten als Endosymbionten in Tieren (z. B. Korallen)

b. **Apicomplexa:** Parasiten, die sich durch Bildung von Sporen vermehren („Sporentierchen"; z. B. Malariaerreger Plasmodium)

c. **Wimpertierchen** *(Ciliaten):* mit Wimpern zur Bewegung und mit zwei Zellkernen (Pantoffeltierchen, Glockentierchen).

Weitere Einzeller können dem Pflanzen- bzw. Tierreich zugeordnet werden und zeigen Verwandtschaft zu unterschiedlichen Gruppen von Vielzellern. Sie werden daher mit diesen zusammengefasst.

Pflanzenreich. Die einfach organisierten Algen sind Pflanzen, die fadenförmige, flächige oder körperliche Verbände bilden. Ihr Körper ist nicht in Wurzeln, Stängel und Blatt gegliedert, sondern bildet ein so genanntes Lager *(Thallus),* daher auch die Bezeichnung *Lager-* oder *Thalluspflanzen.* Die meisten von ihnen leben im Wasser; die Nährstoffe werden mit der ganzen Körperoberfläche aufgenommen.

Chromista. Gruppe pflanzlicher Ein- und Vielzeller, deren Plastiden aus einem eukaryotischen Endosymbionten hervorgegangen sind (sekundäre Endosymbiose, *s. Abb. 415.1).* Da die „Wirtszelle" eine farblose (also „tierische") Eukaryotenzelle war, werden sie auch als zoocytische Algen bezeichnet.

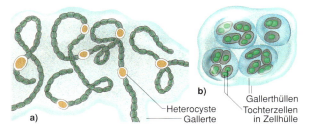

Abb. 459.1: Cyanobakterien (Blaualgen). **a)** *Nostoc.* Heterocysten sind Zellen, in denen Luftstickstoff gebunden wird. **b)** *Gloeocapsa-*Kolonie. Solche Kolonien bilden die „Tintenstriche" an feuchten Felsen in den Alpen.

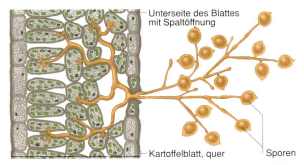

Abb. 459.2: Falscher Mehltau der Kartoffel (Kartoffelschimmel) im Kartoffelblatt. Ungeschlechtlich gebildete Sporen werden an Hyphen-Enden abgeschnürt.

Abteilung: Cryptophyten (etwa 120 Arten). Einzellige Algen mit zwei Geißeln und abgeschrägtem Vorderende, mit Farbstoffen ähnlich jenen der Cyanobakterien.

Abteilung: Gold- und Braunalgen (etwa 15 000 Arten). Ihr Chlorophyll ist von gelben oder braunen Farbstoffen verdeckt. Hierher gehören die einzelligen, unbegeißelten Kieselalgen *(Diatomeen),* in deren zweiteilige, schachtelartig übereinander greifende Schalen Kieselsäure eingelagert ist. Sie sind wichtige Planktonorganismen. Ferner gehören dazu einzellige begeißelte Formen und viele Fadenalgen, aber auch Arten, die band- und strauchförmige Zellkörper aufbauen; ihre äußere Gliederung erinnert an Wurzeln, Stängel und Blätter. Bei den höchstentwickelten Formen kommt es zu Zelldifferenzierungen und Anfängen von Gewebebildung. Sie leben im Meer, bevorzugt an Felsküsten. Aus Chromista sind durch Verlust der Fotosynthese und Übergang zur Heterotrophie einfache pilzartige Organismen hervorgegangen. Zu diesen *Oomycota* gehören die als Falscher Mehltau bezeichneten Pflanzenparasiten (Abb. 459.2).

Eine Sonderstellung hat die

Abteilung: Rotalgen (etwa 5000 Arten). Sie besitzen niemals Geißeln. Ihr Chlorophyll ist von rötlichen, seltener blauen Farbstoffen (ähnlich jenen der Cyanobakterien) verdeckt. Es gibt einzellige, fädige und körperliche Formen. Die meisten Arten leben im Meer. – Mit den Landpflanzen verwandt ist die

Abteilung: Grünalgen (etwa 13 000 Arten). In dieser Gruppe gibt es alle Übergänge von einzelligen, begeißelten Formen *(Chlamydomonas)* über Kolonien zu Zellfäden. Bei den *Armleuchteralgen* treten Anfänge von Gewebebildung auf. Zu den fädigen Formen gehören viele der *Jochalgen* (z. B. Schraubenalge).

Heterotroph sind die Abteilungen der **Pilze,** die daher oft als eigenes Reich neben Pflanzenreich und Tierreich gestellt werden. Sie besitzen kein Chlorophyll, sondern sind auf die Zufuhr organischer Stoffe angewiesen.

Abteilung: Schleimpilze (etwa 600 Arten). Amöbenähnliche, einzeln umherkriechende Zellen sammeln sich und verschmelzen zu einer vielkernigen, nackten Plasmamasse *(Plasmodium),* die als einheitlicher Organismus auf faulenden Pflanzenstoffen umherkriecht und dabei feste organische Nahrungsteilchen aufnimmt. Nach einiger Zeit erzeugt sie nach Pilzart in besonderen Fruchtkörpern Sporen, aus welchen wieder amöbenähnliche Einzelwesen entstehen.

Abteilung: Pilze (etwa 100 000 Arten). Ihr meist vielzelliger Körper ist aus *Zellfäden (Hyphen),* deren Wände aus Chitin bestehen, aufgebaut. Er ist in der Regel in das der Ernährung dienende *Fadengeflecht (Mycel)* und den aus innig verflochtenen Hyphen gebildeten *Fruchtkörper* gegliedert, welcher Sporen erzeugt. Viele Pilze sind Pflanzenparasiten; es gibt aber auch nützliche Pilze (Hefepilze; Schimmelpilze als Erzeuger von Antibiotika). Einteilung in zwei Gruppen: 1. die *Algenpilze* (niedere Pilze) mit nicht in Zellen gegliederten Zellfäden (z. B. Köpfchenschimmel) und 2. die *Fadenpilze* (höhere Pilze) mit in Zellen gegliederten Zellfäden. Diese unterteilt man nach der Art der Sporenbildung in Schlauchpilze (Hefepilze, die meisten Schimmelpilze) und Ständerpilze (Porlinge, Lamellenpilze, Bauchpilze, Rost- und Brandpilze).

An die Pilze und Algen schließen sich die **Flechten** an (etwa 20 000 „Arten"). Es sind landbewohnende, aus Pilzfäden und einzelligen oder fadenförmigen Algen gebildete Doppelwesen von krusten-, laub- und strauchähnlicher Eigenform. Beispiele: Schriftflechte, Schildflechte, Bartflechte.

Die folgenden drei Abteilungen werden als *höhere Pflanzen* zusammengefasst. Bei den Moosen haben viele Lebermoose noch Thallusgestalt, dagegen sind die Farnpflanzen und die Blütenpflanzen stets in Wurzel, Sprossachse und Blätter gegliedert (daher auch der Name Sprosspflanzen oder *Kormophyten*).

Abteilung: Moose (etwa 17 000 Arten). Die Moose stehen am Übergang zwischen den niederen und den höheren Pflanzen. Mit den Farnpflanzen verbindet sie die Art der Fortpflanzung, bei welcher eine unge-schlechtliche Fortpflanzung durch Sporen mit einer geschlechtlichen Fortpflanzung durch Keimzellen regelmäßig abwechselt (Generationswechsel; s. Abb. 461.1). Da bei beiden Pflanzengruppen keine Blüten auftreten und auch keine Samen gebildet werden, die weiblichen Keimzellen vielmehr in so genannten *Archegonien* stehen, fasst man die Moos- und Farnpflanzen als blütenlose höhere Pflanzen oder als *Archegoniaten* zusammen. Beide sind zwar an das Landleben angepasst, bedürfen aber zur Fortpflanzung noch des Wassers.

Bei den Moosen ist der Keimzellen (Gameten) bildende Gametophyt die assimilierende Pflanze, wogegen der die Sporen bildende Sporophyt als gestielte Sporenkapsel auf dem Gametophyten sitzt und von diesem ernährt wird. Umgekehrt ist es bei den Farnen, wo der Gametophyt sehr klein, aber selbständig und autotroph ist (s. Abb. 461.1).

Lebermoose: ein meist einfacher, blattähnlicher Thallus, der aber in mehrere Gewebe gegliedert ist und durch Zellfäden am Boden befestigt wird (Brunnenlebermoos)

Laubmoose: stets in Stängel und Blättchen gegliedert; beginnende Differenzierung der Zellen in Chlorophyll führende Assimilationszellen, Oberhautzellen mit verdickten Wänden, einfache zu Leitsträngen zusammengesetzte Leitzellen und Festigungszellen

Abteilung: Farnpflanzen oder Gefäßsporenpflanzen (etwa 12 000 Arten). Die Farnpflanzen haben mit den Moosen den gleichartigen Generationswechsel in der Fortpflanzung gemeinsam, unterscheiden sich aber von ihnen besonders durch den Besitz echter Wurzeln und gut ausgebildeter Leitbündel. Bei der Fortpflanzung wechseln zwei Generationen miteinander ab. Die Geschlechtsgeneration als thallusähnlicher *Vorkeim* (Gametophyt) bildet die Keimzellen oder Gameten aus, die eigentliche Pflanze (Sporophyt) erzeugt in Sporenständern oder -kapseln durch Meiose die Sporen.

a. **Bärlappe:** kleine, krautige, vielfach kriechende Pflanzen mit gabelig verzweigten Wurzeln und Stängeln und spiralig gestellten, kleinen, schuppenförmigen Blättern; ährenförmige Sporenständer am Ende der Sprosse

b. **Schachtelhalme:** unterirdisch kriechender Wurzelstock und hohler, aus ineinander geschachtelten Gliedern bestehender Halm, welcher quirlförmig entspringende Seitenäste tragen kann; zapfenförmige Sporenstände an der Spitze der Sprosse

c. **Farne:** formenreiche Gruppe meist krautiger, aber auch baumartiger Pflanzen mit großen, oft stark zerteilten und reich mit Adern versehenen Blättern (Wedeln), welche am Ende eines Wurzelstockes oder Stammes eine Rosette bilden und anfangs eingerollt sind; Sporenbehälter meist auf der Unterseite der Blätter

Abteilung: Blüten- und Samenpflanzen. Als **Blütenpflanzen** bezeichnet man die höchstentwickelten, vollständig an das Landleben angepassten Sprosspflanzen, deren Kennzeichen der *Besitz von Blüten* und die *Ausbildung von Samen* ist. Man stellt ihnen deshalb alle übrigen Pflanzen (die Lagerpflanzen, Moose und Farne) als **blütenlose Pflanzen** gegenüber.

Ihr Körper weist eine ausgesprochene Gliederung auf in Organe für die Aufnahme von Wasser und Bodensalzen (Wurzeln), Organe für die Assimilation (Blätter), Organe zur Ausbreitung derselben im Licht (ein mannigfaltig verästelter Stamm) und Organe für die Fortpflanzung (Blüten); ein leistungsfähiges System von Leitbündeln besorgt den Stofftransport. Die Grundorgane erfahren in Anpassung an unterschiedliche Lebensbedingungen eine mannigfache Abwandlung (s. Abb. 462.1 bis 3). Die Fortpflanzung ist nicht mehr vom Wasser abhängig und verläuft scheinbar ohne Generationswechsel, da der Gametophyt auf dem Sporophyten verbleibt (s. Abb. 461.2). Die Blüten enthalten als wesentliche Bestandteile die Staubblätter und die Fruchtblätter. Die Staubblätter erzeugen in den Staubbeuteln die Pollenkörner, aus denen die zur Befruchtung dienenden Zellen hervorgehen. Die Fruchtblätter tragen die Samenanlagen mit der Eizelle. Nach der Befruchtung wächst die Samenanlage zum Samen aus; er enthält die Anlage der jungen Pflanze nebst Nährgewebe und löst sich von der Mutterpflanze ab.

Die Unterteilung bei den Blütenpflanzen erfolgt zunächst nach der Stellung der Samenanlagen.

a. **Nacktsamige Pflanzen** (etwa 800 Arten). Die Samenanlagen sind nicht in einem Fruchtknoten eingeschlossen, sondern stehen offen auf den Fruchtblättern. Die eingeschlechtlichen, nur aus Staubblättern oder aus Fruchtblättern bestehenden Blüten oder Blütenstände haben meist Zapfenform. Strauch- oder baumförmige Holzpflanzen mit im Spross ringförmig angeordneten Leitbündeln. Gefäß- und Siebteile sind durch eine Schicht teilungsfähigen Gewebes (Kambium) getrennt. Die bekanntesten Vertreter sind die *Nadelhölzer*, die meist Nadelblätter aufweisen; die weiblichen Blütenstände werden nach der Befruchtung häufig zu holzigen Zapfen. Ausländische Vertreter: tropischer *Palmfarn (Cycas)* und der *Ginkgo*.

b. **Bedecktsamige Pflanzen** (etwa 270 000 Arten). Die Samenanlagen sind in einem Fruchtknoten eingeschlossen, der aus einem Fruchtblatt durch Faltung oder aus mehreren durch Verwachsung gebildet wird und eine Narbe zur Aufnahme des Blütenstaubes trägt (s. Abb. 461.3). Der Fruchtknoten wächst nach der Befruchtung zu einer die Samen umschließenden Frucht aus. Die meist zwittrigen Blüten besitzen häufig eine aus Kelch- und Blüten-

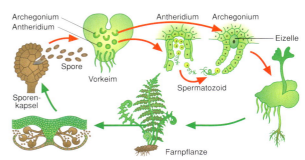

Abb. 461.1: Entwicklungszyklus eines Farns. Sporophyt dunkelgrün, Gametophyt hellgrün.

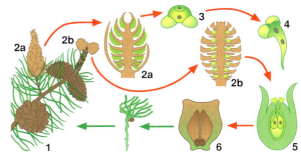

Abb. 461.2: Entwicklungszyklus der Nacktsamer am Beispiel der Kiefer. **1** Zweig mit Blüten; **2a** Längsschnitt durch eine männliche Blüte mit zahlreichen Staubblättern, die auf der Unterseite je zwei Staubbeutel tragen; **2b** Schnitt durch einen weiblichen Blütenstand (Blütenzapfen); **3 u. 4** Der männliche Gametophyt entsteht aus dem Pollenkorn und besteht aus zwei Vorkeimzellen und einer großen Zelle, die den Pollenschlauch und die Spermazellen liefert. **5** Der weibliche Gametophyt entsteht in der Samenanlage als vielzelliger Vorkeim mit zwei Archegonien, die je eine Eizelle enthalten. **6** Samenschuppe mit zwei Samen. Aus einer befruchteten Eizelle ist in jedem Samen ein Embryo hervorgegangen. Das Gewebe des weiblichen Vorkeims ist zum Nährgewebe geworden.

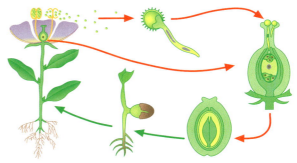

Abb. 461.3: Entwicklungszyklus der Bedecktsamer. In der Samenanlage liegt eine Großspore, der Embryosack. Darin bildet sich der wenigzellige weibliche Gametophyt. Im Pollenkorn entsteht der männliche Gametophyt; er besteht aus zwei Zellen, von diesen bildet eine zwei Spermazellen. Bei der Befruchtung verschmilzt ein Spermakern mit dem Kern der Eizelle, der andere mit dem verbliebenen Embryosackkern. Aus der befruchteten Eizelle geht der Embryo (Keimling) hervor, aus dem Embryosack durch Teilung das Nährgewebe. Die Samenanlage bildet sich zum Samen um, der Fruchtknoten zur Frucht.

Baupläne der Lebewesen

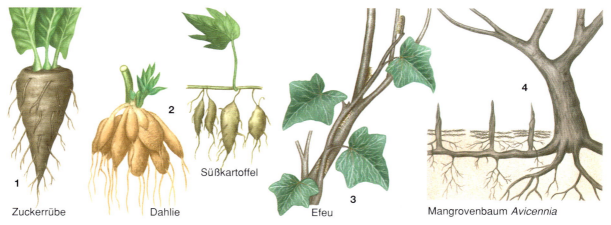

Abb. 462.1: Umgewandelte Wurzeln (homologe Organe) als Anpassung an unterschiedliche Funktionen. **1** Rübe; **2** Wurzelknollen; **3** Haftwurzeln; **4** Atemwurzeln

Abb. 462.2: Umgewandelte Sprosse (homologe Organe) als Anpassungen an unterschiedliche Funktionen. **1** unterirdischer Wurzelstock; **2** Sprossknolle am Hauptspross; **3** Sprossknollen an Seitensprossen; **4** Ausbildung von Wasserspeichergewebe (Sprosssukkulenz); **5** Ausläufer; **6** Ranke; **7** Windespross

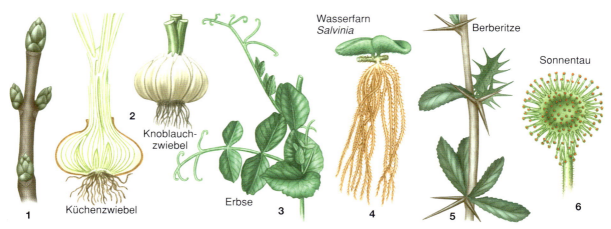

Abb. 462.3: Umgewandelte Blätter (homologe Organe) als Anpassungen an unterschiedliche Funktionen. **1** Niederblätter als Knospenschutz; **2** Blattbasis als Speicherorgan; **3** Blattranken; **4** Wasserblätter mit Wurzelfunktion; **5** Blattdornen; **6** Fangblatt mit Drüsenhaaren

blättern bestehende Blütenhülle. Die Bedecktsamigen gliedert man nach der Zahl der Keimblätter in
Einkeimblättrige Pflanzen: Keimlinge mit *einem* Keimblatt; die meist ganzrandigen, ungestielten Blätter zumeist mit *parallel* verlaufenden Adern. Blüten vorwiegend dreizählig. Leitbündel über den Stängelquerschnitt zerstreut angeordnet (s. Abb. 463.1). Kennzeichnende Vertreter: Gräser, Riedgräser, Liliengewächse, Orchideen, Palmen.
Zweikeimblättrige Pflanzen: Keimlinge mit *zwei* Keimblättern; *netzartiger* Verlauf der Adern in den mannigfaltig geformten, einfachen oder zusammengesetzten Laubblättern. Blüten meist vier- oder fünfzählig. Leitbündel auf dem Stängelquerschnitt im Kreis angeordnet (s. Abb. 463.1).

Tierreich. Die meisten Gruppen heterotropher („tierischer") Einzeller wurden schon eingangs dargestellt. Eine etwas unklare Stellung haben:
Stamm: Kragengeißler *(Choanoflagellaten)*. Zumeist festsitzend; im Meer und Süßwasser,
Stamm: Wurzelfüßler *(Rhizopoden)*, mit Scheinfüßchen zur Fortbewegung und Nahrungsaufnahme (Amöben, *Foraminiferen, Radiolarien*).
Den Einzellern, deren Körper nur aus einer einzigen Zelle besteht, stellt man alle übrigen Tiere als **Vielzeller** oder, da bei ihnen die Zellen zu Geweben vereinigt sind, als **Gewebetiere** gegenüber.
Unterreich: Vielzeller (Metazoa)
Stamm: Schwämme *(Porifera,* etwa 8000 Arten). Die wasserbewohnenden Schwämme sind die einfachst gebauten Vielzeller *(s. Cytologie 5.2)*. Geschlechtliche Vermehrung durch Keimzellen; durch Knospung entstehen Schwammkolonien.
Kennzeichnende Vertreter der Schwämme sind: Badeschwamm, Süßwasserschwamm; größte Art: *Spheciospongia* (2 m Durchmesser).
Die beiden folgenden Stämme werden häufig als Hohltiere *(Coelenteraten)* zusammengefasst.
Stamm: Nesseltiere *(Cnidaria,* etwa 9000 Arten). Sie besitzen keine inneren Organe; ihre Körperwand besteht aus zwei Zellschichten mit einer dazwischen liegenden Stützschicht, doch sind die Gewebe schon stark differenziert *(s. Cytologie 5.2)*. Nervenzellen sind zu einem Nervennetz verbunden. Durch Knospung bilden sich oft sehr kompliziert gebaute Tierstöcke. Die Fortpflanzung erfolgt häufig unter *Generationswechsel,* wobei geschlechtlich erzeugte, festsitzende *Polypen* schirmförmig gebaute, frei schwimmende *Medusen* oder *Quallen* abschnüren, aus deren Eiern wieder Polypen entstehen. Bekannte Vertreter: Süßwasserpolyp (s. Abb. 464.1), Quallen (s. Abb. 464.1), Korallen; größte Art: die Dörnchenkoralle *Cirripathes* (6 m).

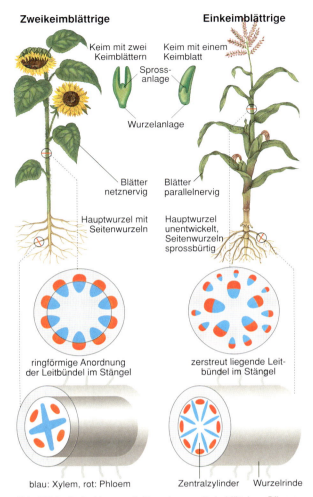

Abb. 463.1: Bedecktsamer. Aufbau einer zweikeimblättrigen Pflanze (Sonnenblume) und einer einkeimblättrigen Pflanze (Mais)

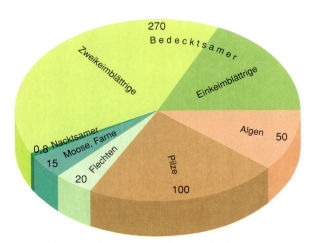

Abb. 463.2: Artenzahlen (in Tausend) der verschiedenen Pflanzengruppen und der Pilze

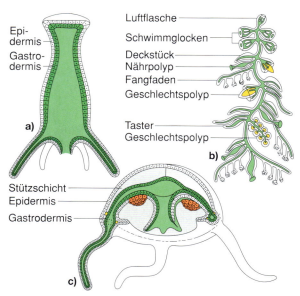

Abb. 464.1: Bauplan der Hohltiere. **a)** Längsschnitt durch einen Süßwasserpolypen; **b)** Staatsqualle. Luftflasche, Schwimmglocke, Deckstück, Fangfaden, Taster sind für eine spezifische Funktion umgewandelte Polypen. **c)** Längsschnitt durch eine Qualle. Farberklärung s. Abb. 465.2

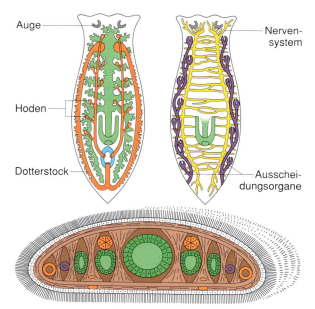

Abb. 464.2: Bauplan der Plattwürmer (Strudelwurm). Links eingezeichnet sind die beiden Augen, Darm, zahlreiche Hodenbläschen, vorne die Eierstöcke, von denen die randlich gelegenen Dotterstöcke (braun) ausgehen. Rechts eingezeichnet sind Nervensystem und Ausscheidungsorgane. Unten: Querschnitt (Bindegewebe gelbbraun). Farberklärung s. Abb. 465.2

Stamm: Rippenquallen (*Ctenophora*, etwa 80 Arten). Sie sind ähnlich wie die Quallen der Nesseltiere gebaut. Über den Körper verlaufen acht Wimpernleisten, die als „Rippen" bezeichnet werden. Generationswechsel fehlt. Größte Art: *Venusgürtel* (1,5 m).

Alle folgenden Tierstämme sind auf dem Stadium der Larven bzw. Jugendformen bilateral-symmetrisch gebaut. Die bilaterale (zweiseitige) Symmetrie kann in einzelnen Gruppen nachträglich durch Metamorphose während der Larvenentwicklung wieder verlassen werden (so z. B. bei den Stachelhäutern und Manteltieren).

Stamm: Plattwürmer. Würmer ohne Leibeshöhle, *Plathelminthen;* etwa 16 000 Arten).

Als niedere Würmer ohne Leibeshöhle fasst man die im Wasser lebenden *Strudelwürmer (Turbellarien)* sowie die in anderen Tieren schmarotzenden *Saugwürmer (Trematoden)* und *Bandwürmer (Cestoden)* zusammen. Es sind gliedmaßenlose Tiere mit abgeplattetem Körper (s. Abb. 464.2). Der meist stark verästelte Darm der Strudel- und Saugwürmer hat keinen Ausgang. Längsstränge von Nervenfasern, die durch Querstränge verbunden sind, bilden ein einfaches Nervensystem. Der Bewegung dienen mehrere Muskellagen unter der Haut sowie von der Ober- zur Unterseite des Körpers ziehende Muskelstränge. Fast alle sind Zwitter. Die schmarotzenden Formen zeigen häufig veränderten Bau. Kennzeichnende Vertreter: Strudelwurm (frei lebend), Leberegel, Bandwurm. Längste Art: Fischbandwurm (15 m).

Stamm: Faden- oder Rundwürmer. (*Aschelminthen* oder *Nemathelminthen,* etwa 15 000 Arten). Der lang gestreckte, drehrunde, gliedmaßenlose Körper weist eine flüssigkeitserfüllte Leibeshöhle und einen durchgehenden Darm auf, besitzt aber kein Blutgefäßsystem. Das Nervensystem besteht aus einem Rücken- und einem Bauchstrang und mehreren Seitensträngen, die vorn durch einen Schlundring verbunden sind (s. Abb. 465.1).

Bekannte Vertreter: Spulwurm, Trichine. Hierher gehören auch die Rädertierchen *(Rotatorien)*. Größte Art: der in den Pottwalen lebende *Placentonema gigantissima* (bis 8 m).

Stamm: Schnurwürmer (*Nemertinen,* etwa 1000 Arten). Lang gestreckte, zylindrische Meereswürmer mit Rüssel. Sie besitzen ein geschlossenes Blutgefäßsystem. Größte Art: *Lineus longissimus* (27 m lang bei 9 mm Durchmesser).

Stamm: Gliedertiere (*Articulaten*). Als Gliedertiere fasst man die *Ringelwürmer* und die von ihnen abstammenden *Gliederfüßler* zusammen. Für sie ist kennzeichnend, dass ihr Körper durch Ringfurchen in hintereinander liegende, ursprünglich gleich gebaute Abschnitte (Segmente) gegliedert ist. Das auf der Bauchseite liegende Nervensystem besteht aus zwei Längssträngen mit paarigen, durch Querstränge verbundenen Nervenknoten (Ganglien) in jedem Abschnitt (Strickleiternervensystem) und einem vorderen, über dem Schlund liegenden Gehirnganglion (Oberschlundganglion). Auch ist bei allen ein Blutgefäßsystem mit einem muskulösen, über dem Darm liegenden Rückengefäß vorhanden, welches das Blut von hinten nach vorne treibt. 75% aller Tierarten gehören zum Stamm der Gliedertiere.

Unterstamm: Ringelwürmer (Anneliden; etwa 18 000 Arten). Der lang gestreckte, meist runde Körper ist stets in Ringe (Segmente) gegliedert (s. Abb. 465.1) und trägt an den einzelnen Segmenten bei wasserlebenden Arten die Kiemen. Die Körperabschnitte sind weitgehend gleich gebaut; der äußeren Ringelung entspricht meist eine innere Kammerung. Die Leibeshöhle wird von einem gerade durchgehenden Darm durchzogen. Das geschlossene Blutgefäßsystem besteht aus einem Rücken- und einem Bauchgefäß, die in jedem Körperabschnitt durch Ringgefäße verbunden sind; außerdem sind in jedem Abschnitt zwei einfache Ausscheidungsorgane vorhanden. Bekannte Vertreter: Regenwurm, Köderwurm, Blutegel. Größte Art: *Eunice gigantea* (3 m).

Unterstamm: Gliederfüßler (Arthropoden; etwa eine Million Arten). Größte Art: der Krebs *Macrocheira* (Beinspannweite 3 m). Kennzeichend ist der Besitz eines äußeren Chitinskeletts zur Stütze und zum Schutz des Körpers sowie ursprünglich je eines Paares gliederter Gliedmaßen an jedem Körperabschnitt, die auf mannigfaltige Weise zu Sinnesorganen, Mund- und Bewegungswerkzeugen umgewandelt oder auch rückgebildet sein können. Die mit Flüssigkeit gefüllte Leibeshöhle ist einheitlich; das offene Blutgefäßsystem besteht nur aus einem als Herz dienenden Rückengefäß und einigen Adern. Bei den höchststehenden Gliederfüßlern (Honigbienen, Spinnen) findet man ein hoch entwickeltes Gehirn und gut ausgebildete Sinnesorgane. Wegen des Außenskeletts ist das Wachstum nur unter wiederholten Häutungen möglich.

a. **Stummelfüßler** *(Onychophora)*. Sie besitzen Stummelfüße mit Endklauen und zeigen in ihrem Bau sowohl Merkmale der Ringelwürmer wie auch Merkmale der Gliederfüßler. Kennzeichnender Vertreter: *Peripatus* **(Abb. 402.2)**.
b. **Trilobiten.** Ausgestorbene Gruppe von Meerestieren, die manche Merkmale mit Spinnentieren, andere mit den Krebsen gemeinsam hatten.
c. **Spinnentiere** (*Chelicerraten*, etwa 40 000 Arten). Körper in Kopfbruststück und ungegliederten Hinterleib geteilt (s. Abb. 465.2). Am Kopfbruststück zwei Paar Mundwerkzeuge und vier Paar gliederte Beine. Atmung durch Tracheen und Tracheenlun-

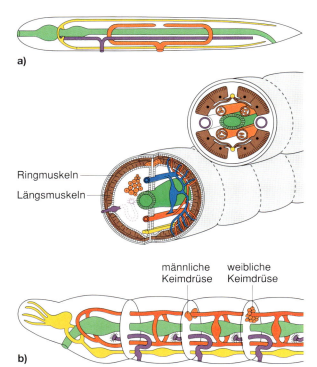

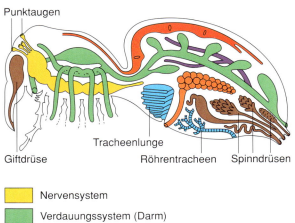

Abb. 465.1: a) Bauplan der Fadenwürmer in Seitenansicht. Querschnitt; **b)** Bauplan der Ringelwürmer in Seitenansicht, darüber Querschnitt. Farberklärung s. Abb. 465.2

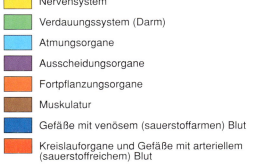

	Nervensystem
	Verdauungssystem (Darm)
	Atmungsorgane
	Ausscheidungsorgane
	Fortpflanzungsorgane
	Muskulatur
	Gefäße mit venösem (sauerstoffarmen) Blut
	Kreislauforgane und Gefäße mit arteriellem (sauerstoffreichem) Blut

Abb. 465.2: Bauplan der Spinnen

466 Baupläne der Lebewesen

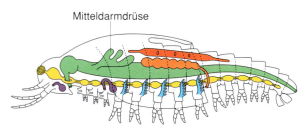

Abb. 466.1: a) Bauplan der Krebse. Farberklärung s. Abb. 466.2

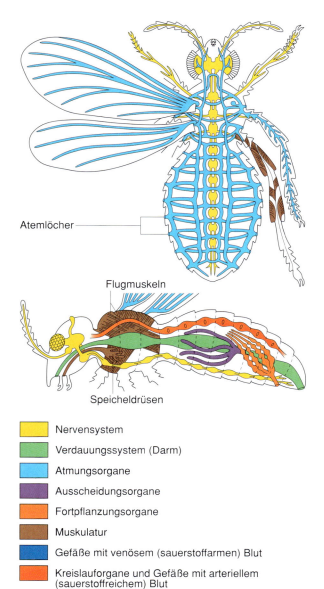

- Nervensystem
- Verdauungssystem (Darm)
- Atmungsorgane
- Ausscheidungsorgane
- Fortpflanzungsorgane
- Muskulatur
- Gefäße mit venösem (sauerstoffarmen) Blut
- Kreislauforgane und Gefäße mit arteriellem (sauerstoffreichem) Blut

Abb. 466.2: Bauplan der Insekten: Oben: Rückenansicht: im ersten Fuß sind Nerven, im zweiten Atemröhren, im dritten Muskeln eingezeichnet; unten: Bauplan im Längsschnitt

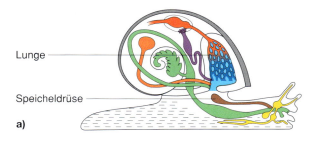

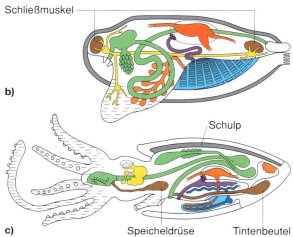

Abb. 466.3: Bauplan der Weichtiere. **a)** Schnecke (Lungenschnecke); **b)** Muschel; **c)** Tintenfisch; Mantel grau, Eingeweidesack weiß, Fuß waagerecht gestrichelt. Farberklärung s. Abb. 466.2

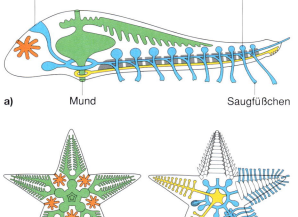

Abb. 466.4: Bauplan der Stachelhäuter (Seestern). **a)** Längsschnitt durch Körper und Arm; **b)** Verdauungsorgane und Keimdrüsen; **c)** Skelett (oberer Arm), Wassergefäßsystem (Mitte und rechte Arme), Nervensystem (linke Arme). Farberklärung s. Abb. 466.2

gen. Entwicklung meist ohne Metamorphose. Hierher gehören außer den Spinnen auch die Milben, die Skorpione und die Schwertschwänze *(Limulus)*.
d. **Krebse** *(Crustaceen,* etwa 25 000 Arten). Gliederung des Körpers in Kopfbruststück und gegliederten Hinterleib (s. Abb. 466.1). Außenskelett oft durch Kalk verstärkt. Gliedmaßen meist in allen Körperabschnitten; die Grundform, der zweiästige Spaltfuß, ist je nach seiner Funktion mannigfaltig abgewandelt. Atmung durch die Haut oder durch Kiemenanhänge an den Beinen. Kennzeichnende Vertreter: Flusskrebs, Krabbe, Wasserfloh.
e. **Tausendfüßler** *(Myriapoden,* etwa 10 000 Arten). Körper in zahlreiche gleichartige Abschnitte gegliedert, von denen jeder außer dem letzten ein oder zwei Paar Beine trägt. Kopf mit einem Paar Fühlern und zwei oder drei Kieferpaaren, Tracheenatmung.
f. **Insekten** (etwa 900 000 Arten). Gliederung des Körpers in Kopf, Brust und Hinterleib (s. Abb. 466.2). Bei den geschlechtsreifen Tieren je ein Beinpaar an den drei Brustringen, außerdem meist je ein Flügelpaar am zweiten und dritten Brustring. Die drei Paar Mundgliedmaßen sind sehr verschieden gestaltet und ermöglichen verschiedene Arten der Ernährung. Tracheenatmung, Entwicklung meist mit Metamorphose.

Stamm: Weichtiere *(Mollusken;* etwa 130 000 Arten). Größte Art: der Tintenfisch *Architeuthis* (18 m). Die wenig gegliederten und gliedmaßenlosen Weichtiere besitzen fast alle eine äußere oder innere Kalkschale, die vom Mantel, einer den Rumpf umhüllenden Hautfalte, ausgeschieden wird (s. Abb. 466.3). Bauchwärts vom Rumpf liegt als Bewegungsorgan der „Fuß". Den Muscheln fehlt der Kopf. Die Leibeshöhle ist stark verkleinert und auf den „Herzbeutel" beschränkt; dort beginnen auch die paarigen Ausscheidungsorgane. Das Blutgefäßsystem ist offen, ein Herz setzt das Blut in Bewegung. Der Anfang des durchgehenden Darms ist außer bei den Muscheln mit Kiefern und einer Reibeplatte versehen. Die Atmung erfolgt meist durch Kiemen in der Mantelhöhle. Im Nervensystem sind Ganglien durch Nervenstränge verbunden.
a. **Käferschnecken:** an den Meeresküsten in der Brandungszone, mit acht beweglichen Schalenplatten
b. **Schnecken** *(Gastropoden):* Fuß mit breiter Kriechsohle, Schale unpaar
c. **Kahnfüßler** *(Scaphopoden):* mit röhrenförmiger, an beiden Enden offener Schale
d. **Muscheln** *(Lamellibranchier):* Fuß beilförmig; Schale zweiteilig, Kiemen blattartig; Kopf fehlt
e. **Tintenfische** *(Cephalopoden):* Fuß in Trichter und Fangarme umgewandelt; Schale meist zum rückenseitig unter der Haut liegenden Schulp rückgebildet oder fehlend

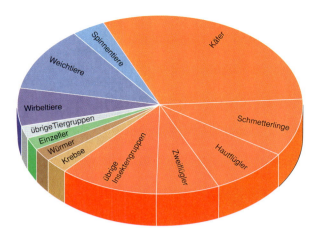

Abb. 467.1: Artenzahlen (in Tausend) der verschiedenen Tiergruppen, besonders aufgeschlüsselt für die Insekten

Stamm: Tentakelträger *(Tentakulaten,* etwa 5000 Arten). Größte Art: *Phoronopsis,* ein Hufeisenwurm (30 cm). Festsitzende Tiere mit bewimperten Fangarmen (Tentakeln), durch die sie Nahrung herbeistrudeln. Leibeshöhle zweiteilig. Hierher gehören die koloniebildenden Moostierchen *(Bryozoen),* die Hufeisenwürmer *(Phoronis)* und die Armfüßler *(Brachiopoden)* mit zweiklappiger Kalkschale **(Abb. 433.1)**.

Stamm: Borstenkiefler *(Chaetognathen,* etwa 120 Arten). Größte Art: Pfeilwurm *Sagitta gazellae* (10 cm). Planktonlebewesen von fischartigem Aussehen. Körper gegliedert in Kopf, Rumpf und Schwanz.

Stamm: Stachelhäuter *(Echinodermen;* etwa 6500 Arten). Größte Art: die Seewalze *Stichopus variegatus* (1 m). Die meeresbewohnenden Stachelhäuter weisen eine fünfstrahlige Symmetrie auf (s. Abb. 466.4), doch sind ihre Larven zweiseitig symmetrisch gebaut. Sie verdanken ihren Namen dem unter der Haut liegenden Innenskelett aus fest oder gelenkig verbundenen Kalkplättchen mit aufgesetzten Kalkstacheln, die oft über die Körperoberfläche hinausragen. Zur Bewegung dient das nur in diesem Stamm vorkommende Wassergefäßsystem. Die Leibeshöhle wird vom Darm durchzogen; besondere Ausscheidungsorgane fehlen. Das Nervensystem besteht aus einem zentralen Nervenring um den Mund und Nervensträngen in den Radien. Hierher gehören *Seesterne, Seeigel, Schlangesterne, Seelilien* und *Seewalzen.*

Stamm: Kragentiere *(Hemichordaten,* etwa 150 Arten). Größte Art: Großer Eichelwurm (2,5 m). Am Meeresboden lebende Organismen von wurmähnlichem Aussehen. Sie haben einen Kiemendarm wie Manteltiere und Lanzettfischchen, ihre Leibeshöhle ist in drei Abschnitte gegliedert. Hierher gehören die *Eichelwürmer* und die ausgestorbenen koloniebildenden *Graptolithen.*

Stamm: Chordatiere (*Chordata;* etwa 50 000 Arten). Als Achsenskelett durchzieht die Chorda als ein elastischer Stab den Körper. Bei den Wirbeltieren wird sie durch die Wirbelsäule ersetzt. Über der Chorda liegt das Zentralnervensystem („Rückenmark"), unter ihr das Darmrohr, dessen vorderster Teil Kiemenspalten aufweist (Kiemendarm). Das Blutgefäßsystem ist geschlossen (außer bei Manteltieren).

Unterstamm: Manteltiere (*Tunicata,* etwa 2200 Arten). Meerestiere, Nahrung wird in den Kiemendarm gestrudelt. Chorda im Schwanz (meist nur bei der Larve vorhanden). Der Körper ist oft von einem Mantel aus Cellulose umhüllt. Hierzu zählen *Seescheiden, Salpen* und *Feuerwalzen.*

Unterstamm: Schädellose (*Acrania,* 24 Arten). Sie gelten als Vorstufe der Wirbeltiere, bei denen der Grundbauplan mit Ausnahme des Kopfes bereits ausgebildet ist. Vertreter: Lanzettfischchen (*Branchiostoma,* früher *Amphioxus,* **s. Abb. 427.1**).

Unterstamm: Wirbeltiere (*Vertebrata*). Größte Art: Blauwal (30 m). Der Körper ist in Kopf, Rumpf und Schwanz gegliedert und trägt zwei im Einzelnen sehr verschieden ausgebildete Gliedmaßenpaare. Allen Wirbeltieren gemeinsam ist ein knorpeliges oder knöchernes Innenskelett, dessen Grundlage die gegliederte Wirbelsäule ist.

a. **Kieferlose** oder **Rundmäuler:** Aalförmige Wassertiere, die keine Kiefer, sondern einen Saugmund und sieben Kiemenöffnungen besitzen. Kennzeichnende Art: *Neunauge.*

b. **Knorpelfische** (Haie und Rochen). Skelett knorpelig. Asymmetrische Schwanzflosse mit Wirbelsäule zur Fortbewegung. Mund an der Unterseite des Kopfes (s. Abb. 469.1). Die fünf (bis sieben) Paar Kiemenspalten sind außen sichtbar. Zahnartige „Schuppen" (Hautzähne) in der Haut. Keine Schwimmblase.

c. **Knochenfische** (etwa 22 000 Arten). Wechselwarme Wassertiere, Skelett knöchern. Mund endständig. Die vier Paar Kiemen vom Kiemendeckel verdeckt. Knochenschuppen in Hauttaschen. Schwimmblase vorhanden. Einfacher Blutkreislauf: Herz aus einer Kammer und einer Vorkammer.

d. **Lurche** (*Amphibien,* etwa 2000 Arten). Wechselwarme Wasser- oder Feuchtlufttiere. Gliedmaßen als Beine entwickelt (s. Abb. 469.1). Nackte, drüsenreiche Haut. Einheitliche Leibeshöhle. Doppelter Blutkreislauf; Herz mit zwei Vorkammern, aber nur einer Herzkammer. Als Larven durch Kiemen, erwachsen durch Lungen atmend; daneben Hautatmung. Entwicklung mit Metamorphose.

e. **Kriechtiere** (*Reptilien,* etwa 5000 Arten). Wechselwarme Wirbeltiere. Haut drüsenarm. Körper mit Hornschuppen oder -platten bedeckt. Einheitliche Leibeshöhle. Doppelter Blutkreislauf; Herz mit zwei Vorkammern, die Herzkammer mit unvollkommener Scheidewand. Nur Lungenatmung. Meist Eier legend.

f. **Vögel** (etwa 9500 Arten). Gleichwarme Wirbeltiere. Körper mit Federn (s. Abb. 469.2); Haut drüsenarm. Vordergliedmaßen zu Flügeln umgebildet. Mund zahnlos, Hornschnabel. Einheitliche Leibeshöhle. Zwei getrennte Herzhälften mit je einer Vorkammer und Herzkammer; Körperkreislauf vom Lungenkreislauf vollkommen getrennt. Lunge mit Luftsäcken; Knochen hohl, lufterfüllt. Gehirn, auch Kleinhirn, gut entwickelt.

g. **Säugetiere** (etwa 5000 Arten). Gleichwarme Wirbeltiere. Körper mit Haaren (Abb. 469.3), drüsenreiche Haut in Schüppchen verhornend. Leibeshöhle durch Zwerchfell in Brust- und Bauchhöhle getrennt. Zwei getrennte Herzhälften mit je einer Vorkammer und Herzkammer; Körperkreislauf vom Lungenkreislauf vollkommen getrennt. Gut entwickeltes Gehirn. Lebend gebärend, Jungen werden mit Milch gesäugt.

Die niederen Säugetiere bilden noch keine Plazenta aus. Bei den Eier legenden *Kloakentieren* (Ameisenigel, Schnabeltier) münden wie bei den Kriechtieren und Vögeln Harnleiter und Ausführungsgang der Geschlechtsorgane gemeinsam in den Endabschnitt des Darmes (Kloake). Bei den *Beuteltieren* (Känguru) werden die winzigen Jungen in wenig entwickeltem Zustand geboren und in einem Beutel an der unteren Bauchgegend gesäugt. Den höheren Säugetieren ist die Entwicklung einer Plazenta eigentümlich: *Plazentasäuger.*

Zu den Plazentasäugern gehören 18 verschiedene Ordnungen; eine Anzahl weiterer Ordnungen sind ausgestorben **(s. Abb. 431.1).** Viele ursprüngliche Merkmale findet man bei Insektenfressern, Rüsselspringern, Flattermakis und Fledermäusen. Die Tupaias (Spitzhörnchen) leiten über zu den Primaten oder Herrentieren (Halbaffen, Affen, Mensch). Die artenreichste Ordnung ist die der Nagetiere (etwa ein Drittel aller Arten): eine kleine konvergente Gruppe sind die Hasenartigen. Die Wale sind Wassertiere und leben vorwiegend im Meer. Zu den Raubtieren gehören die Landraubtiere und die Robben. Die beiden kleinen Gruppen der Schuppentiere und der Erdferkel (nur eine Art) wurden früher als „Zahnarme" zusammengefasst. Mit den Rüsseltieren sind Klippschliefer und Seekühe verwandt; Letztere sind ausschließlich Wassertiere. Zu der Ordnung der Unpaarhufer gehören Tapire, Nashörner und Pferde. Paarhufer sind Schweine, Flusspferde, Kamele und die zahlreichen Wiederkäuer (Geweih- und Hornträger). Die letzte Ordnung umfasst Faultiere, Gürteltiere und Ameisenbären.

Baupläne der Lebewesen 469

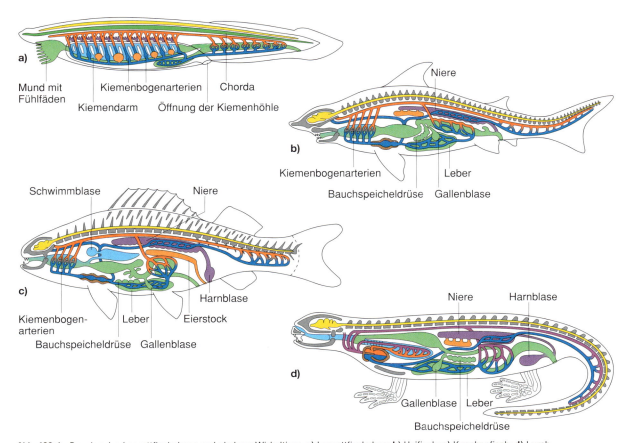

Abb. 469.1: Bauplan des Lanzettfischchens und niederer Wirbeltiere. **a)** Lanzettfischchen; **b)** Haifisch; **c)** Knochenfisch; **d)** Lurch. Farberklärung s. Abb. 466.2

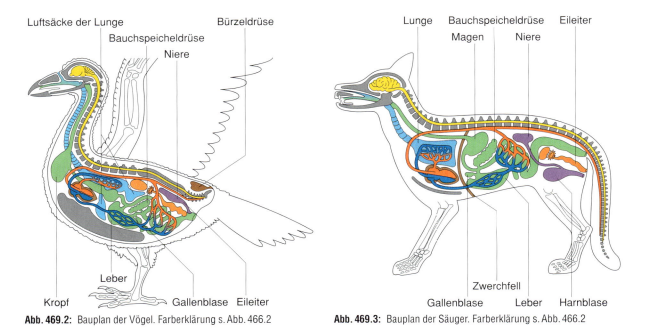

Abb. 469.2: Bauplan der Vögel. Farberklärung s. Abb. 466.2

Abb. 469.3: Bauplan der Säuger. Farberklärung s. Abb. 466.2

Sprachliche Erklärung wissenschaftlicher Begriffe

Die *kursiv* gedruckten Wortstämme stammen aus der griechischen, die übrigen aus der lateinischen Sprache. Die Herkunft aus dem Englischen oder dem Französischen ist gesondert angegeben.

Absorption: absorbere verschlingen
Abyssal: *abyssos* Abgrund
Adaption: adaptare anpassen
Adrenalin: ad an; renis Niere
aerob, Aerobiont: *aer* Lufi; *bios* Leben
afferent: affere hintragen
Aggregation: aggregare anhäufen, versammeln
Aggression: aggredi angreifen
Agnosie: *agnos* nicht kennend
Agglutinin: agglutinare anleimen
Akkommodation: accommodare anpassen
Akrosom: *akros* spitz; *soma* Körper
Albumin: albus weiß
Allantois: *allas* Wurst, wurstförmiger Sack
Allele: *allelon* wechselseitig
Allergie: *allos* anders; *ergon* Arbeit, Wirksamkeit
allopatrisch: *allos* ein anderer; *patris* Vaterland
Allosterie: *allos* anders; *stereos* fest
Altruismus: alter ein anderer; franz. altruisme Nächstenliebe
Ammonit: Schalenform ähnlich den Widderhörnchen des ägypt. Gottes Ammon
Amnion: wörtlich Schafhaut, von *amnos* Lamm
Amöbe: *amoibe* Wechsel
Amphibien: *amphi* auf beiden Seiten; *bios* Leben
Amylase: amylum Stärke
analog: *ana* gemäß; *logos* Wort, Lehre
anaphylaktisch: *ana* daneben; *phylaxie* Schutz
Anisogamie: *a, an* nicht; *isos* gleich; *gamein* vermählen
Anneliden: annulus Ringlein
Antheridium: *antheros* blühend
Anthocyan: *anthos* Blüte, *kyonos* blau
Anthropus: *anthropos* Mensch
Antibiotikum: *anti* gegen; *bios* Leben
Antigen: Abkürzung von Anti-somatogen Antikörper-Erzeuger
Aorta: *aorte* Hauptschlagader
Aphasie: *a* nicht; *phanai* sagen
Appetenz: appetere verlangen, erstreben
Äquationsteilung: äquare gleichmachen
Archaeabakterien: *archaios* uralt
Archaeopteryx: *archaios* uralt; *pteryx* Flügel, Vogel
Archegonium: *archi* ur-, anfangs; *gonos* Geburt
Artefakt: ars Kunst; facere machen
Arthropoden: *arthron* Gelenk; *pus, podos* Fuß
Assimilation: assimilatio Angleichung
Assoziation: associare vereinigen
Astigmatismus: *a* ohne; *stigma* Punkt
Atavismus: atavus Vorfahr
Attrappe: franz. attrape Fopperei
Australopithecus: australis südlich; *pithecos* Affe
autonom: *autos* selbst; *nomos* Gesetz
autotroph: *trophe* Nahrung
Auxin: *auxanein* wachsen lassen
Bakteriophagen: *phagein* essen
Bakterien: *bakterion* Stäbchen
Bastard: franz. Mischling
Bathyal: *bathys* tief
Benthal: *benthos* Tiefe
Biologie: *bios* Leben; *logos* Wort, Lehre, Wissenschaft
Biotop: *bios* Leben; *topos* Ort

Biozönose: *bios* Leben; *koinos* gemeinsam
Blastula: *blastos* Keim, Spross; *holos* ganz
Botanik: *botane* Kraut
Bronchien: *bronchos* Luftröhre
Calamiten: *kalamos* Rohr
Carcinom: *karkonos* Krebs
Cellulose: cellula Kämmerchen, Zelle
Cephalopoden: *kephale* Kopf, *pus, podos* Fuß
Chiasma: *chiasmus* kreuzweise
Chimäre: *chimaira* griech. Sagenungeheuer, ursprüngl. Ziege
Chiral: *chiros* Hand
Chitin: *chiton* Gewand
Chlorophyll: *chloros* grün; *phyllon* Blatt
Chloroplast: *plastis* Bildnerin
Cholin, Cholesterin: *chole* Galle
Chorda: *chorde* Saite
Chorion: *chorion* Haut, Haut um die Eingeweide, Eihaut (Zottenhaut)
Chromatide: *chroma* Farbe; *ides* Abkömmling von
Chromatophor: *chroma* Farbe; *pherein* tragen
Chromomer: *chroma* Farbe; *meros* Teil
Chromoplast: *chroma* Farbe; *plastos* geformt; Stamm *plat* bilden
Chromosom: *soma* Körper
Cilie: cilia Augenwimper
circadian: circa ungefähr; dies Tag
Coelenteraten: *koilos* hohl; *enteron* Darm, Eingeweide
Coelom: *koilos* hohl
Columelle: columella kleine Säule
Cornea: cornu Horn
Cortisol: cortex Rinde
Crossing-over: engl. Überkreuzung
Cupula: cupula Fruchtbecher
Cytochrom: *kytos* Zelle; *chroma* Farbe
Cytokinin: *kinein* bewegen
Cytologie: *logos* Wort, Lehre, Wissenschaft
Cytoplasma: *plasma* das Gebildete
Cytostatika: *statikos* stehen machend
Deduktion: deducere ableiten
Degeneration: degenerare entarten
deklaratives Gedächtnis: engl. declare aussagen
Dendrit: *dendron* Baum
Depolarisation: de ent-; *polos* Pol
Destruent: destruere vernichten
Deszendenztheorie: descendere absteigen, abstammen
Determination: determinare bestimmen
Detritus: tritus zerrieben
Deuterostomier: *deuteros* der andere *stoma* Öffnung, Mund
Diastole: *diastelein* auseinander ziehen
Diät: diaita Lebensweise
Dictyosomen: *dictyon* Netz; *soma* Körper
Diffusion: diffusio Ausbreitung
diploid: *diploos* zweifach doppelt; *-eides* gestaltig
Diskordanz: discordans nicht übereinstimmend
Dissimilation: dissimilis unähnlich
dominant: dominari beherrschen
Drosophila: *drosos* Tau; *philos* liebend
Ecdyson: *ekdysis* Puppe
Echinodermen: *echinos* Igel; *derma* Haut
Edaphon: *edaphos* Boden
efferent: *effere* wegtragen
Ektoderm: *ektos* außen; *derma* Haut

ektotroph: *trophe* Nahrung
Elektroencephalogramm: *enkephalos* Gehirn; *graphein* schreiben
Elektrophorese: *phorein* tragen
Embolie: *embolos* Pfropf
Embryo: *embryon* Keimling im Mutterleib
Emulsion: emulgere ausmelken
endergonisch: *endon* innen; *ergon* Arbeit
endogen: *endon* innen; *genos* Abstammung, Geschlecht
endokrine Drüse: *endon* innen; *krinein* sondern
Endoplasmatisches Reticulum: *endon* innen; *reticulum* Netzchen
Endorphin: *endon* innen; *Morpheus* griech. Gott des Traumes
endotroph: *trophe* Nahrung
Entelechie: *entelecheia* ununterbrochene Wirksamkeit
Enterokinase: *enteron* Darm; *kinein* bewegen
Enthalpie: *endon* innen; *thalpos* Wärme
Entoderm: *entos* drinnen; *derma* Haut
Entropie: *entrepein* umkehren
Enzym: *zyme* Hefe, Sauerteig
Eozän: *eos* Morgenröte; *kainos* neu
Epidermis: *epi* auf; *derma* Haut
Epigenesis: *epi* auf; *genesis* Entstehung, Schöpfung (etwa Hinzuentstehung)
Epiphyse: *epi* auf; *physis* Natur, Geschöpf; *epiphysis* Auswuchs
Epithel: *epi* auf; *thele* Warze (Hautbildung)
Epitop: *epi* auf; *topos* Ort
Erepsin: *ereipein* niederreißen, zerstören
Erythrozyt: *erythros* rot; *kytos* Zelle, Höhlung
essentielle Aminosäure: essentia Wesen
Ethologie: *ethos* Gewohnheit, Sitte
Etiolement: franz. etioler verkümmern
Eucyte: *eu* gut; *kytos* Zelle
Eugenik: *eu* gut; *genos* Abstammung
Eukaryoten: *eu* gut; *karyon* Nuss, Kern
eutroph: *eu* gut; *trophe* Nahrung
Evolution: evolvere herauswickeln
Exkret: excernere ausscheiden
Exon: ex aus, heraus
Facette: franz. face Antlitz, geschliffene Fläche eines Edelsteins
Ferment: fermentum Gärung, Sauerteig
Fibrille: fibra Faser
Filament: filum Faden
Finalität: finis Ziel, Absicht
Flagellaten: flagella Geißel
Follikel: folliculus Schläuchlein
Formatio reticularis: forma Form; reticulum Netzchen
Fossil: fossilis begraben
Gamet: *gamein* vermählen; *gametes* Gatte; *gamos* Ehe
Gametophyt: *phyton* Pflanze
Ganglion: *ganglion* Knoten
Gastrula: *gaster* Bauch; gastrula Becherchen, bauchförmiges Gefäß
Gel: gelare gefrieren, verdicken
Gen: *genesis* Entstehung, Zeugung; *genos* Abstammung, Geschlecht
Genotypus: *typos* Gepräge, regelmäßige Wiederholung, Form
Gestagen: gestus Trächtigkeit; *genesis* Entstehung, Zeugung
Geotropismus: *ge* Erde; *tropein* wenden
Globulin: globulus Kügelchen
Glomerulus: glomus Knäuel
Glykogen: *glykys* süß; *genesis* Entstehung, Zeugung
Glykokalyx: *glykys* süß; *kalyx* Kelch
Glykolyse: *glykys* süß; *lyein* auflösen
Gradient: gradus Schritt, Änderung einer Größe
Granum: granum Korn
Hämoglobin: *haima* Blut; globus Kugel, Ballen
haploid: *haploos* einfach; *-eides* gestaltig
Helixstruktur: *helix* Schnecke, Struktur ähnlich den Windungen eines Schneckenhauses

Heritabilität: hereditas Erblichkeit
Heroin: *heros* Held; heroisch früher gleichbedeutend mit stark wirkend bei Medikamenten
Heterogonie: *heteros* anders; *genos* Abstammung, Geschlecht
Heterosis: *heteros* anders
heterotroph: *trophe* Nahrung
heterozygot: siehe Zygote
Hierarchie: *hieros* heilig; *arche* Herrschaft
Hippocampus: *hippokampos* Seepferdchen
Histologie: *histos* Gewebe
homolog: *homos* gleich; *logos* Wort Lehre, Wissenschaft
Homöostase: *homoios* ähnlich; *stasis* Zustand
homöotisch: *homoios* ähnlich
homöotherm: *homoios* ähnlich; *therma* Wärme
homozygot: *homos* gleich; siehe Zygote
Hormon: *horman* antreiben, reizen
humorale Abwehr: humor Saft (Abwehr in Blut und Lymphe)
Hybride: hibrida Mischling
Hydrolyse: *hydor* Wasser, *lyein* auflösen
Hygiene: *hygieinos* gesund
Hygrophyt: *hygros* feucht; *phyton* Pflanze, Gewächs
Hyperpolarisation: *hyper* über hinaus; *polos* Pol
Hypertelie: *hyper* über hinaus; *telos* Zweck, Ziel
Hyperventilation: *hyper* über; ventus Wind
Hyperzyklus: *hyper* über; *kyklos* Kreis, Kreislauf
Hyphe: *hyphe* Gewebe
Hypophyse: *hypo* unter; *hypophysis* Nachwuchs, Zuwachs
Hypothalamus: *hypo* unter; *thalamos* Gemach, Raum
Hypothese: *hypothesis* Unterstellung, Vermutung
Ichthyosaurus: *ichthys* Fisch; *sauros* Eidechse, Reptil
Ichthyostega: *ichthys* Fisch; *stegein* bedecken
immun: immunis unberührt, frei, unempfänglich
in vitro: im Glase, im Laborversuch
Individuum: in un-; dividere teilen (das Unteilbare)
Induktion: inducere hineinführen
Infektion: inficere hineinbringen, vergiften
infraspezifisch: infra unterhalb; species Art
Inhibition: inhibere bremsen
Instinktverhalten: instinctus Antrieb
Intentionsbewegung: intentio Absicht
Interferenz: inter zwischen; ferre tragen
Interferon: engl. interference Einmischung
intermediär: inter zwischen; medius mittler (dazwischenliegend)
Intron: intra innerhalb
Isogamie: *isos* gleich; *gamein* vermählen
Kalorimeter: calor Wärme; *metron* Maß
Kambium: cambiare wechseln
Kapillare: capillus Haar (Haargefäß)
Kardiogramm: *kardia* Herz; *graphein* schreiben
Karotin: *karoton* Möhre
Karyon: *karyon* Nuss
Katalyse: *katalysis* Auflösung
Kausalität: causa Grund, Ursache
kinästhetisch: *kinesis* Bewegung; *aisthesis* Empfindung, Sinn
Kinetochor: *kinesis* Bewegung; *choros* Platz, Ort
Klon: *klon* Schößling, Zweig
Kollagen, Kolloid: *kolla* Leim, *genesis* Entstehung, Zeugung; *eides* gestaltig
Kommentkampf: franz. comment wie (im Sinne von Brauch)
Kommissur: committere verbinden

Sprachliche Erklärung wissenschaftlicher Begriffe — 471

Kompartiment: franz. compartiment Abteilung, abgeteiltes Feld
Komplementsystem: engl. complement ergänzen
Konditionierung: conditio Bedingung
Konkordanz: concordans übereinstimmend
Konnektiv: connectere zusammenknüpfen
Konvektion: convehere zusammen fahren
Konvergenz: convergere sich hinneigen
Kormophyt: *kormos* Spross, Stamm; *phyton* Pflanze, Gewächs
Kryptogamen: *kryptos* geheim; *gamein* vermählen
Kutikula: cutis Haut- cuticula Häutchen
Kybernetik: *kybernetes* Steuermann
Labyrinth: *labyrinthos* Irrgarten
Lamellibranchier: lamella Blättchen; branchia Kieme
laterale Inhibition: latus Seite; inhibere hemmen
Letalfaktor: letalis tödlich
Leukozyten: *leukos* weiß, *kytos* Zelle
Ligase: ligare binden
Lignin: lignum Holz
Limbisches System: limbus Rand, Saum
Lipid, Lipase: *lipos* Fett
Litoral: litus Ufer
Lymphe: *lymphe* Wasser (wasserhell aussehend)
Lyse: *lyein* auflösen
Lysosom: *lysis* Auflösung; *soma* Körper
Lysozym: *lyein* auflösen; *zyme* Hefe, Sauerteig (s. Enzym)
Macula: macula Fleck
Makromolekül: *makros* groß
Matrix: matrix Stammmutter
Mechanismus: *mechane* Hilfsmittel
Meiose: *meion* weniger
Membran: membrana Häutchen
Mesoderm: *mesos* mitten; *derma* Haut
Mesomerie: *mesos* mitten; *meros* Teil
Metabolismus: *metabolein* wechseln, umsetzen
Metamorphose: *metamorphosis* Verwandlung
Metaphysik: *meta* nach, hinter; *physis* Natur
Methode: *methodos* Weg der Untersuchung
Micelle: mica Körnchen
Mikroskop: *mikros* klein; *skopein* betrachten
Mikrotom: *mikros* klein; *tome* Schnitt
Mimese: *mimesis* Nachahmung
Mimikry: engl. mimicry Nachahmung
Miozän: *meion* weniger; *kainos* neu
Mitochondrien: *mitos* Faden; *chondrion* Körnchen
Mitose: *mitos* Faden
Modifikation: modificare abändern
Mollusken: mollis weich
monophyletisch: *monos* einzig, allein; *phyle* Stamm
Morphium: *Morpheus* griech. Gott des Traumes
Morphogenese: *morphe* Gestalt; *genesis* Entstehung
Morula: morum Maulbeere; morula kleine Maulbeere
Motivation: movere bewegen
motorisch: motus Bewegung
Muskel: musculus Mäuschen
Mutation: mutatio Veränderung
Mycel: *mykes* Pilz
Myelin: *myelos* Rückenmark
Mykorrhiza: *mykes* Pilz; *rhiza* Wurzel
Myoglobin: *myos* Muskel; globus Kugel
Myxödem: *myxa* Schleim; *oidema* Geschwulst
Nastien: *nastos* zusammengeballt
Nekton: *nein* schwimmen
Neoplasmen: *neos* neu; *plasma* das Gebilde

Nephridium: *nephros* Niere
Neuroglia: *neuron* Nerv, *glia* Leim
Neuron, Neurit, Neuralrohr: *neuron* Nerv
Nukleus: *nucleus* Kern, von nux Nuss
Ödem: *oidema* Schwellung
oligotroph: *oligos* wenig: *trophe* Nahrung
Oligozän: *oligos* wenig; *kainos* neu
Ommatidium: *omma* Auge
Onkogen: *onkos* Geschwulst; *genos* Abstammung
Ontogenie: on, plur. onta das Seiende; *genos* Abstammung, Geschlecht
operante Konditionierung: operans wirksam; conditio Bedingung
Organ, Organelle: *organon* Werkzeug
Osmose: *osmos* Antrieb, Stoß
Östrogen: *oistros* Brunst; Wortstamm gen erzeugen
Oszillograph: oscillare sich schaukeln; *graphein* schreiben
Paläolithikum: *palaios* alt; *lithos* Stein
Paläontologie: *palaios* alt; *on* das Seiende; *logos* Wort, Lehre, Wissenschaft
Papille: papilla Brustwarze
Parasexualität: para neben, sexus Geschlecht
Parasit: para neben; *sitos* Speise (Mitesser)
Parasympathikus: *para* neben; *sympathein* mitempfinden
Parthenogenese: *parthenos* Jungfrau; *genesis* Zeugung, Schöpfung
Pelagial: *pelagos* offene See
Pellicula: pellis Fell; pellicula Fellchen, Häutchen
Pepsin: *pepsis* Verdauung
Peptid, Pepton: *peptein* verdauen
Perimeter: *peri* um . . . herum; *metron* Maß
peristaltisch: *peri* umherum; *peristaltikos* zusammendrückend, -ziehend
Phage: *phagein* fressen
Phanerogamen: *phaneros* sichtbar; *gamein* vermählen
Phänotypus: *phainein* erscheinen; *typos* Form, Gestalt
phasisch: *phasis* Mondphase, Erscheinung
Photorezeptor: *phos* Licht; *recipere* aufnehmen
Phototropismus: *phos* Licht; *tropein* wenden
Phylogenie: *phyle* Stamm; *genos* Abstammung, Geschlecht
Physiologie: *physis* Natur; *logos* Wort, Lehre, Wissenschaft
Phytochrom: *phyton* Pflanze, *chroma* Farbe
Pinocytose: *pinein* einsaugen; *kytos* Zelle
Pithecanthropus: *pithekos* Affe; *anthropos* Mensch
Plankton: *planktos* umherirrend, treibend
Plasmalemma: *plasma* das Gebildete; *lemma* Haut
Plasmodesmus: *plasma* das Gebildete, *desmos* Fessel, Ankertau
Plasmodium: *plasma* das Gebildete; *oidan* schwellen machen
Plasmolyse: *plasma* das Gebildete; *lysis* Lösung
Plastide: *plassein* bilden; *plastos* geformt
Plastocyanin: *plastos* geformt; *kyanos* blau
Plazenta: placenta Kuchen
Pliozän: *pleion* mehr; *kainos* neu
Polygenie: *polys* viel; *genos* Geschlecht
Polymer: *polys* viel; *meros* Teil
Polyphänie: *polys* viel; *phainein* erscheinen
Polyploidie: *polys* viel; *polyploos* vielfache
Population: populus Volk
Potential: potentia Macht, Kraft

Präadaption: prae vor; adaptare anpassen
Präformation: prae vor; formare bilden
präsumptiv: praesumptus mutmaßlich
Präzipitation: praecipitare herunterfallen
Procyte: *protos* der Erste; *kytos* Zelle
Prokaryoten: *protos* erster, Ur; *karyon* Nuß
propriorezeptiv: proprius eigen; recipere empfangen
prospectiv: prospectus Aussicht
prosthetisch: *prosthesis* Zusatz
Protein: *protos* der Erste
Protoplasma: *protos* der erste, *plasma* das Gebildete, Geformte, der Stoff
Protozoen: *zoon* Tier
prozedurales Gedächtnis: engl. procedure Handlungsweise, Verhalten
Psilophyt: *psilos* nackt; *phyton* Pflanze
Ptyalin: *ptyalon* Speichel
Puff: engl. puff Aufblähung
Recycling: engl. recycling Abfallverwertung; re- wieder; cycle Kreislauf
Reduktionsteilung: reducere zurückführen
Reflex: reflectere zurückbeugen
Regeneration: regenerare wiedererzeugen, erneuern
Regression: regressus Rückkehr
Releasing-Hormon: engl. release freigeben, auslösen
Repression: reprimere unterdrücken
Resistenz: resistere widerstehen
Resorption: resorbere wieder aufsaugen
Restriktionsenzyme: restrictio Einschränkung
Reticulum: reticulum Netzchen
Retina: rete Netz
Revertase: reversio Umkehrung
Rezeptor: recipere empfangen
rezessiv: recedere zurückgehen
Rhabdom: *rhabdos* Stab
Rhizoid: *rhiza* Wurzel; -id, -eides gestalig
Ribosom: *soma* Körper
Ritualisierung: ritus feierlicher Brauch
rudimentär: rudimentum Rest
Sacculus: saccus Sack; sacculus Säckchen
saltatorisch: saltare tanzen, hüpfen
sapiens: sapiens weise, verständig
Saprophyt: *sapros* faulend; *phyton* Pflanze
Sarkomer: *sarx* Fleisch; *meros* Teil
Saurier: *sauros* Echse
Schizophrenie: *schizein* spalten; *phren* Zwerchfell, nach griech. Vorstellung Sitz des Geistes
Sekret: secretio Absonderung
Selektion: selectio Auswahl, Auslese
self-assembly: engl. self selbst; engl. assembly Versammlung
sensibel: sensibilis empfindlich
sensorisch: sensus Sinn
Separation: separare trennen
Serum: serum Flüssigkeit, Blutwasser
Sinanthropus: sinia chinesisch; *anthropos* Mensch
Sinus: sinus Bucht
Sklerose: *skleros* hart
Soma: *soma* Körper
Spermatozoon: *sperma* Same; *zoon* Tier
Spinalganglion: *spina* Dorn; spina dorsalis Rückgrat; *ganglion* Knoten
Spirochäte: *speira* Windung, Spirale; *chaite* fliegendes Haar, Mähne
Statocyste, Statolith: *statos* sellstehend, ausruhend; *kystis* Blase; *lithos* Stein
stenohalin: *stenos* schmal; *hals* Salz
Stress: strictus verwundet
Stroma: *stroma* Lager, Unterlage
Substrat: substratus untergelegt
Sukkulent: succulentus saftig
Sukzession: succedere ablösen

Symbiose: Vorsilbe *sym* mit, zusammen; *bios* Leben
Symbol: *symbolon* Zeichen
Sympathikus: *sympathein* mitempfinden
sympatrisch: Vorsilbe *sym* zusammen; *patris* Vaterland
Synapse, Synapsis: *synapsis* Verbindung
Syndrom: *syndrome* Zusammenlauf (Gesamtheit der zu einer Krankheit gehörenden Symptome)
Synergetik: Vorsilbe *syn* zusammen; *ergon* Arbeit
System: *systema* aus mehreren Teilen zusammengesetztes Ganzes
Systole: *systelein* zusammenziehen
Taxien: *taxis* Stellung, Ordnung
Taxonomie: *taxis* Stellung, Ordnung; *nomos* Gesetz
Teleonomie: *telos* Ziel; *nomos* Gesetz
Tetanus: *tetanos* Spannung
Thalamus: *thalamos* Gemach, Raum
Thallus: *thallos* Trieb, Zweig, Lager
Thrombocyt: *thrombos* Klumpen, Gerinnsel; *kytos* Zelle
Thrombose: *thrombos* s. o.
Thylakoid: *thyllakos* Sack
Thymus: *thymos* Brustdrüse
Thyroxin: *thyreos* Schild
Tonus: *tonos* Spannung, Gespanntes
Toxin: *toxon* Bogen, Pfeil; *toxikon* Pfeilgift
Tracheen, Tracheiden: *tracheia* Luftröhre; -eid, -eide ähnlich
Transduktion: transducere hinüberführen
Transferase: transferre übertragen
Transformation: transformare umwandeln
Transkription: transcribere umschreiben
Translation: engl. translation Übersetzung
Transmitter: transmittere übertragen
Transpiration: trans durch; spirare atmen
Transplantation: transplantare verpflanzen
Transposon: transponere hinüberbringen
Trichocyste: *trichos* Haar; *kystis* Blase
Trilobiten: *tris* dreimal; *lobos* Lappen
Triplett: triplex dreifach
Trochophora: *trochos* Rad, Reifen; *phora* rasche Bewegung von *pherein* tragen
Tropismus, Trophyt: *trepein* sich wenden
Trypanosoma: *trypanon* Bohrer; *soma* Körper
Trypsin: *tryptein* zerreiben, zermalmen
Tuberkulose: tuber Beule, Höcker, Geschwulst, Knoten; tuberculum Beule
Tubulin: tubus Röhre
Tumor: tumor Geschwulst
Turgor: turgescere aufschwellen
Uterus: uterus Gebärmutter
Utriculus: uter Schlauch; utriculus Schläuchlein
Vagus: vagari umherschweifen
Vakuole: vacuus leer
Vektor: vector Träger; vehere tragen
Vene: vena zum Herzen führende Ader
Ventrikel: ventriculus Bäuchlein
Vernalisation: ver Frühling; vernalis frühlingsmäßig
Vertebrata: vertebra Gelenk, Wirbel
Vesikel: vesiculum Bläschen
Virus: virus Saft, Schleim, Gift
Vitalismus: vita Leben
Volvox: volvere wälzen, sich drehen
Xanthophyll: *xanthos* gelb; *phyllon* Blatt
Xerophyt: *xeros* trocken; *phyton* Pflanze
Zellkompartiment: franz. compartiment abgeteiltes Feld
Zoologie: *zoon* Tier; *logos* Wort, Lehre
Zygote: *zygon* Gespann, Joch
Zyste: *kystis* Blase, Behälter

Sach- und Namenverzeichnis

Fette Seitenzahlen weisen auf ausführliche Behandlung im Text hin.

A

α-Blocker 214
α-Helix-Struktur 119
α-Ketoglutarsäure 154
α-Motoneuron 174, 225, 227
α-Strahlen 112
AAM 238
AAS 259
ABBÉ 15
Abfallverwertung 109
Abfallwirtschaft 109
A-Bindungsstelle 334
abiotische Faktoren 40, 42, 62, 65, 387
Ableitung 181 f.
Aborigines 445
Abschaltphase 371
Abschlussgewebe 38
Abscisinsäure 265
absolute Refraktärzeit 180
Absorptionsspektrum 141
Abstammungslehre 385
Abteilungen 459
Abwasser 103 f.
Acetylcholin 183 f., 214
Acetyl-Coenzym A 150, 153
Ackerdistel 99
Ackerschmalwand 301
Acrania 468
ACTH (adrenocorticotropes Hormon) 261
Actinfilamente 26, 27, 223, 225
Adaptation 198
adaptive Radiation 430
additive Farbmischung 197
Adenin 130, 323, 325
Adenosindiphosphat (ADP) 134, 136
Adenosinmonophosphat, cyclisches (cAMP) 137, 184, 264
Adenosintriphosphat (ATP) 27, 46, 124, 134, 136, 176, 181, 225
Adenoviren 321
Adiuretin 173, 261, 264
ADP (Adenosindiphosphat) 134, 136
Adrenalin 214, 259 f., 264
adrenocorticotropes Hormon (ACTH) 261
Aegilops 316
Aeonium-Arten 430
aerobe Zellatmung 226
Aerosole 104
Affen 434
afferente Nervenfaser 187
Aflatoxine 344
Agglutination 366, 371, 373, 378
Aggression 251, 254
Aggressivität 251
Agrobacterium tumefaciens 355
Ahnentafel 310
AIDS 377
Akkommodation 192
Akrosom 268
Akrosomfaden 269
Aktionspotential 179, 181, 186 f., 199, 223
aktive Immunisierung 373, 381
aktiver Ionentransport 136

aktives Zentrum 123
Aktivierung 124
Aktivierungsenergie 121, 159
Aktualitätsprinzip 383
akustische Signale 251
Albinismus 312, 336
Algen 267 f., 427
Algenpilze 460
Alkaloide 157
Alkanole 126
Alkaptonurie 336
Alkohol 126, 220
alkoholische Gärung 153
Allantois 276 f.
Allele 291
ALLENsche Regel 65
Allergene 375
Allergie 375
Alles-oder-Nichts-Gesetz 179, 223
allgemeines Anpassungssyndrom 259
allopatrische Artbildung 394
Allopolyploidie 310
Allosterie 124
allosterische Hemmung 124
allosterisches Zentrum 124
Altersbestimmung 410
Altmenschen 441
Altmünder 273
altruistisch 400
altruistisches Verhalten 249, 255
Altsteinzeit 446
Alveolata 459
ALZHEIMER-Erkrankung 217, 316
amakrine Zellen 194
Amanitin 335
Amboss 206
Ameisen 249
Ameisenigel 468
Aminogruppe 116
Aminosäure 29, 116, 118, 154, 157, 334
– aromatische 157
– basische 120
– essentielle 156
– saure 120
Aminosäure-Decarboxylase 123
Aminotransferase 123
Ammoniten 418, 421
Amnion 276 f.
Amnionpunktion 316
Amniozentese 316
Amöben 27, 88, 92, 463
amöboide Bewegung 27
Amphibien 272, 280, 468
Amylasen 125, 159
Amylopektin 129
Amylose 129
anabole Reaktion 116
anaerobe Bakterien 84
Anaerobier 153
Anagenese 432
Analogie 402
– von Organen 403
Anämie 338
Anaphase 35, 309
anaphylaktischer Schock 376
Androgene 259
Aneuploidie 308
angeborener auslösender Mechanismus 238
Angepasstheit 12

assimilierendes Gewebe 48
Assoziationen 234, 241, 243
Assoziationsregionen 212
assoziatives Lernen 241
Asthma 375
– bronchiale 214
Atavismus 404
Atmosphäre 110
Atmung 44, 46, 87, 90, 148, 167
– äußere 148, 167
– innere 167
Atmungskette 151
Atmungsorgane 168
Atmungszentrum 213
ATP (Adenosintriphosphat) 27, 46, 124, 134, 136, 176, 181, 225
ATP-Bildung 136, 143, 152, 226
Attrappen-Versuche 237
Auflösung 17
Auflösungsvermögen 15, 19, 198
– optisches 15
Aufmerksamkeit 218
Aufrechtgänger 435
aufspaltende Selektion 392
Aufzucht 113
Auge 15, 213
Augenentwicklung 283
Augenfleck 12
Augenhaut 192
Augentierchen 427
Ausbreitungsfähigkeit 66
Ausbreitungstypen 80
ausgeräumte Landschaft 96
Auslese, natürliche 384
Auslauf 267
Auslesezüchtung 346
Ausscheidung 11, 171
Ausscheidungsorgane 172
Außenschmarotzer 69
äußere Atmung 148, 167
äußeres Ohr 206
Aussterben 99, 113
Austauscheinheit 297
Austauschwert 297
Australide 445
Australien, Tier- und Pflanzenwelt 409
Australopithecus 441
– afarensis 440
– anamensis 440
Auswilderung 113
Autoimmun-Erkrankungen 375, 376
Autökologie 40
Autolyse 25
automatisierte Chromosomentrennung 359
Autoradiografie 358
autosomal-dominanter Erbgang 312
Autosomen 358
Autosomenpaar 251, 401
autotroph 67, 116, 140, 146, 458
Auxine 265
AVERY 319, 323
Axon 174, 182 f.

B

β-Blocker 214
β-Galactosidase 340
β-Lymphozyten 366 f., 367
β-Rezeptoren 214
β-Strahlen 112
B-Zelle 367

BACH 313
Bachbegradigung 101
Bacillus thuringiensis 98
Bäckerhefe 153
BAER von 405
BAITSCH 318
Bakterien 14, 41, 67 f., 72, 84, 88, 141, 146, 153, 156, 158, 162, 319, 319, 323, 326 f., 362, 366, 373, 415, 458
– Immunreaktion gegen 373
– lysogene 323
Bakteriengenetik 320
Bakterienzelle 20
Bakteriophagen 322
Balken 211
Ballaststoff 157
Bam H1 354
Bandwürmer 69, 464
Bärlappe 419, 431, 460
BARR-Körperchen 302 f.
Basalganglien 211, 228 f.
Basalkörper 11 f., 28
Basalzellen 208
BASEDOW 257
BASEDOW-Krankheit 257
Basenpaare 326
Basentriplett 330, 332
Basilarmembran 207
basische Aminosäuren 120
Bastard 288, 296, 309, 347, 386
Bastzelle 54
Bauchspeicheldrüse 161, 259
Baumschicht 91
Baupläne der Lebewesen 458
Baustoffwechsel 116
BEADLE 336
Becherauge 400
Becherkeim 272
Bedecktsamer 28, 270, 427, 431, 460
bedingter Reflex 234, 241
Befruchtung 262, 268, 277, 289, 301 f., 461
Befruchtungshügel 269
Befruchtungsmembran 269
Begabung 313
Begattung 268
Begriff der Natur 96
Behauptungsfähigkeit 66
Behaviorismus 232, 252
Belastung der Natur 96
Belegzellen 160
BELL 111
Benthal 93
Benthos 94
BERCKHEIMER 444
Bereitschaft 236, 251, 254
BERGMANNsche Regel 65
Besamung 268
– künstliche 350
Beschädigungskampf 251
Bestäubung 270
Betriebsstoffwechsel 116
Beute 80
Beutefangverhalten 230
Beuteltiere 409, 422, 468
Bewegung 12, 28, 73, 223, 228
– amöboide 27
– rhythmische 234
Bewegungsorganellen 27
Bewusstsein 218, 454, 454
Biene 67, 240, 249, 270
Bienenstaat 245
Bienentanz 246
Bierhefe 153

bilaterale Symmetrie 464
Bilderzeugung 192
Bildungsgewebe 37
Bindegewebe 29, 38
Bindung, energiereiche 134
Biochemie 125, 380
biochemische Homologien 406
biochemischer Sauerstoffbedarf (BSB) 102
Biodiversität 91
Bioethik 457
Biogas 104, 147
biogenetische Grundregel 398, 405
Bioindikatoren 106
Biologie 11, 453, 457
biologische Schädlingsbekämpfung 98
biologisches Gleichgewicht 41, 82, 101
Biomasse 43 f., 84 ff., 90 f., 95 f., 98, 109, 115, 140
Biomembran 22
Bio-Monitoring 106
Bioreaktor 158
Biosensoren 110
Biosphäre 83
Biotechnologie 158
biotische Faktoren 40, 42, 65 f.
– Selektionsfaktoren 388, 399
Biotop 40 f., 96, 99, 101, 113
Biotopschutz 113
Biotopvernetzung 113
Biozönose 40 f., 86, 88, 90, 97
Bipolarzellen 194
Birkenspanner 388
BLACKMAN 45
Blasenkeim 272
Blasentang 268
Blastocoel 272
Blastocyste 276, 302
Blastoderm 272
Blastomere 272, 280 f.
Blastula 272
Blatt 47, 60, 271, 299, 460
Blattadern 47
Blattfarbstoffe 44, 140
Blattsukkulenten 56
Blättermagen 72
Blaualgen 415, 458
Blaugelbblindheit 198
Blinddarm 73, 162
Blinddarmentzündung 162
Blut 162, 365
Blutarmut 338
Blutdruck, diastolischer 164
– systolischer 164
Blutegel 465
Blüten 461
Blütenblätter 461
Blütenfarbe 289
Blütenfarbstoffe 157
Blütenhülle 463
blütenlose Pflanzen 461
Blütenpflanzen 73, 422, 460, 461
Bluterkranke 303
Bluterkrankheit 167, 305, 338
Blutgefäßsysteme 162
Blutgerinnung 166
Blutgerinnungsfaktor VIII 338, 355
Blutgruppen 307, 378, 379
Blutgruppenbestimmung 378
Bluthasel 306
Bluthochdruck 316
Blutkörperchen 165

Sach- und Namenverzeichnis

– Rote 14, 22, 70, 162, **165**, 168, 170
– Weiße 166
Blutkreislauf **162**
Blutplasma 165, **166**, 169 f.
Blutplättchen **166**
Blutserum 166
Blutübertragung 379
Blutzuckerspiegel 260
Boden **58**, 92
Bodenorganismen 92
Bodenprofile 92
Bodentiere 58
Bodenzone 94
Bogengänge 205
BOSCH, HIERONYMUS 397
Bonobo 434
borealer Nadelwald 63
Borke 55
Borkenkäfer 98, 245
Boten-RNA 330
Botenstoffe 137
BOVERI 293
BOWMANsche Kapsel 172
Branchiostoma 468
Braunalgen **459**
Brechkraft 192
Breitnasenaffe 434
Brenztraubensäure 150, 153
BROCA 221
BROCAsche Region 437
Bronchus 170
Bronzezeit 446 f.
Brückentiere **402**
Brutknospen 267
Brutpflege 80, 250
Bruttoprimärproduktion 43, 86, 90
Bryozoen 267, 467
BSB (biochemischer Sauerstoffbedarf) 102
BSE (spongiforme Encephalitis) 322
Buchfink 232
BÜSCHLI, OTTO 14
BUTENANDT 335
Buttersäure 72, 237
Buttersäurebakterien 153 f.

C

^{14}C-Altersdatierung 410
^{14}C-Atome 410
C$_4$-Pflanzen 50
Caenorhabditis 284 f., 362
– elegans 282
CAESAR, JULIUS 316
Calcitonin 258, 264
Calcium 176
CALVIN 145
CALVIN-BENSON-Zyklus 146
cAMP (cyclisches Adenosinmonophosphat) 137, 184
Carbonsäure **127**
Carboxylgruppe 116
Carotine 141
Carotinoide 48, 141
Carrier 29, **32**
CD4 371
CD8 371
CD28 371
cDNA (copy-DNA) 337, 353
Cellulose **129**, 153 f., 157
Celluloseverdauung 72
centi-Morgan 297
Centriol 268 f.
Centriolen **26, 28**, 35
Centromer 35, 293
Cephalopoden 467
Cestoden 464
CF 360

CF-Gen 360
cGMP (cyclisches Guanosinmonophosphat) 137, 184, 195
CHAMISSO 266
CHARGAFF 324
chemisch gesteuerte Ionenkanäle 178
chemische Energie 45, 132
– Evolution **411**
– Schädlingsbekämpfung 97
chemisches Gleichgewicht **133**
Chemosynthese 116, **146**
Chiasma 297
Chiasmata 293
Chimären 279, 285
Chinesische Primel 286
Chiralität 117
Chitin 38, **129**
Chitinskelett 465
Chlamydomonas 36, 460
Chlorella 145
Chlorid 176
Chlorophyll 20, 24, 46, 130, 141 f., 142, 299
Chloroplasten 11, 20, 24, 35, 47, 60, **140**, 143, 299
Chloroplasten-Bewegungen 28
Choanoflagellaten 463
Cholinesterase 183
Chorda 273, 283, 427
Chordaanlage 277
Chordata 468
Chordatiere 427, **468**
Chorion 277
Chorionbiopsie 316
Chorionzotten 277
Chromatide 35, 293, 324, **324**
Chromatidentetrade 293
Chromatin 24
Chromatografie 130
Chromoplasten 24
Chromosomen 24, 28, 35, **35, 293**, 301
– homologe **35**, 293, 435
Chromosomenforschung 300
Chromosomenmutation 305, **307**, 440
Chromosomensatz 293
Chromosomentheorie der Vererbung 293
Chromosomentrennung, automatisierte 359
Chromosomenzahlen einiger Tier- und Pflanzenarten 293
chunks 217
Chymotrypsin 406
Cichliden 396
Ciliarkörper 192
Ciliaten 459
Cilien 26 f.
Citratzyklus 150, 154
Citronensäurezyklus **150**, 154
CO 106
CO$_2$ 11, 46, 49, 87
CO$_2$-Aufnahme 44
CO$_2$-Rezeptoren 171
coated vesicles 25, 33
Cocain 158
Cocktail-Party-Phänomen 219
Code, degenerierter 332
Codogene 330
Codon 330, 334
Coelenteraten 463

Coelom 273, 427
Coenzym 121
Coenzym A 153
Coevolution **390**, 408
Coffein 158
Cokarzinogene 345
Colchicin 298, 310, 348
Combe-Capelle-Mensch 445
copy-DNA (cDNA) 337, 353
Corepressor 342
Corezeptor **370**, 371
Corpus luteum 262
CORRENS 288, 293, 299
Corticoide 259, 377
Cortisol 259
Cortison 259
Corynebacterium 154
CRICK 324, 326
Cro-Magnon-Mensch 445, 447
Crossopterygier 418
Crossover 296 f., 304
Crossover-Häufigkeiten 358
Crustaceen 467
Cryptophyten **459**
Ctenophora 464
Cuticula 38, 47, 52
CUVIER 382 f., 403, 405, 452
Cyanobakterien 20, 84, 156, 415, **458**
cyclisches Adenosinmonophosphat (cAMP) 137, 184, 264
Cyclosporin 377
cystische Fibrose 360
Cytochrom 130, 151, 425
cytogenetische Methode 298
Cytokine 344 f., **365**
Cytokinine 265
Cytologie 16
Cytoplasma 20 f., 23, 29, 35, 51, 137, 323, 330
Cytosin 130, 323, **325**
Cytoskelett 20 f., 23 f., **26 f.**, 29, 33, 116, 256, 284, 362
Cytostatika 345

D

Dachschädler 419
diastolischer Blutdruck 164
Darm 159, **161**
Darmflora 157, 162
Darmkanal 69
Darmnervensystem 214
Darmzotten 161
DART, R. 440
DARWIN 382, 384 f., 405, 452, 456
DARWINfinken 385, 396, 430
Dauereier 78
Dauerformen 78
Dauergewebe **37**
Dauerpräparate 16
DDT 98
Deckgewebe 38, **38**
Deckschicht 93
Deduktion **451**
degenerierter Code 332
deklaratives Gedächtnis **217**
Deletion 307
demographischer Übergang 115
Demutshaltung 251
denaturiert 121
Dendriten 174, **183**, 186, 207

Depolarisation 179
Deponien 109
depressive Erkrankung 316
DESCARTES 233
Desensibilisierung 139
Desoxyribonucleinsäure (DNS) 20, 24, 130, 321, **323 f.**, 326, 330, 332, 337, 340, 342
Desoxyribose 130, 323
Destruenten **41**, 49, 67, 84, **84**, 94, 102, 104
Determinantenhypothese 280
Determination 280, 282 f.
Detritus 94 f.
Deuterostomier 273, 427
Devon 418
Dexter-Rinder 307
Diabetes mellitus 260, **316**, 376
Diastole 164
Diatomeen 459
dichteabhängige Faktoren 80
Dichteanomalie 126
Dichtegradienten-Zentrifugation 30
dichteunabhängige Faktoren 80
differentielle Genaktivierung 340
Differenzierung 36 f., 280
Differenzierungsphase 371
Diffusion **31**, 168 f.
– trägervermittelte 32
Diffusionsgeschwindigkeit 31
dihybrider Erbgang 290
Dinosaurier 407
Dionaea 372
Dioptrie 192
Diphtherie 375
diploid 35, 293
Dipol 126
direkte Genkartierung 358
Disaccharide **129**
diskoidale Furchung 276
diskontinuierliche Variabilität 286
Diskordanz 311
Dissimilation **116, 150**, 155
Disulfidbrücke 119
disynaptischer Reflexbogen 234
Diversität 91
DNA (desoxyribonucleicacid) 20, 24, 130, 321, **323 f.**, 326, 330, 332, 337, 340, 342
– Homologie der 435
– Injektion von 356
– schwere 326
DNA-Ligase 326, 351
DNA-Polymerase 326
DNA-Sequenzierung 326
DNA-Stränge 324
Domänen 458
Domestikation 346
dominante Anlage 288
dominant-rezessiver Erbgang 288
Dominanz 296
– unvollständige 290
Dopa 229
Dopamin 184, 229

Doppelbefruchtung 303
Doppelhelix-Struktur 324
doppelte Quantifizierung 230
dorsale Urmundlippe 283
Dotter 276
Dottersack 276 f.
DOWN-Syndrom 308
Drehschwindel 205
Drehsinn **205**
Drehsinnesorgane 205, 213
Drogensucht 240
Drohen 250
Dromedar 408
Drüsen, endokrine 256
Drüsenhaare 73
Drüsenhormone 256
Drüsenorgane 157
Drüsenzellen 25, **37**, 38, 159
Duftmarken 248
DUIBOIS 441
Dünger 97, 102
Düngung 59
Dunkelkeimer 271
Dunkelreaktion 45
Dünndarm 161, 256
Dünnschichtchromatografie 130, 141
Duplikation 307
dürreresistent 55
dynamisches Gleichgewicht 90

E

E. coli 321, 342
Echinodermen 467
Eco R1 354
Ediacara-Lebenswelt 417
EEG (Elektroencephalogramm) 219
Effektor 124
efferente Nervenfaser 187
Ei 268
Eibläschen 262
Eichelwürmer 467
Eidechsen 170
Eierstöcke 268
Eileiter 262, 276
Eimutterzelle 293
eineiige Mehrlinge 266, 281
– Zwillinge 311
Eingangssynapsen 186 f.
Ein-Gen-ein-Enzym-Hypothese 336
Ein-Gen-ein-Polypeptid-Hypothese 336
Einkeimblättrige 54, 271
– Pflanzen 265, **463**
Einkorn 310
Einnischung 75, 79
Einnistung 277
Einsicht, Lernen durch **243**, 252
Einsteckversuch 283
Einzeller 11, 14, 20, 27, 35 f., 72, 88, 266, 427
Eisenzeit 446 f.
Eizelle 23, 262, 266, 268, 276
Ektoderm **37**, 272, 276, 427
Elefanten, Stammbaum der 424
elektrische Energie 132
– Fische 208

Elektroencephalogramm (EEG) 219
Elektronenmikroskop (EM) **17**, 322, 334, 351, 412
elektronenmikroskopische Präparate 18
Elektronentransportkette 145, 414
Elektrophorese 131, 329, 360
elektrostatische Anziehung 118
Elterngeneration 288
EM (Elektronenmikroskopie) **17**, 322, 334, 351, 412
Embolie 167
Embryo 262, 270, 277
Embryoanlage 282
Embryoblast 276
Embryonalanlage 276
Embryonalhüllen 276
Embryonalknoten 277
Embryonenschutz 279
Embryoträger 270
Embryotransfer 350
Embryo-Übertragung 350
Emission 104
Emmer 310
Emotion **216**
Empfängnisverhütung 262
Emulsin 121
endemisch 408
endogonisch 133 f.
Endknospe 271
Endodermis 52
Endodermiszellen 54
endokrine Drüsen 256
Endoplasmatisches Retikulum (ER) 23, **25**, 29, 225
Endorphine 139, 187, 204
Endosymbionten-Theorie 415
endotherm 132
Endoxidation 150, **151**
Endozytose **33**
Endplattenpotential 183
Endprodukt-Repression **342**
Energie 11, 39
– chemische 132
– elektrische 132
– mechanische 132
Energieaustausch 12
Energiebedarf 11
Energiebilanz 152
Energiedosis 112
Energiefluss im Ökosystem 86
Energiegehalt 44
Energiegewinn 148
Energiegewinnung der Zelle 24
Energiehaushalt **116, 132**
Energienutzung **114**
energiereiche Bindung 134
Energieumsatz **132**, 134 f.
ENGELMANN 141
ENGELMANNscher Bakterienversuch 141
Enkephaline 187, 204
Entelechie 454
Entenküken 238
Enterokinase 161
Enthalpie 152
Entkopplung 297
Entoderm **37**, 272, 276, 427
Entropie 132, **449**
Entstehung des Lebens **411**
Entwicklung 272

Sach- und Namenverzeichnis

– des Frosches 272
– Homologien in der 405
– des Lebens 416
Entwicklungsbiologie 266
Entwicklungsgene 397 f.
Entwicklungsländer 114 f.
Entzündungsreaktion 371, 373
Entzündungsvorgänge 259
Enzym 61, 110, 116, **116**, 121, 134, 329, 336
Enzymhemmung 124
Enzym-Substrat-Komplex 123
Enzymtechnik 125
Epidermis 38, 47, 55
Epilepsie 316
epileptische Anfälle 217
Epilimnion 93
Epiphyse 213
Epithelzellen 27 f.
Epitop 364, 366
EPSP (**e**rregendes **p**ost-synaptisches **P**otential) 185 f., 219, 234
ER (**E**ndoplasmatisches **R**etikulum) 23, **25**
– glattes 26
– raues 26
Erbanlagen 291
Erbgang **288**, **290**
Erbgänge, gonosomale 303
Erbinformation 24, 287
Erbkoordination 239
Erbkrankheiten **315**
erbliche Information 286
Erdbeere 309
Erdgeschichte 416
Erdkröte 231
Erepsine 161
Ergänzungsfarben 197
Erhaltungsstoffwechsel 116
Erhaltungszüchtung 346
Erholung 114
Erkenntniswege der Biologie **450**
Erkennungsphase 371
Erkennungssequenz 327
Ernährung 156
Erosion 97
erregende Synapse 184 f.
erregendes **p**ostsynapti-sches **P**otential 185 f., 219, 234
Erregung 176, 182, 188
Erregungsleitung 36, 179, 182
– saltatorische 182
Ersatzmutterschaft 279
Erythroblastose 313, 379
Erythrozyten **165**
Erzeuger **84**
Erzlaugung 147
Escherichia 162
– coli 319, 326, 334, 340, 362, 351
ESS (**e**volutionsstabile **S**trategie) 401
essentielle Aminosäuren 156
– Fettsäuren 157
Essigsäure 72
Essigsäuregärung 154
Esterbildung 127
Ethanal 153
Ethanol 153
Ethen 265
Ethik 280, 363, **457**
ethische Normen 255
Ethologie 232, 236, 239
ethologische Isolation 386, 396

Eubakterien 20
Eucalyptus 409
Eucyte 20 f., **23**, 415, 458
Eudorina 36
Eugenik, negative 318
Euglena **11**, 28, 39, 427
Euglenophyten **459**
Euhomininen 441
Eukarya **459**
Eukaryoten **20**, 35, 321, 326, 337, 342 f., 362, 417, **458**
Eulitoral 95
Euploidie 308 f.
Eustachische Röhre 206, 277
eutroph 83, 94, 102
Evolutionsfaktoren **386**
Evolution 13, 79, **382**, 449
– chemische **411**
– Geschwindigkeit der 432
– infraspezifische **398**
– kulturelle 446, **447**
– des Menschen **434**, 439
– der Sprache 448
– des Stoffwechsels 413
– transspezifische **398**
– der Zelle 415
evolutionäre Erkenntnis-theorie 453
Evolutionsfaktoren 397, 456
Evolutionsforschung 382
Evolutionslehre 458
Evolutionsrate 426
Evolutionsreihen 422
evolutions**s**tabile **S**trategie (ESS) 401
Evolutionstheorie **382**, 384, **386**, 455 f.
– kritische 433
Evolutionsuhr 426
Evolutionsvorgang 397
exergonisch 133 f., 159
Existenzsätze 451
Exkrete 171
Exons 337
exotherm 132
Exozytose **33**
Expansionsmutation 338
Experimentieren 450
exponentielles Wachstum 76
Expressivität 315
Extinktion 432
EZ 311

F

F$_1$ 288, 303
F$_1$-Hybride 347
F$_2$ 288, 303
Facettenauge **191**, 193, 199
Fadenwurm 69, 92, 162, 282, 284, 362, **464**
Faktor VIII 167, 303, 338, 355
Faktoren, abiotische 65
– biotische 65 f.
– dichteabhängige 80
– dichteunabhängige 80
Falsifizierung 451
Faltblatt-Struktur 119
Familie 402
Familienforschung 310
Farbenblindheit 198
Farbsehen **197**
Farn 418 f., 427, 460
Farnpflanzen 460, **460**
Fäulnis 153
Faulschlamm-Teich 84
Federn 38
Fehlerfreundlichkeit 457
Fehlgeburt 277

Feldheuschrecke 237
Fertilitätsfaktoren 321
Festigungsgewebe 38, 54, 56
Fetalzeit 279
Fettabbau 153
Fette 128, 157
Fettsäuren 154
– essentielle 157
– ungesättigte 128
Fettverdauung 162
Fetus 279, 302
Feuer 447
FFS (**F**ight or **F**light **S**yndrom) 259
Fibrillen 223
Fibrin 166 f.
Fibrinogen 166 f.
Fight or **F**light **S**yndrom (FFS) 259
Filament **26**
1. Filialgeneration 288
Filtration 165
Finalismus 433
Finalität **455**
Fingerprotein 343
Finnen 69 f.
Fische 169
Fischkieme 169
FISHER 385
Fitness **384**, 390, 400, 446
– reproduktive 387
Fitnessabnahme 400
Fitness-Wert 387
Fitnesszunahme 400
Fixiermittel 16
Flachaugen 190, 400
Flächenverbrauch 101
Flagellin 20, 28
Flechten **71**, 106, **460**
Fließgeschwindigkeit 136
Fließgleichgewicht 12, 39, 449
Flimmerepithelien 27
Flossenschläge 235
Flügelschläge 235
Flugsaurier 422
Fluktuationstest 399
Fluor**ch**lor**k**ohlen**w**asser-stoffe (FCKWs) 105, 108
Fluoreszenzmarkierung 358
Fluoreszenzstrahlung 142
Flurbereinigung 96, 99
Flussregulierung 101
Flut **165**
Follikel 262, 264, 269
Follikelreifung 263
follikelstimulierendes **H**ormon (FSH) 261 f., 264
förderliche Vergrößerung 15
Formatio reticularis 213, 219
Formenmannigfaltigkeit 458
Fortbewegung 27
Fortpflanzung **266**, 279
– geschlechtliche 12, 36, **268**, 270, 393, 460
– ungeschlechtliche 36, **266**, 460
– zweigeschlechtliche 80
Fortpflanzungsschranke 386, 395 f., 402
Fortpflanzungszellen 38
fossile Übergangsformen 430
Fossilfunde 440
Fossilien 410, **410**, 416, 422, 426, 430 f., 440
– lebende 432
Fossilrekonstruktion 411
fotochemische Reaktionen 45

Fotolyse des Wassers 46, 142
Fotomorphogenese 60
Fotooxidantien 105
Fotoperiodismus **61**
Fotophosphorylierung 46, 142
– nichtzyklische 145
– zyklische 145
Fotorezeptor 12
Fotosynthese 11, 24, 41, **43**, 44, 56, 67, 90, 106, 116, 132, **140**, 148, 414, 416
– Wirkungsspektrum der 141
Fotosyntheseprodukte 146
Fotosyntheserate 45 f., 48
fotosynthetisch 94
Fovea centralis 192
Fragile-X-Syndrom 338
fraktionierte Zentrifu-gation 30
Frau-Schema 254
freie Enthalpie 133
Freisetzungen 355
Fremdbefruchter 346
Fremdeln 253
Frequenz 188
Fresszellen **37**, 159
FRISCH 232, 246
Frischpräparate 16
Frösche 170
Frostkeimer 271
Frostresistenz **58**
Frosttrocknis 57
Frucht 271, 461
Fruchtblase 277, 279
Fruchtblätter 270, 461
Fruchtfliege 295 f.
Fruchtknoten 270, 461
Fruchtkörper 460
Fruchtschimmel 68
Fruchtwasser 279
Fructose 129
Fructosebisphosphat 150
Frühgeburt 279
Frühholz 55
Frühjahrszirkulation 93 f.
FSH (**f**ollikelstimulieren-des **H**ormon) 261 f., 264
Fuchsbandwurm **70**
Fucus 268
Fühler 13
FUHLROTT 444
Fungizide 97
funktionelle Gruppe 126
Funktionswechsel **400**
Furchung 272, 280

G

γ-Aminobuttersäure 184
γ-Motoneuron 227
γ-Strahlen 112
G1-Phase 35
G2-Phase 35
Galapagos-Inseln 408
GALEN (2. Jh. n. Chr.) 205
Gallenblase 162
Gallenfarbstoffe 162
Gallenkanälchen 162
Gallerthülle 36
GALTON 310
Gameten 268, 460
Gametenisolation 386, 396
Gametophyt 460
Ganglien 209
Ganglienzelle 194, 196, 199, 201
GARDNER 247 f.
Gartenerbse 288

Gärung 46, 70, 87, **153**, 226
– alkoholische 153
– gemischte 154
Gärungstechnologie 153
Gasaustausch 47 f., 56, **167**
Gaschromatografie 131
Gasdiffusion **168**
Gastrin 256
Gastropoden 467
Gastrula 272, 282
Gattung 458
GAUSE 74
GAUSSsche Verteilungs-kurve 287
Gebärmutter 276
Gebietsschutz 114
Gebiss 436
Gebisstypen 75
Geburt 279
Geburtenrate 76
Gedächtniszellen 369, 373
Gefäße **53**, 54
Gefäßsporenpflanzen 418, 427, **460**
Gefrierätztechnik 18
Gefühle 216
Gegenfarbentheorie 197
Gegenstromprinzip 169
Gehen 235
Gehirn 209, **211**, 229, 437, 454
Gehörgang 206
Gehörknöchelchen 206
Gehörsinn 206
Geißel 11 f., 28, 36, 459
Geißeltierchen 88
gelber Fleck 192, 201
Gelbkörper 262
Gelbkörperhormon 262, 277
Gelbsucht 379
Gelchromatografie 131
Gel-Elektrophorese 132
gemischte Gärung 154
Gen 329, 290, **336 f.**
Genaktivierung 340
Genaktivität 339
Genbanken 348
Genbegriff 335 f.
Genbibliothek **353**
Gendiagnose 357
Gendrift 386, **393**
Gene 290, 337
Generalisten 67
Generationswechsel 266, 460, 463
Genetik **286**, 384
genetische Beratung 318, 328
– Bürde 317 f., 387
– Genkartierung 358
– Information 321, 323, 325 f., 330, 385 f., 404, 412, 449
– Kartierung 358
– Mitgift 317
– Prägung 302
– Rekombination 297, **393**
– Separation 386, 394
– Totipotenz 339
– Variabilität 287, 311
– Zukunft 317
genetischer Ausfall 317
– Code **330**, 331
– Fingerabdruck 328
– Zufluss 317
Gen-Häufigkeit 292
Genkarte 298
Genkartierung **297**, 299, **358**
– direkte 358
– genetische 358
– indirekte 358

– topografische 358
Genmutation 305, **306**, **338**
Genom 286, 305, **342**
Genommutation 305, **308**
Genomprojekt **361**
Genotyp 286, 291, 302, 387
Gen-Pharming 356
Gen-Pool 292
Gensonde 351, **353**, 357, 359
Gentechnik 337, 349, **351**, 353, 457
Gentherapie an Keim-bahnzellen 357
– somatische 357
Gen-Übertragung 352
Genussmittel 158
Genwirkkette 336
geografische Isolation 394, 396
Geoökologie 64
Gerbstoffe 55
Gerinnungsfaktor VIII 303
GEROK 313
Geruchssinn **208**
Geruchssinneszellen 208
Gesamtfitness 401, 446
Geschichte des Lebens 416
Geschlechtsentwicklung 303
geschlechtliche Fortpflan-zung 12, 36, **268**, 270, 393, 460
Geschlechtsbestimmung 301
Geschlechtschromo-somen **301**, 303
geschlechtschromo-somengebundene Vererbung 303
Geschlechtsdimorphis-mus 440
Geschlechtshormone 262, 264
geschlechtsspezifisches Verhalten 255
Geschlechtszellen 266, **268**
Geschlechtszellenbildung 294
Geschmacksknospe 207
Geschmacksqualitäten 207
Geschmackssinn **207**
Geschmackssinnesorgane 207
Geschwindigkeit der Evolution 432
Gesetz des Minimums 59
Gesichtsfeld 193
Gesinnungsethik 457
gespaltene Mutterschaft 279
Gestaltbildung 272, **284**
Gesundheit 111, 114
Gewässergütekarte 103
Gewässerverschmutzung 104
Gewebe 16, **37**
– assimilierendes 48
– labile 38
– permanente 38
– stabile 38
Gewebebildung **37**
Gewebedifferenzierung 273
Gewebetypen 38
Gewebshormone 187, 256
Gewürze 158
Gibberelline 265
Gibbons 434
Giftstoffe 111

Sach- und Namenverzeichnis

Ginkgo 420, 432
Glaskörper 192, 194
glattes ER (Endoplasmatisches Retikulum) 26
Gleichgewicht 39
– biologisches 82, 101
– chemisches **133**
– dynamisches 90
Gleichgewichtszustand 77
gleichwarm 66
gleichwarme Tiere 65
Gliazellen 174, 184
Gliederfüßer 464, **465**
Gliedertiere **464**
Gliederung eines Ökosystems 41
globale Tektonik 409
Globulin 167
Glockenkurve 287
GLOGERsche Regel 65
Glomerulus 173
Glucagon 161, 260, 264
Glucocorticoide 259 f.
Glucose 44, 128, 132, 260
Glühwürmchen 135
Glutaminsäure 154
Glycerinaldehydphosphat 146
Glycerinsäurephosphat 146
Glykogen **129,** 162, 226, 260
Glykolyse **150,** 226
Glykoprotein 121
Glykoside 157
glykosidische Bindung 129
GOETHE 313, 434, 457
Goldalgen **459**
Goldhamster 242
GOLGI 25
GOLGI-Apparat 25, 161
GOLGI-Vesikel 25, 33
Gonadotropin 262, 277
Gonium 36
gonosomal 303
gonosomale Erbgänge 303
Gonosomen 301
Gorilla 434
G-Proteine 137
Gradualismus 431
Grammatik 220
Grana 140
Granulozyten 364
graue Substanz 210 f.
Grauer Halbmond 272, 281
Graupapagei 244
Greifhand 437
Griffel 270
GRIFFITH 319
Großer Klappertopf 69
Großhirn **211,** 228, 437
Großhirnrinde 211, 221 f.
Grubenauge 400
Grubenottern 208
Grünalgen **460**
Grundeigenschaften von Lebewesen **449**
Grundeinheit 14
Gründerindividuen 395
Grundfarben 197
Grundgewebe 38
Grundorgane der Pflanze 271
Grundplasma 20, 35
Grundumsatz 66, 91, **135,** 257
GTP (Guanosintriphosphat) 137
Guanin 130, 323, **325**
Guanosinmonophosphat, cyclisches (cGMP) 137, 184, 195

Guanosintriphosphat (GTP) 137
GUTHRIE-Test 336
Guttation 54
Gymnospermen 418
Gyraulus 432

H

H_2O_2 116
Haare 26, 38
Haarkleid 437
Haarsinneszellen 205
Habituation 234
Hackordnung 250
HAECKEL 382, 385, 405
Halbaffen 434
Halbschmarotzer 68
Halobacterium 414
Häm **130**
Hammer 206
Hämoglobin 119, 165, 168, 170, 407
Handhabungszeit 67
Handlungsbereitschaft 239, 254
Handlungsprogramme 228
HANS 14
haploid 35, 293
HARDY 292
HARDY-WEINBERG-Gesetz 292, 386 f.
Harn 172
Harnleiter 172
Harnsäure 171
Harnstoff 72, 171
Hartlaubblätter **56**
Hartlaubwald, mediterraner 63
Harze 157
Haschisch 158
HAUFF 313
Hauptzellen 160
Haushund 305
Hausstaubmilbe 375
Haustorien 68
Hautatmung 167
Hautmuskelzellen 37
Hautzellen 256
Hawaii 430
HCO_3 56, 58
Hefe 266
Hefechromosom, künstliches 361
Hefepilze 153
HEGEL 313
Heidekrautgewächse 72
Helferzellen 369
Helicellulose 154
Hemichordaten 467
Hemisphäre 211, 221
hemmende Synapse 184 f., 228
Hemmung 124, 199 f.
– allosterische 124
– kompetitive 124
– nicht kompetitive 124
HENLEsche Schleife 173
HENSELETT 150
Herbizide 97, 265
Herbizidresistenz 355
Herbstzeitlose 310
Herbstzirkulation 93
Heritabilität 311, 314
Hermaphrodit 303
Heroin 139
HERTWIG, OSKAR 268
Herz 163, **164**
Herzfrequenz 165
Herzkammer 164
Herzminutenvolumen 165
HESS 216
Heterosis 347, 387
Heterosiszüchtung **347**

Heterosomen 301
heterotroph 67, 116, 458
heterotrophe Organismen 88, 90
heterozygot 289, 301
Heterozygoten-Test 290, 315
Heuaufguss 88
Heuschnupfen 375
Hexokinase 123
HILL-Reaktion 142
Hippocampus 211, 217
Hirnanhangdrüse 213, 261
Hirnhäute 210 f.
Hirnstamm 212 f.
Histamin 204, 375
Histidin 342
Histochemie 16
HIV (Human Immunodeficiency Virus) 321, **377**
Hochdruckflüssig-Chromatografie 131
Hochlabyrinth 242
hochrepetitive Sequenzen 342
Hoden 268
Hodengewebe 263
HODGKIN 181
Höhenkrankheit 170
Höhenzonierung 64
höhere Pflanzen **460**
Höherentwicklung 432
Hohltiere 162, 427, 463
HÖLDERLIN 313
Holismus 454
HOLST 232
Holz 55
Hölzer 100
Holzteil 54
HOM-Gene 343, 407
Hominidae 434
Hominisation 439
Hominoidea 434
Homo 441 ff.
– erectus 441, 444, 447
– habilis 444
– heidelbergensis 441
– sapiens 441, **444**
– neanderthalensis 444
– rudolfensis 444
– sapiens 444 f.
– steinheimensis 444
Homogenisator 30
Homogentisinsäure 336
homoiotherm 66, 149
homolog 383
homologe Chromosomen **35,** 293, 435
– Organe 462
Homologie 383 ff., **402,** 422
– biochemische 406
– der DNA 435
– in der Entwicklung 405
– molekulare 406
– von Chromosomen 435
– von Organen 402
Homologieforschung **402**
Homologie-Kriterium 403
– biochemisches 406
Homöobox 343
Homöostase 39, 84, 213, 449
homöotherme Tiere 65
homozygot 289, 301
Honigbiene 240, 245, 270
HOOKE, ROBERT 14
Hörgrenze 207
Horizontalzellen 194
Hormondrüsen 256, 258
Hormone 128, 161, 213 f., **256,** 258
Hormonwirkung **264**
Hörner 38
Hornhaut 26, 192
Hornpanzer 38
Human Immunodeficiency Virus (HIV) 321

Humangenetik **310**
humoral 365
Humus 58
HUNTINGTONsche Erkrankung 318
HUXLEY 181
Hybride 288, 350
Hybridisierung 358
Hybridplasmid 352
Hybridprotoplasten 348
Hybridwesen 279
Hydrathülle 118, 126
Hydrogencarbonat 176
Hydrogencarbonat-Ionen (HCO_3) 56
hydrophil 22, 31 f., 118
hydrophob 118
Hydrophyten 55
Hydroskelett 427
Hygrophyten **56,** 57
Hyperpolarisation 179
hypertelisch 391
Hyperventilation 171
Hyperzyklus **413**
Hyphen 68, 460
Hypolimnion 93
Hypophyse 213 f., 256, **261,** 262
Hypothalamus 212 ff., 216
Hypothese **451,** 455
hypothetisch-deduktives Verfahren 452

I

Ichthyosaurier 420
Ichthyostega 418
ideale Population 292
IgA-Moleküle 367
IgG-Moleküle 366
IgM-Moleküle 367
Imago 80
Immission 104
Immobilisierung 125
Immunbiologie **364**
Immundefizienz 376
Immundiffusions-Methode **380**
Immunglobuline 337, 366
Immunglobuline A 367
Immunglobuline G 366
Immunglobuline M 367
Immunhistochemie 381
Immunisierung, aktive 373, 381
– passive 373
Immunität 364
Immunkomplexe 366
Immunkomplex-Überreaktion 375, **376**
Immunorgane, primäre 365
– sekundäre 365
Immunreaktion 369
Immunsexe 303
Immunsystem **364**
Immuntoleranz 365, 378
Impfung **373,** 381
Imponieren 250
in vitro 137
in vivo 137
inclusive fitness 401
indirekte Genkartierung 358
Individualauslese 346
Induktion **283, 451**

Induktionsketten **283**
Induktionsstoff 283
Industriemelanismus 388
Industriestaaten 114 f.
Infektionen **373**
Infektionskrankheiten 316
Information 24, 116, 176
– erbliche 286
– genetische 323, 325, 330, 385 f., 404, 412, 449
Informationsaustausch 23
Informationsübermittlung 179
Informationsverarbeitung **116, 186,** 217, 219
infraspezifische Evolution **398**
inhibitorisches postsynaptisches Potential (IPSP) 185 f.
Injektion von DNA 356
Inkubationszeit 71
Innenohr 206
Innenschmarotzer **70**
innerartliche Selektion 388, **391**
innere Atmung 167
innere Uhr 61
Innervierung 183
Inositoltriphosphat (IP$_3$) 137
Insekt 38, 73, 92, 191, 209, 398, 419, **467**
Insekten fressende Pflanzen **73**
Insektenfresser 422
Insektizide 97
In-situ-Hybridisierung 358
Instinkthandlung 236
Instinktverhalten **236**
Insulin 120, 161, **260,** 264, 355
integrierte Schädlingsbekämpfung 99
integrierter Pflanzenschutz 98
Intelligenz **314**
Intelligenz-Quotient 314
Intelligenztest 314
Interferenz 217
Interferenzkontrast-Verfahren 15 f.
Interferone 365
Interleukine 365
intermediäre Filamente **26,** 27, 29
intermediärer Stoffwechsel 154
interneurale Synapsen 184
Interneuron 227, 229
Interphase 35, **35**
Intersexe 303
Interzellularräume 54
Interzellularsystem 47, 54
intramolekulare Rekombination 337
Introns 337
Introspektion 219, 230
Inversion 307
Inversionswetterlagen 106
In-vitro-Fertilisation 350
Inzest-Verbot 253
Ionenaufnahme **60**
Ionenaustausch 58
Ionenbindungen **118**
Ionengehalt 58
Ionenkanäle 29, **32,** 137, **178,** 183, 207
– chemisch gesteuerte 178
– mechanisch gesteuerte 178

– spannungsgesteuerte 178
Ionentransport 29, 51
Ionentransport durch die Zellmembran 176
IP$_3$ (Inositoltriphosphat) 137
IPSP (inhibitorisches postsynaptisches Potential) 185 f.
IQ (Intelligenz-Quotient) 314
Iris 192
isoelektrischer Punkt 116, 120
Isogameten 268
Isolation 100, **394,** 445
– ethologische 386, 396
– geografische 394, 396
– jahreszeitliche 386
– ökologische 386, 396
– sexuelle 386, 396
– zeitliche 396
Isolationsmechanismen **396**
isometrische Kontraktion 225
isotonische Kontraktion 225
Isotopenmarkierung 132
Istwert 13
IVF (In-Vitro-Fertilisation) 350

J

JACOB-MONOD-Modell 342
Jäger und Sammler 447
Jahresringe 55
jahreszeitliche Isolation 386
JANSSEN 14
Jasmonsäure 265
JENNER 373
Jetztmensch 444
Jochalgen 460
Jungfernzeugung 270
Jungsteinzeit 446
Jura 420

K

Käferschnecken **467**
Kalamiten 419
Kalium 176
Kaliumkanäle 186
Kalk 38
Kalottenmodell **117**
Kältestarre 66
Kambium 55, 461
Kambrium 417
Kampfbereitschaft 251
Kampfbereitschaft 251
Kanamycin 335
Kanarische Inseln 408, 430
Känguru 468
Kaninchen 98
KANT 457
Kapazität 77, 80
Kapillare 54, 163, 165
Kapillarelektrode 176
Karbon 419
Kartierung, genetische 358
– topografische 358
K-Ar-Uhr 410
Karyogramm 299, 359
Karyon 20, 23
Karzinogene 344
Karzinome 344
katabolische Reaktion 116
Katalase 25, 116, 121
Katalysatoren 116, 412
Katalyse, multifunktionelle 123

Sach- und Namenverzeichnis

katalysieren 121
Katastrophentheorie 383
Katzenschrei-Syndrom 308
Kaukaside 445
Kaulquappe 273
Kausalität 455
– zirkuläre 362
Kausalitätsprinzip 450
Kautschuk 157
Keim 273
Keimbahn **293, 296,** 305
Keimbahnzellen, Gentherapie an 357
Keimblätter 271 f.
Keimblätterbildung 272
Keimdrüse 261 f.
Keimesentwicklung **270, 272,** 274 ff., **278,** 283, 405
Keimhöhle 277
Keimscheibe 276
Keimschild 277
Keimung 265, 271
Keimzellen 37, 268, 460
Keimzerfall 266
Kelchblätter 461
Kennzeichen des Lebendigen **11,** 13
KEPLER 456
Keratin 26 f., 119
Kernenergie 114
KERNER 313
Kernhülle 17, 23, 35
Kernkörperchen 24, 35
Kernpore 19, 23
Kernskelett 24
Kernspindel 26, 28, 293
Kernteilung 24, 35
Kernteilungsspindel 35
Kettenabbruchverfahren von SANGER 329
Kiefer 55, 57
Kieferlose **468**
Kiefernspinner 43
Kiemen 169
Kiemenatmung 169
Kiemenbögen 277
Kiemenrückziehreflex 233
Kiemenschlagader 163
Kiementaschen 277
Kieselalge Navicula 15
Killerzellen 369
– natürliche 364
Kindchen-Schema 240
Kinderlähmung 321, 375
Kinocilie 205
K⁺-Kanäle 179 f.
Kläranlagen **104**
Klärschlamm 104
Klasse 402
Klassische Genetik 300
klebrige Enden 328
Kleefalter 396
Kleidervögel 430
Kleinhirn 213, 219, 228 f.
– Funktionsstörungen 229
Klimaänderungen 109
Klimageschichte **110**
Klimax **88,** 95
Klimaxgemeinschaft 88
Klimaxring 89 f.
KLINEFELTER-Syndrom 303
Kloake 468
Kloakentiere 409, 422, **468**
Klon 267, 287, 346, 350, 353, 367, 369, 381
Klonen von Menschen 279
Klonung 346, 350
Knallgasbakterien 147
Kniesehnenreflex 227, 233
Knochenfische 163, 418, **468**

Knochenmark 38, 165, 365
Knock-out-Mäuse 361
Knöllchenbakterien 156
Knolle 57, 92
Knorpelfische **468**
Knospe 37
Knospung 266
Kodominanz 307
Kohl 347
Kohlenhydrate 20, 46, 50, **128,** 157. 240
Kohlensäure 169
Kohlenstoffdioxid 44, 48 f., 56, 58, 168 f.
Kohlenstoffkreislauf 87
Kohlenstoffmonooxid (CO) 104
Kohlenwasserstoffe, aromatische 105
KÖHLER, W. 243
Kohlmeise 395
Kolkraben 244
Kollagen 29
Kolonien 36
Kombinationsquadrat 290, 292
Kombinationszüchtung 346
Kommentkämpfer 401
Kommissur 209
Kommunikation **245,** 247
– nonverbale 220, 245, 253
Kompartimente 20
kompetitive Hemmung 124
Komplementärfarben 197
Komplementsystem 364, 371, 373
Kompost 149
Konditionierung 241 f.
– klassische 218, **241**
– operante 218, **242**
konfokale Mikroskopie 16
Königslilie 295
Konjugation **321**
Konkordanz 311
Konkurrenz 74, 82, 90, 97, 100
Konkurrenzausschlussprinzip 74
Konnektive 209
Konsumenten **41,** 44, **84,** 90, 94, 96 f.
– primäre 84
– sekundäre 84
– tertiäre 84
Kontinentalsockel 94
kontinuierliche Variabilität 286
Kontraktion 27
Kontrasterhöhung 18
Kontrasterscheinung 201
Konvektion 167
Konvergenz 56, 75, 79, **393,** 404, 410
Konzentrationsgefälle 29, 31 ff., 47, 60, 177
Köpfchenschimmel 266
Kopplung von Genen 296
Kopplungsgruppen 296
Korallen 267, 400, 463
Korallenriffe 95
Kormophyten 460
Körpergewicht 313
Körpergleichgewicht 213
Körpergröße 313
Körpertemperatur 39
Korrelationsregel 403
Kosten-Nutzen-Analyse 250
Kragentiere **467**
Krähe 394
Krallenfrosch 339 f., 351
Krautschicht 92
Kreatin 226

Kreatinphosphat 226
Kreationismus 433, 455, **456**
KREBS 150
Krebs 344, 427
Krebse 38, 82, **467**
Kreide 422
Kreislauf 163 f.
Kreislaufsysteme **162**
Kretinismus 257, 336
Kreuzung **288,** 297, 346, 349
– reziproke 303 f.
Kreuzungsexperimente 287
Kreuzungsforschung 300
Kriechtiere **468**
kritische Evolutionstheorie 433
Krokodile 170
K-Selektion 80
K-Strategie 80, 392, 401
KÜHN 335
Kultur **446**
– Evolution 446, **447**
kulturelle Assimilation 447
Kulturfossilien 446
Kulturweizen 310
künstliche Befruchtung 279
– Besamung 350
künstliches Hefechromosom 361
Kurzfingrigkeit 313
Kurzsichtigkeit 193
Kurztagpflanze **61**
Kurzzeitgedächtnis **217,** 219
Kwashiorkor 312
Kynurenin 335

L

labile Gewebe 38
Labmagen 72
Lactose 340, 355
Lactose-Operon 341
Lactose-Permease 340
Ladungsgefälle 33
Lama 408
LAMARCK 382 ff.
Lamarckismus 433
Landökosysteme 83
Landpflanzen 418
Landschaft, ausgeräumte 96
Landschaftspflege 112, **114**
Landschaftsschutzgebiet **114**
LANDSTEINER 378
Landtiere 418
Landwirtschaft 90 f., 96
Langarmaffen 434
Längenwachstum 271
LANGERHANS 259
LANGERHANSsche Inseln 161, 260
Längsteilung 266
Langtagpflanzen **61**
Langzeitgedächtnis **217**
Lanzettfischchen 427, **468**
Latenzphase 377
laterale Inhibition 200
Latimeria 418, 432
Laubmoose 460
Laubwald, mitteleuropäischer 63
Läusekraut 69
LAVOISIER 44
LCCS (Limited Capacity Control System) 219
LE SAUSSURE 44
Leben 454
lebend gebärend 468

lebende Fossilien **432**
Lebendmasse 84
Lebenseinheit 11
Lebenserscheinungen 11, 13
Lebensmittel 125
Lebensraum **74**
Lebensvorgänge 11
Leber **161,** 166
Lebermoose 460
Lebewesen 11 f., 449
leere Vergrößerung 15
Leibeshöhle, primäre 272
– sekundäre 273, 427
Leibeshöhlenflüssigkeit 162, 172
Leib-Seele-Problem 454
Leistungsumsatz 135
Leitbündel 47, 51, **54,** 461
Leitgewebe 38, **53**
Lernen **231,** 234, 239 f.
– assoziatives **241**
– durch Einsicht **243,** 252
Lernformen 241
Lernvorgänge 241 f.
letale Mutation 338
Letalfaktor 307
Leukämie 308
Leukoplasten 24
Leukozyten **166,** 364
Lexikon 220
LH (luteinisierendes Hormon) 261 f., 264
Licht 11, 43, 48
Lichtabsorption 48, 60, **140**
Lichtblätter 287
Lichtenergie 44 f.
Lichtintensität 48
Lichtkeimer 271
Lichtkompensationspunkt 49
Lichtmikroskop **15,** 17
lichtmikroskopische Präparate 16
Lichtorientierung 13
Lichtquanten 140
Lichtreaktion 45, 144
Lichtsättigungswert 45
Lichtsinn **190**
Lichtsinnesorgane **190**
Lichtsinneszelle 15
Lichtstärke 45
limbisches System 212 ff., 216
Limited Capacity Control System (LCCS) 219
limnische Ökosysteme 83
Limulus 199, 432, 467
Lingula 432
LINNÉ 382, 458
Linse 192
Linsenauge 190, **192**
Lipasen 125
Lipiddoppelschicht 22
Lipide 18, 22, **128,** 154
lipophil 22
Lipoprotein 121
litoral 93
Litoralzone **95**
Lochkameraauge 190
LORENZ 232
LOTKA 81
LOTKA-VOLTERRA-Gesetze 81
Löwenzahn 286
Luciferase 135
Luciferin 135
Luft **104**
Luftbelastung 115
Luftverschmutzung 60
Luftverunreinigung 104
Lungenatmung 163, 170

Lungenbau 171
Lungenbläschen 168, 170
Lungenentzündung 319
Lungenfisch 170
Lupine 156
Lurche 163, **468**
luteinisierendes Hormon (LH) 261 f., 264
LYELL 383
Lymphbrustgang 164
Lymphe 163, **165,** 365
Lymphozyten 365, **367**
Lyse 323
lysogene Bakterien 323
Lysosomen 23, 25, **25**
Lysozym 124, 322

M

Magdalénien 447
Magen 160, 162
major **h**istocompatibility complex (MHC) 370
Makromere 272
Makromoleküle 121
Makronährelemente 58
Makronährstoffelement 88
Makrophagen 364, 369
Malaria **70**
Malariaerreger 459
Malpighische Gefäße 172
MALTHUS 76, 384
Maltose 129, 153, 159
Mammut 392
Mammutbaum 432
Mandelkern 211, 216, 251
Mangelmutanten 320
Mangrove 60, 148
Mann-Schema 254
MARFAN-Syndrom 315, **316**
marine Ökosysteme 83
Mark 54
Marker-Sequenz 360
Markscheide 174, 182
Markschicht 172
Markstrahlen 54 f., 156
Massenauslese 346
Massenaussterben 432
massenstatistische Verfahren 310
Mastdarm 162
Mastzellen 371
Matrix 140
Maulbeerkeim 272
Maulesel 300
Maultier 300
MAYER, ROBERT 45
mechanisch gesteuerte Ionenkanäle 178
mechanische Energie 132
Mechanismus 454
mediterraner Hartlaubwald 63
medizinische Indikation 316
Meduse 266, 463
Meer **94**
Meeresökosysteme 83
Meeresringelwurm 266
Megagamet 268
Mehlmotte 335
Mehrzeller 266
Meiose **293,** 294 f., 301, 308 f.
MEISSNERsche Körperchen 204
Melanin 256, 312, 336
Melanozyten 256
melanozytenstimulierendes Hormon (MSH) 256, 261
Membranen **22**
Membranfluss 23, 25

Membranleitfähigkeit 177
Membranpotential **176,** 177, 179, 181
Membranproteine 22
Membranrecycling 25, 33
MENDEL 288, 290, 293, 300, 451
MENDELsche Gesetze **288 f.,** 291, 355, 379
Mensch 422, 434
Menschenaffen 422, 434
– Stammbaum der 443
Menschenartige 434
Menschenformen, Stammbaum der 443
Menschengruppen 445
Menschenrassen 445
Menschwerdung 439
Menstruation 262
MERKELsche Tastzellen 204
Merkmal 286, 329, 335
– monogen 312
– polygen 312 f.
MESELSON 326 f.
Mesoderm 273, 276
Mesodermblatt 273
Mesosomen 20
messenger-**r**ibonucleic **a**cid (mRNA) 330, 332, 334, 337
Metabolismus 116
Metaboliten 145
Metalimnion 93
metamorph 416
Metamorphose 273, 467 f.
Metaphase **35**
metastabil 121
Metazoa **463**
Methan 72
Methanbildner 147
methodische Reduktion 453
MHC (major **h**istocompatibility complex) 370
MHC-Proteine 369, 373
MICHAELIS-MENTEN-Konstante (K$_M$) 123
Microbodies 23, **25**
MIESCHER 130, 319
Mikrofibrillen 28
Mikrofilamente **26**
Mikrogamet 268
Mikromere 272
Mikronährelemente 59, 88
Mikroorganismen 41, 49, 58, 73, 83, 97, 104, 125, 147, 153, 157, 353, 373, 398, 411
Mikroskop 14
Mikroskopie 15 f.
– konfokale 16
Mikrosphären 412
Mikrotom 16
Mikrotubuli **26,** 27, 35
Mikrovilli 161, 191
Milben 92, 467
Milchsäurebakterien 153
Milchsäuregärung 153, 226
Milchzucker 340
Milz 166
Mimese **388**
Mimik 216
Mimikry **389**
Mineralcorticoide 259
Mineraldünger 102
Mineralisierer 84
Mineralsalze 95
Minimalmodell 451
Minipille 262
mischerbig 289
Mischlinge 288 f.
missing links 430

Sach- und Namenverzeichnis 477

Mistel 68
Mitochondrien 17, 20, 23, **24**, 28, 30, 35, 150, **152**, 269, 299, 415
Mitochondrien-Matrix 24
Mitose 34, **35**, 267
Mitosporen 266 f.
mitteleuropäischer Laubwald 63, 91
Mittelhirn **213**
Mittellamelle 28
Mittelohr 206
Modifikabilität 287
Modifikationen 287
Molche 170
molekularbiologische Stammbäume 425
molekulare Homologien 406
– Uhr 426
Molekulargenetik **319**
Mollusken 467
Mongolide 445
Mongolismus 308
monochromatisch 197
MONOD 342
monogam 401
monogene Merkmale 312
monohybrider Erbgang 288
monoklonale Antikörper **381**
Monokultur 97
Monokulturen 96
monophyletisch 423
Monosaccharide **128**, 150
monosynaptischer Reflexbogen 233
montane Stufe 64
Moose 92, 427, **460**
Moosschicht 92
Moostierchen 267, 467
moralanaloges Verhalten 250
MORGAN 296 ff., 300, 303, 358
MÖRIKE 313
Morphin 139, 158
Morphogene 284
Morphogenese 284
Morula 272
Mosaikentwicklung **281**
Mosaiktypen 430
Motivation **216**, 239
Motivationszustände 217
Motoneuron 187
motorische Axone 187
– Endplatte 174, **183**, 225
motorisches Sprachzentrum 437
Motorprotein 27 f.
Mousterien 447
mRNA (**m**essenger **r**ibonucleic **a**cid) 330, 332, 334, 337
MSH (**M**elanozyten **sti**mulierendes **H**ormon) 256, 261
Mucoviscidose 360
Müll 109
MÜLLER 305
Müllverbrennung 110
Multi-Enzymkomplex 154
multifunktionelle Katalyse 123
Multigen-Familie 342, 406
multiple Allelie **307**
Mund 159
Mundschleimhaut 16
Mungo 100
Murein 458
Muscheln 38, **467**
Muskel 168, 223
Muskelbewegung 27
Muskelfasern 223

– quer gestreifte 223
Muskelgewebe 38
Muskelkontraktion **225**, 227
Muskelspindel 213, **227**, 228
Muskeltrichinen 69
Muskelzellen 38, 223
Mutagene 306, 339, 344
Mutanten 305
Mutation(en) 298, **305**, 316, 386, **386**
– letale 338
– somatische 327
Mutationsrate **306**, 323, **339**, 386
Mutationszüchtung **347**
Mutterkorn 69
mütterliche Vererbung 299
Mycel 68, 460
Myelinscheide 174
Mykorrhiza **71**
Mykosen 68
Myoglobin 130, 168, 226
Myosin 27
Myosinfilamente 27, 223, 225, 284
Myriapoden 467
Myxödem 257
Myxomatose-Virus 98

N

Nabelschnur 277
Nachbild 198 f.
Nachhaltigkeit 115
Nachhirn 213
Nachtblindheit 304
nackte Protoplasten 348
Nacktfarne 418, 431
Nacktsamer 270, 418, 420, 431, 461
nacktsamige Pflanzen **461**
NAD$^+$ (**N**ikotinamid-**A**denin-**D**inucleotid) 150 f.
NADH 151
NADP$^+$ 46, 142, 144
NADPH (**N**ikotinamid-**A**denin-**D**inucleotid-**P**hosphat) 46, 142, 144
Nagana-Seuche 70
Nährmedium 30
nährstoffarm 83, 102
nährstoffreich 83, 102
Nahrung 11
Nahrungsbeziehungen 85
Nahrungskette 85 f., 98
Nahrungsnetz 85, 90
Nahrungsnischen 75
Nahrungspyramide 85, 92
Na$^+$-Kanäle 179 f.
Narbe 270, 461
Nationalparks **114**
Natrium-Kalium-Pumpe 33, 176, 180 f.
Natriumkanäle 186
natural selection 384
naturalistische Fehlschluss 280, 447
natürliche Auslese 384
– Killerzellen 364
natürliches System 458
Naturschutz 112
Naturschutzgebiete 112, **114**
Naturschutzgesetz 114
Naturschutzregelungen **114**
naturwissenschaftliche Theorie 452

naturwissenschaftliches Weltbild 453, 455
Nautilus 432
Neandertaler 444, 447
Nebelkrähe 395
Nebennieren **259**
Nebennierenmark 214, 259
Nebennierenrinde 259, 261
Nebenschilddrüse 258
negative Eugenik 318
Negride 445
Nemathelminthen 464
Nematizide 97
Nemertinen 464
Neolithikum 446
neolithische Revolution 447
Neomycin 335
Nephridien 172
Nephronen 172
Nerv 175
Nervenfaser, afferente 187
– efferente 187
Nervengewebe 38
Nervensystem 174, **209**
– peripheres 209
– somatisches 214
– vegetatives 213 f., 216
– zentrales 209
Nervenzelle 16, 28, 32, 38, **174**, 196
Nesselfieber 376
Nesseltiere **463**
Nesselzellen 37
Nesthocker, sekundäre 437
Nettoprimärproduktion 44, 85, 88
Nettoproduktion 48, 86, 90
Netzhaut 15, 192, **194**, 196, 201, 203
Netzmagen 72
Neugierverhalten 243
Neukombination von Genen 291
Neumundtiere 273, 427
Neuralrohr 209, 273, 277, 283
Neurobiologie **174**
Neuroethologie 232
Neurohormone 261
Neuromodulatoren 187, **187**
neuromuskuläre Synapse 183
neuronale Netze 202
Neuronen **174**
Neurosekretion **187**
neurosekretorische Zellen 187
Neurospora crassa 336
Neurula 273
Neurulation 273
nicht kompetitive Hemmung 123
nicht chromosomale Vererbung 299
nicht plasmatische Reaktionsräume 23
nicht zyklische Fotophosphorylierung 145
Niere **172**
Nierenbecken 172
Nierenpyramiden 172
Niesreflex 234
Nikotin 158
Nikotinamid-**A**denin-**D**inucleotid-**P**hosphat (NADP) 46, 142, 144
nitrifizierende Bakterien 147
Nitritbakterien 147
Nitrosamine 344

Nondisjunktion 308
nonverbale Kommunikation 220, 245, 253
Noradrenalin 184, 214
NO, 106
Nuclease 327
Nucleolus 17, 24, 35
Nucleosid 130
Nucleosomen 324
Nucleus 23
Nucleinsäuren 20, 29, **130**, **319**, **323**
Nucleotide 323
Nucleotidpaare 326
Nucleotidsequenz 325
Nutzpflanzen 309
Nutztiere 349
Nutzung der Natur 96
Nystagmus 304

O

O$_2$-Rezeptoren 171
Oberflächenpflanzen 57
Objekt 136
Objektschutz 114
OCKHAM 451
offenes System 12, 39, 134
Ohrenqualle 266
Ohrmuschel 206
Ohrtrompete 206
Ökobilanz **115**
Ökologie **40**
ökologische Isolation 386, 396
ökologische Nische **74**, 90, 100, 384, 386, 393, 439, 441
ökologische Potenz 42
ökologische Pyramiden 86
ökologischer Artbegriff 386
ökologischer Landbau 90
Ökosysteme 40, **83**, 88, **91**, 93 f., 114
– limnische 83
– marine 83
– terrestrische 83
Ökotypen 346
Okular 15
okulieren 267
Öle 157
olfaktorische Cilien 208
oligotroph 83, 102
Ommatidium 191, 199
Ommochrom-Synthese 335
Onkogene 345
Ontogenese 272, 398, 405
Ontogenie **449**
Onychophora 465
Oomycota 459
operante Konditionierung 218, **242**
Operator 341, 355
Operon 341, 355
Ophrys-Arten 390
Opiate 187
Opium 158
Opsin 194
optisch aktiv 117
optische Apparate 190
– Isomerie 117
– Signale 251
– Täuschungen 188
optisches Auflösungsvermögen **15**
Orang-Utan 434
Orchidee 72, 390
Ordnung 402, 449, 453
Ordovizium 417
Organanlagen 273, 277
Organbildung **37**, 272 f., 344
Organe **38**

– Analogie von 403
– Homologie von 402
Organellen **20**, 23, **23**, **25 f.**, **28**
Organisationsform 458
Organismen, heterotrophe 88, 90
organismische Struktur 449
Organismus 11, 38, **39**
Organrudiment **404**
Organschäden 277
Organverpflanzung **377**
Osmose **31**
osmotischer Druck 50 f.
– Wert 47
Osteoporose 258
Östradiol 262
Östrogene 262
Oszilloskop 176
Ouchterlony-Technik **380**
Ovar 262, 268
Ovulation 262, 276
Oxalessigsäure 150
Oxidation 136
Oxy-Hämoglobin 168
Oxytozin 261 f.
Ozon 106, 108
Ozonloch **108**
Ozonschicht 105

P

p53-Gen 345
P680 144
P700 144
Paläolithikum 446
Paläontologie 382
paläontologischer Artbegriff 386
Palisadengewebe 47 f.
Palmfarne 427
PAN (**P**erox**ya**cetyl**n**itrat) 105 f., 108
panaschiert 299
Pansen 72
Pantoffeltierchen 27, 37, 75, 88, 287, 459
Panzerflagellaten 459
Papierchromatografie 131, 145
parabolischer Zahnbogen 436
Paradigma 452
Paradigmenwechsel 452
Paramaecium caudatum 27
parasexueller Vorgang 321
Parasiten 42, **68**, 85, 107, 408, 459
– pflanzliche 67
– Selektion durch 391
Parasympathicus **214**
Parathormon 258, 264
Parentalgeneration 288
PARKINSONsche Krankheit 229
Parthenogenese **270**
parthenogenetisch 80
passive Immunisierung 373
passiver Tragling 437
– Transport 29, **32**
PASTEUR 411
Patch-clamp-Technik 178
Paukengang 207
PAWLOW 234
P-Bindungsstelle 334
PCR (**p**olymerase **c**hain **r**eaction) 328, 361
Pectinasen 125
Pectinstoffe 28, 154
Pelagial 93
Penetranz 315

– unvollständige 339, 360
Pepsin 121 f., 160
Pepsinogen 160
Peptidbindung 117
Peptide **117**
Perimeter 193
Peripatus 402
peripheres Nervensystem 209
peristaltische Welle 159
Perm 420
permanente Gewebe 38
Perox**ya**cetyl**n**itrat (PAN) 105 f., 108
Pessimum 42, 59
Pessimumgesetz 42
Pest 79
Pestizide 97, 102
Pfahlwurzel 52
Pfeilschwanzkrebs 199
Pferde, Stammbaum der 423
Pflanzen, Stammesgeschichte der 427
– transgene 355
Pflanzenbewegung 73
Pflanzengesellschaft 66
Pflanzenhormone **265**
Pflanzenreich **459**
Pflanzenschutz 348
– integrierter 98
Pflanzenschutzmittel 97
Pflanzenstoffe, sekundäre 154, 157
Pflanzenzelle 28
Pflanzenzüchtung **346**
pflanzliche Parasiten 67
– Protoplasten 355
Pfortader 161, 164
Pfropfung 265, 267
P-Generation 288
Phagen 322 f.
– temperente 323
Phagozytose 27, 33, 37, 285, 364
Phanerozoikum 417
Phänokopie 313
Phänotyp 286, 291, 299, 387
Phasenkontrast 16, 20
Phasenverschiebung 81
phasische Sinneszellen 189
phasisch-tonische Sinneszellen 189
Phenylalaninstoffwechsel 336
Phenylbrenztraubensäure 336
Phenylketonurie 292, **315**, 336
Phenylthioharnstoff 312
Pheromone 98, 245
Philadelphia-Chromosom 308
Phloem 54
Phobie 241
Phoneme 220
Phosphate 102, 104
Phosphofructokinase 124
Phosphoglycerinsäure 146
Phosphorkreislauf 88
Phosphorylierung 135
Photonen 140
pH-Wert 58, 120, **127**
Phylogenese 405
Phylogenie **449**
Physik 453
Phytochrom 60
Phytoplankton 95, 102
P, (anorganisches Phosphat) 150
Pigmentbecherauge 190
Pigmentierung 313
Pigmentzellen 190

Sach- und Namenverzeichnis

Pille 262
Pilus 20
Pilze 41, 67 f., 84, **460**
Pilzmücken 80
Pilzschicht 92
Pinozytose 33
PLANCK 313
Plankton 94
Plasma 11, 20
Plasmabewegung 27
Plasmabezirke 273
Plasmalemma 20, 51
Plasmaströmung 27
plasmatische Reaktions-
  räume 23
Plasmazellen 369
Plasmid 355
Plasmide 320 f., 351
Plasmodesmen **29,** 53
Plasmodium 459
Plasmolyse 50
Plastid 17, 23, **24,** 323, 415
Plastochinon 144
Plattwürmer 162, 172, **464**
Platzhaltertypen 80
Plazenta 262, 279
Plazentasäuger 468
Plazentatiere 409
Pneumokokken 319
poikilotherme Tiere 65 f.
polar 22
polarisiertes Licht 247
Polarität 265
Poliomyelitis-Viren 321
Polkörperchen 293
Pollen 270
Pollenallergie 375
polygam 401
polygene Merkmale 312 f.
Polymerase 343
Polymerase-Ketten-
  Reaktion 328
polymorphe Sequenzen
  359
Polynucleotide 130, 323
Polyp 209, 463
Polypeptide 117
Polyploidie 309, 396
Polysaccharide 28 f., **129,**
  154
Polysom 26, 334
polysymptomatische
  Ähnlichkeitsdiagnose
  311
polysynaptischer Reflex-
  bogen 234
Pongiden 434
Population 12, **74,** 79, 81,
  291, 386
– ideale 292
– isolierte 78
– des Menschen 79
Populationen, isolierte 78
Populationsdichte 79 f.,
  98
Populationsdynamik 80
Populationsgenetik 291
populationsgenetischer
  Artbegriff 386
Populationsökologie 40
Populationswachstum **76,**
  79
Populationswellen 82, 97
Poren der Zellmembran
  29
Porphyrine **130**
Porphyrinring 119
Positions-Effekt 307
Positionsinformation 285
positive Rückkoppelung
  13
Positronen-Emissions-
  Tomographie 221
postsynaptisches Poten-
  tial, **i**nhibitorisches
  (IPSP) 185

postsynaptisches Poten-
  tial, **e**rregendes (EPSP)
  185
Präadaptation 388, **399**
praesumptive Bereiche
  283
Prägung **238,** 253
– genetische 302
Prähominine 440
Präkambrium 416
prä-mRNA 337
Prämutation 339
pränatale Diagnose 316 f.
Präparate 16
– elektronenmikro-
  skopische 18
– Frisch- 16
– lichtmikroskopische 16
Präzipitation 366
PREMACK 248
PRIESTLEY 44
primäre Konsumenten 84
primäre Leibeshöhle 272
primäre Sinneszellen 188,
  196, 208
primäres Immunorgan
  365
Primärfarben 197
Primärharn 173
Primärproduktion 84, 87,
  140
Primärreaktionen **46, 143**
Primärstruktur 118
Primärvorgänge 140
– der Fotosynthese **142**
Primaten 422, 434, 439
– Verwandtschaftsbezie-
  hungen der 435
Primer 328
Primitivgrube 277
Primitivrinne 276 f.
Prionen 322
Proconsul 439
Pro(to)cyte 20, 413 f., 458
Produktionsökologie 91
Produktivität von Öko-
  systemen 90
Produzenten **41,** 43, **84,**
  90, 94 ff.
Progesteron 259, 262, 277
Progressionsreihen 403
Prokaryota **458**
Prokaryoten **20,** 84, 415 f.
– Stammbaum der 426
Prolactin 256, 261
Promotor 341, 343, 355
Prophagen 323
Prophase **35**
Propionsäure 72
prospektive Bedeutung
  281 f.
prospektive Potenz 281
Prostaglandine 139, 204,
  257, 375
prosthetische Gruppe 121
Proteasen 125
Protein-Biosynthese
  329 ff.
Proteindenaturierung 122
Proteine 18, 24, 28 f., **116,**
  118, 157, 329, 335
Proteinevolution 408
Proteinkanäle 32
Proteinkinase 138
Proteinlücke 87
Proteinmangel-Krankheit
  312
Proteinoide 412
Proteinporen, hydrophile
  31
Proteinsynthese **329,** 331,
  332, 333, 413
Protobiont 413
Protolyse 127
Protonengradient 144
Protonenphridien 172

Proto-Onkogene 345
Protoplasma 50 f.
Protoplast 14
Protoplasten, nackte 348
– pflanzliche 355
Protostomier 273, 427
prozedurales Gedächtnis
  218, 220, 241
Pseudogene 342, 408
Pseudopodien 27
PSH 261
Psilophyten 418
PTC 312
Pteridospermen 419
Pterodactylus 420
Ptyalin 159
Pubertät 262
Pufferlösungen 127
Puffs 340
pulsierende Vakuole 11
Pulsschlag 164
Punktmutation 338, 386
– absolute 180
– relative 187
Pupille 192
Pupillenreflex 193, 199
Purin-Ring 130
Puromycin 335
Pyramiden, ökologische
  86
Pyrimidin-Ring 130

Q

Q10-Wert 122
Quallen 463
Quartärstruktur 119
Quastenflosser 399, 418,
  432
Quecksilber 98
quer gestreifte Muskel-
  fasern 223
Querschnittslähmung 210
Querteilung 266

R

Rabenkrähe 394
Rachitis 304
Rädertierchen 88, 92
Radiation, adaptive 430
radioaktive Strahlen 344
Ragwurz-Arten 390
Rangordnung 250, 253
RANVIERsche Schnür-
  ringe 174
rapid eye movements 220
Rasiermesserprinzip 451
Rassen 79, 305, 394 f., 445
Rassenbegriff, typologi-
  scher 445
Raster**e**lektronen**m**ikro-
  skop (REM) **18,** 271, 279
Rasterkraftmikroskop **19**
Rastermutationen 330, 338
Rastersondenmikroskopie
  19
Rastertunnelmikroskop **19**
Räuber 80
Räuber-Beute-Systeme 80
raues ER (raues **E**ndoplas-
  matisches **R**etikulum)
  26
Raumlagesinn **204**
räumliches Sehen 203
Rauschmittel 158
Reaktion, anabolische 116
– katabolische 116
Reaktionsgeschwindigkeit
  134
Reaktionsgeschwindig-
  keit-Temperatur-Regel
  121
Reaktionskette 46
Reaktionsnorm 286
Reaktionsräume 23 f.
– nichtplasmatische 23

– plasmatische 23
reaktionsspezifisch 122
Reaktionswärme 132
Realität 453
Rechnermodelle 78
Recycling 109
REDI 411
Redoxreaktionen 136
Redoxsysteme 151
Reduktion 136
– methodische 453
– strenge 453
Reduktionsteilung 293,
  301
Reflexbogen 233
Reflexe 213, 228, **233**
– bedingte 234, 241
– unbedingte 234
Reflextheorie des
  Verhaltens 232
Refraktärzeit 181
– absolute 180
– relative 187
Regel von CHARGAFF
  324
Regelblutung 277
Regelgröße 13
Regelkreis (Regelung)
  12 f., 39, 80 f., 124, 171,
  193, 227 f., 260 f., 339 f.,
  343 f.
Regenbogenhaut 192
Regeneration 267, 284 f.,
  339
Regenwald, tropischer 63
Regenwurm 92, 465
Regler 13
Regressionsreihen 403
Regulation 12 f., 39, 80 f.,
  124, 171, 193, 227 f.,
  260 f., 339 f., 343 f.
– der Gentätigkeit **340**
Regulationseier 281
Regulationsentwicklung
  282
Regulationsfähigkeit 12
Regulator-Gen 341, 355
Reifeteilung 293
reine Linie 287 f., 347
reinerbig 288 f., 350
Reiz 12, 37, 188 f.
Reizaufnahme 12, 37
Reizbarkeit 12
Reizbeantwortung 12
Reizschwelle 189
Rekombinanten 291
Rekombination 291, 386,
  393
– genetische 297
– intramolekulare 337
relative Refraktärzeit 187
Releasing-Hormone 261
REM (**R**aster**e**lektronen-
  mikroskop) **18**
REM-Schlaf 220
Replikase 326
Replikation 328, 386
– der DNA 326 f.
Repression 342
Repressor-Protein 341
reproduktive Fitness 387
reproduzierbare Aussagen
  450
Reptilien 163, **276,** 419, 468
Reservestärke 24
Reservestoffe 92
Residualluft 170
Resistenz 364
Resorption **159,** 165
Respiratorischer Quotient
  (RQ) 135
Restriktionsenzyme 327,
  351
Retina 192
Retinal 194
Retinoblastom 345

Retroviren 330, 345
reverse Transkriptase 330,
  353
Revier 248
Revierverhalten **248**
rezeptives Feld 196
Rezeptor 137, 264, 268,
  283, 285
Rezeptor-Hormon-
  Komplex 264
Rezeptorpotential 188,
  196
Rezeptorproteine 23
rezessiv-autosomaler Fa-
  milienstammbaum 312
rezessive Anlage 288
Rezessivität 296
reziproke Kreuzung 288
  f., 303 f.
Reziprozitätsgesetz 289
RGT-Regel 45, 121
Rhabdom 191
Rhesusaffen 251 f.
Rhesusfaktor 313, **378,**
  379
Rhesus-negativ 378
Rhesus-positiv 378
rheumatische Erkran-
  kungen 376
Rhizobium 156
Rhizopoden 463
Rhodopsin 194, 196
rhythmische Bewegun-
  gen 234
Ribonucleasen 334
Ribonucleinsäuren 130,
  323, 330
Ribose 129 f., 323
Ribosom 20, 23, **26,** 30,
  330, 332, 333
ribosomale RNA (rRNA)
  332
Ribozyme 121, 337
Ribulosebisphosphat 146
Richtungskörperchen 293
Riechnerv 208
Riechschleimhaut 208
Riella helicophylla 21
Riesenaxon 181
Riesenchromosom 298,
  340
Riesenhirsch 392
Rifamycin 335
Riffe 400
Rinde 54 f.
Rindengewebe 156
Rindenschicht 172
Rindenzellen 52
Rinderwahnsinn 322
Ringelwürmer 464, **465**
Rippenquallen **464**
Rituale 446
Ritualisierung 245
RNA (**r**ibo**n**ucleic **a**cid)
  130, 321, **323 f.,** 330,
  330, 332, 340
RNA-Polymerase 330,
  341, 343
RNA-Welt 412
Roggen 347
Rohrzucker 156
Röntgenstrahlen 305
Rose 309
Rotalgen **459**
Rote Blutkörperchen 14,
  22, 70, 162, **165,** 168, 170
Rote Listen 99
Röteln 279
Rotgrünblindheit 198
Rotgrünsehschwäche **303**
ROUS 345
ROUS-Sarkom-Virus 345
rRNA (ribosomale RNA)
  332
r-Selektion 80
r-Strategie 392

Rüben 156
Rückenmark 209 f., 214,
  227
Rückkopplung **13**
– negative **13,** 39, 81
– positive **13**
Rückkreuzung **289,** 296,
  301
ruderalisiert 84
Rudiment 392, 398, 404
Ruhepotential **176,** 196
Rundmäuler **468**
Rundtanz 246
Rundwürmer **464**
RUSKA 17

S

Säbelzahntiger 392
Saccharose 54, 129, 146,
  150
Sacculus 204
Saftmale 72
Saltationismus 433
saltatorische Erregungs-
  leitung 182
Salzpflanzen 60
Samen 271
Samenanlage 270, 461
Samenfarne 419
Samenpflanzen 270, **461**
Sammler-Jäger-Völker
  441
Sandwurm 95
SANGER 329
San-José-Schildlaus 98
Saprobien 103
Saprophage 84
Saprophyten **67**
Sarkomere 223
Sauerstoff 11, 44, 48, 168
Sauerstoff**b**edarf, **b**io-
  chemischer (BSB) 102
Sauerstoffbindungskurve
  168
Säugetiere 75, 163, 170,
  420, **468**
Säugling 253
Saugspannung 51
Saugwarzen 68
Saugwurm 69, 464
saure Aminosäuren 120
saurer Regen **107**
Saurier 420
SAVAGE-RUMBAUGH
  248
Schachtelhalm(e) 419,
  427, 431, 460
Schädel 436
Schädelform 437
Schädellose **468**
Schädlingsbekämpfung
  97
– biologische 98
– chemische 97
– integrierte 99
Schadstoffe **104**
Schallstärke 111
Schattenblatt 49, 287
Schattenpflanzen 48
Scheinzwitter 303
SCHELLING 313
Schilddrüse **257,** 261, 264
Schildkröte 170
SCHILLER 313
Schimmelpilz 316
Schimpanse 243, 247, 434
Schizophrenie 316
Schlaf **219**
Schläfenlappen 211
Schlafkrankheit 70
Schlafmittel 220
Schlafstadien 219
Schlaganfall 221
Schlangenstern 467
Schlauchpilze 460

Sach- und Namenverzeichnis

SCHLEIDEN, 14
Schleimhaut 38
Schleimpilze **460**
Schließzellen 47
Schluckreflex 234
Schlüsselreiz 236, **237,** 245, 254
Schmalnasenaffe 434
Schmarotzer **68**
Schmerzsinn **204**
Schmetterlingsblütler 156
Schnabeltier 402, 468
Schnecken 38, 92, **467**
Schneckengang 207
Schnürungsexperimente 280, **281**
Schnürwürmer **464**
Schöpfungslehre **456**
Schorfkrankheit 68
Schrecktracht 389
Schulp 467
Schuppenbildung 38
Schutzimpfung **373**
Schwamm 37, **463**
Schwammgewebe 47
Schwangerschaft **262,** 279, 316, 379
Schwangerschaftstest 262
SCHWANN 14
SCHWANNsche Scheide 174
– Zellen 174
Schwänzeltanz 246
Schwärmsporen 267
Schwarzharn 336
Schwefelbakterien 95, 142, 147
Schwefeldioxid (SO₂) 104
Schwefelpurpurbakterien 414
Schwefelwasserstoff 84
Schwellenwert 179
schwere DNA 326
Schweresinnesorgan 205
Schwermetalle 102
Schwesterchromatiden 35, 293
screening 353
Secale 347
See **93**
Seehase (Aplysia) 233
Seeigel 268, **467**
Seelilien **467**
Seestern 82, **467**
Seewalzen **467**
Segelklappen 164
Segmente 464 f.
Sehbahnen 202
Sehbereich des Menschen 208
Sehne 223
Sehnerv 201
Sehpurpur 194
Sehrinde 201, 212
Sehzellen 190, **194**
Seitenwurzeln 52
Sekrete 37
Sekretin 256
sekundäre Immunorgane 365
– Konsumenten 84
– Leibeshöhle 273, 427
– Nesthocker 437
– Pflanzenstoffe 154, 157
– Sinneszellen 188, 196, 205, 207
Sekundärreaktionen **46**
Sekundärstoffwechsel 157
Sekundärstruktur 119
Sekundärvorgänge 140
– der Fotosynthese **145**
Selbstaufbau 322
Selbstbefruchter 346
Selbstbefruchtung 287
Selbstorganisation 413, 433, 449, 453

Selbstregulation 12, 39, 83
Selbstreinigung 103
Selbststeuerung 13
Selektion 79 f., 384 ff., **387,** 393, 449
– aufspaltende 392
– innerartliche **391**
– durch Parasiten 391
– sexuelle 391
– stabilisierende 392
– transformierende 392
– zwischenartliche **388**
Selektionsdruck 387, 390, **392,** 396
Selektionsfaktoren **387**
– abiotische 387
– biotische 388, 399
Selektionskoeffizient 387
Selektionsnachteil 400
Selektionstheorie **384**
Selektionsvorteil 388, 400
selektiv permeable Membran 177
selektive Permeabilität 178
self-assembly 26
semikonservativ 326
semiconservativ 326
semipermeabel 31
sensible Phase 238
sensorische Regionen 212
– Sprachregion 221
Separation, genetische 394
Sequenzanalyse der DNA 329
Serosa 276
Serotonin 184, 375
Serumkrankheit 376
Serumreaktion 380, 406
SEWALL-WRIGHT 385
Sexualdimorphismus 391
Sexualverhalten 255
sexuelle Isolation 386, 396
sexuelle Selektion 391
sexueller Prozess 321
SHERRINGTON 232
siamesische Zwillinge 281
Sichelzellanämie 338, 391
Siebplatten 53
Siebröhren 38, **53,** 54
Siebteil 54
Signalduftstoffe 98
Signale 245
– akustische 251
– optische 251
Signalkette 61, **137,** 184, 207, 264, 283, 285, 343 f., 449
Signalsequenz 335
Signalstoffe 343
Signalübertragung 27
Silur 418
Sinnesnervenzellen 188
Sinnesorgane 187 f., 204
Sinnesreiz **188**
Sinneszellen 32, 37, 188, 190, 192, 194
– phasisch tonische 189
– phasische 189
– primäre 188, 196, 208
– sekundäre 188, 196, 205, 207
– tonische 189
Sippentafel 310
Sivapithecus 439
Skelettmuskulatur 223
SKINNER 232
Skinner-Box 242
Sklerenchymfaser 54
Skorpione 467
Smog 106
SO₂ 104
Solarenergie 114
Sollwert 13, 39
somatische Gentherapie 357

somatische Mutationen 327
somatisches Nervensystem 214
Somatostatin 261, 353
Somatotropin 261
Somiten 273, 283
Sommerstagnation 93
Sommerwurz 69
Sonderstellung des Menschen **435**
Sonnenblatt 49
Sonnenpflanzen 48, 50
Sonnentau 73
Sorten 288, 290, 346
Sozialdarwinismus 384
sozialer Status 254
Sozialverhalten **245,** 446
Soziobiologie 232, **249,** **400,** 457
Spaltöffnungen 47 ff., 50 f., 54, 56, 108
Spaltungsgesetz **289**
Spannungsänderung 32
spannungsgesteuerte Ionenkanäle 178
Spätholz 55
Speicheldrüsen 159
Speichergewebe 38
Speicherstoffe 153 f., 156
Speiseröhre 159
Spektralfarben 197
SPEMANN 280 ff.
Spermazelle (Spermien) 14, 23, 262, 266, 268, 301
Spermienbildung 293
Sperren 239
Spezialisten 67
spezifische Immunreaktion 364, **366**
Sphenodon 432
Spielverhalten 243
Spinalganglion 210
Spinnen 92, 427, 467
Spinnenfingrigkeit 316
Spinnentiere **465**
Spinnwebenhaut 211
SPINOZA 316, 457
Spiralisation 35
Spitzhörnchen 249, 434
Spleiße 337
split brain 221
Spongiforme Encephalitis (BSE) 322
Spontanmutationen 306, 339
Sporen 460
Sporophyt 460
Sprache **220,** 247, 252, 437, 445, 448
– Evolution der 448
Sprachentwicklung 446
Sprachfamilien 445
Sprachregion, motorische 221
– sensorische 221
Sprachstammbaum 448
Sprachstörung 221
Sprossachse 47, 60, 271, 460
Sprossknollen 156, 267
Sprosspflanzen 460
Sprosssukkulenz 462
Sprossung 266
Sprossvegetationspunkt 271
Sprungschicht 93
Spulwürmer 69
Spurenelemente 59
src-Gen 345
Stäbchen 194
stabile Gewebe 38
stabilisierende Selektion 392

Stabilität von Ökosystemen 90
Stachelhäuter **467**
STAHL 326 f.
Stamm 402
Stammart 422
Stammbaum 305, 310, 314, 422
– der Elefanten 424
– der Menschenaffen und Menschenformen 443
– der Pferde 423
– der Prokaryoten 426
– von Cytochrom c 425
– der Wale 424
– molekularbiologische 425
Stammbaumforschung 430
Stammbaumuntersuchungen 358
Stämme **459**
Stammesgeschichte **402,** **427**
– der Pflanzen 427
– der Tiere 423
Stammsukkulenten 56
Stammzellen **37,** 285, 357
Ständerpilze 460
Stärke 24, 44, 46, 48, 50, **129,** 146, 150, 156
Stärkenachweis 44
Starrkrampf 185
Start-Codon 332
Start-Methionin-tRNA 334
Statistik 450
Statocysten 204
Statolith 204
Staub 105
Staubblätter 270, 461
Stechmücke 236
Stecklinge 267
Steigbügel 206
Steinkohlenzeit 419
Stellglied 13, 39
Stempel 270
Stempeltechnik 320, 348, 352
Sterberate 76
Stereocilien 205
steril 309
Sterilität 386
Sterole 128
Stichling 237
Stickoxid 187
Stickoxid-Ozonzyklus 105 f.
Stickstoff-Fixierung 156
Stickstoffkreislauf 87
Stickstoffoxide (NO) 104
Stickstoffzeiger 84
Stickstoffzufuhr **107**
sticky ends 328, 351
Stigma 12
Stoffabbau 148, 150
– der Zelle 24
Stoffabfluss 12
Stoffaustausch 12, 23, 36, 163
Stoffkreislauf **87,** 91, 94
Stoffproduktion **43,** 50, 95
Stoffspeicherung 154
Stofftransport 19, 27, **31**
Stoffumwandlung 154
Stoffwechsel 11 f., 23, 46, **116, 159,** 260, 335 f., 413
– Evolution des 413
– intermediärer 154
Stoffwechselketten 154
Stoffwechselstörung 336
Stoffwechselweg 154

Stoffzufluss 12
Stopp-Codon 332
Strahlenbelastung 112
Strahlenpilze 156
Strahlung **111**
Straßennetz 99
strenge Reduktion 453
Streptomycin 335
Stress 82, **259**
Streulicht 48
Stroma 140
Stromatolithen 416
Strömung 167
Strudelwürmer 464
struggle for life 384
Struktur, organismische 449
Strukturgene 355
Strukturgene 341
Stübchen 208
Stummelfüßer **465**
Stützschicht 37
Stützzellen 208
subalpine Stufe 64
subjektives Erleben 216
Substrate 121
Substratinduktion **340**
substratspezifisch 60, 123
Substratspezifität 122
Sucht 240
Suchzeit 67
Südamerika, Tierwelt 409
Sukkulenten **56,** 75
Sukzession **88,** 97
survival of the fittest 384
Süßwasserökosysteme 83
Süßwasserpolyp 37, 284, 463
SUTTON 293
Symbiose **71,** 90, 95, 156, **400**
Symmetrie, bilaterale 464
Sympathicus 214, 259
sympatrische Artbildung 394, **396**
Synapse 175, **183,** 196
– erregende 184 f.
– hemmende 184 f., 228
– interneurale 184
– neuromuskuläre 183
Synapsengifte 185
synaptischer Spalt 183
Syncytium 223
Syndaktylie 315
Syndrom **316**
Synergetik 449, 455
Synökologie 40
Synthese-Phase 35
System 12, **13,** 39, **386,** 449, **454**
– chaotisches 78
– künstliches 458
– lebendes 453
– natürliches 458
– offenes 12, 39, 134
– reales 453
Systemeigenschaften 12 f., 39, 454
Systemtheorie 454
Systole 164
systolischer Blutdruck 164

T

Tabakmosaikvirus 321
Tag-Nacht-Rhythmus 61
tagneutrale Pflanzen 61
Tange 427
Tansportvorgänge, aktive 173
Taq-Polymerase 328

Tarnfärbung 388
Tastsinn **204**
Tastsinnesorgane 204, 213
TATUM 336
Taubstummensprache 247
Taucherkrankheit 170
Taufliege 296
Tauglichkeit 384
Tausendfüßler **467**
TCC 150
Teich 40
Teilung 35
teleonomisch 455
Telophase **35**
TEM (**T**ransmissions-**E**lektronen**mik**ro-skopie) 17
Temperatur 31, 49, 57
Temperatur-Optimum 49
temperente Phagen 323
Tendenz 239
Tentakelträger **467**
Tentakulaten 467
Terminations-Codon 332
terrestrische Ökosysteme 83
territoriales Verhalten 248
Territorium 248, 254
Tertiär 422
Tertiärkonsumenten 84
Tertiärstruktur 119
Testkreuzung 289
Testosteron 259, 262, 303
Tetanus 225, 375
Tetanustoxin 185
Tetracyclin 335
Tetrodotoxin 185
Thalamus 212, 216, 229
Thalidomid 279
Thallus 459 f.
Thalluspflanzen 459
T-Helferzellen 369
Theorie **452**
– naturwissenschaftliche 452
Theorien des Lebens 453
Thermus aquaticus **328**
THOMSON 385
Thrombose 167
Thrombozyten **166**
Thylakoidmembran 143
Thymin 130, 323, **325**
Thymus 365, 367, 370
thyreoideastimulierendes Hormon (TSH) 261
Thyroxin 256, **257,** 264, 336
Tiefenschärfe 16
Tiefenschicht 93
Tiefgefrieren 16
Tiefsee **95**
Tiere, Stammesgeschichte der 427
tierische Parasiten 68
tierische Zellen 29
Tierläuse 296
Tierreich 459, **463**
Tierstaaten 245
Tierstöcke 267
Tierzüchtung **349,** 356
TINBERGEN 232
Tintenfische 467
T-Killerzellen 369, 371
T-Lymphozyten 365, **369**
TNF 345, 365
Tochtergeneration 288
Tochterkerne 35
Tod 36
Toluidinblau 340
tonische Sinneszellen 189
Tonmineralien 58
Tonoplast 26
Tonus 225
topografische Genkartierung 358

480 Sach- und Namenverzeichnis

total äqual 276
total inäqual 272
Totipotenz 340
– genetische 339
Totzeit 81
Toxine 373
Tracer-Methode 132
Tracheen 53, 168
Tracheenatmung 467
Tracheiden 53 f.
Traditionsbildung 249
trägervermittelte
Diffusion 32
Tragling 253
– passiver 437
Training 226
Transduktion 323
transfer-RNA 330
Transformation 319
transformierende
Selektion 392
transgen 351, 355 f.
transgene Pflanzen **355**
– Tiere **356**
Transkriptase, reverse
330, 353
Transkription **330**, 333
Translation 330, **332**, 333
Translokation 307 f.
Transmissions-
Elektronenmikroskopie
(TEM) 17
Transmitter 183, 187 f.,
196, 205, 214
Transpiration 50, 55
Transpirationssog 53
Transplantation 282, 340,
370
Transplantationsexperi-
mente 280, **282**
Transport, aktiver 29, **33**
– passiver 29, **32**
Transportmechanismen
31 f., 54, 60, 173
Transportprotein 29
Transport-RNA 330
Transportsystem 52
Transportvorgänge 23, 39
– aktive 54, 60
Transposons **339**
transspezifische
Evolution **398**
Traum **219**
Treibhausgase 108, **109**
Trematoden 464
Trias 420
Tricarbonsäurezyklus
(TCC) **150**
Trichinen 69
Trieb 217, 236, 239
Triebstau 236
Trilobit 417 f., **465**
Trinucleotid 330
Triops 432
Triosephosphat 146, 150
Triplett-Expansion 338
Trisomie 21 308
Triticale 347
Triticum 347
tRNA 330, 332, 334
Trockenmasse 84
Trommelfell 206
Tropenwälder 100
tropischer Regenwald 63
Trophoblast 276
Trophoblasten 302
Tropomyosin 225
Troponin 225
Tropophyten **57**
Trypanosomen 69 f.
Trypsin 121 f., 161, 406
Tryptophan 335
TSCHERMAK 288
Tsetse-Fliege 70
TSH (thyreoideastimulie-
rendes **H**ormon) 261

T-System 225
Tuberkulin-Hauttest 373
Tuberkulose-Bakterien
373
Tubulin 26
Tumor 344
Tumorbildung 344
Tumor-Nekrose-Faktor
345, 365
Tumor-Suppressor-Gene
345
Tumorviren 345
Tunicata 468
T-Unterdrückerzellen 369
Tupaja 249, 434
Turbellarien 464
Turgor **32**
Turgordruck 51
TURNER-Syndrom
303
Turnierkampf 251
Typogenese 430
typologischer Rassen-
begriff 445
Tyrannosaurus 422
Tyrosin 312
T-Zellen 367, 370
T-Zell-Rezeptor **370**

U

Übersprunghandlungen
240
Überträgerstoff 183, 187 f.,
196, 205, 214
UHLAND 313
Ulothrix 267 f.
Ultradünnschnitte 18
Ultramikrotom 18
Ultraschall 30
ultraviolettes Licht 247
Ultrazentrifuge 30
Umsatzrate 135
Umwelt 12, 40, 96, 99
Umweltansprüche 74
Umweltbelastungen 96
Umweltchemikalien 110
Umweltfaktoren 42, 60,
62, 306
– abiotische 40, 62, 65
Umweltnutzung 74
Umweltschutz **112**
Umweltzerstörung 112
unbedingte Reflexe 234
uneigennütziges
Verhalten 400
ungesättigte Fettsäuren
128
ungeschlechtliche Fort-
pflanzung 36, **266**, 460
Uniformitätsgesetz **289**
unspezifische Immun-
reaktion 364
Unterarten 394
Unterdrückerzellen 369
Unterreich 463
Unterstamm 402
unvollständige
Dominanz 290
unvollständige Penetranz
339, 360
UNZER 233
Uracil 130, 323 f.
Uratmosphäre 411
Urdarmhöhle 272
Urease 122
Urgen 406
Urmund 272
Urmundtiere 427
Urogenital-System 172
Urpferd 423
Ursachen **455**
Ursegmente 273, 283
Urvogel 420, 430
Uterus 262, 276
Uterusschleimhaut 262

Utriculus 204
UV-Strahlen 108, 344

V

Vakuole 20, 23, **25**, 50, 52
– pulsierende 11
VAN LEEUWENHOEK
14
VAN-DER-WAALS-
Kräfte **118**
Variabilität **286**
– diskontinuierliche 286
– genetische 287, 311
– kontinuierliche 286
– phänotypische 287
Variation 384
Vater-Pacinische
Körperchen 204
VAUT, JOHANNES 313
Vegetation 64
Vegetationskegel 52
Vegetationszonen 83
vegetative Fortpflanzung
266
– Vermehrung 287, 346
– Zone 272
vegetatives Nerven-
system 213 f., 216, 366
Veitstanz 318
Vektor **351**, **353**, 354
Venen 163 f.
Venole 173
Venusfliegenfalle 73
Verantwortungsethik 457
Verbraucher **84**
Verbreitung der Lebe-
wesen 408
Verdauung 11, 73, **159**
Verdauungsorganellen
der Zellen 25
Verdunstungsschutz 56
Vererbung 286, **293**, **449**
– geschlechtschromoso-
mengebundene 303
– mütterliche 299
– nichtchromosomale 299
Vererbungsgesetze 288
Vergeilung 60
vergleichen 450
vergleichende Anatomie
411
Verhalten **230**
– altruistisches 249, 255
– geschlechtsspezifisches
255
– menschliches 252
– moralanaloges 250
– territoriales 248
– uneigennütziges 400
Verhaltensbereitschaft
236, 239
Verhaltensforschung 230,
457
Verhaltensgedächtnis 217,
218
Verhaltensprogramm 230,
234, **239**
Verhaltensweise 230, **233**,
457
Verifizierung 451
verlängertes Mark 213
Vermehrung 12, 24, 35
– vegetative 287, 346
Vermehrungsfähigkeit 66
Vermehrungsrate 80
Vernalisation **62**
Versiegelung 102
Verstand 439
Vertebrata 468
Verursacherprinzip 112
Verwandtschaft 458
Verwandtschaftsbezie-
hungen der Primaten
435
Verwesung 153

Vesikel 23, 25, 28, 33
Vielfalt der Lebewesen
449
Vielzeller 35 f., 427, **463**
VIRCHOW, 14
Viren 320, **321**, 356, 373
– Immunreaktion gegen
373
Viroide **322**
Virulenz 98
VISCHER 313
Vitalismus 433, 453
Vitalkapazität 170
Vitamin A 157
Vitamin D 65, 157
Vitamine 159
Vögel 163, **276**, **468**
Vollschmarotzer 68
VOLTERRA 81
Volvox 36
Vordergliedmaßen 383
Vorderhirn **211**
Vorformen des Menschen
439
Vorhofgang 206
Vorkammer 164
Vormenschen **440**
VRIES 288

W

Wachheit **219**
Wachse 157
Wachstum 11 f.
– exponentielles 76
Wachstumsfaktoren 284
Wachstumsgleichung 76,
80
Wachstumskegel 271
Wahrnehmung 188
Wald **91**, 92, 100
Waldraubbau 100
Waldschäden **106**
Waldtypen 62
Wale 170
– Stammbaum der 424
WALLACE, 384, 390 f.
Wanddruck 51
Wanderheuschrecke 82,
235
Wärmehaushalt 66
Wärmestrahlung 109
Waschmittel 125
Wasser 49, **50**, 102, 126
Wasserabgabe 51
Wasseraufnahme 51 f.
Wasserbelastung 115
Wasserführung 58
Wassergüte 103
Wasserhaushalt **50**
Wasserleitgefäße 38
Wassermangel 51, 173
Wasserpest 44, 271
Wasserpflanzen 55
Wasserstoff 72
Wasserstoffbrücken **118**,
126, 324
Wasserstoffperoxid
(H_2O_2) 25, 116
Wassertransport **54**
X-Chromosom 301, 358
Wasserverfügbarkeit 55
WATSON 324, 326
WATSON-CRICK-Modell
325
Wattenmeer **95**
wechselwarm 65 f.
wechselwarme Tiere 65
Wechelwirkung 13, 78
Wechselbeziehung 12
WEGENER, A. 409
weiblicher Geschlechts-
zyklus 262
Weichtiere 82, **467**
WEINBERG 292
Weinhefe 153
WEISMANN 280, 385

Weiße Blutkörperchen
166
weiße Blutzellen 364
weiße Substanz 210 f.
Weitsichtigkeit 193
WEIZSÄCKER, C. F. von
453
Wellenlänge 15, 197
Weltbevölkerung 77
Weltbild 453
Welternährungsproblem
87
Werkzeuge 441, 446
WERNICKE, C. F. 221
Wiederkäuer 72
Wildallel 296
Wildform 305
Wildtyp 296
Willensfreiheit 457
WILSON 232
Wimpern 26 f.
Wimpernflammenzellen
172
Wimpertierchen 72, 459
Windenergie 114
Winterruhe 66
Winterschlaf 66
Winterstagnation 93
Wirbellose 209
Wirbelsäule 435
Wirbeltiere 209, 417, **468**
– Stammbaum der 423
Wirkungsgesetz der
Umweltfaktoren 42
Wirkungsphase 371
Wirkungsspektrum der
Fotosynthese 141
Wirkungsspezifität 122
Wirt 68
Wirtsspezifität 408
Wirtswechsel 70
wissenschaftliche
Revolution 452
Wissenschaftstheorie 455
Wissensgedächtnis **217**
Wohl des Menschen 280,
457
Wuchsstoffe 265
Wunderblume 290, 299
Würde des Menschen 280
Wundstarrkrampf 375
Wundverschluss 166
Wurmfortsatz 162
Wurzel **51**, 60, 271, 460
Wurzeldruck 51
Wurzelfüßer 463
Wurzelhaare 52, 271
Wurzelhaarzellen 52, 60
Wurzelhaube 52, 271
Wurzelknollen 156, 267
Wurzel 461
Wurzelrinde 52
Wurzelspitze 17, 271
Wurzelstöcke 57, 92

X

Xanthophylle 141
X-Chromosom 301, 358
Xenopus 339
Xerophyten **56**, 57
Xylem 54

Y

Y-Chromosom 301, 358

Z

Zahnbogen, paraboli-
scher 435
Zapfen 194, 461
Zecke 69, 237
Zeigerpflanzen 62, **64**
Zeit 453

Zeitfenster 110
zeitliche Isolation 396
Zellantwort 264
Zellatmung 11, 167, 257,
414
– aerobe 226
Zellbestandteile 154
Zelldifferenzierung 36 f.
Zelle 11, **12**, **15**, **20**, **28** f.,
35 f., 125, 320, 449
– Evolution der 415
Zellenlehre 14
Zellforschung **30**
Zellhybridisierung 299,
358
Zellkern 11, 20, 23, 30
Zellklon 353, 367, 369
Zellkörper 14, 174, 186
Zellkulturen **30**, 158, 353
Zellmembran 20, 31, 449
Zellorganellen 11, **20**, **23**,
26, 28, 35
Zellsaft 26, 50
Zellstoffwechsel **116**
Zellstreckung 271
Zellteilung 14, 24, 28, **35**
Zelltransformierung 344
Zellvermehrung 344
Zellwand 17, 20, 28, 51
Zellzyklus 35
zentraler Muster-
generator 235
Zentralnervensystem 187,
209, 228
Zentralzylinder 54
Zentrifugieren 30
Zersetzer **84**
Zierpflanzen 305, 309
Zirbeldrüse 15
zirkuläre Kausalität 362
Zivilisation 447
ZNS (**Z**entral**n**erven-
system) 209
Zooplankton 95
Zotten 159
Zottenhaut 277
Züchtung 348, 356, 385
Zucker 24, 29, 46, 48, 50,
143
Zuckerkrankheit 260, 376
Zufall 456
Zufallswirkung 386, 393
Zuwachsrate 76
zweieiige **Z**willinge (ZZ)
311
zweigeschlechtliche Fort-
pflanzung 80
zweihäusige Pflanze 301
zweikeimblättrige Pflan-
zen 54, 265, 270, **463**
Zwergschimpanse
(Bonobo) 248, 434
Zwergsträucher 55
Zwiebeln 57, 92, 156
Zwillingsarten 395
Zwillingsforschung 311
zwischenartliche Selek-
tion **388**
Zwischenglied 36
Zwischenhirn **212**, 261
Zwischenkieferknochen
434
Zwischenwirt 70
Zwitter 268, 303, 464
Zwitterion 116
Zygote 268, 272, 276, 289
zyklische Fotophos-
phorylierung 145
Zymomonas 153
ZZ (zweieiige Zwillinge)
311
Z-Zell-Rezeptoren 369

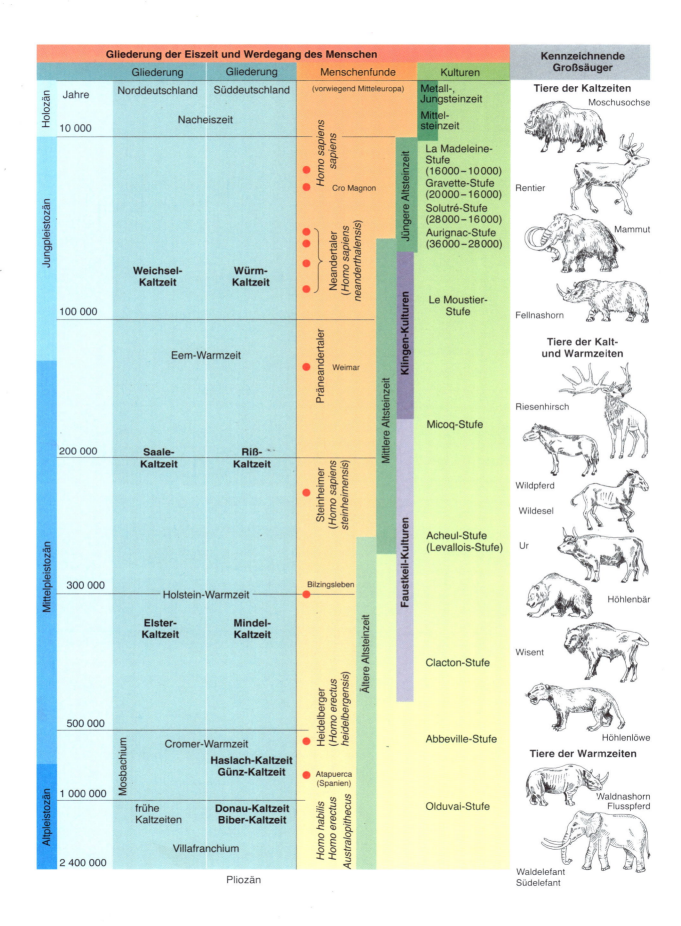